TEORIA E TEST

V EDIZIONE

CONCORSO ALLIEVI CARABINIERI EFFETTIVI

Accedi ai servizi riservati

Il codice personale contenuto nel riquadro dà diritto a servizi riservati ai clienti. Registrandosi al sito, dalla propria area riservata si potrà accedere a:

MATERIALI DI INTERESSE
E CONTENUTI AGGIUNTIVI

CODICE PERSONALE

Grattare delicatamente la superficie per visualizzare il codice personale.
Le **istruzioni per la registrazione** sono riportate nella pagina seguente.
Il volume NON può essere venduto né restituito se il codice personale risulta visibile.
L'**accesso ai servizi riservati** ha la **durata di 18 mesi** dall'attivazione del codice e viene garantito esclusivamente sulle edizioni in corso.

Istruzioni per accedere ai contenuti e ai servizi riservati

SEGUI QUESTE SEMPLICI ISTRUZIONI

SE SEI REGISTRATO AL SITO

clicca su **Accedi al materiale didattico**

inserisci email e password

inserisci le ultime 4 cifre del codice ISBN, riportato in basso a destra sul retro di copertina

inserisci il tuo **codice personale** per essere reindirizzato automaticamente all'area riservata

SE NON SEI GIÀ REGISTRATO AL SITO

clicca su **Accedi al materiale didattico**

registrati al sito o autenticati tramite facebook

attendi l'email di conferma per perfezionare la registrazione

torna sul sito **edises.it** e segui la procedura già descritta per utenti registrati

CONTENUTI AGGIUNTIVI

Per problemi tecnici connessi all'utilizzo dei supporti multimediali e per informazioni sui nostri servizi puoi contattarci sulla piattaforma **assistenza.edises.it**

Concorso
ALLIEVI CARABINIERI EFFETTIVI

Prova scritta di selezione

EdiSES
edizioni

Concorso Allievi Carabinieri Effettivi – Teoria e test – V Edizione

9 8 7 6 5 4 3 2 1 0
2025 2024 2023 2022 2021

Le cifre sulla destra indicano il numero e l'anno dell'ultima ristampa effettuata

A cura di:
Patrizia Nissolino

Progetto grafico: ProMedia Studio di A. Leano – Napoli
Fotocomposizione: Oltrepagina S.r.l. – Verona
Cover Design and Front Cover Illustration: Digital Followers S.r.l.
Stampato presso Vulcanica S.r.l. – Nola (NA)
Per conto della EdiSES edizioni S.r.l. – Piazza Dante, 89 – Napoli

www.edises.it
assistenza.edises.it

Sommario

Parte Prima
Diventare Carabiniere dell'Arma

Parte Seconda
Prova scritta di selezione

Sezione I - Italiano

Sezione II - Storia

Sezione III - Attualità

Sezione IV - Cittadinanza e Costituzione

Sezione V - Geografia

Sezione VI - Matematica

Sezione VII - Scienze

Sezione VIII - Informatica

Sezione IX - Logica

Parte Terza
Simulazioni della prova scritta di selezione

Premessa

Il volume si rivolge a quanti vogliono prepararsi al concorso per Allievi Carabinieri fornendo tutto il materiale necessario per affrontare le diverse fasi di selezione previste dal concorso: ***prova scritta di selezione; prove di efficienza fisica; accertamenti psico-fisici e attitudinali***.

Il testo, nella prima parte, fornisce indicazioni sulle origini e storia dell'Arma, sulla figura professionale del Carabiniere e sulle prove che ciascun concorrente dovrà affrontare partecipando al concorso.

Nella seconda parte sviluppa, in modo sintetico e incisivo, il programma d'esame previsto dal bando per la ***prova scritta di selezione***, che consiste nella risoluzione di quesiti a risposta multipla vertenti su argomenti di **cultura generale (lingua italiana, attualità, storia, geografia, matematica, geometria, cittadinanza e Costituzione italiana e scienze), storia dell'Arma, capacità verbale, comprensione di un testo scritto e logica deduttiva (ragionamento numerico e verbale), conoscenze informatiche e linguistiche, lingua straniera**.

Registrandosi sul nostro sito secondo le modalità indicate nelle prime pagine, è possibile consultare due capitoli dedicati alla lingua **inglese** e **francese**, come previsto dal bando per la prova scritta.

A corredo di ciascuna materia sono inserite le rubriche ***"Occorre Sapere..."*** che evidenziano gli argomenti più spesso oggetto di domanda (frutto di analisi di materiale utilizzato dall'Amministrazione nei precedenti concorsi). Inoltre, al termine di ogni materia, numerosi ***quesiti di verifica*** (simili a quelli somministrati dall'Arma) permettono di esercitarsi in vista del concorso. La parte si conclude con tre esercitazioni su argomenti di cultura generale e logica.

Gli autori si sono impegnati a sviluppare il programma d'esame nel modo più pertinente possibile alle richieste delle Amministrazioni, Militari e di Polizia, e a presentarlo nelle forme più semplici per l'apprendimento; inoltre, hanno arricchito i contenuti inserendo delle rubriche che puntano direttamente alle nozioni che interessano i candidati.

L'obiettivo è quello di fornire, ai concorrenti che desiderano intraprendere una carriera in divisa, strumenti particolarmente efficaci per raggiungere una preparazione ottimale e poter affrontare le prove selettive di ciascun concorso con l'adeguata serenità, sicuri di aver studiato in modo incisivo gli specifici argomenti richiesti.

Per completare la preparazione si consiglia il volume **Concorso Arma dei Carabinieri – Test attitudinali e di personalità (CC 4.0)**

Ulteriori **materiali didattici**, **simulazioni di prove** e **aggiornamenti** sono disponibili nell'area riservata a cui si accede mediante la registrazione al sito *edises.it* secondo la procedura indicata nelle prime pagine del volume.

Eventuali errata-corrige saranno pubblicati sul nostro sito, *edises.it*, nell'apposita sezione "Aggiornamenti" della scheda prodotto.

Altri aggiornamenti saranno disponibili sui nostri profili social.

Facebook.com/infoConcorsi
Clicca su (Facebook) per ricevere gli aggiornamenti
blog.edises.it

Indice

Parte Prima
Diventare Carabiniere dell'Arma

Parte Seconda
Prova scritta di selezione

Sezione I - Italiano

Sezione II - Storia

Capitolo 1 - L'Ottocento: dal Congresso di Vienna al Colonialismo

Capitolo 2 - L'inizio del '900 e la Prima Guerra Mondiale

Capitolo 3 - I Nazionalismi - La Seconda Guerra Mondiale

Capitolo 4 - La guerra fredda e la divisione dell'Europa in due blocchi - La decolonizzazione

Capitolo 5 - I Paesi dell'Europa occidentale dalla Seconda Guerra Mondiale ai giorni nostri

Capitolo 6 - Notizie flash dall'Italia e dal Mondo

Sezione III - Attualità

Capitolo 1 - Principali accadimenti degli ultimi anni

Sezione IV - Cittadinanza e Costituzione

Capitolo 1 - Diritto e Ordinamento giuridico

Capitolo 3 - Elementi di algebra

Capitolo 4 - Geometria piana

Sezione VII - Scienze

Capitolo 1 - Biologia

Sezione IX - Logica

Parte Terza
Simulazioni della prova scritta di selezione

Parte Prima

Diventare Carabiniere dell'Arma

SOMMARIO

Capitolo 1
Il Carabiniere dell'Arma

1.1 Origini e storia dell'Arma dei Carabinieri

Rientrato in Piemonte dopo la caduta di Napoleone, Vittorio Emanuele I di Savoia istituì il Corpo dei Carabinieri, ispirandosi alla Gendarmeria francese. Il re, infatti, riteneva di fondamentale importanza riportare ordine e disciplina in un Paese scosso da tumulti e scompigli. Fu così che nel giugno del 1814 fu firmato dalla Segreteria di Guerra (un organismo equivalente all'attuale Ministero della Difesa) un "Progetto di istituzione di un Corpo militare per il mantenimento del buon ordine". Il 16 giugno dello stesso anno fu portato a termine un altro studio, il "Progetto d'Istruzione Provvisoria per il Corpo dei Carabinieri Reali", controfirmato dal Generale d'Armata Giuseppe Thaon di Revel. In questo documento si elencava una serie di compiti che da quel momento in poi avrebbero garantito una maggiore sicurezza ai cittadini e ripristinato un ordine rigoroso. I Carabinieri, infatti, sarebbero intervenuti nei casi di: furti con scasso, incendi, assassini, rapine a corrieri governativi o a diligenze cariche di munizioni, rapimenti, spionaggio, contrabbando, e così via. Questo lavoro di preparazione culminò con la promulgazione delle ***Regie Patenti***, il 13 luglio 1814, che segnarono la nascita ufficiale del "Corpo dei Carabinieri Reali". Si trattava di un atto con il quale si stabilivano in maniera precisa e dettagliata le mansioni e le competenze dei vari ruoli assegnati nell'ambito del Corpo in questione. Quello che si configurava nelle Regie Patenti era dunque un corpo d'élite, con la funzione di protezione e tutela dell'ordine pubblico e della stabilità interna.

Il primo nucleo con cui i Carabinieri cominciarono ad operare era costituito da 27 ufficiali e 776 tra sottoufficiali e truppa. Il Corpo venne articolato in Divisioni, una per provincia, comandata da un capitano. Ogni divisione aveva sotto di sé una serie di luogotenenze, guidate da un luogotenente o da un sottotenente. L'ultimo anello della catena era costituito dalle Stazioni, capillarmente distribuite su tutto il territorio e comandate da marescialli o brigadieri.

Uno dei primi problemi che sorsero con l'istituzione di questo Corpo fu legato al criterio di reclutamento. Inizialmente tale aspetto venne risolto dando accesso quasi esclusivo a chi avesse prestato servizio per quattro anni in altri corpi, garantendo così la presenza di persone che avessero già una formazione adeguata alla disciplina e alla vita militare. Altri requisiti erano legati alla statura (non meno di 1,75 metri) e alla capacità di leggere e scrivere: visto il diffuso analfabetismo e la dieta povera di proteine, si trattava di requisiti molto severi per l'epoca. Altrettanto rigorosi erano i criteri di reclutamento degli ufficiali, che venivano scelti prevalentemente sulla base delle competenze acquisite nelle armate napoleoniche. Un incentivo da non sottovalutare nel reclutamento volontario era rappresentato dalla paga: cinquecento lire per un carabiniere a piedi e mille per uno a cavallo.

La Determinazione sovrana del 9 novembre 1816 decise una riorganizzazione del Corpo, istituendo un comando di corpo retto da un colonnello e creando presso il comando un consiglio di amministrazione che assicurasse la completa autonomia amministrativa. Inoltre, il numero delle Divisioni passò da dodici a sei e fu creato il livello ordinativo di compagnia con 19 compagnie agli ordini di capitani o luogotenenti anziani. Venne disposto che il reclutamento ordinario si effettuasse dai reggimenti di fanteria e cavalleria, mentre un reclutamento facoltativo poteva avere luogo tra volontari civili dotati di spiccate qualità. La suddetta determinazione sovrana sanciva "ventuno incumbenze" che definivano il servizio istituzionale, ancora oggi ad esse ispirato. Tra queste citiamo l'attività informativa, consistente nel "procurarsi e raccogliere tutte le notizie possibili sopra i delitti che si fossero commessi, e sovra i loro autori...", l'arresto in flagranza di reato, il controllo sul porto abusivo di armi e sui giochi d'azzardo, le prescrizioni relative alla tutela dell'ambiente, come l'arresto dei devastatori di boschi, la lotta al contrabbando, le disposizioni volte alla tutela dei negozianti e del servizio postale, il servizio di frontiera, ed altro ancora.

Nel 1822, Carlo Felice riordinò la disciplina di questa forza armata attraverso il "Regolamento Generale del Corpo dei Carabinieri Reali", che sarebbe stato alla base di tutti i successivi, fino ai nostri giorni. Non era un documento organizzativo, ma un vero e proprio libro di oltre 250 pagine che regolamentava nello specifico ogni aspetto del Corpo. Oltre alle disposizioni di servizio, il regolamento in esame sanciva alcuni principi duraturi: i carabinieri, tranne che per il servizio d'ordinanza (cioè trasmissione di dispacci urgenti), devono sempre essere almeno in due; devono considerarsi in servizio perpetuo in qualunque circostanza ed a qualunque ora; devono sempre avere un contegno distinto, fermo, dignitoso, calmo, ma anche imparziale ed umano.

Anche il reclutamento era più selettivo, perché il candidato doveva: avere un'età compresa tra i 25 e i 40 anni, saper leggere e scrivere, essere preferibilmente celibe o vedovo senza figli, non avere precedenti penali, aver servito per almeno quattro anni in un altro corpo dell'armata con un certificato di buona condotta e salute, essere alto 39 once per la fanteria e 40 per la cavalleria (circa 1,75 metri). Le nuove reclute si ingaggiavano per 10 anni e avevano diritto a ricevere la somma dell'ingaggio (150 lire se Carabinieri Reali a piedi e 350 se a cavallo) soltanto dopo 35 mesi di ininterrotto servizio. Una norma particolare riguardava il matrimonio, infatti sia i carabinieri che i sottoufficiali non potevano fidanzarsi né sposarsi senza autorizzazione da parte del proprio colonnello. Nel 1861, dopo l'unità d'Italia, quando l'Arma Sarda fu trasformata in Regio Esercito, i diversi corpi di Carabinieri confluirono nell'*Arma dei Carabinieri Reali* che divenne la Prima Arma. In quel periodo dovettero contrastare in particolar modo il fenomeno del brigantaggio, diffuso specialmente nei territori che avevano fatto parte del Regno delle Due Sicilie. L'Arma si distinse, inoltre, durante la Prima Guerra Mondiale, nella battaglia di Caporetto del 1917, quando costrinse i soldati in trincea a tener duro e rese possibile un'ordinata ritirata verso il Piave.

Anche durante la Seconda Guerra Mondiale, i Carabinieri dimostrarono un grande spirito di sacrificio con atti di eroismo sia individuali che collettivi. Per esempio, nella battaglia di Culqualber in Abissinia, il primo Gruppo Mobilitato dei Carabinieri, sprovvisto di munizioni e di rifornimenti, s'immolò nel combattimento contro gli inglesi.

A partire dal secondo dopoguerra, l'Arma dei Carabinieri ha dato prova di grande coraggio, spiccando nella lotta al terrorismo durante gli anni di piombo, nella lotta alla criminalità organizzata e nel soccorso alle popolazioni civili vittime di catastrofi naturali. Si è poi distinta in diverse missioni all'estero, come in Libano, Somalia, Bosnia, Kosovo, Cambogia, Mozambico, Afghanistan e Iraq.

1.2 L'Arma dei Carabinieri

La nuova e attuale organizzazione operativa e funzionale dell'Arma dei Carabinieri è stata delineata, sostanzialmente, da due **Decreti Legislativi** scaturiti dall'attuazione dei principi e dei criteri fissati dall'art.1 della **legge n. 78 del 31 marzo 2000**, recante "Delega al Governo per il riordino dell'Arma dei Carabinieri" e precisamente: il **n. 297** "Norme in materia di riordino dell'Arma dei Carabinieri" e il **n. 298** "Riordino del reclutamento, dello stato giuridico e dell'avanzamento degli Ufficiali dei Carabinieri", entrambi del 5 ottobre 2001. Infine, ulteriore riordino è stato apportato con il Decreto Legislativo n. 177 del 9 agosto 2016, con cui è stato sancito l'assorbimento del Corpo Forestale nell'Arma dei Carabinieri, e con il Decreto Legislativo n. 95 del 29 maggio 2017, recante disposizioni in materia di revisione dei ruoli delle Forze di Polizia.
In pratica, si è trattato di una revisione che da un lato ha visto convalidare e aggiornare i mutamenti normativi avvenuti negli ultimi decenni in conseguenza della rapida evoluzione della nostra società e dall'altro ha definito un quadro organizzativo dell'Arma meglio aderente ai cambiamenti già intervenuti sia nelle Forze Armate sia nelle stesse Forze di Polizia, in seguito a diverse normative: leggi n. 382 dell'11 luglio 1978 ("Norme di principio sulla disciplina militare"), n. 121 del 1° aprile 1981 ("Nuovo ordinamento dell'Amministrazione della pubblica sicurezza") e n. 25 del 18 febbraio 1997 ("Vertici militari").
L'attuale quadro legislativo ha attribuito definitivamente un ruolo che storicamente l'Arma dei Carabinieri ha sempre svolto, collocandola ordinativamente, con il rango di **Forza Armata**, alle dirette dipendenze del Capo di Stato Maggiore della Difesa e puntualizzandone formalmente i compiti militari.
Già dalle origini, erano considerati primo Corpo dell'Armata di terra e nel tempo hanno mantenuto questo privilegio, anche nell'ambito dell'Esercito del Regno d'Italia e nel 1922 furono definiti *"Forza Armata in servizio permanente di pubblica sicurezza"*, anticipando la formulazione della L. 121/1981.

1.3 Compiti istituzionali dell'Arma

In ragione della sua peculiare connotazione di **Forza militare di polizia a competenza generale**, all'Arma dei Carabinieri sono affidati i seguenti compiti:

a) **militari**:
   - concorso alla **difesa della Patria** e alla **salvaguardia** delle libere istituzioni e del bene della collettività nazionale nei casi di pubbliche calamità;
   - partecipazione:
     - alle **operazioni militari in Italia e all'estero** sulla base della pianificazione d'impiego delle Forze Armate stabilita dal Capo di Stato Maggiore della Difesa;

  - a **operazioni di polizia militare all'estero** e, sulla base di accordi e mandati internazionali, concorso alla **ricostituzione dei corpi di polizia locali** nelle aree di presenza delle Forze Armate in missioni di supporto alla pace;
- esercizio esclusivo delle funzioni di **polizia militare e sicurezza** per le Forze Armate;
- esercizio delle funzioni di **polizia giudiziaria militare** alle dipendenze degli organi della giustizia militare;
- sicurezza delle **rappresentanze diplomatiche e consolari** italiane, ivi compresa quella degli uffici degli addetti militari all'estero;
- **assistenza** ai comandi e alle unità militari impegnati in attività istituzionali nel territorio nazionale;
- concorso al **servizio di mobilitazione**;

b) di **polizia**:
- esercizio delle funzioni di **polizia giudiziaria e di sicurezza pubblica**;
- quale **struttura operativa nazionale di protezione civile**, assicurazione della continuità del servizio d'istituto nelle aree colpite dalle pubbliche calamità, concorrendo a prestare soccorso alle popolazioni interessate agli eventi calamitosi.

1.4 Dipendenze gerarchiche e funzionali

L'Arma dei Carabinieri, collocata autonomamente nell'ambito del **Ministero della Difesa** con il rango di Forza Armata, è Forza di Polizia a competenza generale e in servizio permanente di pubblica sicurezza, con le speciali prerogative conferitele dalle norme in vigore, e dipende:
- tramite il Comandante Generale, dal **Capo di Stato Maggiore della Difesa** per quanto attiene ai compiti militari;
- funzionalmente dal **Ministro dell'Interno**, per quanto attiene ai compiti di tutela dell'ordine e della sicurezza pubblica.

Per gli aspetti tecnico-amministrativi, l'Arma dei Carabinieri fa capo:
- al Ministero della Difesa per quanto concerne il personale, l'amministrazione e le attività logistiche;
- al Ministero dell'Interno per l'accasermamento e il casermaggio connessi con l'assolvimento dei compiti di polizia, nonché per l'utilizzazione delle risorse finanziarie finalizzate al potenziamento delle Forze di Polizia.

I seguenti reparti dell'Arma sono costituiti nell'ambito di Dicasteri e dipendono funzionalmente dai titolari degli stessi:
- **Ministero della Salute**, per la prevenzione e repressione dei reati attinenti la tutela della salute pubblica (Comando Carabinieri per la Sanità);
- **Ministero dell'Ambiente e della Tutela del Territorio e del Mare**, per la prevenzione e repressione delle violazioni compiute in danno dell'assetto ambientale (Comando Carabinieri per la Tutela dell'Ambiente);
- **Ministero per i Beni e le Attività culturali e per il Turismo**, per la prevenzione e repressione dei reati connessi alla detenzione, commercio e trafugamento di beni e materiali d'interesse artistico, storico e archeologico (Comando Carabinieri Tutela Patrimonio Culturale);
- **Ministero del Lavoro e delle Politiche sociali**, per la verifica dell'applicazione delle normative in materia di collocamento, lavoro, previdenza e assistenza sociale (Comando Carabinieri Ispettorato del Lavoro);

- **Ministero delle Politiche agricole alimentari e forestali**, per la tutela forestale e ambientale e per il controllo, la prevenzione e repressione delle frodi nel settore agroalimentare e ai danni dell'Unione Europea (Comando Carabinieri Politiche Agricole). Il 25 ottobre 2016 è stato ufficialmente istituito il Comando Unità per la Tutela Forestale, Ambientale e Agroalimentare Carabinieri per dare seguito, dal 1° gennaio 2017, all'assorbimento del Corpo Forestale dello Stato nell'Arma dei Carabinieri; può oggi essere considerata la più articolata e forte "polizia ambientale" dell'Europa e del mondo.
- **Ministero degli Affari esteri e della Cooperazione internazionale**, per la tutela delle sedi delle Rappresentanze diplomatiche italiane all'estero, la prevenzione e la repressione delle violazioni alle leggi speciali sull'emigrazione (Comando Carabinieri presso il Ministero Affari Esteri).

Alcuni reparti costituiti nell'ambito di Organi o Autorità nazionali (Presidenza della Repubblica, Senato, Camera, Corte Costituzionale, Presidenza del Consiglio dei Ministri e C.N.E.L.), per l'assolvimento di compiti specifici, dipendono funzionalmente dai titolari degli stessi Organi o Autorità.
I reparti e gli uffici dell'Arma costituiti in ambito interforze Difesa, nei Comandi e negli Organismi alleati in Italia e all'estero, ovvero nelle singole Forze Armate, dipendono, tramite i relativi Comandanti, rispettivamente dal Capo di Stato Maggiore della Difesa e dai Capi di Stato Maggiore di Forza Armata.
Per l'espletamento delle attività di Polizia Giudiziaria, infine, i Carabinieri dipendono funzionalmente dall'Autorità Giudiziaria, secondo quanto prescritto dal codice di procedura penale.
In tale contesto, la legge attribuisce la qualifica di:
- **Ufficiale di polizia giudiziaria** agli Ufficiali, esclusi i Generali, agli Ispettori, ai Sovrintendenti e agli Appuntati Comandanti interinali di Stazione;
- **Agente di polizia giudiziaria** agli Appuntati e ai Carabinieri;
- **Ufficiale di pubblica sicurezza** agli Ufficiali, ai Marescialli Maggiori sostituti Ufficiali di pubblica sicurezza e ai Luogotenenti sostituti Ufficiali di pubblica sicurezza;
- **Agente di pubblica sicurezza** agli Ispettori, ai Sovrintendenti, agli Appuntati e ai Carabinieri.

1.5 Ruoli e gradi del personale

Il personale dell'Arma dei Carabinieri è suddiviso nei seguenti quattro **ruoli**: Ufficiali, Ispettori, Sovrintendenti, Appuntati e Carabinieri.
Ogni ruolo, poi, è ordinato in **gradi gerarchici**. Il ruolo Appuntati e Carabinieri, procedendo in ordine decrescente, si suddivide in:
- appuntato scelto;
- appuntato;
- carabiniere scelto;
- carabiniere.

Al personale appartenente al ruolo Appuntati e Carabinieri sono attribuite le qualifiche di agente di pubblica sicurezza e di agente di polizia giudiziaria.
Lo stesso, oltre ai compiti di carattere militare previsti dalle disposizioni in vigore, svolge mansioni esecutive con il margine di iniziativa e di discrezionalità inerente le qualifiche possedute e può altresì esercitare incarichi di comando di uno o più militari, nonché di addestramento in relazione ad una eventuale specifica preparazione professionale posseduta.

1.6 Reclutamento e bando di concorso

Possono partecipare al concorso:

a) i volontari in ferma prefissata di un anno VFP1 (in servizio da almeno 5 mesi continuativi ovvero in rafferma annuale) e i volontari in ferma prefissata quadriennale VFP4 (in servizio, esclusi coloro che si trovano in rafferma biennale) che non abbiano presentato, nell'anno di pubblicazione del bando, domanda di partecipazione ad altri concorsi indetti per le carriere iniziali delle altre Forze di polizia a ordinamento civile e militare e che, alla data di scadenza del termine utile per la presentazione della domanda di partecipazione al concorso, non abbiano superato il ventottesimo anno di età;
b) tutti i cittadini italiani che abbiano compiuto il diciassettesimo anno di età e non superato il giorno di compimento del ventiseiesimo anno di età. Per coloro che hanno già prestato servizio militare, il limite massimo d'età è elevato a ventotto anni.

Tutti i candidati devono:

- essere cittadini italiani e godere dei diritti civili e politici;
- avere, se minori, il consenso di chi esercita la responsabilità genitoriale;
- aver tenuto condotta incensurabile e non essere stati condannati per delitti non colposi, anche con sentenza di applicazione di pena su richiesta, a pena condizionalmente sospesa o con decreto penale di condanna, ovvero non essere in atto imputati in procedimenti penali per delitti non colposi;
- non essere sottoposti a misure di prevenzione;
- non aver tenuto comportamenti nei confronti delle istituzioni democratiche che non diano
- sicuro affidamento di scrupolosa fedeltà alla Costituzione repubblicana e alle ragioni
- di sicurezza dello Stato;
- non trovarsi in situazioni comunque incompatibili con l'acquisizione o la conservazione dello stato di Carabiniere;
- rientrare nei valori limite dei parametri fisici stabiliti dal D.P.R. n. 207/2015;
- essere in possesso dell'idoneità psicofisica e attitudinale (successivamente da accertare);
- non essere stati dichiarati obiettori di coscienza ovvero ammessi a prestare servizio sostitutivo civile, a meno che abbiano presentato apposita dichiarazione irrevocabile di rinuncia allo status di obiettore di coscienza presso l'Ufficio nazionale per il servizio civile non prima che siano decorsi almeno cinque anni dalla data in cui sono stati collocati in congedo.
- se militari in servizio (VFP1/VFP4), essere in possesso del diploma di istituto di istruzione secondaria di primo grado;
- se non VFP1/VFP4, aver conseguito, o essere in grado di conseguire al termine dell'anno scolastico di pubblicazione del bando, il titolo di studio di diploma di istruzione secondaria di secondo grado.

Gli aspiranti all'arruolamento nell'Arma dei Carabinieri debbono essere in possesso dei requisiti morali richiesti dall'art. 26 della legge 1° febbraio 1989, n. 53, nonché di quelli previsti dall'art. 17, comma 2 della legge 11 luglio 1978, n. 382, risultanti dalle informazioni raccolte.
La domanda di partecipazione al concorso dovrà essere compilata e inviata, esclusivamente on-line, seguendo la procedura indicata nel sito www.carabinieri.it - area concorsi, entro il termine perentorio di 30 giorni a decorrere dal giorno successivo a quello di pubblicazione del bando nella Gazzetta Ufficiale – 4ª Serie Speciale, seguendo le istruzioni per la compilazione che sono fornite dal sistema automatizzato.

1.7 La formazione degli allievi carabinieri

Gli arruolati volontari come carabinieri effettivi sono ammessi al corso per allievo carabiniere. Il predetto personale, dopo sei mesi dalla data di arruolamento, consegue la nomina di carabiniere allievo, previo superamento di esami, ed è immesso in ruolo al grado di ***carabiniere*** al termine del corso secondo l'ordine della graduatoria finale.
I militari in servizio e in congedo delle Forze Armate e quelli in congedo dell'Arma dei Carabinieri, nonché il personale appartenente alle altre Forze di Polizia, perdono il grado e la qualifica rivestiti all'atto dell'ammissione al corso.
Alla formazione militare e tecnico-professionale del personale del ruolo Appuntati e Carabinieri provvede la ***Legione Allievi Carabinieri***, con sede in Roma, mediante le dipendenti Scuole Allievi di Roma, Torino, Fossano, Campobasso, Benevento, Reggio Calabria e Iglesias.
I corsi formativi per Carabinieri hanno una durata di 12 mesi e privilegiano il momento pratico sugli aspetti teorici e comprendono attività formative di carattere militare e istruzioni tecnico-professionali, indispensabili per lo svolgimento efficace dei compiti e delle specifiche funzioni del personale del ruolo.
Per quanto riguarda l'**addestramento specialistico**, numerosi sono i Centri di formazione, fra i quali:

- il **Centro Addestramento della 2ª Brigata Mobile** di Livorno, che si occupa dei corsi (4 settimane) per certificare il personale dell'Arma da impiegare all'estero in missioni di breve durata e dell'addestramento della fase di amalgama pre-missione (1 settimana) dei militari da inviare nei vari teatri operativi e in particolare nell'ambito delle MSU (Multinational Specialized Units), nonché dell'addestramento sulle tecniche di ordine pubblico;
- la **Scuola di Perfezionamento al tiro** di Roma, che è competente a svolgere corsi di specializzazione e di aggiornamento per istruttori di tiro, tiratori scelti e armaioli, effettuando - d'iniziativa o a richiesta - ricerche, studi, sperimentazioni e prove comparative sul materiale d'armamento, di equipaggiamento e su tecniche realistiche d'intervento;
- il **Centro Addestramento Alpino** di Selva di Val Gardena, che cura la formazione degli sciatori, rocciatori, addetti al soccorso alpino, squadre antivalanghe e la preparazione dei militari appartenenti alla Sezione Sport invernali che rappresentano l'Arma in occasione di competizioni sportive;
- il **Centro Addestramento Specializzati della Telematica** (C.A.S.T.) di Velletri, che provvede alla formazione degli specialisti e allo svolgimento di corsi di aggiornamento nel settore telematico (operatori telematici, tecnici telematici e di aggiornamento sugli apparati della Centrale Operativa);
- il **Centro Carabinieri Subacquei** di Genova, che svolge corsi di formazione e aggiornamento per il personale da impiegare nello specifico settore;
- il **Centro Carabinieri Cinofili** di Firenze, che provvede alla formazione del personale abilitato quale conduttore di cani e all'addestramento di cani per operazioni di polizia giudiziaria, ricerca e soccorso;
- il **Raggruppamento Aeromobili Carabinieri** di Pratica di Mare, che provvede alla formazione degli specialisti e allo svolgimento di corsi nel settore;
- il **Centro Lingue Estere**, che è responsabile della formazione linguistica (organizza corsi di lingue e stages all'estero) e delle attività di certificazione del livello di conoscenza linguistica del personale dell'Arma, secondo gli standard stabiliti dalla NATO. Forte impulso è stato dato all'apprendimento delle lingue più diffuse, soprattutto l'Inglese, il Fran-

cese, lo Spagnolo e il Tedesco e di quelle c.d. "rare" di interesse operativo, quali l'Arabo, il Croato, il Serbo, l'Albanese, lo Sloveno, il Nigeriano, il Russo e il Turco;
- il **4° Reggimento Carabinieri a cavallo**, con sede in Roma, che cura, con gli istruttori di equitazione dell'Arma, il conseguimento della specifica abilitazione per il personale da destinare allo stesso Reggimento a cavallo, ai Nuclei CC a cavallo di Milano, Firenze, Napoli e Palermo e alla Stazione CC di Foresta Burgos.

1.8 Lo svolgimento delle prove concorsuali

Il concorso prevede le seguenti prove:
- prova scritta di selezione;
- prove di efficienza fisica;
- accertamenti psico-fisici, per il riconoscimento dell'idoneità psicofisica;
- accertamenti attitudinali;
- accertamenti della conoscenza della lingua straniera nella prova facoltativa;
- valutazione dei titoli.

Se il numero delle domande è ritenuto incompatibile con le esigenze di selezione e conclusione della procedura concorsuale, la prova di selezione culturale ha valore di prova preliminare.
Il mancato superamento di una delle prove o degli accertamenti psico-fisici e attitudinali comporta l'esclusione dal concorso.

1.9 La prova scritta di selezione

I concorrenti sono, innanzi tutto, sottoposti a una prova scritta di selezione, a carattere culturale e/o logico deduttivo, che consiste nella somministrazione di un questionario articolato in **100 domande** a risposta multipla, da svolgere in **60 minuti**, vertenti su:
- argomenti di cultura generale:
    - italiano;
    - attualità;
    - storia;
    - geografia;
    - matematica;
    - geometria;
    - Costituzione e cittadinanza italiana;
    - scienze;
- storia e struttura ordinativa dell'Arma;
- comprensione di un testo scritto e logica deduttiva (ragionamento numerico e capacità verbale);
- informatica (conoscenza delle apparecchiature e delle applicazioni informatiche più diffuse);
- una lingua straniera a scelta tra il francese, l'inglese, lo spagnolo e il tedesco.

I concorrenti che hanno presentato la domanda di partecipazione e ai quali non è stata comunicata l'esclusione dal concorso sono tenuti a presentarsi, senza attendere alcuna convocazione, presso la sede d'esame nel giorno previsto almeno un'ora prima di quella di inizio della

prova, muniti della ricevuta attestante la presentazione della domanda on-line, di un documento di riconoscimento provvisto di fotografia rilasciato da una Amministrazione dello Stato e in corso di validità, nonché di penna a sfera a inchiostro indelebile nero.
L'ordine di convocazione, la sede, la data e l'ora di svolgimento sono resi noti, con valore di notifica a tutti gli effetti e per tutti i concorrenti, a partire dalla data riportata sul bando (da leggere attentamente), mediante pubblicazione nel sito internet www.carabinieri.it e presso il Comando Generale dell'Arma dei Carabinieri, V Reparto, Ufficio relazioni con il pubblico, piazza Bligny n. 2, 00197 Roma, telefono 06/80982935.
È a carico, quindi, di ciascun concorrente l'onere di verificare la pubblicazione di eventuali variazioni o di ulteriori indicazioni per lo svolgimento della prova.
La Commissione competente, prima dell'inizio della prova, a ogni turno, se la stessa ha luogo in più turni, distribuisce ai concorrenti il materiale necessario (questionario, modulo risposta test ecc.) e fornirà ai medesimi tutte le informazioni necessarie all'espletamento della prova stessa, in particolare le modalità di corretta compilazione del modulo e le norme comportamentali da osservare, pena l'esclusione dal concorso.
Al termine di ogni turno di prova la Commissione, con l'ausilio di strumenti informatici forniti dal Centro Nazionale di Selezione e Reclutamento del Comando Generale dell'Arma dei Carabinieri, provvederà alla correzione dei moduli risposta test compilati dai candidati. Il punteggio è espresso in centesimi e concorre alla formazione della graduatoria finale di merito; l'esito della prova scritta viene reso disponibile sul sito internet www.carabinieri.it.
Nei trenta giorni antecedenti lo svolgimento della prova di selezione a carattere culturale e/o logico deduttivo, sul sito internet www.carabinieri.it, viene resa disponibile la banca dati dalla quale vengono tratti i predetti quesiti, a eccezione di quelli di lingua straniera e di ragionamento verbale, finalizzati a verificare la comprensione di un testo scritto.
I concorrenti assenti al momento dell'inizio della prova sono esclusi dal concorso, quali che siano le ragioni dell'assenza, comprese quelle dovute a causa di forza maggiore. Qualora la prova venga svolta in più di una sessione non saranno previste riconvocazioni, ad eccezione dei concorrenti interessati al concomitante svolgimento di prove nell'ambito di altri concorsi indetti dall'Amministrazione Difesa ai quali gli stessi hanno chiesto di partecipare. Gli interessati, pertanto, devono far pervenire a mezzo e-mail (all'indirizzo cnsrconccar@pec.carabinieri.it), al predetto Centro Nazionale di Selezione e Reclutamento, un'istanza di nuova convocazione entro le ore 13:00 del giorno lavorativo antecedente a quello di prevista presentazione, inviando documentazione probatoria. La riconvocazione, che può essere disposta compatibilmente con il periodo di svolgimento della prova stessa, avviene a mezzo e-mail inviata all'indirizzo di posta elettronica indicato nella domanda di partecipazione al concorso.
Nel caso in cui il numero delle domande sia ritenuto incompatibile con le esigenze di selezione e con i termini di conclusione della relativa procedura concorsuale, la prova in argomento ha valore anche di ***prova preliminare*** e, pertanto, il punteggio conseguito dal concorrente all'esito della correzione e valutazione della prova (espresso in centesimi):
- determinerà la formazione di una graduatoria per individuare i concorrenti da ammettere a sostenere le prove di efficienza fisica;
- concorrerà alla formazione delle graduatorie finali di merito.

Per quanto concerne le modalità di svolgimento, correzione e valutazione della prova, sono osservate le disposizioni contenute in apposite norme tecniche approvate con provvedimento dirigenziale del Comandante Generale dell'Arma dei Carabinieri e rese disponibili, prima della data di svolgimento della prova concorsuale, mediante pubblicazione sul sito www.carabinieri.it, con valore di notifica a tutti gli effetti e per tutti i concorrenti. Con lo stesso mezzo viene reso noto l'esito della prova.

1.10 La prova di efficienza fisica

Il calendario e le modalità di convocazione dei concorrenti ammessi a sostenere le prove di efficienza fisica e gli accertamenti sanitari e attitudinali sono resi noti, con valore di notifica a tutti gli effetti e per tutti i concorrenti, prima della data di svolgimento della prova concorsuale, nel sito internet www.carabinieri.it e presso il Comando Generale dell'Arma dei Carabinieri, V Reparto, Ufficio Relazioni con il Pubblico, piazza Bligny n. 2, 00197 Roma, telefono 06/80982935.
La prova di efficienza fisica ha lo scopo di verificare il possesso da parte dei concorrenti delle qualità fisiche indispensabili per superare dapprima il corso addestrativo e, successivamente, svolgere le funzioni attribuite ai Carabinieri effettivi.
Le prove di efficienza fisica si svolgono secondo le modalità e con i criteri indicati di seguito.

PROVE OBBLIGATORIE			
ESERCIZI	**UOMINI**	**DONNE**	**PUNTEGGIO**
corsa piana di metri 1000	tempo superiore a 3'e 50"	tempo superiore a 4' e 30"	inidoneo
	tempo compreso tra 3' e 50" e 3' e 36"	tempo compreso tra 4' e 30" e 4' e 16"	0 punti
	tempo compreso tra 3'e 35" e 3' e 21"	tempo compreso tra 4' e 15" e 4' e 06"	0,5 punti
	tempo uguale o inferiore a 3' e 20"	tempo uguale o inferiore a 4' e 05"	1 punto
piegamenti sulle braccia (tempo massimo 2' senza interruzioni)	piegamenti in numero inferiore a 15	piegamenti in numero inferiore a 10	inidoneo
	piegamenti in numero compreso tra 15 e 25	piegamenti in numero compreso tra 10 e 20	0 punti
	piegamenti in numero uguale o superiore a 26	piegamenti in numero uguale o superiore a 21	0,5 punti
salto in alto (due tentativi)	altezza inferiore a cm 120	altezza inferiore a cm 100	inidoneo
	altezza cm 120*	altezza cm 100	0 punti
	altezza cm 130*	altezza cm 110	1 punto
	altezza cm 140*	altezza cm 120	1,5 punti

* La prova del salto in alto è obbligatoria per la sola altezza minima prevista, mentre è facoltativa per le altezze il cui superamento comporta un punteggio incrementale.
Saranno attribuiti esclusivamente i punteggi incrementali previsti per la migliore prestazione ottenuta.

PROVE FACOLTATIVE			
ESERCIZI	**UOMINI**	**DONNE**	**PUNTEGGIO**
trazioni alla sbarra (tempo massimo 2')	in numero pari almeno a 4	in numero pari almeno a 2	0,5 punti
	in numero pari o superiore a 6	in numero pari o superiore a 3	1 punto
salto in lungo (un tentativo)	salto superiore a metri 3,50	salto superiore a metri 3,00	0,5 punti
	salto superiore a metri 4,00	salto superiore a metri 3,50	1 punto
* Saranno attribuiti esclusivamente i punteggi incrementali previsti per la migliore prestazione ottenuta.			

Giornalmente, l'inizio delle prove è preceduto da una riunione preliminare della Commissione che valuterà i certificati presentati dai candidati e illustra ai candidati le modalità di svolgimento delle prove.
I concorrenti devono effettuare gli esercizi indicati nella tabella in sequenza. In caso di mancato superamento degli esercizi obbligatori il candidato sarà giudicato inidoneo ed escluso dal concorso, mentre il mancato superamento degli esercizi facoltativi non pregiudicherà la già conseguita idoneità al termine degli esercizi obbligatori.
Il superamento di tutti gli esercizi obbligatori ed eventualmente di quelli facoltativi dà luogo all'attribuzione dei ***punteggi incrementali*** indicati nella tabella, a fianco di ciascun esercizio, utili per fa formazione della graduatoria di merito finale.
I concorrenti che prima dell'inizio delle prove lamentano postumi di infortuni precedentemente subiti o accusano una indisposizione o si infortunano durante l'esecuzione di uno degli esercizi, lo devono fare immediatamente presente alla Commissione la quale, sentito il personale medico presente, adotta le conseguenti determinazioni. Nel caso di postumi di infortuni precedentemente subiti il candidato ha la facoltà di esibire alla Commissione idonea certificazione medica.
Per l'esecuzione degli esercizi si fa riferimento ai regolamenti tecnici della federazione sportiva italiana.
I concorrenti convocati per sostenere gli esercizi ginnici devono presentarsi in sede d'esame indossando idonea tenuta ginnica, esibire la carta d'identità o altro documento di riconoscimento rilasciato da una Amministrazione dello Stato, munito di fotografia, in corso di validità (oltre all'originale dovrà essere portato al seguito una fotocopia del documento) e produrre i seguenti documenti in originale o in copia conforme:
a) estratto della documentazione di servizio, se volontari in ferma prefissata;
b) certificato di idoneità all'attività sportiva agonistica per l'atletica leggera in corso di validità, rilasciato da medici appartenenti alla federazione medico-sportiva italiana ovvero da strutture sanitarie pubbliche o private accreditate con il servizio sanitario nazionale in cui esercitano medici specializzati in medicina dello sport. La mancata presentazione di detto certificato determinerà l'esclusione dalle prove e, quindi, dal concorso, non essendo ammesse nuove convocazioni;
c) certificato attestante la recente effettuazione (da non oltre tre mesi) dell'accertamento dei markers virali anti HAV, HbsAg, anti HBs, anti HBc e anti HCV. La mancata presentazione di detti referti determinerà l'esclusione del concorrente;

d) referto attestante l'esito del test per l'accertamento della positività per anticorpi per HIV non antecedente a tre mesi. La mancata presentazione di detto referto determinerà l'esclusione del concorrente;
e) certificato, conforme al modello riportato in figura 1 rilasciato dal proprio medico di fiducia e controfirmato dagli interessati, che attesti lo stato di buona salute, la presenza/assenza di pregresse manifestazioni emolitiche (anche da carenza di G6PD – Favismo), gravi manifestazioni immunoallergiche, gravi intolleranze e idiosincrasie a farmaci o alimenti. Tale certificato dovrà avere una data di rilascio non anteriore a sei mesi a quella di presentazione. La mancata presentazione di detto documento determinerà l'esclusione del concorrente;
f) referto da cui risulti l'esito dell'esame radiografico del torace in due proiezioni, effettuato entro sei mesi antecedenti alla data fissata per gli accertamenti sanitari (solo qualora il concorrente ne sia già in possesso).

I concorrenti di sesso femminile devono, in aggiunta, produrre referto:
a) di ecografia pelvica eseguita entro i tre mesi precedenti la data degli accertamenti sanitari. La mancata presentazione di detti referti determinerà l'esclusione dal concorso, non essendo ammesse nuove convocazioni;
b) attestante l'esito di test di gravidanza (mediante analisi su sangue o urine) svolto entro i cinque giorni calendariali precedenti la data di presentazione, per lo svolgimento in piena sicurezza delle prove di efficienza fisica e le visite mediche.

Tutti gli esami strumentali e di laboratorio richiesti ai candidati devono essere effettuati presso strutture sanitarie pubbliche, anche militari, o private accreditate con il Servizio Sanitario Nazionale (in quest'ultimo caso deve essere prodotta anche l'attestazione in originale della struttura sanitaria medesima comprovante detto accreditamento).

Come per la prova di selezione, il concorrente che non si presenta nel giorno e nell'ora stabiliti per le prove di efficienza fisica sarà considerato rinunciatario e quindi escluso dal concorso, quali siano le ragioni dell'assenza comprese quelle dovute a causa di forza maggiore. Non saranno previste riconvocazioni, ad eccezione dei concorrenti interessati al concomitante svolgimento di prove nell'ambito di altri concorsi indetti dall'Amministrazione Difesa ai quali gli stessi hanno chiesto di partecipare e di quelli che non siano in possesso, alla data di convocazione, dei certificati e referti summenzionati tranne che per quelli previsti alle lettere a), b), c), i) e m) - in ragione dei tempi necessari per il rilascio di tali documenti da parte di strutture sanitarie pubbliche o private accreditate. A tal fine gli interessati devono far pervenire a mezzo e-mail (all'indirizzo cnsrconccar@pec.carabinieri.it), al CNSR un'istanza di nuova convocazione entro le ore 13:00 del giorno lavorativo antecedente a quello di prevista presentazione, inviando documentazione probatoria attestante la data di ritiro di detti referti e certificazioni. La riconvocazione avviene a mezzo e-mail inviata all'indirizzo di posta elettronica indicato nella domanda di partecipazione al concorso.

1.11 Gli accertamenti psico-fisici

I concorrenti risultati idonei alle prove di efficienza fisica sono sottoposti, a cura della Commissione medica, ad accertamenti sanitari volti alla verifica del possesso dell'idoneità psicofisica a prestare servizio in qualità di Carabiniere.

L'idoneità psicofisica dei concorrenti sarà accertata con le modalità previste dal decreto ministeriale 4 giugno 2014 e successive modificazioni e integrazioni e con quelle definite con ulteriore provvedimento dirigenziale del Comandante Generale dell'Arma dei Carabinieri.

Intestazione studio medico di fiducia, di cui all'art. 25 della legge 23 dicembre 1978 n. 833.

CERTIFICATO DI STATO BUONA SALUTE

Cognome ______________________ nome ______________________,

nato a ______________________ (____), il ______________________,

residente a ____________________ (_____), in via ________________, n.____,

n. di iscrizione al SSN ______________________________________,

codice fiscale ____,

documento d'identità:

tipo ______________________________, n. ____________________,

rilasciato in data____________________, da ____________________.

Il soggetto, sulla base dei dati anamnestici riferiti, dei dati in possesso, degli accertamenti eseguiti e dei dati clinico-obiettivi rilevati nel corso della visita medica da me effettuata, risulta in stato di buona salute e risulta:

☐ SI ☐NO (1) aver avuto manifestazioni emolitiche (anche da carenza di G6PD – Favismo) gravi intolleranze ed idiosincrasie a farmaci o alimenti (2).

Note:

____

____

Il sottoscritto ____

dichiara di aver fornito tutti gli elementi informativi richiesti in merito ai dati di cui sopra, con particolare riferimento a ricoveri ospedalieri, consapevole delle sanzioni civili e penali previste nel caso di dichiarazione mendace, così come stabilito dal decreto del Presidente della Repubblica 28 dicembre 2000, n. 445.

Il candidato

____

(firma per esteso, nome e cognome leggibili)

Rilascio il presente certificato, in carta libera, a richiesta dell'interessato per uso "arruolamento" nelle Forze armate.

Il presente certificato ha validità semestrale dalla data del rilascio.

______________, ____________
(luogo) (data)

Il medico

____

(timbro e firma)

NOTA:
(1) barrare con una X la casella d'interesse.
(2) depennare eventualmente le voci che non interessano.

fig. 1

Il concorrente che, regolarmente convocato, non si presenta nel giorno e nell'ora stabiliti per gli accertamenti sanitari sarà considerato rinunciatario e quindi escluso dal concorso, quali che siano le ragioni dell'assenza, comprese quelle dovute a causa di forza maggiore, ad eccezione dei casi più volte menzionati.

Gli accertamenti sanitari sono volti alla verifica del possesso del seguente profilo sanitario minimo:
- psiche (PS) 1
- costituzione (CO) 2
- apparato cardiocircolatorio (AC) 2
- apparato respiratorio (AR) 2
- apparati vari (AV) 2
- apparato locomotore superiore (LS) 2
- apparato locomotore inferiore (LI) 2
- apparato uditivo (AU) 2
- apparato visivo (VS) 2; acutezza visiva uguale o superiore a complessivi 16/10 e non inferiore a 7/10 nell'occhio che vede meno, raggiungibile con correzione non superiore alle 4 diottrie per la sola miopia, anche in un solo occhio e non superiore a 3 diottrie, anche in un solo occhio, per gli altri vizi di refrazione; campo visivo e motilità oculare normali, senso cromatico normale (sono ammessi tra gli interventi di chirurgia rifrattiva solamente la PRK ed il LASIK).

Per tutti i concorrenti sarà verificato, inoltre, il rientro nei valori limite dei parametri fisici, della **composizione corporea** (percentuale di massa grassa presente nell'organismo, valutata tramite bioimpedenziometria), della **forza muscolare** (forza del muscolo striato valutata con dinamometro alla mano dominante espressa in chilogrammi (Kg)) e della **massa metabolicamente attiva** (percentuale di massa magra teorica dell'organismo che riveste una rilevanza metabolica con riferimento all'apparato muscolare valutata con bioimpedenziometria), stabiliti dal D.P.R. n. 207/2015.

La Commissione, prima di eseguire la visita medica collegiale, dispone, per tutti i concorrenti, i seguenti accertamenti specialistici e di laboratorio:
- visita medica generale, antropometrica e anamnestica;
- visita cardiologica con E.C.G.;
- visita oculistica;
- visita odontoiatrica;
- visita otorinolaringoiatrica con esame audiometrico;
- visita psichiatrica;
- analisi completa delle urine, con esame del sedimento e ricerca di cataboliti urinari di sostanze stupefacenti e/o psicotrope quali anfetamine, cocaina, oppiacei, cannabinoidi, barbiturici e benzodiazepine. In caso di positività disporrà sul medesimo campione test di conferma (gascromatografia con spettrometria di massa);
- analisi del sangue concernente:
  - emocromo completo;
  - VES;
  - glicemia;
  - creatininemia;
  - trigliceridemia;
  - colesterolemia totale;
  - transaminasemia (GOT - GPT);

  - bilirubinemia totale e frazionata;
  - gamma GT;
- controllo dell'abuso sistematico di alcool.

I concorrenti di sesso femminile, in aggiunta, saranno sottoposti a visita ginecologica.
La Commissione può, inoltre, disporre l'effettuazione di ogni ulteriore indagine (compreso l'esame radiologico) ritenuta utile per consentire una adeguata valutazione clinica e medico-legale.

Al concorrente, seduta stante, viene comunicato, per iscritto, l'esito della visita mediante il verbale contenente uno dei seguenti giudizi:
- **"idoneo"** con indicazione del profilo sanitario;
- **"inidoneo"** con l'indicazione del motivo.

Sono giudicati "inidonei" i concorrenti:
1) che non rientrino nei parametri fisici correlati alla composizione corporea, alla forza muscolare e alla massa metabolicamente attiva riportati nella tabella "A" allegata al decreto del Presidente della Repubblica 17 dicembre 2015, n. 207;
2) risultati affetti da:
   - imperfezioni e infermità che siano causa di inidoneità al servizio militare secondo la normativa vigente o che determinino l'attribuzione di un profilo sanitario inferiore a quello previsto;
   - disturbi della parola anche se in forma lieve (balbuzie e disartria);
   - positività ai cataboliti urinari di sostanze stupefacenti e/o psicotrope, o agli accertamenti sul controllo per l'abuso sistematico di alcool, da confermarsi presso una struttura ospedaliera militare o civile;
   - tutte quelle imperfezioni e infermità fin qui non contemplate, comunque incompatibili con la frequenza del corso e con il successivo impiego quale Carabiniere;
3) che presentano **tatuaggi**:
   - visibili con ogni tipo di uniforme, compresa quella ginnica (pantaloncini e maglietta);
   - posti anche in parti coperte dalle uniformi che, per dimensioni, contenuto o natura, siano deturpanti o contrari al decoro o di discredito per le Istituzioni ovvero siano possibile indice di personalità abnorme (in tal caso da accertare con visita psichiatrica e con appropriati test psicodiagnostici).

Il giudizio riportato negli accertamenti psicofisici è definitivo e non suscettibile di riesame, essendo adottato in ragione delle condizioni del soggetto al momento della visita, pertanto, i concorrenti giudicati inidonei non saranno ammessi a sostenere le ulteriori prove concorsuali.
Le concorrenti di sesso femminile, in caso di positività del test di gravidanza, non possono in alcun caso essere sottoposte agli accertamenti previsti e la Commissione dovrà astenersi dalla pronuncia del giudizio, a mente della normativa vigente, secondo la quale lo stato di gravidanza costituisce temporaneo impedimento all'accertamento dell'idoneità al servizio militare. Tali candidate saranno riconvocate presso il CNSR per essere sottoposte alle visite specialistiche e agli accertamenti, in una data compatibile con la definizione delle graduatorie di merito finali. Qualora il temporaneo impedimento perduri, la candidata sarà esclusa dal concorso per impossibilità di procedere all'accertamento del possesso dei requisiti previsti dal bando.
Infine, i candidati che all'atto degli accertamenti sanitari sono riconosciuti affetti da malattie o lesioni acute di recente insorgenza e di presumibile breve durata, per le quali risulta scientificamente probabile un'evoluzione migliorativa, tale da lasciar prevedere il possibile recu-

Comando Generale dell'Arma dei Carabinieri

Centro Nazionale di Selezione e Reclutamento

COMMISSIONE PER GLI ACCERTAMENTI ATTITUDINALI DEL CONCORSO PER IL RECLUTAMENTO DI 342 ALLIEVI CARABINIERI EFFETTIVI - G.U.R.I. – 4^ SERIE SPECIALE, N. 4, DEL 10/01/2014

N.__________ di prot. Roma,

OGGETTO:

Comunicazione dell'esito degli accertamenti attitudinali (art. 11 del bando).

Al/lla concorrente ______________________________

nato/a il ______________ **a** ______________________

La Commissione di cui all'art. 6, comma 5, del bando di concorso, con verbale n. __________ in data odierna,

VISTE le norme tecniche per lo svolgimento degli accertamenti attitudinali del concorso in oggetto, approvate con determinazione nr. __________ in data __________ del Comandante Generale dell'Arma dei Carabinieri;

VISTO il profilo attitudinale previsto per gli aspiranti Carabinieri effettivi (All.A alle norme tecniche di cui sopra);

VISTE la relazione redatta dall'Ufficiale psicologo sulla scorta delle risposte fornite dalla S.V. ai test somministrati e al questionario informativo; la scheda di valutazione attitudinale redatta dall'Ufficiale perito selettore al termine dell'intervista attitudinale, da considerarsi entrambe attività endoprocedimentali;

VALUTATE le risultanze complessivamente emerse,

ha espresso il giudizio di:

"I D O N E O"

IL PRESIDENTE DELLA COMMISSIONE

____

Copia della presente comunicazione mi è stata consegnata, per notifica, il ____________________

Firma del/lla concorrente______________________ ______________________

Info: Comando Generale dell'Arma dei Carabinieri
Ufficio Relazioni con il Pubblico – Tel. 06/8098-2935
e-mail: carabinieri@carabinieri.it

fig. 2

Comando Generale dell'Arma dei Carabinieri

Centro Nazionale di Selezione e Reclutamento

COMMISSIONE PER GLI ACCERTAMENTI ATTITUDINALI DEL CONCORSO PER IL RECLUTAMENTO DI 342 ALLIEVI CARABINIERI EFFETTIVI - G.U.R.I. – 4^ SERIE SPECIALE, N. 4, DEL 10/01/2014

N.___________ di prot. Roma,

OGGETTO:

Comunicazione dell'esito degli accertamenti attitudinali (art. 11 del bando).

Al/lla concorrente ______________________________

nato/a il ______________ **a** _________________________

La Commissione di cui all'art. 6, comma 5, del bando di concorso, con verbale n. ___________ in data odierna,

VISTE le norme tecniche per lo svolgimento degli accertamenti attitudinali del concorso in oggetto, approvate con determinazione nr. __________ in data __________ del Comandante Generale dell'Arma dei Carabinieri;

VISTO il profilo attitudinale previsto per gli aspiranti Carabinieri effettivi (All.A alle norme tecniche di cui sopra);

VISTE la relazione redatta dall'Ufficiale psicologo sulla scorta delle risposte fornite dalla S.V. ai test somministrati e al questionario informativo; la scheda di valutazione attitudinale redatta dall'Ufficiale perito selettore al termine dell'intervista attitudinale, da considerarsi entrambe attività endoprocedimentali;

a conclusione del colloquio di verifica sostenuto dalla S.V. in data odierna e valutate le risultanze complessivamente emerse, avendo accertato che le abilità personali evidenziate e l'insieme delle caratteristiche personologiche riscontrate non sono adeguatamente aderenti ai requisiti attitudinali dello specifico profilo indicato in premessa, e, pertanto, non potenzialmente sufficienti a garantire un proficuo percorso di formazione finalizzato al successivo esercizio delle attribuzioni proprie del Carabiniere effettivo, ha espresso il giudizio di:

"INIDONEO/A"

La S.V. è, pertanto, esclusa dal concorso ai sensi dell'art. 11, comma 3, del bando di concorso.

IL PRESIDENTE DELLA COMMISSIONE

____

Avverso il presente giudizio è ammesso, dalla sua notifica:
- entro 60 giorni, ricorso al Tribunale Amministrativo per la Regione Lazio, con sede in Roma, nei termini e modi prescritti rispettivamente dagli artt. 29 e 41 del D.Lgs. 2 luglio 2010, n.104 e secondo il criterio della inderogabilità della competenza di cui agli artt. 13 e seguenti della medesima norma;
- entro 120 giorni, ricorso straordinario al Presidente delle Repubblica, versando il contributo unificato obbligatorio di euro 650,00, di cui all'art. 1, comma 25, lettera a) n.3 della L. 228/2012.

Copia della presente comunicazione di **inidoneità** mi è stata consegnata, per notifica, il _________________

Firma del/lla concorrente __________________________________

Info: Comando Generale dell'Arma dei Carabinieri
Ufficio Relazioni con il Pubblico – Tel. 06/8098-2935
e-mail: carabinieri@carabinieri.it

fig. 3

pero dei requisiti richiesti in tempi compatibili con lo svolgimento del concorso, sono sottoposti a ulteriore valutazione sanitaria a cura della stessa Commissione medica per verificare l'eventuale recupero dell'idoneità fisica, in una data successiva. I candidati che, al momento della nuova visita medica, non avranno recuperato la prevista idoneità psicofisica, saranno giudicati inidonei ed esclusi dal concorso.

1.12 Gli accertamenti attitudinali

I concorrenti risultati idonei al termine degli accertamenti sanitari sono sottoposti, ad accertamenti attitudinali che consistono nello svolgimento di una serie di prove volte a valutare il possesso dei requisiti attitudinali al fine di un positivo inserimento nell'Arma dei Carabinieri e a riscontrare la presenza di quelle caratteristiche indispensabili all'espletamento delle mansioni di **Carabiniere effettivo**.
Tali accertamenti sono svolti con le modalità definite in apposite norme tecniche, approvate con provvedimento dirigenziale del Comandante Generale dell'Arma dei Carabinieri, che sono rese disponibili, prima della data di svolgimento della prova concorsuale, mediante pubblicazione sul sito www.carabinieri.it, con valore di notifica a tutti gli effetti e per tutti i concorrenti.
Gli accertamenti attitudinali sono articolati, fondamentalmente, in due distinte fasi:

a) una «**fase istruttoria**» volta alla preliminare ricognizione e descrizione degli elementi rilevanti ai fini della formazione della decisione finale della Commissione per gli accertamenti attitudinali, costituita da tre momenti:
   - somministrazione collettiva, a cura di un Ufficiale psicologo, di uno o più *test*, di prestazione tipica e di massima performance e *questionari* tesi alla raccolta semistrutturata di informazioni sul candidato in funzione di quanto previsto dal profilo attitudinale di riferimento. Dette prove costituiscono il «protocollo testologico»;
   - valutazione del «protocollo testologico» a cura di un Ufficiale psicologo che, al riguardo, redige un'apposita «relazione psicologica» sul candidato;
   - *intervista attitudinale* con un Ufficiale perito selettore attitudinale che, al termine dell'esplorazione delle aree del «profilo attitudinale» di riferimento, riepiloga le proprie considerazioni in una «scheda di valutazione attitudinale».
b) un *colloquio collegiale*, ovvero «**fase costitutiva**» degli accertamenti attitudinali durante la quale la Commissione, composta da membri diversi da quelli intervenuti nella fase precedente, dopo aver valutato le risultanze emerse nella fase istruttoria e in base agli esiti di un ulteriore colloquio, assumerà le deliberazioni conclusive in merito al possesso dei requisiti attitudinali così come previsti dal «Profilo attitudinale» di riferimento quale Carabiniere effettivo in servizio nell'Arma e alle responsabilità discendenti dallo status da assumere e dallo specifico settore di impiego.

Il giudizio di ***idoneità*** o di ***inidoneità***, riportato al termine degli accertamenti attitudinali è definitivo e sarà comunicato per iscritto agli interessati mediante appositi moduli (v. figg. 2 e 3). Pertanto, i concorrenti giudicati inidonei non saranno ammessi alle successive fasi del concorso e saranno esclusi dal concorso.

1.12.1 Criteri di valutazione del profilo attitudinale

Ciascun componente della Commissione attribuisce, nell'apposito verbale, per ogni singola area "Cognitiva", "Comportamentale", "Assunzione di ruolo" la valutazione di ***"compatibile"*** o ***"non compatibile"***.

L'attribuzione di "non compatibile", espressa anche in una singola area, comporta per ciascun membro della Commissione la "valutazione complessiva" di "non compatibile". La Commissione giunge a esprimere il giudizio definitivo sull'idoneità del candidato:

- all'unanimità, qualora tutti i componenti abbiano espresso una valutazione complessiva di *"compalibile"* oppure di *"non compatibile";*
- a maggioranza, qualora almeno due componenti su tre abbiano espresso una valutazione complessiva di *"compatibile"* oppure di *"non compatibile"*.

In caso di giudizio espresso a maggioranza, i membri della Commissione compilano una relazione integrativa che, annessa al verbale, ne costituisce parte integrante.

La Commissione giunge a esprimere il giudizio definitivo di:

- **idoneo**;
- **inidoneo**.

1.13 Assenza del candidato dalle prove

Il concorrente che, regolarmente convocato, non si presenta nel giorno e nell'ora stabiliti sostenere le prove, qualunque essa sia, è considerato rinunciatario e quindi escluso dal concorso, quali che siano le ragioni dell'assenza, comprese quelle dovute a causa di forza maggiore.

Non saranno previste riconvocazioni, ad eccezione dei concorrenti interessati al concomitante svolgimento di prove nell'ambito di altri concorsi indetti dall'Amministrazione difesa ai quali gli stessi hanno chiesto di partecipare.

A tal fine gli interessati devono far pervenire a mezzo e-mail (all'indirizzo cnsrconccar@pec.carabinieri.it), al predetto Centro Nazionale di Selezione e Reclutamento un'istanza di nuova convocazione entro le ore 13:00 del giorno lavorativo antecedente a quello di prevista presentazione, inviando documentazione probatoria. La riconvocazione, che potrà essere disposta compatibilmente con il periodo di svolgimento delle prove stesse, avverrà a mezzo e-mail, inviata all'indirizzo di posta elettronica indicato nella domanda di partecipazione al concorso.

1.14 Valutazione dei titoli e graduatoria finale

Terminate le fasi di selezione, la Commissione competente esamina i titoli dei soli concorrenti che abbiano riportato il giudizio di idoneità agli accertamenti attitudinali, posseduti alla data di scadenza del termine per la presentazione delle domande al concorso, rilevabili dall'estratto della documentazione di servizio o dalla dichiarazione del candidato.

La commissione provvede alla valutazione dei titoli assegnando a ciascun concorrente un punteggio secondo le modalità di seguito indicate:

a) **periodi di servizio svolto quale volontario in ferma prefissata di un anno (VFP1), o quadriennale (VFP4)**, da 0 fino ad un massimo di 4 punti, così ripartiti:
   - da 6 mesi fino a 12 mesi e 15 giorni di servizio: punti 0,50;
   - 12 mesi e 16 giorni fino a 18 mesi di servizio: punti 1,00;

- da 18 mesi e 1 giorno di servizio fino a 24 e 15 giorni di servizio: punti 1,50;
- da 24 mesi e 16 giorni di servizio fino a 36 mesi e 15 giorni di servizio: punti 2,00;
- da 36 mesi e 16 giorni di servizio a 48 e 15 giorni di servizio: punti 3,00;
- oltre 48 mesi e 16 giorni di servizio: punti 4,00.

Per le eventuali sanzioni disciplinari riportate nel periodo di servizio prestato sono portati in detrazione i seguenti punteggi:

- consegna di rigore: 0,2 per ogni giorno;
- consegna: 0,1 per ogni giorno;
- rimprovero: 0,05;

b) **partecipazione alle missioni in teatro operativo fuori dal territorio nazionale**, fino a un massimo di 2 punti, così ripartiti:
- fino a sei mesi anche non continuativi di permanenza: punti 1,00;
- oltre sei mesi anche non continuativi di permanenza: punti 2,00;

c) **qualità del servizio prestato desumibile dall'ultima documentazione caratteristica**, fino a un massimo di 3 punti, così ripartiti:
- eccellente o giudizio equivalente: punti 3,00;
- superiore alla media o giudizio equivalente: punti 1,50;
- nella media o giudizio equivalente o inferiore: punti 0.

Nel caso in cui l'ultimo documento sia costituito da "mancata redazione", deve essere valutato il documento immediatamente precedente;

d) **decorazioni e benemerenze**, fino a un massimo di 10 punti, così ripartiti:
- 10,00 per la medaglia d'oro al valor militare o al valor civile;
- 9,00 per la medaglia d'argento al valor militare o al valor civile;
- 8,00 per promozione straordinaria per merito di guerra;
- 7,50 per la medaglia di bronzo al valor militare o al valor civile;
- 7,00 per la croce di guerra al valor militare;
- 6,50 per promozione straordinaria per benemerenze d'istituto;
- 1,00 per l'encomio solenne;
- 0,50 per l'encomio o elogio;

e) **titoli di studio**, fino a un massimo di 6 punti (verrà considerato solo il titolo più elevato tra quelli posseduti);

f) **titoli correlati a conoscenze linguistiche**, fino a un massimo di 2 punti per i madrelingua o gli ottimi conoscitori; il punteggio sarà attribuito in seguito a una prova scritta (60 quesiti a risposta multipla) e orale (della durata non inferiore a 15 minuti). Fino a un massimo di 2 punti ai candidati che risultino in possesso di certificazione di conoscenze linguistiche certificate con sistema STANAG/NATO (da consegnare all'atto della presentazione per le prove di efficienza fisica) in corso di validità;

g) **brevetti e qualifiche**, con punteggio attribuito solo per il più elevato tra quelli posseduti:
- brevetto di istruttore militare di sci o di istruttore militare di equitazione: punti 3,50;
- qualifica di sciatore militare scelto o di cavaliere militare scelto: punti 2,50;
- qualifica di sciatore militare o di cavaliere militare: punti 1,50;
- brevetto di paracadutista militare: punti 1,50;

h) **patente di guida** C e D ed equivalenti abilitazioni alla guida di veicoli militari: punti 1,5.

Altri punti sono riconosciuti per il possesso di certificazioni in ambito informatico, investigativo e di brevetti e qualifiche di sciatore militare o cavaliere militare.

Ai fini dell'attribuzione dei punti summenzionati non sono computati i periodi di richiamo in servizio.

La Commissione competente forma distinte graduatorie di merito:

a) una graduatoria per i concorrenti che siano volontari in ferma prefissata di un anno o quadriennale ovvero rafferma annuale in servizio o in congedo che abbiano concluso la ferma minima di un anno delle Forze armate;
b) una graduatoria per i concorrenti per le riserve di posti.

La Commissione somma per ciascun concorrente giudicato idoneo il punteggio riportato:

- nella prova scritta di selezione;
- nelle prove di efficienza fisica;
- negli accertamenti psico-fisici, per i soli concorrenti per le riserve di posti;
- nella valutazione dei titoli.

I volontari in ferma prefissata in possesso dell'attestato di bilinguismo sono inseriti in entrambe le graduatorie in ragione del punteggio conseguito. Le suddette graduatorie di merito sono approvate con decreto del Comandante Generale dell'Arma dei Carabinieri. A parità di merito si applicano, in sede di approvazione delle graduatorie, le vigenti disposizioni in materia di preferenza per l'ammissione ai pubblici impieghi. Il decreto di approvazione delle graduatorie sarà reso disponibile, con valore di notifica a tutti gli effetti e per tutti i concorrenti, nel sito www.carabinieri.it e presso il Comando Generale dell'Arma dei Carabinieri - V Reparto - Ufficio Relazioni con il Pubblico - piazza Bligny n. 2 - 00197 Roma - tel. 06/80982935.

Fermo restando quanto riportato nel presente volume, è sempre opportuno leggere attentamente il bando di concorso, poiché l'Arma dei Carabinieri, nel tempo, potrebbe adottare procedure di valutazione e/o strumenti e tecniche differenti rispetto a quelle fino adesso adottate.

Registrandosi sul nostro sito secondo le modalità indicate nelle prime pagine, è possibile consultare il bando completo e la Normativa per la tutela giurisdizionale in caso di inidoneità alle varie fasi del concorso.

Parte Seconda

Prova scritta di selezione

SOMMARIO

Sezione I
Italiano

Capitolo 1
Lingua italiana

1.1 La parola e la sua struttura

Una combinazione di suoni o di segni grafici ai quali corrisponde un significato si dice: **parola** (o lemma).

➤ Onam; maon; noam; mano; solo la quarta combinazione di suoni ha senso, assume un significato, cioè forma una parola.

Una parola può essere costituita anche da una sola lettera (o, e) e forma il più piccolo elemento linguistico dotato di significato, cioè l'unità di base della lingua italiana.

Nella struttura della parola esiste:
- una parte fissa, immutabile, che esprime il significato, che si chiama **radice** o morfema lessicale;
- una parte finale che può mutare e che si chiama **desinenza** o morfema grammaticale (varia a seconda del genere e numero nei nomi e negli aggettivi, tempo, modo, persona e numero nei verbi).

  ➤ Nella parola registr-o la prima parte è la radice (registr) la desinenza è la o.

Nelle parole sono inoltre presenti:

- il **suffisso** o morfema modificante che è una parte di parola posta alla fine della radice che ne altera il significato originale (➤ nella parola originaria bagaglio viene inserito il suffisso «ai» e diventa bagagli-«ai»-o, cioè la parte della macchina dove si mettono le valigie o il bagaglio). Considerando la desinenza finale vi sono molti suffissi: aio, aggine, ata, ezza, ile, ismo, ista, mento, trice, zione, esco, abile, ivo, oso, mente, oni ecc. (fioraio, bellezza, amabile, danzatrice, allegramente);

- il **prefisso** o morfema modificante è una parte che premessa alla radice altera il significato iniziale della parola (➤ la parola possibile diventa «im»possibile). Generalmente le parole derivate formate con prefissi appartengono alla stessa parte del discorso della parola primitiva da cui derivano:

➤

sperare = verbo	*di*sperare = verbo	(*di* è il prefisso negativo);
onesto = aggettivo	*dis*onesto = aggettivo	(*dis* è il prefisso negativo);
fiducia = nome	*s*fiducia = nome	(*s* è il prefisso negativo);

Quindi, le parole formate solo da radice e desinenza si dicono **primitive**, quelle contenenti suffissi e prefissi si dicono **derivate**.

Vi sono, poi, i **suffissi alterativi** che si aggiungono alla radice della parola primitiva per formare altre parole: parole alterate (alterazione); in questo caso il significato iniziale della parola non viene totalmente modificato, ma viene alterato; essi sono: diminutivi, accrescitivi, vezzeggiativi, dispregiativi:
- tra i *diminutivi* vi sono le parole che finiscono in: ino, etto, ello, icciolo (gattino; libretto);
- tra gli *accrescitivi* vi sono le parole che finiscono in: one, acchione (quadernone; mattacchione);
- tra i *vezzeggiativi* vi sono le parole che finiscono in: uccio, uzzo, icciolo, olino, icino (cavalluccio; porticciolo);
- tra i *dispregiativi* vi sono le parole che finiscono in: accio, astro (ragazzaccio; verdastro).

Prima di addentrarci nello studio della grammatica è opportuno conoscere il significato di alcune parole e chiarire alcuni concetti.

Vi sono nella lingua italiana:
- parole che si scrivono nello stesso modo, ma si pronunciano in modo differente: gli **omografi**,
  ➤ àncora (dei marinai), ancóra (avverbio); ha significato diverso dire, infatti, il marinaio getta l'àncora e dire il mio amico non è ancora arrivato;

- altre che si scrivono e pronunciano nello stesso modo, ma hanno significato differente: gli **omofoni**,
  ➤ tasso inteso come animale e tasso d'interesse;
  in montagna ho visto un grazioso tasso; ho comprato una macchina a rate e ho pagato degli interessi ad un tasso del 4%;
  in entrambi i casi si tratta comunque di parole omonime cioè che hanno la stessa forma ortografica e fonologica ma con significati diversi.

Esistono, poi, i **sinonimi**, cioè parole che hanno significato simile, ma che sono scritte in modo del tutto diverso:

➤ grazioso e carino, simpatico e divertente ecc.

Gli **antonimi** o **contrari** sono invece coppie di parole che hanno significato opposto:

➤ bello-brutto, alto-basso.

L'insieme delle parole di una lingua costituisce il **lessico**, il **vocabolario** invece è il complesso delle parole realmente usate in un preciso contesto, da una data persona o che ricorrono in un dato testo.

Il lessico italiano è formato da parole di uso corrente, cioè attuali nella nostra epoca, parole vecchie (arcaismi), che venivano utilizzate soprattutto dai poeti e oggi sono poco usate, neologismi (parole nuove), che derivano da nuove conoscenze e scoperte, parole di origine straniera, ma anche alcune di origine regionale (balocco = giocattolo, cassata = dolce). Il vocabolario dipende dal periodo storico, dalla cultura, dal luogo di provenienza.

Per ricercare delle parole si fa uso del **dizionario** che contiene in modo sistematico le parole della nostra lingua in ordine alfabetico.
Per consultarlo bisogna ricordare che:

– i verbi sono posti all'infinito presente;
  ➤ giocare;

– i nomi sono inseriti al singolare e, se variabili, al maschile;
  ➤ bambino;

– i nomi, secondo il genere, sono inseriti normalmente cioè sia quelli maschili (tavolo) che femminili (sedia).

Nel dizionario è inoltre possibile trovare la corretta grafia, la posizione degli accenti (tonico e grafico), talvolta la divisione in sillabe della parola, la pronuncia corretta, la sua derivazione antica e le sue regole grammaticali.

1.2 Abilità lessicale

Prima di addentrarci nello studio della teoria grammaticale, è opportuno fornire alcuni chiarimenti su determinate tipologie di esercizi riguardanti la sfera del lessico, che possono essere inseriti in questo contesto e che non necessitano di una vera spiegazione teorica; essi riguardano oltre i sinonimi ed i contrari, di cui abbiamo già fatto menzione, i significati delle parole (italiane e straniere), da sole ed in un contesto ben preciso, l'abbinamento di un sostantivo ad un aggettivo o di un aggettivo ad un verbo ecc., il significato figurato di un verbo, i proverbi ed i modi di dire, l'eliminazione di una parola da un insieme.

1.2.1 Sinonimi e contrari

Ci sono, infatti, degli esercizi che chiedono di trovare il sinonimo di una o più parole, scegliendolo tra varie alternative, delle volte molto simili tra di loro. Ad esempio:

Qual è il sinonimo di Latente?	A) Oscuro	B) Lucente	C) Nascosto	D) Interno

Per fornire la risposta esatta dobbiamo scegliere la C, in quanto essa esprime esattamente il significato di "Latente", sebbene "Oscuro" ed "Interno" non siano molto distanti dal significato della parola proposta.
Può anche essere richiesto di trovare la parola che **non è sinonimo** (o **contrario**) di quella data.

Ad esempio:

Quale tra le seguenti parole non è sinonimo di Scarno?	A) Emaciato	B) Pingue	C) Magro	D) Smunto

La risposta è chiaramente la B in quanto "Pingue" è il contrario di "Scarno".

1.2.2 Significati

Per quel che riguarda il significato di un vocabolo, esso può essere richiesto sia avulso da un contesto, sia inserito in una frase. Ad esempio:

Indicare il significato di Iperbole	A) Curva geometrica	B) Elemento chimico	C) Costellazione	D) Donna eccessivamente loquace

La risposta esatta è chiaramente A; se, però, ci avessero chiesto il significato di "Iperbole" nella frase "Marco si esprime per iperboli", avremmo affermato che in tale contesto la parola "Iperbole" indica la figura retorica per cui si esagera la realtà per ottenere un particolare effetto.

➤ Non ci vediamo da una vita!

A volte può capitare che il significato di una parola sia da comprendere, quindi, in un'accezione più ampia all'interno di una frase e non in senso assoluto.
Per esempio, nella frase "Abbiamo fatto il punto della situazione", la parola "punto" non significa "ente geometrico" ma "idea".

Nell'espressione: Avere grilli per la testa, indicare il significato della parola "grilli"	A) insetto	B) pensieri bizzarri	C) civette	D) tante idee

La risposta esatta è la B in quanto nel contesto i grilli sono, appunto, pensieri strani, bizzarri.

1.2.3 Parole straniere di uso comune

Negli ultimi tempi molte parole straniere sono diventate di uso comune nella lingua italiana (affiancandosi a dei termini latini che non hanno mai cessato di essere usati); determinati esercizi tendono a verificare la capacità di adoperare in modo appropriato tali vocaboli.
Può essere chiesto, ad esempio:

Completare la frase "I numerosi impegni della squadra obbligano l'allenatore al ..."	A) Doping	B) Mister	C) Team	D) Turnover

Sceglieremo l'alternativa D, in quanto Turnover indica la rotazione delle persone disponibili per un lavoro.

1.2.4 *Aree di significato*

Un'altra abilità richiesta riguarda la capacità di abbinare verbi e sostantivi, oppure sostantivi ed aggettivi. Vediamo due esempi chiarificatori:

➤ Relazione tra verbo e sostantivo

Quale tra i seguenti sostantivi non è attinente ad "Esercitare"?	A) Professione	B) Parere	C) Diritto	D) Memoria

La parola da scartare è "Parere", in quanto si può esercitare una professione, un diritto, ed anche la memoria, ma non un parere.

➤ Relazione tra sostantivo ed aggettivo

Quale tra i seguenti aggettivi non si riferisce a "Testamento"?	A) Olografo	B) Nullo	C) Spirituale	D) Corrente

La risposta esatta è la D, in quanto il testamento può essere redatto direttamente dal testatore (olografo) oppure contenere vizi che lo invalidano (nullo); esso può anche essere "spirituale", quando ad essere trasmessi sono sentimenti ed idee e non beni materiali.

1.2.5 *Campo semantico*

Rientrano in questa categoria gli esercizi riguardanti l'esclusione di una parola da un insieme e l'appartenenza o meno di una parola ad uno stesso campo semantico.

Quale parola non appartiene allo stesso insieme?	A) corvo	B) cane	C) mucca	D) gatto

In questo caso le opzioni B, C, D, appartengono allo stesso insieme quadrupedi, ed il corvo è escluso; pertanto la risposta esatta è la A.

Eliminare la parola che non appartiene allo stesso campo semantico.	A) insegnante	B) discepolo	C) docente	D) maestro

La risposta è B. In questo caso le alternative A, C, D, sono tutte sinonimi tra loro quindi rientrano nello stesso campo semantico, mentre "discepolo" vuol dire alunno, allievo ed appartiene ad un altro campo semantico.

1.2.6 *Significato figurato del verbo*

Sempre riguardo al significato dei vocaboli, può essere proposto un esercizio che richiede di trovare l'opzione in cui il verbo sia usato in senso figurato. Se affermo che "L'atleta ha bruciato tutti allo sprint", chiaramente il verbo "Bruciare" non è usato in senso proprio (dare fuoco a qualcosa), ma sottintende un altro significato, cioè quello di surclassare.

Un altro esempio ci viene fornito dal verbo "Digerire"; il senso proprio di "Digerire" è "Assimilare" il cibo, ma tale verbo è usato anche per intendere "Accettare" (soprattutto nella locuzione: Non digerire).

➤ Egli non ha affatto digerito le critiche.

Trovare la frase che contiene un verbo usato in senso figurato	A) Non ho potuto non sentire le sue lamentele	B) Il bambino si ruppe i denti cadendo dalla bicicletta	C) Piovve così tanto che mi bagnai tutta	D) Gli piovvero addosso tante critiche

La risposta esatta è la D in quanto letteralmente "le critiche non piovono".

1.2.7 Proverbi e modi di dire

La lingua italiana presenta delle espressioni tradizionali che, attraverso delle similitudini, illustrano degli insegnamenti tratti dall'esperienza.
Ad esempio il **proverbio** "meglio un uovo oggi che una gallina domani" consiglia di accontentarsi di ciò che si ottiene immediatamente, piuttosto che attendere qualcosa di più importante in futuro.

Qual è il significato del proverbio: *"Quando il gatto non c'è il topo balla"*?	A) Quando non ci sono i grandi, i piccoli hanno paura	B) Quando non ci sono i maestri di balli, gli allievi non frequentano i corsi	C) Se manca qualcuno, qualcun altro se ne approfitta per fare i propri comodi	D) Se mancano i professori gli alunni proseguono le lezioni da soli

La risposta esatta è la C in quanto il gatto rappresenta il controllore.

Accanto ai proverbi troviamo i **modi di dire**, usati perlopiù per sottolineare una situazione o ironizzare su un concetto. Possiamo evidenziare la sbadataggine di una persona dicendo che "prende lucciole per lanterne", oppure la sua voracità con la frase "mangia ai quattro palmenti".

Qual è il significato del modo di dire: *"Essere come una cicala"*?	A) Sperperare i soldi e vivere alla giornata	B) Risparmiare i soldi e pensare al futuro	C) Essere molto stupidi	D) Avere molta paura

La risposta esatta è la A.

Vi sono, inoltre, delle espressioni che possono essere trasformate in immagine figurate creando delle **metafore.** Per esempio nella frase "Mario è una volpe", non vogliamo dire che è un animale ma che è furbo e per questo lo raffiguriamo come una volpe, simbolo della furbizia.

Trovare la frase che contiene una metafora	A) Il leone è il re della foresta	B) Il leone è un quadrupede	C) La tigre è un felino	D) Non sono mai andata allo zoo

La risposta esatta è la A infatti, sicuramente il leone non è un uomo e neppure un re; questa espressione si usa per dire che il leone è il più forte animale della foresta.

1.2.8 Parole polisemiche

Una parola può avere due o più significati ed è possibile trovare, in tal senso, esercizi specifici.

Quale tra queste parole può avere più significati?	A) pane	B) latte	C) penna	D) tavolo

La risposta è la C poiché la penna può essere: la formazione cornea della pelle, caratteristica degli animali, uno strumento per scrivere, un tipo di pasta corta, il sinonimo di piuma.

1.3 Fonologia

La grammatica si divide in tre parti: *fonologia*, *morfologia* e *sintassi*.
La **fonologia** studia i suoni di una lingua e comprende:
- l'*ortoepia*, che stabilisce le regole della pronuncia corretta;
- l'*ortografia*, che stabilisce le regole dello scrivere correttamente.

Le più piccole unità distinguibili della lingua italiana sono il *fonema* (il suono che differenzia una lettera dall'altra) e il *grafema* (è il segno scritto, cioè come si scrive il fonema).
Da sole queste due unità non hanno alcun significato.
Ai suoni (fonemi) sono stati attribuiti dei segni (grafemi) ed il sistema di segni ottenuto si chiama alfabeto.

1.3.1 Alfabeto

L'alfabeto è la serie ordinata delle lettere di una lingua. Le lettere che comprendono l'alfabeto della nostra lingua sono ventuno; si distinguono in cinque *vocali* e sedici *consonanti*.
Altre cinque lettere straniere (j – k – w – x – y) non fanno parte integrale del nostro alfabeto, ma vengono talvolta usate.
Si dicono *vocali* le lettere

A, E, I, O, U

esse possono essere pronunciate da sole perché hanno voce propria.
Si dicono *consonanti* le altre lettere

B, C, D, F, G, H, L, M, N, P, Q, R, S, T, V, Z

che hanno suono solo se unite ad una vocale (bi, di).

Si definiscono occlusive le consonanti prodotte da una vera e propria occlusione dell'apparato fonatorio, ulteriormente distinte in velari, labiali, dentali a seconda del punto in cui hanno origine.

Le *occlusive velari* (originatesi cioè dal velo del palato) sono:
[k]: Casa, Come, Culla. In altre parole è il suono "duro" della lettera C che si verifica quando essa è seguita da A, O, U. Consonante sorda.
[g]: Gatto, Goccia, Guglielmo. Consonante sonora. (G seguita da A, O, U).

Le *occlusive labiali* (prodotte attraverso un movimento delle labbra) sono:
[p]: Pelle, Pane, Pollo. Consonante sorda.
[b]: Banco, Bocca, Bicchiere. Consonante sonora.

Le *occlusive dentali* (si originano mediante un'apertura delle arcate dentali) sono:
[t]: Tovaglia, Tagliere, Treno. Consonante sorda.
[d]: Dente, Dottore, Disegno. Consonante sonora.

➤ Dal punto di vista fonologico, la consonante "p" dell'alfabeto italiano è una:
A) occlusiva velare sorda
B) liquida dentale
C) spirante labiale sonora
D) occlusiva labiale sorda

La soluzione esatta è D.

Le vocali A, I e U sono dette fondamentali (possiamo trovarle in tutte le lingue conosciute), la E e la O presentano una particolarità. Se esse sono accentate, possono essere pronunciate con un suono largo (E ed O aperte come in tèsta e pòrto) o con un suono stretto (E ed O chiuse come in séra e mósto); nel primo caso le due vocali devono essere segnate con l'accento grave (ò), nel secondo con l'accento acuto (é).
Le lettere, per la loro forma, possono essere: *maiuscole* o *minuscole*.

La lettera maiuscola si usa:

all'inizio di un periodo	Ritorno dalla cerimonia;
all'inizio dei cognomi e soprannomi	L'Alighieri, l'Urbinate;
nei titoli delle opere	La Divina Commedia;
all'inizio dei nomi propri di persona e di animale, di nazione, di popoli, di mari, di fiumi, di laghi, di monti, di città, di strade e di piazze	Italia, Po, Falterona;
nei nomi di stelle e pianeti: però Terra, Sole e Luna hanno la maiuscola solo se intesi in senso astronomico	La Terra gira intorno al Sole; sono caduto a terra;
nei titoli delle persone che rappresentano autorità civili e religiose	Il Papa, il Presidente della Repubblica;

(segue)

all'inizio dei nomi comuni quando significano Enti, Istituti, Società, Pubblici uffici e simili	lo Stato, la Chiesa, la Charitas;
nei nomi indicanti divinità e solennità religiose	Gesù, la Pentecoste, il Natale;
nei nomi delle cose che si vogliono personificare	la Giustizia;
nei nomi dei secoli	Duecento, Trecento;
nei nomi comuni quando hanno diversi significati	Stato (rappresenta tutti i cittadini);
dopo i due punti, quando si riferiscono le parole di qualcuno, riportando un discorso diretto	Cesare disse: "Il dado è tratto";
nelle formule di cortesia	Vorrei dirLe.

In diverse lingue la lettera **a-** ha anche un valore di **prefisso**; nella lingua italiana i suoi usi principali sono quelli di **prefisso inversivo** o *privativo* (**alfa privativo** o *a privativo* o *a negativo*) e derivazionale per la formazione di aggettivi da sostantivi.
Con **valore privativo**, in forma di ***a-*** (o ***an-*** davanti a parole inizianti per vocale) deriva dall'*alfa privativa* greca, e indica rispetto al termine cui viene apposto: "mancanza" (*a-cefalo*), "privazione" (*a-morale*), "negazione" (*an-algesico*); è presente in parole di origine greca, ma anche moderne specialmente per la formazione produttiva di aggettivi e raramente di sostantivi. Pur avendo lo stesso valore, in latino, del prefisso ***in-***, nella lingua italiana si differenza da questo per una lieve sfumatura:
- a- indica un valore più neutro, cioè di indifferenza e passività, rispetto al concetto opposto (a-morale);
- in- invece indica un contrasto e avversione (im-morale).

➤ Individuare il nome che presenta un prefisso privativo.

A) Anatema
B) Anarchia
C) Anatomia
D) Analogia

La soluzione esatta è B.

1.3.2 Incontro di vocali

L'incontro di due vocali in una parola può determinare lo *iato* oppure il *dittongo*.
Lo **iato** è l'accostamento di due vocali che si pronunciano in due emissioni di voce. Si ha lo iato:

1) quando si incontrano tra loro le vocali forti a, e, o.

   ➤ pa-e-se; le-o-ne; re-a-to; bo-a-to;

2) quando si incontrano una vocale forte (a, e, o) con una vocale debole (i, u) accentata (se l'accento della debole è l'accento della parola).

   ➤ vi-a; spi-a; pa-u-ra.

   Lo iato rimane anche nelle parole derivate da quelle di tipo precedente.

   ➤ vi-a-le; spi-a-to; pa-u-ro-so;

3) dopo il prefisso *ri-* (➤ *ri-af-fer-ma-re; ri-u-ni-fi-ca-re*), e dopo i prefissoidi *bi-* e *tri-* (➤ *bi-en-na-le; tri-en-na-le*), perché i prefissi sono sentiti da chi parla come separati dagli altri elementi della parola;

4) in parole derivate dal latino in cui una *u*, unita ad una *o*, pur non essendo accentata, non è consonantica.
   ➤ in-no-cu-o; pi-o-lo (da pi-uo-lo).

Il **dittongo** è dato dall'unione di due vocali che si pronunciano nella stessa emissione di voce. Può derivare dall'incontro di:
- due deboli con accento sulla u.
  ➤ Fiùme; piùme;
- una debole più una forte con accento sulla forte.
  ➤ piàtto; fièno.

Il dittongo può essere
- ascendente.
  ➤ giòco
- discendente.
  ➤ dàino

I dittonghi possibili sono:

ià, iè, iò, iù:	piatto, fieno, fiore, fiume
uà, uè, uì, uò:	guasto, guerra, guida, fuori
ài, àu:	dirai, causa
èi, èu:	nei, neutro
òi:	voi

Il **trittongo** è dato dalla combinazione di tre vocali che si pronunciano nella stessa emissione di voce. Si ha, di solito, quando un dittongo accentato ascendente è seguito dalla vocale i, come in tuòi, mièi, pigliài etc. I trittonghi più comuni sono:

iài, ièi, iuò:	premiai, miei, paiuolo;
uòi:	tuoi.

1.3.3 Digrammi e trigrammi

Vi sono alcune parole come *baciare, sciare, foglia, giornata*, in cui le sillabe *-cia, -scia, -glia, e -gio*, non contengono né vocali in dittongo né vocali in iato. Infatti la -i- in esse contenuta è solamente un *segno grafico* la cui funzione è quella di dare un suono dolce ai suoni *c, g, sc, gl*, con i quali forma i digrammi ed i trigrammi *ci, gi, sci, gli*.
In italiano ci sono **sette digrammi**:

CH, GH, CI, GI, GL, GN, SC

- *gl* quindi costituisce digramma in figli e non in glicine;
- *gn* costituisce digramma davanti a tutte le vocali: montagna, agnello, dignitoso;
- *sc* costituisce digramma quando è seguito dalle vocali i ed e: scivolo, ascella;
- *gh* e *ch* costituiscono digrammi se sono seguiti da i o e: ghetto, chinotto;

- *ci* e *gi* formano un digramma quando sono accompagnate da a, o, u: giacca, cioccolato, giuda.

APPROFONDIMENTO: CONSONANTI ED ERRORI ORTOGRAFICI PIÙ COMUNI DA EVITARE

La stessa consonante può avere suoni diversi a seconda della vocale con cui si unisce.

➤ c e g hanno suono gutturale se unite alle vocali a, o, u; hanno suono dolce se unite con i ed e

La consonante q forma un solo suono con la vocale u, dalla quale non si scinde mai.

➤ Questo, quota, quesito.

Il raddoppiamento della q si ottiene facendola precedere da una c.

➤ Acquistai, piacqui, tacqui. Unica eccezione è «soqquadro» e derivati, in cui si raddoppia la q.

L'h non ha suono, è solo un segno grafico che serve a mantenere alla c e g il suono gutturale nella formazione del plurale e non si raddoppia mai.
Le consonanti z e g non si raddoppiano dinanzi a ione.

➤ Organizzazione, guarnigione.

La z non si raddoppia mai in zio e zia.

➤ Armistizio, avventizia, diplomazia. Eccezione: razzia, pazzia.

La consonante g si raddoppia invece davanti a gine, solo se la parte che precede ha un proprio significato e non si raddoppia nelle parole che terminano in ione (➤ *religione*).

➤ Testardaggine, stupidaggine; ma indagine, compagine.

Davanti alle consonanti p e b si usa m.

➤ Impostare, imbiancare.

Prima di ile si usa sempre una sola b.

➤ Amabile, lodabile.

NOTA. Scienza, coscienza e derivati vogliono la vocale i, conoscenza e derivati non la richiedono. Il Gruppo gn non vuole la i dopo (castagna, montagna, agnello) eccetto che per la parola compagnia.

1.3.4 Sillaba

La sillaba è il suono (fonema) pronunciato con una sola emissione di voce e rappresentato graficamente da una o più lettere di cui almeno una sia vocale; quindi anche una sola vocale può costituire sillaba.

➤ a-mo-re.

Tutte le vocali, oltre che costituire da sole una sillaba, formano da sole una parola (eccetto la *u*):
- *a* è una preposizione semplice;
- *e/o* sono delle congiunzioni;
- *i* è l'articolo determinativo plurale maschile.

Una sillaba può essere formata da:

una sola vocale	*a-mo-re*
un dittongo	*uo-mo*
un trittongo	*a-iuo-la*
una vocale preceduta o seguita da una consonante	*ca-sa, ar-ti-sta*
una vocale preceduta o seguita da una o più consonanti	*spre-co*
un dittongo accompagnato da una o più consonanti	*piu-ma, duel-lo*

Le sillabe che terminano in "vocale" sono dette *aperte*; quelle che terminano in "consonante" sono dette *chiuse*.
La sillaba che contiene la vocale accentata della parola è detta *tonica*, invece le altre sillabe, che non hanno accento, si chiamano *atone*.

➤ in ce-sti-no è tonica la seconda, sono atone la prima e la terza.

In fine di riga la parola deve essere spezzata in modo che la sillaba resti intatta.
Secondo il numero delle sillabe che la compongono, la parola può essere:

monosillaba	quando è formata da una sola sillaba *Se, re, ma*
bisillaba	quando è formata da due sillabe *Ma-no, ca-sa, ci-bo*
trisillaba	quando è formata da tre sillabe *Ta-vo-lo, ma-ti-ta, par-ten-za*
polisillaba	quando ha più di tre sillabe *Prov-vi-gio-ne, e-du-ca-zio-ne*

1.3.5 Divisione delle parole in sillabe

Regola fondamentale: *bisogna sempre conservare l'integrità della sillaba.*

Altre regole:

1) una vocale in inizio di parola e seguita da una o più consonanti (eccetto le doppie), fa sillaba a sé: *a-mo-re, e-spres-so*;
2) le vocali di un dittongo e di un trittongo non possono mai essere separate e quindi formano una sola sillaba: *a-iuo-la, pie-de*;
3) due vocali in iato si dividono in: *ma-e-stro*;
4) una consonante semplice o seguita da vocale, forma sillaba sempre con la vocale che segue: *pa-lo, ru-mo-re*;
5) le consonanti doppie si separano sempre: *bal-lo, ac-qua*;
6) i gruppi di due o più consonanti diverse tra loro formano sillaba con la vocale che le segue se costituiscono un gruppo che può trovarsi in inizio di parola: *ca-pri-no, de-sti-no, di-ma-gri-re*, (in italiano esistono parole che iniziano con *pri-, sti-, gri*);
7) se non si verifica la condizione precedente, si dividono in modo tale che la prima consonante del gruppo vada con la vocale precedente, e l'altra (o le altre) con la vocale che segue: *im-por-tan-za, dif-te-ri-te* (in italiano non esistono parole che iniziano con *mpor* o con *fte*);
8) la *s* seguita da una o più consonanti (la cosiddetta *s preconsonantica* o *impura*) forma sillaba con la vocale che segue: *ri-spo-sta, e-sclu-sio-ne*;

9) le parole composte con i prefissi *trans-, tras-, dis-, cis-*, possono dividersi in entrambi i modi: *tra-spor-ta-re*, oppure *tras-por-ta-re*; ma la tendenza generale è quella di seguire la regola n. 8;
10) i digrammi ed i trigrammi non si dividono mai: *in-ge-gno, bi-scia, fi-glia-stro.*

1.3.6 Accento

Ogni parola ha un accento tonico, che la caratterizza. L'accento consiste nella pausa di voce su una sillaba più che sulle altre ed è di tre specie:

- *grave (ì)*: discendente e dà un suono largo.
  ➤ Pietà, falò, è;
- *circonflesso (^)*: è composto da un accento acuto e da uno grave riuniti insieme ad angolo ed è scarsamente usato nella nostra lingua. Dà suono prolungato.
  ➤ finî, partî, vestî;
- *acuto* (é): ascendente. Dà suono stretto.
  ➤ carré.

Secondo l'accentazione le parole si distinguono in:

Tronche	se l'accento cade sull'ultima sillaba *Onestà, bontà, felicità*
Piane	se l'accento cade sulla penultima sillaba *Scrivàno, televisiòne, matìta*
Sdrucciole	se l'accento cade sulla terz'ultima sillaba *Ràpido, rìgido, tàvolo*
Bisdrucciole	se l'accento cade sulla quart'ultima sillaba *Rècitano, andàtevene, parlàtegliene*

L'accento tonico, di regola, non si scrive nella lingua italiana. Si usa solamente:
a) nelle parole tronche che non sono monosillabe;
b) su certi monosillabi che vanno distinti da altri di ugual forma, ma di diverso significato;

VOGLIONO L'ACCENTO		NON VOGLIONO L'ACCENTO	
dà	voce del verbo dare	da	preposizione semplice
dì	giorno	di	preposizione semplice
è	voce del verbo essere	e	congiunzione
là	avverbio di luogo	la	articolo e pronome personale
lì	avverbio di luogo	li	pronome personale
né	avverbio di negazione	ne	pronome personale e dimostrativo
sé	pronome personale (complemento)	se	congiunzione condizionale
sì	avverbio affermativo	si	pronome personale
ché	congiunzione causale (perché)	che	pronome relativo o congiunzione

c) nelle voci dànno e dètti del verbo dare, per distinguerle dai sostantivi danno e detti;
d) in alcune parole omofoneiche che cambiano di significato col cambiare della sillaba tonica.
  ➤ capitano – càpitano, balia – balìa, ancora – ancòra.

Il pronome *sé*, quando è seguito da *stesso, medesimo*, è bene non accentarlo.

NOTA. *Qui e qua* non si accentano mai. Inoltre non vogliono mai l'accento: *me, su, va, re, do, fu, fa, sa, sta, sto, so, no*.

1.3.7 Particelle

Le particelle *mi, ti, si, ci, vi, ne* si dicono:
- *proclitiche*, se precedono altra parola; si scrivono staccate:
  ➤ vi amo, ti ascolto;
- *enclitiche,* se seguono la parola:
  ➤ guardaci.

Senza essere precedute da preposizioni, quando seguono la parola, vanno unite ad essa.

1.3.8 Elisione

È la caduta della vocale finale atona (non accentata) di una parola seguita da un'altra che inizia per vocale. Ha lo scopo di evitare il suono sgradevole creato dall'incontro di due vocali, come nel caso di lo uomo oppure la Africa. Graficamente l'elisione è segnalata dall'*apostrofo.*
L'elisione è **obbligatoria** con:
- gli articoli *lo, la* e le preposizioni composte con tali articoli: *l'estate, dell'estate*;
- l'aggettivo dimostrativo *quello*: *quell'estate*;
- gli aggettivi *bello* e *santo*: *bell'amico, Sant'Agostino*;
- gli aggettivi *alcuna* e *nessuna* seguiti dalla parola *altra*: *alcun'altra, nessun'altra*;
- l'avverbio di luogo *ci* e la parola *come* davanti al verbo essere: *c'è, c'erano, com'è*;
- l'articolo indeterminativo *una*: *un'amica.*

L'elisione è **facoltativa** ma frequente con:
- l'aggettivo *questo*: *quest'anno, quest'uomo*;
- i pronomi *lo* e *la*, solo se non sussiste dubbio circa il genere maschile o femminile: *l'invitai*;
- le particelle pronominali atone *mi, ti, si, ci, vi, ne*: *t'aspettai, s'alzò, c'invidiano*;
- l'articolo *gli* seguito da parola che inizia con *i; gl'inquirenti*;
- la preposizione *di*, specie davanti ad *i*: *d'inverno*; ma anche *d'avanzo*;
- la congiunzione *anche*, ma quasi esclusivamente davanti ai pronomi personali: *anch'io, anch'essi.*

1.3.9 Troncamento

È la caduta di una vocale finale (*troncamento vocalico*) o di una sillaba finale atona (*troncamento sillabico*) di una parola.
Dopo aver subìto il troncamento, la parola deve terminare con le consonanti *l, r, n* e *m* e la parola seguente deve cominciare per vocale o per consonante che non sia *s preconsonantica* (*esse impura*), *z, gn, ps, x.*
➤ *un uomo, bel giorno, siam partiti, cuor di leone.*

Il troncamento si distingue dall'elisione perché può interessare un'intera sillaba e si può verificare davanti a parola che comincia per consonante. Inoltre, diversamente dall'elisione, il troncamento non è segnalato dall'apostrofo.

Il troncamento è **obbligatorio**:

1) con l'articolo *uno* e gli aggettivi e pronomi *alcuno, nessuno, ciascuno*, l'aggettivo *buono*.
   ➤ un amico, un cane, un tipo, in alcun caso, nessun sollievo, ciascun partecipante, buon uomo, buon gusto;
2) con gli aggettivi *quello, bello, grande* e *santo* al singolare e solamente davanti a consonante (*bel tipo, gran fatica, San Pietro*). Il troncamento della parola *grande* dà all'aggettivo un valore generico o scherzoso, mentre la forma piena lascia all'aggettivo un valore più intenso.
   ➤ dire un gran delinquente è cosa diversa dal dire un grande delinquente;
3) con i nomi *signore, professore, dottore, ingegnere, cavaliere, frate e suora*, usati come apposizioni.
   ➤ *il signor Angelo, fra Cristoforo.*

Con questi nomi il troncamento avviene eccezionalmente anche davanti a *s preconsonantica.*
➤ *dottor Scotti.*

Il troncamento è **frequente**, ma *non obbligatorio*:

1) con i pronomi e gli aggettivi *tale* e *quale*.
   ➤ un tal uomo, qual è;
2) in alcune locuzioni verbali.
   ➤ voler bene, aver sonno;
3) con le parole *amore, bene, fiore, fine, fino, male* ma solo in alcune particolari locuzioni: *amor proprio, ben detto, fior di quattrini, fin di vita, fin qui, mal di testa.*

1.3.10 Apocope

Alcune parole italiane perdono la vocale o la sillaba finale indipendentemente dall'incontro con un'altra parola.
Essa si ha con le seconde persone singolari dell'imperativo presente.
(Va' = vai; Sta' = stai; Fa' = fai) oppure con i sostantivi mo' (modo) e po'(poco).

NOTA. Le parole fè (fede) e piè (piede) sono accentate e non apostrofate.

1.3.11 Segni di interpunzione

Oltre a quelli rappresentati dalle lettere, fanno parte della scrittura altri segni, che si dicono di interpunzione. Essi sono:

La virgola (,)
Indica una pausa breve, nel corpo del periodo, per isolare le varie proposizioni che lo compongono.

Si adopera di massima:

a) prima e dopo il vocativo.
   ➤ *Su, ragazzi, siate buoni*;

b) quando vi è un'enumerazione.

➤ *Nello, Piero, Aldo*;

c) quando, nelle enumerazioni, vi siano congiunzioni, purché ripetute ad ogni termine.

➤ *e mangia, e beve, e dorme*;

d) per separare elementi delle proposizioni: le apposizioni, gli incisi, i complementi circostanziali e le proposizioni incidentali, o parentetiche.

➤ *Mazzini, creatore della Giovine Italia, fu uno dei maggiori fautori dell'Unità d'Italia*;

e) dopo alcuni avverbi: sì, no, bene, quando hanno valore di un'intera proposizione.

➤ *Hai studiato la lezione? Sì, e ho imparato molte cose*;

f) davanti a sebbene, affinché, che (consecutivo), se (condizionale), ma, però, anzi e nelle proposizioni correlative.

➤ *è buono, ma poco puntuale; sarà promosso, se studia; lavorò tanto, che si ammalò.*

La virgola <u>non si mette mai</u>:

a) tra brevi frasi unite da né, e, o.

➤ *né l'oro né gli oneri possono piegarmi; il piacere è sempre o passato o futuro*;

b) quando la proposizione subordinata fa ufficio di soggetto o di complemento oggetto.

➤ *è necessario che egli vada.*

Il punto e virgola (;)

Indica non solo una pausa maggiore rispetto alla virgola, ma segna il distacco fra due unità sintatticamente compiute, che però si completano nello stesso periodo. Si usa altresì per indicare che tra due ordini di circostanze c'è una differenza o addirittura un'opposizione.

➤ venne per vedere che cosa succedesse; non riuscì però a vedere nulla.

Dopo il punto e virgola si adopera la lettera minuscola ed è bene non discostarsi dal pensiero trattato precedentemente.

I due punti (:)

Indicano la pausa che facciamo prima di riferire parole o discorsi altrui, o prima di cominciare un'enumerazione, o quando il pensiero che segue è una spiegazione di quanto precede.

➤ Vittorio Alfieri disse: «Volli, volli, fortissimamente volli». Andrea pratica: il basket, il calcio e la vela. Te lo dico chiaramente: non intendo aiutarti.

Il punto fermo (.)

Indica la pausa lunga che si fa in fine di ogni periodo. Può essere posto dopo parecchie proposizioni, a conclusione di un lungo e complesso ragionamento. Esso si adopera anche dopo un'abbreviazione.

➤ N.H. Sig.

Il punto interrogativo (?)

Chiude una frase interrogativa diretta, cioè un'interrogazione, una domanda.

➤ Quando verrai? Dove andiamo? Chi c'è? Che fai?

Il punto esclamativo (!)
Si pone in fine di una frase esclamativa e denota ammirazione, sorpresa, disappunto.
➤ Com'era bello! Mio Dio! Pazienza!

I puntini di sospensione (...)
Servono ad indicare che la frase è incompiuta, o che dopo di essa si deve fare una sospensione.
➤ iniziò: se io ... ma non terminò; (dopo la sospensione la parola che segue può avere lettera minuscola).

I puntini di sospensione consentono, talvolta, al lettore di completare il periodo a suo piacimento, quando si vuole espressamente tacere un nome, un dato o simili.

Le virgolette (« » oppure " ")
Vengono usate per riportare un discorso diretto, oppure per sottolineare determinate parole, nel caso gli si voglia attribuire un particolare significato.
➤ Nel film l'attrice ha mostrato tutte le sue "doti" (le virgolette ci fanno intendere che il commento è ironico).

Le lineette (— —)
Possono sostituire le virgolette nel discorso diretto, oppure inserire un inciso all'interno del discorso diretto.
➤ «Non chiudere la porta — mi disse — devo uscire!».

La parentesi ( )
La parentesi è solamente «tonda», ed è duplice, una di apertura e una di chiusura.
Si impiega per delimitare un inciso che esula dal vero e proprio contenuto del discorso, quasi un'avvertenza, che si voglia fare per il lettore, una precisazione che, se posta tra virgolette o trattini, verrebbe a spezzare la corrente più naturale e logica del periodo. Gli scrittori la usano molto di rado.
➤ Carlo (chi l'avrebbe creduto) non ha superato l'esame di ammissione.

Il tratto di unione (-)
Serve ad indicare, in fine riga, che la parola è spezzata e continua nella riga seguente; è adoperato anche per congiungere alcune parole composte.
➤ 1ª guerra franco-tedesca; L'Accademia scientifico-letteraria.

Di seguito alcuni esercizi delle banche dati inerenti agli argomenti trattati in questo capitolo.

		A	B	C	D
1	**Quale dei seguenti termini contiene un errore ortografico?**	Incoscienza	Coscenza	Riconoscenza	Conoscenza

2	**Individuare il sostantivo che NON è scritto correttamente.**	Scelleratezza	Accellerazione	Allucinazione	Decelerazione
3	**Individuare il sostantivo scritto correttamente.**	Tacuino	Acquolina	Aquistare	Acuirente
4	**Individuare il sostantivo scritto correttamente.**	Congegno	Ingeniere	Gegno	Ingenio
5	**Indicare tra i seguenti sostantivi in quale è ERRATO inserire "zz".**	Sciocche...a	Bo...olo	Itteri...ia	Singhio...o

Soluzioni: 1.B, 2.B, 3.B, 4.A, 5.C

1.4 Morfologia: le parti del discorso

La **morfologia** è la parte della grammatica che studia la forma delle parole e le loro possibili variazioni in varie categorie di appartenenza: le parti del discorso.

Le parti del discorso sono nove, cinque si dicono *variabili*, perché varia la parte finale della parola stessa (la desinenza) e concordano, cioè si uniscono, ad altre parole; e quattro *invariabili*, perché non variano di forma e non concordano con altre parole per formare la frase.

PARTI VARIABILI	PARTI INVARIABILI
nome	avverbio
aggettivo	preposizione
pronome	congiunzione
verbo	esclamazione o interiezione
articolo	

1.4.1 Il nome o sostantivo

Il nome o sostantivo *è la parte variabile del discorso che serve ad indicare una persona, un animale, una cosa realmente esistente o un concetto astratto* (fatto, idea).

➤ uomo, cane, bontà.

Studieremo il nome in base

1) al significato	
concreto	astratto
comune	proprio
individuale	collettivo

2) alla desinenza	
maschile singolare indeclinabile difettivo sovrabbondante	femminile plurale
3) alla composizione	
primitivo alterato composto	derivato

Secondo il significato *(concreto/astratto)*

- si dice *concreto* il nome indicante oggetti che cadono sotto i nostri sensi, cioè che si possono vedere, toccare, sentire.

   ➤ *ragazzo, lupo, libro*;

- si dice *astratto* il nome che designa una qualità, un sentimento, un modo di essere, non percettibili ai nostri sensi.

   ➤ *virtù, bellezza, ira.*

Secondo il significato *(comune/proprio)*

- si dice *comune* il nome che indica persona, animale o cosa in senso generico senza cioè distinguerlo dagli altri della stessa specie.

   ➤ *cavallo, fiume, pittore*;

- si dice *proprio* il nome che rappresenta individualmente la persona, l'animale o la cosa in modo da distinguerlo da tutti gli altri di quella specie.

   ➤ *Varenne, Tevere, Raffaello.*

Secondo il significato *(individuale/collettivo)*

- si dice *individuale* quel nome che, al singolare, indica una singola unità.

   ➤ *soldato, nave, pecora*;

- si dice *collettivo* quel nome che, al singolare, indica un insieme di unità dello stesso tipo.

   ➤ *esercito, flotta, gregge.*

Secondo la desinenza *(maschile/femminile)*

- solitamente un nome passa dal maschile al femminile cambiando la desinenza

o	a	maestro	maestra
e	a	parrucchiere	parrucchiera
e	essa	professore	professoressa
e	ina	eroe	eroina
tore	trice	fattore	fattrice

- in alcuni casi il passaggio dal maschile al femminile cambia totalmente la parola (nomi **anomali** o **indipendenti**)

celibe	nubile
babbo	mamma
uomo	donna

- talvolta il maschile e il femminile sono espressi dalla stessa parola (*nomi di genere comune*) e la distinzione avviene mediante l'articolo o l'aggettivo:
  - un artista – una artista;
  - omicida scarcerato – omicida scarcerata;

- alcuni nomi di animali hanno solo la forma maschile o solo la forma femminile per indicare entrambi i sessi (*nomi promiscui*); in questo caso al nome occorre aggiungere l'aggettivo maschio oppure femmina a seconda dei casi:
  - la balena maschio – la balena femmina;
  - il maschio del leopardo – la femmina del leopardo.

- Alcune professioni hanno solamente una forma per entrambi i generi (*nomi difettivi*), ma contrariamente ai nomi promiscui non sono accompagnati da specificazioni:
  - il soprano, il chirurgo, l'anestesista, la sentinella, la guardia etc.

Secondo la desinenza *(singolare/plurale)*
I sostantivi della lingua italiana, per passare dal singolare al plurale, seguono delle regole ben precise, chiamate regole di declinazione. Nel cambiamento di numero, infatti, la desinenza di un nome cambia in base alla declinazione a cui esso appartiene. Tutti i sostantivi sono compresi in tre declinazioni.

- **Prima declinazione** (nomi maschili e femminili che terminano in -a);
  - se maschili cambiano la desinenza in -i (il profeta – i profeti);
  - se femminili cambiano la desinenza in -e (la borsa – le borse).

  Particolarità della prima declinazione.
  I nomi maschili in -ca e -ga al plurale prendono -chi e -ghi (il duca – i duchi; lo stratega – gli strateghi). Fa eccezione il Belga, che al plurale maschile diventa i Belgi, femminile Belghe.
  I nomi femminili in -ca e -ga al plurale prendono -che e -ghe (la foca – le foche; la riga – le righe).
  I nomi che terminano coi gruppi -cia e -gia preceduti da vocale, al plurale escono in -cie e -gie (la socia – le socie, la regia – le regie).
  I nomi che terminano coi gruppi -cia e -gia preceduti da consonante, al plurale escono in -ce e -ge (la lancia – le lance, la frangia – le frange).
  Eccezioni della prima declinazione
  Ala fa ali e non ale; arma fa armi e non arme.
  Non mutano la desinenza: vaglia, boia, delta, giuda, sosia.

- **Seconda declinazione** (nomi maschili che terminano in -o).
  Quei nomi che al singolare escono in -o al plurale escono in -i (il porto – i porti, l'armadio – gli armadi).
  Particolarità della seconda declinazione.

I nomi maschili in -ologo al plurale escono in -ologi e non -ologhi (il dermatologo – i dermatologi, il dietologo – i dietologi).
I nomi che terminano in -io con la i accentata, al plurale vogliono la doppia i oppure l'accento circonflesso (l'addio – gli addii, il fruscio – i fruscî); se la i è atona, al plurale occorre una sola i (lo studio – gli studi, il foglio – i fogli).
Eccezioni della seconda declinazione
Talvolta, sebbene la i sia atona, il plurale necessita di due i, per evitare dei casi di omonimia. Vediamo la seguente tabella:

SINGOLARE	PLURALE	INVECE DI	CHE È IL PLURALE DI
Conio	Conii o conî	Coni	Cono
Assassinio	Assassinî	Assassini	Assassino
Odio	Odî	Odi	Ode
Omicidio	Omicidî	Omicidi	Omicida
Principio	Principî	Principi	Principe
Martirio	Martirî	Martiri	Martire
Beneficio	Beneficî	Benefici	Benefico
Maleficio	Maleficî	Malefici	Malefico

Alcuni sostantivi (appartenenti alla seconda declinazione), nel passaggio dal singolare al plurale, cambiano genere: il riso – le risa, la eco – gli echi, l'uovo – le uova, il centinaio – le centinaia, il paio – le paia.
Troviamo inoltre: la mano – le mani, la dinamo – le dinamo, l'uomo – gli uomini, il dio – gli dei, il tempio – i templi (dato che tempi è il plurale di tempo).

- **Terza declinazione** (nomi maschili e femminili che terminano in –e).
  Tali nomi hanno, per entrambi i generi, il plurale in –i (*il dottore – i dottori, la rete – le reti, il cane – i cani*).
  Eccezioni della terza declinazione
  Quasi tutti i nomi che al singolare terminano in –ie, al plurale rimangono invariati (la carie – le carie, la specie – le specie), altri, però, si comportano come gli altri nomi della terza declinazione (la moglie – le mogli).

Secondo la desinenza *(indeclinabili o invariabili)*
In alcuni casi il passaggio dal singolare al plurale lascia inalterato il nome, per cui il numero viene evidenziato solo dall'articolo o dall'aggettivo con cui viene concordato.
Possiamo elencare alcune categorie di nomi indeclinabili:
- parole straniere di uso comune, per le quali non ha senso adottare dalla lingua straniera anche le regole della formazione del plurale (lo stage – gli stage, il link – i link);
- i monosillabi (lo gnu – gli gnu, il no – i no);
- i nomi accentati (la verità – le verità, la società – le società, la tribù – le tribù);
- i nomi che al singolare terminano in -i (la tesi – le tesi, la crisi – le crisi).

Secondo la desinenza *(difettivi)*
Esistono due tipi di nomi difettivi: quelli che mancano del plurale e quelli che mancano del singolare.

Alla prima categoria appartengono i sostantivi: brio – prole – sangue – latte – fame – sete – mezzogiorno – equatore – coraggio.
Alla seconda categoria appartengono i sostantivi: annali – forbici – nozze – occhiali – ferie – dintorni – dimissioni.

Secondo la desinenza *(sovrabbondanti)*
Vengono detti sovrabbondanti quei nomi che hanno due desinenze per il plurale, le quali indicano due concetti diversi. Vediamo la seguente tabella:

SINGOLARE	PLURALI			
Ciglio	Cigli	(del burrone)	Ciglia	(degli occhi)
Braccio	Bracci	(di mare)	Braccia	(dell'uomo)
Cervello	Cervelli	(persone capaci)	Cervella	(degli animali)
Muro	Muri	(di una casa)	Mura	(della città)
Osso	Ossi	(degli animali)	Ossa	(dell'uomo)
Membro	Membri	(del Parlamento)	Membra	(del corpo umano)
Corno	Corni	(strumenti a fiato)	Corna	(degli animali)

Secondo la composizione *(primitivo/derivato)*
I nomi *primitivi* non derivano da altre parole.
➤ *scuola, porta, viso.*

I nomi derivati derivano da altre parole.
➤ *scolaro da scuola; portinaio da porta; visiera da viso.*

Ciò vuol dire che i derivati hanno un significato distinto da quello del nome primitivo da cui derivano.
Alterati se, per mezzo di un suffisso, viene modificato il primitivo significato, aggiungendo un'idea di grandezza, di piccolezza, di vezzo o di disprezzo.
In questo caso il significato del nome da cui derivano è lo stesso ma con sfumature diverse.
Essi si distinguono in:

1) *accrescitivi* (one, ona).
   ➤ *fanciullo, fanciullone.*
   Più raramente si usa: otto, otta, ozzo, ozza.
   ➤ Barilotto, predicozzo;
2) *diminutivi - vezzeggiativi* (ino, ello, etto, ina, ella, etta).
   ➤ fanciulletto. Più raramente si usa uccio, uolo, otto; amoruccio, leprotto, sentieruolo;
3) *peggiorativi - dispregiativi* (accio, astro, onzolo, iciattolo, ucolo).
   ➤ libraccio, poetastro, mostriciattolo, maestrucolo.

Attenzione a non confondere i nomi alterati con i *falsi alterati*, che terminano con i suffissi di alterazione ma hanno significato completamente diverso.
➤ bottino e bottone non derivano da botte; focaccia non deriva da foca, nè mattone da matto etc.

Secondo la composizione *(composto)*
Vi sono delle parole, le quali possono appartenere a qualunque parte del discorso, che unite tra di loro formano un nuovo sostantivo, con un significato specifico, che viene chiamato

nome composto. Se dico capocuoco, indico che si tratta certamente di un cuoco, ma specifico che egli assume anche funzioni direttive. Qualche problema può derivare dal volgere al plurale tali nomi.

- *nomi formati dall'unione di due sostantivi*:
  a) se la seconda parola serve a specificare la prima (pescegatto) si fa il plurale della prima (pescigatto). Fa eccezione pescecane che fa pescecani o pescicani;
  b) se la prima parola serve a specificare la seconda (ovovia) si fa il plurale della seconda (ovovie);
- *nomi formati dall'unione di un sostantivo e di un aggettivo*:
  entrambi vengono portati al plurale (pellerossa – pellirosse, gattamorta – gattemorte);
- *nomi formati dall'unione di un aggettivo e di un sostantivo*:
  si fa il plurale del solo sostantivo (biancospino – biancospini). Fa eccezione mezzaluna – mezzelune;
- *nomi formati dall'unione di un verbo e di un sostantivo*:
  a) se il sostantivo è maschile si fa il plurale solo di quest'ultimo (parafango – parafanghi);
  b) se il sostantivo è femminile il nome composto è indeclinabile (il posacenere – i posacenere);
- *nomi formati da due verbi*:
  volgendoli al plurale rimangono invariati (il lasciapassare – i lasciapassare, il parapiglia – i parapiglia);
- *nomi formati col sostantivo "capo"*:
  a) se la parola composta indica chi è a capo di qualcosa, si fa il plurale solo della parola capo (capoclasse – capiclasse, caposquadra – capisquadra, capofila – capifila);
  b) se la parola composta indica chi è a capo di un gruppo di persone, si fa il plurale di entrambi i sostantivi (capobandito – capibanditi, capocannoniere – capicannonieri, capofacchino – capifacchini).

  Eccezioni: capoluogo – capoluoghi, capostipite – capostipiti.

NOTA. Nei casi dubbi è sempre meglio ricorrere al dizionario.

Di seguito alcuni esercizi delle banche dati inerenti al nome o sostantivo.

		A	B	C	D
1	**Tra i seguenti periodi individuare quello che contiene più di un sostantivo.**	Sebbene fosse stato azzurro a lungo, all'improvviso piovve	Il prossimo anno ci ricorderemo di tutti voi	Marco mi aspettava spazientito	Quando la neve cade, il paesaggio si ricopre di una coltre bianca
2	**Quale tra le seguenti frasi contiene un nome con alterazione dispregiativa?**	Mangiafuoco era un omone che sembrava un orco	Il ladruncolo fu presto acciuffato dai carabinieri	Sul letticciolo il ferito tremava per la febbre	Il babbo colpì Giacomo con un sonoro schiaffone
3	**Individuare la frase che contiene un nome difettivo.**	Maria gioca con le sue amiche in giardino	Assaggia queste prelibatezze appena sfornate	Al supermercato ho comprato del burro	La rosa è il mio fiore preferito

4	**Quale delle seguenti alternative contiene un cosiddetto nome promiscuo?**	Frate	Soldato	Civetta	Nave
5	**Quale delle seguenti alternative non è un nome composto?**	Mazzolino	Aspirapolvere	Ossobuco	Viavai
6	**Il plurale di "uovo" è:**	uove	uovi	uova	uovii
7	**Quale dei seguenti nomi è sovrabbondante?**	Lampada	Braccio	Cuscino	Festa

Soluzioni: 1.D, 2.B, 3.C, 4.C, 5.A, 6.C, 7.B

1.4.2 L'articolo

L'articolo è *quella parola che si mette davanti al nome per indicare se si parla di esso in senso determinativo o indeterminativo*. È quindi l'indicatore delle parole nel genere e nel numero. L'articolo è di due specie:

– *determinativo* (il, lo, la, i, gli, le) se indica una cosa distinta dalle altre della stessa specie.

➤ *la stufa, la nave, lo zaino.*

Si declina secondo il genere ed il numero;

– *indeterminativo* se (un, uno, una) indica una cosa in modo generico.

➤ una stufa, una nave, uno zaino.

Si declina soltanto secondo il genere; infatti non ha il plurale e, quando è necessario, ricorre all'articolo partitivo di cui accenneremo più avanti.

ARTICOLI DETERMINATIVI				ARTICOLI INDETERMINATIVI	
singolare		**plurale**		**maschile**	**femminile**
maschile	**femminile**	**maschile**	**femminile**		
Il - Lo	La	I - Gli	Le	Un - Uno	Una

Gli articoli *il* e *i* si premettono ai nomi maschili che incominciano per consonante, purché non sia *s impura, z, x, gn, ps, y, j*.

➤ il libro, i cani. Fa eccezione il plurale di Dio: gli Dei.

Gli articoli *lo* e *gli* si premettono ai nomi maschili che incominciano per *s impura, z, x, gn, ps, y, j* e davanti a quelli che iniziano per vocale.

L'articolo *lo* diventa *l'* dinanzi a qualunque vocale.

➤ l'uomo, l'amico, l'invidioso.

L'articolo *gli* si elide soltanto davanti alla vocale i.

➤ gl'idoli, gl'insetti, gl'italiani.

Gli articoli *la* e *le* si premettono ai nomi femminili sia che comincino per consonante che per vocale.
➤ la neve, le anime, la verità.

L'articolo *la* si elide solamente dinanzi a vocale (*l'azione, l'elica, l'offerta*).

L'articolo *le* si elide soltanto dinanzi alla vocale *e*.
➤ l'eclissi, l'erbe, l'eccezioni.

L'articolo *un* si usa davanti ai nomi maschili che incominciano per vocale o per consonante che non sia *s impura, z, x, gn, ps, y, j* e non si apostrofa mai.
➤ un orso, un soldato, un oracolo.

L'articolo *uno* si usa davanti ai nomi che incominciano per *s impura, z, x, gn, ps, y* e *j*.
➤ uno specchio, uno zaino, uno psichiatra, uno yogurt.

L'articolo *una* si usa davanti a qualunque nome femminile che comincia per vocale o consonante: si apostrofa solo davanti ai nomi femminili che iniziano per vocale.
➤ Una casa, un'anima, un'ora.

L'articolo si omette:
- quando una cosa espressa dal nome deve rimanere generica.
  ➤ odor di gelsomino;
- dinanzi ai nomi di parentela preceduti dall'aggettivo mio, tuo, suo nostro.
  ➤ mio padre, tuo zio, nostro cognato;
- dinanzi ai cognomi, eccetto quelle di persone celebri.
  ➤ il Carducci, il Pascoli;
- dinanzi ai nomi propri maschili.
  ➤ Giulio, Carlo;
- dinanzi ai nomi di città.
  ➤ Roma, Napoli.

I nomi *babbo* e *mamma* vogliono sempre l'articolo.

Preposizioni articolate
L'articolo determinativo, quando è preceduto dalle preposizioni semplici di, a, da, su, in, con, si fonde con esse formando le preposizioni articolate.
➤ della, nella, al, sugli, dai, col.

Articolo partitivo
L'unione della preposizione semplice *di* con un articolo determinativo forma l'articolo partitivo; esso rappresenta la parte del tutto.
➤ io mangio del riso (un po' di riso).

Attenzione a non confondere *gli* articolo *lo* e *la* (la mia amica, lo sposo) con i pronomi lo e la (di cui parleremo successivamente) che significano lui e lei e di solito stanno vicino ai verbi.
➤ lo incontrai = incontrai lui; la vidi = vidi lei.

Di seguito alcuni esercizi delle banche dati inerenti all'articolo.

		A	B	C	D
1	**Per quale delle seguenti parole si deve usare l'articolo "un"?**	Stato	Anima	Scoppio	Sogno
2	**L'articolo "i" si deve usare per:**	gorilla	elefanti	sciacalli	aironi
3	**Quale delle seguenti parole richiede l'articolo "lo"?**	Rame	Ferro	Zinco	Cromo
4	**Individuare quale articolo non si usa davanti alla parola "yogurt".**	Gli	Lo	Il	Uno
5	**In quale delle seguenti frasi l'articolo determinativo non è usato correttamente?**	Non fare il Catone	Non sei più la Carla di un tempo	Il Picasso si trova nella prossima sala del museo	La Franca ti aspetta a casa

Soluzioni: 1.D, 2.A, 3.C, 4.C, 5.D

1.4.3 L'aggettivo

L'aggettivo è *la parte variabile del discorso, che si unisce al nome, per indicare una sua qualità o per meglio determinarlo.*
L'aggettivo è di due specie: *qualificativo* e *determinativo.*

1.4.3.1 Aggettivo qualificativo

L'aggettivo qualificativo può avere due generi: maschile e femminile, e due numeri: singolare e plurale.
Secondo la declinazione si distingue in *due classi*:

- *prima classe*: gli aggettivi che terminano in *o* per il maschile e in *a* per il femminile, fanno il plurale rispettivamente in *i* ed in *e*.
  ➤ caro, cara; cari, care;
- *seconda classe*: gli aggettivi terminanti in *e*, tanto per il maschile quanto per il femminile, formano il plurale in *i*.
  ➤ amorevole, amorevoli.

Ci sono, poi, alcuni aggettivi con desinenza unica in -a che al plurale richiedono i per il maschile ed e per il femminile.

➤ *Schiavista - schiavisti - schiaviste.*

Gli aggettivi possono avere, quindi, per genere e numero, diverse desinenze. È possibile parlare di aggettivi a 4, 3 e 2 desinenze.

4 DESINENZE	maschile	femminile
singolare	Costoso	Costosa
plurale	Costosi	Costose

➤ Ho comprato una borsa costosa - Abbiamo visto delle case costose

3 DESINENZE	maschile	femminile
singolare	Ottimista	Ottimista
plurale	Ottimisti	Ottimiste

➤ Gli alunni sono ottimisti - Francesca è ottimista

2 DESINENZE	maschile	femminile
singolare	Triste	Triste
plurale	Tristi	Tristi

➤ Ivan è triste - Le ragazze sono tristi

Non possono essere declinati:

a) gli aggettivi pari, impari, dispari.

  ➤ *un numero pari; i numeri pari*;

b) alcuni aggettivi che indicano colore.

  ➤ *vestaglia rosa; fiocco rosa*;

c) alcune locuzioni avverbiali usate come aggettivo (dappoco, dabbene, perbene).

  ➤ *ragazzi dabbene.*

Esempi di *aggettivi della prima classe* sono: il bambino **giocoso**, **lieto** e della *seconda classe* **felice**, **veloce**.
Esempi di *aggettivi invariabili* sono: i cappelli **rosa**, il colore **rosa**, il maglione **rosa**.

Gradi dell'aggettivo qualificativo

I gradi dell'aggettivo qualificativo *indicano le diverse graduazioni di qualità, che si attribuiscono a persone, animali o cose*. Essi sono:

– *positivo*: quando l'aggettivo esprime la qualità normale di una cosa senza metterla a confronto con l'altra.

  ➤ il ragazzo buono; la bimba felice; la città deserta;

– *comparativo*: quando l'aggettivo esprime la qualità di una cosa con una comparazione, cioè mettendola a confronto con un'altra.
  Il grado comparativo è di tre specie:
  1) *maggioranza*: si forma per mezzo delle particelle correlative *più ... di, più ... che.*

    ➤ il cavallo è più veloce del cane;

2) *minoranza*: si forma per mezzo delle particelle correlative *meno ... di, meno ... che*.
   ➤ il cane è meno veloce del cavallo;
3) *uguaglianza*: si forma per mezzo delle particelle correlative *così ... come, tanto ... quanto, non meno ... di, non meno ... che*.
   ➤ Antonio è tanto studioso quanto Giulio.

Nei comparativi di maggioranza e di minoranza si adopera la preposizione di quando precede un nome; in tutti gli altri casi si adopera la congiunzione che.

➤ è più temuto che amato; è più bella la primavera dell'estate;

- *superlativo*: indica una qualità espressa al massimo grado.
  Può essere relativo o assoluto.
  1) *Superlativo relativo.*
     Indica una qualità al massimo grado, ma limitatamente a un gruppo, che si chiama secondo termine. Si forma mettendo l'articolo determinativo prima del comparativo di maggioranza o minoranza.
     ➤ *Carlo è il più studioso della classe.*
  2) *Superlativo assoluto.*
     Indica una qualità al massimo grado senza porre alcun confronto o limitazione.
     ➤ *Il cavallo è velocissimo.*

Il superlativo assoluto è detto anche **organico** nei casi in cui su trovi il grado positivo derivante dal latino (come pessimo, massimo).
Il superlativo assoluto si può formare:
- *sostituendo* alla desinenza del positivo i suffissi *issimo, errimo, entissimo.*
  ➤ *bimbo felice, bimbo felicissimo*;
- *rafforzando* il positivo con un avverbio di quantità o con una locuzione avverbiale: molto, assai, troppo, oltremodo, quanto mai, oltre ogni dire, infinitamente.
  ➤ *molto felice*;
- *ripetendo il positivo.*
  ➤ *un ragazzo felice felice*;
- *premettendo al positivo* l'aggettivo *tutto.*
  ➤ *Mario è tutto contento*;
- *premettendo al positivo* i prefissi: *arci, stra, super, iper, ultra, extra.*
  ➤ *il signore è arcibeato*;
- *con certi modi di dire*: *ricco sfondato*, *pieno zeppo*, *stanco morto* etc., che esprimono ugualmente una qualità in senso assoluto.

GRADI DELL'AGGETTIVO		
positivo	**comparativo**	**superlativo**
	Maggioranza Minoranza Uguaglianza	Relativo Assoluto

FORME SPECIALI DI SUPERLATIVO			
acre	acerrimo	misero	miserrimo – miserissimo
aspro	asperrimo – asprissimo	salubre	saluberrimo
celebre	celeberrimo	benefico	beneficentissimo
integro	integerrimo	magnifico	magnificentissimo
		ampio	amplissimo

COMPARATIVI E SUPERLATIVI DI FORMA LATINA		
positivo	**comparativo**	**superlativo assoluto**
buono	migliore	ottimo
cattivo	peggiore	pessimo
grande	maggiore	massimo
piccolo	minore	minimo
basso	inferiore	infimo o imo
alto	superiore	supremo o sommo

NOTA. Comparativi e superlativi di origine latina. Mentre in latino il comparativo di maggioranza e il superlativo erano generalmente **sintetici**, espressi cioè attraverso suffissi (*-ior/-ius* per il comparativo; *-issimus/-a/-um* per il superlativo), in italiano le forme popolari sono **analitiche**, cioè composte di più parole: molto bello (ma *-issimo/-a* è stato recuperato per il superlativo assoluto). Il latino conosceva anche alcuni comparativi e superlativi **organici**, diversi anche nel tema dalle forme di grado positivo; alcuni di questi si sono conservati in italiano.

Certi aggettivi non ammettono alcuna forma di superlativo e vengono detti *senza grado*. Essi sono:

a) quelli che indicano figure geometriche.
   ➤ *quadrato*;
b) quelli che indicano nazionalità o cittadinanza.
   ➤ *francese*;
c) quelli che indicano materia.
   ➤ *ferreo, ligneo*;
d) quelli che per natura non sono suscettibili di gradazione.
   ➤ *eterno, infinito, immortale, sublime*.

ALTRI AGGETTIVI DI FORMA IRREGOLARE		
positivo	**comparativo**	**superlativo assoluto**
esterno	esteriore	estremo
interno	interiore	intimo

Aggettivi qualificativi composti

L'aggettivo qualificativo può essere composto da due aggettivi uniti insieme.

➤ grigioverde, uniforme, benvenuto.

Al plurale mutano la sola desinenza.
Qualche volta sono accostati l'uno all'altro da un tratto di unione.
➤ guerra italo-turca; patto franco-belga.

Alterazioni dell'aggettivo qualificativo
L'aggettivo qualificativo mediante suffissi può acquistare al pari del nome un significato:
1) *accrescitivo* (one);
   ➤ *divertentone.*
2) *diminutivo* (ino, etto, ello);
   ➤ *verdino, grassottello*;
3) *vezzeggiativo* (uccio, otto);
   ➤ *dolciotto*;
4) *dispregiativo* (accio, astro);
   ➤ *cattivaccio, malaticcio.*

L'aggettivo sostantivato e l'aggettivo con valore avverbiale
Talvolta un aggettivo può sostituirsi al nome a cui si riferisce, prendendo la dicitura di aggettivo sostantivato.
➤ *Il ricco vive negli agi (il ricco = l'uomo ricco), il glucosio toglie l'amaro della medicina (l'amaro = il sapore amaro).*

In alcuni casi un avverbio (soprattutto di modo) viene sostituito, specialmente in determinate locuzioni, da un aggettivo.
➤ *Se parli veloce non ti capisco.* In realtà sarebbe più corretto scrivere "Se parli velocemente", in quanto il verbo richiede un avverbio, e non un aggettivo. Nel parlare comune, però, tale sostituzione viene tollerata; troviamo quindi: Parla chiaro, Hai visto giusto. In questo caso l'aggettivo è indeclinabile (Parlate chiaro; Hanno visto giusto).

Gli aggettivi hanno le stesse caratteristiche del nome al quale concordano, come abbiamo già detto, per genere (maschile e femminile), numero (singolare e plurale) e grado (positivo, comparativo e superlativo); per questo anche loro (gli aggettivi) possono subire le alterazioni:
- *accrescitivo*: una barzelletta **divertentona**;
- *diminutivo*: un gatto **grassottello**;
- *vezzeggiativo*: un comportamento **dolciotto**;
- *dispregiativo*: un ragazzo **cattivaccio**.

1.4.3.2 Aggettivo determinativo
L'aggettivo determinativo può determinare il nome al quale è unito, in sei modi diversi:

dimostrativi	**interrogativi ed esclamativi**	**numerali**
possessivi	**indefiniti**	**correlativi**

1) *Aggettivi dimostrativi o indicativi*: indicano dove si trova la persona o la cosa a cui si riferiscono, e sono:

– *questo* per indicare una cosa vicino a chi parla.

➤ prendi questo libro;

– codesto per indicare una cosa vicino a chi ascolta.

➤ dammi codesto quaderno;

– *quello* per indicare una cosa lontana tanto da chi parla quanto da chi ascolta.

➤ *chiudi quella porta.*

Altri aggettivi dimostrativi sono:
a) *somiglianza*: tale, cotale, siffatto, cosiffatto;
b) *identificativi*: stesso, medesimo.

AGGETTIVI DIMOSTRATIVI O INDICATIVI		
Questo Codesto Quello	Tale Cotale Siffatto Cosiffatto	Stesso Medesimo

2) *Aggettivi possessivi*: sono quelli che determinano il possessore di una cosa e sono:

MASCHILE		FEMMINILE	
singolare	**plurale**	**singolare**	**plurale**
mio	miei	mia	mie
tuo	tuoi	tua	tue
suo	suoi	sua	sue
nostro	nostri	nostra	nostre
vostro	vostri	vostra	vostre
loro	loro	loro	loro

Vi sono inoltre proprio (di terza persona singolare e plurale, maschile e femminile), loro (terza persona plurale) e altrui (invariabile).

3) *Aggettivi numerali*: sono quelli che determinano il numero delle cose rappresentate dal nome cui si accompagnano; essi sono:
a) *cardinali*: quelli che determinano il numero senza altro significato.

➤ *uno, due, dieci, venti.*

Essi sono tutti invariabili tranne uno che ha il femminile singolare (una) ed i sostantivi milione e miliardo che hanno il plurale;
b) *ordinali*: quelli che determinano il posto, l'ordine del nome cui si riferiscono.

➤ *primo, quarto, decimo*;

c) *frazionari*: quelli che indicano le frazioni di un numero.

➤ *Un quarto, un quinto, un decimo*;

d) *collettivi*: quelli che al singolare indicano un insieme numerico di persone o cose.

➤ *paio, coppia, dozzina*;

e) *moltiplicativi*: quelli che moltiplicano una quantità.

➤ *doppio, triplo, quadruplo*;

f) *distributivi*: la nostra lingua manca dei numeri distributivi; si ricorre, però, ad espressioni particolari.

➤ *cento a cento; la maestra ripartì i ragazzi a dieci a dieci.*

4) *Aggettivi interrogativi ed esclamativi*: sono *quale, che, quanto* e servono a domandare la qualità, l'identità e talvolta il numero, oppure ad esprimere stupore.

➤ quale libro vuoi? che fortuna che hai avuto!

5) *Aggettivi indefiniti*: sono quelli che indicano una quantità in modo incerto. Essi sono: molto, poco, troppo, parecchio, alquanto, altrettanto, tutto, tanto, certo, ogni, qualche, qualsiasi, altri, qualunque.
Molto, troppo, poco etc. si dicono anche *aggettivi quantitativi*, in quanto esprimono una quantità quantunque imprecisata.

6) *Aggettivi correlativi*: quando pongono una relazione (un confronto) tra un nome e l'altro.

➤ tale il padre quale il figlio.

NOTA. Gli aggettivi dimostrativi più utilizzati sono ***questo*** e ***quello***: è importante questo libro per studiare; quello studente sta imparando molto velocemente!
Gli aggettivi possessivi **mio**, **tuo**... sono riportati in uno specchietto perché variano di genere e numero (devono quindi concordare con il nome): il mio cane, il suo topolino, la loro macchina, la nostra casetta ...
L'aggettivo **proprio**:
- può sostituire **suo** (era chiuso nella **sua** camera = Propria camera);
- si deve usare nelle frasi impersonali (che non hanno il soggetto): si deve agire con le proprie forze;
- è meglio usarlo se nella frase vi è un soggetto indefinito (ciascuno, ognuno, tutti...): tutti i bambini dovrebbe mantenere la propria camera in ordine.

L'aggettivo **altrui** si utilizza sempre dopo il nome; significa: degli altri, di altri: i propri bisogni e i bisogni altrui, cioè i bisogni delle altre persone, degli altri...i mie regali e i regali altrui.
Gli aggettivi **stesso** e **medesimo** indicano identità e uguaglianza tra persone, animali o cose: i mie amici si comportano allo stesso modo con me; quella persona indossa i medesimi vestiti ogni giorno; compro le stesse cose ed ho sempre le medesime abitudini.

Di seguito alcuni esercizi delle banche dati inerenti all'aggettivo.

		A	B	C	D
1	**Quale alternativa contiene un aggettivo possessivo?**	Il suo è il medesimo problema	Ha lo stesso coraggio del padre	Codesto atteggiamento non lo aiuterà	A suo dire, il nemico tiene la vetta
2	**Quale tra le seguenti alternative contiene un aggettivo indefinito?**	La soluzione trovata fu tanto acuta che i giornali ne parlarono	Il problema è quello	Qualunque parola tu dica, rischia di essere sbagliata	Il vostro professore vi ha cercato

		A	B	C	D
3	**Quale tra le seguenti alternative contiene un aggettivo qualificativo?**	Il risultato è lo stesso	Non mi ha sorpreso la tua ingratitudine	Il merito è mio	Questa scoperta aprirà prospettive interessanti
4	**Quale tra le seguenti alternative contiene un aggettivo numerale?**	Arrivano due uomini a cavallo	Un milione di soldati vi sembra poco?	Arrenditi, sei solo!	Difendete l'insegna
5	**Nella frase "Non mi aspettavo una tale fortuna!", "tale" è:**	aggettivo	pronome	preposizione	avverbio
6	**Nella frase "Fa un gran caldo oggi, non ne posso più", "gran" è un:**	avverbio	preposizione	aggettivo	pronome
7	**Nella frase "Pochi sanno riconoscere i propri difetti", "propri" è un aggettivo:**	indefinito	qualificativo	dimostrativo	possessivo

Soluzioni: 1.D, 2.C, 3.D, 4.A, 5.A, 6.C, 7.D

1.4.4 Il pronome

Il pronome *è la parte del discorso che fa le veci del nome per evitare inutili ripetizioni.* I pronomi possono essere:

personali	**dimostrativi**	**possessivi**
relativi	**indefiniti**	**interrogativi**

Quindi, il pronome, generalmente si riferisce ad un nome e lo sostituisce, ma può anche sostituire un'intera frase o unire due frasi tra di loro; in questo modo quello che noi leggiamo o diciamo è meno ripetitivo ed è più armonico (coeso).

Pronomi personali e particelle pronominali

Sono quelli che indicano le persone che parlano, a cui si parla e di cui si parla. Essi sono di *prima, seconda* e *terza persona.*

1^A^ PERSONA		2^A^ PERSONA		3^A^ PERSONA			
singolare	plurale	singolare	plurale	singolare		plurale	
				maschile	femminile	maschile	femminile
Io Me Mi	Noi Ce Ci	Tu Te Ti	Voi Ve Vi	Egli Esso Lui Lo Gli Sé Si Ne	Ella Essa Lei La Le Sé Si Ne	Essi Loro Li Sé Si Ne	Esse Loro Le Sé Si Ne

Gli, lo, la, le sono pronomi personali se hanno valore di a *lui*, e a *lei*, *lei*.

➤ gli dissi di venire (dissi a lui di venire).

Più specificamente: *lo* = *lui* (lo fanno giudice), ciò (lo studia Maria); *la* = *lei* (non la vedo), essa (la prendo io); *gli* = *a lui*, *a loro* (gli dissi che andava bene); *le* = *a lei* (le dissi una bugia); *esse, loro* (le incontrai due giorni fa).

NOTA. Si ricorda che il **lei** viene anche definito pronome di cortesia.
➤ *Giudice, La prego di ascoltarmi.*

Per quanto riguarda l'**uso dei pronomi personali**:
Io, tu, egli, ella: si usano come soggetto.
➤ *io parto.*

Noi, voi, loro, esso, essa, essi, esse: si usano ora come soggetto, ora come complemento.
➤ *noi veniamo (soggetto); porterò loro questo libro (complemento).*

Lui, lei, loro, generalmente si usano come complementi.
➤ *parlò con lui.*

Tuttavia si possono usare come soggetto quando si vuol dare particolare enfasi al pronome (➤ *lui crede di aver ragione*), oppure quando sono precedute da anche, perfino, neppure, neanche, come (➤ *perfino lei viene con noi*).
Mi, ti, si, ci, vi: si usano davanti e dopo i verbi e sono sempre complementi.
Me, te, se, ce, ve: si usano quando precedono l'articolo determinativo (lo, la, le) con funzioni di pronome, quando precedono il ne e quando seguono una preposizione semplice.
A me, a te, a sé, a noi, a voi: si usano come complemento di termine.
Le particelle *ci* e *vi* indicano in genere, una circostanza avverbiale.
➤ *sono stato al cinema e vi ritornerò spesso* (in quel luogo).

Talvolta, nell'uso corrente, hanno il valore pleonastico.
➤ *a casa non ci ho trovato nessuno.*

Hanno invece significato di pronome quando si possono sostituire con noi, voi.
➤ *ci* vide ieri (vide noi ieri); *vi* dico una cosa (dico a voi una cosa).

Il pronome sé è invariabile: se unito a stesso o *medesimo* perde l'accento.
➤ *egli pensa a se stesso.* Sé e si vengono anche classificati come pronomi riflessivi, in quanto fanno in modo che l'azione espressa dal verbo ricada sul soggetto.

La particella *ne*, con funzione di pronome personale, significa *di lui*, *di lei*, *di loro.*
➤ hai visto mio padre! Perché non me *ne* parli (di lui).

Il pronome *gli*, unito con *lo, la, le*, ne diventa *glie.*
➤ *glielo* ricorderai.

Me, te, sé, si possono appoggiare alla preposizione con.
➤ con me (meco), con te (teco).

Le particelle pronominali quando si accompagnano a verbi la cui azione, compiuta dal soggetto, ricade sul soggetto stesso, si dicono riflessive.

➤ io mi vesto = io vesto me.

NOTA. Il pronome pleonastico è un pronome ridondante, ripetuto, quindi non necessario.

➤ *La merenda l'ho mangiata* (si ripete due volte il complemento oggetto - merenda = la.

Pronomi possessivi

Sono quelli che determinano l'appartenenza od il possesso di una cosa.

Quando il pronome possessivo è unito al pronome dimostrativo fa da aggettivo a quest'ultimo.

➤ lascia i tuoi fiori e prendi questi miei.

MASCHILE		FEMMINILE	
singolare	**plurale**	**singolare**	**plurale**
mio	miei	mia	mie
tuo	tuoi	tua	tue
suo	suoi	sua	sue
nostro	nostri	nostra	nostre
vostro	vostri	vostra	vostre
loro	loro	loro	loro
Proprio	Propri	Propria	Proprie
Altrui (indeclinabile)			

I pronomi possessivi sono sempre preceduti dall'articolo determinativo o dalla preposizione articolata.

➤ tuo padre ha parlato col *mio*;
la mia stanza è grande, com'è la *vostra*? la mia macchina è meno nuova *della vostra*.

Poiché i pronomi e gli aggettivi possessivi sono gli stessi, per non incorrere in errori va ricordato che l'aggettivo è sempre accompagnato ad un nome (il *mio* cane, la *vostra* auto etc.), mentre il pronome sostituisce il nome (il mio cane è più bello del *tuo*).

Va inoltre ricordato che *suo* e *suoi* si riferiscono sempre a persona singolare (Paolo ama i suoi = cioè di Paolo genitori); *loro* è invece riferito a più persone (Andrea ama i suoi parenti, Paolo e Francesca amano i loro).

Pronomi dimostrativi

Sono quelli che indicano vicinanza o lontananza della cosa di cui si parla.

PRONOMI DIMOSTRATIVI	
Questo - Codesto - Quello	
Identificativi e di somiglianza:	Stesso - Medesimo - Tale - Cotale
Si riferiscono a persone:	Colui - Colei - Costei - Costui - Costoro - Coloro - Questi - Quegli

Per riconoscere un pronome da un aggettivo dimostrativo vale la stessa regola dei possessivi. Ricordiamo inoltre il pronome **ciò** che vuol dire questa o quella cosa e può fare da soggetto o da complemento. *Ciò*, quando ha funzione di complemento, può essere sostituito dalle particelle *lo, ci, ne* che in questo caso si chiamano particelle dimostrative.

➤ fal*lo* per me (fa' tu ciò per me).

Pronomi relativi

Sono quelli che congiungono due termini e quindi le due proposizioni in cui si trovano. Essi sono: **Chi - Il quale - Che - Cui - Chiunque**

- *chi* (indecl.): significa colui il quale.
  ➤ *chi rompe paga*;
- *il quale* (decl.).
  ➤ *il fiore, il quale sboccia*;
- *che* (indecl.): significa il quale; è invariabile e può essere soggetto (prendi la penna che è sulla scrivania) o complemento oggetto (il libro che ho studiato era interessante);
- *cui* (indecl.): si usa soltanto come complemento e significa al quale, del quale, dal quale, col quale.
  ➤ *ecco il libro di cui ti ho parlato*;
- *chiunque*: significa tutti quelli che.
  ➤ *chiunque tace, acconsente.*

Pronomi interrogativi

Sono i pronomi relativi (**Chi, Che, Quale**) usati nelle interrogazioni.

➤ *chi viene*? *Quale vuoi*?

Pronomi esclamativi

Sono quei pronomi relativi (**Chi, Che**, o **che cosa**) usati nelle esclamazioni.

➤ *che cosa scandalosa!*

Pronomi indefiniti

Indicano una cosa in modo vago, generico, e sono:

- *uno, qualcuno o qualcheduno, alcuno, ognuno.*
  ➤ *qualcuno dirà*;
- *certuni.*
  ➤ *vi sono certuni che credono*;
- *chiunque* (qualunque persona la quale).
  ➤ *lo dirò a chiunque*;
- chicchessia (qualunque persona).
  ➤ *lo dirò a chicchessia*;
- *checché* (ind.) – qualunque cosa –.
  ➤ *checché tu dica*;
- *altro, altri, altrui* (ind.) – un'altra persona –.
  ➤ *altrui dice una cosa diversa*;

- *qualcosa* (ind.).
  ➤ *c'è qualcosa di nuovo oggi nel cielo*;
- *nessuno, niente, nulla* (nessuna cosa) – ind.
  ➤ *non voglio niente.*

La funzione della particella "ne"
La particella **ne** ha valore:
a) *avverbiale.*
  ➤ *me ne vado* (di qui, di lì, di là);
b) *pronome personale.*
  ➤ *Luigi è un bravo ragazzo; il professore ne parla con entusiasmo* (di lui, di lei);
c) *pronome dimostrativo.*
  ➤ *io ne prendo quindici per mio figlio* (di ciò).

Si ricorda che:
io, tu, egli, ella, esso/i, noi, voi sono ***pronomi personali soggetti*** e si mettono all'inizio della frase prima del verbo (stanno al posto del nome proprio Paolo, Lucia, Alberto etc.).
➤ Luca = *egli* è mio amico, io e Francesco = *noi* gli vogliamo bene, Anna e Marco = *essi*, invece, non lo conoscono.

Gli altri pronomi si dicono ***pronomi personali complemento*** e sono:
lui, lei, loro, me, mi, lo e la (quando non sono articoli, cioè quando non stanno accanto ad un nome, ma ad un verbo), *vi, li, le, gli.*
➤ gli chiesi = chiesi *a lui* di accompagnarmi, ma non rispose; Paola mi telefonò ed io la invitai = invitai *lei* cioè Paola al cinema; mi accompagni = accompagni *me* a casa? Non me lo dire! = Non dire a *me* ciò, infatti il pronome «lo» in questo caso è dimostrativo e vuol dire questa cosa.

APPROFONDIMENTO: I PRONOMI

I **pronomi personali complemento** rispetto alla *forma* si dividono in due serie:
- **forme forti o toniche**: sono quelle che hanno un loro accento ed acquisiscono un certo spessore nella frase; i pronomi corrispondenti sono: me, te, lui, lei, noi, voi, loro;
- **forme deboli o atone**: sono quelle che non hanno un loro accento e per la pronuncia devono appoggiarsi al verbo che le segue o che le precede spesso unendosi anche graficamente con esso; sono le cosiddette particelle pronominali: mi, ti, ci, vi, la, lo, gli, le, li (➤ Mi porgi; porgimi)

I **pronomi relativi misti** (o doppi) sono quelli che fondono in un'unica parola due diversi pronomi; essi sono:
- **chi**: formato da *colui* (o quello/a) = pronome dimostrativo + *che* (il quale/la quale) = pronome relativo;
- **chi**: formato da *qualcuno* = pronome indefinito + *che* (il quale/la quale) = pronome relativo;
- **chiunque**: formato da *qualcuno* (o qualsiasi persona) = pronome indefinito + *che* (il quale/la quale) = pronome relativo;
- **quanto**: formato da *ciò* = pronome dimostrativo + *che* = pronome relativo;
- **quanti** (o quante): formato da *quelli* = pronome dimostrativo + *che* = pronome relativo

Di seguito alcuni esercizi delle banche dati inerenti al pronome.

		A	B	C	D
1	**Quale delle seguenti alternative NON contiene un pronome personale?**	Si dipinge le unghie	Guardate se potete	Mi ricorderò di lei	Ho preso il tram senza di loro
2	**Quale delle seguenti alternative contiene un pronome?**	Il vecchio che vedi, fu un console	Dicono che abbia vinto venti battaglie	Ora è così vecchio che non ricorda	Deve essere onorato, ché fu un grande uomo
3	**Nella frase "Uno dovrebbe sempre sapere cosa dire", "uno" è:**	articolo	pronome	aggettivo	sostantivo
4	**Quale tra le seguenti frasi NON contiene un pronome indefinito?**	Ognuno tira l'acqua al suo mulino	Non si assomigliano per niente	Gli uni parlavano, gli altri sonnecchiavano	Oggi non arriverà nessuno
5	**Quale tra le seguenti frasi contiene un pronome interrogativo?**	Mi chiese quante ne avessi mangiate	Quante mele hai mangiato?	Quanto hai mangiato!	Sapessi quante mele sono andate perdute quest'anno!
6	**In quale delle seguenti frasi è presente un pronome relativo misto?**	Con la funivia siamo arrivati sulla cima del monte da cui si godeva un incantevole panorama	Per rifiutare quella proposta di lavoro avrai avuto certamente dei buoni motivi, che ora mi spiegherai	Sono arrivate delle buone recensioni sul villaggio turistico in cui vorremmo andare in vacanza quest'estate	Ringraziamo sinceramente chiunque sia intervenuto alla presentazione del libro
7	**In quale delle seguenti frasi è presente un pronome relativo misto?**	Gli hai dato da leggere dei libri il cui linguaggio è troppo specifico	Giovanna è la persona alla quale ho parlato tanto bene di te	Come mai non sei venuto all'assemblea cui volevi tanto partecipare?	Con il terremoto ha perso tutto quanto aveva costruito in anni di fatica
8	**In quale delle seguenti frasi è presente un pronome personale nella sua forma atona?**	Ho chiesto di Giulia, ma non ne sapeva nulla	Verrò con te, così mi indicherai la strada giusta	Andremo con i nostri genitori in montagna: perché non venite con noi?	Oggi non ho pranzato con mio fratello, perché non era al lavoro con me
9	**In quale delle seguenti frasi è presente un pronome personale nella sua forma atona?**	Chiedi a lei se ha già mangiato	Cosa vuoi ancora da lui?	Glielo consegnerò io stessa	Ho detto loro di anticipare la visita
10	**In quale delle seguenti frasi è presente un pronome personale nella sua forma tonica?**	Lara ha molti problemi e ne parla sempre per sfogarsi	Ci vuoi raccontare cosa ti ha detto?	Il giudice li interrogò a lungo	Io parlo per me, tuo padre parla per sé
11	**In quale delle seguenti frasi è presente un pronome personale nella sua forma tonica?**	Giulia voleva incontrare proprio me per parlare di mio fratello	Ci hanno pregati di invitarvi a cena e così eccovi qui	Chiedigli se mi vuole ancora vedere	Le parli, ma è come se non ti ascoltasse

Soluzioni: 1.B, 2.A, 3.B, 4.B, 5.A, 6.D, 7.D, 8.B, 9.C, 10.D, 11.A

1.4.5 Il verbo

Il verbo è la parte più importante del discorso perché senza di esso la frase non ha senso. Il verbo si modifica poiché variano: la *persona* che, per esempio, fa qualcosa... (io, tu, egli etc.), il *modo* (realtà, aspirazione, desiderio, comando), il *tempo* in cui questa cosa viene fatta (presente, cioè la sta facendo adesso, passato, cioè è già accaduta o futuro, cioè deve ancora succedere); questi cambiamenti si chiamano ***coniugazioni del verbo***; esse sono tre.

CONIUGAZIONI DEL VERBO			
Prima	Terminano all'Infinito Presente	**are**	Amare, Giocare, pattinare
Seconda		**ere**	vedere, leggere, temere
Terza		**ire**	dormire, partire, soffrire

I verbi possono essere *regolari* o *irregolari.*
Nei ***verbi regolari*** la radice rimane uguale e cambia solo la desinenza quando si dovranno coniugare nei modi e nei tempi (indicativo, congiuntivo, condizionale presente, passato e futuro).
I ***verbi irregolari***, invece, non mantengono la stessa radice durante tutta la coniugazione, non mantengono le desinenze proprie della coniugazione cui appartengono e non seguono la coniugazione cui appartengono (viene dopo riportata tutta la tavola dei verbi).
Per legare bene il verbo con i pronomi, va ricordato che il verbo è formato da ***persone***: io, tu egli, ella, esso/a (per il singolare), noi, voi, essi/e (per il plurale): essi giocano, noi leggevamo, io partirò, voi amate etc.
Il verbo deve concordare con il soggetto per questo se ci sono più soggetti il verbo si esprimerà al plurale:

➤ *Luca e Matteo sono dei bei ragazzi.*

Il verbo indica anche il **modo** in cui avviene l'azione.
L'***indicativo*** è il modo della realtà, della certezza; l'azione è quindi certa:

➤ *sono venuto da te; ti voglio bene.*

Il ***congiuntivo*** è il modo della possibilità, dell'incertezza; l'azione è probabile ma non certa;

➤ *mi auguro che tu possa venire, non posso pensare che tu sia stato bocciato.*

Il ***condizionale*** è anch'esso il modo della possibilità ma a certe condizioni, cioè deve esserci una relazione tra due eventi:

➤ *se avessi la macchina (prima condizione) verrei da te (evento possibile)*

L'***imperativo*** è il modo del comando, dell'ordine, dell'invito a fare qualcosa:

➤ *Studia! Prendimi quel bicchiere!*

Questi *quattro* appena descritti si chiamano **modi finiti** *del verbo*; ne esistono altri tre che si chiamano *modi indefiniti* e sono: infinito, participio e gerundio.
L'***infinito*** indica in modo generico l'azione senza specificare la persona e il numero:

➤ *parlare di te è interessante; studiare italiano è difficile.*

Il ***participio*** si usa come aggettivo se è participio presente (sorridente, amante = sono participi presente di sorridere, amare), come nome (il mandante, i bagnanti) ed esprime un'azione contemporanea; il participio passato, si usa per formare i tempi composti dei verbi (ho studiato, hai mangiato = studiato e mangiato sono participi passati), ed esprime un'azione anteriore rispetto a quella della proposizione principale.

Il ***gerundio*** esprime un'azione mettendola in rapporto con il verificarsi di un'altra: avendo letto il libro, mi sono sentito preparato; studiando la lezione, imparo cose nuove.

MODI DEL VERBO			
finiti		**indefiniti**	
Indicativo Condizionale	Congiuntivo Imperativo	Infinito Gerundio	Participio

Nei verbi è importante anche il **tempo** in cui si svolge l'azione: presente, passato, futuro.
Il ***presente*** indica contemporaneità, cioè l'azione avviene contemporaneamente al momento in cui si parla (bevo perché ho sete = l'azione del bere avviene ora perché soddisfa la mia sete di adesso).

Il ***passato*** indica che l'azione è avvenuta prima del momento in cui si parla (quando vivevo nel mio paese non conoscevo l'italiano = l'azione è precedente).

Il ***futuro*** indica che l'azione avverrà dopo rispetto al momento in cui si parla (domani verrò da te = sto parlando adesso di qualcosa che accadrà domani).

I tempi dei verbi possono essere:
- **semplici**, se sono formati da un'unica voce verbale cioè un solo verbo, quello principale;
  ➤ *amare, giocare, leggere, comprare*
- **composti** se sono formati da più verbi, il verbo essere o avere, che sono detti ausiliari, ed il participio passato del verbo principale.
  ➤ *io ho letto, Paolo ha dormito, voi siete venuti*

TEMPI SEMPLICI	TEMPI COMPOSTI	TEMPI SEMPLICI	TEMPI COMPOSTI
modo indicativo		**modo congiuntivo**	
Presente	Passato Prossimo	Presente	Passato
Imperfetto	Trapassato Prossimo	Imperfetto	Trapassato
Passato remoto	Trapassato Remoto	**modo imperativo**	
Futuro Semplice	Futuro Anteriore	Presente	Passato
modo condizionale		**modo infinito**	
Presente	Passato	Presente	Passato
modo participio		**modo gerundio**	
Presente	Passato	Presente	Passato

Il *modo indicativo* ha ***otto tempi***, quattro semplici e quattro composti.

- *Tempi semplici*: presente (io mangio), imperfetto (io mangiavo), passato remoto (io mangiai), futuro semplice (io mangerò);
- *Tempi composti*: passato prossimo (io ho mangiato), trapassato prossimo (io avevo mangiato), trapassato remoto (io ebbi mangiato), futuro anteriore (io avrò mangiato).

Il *modo congiuntivo* ha ***quattro tempi***, due semplici e due composti:
- *Tempi semplici*: presente (che io mangi), imperfetto (che io mangiassi);
- *Tempi composti*: passato (che io abbia mangiato), trapassato (che io avessi mangiato).

Il *modo condizionale* ha ***due tempi***: uno *semplice*, il presente (io mangerei) ed uno *composto*, il passato (io avrei mangiato).

L'*imperativo* ha ***due tempi semplici***, il presente, proprio perché esprime un comando da eseguirsi subito (studia, dammi) e il futuro, quando la cosa che si comanda deve essere eseguita non all'istante ed è identico al futuro semplice dell'indicativo.

L'*infinito* ha ***due tempi***: uno *semplice*, il presente (mangiare) ed uno *composto*, il passato (avere mangiato).

Il *participio* ha ***due tempi***: uno *semplice*, il presente (mangiante) ed uno *composto*, il passato (mangiato).

Il *gerundio* ha ***due tempi***: uno *semplice*, il presente (mangiando) ed uno *composto*, il passato (avendo mangiato).

NOTA. L'*imperfetto iterativo* si usa per indicare il ripetersi di una azione come fatto occasionale o dovuto ad un'abitudine.
➤ *Quando era piccolo Luca rubava le figurine dell'amico*

Di seguito alcuni esercizi delle banche dati inerenti alle forme verbali.

		A	B	C	D
1	**Individuare la prima persona singolare del congiuntivo imperfetto di "redimere".**	Redimeresti	Ridemessi	Redimessi	Redimerei
2	**Il congiuntivo passato attivo del verbo "annichilire", terza persona plurale è:**	abbiano annichilito	avessero annichilito	avrebbero annichilito	hanno annichilito
3	**Quale delle seguenti forme verbali è un futuro anteriore?**	Aveste evaso	Avrete leso	Invaderete	Abbiate dormito
4	**Quale tra le seguenti forme verbali è un infinito passato passivo?**	Avere amato	Essere amato	Essere stato amato	Amare

5	**Quale dei seguenti modi non è indefinito?**	Participio	Gerundio	Infinito	Imperativo
6	**Quali dei seguenti modi non è finito?**	Condizionale	Indicativo	Congiuntivo	Participio

Soluzioni: 1.C, 2.A, 3.B, 4.C, 5.D, 6.D

1.4.5.1 Verbi secondo il significato

Transitivo: quando consente una relazione diretta tra soggetto e complemento oggetto, senza aiuto di una preposizione:

➤ *Luigi legge un libro*

Intransitivo: quando l'azione è già compiuta in sé (possono esserci altri complementi, escluso il complemento oggetto).

➤ *Io corro a casa; Giulio cadde*

Il *verbo transitivo ha tre forme*:

attiva	quando l'azione fatta dal soggetto passa sul complemento oggetto *Io mangio la mela*
passiva	quando il soggetto subisce l'azione fatta dal complemento di agente o causa efficiente *Io sono lodato dagli amici*
riflessiva	quando l'azione fatta dal soggetto ricade sul soggetto stesso per mezzo delle particelle pronominali (mi, ti, si etc.) *Io mi pettino*

Il *verbo transitivo di forma attiva può farsi passivo*:

1) facendo precedere al suo participio passato le voci corrispondenti del verbo essere.
   ➤ io ero lodato;
2) facendo precedere al suo participio passato le voci corrispondenti del verbo venire.
   ➤ io vengo lodato.

La proposizione attiva può essere trasformata in passiva e viceversa.
Per trasformare la proposizione attiva in passiva, il complemento oggetto diventa soggetto; il soggetto si cambia in complemento di agente, facendolo precedere dalla preposizione da e il verbo viene coniugato nella forma passiva.

➤ Paolo loda Maria (attiva) – Maria è lodata da Paolo (passiva).

La *forma riflessiva del verbo* non è altro che il verbo nella sua forma attiva, accompagnato dalle particelle pronominali *mi, ti, si, ci, vi*, (nei tempi composti si usa l'ausiliare essere invece di avere).

➤ mi vesto, ti sei vestito.

I *verbi riflessivi* possono essere:

propri	quando le particelle pronominali hanno valore di complemento oggetto *Io mi lavo (io lavo me)*
apparenti	quando le particelle pronominali hanno valore di complemento indiretto *Io mi lavo il viso* (*mi* è complemento di termine)
pronominali	quando le particelle pronominali fanno parte della natura stessa del verbo Lagnarsi, pentirsi (in questo caso i verbi sono solo intransitivi)
reciproci	quando le particelle pronominali indicano azione scambievole tra due o più persone Noi ci aiutiamo

Accanto al *si* particella pronominale riflessiva, troviamo il *si* passivante, che fatto precedere ad un verbo, indica la forma passiva di esso.

➤ Nella frase "In città si costruiscono grattacieli", il si non è riflessivo (i grattacieli non si costruiscono da soli) bensì è passivante, in quanto la frase ha il significato di "In città vengono costruiti dei grattacieli". Altri esempi di si passivante possono essere: Si vendono appartamenti; Talvolta si sentono dei rumori strani.

1.4.5.2 Verbi secondo la funzione

Ausiliari	*Servili*	*Difettivi*	*Impersonali*
Fraseologici	*Copulativi*	*Sovrabbondanti*	*Incoativi*
Irregolari	*Causativi*	*Puntuali*	*Durativi*

Verbi ausiliari

I verbi *essere* ed *avere* vengono detti ausiliari in quanto aiutano tutti gli altri verbi a formare i tempi composti e le forme passive. Più precisamente il verbo avere si usa per formare:

- i tempi composti dei verbi transitivi alla forma attiva (ho mangiato);
- i tempi composti di alcuni verbi intransitivi alla forma attiva (non ho fiatato);
- i tempi composti di alcuni verbi indicanti moto, purché questo rimanga circoscritto (ho corso nel viale).

L'ausiliare essere si usa invece per formare:

- tutti i tempi della forma passiva di verbi transitivi (sono lodato; sono stato interrogato);
- i tempi composti della maggior parte dei verbi intransitivi (sono andato; sono svenuto);
- i tempi composti della forma riflessiva e pronominale (mi sono asciugato; si è pentito);
- i tempi composti dei verbi impersonali (è piovuto);
- i tempi composti dei verbi indicanti moto, purché si tenda ad una meta (sono corso a casa).

I verbi essere ed avere, nel caso in cui non siano usati come ausiliari, hanno significato proprio.

➤ *Marco ha la febbre – Le chiavi sono sul tavolo.*

Verbi servili

I verbi servili sono quei verbi che si appoggiano ad un infinito allo scopo di completarne il significato.
Essi sono:
- volere – io voglio credere
- potere – egli non può parlare
- dovere – tu devi andare
- solere – ella suole ornare la tavola
- sapere (nel senso di essere capace) – i bambini sanno leggere.

Anche i verbi *desiderare, iniziare, cercare* vengono fatti rientrare tra i servili, sebbene necessitino delle preposizioni a o di per legarsi all'infinito (inizio a studiare; cerco di capire).
Secondo la regola generale l'ausiliare del verbo servile è lo stesso del verbo servito.

Verbi difettivi

Sono quei verbi che mancano di alcune voci della coniugazione (addirsi, urgere, vertere). Nel caso in cui essi manchino del participio passato (prudere, divergere), mancano anche di tutti i tempi composti.

Verbi impersonali

I verbi come *accadere*, *succedere*, *necessitare*, sembrare possono essere usati alla terza persona singolare di tutti i tempi ed i modi senza soggetto. Essi possono indicare:
- condizioni atmosferiche (piove, nevica);
- sentimenti e sensazioni (piace, sembra);
- evenienza (necessita, bisogna).

Diventano impersonali anche alcuni verbi transitivi ed intransitivi, nel caso in cui venga premesso il si impersonale (si deve, si dice). La forma impersonale si ha anche con il verbo essere e un aggettivo (è bello, è giusto).

Verbi fraseologici o aspettuali

Sono detti fraseologici quei verbi come *stare*, *andare*, *fare*, i quali uniti all'infinito o al gerundio di un altro verbo (talvolta mediante preposizioni) conferiscono alla frase un significato particolare. Ad esempio la frase "Finiva per dire di sì", assume una sfumatura diversa dalla frase "Diceva di sì", così come vi è differenza nel dire "Raccontava delle storie" piuttosto che "Andava raccontando delle storie".

Verbi copulativi

Sono quei verbi che legano un nome (o un pronome) ad un altro nome (o un aggettivo) per indicarne una qualità o una carica. Il verbo copulativo più usato è il verbo essere (Marco è ingegnere – Egli è alto), ma troviamo anche i verbi intransitivi: *crescere*, *diventare*, *sembrare*, *vivere*, *nascere*, *morire* (Cicerone diventò pretore – Il ragazzo cresce sano). Tra i verbi copulativi troviamo anche i cosiddetti verbi elettivi, estimativi ed appellativi, i quali possono essere usati anche nella forma passiva (Io ti nomino capoclasse – Sei stato nominato presidente dell'associazione; Io ti reputo onesto – Sei reputato da tutti un cattivo soggetto; La mamma chiamerà Andrea il fratellino – La bambina è stata chiamata Marta dai genitori).

Differenza tra verbi predicativi e verbi copulativi

In base al significato e alla funzione sintattica che assumono all'interno della frase, i verbi possono dividersi in "predicativi" e "copulativi". I **verbi predicativi** hanno un significato compiuto e possono essere usati anche da soli (➤ *piove*; *Laura corre*; *Marco legge* un libro). I **verbi copulativi** servono a collegare il soggetto a un nome o a un aggettivo e hanno quindi una funzione analoga a quella del verbo *essere*, che è chiamata copula.

I verbi copulativi, quindi, per avere senso compiuto, necessitano di un "complemento predicativo", che generalmente ha la funzione di descrivere o comunque precisare una qualità o un attributo del soggetto, oppure del complemento oggetto, determinando e completando in tal modo (rispettivamente quindi, come complemento predicativo del soggetto, oppure dell'oggetto) il significato del verbo o predicato.

➤ Nella frase "Vorrei, ma ho già un altro impegno" il verbo "volere" ha funzione predicativa. Nella frase "Ora devi dimostrare quanto vali" il verbo "dovere" ha funzione ausiliare.

Verbi sovrabbondanti

La particolarità dei verbi sovrabbondanti è che possono essere declinati secondo lo schema di due coniugazioni diverse, ed assumere un significato differente in base alla loro desinenza.

➤ arrossare (rendere rosso) – arrossire (diventare rosso), sfiorare (toccare leggermente) – sfiorire (appassire).

Verbi incoativi

Sono quei verbi della terza coniugazione che al presente dell'indicativo, del congiuntivo e dell'imperativo inseriscono tra il tema e la desinenza (nelle tre persone singolari e nella terza plurale) il suffisso –isc.

➤ *pulisco, reagisco, accudisco.*

Verbi irregolari

Sono quei verbi che cambiano, per alcuni tempi, o la radice o la desinenza o addirittura entrambe.

➤ *il verbo andare, all'indicativo presente diventa io vado.*

I verbi irregolari della prima e terza coniugazione sono rari, nella seconda invece, si trovano la maggior parte di verbi che non seguono lo schema tipo della coniugazione di appartenenza.

Verbi causativi

Sono quei verbi derivati (detti anche fattitivi) che esprimono un'azione non compiuta dal soggetto, ma fatta compiere da altri.

➤ I miei zii hanno fatto potare gli alberi.

Verbi puntuali

Sono quei verbi in cui l'azione è terminata e non è durativa; non c'è un cambiamento di stato.

➤ *Mario lasciò cadere il vaso dalle sue mani.*

Verbi durativi

Possono essere stativi, continuativi e risultativi con l'azione conclusa a raggiungimento della meta.

Di seguito alcuni esercizi delle banche dati inerenti ai verbi.

		A	B	C	D
1	**Quale tra le seguenti frasi contiene un verbo ausiliare?**	Spegnate subito i cellulari!	Io e Matteo frequentiamo la stessa classe	Luigi ha un anno in meno di sua sorella	Mi scuso di aver risposto alla tua e-mail solo oggi
2	**Quale tra le seguenti frasi contiene un verbo intransitivo?**	Luca è nato solo due giorni fa	Ascolta bene le notizie al telegiornale e riferiscimele	Non ho ancora visto i tuoi genitori	Marta frequenta un corso di ballo
3	**Quale tra le seguenti frasi contiene un verbo alla forma passiva?**	Il mio bisnonno costruì questa casa	Non è possibile trasformare una frase passiva in attiva	Quando è lodata, Cinzia arrossisce	Tutti mi hanno riconosciuto, nonostante gli occhiali da sole
4	**Quale delle seguenti alternative contiene un verbo impersonale?**	Di solito non è sbadato, solo qualche volta	Capita che Mario ha dimenticato il libro	Adesso non possiamo fare i compiti per colpa sua	Perché litigate?
5	**Individuare l'alternativa che contiene un verbo transitivo.**	Cade la neve	Vedo i fiocchi di neve	Nevica	Sparisce il giorno
6	**Quale delle seguenti alternative contiene un verbo servile?**	L'avversario era dei più temibili	Ha saputo vincere la partita	Si era preparato con cura	La partita è stata ripresa dalle telecamere
7	**Quale delle seguenti frasi NON contiene un verbo servile?**	Dover sottostare a capi incompetenti è dura	Poter scegliere la propria strada è importante	Volere ottenere qualcosa è il primo passo per averla	Leggere è sempre stata la sua passione
8	**Quale delle seguenti espressioni verbali NON ha significato fraseologico?**	Sta per iscriversi al nuovo corso e già ha cambiato idea	Si dice che la primavera sia l'inizio della vita	Laura si accingeva a tornare a casa sua	Mi sembra sempre di essere sul punto di andarmene
9	**Individuare la frase che NON contiene un predicato nominale.**	Dei teppisti hanno travolto un ragazzo in bicicletta e non si sono fermati	Alessandro e Simone sono splendidi quando stanno insieme	Andrea a volte è proprio simpatico, altre malinconico e solitario	Martino è stato bocciato ed ora è davvero molto triste
10	**Quale, tra le seguenti frasi, contiene un verbo fraseologico o aspettuale?**	Potrei andare alla partita, ma non ne ho voglia	Ti aspetto domani mattina alle 7	Lavatevi le mani prima di cena!	L'amministratore era sul punto di bloccare i lavori condominiali per mancanza di fondi

Soluzioni: 1.D, 2.A, 3.C, 4.B, 5.B, 6.B, 7.D, 8.B, 9.A, 10.D

CONIUGAZIONE DEI VERBI AUSILIARI

Ausiliare essere *Ausiliare avere*

MODO INDICATIVO			
tempi semplici	**tempi composti**	**tempi semplici**	**tempi composti**
presente	**passato prossimo**	**presente**	**passato prossimo**
Io sono	Io sono stato	Io ho	Io ho avuto
tu sei	tu sei stato	tu hai	tu hai avuto
egli è	egli è stato	egli ha	egli ha avuto
noi siamo	noi siamo stati	noi abbiamo	noi abbiamo avuto
voi siete	voi siete stati	voi avete	voi avete avuto
essi sono	essi sono stati	essi hanno	essi hanno avuto
imperfetto	**trapassato prossimo**	**imperfetto**	**trapassato prossimo**
Io ero	Io ero stato	Io avevo	Io avevo avuto
tu eri	tu eri stato	tu avevi	tu avevi avuto
egli era	egli era stato	egli aveva	egli aveva avuto
noi eravamo	noi eravamo stati	noi avevamo	noi avevamo avuto
voi eravate	voi eravate stati	voi avevate	voi avevate avuto
essi erano	essi erano stati	essi avevano	essi avevano avuto
passato remoto	**trapassato remoto**	**passato remoto**	**trapassato remoto**
Io fui	Io fui stato	Io ebbi	Io ebbi avuto
tu fosti	tu fosti stato	tu avesti	tu avesti avuto
egli fu	egli fu stato	egli ebbe	egli ebbe avuto
noi fummo	noi fummo stati	noi avemmo	noi avemmo avuto
voi foste	voi foste stati	voi aveste	voi aveste avuto
essi furono	essi furono stati	essi ebbero	essi ebbero avuto
futuro semplice	**futuro anteriore**	**futuro semplice**	**futuro anteriore**
Io sarò	Io sarò stato	Io avrò	Io avrò avuto
tu sarai	tu sarai stato	tu avrai	tu avrai avuto
egli sarà	egli sarà stato	egli avrà	egli avrà avuto
noi saremo	noi saremo stati	noi avremo	noi avremo avuto
voi sarete	voi sarete stati	voi avrete	voi avrete avuto
essi saranno	essi saranno stati	essi avranno	essi avranno avuto

Ausiliare essere *Ausiliare avere*

MODO CONGIUNTIVO			
tempi semplici	**tempi composti**	**tempi semplici**	**tempi composti**
presente	**passato**	**presente**	**passato**
Che io sia	Che io sia stato	Che io abbia	Che io abbia avuto
che tu sia	che tu sia stato	che tu abbia	che tu abbia avuto
che egli sia	che egli sia stato	che egli abbia	che egli abbia avuto
che noi siamo	che noi siamo stati	che noi abbiamo	che noi abbiamo avuto
che voi siate	che voi siate stati	che voi abbiate	che voi abbiate avuto
che essi siano	che essi siano stati	che essi abbiano	che essi abbiano avuto
imperfetto	**trapassato**	**imperfetto**	**trapassato**
Che io fossi	Si forma aggiungendo all'imperfetto il participio passato stato	Che io avessi	Si forma aggiungendo all'imperfetto il participio passato stato
che tu fossi		che tu avessi	
che egli fosse		che egli avesse	
che noi fossimo		che noi avessimo	
che voi foste		che voi aveste	
che essi fossero		che essi avessero	

Ausiliare essere *Ausiliare avere*

MODO CONDIZIONALE			
tempi semplici	**tempi composti**	**tempi semplici**	**tempi composti**
presente	**passato**	**presente**	**passato**
Io sarei	Io sarei stato	Io avrei	Io avrei avuto
tu saresti	tu saresti stato	tu avresti	tu avresti avuto
egli sarebbe	egli sarebbe stato	egli avrebbe	egli avrebbe avuto
noi saremmo	noi saremmo stati	noi avremmo	noi avremmo avuto
voi sareste	voi sareste stati	voi avreste	voi avreste avuto
essi sarebbero	essi sarebbero stati	essi avrebbero	essi avrebbero avuto

Ausiliare essere *Ausiliare avere*

MODO IMPERATIVO			
tempi semplici	**tempi composti**	**tempi semplici**	**tempi composti**
presente		**presente**	
—	—	—	—
Sii	(Sarai)	Abbi	(Avrai)
sia	(sarà)	abbia	(avrà)
siamo	(saremo)	abbiamo	(avremo)
siate	(sarete)	abbiate	(avrete)
siano	(saranno)	àbbiano	(avranno)

Ausiliare essere *Ausiliare avere*

MODO INFINITO			
tempi semplici	**tempi composti**	**tempi semplici**	**tempi composti**
presente	**passato**	**presente**	**passato**
Essere	Essere stato	Avere	Avere avuto

Ausiliare essere *Ausiliare avere*

MODO PARTICIPIO			
tempi semplici	**tempi composti**	**tempi semplici**	**tempi composti**
presente	**passato**	**presente**	**passato**
(ènte)	Stato	Avente	Avuto

Ausiliare essere *Ausiliare avere*

MODO GERUNDIO			
tempi semplici	**tempi composti**	**tempi semplici**	**tempi composti**
presente	**passato**	**presente**	**passato**
Essendo	Essendo stato	Avendo	Avendo avuto

1.4.6 L'avverbio (o modificante)

L'avverbio *è la parte invariabile del discorso che si aggiunge ad un verbo, un aggettivo, un nome o ad un altro avverbio per modificarne il senso.*
Dal punto di vista sintattico l'avverbio ha sempre il valore ed il significato di un "complemento circostanziale" (di modo, tempo, luogo ...). Quindi esso è quasi sempre sostituibile con il corrispondente complemento.

➤ *Laura cammina velocemente (= con velocità).*

Gli avverbi si dividono in:

Avverbi qualificativi	
Avverbi indicativi	avverbi di tempo avverbi di quantità avverbi di luogo
Avverbi espressivi e valutativi	avverbi affermativi avverbi di negazione avverbi di dubbio
Avverbi interrogativi	

- **Avverbi qualificativi**: sono gli avverbi di modo o maniera che, al pari degli aggettivi qualificativi, modificano il significato della parola a cui si legano. A questa categoria appartengono:
  - gli avverbi formati aggiungendo il suffisso -mente agli aggettivi qualificativi (caldo - caldamente);

- gli avverbi formati aggiungendo il suffisso -oni ad alcuni verbi o sostantivi (bocca - bocconi; penzolare - penzoloni);
- gli avverbi che riprendono il maschile singolare di alcuni aggettivi qualificativi.
  ➤ Beve poco latte (poco è aggettivo) - Mangia poco (poco è avverbio);

NOTA. Per distinguere agevolmente i due casi è sufficiente verificare come nel primo esempio la parola poco può variare se cambiamo il sostantivo a cui si riferisce (Beve poca aranciata); nel secondo, invece, qualsiasi modifica proponiamo per il verbo mangiare, l'avverbio rimarrà lo stesso (Mangiano poco; Mangiare poco).

- gli avverbi di origine latina come: bene, male, volentieri, sì, no, così, come, insieme, cioè, invano, ...;

– **Avverbi indicativi**: sono quegli avverbi che esprimono una circostanza temporale, quantitativa e di luogo. Si dividono infatti in:
  - *avverbi di tempo* quali: ora, oggi, domani, mai, sempre, adesso, prima, dopo, spesso, talvolta, ancora, tuttora, già, tardi, presto, ...;
  - *avverbi di quantità* quali: poco, tanto, alquanto, parecchio, quanto, altrettanto, molto, più troppo, meno (forma maschile degli aggettivi indefiniti), nulla, niente (pronomi indefiniti), abbastanza, affatto, grandemente, minimamente;
  - *avverbi di luogo* quali: qui, qua, quaggiù, quassù (luogo vicino a chi parla), lì, là, laggiù, lassù (luogo vicino a chi ascolta o lontano da entrambi gli interlocutori), vicino, lontano, accanto, fuori, dentro, davanti, avanti, dietro, dappertutto, sotto, sopra, altrove. N.B. Tra gli avverbi di luogo troviamo anche *dovunque* e *dove*, che però non devono essere confusi con le congiunzioni relative che assumono la stessa forma. Se *dove* introduce una interrogativa diretta (Dove vai?) oppure una esclamativa (Dove siamo capitati!) è considerato un avverbio, se invece esso introduce una subordinata relativa (Dimmi dove stai andando) è considerata congiunzione. Per quanto riguarda *dovunque*, esso può essere congiunzione (dovunque vada ti troverò) oppure avverbio (ti ho cercato dovunque).

  Anche le particelle pronominali ci, vi e ne possono assumere la valenza di avverbi di luogo; ciò avviene nel caso in cui si possano sostituire con qui o lì.

  ➤ Ci siete? (Siete qui?) - Vi sono tre persone (Tre persone sono lì) - Ve ne andate via? (Andate via da qui?).

– **Avverbi espressivi e valutativi** (di valutazione): sono quegli avverbi che indicano una affermazione, una negazione o esprimono un dubbio. Si dividono infatti in:
  - *avverbi affermativi* quali: sì, certo, appunto, certamente, sicuramente, davvero, proprio, ...
  - *avverbi di negazione* quali: non, neanche, neppure, nemmeno, mica, ...
  - *avverbi di dubbio* quali: forse, eventualmente, probabilmente, quasi, circa, ...

– **Avverbi interrogativi**: ogni avverbio che viene usato per introdurre una interrogativa diretta diventa un avverbio interrogativo.

  ➤ *Quando arriverai? - Dove vai? - Quanto hai studiato?*

I gradi dell'avverbio
Molti avverbi, come gli aggettivi, hanno il comparativo di maggioranza, di minoranza e di uguaglianza e il superlativo assoluto e relativo.

Possono avere il comparativo ed il superlativo:
- alcuni *avverbi qualificativi*;
- gli *avverbi di luogo* lontano e vicino;
- gli *avverbi di tempo*: presto, tardi e spesso; subito ammette il superlativo subitissimo;
- gli *avverbi di quantità*: poco e molto, ma il comparativo sotto la forma irregolare meno e più;
- l'*avverbio di dubbio*: probabilmente premettendo più o meno.

Il superlativo assoluto si forma:
- aggiungendo -issimamente alla radice dell'aggettivo da cui deriva l'avverbio (lento - lentamente - lentissimamente);
- premettendo all'avverbio di grado positivo un avverbio di quantità come molto ed assai (molto lentamente - assai piano).

AVVERBI PARTICOLARI			
aggettivo grado positivo	**avverbio grado positivo**	**avverbio grado comparativo di maggioranza**	**avverbio grado superlativo assoluto**
buono	bene	meglio	ottimamente
cattivo	male	peggio	pessimamente
molto	molto	più	moltissimo
poco	poco	meno	pochissimo
grande	grandemente	maggiormente	massimamente

Le locuzioni avverbiali
Sono gruppi di parole usati come avverbio. Possono essere:
- *di modo*: di corsa, in fretta e furia, alla meglio, alla meno peggio, così così, in un battibaleno, a più non posso, alla svelta etc.;
- *di luogo*: nei dintorni, nei pressi, di qui, di là, in su, in giù, per di qua, per di là, da lontano, da vicino, da queste parti ...;
- *di tempo*: una volta, un tempo, tra poco, per sempre, d'ora in poi, or ora, poco fa ...;
- *di quantità*: all'incirca, a bizzeffe, a iosa, fin troppo, né più né meno, di più, di meno ...;
- *di affermazione, negazione e dubbio*: di certo, senza dubbio, per l'appunto, neanche per idea, neanche per sogno, quasi quasi ...;
- *interrogative*: da dove?

1.4.7 La preposizione
La preposizione è la *parte invariabile del discorso che si pone dinanzi a un nome, a un aggettivo, a un pronome, a un verbo di modo infinito, a un avverbio, per formare con essi un complemento indiretto, porre in relazione le varie parti di una proposizione, oppure collegare più proposizioni*.
Le preposizioni si dividono in: **Proprie - Improprie - Locuzioni prepositive**:

- *proprie*, cioè quelle che nel discorso non possono assumere altro valore che quello di preposizione (appartengono a questo gruppo le preposizioni semplici ed articolate). Le *preposizioni semplici* sono: *di, a, da, in, con, su, per, tra, fra*.
  Le *preposizioni articolate* si formano unendo la preposizione semplice ed un articolo determinativo.
  ➤ *Dalla (da + la), alle (a + le), nel (in + il)*;
- *improprie*, cioè quelle parole che in analisi logica hanno valore di preposizione, solo se inserite in un determinato contesto, altrimenti possono essere degli aggettivi, dei participi oppure degli avverbi. Ad esempio la parola *prima* è un aggettivo nella frase "La prima strada a destra", mentre è una preposizione nella frase "Prima di sera"; *durante* è sia un participio (anche se poco usato) come nella frase "Una situazione durante da anni", sia una preposizione come in "durante la partita". Infine nella frase "Usciamo insieme", *insieme* è un avverbio, mentre in *insieme a te* è una locuzione prepositiva;
- *locuzioni prepositive*, cioè l'unione di più parole che, se considerate complessivamente, hanno valore di preposizione.
  Tra di esse troviamo *in favore di* e *per mezzo di* (preposizione + sostantivo + preposizione), ma anche *senza di, tra di, lontano da* etc.

Di seguito alcuni esercizi delle banche dati inerenti agli argomenti trattati in questo capitolo.

		A	B	C	D
1	**Quale delle seguenti frasi presenta una preposizione semplice?**	Per favore non chiedermi più nulla perché sono davvero esausto	Prendi il bicchiere nel lavandino e risciacqualo	Non dovrei essere a casa tua, ma non sapevo dove andare	Festeggeremo la tua laurea al bar, insieme al tuo ragazzo
2	**Quale delle seguenti frasi NON contiene una preposizione articolata?**	Mi spiace, ma col mio stipendio e il tuo licenziamento, da oggi dobbiamo fare economia	Non vedo l'ora di andare al mare con la mia nuova tavola da surf, così cavalcherò delle onde gigantesche	Stavo congelando mentre ero lì, in piena notte, che aspettavo l'arrivo di tua madre	Mi piace perdermi nei boschi a cercare funghi, perché lo trovo rilassante
3	**Quale di queste frasi NON presenta una preposizione semplice?**	Da che mondo è mondo, io non ho mai sentito stupidaggini simili	A quanto pare ci diamo alle spese folli, vero?	Non so bene chi fosse, ma era un tipo sospetto con un cappellino di lana e maglioncino scuro	Ero bloccato nel traffico e non sono potuto passare dal supermercato
4	**La frase "Si temono dei gravi danni per il persistere delle piogge" contiene:**	una preposizione semplice e una articolata	due preposizioni articolate e una semplice	due preposizioni articolate	due preposizioni semplici
5	**"Neanche oggi mi è arrivata la telefonata di cui mi hai parlato". In questa proposizione "di" è:**	articolo	preposizione	pronome	sostantivo

Soluzioni: 1.C, 2.C, 3.D, 4.A, 5.B

1.4.8 La congiunzione
La congiunzione è la parte invariabile del discorso che serve a congiungere parole o gruppi di parole che hanno la stessa funzione nella stessa proposizione, proposizioni di uguale funzione o con funzioni diverse.

1.4.8.1 Congiunzioni secondo la forma

semplice	espressa da una sola parola: e, ma. *Luigi e Carlo*
composta	espressa da due parole: ossia, oppure (o ... sia; o... pure). *partirai oppure rimarrai*;
avverbiale	espressa da un avverbio: dove, ove. *dimmi dove andrai; racconta ove ti incontrerai*
locuzione congiuntiva	considerato che, in modo che.

1.4.8.2 Congiunzioni secondo il valore

Congiunzioni coordinative

Congiungono due parole o due proposizioni indipendenti l'una dall'altra.

➤ Giulio e Antonio sono fratelli.

Le coordinative si *distinguono* in:
- **copulative**: uniscono due parole o due frasi semplicemente accostandole l'una all'altra. Possono essere:
  - *positive* o *affermative*: e;
  - *negative*: né, neanche, neppure, nemmeno;
- **aggiuntive**: congiungono due termini aggiungendo un nuovo concetto a ciò che si è detto in precedenza: anche, inoltre, pure, altresì, per altro, nonché etc.;
- **disgiuntive**: congiungono due parole o due proposizioni mettendole in alternativa o escludendone una: o, oppure, ovvero, altrimenti etc.;
- **avversative**: congiungono due parole o due proposizioni che sono in contrapposizione: ma, tuttavia, però, nondimeno, pure, eppure, anzi etc.;
- **conclusive**: uniscono due parole o due proposizioni di cui la 2ª è la logica conclusione della 1ª: dunque, quindi, pertanto, perciò, allora etc.;
- **esplicative o dichiarative**: introducono una parola o una frase che spiega o precisa quel che si è detto in precedenza: cioè, ossia, infatti, vale a dire etc.;
- **correlative**: uniscono due parole o frasi mettendole in reciproca corrispondenza: e ... e, sia ... sia, sia che ... sia che, o ... o, né ... né, non solo ... ma anche etc.

➤

- *Copulative affermative*: Marco **e** Paolo escono spesso insieme;
- *Copulative negative*: non mangio il pane e **neppure** la pasta;
- *Aggiuntive*: per colazione prendo il latte ed **anche** i cereali;
- *Disgiuntive*: compra il gelato **o** la pizza;
- *Avversative*: vorrei venire, **ma** non posso;
- *Conclusive*: ho finito il compito, **quindi** posso uscire;

- *Esplicative*: mi piace Madonna, **infatti** è una grande pop star;
- *Correlative*: non bevo **né** alcolici **né** bevande gassate.

Congiunzioni subordinative

Sono quelle che mettono in evidenza un rapporto di dipendenza, cioè congiungono tra loro due proposizioni una delle quali è subordinata all'altra. Si distinguono in:

- **finali**: perché, affinché, acciocché, ché ...;
- **causali**: perché, poiché, giacché, siccome, dato che, dal momento che, in quanto ...;
- **consecutive**: (tanto) ... che, (così) ... che, (al punto) ... che, (tale) ... che, (in modo tale) ... che ...;
- **dichiarative**: che, come ...;
- **temporali**: quando, mentre, finché, come, appena che, ogni volta che, prima che, dopo che, fino a che ...;
- **concessive**: sebbene, nonostante, benché, quantunque, anche se ...;
- **condizionali**: se, purché, qualora, quando, a condizione che, a patto che, ...;
- **modali**: come, quasi, come se ...;
- **avversative**: mentre, quando, laddove ...;
- **comparative**: (così) ... come, (piuttosto) ... che, (più) ... che, (meglio) ... che, (meno) ... che, (altrimenti) ... che ...;
- **dubitative e interrogative**: come, perché, quando, quanto ...;
- **eccettuative**: fuorché, salvo che, tranne che, eccetto che ...;
- **limitative**: che, per quanto, in quanto a ...;
- **esclusive**: senza, senza che ...

➤

- *Finale*: mi chiese aiuto, **affinché** risolvesse il suo problema (per risolvere il suo problema);
- *Causale*: mi ha chiamato **perché** aveva paura;
- *Consecutiva*: Miki era **così** contento del mio arrivo **che** fece una festa;
- *Dichiarativa*: Lucia disse a Marco **che** aveva bisogno di lui;
- *Temporale*: Sono uscita **mentre** pioveva;
- *Concessiva*: **Sebbene** ci siano le nuvole, decido di andare al mare;
- *Modale*: Patrizia ha deciso di comportarsi **come** credeva più giusto;
- *Comparativa*: Nessuno sapeva affrontare la situazione **così come** lei;
- *Interrogativa*: Mi chiedeva **perché** si facesse così;
- *Eccettuativa*: Mangia tutto **tranne che** i dolci;
- *Limitativa*: È il primo della classe in **quanto a** geografia;
- *Esclusiva*: Sono andata da lui **senza** di lei.

La congiunzione *che* può essere sottointesa nelle proposizioni oggettive.

➤ credevo (*che*) facesse per celia.

Per non confondere il *che* congiunzione con il pronome relativo bisogna provare a sostituire *che* con il pronome *il quale*: se la sostituzione è possibile, *che è pronome*, altrimenti è *congiunzione*.

➤ io dico che hai torto; in questo caso è congiunzione perché non si può fare la sostituzione.

1.4.9 Interiezione o esclamazione

L'interiezione (detta anche esclamazione) è la *parte invariabile del discorso che esprime un improvviso sentimento dell'animo* (come la meraviglia, lo sdegno, il desiderio e il dolore). L'interiezione è una *espressione che s'inserisce nel discorso senza aver alcun legame con le parole in mezzo alle quali viene a trovarsi.* Il segno dell'interiezione è il punto esclamativo (!).

Le interiezioni possono distinguersi in quattro specie:

semplici	sono quelle formate da una sola parola. *oh! sono arrivati!*
locuzioni esclamative	sono quelle espresse con più parole. *povero me! beato te!*
composte	sono quelle formate da due parole. *ohimè!*
improprie	sono quelle che comprendono parole appartenenti ad altre categorie grammaticali (sostantivi, aggettivi, avverbi e verbi). *bene! peccato! accidenti! evviva!*

Le voci onomatopeiche sono simili alle interiezioni. Cercano di imitare le voci degli animali o i rumori delle cose.

➤ *Miao, din don, pio pio, tic-tac.*

1.5 Sintassi: introduzione

La sintassi descrive le regole in base alle quali noi ordiniamo le singole parole per esprimere chiaramente dei concetti. La sintassi si divide in analisi logica ed analisi del periodo (ricordiamo che la morfologia si occupava di analisi grammaticale).

analisi logica	studia l'ordinamento e le relazioni tra gli elementi che compongono una proposizione (cioè una frase in cui compare un solo verbo)
analisi del periodo	studia il legame tra più proposizioni

1.5.1 La proposizione

La proposizione è un pensiero o un giudizio della nostra mente espressa con parole.
La ***frase*** è un insieme di parole aventi senso compiuto, legate tra loro da un predicato e racchiuse da segni di interpunzione forte.

La frase può essere:
Frase semplice quando è presente un unico predicato, col verbo al modo finito ed è quindi una proposizione indipendente;
Frase complessa o ***periodo*** ha due o più predicati ed è quindi costituita da due o più proposizioni.

Nella frase semplice possono essere poi aggiunti altri elementi accessori chiamati *complementi* con lo scopo di ampliare il significato della stessa.
All'interno della frase semplice vi è una struttura formata da gruppi di parole o sintagmi; i sintagmi che hanno come elemento fondamentale un nome si chiamano *sintagmi nominali*, quelli che hanno come elemento fondamentale un verbo si dicono *sintagmi verbali*; entrambi possono essere semplici o complessi.
Il *sintagma nominale* è quindi composto dal nome-soggetto, attributi, apposizioni e complementi ad esso legati, mentre il *sintagma verbale* è composto dal predicato e da tutte le parole ad esso legate.

➤ I bambini giocano nel prato:
i bambini = sintagma nominale semplice con funzione di soggetto;
giocano = sintagma verbale semplice con funzione di predicato;
nel prato = sintagma nominale semplice con funzione di complemento.
Se però si unisce "giocano nel prato" si ottiene un *sintagma complesso* formato dal sintagma verbale semplice e dai sintagmi nominali semplici che si riferiscono al predicato.

Altri elementi fondamentali della proposizione sono soggetto e predicato.

Soggetto

È la persona, l'animale o la cosa di cui si parla. Può essere soggetto qualsiasi parte del discorso. In una proposizione è possibile trovare più soggetti.

➤ Andrea e Paolo (sogg.) sono miei amici;
esso concorda con il predicato nella persona, nel numero e, in alcuni casi, anche nel genere. Si riportano alcuni esempi che evidenziano come qualsiasi parte del discorso possa fungere da soggetto.

➤ Amare la Patria è importante (il verbo è soggetto); Tu è un pronome personale (tu è soggetto ed è pronome); Il poco è meglio di niente (poco è avverbio di quantità ed è soggetto)...

Predicato

È ciò che si dice del soggetto. È di due specie:

verbale	se consiste in un verbo che da solo abbia senso compiuto: ***il** cane abbaia*
nominale	se consiste in un nome o in un aggettivo unito al soggetto per mezzo di una voce del verbo essere, che in tal caso si chiama *copula*: *Platone era filosofo* (*era* = copula) (*filosofo* = nome del predicato)

Il *predicato nominale* si può avere nei seguenti casi:

– *con i verbi copulativi, elettivi, estimativi* (sembrare, parere, divenire, essere eletto, restare).
  ➤ Carlo fu eletto Sindaco;
– *con un pronome*.
  ➤ i libri erano tuoi;
– *con un participio*.
  ➤ il padre fu dolente;

– *con un verbo di modo infinito.*
  ➤ il passeggio è un ricrearsi;
– *con un avverbio.*
  ➤ il fatto è così;
– *con un aggettivo numerale.*
  ➤ i soldati sono trenta.

Il verbo *essere* non sempre è copula e in questo caso ha la funzione di predicato verbale:
a) può essere l'ausiliare di un verbo di tempo composto.
  ➤ io sono venuto;
b) può avere il significato di un altro verbo (come esistere, stare, appartenere, vivere, trovarsi).
  ➤ le chiavi sono sul tavolo; il libro è (appartiene) di Luca.

Gli altri elementi che possono presentarsi in una proposizione, oltre al soggetto e predicato, *sono tre*: attributo, approsizione, complementi.

Attributo
È un aggettivo che si unisce al soggetto, all'apposizione o a un complemento, per attribuirgli una qualità o per meglio specificarlo.
➤ i fanciulli educati sono simpatici.

È importante ricordare, quindi, che l'aggettivo può essere usato con funzione attributiva, cioè di attributo o predicativa, cioè di *predicato nominale*.
➤ «I bambini felici» è una funzione attributiva; «La mamma era contenta» è una funzione predicativa.

Apposizione
È un nome che si unisce al soggetto o a un complemento per spiegarlo meglio.
➤ L'imperatore Caligola era crudele; Il nome Carlo è diffuso.
➤ di apposizione complemento: Guidava una Topolino, una splendida *macchinetta*.

Vi sono casi in cui l'apposizione si presenta in modo meno chiaro:
a) quando è preceduta dalla preposizione *da* o dalla congiunzione *come*.
  ➤ Caligola, da imperatore (o come imperatore), era crudele.
b) quando l'apposizione è preceduta, talvolta, con tono di disprezzo da *quel, quello, quella, questa* e seguita dalla preposizione *di* (anch'essa pleonastica).
  ➤ quell'angelo di tuo figlio.

Complementi
Sono quei nomi con o senza preposizioni che completano l'azione espressa dal verbo.
➤ Cesare comanda un esercito.

I complementi sono di tre specie:

diretti	completano il senso espresso dal predicato direttamente, cioè senza preposizione. *Io amo i genitori*
indiretti	completano il senso espresso dal predicato indirettamente, cioè per mezzo di una preposizione. *Io ubbidisco al maestro*
avverbiali	complementi originati dagli avverbi, dalle preposizioni e dalle congiunzioni. *Pietro non studia mai. Laura canta soavemente*

La proposizione può anche essere *ellittica*, cioè mancare di uno o più elementi, che si possono facilmente sottintendere.
La frase può essere:
- ellittica del soggetto (Siamo andati a Parigi - il soggetto Noi è sottinteso);
- ellittica del verbo (Sempre dritto, poi a destra - il predicato Vai è sottinteso).

NOTA. Talvolta una frase manca del predicato, e viene chiamata *frase nominale*. La frase nominale è tipica dei titoli dei giornali, una frase non nominale è detta invece *verbale*.
➤ Reti inviolate a San Siro.

Di seguito alcuni esercizi delle banche dati attinenti alla proposizione.

		A	B	C	D
1	**Si identifichi il soggetto nella frase seguente. "L'11 Luglio del 1982 la nazionale italiana ha vinto i mondiali di calcio contro la Germania".**	i mondiali	L'11 Luglio	la nazionale italiana	la Germania
2	**Quale delle seguenti frasi contiene un predicato nominale?**	Giovanni non sopporta che gli si dica quello che deve fare	Antonio è bravissimo negli assoli alla batteria	Si alzò dalla sedia di scatto, perché aveva visto un topo aggirarsi per casa	Oggi il colloquio andrà alla grande, me lo sento
3	**Quale delle seguenti frasi contiene almeno un predicato verbale?**	Questo è il principale motivo della mia rabbia verso Vittoria	Matteo è stato guardiano in quel parco di divertimenti	Sei proprio uno stupido!	La scimmia prese dunque il bastone, muovendolo per tirare giù la banana
4	**Si identifichi l'apposizione nella frase seguente: "Il sindaco Rossi ha tenuto un discorso ai suoi concittadini".**	Il sindaco	Rossi	un discorso	ai suoi concittadini
5	**Quale delle seguenti frasi contiene un attributo?**	La bella Manuela allora ci venne a trovare, e tutti iniziammo a litigare per chi doveva sederle accanto	Il poeta Giacomo Leopardi nacque a Recanati, nel 1798	Giuseppe Garibaldi, l'eroe dei due mondi, incontrò Vittorio Emanuele II a Teano	Credo che sia giunta l'ora di andare a letto per tutti, o sbaglio?

Soluzioni: 1.C, 2.B, 3.D, 4.A, 5.A

1.5.2 Proposizione rispetto agli elementi

La proposizione, rispetto alla disposizione degli elementi di cui si compone, può avere:

costruzione diretta	prima viene il soggetto, poi i complementi di questo (se ve ne sono), quindi il predicato e successivi complementi
costruzione inversa	gli elementi non sono disposti in ordine secondo la funzione che assolvono
Grande è la Provvidenza	

A seconda di ciò che esprime, una proposizione può essere:
- *enunciativa* se fa un'affermazione o indica una negazione.
  ➤ La porta era aperta (enunciativa affermativa) - Domani non verremo (enunciativa negativa);
- *volitiva* se esprime una volontà o un comando.
  ➤ Fate presto (volitiva affermativa) - Non muovetevi di qui (volitiva negativa);
- *esortativa* se contiene un invito.
  ➤ Sbrighiamoci;
- *ottativa* se esprime un desiderio.
  ➤ Sia un viaggio piacevole!
- *esclamativa;*
  ➤ è andata così!
- *interrogativa* se indica una domanda.
  ➤ Dove andate?

A seconda della forma in cui viene proposta una frase **interrogativa** può essere:
- *retorica*, quando non si chiede per sapere, bensì per ribadire un concetto.
  ➤ Pensi forse di poter uscire?
- *totale*, quando richiede una risposta affermativa o negativa.
  ➤ Stasera uscite?
- *parziale*, quando non è possibile rispondere con un sì o con un no.
  ➤ Dove andate stasera?

> **NOTA.** L'**analisi logica** della proposizione consiste nello scomporre la proposizione nei suoi elementi (soggetto, predicato, complementi) indicando la funzione compiuta da ogni parola nella proposizione stessa.

1.5.3 Principali complementi

1.5.3.1 Complementi diretti

oggetto *RISPONDE ALLE DOMANDE: CHI? CHE COSA?*	è un nome che indica la persona, l'animale o la cosa su cui cade l' azione espressa dal predicato verbale. È possibile solo con i verbi transitivi perché essi lasciano passare l'azione direttamente dal soggetto al complemento oggetto. *I buoi tirano* ***il carro***
oggetto interno	alcuni verbi intransitivi possono avere un complemento oggetto che ha la stessa radice o lo stesso significato del verbo. *Vivo* ***una vita beata****; dormo* ***sonni tranquilli***

(segue)

oggetto partitivo	quando è espresso mediante un articolo partitivo. *Ho mangiato* ***del pane*** (= ho mangiato poco, molto pane) *Ho comprato dei fiori* (= ho comprato alcuni fiori)
oggetto come subordinata oggettiva	talvolta il complemento oggetto può essere espresso mediante una subordinata oggettiva. *Pretendo* ***che tu stia attento*** (la tua attenzione)

Complemento predicativo dell'oggetto
Alcuni verbi transitivi (chiamare, nominare, dire, credere, giudicare, proclamare, eleggere) per avere un senso compiuto, oltre al complemento, debbono essere accompagnati da un nome o un aggettivo che completa il valore dell'azione. Il complemento predicativo dell'oggetto spesso è preceduto dalle preposizioni *da, per, a* o dalla congiunzione *come*.
➤ eleggemmo Piero per guida; lo considerammo come amico.

Complemento predicativo del soggetto
Si ha con gli stessi verbi usati nella forma passiva, i quali possono richiedere anch'essi un nome o un aggettivo che completi il senso del verbo o che indichi meglio il soggetto.
➤ Mario morì vecchio (o da vecchio); Paolo fu scelto a giudice (o come giudice).

1.5.3.2 Complementi indiretti

Complemento di specificazione
Quando un nome, preceduto dalla preposizione *di* si unisce a un altro nome generico per specificarlo meglio, per determinarlo più particolarmente o per attribuirne la proprietà.
Risponde alle domande: *di chi*? *di che cosa*?
➤ il libro di Laura; la collezione di conchiglie.

Complemento di materia
Si unisce ad un altro nome per indicare di che materia è formato. Esso è preceduto dalla preposizione *di* e talvolta dalla preposizione *in*.
Risponde alla domanda: *di che cosa*?
➤ un abito di seta; una statua di marmo.

Complemento di termine (o di attribuzione)
Si ha quando a un nome, preceduto dalla preposizione *a* (semplice e articolata), si attribuisce, si dà o si toglie qualcosa.
Risponde alle domande: *a chi*? *a che cosa*?
➤ togli quel libro a Paolo; dimmi (di' a me) la verità.

Complemento di denominazione
Indica la denominazione di una persona o di una cosa.
Risponde alle domande: *di chi*? *di che cosa*? ed è introdotto:
– da un nome geografico (città, fiume, lago etc.).
  ➤ la città di Roma;
– dalle parole del mese.
  ➤ il mese di gennaio;

– dalla parola, nome, cognome, soprannome.
  ➤ il nome di Antonino.

Complemento di agente

Si ha quando un nome preceduto dalla preposizione *da* indica la persona, l'animale o la cosa da cui è fatta l'azione espressa dai verbi passivi.
Risponde alle domande: *da chi*? *da che cosa*?
➤ la Patria è amata dal cittadino.

Complemento di causa efficiente

Si ha quando l'autore dell'azione indicata dal verbo passivo è costituito da cose inanimate o da idee astratte ed è preceduto dalla preposizione da.
Risponde alla domanda: *da che cosa*?
➤ Luigi è corrotto dai vizi; il bimbo fu travolto dal fiume.

Complemento di compagnia o di unione

Il complemento di compagnia si ha quando un nome preceduto dalla preposizione *con* (semplice o articolata), o da locuzioni prepositive equivalenti, indica la persona o l'animale con cui si sta o si fa l'azione.
Risponde alla domanda: *con chi*?
➤ vive col padre; venne a casa con noi.

Quando il complemento è costituito da una cosa si preferisce chiamarlo *complemento di unione*.
Risponde alla domanda: *con che cosa*?
➤ Lo vidi arrivare coi fiori.

Complemento di mezzo

Si ha quando un nome preceduto dalla preposizione *con* e talvolta dalle preposizioni *di, in, per, da, a* indica il mezzo con cui si compie l'azione espressa dal predicato.
Risponde alle domande: *per mezzo di chi* o *di che cosa*?
➤ Il Sole feconda la Terra coi suoi raggi.

Complemento di modo o maniera

Si ha quando un nome preceduto dalle preposizioni *a, con, di, da, in, per* indica il modo o la maniera in cui avviene l'azione espressa dal predicato.
Risponde alle domande: *in che maniera*? *come*?
➤ Mi parlò di lui con calore.

Complemento di causa

Si ha quando un nome preceduto dalle preposizioni *di, da, per* e dalle locuzioni prepositive *a causa, a motivo di*, indica la causa dell'azione espressa dal predicato.
Risponde alle domande: *perché*, *per qual motivo*?
➤ morì di veleno; soffriva per il freddo.

Complemento di fine

Si ha quando un nome preceduto dalle preposizioni *a, in, per*, o dalle locuzioni prepositive *al fine di, allo scopo di*, indica il fine o lo scopo a cui tende l'azione.

Risponde alle domande: *a che fine? perché?*
➤ Paolo viaggiava per divertimento.

Complemento di argomento
Si ha quando un nome preceduto dalle preposizioni *di, su, intorno a*, indica l'argomento di cui si parla e si scrive.
Risponde alle domande: *di che? di chi?*
➤ trattò di sintassi; scrisse un libro sull'amicizia.

Complemento di luogo
È quello che indica una relazione di luogo.
Si distingue in:

di stato in luogo	si ha quando un nome preceduto dalle preposizioni *a, in, su, sopra, sotto, presso,* indica il luogo reale o figurato in cui si trova la persona, un animale o una cosa. Risponde alle domande: dove? in che luogo? *io vivo a Milano*
di moto a luogo	si ha quando un nome preceduto dalle preposizioni *a, da, in, su, verso,* indica il luogo reale o figurato verso il quale è diretta una persona, un animale o una cosa. Risponde alle domande: dove? verso qual luogo? *vado a Roma; vengo da te*
di moto da luogo	si ha quando un nome preceduto dalle preposizioni *di, da, sopra, sotto,* indica il luogo reale o figurato da cui proviene la persona, l'animale o la cosa. Risponde alle domande: da dove? da qual luogo? *esco di casa; proveniva dal fiume*
di moto per luogo	si ha quando un nome preceduto dalle preposizioni *per, attraverso,* indica il luogo reale o figurato attraverso il quale passa la persona, l'animale o la cosa. Risponde alle domande: per dove? per qual luogo? *fuggiamo per i campi*
di moto in luogo circoscritto	Risponde alla domanda: per dove? *camminava nel giardino; passeggiava in casa*
di luogo figurato	È preceduto dalle preposizioni in, da, per. Risponde alle domande: dove? da dove? *aveva in mente; venne dal nulla*

Complemento di tempo
È quello che indica una relazione o una circostanza di tempo. Può essere di *due specie*:

di tempo continuato	si ha quando un nome preceduto dalle preposizioni *da, per* indica per quanto tempo è continuata, continua o continuerà l'azione. Risponde alle domande: *da quanto tempo? per quanto tempo?* *andrò in licenza per un mese*
di tempo determinato	si ha quando un nome preceduto dalle preposizioni *a, in, di, su, verso, circa*, indica il tempo in cui è avvenuta, avviene o avverrà l'azione. Risponde alle *domande*: *quando? in che tempo?* *nacque il 21 ottobre; le rose sbocciano a maggio*

Complemento partitivo
È quello che indica il tutto, un insieme di cui fa parte la persona, l'animale, la cosa a cui ci si riferisce. È introdotto dalle preposizioni *di, tra, fra*.
Risponde alla domanda: *tra chi, fra che cosa?*
➤ Egli è il più simpatico tra noi.

Può anche essere espresso dalla particella pronominale *ne* (sembrava un libro di poche pagine, ma **ne** aveva molte).

Complemento di paragone
È quello che indica il secondo termine di paragone. È introdotto dalla preposizione: *di*.
Risponde alla domanda: *in confronto a chi/a che cosa?*
➤ Matteo è più bello di Antonio.

Complemento di limitazione
È quello che indica entro quali limiti si deve restringere ciò che viene detto da un verbo, da un aggettivo o da un nome. È introdotto dalle preposizioni: *di, a, in, per*.
Risponde alla domanda: *limitatamente a che cosa?*
➤ Non sei certo bravo in geometria.

Complemento d'origine o provenienza
È quello che indica il luogo da cui qualcuno proviene o ha origine. È introdotto dalle preposizioni: *di, da*.
Risponde alla domanda: *da chi, da che cosa, da dove?*
➤ Nacque da umili genitori.

Complemento d'allontanamento o separazione
È quello che indica la persona, l'animale, la cosa da cui qualcuno si allontana o si è separato.
Risponde alla domanda: *da chi, da che cosa, da dove?*
➤ Si è liberato dalle catene.

Complemento di distanza
È quello che indica la distanza di qualcuno o qualcosa rispetto ad un punto di riferimento. È introdotto dalle preposizioni: *a, tra, fra*.
Risponde alla domanda: *quanto, a quale distanza?*
➤ Mi sono fermato a pochi metri dalla stazione.

Complemento di qualità
È quello che indica le qualità fisiche o morali di qualcuno o qualcosa. È introdotto dalle preposizioni: *di, a, da, con*.
Risponde alla domanda: *con che caratteristiche, che qualità?*
➤ Era una bimbetta dai modi delicati.

Complemento di misura
È quello che indica il peso, la misura di una persona, un animale, una cosa. È introdotto dalle preposizioni *di, da, per*.
Risponde alla domanda: *quanto?*
➤ Ho pescato una trota di due chili.

Complemento di stima o prezzo
È quello che indica il prezzo di qualcosa o di un animale. È introdotto dalle preposizioni: *di, a, per, da, in, su.*
Risponde alla domanda: *quanto, di quanto?*
➤ L'ho pagato 1.000 euro.

Complemento di età
È quello che indica l'età di una persona, un animale, una cosa. È introdotto dalle preposizioni: *di, a.*
Risponde alla domanda: *quanti anni? A/di quanti anni?*
➤ Era un gattino di tre mesi.

Complemento di vantaggio/svantaggio
È quello che indica la persona, l'animale, la cosa a favore o sfavore dei quali viene compiuta l'azione. È introdotto dalle locuzioni: a vantaggio/svantaggio di, in difesa di, a danno di.
Risponde alla domanda: *per chi? A vantaggio/svantaggio di che cosa?*
➤ È un bene per l'umanità (vantaggio); è nocivo per tutti il tuo atteggiamento.

Complementi di abbondanza e privazione
Indicano ciò di cui si è ricchi, pieni o carenti; non sono introdotti da preposizioni o locuzioni.
Rispondono alla domanda: *di chi, di che cosa?*
➤ L'album è pieno di figurine (abbondanza);

La tua vita relazionale è scarsa di amicizie (privazione).

Complemento di sostituzione o scambio
Indica la persona, l'animale, la cosa che viene sostituita o scambiata. È introdotto dalle locuzioni: al posto di, invece di o dalle preposizioni *con, per.*
Risponde alla domanda: *al posto di chi, di che cosa?*
➤ Ho visto un film invece di un documentario.

Complemento di colpa
È quello che indica ciò di cui uno è ritenuto o è colpevole. È introdotto dalle preposizioni: *di, per.*
Risponde alla domanda: *di, per quale colpa?*
➤ Fu accusato di rapina.

Complemento di pena
Indica la pena inflitta a qualcuno; è introdotto dalle preposizioni: *a, di, con, per.*
Risponde alla domanda: *a/con quale pena?*
➤ È stato condannato a sei anni.

Complemento concessivo
È quello che indica la persona, l'animale, la cosa nonostante la quale avviene l'azione espressa dal predicato. È introdotto dalle preposizioni: *nonostante, malgrado*, con o dalle locuzioni a dispetto di etc.
Risponde alla domanda: *malgrado chi/che cosa?*
➤ Malgrado il caldo indosso il maglione.

Complemento di relazione
È quello che indica la persona, l'animale, la cosa con cui si stabilisce un rapporto. È introdotto dalle preposizioni: *con, tra, fra*.
Risponde alle domande: *tra chi? Tra che cosa?*
➤ Abbiamo instaurato buoni rapporti tra vicini.

Complemento vocativo ed esclamativo
Indica la persona, l'animale, la cosa cui ci si rivolge nel discorso diretto attraverso un'esclamazione. È introdotto dalle esclamazioni: oh, o oppure è posto tra due virgole.
➤ Su, cari ragazzi, entrate presto.

Complemento distributivo
Indica in quale rapporto quantitativo stanno tra loro persone, animali, cose. Può non essere introdotto da preposizioni, oppure da: *a, per*, oppure dalle locuzioni: a poco a poco, a mano a mano etc.
➤ State in fila due a due.

Complemento di estensione
Indica quanto qualcosa si estende nello spazio; con i verbi come estendersi, innalzarsi, elevarsi è introdotto dalla preposizione *per;* con gli aggettivi che indicano lungo, largo, alto, profondo si presenta senza preposizione.
➤ Il fiume Arno scorre per molti chilometri.

Il monte Bianco è alto 4.810 metri.

Complemento di esclusione
Indica chi o che cosa viene escluso rispetto all'azione indicata dal predicato. È introdotto dalla preposizione *senza*, ma può essere introdotto anche da *fuorché, tranne, eccetto, all'infuori di* e simili.
➤ Luca è partito senza di me; mangio tutto ad eccezione dei legumi.

Di seguito alcuni esercizi delle banche dati inerenti ai complementi.

		A	B	C	D
1	**Nella frase "Marco è andato a comprare le fragole per la torta della mamma", "le fragole" è un complemento:**	oggetto	di causa	di specificazione	d'agente
2	**Nella frase "Tutti in famiglia ritenevano il piccolo Kenny un buono a nulla, ma si sbagliavano", "un buono a nulla" è un complemento:**	predicativo del soggetto	predicativo dell'oggetto	di limitazione	d'agente
3	**Quale delle seguenti frasi contiene un complemento predicativo del soggetto?**	Penso che tra poco arriverà un brutto temporale	Gli alunni della classe IV hanno eletto Mattia loro rappresentante	Assaggia i miei spaghetti! Non li trovi deliziosi?	Marco appare proprio un uomo intelligente ed equilibrato

4	**Individuare nella seguente frase il complemento di specificazione. "Ogni mattina è la stessa storia, il cane dei vicini non fa altro che abbaiare al postino e mi sveglia!".**	dei vicini	Ogni mattina	la stessa storia	al postino
5	**Nel periodo "Questi guanti di pelle mi sono costati un occhio della testa!", "di pelle " è un complemento:**	di materia	di specificazione	partitivo	di abbondanza
6	**Nella frase "Appena avrò finito i compiti andrò all'ospedale, ma prima comprerò della frutta da portare alla nonna", "alla nonna" è un complemento:**	di termine	d'agente	di compagnia	di luogo
7	**Quale delle seguenti alternative contiene un complemento di denominazione?**	Ecco davanti a voi l'Isola d'Elba	Mi chiamo Remo Williams	L'importo è indicato in euro	Viene dalla terra dei nuraghi
8	**Individuare, nella seguente frase, il complemento d'agente. "L'ultima fetta di torta al cioccolato è stata mangiata da Andrea ieri sera".**	ieri sera	torta al cioccolato	L'ultima fetta	da Andrea
9	**Individuare, nella frase seguente, il complemento di causa efficiente. "E così il povero Arlecchino venne colpito da una scarica di botte che non aveva assolutamente meritato, e pianse a dirotto".**	che non aveva assolutamente meritato	il povero Arlecchino	da una scarica di botte	pianse a dirotto
10	**Individuare, nella frase seguente, il complemento di compagnia: "L'altro giorno Mario e Cristina sono andati con Lorenzo a comprare dei nuovi mobili per la casa".**	dei nuovi mobili	e Cristina	con Lorenzo	per la casa
11	**Individuare nella seguente frase il complemento di unione. "Non fa altro che giocare tutto il giorno con quel suo stupido videogame, ma la prossima volta che porta una nota a casa glielo sequestro e lo chiudo a chiave nella cassaforte".**	a chiave	la prossima volta	a casa	con quel suo stupido videogame

12	**Quale delle seguenti frasi contiene un complemento di mezzo?**	C'era una volta un castello con tante torri a sua difesa	La mongolfiera volò in alto scomparendo tra le nuvole	Non vidi mai più quel ragazzo che conobbi al corso di storia	La mamma premiò gli sforzi del bambino con tante caramelle
13	**Nella frase "Mario è un maiale, non fa altro che mangiare con voracità tutto quello che gli metti sotto il naso", "con voracità" è un complemento:**	di specificazione	di stima	di modo	di paragone
14	**Nella frase "Mi stanno scoppiando gli occhi per il troppo lavoro, forse è meglio se prendo una pausa", "per il troppo lavoro" è un complemento:**	di causa	di tempo	di colpa	di fine
15	**Si identifichi il complemento di fine nella frase seguente: "Per la festa di Lucia ho comprato un abito di seta a fiori".**	di seta	di Lucia	Per la festa	a fiori

Soluzioni: 1.A, 2.B, 3.D, 4.A, 5.A, 6.A, 7.A, 8.D, 9.C, 10.C, 11.D, 12.D, 13.C, 14.A, 15.C

1.5.4 Il periodo

Dicesi **periodo** *una proposizione o più proposizioni strettamente collegate fra loro ed avente senso compiuto.* È racchiuso in un'unica struttura delimitata da due segni di forte interpunzione, tra i quali il punto e virgola o il punto.

Nel periodo si hanno tante proposizioni quanti sono i verbi (espressi o sottointesi). Le proposizioni possono essere:

esplicite	quando essa ha il verbo di modo finito (indicativo, congiuntivo, condizionale, imperativo);
implicite	quando il verbo espresso è di modo indefinito (riducibile a moto finito), che può essere un:
	➤ **infinito**: Si raccontava i nemici essere stati assaliti improvvisamente (Si raccontava che i nemici erano stati assaliti improvvisamente); ➤ **participio**: Il figlio, vivente il padre, fu onesto (Il figlio, finché visse il padre fu onesto); ➤ **gerundio**: Terminando il compito si alzò (mentre terminava il compito, si alzò).

La proposizione implicita si deve rendere sempre esplicita per capirne il significato.

1.5.4.1 Periodo, secondo la funzione assolta

Distinguiamo *due specie* di proposizioni:

– *principale (o indipendente)* quella che, grammaticalmente, non dipende da nessun'altra, anzi da esse dipendono le altre;
  La proposizione principale è sempre reggente di altre proposizioni, tuttavia anche le proposizioni coordinate e le subordinate possono esserlo.
  Il verbo nelle proposizioni principali è al modo finito;

- *secondaria (o dipendente, subordinata, accessoria)* quella che, grammaticalmente, dipende dalla principale.
  ➤ la salute è un bene (principale), che al mondo vale qualcosa (secondaria).

Nel periodo possiamo avere la:

costruzione diretta	quando si dispone prima la proposizione principale e poi le varie subordinate, secondo il grado della loro subordinazione;
costruzione inversa	quando le varie proposizioni sono disposte in un ordine diverso da quello della costruzione diretta.

1.5.4.2 Coordinazione o paratassi

La coordinazione consiste nel legare due o più proposizioni mettendole sullo stesso piano della principale. Poiché la principale è una proposizione autonoma, lo sarà anche la coordinata; la coordinata alla subordinata è, invece, sullo stesso piano della subordinata. La coordinata svolge, quindi, la stessa funzione sintattica della proposizione a cui è collegata.

Coordinate secondo la forma

Come appena visto, in un periodo composto troviamo più proposizioni coordinate tra loro; esse possono essere unite per:

asindeto	mediante alcuni segni di interpunzione *Entrò nella stanza, si guardò intorno, cominciò a parlare*
polisindeto	attraverso delle congiunzioni *Mangiò velocemente e uscì subito, però dimenticò le chiavi*

Coordinate secondo la natura

A seconda della funzione della proposizione, distinguiamo diverse forme di coordinate:

- *copulative*, nel caso in cui le proposizioni siano semplicemente legate in senso affermativo
  ➤ Ho fatto il bucato e ho stirato

  oppure negativo
  ➤ Non voglio partire né voglio restare;
- *aggiuntiva*, se una preposizione unisce due concetti come inoltre; nonché etc.
  ➤ Vado in vacanza per riposarmi nonché per visitare posti nuovi;
- *disgiuntiva*, se una proposizione esclude l'altra come o, oppure
  ➤ Cenerò in pizzeria oppure andrò al cinema;
- *avversative*, nel caso in cui i concetti espressi nelle due proposizioni siano opposti
  ➤ Sono contento di sentirti, ma avrei preferito vederti;
- *dichiarative*, se la coordinata esprime meglio il concetto della reggente
  ➤ L'anima è immortale, cioè non perirà insieme al corpo;
- *conclusive*, se indica la naturale conclusione di ciò che è affermato nella reggente
  ➤ Ho sbagliato il compito, quindi prenderò un'insufficienza;

- *correlative*, nel caso le coordinate siano introdotte da una coppia di congiunzioni
  ➤ Non voglio né studiare né lavorare - è adatto sia per giocare a pallone sia per saltare con l'asta.

NOTA. Anche due proposizioni subordinate a una principale possono essere coordinate tra loro.
➤ Devo chiederle di prendermi il biglietto e di accompagnarmi all'aeroporto. In questo periodo abbiamo una principale (Devo chiederle) e due subordinate ad essa, che però sono coordinate tra di loro.

1.5.4.3 Subordinazione o ipotassi

La *proposizione subordinata* dipende dalla principale (o reggente).

Una proposizione non può essere principale se introdotta da:
- *congiunzioni subordinanti* (onde, perché, sebbene);
- *pronomi e avverbi relativi* (il quale, che, dovunque, dove);
- *pronomi e avverbi interrogativi* (chi? che? cosa?);
- *un gerundio, un participio o un infinito.*

La proposizione subordinata che dipende direttamente dalla principale si dice *subordinata di primo grado*; quella che dipende dalla subordinata di primo grado si chiama *subordinata di secondo grado* e così di seguito, di terzo, di quarto ed anche di quinto grado. Vediamo degli esempi.

Cesare disse al centurione	**proposizione principale**
che si recasse dal tribuno	**prop. sub. di 1° grado**
il quale gli darebbe gli ordini	**prop. sub. di 2° grado**
per fare avanzare l'esercito	**prop. sub. di 3° grado**
quando sarebbe venuta l'ora	**prop. sub. di 4° grado**
di dar battaglia	**prop. sub. di 5° grado**

Le proposizioni subordinate servono a completare il significato della proposizione principale, proprio come i complementi hanno la funzione di definire gli elementi essenziali della frase. In moltissimi casi possiamo trasformare la subordinata in un complemento (diretto o indiretto), in un soggetto, in un attributo o in una apposizione. Vediamo degli esempi.

Uscirò dopo che il sole sarà tramontato	Uscirò dopo il tramonto del sole (complemento indiretto)
È importante studiare	È importante lo studio (soggetto)
Reputo che la tua idea sia brillante	Reputo brillante la tua idea (complemento diretto)
Cesare, che era un generale, morì pugnalato	Il generale Cesare morì pugnalato (apposizione)
Maria, che è bionda, si tinge i capelli	La bionda Maria si tinge i capelli (attributo).

Dividiamo perciò le subordinate in diversi gruppi:
a) quelle che sono sostituibili con un complemento indiretto (subordinate avverbiali, circostanziali o complementari indirette);
b) quelle che possono avere le funzioni di complemento diretto, soggetto, attributo o apposizione (subordinate completive, sostantive o complementari dirette);

c) le subordinate relative, che possono essere ricondotte a più complementi (attributive o appositive);
d) la subordinata condizionale, che insieme alla principale forma il periodo ipotetico.

1.5.5 Proposizioni subordinate complementari (indirette o avverbiali)

Proposizione causale
Assolve le stesse funzioni del complemento di causa. Essa è unita alla reggente per mezzo delle congiunzioni causali *perché, poiché*, col verbo di modo indicativo e congiuntivo e per mezzo dell'infinito preceduto dalle preposizioni *di, a, per*, o mediante il gerundio o participio passato. Risponde alle domande: *perché? per quale ragione?*

➤ non venni (prop. princ. reggente), perché piovve (prop. causale).

Proposizione finale
È quella che corrisponde al complemento di fine. Essa è unita alla reggente per mezzo delle congiunzioni finali *affinché, perché* col verbo di modo congiuntivo o mediante l'infinito preceduto dalle preposizioni *di, a, per*.
Risponde alle domande: *a quale fine? a quale scopo?*

➤ ti prego (prop. princ. reggente) di venire (prop. finale) = affinché tu venga.

Proposizione temporale
È lo sviluppo del complemento di tempo. Essa è unita alla reggente per mezzo della congiunzione temporale *quando, allorché*, col verbo di modo indicativo o congiuntivo e per mezzo dell'infinito preceduto dalle preposizioni *a, in, su*, mediante il gerundio o participio. Risponde alle domande: *quando? da quando? da quanto tempo?*

➤ mentre infuriava il temporale (prop. sub. temp.) scoppiò il fulmine (prop. regg. princ.).

Proposizione incidentale (o parentetica)
Si pone in mezzo agli elementi di un'altra proposizione senza legami di subordinazione. Essa è racchiusa tra due virgole o fra le parentesi o fra trattini. Può avere la forma di una proposizione indipendente o essere introdotta da un elemento subordinante e per questo esprimere un particolare valore da proposizione subordinata (causale, finale etc.).

➤ quel buon fanciullo — chi lo avrebbe detto (prop. parentetica inc.) — è divenuto pessimo.

Proposizione consecutiva
Indica la conseguenza di ciò che si dice nella reggente, alla quale è unita per mezzo della congiunzione: *che* + verbi di modo finito, dalla preposizione *da* + infinito, dagli avverbi: *si, così, tanto*, dagli aggettivi: *tale, siffatto*, dagli aggettivi: *degno, idoneo* + infinito introdotto da *di, a*.

➤ egli è così cattivo (prop. regg. princ.), che è biasimato da tutti (prop. sub. consecutiva).

Proposizione strumentale
È la frase subordinata che indica il mezzo con il quale si realizza l'azione espressa nella reggente. Essa si trova, nella maggior parte dei casi, in forma implicita con il verbo al gerundio o all'infinito preceduto dall'articolo e retto da *con* o introdotto da locuzioni come: *a furia di, a forza di...*:

➤ *Viaggiando*, si conosce il mondo; *Con il viaggiare*, si conosce il mondo

Proposizione concessiva

È quella che indica una circostanza, nonostante la quale avviene lo stesso quanto è espresso dalla proposizione da cui essa dipende. Si esprime col verbo di modo congiuntivo, preceduto dalle congiunzioni: *benché, sebbene, quantunque, nonostante*, con il gerundio preceduto dalla congiunzione *pur* (forma implicita).

➤ Benché m'invitasse ripetutamente (prop. sub. concessiva), io non accettai (prop. principale).

Forme particolari di concessive reggono il costrutto:

– per + aggettivo + che + verbo essere al congiuntivo
  ➤ Per somaro che sia, dobbiamo promuoverlo
– per + infinito presente + che + verbo fare al congiuntivo
  ➤ Non lo convincerò, per insisterci che io possa.

Proposizione modale

È quella che fa l'ufficio del complemento di modo o maniera e si può esprimere:

– col verbo all'infinito preceduto da *senza*.
  ➤ Mi guardava (prop. regg. princ.), senza parlare (prop. sub. modale);
– col verbo all'indicativo o congiuntivo preceduto dalle congiunzioni *come, secondo che, comunque*.
  ➤ Vèstiti (prop. regg. princ.) come vuoi (prop. sub. modale).
– in forma implicita con il gerundio.
  ➤ Lavora cantando.

Proposizione interrogativa indiretta

È quella che riferisce indirettamente una domanda. Essa si esprime col verbo all'indicativo, congiuntivo e condizionale preceduto dalle congiunzioni *perché, se*; dai pronomi relativi *chi, che cosa*; dagli avverbi *quanto, come, quando, dove*. Se invece mancano avverbi, pronomi o aggettivi interrogativi, essa è introdotta dalla congiunzione *se*.

➤ Io ti domando (prop. regg. princ.) che cosa farai (prop. interr. indir.).
➤ Ti chiedo se vuoi cenare.

Proposizione comparativa di uguaglianza, maggioranza o minoranza

Esprime una comparazione in rapporto all'azione o al fatto espresso nella proposizione reggente alla quale è unita per mezzo:

a) delle congiunzioni: *come, quasi*; dagli aggettivi: *tale, quale*; dagli avverbi: *tanto, quanto*, in correlazione alla congiunzione: *così*.
   ➤ Essi parlavano così (prop. regg. princ.), come richiedevano (prop. sub. comparativa);
b) delle congiunzioni comparative *che, che non, di quello che*, in correlazione a *più o meno*.
   ➤ Il modesto è più sincero (prop. regg. princ.), che non sia l'orgoglioso (prop. sub. comparativa).

1.5.6 Subordinate completive o sostantive

Proposizione soggettiva

È la subordinata che fa da soggetto alla principale, dipende da: verbi impersonali, verbi costruiti con il *si* passivante, verbo essere + nome (è ora, è tempo), verbo essere + aggettivo (è bello), verbi come sembrare, riuscire + aggettivo (sembra brutto).

➤ Si sa (reggente) che tu sei svogliato (soggettiva).

Costrutto:
che + indicativo quando la reggente esprime certezza;
che + congiuntivo quando la reggente esprime dubbio;
che + condizionale quando la reggente esprime una condizione.
Le soggettive implicite hanno il verbo all'infinito preceduto da *di*

➤ È ora di venire.

Le proposizioni soggettive possono essere trasformate in soggetti per essere compresi meglio; nell'esempio precedente avremo: Si sa la tua svogliatezza.

Proposizione oggettiva

È la subordinata che fa da complemento oggetto alla reggente, la quale ha sempre un soggetto, espresso o sottinteso.

➤ Vedo che sei contento = Vedo la tua contentezza

(infatti le proposizioni oggettive possono essere trasformate in compl. oggetto).

Costrutto: <u>le oggettive esplicite</u>:
che + verbo all'indicativo quando la reggente introduce un fatto reale o certo

➤ Luca dice che gli hai insegnato a sciare)

che + verbo al congiuntivo quando la reggente esprime un'opinione o un'ipotesi

➤ Spero che tu abbia capito

che + verbo al condizionale quando il fatto viene presentato come possibile.

<u>Le oggettive implicite</u>:
di + infinito

➤ spero di partire entro le venti

solo *infinito* dopo verbi di percezione.

Proposizione dichiarativa

La proposizione dichiarativa, serve a spiegare un nome, un pronome contenuti nella reggente; essa svolge pertanto la funzione che in analisi logica ha l'apposizione; è spesso separata dalla reggente da una virgola o dai due punti.

➤ questo mi preoccupa, che tu rincasi tardi.

Costrutto: <u>forma esplicita</u>:
che + verbo all'indicativo, al congiuntivo, al condizionale.

Forma implicita: *di + infinito.*

➤ abbiamo fiducia di venire ascoltati da lui.

1.5.7 Subordinate relative o attributive

Possono avere un valore:

appositivo (relative proprie)	*Giorgio, che è ingegnere, vive a Londra*
determinativo (relative improprie)	*Ho comperato la macchina che mi hai consigliato*

Una frase relativa impropria può assumere il valore di una subordinata:

temporale	Ho visto Marco > che usciva (= mentre stava uscendo)
finale	Pagherò qualcuno > che falci il prato (= affinché falci il prato)
causale	Apprezzo Marta > che non si fa illusioni (= poiché non si fa illusioni)
consecutiva	Trova delle spiegazioni > che possano soddisfarmi (= tali che possano soddisfarmi)
concessiva	Hanno bocciato Andrea, > che pure aveva studiato (= malgrado avesse studiato)

Le *subordinate relative* possono essere proprie o improprie. Le proprie svolgono nel periodo la stessa funzione che nella reggente svolgono l'attributo o l'apposizione (Un uomo *buono* = attributo = un uomo *che è buono* subordinata; è venuto a salutarci Paolo, *il fratello di Andrea* (apposizione) = *che è il fratello di Andrea* (subordinata relativa). Le proposizioni relative proprie sono introdotte dai pronomi relativi (il quale, la quale, che, cui), gli avverbi di luogo (dove, donde, ove etc.).
La **relativa esplicita** ha il *verbo all'indicativo* se il fatto è reale, *al congiuntivo o condizionale,* se è incerto o possibile.
La **relativa implicita** ha il verbo *all'infinito introdotto da un pronome relativo* con funzione di complemento indiretto o dalla preposizione *da* o senza preposizione; può essere espressa anche da un participio presente o passato.

1.5.8 Subordinata condizionale

La proposizione subordinata condizionale unita alla propria reggente, forma il periodo ipotetico; in esso la reggente indica il risultato che si otterrà nel caso si verifichi la condizione espressa dalla frase condizionale.

➤

Se verrai con noi	**proposizione condizionale e protasi del periodo ipotetico**
ci divertiremo di più	**reggente e apodosi del periodo ipotetico**

La proposizione condizionale è formata dalle congiunzioni *se, qualora, nel caso in cui* seguite dal congiuntivo, anche se talvolta il se può essere seguito dall'indicativo. Nella sua forma implicita, la frase condizionale è formata dalla preposizione e seguita dall'infinito, oppure dal gerundio o dal participio passato solo o preceduto dalla congiunzione *se*.

Il periodo ipotetico reale

La condizione espressa nella protasi è reale. Viene, quindi, espresso un fatto certo. Il modo del verbo sia della protasi (subordinata condizionale) che dell'apodosi (reggente) è l'indicativo.

➤ Se mangi così tanto, sicuramente ingrasserai

Il periodo ipotetico possibile

La protasi esprime un evento possibile. Nella protasi il modo del verbo è al congiuntivo imperfetto, nell'apodosi al condizionale presente, talora all'imperativo e all'indicativo.

➤ Se studiassi di più saresti sicuramente promosso.

Il periodo ipotetico irreale

L'affermazione della protasi è un evento impossibile. Anche in questo caso i verbi sono al congiuntivo imperfetto nella protasi e al condizionale presente nell'apodosi se l'ipotesi irrealizzabile è nel presente, se questa si riferisce al passato si usa nella reggente il congiuntivo trapassato e nella relativa il condizionale passato.

➤ Se fossi un cane ti azzannerei.

Se avessi studiato di più saresti stato promosso.

NOTA. Tra le proposizioni subordinate si può inserire il discorso indiretto.

➤ Paolo ha detto che era stanchissimo. (oggettiva).

Il discorso indiretto può diventare diretto quando riporta direttamente le parole pronunciate senza intervento da parte di chi lo riferisce.

➤ Paolo ha detto: «Sono stanchissimo».

1.5.9 Concordanza dei tempi

La proposizione subordinata, con la reggente, può avere un rapporto di:

contemporaneità	*Credo che tu stia studiando*
anteriorità	*Penso che loro abbiano finito*
posteriorità	*Credevo che sareste venuti*

Si definisce scissa una proposizione divisa in due frasi, di cui la prima (con il verbo essere) esprime un concetto da mettere in rilievo, mentre la seconda riporta un qualcosa di già noto.

➤ Sono loro che non vogliono intervenire - È Claudia che deve intervenire.

1.5.10 L'analisi logica del periodo

Fare l'analisi logica del periodo significa:

a) *suddividere* il periodo nelle proposizioni che lo compongono e indicare la specie di ciascuna di esse;
b) *riconoscere* la forma secondo il modo del verbo (esplicita o implicita);
c) *qualificare* ciascuna delle proposizioni secondo il proprio «ufficio o valore» (principale, secondaria);
d) *trasformare* le proposizioni implicite in esplicite;
e) *determinare* il «collegamento o unione» (coordinata o subordinata) stabilendo il grado;
f) *analizzare* gli «elementi» di ogni proposizione (soggetto, predicato e complemento);
g) *determinare* il tipo di periodo (semplice, composto, complesso);
h) *tenere presente* che il periodo, come la proposizione, può essere a «costruzione diretta o inversa».

Di seguito alcuni esercizi delle banche dati inerenti al periodo.

		A	B	C	D
1	**Nella frase "Stamattina mi sono svegliato e ho dovuto prendere un'altra coperta, perché faceva davvero un gran freddo e non riuscivo a dormire", "perché faceva davvero un gran freddo" svolge la funzione di:**	subordinata di primo grado finale esplicita	proposizione principale	coordinata alla principale	subordinata di primo grado causale esplicita
2	**Quale delle seguenti frasi contiene una subordinata temporale?**	Hai molta fame o aspetto tua sorella per cucinare?	Devi sbattere le uova energicamente per poter fare una bella maionese	La pioggia arrivò proprio mentre lui stava facendo una passeggiata	Con questo tempo credo proprio che la partita non si giocherà
3	**Nella frase "Devi fare l'impasto proprio come ti ha insegnato la nonna, se vuoi che i biscotti vengano buoni come li fa lei", "come ti ha insegnato la nonna" è:**	una coordinata alla principale	una subordinata di primo grado modale implicita	una subordinata di primo grado modale esplicita	una subordinata di secondo grado modale esplicita
4	**Individuare, nella seguente frase, la proposizione principale. "Quand'eravamo giovani e facevamo cose folli, non ci preoccupavamo delle conseguenze come facciamo adesso".**	Quand'eravamo giovani	non ci preoccupavamo delle conseguenze	facevamo cose folli	come facciamo adesso
5	**Quale delle seguenti frasi contiene una subordinata consecutiva?**	Per evitare che tu faccia brutte figure andrò io a parlare con il titolare	Maristella è così buona che non farebbe del male a una mosca	Se non esci di qui immediatamente ti do uno schiaffo	Per questo motivo e altri motivi non vengo a trovarti
6	**Nella frase "Stavo provando dei vestiti in camerino, quando lei è entrata senza che io me ne accorgessi e ha iniziato a parlare", "senza che io me ne accorgessi" è una subordinata:**	di primo grado esclusiva esplicita	di primo grado limitativa esplicita	di secondo grado esclusiva esplicita	di secondo grado limitativa implicita

Soluzioni: 1.D, 2.C, 3.C, 4.B, 5.B, 6.C

OCCORRE SAPERE

SINONIMI
Aborrire: detestare
Abrogare: invalidare
Adamantino: puro
Ammissibile: plausibile
Arcano: segreto
Assiduo: costante
Assurdo: illogico
Attuale: contemporaneo
Attuale: contemporaneo
Avvicinare: appressare
Bile: fiele
Brago: fanghiglia
Brioso: vispo
Calo: discesa
Carcere: colonia penale
Centralizzare: accentrare
Cocchio: carrozza
Collerico: irascibile
Compendio: sinossi
Contrarre: stringere
Contravvenire: trasgredire
Corroso: consumato
Diniego: rifiuto
Disorientare: confondere
Elenco: lista
Elucubrare: ragionare
Elusivo: sfuggente
Emaciato: magro
Evirare: indebolire
Favella: parola
Giavellotto: giannetta
Gramo: Infelice
Gretto: avaro
Icona: immagine
Identico: uguale
Incisore: cesellatore
Ingordigia: famelicità
Inquieto: nervoso
Lapidario: conciso
Luculliano: sontuoso
Lusinga: tentazione
Malleabile: duttile
Mellifluo: adulatore
Mezzano: intermediario
Obsoleto: antiquato
Opinare: pensare
Ottemperare: rispettare
Perciò: sicché
Preterintenzionale: involontario
Ribaldo: gaglioffo
Ritto: retto
Sancire: stabilire
Sedizioso: agitatore
Seguente: successivo
Sermone: discorso
Serpe: serpente
Singolo: uno
Solerte: fattivo
Sorella: germano
Spola: bobina
Stupido: stolto; stolido
Subito: ora
Successo: avvenuto
Suffragare: aiutare, rafforzare
Terrea: terrena
Testa: capo
Tolta: levata
Tomare: precipitare
Tramestio: borbottio
Vispa: vivace

CONTRARI
Accidentale: intenzionale
Acume: ottusità
Addendo: minuendo
Addormentato: sveglio
Agnostico: credente
Apolide: cittadino
Apprendista: perito
Apre: chiude
Atletico: inattivo
Attuale: sorpassato
Canizie: calvizie
Cinico: rispettoso
Comprendere: ignorare
Concentrazione: distrazione
Copioso: deficiente
Corto: lungo
Crediti: debiti
Deciso: incerto
Dipendente: emancipato
Disabituato: abituato
Endogeno: esterno
Esumare: seppellire
Fattivo: pigro
Filantropo: misantropo
Giacenza: rimanenza
Giudice: condannato
Giusto: sbagliato
Grave: lieve
Inarcare: raddrizzare
Incalzare: mollare
Inclinare: raddrizzare
Indolente: operoso
Inferiore: sovrastante
Innocente: colpevole
Intangibile: concreto

Integrale: incompleto
Integro: rotto
Intrecciato: sbrogliato
Investigatore: pedinato
Ironico: collerico
Irredento: riscattato
Lasciare: restare
Leso: favorevole
Liberare: obbligare
Limitrofo: distante
Lusingare: umiliare
Malato: sano
Maturo: acerbo
Micragnoso: generoso
Moltiplicare: diminuire
Monastico: secolare
Occulto: palese
Osmosi: separazione
Pandemonio: silenzio
Patrocinare: accusare
Pediatra: geriatra
Polarizzare: distogliere
Prolisso: conciso
Prosopopea: modestia
Pungolare: frenare
Radioso: triste
Recriminare: accettare
Restio: disponibile
Reticente: loquace
Rurale: urbano
Salita: discesa
Scarno: fiorente
Scevro: dotato
Scheggia: intero
Schivo: sfrontato
Semplice: complesso
Similare: differente
Simulazione: creazione
Sopra: sotto
Superfluo: essenziale
Unico: molteplice.
Virtù: corruzione

PAROLE CHE HANNO ATTINENZA
Abbindolare: imbrogliare
Abete: pino
Aereo: atterrare
Aglio: zolfo
Ala: volo
Alano: setter
Allieve: scuola
Altopiano: cassaforte
Altro: diverso
Amorfo: deforme
Anacronistico: superato
Anfibio: rana
Anodo: positivo
Aracnide: ragnatela
Arcipelago: isole
Argonauta: esploratore
Ascia: sciabola
Astuto: scaltrezza
Autoctono: indiano
Bandiera: asta
Baratro: fondo
Bergamasco: milanese
Bicicletta: motorino
Bisbetico: capriccioso
Bufalo: alce
Bullo: bravaccio
Calle: Venezia
Canarino: cocorita
Canino: incisivo
Capra: pecora
Cariatide: colonna
Carta: fotosintesi
Censimento: **c**onteggio
Cingere: circondare
Cinta: fibbia
Coi: con
Colonna: capitello
Congiuntivo: abbia
Connivenza: complicità
Conseguire: conseguente
Consorzio: riunione
Contributo: cooperazione
Contrizione: contrito
Corsa: campestre
Cozze: vongole
Crema: gelato
Crinale: montagna
Crostaceo: granchio
Deltoide: adduttore
Dente: molare
Denti: stridio
Diacono: presbitero
Diafano: trasparente
Disciplina: severità
Discoteca: musica
Dissipare: spargere
Dorso: farfalla
Ecologia: relazione
Egira: musulmani
Egli: lui
Epigrafe: epitaffio
Epilessia: epilettico
Esperanto: internazionale
Essenza: essere
Essenziale: basilare
Femore: perone
Forbire: raffinare
Fotofobia: paura

Fratricidio: omicidio
Freno: acceleratore
Fruttato: vino
Gemelli: acquario
Giostra: torneo
Giugulo: giugulare
Glabro: calvizie
Globulo: vena
Grano: covone
Iberico: portoghese
Impostore: impostora
Inca: Aztechi
Innato: congenito
Inquinare: contaminare
Invidia: avarizia
Io: voi
Lenza: amo
Leopardo: giaguaro
Lindo: sporco
Lunedì: Gennaio
Miglio: piede
Monolitico: compatto
Morigerato: frugale
Narici: orecchie
Nicotina: catrame
Olive: deamarizzazione
Orzo: mais
Ottundere: spigolo
Pazienza: certosino
Pecora: muflone
Pedalò: bicicletta
Plumbeo: limpido
Polvere: acaro
Preliminare: epilogo
Primo: cardinale
Prologo: libro
Pugilato: nuoto
Pusillanime: codardo
Questua: mendicante
Radio: ulna
Refuso: libro
Retina: iride
Retrospettiva: documentario
Ricusare: processo
Rivalersi: rivalsa
Romani: Greci
Rosa: colore
Rotula: menisco
Rubare: gazza
Sangue: saliva
Sarto: forme
Scafi: imbarcazioni
Scafo: stiva
Sdegno: disprezzo
Se: ipotesi
Sella: staffa
Serico: lucido
Serpe: veleno
Serra: coltivare
Sete: dissetarsi
Sgobbare: fatica
Sinfonia: andamento
Soggetto: sostantivo
Sogno: onirico
Soprano: lirica
Soprintendente: funzionario
Sordo: udito
Sostanza: essenza
Sostituire: togliere
Spaccio: commiato
Spasso: passeggio
Speleologia: caverne
Spirare: spiro
Squalo: delfino
Stella: firmamento
Stiva: imbarcazione; nave
Stop: alt
Stringa: stivale
Suora: badessa
Supponente: arrogare
Tachimetro: velocità
Tappa: percorso
Tessuto: scampolo
Testata: cilindri
Tetro: spettro
Tino: vino
Topo: trappola
Tosse: raffreddore
Trasgredire: infrangere
Tre: due
Tremare: tremolio
Triangolo: pianoforte
Tu: egli
Tundra: muschio
Umiltà: modestia
Uno: ordinale
Utensile: uso
Vano: stanza
Vasca: acqua
Verdetto: giudizio
Verso: direzione
Verso: poesia
Verticali: dritti
Viatico: sostegno
Vitalizio: rendita
Zaffiro: giallo
Zefiro: libeccio

PAROLE CHE NON HANNO ATTINENZA
Alba: ponente
Alto: il più ricco
Arco: lama
Arco: lama
Argento: diamante

Attore: chirurgo
Avverso: contento
Banalità: utilità
Benzina: zucchero
Bolo: oblo
Broccolo: patata
Cannella: annaffiatoio
Carta: muro
Chiave: palla
Cielo: argine
Cinque: giorni
Collana: anello
Collegio: avvocato
Coltello: bicchiere
Cometa: marea
Comico: risibile
Contrasto: concorde
Convinto: incolto
Corona: principe
Da: nel
Depurazione: energico
Ecologia: psiche
Eminenza: critico
Eremita: grappolo
Esportazione: traffico
Fiume: nebuloso
Florentia: Palermo
Generale: minore
Grifone: gufo
Grillo: rana
Iguana: anatra
Il: unico
Incisore: alchimista
Indice: copertina
Lembo: manciata
Luna: attori
Mandarino: pesca
Medico: fisioterapista
Metano: benzene
Moneta: carrello
Mouse: antivirus
Osso: cranio
Padella: mestolo
Persiano: indù
Rosolare: servire
Salmo: colmare
Salume: petto
Sapore: odore
Sellino: volante
Taumaturgia: cattedrale
Teste: imputato
Testimone: regalo
Torrentizio: torre
Vendetta: amnistia
Volo: surf

SIGNIFICATI DI PAROLE
Creanza: educazione
Fiotto: getto improvviso
Procrastinare: rinviare

Capitolo 2
Letteratura italiana

2.1 Medioevo

Il **Medioevo** è il periodo, di circa 10 secoli, che inizia con la caduta dell'Impero romano d'Occidente, fissata formalmente nel 476 d.C., e si conclude con la scoperta dell'America nel 1492.
La parola "Medioevo", che significa "età di mezzo" tra l'età antica e quella moderna, è usata dalla cultura umanistica dei secoli XV e XVI, con l'intento di ricollegarsi direttamente al mondo classico dell'antichità greco-romana superando idealmente l'"età di mezzo".
Per convenzione, l'anno 1000 divide il Medioevo in due parti, l'**Alto Medioevo** (dal 476 all'anno 1000) e il **Basso Medioevo** (dall'anno 1000 al 1492).

2.1.1 Le origini della letteratura in volgare

La letteratura in volgare, cioè nella lingua parlata dal volgo o popolo, nacque nel **XIII secolo**, affiancandosi alla letteratura in latino, che rimase la lingua degli intellettuali, quasi esclusivamente ecclesiastici. Le modificazioni morfologiche e lessicali del latino portarono allo sviluppo delle parlate locali che, dopo ulteriori evoluzioni e differenziazioni, diventarono le cosiddette **lingue neolatine**, cioè derivate dal latino: i **volgari del sì** in Italia, il **volgare d'oil** nella Francia settentrionale, il **volgare d'oc** nella Provenza (Francia meridionale), il portoghese, il castigliano e il catalano nella Penisola Iberica.
Letterature romanze (neolatine) cominciarono a svilupparsi nei secoli XI e XII; in particolare, in *lingua d'oil* si ebbero le opere del ciclo carolingio (sulle imprese di Carlo Magno e dei suoi paladini) e del ciclo bretone (sulle imprese dei cavalieri della "*Tavola rotonda*" di re Artù), in *lingua d'oc* o *provenzale* si ebbe la *poesia cortese*.
La **letteratura in volgare** delle origini si espresse in alcuni generi: *poesia religiosa*, *genere didattico-allegorico*, *poesia lirica*, *poesia burlesca* o *giocosa*, *prosa*.

La poesia religiosa

Stimolava a una condotta di vita più morale e ammoniva chi non si comportava da buon cristiano. **Principali esponenti**:

- **San Francesco di Assisi** (1181-1226), abbandonò gli agi della casa del padre Bernardo, facoltoso mercante, per dedicarsi a una vita unicamente spirituale, seguendo l'esempio di Cristo anche nella povertà. **Opera principale**: "Cantico delle Creature", scritto in volgare umbro tra il 1224 e il 1226, definito il primo testo poetico della letteratura italiana. È un invito a lodare Dio attraverso le sue creature, ringraziandolo per tutto ciò che ha dato agli uomini.

- **Jacopone da Todi** (Jacopo De Benedictis – Collazzone 1236-1306) è considerato uno dei più importanti autori di laudi religiose della letteratura italiana. **Opere principali**: le "Laude" (di cui circa 90 di sicura attribuzione e numerose altre incerte), un'epistola latina a Giovanni della Verna, il celebre "Pianto della Madonna" e lo "*Stabat Mater*".

Il genere didattico-allegorico
Aveva lo scopo di diffondere verità di fede e precetti morali, ma anche nozioni di vario sapere, spesso ricorrendo alla figura retorica dell'allegoria.
Principale esponente:
- **Brunetto Latini** (Firenze 1220 ca.-1294), autore di opere in volgare italiano e francese, fu maestro di Dante. **Opera principale**: il "Tesoretto", scritta durante l'esilio in Francia, in lingua d'oil, consta di tre libri e costituisce il primo esempio di enciclopedia in volgare del Medioevo occidentale.

La lirica d'arte
Comprende i poeti della "*scuola siciliana*", della "*scuola toscana*" e del "*dolce stil novo*".
La scuola siciliana. Fu detta così da Dante quella corrente letteraria che si sviluppò presso la corte di Palermo, capitale del Regno di Sicilia, dove il re Federico II di Svevia favorì la cultura e le arti. La poesia siciliana era amorosa e raffinata e accoglieva il tema dell'amor cortese, inteso come omaggio del cavaliere alla dama. **Principale esponenti**: Federico II, suo figlio Enzo e:
- **Pier delle Vigne** (Capua, 1190 ca.-Toscana, 1249), ritenuto tra i più grandi maestri dell'*ars dictandi*. **Opere principali**: l'"Epistolario latino" nel quale applicò i precetti della retorica delle *artes dictandi*;
- **Giacomo da Lentini** (Lentini, 1210 ca.-1260 ca.), considerato l'ideatore del sonetto, il "caposcuola" dei rimatori della cosiddetta *scuola poetica siciliana*.
- **Rinaldo d'Aquino** (Montella, 1227/28-1279/81). **Componimenti principali**: "Una canzone amorosa", "Lamento per la partenza del Crociato" (lodata da Dante nel "*De vulgari eloquentia"*).
- **Cielo D'Alcamo** (...-XIII secolo), uno dei più significativi rappresentanti della *poesia popolare giullaresca* (giocosa) della scuola siciliana.

La scuola toscana. Ai tradizionali motivi dell'amor cortese, aggiunse temi morali, civili e politici derivati dalla più dinamica e movimentata vita politica dei Comuni della Toscana.
Principale esponente:
- **Guittone d'Arezzo** (1230 ca.-1294), poeta e religioso italiano dell'Ordine dei Frati della Beata Gloriosa Vergine Maria (Gaudenti). **Componimenti principali**: 50 canzoni e 251 sonetti, il più importante di cui è il *planh* (lamento) "Ahi lasso, or è stagion de doler tanto" sulla battaglia di Montaperti nel 1260.

Il dolce stil novo. Fu chiamato così da Dante, in un celebre passo del XXIV canto del "Purgatorio". Egli ne definì lo stile dolce, per la delicatezza e la soavità dell'espressione poetica, e nuovo perché questa espressione doveva trascrivere lo stato d'animo del poeta, il suo sbigottimento d'amore. **Principali esponenti**:
- **Guido Guinizelli** (Bologna, 1235-Monselice, 1276), universalmente considerato il caposcuola del "dolce stil novo" e la sua poesia "Al cor gentil rempaira sempre amore" ne è ritenuta il manifesto. Fu un maestro di Dante, che lo cita nel canto XXVI del Purgatorio della "Divina Commedia".

- **Guido Cavalcanti** (Firenze, 1258 ca.-1300). Dante lo ricorda, anche, nella "Divina Commedia" (Inferno, canto X e Purgatorio, canto XI) e nel "De vulgari eloquentia", mentre Boccaccio lo cita nel Commento alla Divina Commedia e in una novella del "Decameron". **Componimenti principali**: 36 sonetti, 11 ballate 2 canzoni, 2 stanze isolate e un mottetto.

Autori minori: **Cino da Pistoia**, **Lapo Gianni**, **Gianni Alfani**.

La poesia realistica e burlesca
I poeti che ne facevano parte si divertivano a produrre versi scherzosi, spesso caricaturali, che avevano come temi gli aspetti della vita quotidiana, principalmente l'intrattenimento nell'osteria e l'amore inteso in modo venale. **Principale esponente**:
Cecco Angiolieri (Siena 1260 ca.-1313). **Principale componimento**: il sonetto "S'i' fosse foco" che appartiene a una secolare tradizione letteraria goliardica improntata all'improperio e alla dissacrazione delle convenzioni; la sua opera maggiore è "Il Canzoniere". Scambiò sonetti scherzosi e sferzanti con Dante, di cui era contemporaneo.
Autore minore: **Rustico di Filippo**.

La prosa
Ebbe un'incidenza minore della poesia. Si ricordano il "Novellino", raccolta di cento brevi novelle di autore ignoto, e "Il Milione", il noto racconto che il mercante veneziano **Marco Polo** (1254-1324) fece dei suoi lunghi viaggi nella Cina del Gran Khan.

2.1.2 Dante Alighieri

Dante Alighieri nacque a Firenze nel 1265 da una famiglia di piccola nobiltà. La sua donna ispiratrice fu **Beatrice** e le fasi di questo amore spirituale sono raccontate nell'opera giovanile "Vita nova" secondo i canoni del "dolce stil novo". Dopo la morte di Beatrice, avvenuta nel 1290, e l'esaurirsi dell'esperienza poetica stilnovista, Dante partecipò attivamente alla vita politica di Firenze. Nell'estate del 1300 fu priore e cercò di pacificare Firenze, dilaniata dalla lotta tra Guelfi Bianchi e Guelfi Neri.
L'anno successivo, con l'appoggio di papa Bonifacio VIII, i Neri si impadronirono del potere a Firenze con un colpo di mano, cacciarono i Bianchi e ne confiscarono i beni. Dante fu processato per baratteria e condannato all'interdizione dai pubblici uffici e al pagamento di una multa. Cominciò così il suo lungo **esilio** perché, non essendosi presentato in Firenze, il poeta fu processato una seconda volta in contumacia e condannato a morte. Fu in Lunigiana presso i Malaspina, a Verona presso i Della Scala, infine presso i Da Polenta a Ravenna, dove morì nel 1321 senza poter ritornare mai a Firenze.
Opere minori: la prima esperienza poetica di Dante fu legata al "dolce stil novo" con le "Rime" giovanili (costituiscono un'opera unitaria, sono scritte intorno al 1296 e trattano l'amore terribile e sensuale per la donna Petra con una parola aspra) e la "Vita nova" (1292-1293), scritte infatti in volgare fiorentino e secondo i canoni dello stilnovismo.
La "**Vita nova**" racconta la storia dell'amore spirituale di Dante per Beatrice, la donna angelicata conosciuta quando ella aveva nove anni.
Il "**De vulgari eloquentia**" è un trattato in latino, lasciato interrotto, che esalta l'importanza del volgare. L'argomento dell'opera è la questione della lingua. Il volgare "illustre", secondo Dante era un volgare che doveva rivelarsi superiore al latino e non coincidere con alcun idioma regionale.

Il "**De Monarchia**" è un trattato in latino in cui sono esposte le idee politiche di Dante, in cui sostiene la funzione universale, di pari dignità e di reciproca autonomia, dei due grandi istituti medievali: l'Impero, guida politica, terrena dei cristiani; la Chiesa, guida spirituale.
Il "**Convivio**" è un saggio dottrinario composto nei primi anni dell'esilio, ovvero tra il 1304 e il 1307, in cui Dante ha completamente superato la concezione stilnovistica: a Beatrice succede la donna gentile simbolo della filosofia.

La Divina Commedia
Poema in volgare fiorentino, scritto tra il 1306-'7 e il 1321, ricco di simboli e allegorie. La "Commedia", a cui l'aggettivo "divina" fu aggiunto dal Boccaccio, è divisa in **tre cantiche**: "**Inferno**", "**Purgatorio**" e "**Paradiso**", ciascuna formata da 33 canti, più un canto introduttivo per l'"Inferno", per complessivi **cento canti** in terzine di endecasillabi a rima alternata (o in terza rima). Nell'opera è predominante il numero 3 perché nel Medioevo era il numero perfetto, simbolo della Santissima Trinità. Ciascuna cantica termina con la parola "stelle".
Dante immagina un viaggio compiuto nell'aldilà, guidato da **Virgilio**, il maggiore poeta latino e simbolo della ragione, nell'Inferno e nel Purgatorio, e da **Beatrice**, che simboleggia la teologia o scienza divina, nel Paradiso. Nel suo significato universale, rappresenta un lungo percorso attraverso la scoperta del male e del peccato, verso la redenzione dell'uomo. L'ordinamento delle pene è riferibile all'Etica nicomachea di Aristotele. La visione è collocata nella settimana santa del 1300. Il poeta immagina di essersi smarrito in una selva oscura, porta d'ingresso verso l'Inferno, evidente allegoria della perdizione nel peccato, e di essere rimasto atterrito dalla vista di tre fiere: un **leone**, simbolo della **superbia**; una **lince**, simbolo della **lussuria**; e, peggiore di tutte, una **lupa**, simbolo dell'**avidità**. A guidare fuori della selva il poeta, interviene Virgilio che, per ricondurre Dante alla virtù e alla salvezza, deve accompagnarlo attraverso i tre regni dell'oltretomba.

- ***Inferno***. Il regno della dannazione è immaginato come un'enorme **voragine a forma d'imbuto** che, apertasi al di sotto di Gerusalemme per il ritiro della terra quando Lucifero e gli angeli ribelli vi furono fatti precipitare da Dio, si restringe gradualmente fino al centro della Terra, dove è rimasto conficcato lo stesso Lucifero, che, in base alla descrizione del poeta, ha dimensioni enormi, tre volti di diversi colori, in ciascuna bocca mastica un peccatore.
  Le anime dei dannati sono traghettate al di là del fiume Acheronte, dove poi vengono suddivise nei vari cerchi. Prima dell'Inferno propriamente detto c'è l'Antinferno, dove sono collocati gli ignavi, quelli che in vita non hanno fatto né bene né male, tanto da essere rifiutati dai cieli e dallo stesso inferno. L'Inferno è diviso in **nove cerchi**: più è stata grave la colpa, più in profondità sono posti i dannati, in quanto la pena è in rapporto con il peccato secondo la legge del contrappasso.
  Il *primo cerchio* è il *limbo*, dove sono raccolti coloro che non hanno avuto altra colpa che quella di non essere stati battezzati.
  Vi si trovano anche molti grandi personaggi dell'antichità, vissuti prima della venuta di Cristo, tra i quali lo stesso Virgilio. La loro unica "sofferenza" è quella di non poter mai

> ***Occorre Sapere***
> Quando Dante nel III canto dell'Inferno cita «colui che per viltade fece il gran rifiuto» si riferisce a **Celestino V**. Nel XIII canto Dante incontra nella selva dei suicidi Pier delle Vigne.

vedere la luce di Dio. Nel *secondo cerchio* sono puniti i *lussuriosi*, condannati a essere travolti da una bufera; tra costoro colloca gli amanti Paolo e Francesca. Nel *terzo cerchio* sono puniti i *golosi*, riversi nel fango sotto la pioggia battente; è sorvegliato da Cerbero, guardiano che ha le sembianze di un cane a tre teste. Nel *quarto cerchio* si trovano gli *avari* e *prodighi*, condannati a spingere pesanti massi. Nel *quinto cerchio* stanno le anime degli *iracondi*, immerse nella palude dello Stige, nel cui fondo sono stesi gli accidiosi. Nel *sesto cerchio* si trovano gli *eretici*, rinchiusi dentro tombe infuocate. Il *settimo cerchio* è diviso in tre gironi, nei quali sono raccolti i *violenti*, rispettivamente contro il prossimo (gli *omicidi* e i *predoni*), contro se stessi (i *suicidi* e gli *scialacquatori*), contro Dio (*bestemmiatori*, *usurai* e *sodomiti*). L'*ottavo cerchio*, chiamato anche Malebolge, raccoglie i *fraudolenti*, variamente puniti e distribuiti in dieci bolge, rispettivamente dei *seduttori*, degli *adulatori*, dei *simoniaci*, degli *indovini*, dei *barattieri*, degli *ipocriti*, dei *ladri*, dei *consiglieri fraudolenti* (tra i quali compare Ulisse), dei *seminatori di discordie* e dei *falsari*. Nel *nono cerchio*, immersi nel ghiaccio, si trovano infine i *traditori*. Dante e Virgilio raggiungono l'uscita dell'Inferno scendendo lungo il corpo di Lucifero.

- ***Purgatorio***. Il regno della penitenza ha la forma di una grande **montagna**, costituita dalla terra rifluita dalla voragine infernale, che sorge su un'isola in mezzo all'oceano nell'emisfero australe, agli antipodi di Gerusalemme. Catone viene posto come custode del Purgatorio.
Nell'*antipurgatorio*, alla base della grande montagna, sono posti i *negligenti a pentirsi*. Nel canto III Dante incontra Manfredi (e lo descrive con i celeberrimi versi: "biondo era e bello e di gentile aspetto"), figlio di Federico II, scomunicato da tutti i papi, che si pentì in punto di morte. Il Purgatorio propriamente detto è formato da **sette cornici** che si restringono procedendo verso l'alto e che raccolgono, nell'ordine, le anime che si purificano della *superbia*, dell'*invidia*, dell'*ira*, dell'*accidia*, dell'*avarizia*, della *gola*, della *lussuria*. Le sofferenze, non avendo carattere di castigo, ma di purificazione, non sono raccapriccianti e hanno sempre l'attenuante di essere temporanee. Arrivato nella foresta dell'Eden, nel canto XXVIII del Purgatorio, Dante incontra Matelda (guida Dante fino al Paradiso) che evoca l'immagine della Proserpina che raccoglie i fiori di Venere dagli occhi splendenti d'amore. Infine, sulla cima della montagna, c'è il Paradiso Terrestre, dove le anime belle e purificate si dispongono a salire all'Empireo.

> ***Occorre Sapere***
>
> L'inizio della cantica del Purgatorio è "A correr miglior acque alza le vele".

- ***Paradiso.*** Il regno della luce. Il poeta narra come, insieme a Beatrice (Virgilio, che appartiene al mondo pagano, non avrebbe potuto accompagnarlo nel Paradiso) si sia sollevato dalla vetta del Purgatorio alla sfera del fuoco. Il sesto canto, che è politico, come gli altri della Commedia, è dedicato a Giustiniano. Passa quindi, guidato da Beatrice, attraverso i **nove cieli** e raggiunge l'Empireo dove, con accanto San Bernardo, può osservare la Candida Rosa, i cui petali sono occupati dai seggi degli eletti, tra i quali è andata anche Beatrice, con in alto la Vergine Maria, e infine Dio come un centro straordinariamente luminoso intorno a cui ruotano i nove cori degli angeli. Dopo la contemplazione dell'Essenza divina, il Mistero della Trinità e l'Incarnazione di Cristo, la visione scompare.

A seguire gli incipit e le conclusioni delle tre cantiche.

INFERNO	PURGATORIO	PARADISO
Incipit: Nel mezzo del cammin di nostra vita / mi ritrovai per una selva oscura, / ché la diritta via era smarrita. / Ahi quanto a dir qual era è cosa dura / esta selva selvaggia e aspra e forte / che nel pensier rinova la paura!	**Incipit**: Per correr miglior acque alza le vele / omai la navicella del mio ingegno, / che lascia dietro a sé mar sì crudele; / e canterò di quel secondo regno / dove l'umano spirito si purga / e di salire al ciel diventa degno.	**Incipit**: La gloria di colui che tutto move / per l'universo penetra, e risplende / in una parte più e meno altrove. / Nel ciel che più de la sua luce prende / fu' io, e vidi cose che ridire / né sa né può chi di là sù discende.
Ultimo verso: E quindi uscimmo a riveder le stelle.	**Ultimo verso**: puro e disposto a salire a le stelle.	**Ultimo verso**: l'amor che move il sole e l'altre stelle.

2.1.3 Francesco Petrarca

Francesco Petrarca (Arezzo 1304-Arquà 1374) fu un precursore dell'Umanesimo, ebbe una visione cosmopolita della cultura.

Opere principali: scrisse molto in latino, ma la sua fama è legata a un'opera scritta in volgare: il "**Canzoniere**". L'opera, composta nell'arco di 40 anni, approssimativamente dal 1335-1336 sino agli ultimi anni prima della morte, è una raccolta di **366 componimenti poetici**, uno per ogni giorno dell'anno più un sonetto introduttivo, specialmente sonetti e canzoni, distinti in due parti: rime in vita e rime in morte di madonna Laura, che incontrò venerdì Santo del 1327, in una Chiesa avignonese. L'amore per Laura è il filo conduttore della raccolta, che comprende, però, anche alcune poesie di contenuto non amoroso, ma morale e religioso.

> ***Occorre Sapere***
>
> Il **sonetto introduttivo** si intitola "Voi ch'ascoltate in rime sparse il suono"; la **canzone 126** inizia con il verso "Chiare, fresche e dolci acque".

La figura di Laura ha qualcosa di diverso dalla donna tipica del "dolce stil novo": non porta verso Dio, ma allontana il poeta facendolo deviare moralmente dalla beatitudine massima. Laura è moderna incarnazione di Dafne, che si sottrae a chi la desidera, simbolo della sublimazione dell'amore terreno. Quindi, per Petrarca la donna amata è fonte di passione e tormento.

2.1.4 Giovanni Boccaccio

Giovanni Boccaccio nacque presumibilmente a Certaldo, presso Firenze, nel 1313. Il padre, mercante e uomo di fiducia della ricca famiglia del Bardi, banchieri fiorentini, lo mandò a far pratica mercantile a Napoli, presso una filiale degli stessi Bardi. Il periodo napoletano fu molto felice per il giovane Boccaccio che poté dedicarsi alla vita mondana e agli studi letterari. Nel 1340 fallì la banca dei Bardi e Boccaccio dovette, suo malgrado, ritornare a Firenze, dove compose opere minori. Queste, insieme alle opere del periodo napoletano, costituirono il tirocinio letterario del Boccaccio che, tra il 1348 e il 1351, scrisse il suo capolavoro, il "Decameron". Nel 1350 strinse un forte legame di amicizia con Petrarca.

Il Boccaccio scrisse, dopo il "Decameron", altre opere minori in volgare. Morì a Certaldo nel 1375.

Opere giovanili: scritte a Napoli: il "Filocolo", in prosa, il "Filostrato" e il "Teseida", poemetti epico-mitologici in ottave.

Opere minori: composte a Firenze, dopo il 1340: il "Ninfale fiesolano", il "Ninfale d'Ameto", "L'elegia di madonna Fiammetta" (storia di travagli amorosi narrati dalla stessa protagonista). In volgare: le "Rime" (circa duecento componimenti poetici) e il "Corbaccio".
Il "Decameron". Il "Decameron" (in greco, dieci giornate) è una **raccolta di cento novelle inquadrate in una cornice narrativa**, scritta tra il 1348 e il 1351. Lo scrittore immagina che, durante l'epidemia di peste, dieci giovani (sette donne e tre uomini, tra cui Dioneo, il più giovane), per sfuggire al contagio, si rifugiano in una villa in campagna nei dintorni di Firenze, trascorrendovi 14 giorni. Per passare piacevolmente il tempo, conducendo una vita allegra, spensierata, fatta di balli, giochi e ottimo cibo, ogni giorno, ognuno di loro racconta una novella: per due giorni alla settimana non si racconta nulla perché si è impegnati nella preghiera. Le giornate dedicate alle novelle sono in tutto dieci, da cui il titolo.
La caratteristica principale del Decameron è il ***realismo*** con cui viene rappresentata la società del Trecento e la realtà rappresentata è spesso cittadina, borghese, mercantile. Emerge la figura del mercante arricchito che tenta di nobilitarsi alla luce degli ideali cortesi.

> ***Occorre Sapere***
>
> Nel "Decameron", il **tema della quarta giornata** è relativo a storie d'amore finite male. Il **tema della decima giornata** è relativo a storie d'amore o di altro genere in cui i protagonisti si sono comportati con generosità e con grandezza d'animo, in modo corrispondente alla loro dignità. La quarta novella della sesta giornata è "**Chichibio e la gru**".

2.1.5 Scrittori minori del Trecento

La prosa in volgare annovera anche alcuni **cronisti**, autori di cronache che documentano aspetti civili, sociali ed economici della realtà del Trecento.
Principali esponenti:

- **Dino Compagni** (Firenze 1255-1324), autore della "Cronica delle cose occorrenti ne' tempi suoi".
- **Giovanni Villani** (Firenze 1280 ca.-1348), autore della "Cronica".

2.2 Il Quattrocento

2.2.1 Umanesimo: caratteri generali

Periodo che riscoprì il mondo classico e cercò d'interpretarlo con spirito nuovo, vedendo in esso la realizzazione di ideali di bellezza, di armonia e di dignità umana. In tale periodo si esaltò il valore dell'uomo collocato al centro della natura e artefice del proprio destino. Pertanto, mentre il Medioevo aveva proposto una ***visione teocentrica*** della realtà (Dio al centro di tutto), l'Umanesimo si caratterizza per una ***visione antropocentrica*** (l'uomo al centro della realtà).
I principali centri della cultura umanistica furono Firenze, Roma, Napoli, Milano, Ferrara, Mantova, Padova, Urbino, le cui corti, ospitarono artisti, poeti e intellettuali.
L'amore per i classici spinse gli umanisti degli ultimi decenni del Trecento e della prima metà del Quattrocento a scrivere più in latino che in volgare, per cui si è soliti parlare di ***umanesimo latino*** relativamente a tale periodo. Il volgare ebbe una rinascita verso la metà del secolo per volontà dei Medici.

2.2.2 Lorenzo il Magnifico

L'***umanesimo in volgare*** ebbe un notevole sviluppo nella seconda metà del Quattrocento specialmente in **Firenze**. Ricordiamo **Lorenzo dei Medici** (detto ***il Magnifico***; Firenze 1449-Ca-

reggi 1492), signore di Firenze, che fu letterato e mecenate, ospitando presso la sua corte artisti e poeti.
Opere principali: "Rime amorose", "Selve d'amore", il poemetto rusticano "Nencia da Barberino", i poemetti mitologici "Ambra" e "Corinto".

2.2.3 *Altri umanisti*

Tra i poeti che vissero alla corte del Magnifico, si ricordano il **Poliziano** e il **Pulci**. Altri umanisti non fiorentini da ricordare sono Boiardo e Sannazaro.

- **Angelo Ambrogini** (detto il **Poliziano**, Montepulciano, Siena 1454-Firenze 1494), fu forse il più grande poeta del Quattrocento, autore di opere in latino e in volgare. **Opere principali**: "Le stanze per la giostra", un poemetto in onore di Giuliano dei Medici, e "La favola di Orfeo", una rappresentazione teatrale per una festa di corte: in entrambe è vagheggiato un mondo di sogno nel quale evadere grazie alla poesia.
- **Luigi Pulci** (Firenze 1432–Padova 1484). **Opera principale**: "Morgante", un poema cavalleresco in ottave, che trae il titolo dal nome del gigante che, convertitosi al Cristianesimo, fu compagno del paladino Orlando.
- **Matteo Maria Boiardo** (Scandiano, nel territorio di Reggio Emilia 1441–Reggio Emilia 1494) visse a Ferrara, alla corte degli Estensi. **Opera principale**: "Orlando innamorato", poema cavalleresco, rimasto incompiuto.
- **Jacopo Sannazaro** (Napoli 1457 ca.–1530), visse alla corte aragonese di Napoli. **Opera principale**: "Arcadia", romanzo pastorale, in prosa e in versi, scritto in volgare.

2.3 Il Cinquecento

2.3.1 *Rinascimento: caratteri generali*

Fu un periodo di grande splendore per l'Italia, con una straordinaria fioritura delle arti e delle lettere, coincidente con l'apogeo delle Signorie, tra la fine del Quattrocento e la metà del Cinquecento, che proseguì il rinnovamento culturale già cominciato con l'Umanesimo.
Principali artisti: *Brunelleschi, Michelangelo, Raffaello, Tiziano, Leonardo, Bramante, Ariosto, Bembo, Machiavelli e Guicciardini*.
I centri propulsori della civiltà rinascimentale furono le corti dei principi mecenati: dai Gonzaga di Mantova agli Estensi di Ferrara, dai Visconti e dagli Sforza di Milano ai Medici di Firenze, dai reggitori della Repubblica di Venezia ai pontefici di Roma.

> ***Occorre Sapere***
>
> L'**Accademia della Crusca**, sorta a Firenze tra il 1582 e il 1583, si occupava e si occupa tuttora di questioni linguistiche.

I temi del Rinascimento furono il **classicismo**, la **visione laica della realtà**, l'**autonomia dell'uomo**, l'**individualismo** e l'**orientamento naturalistico-realistico**.

2.3.2 *I principali autori*

Pietro Bembo (Venezia 1470-Roma 1557)
Opere principali: scrisse opere in latino e in volgare. In volgare scrisse "Gli Asolani", dialoghi ambientati in una villa ad Asolo, sulle colline venete, aventi per tema la concezione platonica dell'amore; le "Rime", poesie che propongono un'idealizzazione dell'amore; le "Prose della volgar lingua", opera che interveniva nella cosiddetta **questione della lingua**.

Ludovico Ariosto (Reggio Emilia 1474-Ferrara 1533)
Fu la più alta personalità poetica del nostro Rinascimento.
Opera principale: l'"Orlando Furioso", un poema in ottave scritto tra il 1506 e il 1516, poi rivisto e perfezionato, per il cui contenuto riprese la materia dell'"Orlando innamorato", poema epico-cavalleresco lasciato interrotto da Matteo Maria Boiardo.
L'**incipit** del romanzo è "Le donne, i cavallier, l'arme, gli amori, le cortesie, l'audaci imprese io canto, che furo al tempo che ...".
Tra i protagonisti del poema è necessario ricordare:
- *Angelica*, che si innamora del giovane saraceno Medoro;
- *Orlando* e *Rinaldo*, i due più valorosi paladini di Carlo Magno;
- *Ruggiero*, guerriero saraceno che si innamora di Bradamante, sorella di Rinaldo;
- *Rodamonte*, guerriero saraceno che accusa Ruggiero di aver tradito la sua fede e viene da questi ucciso in duello;
- *Agramante*, il re dei musulmani.

La battaglia finale si svolge fra tre cavalieri musulmani, Agramante, Gradasso e Sobrino e tre cavalieri Cristiani, Orlando Oliviero e Brandimarte. Il poema si chiude con la vittoria dei cristiani e la morte di Brandimarte.
Opere minori: le "Rime", le Commedie, le "Satire" e in latino i "Carmina".
Le "Rime" comprendono sonetti, canzoni, egloghe (composizioni bucoliche), hanno per tema l'amore, in particolare i sentimenti provati dal poeta per **Alessandra Benucci**, la donna con la quale convisse e che sposò in età matura. Le Commedie sono cinque, tutte in versi: la "Cassaria", "I Suppositi", "Il negromante", la "Lena" e "Gli studenti". Le "Satire" sono sette, largamente autobiografiche.

Niccolò Machiavelli (Firenze 1469-1527)
È ritenuto il **fondatore della scienza politica**, il cui prerequisito è l'affermazione dell'**autonomia dell'azione politica** da ogni elemento etico e religioso; ciò comporta una **distinzione netta tra *politica* e *morale*** nonché la convinzione che ***il fine giustifichi i mezzi***. È definito il "segretario fiorentino".
Opere principali: sono quelle politiche come "Il Principe" e i "Discorsi sopra la prima deca di Tito Livio".
"**Il Principe**" è un piccolo trattato, diviso in **26 capitoli**. Nella prima parte, comprendente i capitoli dal I al V, sono elencati e spiegati i vari **tipi di principato**. Nei capitoli dal XII al XIV è trattato il problema delle **milizie**, sostenendo la necessità di costituire eserciti cittadini al posto delle malfidate compagnie di ventura (milizie mercenarie), tanto in uso presso le Signorie italiane del Cinquecento. Negli altri capitoli centrali del trattato è esaminata la delicata questione del **rapporto tra il principe e i suoi sudditi**. Il principe deve essere "virtuoso", cioè abile politicamente, e per questo deve possedere le qualità del "**lione**" (la **forza**) e quelle della "**golpe**" (l'**astuzia**). Il Machiavelli propose anche un modello di moderno principe, **Cesare Borgia**, il duca Valentino, figlio di papa Alessandro VI, che con una condotta spregiudicata seppe ritagliarsi un potere personale nelle Romagne e nelle Marche. Negli ultimi tre capitoli sono esaminate le ragioni della decadenza dell'Italia, individuate nella debolezza e caduta dei prìncipi locali e si pone il problema del superamento del frazionamento in tanti principati, così da realizzare l'unificazione della Penisola e instaurare la pace. In particolare, nel XXV capitolo è spiegata la **fortuna**, che non è più la potenza sovrumana del Medioevo, un'entità superiore, ma tutto ciò che è imprevedibile e sfugge alla capacità di previsione e di controllo della razionalità umana; infine, nell'ultimo capitolo, c'è l'esortazione a un principe nuo-

vo a porsi alla testa di un grande movimento di riscossa per cacciare i nuovi barbari, Spagnoli e Francesi, dall'Italia e restituirle la pace.
Nei "**Discorsi sopra la prima deca di Tito Livio**", Machiavelli vi propone alcune osservazioni sulla base del testo del famoso storico romano. Il trattato è composto da **3 libri**: il primo tratta della formazione dello Stato, il secondo degli eserciti, il terzo degli elementi essenziali dello Stato e delle cause che ne determinano la forza o la caduta. Il pensiero politico che ne viene fuori può essere così sintetizzato: lo Stato è un fattore necessario all'esistenza della società umana; tutti devono avere la convinzione che la forza dello Stato è un bene da salvaguardare nell'interesse comune; la Repubblica è la forma migliore di organizzazione dello Stato.
Opere minori: "Istorie fiorentine", i "Capitoli", la novella "Belfagor", i "Dialoghi dell'arte della guerra" e "La mandragola", la più bella commedia del Cinquecento, che propone un quadro desolante della società corrotta ed immorale del tempo.

Francesco Guicciardini (Firenze 1483-1540)
Opera principale: "Storia d'Italia".
Opere minori: "Considerazioni intorno ai Discorsi del Machiavelli", e "Ricordi civili e politici".

Torquato Tasso (Sorrento 1544-Roma 1595)
Fu l'ultimo grande poeta del Rinascimento, ma vissuto in un periodo in cui quella civiltà era ormai declinata. Interiorizzò la contraddizione fondamentale dell'età della **Controriforma**, tra l'aspirazione a una vita libera, e gli scrupoli religiosi e letterari indotti dal clima oscurantista del suo tempo. Fu l'autore delle circa duemila composizioni poetiche che formano il canzoniere più importante del Cinquecento. Fu rinchiuso nell'ospedale psichiatrico di Sant'Anna perché ritenuto pazzo.

> ***Occorre Sapere***
> **Controriforma**: si definisce così la seconda metà del Cinquecento, caratterizzata in Italia dal dominio politico della Spagna e da quello culturale della Chiesa, uscita controriformata dal Concilio di Trento (1545-63), che determinarono il rapido declino del Rinascimento.

Opera principale: "**Gerusalemme Liberata**" in cui cercò di superare questa contraddizione conciliando Umanesimo e spiritualità religiosa; è un grande poema eroico in ottave in **20 canti**, incentrato sul tema della prima Crociata, pubblicato la prima volta nel 1580 in 14 canti col titolo "Goffredo" e l'anno successivo in 20 canti con il suo titolo definitivo.
Opere minori: "Rinaldo", Rime" e l'"Aminta". Quest'ultimo è un dramma pastorale in versi, scritto nel 1573 per una festa di corte degli Estensi, che propone, nel vagheggiamento di un mondo arcadico, il tema dell'amore contrastato e infelice di un pastore per una ninfa, che è meglio sviluppato nell'opera principale.

Giordano Bruno (Nola 1548-Roma 1600)
Fu filosofo, scrittore e frate domenicano del XVI secolo, il cui pensiero è inquadrabile nel Naturalismo rinascimentale. **Opera principale**: "Il candelaio".

2.3.3 Autori minori del Rinascimento
Nel genere della **trattatistica**:
- **Baldassarre Castiglione** (1478-1529). **Opera principale**: "Il Cortegiano", un trattato in quattro libri in forma di dialogo, ambientato nella corte di Urbino.
- **Giovanni della Casa** (1503-1556). **Opera principale**: "Il Galateo".

Nel genere **biografico**:

- **Giorgio Vasari** (Arezzo 1511 – Firenze 1574) pittore e architetto discepolo di Michelangelo. **Opera principale**: "Vite dei più eccellenti pittori, scultori e architetti", una raccolta di oltre duecento biografie di artisti, da Cimabue ai più grandi nomi del Cinquecento.
- **Benvenuto Cellini** (Firenze 1500-1571) orafo e scultore. **Opera principale**: "Vita di se stesso", un'autobiografia romanzata. Inoltre, scolpì il *Perseo* e una saliera per Francesco I.

Occorre Sapere

L'opera di **Shakespeare** (1564-1616) **"La tempesta"** comincia con una burrasca sul mare. Shakespeare ambientò la storia di Romeo e Giulietta a Verona.
"Ragion di Stato" è stata scritta da **Giovanni Botero** (Bene Vagienna 1544-Torino 1617).
Pantagruel era figlio di ***Gargantua*** nel romanzo di **François Rabelais** nella prima metà del Cinquecento.
Erasmo da Rotterdam ha elogiato la **pazzia**.
L'**Orlandino** è un'opera letteraria di **Pietro Aretino**.

Nel **teatro**, oltre alle commedie dell'Ariosto e "La Mandragola" del Machiavelli, si ricordano le commedie di **Angelo Beolco** (1502-1542), detto il **Ruzzante**, argute e vivaci rappresentazioni del mondo contadino, scritte in dialetto veneto.

2.4 Il Seicento

2.4.1 Il Barocco

Si affermò inizialmente in senso dispregiativo, con il significato di "stravagante", "irregolare", "bizzarro", inizialmente attribuito alle opere figurative, plastiche e architettoniche; anche nella letteratura, si rinunciò all'equilibrio e all'armonia che erano stati propri del classicismo rinascimentale, per inseguire lo stupore e la meraviglia.

Occorre Sapere

Ronzinante è il nome del brocco del fantasioso *Don Chisciotte de La Mancia*, capolavoro della letteratura spagnola.

2.4.2 Il Marinismo

Fu la più evidente espressione del Barocco nella poesia.
Temi: il **concettismo**, che utilizzava analogie, metafore, similitudini, chiasmi e altri artifici espressivi; il **descrittivismo**, che descriveva in modo minuzioso la realtà; la **musicalità**, che sceglieva e disponeva le parole in modo da riprodurre particolari sonorità.
Il nome deriva dal poeta napoletano **Giambattista Marino** (1569-1625). **Opere principali**: "La lira", "la Galeria" "la Sampogna" e "l'Adone", che rappresentò nel suo tempo la cosiddetta "Poetica della meraviglia".

2.4.3 L'Antimarinismo

Era rappresentato da quella corrente di poeti che si opponevano a Marino e sostenevano il Classicismo: **Galilei**, **Sarpi** e **Tassoni**.

Galileo Galilei (Pisa 1564-Firenze 1642)

Promosse un'autentica **rivoluzione culturale e scientifica**, basata sulla libertà della ricerca e sul metodo sperimentale, e produsse un'apprezzata **prosa scientifica**, antitetica ai canoni del Barocco. Fu processato e condannato al carcere perpetuo dopo la pubblicazione di "Dialogo dei massimi sistemi" perché, riproponendo la teoria di Copernico, introduceva un relativismo pericoloso per la centralità della Chiesa, sostenitrice di una visione statica del mondo.

Fu un valido scrittore, che espose le sue idee e i risultati dei suoi studi in una prosa essenziale, lineare, discorsiva, ma fu anche un inventore, costruì il telescopio sulla base delle esperienze degli artigiani olandesi.

Paolo Sarpi (Venezia 1552-1623)
Fu il più importante scrittore di storia del Seicento.
Opere principali: "Historia dell'interdetto" e "Historia del Concilio Tridentino".

Alessandro Tassoni (Modena 1565-1635)
Fu il principale esponente del poema eroicomico, un ibrido derivato dalla fusione del genere cavalleresco e di quello comico-caricaturale.
Opera principale: "La secchia rapita", poema che narra in modo burlesco e divertente della guerra tra Modenesi e Bolognesi all'epoca delle lotte comunali del Duecento, guerra scoppiata per il furto di una grande secchia di legno usata per bere, trafugata dai Modenesi. Il poema mescola elementi fantastici e storici.
Opere minori: i "Pensieri", in cui l'autore si scaglia, con evidente gusto della polemica, contro i pregiudizi del suo tempo nella morale, nella letteratura e nella cultura; le "Considerazioni sopra le rime del Petrarca", in cui il bersaglio è rappresentato dai petrarchisti; le due "Filippiche", pubblicate anonime, che polemizzano con gli Spagnoli dominatori.

2.5 Il Settecento

2.5.1 L'Arcadia
Accademia letteraria sorta a Roma nel 1690 dal cenacolo di intellettuali promosso dalla regina Cristina di Svezia, con lo scopo di restaurare la classicità contro il cattivo gusto del Barocco, ma anche di evadere in un mondo idillico-pastorale attraverso la letteratura.

Letterati aderenti all'Arcadia
Metastasio (Pietro Trapassi, 1698-1782): fu autore di *melodrammi*. **Opere principali**: "Didone abbandonata", "Catone in Utica", "Ezio", "Semiramide", "Attilio Regolo", "Clemenza di Tito", "Temistocle", "Olimpiade".

2.5.2 L'Illuminismo
Ampio movimento culturale, filosofico e letterario, che, dall'Inghilterra e dalla Francia, si diffuse in tutta l'Europa a partire dalla metà del Settecento.
Caratteri peculiari dell'Illuminismo furono la **fede nella ragione** (che doveva "illuminare" ogni aspetto della vita sociale e sconfiggere l'oscurantismo e i pregiudizi che ostacolavano il progresso umano), lo **spirito laico**, il **sensismo** (una concezione che considerava i sensi come fonte di ogni conoscenza), il **cosmopolitismo** (l'uomo cittadino del mondo), l'**universalismo** (conseguente alla consapevolezza che la verità, proprio perché fondata sulla ragione, non poteva che essere unica e universalmente valida), l'**anticlericalismo**.
Fu l'ideologia della borghesia in ascesa.
In **Inghilterra**, produsse le dottrine economiche del liberismo, con gli studi di **Adam Smith**, uno dei massimi esponenti della scuola economica classica, e **David Ricardo**, un suo discepolo; mentre in **Francia**, i *philosophes* (nuovi intellettuali, legati alla borghesia, ma autosufficienti) produssero la monumentale opera dell'"Enciclopedia" di **D'Alembert** e **Diderot**, e

i polemici *pamphlets* di **Voltaire**, le teorie sulla divisione e l'equilibrio dei poteri dello Stato di **Montesquieu** e quelle sul contratto sociale di **Rousseau**.
L'Illuminismo in **Italia** ebbe come centri principali Milano e Napoli. A **Milano** gli illuministi si radunarono nella *Società dei Pugni*, un'Accademia che, fondata nel 1761, fin dalla denominazione voleva rappresentare una sfida al vecchio mondo feudale, e intorno al giornale "**Il Caffè**" (che tra il 1764 e il 1766 usciva a Milano ogni dieci giorni a cura dei fratelli Verri, occupandosi non solo di letteratura, ma anche di società, politica e costume). A **Napoli** gli illuministi più importanti furono **Antonio Genovesi**, **Ferdinando Galiani**, **Gaetano Filangieri**, **Mario Pagano** e **Vincenzo Russo**, che s'interessarono soprattutto di studi giuridici ed economici.

Alessandro e Pietro Verri
I fratelli **Alessandro** (Milano 1741-Roma 1816) e **Pietro Verri** (Milano 1728-1797) cercavano di orientare la cultura milanese ai problemi concreti della società. **Opere principali di Pietro Verri**: "Discorso sull'indole del piacere e del dolore", in cui esponeva i principi del sensismo, e le "Osservazioni sulla tortura", in cui sosteneva la necessita di un'amministrazione razionale della giustizia.

Cesare Beccaria (Milano 1738-1794)
Opera principale: "Dei delitti e delle pene" (ispirata all'opera di Pietro Verri), in cui l'autore ribadì l'irrazionalità sia della tortura come strumento di accertamento della verità, allora molto in voga, sia della pena di morte, che sapeva più di vendetta che di giustizia esercitata razionalmente. La sua prosa si caratterizza per un andamento spedito e antiaccademico.

Ludovico Antonio Muratori (Modena 1672-1750)
Opere principali: "Annali d'Italia" e "Rerum italicarum scriptores".

Giambattista Vico (Napoli 1668-1744)
Opera principale: "Principi di una scienza nuova intorno alla natura delle nazioni".

Carlo Goldoni (Venezia 1707-Parigi 1793)
Appassionato di teatro, seguì alcune compagnie teatrali (Medebac, Vendramin) come autore di canovacci. Diventato un noto e apprezzato commediografo, riformò il teatro comico. **Opere principali**: "Il Momolo cortesan", commedia della quale scrisse interamente la sola parte del protagonista, lasciando agli altri attori il compito d'improvvisare; "La donna di garbo", la prima commedia interamente scritta; "Le baruffe chiozzotte"; "La bottega del caffè" (scritta in dialetto toscano); "La famiglia dell'antiquario"; "I rusteghi"; "Le smanie per la villeggiatura"; "La vedova scaltra", "La locandiera" (protagonista è Mirandolina). In Francia scrisse "Le bourru bienfaisant" e "Les memoires", la sua autobiografia.

Giuseppe Parini (Bosisio, Brianza 1729-Milano 1799)
Fece parte dell'Accademia dei Trasformati e dell'Arcadia. Fu un intellettuale di alta coscienza morale e civile, considerato il più interessante esponente del Classicismo italiano settecentesco. **Opere principali**: le "Odi" ("La vita rustica", "La salubrità dell'aria", "L'impostura", "L'educazione", "L'innesto del vaiolo", "Sull'evirazione dei cantori", "Il bisogno", e "La caduta", la più significativa di tutte, nella quale l'autore ribadisce la sua integrità di uomo e di

poeta che non ha mai piegato la sua arte alla celebrazione dei potenti; il "Giorno", un poemetto satirico-didattico diviso in "Mattino", "Mezzogiorno", "Vespero" e "Notte", si tratta di una satira che assurge a denuncia morale della nobiltà parassita e oziosa che perde il suo tempo in futili occupazioni.

Vittorio Alfieri (Asti 1749-1803)
Fu autore di molte tragedie, in cui domina il motivo del titanismo, cioè l'eroismo solitario di chi lotta contro la tirannide e l'oppressione anticipando i temi del Romanticismo, il tormento interiore e l'amor di Patria. **Opere principali**: le tragedie "Polinice", "Antigone", "Oreste", "Agamennone", "Merope", "La congiura dei Pazzi", "Maria Stuarda", "Sofosnisba" e i due capolavori "Saul" e "Mirra"; la prosa, con i trattati "Del principe e delle lettere" e "Della tirannide" e l'autobiografia "Vita"; le poesie "Rime", le cinque odi per l'America libera, l'ode "Parigi sbastigliata" (che esalta la presa della Bastiglia), le "Satire" e il "Misogallo" (odio per i Francesi) in cui è condannata la plebe prepotente e sanguinaria della Rivoluzione francese.

2.5.3 Il Neoclassicismo
Si diffuse in Europa tra la metà del Settecento e i primi decenni dell'Ottocento con un ritorno ai modelli e ai valori del mondo classico, indotto dal razionalismo illuministico che voleva definire con precisione l'arte e fissarne i canoni. **Principale esponente**: **Gioacchino Winckelmann** (Stendal, Germania 1717-Trieste 1768). **Opera principale**: "Storia dell'arte dell'antichità", in cui definì la bellezza assoluta come opera esclusiva dell'arte. Ne derivò un mito dell'Ellade che influì sulle arti figurative, sull'architettura e sulla letteratura.
In **Italia** le espressioni migliori del Neoclassicismo si ebbero nella scultura e nella poesia. Nella **scultura**, con **Antonio Canova**, che scolpì le "*Grazie*" che ispirarono il Foscolo e sono considerate l'opera emblematica del Neoclassicismo italiano; "**Teseo e il Minotauro**" è la prima scultura neoclassica di Canova e vuole rappresentare la calma dell'eroe vittorioso dopo l'azione. Canova fu autore, tra gli altri, del noto "**Monumento funebre di Vittorio Alfieri**". Nella **poesia**, dove furono privilegiate le belle forme a imitazione dei classici con Vincenzo Monti, Ippolito Pindemonte, Ugo Foscolo e, in genere, la maggior parte dei primi romantici, che passarono attraverso un'esperienza di formazione neoclassica, come Alessandro Manzoni.

Vincenzo Monti (Alfonsine, Ravenna 1754-Milano 1828)
Opere principali: la "Basvilliana"; "Nell'anniversario del supplizio di Luigi XVI"; "Mistico omaggio" e "Il ritorno di Astrea"; il poemetto "Sermone sulla mitologia" (1825), tardiva difesa del Neoclassicismo contro il Romanticismo ormai trionfante e la bella lirica "Pel giorno onomastico della mia donna" (1826), dedicata alla moglie Teresa Pikler. Importante è l'ode "Al signor di Montgolfier" per scrivere la quale trae spunto dalle prime ascensioni con palloni aerostatici. Le sue opere più pregevoli furono le traduzioni, a cominciare da quella dell'Iliade.

2.5.4 Il Preromanticismo
Si sviluppò nella seconda metà del Settecento tra coloro che dissentivano dall'Illuminismo, pensando che a costituire la personalità umana non fosse solo la ragione, ma intervenissero anche i sentimenti, l'emotività, le passioni, gli istinti, la fantasia.
Si originò così, pur nel perdurante dominio dell'Illuminismo, una tendenza al superamento della concezione razionalistica a cui possiamo ricondurre la *Poesia sepolcrale*, l'*Ossianesimo* e lo *Sturm und Drang*.

La **Poesia sepolcrale inglese**, di cui ricordiamo "Elegia scritta in un cimitero campestre" di **Thomas Gray** e "Poesie notturne" di **Edward Young**, che proponeva toni e contenuti intimistici e malinconici, perfino tendenti al lugubre.
L'**Ossianesimo** deriva la denominazione dal mitico Ossian, un bardo gaelico del III secolo che avrebbe cantato gesta e paesaggi dei paesi e popoli nordici, tuttavia i "Canti di Ossian" furono creati dallo scozzese **James Macpherson** (1736-1796), che finse di averli ritrovati.
Lo ***Sturm und Drang*** ("tempesta e assalto") nacque in Germania, tra gli anni Settanta e Novanta, rifiutando il razionalismo illuminista ed esaltando la forza delle passioni.

Ugo Foscolo (Zante 1778-Londra 1827)
Ebbe una concezione neoclassica dell'arte, considerata come trasfigurazione della realtà in un mondo di bellezza ideale, capace di rasserenare e consolare l'animo. Ma la personalità poetica del Foscolo includeva una sensibilità che era già romantica, ispirata dagli ideali di libertà e di Patria. Quando gli Austriaci lo invitarono a dirigere una rivista letteraria, rinunciò e andò in esilio.
Opere principali:
- **"Ultime lettere di Jacopo Ortis"**: il romanzo epistolare incentrato sulla delusione storica per il "sacrificio della Patria", conseguente al "baratto" di Venezia fatto da Napoleone a Campoformio. Nella finzione letteraria è immaginato un certo Lorenzo Alderani che pubblica le lettere ricevute dall'amico Jacopo, suicidatosi per la delusione della patria tradita (Ortis e Didimo sono proiezioni fantastiche delle personalità di Foscolo).
- I **dodici sonetti**, tra i quali i più importanti: "In morte del fratello Giovanni", dove esprime dolore per la perdita del fratello, avvenuta a vent'anni, e dove la madre del poeta è descritta come vecchia, intenta a vivere i suoi ultimi anni piangendo sulla tomba del figlio (l'**incipit** è: "Un dì, s'io non andrò sempre fuggendo di gente in gente, mi vedrai seduto su la tua pietra..."), "A Zacinto" (dal nome dell'isola greca in cui nacque l'autore e in cui Foscolo si identifica con Ulisse) e "Alla sera" (la sera è la metafora della morte, e l'**incipit** è: "Forse perché della fatal quiete tu sei l'imago a me sì cara vieni..."), propongono temi come la Patria lontana, l'esilio, i miti immortalati dalla poesia greca, la bellezza, la poesia eternatrice.
- Le **due odi**: "All'amica risanata" e "A Luigia Pallavicini caduta da cavallo", tipicamente neoclassiche, propongono il mito della bellezza rasserenatrice e consolatrice.
- Il **carme**: "Dei Sepolcri", dedicato a Ippolito Pindemonte (poeta e letterato, traduttore tra l'altro dell'Odissea, amico e contemporaneo di Foscolo), scritto nel 1807 dopo che l'anno prima era stato esteso anche all'Italia l'editto napoleonico di Saint Cloud del 1804 (che imponeva che tutte le tombe fossero collocate fuori città e avessero lapidi uguali), fu ispirato da una discussione sulla validità di tale legge, che il Foscolo ebbe con l'amico Ippolito Pindemonte e altri intellettuali nel salotto letterario di Isabella Teotochi Albrizzi. È composto da 295 endecasillabi sciolti e l'**incipit** è: "All'ombra de' cipressi e dentro l'urne/confortate di pianto è forse il sonno / della morte men duro?". Il concetto di "memoria" in esso implicito suggerisce di tramandare gli affetti, la gloria del passato e la speranza per l'avvenire, mediante la cura e la venerazione delle tombe. La "corrispondenza di amorosi sensi" consiste nel ricordo che la persona estinta genera nel vivo in un senso di compassione e di affetto, come se ella continuasse a vivere in noi e noi in lui.
- **Le Grazie**, poema dedicato ad Antonio Canova, sono tre inni, dedicati a Venere, a Vesta, l'antica dea romana del focolare domestico e della patria, in cui vengono esaltate la danza, la musica e la poesia e Pallade, lo scenario e la mitica Atlantide dove, per proteggere le Grazie dall'insidia delle passioni umane, viene fatto tessere un velo.

2.6 L'Ottocento

2.6.1 Romanticismo

Il Romanticismo si fa risalire alla pubblicazione della rivista "*Athenaeum*", in **Germania** a partire dal 1797-'98, in contrapposizione al Neoclassicismo e alla sua pretesa di fissare un canone estetico valido per sempre e fondato sull'esemplarità dell'arte greca. L'arte non avrebbe dovuto avere regole perché queste non avrebbero fatto altro che mortificare l'ispirazione, che invece avrebbe dovuto poter liberamente guidare il genio dell'artista nella creazione della sua opera. L'ispirazione avrebbe dovuto lasciarsi orientare dal sentimento e dalla fantasia e dalla disposizione al sogno e a un colloquio intimo e immediato con la natura.

Il Romanticismo si diffuse in tutta l'Europa nella prima metà dell'Ottocento: per la Germania ricordiamo le opere di **Goethe** (scrisse l'opera epistolare "I dolori del giovane Werther", alla base della sua opera "Faust" vi è il patto tra Faust e Mefistofele) e di **Heine**; in Inghilterra si distinsero **Coleridge**, **Byron**, **Wordsworth**; in Francia **madame de Stail**, grande ammiratrice del Romanticismo tedesco (che esaltò nella sua opera "De l'Allemagne"), **Stendhal** (autore de "Il rosso e il nero"), **Balzac** e **Victor Hugo** (scrisse "I miserabili" che gli procurò grande popolarità); in Russia Puskin.

In **Italia**, i classicisti trovarono nella "Biblioteca italiana" il loro punto di riferimento, e l'organo dei romantici fu il giornale "Il Conciliatore", pubblicato a Milano, tra il 1818 e il 1819, a cui collaborarono intellettuali e patrioti come Silvio Pellico e anche Alessandro Manzoni.

Alessandro Manzoni (Milano 1785-1873)

Figlio di Pietro e Giulia Beccaria, figlia dell'illuminista Cesare Beccaria (infatti anche la sua formazione fu illuminista). Nel 1808 sposò Enrichetta Blondel. Un anno importante nella biografia del Manzoni fu il 1810, nel corso del quale lo scrittore maturò la "conversione" al cattolicesimo e una nuova concezione dell'arte, da intendersi non più riservata a pochi, ma aperta a tutti, nel segno del Romanticismo. Una possibile influenza del giansenismo nell'opera manzoniana è rappresentata dal ruolo decisivo della Grazia ai fini della salvezza. Tra il 1810 e il 1827 Manzoni scrisse le sue opere più importanti. Dopo la sua morte, in suo onore, Giuseppe Verdi diresse la "Messa da Requiem" a lui dedicata. **Opere giovanili**: il carme "In morte di Carlo Imbonati" (compagno della madre dopo la separazione da Pietro). **Opere principali**: posteriori alla "conversione", sono gli "Inni sacri", le "Odi civili", le due tragedie storiche e il romanzo "I Promessi sposi".

- Gli "**Inni Sacri**" dovevano essere tanti quante le festività religiose. Il Manzoni ne pubblicò solo cinque: "**Il Natale**", "**Il nome di Maria**", "**La passione**", "**La Resurrezione**", "**La Pentecoste**".
- Le **Odi civili** furono tre: "**Il proclama di Rimini**" (lasciata incompiuta); "**Marzo 1821**", scritta durante i moti piemontesi, quando i Lombardi si aspettavano l'intervento di Carlo Alberto in Lombardia, che poi non avvenne (l'ode non fu pubblicata allora, ma soltanto nel 1848, in occasione della Prima Guerra d'indipendenza); "**Il Cinque maggio**" scritta di getto all'arrivo della notizia della morte di Napoleone a S. Elena, avvenuta proprio il cinque maggio, nel 1821 ("Tutto ei provò: la gloria maggiore dopo il periglio, la fuga e la vittoria, la reggia e il tristo esiglio...").
- Le due **tragedie storiche**: "**Il Conte di Carmagnola**" e "**Adelchi**", nelle quali sono abolite le unità di tempo e di luogo, con un orientamento romantico. La prima è una tragedia ambientata nel Quattrocento, al tempo delle lotte fratricide fra gli Stati italiani, mentre l'"Adelchi" (figlio di Desiderio, ultimo re dei Longobardi) è ambientata in uno dei perio-

di più oscuri della storia italiana, al tempo della dominazione longobarda. Nell'opera, Ermengarda è la figlia di Desiderio, moglie di Carlo Magno (Manzoni definisce la funzione dei cori nelle sue tragedie come un "cantuccio" riservato all'autore per esprimervi il proprio commento etico-religioso sugli avvenimenti).

- **"Promessi sposi"**, capolavoro del Manzoni, ebbe una prima stesura, con il titolo "Fermo e Lucia", tra il 1821 e il 1823; poi una seconda stesura, che l'autore pubblicò nel 1827, nella seconda e definitiva edizione, costituita da **38 capitoli**, a dispense del 1840-'42. Manzoni utilizza un espediente letterario per la stesura dell'opera e finge di ritrovare un manoscritto anonimo del '600.

  "I Promessi Sposi" sono definiti epopea della Provvidenza perché trattano dell'irruzione divina nel mondo dell'uomo e nelle scelte della sua coscienza. Le forze che vi operano sono il potere spirituale, il potere sociale, il falso potere spirituale, mentre temi principali sono la carestia e la giustizia.

  Attraverso il suo romanzo, il Manzoni volle suggerire un parallelismo tra la Lombardia sotto il dominio austriaco nell'Ottocento e la Lombardia sotto la dominazione spagnola nel Seicento. Il romanzo si configura, pertanto, come un romanzo storico (introdotto all'inizio dell'800 da Walter Scott): sullo sfondo della "grande storia" (eventi reali degli anni 1628-'30 come la guerra per il possesso di Mantova, il tumulto per il pane, la discesa dei Lanzichenecchi, mercenari tedeschi che combattono nella guerra di successione al Ducato di Mantova, responsabili del diffondersi della peste), l'autore costruisce tante "piccole storie" di gente umile della quale la "grande storia" non si è mai occupata: Renzo e Lucia (ragazza modesta, che compare per la prima volta nel II capitolo, la cui madre si chiamava Agnese), due giovani promessi che don Abbondio (il curato del paese, la cui domestica si chiamava Perpetua), minacciato dai bravi di don Rodrigo (che rappresenta il signorotto prepotente e volubile, aiutato dall'avvocato Azzeccagarbugli), si è rifiutato di sposare. Essi trovano rifugio, su consiglio di fra Cristoforo (frate cappuccino che, insieme a don Rodrigo, muore di peste), l'uno a Milano e l'altra a Monza (il famoso Addio ai monti avviene nel tardo pomeriggio, sullo scenario del lago di Como). Ma don Rodrigo riesce a far rapire Lucia dall'Innominato, un criminale che poi si converte (è un uomo tormentato da una divisione profonda tra la sua vera personalità e i suoi atteggiamenti).

  Durante la prigionia, Lucia decide di far voto di castità, ma poi viene aiutata da Donna Prassede (il cui marito, don Ferrante, "aveva una raccolta di libri considerabile, poco meno di trecento volumi..."). Infine, don Rodrigo muore di peste, i due giovani possono sposarsi e Renzo diventa proprietario di un filatoio.

  Tra i personaggi, fra Cristoforo e il cardinale Federigo Borromeo incarnano maggiormente il sentimento religioso; Don Rodrigo, l'Innominato e Gertrude sono personaggi psicologicamente più complessi; don Abbondio viene paragonato a un vaso di terracotta costretto a viaggiare in mezzo a vasi di ferro; Ambrogio Fusella è un poliziotto travestito. Anche la folla ne "I Promessi sposi" può essere considerata un personaggio a tutti gli effetti: è caotica, irrazionale, portatrice di disordine e di sentimenti volgari.

  All'inizio del romanzo compaiono i "bravi", tra cui il Griso (mentre il Nibbio era il capo), gli sgherri di don Rodrigo e dell'Innominato, cioè la soldataglia al servizio dei signorotti. È ovvio che le vicende di Renzo, Lucia, don Abbondio e fra Cristoforo sono inventate dall'autore, ma questi personaggi sono **verosimili**. Manzoni, nell'ultima edizione, utilizzò l'italiano parlato negli ambienti colti di Firenze. Con l'espressione "risciacquare i panni in Arno", Manzoni si riferiva al fatto di imparare la parlata toscana e riscrivere i Promessi Sposi secondo quella; si tratta di una scelta che manifestava l'intenzione di ricorrere a una lingua realmente parlata, non a quella della tradizione letteraria, ma che consentisse pur sempre uno stile raffinato.

- Nel 1822 scrisse: "Discorso sopra alcuni punti della storia longobardica in Italia".

Giacomo Leopardi (Recanati 1798-Napoli 1837)

Giacomo Leopardi nacque a Recanati (che nei suoi versi chiamò il "natio borgo selvaggio"), dal Conte Monaldo e da Adelaide dei marchesi Antici. La sua famiglia era di mentalità chiusa e reazionaria; soprattutto il padre, il conte Monaldo, era un accanito conservatore. Per questo, si allontanò da Recanati (dove si era formato culturalmente leggendo i classici, traducendo dal latino, dal greco e dall'ebraico e dove iniziarono i suoi gravi problemi di salute) una prima volta nel 1819 e poi, nel 1822, per recarsi a Roma presso gli zii materni. Nel 1831, si trasferì a Firenze, dove conobbe Fanny Targioni Tazzetti, per cui provò una profonda e sfortunata passione.

Per Leopardi, il viaggio di scoperta serviva a vincere la noia insostenibile della vita.

È un autore nella cui personalità s'intrecciano Illuminismo (in particolare di Rousseau), Classicismo (pur rifiutando l'*imitazione dei classici)* e Romanticismo, producendo una visione laica della vita.

A Napoli costituì il suo testamento spirituale e trascorse gli ultimi quattro anni della sua vita.

- **Poesie**: i "**Canti**", che comprendono le canzoni d'intonazione civile: "All'Italia", "Sopra il monumento di Dante", "Ad Angelo Mai"; le canzoni con le riflessioni sull'amarezza della vita: "Bruto Minore" d "Ultimo canto di Saffo", i 6 "**piccoli idilli**: "L'infinito" (1819, in cui usa endecasillabi sciolti, cioè privi di rima, e il cui primo verso è "Sempre caro mi fu quest'ermo colle", dove *ermo* significa solitario e fa riferimento al Monte Tabor), "La sera del dì di festa", "Alla luna" (il cui **incipit** è: "Che fai tu, luna, in ciel? dimmi, che fai, / silenziosa luna? / Sorgi la sera e vai..."), "Il sogno", "Lo spavento notturno" e "La vita solitaria"; e i "**grandi idilli**" (in cui usa come metri gli endecasillabi e settenari), tra cui: "Le ricordanze", "A Silvia" (il cui **incipit** è "Silvia, rimembri ancora..."), "La quiete dopo la tempesta", "Il sabato del villaggio" (1829, composto da 4 strofe e il cui **incipit** è: "La donzelletta vien dalla campagna, in sul calar del sole, ..."), "Canto notturno di un pastore errante dell'Asia", "Il passero solitario" in cui paragona il passero a se stesso ma, mentre l'animale non soffre della sua solitudine, che per lui è un fatto naturale, l'autore rimpiange di non aver vissuto la sua giovinezza, per questo motivo, la solitudine è per lui motivo di angoscia (l'**incipit** è: "D'in su la vetta della torre antica..."); successivamente realizzò il **Ciclo di Aspasia** ("Amore e morte", "Consalvo", "Il pensiero dominante", "A se stesso", "Aspasia"); quindi scrisse a Napoli nel 1836 "La ginestra", in cui la ginestra assalita dalla lava del Vesuvio diventa metafora della fragilità umana e rappresenta la vita umana che resiste nonostante tutto (nel suo significato più profondo, tutti gli uomini devono unirsi per sconfiggere dolore e infelicità).
- **Prose**: l'epistolario, "I pensieri", scritti negli ultimi anni della sua vita, le "Operette morali" (si tratta di 24 prose, la maggior parte delle quali in forma dialogica, da lui scritte tra il 1824 e il 1832, incentrate sul tema dell'impossibilità della felicità. Le più importanti sono il "Cantico del gallo silvestre", il "Dialogo della Natura e di un Islandese", il "Dialogo di Plotino e di Porfirio", il "Dialogo di Cristoforo Colombo e di Pietro Gutierrez", il "Dialogo di Federico Ruysch e delle sue mummie", il "Dialogo di Tristano e di un amico", il "Dialogo di un venditore di almanacchi e di un passeggero") e lo "Zibaldone", un diario informale, fatto di appunti e note, pubblicato postumo, che costituisce il suo testamento spirituale, e "Il tramonto della luna".

2.6.2 *Principali esponenti della letteratura risorgimentale*

- **Massimo D'Azeglio** (Torino 1798-1866): scrisse "I miei ricordi".
- **Silvio Pellico** (Saluzzo 1789 - Torino 1854): carbonaro, fu arrestato nel 1820 e condannato a morte. La pena gli fu poi commutata in carcere duro da trascorrere nella tetra prigione dello Spielberg, in Moravia, da dove uscì, per la concessione della grazia, soltanto nel 1830. Insieme a lui vissero l'esperienza di quella prigione Pietro Borsieri e Piero Maroncelli. La dura esperienza del carcere, subita per la fede nei propri ideali, gli ispirò la scrittura del libro "Le mie prigioni", contro l'oppressione austriaca.
- **Ippolito Nievo**: (Padova 1831-1861). **Romanzi**: "Angelo di bontà" e "Il conte pecoraio". **Novelle**: "Novelliere campagnolo" e soprattutto "Confessioni di un italiano" (il cui protagonista è Carlino Altoviti, mentre un personaggio importante è "la Pisana"), romanzo scritto nel biennio 1857-'58 e pubblicato postumo, considerato da molti critici la migliore opera narrativa del periodo compreso tra il romanzo manzoniano e quelli verghiani, opera di transizione dal *romanzo storico* al *romanzo sociale*.
- **Francesco De Sanctis** (Morra De Sanctis, già Morra Irpino, Avellino 1817- Napoli 1883), a lui dobbiamo la prima moderna storia della letteratura italiana. **Opere principali**: i "Saggi critici", il "Saggio critico sul Petrarca", i "Nuovi saggi critici" e la "Storia della letteratura italiana", l'opera più importante in cui viene compiuta una ricognizione sull'intera vita civile e culturale italiana dalle origini all'Ottocento.

2.6.3 *Poeti dialettali*

- **Gioacchino Belli** (Roma 1791-1863): scrisse oltre duemila sonetti in dialetto romanesco.
- **Carlo Porta** (Milano 1775-1821): scrisse, nel dialetto della sua città, numerosi componimenti di satira della nobiltà e del clero e di descrizione delle condizioni di vita della gente umile. È considerato il maggior poeta dialettale dell'Ottocento.

2.6.4 *La Scapigliatura milanese*

La **Scapigliatura** milanese nacque con un gruppo di intellettuali e di artisti anticonformisti. La parola derivava dal titolo di un romanzo di **Cletto Arrighi** (anagramma di Carlo Righetti): "La scapigliatura e il sei febbraio: un dramma in famiglia". Gli autori cosiddetti scapigliati, tra cui Rovani, Praga, Boito, Tarchetti, manifestarono uno spirito insofferente e trasgressivo delle convenzioni borghesi e si orientarono a descrivere il vero quotidiano, anche se volgare e ripugnante.

Occorre Sapere

Lo pseudonimo "**Collodi**" adottato dall'autore di "Le avventure di Pinocchio storia di un burattino" è in realtà il luogo di origine della madre dell'autore.
Edmondo De Amicis (Oneglia 1846 – Bordighera 1908) ha scritto il romanzo "Cuore". La piccola vedetta descritta nel romanzo era della **Lombardia**.
Emilio De Marchi ha scritto nel 1890 il romanzo "Demetrio Pianelli".
Giovanni Berchet fu poeta, scrittore e letterato appartenente al Romanticismo.
Tommaso Grossi (Bellano 1790–Milano 1853) è l'autore del romanzo "Marco Visconti".
La poesia di **Leopardi** "A un vincitore nel gioco del pallone" non appartiene al "Ciclo di Aspasia".
Il **Realismo** fu un periodo della letteratura italiana tra il 1850 e il 1870.

2.7 Il Novecento

2.7.1 Il Verismo

Si affermò nella narrativa italiana soprattutto negli anni Settanta e Ottanta del XIX secolo. Le sue premesse erano nel **Positivismo**, una corrente filosofica sviluppatasi in Europa nella seconda metà dell'Ottocento in conseguenza della seconda rivoluzione industriale, e nel **Naturalismo**, una corrente letteraria affermatasi in Francia sempre negli ultimi decenni dell'Ottocento.

Principali esponenti: **Gustave Flaubert**, i **fratelli Goncourt** e soprattutto **Emile Zola** (Il ciclo dei "*Rougon – Macquart*" è una serie di venti romanzi da lui scritti).

Caratteri del Naturalismo: il determinismo, la fedele riproduzione della realtà attraverso l'oggettiva trasposizione del documento umano e soprattutto l'impersonalità della narrazione.

Il Verismo in **Italia** si affermò grazie essenzialmente all'opera di Giovanni Verga e di Luigi Capuana. Dopo Verga e Capuana, un altro scrittore appartenente alla breve stagione del Verismo fu Federico De Roberto.

Luigi Capuana (Catania 1839-1915)

Opere principali: i romanzi "Giacinta", "Il marchese di Roccaverdina" e il saggio "Gli ismi contemporanei".

Giovanni Verga (Catania 1840-1922)

Fu il più importante scrittore del Verismo italiano anche se esordì con alcuni romanzi storici, come "Amore e Patria", "I carbonari della montagna", "Sulle lagune", poi dopo il 1865 a Firenze, scrisse romanzi sentimentali e passionali, in cui si avvertì l'influenza del Romanticismo e del Naturalismo, tra cui "Una peccatrice", "Storia di una capinera", poi a Milano nel 1872, scrisse "Eva", "Tigre reale" ed "Eros".

- **Opere veriste**: nel 1874 la novella "Nedda" (era una raccoglitrice di olive) segnò il punto di svolta in direzione del Verismo, in quanto la protagonista era una vittima della passione, ma anche di una società arcaica, e l'ambientazione era tra le plebi siciliane.
  Negli anni Ottanta si ebbe la produzione autenticamente verista, rappresentata dai romanzi "I Malavoglia" e "Mastro don Gesualdo" e dalle raccolta di novelle "Vita dei campi" (1880) e "Novelle rusticane" (1883). La prima raccolta comprendeva 8 novelle: "Fantasticheria" (è la novella verghiana che anticipa le atmosfere dei "Malavoglia"), "Jeli il pastore", "Rosso Malpelo" (il primo racconto verista di Verga, scritto nel 1878, secondo la credenza popolare; i capelli rossi del protagonista erano segnale esterno di animo cattivo), "Cavalleria rusticana"(il cui protagonista è Turiddu; **Pietro Mascagni** compose il melodramma "**Cavalleria Rusticana**" tratto dall'omonimo romanzo di Verga), "La lupa", "L'amante di Gramigna", "Guerra di santi", "Pentolaccia"; la seconda comprendeva dodici novelle, di cui le più importanti erano "Il reverendo", "La roba"(il protagonista è Mazzarò), "Libertà" (ispirata alla rivolta di Bronte durante la Spedizione dei Mille), "Malaria", "Pane nero".

> ***Occorre Sapere***
>
> La **tecnica dello straniamento** (tipica del Verismo) di Verga consiste nell'adottare, per narrare un fatto e descrivere una persona, un punto di vista completamente estraneo all'oggetto. Sempre nelle opere di Verga vi è il "**principio dell'impersonalità**", tecnica che consente all'autore di porsi in un'ottica di distacco nei confronti dei personaggi e dell'intreccio del racconto.

- "**I Malavoglia**" (1881): è un romanzo corale in cui è rappresentata una specie di **epica della povera gente**. Inizialmente chiamato Padron 'Ntoni, il romanzo vede come protagonista la famiglia dei Toscano, soprannominati "i Malavoglia" per il costume tipicamente popolare dei piccoli centri di indicare le persone con dei soprannomi. I Toscano sono dei pescatori di Aci Trezza (un piccolo paese siciliano nei pressi di Catania), che da generazioni abitano nella "Casa del Nespolo" e possiedono una barca, denominata la "Provvidenza", unico strumento di lavoro dal quale dipendono le sorti della loro vita. La famiglia è composta dal vecchio padron 'Ntoni, da suo figlio Bastianazzo (che muore a causa del naufragio della "Provvidenza"), che ha sposato Maruzza, soprannominata "la Longa", e dai loro cinque figli 'Ntoni, Luca, Mena, Lia e Alessi.
  Il capitolo 3 del romanzo inizia in questo modo: "Dopo la mezzanotte il vento s'era messo a fare il diavolo, come se sul tetto ci fossero tutti i gatti del paese e a scuotere le imposte. Il mare si udiva muggire attorno ai faraglioni, che pareva ci fossero riuniti i buoi della fiera di Sant'Alfio..."
- "**Mastro don Gesualdo**" (1888-'89): il secondo romanzo del Ciclo dei vinti è incentrato sul **mito della roba** che aveva ispirato anche la raccolta "Novelle rusticane". La vicenda raccontata è ambientata in un'epoca precedente a quella dei Malavoglia, nella Sicilia ancora borbonica della prima metà dell'Ottocento (la storia si svolge nell'anno dei moti carbonari del 1821), dove già si era avviato lo sgretolamento di tante famiglie nobili e dove un nuovo ceto di commercianti, appaltatori e mediatori d'affari puntava ad approfittare della crisi della vecchia classe dominante. Gesualdo è un muratore che, a costo di rinunce e sacrifici, è riuscito ad arricchirsi, tanto da nutrire l'ambizione di compiere il salto nella classe della nobiltà. Sposa quindi una nobildonna, Bianca Trao. Ma mastro don Gesualdo, diventato adesso "don", è condannato a una penosa condizione di solitudine e di esclusione: viene disprezzato dai nobili, che lo considerano un intruso, e, all'interno della sua stessa famiglia, è emarginato per la sua origine plebea e la figlia Isabella, che del resto non è neppure sua, sposatasi con un nobile spiantato, il duca di Leyra, sperpera quel patrimonio così faticosamente accumulato.
  Un cupo pessimismo pervade questo romanzo del Verga: il mito della roba e dell'arricchimento in pratica provoca lo snaturamento stesso della vita umana, una penosa alienazione senza più alcuna luce di speranza. A differenza de "I Malavoglia", il "Mastro don Gesualdo" è il ritratto di un singolo uomo.

Federico De Roberto (Napoli 1861–Catania 1927)
Opera principale: "I viceré", in cui all'esigenza dell'oggettività documentaria propria del Verismo, si accompagna una notevole attenzione per l'introspezione psicologica.

Scrittori pseudo-veristi
Sono comunemente definiti scrittori pseudo-veristi alcuni autori che hanno focalizzato la loro attenzione su ambienti popolari e costumi propri di alcune regioni meridionali, ricorrendo anche a un linguaggio vicino al parlato.

- **Matilde Serao** (Patrasso, 1856-Napoli 1927): alternò l'attività letteraria a quella giornalistica e fondò con il marito, il giornalista Edoardo Scarfoglio, "**Il Corriere**" di Roma e "**Il Mattino**" di Napoli e, dopo la separazione dal marito, "**Il Giorno**", che diresse fino alla morte. Fu autrice di inchieste giornalistiche interessanti, nonché de "Il ventre di Napoli" e "Il paese di cuccagna", che evidenziano, ricorrendo a un linguaggio dai toni spigliati e vivaci, la realtà sociale di Napoli.

- **Grazia Deledda** (Nuoro 1871-Roma 1936): fu insignita nel 1926 del **Premio Nobel** per la letteratura. **Opere principali**: "Canne al vento", "La madre", "Elias Portulu", "Fior di Sardegna", "Il paese del vento", che offrono una rappresentazione mitica della Sardegna su cui si stagliano le drammatiche vicende dei protagonisti, dei quali sono descritti i conflitti spirituali laceranti, le passioni violente, gli angosciosi sensi di colpa, in una concezione fatalistica dell'esistenza.
- **Cesare Pascarella** (Roma 1858-1940): poeta e pittore, nelle sue poesie ha descritto la realtà sociale di Roma. **Opere principali**: "Er morto de campagna" (sonetti); "La serenata" (sonetti); "Er fattaccio" (sonetti); "Villa Gloria" (sonetti); "Cose der monno"; "L'allustra scarpe filosofo"; "La scoperta de l'America" (sonetti); "I sonetti". Le **prose**: "Viaggio in Ciociaria"; "Italia nostra" (postuma); "Taccuini" (pubblicati nel 1961 dall'Accademia dei Lincei); "Storia nostra" (pubblicata nel 1961 dall'Accademia dei Lincei).
- **Renato Fucini** (Monterotondo Marittimo 1843-Empoli 1921): un poeta e scrittore, noto anche con lo pseudonimo e anagramma di Neri Tanfucio. **Opere principali**: "Cento sonetti in vernacolo pisano"; "Le veglie di Neri", "All'aria aperta" e "Nella campagna toscana". I motivi prediletti sono quelli della vita agreste nelle zone della Maremma e nei borghi dell'Appennino pistoiese.

2.7.2 Giosuè Carducci

Giosuè Carducci (Valdicastello, Lucca 1835 - Bologna 1907) fu figlio di un medico e di una donna colta figlia di un orefice fiorentino. Il poeta tenne sempre caro il ricordo della Maremma, ricorrente in alcune note poesie. Aderì agli ideali del Risorgimento e fu mazziniano, garibaldino, repubblicano, anticlericale, ispirato da un forte razionalismo laico.

Fu definito il *poeta vate della terza Italia*, quella del Risorgimento dopo l'Italia romana e quella dei Comuni. Tenne a lungo la cattedra di Letteratura italiana all'Università di Bologna, incarico ricevuto nel 1860 per insegnare "eloquenza italiana" e fu anche "poeta di corte" del Regno d'Italia. Nel 1906 fu insignito, primo in Italia, del **Premio Nobel** per la letteratura.

La poesia carducciana: sono presenti, nella poesia carducciana, una **componente classicista**, riscontrabile nell'amore per la tradizione, nel rispetto delle radici greco-latine della nostra civiltà e una **componente romantica**, rinvenibile nell'inquietudine e nella particolare sensibilità d'animo del poeta, che desidera la pienezza della vita con tutte le sue gioie e manifestazioni, ma avverte anche il tedio come prefigurazione della morte.

Temi ricorrenti nelle sue poesie sono la natura collegata alla nostalgia dei luoghi, gli affetti familiari, l'infanzia, l'amore, la morte, la Patria, la storia.

Poesie e raccolte poetiche: "**A Dio**" (sonetto del 1848); "**A Vittorio Emanuele II**" (canzone), "**Juvenilia**" (prima raccolta di liriche); "**Levia Gravia**"; "**Inno a Satana**" (una celebrazione polemica e anche dissacratoria della libertà e del progresso, contro ogni tipo di oppressione, politica o religiosa che fosse; infatti, esprime il suo anticlericalismo); "**Giambi ed epodi**" (raccolta che comprende poesie scritte tra il 1867 e il 1879, citata dalla critica come il libro delle polemiche); "**Rime e ritmi**"; "**Odi barbare**" (così definite perché i Greci e i Romani le avrebbero giudicate "straniere, rozze"; ne fa parte la poesia "Nevicata", che racchiude questi versi: "*Lenta fiocca la neve pe'l cielo cinereo: gridi suoni di vita più non salgono da la città, non d'erbaiola il grido o corrente rumore di carro, non d'amor la canzone ilare e di gioventù*").

Poesie delle raccolte Rime nuove: "Traversando la Maremma toscana"; "Davanti San Guido" (il cui **incipit** è: "I cipressi che a Bólgheri alti e schietti / van da San Guido in duplice filar...); "San Martino" (il cui **incipit** è: "La nebbia agl'irti colli Piovigginando sale, E sotto il maestrale Urla e biancheggia il mar..."); "Idillio maremmano"; "Funere mersit acerbo"; "Comune rustico"; "Visione"; "Pianto antico" (dove compare il dolore ricorrente per la scomparsa del figlioletto Dante, morto nel 1870). Scrisse "La canzone di Legnano", poemetto del 1879 sulle lotte comunali, di cui fu composta solo la prima parte, "Il Parlamento".

2.7.3 Il Decadentismo

Si affermò in Europa nella seconda metà dell'Ottocento e nei primi decenni del Novecento; fu caratterizzato dal rifiuto della morale tradizionale e del razionalismo, con la conseguente esaltazione del bello in luogo del bene e del vero. In Francia, inoltre, la parola *decadentismo* equivaleva al termine *simbolismo*, in quanto interpretava la realtà attraverso simboli, poiché la stessa non si poteva conoscere in modo oggettivo e razionale.
Il Decadentismo si affermò inizialmente in Francia con i poeti Mallarmé, Verlaine, Rimbaud e Baudelaire (il primo dei cosiddetti "**poeti maledetti**", fu il modello di riferimento dei poeti decadenti, introdusse la poesia moderna, fu l'autore della raccolta poetica "I fiori del male"), intellettuali che si fregiarono dell'appellativo "decadente" come di una bandiera, usandolo anche come titolo di una loro rivista, "**Le decadent**", uscita nel 1866.
In Italia il decadentismo si espresse in molteplici manifestazioni letterarie e artistiche. I primi segnali si possono rintracciare nella spregiudicatezza degli Scapigliati e in seguito nella sensibilità inquieta del **Fogazzaro**, ma le sue più significative espressioni sono rilevabili nell'intimismo del **Pascoli** e nell'estetismo e nel superomismo del **D'Annunzio**.

Antonio Fogazzaro (Vicenza 1842-1911)
Fu il maggiore rappresentante di quella tendenza letteraria spiritualista che, sul finire dell'Ottocento, combinò insieme elementi tardo-romantici e Decadentismo, in netta opposizione al Naturalismo e al Verismo. **Opere principali**: "Malombra", "Daniele Cortis", "Piccolo mondo moderno", "Il santo", "Leila" e "Piccolo mondo antico".

Giovanni Pascoli (San Mauro di Romagna 1855- Bologna 1912)
Un evento determinante nella sua vita fu la morte del padre, assassinato da ignoti il 10 agosto 1867. Il poeta, che aveva appena dodici anni, fu indotto a riflettere sulla malvagità degli uomini maturando l'attitudine a trasfigurare il suo dolore in sofferenza universale.
Il Decadentismo del Pascoli propone due miti correlati fra loro: quello dell'**infanzia** e quello del **nido**, entrambi ispirati dalla consapevolezza, rafforzata dalle dolorose esperienze vissute dal poeta in gioventù, che nel mondo domina il male, causato non dalla natura, ma dall'uomo stesso, per cui non resta che regredire al tempo dell'infanzia (la poetica *del fanciullino*) e rifugiarsi in essa. Pertanto, il poeta è l'uomo che sa ascoltare e lascia parlare il fanciullo che è dentro di sé. La sua **poetica** fu segnata da drammi familiari oltre che dalla crisi di fine Ottocento. Nelle sue opere si scorge anche la malinconia e la rassegnazione al male. La sua poesia è considerata tutt'altro che semplice perché per lui la realtà ha un significato che va al di là di ciò che tutti vedono o sentono.
Raccolte poetiche: nel 1890-'91 pubblicò la prima: "*Myricae*", a cui seguirono "I poemetti" (il cui tema è la vita di campagna), "I canti di Castelvecchio", "I poemi conviviali", "Le canzoni di re Enzio", "I nuovi poemetti". In latino scrisse i "Carmina". Tra i saggi, si ricorda "Il fanciullino", in cui sono esposti i principi della sua poetica. Nel 1911 il poeta, con il

discorso "La grande proletaria si è mossa", si schierò a favore della guerra di Libia, voluta da Giolitti, rivelando la sua adesione al nazionalismo.

- "*Myricae*": è la prima raccolta di poesie, il cui titolo rimanda a una parola latina di un verso di Virgilio, che indica le tamerici, umili piante che crescono in prossimità del mare. Le poesie di "Myricae" sono ispirate dall'interesse per le cose semplici della vita: la campagna nativa, aspetti della natura che suggeriscono malinconia, il mito del nido, ma anche il senso di sgomento dinanzi alla morte, intesa come ricordo dei propri defunti e come presenza che incombe sempre sugli uomini. Tra le più belle poesie della raccolta si ricordano:
  - "**Lavandare**", in cui, in uno sfondo tipicamente autunnale, la campagna solitaria e il canto di alcune lavandaie suggeriscono un motivo di solitudine e di abbandono (nell'**incipit** "Nel campo mezzo grigio e mezzo nero resta un aratro senza buoi, che pare dimenticato, tra il vapor leggero", l'aratro rappresenta la solitudine e il dolore); "Lavandare" e "La via ferrata" appartengono alla sezione "l'ultima spiaggia" di *Myricae*.
  - "**Novembre**" che propone un altro paesaggio autunnale, di un occasionale bel tempo che rimanda a lontane stagioni primaverili, ma che è soltanto il rapimento di un istante (l'**incipit** è: "Gemmea l'aria, il sole così chiaro che tu ricerchi gli albicocchi in fiore, e del prunalbo l'odorino amaro senti nel cuore...").
  - "**X agosto**", pubblicata nel 1896, segue lo schema metrico della rima alternata. Scrisse la poesia in ricordo del padre assassinato da sconosciuti il 10 agosto 1867, durante la festività di San Lorenzo (a cui si rivolge nella prima quartina), notte in cui si assiste al fenomeno delle stelle cadenti. Nella poesia, la morte del padre suggerisce al poeta il dramma universale del dolore nel mondo e le stelle cadenti diventano il pianto del cielo che inonda di queste lacrime luminose la Terra, paragonata a un "atomo opaco del male". Inoltre, il poeta crea una similitudine tra la propria famiglia e una famiglia di rondini (il primo verso della quarta quartina "Anche un uomo tornava al suo nido" costituisce una metafora).
  - "**Allora**", in cui parla di un periodo di felicità vissuto in un passato lontano.
- "**I canti di Castelvecchio**": furono pubblicati nel 1903 e traggono il nome dalla casa di Castelvecchio dove il poeta si trasferì dopo aver avuto una cattedra all'Università di Pisa. I temi delle poesie di questa raccolta sono i miti del nido, dell'infanzia e della campagna, il mistero della vita e della natura, il ricordo della gioventù e del luogo natio. Tra le più belle poesie di questa raccolta si ricordano "**La cavallina storna**" (che contiene i versi: "O cavallina, cavallina storna, che portavi colui che non ritorna tu capivi il suo cenno ed il suo detto! Egli ha lasciato un figlio giovinetto...", dedicata alla morte del padre), "**Il gelsomino notturno**" e "**La mia sera**".

Gabriele D'Annunzio (Pescara 1863-Gardone Riviera 1938)

Fu soprannominato "il Vate". Da Pescara si trasferì a Roma nel 1881, dove si dedicò con successo al giornalismo e alla letteratura. Sposò Maria Hardouin, Duchessa di Gallese. A Milano, insieme a Ettore Ferrari, inaugurò l'Università Popolare; fu eletto deputato della destra.
Fu particolarmente influenzato dalla filosofia di Nietzsche e dal mito del superuomo.
Dal 1910 al 1915 visse in Francia per sfuggire ai creditori in Italia.
D'Annunzio fu protagonista anche della scena politica. Si distinse per il suo acceso interventismo nell'imminenza della Prima Guerra mondiale e ispirando le chiassose manifestazioni del "maggio radioso" del 1915.

Durante la guerra si distinse per alcune audaci imprese (si arruolò come volontario nei Lancieri di Novara), come il volo su Vienna e la "beffa di Buccari". Dopo la guerra organizzò la **marcia su Fiume**, in segno di protesta contro il governo italiano di allora e le decisioni della Conferenza di pace che aveva ripagato l'Italia dei sacrifici di guerra con una "vittoria mutilata", uno fortunato *slogan* che lo stesso D'Annunzio contribuì a diffondere. Trascorse gli ultimi anni della sua vita a Gardone Riviera (che divenne il "Vittoriale degli italiani"). D'Annunzio utilizzò la tecnica narrativa del "**discorso indiretto libero**".

- **Prima raccolta di versi**: "Primo vere", pubblicata in prima edizione nel dicembre del 1879 e in seconda edizione nel 1880, finanziata dal padre.
- **Prosa**: I due miti dannunziani, proiezioni dell'esasperato individualismo sono l'estetismo e il superomismo. L'**estetismo** consiste nel culto del bello, considerato il valore supremo, al posto del bene e del vero: in letteratura determina l'esaltazione degli aspetti formali dell'espressione, a cominciare dal culto della parola raffinata, ricercata e bella. Il termine estetico si riferisce a tutto ciò che è percepibile mediante i sensi. Il personaggio dannunziano che interpreta questa concezione è Andrea Sperelli (che rappresenta il tipico dandy votato all'edonismo), il protagonista del primo romanzo dannunziano **"Il piacere"**, ambientato a Roma, pubblicato nel 1889, che gli diede successo e che si compone di 4 libri e si conclude con il protagonista Andrea Sperelli che perde entrambe le donne amate. Elena, invece, è protagonista di "un'attesa".
  Anche il **superomismo**, che costituì una rielaborazione, a un diverso livello, del mito dell'estetismo, derivò da una suggestione straniera, in questo caso dalla filosofia di Nietzsche. Del superuomo è un esempio Claudio Cantelmo, il protagonista del romanzo "Le vergini delle rocce". In questo romanzo, Violante, Anatolia e Massinissa sono tre sorelle che appartengono ad una famiglia minata dalla malattia e dalla degenerazione.

> ***Occorre Sapere***
>
> Il protagonista del romanzo "**L'innocente**" è **Tullio Hermil**, un aristocratico diviso tra dissolutezza e malvagità.
> Il protagonista del romanzo "**Giovanni Episcopo**" è un **semplice impiegato**.
> Il protagonista del romanzo "**Il trionfo della morte**" (ambientato in Abruzzo) è **Giorgio Aurispa**, la cui amante è **Ippolita Sanzio**, che alla fine si suicida gettandosi da una rupe, trascinandosi anche l'amante.
> Il protagonista del romanzo "**Il fuoco**" è **Stelio Effrena**, che si ispira alle teorie del musicista tedesco Wagner. Il personaggio "**Foscarina**" è ispirato a Eleonora Duse.
> Appartengono a "**Novelle della Pescara**": "Gl'idolatri", "L'eroe", "La veglia funebre", ma non "Terra vergine".
> **Violante**, **Anatolia** e **Massinissa** nel romanzo "Le vergini delle rocce" sono tre sorelle che appartengono ad una famiglia minata dalla malattia e dalla degenerazione.
> **Paolo Tarsi** nel romanzo "Forse che sì, forse che no" rappresenta un pilota d'auto e un aviatore.
> **Elena** è la protagonista di "un'attesa" nel romanzo "Il Piacere".

- **Poesia**: Dopo la raccolta dell'esordio, "Primo vere", D'Annunzio pubblicò il poemetto "Il peccato di maggio" e le raccolte "Canto novo" nel 1882 e "Intermezzo di rime" nel 1883. Seguirono nel 1886 "Isaotta Guttadauro" e altre poesie, nel 1892 "Le elegie romane" e "Le odi navali", nel 1893 "Il poema paradisiaco" in cui il poeta, con accenti vagamente crepuscolari, ripiega malinconicamente su se stesso. Ma il suo capolavoro poetico è rappresentato da una complessa architettura lirica: le "**Laudi del cielo, del mare, della terra e degli eroi**", un ciclo di 7 raccolte poetiche intitolate alle stelle più splendenti della costellazione delle Pleiadi. Ma uscirono subito, nel 1903-04, solo i primi tre libri, intitolati nell'ordine "**Maya**", "**Elettra**" e "**Alcyone**" (ne fa parte la poesia "La pioggia nel pineto", il cui **incipit** è: "Taci. Su le soglie del bosco non odo parole che dici umane; ma odo parole più nuove che parlano gocciole e foglie lontane..."), il più importante, il cui tema è

l'immersione dell'uomo nella natura; il quarto libro, "**Merope**", fu pubblicato nel 1912 e postumo uscì infine il quinto, intitolato "**Asterope**". L'ultimo romanzo scritto da D'Annunzio fu "**Forse che sì, forse che no**" il cui protagonista, Paolo Tarsis, rappresenta un pilota d'auto e un aviatore.
Caratteristica della poesia dannunziana è il cosiddetto *panismo*, ossia un rapporto in chiave mistico-magica con la natura, sentita (come nel mito di Pan, il dio greco della natura) quale forza misteriosa e attraente.

- **Teatro**: Lo scrittore, che intrattenne una lunga e appassionata relazione con **Eleonora Duse**, una delle attrici più celebri dell'epoca, scrisse vari lavori per la scena, tra cui "Francesca da Rimini", "La figlia di Iorio", "La fiaccola sotto il moggio", "La città morta", messa in scena da Eleonora Duse e dedicata a Sarah Bernhardt.

2.7.4 I Crepuscolari

Marino Moretti, **Fausto Maria Martini** e **Carlo Chiaves** furono chiamati *Crepuscolari* dal critico Giuseppe Antonio Borgese, in una recensione apparsa su "La Stampa" di Torino nel 1910, in quanto poeti che mettevano in versi il grigiore di tutti i giorni, prediligendo toni dimessi e colloquiali. La poesia dei crepuscolari si ricollegava al Pascoli, alla sua predilezione per le piccole cose della vita quotidiana.
Dei tre poeti citati dal critico Borgese, il più importante fu **Marino Moretti** (1885-1979), autore delle raccolte "Poesie scritte col lapis", "Poesie di tutti i giorni" e dei romanzi "Il sole del sabato", "Né bella né brutta", "Il romanzo della mamma".

Altri poeti crepuscolari

Tra gli altri poeti crepuscolari, occorre annoverare **Corrado Govoni** e **Aldo Palazzeschi** e soprattutto **Sergio Corazzini** e **Guido Gozzano**.

- **Sergio Corazzini** (1887-1907). **Opere**: "Piccolo libro inutile" e "Libro per la sera della domenica", in cui propone un continuo colloquio con il proprio io, che si rivela spesso esitante, dominato da una struggente malinconia.
- **Guido Gozzano** (Agliè Canavese, Torino 1883 - Torino 1916). (Si dice che avesse in casa "buone cose di pessimo gusto"). Torino ricorre spesso nelle sue composizioni. **Opere**: "La via del rifugio", alcune apprezzate fiabe e novelle, "Verso la cuna del mondo" (resoconto di un viaggio in India pubblicato postumo) e soprattutto la raccolta poetica "I colloqui", pubblicata nel 1911.

2.7.5 I Futuristi

Il Futurismo fu un movimento artistico e letterario che si diffuse in Europa all'inizio del Novecento ed esaltò la civiltà industriale e delle macchine, non secondo una disposizione mirante a studiare i fenomeni sociali, bensì in una prospettiva individualistica.
Fondatore: **Filippo Tommaso Marinetti** (Alessandria D'Egitto 1876 – Bellagio 1944), che pubblicò a Parigi nel 1909, sul giornale "Le Figaro", il "Manifesto-fondazione del futurismo", in cui veniva proclamata solennemente la rottura con il passato e l'esaltazione di un'arte del futuro, senza alcuna mediazione storica tra passato e presente.
Scrittori **futuristi italiani**: **Ardengo Soffici**, **Giovanni Papini**, **Corrado Govoni** e soprattutto **Aldo Palazzeschi** (1885-1974) che aderì anche al Crepuscolarismo.
Opere futuriste del Palazzeschi: "L'incendiario" e "Il codice di Perela", ma soprattutto il romanzo "Le sorelle Materassi" (1934), improntato al realismo, e la raccolta di novelle grottesche e surreali "Il palio dei buffi" (1938).

2.7.6 Gli scrittori vociani

Scrittori vociani furono così chiamati gli intellettuali che collaborarono con la rivista "**La Voce**", un periodico fiorentino fondato nel 1903 da Giuseppe Prezzolini e Giovanni Papini, che s'impegnò in varie battaglie culturali e letterarie in Italia all'inizio del Novecento. Giovanni Papini e Ardengo Soffici fondarono nel 1913 la rivista letteraria **Lacerba**.
Scrittori vociani furono: **Benedetto Croce**, **Giovanni Gentile**, **Gaetano Salvemini**, **Giovanni Amendola**.

2.7.7 Luigi Pirandello

Nel 1903, Luigi Pirandello (Agrigento 1867 - Roma 1936) fu coinvolto nell'allagamento e crollo di una zolfara che provocò il tracollo economico della famiglia. Completò i suoi studi letterari a Bonn, in Germania, dove ebbe modo di avvertire l'influenza di alcune delle più significative espressioni della narrativa europea del tempo. Rientrato in Italia, insegnò al Magistero di Roma ma fu coinvolto dalla grave malattia mentale della moglie che nel 1919 fu ricoverata in un ospedale psichiatrico. I problemi psichiatrici della moglie fecero avvicinare Pirandello allo studio della psicoanalisi. Fu antidemocratico e antisocialista e simpatizzò per il fascismo; firmò il Manifesto degli scrittori fascisti redatto da Giovanni Gentile nel 1925; era devoto alla Chiesa cattolica.
Collaborò con il Corriere della Sera; a Roma conobbe lo scrittore Luigi Capuana, che, insieme a Verga, fu suo grande maestro. Trascorse gli ultimi anni della sua vita in solitudine.
La sua opera si è espressa essenzialmente in due generi, la **narrativa** e il **teatro**, esprimendo la crisi dell'uomo contemporaneo, segnata dalla condizione di alienazione, di smarrimento e di solitudine nonché la contraddizione tra l'essere e l'apparire.

- **Opere letterarie**: l'esordio avvenne nel 1889 con l'opera "Mal Giocondo". Nel 1910, con la commedia "Lumie di Sicilia" (che non appartiene alla "Fase del Teatro umoristico/grottesco"), Pirandello esordì nel teatro. Nel 1921 conseguì un successo inaspettato con la messa in scena di "Sei personaggi in cerca di autore", un'opera che, fischiata alla "prima", fu poi accolta da un grande favore di critica e di pubblico, tanto che permise a Pirandello di abbandonare l'insegnamento per dedicarsi completamente all'attività teatrale; nel 1926 fondò anche una propria compagnia teatrale, il **Teatro dell'Arte di Roma** con Massimo Bontempelli (la cui prima attrice era Marta Abba per la quale scrisse "L'amica delle mogli" e "Diana e la Tuda"), per portare le sue opere in Italia e all'estero e nel 1934 ricevette il **Premio Nobel** per la letteratura.
  Tra gli elementi caratterizzanti dell'opera pirandelliana vi è la sua **poetica dell'umorismo** che si fonda sul sentimento del contrario fra ideale e reale. Il "sentimento del contrario" secondo Pirandello è alla base del processo da cui ha origine l'umorismo.
- **Le novelle e i romanzi**: Una prima raccolta di **novelle** fu pubblicata nel 1894 con il titolo "Amori senza amore", a cui seguirono novelle pubblicate su giornali e riviste; infine nel 1922 lo scrittore decise di raccoglierle tutte in un'opera che ne avrebbe dovuto contenere 365, alla quale perciò diede il titolo "Novelle per un anno". In realtà la raccolta ne contiene 246. Tra queste le più note sono "La patente", "La giara" (il cui protagonista è don Lolò Zirafa), "Distrazione", "Ciaula scopre la luna", "La carriola", "Il treno ha fischiato", "Effetti di un sogno interrotto". Alcune novelle offrirono anche lo spunto per successivi lavori teatrali e, in effetti, come ha sottolineato una parte della critica, un po' tutta la produzione narrativa pirandelliana tende al teatro.

Tra i **romanzi** si ricordano: "L'esclusa" (scritto nel 1893, risente del Naturalismo e del Verismo), la cui protagonista, Marta, fu accusata di adulterio, che fu il primo, pubblicato a puntate su un giornale romano nel 1901, a cui seguirono "Il turno" e nel 1904 "Il fu Mattia Pascal", il capolavoro della narrativa pirandelliana, primo grande successo letterario, scritto durante le notti in ospedale in cui vegliava la moglie. I successivi romanzi furono: "I vecchi e i giovani" (pubblicato nel 1913), "Uno nessuno e centomila", l'ultimo romanzo, del 1926. Del 1933 è il dramma incompiuto "I giganti della montagna"

- "**Il fu Mattia Pascal**": Mattia, stanco della *routine* quotidiana, lascia moglie e suocera e fugge, intenzionato ad imbarcarsi per l'America. A Montecarlo, dove si ferma qualche giorno, ha la fortuna di vincere una notevole somma al gioco. Decide allora di tornare al suo paesino. Ma in treno legge casualmente del ritrovamento di un cadavere a cui è stata erroneamente attribuita la sua identità. Mattia sogna di entrare in una nuova vita, tanto che si trasferisce a Roma, assumendo una nuova identità, quella di Adriano Melis. L'impossibilità di condurre un'esistenza normale lo induce allora a fingere un suicidio per rientrare nella precedente identità, quella di Mattia Pascal. Ma, tornato nel suo paesino, si accorge che questo è impossibile perché la moglie, credendosi vedova, si è rifatta una famiglia. A Mattia non resta che portare fiori sulla sua tomba. La morte di Mattia è solo una "morte sociale"; nel suo entrare e uscire da una "forma" all'altra è infine rimasto fuori da tutte le forme. In questo romanzo si affronta il problema dell'identità dell'individuo e quello della "forma" a cui ciascuno deve restare legato. Tema concettuale dell'opera è l'assenza di rapporto tra la realtà e la verità.
- **"Uno, nessuno e centomila"**: il romanzo comincia con la scoperta "improvvisa ed inattesa" che il protagonista, Vitangelo Moscarda, fa una mattina guardandosi allo specchio, dopo un'osservazione della moglie, il suo naso non è perfetto perché pende a destra. Vitangelo, un benestante proprietario di provincia, entra così in un'ossessione, convincendosi che fino ad allora non si è mai conosciuto abbastanza. Decide allora di disgregare la sua identità, annullando, uno dopo l'altro, i tratti che avevano concorso a formare la sua personalità, determinando la sua immagine pubblica. La sua vita è sconvolta, tanto che gli altri lo credono impazzito e la moglie lo abbandona. Vitangelo vende tutto, inclusa la sua quota di proprietà nella banca paterna e acquista un ospizio per mendicanti, nel quale si fa rinchiudere come un qualsiasi assistito. Il tema di fondo è la disgregazione della personalità umana.

- **Le opere teatrali**: ha ripristinato la tecnica, ripresa dal Teatro di Shakespeare, nella "Fase del Teatro nel teatro" del palcoscenico multiplo. Il teatro si è rivelato quanto mai consono a rendere la concezione pirandelliana della vita: il gioco del rapporto tra finzione e realtà, tra forma e vita, può benissimo esprimersi nel rapporto tra personaggio e attore. Il capolavoro riconosciuto del teatro pirandelliano è "**Sei personaggi in cerca di autore**", in cui tenta di svelare il pessimismo cosmico che fa parte della vita moderna. Tra le commedie e i drammi di Pirandello si ricordano anche "Pensaci, Giacomino!" e "Liolà", scritti per l'attore Angelo Musco, "Il berretto a sonagli", "Così e (se vi pare)" (che non appartiene alla "Fase del Teatro siciliano"), "Questa sera si recita a soggetto" e "Come tu mi vuoi" (scritte sul finire degli anni Venti; da "Come tu mi vuoi" fu tratto un soggetto cinematografico per un film girato a Hollywood con Greta Garbo), "Il piacere dell'onestà", "Il giuoco delle parti" (che non appartiene alla "Fase del Teatro nel teatro"), "Come prima meglio di prima", "Ciascuno a suo modo", "Vestire gli ignudi", "Enrico IV" (chenon appartiene alla "Fase del Teatro nel teatro"). Nel suo teatro, per abolizione della "**quarta parete**" si intende l'abolizione della parete trasparente tra attori e pubblico.

2.7.8 Italo Svevo

È lo pseudonimo di Ettore Schimtz (Trieste 1861-1928). Fu bancario prima di diventare scrittore. Restò sconosciuto al pubblico e alla critica per lungo tempo, tanto che i suoi primi romanzi, "Una vita" (di stampo verista, in quanto racconta la vicenda di un" vinto" nella vita, Alfonso Nitti) e "Senilità", pubblicati a sue spese, non trovarono alcun riscontro significativo e il suo terzo grande romanzo, "La coscienza di Zeno" (scritta nel dopoguerra e pubblicata nel 1923, dopo un periodo di stasi durato venticinque anni), fu apprezzato prima all'estero, a Parigi, e poi in Italia da Montale.
Durante gli anni del silenzio letterario conobbe a Trieste il grande scrittore irlandese James Joyce e la psicoanalisi di Sigmund Freud, in quanto un suo parente fu in terapia presso Freud a Vienna e lo stesso Svevo tradusse e compendiò "L'interpretazione dei sogni" del celebre medico viennese.
I protagonisti dei suoi romanzi sono degli antieroi, attraverso i quali Svevo indaga la crisi dell'Uomo contemporaneo. Svevo fu per l'Italia l'iniziatore del romanzo psicologico moderno.

- **"La coscienza di Zeno"**: Zeno Cosini è un imprenditore triestino in cura presso uno psicanalista, il dottor S., ed è stato invitato da quest'ultimo a scrivere, a scopo terapeutico, un memoriale, che poi viene pubblicato, all'insaputa di Zeno, dallo stesso medico per meschina ripicca. L'indagine condotta da Zeno, a partire dall'incapacità di vincere il fastidioso vizio del fumo, mette a nudo tutta la trama di inganni, mistificazioni, censure su cui si regge la società. Il personaggio di Zeno Cosini inaugura la figura letteraria dell'inetto, ossia del borghese bloccato da una nevrosi che lo rende incapace di vivere la concretezza della vita quotidiana.

2.7.9 Il Fascismo e la cultura

Durante il fascismo, il filosofo **Giovanni Gentile** redasse nel 1925 il "Manifesto degli intellettuali fascisti", invitando letterati e uomini di cultura a firmarlo per condannare i principi di libertà, di tolleranza e di confronto critico delle idee, il liberismo e il socialismo, mentre erano esaltati il nazionalismo e il mito della grandezza della Patria, con una complice indulgenza nei confronti della violenza degli squadristi, definiti "giovani risoluti, armati, indossanti la camicia nera, ordinati militarmente". Il "Manifesto" fu firmato da circa 250 intellettuali, fra i quali Luigi Pirandello, Gabriele D'Annunzio, Massimo Bontempelli, Fausto Maria Martini, Salvatore Di Giacomo, Curzio Malaparte, Filippo Tommaso Marinetti.

L'Antifascismo

Tra gli intellettuali antifascisti ricordiamo:

- **Benedetto Croce** (Pescasseroli, L'Aquila 1866 - Napoli 1952): filosofo, storico e critico letterario. **Opere principali**: "La filosofia dello spirito", "Il breviario di estetica", "I nuovi saggi di estetica", "La poesia di Dante", "Poesia antica e moderna", "L'estetica come scienza dell'espressione e linguistica generale" (1902).
- **Piero Gobetti** (1901-1926), fondatore e direttore delle riviste "Energie nove", "La rivoluzione liberale" e "Il Baretti".
- **Antonio Gramsci** (1891-1937), tra i fondatori del Partito Comunista d'Italia, autore di saggi come "Il materialismo storico e la filosofia di Benedetto Croce", "Il Risorgimento", "Gli intellettuali e l'organizzazione della cultura", "Letteratura e vita nazionale", "Note sul Machiavelli, sulla politica e sullo Stato moderno", in cui, da un punto di vista marxista, auspica l'avvento di una nuova figura d'intellettuale attivamente impegnato nella società. Scrisse "I quaderni del carcere".

2.7.10 L'Ermetismo

L'**Ermetismo** fu una corrente degli anni Trenta che proponeva un'espressione chiusa, oscura e si affidava più alla suggestione fonica delle parole che al loro significato. Successivamente l'orientamento poetico tra le due guerre mondiali, privilegiava la ricerca di un linguaggio lirico essenziale, attraverso la soppressione di parole e nessi sintattici non indispensabili. Il termine Ermetismo deriva dal filosofo Ermete Trismegisto e fu attribuito alla corrente da Francesco Flora. Per un certo periodo furono ritenuti ermetici anche Giuseppe Ungaretti ed Eugenio Montale, anche se differenti da Salvatore Quasimodo, Luigi Sinisgalli, Giorgio Caproni, Vittorio Sereni, Libero de Libero, Mario Luzi, Alfonso Gatto, tanto che questi ultimi venivano comunemente indicati come la seconda generazione di poeti ermetici.
Dopo la Seconda Guerra mondiale, Quasimodo, Gatto, Luzi e gli altri poeti della stagione ermetica andarono oltre l'Ermetismo e molti di loro, a cominciare dallo stesso Quasimodo, videro nella poesia uno strumento d'impegno civile e politico, abbandonando altresì l'essenzialità lirica a favore di un'espressione poetica più distesa e discorsiva.

Giuseppe Ungaretti (Alessandria d'Egitto 1888-Milano 1970)
La tragica esperienza della **guerra**, a cui partecipò da volontario come semplice fante, condividendo con i più umili soldati le sofferenze della trincea, lo convinse che erano ormai del tutto inadeguate le espressioni poetiche che si lasciavano andare all'oratoria, all'estetismo. Senza più abusi retorici, la parola poetica doveva diventare ***pregna di significati*** e "ridursi all'osso". Nel 1942 ritornò in Italia e venne nominato Accademico d'Italia e "per chiara fama" professore di letteratura moderna e contemporanea presso l'Università di Roma.
L'esperienza della guerra gli ispirò alcune delle sue più conosciute liriche, riunite poi nella raccolta "L'allegria" (1919, da cui derivano le poesie "I fiumi" e "Soldati"). La prima raccolta fu "Il Porto Sepolto" da cui deriva "San Martino del Carso" e in cui incluse inizialmente la prima poesia, *Veglia*, del 1915. Le successive raccolte poetiche, furono "Sentimento del tempo" (raccolta suddivisa in 7 capitoli), "Il dolore", incentrata sul dolore per la perdita del figlioletto Antonello, "La terra promessa" e "Il taccuino del vecchio". Tra le poesie più famose vi è "Mattina", i cui versi sono "m'illumino d'immenso".
La sua poesia, a carattere autobiografico, nasce dalle relazioni tra parole e spazi bianchi nella pagina. "Ricorderai d'avermi atteso tanto e avrai negli occhi un rapido sospiro" sono versi scritti per la madre da Ungaretti.

Eugenio Montale (Genova 1896-Milano 1981)
Durante la formazione coltivò la passione per il canto; partecipò alla Prima Guerra mondiale con il grado di sottotenente facendo richiesta di essere inviato al fronte; dal '26 al '34 collaborò con la rivista Solaria. Fu anche un parlamentare della Repubblica; andò anche lui diretto all'essenzialità della vita umana, fatta di sofferenze e di solitudine (il male di vivere, per usare la stessa espressione montaliana), che testimonia la crisi spirituale dell'uomo moderno. La poetica del "correlativo oggettivo" nella poesia italiana del Novecento è per lo più a lui riferita. Soprannominò la defunta moglie Mosca; Anna degli Uberti nelle sue poesie viene chiamata Annetta Arletta (Arletta è il suo vero nome). Prese le distanze dal fascismo, scrisse il suo dissenso sul "Manifesto degli intellettuali antifascisti" di Benedetto Croce. Nel 1943, quando cadde il fascismo, partecipò al CLN e aderì al Partito d'Azione. Dopo la proclamazione della Repubblica, si ritirò dalla vita politica per dedicarsi alla scrittura. Soggiornò a Milano dal 1948 alla morte.
Raccolte poetiche: "Ossi di seppia", pubblicata nel 1925, incentrata sul tema del male di vivere; "Le occasioni" (1939); "La bufera e altro" e "Satura". Tra le poesie della raccolta, le più

note sono "Meriggiare pallido e assorto", "Spesso il male di vivere ho incontrato", "Il canneto rispunta i suoi cimelli", "Cigola la carrucola del pozzo", "Non chiederci la parola", "I limoni", "Maestrale". Nel 1975 fu insignito del **Premio Nobel** per la letteratura.

Salvatore Quasimodo (Modica 1901-Napoli 1968)
Fu il principale esponente della corrente poetica dell'Ermetismo, riprendendo Ungaretti e alcuni poeti del Decadentismo francese, come Mallarmé, Valery e Rimbaud.
Raccolte poetiche: seguì i moduli dell'Ermetismo nelle sue prime raccolte poetiche, "Acque e terre", "Oboe sommerso", "Erato ed Apollion", "Ed è subito sera", nelle quali il ricordo dell'infanzia e la mitizzazione della Sicilia si combinano come in un unico sogno. Sono affrontati, inoltre, i temi della solitudine, la pena di vivere, la morte. Con la Seconda Guerra mondiale l'esperienza ermetica di Quasimodo si concluse e la meditazione del poeta sul dolore dell'uomo si arricchì, in conseguenza della tragedia del conflitto, di nuovi motivi. A segnare la svolta fu la raccolta "Giorno dopo giorno" del 1947 (la poesia d'apertura è "Alle fronde dei salici", scritta nel 1944, costruita sulla rivisitazione di un passo biblico, si riferisce agli ultimi anni della Seconda Guerra mondiale. Nella poesia, il verso "L'urlo nero della madre" esprime una sinestesia). Alla stagione post-ermetica appartengono anche le raccolte "La vita non e sogno", "La terra impareggiabile", "Dare e avere".
Si distingue dagli altri poeti per il linguaggio musicale. Motivo dominante sono i ricordi. Fu insignito nel 1959 del **Premio Nobel** per la letteratura.

Umberto Saba, vero cognome Poli (Trieste 1883-1957)
Opere in prosa: "Scorciatoie e raccontini" e "Storie e cronistorie del Canzoniere" (1940-'47); *Prose* (1964); postumo è il romanzo "Ernesto".
Raccolte poetiche: "Poesie" (primo libro pubblicato nel 1911); "Sette Novelle" (1912-'13); "Canzoniere" (1921), per affinità al Petrarca, in cui autobiografismo e realismo s'incrociano, producendo una rappresentazione di sensazioni, di luoghi e personaggi della vita del poeta con una forte intonazione lirica e impressionistica, che lascia trasparire l'amore per la vita, per la moglie Lina, per la piccola Linuccia, per Trieste; "**Piccolo Berto**", raccolta di poesie (1926). Fra le più belle poesie ricordiamo: "Radici" e "Trieste" dalla raccolta "**Trieste e una donna**", che costituiscono degli omaggi all'amata città natia in cui il poeta scopre le radici della propria identità; "Goal", con l'abbandono alla gioia per la vittoria della squadra di calcio della propria città, la Triestina; "Ritratto della mia bambina" e "Favoletta alla mia bambina", che offrono dei quadri di una semplicità quotidiana fatta di affetti familiari; "L'Uomo" (1926); "La Capra"; "Mediterranee" (1947).

2.7.11 Il Neorealismo
Il **Neorealismo** fu un ampio movimento culturale che, dagli ultimi anni della Seconda Guerra mondiale e fin quasi alla metà degli anni Cinquanta, investì la letteratura, il cinema e le arti figurative, sostenendo, contro il Decadentismo e l'abuso delle forme liriche, la necessità di rappresentare l'autentica realtà sociale attraverso un nuovo linguaggio, non più letterario, ma aderente alla realtà che si voleva descrivere, ed evidenziando nuovi valori umani e sociali e l'impegno degli scrittori e degli artisti a partecipare alla trasformazione della società. Si può parlare dell'esistenza di diversi filoni del Neorealismo, tra cui sulla guerra e sulla Resistenza, quello della letteratura meridionalista e della condizione operaia.
Il termine "Neorealismo" fu adoperato per la prima volta dal critico Bocelli, poco dopo la pubblicazione del romanzo di Moravia "Gli indifferenti", avvenuta nel 1929, e in seguito fu

largamente utilizzato in campo cinematografico, a partire da film come "Ossessione" del regista Luchino Visconti, "Paisà" e "Roma città aperta" di Roberto Rossellini, "Ladri di biciclette" e "Sciuscià" di Vittorio De Sica, che segnarono una stagione felicissima e irripetibile del cinema italiano. I narratori più importanti del Neorealismo sono Calvino e Levi.

La letteratura sulla guerra e sulla Resistenza

Tra gli scrittori che descrissero le sofferenze vissute durante la Seconda Guerra mondiale e la Resistenza, con le durezze della guerra partigiana, i bombardamenti, i rastrellamenti, le deportazioni nei campi di concentramento, si ricordano, oltre a **Cesare Pavese**, autore de "La casa in collina", **Mario Rigoni Stern**, autore de "Il sergente nella neve", **Mario Tobino**, autore de "Il deserto della Libia e il clandestino", **Ada Gobetti**, che scrisse "Diario partigiano", **Renata Viganò**, che scrisse "L'Agnese va a morire", **Italo Calvino**, autore de "Il sentiero dei nidi di ragno", "Il barone rampante" (i cui protagonisti sono Viola, Cosimo e Biagio), "Il cavaliere inesistente" e "Lezioni americane", in cui propone sei parole chiave per affrontare il nuovo millennio, e soprattutto **Beppe Fenoglio, Primo Levi e Alberto Moravia**.

- **Beppe Fenoglio** (Alba, Cuneo 1922 – Torino 1963) partecipò alla lotta partigiana, combattendo nelle Langhe piemontesi.
  Opere principali: "I ventitré giorni della città di Alba", pubblicata nel 1952, una raccolta di racconti sulla Resistenza, in particolare sulla città piemontese di Alba, prima liberata dai partigiani e poi ripresa dai fascisti; "Primavera di bellezza", pubblicato nel 1959, "Una questione privata" (pubblicato postumo) e "Il partigiano Johnny", pubblicato nel 1968, incentrato sulla figura di un partigiano appartenente alle Brigate badogliane, avversate da quelle comuniste, che partecipa alla presa della città di Alba e infine perde la vita sulle montagne dove la guerra di liberazione è quanto mai dura.
- **Primo Levi** (Torino 1919-1987), nacque da famiglia ebraica, combatté durante la Seconda Guerra mondiale con i partigiani delle Brigate di Giustizia e Libertà, ma, catturato dai nazifascisti, fu poi internato nel *lager* di Auschwitz, in Polonia, dove riuscì miracolosamente a sopravvivere.
  Opere principali: Raccontò quella prigionia, caratterizzata da inaudite sofferenze fisiche e dall'annientamento della dignità, in un breve romanzo che conseguì un grande successo, "Se questo è un uomo", pubblicato nel 1948, a cui seguì, dieci anni più tardi, "La tregua", in cui è narrata la liberazione dal *lager* e la lunga peregrinazione del ritorno in Italia; nel 1975 pubblicò "Il sistema periodico".
- **Alberto Moravia** (Roma 1907-1990), pseudonimo di Alberto Pincherle. Fu anche un parlamentare europeo. Nel 1941 sposò la scrittrice e poetessa Elsa Morante.
  Opere principali: scrisse, ancora giovanissimo, il romanzo "Gli indifferenti" (da cui fu tratto il film omonimo del 1964 diretto da Francesco Maselli), l'opera che conseguì un notevole consenso di critica e di pubblico, un successo poi confermato dai successivi romanzi, tra i quali "Agostino", "La romana", "Il conformista" (da cui fu tratto il film omonimo del 1970 diretto da Bernardo Bertolucci), "La Ciociara" (da cui fu tratto il film omonimo del 1960 prodotto da Carlo Ponti e diretto da Vittorio De sica), "La noia", "La vita interiore" e dai "Racconti romani".

La letteratura sulla condizione operaia

- **Vasco Pratolini** (Firenze 1913 – Roma 1991). **Opere principali**: "Il quartiere", pubblicato nel 1943, "Cronache di poveri amanti" del 1947, "Le ragazze di San Frediano" del 1949 e "Metello" del 1955, "Lo scialo" nel 1960.

La letteratura meridionalista

- **Ignazio Silone** (Pescina, L'Aquila 1900 – Ginevra 1978), pseudonimo di Secondo Tranquilli. **Opere principali**: "Pane e vino", "Il seme sotto la neve", "Il segreto di Luca" e "Fontamara", in cui sono descritte le dure condizioni di vita dei contadini di un paesino dell'Abruzzo dove, agli sfruttatori di sempre, si sono aggiunti i nuovi oppressori fascisti.
- **Carlo Levi** (Torino 1902 – Roma 1977), antifascista condannato al confino. **Opere principali**: "Cristo si è fermato ad Eboli", pubblicato nel 1945, in cui rievocò i luoghi del confino in Basilicata, di grande arretratezza e miseria, ma abitati da una gente mite e dignitosa.
- **Elio Vittorini** (Siracusa 1908-1966): collaborò durante gli anni Trenta ad alcune riviste letterarie, come "Solaria" e "Letteratura", successivamente collaborò per il giornale comunista "L'Unità". Negli anni del dopoguerra s'impegnò in un rinnovamento della cultura e delle lettere che accompagnasse la costruzione di una nuova società. Dalle pagine della rivista "Il Politecnico", da lui fondata e diretta, sostenne la necessità di una nuova figura d'intellettuale, intento a leggere e a riprodurre in modo più diretto e critico la realtà sociale, dopo tanti anni di disimpegno a cui si era stati indotti dalla dittatura fascista. **Opere principali**: i romanzi "Uomini e no" (1945), "Il garofano rosso", "Conversazione in Sicilia" e "Sardegna come un'infanzia". Tra le sue ultime iniziative ci fu la fondazione e la direzione, con Italo Calvino, della rivista letteraria "Il Menabò".
- **Cesare Pavese** (Langhe piemontesi 1908 - Torino 1950), morì suicida. **Opere poetiche**: le raccolte "Lavorare stanca", pubblicata nel 1936, e "Verrà la morte e avrà i tuoi occhi", uscita postuma nel 1951. Delle opere di narrativa si ricordano "Paesi tuoi" del 1941, quindi "Feria d'agosto" del 1946, "Il compagno" e i "Dialoghi con Leuco" del 1947, "Il carcere" e "La casa in collina" del 1948, "Il diavolo sulle colline" e "Tre donne sole" del 1949 e il suo capolavoro, "La luna e i falò", uscito nel 1950; inoltre, si ricorda "Il mestiere di vivere", una sorta di diario uscito postumo nel 1952, e l'epistolario. Per Pavese la campagna rappresenta l'infanzia, il ricordo.

2.7.12 Nuovi percorsi letterari

Italo Calvino (Santiago de Las Vegas, Cuba 1923-Siena 1985)

Si laureò in Lettere. Si trasferì a Parigi nel 1964, approfondì nuovi interessi (strutturalismo, scienze matematiche e naturali, teorie epistemologiche) che influenzarono le opere successive. Fu il più interessante rappresentante del filone narrativo cosiddetto allegorico surrealista, una narrativa caratterizzata da impegno morale e attenzione alla realtà che viene però letta attraverso le lenti della fantasia. **Opere principali**: "Il sentiero dei nidi di ragno" del 1947 (primo romanzo in cui affronta la lotta partigiana, vista in un clima fantastico, di fiaba); i racconti di "Ultimo viene il corvo" (1949); i romanzi della trilogia intitolata "I nostri antenati", comprendente "Il visconte dimezzato" (che rappresenta allegoricamente il tema del doppio, ricorrente nella letteratura otto e novecentesca, e il cui protagonista è il visconte Medardo di Terralba); "Il barone rampante"; "Il cavaliere inesistente" (che segue il modello del romanzo cavalleresco); "Fiabe italiane"(1956). I protagonisti di questi romanzi sono personaggi inventati che si muovono in epoche che l'autore ha derivato dalla storia e dalla fantasia. Calvino ha indagato, infine, l'alienazione dell'uomo contemporaneo e il suo senso di smarrimento nella raccolta di racconti "Marcovaldo", nelle "Cosmicomiche" e in "Palomar".

Carlo Emilio Gadda (Milano 1893-1973)
Propose un'interpretazione pessimistica e relativistica della vita attraverso un impianto narrativo che appare privo di una trama centrale, con un'infinità di episodi, personaggi, ambienti e vicende minori, che sembrano come tanti spezzoni della società contemporanea, descritti con l'obiettivo di smontare tutto ciò che appare certo. **Opere principali**: "Quer pasticciaccio brutto de' via Merulana", apparso a puntate nel 1946 sulla rivista "Letteratura" e pubblicato poi in libro nel 1957. Altro importante romanzo è "La cognizione del dolore", apparso anch'esso inizialmente a puntate sulla rivista "Letteratura" e poi pubblicato in libro nel 1963.

Pier Paolo Pasolini (Bologna 1922-ucciso a Ostia nel 1975)
Attento osservatore della società contemporanea, fu poeta, scrittore, regista cinematografico e cineasta, saggista, critico letterario (per definire il progressivo affermarsi in Italia dei modelli tipici della civiltà dei consumi, parlò di "omologazione culturale"). **Opere di poesia**: "La meglio gioventù", una raccolta di poesie in dialetto friulano, e "Le ceneri di Gramsci". **Opere cinematografiche**: "Accattone", "Mamma Roma", "Il Vangelo secondo Matteo", "Uccellacci e uccellini", "Teorema", "Decameron" e "Salò o le 120 giornate di Sodoma". **Saggi**: riuniti nella raccolta "Passione e ideologia" del 1960. **Opere di narrativa**: i suoi capolavori "Ragazzi di vita" e "Una vita violenta".

2.7.13 Il romanzo psicologico
Il filone della **narrativa psicologica** è oggettivamente molto vasto, potendosi riferire a un gran numero di romanzi e racconti che affrontano prevalentemente problemi psicologici, morali, familiari, per il desiderio dei loro autori d'indagare l'uomo, affrontandone i suoi piccoli o grandi problemi. Tra i rappresentanti di questo filone narrativo ricordiamo:
- **Carlo Cassola** (Roma 1917 – Montecarlo 1987), autore dei romanzi "Fausto e Anna", "Vecchi compagni", "Il taglio del bosco", "La ragazza di Bube" (il cui nome è Mara), generalmente ambientati nella porzione di Toscana compresa tra Volterra e la Maremma.
- **Giorgio Bassani** (Bologna 1916 – Roma 2000), autore dei racconti "Cinque storie ferraresi" e dei romanzi "Il giardino dei Finzi Contini" e "L'airone", ambientati nel Ferrarese e, in particolare, nella locale comunità israelita.
- **Giuseppe Tomasi di Lampedusa** (Palermo 1896 – Roma 1957). **Opera principale**: il romanzo "Il Gattopardo" (pubblicato solo nel 1959), offerto a vari editori, ma sempre rifiutato, poi pubblicato dall'editore Feltrinelli due anni dopo la sua morte, riscuotendo subito un grande successo di critica e di pubblico. La vicenda raccontata è ambientata nella Sicilia che passa dallo Stato borbonico al Regno unitario: nella figura del protagonista, il principe Fabrizio Salina, si agitano elementi psicologici, come nostalgia, amarezza, rimpianto. Altri personaggi sono Tancredi Falconeri e Angelica Sedara. Il personaggio Fabrizio del Dongo non compare nell'opera.

2.7.14 Il teatro italiano dopo Pirandello

Eduardo De Filippo (Napoli 1900-Roma 1984)
È stato il più grande rappresentante del teatro dialettale napoletano del Novecento. Fu autore, attore e regista dei propri testi e, pur riflettendo anche lui nelle sue opere i segni della crisi dell'uomo contemporaneo, ha offerto in esse delle efficaci rappresentazioni ambientali e di colore locale, con un'attenta osservazione del costume e con un linguaggio spontaneo e vivace che ha facilitato la comunicazione tra palcoscenico e pubblico.

Opere principali: "Sik-sik l'artefice magico", "Gennareniello", "Natale in casa Cupiello"; alla seconda fase "Napoli milionaria", "Questi fantasmi", "Filumena Marturano" (da questo soggetto è tratto il film Matrimonio all'italiana del 1964 diretto da Vittorio De Sica), "Le voci di dentro", "De Pretore Vincenzo", "Il sindaco del rione Sanità", "Gli esami non finiscono mai".

Dario Fo (Sangiano, Varese 1926-Milano 2016)
Ha dato nuova vitalità al teatro italiano, coniugando, a partire dagli anni Sessanta, teatro politicamente impegnato e recupero delle forme popolari di rappresentazione scenica. In particolare, sul finire degli anni Sessanta, mentre nel Paese montavano le lotte studentesche ed operaie, Fo abbandonò clamorosamente il circuito del teatro ufficiale, per portare le sue opere, con la compagnia "La comune", nei circuiti alternativi di periferia e in mezzo alle lotte popolari.
Opere principali: "L'operaio conosce trecento parole", "Morte accidentale di un anarchico", "Pum pum, chi è? La polizia!", "Guerra di popolo in Cile". Ma il suo capolavoro è "Mistero buffo", del 1969.
Fo è stato insignito del **Premio Nobel** per la letteratura nel 1997.

2.7.15 Scrittori degli ultimi decenni

- **Alberto Bevilacqua** (Parma 1934 - Roma 2013). **Opere principali**: "Una città in amore", "La califfa", "L'occhio del gatto", "Il curioso delle donne", in cui ritrae alcuni tormentati aspetti della società italiana indagandone l'impatto sull'animo umano.
- **Umberto Eco** (Alessandria 1932 - Milano 2016). Saggista e orientatore culturale. **Opere principali**: il romanzo "Il nome della rosa" (ambientato nel XIV secolo, il protagonista Guglielmo da Baskerville è un uomo religioso) del 1980, tradotto in numerose lingue, che in Italia ha incontrato un ampio successo di pubblico e di critica; "Il pendolo di Foucault", "L'isola del giorno prima", "Baudolino" e "La fiaccola della regina Loana". **Saggi**: "A passo di gambero" in cui critica la politica di Bush.
- **Dacia Maraini** (Fiesole 1936-). **Opere principali**: "A memoria", "Memorie di una ladra", "Il treno per Helsinki", "Bagheria", "L'amore rubato", "La lunga vita di Marianna Ucrìa", nei quali si è fatta interprete della condizione femminile nella società moderna, impegnandosi anche in tante appassionate battaglie civili per i diritti delle donne.
- **Leonardo Sciascia** (Racalmuto 1921- Palermo 1989), saggista e narratore, che si è distinto per l'impegno civile contro la politica del trasformismo, la mafia, la corruzione e ogni forma di opportunismo sociale, ricorrendo spesso al genere del racconto giallo e dell'inchiesta giudiziaria. **Opere principali**: "Il giorno della civetta", "A ciascuno il suo", "Il consiglio d'Egitto" (ambientato ai tempi della congiura giacobina di Palermo contro i privilegi della nobiltà siciliana), "Todo modo" (romanzo in cui si parla di un convegno, in un eremo sperduto, di personaggi nel mirino di un misterioso killer), "Una storia semplice" e "La scomparsa di Majorana".
- **Andrea Calogero Camilleri** (Porto Empedocle 1925-Roma 2019) è uno scrittore, sceneggiatore e regista italiano. **Opere principali**: "**Serie di Montalbano**": La forma dell'acqua, Il cane di terracotta, Il ladro di merendine, La voce del violino, Un mese con Montalbano, Gli arancini di Montalbano, Quindici giorni con Montalbano, La gita a Tindari, L'odore della notte, La paura di Montalbano, Storie di Montalbano, Il giro di boa, La pazienza del ragno, La prima indagine di Montalbano, La luna di carta, La vampa d'agosto, Le ali della sfinge, La pista di sabbia, Il campo del vasaio, Il commissario Montalbano, Le prime indagini, L'età del dubbio, Racconti di Montalbano, La danza del gabbiano (con cui

ha vinto nel 2009 la XXVI edizione del Premio Letterario Cesare Pavese), Ancora tre indagini per il commissario Montalbano, La caccia al tesoro, Acqua in bocca, Il sorriso di Angelica, Il gioco degli specchi, Altri casi per il commissario Montalbano, Una lama di luce, Una voce di notte, Tre indagini a Vigàta, Una cena speciale, Un covo di vipere, Notte di Ferragosto, La piramide di fango, Morte in mare aperto e altre indagini del giovane Montalbano, La giostra degli scambi, Riccardino (inedito).
Tra i numerosi libri, che non rientrano nella serie Montalbano, vi sono: "Il sonaglio", "La concessione del telefono" e "Maruzza Musumeci".

OCCORRE SAPERE

Antonio Tabucchi (Pisa 1943 - Lisbona 2012) è l'autore del romanzo "Notturno indiano".
Claudio Magris (Trieste, 1939) è l'autore di "Danubio", un resoconto di viaggio nei luoghi e nel tempo che ha per protagonista il grande fiume europeo.
Cristina Comencini ha scritto il romanzo "L'illusione del bene", finalista al Premio Strega 2008.
Dino Buzzati (San Pellegrino di Belluno 1906 - Milano 1972) è l'autore del romanzo "Il deserto dei Tartari".
Dino Campana (Marradi,1885-Scandicci,1932) scrisse "La Chimera".
Emilio Lussu (Armungia 1890–Roma 1975) fu anche un parlamentare della Repubblica: scrisse il romanzo "Un anno sull'altipiano" in cui vengono raccontate le vicende della Prima Guerra mondiale.
Francesco De Sanctis non può essere considerato un maestro di Ugo Foscolo.
Gesualdo Bufalino (Comiso 1920 - Vittoria 1996) scrisse: "Diceria dell'Untore", primo suo romanzo.
Giuseppe Berto (Mogliano Veneto 1914 - Roma 1978) scrisse: "Il male oscuro", un romanzo autobiografico.
Margaret Mazzantini ha vinto il Premio Campiello nel 2009, con il romanzo "**Venuto al mondo**".
Melania Mazzucco ha vinto il Premio Bagutta nel 2009, con il romanzo "La lunga attesa dell'angelo".
Sibilla Aleramo, pseudonimo di Marta Felicina Faccio detta "Rina" (Alessandria, 1876–Roma, 1960), scrisse il romanzo "**Una donna**", ispirato alla propria vita.
Vitaliano Brancati (Pachino 1907–Torino 1954) scrisse "**Il bell'Antonio**".
"**Il mulino del Po**" è un romanzo scritto da **Riccardo Bacchelli** (Bologna 1891–Monza 1985).
Il **Premio Bagutta** è un premio letterario istituito a Milano l'11 novembre 1926.
Il **Premio Campiello** è un premio letterario italiano istituito nel 1962 che viene assegnato annualmente a Venezia a un'opera di narrativa italiana edita nell'anno di riferimento.

PREMI NOBEL PER LA LETTERATURA

Scrittori italiani che hanno vinto il **Premio Nobel per la Letteratura** e motivazioni.

ANNO	AUTORE	MOTIVAZIONE
1906	Giosuè Carducci	Non solo in riconoscimento dei suoi profondi insegnamenti e ricerche critiche, ma su tutto un tributo all'energia creativa, alla purezza dello stile ed alla forza lirica che caratterizza il suo capolavoro di poetica
1926	Grazia Deledda	Per la sua ispirazione idealistica, scritta con raffigurazioni di plastica chiarezza della vita della sua isola nativa, con profonda comprensione degli umani problemi
1934	Luigi Pirandello	Per il suo coraggio e l'ingegnosa ripresentazione dell'arte drammatica e teatrale

(segue)

ANNO	AUTORE	MOTIVAZIONE
1959	Salvatore Quasimodo	Per la sua poetica lirica, che con ardente classicità esprime le tragiche esperienze della vita dei nostri tempi
1975	Eugenio Montale	Per la sua poetica distinta che, con grande sensibilità artistica, ha interpretato i valori umani sotto il simbolo di una visione della vita priva di illusioni
1997	Dario Fo	Perché, seguendo la tradizione dei giullari medioevali, dileggia il potere restituendo la dignità agli oppressi

PREMIO STREGA

Il **Premio Strega** è il premio letterario più prestigioso assegnato in Italia, istituito nel 1947 a Roma. Viene assegnato annualmente all'autore o autrice di un libro pubblicato in Italia tra il 1° aprile dell'anno precedente e il 31 marzo dell'anno in corso. Attualmente, è gestito dalla Fondazione Bellonci.

ANNO	AUTORE	OPERA	EDITORE
1947	Ennio Flaiano	*Tempo di uccidere*	Longanesi
1948	Vincenzo Cardarelli	*Villa Tarantola*	Meridiana
1949	Giovanni Battista Angioletti	*La memoria*	Bompiani
1950	Cesare Pavese	*La bella estate*	Einaudi
1951	Corrado Alvaro	*Quasi una vita*	Bompiani
1952	Alberto Moravia	*I racconti*	Bompiani
1953	Massimo Bontempelli	*L'amante fedele*	Mondadori
1954	Mario Soldati	*Le lettere da Capri*	Garzanti
1955	Giovanni Comisso	*Un gatto attraversa la strada*	Mondadori
1956	Giorgio Bassani	*Cinque storie ferraresi*	Einaudi
1957	Elsa Morante	*L'isola di Arturo*	Einaudi
1958	Dino Buzzati	*Sessanta racconti*	Mondadori
1959	Giuseppe Tomasi di Lampedusa	*Il Gattopardo*	Feltrinelli
1960	Carlo Cassola	*La ragazza di Bube*	Einaudi
1961	Raffaele La Capria	*Ferito a morte*	Bompiani
1962	Mario Tobino	*Il clandestino*	Mondadori
1963	Natalia Ginzburg	*Lessico famigliare*	Einaudi
1964	Giovanni Arpino	*L'ombra delle colline*	Mondadori
1965	Paolo Volponi	*La macchina mondiale*	Garzanti
1966	Michele Prisco	*Una spirale di nebbia*	Rizzoli
1967	Anna Maria Ortese	*Poveri e semplici*	Vallecchi
1968	Alberto Bevilacqua	*L'occhio del gatto*	Rizzoli

(segue)

ANNO	AUTORE	OPERA	EDITORE
1969	Lalla Romano	*Le parole tra noi leggere*	Einaudi
1970	Guido Piovene	*Le stelle fredde*	Mondadori
1971	Raffaele Brignetti	*La spiaggia d'oro*	Rizzoli
1972	Giuseppe Dessì	*Paese d'ombre*	Mondadori
1973	Manlio Cancogni	*Allegri, gioventù*	Rizzoli
1974	Guglielmo Petroni	*La morte del fiume*	Mondadori
1975	Tommaso Landolfi	*A caso*	Rizzoli
1976	Fausta Cialente	*Le quattro ragazze Wieselberger*	Mondadori
1977	Fulvio Tomizza	*La miglior vita*	Rizzoli
1978	Ferdinando Camon	*Un altare per la madre*	Garzanti
1979	Primo Levi	*La chiave a stella*	Einaudi
1980	Vittorio Gorresio	*La vita ingenua*	Rizzoli
1981	Umberto Eco	*Il nome della rosa*	Bompiani
1982	Goffredo Parise	*Sillabario n. 2*	Mondadori
1983	Mario Pomilio	*Il Natale del 1833*	Rusconi
1984	Pietro Citati	*Tolstoj*	Longanesi
1985	Carlo Sgorlon	*L'armata dei fiumi perduti*	Mondadori
1986	Maria Bellonci	*Rinascimento privato*	Mondadori
1987	Stanislao Nievo	*Le isole del paradiso*	Mondadori
1988	Gesualdo Bufalino	*Le menzogne della notte*	Bompiani
1989	Giuseppe Pontiggia	*La grande sera*	Mondadori
1990	Sebastiano Vassalli	*La chimera*	Einaudi
1991	Paolo Volponi	*La strada per Roma*	Einaudi
1992	Vincenzo Consolo	*Nottetempo, casa per casa*	Mondadori
1993	Domenico Rea	*Ninfa plebea*	Leonardo
1994	Giorgio Montefoschi	*La casa del padre*	Bompiani
1995	Mariateresa Di Lascia	*Passaggio in ombra*	Feltrinelli
1996	Alessandro Barbero	*Bella vita e guerre altrui di Mr. Pyle, gentiluomo*	Mondadori
1997	Claudio Magris	*Microcosmi*	Garzanti
1998	Enzo Siciliano	*I bei momenti*	Mondadori
1999	Dacia Maraini	*Buio*	Rizzoli
2000	Ernesto Ferrero	*N.*	Einaudi
2001	Domenico Starnone	*Via Gemito*	Feltrinelli
2002	Margaret Mazzantini	*Non ti muovere*	Mondadori
2003	Melania Gaia Mazzucco	*Vita*	Rizzoli
2004	Ugo Riccarelli	*Il dolore perfetto*	Mondadori

(segue)

ANNO	AUTORE	OPERA	EDITORE
2005	Maurizio Maggiani	*Il viaggiatore notturno*	Feltrinelli
2006	Sandro Veronesi	*Caos Calmo*	Bompiani
2007	Niccolò Ammaniti	*Come Dio comanda*	Mondadori
2008	Paolo Giordano	*La solitudine dei numeri primi*	Mondadori
2009	Tiziano Scarpa	*Stabat Mater*	Einaudi
2010	Antonio Pennacchi	*Canale Mussolini*	Mondadori
2011	Edoardo Nesi	*Storia della mia gente*	Bompiani
2012	Alessandro Piperno	*Inseparabili. Il fuoco amico dei ricordi*	Mondadori
2013	Walter Siti	*Resistere non serve a niente*	Rizzoli
2014	Francesco Piccolo	*Il desiderio di essere come tutti*	Einaudi
2015	Nicola Lagioia	*La ferocia*	Einaudi
2016	Edoardo Albinati	*La scuola cattolica*	Rizzoli
2017	Paolo Cognetti	*Le otto montagne*	Einaudi
2018	Helena Janeczek	*La ragazza con la Leica*	Guanda
2019	Antonio Scurati	*M. il figlio del secolo*	Bompiani
2020	Sandro Veronesi	*Il colibrì*	La Nave di Teseo

PREMIO BANCARELLA

Il **Premio Bancarella** è un premio letterario nato nel 1953 a Mulazzo (Massa Carrara), poi trasferito nella vicina città di Pontremoli, assegnato ogni anno il penultimo sabato o domenica del mese di luglio.

ANNO	AUTORE	OPERA	EDITORE
1953	Ernest Hemingway	*Il vecchio e il mare*	Mondadori
1954	Giovanni Guareschi	*Don Camillo e il suo gregge*	Rizzoli
1955	Hervé Le Boterf	*Lo spretato*	Martello
1956	Han Suyin	*L'amore è una cosa meravigliosa*	Bompiani
1957	Werner Keller	*La Bibbia aveva ragione*	Garzanti
1958	Boris Leonidovič Pasternak	*Il dottor Živago*	Feltrinelli
1959	Heinrich Gerlach	*L'armata tradita*	Garzanti
1960	Bonaventura Tecchi	*Gli egoisti*	Bompiani
1961	André Schwarz Bart	*L'ultimo dei giusti*	Feltrinelli
1962	Cornelius Ryan	*Il giorno più lungo*	Garzanti
1963	Paolo Caccia Dominioni	*El Alamein*	Longanesi
1964	Giulio Bedeschi	*Centomila gavette di ghiaccio*	Mursia
1965	Luigi Preti	*Giovinezza, giovinezza*	Mondadori
1966	Vincenzo Pappalettera	*Tu passerai per il camino*	Mursia

(segue)

ANNO	AUTORE	OPERA	EDITORE
1967	Indro Montanelli, Roberto Gervaso	*L'Italia dei comuni*	Rizzoli
1968	Isaac Bashevis Singer	*La famiglia Moskat*	Longanesi
1969	Peter Colosimo	*Non è terrestre*	Sugar
1970	Oriana Fallaci	*Niente e così sia*	Rizzoli
1971	Enzo Biagi	*Testimone del tempo*	S.E.I.
1972	Alberto Bevilacqua	*Il viaggio misterioso*	Rizzoli
1973	Roberto Gervaso	*Cagliostro*	Rizzoli
1974	Giuseppe Berto	*Oh! Serafina*	Rusconi
1975	Susanna Agnelli	*Vestivamo alla marinara*	Mondadori
1976	Carlo Cassola	*L'antagonista*	Rizzoli
1977	Giorgio Saviane	*Eutanasia di un amore*	Rizzoli
1978	Alex Haley	*Radici*	Rizzoli
1979	Massimo Grillandi	*La contessa di Castiglione*	Rusconi
1980	Maurice Denuzière	*Louisiana*	Rizzoli
1981	Sergio Zavoli	*Socialista di Dio*	Mondadori
1982	Gary Jennings	*L'azteco*	Rizzoli
1983	Renato Barneschi	*Vita e morte di Mafalda di Savoia a Buchenwald*	Rusconi
1984	Luciano De Crescenzo	*Storia della filosofia greca. I presocratici*	Mondadori
1985	Giulio Andreotti	*Visti da vicino III*	Rizzoli
1986	Pasquale Festa Campanile	*La strega innamorata*	Bompiani
1987	Enzo Biagi	*Il boss è solo*	Mondadori
1988	Cesare Marchi	*Grandi peccatori. Grandi cattedrali*	Rizzoli
1989	Umberto Eco	*Il pendolo di Foucault*	Bompiani
1990	Vittorio Sgarbi	*Davanti all'immagine*	Rizzoli
1991	Antonio Spinosa	*Vittorio Emanuele III. L'astuzia di un re*	Mondadori
1992	Alberto Bevilacqua	*I sensi incantati*	Mondadori
1993	Carmen Covito	*La bruttina stagionata*	Bompiani
1994	John Grisham	*Il cliente*	Mondadori
1995	Jostein Gaarder	*Il mondo di Sofia*	Longanesi
1996	Stefano Zecchi	*Sensualità*	Mondadori
1997	Giampaolo Pansa	*I nostri giorni proibiti*	Sperling & Kupfer
1998	Paco Ignacio Taibo II	*Senza perdere la tenerezza*	Il Saggiatore
1999	Ken Follett	*Il martello dell'Eden*	Mondadori
2000	Michael Connelly	*Il ragno*	Piemme
2001	Andrea Camilleri	*La gita a Tindari*	Sellerio editore

(segue)

ANNO	AUTORE	OPERA	EDITORE
2002	Federico Audisio di Somma	*L'uomo che curava con i fiori*	Piemme
2003	Alessandra Appiano	*Amiche di salvataggio*	Sperling & Kupfer
2004	Bruno Vespa	*Il cavaliere e il professore*	RAI Eri, Mondadori
2005	Gianrico Carofiglio	*Il passato è una terra straniera*	Rizzoli
2006	Andrea Vitali	*La figlia del podestà*	Garzanti
2007	Frank Schätzing	*Il diavolo nella cattedrale*	Nord
2008	Valerio Massimo Manfredi	*L'armata perduta*	Mondadori
2009	Donato Carrisi	*Il suggeritore*	Longanesi
2010	Elizabeth Strout	*Olive Kitteridge*	Fazi
2011	Mauro Corona	*La fine del mondo storto*	Mondadori
2012	Marcello Simoni	*Il mercante di libri maledetti*	Newton Compton
2013	Anna Premoli	*Ti prego lasciati odiare*	Newton Compton
2014	Michela Marzano	*L'amore è tutto: è tutto ciò che so dell'amore*	UTET
2015	Sara Rattaro	*Niente è come te*	Garzanti
2016	Margherita Oggero	*La Ragazza di fronte*	Mondadori
2017	Matteo Strukul	*I Medici. Una dinastia al potere*	Newton Compton
2018	Dolores Redondo	*Tutto questo ti darò*	DeA Planet
2019	Alessia Gazzola	*Il ladro gentiluomo*	Longanesi
2020	Angela Marsons	*Le verità sepolte*	Newton Compton

EPICA E LETTERATURA LATINA

Lucrezio è l'autore latino del "*De rerum natura*".
Il grande amico di Achille era **Patroclo**.
"L'**Iliade**", epopea omerica, termina con la caduta di Troia.
Ermes è il nome greco di Mercurio.
Penelope passava le notti a disfare quello che aveva fatto durante il giorno.

AUTORI STRANIERI

Arthur Conan Doyle è l'autore del famosissimo Sherlock Holmes.
Charles John Huffam Dickens (1812-1870) è l'autore del romanzo "David Copperfield".
Dan Brown è l'autore, fra l'altro, di "Angeli e demoni".
Edgar Allan Poe è l'autore considerato il creatore del genere "poliziesco".
George Orwell è l'autore del romanzo "**1984**" in cui il regime totalitario s'incarna nella figura del "Grande Fratello".
Gogol ha scritto "Le anime morte".

Guerra e Pace è un romanzo storico di **Lev Tolstoj** pubblicato per la prima volta tra il 1865 e il 1869.
Hermann Melville è l'autore del romanzo "Moby Dick".
"I Buddenbrook" di **Thomas Mann** narra la storia di una famiglia di Lubecca; il romanzo "**La montagna incantata**" è ambientato nel sanatorio di Davos.
Il **commissario Maigret**, protagonista di romanzi di genere poliziesco rappresentati in numerose produzioni televisive, è stato creato dalla fantasia di **Georges Simenon** (1903-1989).
Il racconto "**La metamorfosi**" di **Franz Kafka** (Praga 1883 – Kierling 1924) si conclude con Gregor che si lascia morire nella sua stanza. Kafka è anche l'autore de "**Il processo**".
James Matthew Barrie ha scritto "Peter Pan".
Jules Verne ha scritto "Ventimila leghe sotto i mari", il cui protagonista è il Capitano Nemo, e "Il giro del mondo in 80 giorni".
Kant ha scritto la "Critica della ragion pura".
Kipling (Bombay 1865–Londra 1936) è l'autore de "Il libro della giungla".
Lewis Carroll ha scritto "Alice nel paese delle meraviglie".
"Madame Bovary" (Emma), scritto nel 1856, è il primo romanzo di Gustave Flaubert.
Oscar Wilde (Dublino 1854–Parigi 1900) è stato condannato a due anni di lavori forzati per omosessualità.
Peanuts/Charlie Brown e **Tex Willer** sono tra i fumetti più letti del mondo.
Robert Louis Stevenson ha scritto "L'isola del tesoro".
Stephen King ha scritto "La torre nera".
Walter Scott è l'autore del romanzo storico "Ivanhoe".

DEFINIZIONI VARIE

Il **vernacolo** è il dialetto.
L'**allitterazione** è la ripetizione enfatica della stessa lettera o sillaba in due o tre parole consecutive.
L'**emoteca** è il luogo dove si conserva il sangue.
Il **melodramma** è un genere teatrale, consistente in un dramma con accompagnamento musicale.
Chiasmo è la figura retorica che consiste nella disposizione in modo incrociato e speculare dei membri corrispondenti di una o più frasi.
Il **manicheismo** è una religione dualista.
La **sinestesia** è l'unione di due termini normalmente riferiti a sfere sensoriali diverse.
Le **agiografie**, componimenti letterari dell'alto Medioevo, riguardano le vite dei santi.
Omega è l'ultima lettera dell'alfabeto greco.
Per "**metrica barbara**" si intende una metrica che ripropone nella poesia italiana la versificazione della poesia classica.

FLASH DI ARTE

Il **presbiterio** è la parte della chiesa dove è posto l'altare maggiore.
L'**abside** è la parte posteriore della chiesa.
La **capriata** è la struttura triangolare in ferro o legno utilizzata per sostenere il tetto e spesso lasciata a vista.
L'**arco a sesto acuto** è tipico dell'architettura gotica.
Il **pinnacolo** è un elemento architettonico di forma piramidale usato soprattutto in età gotica.
A fianco della facciata delle chiese gotiche, venivano poste le **torri campanarie**.
Con il termine "**ciborio**" si indica un elemento architettonico a copertura di statue generalmente a forma di piccolo tempio.
Gli **animali** sono i soggetti predominano nelle celebri pitture rupestri delle **grotte di Altamira e Lascaux**.
L'**arte musiva** è l'arte del mosaico.
Uno dei grandi pittori del periodo gotico fu **Giotto**.
Il **Duomo di Milano** è un grande esempio di arte gotica.
Uno dei più diffusi **strumenti musicali del Medioevo** fu l'arpa.

Andrea Palladio è l'architetto della Repubblica di Venezia che progettò le più importanti ville venete, caratteristiche per il loro stile classico.
Pantomima è la forma di spettacolo le cui caratteristiche maggiori sono l'uso prevalente del linguaggio delle mani e del corpo.
A **Gian Lorenzo Bernini** è attribuito il termine dei lavori di realizzazione della **Basilica di San Pietro** con la sistemazione dell'omonima piazza.
La **Fontana del Tritone**, capolavoro scultoreo del Bernini, è situata in Roma a Piazza Barberini.
"**La Barcaccia**", famosa fontana posta al centro di Piazza di Spagna a Roma, è opera del Bernini.
La Gioconda, il più celebre dipinto di **Leonardo da Vinci**, è esposta permanentemente al Museo del Louvre di Parigi.
Leonardo da Vinci fu allievo del famoso artista fiorentino **Andrea del Verrocchio**.
Il "**Cenacolo**", considerato uno dei capolavori pittorici del Cinquecento, fu realizzato da Leonardo da Vinci.
Il "**Monumento equestre al Gattamelata**" è un'opera di Donatello
"**Ercole e Anteo**", scultura che enfatizza l'ideale artistico del dinamismo e dell'energia del corpo umano, fu realizzata da **Antonio Benci** detto il Pollaiolo.
Leonardo, Michelangelo e Raffaello costituiscono la "**Triade Sacra**" del Rinascimento.
Michelangelo Buonarroti, considerato uno dei più grandi artisti del Rinascimento italiano, nacque a Caprese nel 1475.
Il "**Mosè**", statua realizzata da Michelangelo, è visibile a Roma, nella Chiesa di San Pietro in Vincoli.
Il "**David**" di Michelangelo è visibile a Firenze, presso la Galleria dell'Accademia.
La **volta della Cappella Sistina** fu decorata nel Cinquecento da Michelangelo.
Da giovane apprendista Michelangelo lavoro nella bottega del **Ghirlandaio**.
Oltre ai primi regnanti di casa Savoia, all'interno del Pantheon è situata la **tomba di Raffaello**.
La **Pietà**, statua raffigurante il dolore della Madonna per la morte di Cristo che giace senza vita sul suo grembo, fu realizzata da Michelangelo.
La **Cupola di Santa Maria del Fiore**, in Firenze, fu realizzata dal famoso architetto che il Vasari definì "il padre del Rinascimento" Filippo Brunelleschi.
Nel celebre dipinto "**La Scuola d'Atene**" di **Raffaello**, le due figure centrali raffigurate rispettivamente con il volto di Leonardo e di Michelangelo, sono Platone e Aristotele.
Nel famoso dipinto **La Primavera** di **Botticelli**, la figura di maggior rilievo posta al centro della scena, è la dea Venere.
Caravaggio, famoso pittore del Seicento, iniziò la propria carriera artistica dipingendo "**nature morte**" eseguite col solo intento di esaltare i colori.
Il **Palazzo Ducale di Modena**, oggi sede prestigiosa dell'Accademia Militare, è un tipico esempio di stile Barocco.
Massimo esponente della **pittura fiamminga del Barocco** e autore di moltissimi ritratti fu **Pieter Paul Rubens**.
La corrente dei "**pittori vedutisti**", artisti veneziani così chiamati perché raffigurano fedelmente paesaggi della loro città, con canali, ponti e imbarcazioni, si sviluppò nel Rococò.
La **Cappella della Sacra Sindone**, mirabile opera architettonica del **Guarini**, dove è tuttora conservato il prezioso Telo, si trova nella città di **Torino**.
Carlo III di Borbone affidò all'architetto **Luigi Vanvitelli** i lavori per la realizzazione della **Reggia di Caserta**.
Francesco **Hayez** è il maggior rappresentante del **Romanticismo storico italiano**, corrente che si ispira a episodi di storia patria, si riallaccia alla pittura veneta, ha intenti didascalici, si lega al nascente sentimento risorgimentale.
Donato Bramante fu il primo architetto incaricato di costruire la nuova Basilica di San Pietro a Roma.
Piazza del Popolo a Roma, riprogettata da Giuseppe **Valadier**, è ritenuta genialmente creativa per la funzione di collegamento e raccordo dei due emicicli.
Al centro di **Piazza del Popolo a Roma**, è visibile l'obelisco egizio fatto erigere da Papa Sisto V.
Significativo esempio architettonico del neoclassicismo italiano, è **Piazza del Plebiscito** a **Napoli**.
Il Teatro lirico di Venezia, inaugurato il 16 maggio 1792, è più noto come "**La Fenice**".
All'interno del parco della maestosa **Reggia di Caserta**, si susseguono una serie di suggestive fontane, la prima delle quali, di incredibili dimensioni, è denominata **Fontana dei Delfini**.
Francesco De Sanctis fu l'**architetto** romano che progettò la celebre "**Scalinata di Trinità dei Monti**".
"La Notte Stellata", "La Veduta di Arles", "Il Ritratto del Dottor Gachet" e "Autoritratto" sono opere di **Vincent Van Gogh**.
Tra i soggetti preferiti dai **pittori macchiaioli** (toscani), vi sono i poveri e la loro condizione sociale, la vita quotidiana e i paesaggi della campagna toscana.

La corrente artistica dell'**Impressionismo è** caratterizzata dalla valorizzazione del colore come luce mobile (luce e colore si usavano per rendere un giudizio immediato e soggettivo della realtà).
Claude Oscar Monet, famoso pittore francese, è stato tra i maggiori esponenti dell'**Impressionismo**.
"Donna tahitiana seduta", "Il cavallo bianco", "Lotta di Giacobbe con l'angelo" sono dipinti attribuibili a **Paul Cezanne**.
Il **Divisionismo** italiano sviluppò la teoria cromo-luminosa, senza pretese di scientificità; trattò temi quotidiani o sociali, allegorizzandoli e simbolizzandoli.
L'**Espressionismo** era rivolto alla totale dedizione dell'artista all'espressione dei sentimenti interiori. In pittura, l'elemento centrale era il colore intenso e la deformazione formale.
Per "**Fauvismo**" si intende una corrente artistica di matrice francese che agli inizi del Novecento riunì un gruppo di pittori.
Ideatore del movimento chiamato "**architettura organica**", il cui principio è quello di integrare gli edifici con l'ambiente circostante, fu **Frank Lloyd Wright**.
"**La città che sale**" è un dipinto a olio su tela realizzato da **Umberto Boccioni**.
Principale esponente della **pittura metafisica** fu **Giorgio De Chirico**.
Modigliani è il celebre pittore italiano noto per i suoi ritratti femminili caratterizzati da volti stilizzati e da colli affusolati.
Renato Guttuso fu l'artista del Novecento autore del quadro "I funerali di Togliatti".
Il celebre pittore **Picasso** fu considerato il creatore della corrente artistica denominata **Cubismo**.
Il celebre dipinto **Guernica**, terrificante e vivido affresco in bianco e nero raffigurante il bombardamento di una piccola città, è un'opera di **Picasso**.
Alfredo Germont è uno dei personaggi principali dell'opera verdiana "**La Traviata**".
Il "**Nabucco**", dramma lirico in quattro parti di Giuseppe **Verdi**, è ambientato a Babilonia.
"**Toccata e fuga in re minore**", celeberrimo brano per organo, fu composto da **Johann Sebastian Bach**.
Ludwig van **Beethoven** è il grande compositore tedesco, autore della "**Pastorale**".
Le "**Quattro Stagioni**", concerto per violini, archi e basso, è un capolavoro musicale di **Vivaldi**.
La **musica da camera** differisce dalla musica sinfonica per avere un numero di esecutori più limitato e per il carattere intimo e raccolto.
Madama Butterfly, tragedia giapponese in 3 atti, è una delle opere più significative di **Giacomo Puccini**.
Pop Art significa arte "popular", fatta per la comunicazione a un pubblico più vasto.
Di origine andalusa, **Andrés Segovia** è considerato il più grande interprete della chitarra classica di cui ha segnato indelebilmente la storia.
"**Light my fire**" è uno dei brani di maggior successo del celebre gruppo rock "The Doors".
George Harrison, uno dei componenti del celebre gruppo rock dei Beatles, fu soprannominato dai fan "The quieto one" (il tranquillo).
Dopo lo scioglimento dei Beatles, **Paul McCarteney** fondò insieme alla moglie Linda un nuovo gruppo rock nominato **Wings**.
Con l'ingresso del chitarrista Roger Barret, un famoso gruppo rock cambiò definitivamente il proprio nome in **Pink Floyd**.
"**Luci a San Siro**" è una delle più famose canzoni scritte ed interpretate da **Vecchioni**.
"**Libertango**" è una delle più celebri composizioni di **Astor Piazzolla**.
L'**ukulele**, in qualche occasione utilizzato anche dal grande Frank Sinatra, è uno strumento a corde.
Louis Armstrong è stato un trombettista e cantante jazz statunitense; detto "Satchmo", fu interprete tra gli altri di "Hello Dolly!" e "What a Wonderful World".

Sezione II
Storia

Capitolo 1
L'Ottocento: dal Congresso di Vienna al Colonialismo

Registrandosi sul nostro sito secondo le modalità indicate nelle prime pagine, è possibile consultare un capitolo di Storia: "Spunti di storia antica e moderna".

1.1 Dal Congresso di Vienna ai moti del 1848

1.1.1 Il Congresso di Vienna e la Santa Alleanza

Dopo la sconfitta e l'arresto di Napoleone Bonaparte, il 6 aprile 1814 salì al trono francese il re **Luigi XVIII** e, durante il **Congresso di Vienna** (ottobre 1814 e il giugno 1815), ovvero l'incontro tra i rappresentanti delle grandi potenze, Inghilterra, Russia, Prussia ed Austria (che costituivano la cosiddetta "Quadruplice Alleanza"), si cercò di dare un nuovo assetto geopolitico all'Europa sconvolta dalla Rivoluzione francese e dalle guerre napoleoniche, ripristinando i vecchi regnanti (**età della Restaurazione**) secondo il ***principio di legittimità ed equilibrio***. Terminò così, con il Trattato di Vienna del 1815, il primo colonialismo francese.

I partecipanti al Congresso decisero, innanzitutto, le sorti della Francia, che mantenne gli stessi territori del 1792 (tranne una parte della Savoia restituita al Piemonte) e i domini coloniali, in virtù del Trattato di Parigi del 30 maggio 1814. Nel corso della Restaurazione **Talleyrand** riuscì a salvaguardare l'integrità territoriale francese sostenendo che l'equilibrio in Europa poteva essere mantenuto solo garantendo siffatta integrità.

Ai suoi confini fu costituita una cintura di Stati indipendenti, detti **Stati cuscinetto** (cosiddetta "guardia armata della Restaurazione") per scongiurare qualsiasi tentativo da parte francese di nuova espansione; tale cintura comprendeva a nord il Regno dei Paesi Bassi- Belgio e Olanda; a sud-est il Regno di Sardegna e la Confederazione svizzera (comprendente 22 cantoni) dichiarata neutrale; ad est gli Stati tedeschi (Confederazione germanica) e la Prussia, che riuscì ad ottenere la Pomerania (Polonia) svedese e la Vestfalia (la restante parte della Polonia che apparteneva alla Russia). La Russia conservò la Finlandia ed ottenne la Bessarabia; l'Inghilterra rafforzò il suo dominio sui mari mantenendo le isole di Malta (Mediterraneo), di Trinidad, Tobago e Santa Lucia (Antille), e di Ceylon (Oceano Indiano), del Capo di Buona

Speranza e delle Isole Ionie. L'Austria, infine, si confermò come impero multinazionale sotto la dinastia degli Asburgo: fu ribadito il dominio sui territori dell'Ungheria, Boemia, Bucovina, Galizia e Croazia, nonché la piena egemonia in Italia. Quest'ultima non ottenne a Vienna alcun risultato positivo, in quanto reputata una semplice "espressione geografica" (così definita dal cancelliere austriaco Metternich), ma fu subordinata alle esigenze egemoniche della potenza asburgica.
L'Italia, infatti, risultò così divisa:

1) **Regno di Sardegna**, comprendente il Piemonte, la Savoia (attuale regione francese, così anche la ex capitale sabauda, Chambery), Nizza, la Sardegna e la Liguria (ex Rep. di Genova e i suoi territori): fu restituito a Vittorio Emanuele I di Savoia;
2) **Regno Lombardo-Veneto**, comprendente la Lombardia (Valtellina), il Veneto e il Friuli: fu governato direttamente dall'Austria;
3) **Ducato di Parma, Piacenza e Guastalla**: fu affidato a Maria Luisa d'Austria, seconda moglie di Napoleone;
4) **Ducato di Modena, Carpi e Reggio**: fu assegnato a Francesco IV d'Este;
5) **Ducato di Massa e Carrara**: fu assegnato a Maria Beatrice d'Austria-Este;
6) **Ducato di Lucca**: fu assegnato ai Borboni di Parma;
7) **Granducato di Toscana**: fu restituito a Ferdinando III di Lorena;
8) **Stato Pontificio**, comprendente il Lazio, l'Umbria, le Marche e la Romagna: fu restituito al Papa Pio VII (durante la Restaurazione lo Stato della Chiesa rimase fuori sia dalla Santa Alleanza sia dalla Quadruplice Alleanza);
9) **Regno delle Due Sicilie**, comprendente la Campania, l'Abruzzo, il Molise, le Puglie, la Basilicata, la Calabria e la Sicilia: fu restituito a Ferdinando IV di Borbone, il quale rinunciò al titolo di re di Napoli e di Sicilia (i due Regni furono uniti successivamente nel 1816) per assumere quello di Ferdinando I re delle Due Sicilie. Il Regno di Napoli fu governato fino al 1815 da **Gioacchino Murat** che con il "***Proclama di Rimini***" del 1815 aveva incitato gli italiani alla creazione di uno Stato unitario.

Non fu possibile restaurare l'Europa com'era prima del 1791 perché la Rivoluzione francese e Napoleone avevano provocato definitivi cambiamenti, in campo politico-sociale e in materia di organizzazione territoriale. Le quattro potenze fautrici del Congresso di Vienna, quindi, trassero grandi vantaggi territoriali.
La **Santa Alleanza (26 settembre 1815)** fu una dichiarazione politica che regolò la vita dei principali Stati europei dal 1815 al 1830, nata su iniziativa dello zar Alessandro I, in base alla quale *Austria*, *Russia* e *Prussia* si impegnarono a prestarsi reciproco soccorso, con un intervento armato ogni volta che un principe legittimo fosse stato messo in pericolo. La potenza della Quadruplice Alleanza che non vi aderì fu l'*Inghilterra*, considerata sin dal 1815 la prima potenza coloniale.

1.1.2 I moti del '20-'21

I moti rivoluzionari sorsero per iniziativa dei componenti di alcune sette segrete, come la Carboneria in Italia, i Comuneros in Spagna, l'Eterìa in Grecia, l'Adelfi in Francia che si erano formate nei vari Stati dopo la Restaurazione contro le imposizioni del Congresso di Vienna.
In gran parte dell'Europa i moti del '20 e '30 scoppiarono perché i territori interessati versavano in difficili condizioni economiche e desideravano l'autonomia nazionale.
Alla **Carboneria** (nata originariamente in Francia) possiamo far risalire la prima fase rivoluzionaria 1820-1821 contro il dispotismo dei sovrani ritornati sui loro troni, parzialmente i moti

del 1830-1831 e quanti altri ebbero luogo, anche con la spinta mazziniana, sino al 1848. Essa era caratterizzata dall'avversione all'assolutismo e ciò l'accomunava ad altre società segrete. In Italia, la Carboneria riuniva gruppi dalle dimensioni molto ridotte e aveva come scopi la liberazione dal dominio austriaco a nord e una Costituzione al Sud. Una delle principali cause del fallimento dei moti carbonari fu la scarsa partecipazione delle classi popolari.

Il **primo moto** si verificò **in Spagna**, dopo che il re Ferdinando VII aveva restaurato il vecchio regime e abolito la Costituzione di Cadice del 1812. Insorsero anche le colonie spagnole in America meridionale e la Spagna cercò di frenare i rivoltosi attraverso l'imposizione di tasse anche al clero e all'aristocrazia. A Cadice scoppiò la rivoluzione il primo gennaio 1820 capeggiata dall'ufficiale ***Raffaele Riego***, con lo scopo di far ripristinare la Costituzione (il "**pronunciamiento**" di Cadice del 1820 fu la ribellione di alcuni militari spagnoli contro l'ordine di recarsi nelle Americhe a stroncarne i governi indipendentisti). Il re accettò, ma successivamente tradì gli impegni e attivò una guerriglia monarchica all'interno del Paese. Nel 1822, al **Congresso di Verona**, la Francia ebbe il compito di stroncare la rivoluzione, vinse a **Trocadero**; Riego fu impiccato e Ferdinando VII lasciò la corona alla figlia Isabella.

Il **primo moto nell'Italia meridionale** scoppiò a **Nola (Napoli) nel 1820**, sotto la guida del prete Luigi Menichini che, con il tenente Michele Morelli e il sottotenente Giuseppe Silvati, capeggiò la rivolta di un centinaio di soldati. Aderirono, inoltre, molti ufficiali tra cui il generale **Guglielmo Pepe**, che il 6 luglio 1820 assunse il comando.

Nell'ottobre, dopo i movimenti rivoltosi di Napoli, il congresso delle potenze europee si riunì a **Troppau**. Il re Ferdinando I fu costretto a emanare un editto che prometteva la creazione di un Parlamento liberale e la Costituzione, che venne poi concessa dal figlio Francesco, nominato vicario del re (ripristinò la Costituzione siciliana del 1812).

I **moti in Sicilia**: nel luglio 1820, fu inviato un esercito dapprima al comando del generale **Florestano Pepe** poi del generale **Pietro Colletta** con il compito di stroncare con la forza la rivolta; successivamente intervennero gli austriaci, invitati dal re Ferdinando I sulla base delle decisioni prese durante il **Congresso di Lubiana**, i quali il 7 e l'8 marzo 1821 sconfissero le truppe di Guglielmo Pepe a ***Rieti*** e ad ***Antrodoco***.

In **Lombardia** gli austriaci scoprirono una "vendita" carbonara, per cui arrestarono e condannarono al carcere, tra i tanti, *Silvio Pellico* e *Pietro Maroncelli*, che trascorsero dieci anni nella prigione di **Spielberg** (in Boemia, qui furono rinchiusi molti Carbonari e Federati lombardi dopo i moti del 1821). Pellico scrisse "Le mie prigioni", che pubblicò nel 1832, con cui diede un notevole contributo alla diffusione dei sentimenti antiaustriaci in Italia. L'Austria represse i moti del '20-'21 in nome della Santa Alleanza.

In **Piemonte**, i liberali come il conte *Santorre di Santarosa* e *Prospero Balbo*, avevano continuato la loro azione, tanto che il 10 marzo 1821 insorsero le guarnigioni di Alessandria, Pinerolo e Vercelli, al fine di ottenere la tanto auspicata "Costituzione". Il re di Sardegna Vittorio Emanuele I (il ***Tenacissimo***) abdicò in favore di Carlo Felice, ma la reggenza passò a Carlo Alberto perché Carlo Felice si trovava presso la Corte di Modena.

In **America Latina**, nel 1820-1821 la lotta all'indipendenza dalla Spagna (***Simon Bolivar*** fu il più grande tra i capi della lotta per l'indipendenza del Sud America dalla Spagna) portò alla creazione di nuovi Stati: Venezuela, Cile, Bolivia, Brasile (fino ad allora colonia portoghese e raggiunse l'indipendenza pacificamente nel 1822), Perù e Argentina.

1.1.3 Gli anni '20

Il **5 maggio 1821,** così come immortalato nella celeberrima poesia di Alessandro Manzoni, moriva, dopo un lungo esilio nell'isola di Sant'Elena nell'Atlantico, ***Napoleone Bonaparte***.

In **Grecia**, nel 1822 i Turchi presero rapidamente il controllo dell'Epiro e tentarono di stabilire il loro dominio con il terrore. Nel 1827, a seguito di un fallito tentativo di mediazione con i turchi, si aprirono le ostilità: la flotta turco-egiziana fu annientata nella rada di Navarino da quella anglo-franco-russa e, nel 1828, fu occupata la Morea. La fine della guerra e l'autonomia della Grecia furono sancite, sotto il protettorato di Francia, Gran Bretagna e Russia, con il **Trattato di Adrianopoli** del 1829, poi trasformata in indipendenza con il **Protocollo di Londra** nel 1830.
In **America**, nel 1823 il Presidente americano ***James Monroe*** espose una dottrina sintetizzabile nel motto: "L'America agli Americani". Essa affermava che gli Europei non sarebbero dovuti intervenire nel Nuovo Mondo, così come gli Americani non intervenivano in Europa.
Tra il 1823 e il 1833 la **Spagna liberale** subì una durissima repressione, ad opera del re Ferdinando VII di Borbone, tanto che il periodo prese il nome di ***Decennio Nefasto*** spagnolo durante il quale furono nuovamente chiusi i periodici e le Università. Prima di questo periodo, il sovrano spagnolo, di fronte alle rivolte sostenute dai liberali e dai democratici, aveva dovuto convocare il Parlamento, abolire l'Inquisizione e formare un governo di orientamento liberale e democratico.
In **Inghilterra**, nel 1824, il governo, dopo molteplici manifestazioni e lotte popolari culminate in più di un'occasione in veri e propri massacri, decise di ammettere la legalità delle ***Trade Unions***, che, nate nella seconda metà del sec. 18° in sostituzione delle unioni corporative e divenute col tempo società di mutuo soccorso che riunivano lavoratori manuali di diversi settori, erano state proibite dalla fine del Settecento. Nel 1833, nel Paese, furono varate due leggi fondamentali: una per l'abolizione della schiavitù e l'altra per la tutela dei fanciulli in fabbrica.
In **Russia**, nel 1825, scoppiò il moto rivoluzionario ***decabrista***. Alcuni ufficiali dell'esercito imperiale appartenenti a società segrete guidarono, nella piazza del Senato di San Pietroburgo, circa 3000 soldati in un tentativo di rivoluzione per attuare una economia liberale e disfarsi dell'assolutismo dell'Impero, dello stato di polizia e della censura. Tra il 1830 e il 1848 in Russia si mantenne una linea di governo rigidamente conservatrice.

1.1.4 Gli anni '30

In **Francia** nel 1830, con la ***Rivoluzione di Luglio***, o seconda rivoluzione francese, scoppiata a Parigi dopo l'emanazione delle *Ordinanze di Saint-Cloud* che limitavano le libertà fondamentali, fu rovesciato Carlo X, ultimo sovrano della dinastia dei Borbone e sostenitore di una linea politica dichiaratamente reazionaria. Carlo X fu sostituito da **Luigi Filippo**, che promise di mantenere fede alla Costituzione, ma durante il suo Regno, nel tentativo di impedire il diffondersi del dissenso politico e delle proteste, proibì i comizi propagandistici chiamati ***banchetti politici***, organizzati nel 1847 come protesta contro il governo **Guizot** che non voleva cambiare la legge elettorale.
La colonizzazione francese dell'Africa iniziò nel 1830 con la conquista di Algeri (iniziò così il ***secondo colonialismo***). A supporto della ***guerra in Algeria*** fu fondata, nel marzo 1831, dal Re Luigi Filippo la famosa *Legione Straniera*; tuttavia l'Algeria divenne colonia solamente nel 1847 con la sconfitta dell'emiro **Abd el-Kader**.
Il **Belgio** divenne indipendente nell'agosto del 1830, con l'insurrezione di Bruxelles; unica rivolta fra le rivoluzioni del 1830-1831 ad avere avuto esito positivo.
In **Italia**, nel 1830, scoppiò un'insurrezione nel Ducato di Modena che fu repressa dagli austriaci, i quali condannarono a morte ***Ciro Menotti***, capo dei rivoltosi. Menotti era stato il responsabile della commissione incaricata da Francesco IV d'Asburgo-Este di redigere la carta costituzionale del ducato di Modena.
Giuseppe Mazzini (Genova 1805 – Pisa 1872) dal suo esilio in Francia, fondò nel 1831 la ***Giovine Italia*** (associazione politica di educazione popolare finalizzata al rinnovamento po-

litico e morale degli Italiani), i cui obiettivi fondamentali erano l'Unità e la Repubblica. Attorno a questi obiettivi si sviluppò il pensiero politico mazziniano (il motto "Pensiero e azione" condensa uno dei suoi principi) che promosse l'azione politica durante il corso del **Risorgimento** (processo spirituale e politico, trasformazioni economiche e sociali, atteggiamenti letterari e culturali, eventi diplomatici e militari che dal Congresso di Vienna al 1870 portarono all'Unità d'Italia). Nel 1834 Mazzini, dall'esilio in Svizzera, fondò la ***Giovane Europa***. Dall'estero egli condusse buona parte della sua attività rivoluzionaria; in Francia subì notevoli influenze culturali, tra le quali l'orientamento giacobino, che lo portò a concezioni repubblicano-unitarie, e l'utopia socialista.
La "***tempesta del dubbio***" fu vissuta da Mazzini quando fu costretto a scegliere tra continuare la lotta o fuggire in esilio. Egli fu soprannominato l'apostolo, Garibaldi l'eroe e Cavour il tessitore. Nel luglio 1850, su sua iniziativa fu fondato anche il ***Comitato Centrale Democratico Europeo*** e nel 1853 il **Partito d'Azione**. L'insurrezione di Milano, organizzata dallo stesso, il 6 febbraio 1853, fu un completo fallimento. Dopo il fallimento dei moti di Genova e di Livorno del 1857, rientrò in Inghilterra.

1.1.5 I moti rivoluzionari dopo il 1830

Dopo il 1830 i **moti insurrezionali di ispirazione mazziniana** furono:
- la rivolta del settembre 1831 a Palermo;
- in Toscana, il tentativo del gruppo di patrioti capitanato da Francesco Domenico Guerrazzi disperso nel 1832;
- il tentativo dei patrioti abruzzesi, che nel 1833 cercarono di attivare un collegamento tra la Giovine Italia e il movimento democratico meridionale;
- i moti insurrezionali nel Regno di Sardegna, in Savoia, nel 1833, e a Genova nel 1834, facilmente repressi.

Nel Lombardo-Veneto l'organizzazione della Giovine Italia subì un duro colpo in seguito agli arresti e ai processi di appartenenti, che si conclusero nel 1835 con 20 condanne a morte, mutate poi in pene detentive.
Giuseppe Garibaldi (Nizza 1807 – Caprera 1882) nel 1833 entrò a far parte della società segreta *Giovine Italia*; fu il principale organizzatore e il capo militare della difesa della Repubblica Romana contro i francesi. Dopo il fallimento dei moti di Genova del 1834, fu condannato a morte come cospiratore mazziniano, quindi si rifugiò in America Latina dove combatté a fianco di diversi popoli per l'indipendenza; venne, infatti, definito l'"*Eroe dei due mondi*" perché combatté in Sud America ed in Europa. Nel 1842 in Uruguay sposò Ana Maria Ribeiro da Silva, detta **Anita**, unita a lui dal 1839 e che morì nel 1849 nelle paludi tra Ravenna e Comacchio; la seconda moglie fu **Francesca Armosino**.
Nel 1844 i fratelli ***Attilio*** ed ***Emilio Bandiera*** accorsero in aiuto di alcuni patrioti a Cosenza, sbarcando alla foce del fiume Neto, vicino Crotone, per tentare un'insurrezione contro il governo borbonico, ma furono fatti prigionieri e fucilati in Calabria, nel vallone di Rovito.

1.1.6 Il pensiero politico e le riforme

Vincenzo Gioberti (Torino 1801- Parigi 1852) autore de "*Il primato morale e civile degli Italiani*", auspicava la realizzazione di una federazione di vari principi italiani sotto la presidenza del Pontefice; l'assertore del neoguelfismo mirava cioè a conciliare religione e patria, cattolicesimo e liberalismo. Il suo breve Governo rimase in carica dal 16 dicembre 1848 fino al 21 febbraio 1849.

Cesare Balbo (Torino 1789 - 1853) auspicava una federazione in cui il papato avesse funzioni moderatrici e il Piemonte (Casa Savoia) un compito preminente. Fu il primo Presidente del Consiglio nominato da Carlo Alberto dopo l'emanazione dello Statuto Albertino.
Massimo D'Azeglio (Torino, 24 ottobre 1798 – 15 gennaio 1866) proponeva di attuare un nuovo metodo di lotte per la redenzione nazionale che non doveva più essere basato sulle "società segrete", ma doveva tendere alla lotta a viso aperto con l'appoggio dell'opinione pubblica e con l'aiuto politico e militare di Carlo Alberto.
Vincenzo Gioberti, Cesare Balbo e Massimo d'Azeglio erano i massimi esponenti del pensiero *neoguelfo*, che vedeva nella Chiesa e nei Savoia i mezzi di unificazione spirituale e nazionale italiana.
Carlo Cattaneo (Milano 1801 – Lugano 1869) viene ricordato per le sue idee federaliste impostate su un forte pensiero liberale e laico. All'alba dell'Unificazione italiana, Cattaneo con ***Giuseppe Ferrari*** fu fautore di un sistema politico basato su una confederazione di Stati italiani sullo stile della Svizzera.
Pio IX (Giovanni Maria Mastai Ferretti) divenne Papa il 16 giugno 1846 alla morte di Gregorio XVI; il 16 luglio 1846 emanò l'**editto del perdono**, con il quale accordava ai condannati politici un'amnistia generale e agli esiliati la possibilità di far ritorno in Patria; inoltre, concesse: una limitata libertà di stampa, una consulta di Stato composta da autorevoli cittadini con il compito di suggerire utili riforme; costituì la guardia civica, polizia di volontari, che assunse il compito di mantenere l'ordine, sostituendosi all'odiata polizia di mestiere.
Conquistò la fama di "*Papa liberale*" per la sua manifesta antipatia nei confronti dell'Austria e per la promozione di alcune riforme che entusiasmarono il popolo. Nel 1847 compì un importante atto per la Chiesa milanese nominando un arcivescovo italiano.
Pubblicò nel 1864 l'enciclica "**Quanta cura**" con cui condannò i principi del liberalismo e il "**Sillabo**", una raccolta di ottanta proposizioni papali in cui descriveva gli errori del mondo moderno; l'11 aprile del 1869 partì il giubileo sacerdotale e il 7 dicembre il Papa aprì il **Concilio Vaticano I** durante il quale fu approvato il dogma dell'infallibilità pontificia nelle definizioni *ex cathedra* riguardanti la fede e la morale, a pochi mesi dalla Breccia di Porta Pia del 20 settembre del 1870 quando Roma fu presa e Pio IX si rifugiò in Vaticano. Nel 1874 lanciò il cosiddetto "**non expedit**", rivolto ai cittadini italiani cattolici con il quale li invitò a disertare le elezioni politiche del Regno d'Italia, onde delegittimare il neonato Stato italiano.
La **prima linea ferroviaria** italiana fu costruita nel 1839 per volontà di Ferdinando II e copriva la tratta Napoli-Portici. La prima ferrovia a vapore con servizio regolare fu inaugurata nel 1825, in Inghilterra.
Il periodo tra il 1846 e il 1848 in Italia venne definito "**biennio delle riforme**".
In **Inghilterra**, il ***Luddismo*** fu un movimento di protesta operaia, sviluppatosi all'inizio del XIX secolo, caratterizzato dal sabotaggio della produzione industriale. Il ***Cartismo*** fu un movimento politico-sociale, britannico, prevalentemente di uomini della *working-class*, il cui nome derivava dalla "Carta del Popolo" presentata nel 1838 alla Camera dei Comuni con una petizione firmata da oltre un milione di persone. La petizione fu nuovamente presentata nel 1842 con oltre tre milioni di firme e il mancato accoglimento diede luogo a diverse dimostrazioni, che sfociarono anche in gravi casi di sangue.
A partire dal 1846, la carestia, a sua volta causata dalla malattia delle patate, costrinse molti **irlandesi** ad emigrare in America.
Nel 1847, Regno di Sardegna, Toscana e Stato della Chiesa siglarono un accordo preliminare per una ***lega doganale italiana***. Nello stesso anno **Goffredo Mameli** compose "Fratelli d'Italia".

Nell'estate 1847 avvenne l'occupazione austriaca di Ferrara e **Metternich** (Cancelliere di Stato dell'Impero austriaco) si giustificò alle autorità pontificie richiamandosi a una clausola dei trattati di Vienna, che dava all'Austria facoltà di mantenere presidi militari nelle Legazioni Pontificie.
Fra il 1847 e il 1848 fu scritto il "**Manifesto del Partito Comunista**" da **Karl Marx e Friedrich Engels**. Il libro I de **Il Capitale**, testo-chiave del marxismo, fu scritto, da Karl Marx nel 1867.

1.2 Dalla I Guerra di Indipendenza (1848) alla proclamazione del Regno d'Italia (1861)

1.2.1 Il '48 in Europa

Le **Insurrezioni** nell'Europa nel '48, di cui furono protagonisti classi popolari, contadini, studenti, intellettuali, professionisti e commercianti che rivendicavano la costruzione di nazioni indipendenti e l'ottenimento di una Costituzione, furono definite "**Primavera dei popoli**"; la rivoluzione del 1848 in **Francia** terminò con 3 mila morti e 4 mila deportati a seguito dell'intervento con pieni poteri del Ministro della guerra ***Louis Cavaignac***. Durante lo svolgimento dell'insurrezione, Luigi Filippo di Orleans abdicò e si rifugiò in Inghilterra sotto falso nome. In seguito alla rivoluzione nacque la **Seconda Repubblica** (la Prima Repubblica era del 1792), venne approvata una Costituzione che prevedeva il suffragio universale, un'assemblea legislativa di 750 membri e un Presidente della Repubblica eletto ogni quattro anni e capo anche del governo. Nel dicembre 1848 **Carlo Luigi Napoleone Bonaparte**, figlio del re d'Olanda Luigi Bonaparte, vinse le elezioni. Il 2 dicembre 1851, non potendo essere rieletto a Presidente della Repubblica francese, attuò un colpo di Stato. Occupò con l'esercito la sede dell'Assemblea nazionale, si fece eleggere Presidente della Repubblica con un plebiscito per 10 anni e, un anno dopo, si fece proclamare imperatore con il nome di **Napoleone III**. Nasceva così il **Secondo Impero**, la cui durata si protrasse fino al 1870. Il 14 gennaio 1858 a Parigi ci fu un attentato nei suoi confronti ad opera dell'anarchico ***Felice Orsini*** che provocò 12 morti e 156 feriti.
In **Austria**, il primo importante episodio insurrezionale ebbe luogo a **Vienna**, il 13 marzo 1848, a causa della repressione di una grande manifestazione di studenti e lavoratori duramente repressa dall'esercito. Questo episodio fece precipitare la situazione nelle più irrequiete province dell'Impero asburgico e nella vicina Confederazione germanica. Nella primavera del '48 il grande impero plurinazionale sembrava sull'orlo del collasso. In maggio l'imperatore dovette abbandonare la capitale e promettere la convocazione di un ***Parlamento dell'Impero*** (***Reichstag***) eletto a suffragio universale. In **Ungheria** le promesse del governo imperiale di concedere ai magiari una propria Costituzione e un proprio Parlamento non bastarono a fermare l'agitazione autonomistica. I patrioti ungheresi guidati da ***Kossuth*** approfittarono della crisi in cui versava il potere centrale per creare un governo nazionale e per agire in totale autonomia da Vienna. Fu eletto un nuovo Parlamento a suffragio universale e organizzato un esercito nazionale, primo passo verso la piena indipendenza. Anche a **Praga**, in aprile, venne formato un governo provvisorio e proprio in questa città, ai primi di giugno, si riunì un congresso cui parteciparono delegati di tutti i territori slavi soggetti alla corona asburgica. Ma il 12 giugno, pochi giorni dopo l'apertura del congresso, la capitale boema fu assediata e bombardata. Il congresso slavo fu disperso e il governo ceco sciolto d'autorità. La sottomissione di Praga segnò l'inizio della riscossa per il traballante potere imperiale. Mentre il Reichstag,

riunitosi per la prima volta in luglio, era paralizzato dai contrasti fra le diverse nazionalità, il governo centrale riprendeva gradualmente il controllo della situazione. In agosto, sotto la protezione dell'esercito, infatti, l'imperatore rientrava a Vienna. Poche settimane dopo, l'imperatore **Ferdinando I** abdicava in favore del nipote, il diciottenne **Francesco Giuseppe** che nel marzo 1849 sciolse d'autorità il Reichstag e promulgò una Costituzione "moderata", che prevedeva un Parlamento eletto a suffragio ristretto e dotato di poteri molto limitati e ribadiva al tempo stesso la struttura centralistica dell'Impero. Nel 1848, per sedare la rivolta ungherese, a sostegno dell'Austria intervenne la Russia che inviò un esercito.
Alla notizia della rivoluzione parigina l'agitazione dilagò anche a Berlino, la capitale della Prussia, il re Guglielmo IV si vide costretto ad affidare il governo ad un liberale e a promettere l'elezione di un Parlamento a suffragio universale e una nuova Costituzione. La dieta venne esautorata e al suo posto venne eletta un'Assemblea Nazionale costituente che si riunì a **Francoforte** nel 1848 per elaborare la Costituzione del futuro Stato tedesco unitario, ma essa rimase paralizzata a lungo dalla discussione fra i sostenitori di due ipotesi diverse di unificazione: quella della ***Grande Germania*** con capitale Vienna e quella della ***Piccola Germania*** che escludeva l'Austria e prevedeva piccoli Principati di lingua tedesca sotto il Regno di Prussia, guidato dagli ***Hohenzollern***.

1.2.2 Il '48 in Italia

In **Toscana**, alla fine del gennaio 1848, ***Leopoldo II*** nominò una Commissione di cinque membri con l'incarico di redigere una Costituzione.
La prima città italiana a insorgere nel gennaio 1848 fu **Palermo** (cd. **Rivoluzione siciliana)** istaurando il Regno di Sicilia che sopravvisse fino a Maggio. Nel **Lombardo-Veneto**, tra il 18 e il 22 marzo, a Milano, era avvenuta la più grande insurrezione popolare del nostro Risorgimento il cui "Consiglio di guerra" era capeggiato da ***Carlo Cattaneo***" (cosiddette **5 giornate di Milano** che costrinsero Radetzky a rifugiarsi nella fortezza del Quadrilatero formata da Mantova, Legnago, Verona e Peschiera), dopo che a **Venezia** (ultima città in Europa a cedere alla repressione austriaca) era stata instaurata la Repubblica con a capo **Daniele Manin** che unitamente a Niccolò Tommaseo ne capeggiò la rivolta nel 1848.
Dopo le repressioni dei moti del 1848, l'unico Stato che mantenne le riforme innovatrici concesse fu il Regno di Sardegna ed infatti, superate le rivolte del 1848-'49, mantenne una carta costituzionale. Nel 1848 la proposta politica offerta da Mazzini riguardava la convocazione di una costituente. Il 4 marzo 1848, ad opera di Carlo Alberto di Savoia, venne promulgato a Torino lo **Statuto Albertino**: Costituzione (ottriata) che rimase in vigore per un secolo e che divenne, al momento dell'unificazione italiana, la legge fondamentale del nuovo Regno. La legge salica presente nell'art. 1 dello Statuto escludeva le donne dalla successione al trono; prevedeva che il Parlamento fosse composto dalla Camera dei Deputati, eletta su base censitaria e maschile, e dal Senato di nomina regia. Con la legge del 17 marzo 1848 fu introdotto, per l'elezione della Camera dei Deputati, il sistema uninominale a doppio turno.

1.2.3 La Prima guerra d'Indipendenza

Carlo Alberto, incoronato re nel 1831, il 23 marzo 1848 dichiarò guerra all'Austria che aveva a capo dell'esercito il generale Radetzky.
Le truppe piemontesi, unitamente ad alcuni volontari dello Stato Pontificio, della Toscana e del Regno delle Due Sicilie, riportarono inizialmente significative **vittorie** a *Goito*, *Valeggio*, *Monzambano* e *Pastrengo*, ma furono **sconfitte** a *Santa Lucia*. Grazie all'apporto dei valorosi volontari toscani (in gran parte studenti) che si distinsero opponendo una ferma resistenza

all'offensiva austriaca a *Curtatone* e *Montanara*, Carlo Alberto poté riorganizzare l'esercito e sconfiggere nuovamente gli austriaci a *Goito* (Mantova) il 30 maggio 1848. Nello stesso giorno venne occupata la fortezza di *Peschiera*.
Tuttavia, il ritiro delle truppe da parte di Pio IX, del Granduca di Toscana e del re delle Due Sicilie e la stanchezza dell'esercito piemontese portarono alla sconfitta di *Custoza* (Verona), e al conseguente **Armistizio di Salasco** (9 agosto 1848) che lasciò in mano austriaca il Lombardo-Veneto.
Questa decisione creò tanto malcontento nel Paese: nel Regno delle Due Sicilie, Ferdinando I fece bombardare Messina, sottoponendo successivamente la città a un tremendo saccheggio e in seguito a questo evento fu soprannominato "*Re bomba*".
A **Bologna**, l'8 agosto, scoppiò un'insurrezione nel corso della quale gli abitanti avevano respinto gli austriaci che volevano occupare la città.
A **Brescia** i patrioti combatterono valorosamente per 10 giorni per impedire il ritorno degli austriaci e per l'eroica resistenza, alla città venne attribuito dal Carducci l'appellativo di **Leonessa d'Italia**.
Marco Minghetti, futuro politico della Destra storica, si dimise nel 1848 da membro della Consulta di Stato di Pio IX per partecipare alla Guerra di Indipendenza nell'esercito piemontese.
I disordini a Roma indussero il Papa a rifugiarsi a Gaeta. Nella rivoluzione romana contro lo Stato Pontificio, si distinse ***Giuditta Ottaviani Acquati***, una donna che guidò gli insorti nel quartiere di Trastevere. La Suprema Giunta dello Stato Pontificio nel dicembre 1848 assunse la decisione di convocare un'Assemblea Costituente. I democratici approfittarono di tale situazione per dichiarare decaduto il potere temporale dei Papi e instaurare la **Repubblica Romana** il 9 febbraio 1849, affidandone il governo a *Giuseppe Mazzini*, *Carlo Armellini* e *Aurelio Saffi* (***triunvirato***).
Leopoldo II d'Asburgo-Lorena, granduca di Toscana nel febbraio 1849, di fronte alle incalzanti spinte indipendentiste, fuggì da Firenze raggiungendo Pio IX a Gaeta.
Il **Piemonte** si trovò completamente isolato e Carlo Alberto decise di riprendere le armi contro gli austriaci: il **12 marzo 1849**, affidando il comando supremo dell'esercito al profugo polacco generale Chrzanowsky che non poté impedire che gli austriaci, penetrati nello schieramento piemontese soprattutto per demerito del generale Ramorino, che venne poi fucilato, infliggessero ai piemontesi una **sconfitta** irreparabile a *Novara* (23 marzo 1849). Carlo Alberto abdicò in favore di **Vittorio Emanuele II** e si recò in volontario esilio ad Oporto, in Portogallo, dove morì alcuni mesi dopo. Il nuovo re riuscì a concludere con gli austriaci l'onorevole **Armistizio di Vignale**, che lasciava inalterati i confini del Regno di Sardegna.
Successivamente il Papa si servì dell'intervento di austriaci, spagnoli e francesi per sconfiggere, dopo una disperata difesa sul Gianicolo, i valorosi della Repubblica Romana comandati da Giuseppe Garibaldi. In seguito alla resa della Repubblica romana, Garibaldi, insieme a 4000 uomini, lasciò Roma per portare aiuto alla difesa di Venezia.
Da questo momento i soldati francesi rimasero a difesa dello Stato Pontificio fino al 1870.
Il re Vittorio Emanuele II sciolse la Camera, emanò il **Proclama di Moncalieri** nel novembre 1849 e affidò la Presidenza del Consiglio dei Ministri a **Massimo D'Azeglio**, noto liberale moderato e convinto assertore del regime costituzionale.
Tra gli Stati preunitari, nel 1848, solo il Ducato di Modena non divenne costituzionale.
Massimo D'Azeglio fu il primo a guidare il governo nel maggio 1849 e concluse la **Pace di Milano** con l'Austria; si pose sulla via delle riforme, cercando di risolvere alcuni gravi problemi di politica interna, soprattutto quelli rappresentati dai numerosi privilegi riconosciuti

alla Chiesa. Con le ***leggi Siccardi*** venne abolito il diritto di asilo (secondo cui chi si rifugiava in una chiesa o in un convento non poteva essere perseguitato dalle Leggi dello Stato), e il foro ecclesiastico (secondo cui i sacerdoti colpevoli di delitti comuni dovevano essere giudicati esclusivamente da particolari tribunali ecclesiastici).

1.2.4 Camillo Benso conte di Cavour

Camillo Benso conte di Cavour (Torino 1810-1861) scrisse per il giornale liberale "***Il Risorgimento***", fondato nel 1847 a Torino con **Cesare Balbo**. Nel 1849 divenne deputato e nell'ottobre del 1850 entrò a far parte del governo, dapprima come ministro dell'Agricoltura, poi delle Finanze, ottenendo eccellenti risultati, tanto che la sua personalità politica offuscò quella dello stesso D'Azeglio. Quando Cavour, che apparteneva al gruppo dei moderati di destra, strinse un patto di alleanza con Urbano Rattazzi, esponente dei moderati di sinistra creando un forte partito di centro: "***connubio***", D'Azeglio si dimise e consigliò al re di affidare a Cavour l'incarico di formare il nuovo ministero (1852). Ebbe inizio il ***decennio*** di potere di Cavour, che porto all'unità d'Italia. Cavour fu un grande sostenitore della dottrina economica liberista e il suo governo fu così caratterizzato:

- **politica interna**: curò l'agricoltura mediante l'utilizzazione di concimi chimici e la realizzazione di canali per l'irrigazione; promosse la costruzione di nuove fabbriche e contribuì fortemente al potenziamento di quelle esistenti, specialmente nel settore tessile.
  Il commercio subì un notevole incremento, basato sul **libero scambio** all'interno dello Stato e con l'estero, tanto che il porto di Genova divenne uno dei principali d'Europa.
  Rinnovò il sistema fiscale, introducendo la **tassazione diretta** per colpire i grossi redditi e migliorare conseguentemente le Finanze dello Stato. Curò la costruzione di alcuni tronchi ferroviari e fece istituire la "**Banca Nazionale**" per concedere crediti ad interessi non troppo elevati. Migliorò le strutture amministrative e organizzative dello Stato anche se non riuscì a portare in pareggio il bilancio del Regno di Sardegna perché anche le spese crebbero. In occasione del suo primo intervento in Parlamento, fatto dopo la proclamazione del Regno d'Italia, il 17 marzo 1861, pronunciò la famosa frase: "**libera Chiesa, in libero Stato**", in quanto secondo il suo pensiero il Papa doveva dedicarsi unicamente al potere spirituale. Attraverso la **legge Casati** del 1859, articolava l'istruzione secondaria classica in cinque anni di ginnasio e tre di liceo;
- **politica estera**: fece uscire il Piemonte dall'isolamento e indirizzò le sue mire verso la Francia e l'Inghilterra. Circostanza favorevole fu la guerra di Crimea del 1853-1856 tra la Turchia e la Russia.

1.2.5 La guerra di Crimea e le nuove alleanze

La Russia nel 1853 aveva invaso il territorio dell'Impero Ottomano e dichiarato guerra alla Turchia, quest'ultima aiutata da Inghilterra e Francia che inviarono delle truppe nella penisola di Crimea sul Mar Nero contro i russi. Tuttavia, le sorti dei combattimenti volgevano a favore dei russi, tanto che gli alleati interpellarono l'Austria, affinché entrasse nel conflitto, ma con esito negativo.
Si rivolsero, quindi, al Piemonte e Cavour, nel 1854, fu lieto di far partecipare 15.000 soldati alla campagna, affidando il comando delle operazione al generale **Alfonso La Marmora**.
Il 16 agosto 1855, nella ***battaglia della Cernaia***, il corpo di spedizione piemontese riportò un grande successo, con il quale contribuì a porre fine alle ostilità.
Il **Congresso della pace** si riunì nell'aprile del 1856 a **Parigi** e dispose l'autonomia dei Principati danubiani, la smilitarizzazione del Mar Nero (e delle isole russe delle Åland), la ces-

sione russa della Bessarabia meridionale alla Moldavia, la salvaguardia dei sudditi cristiani dell'Impero ottomano, la regolamentazione della navigazione del Danubio, mentre Francia e Inghilterra ottennero la supremazia sul Mediterraneo; Cavour non ottenne territori, ma approfittò dell'occasione per rendere edotti i congressisti del malcontento che regnava tra la popolazione per il malgoverno nel Regno delle Due Sicilie, nello Stato Pontificio e velatamente nel Lombardo-Veneto e questo per il Piemonte fu la fine dell'isolamento. Per la prima volta, la questione italiana fu ufficialmente posta all'attenzione di Francia e Gran Bretagna.
La **Chiesa Cattolica**, nel 1855, stipulò un Concordato con l'Impero Austriaco che rinsaldò la religione cattolica in tutto l'Impero e assicurò la tutela dello Stato pontificio.
Nel 1857 con il motto "Italia e Vittorio Emanuele II" fu fondata da *Giuseppe La Farina*, *Giorgio Pallavicini* e *Daniele Manin* a Torino la **Società Nazionale**. Ad essa aderirono molti patrioti tra cui Garibaldi e Bixio. Lo scopo era di appoggiare la monarchia sabauda unendo moderati piemontesi, democratici e dissidenti mazziniani.
Nel 1857 fu condotta da ***Carlo Pisacane*** la **Spedizione di Sapri** allo scopo di ribellarsi al governo borbonico, che tuttavia riuscì a reprimere la rivolta.
Durante il **Convegno di Plombières** fu stipulato un accordo segreto, il 21 luglio 1858, tra Napoleone III e Cavour (i rapporti tra i due statisti non si incrinarono nemmeno quando ***Felice Orsini*** attentò alla persona dell'Imperatore) e pose le basi di un'alleanza militare contro l'Austria (qualora avesse attaccato per prima). Contribuì a perorare l'alleanza franco-piemontese presso l'Imperatore francese la cugina di Cavour ***Virginia Oldoini***, contessa di Castiglione. Napoleone III chiedeva, in cambio dell'aiuto prestato, la Savoia e il Nizzardo oltre alla mano di Maria Clotilde, figlia di Vittorio Emanuele II, per il cugino Gerolamo Bonaparte, al quale intendeva affidare il Regno dell'Italia Centrale. Al momento della conclusione degli accordi venne anche ipotizzato da Napoleone III, come possibile Re delle Due Sicilie il nome di ***Luciano Napoleone Murat***.

1.2.6 La Seconda Guerra d'Indipendenza

Dopo il Convegno di Plombières, Cavour affidò a Giuseppe Garibaldi il compito di organizzare un gruppo di volontari (i ***Cacciatori delle Alpi***) e di provocare gli austriaci mediante esercitazioni militari sulla linea di confine (perché una delle condizioni poste dalla Francia per intervenire era che i piemontesi dovevano essere attaccati). L'Austria fece ben presto le proprie rimostranze, finché, stanca di sopportare le provocazioni, mandò a Torino un "ultimatum" con il quale intimava al Piemonte di disarmare entro tre giorni "i volontari" sotto pena di un'immediata invasione. L'ultimatum fu respinto e gli austriaci, al comando del ***generale Giulay***, il 29 aprile attraversarono il Ticino nei pressi di Pavia, ma furono ben contenuti dalle truppe piemontesi nelle risaie allagate di Novara e Vercelli. Sollecitamente giunsero i rinforzi francesi, così gli alleati sconfissero gli austriaci dapprima a *Montebello* (Pavia) e a *Palestro*, poi a ***Magenta*** (Milano) e l'8 giugno 1859 Vittorio Emanuele II e Napoleone III entrarono in Milano da trionfatori.
Quando la Lombardia fu liberata la duchessa *Maria Luisa di Borbone*, reggente di Parma, abbandonò il Ducato che fu annesso al Regno di Sardegna.
Anche i garibaldini erano riusciti a sconfiggere gli austriaci a *San Fermo* e a *Varese*; avevano occupato Como, Lecco, Bergamo e Brescia ed erano in procinto di muovere verso il Trentino.
Dopo alcuni giorni di assestamento sulle posizioni conquistate, gli **alleati franco-piemontesi** affrontarono l'esercito austriaco a *Solferino* e a *San Martino* (Mantova) e riportarono significative vittorie. Intanto le popolazioni di Parma, Modena, Bologna e Ferrara erano insorte e il 12 giugno nello Stato Pontificio cacciarono i loro governanti ed elessero governi provviso-

ri retti da “commissari del Piemonte”. Nell’agosto del 1859 **Bettino Ricasoli** fu nominato presidente del Governo provvisorio toscano.
L’aiuto militare francese nella guerra per l’indipendenza italiana si rivelò indispensabile per tutta la durata del conflitto. Tuttavia successivamente, Napoleone tradiva le aspettative dei tanti patrioti italiani, firmando l’11 luglio l’**armistizio a Villafranca** (Verona) con l’Austria. Il trattato di pace procurava al Piemonte la sola **annessione della Lombardia**.
Fu un duro colpo per Cavour che si dimise da Presidente del Consiglio, e il re fu costretto ad affidare la direzione del nuovo governo ad ***Alfonso La Marmora***. Vittorio Emanuele II il 16 gennaio 1860 chiamò a presiedere il Governo nuovamente il Cavour, che riprese subito le trattative per la cessione di Nizza e della Savoia alla Francia (**Trattato di Torino**), ed in cambio il Piemonte ottenne dalla Francia la promessa di riconoscere l’annessione della Toscana e dell’Emilia, sempre che avvenisse mediante plebiscito, accaduto il 2 aprile 1860.

1.2.7 La spedizione dei Mille

La notte tra il 5 ed il 6 maggio 1860 ***Garibaldi*** si imbarcò a Quarto, presso Genova, con 1.070 volontari su due navi: il *Piemonte* e il *Lombardo*. Fece scalo a Talamone, dove sbarcò con alcuni suoi uomini per far credere che l’impresa fosse diretta verso Roma, quindi si fece consegnare cannoni, fucili e munizioni dal comandante del forte di Orbetello e riprese il mare. Eluse la flotta austriaca e l’11 maggio sbarcò a *Marsala*, in Sicilia. Il giorno 14 lanciò da Salemi un **proclama** alla popolazione, con il quale dichiarava di assumere la dittatura in nome di Vittorio Emanuele II. Nei pressi di *Calatafimi* il 15 maggio i garibaldini riportarono il loro primo successo sulle truppe borboniche determinando l’insurrezione generale dell’isola e l’accorrere di molti volontari. Il braccio destro di Garibaldi era ***Nino Bixio***, che combatté in seguito a Custoza, nel corso della Terza Guerra d’Indipendenza, e partecipò alla presa di Roma, inoltre represse con la forza la rivolta di Bronte il 4 agosto, sollevata dai contadini contro i latifondisti.
Il 20 luglio, alla testa di circa 5.000 uomini, il Generale sconfisse a *Milazzo* l’esercito borbonico, forte di 30.000 uomini rendendo praticamente libera la Sicilia dall’oppressore, instaurandovi un governo provvisorio retto da ***Francesco Crispi***.
Con il tacito consenso di Vittorio Emanuele II, Garibaldi il 19 agosto attraversò lo stretto di Messina, s’impadronì di Reggio Calabria, quindi iniziò una rapidissima marcia verso Napoli, in cui entrò il 7 settembre.
Il re **Francesco II**, succeduto al padre Ferdinando I, si allontanava precipitosamente dalla città e si rinchiudeva nella *fortezza di Gaeta* (Latina).
Cavour decise di intervenire nel timore che Garibaldi puntasse verso Roma ma per raggiungere Napoli le truppe piemontesi dovevano attraversare lo Stato Pontificio; il Papa Pio IX inviò le sue truppe a contrastare i 35.000 uomini dei ***generali Fanti e Cialdini***. La battaglia decisiva avvenne a *Castelfidardo* con la vittoria da parte dell’esercito piemontese.
Intanto, Garibaldi con il suo esercito di 24.000 volontari affrontava 50.000 borbonici sulla linea del fiume Volturno e dopo giorni di strenua lotta li sconfiggeva, costringendoli a ripiegare disordinatamente. Il **26 ottobre 1860**, a Taverna Catena, nei pressi di **Teano**, Vittorio Emanuele II incontrava Garibaldi, che lo salutava al grido *di Saluto il re d’Italia*. Nel febbraio 1861 capitolò anche la fortezza di Gaeta per cui, dopo 120 anni, ebbe fine il predominio borbonico nell’Italia meridionale. Il **Primo Parlamento** italiano fu inaugurato *l’8 febbraio 1861* a Torino con i rappresentanti di tutta la penisola (443 Deputati). Alle elezioni per il primo Parlamento unitario il diritto a votare fu concesso circa all’1,8% dei cittadini e Garibaldi fu eletto. Il Parlamento approvò la legge con cui **Vittorio Emanuele II** (“Re buono”) assumeva per

sé e i suoi discendenti il titolo di *«Re d'Italia per grazia di Dio e per volontà della nazione»* (marzo 1861), di conseguenza la **prima regina** d'Italia diventava **Margherita di Savoia-Genova**. Solamente Roma e Venezia mancavano all'unità nazionale e a tali "questioni" si stava interessando **Cavour**, che prese l'iniziativa, subito stroncata da Francia e Inghilterra, di creare nel 1861 una piccola colonia sulla costa della Nigeria. Con il Regno d'Italia, egli assunse la carica di **Presidente del Consiglio dei Ministri, Ministro degli Affari Esteri e della Marina**.
Ma, ormai, la sua fibra era talmente logora che il 6 giugno si spense. Si chiudeva cosi il periodo eroico del Risorgimento e si apriva il problema di dare agli italiani uno spirito civico e una vera coscienza nazionale, cioè, come asseriva Massimo D'Azeglio, occorreva «fare gli italiani».
Il **Regno d'Italia** (1861-1946) ebbe in tutto 4 re: Vittorio Emanuele II, Umberto I, Vittorio Emanuele III e Umberto II.

1.3 Dal 1861 al 1867

1.3.1 La Guerra di Secessione americana

La **Guerra di Secessione americana,** nota negli USA come **guerra civile**, ebbe inizio nello stesso anno 1861 in cui in Russia venne *abolita la servitù della gleba* e vennero adottate alcune riforme dallo Zar Alessandro.
All'epoca della Guerra di Secessione americana gli Stati del Nord erano fortemente industrializzati e protezionisti, mentre quelli del Sud tendevano ad una politica commerciale liberista ed erano essenzialmente agricoli.
La guerra si protrasse fino al 1865 fra gli Stati Uniti d'America e gli Stati Confederati d'America (CSA), entità politica sorta dalla riunione confederale di Stati secessionisti dall'Unione.
Alla elezione del repubblicano ***Abraham Lincoln*** (marzo 1861) come Presidente degli Stati Uniti d'America, tra gli Stati che l'8 febbraio 1861 annunciarono la creazione del CSA c'erano: Mississippi, Georgia, Texas, Alabama, Florida, Louisiana e la Carolina del Sud che fu il primo Paese secessionista. L'evento che causò il suo distacco dall'Unione fu la vittoria e il contrasto sorto con il governo federale sull'estensione della schiavitù ai territori dell'ovest.
Al termine della guerra la schiavitù fu abolita in tutta la nazione. Durante la Guerra di Secessione americana, le truppe confederate erano guidate dal generale ***Robert Lee***. L'unico nativo americano a raggiungere un elevato grado nell'esercito sudista, nel corso della guerra di secessione, fu il leader della Nazione Cherokee, ***Isaac Stand Watie***. Le truppe unioniste, invece, erano guidate dal generale ***Ulysses Grant***.
A. Lincoln (1809-1865), nel 1862, emanò il *proclama per l'emancipazione degli schiavi*. Nel 1865, al termine della Guerra di Secessione americana, venne assassinato mentre era a teatro. Periodo in cui in Italia era Presidente del Consiglio ***Alfonso La Marmora***.
Nel 1867 l'**Alaska** fu acquistata dagli Stati Uniti, al prezzo di 7.200.000 dollari dalla Russia.

1.3.2 Il Regno d'Italia

Il **nuovo Regno d'Italia** aveva grandi problemi. **In politica interna i principali erano**:
- carenza di opere pubbliche;
- analfabetismo (la percentuale nel 1861 era del 78%);
- arretratezza nel settore dell'agricoltura che occupava circa il 70% della popolazione attiva e dell'industria;

- malattie endemiche;
- rilevante deficit del bilancio statale;
- necessità di riorganizzare l'esercito;
- urgenza di unificare in tutto il Paese le leggi, i pesi, le misure, le monete, i costumi;
- necessità di reprimere il fenomeno del **brigantaggio**: bande di ribelli, contadini, militari dell'ex esercito borbonico cominciarono una vera e propria guerriglia contro i liberali che detenevano il potere. Per la sua repressione fu promulgata nel 1863 la ***Legge Pica***; circa 120.000 uomini, pari alla metà dell'intero esercito italiano, nel 1863, erano impegnati nella lotta al brigantaggio terminata nel 1865. Vennero affidati all'esercito e ai giudici pieni poteri nei confronti della popolazione civile. La repressione del brigantaggio meridionale si concluse nel 1903.

Dopo l'unificazione italiana, la **legge Casati del 1859**, che si occupava di **scuola**, venne estesa a tutto il regno.
Lo squilibrio sociale tra Nord e Sud dopo l'unificazione viene indicato con l'espressione "**questione meridionale**".
Il fenomeno della "**piemontesizzazione**" dello Stato italiano, nei primi anni della sua Unità consistette nell'estensione a tutto lo Stato di leggi e istituzioni del Regno di Sardegna. In base al nuovo assetto amministrativo del 1865, i **Sindaci** erano di nomina regia.
Le **luogotenenze regionali**, istituite sempre durante il processo di unificazione politica dell'Italia, erano entità meramente amministrative. I **Prefetti** ricoprivano il ruolo di capo delle Province.
In politica estera:

- esistevano difficili rapporti con le grandi potenze ed era manifesta una certa "gelosia" della Francia verso la nuova Italia, talché diveniva problematica la tanto desiderata occupazione di Roma e di Venezia;
- vi era notevole tensione tra il nuovo Stato, la Chiesa e lo Stato Pontificio (si è soliti indicare con l'espressione "**questione romana**" tale problema); il Presidente del Consiglio ***Urbano Rattazzi*** caratterizzò l'azione politica dei suoi esecutivi ricercando, ostinatamente, una rapida soluzione di tale questione;
- l'Austria manifestava il desiderio di rivincite.

Gli uomini a cui spettava il compito cosi gravoso del rinnovamento erano distinti nel Parlamento in due correnti:

- la **Destra** aveva rappresentanti moderati, seguaci delle idee politiche di Cavour, del quale intendevano continuare l'opera, seguendone i metodi e lo spirito decisamente liberale e monarchico ed erano Quintino Sella, Alfonso La Marmora, Bettino Ricàsoli, Luigi Carlo Farini, Marco Minghetti, Luigi Federico Menabrea e Massimo D'Azeglio. La Destra guidò il paese dal 1861 al 1876;
- la **Sinistra** aveva uomini di tendenze progressiste, provenivano dalle file mazziniane e garibaldine, tra cui Domenico Guerrazzi, Francesco Crispi, i fratelli Cairoli, lo stesso Garibaldi; Urbano Rattazzi, pur simpatizzando per la Sinistra, non disdegnava i metodi di Cavour.

Il termine "***storica***" è stato attribuito alla destra ed alla sinistra parlamentare dell'Italia post-risorgimentale per distinguere gli schieramenti parlamentari dell'epoca, entrambi di ispirazione liberale, dai partiti e movimenti che si sono affermati in seguito.

Bettino Ricàsoli (1861/1862) fu nominato Presidente del Governo provvisorio toscano nell'agosto del 1859 e fu il primo Presidente del Consiglio (2° del Regno d'Italia) che successe a Cavour; durante il suo primo governo, *Francesco De Sanctis* fu Ministro della Pubblica Istruzione.

Urbano Rattazzi (1862) alimentò le speranze del Partito d'Azione, lasciando una certa libertà d'iniziativa ai democratici, tanto che questi prepararono una spedizione contro Roma. Garibaldi, nel giugno 1862, ritornò a Palermo e al grido di "*Roma o morte*" raccolse molti volontari con cui iniziò la sua azione. Rattazzi sembrava non interessarsi alla situazione, per cui Napoleone III, che difendeva con le truppe francesi lo Stato pontificio, fece pervenire minacciose rimostranze al governo italiano, tanto da costringerlo ad intervenire. Il 29 agosto 1862 sull'altopiano dell'Aspromonte avvenne lo scontro a fuoco tra i garibaldini e l'esercito regolare del Regno, e lo stesso Garibaldi rimase ferito al piede destro da due proiettili e rinchiuso nel carcere del Varignano (poi liberato per amnistia). In seguito a tali fatti Rattazzi dovette dimettersi.

Nel 1863 capo del governo **fu Luigi Carlo Farini**, mentre **Marco Minghetti** (dimessosi nel 1848, da membro della Consulta di Stato di Pio IX per partecipare alla I guerra di Indipendenza a fianco dell'esercito piemontese) fu capo del governo nel 1864 e concordò con Napoleone III la **Convenzione di Settembre**, in virtù della quale la Francia accettava di ritirare le sue truppe da Roma, mentre il governo italiano si impegnava, non solo a non invadere lo Stato Pontificio, ma a difenderne i confini da qualsiasi eventuale invasione straniera. La Convenzione prevedeva anche lo spostamento della **capitale a Firenze**, contribuendo così ad eliminare la diffusa impressione di un predominio piemontese sulle altre regioni.

A molti tuttavia l'iniziativa di Minghetti non piacque, così scoppiarono violenti tumulti a Torino, che comportarono le dimissioni dello stesso. Il generale **Alfonso La Marmora** (1864/1866), fu il capo del governo che nel maggio del 1865 attuò il trasferimento della capitale da Torino a **Firenze**.

1.3.3 La situazione politica europea

Una riunione popolare tenuta il 28 settembre 1864 in St. Martin's Hall a Londra portò alla nascita dell'**Associazione internazionale dei lavoratori** (A.I.L.), conosciuta anche come **Prima Internazionale** (poi sciolta nel 1876 per il duro contrasto tra Karl Marx e Michail Bakunin), un organismo avente lo scopo di creare un legame internazionale tra i diversi gruppi politici di sinistra: socialisti, anarco-comunisti, repubblicani mazziniani, marxisti e tra le varie organizzazioni di lavoratori, in particolare operai. Tuttavia, i mazziniani presero parte solo alla riunione inaugurale, non vi parteciparono attivamente.

La Concincina fu ceduta nel 1862 dall'imperatore Tu-Duc alla Francia.

La **Prussia** si affacciò sulla scena politica europea intorno al 1860 poiché aspirava a diventare un vasto impero, comprendente circa trenta Stati germanici, posti sotto l'egemonia austriaca. Dopo il Congresso di Vienna il re di Prussia ***Guglielmo I di Hohenzollern*** e il primo ministro ***Ottone di Bismarck*** lavorarono alacremente a preparare l'esercito e, nel contempo, a porre le giuste basi diplomatiche per isolare l'Austria. Nel **1864** la Prussia riuscì a sottrarre alla Danimarca i ducati di Shleswig, Holstein e Lauenburg, poi nel 1866 Bismarck si assicurò la neutralità della Francia e della Russia e l'alleanza dell'Italia, il cui intervento in un conflitto austro-prussiano avrebbe costretto le forze austriache a battersi su due fronti.

Il ***Trattato italo-prussiano*** prevedeva in caso di vittoria la cessione del Veneto all'Italia da parte dell'Austria.

1.3.4 La Terza Guerra di Indipendenza

Il 14 giugno **1866** la **Prussia** dichiarava guerra all'Austria, imitata il giorno 20 dall'**Italia**; iniziava così la **Terza Guerra di Indipendenza**. Il comando dell'esercito italiano venne affidato a due generali: ***La Marmora*** (allora Presidente del Consiglio che si dimise per assumere la carica di Capo di Stato Maggiore dell'Esercito) e ***Cialdini*** (che nel 1861 aveva espugnato la fortezza di Gaeta, ultima roccaforte dei Borboni), mentre al comando della flotta fu designato il vecchio ammiraglio ***Carlo Persano***. Le forze di La Marmora furono sconfitte dagli Austriaci a *Custoza*, mentre il Cialdini ripiegava con le truppe verso Modena quasi senza combattere.

Il comandante Persano fu sconfitto con la flotta presso l'*isola di Lissa* lungo la costa della Dalmazia dalla flotta austriaca dell'***ammiraglio Tegetthoff*** subendo l'affondamento delle corazzate *Palestro* e *Re d'Italia*. Solo Garibaldi con 30.000 volontari sconfisse gli austriaci a *Bezzecca* e iniziò l'invasione del Trentino. I prussiani del ***generale Moltke***, grazie ad una schiacciante superiorità nella strategia e nella tecnologia militare, dopo varie vittorie, avevano sbaragliato l'esercito austriaco a ***Sadowa*** (Boemia), aprendosi la strada per Vienna, ma il ministro Bismarck, per non umiliare l'Austria e farsene un'inconciliabile nemica, firmò l'**Armistizio di Nikolsburg** senza nemmeno informare il governo italiano. Garibaldi ricevette da Vittorio Emanuele II l'ordine di porre fine all'avanzata nel Trentino, al quale rispose mediante il famoso telegramma: "*Obbedisco*". La cessazione delle ostilità della Terza Guerra di indipendenza venne sancita con l'**Armistizio di Cormòns**. Con i **Trattati di Pace di Praga e di Vienna** (tra Austria e Prussia) gli Asburgo venivano estromessi dalla Germania e l'Italia, tramite Napoleone III, otteneva il Veneto, il Friuli e la provincia di Mantova (1866).

Il giorno 1 gennaio 1866 entrò in vigore il ***Codice Civile*** del Regno d'Italia che introdusse, tra l'altro il matrimonio civile. Nel settembre il malcontento popolare legato ai problemi relativi allo sviluppo economico locale, causò una grave rivolta che sconvolse Palermo.

Per l'Italia una delle conseguenze degli ingenti costi della guerra contro l'Austria del 1866 fu l'**introduzione del corso forzoso della lira**, cioè l'inconvertibilità della cartamoneta in oro e argento.

L'**irredentismo** fu il movimento politico che, dagli anni successivi al 1886, sostenne la liberazione delle terre ancora soggette all'Austria: Trentino, l'Alto Adige e la Venezia Giulia.

Nel 1867 si costituì l'**Impero Austro- Ungarico**.

Nello **Stato Pontificio**, nel 1866, la liquidazione dei beni della Chiesa attuata nell'ambito della redistribuzione della proprietà agraria ebbe come conseguenza il rafforzamento della grande proprietà.

Nel 1867 **Garibaldi** tentò un'azione contro Roma e il Presidente del Consiglio Urbano Rattazzi, temendo l'invio di truppe francesi nella città dei Papi, lo fece arrestare e ricondurre a Caprera; Garibaldi fuggì, rientrò in Toscana e ciò portò alle dimissioni di Rattazzi (l'azione politica dei suoi esecutivi ricercava, ostinatamente, una rapida soluzione alla questione romana); Garibaldi si pose a capo delle sue bande e inflisse a *Monterotondo* una sconfitta all'esercito pontificio, aprendosi praticamente la strada verso Roma. I fratelli ***Cairoli*** parteciparono nel 1867 al tentativo di insurrezione di Roma (ed Enrico Cairoli morì), fallito dopo lo scontro di **Villa Glori**.

In aiuto del Papa intervennero, però, 20.000 soldati francesi, sbarcati a Civitavecchia, i quali, utilizzando i nuovi fucili *chassepots*, dopo sanguinosi scontri, ebbero ragione dei garibaldini a Mentana (**Sacco di Mentana**) e li costrinsero a ritirarsi in Toscana.

Nel 1868 fu introdotta in Italia da ***Quintino Sella*** la **tassa sul macinato**, che doveva essere corrisposta direttamente ai mugnai all'atto del ritiro della farina. Essa colpiva le classi popo-

lari (contadini e operai) nelle necessità alimentari di base, tanto da suscitare nel 1868 moti di protesta in tutta Italia.
In occasione del **Concilio Vaticano I**, indetto ufficialmente da papa Pio IX nel giugno 1868, fu definito il dogma dell'infallibilità papale «*ex cathedra*».

1.4 La Guerra Franco-Prussiana (1870), il crollo di Napoleone III e la liberazione di Roma

I soldati tedeschi al comando del ***generale Moltke***, inflissero una lunga serie di sconfitte alle truppe francesi, sino a quella decisiva di **Sedan**, in cui lo stesso imperatore **Napoleone III** fu fatto prigioniero e costretto **alla resa**. Con il **Trattato di Francoforte** del **1871**, la Francia dovette cedere alla Germania l'Alsazia e la Lorena. A Parigi il popolo insorse e fece cadere l'Impero; inizialmente venne costituita un'Assemblea nazionale, ma le tensioni tra questa e il popolo, portarono alla costituzione della **Comune** nel **1871** (fu il primo tentativo di instaurazione di uno stato democratico-socialista), cioè al popolo degli operai e dei piccolo-borghesi; la reazione da parte del governo fu immediata e portò a drastiche misure repressive per sedare l'insurrezione. Tra il 1873 e il 1879 ci fu uno scontro tra i sostenitori della restaurazione monarchica e i fautori della soluzione repubblicana. Dopo varie vicissitudini vi fu la nascita della **Terza Repubblica** (che durerà fino al 1940) e l'emanazione di una **Costituzione** (1875); il varo di leggi indispensabili come l'istruzione e la libertà di stampa; il fallito tentativo di un colpo di Stato della Destra (guidato dal generale ***Georges Boulanger*** che, accusato di tradimento, si suicidò nel 1891); scandali politici (come l'**affaire Dreyfus**, che prese il nome da Alfred Dreyfus, ufficiale ebreo alsaziano in servizio presso lo Stato maggiore, accusato di spionaggio nel 1894 e condannato alla deportazione a vita), il Paese giunse all'inizio del nuovo secolo affetto da tensioni preoccupanti. Lo scrittore **Émile Zola** pubblicò nel 1898, una lettera aperta al Presidente della Repubblica, intitolata "**J'accuse**" in difesa di Dreyfus.
Nel 1870 ebbe inizio la *terza fase del colonialismo francese* con l'espansione nell'Africa Occidentale dal Senegal.
La **vittoria prussiana** segnò l'inizio del nuovo impero (**II Reich** della storia -1871) ed anche la *riunificazione tedesca* in un unico Stato nazionale, nonché il trionfo della politica di **Otto Von Bismarck** (cancelliere prussiano definito di "ferro"). Questi convocò tutti i principi tedeschi nella reggia di Versailles e li indusse a offrire al re Guglielmo I la corona imperiale (**kaiser**) di Germania. I nobili latifondisti prussiani "***Junker***" esercitarono un grande potere nella vita dello Stato. La fondazione dell'Impero germanico segnò l'inizio anche del colonialismo tedesco. Essi furono i primi colonizzatori delle isole del Pacifico, dal 1884, con la creazione di basi commerciali a Samoa e in Nuova Guinea.
La **conquista di Roma** da parte dell'Italia fu diretta conseguenza della guerra franco-prussiana, infatti, subito dopo la battaglia di Sedan, quando le truppe francesi erano state ritirate da Roma per difendere la loro patria, il Governo italiano, presieduto da ***Giovanni Lanza*** (medico e filosofo), visto inutile ogni tentativo di negoziato con il Papa per giungere a una soluzione concordata della questione romana, il 18 settembre 1870 inviò contro Roma un reparto dell'esercito al comando del ***generale Raffaele Cadorna***, che entrò in città, il 20 settembre, attraverso la **breccia di Porta Pia**. Pio IX denunciò la presa di Roma da parte delle truppe italiane e la fine dello Stato Pontificio con l'enciclica **"Respicientes ea"** del novembre 1870. Il 2 ottobre un plebiscito decretò l'annessione di Roma al Regno. Contestualmente alla procla-

mazione del Regno d'Italia, venne deciso che Roma sarebbe divenuta la Capitale. Infatti, l'anno seguente, con la legge 3 febbraio 1871, la città dei Cesari divenne la **capitale d'Italia**.
Per regolare i rapporti tra Stato e Chiesa fu approvata la **legge delle guarentigie** (garanzie) con cui si accordava allo Stato Vaticano l'extraterritorialità, alla Chiesa piena liberta d'azione, di propaganda e di organizzazione su tutto il territorio nazionale, nonché una donazione alla Corte papale annua di tre milioni e mezzo di lire, corrispondenti a circa un miliardo e mezzo delle nostre vecchie lire. **Pio IX** rifiutò le condizioni e si rifugiò in Vaticano (si dichiarò "prigioniero politico del Governo italiano" e scomunicò "gli usurpatori" del territorio pontificio), invitando i cattolici a non prendere parte alla vita politica della nazione (**non expedit**).
Lo Stato italiano, invece, rispettò quella legge sino a quando nel 1929 Mussolini e il Cardinale Gasparri sottoscrissero i Patti lateranensi.
Nel 1874 nacque l'**Opera dei Congressi**, e si fece portavoce dei cattolici che rifiutavano ogni transazione con lo stato liberale.
Con l'"***età dell'imperialismo***" si intende il periodo compreso tra il 1870 e la prima guerra mondiale.

1.5 La Sinistra al potere e il Protezionismo

Con la costituzione del Regno, la Destra storica fu spinta ad adottare un ordinamento amministrativo accentrato per rafforzare l'unificazione appena conseguita. Tra il 1870 e il 1876, prima il Ministero **Lanza-Sella**, poi il secondo Ministero **Minghetti** tentarono di sanare le finanze pubbliche dello Stato e riuscirono a portarlo «a pareggio». **Quintino Sella** promosse una politica fiscale rigida al fine di risanare il bilancio pubblico e questo creò un notevole malcontento, tanto che poi Minghetti venne battuto in Parlamento e ciò segnò la caduta della Destra.
Nel 1876 la Sinistra andò al potere con **Agostino Depretis** (tra il 1876 e il 1878 avvenne la cosiddetta "rivoluzione parlamentare"), il leader più qualificato della Sinistra, che si alternò al potere con **Cairoli** (Presidente del Consiglio dei Ministri 1879 – 1881, capogruppo parlamentare della Sinistra Storica, fin dal suo primo gabinetto del 1878, impostò la politica estera su basi filo-francesi ed irredentiste) sino al 1881, e vi rimase successivamente fino al 1887. Depretis guidò in tutto otto governi e nove Consigli dei Ministri. Egli enunciò il cosiddetto "***Programma di Stradella***", in cui venivano esposte le linee direttive della politica con cui si prefiggeva di allargare il diritto di voto, riformare la scuola, abolire la tassa sul macinato. *Francesco Crispi,* nel primo governo Depretis, fu Ministro degli Interni; *Gustavo Mazè de la Roche* fu invece Ministro della Guerra nel terzo Governo del 1878 e Ministro delle Finanze *Agostino Magliani.*
La politica di Depretis fu definita del «**trasformismo** e del **clientelismo**», tendenza a cercare consensi trasversali al di là degli schieramenti di Destra e Sinistra e permise allo stesso di formare nel 1882 un governo di larga maggioranza parlamentare con esponenti della Destra storica.
La Sinistra promosse moltissime **riforme**: in campo scolastico nel 1877 fu varata la **legge Coppino** riguardante l'istruzione elementare (portata a 5 anni) obbligatoria (tre anni) e gratuita; in campo **elettorale** (1882) portò gli elettori da 500.000 a 2 milioni: poterono votare tutti i cittadini ventunenni esclusivamente di sesso maschile, alfabetizzati e con occupazione (allargamento del suffragio al 7% della popolazione); dal lato **fiscale** determinò l'abolizione della tassa sul macinato (1880 da Cairoli), ma lasciò intatta la consuetudine della tassazione indiretta, che colpiva le classi più disagiate.

Il **protezionismo** venne adottato dai governi italiani nel decennio 1878-1887 con la legge tributaria approvata nel 1877. L'ascesa al potere della Sinistra coincise con un grande sviluppo delle industrie e dei trasporti marittimi e terrestri, che contribuì notevolmente all'incremento della ricchezza nazionale e all'aumento della popolazione. Si affermarono nel Paese le prime grandi industrie: Pirelli, Breda, Edison (1884 – società per la distribuzione di energia elettrica, fondata a Milano), Cantoni, Marzotto, Altiforni a Terni (1884 – grandi acciaierie), Ansaldo, Falck, Montecatini e la Fiat (La FIAT nacque a Torino col nome di "*Società Anonima Fabbrica Italiana di Automobili*", il giorno11 luglio 1899).
Le tariffe doganali imposte nel 1887 fornirono "**protezione**" dalla concorrenza straniera in importanti settori industriali ed agricoli, soprattutto nei settori siderurgico e tessile.
Il **21 aprile 1879** venne fondata la **"Lega della democrazia**", anche ad iniziativa di Garibaldi.
L'autore dell'opuscolo "***La Conciliazione***", pubblicato nel 1887, fu l'illustre storico **Luigi Tosti**, impegnato nelle trattative per la soluzione della questione romana
Nel 1882 nacque a Milano il **Partito operaio italiano**.

1.6 La Triplice Alleanza (1882)

Nel 1878 morirono Pio IX e Vittorio Emanuele II a cui successero rispettivamente Leone XIII e Umberto I.
Tra il 1877 e 1878 venne combattuta la **guerra turco-russa** che terminò con la vittoria della Russia sancita dalla **Pace di Santo Stefano** firmata il 3 marzo 1878. La Russia impose all'Impero Ottomano la cessione di buona parte dei suoi possedimenti in Europa, determinando l'indipendenza del Montenegro, della Serbia, della Romania e l'autonomia della Bulgaria. Quest'ultima, il cui territorio arrivava fino all'Egeo, divenne protettorato russo (benché formalmente ancora ottomana).
A seguito delle proteste di Gran Bretagna e Austria per l'aumento dell'influenza russa nei Balcani, i termini furono rettificati dal **Congresso di Berlino** del 13 giugno 1878, convocato da Bismarck a cui parteciparono Russia, Impero Ottomano, Germania, Gran Bretagna, Francia ed Italia.
In seguito a questo Congresso, che determinò l'inizio dello smembramento dell'Impero Ottomano, si giunse ad un accordo che ridimensionò in maniera notevole l'influenza russa sui Balcani: l'Austria ottenne un protettorato sulla Bosnia e l'Erzegovina, la Gran Bretagna ottenne Cipro, la Francia ottenne il riconoscimento delle sue rivendicazioni sui territori del Nord Africa, la Russia ottenne la Bessarabia e parte dell'Armenia; Romania, Serbia e Montenegro ottennero l'indipendenza, la Bulgaria divenne un principato autonomo.
Il 27 ottobre 1881 il Re Umberto I effettuò un'importante visita ufficiale a Vienna.
L'**Italia**, che avrebbe voluto l'annessione del Trentino (Trentino, Venezia Giulia, Fiume e Dalmazia, nel 1877 erano le terre italiane irredente) ed era interessata anche ad un protettorato sulla Tunisia, **non ottenne territori** e, rimasta isolata in Europa, si legò sempre più al Bismarck (anche perché si allontanò dalla Francia che aveva occupato la Tunisia), così nel **1882** venne stipulata la Triplice Alleanza tra Italia, Austria e Germania (Umberto I, Francesco Giuseppe, Guglielmo I). Nella prima stipulazione l'Italia (con A. Depretis) ottenne l'inserimento di un accordo aggiuntivo che vincolava le potenze firmatarie a non rivolgere le norme del trattato contro l'Inghilterra. L'alleanza inizialmente doveva essere rinnovata ogni cinque anni, poi a Berlino la Triplice Alleanza fu rinnovata per dodici anni.
Tale patto vide i tre Stati impegnati ad intervenire a sostegno reciproco in caso di conflitto, ma mentre i governi di Vienna e Berlino imposero all'Italia l'intervento in qualsiasi territorio europeo, essi non sarebbero accorsi in caso di guerre nel Mediterraneo.

La firma del trattato, naturalmente, provocò sdegno negli ambienti irredentisti e nazionalisti, tanto che, nel dicembre del 1882, ***Guglielmo Oberdan***, giovane triestino, meditò un attentato contro l'Imperatore austriaco **Francesco Giuseppe** (Imperatore dal 1835 al 1905) in visita occasionale a Trieste; scoperto, venne arrestato e impiccato dagli austriaci.
Bismarck, dopo la guerra franco-prussiana si fece promotore della pace e tentò di isolare la Francia, ostile alla Germania per l'umiliazione subita nel 1871. Dopo alterni tentativi di alleanza iniziati con la Lega dei tre imperatori (1873), Bismarck siglò il suo capolavoro diplomatico stipulando il **Patto dei tre imperatori con Austria e Russia** (1881), che si sciolse nel 1887 per gli attriti tra Austria e Russia sorti a proposito della questione balcanica, così provvide a sostituirlo con accordi separati (**Trattato di contrassicurazione**, 1887 tra Germania e Russia).

1.7 L'industrializzazione italiana

L'inizio della **Seconda Rivoluzione industriale** si colloca a metà dell'Ottocento, tuttavia il fenomeno industriale in Italia si manifestò con estremo ritardo.
Nel 1891, fu fondata a Milano, ad opera di ***Osvaldo Gnocchi-Viani***, la prima **Camera del lavoro**. Nel 1892 si costituì, a Genova, il ***Partito Socialista Italiano*** che dapprima ebbe il nome di ***Partito dei Lavoratori Italiani*** e successivamente a Reggio Emilia nel 1893 il nome venne cambiato in ***Partito Socialista dei Lavoratori Italiani***. Infine, al Congresso di Parma del 1895 assunse il nome definitivo di Partito Socialista Italiano (operò fino al 1994). I fondatori ufficiali della nuova formazione politica furono ***Filippo Turati*** e ***Guido Albertelli***. A seguito delle prime elezioni politiche tenutesi con la nuova legge elettorale del 1882 fu eletto il primo deputato socialista, Andrea Costa.
Tra il 1896 (inizio del "***decollo industriale***") e il 1908 l'economia italiana vide un primo significativo sviluppo della produzione industriale.
Le finalità perseguite dalle **società di mutuo soccorso** erano di tutelare gli interessi della nascente classe operaia.
Lo sviluppo industriale del XIX secolo venne accompagnato da una crescita delle banche e dei mercati finanziari.
Agostino Magliani, quale Ministro delle Finanze del Regno d'Italia, appartenente alla Sinistra storica, è ricordato come "*l'uomo della finanza allegra*" ed anche per aver ideato il progetto di affidare ai Monopoli di Stato il compito di curare la distribuzione del "Chinino di Stato".

1.8 Il colonialismo europeo del XIX Secolo: dal governo Crispi a Saracco

La **Grande depressione** (1870-1896) determinò l'esigenza di avere materie prime a basso costo da destinare all'industria e nuovi sbocchi commerciali, e per il nascente nazionalismo iniziò una vera e propria corsa alla conquista di nuove colonie (**colonialismo**), in particolar modo in Africa.
Si realizzarono in un primo momento delle importanti esplorazioni, a cui fecero seguito le conquiste dei territori, che provocarono una sistematica **spartizione dell'Africa**, ad opera principalmente di **Francia** e **Inghilterra** (questa fu la **più grande potenza imperialistica** d'Europa tra il 1870 ed il 1914), ed in misura minore di **Germania**, **Belgio** e **Italia**.

Nel 1887, la **Francia** controllava l'Indocina formata da: Cambogia, Cocincina, l'exclave di Kwangchowan in Cina Annam e Tonchino. Lo stesso anno creò l'**Union Indochinoise** che era formata da Saigon, la regione di Sarawak e Penang.
In Centroamerica gli interessi francesi si appuntarono sul Messico. Napoleone III nel 1863 spinse perché la Corona messicana fosse assegnata a **Massimiliano d'Asburgo** così che il 10 aprile 1864 venne proclamato Imperatore del Messico. Dopo una guerriglia contro i partigiani di **Benito Juarez** (riforniti dagli Usa), le truppe francesi si ritirarono e Massimiliano di Asburgo morì nel 1867 fucilato dai liberali messicani capeggiati da ***Emiliano Zapata*** che si opponevano alla sua presenza.
La **Conferenza di Berlino** del **1885** stabilì l'assegnazione coloniale del bacino del Lago Ciad alla Francia.
Nell'aprile del 1896 ebbe inizio la Rivoluzione filippina contro la **Spagna**.
Nel 1867, in **Inghilterra**, la **Regina Vittoria** (della dinastia Hannover) fu proclamata **Imperatrice**. Il Paese governava l'India, la Birmania e in seguito alla **Guerra dell'Oppio** (1830-1842) esercitò una forte influenza sulla Cina. Ella governò l'Inghilterra dal 1837 al 1901; salì al trono a soli diciannove anni, conservò il potere fino alla sua morte e diede vita a quello che a tutt'oggi è considerato il Regno più longevo della storia del Paese inglese. Tra il 1876 e il 1877, oltre a fregiarsi del titolo di sovrana del Regno Unito di Gran Bretagna e Irlanda, fu la prima ad essere proclamata, a coronamento della grande politica di espansione coloniale intrapresa durante gli anni del suo governo, anche Imperatrice delle Indie.
Nel 1857, nelle colonie indiane si verificò la rivolta dei soldati indigeni della Compagnia delle Indie contro gli inglesi denominata ***Sipahi*** o ***Indian Mutiny*** (ammutinamento indiano).
Il periodo, intorno alla seconda metà dell'Ottocento, durante il quale l'Inghilterra poté godere di uno splendido isolamento si chiama **età Vittoriana**; in questo periodo ***Gladstone*** fece una serie di riforme: promosse l'istruzione pubblica; allargò il suffragio universale; abolì i privilegi della chiesa anglicana in Irlanda.
Nell'**Africa del sud** i coloni britannici dovettero affrontare le resistenze dei Boeri, calvinisti di origine Olandese. Nel 1878 venne creata dal tenente governatore del Natal, una commissione per stabilire i confini, ordinando ai boeri insediati nella regione che doveva essere restituita agli Zulu, di scegliere di andar via o rimanervi indisturbati. Di sua spontanea volontà l'alto **Commissario Free** inviò un ultimatum agli Zulu, nel Dicembre 1878, causando la ***battaglia di Isandhlwna*** (11 Gennaio 1879), che comportò la prima sconfitta britannica in Africa da parte di un esercito di oltre 20.000 Zulu. La guerra **anglo-zulu** si concluse con la fine della nazione indipendente degli Zulu e la destituzione della ***dinastia Shaka***; fu uno dei conflitti più sanguinosi della storia del colonialismo in Africa.
Durante l'anno 1882 la Gran Bretagna occupò l'Egitto.
Ancora, nell'Africa del Sud, il finanziere ***Cecil Rhodes***, attirato dai giacimenti di diamanti (scoperti nel 1867) e d'oro (1886) in **Transvaal** meridionale, mosse verso l'interno occupato dai boeri: scoppiò così la **Guerra Anglo-Boera** (1899), terminata con la **Pace di Pretoria** (1902) che sancì la riappacificazione dei contendenti a danno della maggioranza nera.
Al termine della guerra il governo britannico di Gladstone concesse ai Boeri l'autogoverno nel Transvaal sotto la teorica supervisione britannica.
L'**Olanda** tra il '50 e il '70 consolidò il proprio impero in Indonesia, mentre gli **Stati Uniti** nel 1898 conquistarono le Filippine che, insieme a Cuba (guerra **ispano-americana** e **Trattato di Pace** firmato a **Parigi**), fino al 1898, erano sotto il controllo spagnolo.
Nel 1885 **Leopoldo II** riuscì a impossessarsi di un immenso territorio (76 volte più grande del Belgio) ricoperto di foreste nel cuore dell'Africa. Per raggiungere i suoi scopi, reclutò il

più celebre esploratore del suo tempo, ***Henry Morton Stanley***, che percorse il fiume Congo e stipulò centinaia di contratti ingannevoli con capitribù locali e mise le basi per la costruzione di un sistema di stazioni che facessero da collettori delle ricchezze della foresta che attraverso il fiume potevano giungere ai porti sulla foce e da qui in Europa. Il possedimento fu chiamato **Stato Libero del Congo**, ma il risultato fu che nell'arco di un ventennio morirono per sfruttamento circa dieci milioni di persone, direttamente per le amputazioni o per le violenze, o indirettamente per epidemie o per fame.

Nel 1881, in **Russia** a San Pietroburgo, lo zar **Alessandro II** fu ucciso in un attentato dell'organizzazione rivoluzionaria Narodnaja Volja.

L'**Italia** con **Depretis** orientò le sue mire verso le coste etiopiche (Corno d'Africa) del Mar Rosso, che l'apertura del Canale di Suez (1869) aveva valorizzato e sulle quali nessuna potenza europea aveva ancora avanzato pretese. Furono inviati esploratori: *Cecchi*, *Massaia*, *Giulietti*, *Gustavo Bianchi*, ma nel corso dei conflitti con gli indigeni quasi tutti trovarono una tragica morte.

Il 1881, rappresentò l'inizio del colonialismo italiano con l'acquisto del possedimento di **Assab** dalla Compagnia Rubattino.

Depretis, traendo a pretesto l'eccidio della spedizione Bianchi, inviò alcuni reparti che, nel 1885, occuparono il porto di **Massaua**, con il ***colonnello Tancredi Saletta***, e si spinsero verso l'interno in direzione dell'Etiopia o Abissinia, un vastissimo impero abitato da popolazioni rette dal **Negus** (imperatore) **Cassa**, da cui dipendevano numerosi Ras (Governatori di province).

L'Esercito etiopico, guidato da ***Ras Alùla***, a **Dògali** tese un'imboscata a una colonna dell'esercito italiano presso il comando del ***generale De Cristoforis*** e la massacrò. Il nome di Piazza dei Cinquecento antistante la stazione Termini di Roma fu così intitolato in onore dei caduti nella ***battaglia di Dògali***.

Nel 1887 morì Depretis, al quale successe **Francesco Crispi** (1818-1901), già Ministro degli Interni 1877-'78, che fu il primo uomo politico meridionale a ricoprire la carica di Presidente del Consiglio; rimase al potere in un primo momento dall''87 al '91 e poi dopo la caduta del primo **Governo di Giolitti**, causata dalla mancata repressione e dal rifiuto di ricorrere a misure eccezionali nei confronti dei *Fasci siciliani* (1891-1894: furono un movimento popolare di ispirazione democratica che chiedevano la concessione di terre da coltivare e patti agrari più vantaggiosi, poi repressi da Crispi) e dall'emergere dello *scandalo della Banca Romana* riguardo al quale era accusato di aver coperto le irregolarità dell'istituto di credito, dal '93 al '96. Crispi, ex mazziniano, monarchico e fervente nazionalista, ma anche ammiratore di Bismarck, varò leggi sulla sanità pubblica (1888) ed **emanò il nuovo Codice penale Zanardelli** (1889- nel primo Governo, *Giuseppe Zanardelli* fu Ministro di Grazia e Giustizia e Culti) che aboliva la pena di morte e ammetteva il diritto di sciopero. La sua azione politica fu autoritaria, rafforzò il potere esecutivo dello Stato e riordinò l'amministrazione centrale. Con il pontefice Leone XIII tentò di instaurare una politica di conciliazione. Nel contesto della tensione tra Stato e Chiesa, fece erigere a Roma il monumento a Giordano Bruno. Nel 1887, la sua politica protezionista introdusse tariffe doganali a protezione del settore siderurgico e di quello tessile. Nel biennio 1887-1889 Crispi accentrò nella sua persona, oltre alla carica di Presidente del Consiglio, quella di Ministro degli Interni e degli Esteri.

Il 1° febbraio del 1888, fu firmata a Berlino la convenzione militare tra l'Italia e la Germania proposta da Crispi a Bismark nell'ottobre dell'anno precedente con cui si stabiliva che, se fosse scoppiata una guerra tra gli Imperi centrali da una parte e la Francia e la Russia dall'altra, l'Italia avrebbe attaccato la Francia e avrebbe inviato in Germania sei corpi d'armata e tre divisioni di cavalleria perché operassero con l'esercito tedesco.

Il 29 ottobre 1888, con la **Convenzione di Costantinopoli** l'Italia e le maggiori potenze europee stipularono un accordo per l'apertura del Canale di Suez alle navi di tutte le nazioni in tempo di pace e in tempo di guerra.
La nuova **legge comunale e provinciale** del 1888 allargava il diritto di voto per le elezioni amministrative ai cittadini maschi sopra i ventuno anni che sapessero leggere e scrivere o pagassero almeno cinque lire di imposte l'anno.
L'istituto di credito italiano **Banco Ambrosiano** nel 1882 fu posto in liquidazione coatta a causa di pericolose ed oscure speculazioni finanziarie. Ai primi di gennaio del 1894, a causa dei dirompenti disordini, fu proclamato lo stato d'assedio in Sicilia e Lunigiana (protesta dei minatori).
Crispi tentò una vasta azione diplomatica che si concluse con il **Trattato di Uccialli** (1889) in base al quale il governo italiano assumeva la rappresentanza diplomatica del Negus all'estero e, almeno nell'interpretazione del Crispi, stabiliva un vero e proprio **protettorato su tutta l'Etiopia**. Si accordò, inoltre, con i sultani dell'Obbia e della Migiurtinia per il riconoscimento del protettorato italiano sulla costa somala, creando così il **primo nucleo della Somalia italiana**.
Tuttavia, il **Negus Menelik**, successore di Cassa e firmatario del Trattato di Uccialli, consolidatosi sul trono, ruppe gli accordi e dette inizio alle ostilità. Con un esercito di 100.000 uomini sconfisse le truppe del ***maggiore Toselli*** sull'**Amba Alagi**, successivamente quelle del ***maggiore Galliano*** a **Macallè** e infine i 13.000 uomini del ***generale Baratieri*** nella piana di **Adua**.
Nel 1896 Crispi si dimise a causa del fallimento della politica coloniale e scomparve per sempre dalla vita politica nazionale.
La difficile eredità di Crispi venne raccolta da **Antonio Starabba, marchese Di Rudinì**, il quale stipulò con Menelik la **Pace di Addis Abeba** (26 ottobre 1896) con cui l'Italia rinunciava al protettorato sull'Etiopia e otteneva in cambio il possesso dell'Eritrea.
Nel 1896 l'Italia e la Francia stipularono un accordo sulla «**questione tunisina**» che sanciva il riconoscimento italiano del protettorato francese in cambio di garanzie per la comunità italiana.
Di Rudinì cercò di placare gli animi piuttosto scossi nell'interno del Paese sia adottando in politica estera l'anticolonialismo e il riavvicinamento alla Francia sia mediante la concessione di amnistie (nel 1897/1898 introdusse per la prima volta nell'ordinamento italiano la legislazione in materia di assicurazioni e di infortuni) agli artefici di alcuni moti di intolleranza (operai addetti all'estrazione dello zolfo in Sicilia, movimenti operai in Toscana), tuttavia, nel 1898, il carente raccolto del grano e le difficoltà di ottenerne dall'estero, fecero aumentare il prezzo del pane con grave disagio per i più poveri. Si ebbero perciò tumulti nelle Puglie, Marche, Toscana e a Milano, dove le truppe comandate dal ***generale Bava Beccaris*** fecero fuoco sulla popolazione inerme, uccidendo un centinaio di persone (la "**protesta dello stomaco**" è la definizione data dagli storici ai moti milanesi del maggio 1898). Inoltre, alcuni tribunali militari inflissero severe condanne a socialisti, repubblicani e a sacerdoti accusati di vilipendio e incitamento all'odio di classe. Questo provocò la protesta del **Papa Leone XIII** (Gioacchino Pecci), che nel **1891** con l'**enciclica Rerum novarum** aveva già preso posizione nei confronti della questione operaia e aveva di fatto dato impulso alle prime forme di impegno politico dei cattolici (incoraggiò l'attività dei movimenti democristiani o cristiano-sociali e la formazione di associazioni sindacali cattoliche). Ma alle proteste del Papa il governo italiano nemmeno rispose, anzi il re Umberto I conferì un'onorificenza al generale Bava Beccaris per i servigi resi allo Stato (nel 1898 l'avversione popolare contro tutte le istituzioni statali toccò

la sua acme). L'indignazione suscitata nel Paese da tale provvedimento fu di così vasta portata che Di Rudinì si dimise il 18 giugno 1898 e venne sostituito dal **generale Luigi Pelloux** (giugno 1898-maggio 1899), il quale tornò ai metodi repressivi e propose nuove leggi eccezionali alla Camera, come la restrizione della libertà di stampa e di associazione (nel 1899 decise di imporre la chiusura delle Camere a seguito dell'ostruzionismo sulla modifica del regolamento parlamentare). Le prime rivolte si manifestarono in Romagna e Puglia. La politica di Pelloux e Rudinì fu definita reazionaria.
A presiedere il Consiglio fu chiamato il liberale **Giuseppe Saracco**, che riuscì a riportare un po' di calma nel Paese, ma non poté impedire che il 29 luglio 1900 venisse ucciso a Monza il re Umberto I dall'anarchico ***Gaetano Bresci***.

OCCORRE SAPERE

L'era ferroviaria nacque nel 1825 con il viaggio della prima macchina a vapore con servizio regolare in Inghilterra.
Nel 1851 Londra fu teatro della prima esposizione universale.
Nel 1853 l'esploratore **Humphrey Gilbert** occupò l'isola di Terranova.
David Livingstone il 17 novembre 1855, risalendo il fiume Zambesi, scoprì le grandiose cascate alle quali diede il nome ***Vittoria***; nel corso di questo secolo, le sue esplorazioni e quelle di **Stanley** si svolsero in Africa.
A metà del XIX secolo la più popolosa città italiana era **Napoli**.
Nell'Ottocento la borghesia divenne la classe dirigente dell'intera società in quasi tutti i Paesi europei, ma non tutti i borghesi avevano gli stessi mezzi finanziari: infatti, al suo interno questo gruppo sociale era diviso in alta, media e piccola borghesia. I professionisti (medici, avvocati, notai), i magistrati e i professori facevano parte della media borghesia.
L'innovazione tecnologica della realizzazione di trafori alpini risale a un periodo successivo al 1850.
Nel 1863 venne inaugurata la linea ferroviaria Roma-Napoli.
Samuel Morse perfezionò il telegrafo nel 1844, rendendolo un apparecchio universalmente utilizzato.
Leopoldo I fu il primo re dei Belgi, regnando dal 26 giugno 1831 al 10 dicembre 1865.
Di Luigi Menabrea, Generale, uomo politico e scienziato, fu a Capo del Governo dall'ottobre 1867 al maggio 1869.
Il generale **Mac-Mahon** divenne Presidente della Terza Repubblica francese dal 1873.
Nel 1876 **Eugenio Torelli- Viollier** fu il giornalista che fondò a Milano il ***Corriere della sera***.
La **dinamite** fu inventata nel 1867 da **Alfred Nobel**.
La legge della ***selezione naturale*** venne enunciata, nella seconda metà dell'Ottocento, da **Charles Darwin**, naturalista che rivoluzionò la teoria dell'evoluzione.
L'**Australia** venne inizialmente utilizzata dall'Inghilterra come colonia penale.
Il **motore a scoppio** venne progettato e diffuso nel corso degli anni '80 dell'Ottocento.
Tra gli ultimi 20 anni del XIX secolo e i primi 15 del XX secolo si ebbe la cosiddetta "**Grande emigrazione**".
La prima donna italiana a essersi battuta, tra la fine del 1800 e l'inizio del 1900, per il voto alle donne fu **Anna Maria Mozzoni**.
Sidney Sonnino, deputato della Destra storica, scrisse il famoso articolo ***Torniamo allo Statuto***, pubblicato il 1° gennaio 1897 nella rivista **Nuova Antologia**, nel quale aveva avanzato la proposta del ritorno al sistema Costituzionale puro. Sonnino è anche ricordato per un'importante inchiesta parlamentare sulla miseria e l'arretratezza sociale nel Mezzogiorno.
Nel 1898 a Fascioda, nel Sudan meridionale, un incidente di frontiera coinvolse le due grandi potenze coloniali Francia e Inghilterra che giunsero ad un passo dallo scontro armato.
Per arrivare alla firma del Trattato della **Triplice Intesa**, Gran Bretagna, Francia, Russia avevano prima dovuto risolvere tra loro dei conflitti riguardanti le colonie.
Il movimento politico e ideologico volto alla creazione di uno Stato ebraico in Palestina fu denominato sionismo; nacque nel 1895.
L'**Action Française**, fondato nel 1899 da *Henri Vaugeois* e da *Maurice Pujo*, fu un movimento politico francese di ispirazione antiparlamentare e antidemocratica.
Agli inizi del XX sec. la situazione interna in Russia fu che il nuovo zar Nicola II (figlio di Alessandro III) restò ancorato a metodi di ***governo conservatori***, mentre negli **USA**, il Paese più progredito, iniziò in questi anni la

politica del ***progressismo*** (l'ultimo grande conflitto armato tra gli Stati Uniti e i popoli nativi fu il **Massacro di Wounded Knee** nel 1890).
Durante l'800 appartenevano alla Spagna le numerose colonie dell'**America Latina**.
Michail Bakunin (1814-1876), filosofo, rivoluzionario e anarchico russo, fu uno dei più noti teorici e attivisti del movimento anarchico moderno.
Il **Romanticismo** fu il movimento che investì la filosofia, la storiografia, la letteratura e l'arte e contribuì, nel corso dell'Ottocento, ad affermare l'idea di Nazione.
Antonio Meucci (Firenze 1808 – New York 1889) inventò l'apparecchio telefonico (teletrottofono).
Il pensiero di **Giuseppe Toniolo** (Treviso 1845-Pisa 1918) economista e sociologo fu alla base del sindacalismo cattolico.
Antonio Labriola, filosofo, contribuì sul piano dottrinale alla costruzione del socialismo italiano.
Negli ultimi anni dell'Ottocento **Guglielmo Marconi** intraprese esperimenti di telegrafia senza fili.
Società Edison fu il nome della prima industria idroelettrica italiana (1884).
Filippo Turati al fine di discutere e affrontare i problemi della società italiana fondò (1891) il periodico "***Critica sociale***".
Possono essere definiti ***Meridionalisti*** gli studiosi e politici: De Viti, De Marco, Fortunato, Salvemini.
Charles-Maurice de Talleyrand- Périgord fu un personaggio francese, morto nel XIX secolo, che viene considerato uno tra i maggiori esponenti del camaleontismo politico.
Nel 1893 fu istituita la **Banca d'Italia**.
Con il termine "***plebiscito***" si indica ogni diretta manifestazione di volontà del popolo riguardo a questioni relative alla struttura dello Stato o alla sovranità territoriale.
La città di Pietrelcina ha dato i natali a Padre Pio il 25 maggio 1887; morì a San Giovanni Rotondo (FG) il 23 settembre 1968.
Don Alfonso Maria Fusco, esponente cattolico, venne arrestato a Milano nel maggio 1898.
Nel 1899 nasce la **FIAT**.

Capitolo 2
L'inizio del '900 e la Prima Guerra Mondiale

2.1 Dall'età giolittiana alla vigilia della Prima Guerra Mondiale

Al trono del Regno d'Italia successe **Vittorio Emanuele III** (1901-1947), figlio di Umberto I, che inaugurò un nuovo corso politico, improntato alla più rigida legalità costituzionale.
Nel novembre 1901, l'obiettivo finale delle «***leghe rosse***», riunitesi nella Federazione italiana dei lavoratori della terra (*Federterra*), era la socializzazione della terra.
Nel 1901 cadde il ministero Saracco a seguito di una serie di scioperi nel settore industriale e il 15 febbraio, fino al 3 novembre 1903, il Governo venne affidato a **Giuseppe Zanardelli** (suo Ministro degli Affari Esteri fu **Giulio Prinetti**) che, d'accordo con il Ministro degli Interni **Giovanni Giolitti**, concesse un'amnistia ai condannati politici e consentì ampia libertà di associazione, di propaganda e di sciopero. Nel giugno 1902 fu istituito il ***Consiglio Superiore del Lavoro*** (l'organo consultivo per la legislazione sociale). Il Governo Zanardelli-Giolitti migliorò la legislazione in materia di lavoro minorile e in materia di assicurazioni e di infortuni introdotte per la prima volta nel 1897/'98 da Antonio di Rudinì.
Nel 1903 morì il Papa Leone XIII al quale successe **Pio X** (Giuseppe Melchiorre Sarto), che attenuò il "non expedit" con la formula "cattolici deputati, sì; deputati cattolici, no". Con l'enciclica «**Pascendi**» espresse nel 1907 la condanna del movimento culturale del modernismo.
Nello stesso anno a Zanardelli successe il liberale **Giovanni Giolitti**, (1842-1928), che mantenne la sua opera di statista fino al 1914 (guidò il primo governo nel 1892, i successivi nel 1903-'05, 1906-'09, 1911-'13 e l'ultimo nel 1920). Giolitti avrebbe voluto che al suo secondo governo partecipassero i rappresentanti della sinistra socialista. Nel 1904, sotto il suo Governo, ci fu il primo sciopero generale nazionale italiano; nel corso di una manifestazione di minatori si verificò l'«**eccidio proletario**». Nello stesso anno sorse a Napoli il centro siderurgico di Bagnoli.
Nel 1905 Giovanni Giolitti perse l'appoggio della maggioranza e **Alessandro Fortis** fu incaricato di formare il nuovo governo. In tale periodo fu istituita l'"Amministrazione autonoma delle Ferrovie dello Stato".
L'"**età giolittiana**" coincise con l'ondata di emigrazione italiana verso l'America del nord e del sud (meta principale). Infatti, tra il 1900 e il 1914 ci fu un esodo dall'Italia verso Paesi stranieri che offrissero lavoro; partirono circa 8 milioni di italiani.
Durante il suo governo migliorò l'economia e le opere pubbliche (tra l'altro venne esteso l'obbligo dell'istruzione elementare fino al dodicesimo anno di età con la **Legge Orlando**); limitò l'orario di lavoro (1906); introdusse il suffragio universale nel 1912 e nelle elezioni dell'anno successivo poterono votare i maschi in età superiore ai trent'anni, anche se analfabeti, e coloro che, avendo compiuto 21 anni, fossero non analfabeti e in regola con il servizio militare (la percentuale della popolazione votante salì al 24,5%); amministrò sapientemente il denaro pubblico tanto che il bilancio dello Stato fu in «notevole avanzo», nono-

stante le gravi calamità che colpirono il Paese, tra cui l'eruzione del Vesuvio del 1906 e il terremoto di Messina nel 1908. Il programma di Giolitti, tornato al governo nella primavera del 1911, si incentrava sui progetti di riforma elettorale e monopolio statale delle assicurazioni sulla vita.
Alla base di alcuni provvedimenti da lui adottati, quali le leggi a tutela del lavoro minorile e femminile, riconoscimento del sindacato, previdenza infortuni e vecchiaia, ci fu il problema sociale trattato nell'enciclica "**Rerum Novarum**".
Stipulò nel 1913 il "**Patto Gentiloni**" in vista delle elezioni, con cui i cattolici organizzati nell'Unione Elettorale Cattolica si accordarono con i liberali per sostenere quei candidati che assumevano l'impegno di non promuovere una politica anticlericale e a non votare leggi ostili ai postulati cattolici.
In **politica estera** rispettò il trattato della Triplice Alleanza con l'Austria e la Prussia, ma lo ritenne un patto esclusivamente difensivo (ciò fu deciso nel 1902 secondo la linea del Ministro degli Esteri Emilio Visconti Venosta), mentre fece di tutto per favorire l'espansione francese nel Marocco in cambio di un consenso per un'eventuale penetrazione italiana in Tripolitania (nel 1902) e in Cirenaica (attuale Libia), territori sottoposti solo formalmente al sultanato turco di Costantinopoli. Accordi simili furono firmati anche con l'Inghilterra e la Russia. Italia e Russia firmarono, nel 1909, l'**accordo segreto di Racconigi**, per il mantenimento dello *status quo* nei Balcani.
Tommaso Tittoni, in qualità di Ministro degli Esteri del II e del III Governo Giolitti, condusse una politica di massima fedeltà alla Triplice Alleanza, ma i rapporti tra Italia ed Impero austro-ungarico nel 1908 cominciarono a indebolirsi e a deteriorarsi perché l'Austria - Ungheria aveva annesso la Bosnia-Erzegovina, senza consultarsi preventivamente con l'Italia.
Quando nel 1911 la Francia dette inizio alla conquista del Marocco, l'Italia riprese l'iniziativa coloniale e, prendendo come pretesto alcuni incidenti verificatisi a Tripoli a danno di alcuni cittadini italiani, dichiarò guerra alla Turchia. Pochi giorni dopo, un corpo di spedizione comandato dal ***generale Caneva*** sbarcò a Tripoli e, dopo aver riportato una vittoria a **Ain Zara**, occupò tutta la fascia costiera fino a Tobruk. La marcia nell'interno fu più lenta a causa del terreno accidentato e dell'azione di guerriglia della popolazione locale. Il governo fu perciò costretto ad attuare un nuovo piano d'azione: sbarcò truppe a Rodi e in altre 11 isole dell'Egeo (Dodecaneso) e in breve tempo le occupò, mentre il comandante ***Enrico Millo*** con cinque torpediniere penetrava nello stretto dei Dardanelli, dimostrando che nemmeno Costantinopoli poteva considerarsi sicura.
Il Sultano chiese l'armistizio e, il 18 ottobre 1912, firmò la **Pace a Losanna**, che riconosceva all'Italia il possesso di Tripolitania e Cirenaica, territorio che chiamò Libia; s'impegnò altresì a far cessare la guerriglia. Il Dodecaneso, nel Mar Egeo, che avrebbe dovuto essere restituito ai turchi alla fine del conflitto, invece restò sotto l'amministrazione provvisoria dell'Italia fino al 1923. L'Italia riconosceva l'autorità religiosa del Sultano sulle popolazioni musulmane.
Romolo Murri, sacerdote dalle posizioni riformiste, diede vita, il 20 novembre 1905 a Bologna, alla **Lega Democratica Nazionale**, un movimento di ispirazione cattolica.
Nel maggio 1906, veniva inaugurato il traforo del Sempione, realizzato con finanziamenti pubblici.
Nello stesso anno nacque la **Confederazione Generale del Lavoro (CGdL)** a Milano ed il primo Segretario generale fu il riformista ***Rinaldo Rigola***, già in precedenza a capo del Segretariato Centrale della Resistenza, la struttura costituita nel 1902 con l'obiettivo di trovare la sintesi politica tra le spinte radicali dei rivoluzionari, che guidavano gran parte delle Came-

re del Lavoro, e le posizioni moderate dei riformisti, a capo delle principali Federazioni di mestiere e industriali. **Francesco Saverio Nitti** (primo deputato radicale e Presidente del Consiglio, successore di Giolitti) diresse l'inchiesta sui contadini meridionali, i cui risultati furono pubblicati nel 1909.

Nel 1911 il tasso di analfabetismo del Mezzogiorno era intorno al 60%.

Leonida Bissolati, dopo essere stato espulso dal Partito Socialista, nel 1912 fondò il **Partito Socialista Riformista Italiano**.

Tra il 7 e il 14 giugno 1914 si verificò la "***Settimana rossa***"; fu un'insurrezione popolare scoppiata ad Ancona e propagatasi dalle Marche alla Romagna, alla Toscana e ad altre parti d'Italia, come reazione all'eccidio di tre manifestanti avvenuto ad Ancona ad opera della forza pubblica.

Occorre Sapere

Il **movimento suffragista** lottava per il diritto di voto alle donne.

Nel 1901 **Guglielmo Marconi** compì la prima trasmissione transatlantica di segnali **radio**.

Nel 1901 fu istituito il **Premio Nobel** in seguito alle ultime volontà di Alfred Bernhard Nobel (1833-1896), chimico e industriale svedese e inventore della dinamite e della balistite. In tale anno fu assegnato il 1° Premio. La cerimonia per la consegna di tale premio avviene ogni anno a Stoccolma. **Ernesto Teodoro Moneta** fu l'unico italiano ad aver ricevuto, nel 1907, il Premio Nobel per la Pace.

Florence Nightingale era l'infermiera britannica, vissuta tra il 1820 e il 1910 considerata la fondatrice del **"nursing" moderno**.

Selma Lagerlöf, scrittrice svedese, ha vinto nel 1909 il premio Nobel per la letteratura.

Nel 1913, il democratico **Woodrow Wilson** divenne Presidente degli USA.

Nel 1914 furono ultimati i lavori di costruzione del Canale di Panama.

La **Lega Spartachista**, era un movimento rivoluzionario socialista organizzato, nata in Germania durante la Grande guerra.

Il ***Futurismo*** e il ***Decadentismo*** furono i movimenti artistici, in un certo senso, precursori del fascismo.

2.2 La situazione nel resto del mondo agli inizi del XX secolo

2.2.1 La situazione economica

All'inizio del XX secolo l'Europa attraversò un periodo di sviluppo, spensieratezza, fede nel progresso che, dopo il dramma della grande guerra, venne definito con qualche nostalgia **Belle époque**. Non a caso, l'affondamento del ***Titanic*** avvenuto nel 1912 fu considerato il più bel sogno infranto di quel periodo.

Le grandi industrie, per accrescere i profitti, studiarono il modo di utilizzare gli operai come se fossero macchine, al fine di organizzarne il lavoro nella maniera più produttiva. Negli **Stati Uniti d'America**, si diffuse presto l'**organizzazione scientifica del lavoro** che prevedeva le catene di montaggio e il controllo cronometrico delle operazioni di ogni operaio; tale tipo di organizzazione fu chiamata **taylorismo**, dal nome dell'ingegnere che per primo la propose, **Frederick Winslow Taylor**.

Nel frattempo, in **Germania** si era verificato il maggior sviluppo dell'industria pesante. Le classi dirigenti, l'industria, la finanza e gli **Junker** (**aristocrazia terriera della Prussia**) formarono il **nucleo imperialistico** iniziando a nutrire forti ambizioni da potenza industriale.

A seguito dell'industrializzazione si sviluppò il fenomeno dell'**urbanesimo**, consistente nello spostamento di masse di lavoratori dalle campagne alle città.

2.2.2 Le tensioni internazionali

I Paesi europei furono spinti a una folle **corsa agli armamenti** a causa della politica imperialistica delle potenze mondiali, suscitata dalle conquiste coloniali, dall'espansione industriale e dal crescente potere dei grandi gruppi capitalistici.

Peggiorarono i rapporti fra Germania e Inghilterra per via dei contrasti creatisi a causa della questione del Marocco e dei Balcani e si allentò così il Patto della Triplice Alleanza, mentre diveniva più forte l'intesa fra Francia, Russia e Inghilterra.

Francia e Inghilterra, per fronteggiare l'imperialismo tedesco, firmarono, nel 1904, l'**Intesa cordiale** (estesa nel 1907 alla Russia con il nome di **Triplice Intesa**), in cui si lasciava via libera alla Francia in Marocco, ambito dalla Germania.

In Inghilterra fu fondato nel 1900 il **Partito laburista**. Nel 1904 il Regno Unito, approfittando dei disordini interni all'Impero cinese, invase temporaneamente il Tibet costringendo il Dalai Lama a fuggire in Mongolia; l'**I.R.A.**, organizzazione clandestina irlandese, dal 1906 rivendicò l'indipendenza del proprio Paese dalla Gran Bretagna.

In **Russia**, lo zar **Nicola II** (1894-1917) sposato con **Alessandra Feodorovna Romanova**, si mostrava improntato al conservatorismo; nel Paese, dove fino ai primi del '900 vigeva una monarchia assoluta, tre milioni di operai e la maggior parte dei contadini vivevano ai limiti della sussistenza. Nel 1898 nacque il **Partito Socialdemocratico** che, nel 1903, ai congressi di Bruxelles e Londra, si divise in **bolscevichi**, la maggioranza seguace di **Lenin**, pseudonimo di **Vladimir Ilic Uljanov** (1870-1924), sostenitore di un partito unitario che guidasse il proletariato alla rivoluzione in breve tempo, e **menscevichi**, la minoranza, favorevoli a un governo democratico borghese di **Martov**. Il malcontento del popolo russo contro lo zar esplose nel 1905 a seguito della sconfitta russa nella guerra russo-giapponese. Ci furono disordini (ad Odessa si ribellarono i marinai della corazzata **Potemkin**) che culminarono nella **Domenica di sangue** (il 22 gennaio, a San Pietroburgo, l'esercito sparò sui dimostranti uccidendo 1000 persone) e che favorirono la nomina di un **soviet** dei lavoratori. Il 15 maggio 1905 in un distretto tessile di Mosca nacque ufficialmente il primo **Soviet** della Rivoluzione russa, una piattaforma rivendicativa dei lavoratori e degli operai della zona; nell'ottobre del 1905, lo zar pubblicò un documento, chiamato poi "**Manifesto di ottobre**", con il quale concedeva una Costituzione e proclamava i basilari diritti civili per tutti i sudditi. Nel 1905, lo zar concesse l'elezione di una prima **Duma** (assemblea a carattere consultivo del Parlamento = camera bassa in cui il blocco liberale era rappresentato dal **Partito dei Cadetti**), tramando la repressione. Fece arrestare i soviet, sopprimendo una successiva manifestazione di protesta scoppiata a **Mosca** nel dicembre 1905.

In Estremo Oriente, il **Giappone**, dopo aver combattuto e vinto contro la Russia (guerra russo-giapponese che scoppiò a causa delle mire dei due Paesi sulla Manciuria e sulla Corea e successiva **Pace di Portsmouth**, 1905) con la **Battaglia di Tsushima**, che segnò la sconfitta della flotta russa, affermò la propria egemonia in Corea.

Nel 1905 e nel 1911, in **Marocco**, si verificarono due crisi internazionali, definite **crisi marocchine**. Queste crisi coinvolsero diversi Paesi europei che aspiravano alla colonizzazione del Marocco:

- **Prima crisi marocchina** (31 marzo 1905): Guglielmo II si recò a Tangeri, proclamando il suo Paese tutore dell'indipendenza marocchina. Nella successiva **Conferenza di Algeciras** (1906), la diplomazia tedesca si trovò isolata e la Francia riuscì a mantenere il Marocco nella propria sfera d'influenza. Anche l'Italia prese le distanze dalla rivendicazione tedesca sul Marocco. Lo zar si avvicinò all'Inghilterra dopo una prima simpatia per la Germania e, il 31 agosto 1907, firmò la **Triplice Intesa**.

- **Seconda crisi marocchina** (1° luglio 1911): la Francia, ignorando le clausole degli accordi di Algeciras, occupò le città di **Fez, Meknes e Rabat**; Guglielmo II fece attraccare la cannoniera **Panther** nella baia di **Agadir**. L'Inghilterra prese subito le difese di Parigi, e la Germania rinunciò al Marocco in cambio di una parte del **Congo Francese**.

Nei **Balcani** si accentuava la tensione tra **Austria** e **Russia**. Vienna, che nel 1867 aveva occupato la **Bosnia-Erzegovina**, ne proclamò l'annessione nel 1908: il momento risultava favorevole visto che la Turchia, a cui apparteneva la Bosnia, era scossa dalla rivolta dei **Giovani Turchi** contro la politica retriva del califfo. La Bulgaria si proclamò indipendente, la **Serbia**, legata alla Russia, protestò per l'annessione austriaca della Bosnia, considerata parte del territorio serbo. Intervenne la Germania, minacciando Mosca di appoggiare l'Austria qualora essa non ne avesse riconosciuto l'azione.
In **Messico**, la rivoluzione iniziata nel 1910, per porre fine alla dittatura del Generale **Porfirio Díaz**, terminò nel 1917 con il varo di una nuova Costituzione. Le **forze zapatiste** della rivoluzione messicana erano costituite in larga parte da contadini guidati da **Emiliano Zapata** e **Pancho Villa**.
La **Guerra italo-turca** (1911) per la Libia fu la guerra di cui, nel 1912, approfittarono **Serbi, Bulgari, Montenegrini e Greci** contro l'Impero ottomano che in poco tempo perse quasi tutti i possedimenti nei Balcani (**Prima Guerra balcanica**, e **Pace di Londra**, 30 maggio 1913). Una delle conseguenze di questa Prima Puerra balcanica fu l'indipendenza dell'Albania. Poco dopo scoppiò una **Seconda Guerra balcanica** causata dai disaccordi tra Serbia e Bulgaria sulla spartizione della Macedonia, conclusasi con la disfatta bulgara. Con la **Pace di Bucarest** (agosto 1913), la Tracia tornò alla Turchia, la Dobrugia meridionale andò alla Romania, mentre gran parte della Macedonia fu spartita tra Serbia e Grecia.
La **Cina**, invece, grazie alla riforma delle proprie strutture, riuscì a diventare una grande potenza. Nel 1895 aveva ceduto la **Corea** e **Formosa** al Giappone e nel 1897 **Port Arthur** alla Russia. Nel 1900 la setta segreta dei **boxers**, movimento insurrezionale popolare di carattere xenofobo e anticristiano che prese piede a partire dal 1898, protetta dall'imperatrice vedova **Tzu-hsi**, insorse contro gli occidentali attaccandone le legazioni "**rivolta dei boxer**". La rivolta fu fermata da un gruppo militare internazionale e si concluse nel 1901 con la firma del "**Protocollo dei boxer**". Alla Cina fu imposta una pesante indennità e l'obbligo di concedere nuove basi agli occidentali (all'Italia spettò **Tien Sin** territorio occupato colonialmente dal Regno fino al 1943). Questa rivolta comportò negli 11 anni che seguirono il crollo definitivo del millenario impero cinese.

2.3 La Prima Guerra Mondiale e i Trattati di Pace

2.3.1 Inizio delle ostilità e primo anno di guerra (1914)

Durante una visita a Sarajevo, il 28 giugno 1914, l'**arciduca Francesco Ferdinando**, presunto erede al trono austro-ungarico, venne assassinato insieme alla moglie da un nazionalista serbo (***Gavrilo Princip***), membro di una organizzazione indipendentista.
L'Austria, il 23 luglio, inviò un ultimatum alla Serbia in cui le imponeva di unirsi nella repressione dei ribelli slavi; al suo rifiuto l'Austria dichiarò guerra il **28 luglio 1914**, ignorando l'avvertimento ricevuto dalla Russia che si mobilitò il **30 luglio**. Al di là di questa occasione che la scatenò, la Prima Guerra Mondiale ebbe motivi più profondi come: le tensioni originate dalle spinte nazionali all'interno dei grandi imperi multietnici; la rivendicazione di

Alsazia e Lorena da parte della Francia a cui la Germania le aveva strappate nella guerra del 1870-1871; la rivalità austro-russa nei Balcani; la competizione coloniale e marittima tra Germania, Inghilterra e Francia.
La **Germania** dell'imperatore Francesco Giuseppe rispose dichiarando **guerra alla Russia** il **1° agosto** e il **3 agosto** alla **Francia** che, ignorando l'ultimatum tedesco, aveva ordinato la mobilitazione generale.
Il Presidente della Repubblica francese **Raymond Poincaré** invitò, il 4 agosto, i partiti ed i ceti sociali a difendere tutti insieme la patria allo scoppio della guerra, suggerimento accolto all'unanimità; nacque così l'**Union sacrée**, la coalizione nazionale di governo. Essa seppe resistere sostanzialmente sino alla fine del conflitto.
I tedeschi comandati da ***Helmuth Bernhard von Molke*** violarono la neutralità del **Belgio**, penetrarono di sorpresa nel nord francese e ottennero il primo successo. L'**Inghilterra** il **4 agosto** decise di intervenire immediatamente al fianco della Francia.
Nonostante la netta prevalenza inglese sui mari, gli attacchi a sorpresa dei tedeschi furono estremamente efficaci e privarono la Francia di tutte le regioni nord-orientali, più industrializzate. Anche Parigi venne a trovarsi in serio pericolo per cui, mentre le armate del ***generale Joffre*** si attestavano sulla Marna, il governo decise di trasferirsi a **Bordeaux**, per proteggere i propri territori dal Mare del Nord fino al Mare Mediterraneo. Gli attacchi francesi dalla **Marna (5-12 settembre**) costrinsero i tedeschi a retrocedere sulla **Somme**. Ciò contribuì all'irruzione dei Russi nella Prussia orientale. L'esercito sovietico sfondò a sud nella Galizia, minacciando da vicino il territorio ungherese, ma nelle **battaglie di Tannenberg** e dei **Laghi Masuri** i Tedeschi respinsero l'offensiva russa. I tedeschi si mossero seguendo le direttive del ***piano Schieffen*** (elaborato nel 1905, che mirava a schiacciare la Francia e la Russia, tenendo lontano dal conflitto la Gran Bretagna).
Sul fronte occidentale, le truppe anglo-francesi si spostarono dalla Marna per raggiungere le coste della Manica dove riuscirono a conservare i porti di Calais e di Dunkerque, molto importanti per i loro collegamenti. La Francia approntò la complessa linea di fortificazione denominata **Linea Maginot**, una linea estesa da nord-ovest a sud-est, che rimase pressoché invariata fino al 1918.
Da guerra di spostamento promossa inizialmente dai tedeschi si passò a quella di **posizione e trincea** (per questo la prima guerra mondiale fu definita "**guerra di logoramento**"), a vantaggio degli Alleati, che poterono finalmente effettuare la mobilitazione delle loro risorse. Il comando delle truppe tedesche passò intanto al ***generale Falkenhayn***, mentre gli Alleati poterono contare sull'intervento del **Giappone**, al loro fianco dal **23 agosto**.
Gli Imperi centrali, a loro volta, furono avvantaggiati dall'intervento della **Turchia** (29 ottobre) che riuscì ad impedire costantemente qualsiasi tentativo di comunicazione fra gli Stati occidentali e la Russia attraverso il Bosforo e i Dardanelli. Si mise in evidenza nel corso del tentativo britannico di sfondamento dei Dardanelli il militare turco ***Mustafà Kemal Atatürk***.

2.3.2 Secondo anno di guerra (1915)

Gli austro-tedeschi furono ostacolati dal **blocco navale** imposto dall'Inghilterra che impediva alla Germania di ricevere per mare rifornimenti di viveri e materiale da guerra. A partire dal febbraio del 1915 i tedeschi, approfittando della superiorità dei loro sommergibili, cominciarono ad affondare qualsiasi nave diretta al fronte occidentale. Al largo delle isole Falkland (Atlantico), questi due Paesi diedero vita al **primo scontro navale** (8 dicembre, con la vittoria della Gran Bretagna). Durante uno di quegli attacchi, il 7 maggio 1915 venne affondato il transatlantico inglese ***Lusitania***, provocando la morte di quasi mille passeggeri fra cui più di

cento americani. Gli Stati Uniti sollevarono una formale protesta che indusse i tedeschi a comportarsi con maggiore cautela nella loro guerra sottomarina.
Durante la seconda battaglia di **Ypres** (Belgio), tra aprile e maggio, i tedeschi iniziarono ad utilizzare su vasta scala le armi chimiche, in particolare gas asfissianti al cloro.
Sul fronte orientale, i tedeschi cacciarono tutti i russi dal territorio della Polonia e in seguito alla loro ritirata, l'Austria-Ungheria poté finalmente attaccare la Serbia più a fondo, mentre nel 1914 le sue campagne avevano avuto esiti alterni.
Dopo complesse vicende interne, anche l'**Italia** intervenne nella guerra, **24 maggio 1915**, al fianco dell'**Intesa**. Le truppe italiane cominciarono a mettere in difficoltà gli austriaci con ripetute *offensive sull'Isonzo*, ma nel contempo la situazione nei Balcani iniziò a precipitare.

La posizione dell'Italia

I termini dell'ultimatum che l'Austria inviò alla Serbia nel 1914 furono tali da consentire al governo **Salandra**, succeduto al Giolitti nel marzo 1914, di dichiarare lo stato di **neutralità dell'Italia** (3 agosto 1914), senza per questo mancare agli impegni della Triplice Alleanza, infatti l'Austria aveva dichiarato la guerra senza informare l'Italia e aveva iniziato una guerra offensiva. L'opinione pubblica presto restò divisa fra **interventisti neutralisti**.
Fra gli **interventisti** spiccavano i repubblicani di origine mazziniana, liberali antigiolittiani e nazionalisti di destra, sindacalisti rivoluzionari, gli irredentisti, i democratici, i radical-progressisti, tutti con la comune volontà di schierarsi al fianco dell'Intesa per continuare, in un certo senso, le lotte risorgimentali per l'indipendenza nazionale, nonché per dimostrare solidarietà alla Francia ed all'Inghilterra, grandi potenze democratiche occidentali.
Non mancarono, però, le incitazioni dei "nazionalisti" imperialisti, inneggianti alla guerra come strumento per affermare la propria potenza e come bene in se stessa.
Uno fra i maggiori interventisti in Italia fu **Benito Mussolini**, già dal settembre 1914 direttore dell'"**Avanti!**" (1912-1914) ed esponente dell'ala rivoluzionaria del **Partito Socialista**, che venne espulso dal partito a causa delle sue idee interventistiche e prese a pubblicare "***Il Popolo d'Italia***", promulgando ideali nazional-rivoluzionari con cui indicava la guerra come *"evento tragico col quale dare origine ad una rivoluzione"*. Queste ideologie rivoluzionarie, tese all'intervento italiano, furono fra l'altro appoggiate dagli anarchico-sindacalisti, con a capo ***Arturo Labriola***, in passato aperto sostenitore della campagna contro la Libia.
Gabriele D'Annunzio fu convinto assertore dell'interventismo e portavoce dei nazionalisti. Egli pronunciò la famosa "***Orazione per la Sagra dei Mille***" il 3 maggio del 1915 durante l'inaugurazione del monumento ai Mille a Quarto (GE). Altro interventista era ***Ivanoe Bonomi***.
I **neutralisti** furono essenzialmente i socialisti, contrari all'intervento in quanto consideravano la guerra un affare esclusivamente borghese e capitalistico, i liberali giolittiani, i cattolici, gli esponenti dell'industria leggera. Allorché l'Italia entrò nel conflitto, i socialisti adottarono il motto "*né aderire, né sabotare*", impraticabile per un verso e per l'altro rivelatore della loro estraneità ed indifferenza agli interessi della nazione. Non così perentori furono i neutralisti cattolici, non ancora uniti in partito.
Il *Corriere della Sera* nella battaglia tra interventisti e neutralisti assunse una posizione favorevole all'intervento.
Benedetto XV (Cardinale Giacomo Della Chiesa), succeduto nel 1914 a Pio X, definirà il conflitto dapprima "*suicidio dell'Europa civile*", poi nel 1917 "*inutile strage*" facendo riferimento all'evacuazione del Belgio, e "*orrenda carneficina*". Egli lasciò libera iniziativa alle organizzazioni cattoliche, le quali dapprima rimasero decise nella loro posizione neutrale, dato che la guerra avrebbe comportato l'ostilità anche nei confronti della cattolicissima Austria.

Tuttavia, il laicato cattolico operò in seguito una distinzione fra neutralismo assoluto, al quale si attenne la Chiesa, e l'atteggiamento dei fedeli, liberi di prendere qualsiasi posizione a seconda dei sentimenti e degli interessi. Rigoroso, invece, fu il ***neutralismo di Giovanni Giolitti***, condiviso da ampi strati dell'opinione pubblica.
Tra le varie polemiche il governo Salandra, nel cui Ministero degli Esteri era ***Sidney Sonnino***, tentò più volte di scendere a patti con l'Austria, senza risultato, per cui nel marzo 1915 cominciò a prendere contatti con l'Intesa. Il 26 aprile le trattative si conclusero col **Patto segreto di Londra**, col quale l'Italia s'impegnava a schierarsi entro un mese contro gli Imperi centrali, mentre in cambio avrebbe ottenuto il Trentino e il Sud Tirolo, l'Istria (tranne Fiume) e la Dalmazia. Un'ulteriore clausola, nel caso si fosse verificata la spartizione della Turchia, consentiva all'Italia anche l'annessione definitiva del Dodecaneso ed eventuali compensi territoriali in Adalia, nella Turchia meridionale.
Dopo il Patto di Londra, nel quale si stabilì l'intervento italiano, seguirono notevoli manifestazioni di piazza tra neutralisti ed interventisti: a favore della guerra erano le manifestazioni di piazza cd. "**radiose giornate di maggio**" del 1915.
Il Parlamento, dal canto suo, osteggiò l'iniziativa del Salandra, anche di fronte alla realtà dei fatti, e si ostinò ad appoggiare le ideologie di Giolitti; Salandra, sconfitto, si ritirò nella sua residenza. Tuttavia, la Camera il 20 maggio votò per l'intervento, con la sola astensione dei socialisti, e il **24 maggio** del **1915** l'Italia dichiarò **guerra all'Austria**. Le cause sono da ricercare nelle manifestazioni popolari interventiste e nelle pressioni della corona.
Il patriota irredentista trentino ***Cesare Battisti***, allo scoppio della guerra, si era arruolato volontario nell'esercito italiano, fu fatto prigioniero dagli austriaci e condannato a morte unitamente a ***Fabio Filzi***, impiccato come disertore. Stessa sorte toccò a ***Nazario Sauro***, nativo di Capodistria, impiccato per alto tradimento dalla Giustizia austroungarica.

2.3.3 Terzo anno di guerra (1916)

A febbraio i tedeschi attaccarono violentemente **Verdun** (in questa battaglia la guerra di trincea raggiunse il suo apice) con perdite inimmaginabili da entrambe le parti, tuttavia lo scopo dei tedeschi venne raggiunto, infatti il fronte occidentale fu nuovamente mobilitato.
L'Italia, nel frattempo, era impegnata nella ***battaglia dell'Isonzo***, che venne interrotta a maggio poiché a nord gli austriaci effettuarono la cosiddetta "***spedizione punitiva***" (***Strafexpedition***). Tra l'Adige e il Brenta, sugli altopiani di Asiago e di Lavarone, gli schieramenti italiani furono attaccati sul fianco sinistro e l'intenzione austriaca fu proprio quella di sfondare in quel punto per farli retrocedere totalmente.
La controffensiva italiana fu molto efficace, tanto che, neutralizzata l'Austria sull'Altopiano di Asiago, riconquistò tutti i territori (anche **Gorizia**). Impegnando le truppe del fronte orientale per la spedizione punitiva, l'Austria permise alla Russia di condurre una vittoriosa offensiva, comandata dal ***generale Brusilov*** che, sfondando nella Polonia meridionale, riuscì ad entrare in Bucovina e Galizia, minacciando nuovamente l'Impero Austro-ungarico come nel 1914.
Sul fronte occidentale, dopo l'attacco a Verdun, i tedeschi condussero a luglio una controffensiva con la **battaglia della Somme**, del 15 settembre nella quale furono per la prima volta impiegati i **carri armati** (chiamato ***Big Mother***) dall'esercito britannico. L'esito fu negativo e le perdite enormi per entrambe le parti.
Dopo i successi del Brusilov anche la **Romania** intervenne nella guerra, al fianco dell'Intesa, ma tale intervento si rivelò disastroso sia per la nazione stessa che per gli Alleati, infatti, stretta fra Austria-Ungheria e Bulgaria, venne interamente occupata e divenne la fonte dei rifornimenti alimentari e petroliferi degli Imperi centrali.

Nel 1916, il 31 maggio, avvenne la **battaglia navale dello Jütland**, prima vera e propria di tutta la guerra. La flotta tedesca d'alto mare cominciò ad attaccare una squadra di incrociatori inglesi, nello Skagerrak, a ovest della penisola di Jütland, infliggendole numerosissime perdite, ma quando intervenne il resto della flotta inglese, i tedeschi dovettero ritirarsi.
In giugno, intanto, in Italia entrò in crisi il ministero Salandra, che venne accusato di essere responsabile dei gravi rischi corsi dall'esercito italiano in occasione della spedizione punitiva dell'Austria. Egli si dimise e a lui successe **Paolo Boselli**, che mantenne ***Sonnino*** al Ministero degli Esteri. Si trattò di un "*ministero della concordia per la guerra e la vittoria*" ovvero di un governo di solidarietà nazionale che cercò di stabilire rapporti più stretti e coordinati con gli Alleati e, a scanso di equivoci, dichiarò formalmente guerra anche alla **Germania** il **28 agosto**.

2.3.4 Quarto anno di guerra (1917)

Fu l'anno decisivo per ciascun Paese e per la Russia zarista quello del definitivo tracollo. La **Grecia** dichiarò guerra all'Impero Ottomano dopo che il re **Costantino I** fu indotto dalla presenza delle truppe del **generale Sarrail** a Salonicco a lasciare il Paese nelle mani del primo Ministro **Vanizelos**.
Nel dicembre 1916 gli Imperi centrali chiesero la mediazione del Presidente degli Stati Uniti Wilson, avanzando generiche proposte di pace. Fu un'azione soprattutto tendente a favorire il disfattismo.
Nel gennaio del 1917 gli austro-tedeschi cominciarono a condurre l'"**offensiva di pace**" senza però assicurare alla controparte lo sgombero del Belgio, né dei territori francesi occupati. Tale iniziativa fu, pertanto, decisamente respinta.
Intanto, lo stato maggiore tedesco, comandato da ***Hindenburg***, decise di riprendere la guerra sottomarina senza alcuna limitazione, con lo scopo di ridurre alla fame l'Inghilterra nel giro di pochi mesi per via del blocco economico. Tutti i Paesi neutrali il 31 gennaio 1917 vennero avvisati che qualsiasi nave in zona di guerra sarebbe stata affondata senza esitazioni.
A tal punto gli **Stati Uniti**, cui era nel loro interesse la vittoria dell'Intesa, il 3 febbraio ruppero ogni relazione diplomatica con la Germania (a causa della loro dichiarazione di guerra sottomarina ad oltranza) ed il **2 aprile** dichiararono guerra.
Nel dicembre 1916 il generale francese ***Nivelle***, sostituto di Joffre, scatenò un'offensiva sulla linea fra Arras e Reims, che comportò ancora una volta gravi perdite per i francesi. La crescente sofferenza della Francia cominciò a manifestarsi con una serie di scioperi e di ammutinamenti, divenuti in quell'ultimo periodo sempre più frequenti.
Fra l'agosto e il settembre, dopo l'undicesima battaglia lungo il fiume Isonzo, l'Esercito italiano conquistò l'altopiano della *Bainsizza*, ma gli austro-tedeschi, con una massiccia controffensiva sull'alto Isonzo, sfondarono le linee italiane a **Caporetto** (24-27 ottobre), città che attualmente si trova in Slovenia (Kobarid). A capo del 27° Corpo d'armata italiano travolto dagli austriaci era il ***generale Pietro Badoglio***. La disfatta di Caporetto costrinse gli italiani a ritirarsi in fretta, determinando lo sbandamento di interi reparti. Ciò mandò in crisi il governo **Boselli**, sostituito da quello di unità nazionale presieduto da **Vittorio Emanuele Orlando** e Sonnino venne confermato a capo del Ministero degli Esteri. La disfatta di Caporetto fu attribuita alla responsabilità del troppo autoritarismo di ***Luigi Cadorna*** (che a sua volta aveva attribuito le cause della disfatta alla viltà dei soldati e al disfattismo alimentato dai socialisti e dai cattolici), il quale fu destituito per cedere il comando supremo al ***generale Armando Diaz*** che ricompose l'esercito italiano e lo schierò sul fronte del Piave. In seguito a questa sconfitta fu chiamata alle armi la leva militare del 1899. Il generale Diaz gestì la situazione

bellica in modo diverso da Cadorna risollevando le sorti del conflitto. La sua azione si basò su una maggiore attenzione ai costi umani del conflitto e al miglioramento delle condizioni di vita della truppa.
Nell'agosto del 1917 a Torino si verificarono dei moti di rivolta contro il caro-viveri e la guerra.

La situazione in Russia

Intanto il regime zarista andava inevitabilmente incontro al completo sfacelo. Fin dal 1916 il Paese era in preda al più totale disordine, che sfociò nel **marzo 1917** a Pietrogrado con una violenta insurrezione che portò in seguito alla **Rivoluzione di Ottobre**; lo zar Nicola II Romanov abdicò ed indusse anche il successore, il **granduca Michele**, a rinunciare definitivamente alla corona. Si formò, quindi, un governo provvisorio, che s'impegnò subito a continuare la guerra al fianco degli Alleati.
A luglio la Russia tentò un'offensiva in Galizia, ma la disfatta fu tale che ne conseguì una nuova, violenta insurrezione guidata dai **bolscevichi**. Il 7 novembre il governo provvisorio fu totalmente eliminato ed il potere passò nelle loro mani. Il programma dei bolscevichi impose di concentrare tutte le forze russe all'interno del paese e, pertanto, di cessare la guerra, che comunque per la Russia era diventata insostenibile.
Le **trattative di pace** con gli Imperi centrali cominciarono in dicembre con l'**armistizio di Brest-Litovsk** e finirono il **3 marzo 1918** con la pace omonima. Le condizioni imposte dai tedeschi furono molto dure: la Russia perse Polonia, Lituania, Livonia, Estonia, Finlandia, Curlandia e sud della Russia (Ucraina) e fu costretta a pagare un'ingente indennità di guerra.
A sua volta il governo rumeno fu costretto dalla Russia alla **Pace di Bucarest,** il **5 aprile 1918**, anch'essa molto onerosa.
Il 2 novembre 1917 con la "***dichiarazione Balfour***" il governo inglese si impegnava a concedere l'insediamento di ebrei nel territorio palestinese.

2.3.5 Quinto e ultimo anno di guerra (1918)

Dopo l'armistizio e la pace di Brest-Litovsk dal fronte russo, i tedeschi, guidati dal ***generale Ludendorff***, dal 21 marzo 1918 scatenarono una violenta offensiva nel settore di Amiens. Fu definita l'"***offensiva di primavera***", nota anche con il nome di "Kaiserschlacht" (in italiano "battaglia per l'Imperatore"). Fu l'ultimo attacco della Germania sul fronte occidentale, nel 1918. Parigi venne bombardata dal ***supercannone Bertha***; nel luglio riuscirono persino ad entrare nella Marna e a superarla in qualche punto. I tedeschi, tuttavia, non riuscirono ugualmente ad interrompere la continuità dell'azione fra gli anglo-francesi, che unificarono il comando supremo nelle mani del ***generale francese Foch*** e procurarono ingentissime perdite ai tedeschi.
Nella seconda metà di luglio il generale Foch organizzò una controffensiva che, mediante l'impiego di carri armati ed aerei, condusse alla definitiva vittoria. I tedeschi cominciarono a ritirarsi, finché a settembre vennero ricacciati sulle posizioni da cui erano partiti a marzo. In quel mese anche il fronte balcanico fu in movimento: la **Bulgaria** venne costantemente attaccata a sud dagli Alleati e ben presto fu **costretta alla resa** (29 settembre). In tal modo vennero definitivamente interrotte le comunicazioni fra Turchia e Imperi centrali e gli Alleati poterono risalire tutta la penisola balcanica fino a minacciare direttamente l'Austria-Ungheria. Anche la Turchia, ormai separata dai propri alleati, dovette cedere.
Il 10 giugno 1918 il comandante ***Luigi Rizzo***, con l'ausilio dei Mas (motoscafi armati siluranti), affondò la corazzata austro-ungarica *Santo Stefano*, definita la ***beffa di Buccari***. Il vittorioso successo italiano di **Vittorio Veneto** (22 ottobre - 3 novembre) contribuì allo sfacelo dell'Impero au-

stro-ungarico, tanto che il **4 novembre** l'**Austria** firmò l'**Armistizio di Villa Giusti**, presso Padova, che segnò la sconfitta dell'esercito austriaco e la disgregazione definitiva dell'Impero.
I caduti italiani durante la guerra furono oltre 600.000. *"I resti di quello che fu uno dei più potenti eserciti del mondo risalgono in disordine e senza speranza le valli che avevano disceso con orgogliosa sicurezza"*. Era parte del testo del brano ***Bollettino della Vittoria*** italiana emanato al termine della Prima Guerra Mondiale.
Il popolo in Germania cominciò a sollevarsi e la crisi socio-politica finì per coinvolgere anche l'esercito. Il **30 settembre** il Kaiser Guglielmo II, promettendo al popolo numerose riforme, chiese la pace al Presidente degli Stati Uniti. Purtroppo, le responsabilità della guerra furono insostenibili per il Kaiser, che il **9 novembre** fu costretto ad abdicare, per poi rifugiarsi in Olanda. Lasciò ai propri delegati la firma dell'**Armistizio di Réthonde**, l'**11 novembre**, mentre la Germania diveniva una Repubblica; in seguito a **Weimar** fu promulgata la Costituzione della neonata Repubblica Tedesca.
Durante la Prima Guerra Mondiale la **Spagna** rimase neutrale. Tra il 1918 e il 1919, in Europa, si sviluppò la gravissima pandemia influenzale che fu detta "spagnola" perché la sua esistenza fu inizialmente riportata dai soli giornali spagnoli non soggetti alla censura di guerra.
In Inghilterra, le elezioni generali tenutesi nel 1918 furono importanti perché per la prima volta **votarono** anche le **donne** di oltre trent'anni evento che in Italia si verificherà, per la prima volta, nel 1946.

2.3.6 La Conferenza della Pace e la Società delle Nazioni (1919)

Al termine della Prima Guerra Mondiale **Benedetto XV** emanò l'enciclica "**Pacem dei munus**" in cui preconizzò la fragilità di una pace che non si fondasse sulla riconciliazione.
Dopo la spaventosa ecatombe, costata quasi 10 milioni di morti, il 18 gennaio 1919 i rappresentanti delle potenze vincitrici si riunirono nella **Conferenza di Parigi**, con lo scopo di dare un nuovo assetto all'Europa, uscita sconvolta dalla bufera della guerra.
Maggior peso decisionale lo ebbero i «quattro grandi»: **Woodrow Wilson** (Presidente americano dal 1913); **Georges Clemenceau** (Presidente del Consiglio francese), che presiedeva la conferenza; **Lloyd George** (Primo ministro inglese); in tono minore, **Vittorio Emanuele Orlando** (Presidente del Consiglio italiano).
Per ispirazione di Wilson fu creata la «**Società delle Nazioni**» con sede in Ginevra (anche se poi gli Stati Uniti non vi aderirono), organismo al quale venne affidato il compito di mantenere la pace, eliminare l'ingiustizia, la violenza e ogni altra forma di attrito tra i popoli. Purtroppo l'organizzazione non funzionò molto bene, perché divenne ben presto uno strumento nelle mani della Francia e dell'Inghilterra. Italia e Giappone appartennero al Consiglio permanente della Società delle Nazioni.
Durante la Conferenza di Parigi, Wilson osteggiò le rivendicazioni italiane e i delegati italiani, in seguito all'aspro contrasto tra Italia e Jugoslavia, per la questione della Dalmazia e di Fiume, il 23 Aprile 1919, abbandonarono la conferenza di pace, in segno di protesta.
Durante il conflitto vennero enunciati i cosiddetti "**quattordici punti**" elaborati dal presidente statunitense Wilson che rappresentano il programma sull'assetto politico internazionale post-bellico.

I 14 punti di **Woodrow Wilson** sono i seguenti:

1) Pubblici trattati di pace, stabiliti pubblicamente e dopo i quali non vi siano più intese internazionali particolari di alcun genere, ma solo una diplomazia che proceda sempre francamente e in piena pubblicità.

2) Assoluta libertà di navigazione per mare, fuori delle acque territoriali, così in pace come in guerra, eccetto i casi nei quali i mari saranno chiusi in tutto o in parte da un'azione internazionale, diretta ad imporre il rispetto delle convenzioni internazionali.
3) Soppressione, per quanto è possibile, di tutte le barriere economiche ed eguaglianza di trattamento in materia commerciale per tutte le nazioni che consentano alla pace, e si associno per mantenerla.
4) Scambio di efficaci garanzie che gli armamenti dei singoli stati saranno ridotti al minimo compatibile con la sicurezza interna.
5) Regolamento liberamente dibattuto con spirito largo e assolutamente imparziale di tutte le rivendicazioni coloniali, fondato sulla stretta osservanza del principio che nel risolvere il problema della sovranità gli interessi delle popolazioni in causa abbiano lo stesso peso delle ragionevoli richieste dei governi, i cui titoli debbono essere stabiliti.
6) Evacuazione di tutti i territori russi e regolamento di tutte le questioni che riguardano la Russia senza ostacoli e senza imbarazzo per la determinazione indipendente del suo sviluppo politico e sociale e assicurarle amicizia, qualsiasi forma di governo essa abbia scelto. Il trattamento accordato alla Russia dalle nazioni sorelle nel corso dei prossimi mesi sarà anche la pietra di paragone della buona volontà, della comprensione dei bisogni della Russia, astrazion fatta dai propri interessi, la prova della loro simpatia intelligente e generosa.
7) Il Belgio – e tutto il mondo sarà di una sola opinione su questo punto – dovrà essere evacuato e restaurato, senza alcun tentativo per limitarne l'indipendenza di cui gode al pari delle altre nazioni libere.
8) Il territorio della Francia dovrà essere completamente liberato e le parti invase restaurate. Il torto fatto alla Francia dalla Prussia nel 1871, a proposito dell'Alsazia–Lorena, torto che ha compromesso la pace del mondo per quasi 50 anni, deve essere riparato affinché la pace... possa essere assicurata di nuovo nell'interesse di tutti.
9) Una rettifica delle frontiere italiane dovrà essere fatta secondo le linee di demarcazione chiaramente riconoscibili tra le nazionalità.
10) Ai popoli dell'Austria–Ungheria, alla quale noi desideriamo di assicurare un posto tra le nazioni, dovrà essere accordata la più ampia possibilità per il loro sviluppo autonomo.
11) La Romania, la Serbia e il Montenegro dovranno essere evacuati, i territori occupati dovranno essere restaurati; alla Serbia sarà accordato un libero e sicuro accesso al mare, e le relazioni specifiche di alcuni Stati balcanici dovranno essere stabilite da un amichevole scambio di vedute, tenendo conto delle somiglianze e delle differenze di nazionalità che la storia ha creato, e dovranno essere fissate garanzie internazionali dell'indipendenza politica ed economica e dell'integrità territoriale di alcuni Stati balcanici.
12) Alle regioni turche dell'attuale impero ottomano dovrà essere assicurata una sovranità non contestata, ma alle altre nazionalità, che ora sono sotto il giogo turco, si dovranno garantire un'assoluta sicurezza d'esistenza e la piena possibilità di uno sviluppo autonomo e senza ostacoli. I Dardanelli dovranno rimanere aperti al libero passaggio delle navi mercantili di tutte le nazioni sotto la protezione di garanzie internazionali.
13) Dovrà essere creato uno Stato indipendente polacco, che si estenderà sui territori abitati da popolazioni indiscutibilmente polacche; gli dovrà essere assicurato un libero e indipendente accesso al mare, e la sua indipendenza politica ed economica, la sua integrità dovranno essere garantite da convenzioni internazionali.
14) Dovrà essere creata un'associazione delle nazioni, in virtù di convenzioni formali, allo scopo di promuovere a tutti gli stati, grandi e piccoli indistintamente, mutue garanzie d'indipendenza e di integrità territoriale.

Dalla conferenza di pace scaturirono molti **trattati**, tra cui ricordiamo:

- **Trattato di Versailles**, in base al quale la Germania doveva: rinunciare al vasto impero coloniale; cedere alla Francia l'Alsazia e la Lorena; cedere alla nuova repubblica di Polonia la Renania, la Posnania e una parte della Prussia Orientale e l'alta Slesia, alla Dani-

marca lo Schlewing, mentre Danzica divenne una città libera; ridurre l'esercito a 100.000 uomini e pagare alle nazioni vincitrici tutti i danni di guerra. Doveva, inoltre, consegnare agli alleati un'immensa quantità di materiale navale, ferroviario e industriale; nacquero gli Stati di Lituania, Lettonia, Estonia, Finlandia, Palestina, Iraq. Le colonie tedesche in Africa vennero divise tra Francia (ultime colonie conquistate) ed Inghilterra.
Questo trattato di pace indicò come unico vero responsabile della Prima Guerra Mondiale la Germania;

- **Trattato di San Germano**, secondo il quale l'Austria cedeva all'Italia il Trentino, l'Alto Adige, l'Istria e l'alto bacino dell'Isonzo fino allo spartiacque alpino;
- **Trattato di Sèvres**, che pose fine alle ostilità con l'Impero Ottomano, e con cui la Palestina fu assegnata al Regno Unito; la Grecia ottenne la Tracia orientale eccetto Istanbul e la zona di Smirne in Asia Minore;
- **Trattato di Neully** con cui la Bulgaria fu privata di qualsiasi sbocco sul mar Egeo e alla Turchia rimase la sola Costantinopoli;
- con il **Trattato di Trianon** si stabilirono le sorti del Regno d'Ungheria in seguito alla dissoluzione dell'Impero austro-ungarico; venne firmato il 4 giugno 1920 nel palazzo del Grande Trianon di Versailles, in Francia.

Veniva costituita la Repubblica di Cecoslovacchia e formato il Regno di Jugoslavia mediante l'annessione alla Serbia della Slovenia, Croazia, Dalmazia, Bosnia, Erzegovina e Montenegro.
In luogo dell'antico Impero austro-ungarico vennero create tre libere Repubbliche: l'Austria, ridotta a un modestissimo territorio, l'Ungheria e la già citata Cecoslovacchia.
Dalla Conferenza di pace, il profilo geopolitico dell'Europa uscì ridefinito in base al principio dell'autodeterminazione dei popoli.
Stati Uniti, **Giappone** e **Russia** si avviarono a diventare grandi potenze. Nel 1918 si costituì l'URSS (Unione delle Repubbliche Socialiste Sovietiche). Il successore di Lenin, **Stalin**, trasformò l'URSS in una grande potenza industriale governando, però, in modo spietato, arrestando e deportando gli oppositori nei campi di lavoro in Siberia.
La mancata concessione all'Italia della città di Fiume e della Dalmazia alla fine della guerra fu definita da G. D'Annunzio con l'espressione "***vittoria mutilata***".
Nel corso della Prima Guerra Mondiale ci fu un importante genocidio di armeni da parte dei turchi.

Occorre Sapere

La **Finlandia** europea era sino al 1917 una provincia dell'Impero russo.
Il **monte Ortigara** fu teatro di una terribile battaglia durante il primo conflitto mondiale tanto che da allora fu chiamato *Calvario degli Alpini*.
Francesco Baracca fu l'eroe più celebre dell'aviazione italiana durante la Prima Guerra Mondiale.
Durante la Grande Guerra, coloro che si arricchivano speculando sulla guerra erano detti pescecani.
Francesco Giuseppe morì durante la Prima Guerra Mondiale.
Enrico Toti era un eroe della Prima Guerra Mondiale.
Florence Nightingale fu l'infermiera che si adoperò perché si creasse un'organizzazione internazionale di soccorso per i soldati feriti al fronte.
Alla fine della Prima Guerra Mondiale, per risollevare l'economia e le finanze, l'Italia dovette ricorrere al **credito degli Stati Uniti d'America**.

2.4 La Rivoluzione russa

Fino alla Prima Guerra Mondiale l'Impero russo era stato governato dagli zar, monarchi assoluti che non avevano mai concesso riforme. Con la partecipazione al primo conflitto mondiale, nel 1916 si ridusse notevolmente il tenore di vita.
In Russia i ***Kolchoz*** erano aziende dove i contadini usavano collettivamente la terra, mentre i **Sovchoz** erano aziende interamente statali di cui i contadini erano dipendenti.
Nel 1917 la popolazione esplose in una forte rivoluzione; lo zar Nicola II aggiornò la **Duma**, che rispose eleggendo un **Comitato**, governo provvisorio, proprio mentre, come espressione diretta delle masse popolari, si costituiva il **Soviet degli Operai e dei Soldati**. Il **15 marzo 1917**, accordatasi **Soviet** e **Comitato**, fu varato un governo presieduto dal principe **Georgij E. L'vov**, di cui faceva parte anche **Aleksandr Fedorovic Kerenskij** (1881-1970) appartenente all'ala moderata del movimento socialista rivoluzionario. La sera stessa lo zar abdicò. Numerosi soviet si formarono in tutto il Paese, ponendosi come potere parallelo al governo provvisorio. Questo periodo, caratterizzato dalle due fazioni, venne chiamato del "**doppio potere**", e si protrasse fino alla **Rivoluzione d'Ottobre**, quando un gruppo di socialisti rivoluzionari, guidato da **Lenin** (che nel 1917 scrisse l'opera "***Imperialismo fase suprema del capitalismo***" nella quale propugnava l'abolizione della proprietà privata e la collettivizzazione dei mezzi di produzione), prese il potere occupando il Palazzo d'Inverno nella notte del 7 novembre (24 e 25 ottobre, secondo il calendario in vigore nell'Europa occidentale). L'insurrezione fu decisa dal comitato centrale del partito bolscevico di cui facevano parte oltre che Lenin, anche Trotskij e Stalin. I **bolscevichi**, che costituivano la corrente maggioritaria con un programma del tutto rivoluzionario, tolsero le terre e le fabbriche ai proprietari e ne affidarono la gestione ai Soviet formati da operai e contadini.
All'epoca della **Rivoluzione russa** i generali "bianchi" erano i controrivoluzionari ***Alekseev***, ***Kornilov*** e ***Denikin*** (le "armate bianche" erano costituite dalle truppe russe che si erano ribellate al governo dopo la rivoluzione d'ottobre) e rappresentavano l'ala riformista del movimento marxista; i **menscevichi** guidati da ***Martov***, volevano un partito di massa e scacciare lo zar attraverso delle riforme graduali, accettando anche l'alleanza con la borghesia; i **cadetti** o **costituzional-democratici** erano dei liberali con poco seguito popolare ma formati dalla classe media che si battevano per avere la costituzione; i **Social-rivoluzionari**, partito tipicamente russo, dei contadini, di stampo populista che chiedeva la spartizione delle terre affidate ai grandi padroni.
Lenin nelle "***Tesi d'aprile***" propugnava l'uscita dalla guerra, la nazionalizzazione delle banche e della terra e il passaggio del potere ai soviet (la rivoluzione proletaria), tesi non condivise dai menscevichi. Il governo di Pietrogrado reagì aizzando i menscevichi contro i bolscevichi, allo scopo di eliminarli.

2.5 La situazione dell'Italia alla fine della guerra

Al termine del conflitto, mentre i liberali governavano ancora il Paese, nelle elezioni nel 1919, si affermava come primo partito il **Partito Socialista**, che mirava alla conquista progressiva del potere, garantendo diritti di libertà e operando democraticamente nell'ambito del Parlamento e dei Comuni.
Nel 1919, Benedetto XV abrogò ufficialmente la bolla "non expedit". Nello stesso anno fu fondato il **Partito Popolare Italiano** di ispirazione cattolica, dal sacerdote ***Luigi Sturzo*** (nato

a Caltagirone, si dimetterà nel 1923 e nel 1924, in seguito alla sua opposizione al Regime fascista lascerà il Paese) a Napoli, a testimonianza della diretta partecipazione dei cattolici alla vita politica nazionale, che chiedeva una nuova legislazione sul lavoro, la riforma agraria, quella della scuola e il voto alle donne. Secondo le intenzioni di Don Sturzo, l'azione del Partito doveva essere autonoma rispetto al Vaticano. Il partito si definiva laico e aconfessionale.
Tra il 1919 e il 1920 l'Italia attraversò il periodo chiamato "**Biennio rosso**", caratterizzato da una serie di lotte operaie e contadine che ebbero il loro culmine e la loro conclusione con l'occupazione delle fabbriche del settembre 1920 (a Torino il cosiddetto **sciopero delle "lancette"**, agitazione operaia, si opponeva all'abrogazione dell'ora legale). Gli scioperi e le agitazioni portarono alla caduta del Governo di **Francesco Saverio Nitti** (nelle elezioni del 1919 introdusse per la prima volta il sistema proporzionale; egli fu il primo Presidente del Consiglio del Regno d'Italia a provenire dal **Partito Radicale Storico**), succeduto ad Orlando nel 1919, che venne sostituito dal vecchio **Giolitti** (suo ultimo governo nel biennio 1920-1921), il quale non intervenne e attese che la situazione si normalizzasse da sola, come in effetti avvenne. Cercò di fronteggiare l'occupazione delle fabbriche da parte dei lavoratori attraverso la mediazione tra imprenditori e lavoratori.
Egli come strumento economico per il decollo industriale utilizzò le Casse di Risparmio e la Cassa Depositi e Prestiti e istituì un'imposta straordinaria sui sovraprofitti realizzati dall'industria bellica. Inoltre, favorì la formazione delle liste con candidati conservatori, liberali, democratici e fascisti per le elezioni del 1921 dette **Blocchi nazionali**.
Il **21 novembre 1920** a Bologna si verificò l'***eccidio di Palazzo d'Accursio***, che fu la conseguenza degli scontri, in Piazza Maggiore, tra squadristi, Guardie Rosse e componenti della Regia guardia per la pubblica sicurezza, durante i festeggiamenti per l'insediamento della nuova Giunta comunale presieduta dal socialista massimalista *Ennio Gnudi*.
Il fallimento dell'iniziativa rivoluzionaria determinò la scissione del Partito Socialista costituito dal 1892, tanto che una minoranza dei suoi iscritti, sotto la guida di ***Antonio Gramsci,*** già ideatore nel 1919 della rivista "***Ordine Nuovo***" insieme ad alcuni giovani esponenti della sinistra socialista, come ***Togliatti*** e ***Terracini***, fondò a Livorno, nel gennaio del 1921, il **Partito Comunista**. Contribuì alla nascita del nuovo partito **Amedeo Bordiga**.
Sia il governo Nitti sia quello Giolitti cercarono di risolvere la **questione di Fiume**, in Slovenia, occupata il 12 settembre 1919 da alcune migliaia di volontari guidati da *Gabriele D'Annunzio*, fino ad allora soggetta ad un regime di controllo internazionale, creando un piccolo Stato che si chiamava **Reggenza del Carnaro**. L'epilogo dell'impresa dannunziana si ebbe nel dicembre 1920 quando l'esercito italiano procedette con la forza allo sgombero dei legionari fiumani e del poeta dalla città. Fiume fu dichiarata città libera con il **Trattato di Rapallo** firmato il 12 novembre 1920, tra l'Italia (con il Ministro degli Esteri **Carlo Sforza**) e il Regno dei Serbi, Croati e Sloveni. Nel Trattato di Rapallo si stabilirono consensualmente i confini dei due Regni e le rispettive sovranità, nel rispetto reciproco dei principi di nazionalità e di autodeterminazione dei popoli. In particolare, per l'Italia segnò la fine dell'unificazione sino al confine orientale alpino e l'annessione al Regno d'Italia di Gorizia, Trieste, Pola e Zara. La città di Fiume fu persa, poi, definitivamente dopo la Seconda Guerra Mondiale.
Nell'ottobre del 1922, al congresso del Partito Socialista Italiano, fu espulsa l'ala guidata da ***Turati*** che costituì con ***Matteotti*** e ***Treves*** un nuovo partito il "**Partito Socialista Unitario**". Anche la compagna di vita di Filippo Turati, ***Anna Kuliscioff***, apparteneva all'area politica socialista.

OCCORRE SAPERE

Il 2 luglio 1900 avvenne il primo volo del dirigibile progettato dal tedesco **Ferdinand von Zeppelin**.
Nel 1902 crollò il campanile di Piazza San Marco a **Venezia**.
La rivista settimanale pubblicata dal 1903 ***Il Regno***, che coinvolgeva in una comune condanna socialismo e liberalismo democratico, esaltando il nazionalismo, era diretta da **Enrico Corradini**.
Nel 1906 venne formulato il **traforo del Sempione**.
Nel 1908 fu fondata a Ivrea l'**Olivetti**. Nello stesso anno un violento terremoto colpì Reggio Calabria e Messina
Nel 1909 fu pubblicato il primo **Manifesto del Futurismo**.
Nel 1912 **R. Amundsen**, esploratore norvegese, raggiunse per la prima volta il **Polo Sud**.
Luigi Albertini criticò dalle colonne del ***Corriere della Sera*** la politica giolittiana, ritenuta sovversiva dei valori tradizionali dello Stato risorgimentale.
Benedetto Croce (filosofo) fondò la rivista ***La Critica***, punto di riferimento degli antifascisti durante il Regime fascista.
L'Opera dei Congressi organizzazione cattolica venne sciolta nel 1904 da Pio X.
Claudio Treves fu uno dei principali esponenti dell'ala riformista del Partito Socialista Italiano degli anni Venti.
Ottorino Gentiloni era il Presidente dell'**Unione Elettorale Cattolica** fondato nel 1906.
In occasione delle prime elezioni a suffragio universale maschile del 1913, sottoscrisse un patto con i liberali giolittiani.
l'Esercito e la Chiesa erano le Istituzioni tradizionali della **Spagna** dell'inizio Novecento.
L'**Alsazia-Lorena**, regione lungamente contesa da Germania e Francia, che ebbe un ruolo rilevante sia nella Guerra franco-prussiana sia nella Prima Guerra Mondiale si trova nella Francia nord-orientale, al confine con la Germania.
Le finalità perseguite dalle **società di mutuo soccorso** erano quelle di tutelare gli interessi della nascente classe operaia.

Capitolo 3
I Nazionalismi – La Seconda Guerra Mondiale

3.1 L'Italia fascista

3.1.1 Nascita e sviluppo del Fascismo

Della confusione che regnava nell'immediato dopoguerra seppe abilmente approfittare ***Benito Mussolini*** (sposato con Rachele Guidi), che raccolse attorno a sé ex combattenti e giovani della media borghesia e fondò a Milano, il 23 marzo 1919, i **Fasci di combattimento** (il cui programma fu detto "**Programma di San Sepolcro**", dal nome della Piazza). Le formazioni paramilitari, invece, organizzate dai partiti di sinistra in molte città, in risposta a quelle fasciste furono chiamate "**Gli arditi del popolo**".

I Fasci di combattimento si servirono delle «*squadre d'azione*» che vestivano la camicia nera (costituendo così il primo nucleo delle «*camicie nere*») e avevano come distintivo il fascio littorio: muniti di bastoni ferrati (manganelli), utilizzavano la violenza per assicurare la giustizia diretta.

La prima azione di rilievo compiuta dallo squadrismo fascista, datata aprile del 1919, fu l'assalto alla sede del giornale socialista "***Avanti***!" di cui fu direttore lo stesso Benito Mussolini.

Il fascismo ebbe l'appoggio della borghesia agraria e industriale e della classe dirigente, tanto che dai 4.000 voti riportati nel 1919, in cui ottenne meno di un decimo dei deputati (a quelle elezioni si adottò per la prima volta il sistema proporzionale), passò a 310.000 nelle votazioni del 1921, che gli permisero di mandare in Parlamento una trentina di deputati, tra cui lo stesso Mussolini. La decisione di convocare nuove elezioni nel maggio 1921 mirava alla costituzionalizzazione del movimento fascista.

Alle elezioni del 1919, invece, i liberali avevano perso la maggioranza assoluta.

Nel 1920 il Fascismo fu sostenuto da Giolitti che si illuse di poterne sfruttare i fanatici contro l'estremismo socialista, per poi riassorbirli nella prassi parlamentare. I risultati delle elezioni del 1921 determinarono la caduta di Giolitti (che morirà nel 1928) sostituito alla Presidenza del Consiglio da **Ivanoe Bonomi** che, non potendo padroneggiare la delicata situazione del Paese, cedette il potere a **Luigi Facta**, anch'egli dotato di scarsa energia e autorità. Il più importante atto politico compiuto da Bonomi nell'agosto del 1921 portò alla firma tra socialisti e fascisti del cosiddetto **Patto di pacificazione**.

Nel periodo tra il 1920 ed il 1921, il Fascismo crebbe e si affermò soprattutto nelle campagne del Centro-Nord. Ormai lo stato liberale era in grave crisi, soprattutto perché i fascisti col Congresso dei Fasci di combattimento del **novembre 1921**, a Roma, davano vita al **Partito Nazionale Fascista** e affermavano palesemente di voler conquistare il potere anche con la forza.

3.1.2 La marcia su Roma

Mussolini, constatata la debolezza delle organizzazioni avversarie e consapevole dell'appoggio delle autorità statali, ruppe gli indugi e nell'ottobre del 1922 ordinò ai suoi seguaci di **mar-**

ciare su Roma con a capo il quadrumvirato fascista costituito da ***De Bono***, ***Balbo***, ***De Vecchi***, ***Bianchi***.
Il ministro Facta si preparò a resistere alle disorganizzate squadre fasciste, ma quando presentò con ritardo il decreto del Sovrano, intimante lo «stato d'assedio», Vittorio Emanuele III si rifiutò di firmarlo, anzi invitò **Mussolini a Roma** per formare il nuovo governo compiendo in tal modo un vero e proprio Colpo di Stato, dato che i fascisti costituivano una piccola minoranza in Parlamento (35 deputati). Quando il 30 ottobre 1922 Mussolini presentò al re il nuovo governo da lui presieduto i ministri fascisti erano solamente cinque. Egli ricoprì ininterrottamente l'incarico di Capo del Governo per quasi 18 anni. Tranne i comunisti e la quasi totalità dei deputati socialisti, gli altri parlamentari accolsero il nuovo ministero con un sospiro di sollievo, convinti che il fascismo sarebbe rientrato nella legalità, infatti il Partito Popolare contribuì alla formazione del governo.
Il 16 novembre 1922 Benito Mussolini pronunciò il primo discorso alla Camera come Capo del Governo e riunì in sé le qualifiche di Capo del Governo e di Duce.
Nel **1922** morì Benedetto XV e salì al soglio pontificio **Pio XI** (Cardinale Achille Ambrogio Damiano Ratti) il cui pontificato durò fino al 10 febbraio 1939.

3.1.3 Il fascismo al potere e i Patti Lateranensi

Nel gennaio del 1923 Mussolini istituì un vero e proprio esercito di partito: la **«Milizia volontaria per la sicurezza nazionale – MVSN»** (incarico affidato a Achille Starace) e aveva già costituito il «**Gran Consiglio del Fascismo**», destinato ad esautorare il Parlamento ed a coordinare e integrare tutte le attività del regime (durante il periodo fascista fu istituita una nuova carica quella di **Consigliere nazionale**).
Nello stesso anno fu varata la **riforma scolastica,** detta ***riforma Gentile***, che prevedeva, tra l'altro, un esame di Stato al termine di ogni ciclo di studi e l'innalzamento dell'obbligo scolastico fino a 14 anni. Giovanni Gentile (della corrente filosofica ***Attualismo***) fu ministro dell'istruzione nel primo ministero Mussolini. Lo stesso Giovanni Gentile redasse, nel 1925, il ***Manifesto degli Intellettuali Fascisti***. Di contro fu redatto il ***Manifesto degli Intellettuali antifascisti*** da **Benedetto Croce**.
Per ottenere la maggioranza anche alla Camera, dove il fascismo aveva soltanto trenta deputati, decise di indire nuove elezioni nell'aprile 1924, dopo aver fatto votare dal Parlamento una **legge (Acerbo)** in base alla quale due terzi dei seggi (356 su 535) sarebbero andati al partito che avesse ottenuto il maggior numero di voti, mentre il rimanente terzo sarebbe stato assegnato alle liste minori. Presentò alle elezioni il "**listone**", con il quale sperava di accattivarsi il favore del maggior numero di gruppi sociali, composto da liberali e cattolici oltre che naturalmente da fascisti.
L'unione elettorale dei partiti della sinistra che facevano fronte comune contro le forze fasciste e reazionarie furono definite col termine "**Fronte Popolare**".
Grazie al clima di terrorismo instaurato nel Paese, Mussolini ottenne con la lista governativa il 60% dei voti. L'opposizione protestò con forza chiedendo l'annullamento delle votazioni, ma per tutta risposta il 10 giugno 1924 il deputato e leader dei socialisti riformisti **Giacomo Matteotti**, che aveva denunciato al Paese, in un discorso alla Camera, le irregolarità e gli atti riprovevoli compiuti dai fascisti, venne rapito e barbaramente assassinato (a capo dell'operazione c'era ***Amerigo Dumini***). I suoi assassini furono perseguiti dalla legge e condannati.
Un'ondata di sdegno si abbatté sul Paese, ma il re non si mosse. La coalizione governativa fu sciolta e l'opposizione composta da socialisti, repubblicani, liberali e popolari, capeggiata dal

liberale ***Giovanni Amendola,*** abbandonò la Camera (**secessione dell'Aventino**). Questa protesta ebbe valore unicamente sul piano della testimonianza morale.
Poiché il fascismo godeva apertamente dell'appoggio della monarchia e dei più alti esponenti dell'esercito e della borghesia, approfittò invece della circostanza per sfidare l'opposizione nel discorso del **3 gennaio 1925** (nel quale si assunse la responsabilità morale e politica del delitto Matteotti), preannunciando la soppressione delle libertà costituzionali e l'instaurazione della **dittatura**. Dal quell'anno furono perciò sciolti tutti i partiti e soppressa ogni forma di libertà di parola e di associazione. Con le leggi promulgate nel 1925 furono eliminate anche le autonomie locali: il Sindaco fu sostituito da un ***podestà***, eletto dal Consiglio Comunale. Con la legge sindacale del 1926 furono soppresse in Italia le organizzazioni sindacali e furono sostituite da quelle fasciste, le Corporazioni che raggruppavano sia gli imprenditori che gli operai di ogni settore produttivo al fine di regolare armonicamente i rapporti tra capitale e lavoro; con la stessa legge con cui fu emanata la Carta del lavoro nel 1927 fu costituito il **Ministero delle Corporazioni**. Furono imprigionati i capi e gli esponenti più rappresentativi dei partiti antifascisti: *Antonio Gramsci* (arrestato nel 1926, fu sostituito alla guida del Partito Comunista d'Italia da **Palmiro Togliatti**) morì dopo undici anni di carcere dove scrisse i "***Quaderni dal carcere***"; *Giovanni Amendola* e *Piero Gobetti* perirono in seguito alle percosse ricevute, *Alcide De Gasperi* fu arrestato mentre tentava di espatriare e rimase per lungo tempo in carcere. Fu reintrodotta la pena di morte.
Filippo Turati, *don Luigi Sturzo* (New York), *Pietro Nenni* e *Giuseppe Saragat* furono costretti a vivere in esilio, da dove cercarono con ogni mezzo di mantenere vivo negli italiani l'ideale di democrazia e di libertà. *Piero Gobetti*, giornalista e uomo politico italiano morì a Parigi nel 1926 per i postumi di un pestaggio inflittogli da un gruppo di squadristi fascisti. Socialisti e comunisti, esuli dopo la vittoria del fascismo, si riunirono in un impegno comune firmando a Parigi il **Patto d'unità d'azione**.
I "**ras**" erano i capi fascisti autori di efferate violenze contro i socialisti e i sindacalisti. Inoltre, Mussolini creò una struttura di polizia segreta: l'**OVRA**. Eliminata l'opposizione, il Duce poté procedere alla trasformazione dello «stato costituzionale» in «totalitario», fondato cioè sulla dittatura personale e di partito.
Durante il regime fascista il potere esecutivo e legislativo era quindi detenuto dal primo ministro, Duce del fascismo, col concorso del Gran Consiglio; il Re mantenne alcuni poteri ed era prerogativa regia la scelta dei Senatori ed il comando supremo delle Forze Armate.
Nel 1926 un ragazzo quindicenne, **Anteo Zamboni**, attentò a Bologna alla persona del Duce; il governo reagì a tale episodio emettendo numerosi drastici provvedimenti: annullamento dei passaporti, soppressione di tutte le associazioni e pubblicazioni contrarie al regime, confino di polizia per coloro che avessero compiuto atti diretti a mutare il nuovo ordine di cose.
Nei primi anni di governo fascista (1922-'25) furono operate scelte definibili liberiste, tuttavia in campo economico può dirsi che dal regime fascista venne applicato il principio del dirigismo statale, soprattutto con l'impostazione **dell'autarchia politica** (soprattutto a causa del peso delle sanzioni economiche imposte dalla Società delle Nazioni), che si proponeva di mettere l'Italia in condizione di produrre tutto ciò che occorreva, indipendentemente dall'alto prezzo e dalla qualità scadente dei prodotti nazionali, si prefiggeva di rendere l'economia nazionale autosufficiente.
Le conseguenze furono negative per i cittadini, ma valide dal punto di vista del potenziamento dell'apparato industriale del Paese. Dal 1925 al 1928 l'incarico di Ministro delle Finanze fu ricoperto da ***Giuseppe Volpi***. Nel 1925 al fine di ridurre le importazioni cerealicole, in Italia fu adottata una campagna propagandistica definita la "**battaglia del grano**". Inoltre per potenzia-

re la produzione agricola furono effettuati progetti di bonifica integrale e introdotti nuovi dazi doganali. Tra il 1925 e il 1926 furono emanate le "**leggi fascistissime**" con le quali furono abolite le amministrazioni locali elettive. Con tali leggi furono presi altri provvedimenti quali lo scioglimento dei partiti anti-fascisti, l'introduzione della pena di morte per chi avesse attentato alla vita dei regnanti e del capo del Governo e la sospensione a tempo indeterminato delle pubblicazioni contrarie al fascismo. Nel 1926 Mussolini si propose l'obbiettivo di rivalutare la lira nei confronti del dollaro e della sterlina e ci riuscì raggiungendo nel 1927 la "**quota novanta**": tale misura fissava la parità della lira con la sterlina. Nello stesso anno fu introdotta la **tassa che colpiva i celibi** (misura facente parte della cosiddetta "battaglia demografica" per accrescere la popolazione italiana) e fu emanato il manifesto programmatico che venne emesso dal Gran Consiglio del fascismo nel 1927, la **Carta del Lavoro**; essa segnò ufficialmente l'atto di nascita del cosiddetto "Stato corporativo" e venne millantata come "una rivoluzione sociale pacifica".
Furono ideate, per migliorare la formazione degli studenti delle scuole medie e dell'università le "*Littoriali della cultura*". Tra le organizzazioni create dal fascismo rivestivano un ruolo importante i GUF (Gruppi Universitari Fascisti).

Occorre Sapere

Altre misure introdotte da Mussolini al fine di mutare il modo d'essere e di comportarsi degli italiani, modificandone gli stili di vita per uniformarli al modello sociale ed etico dettato dall'ideologia fascista furono: **propaganda dell'attività sportiva**; **promozione della religione cattolica** esaltata come simbolo politico della romanità e come strumento di coesione nazionale; tentativo di abolire l'uso della stretta di mano e di sostituirla col saluto romano; diffusione di simboli distintivi come il fascio littorio e la camicia nera; misure facenti parte della cosiddetta **politica delle bonifiche** per strappare territori all'acqua e alla malaria e sviluppo dei trasporti; modifica della datazione: introduzione dell'anno secondo l'Era fascista in numeri romani; **organizzazione di colonie estive**, alpine e marine, per i figli dei lavoratori e **istituzione dell'Opera Nazionale Dopolavoro**; mantenimento della divisione tra educazione scolastica maschile e femminile. Ai professori per continuare ad insegnare fu imposto l'obbligo di giurare fedeltà al fascismo e su circa 1200 professori universitari, solo in 13 ebbero il coraggio di rifiutarsi di giurare fedeltà al regime fascista.

Nel 1928 fu introdotto, in Italia, un nuovo sistema elettorale che prevedeva che i Parlamentari fossero scelti direttamente dal Duce. Nelle elezioni plebiscitarie del marzo 1929 il fascismo conquistò il 98% dei consensi.
Mussolini trasmetteva la sua volontà dagli organi centrali dello Stato alla periferia avvalendosi del tradizionale organo dei **Prefetti**.
Fu inaugurato nel 1928, l'Ente che si occupava delle trasmissioni radiofoniche, chiamato **EIAR**.
Alfredo Rocco fu l'artefice del nuovo Codice Penale nel 1931. Nel 1931 e nel 1933 furono, rispettivamente, istituiti l'Istituto Mobiliare Italiano (**IMI**) e l'Istituto per la Ricostruzione Industriale (**IRI**).
Nel 1933, la *tessera fascista* divenne requisito indispensabile per ottenere qualsiasi impiego nell'amministrazione dello Stato.
Pur in mezzo a tante gravi responsabilità, il fascismo portò, infatti, a termine una serie di lavori di pubblica utilità, tendenti al miglioramento delle condizioni di vita della popolazione e alla garanzia d'impiego di una vasta manodopera.
Vennero costruiti ponti, strade, acquedotti, impianti idroelettrici, ferrovie, porti; furono migliorati i servizi pubblici, sviluppata l'agricoltura con lavori di irrigazione e di bonifica (a seguito della bonifica delle paludi pontine furono fondate le città di ***Sabaudia*** e ***Littoria***, odierna Latina, nel territorio dell'Agro pontino la "bonifica integrale" nel periodo 1931-'34 raggiunse parzialmente i suoi obiettivi); fu potenziata la marina mercantile e l'aviazione civile; vennero curate le colonie marine e montane per i figli dei lavoratori, le opere di assi-

stenza per le madri e i fanciulli; furono organizzate società sportive e circoli ricreativi (dopolavoro).
Il 21 aprile del 1937 vennero inaugurati gli studi cinematografici di **Cinecittà**. Il regime fascista istituì nello stesso anno il **Ministero della Cultura Popolare** allo scopo di controllare l'informazione.
L'11 dicembre 1937 il governo fascista peggiorò ulteriormente la situazione di isolamento dalla comunità internazionale del Paese chiudendo le importazioni dall'estero.
In conseguenza della politica antisemita del regime fascista, nel 1938 furono introdotte le **leggi razziali** emanando il decreto sull'esclusione degli ebrei dagli uffici pubblici del Regno. La legislazione razziale fascista ammise deroghe e facilitazioni per la figura dell'ebreo "arianizzato" che comprendeva l'ebreo che avesse particolari meriti: militari, civili o politici. Poco dopo l'introduzione delle leggi razziali, Farinacci prese parte ad una conferenza sui rapporti tra Chiesa cattolica ed ebrei insieme all'arcivescovo Schuster. La decisione di Mussolini di emanare tali leggi diede il segno più evidente del condizionamento esercitato dal regime nazista su quello italiano.

Nel 1939 fu soppressa la Camera dei Deputati e la rappresentanza politica fu trasferita alla **Camera dei Fasci e delle Corporazioni**.
Durante il ventennio fascista, al **Tribunale speciale per la difesa dello Stato**, furono demandati i reati contro il regime.
Mussolini, per sanare il dissidio con la Chiesa che durava ormai dal 1870, l'11 febbraio 1929, sottoscrisse i «**Patti Lateranensi**» (presero il nome dai palazzi di San Giovanni in Laterano in cui avvenne la firma degli accordi), con il ***Cardinale Gasparri*** segretario dello Stato Vaticano, a nome di **Pio XI** (1922-1939). I patti consistevano: in un «**trattato**», con il quale il Papa riconosceva Roma capitale d'Italia, mentre il governo italiano concedeva al Pontefice piena sovranità sul nuovo Stato della **Città del Vaticano**, dichiarato neutrale e inviolabile; in una «**convenzione finanziaria**» con cui lo Stato italiano accordava alla Santa Sede la somma di circa due miliardi di lire (200 miliardi delle nostre vecchie lire, intorno ai 103 milioni di euro) a compenso dei danni subiti nel 1870. Il «**concordato**», infine, garantiva alla Chiesa il libero esercizio del potere spirituale e del culto in tutto il territorio nazionale, esonerava i sacerdoti dal servizio militare, introduceva l'insegnamento religioso nelle scuole, attribuiva vari privilegi al clero ed assegnava al matrimonio religioso effetti civili. Alla firma dei Patti Lateranensi, Mussolini venne definito dal Papa l'"*Uomo della Provvidenza*".
Il Papa con l'enciclica «***Non abbiamo bisogno***» del 1931 prese posizione contro un provvedimento del Regime fascista che vide lo scioglimento delle associazioni cattoliche giovanili e con l'enciclica «***Quadragesimo Anno***» promulgata il 13 maggio invocava riforme economiche e sociali a favore dei lavoratori.
A guidare il Partito Nazionale Fascista furono: nel 1924 ***Alessandro Melchiori***; dal 1925 al 1926, ***Roberto Farinacci***; dal 1926 al 1930, ***Augusto Turati***; dal 1931 al 1939, ***Achille Starace***; dal 1939 al 1940, ***Ettore Muti***.

3.1.4 La politica estera e la Guerra contro l'Etiopia

In politica estera il Duce seppe mantenere concilianti rapporti con l'Inghilterra e in minor misura con la Francia. Ben presto, però, avanzò rivendicazioni nazionalistiche (Tunisia, Corsica e Nizza nei confronti della Francia e Malta nei riguardi dell'Inghilterra), alzando il vessillo dell'imperialismo italiano contro quello delle grandi potenze.

Nel 1923 Mussolini per rappresaglia contro la Grecia fece occupare l'isola di Corfù. Nel 1924 tra Italia e Jugoslavia venne firmato il **Trattato di Roma** con cui si sancì consensualmente la dissoluzione e la suddivisione dello Stato libero di Fiume, accordandosi per l'annessione all'Italia del centro storico della città e di un sottile tratto di costa, mentre l'entroterra e la parte orientale della costa con il sobborgo di Sussak andava alla Jugoslavia.

Occorre Sapere

Giovanni Minzoni era un sacerdote ucciso da squadristi fascisti.
Il Fascismo intese educare i giovani italiani al valore dell'obbedienza fascista. Il motto dettato da Mussolini è credere, obbedire, combattere. I bambini dai 6 agli 8 anni che facevano parte dell'**Opera Nazionale Balilla**, durante il ventennio fascista venivano chiamati **Figli della Lupa**.
Nel corso del 1923 nacque **Il Popolo**, giornale politico di ispirazione cattolica.
Durante il periodo fascista fu arrestato **Sandro Pertini**, futuro Presidente della Repubblica.
Dino Grandi, eminente personaggio del fascismo fu, fin dall'inizio, l'unico reale competitore di Mussolini per la leadership all'interno del partito.
L'americano **Charles Lindbergh** attraversò l'Oceano Atlantico con un monoplano a motore nel 1927.
Sigrid Undset, scrittrice norvegese, ha vinto nel 1928 il premio Nobel per la letteratura.
Alexander Fleming scoprì la penicillina nel 1928.
Il **Movimento Giustizia e Libertà** fu fondato a Parigi da Carlo Rosselli ed Emilio Lussu nel 1929.
La **radio** fu l'innovazione tecnologica che conobbe un boom eccezionale tra anni Venti e Trenta del Novecento.
Il **movimento Giustizia e Libertà** cercava di conciliare liberalismo e socialismo riprendendo le tradizioni mazziniane. Il suo ideatore fu **Carlo Rosselli** che al momento della fondazione (1929) era in esilio.
Palmiro Togliatti coniò la definizione ***"regime reazionario di massa"*** per indicare gli aspetti di novità del Fascismo.

Le mire espansionistiche di Mussolini apparvero fin troppo evidenti allorché l'Italia **dichiarò guerra all'Etiopia**, assumendosi la responsabilità di interrompere la pace europea che durava da oltre quindici anni.
L'iniziativa, inoltre, incontrò l'opposizione dell'Inghilterra, della Francia e in particolare della Società delle Nazioni, di cui l'Etiopia era membro dal 1923.
Malgrado ciò, il **3 ottobre 1935** Mussolini dette inizio alle ostilità, ordinando alle truppe di stanza in Eritrea e in Somalia, rinforzate da un corpo di spedizione, di varcare il confine.
La Società delle Nazioni (poi sciolta nel 1946 alla fine del II Conflitto Mondiale) decise di applicare nei confronti dell'Italia le **«sanzioni economiche»**, cioè il blocco delle forniture delle materie prime necessarie per la guerra, al fine di paralizzare il nostro sforzo bellico (la Germania non aderì alle sanzioni), ma la debolezza della stessa Società delle Nazioni e la divisione tra i suoi membri non sortì l'effetto desiderato, talché il **5 maggio 1936**, dopo appena sette mesi di campagna condotta con estrema durezza, le truppe italiane condotte dal **maresciallo Badoglio** (nominato Governatore unico della Tripolitania e della Cirenaica nel 1928), sostituto del ***generale Emilio De Bono*** dal 1935, entrarono in **Addis Abeba** e posero fine alla guerra e al Regno del **Negus Hailé Selassié**.
Mussolini poté annunciare la costituzione dell'**Impero dell'Africa Orientale italiana** (Etiopia, Eritrea e Somalia italiana) sotto Vittorio Emanuele III, non più soltanto re d'Italia, ma anche imperatore di Etiopia. Come si vedrà, le conquiste più importanti della politica estera italiana al tempo del Fascismo furono Etiopia e Albania.
Dopo la guerra di Etiopia fu nominato Ministro degli Affari Esteri (9 giugno 1936 – 6 febbraio 1943) ***Galeazzo Ciano***, genero di Mussolini per aver sposato la figlia Edda.
La conquista dell'Etiopia da parte italiana portò un gravissimo colpo alla Società delle Nazioni (dalla quale erano uscite la Germania nel 1933 e l'Italia nel 1937) e determinò l'allean-

za del nostro Paese con la Germania, che nel corso delle sanzioni aveva aiutato economicamente l'Italia.
Nell'ottobre del **1936** venne sancito l'**Asse Roma-Berlino** (siglato dal Ministro ***Galeazzo Ciano***), che prevedeva la reciproca consultazione su tutte le questioni di importanza internazionale e, fra le altre cose, a sostenere il generale Franco e il Falangismo spagnolo.
Intanto, in Germania si era instaurata la dittatura nazista di **Hitler**, che aveva riunito nel 1934 le due cariche supreme dello Stato: «**Cancelliere e Presidente del nuovo Reich**».
Inoltre, all'inizio del 1937, Italia e Gran Bretagna firmarono un accordo diplomatico che prevedeva il mantenimento dello *status quo* nel Mediterraneo. Sino alla metà degli anni Trenta, i rapporti tra l'Italia e la Gran Bretagna e le altre potenze vincitrici della Prima Guerra Mondiale, erano quasi amichevoli ciò era dimostrato dal fatto che Mussolini aveva sottoscritto nel 1935, l'accordo di Stresa.

3.2 La Repubblica di Weimar in Germania

In **Germania**, dopo la fuga di **Guglielmo II** in Olanda (1918), si formò un governo repubblicano composto da socialdemocratici moderati e indipendenti.
Il 31 dicembre fu fondato il **Partito comunista** a opera di ***Rosa Luxemburg*** e ***Wilhelm Liebknecht*** per attuare la rivoluzione proletaria e nel gennaio del 1919, a Berlino, avvenne l'***insurrezione spartachista*** soffocata nel sangue dal governo e dalle forze nazionaliste di estrema destra, in seguito alla quale i due esponenti vennero trucidati.
Con le elezioni per l'Assemblea Costituente del 19 gennaio 1919, il Partito Socialdemocratico ottenne la maggioranza e il socialdemocratico **Ebert** venne nominato Presidente della Repubblica, mentre il governo fu composto da una coalizione di socialdemocratici, cattolici e liberali.
Il 6 febbraio si riunirono a **Weimar**, preparando una Costituzione (11 aprile), che trasformava la Germania in **Repubblica Federale** (ordinamento che durò fino al 1933), affidando al presidente alcuni poteri, come la nomina del cancelliere, e la sospensione delle garanzie costituzionali in casi eccezionali.
Il 5 gennaio 1919 nacque il **Partito Operaio Tedesco** che, nell'agosto del 1920, divenne **Partito Nazionalsocialista Tedesco** (fondato a **Monaco**), di cui **Adolf Hitler** (1889-1945), ancora sconosciuto, si proclamò capo assoluto o *Fuhrer* (**condottiero**).
Negli Stati Uniti, la linea politica dei presidenti americani dopo Wilson condusse ad un periodo di isolazionismo politico ed economico con innalzamento delle tariffe doganali e severi limiti all'immigrazione.
Gli Usa, che fra le potenze mondiali, alla fine della Prima Guerra Mondiale deteneva il primato economico, per consentire alla Germania di pagare l'indennità di guerra (132 miliardi di marchi in oro), proposero ingenti prestiti con il **Piano Dawes** (finanziere americano, 1924) attraverso un'ampia operazione finanziaria diretta a favorire prestiti e investimenti americani in Germania e l'industria tedesca tornò a migliorare.
Nella **Conferenza di Locarno** del 1925, la Germania veniva riabilitata e ammessa alla Società delle Nazioni oltre a vedersi ridotta il suo debito con i vincitori. Con questo accordo il Paese avviava una politica estera di collaborazione internazionale. L'Italia, in questa occasione, si fece garante con la Gran Bretagna delle frontiere comuni di Germania, Francia e Belgio. Tali accordi furono poi sconfessati da Hitler il 7 marzo 1936 con l'occupazione militare della Renania.

Nel febbraio 1925 morì il Presidente **Ebert** e gli successe il conservatore **Hindenburg** ma, proprio mentre il Paese sembrava essersi ripreso, sopraggiunse la crisi del '29.

3.3 Gli USA e la crisi del '29

La crisi partì dagli Stati Uniti, generata dalla speculazione (alla borsa di New York molti titoli industriali furono quotati di più rispetto al loro valore reale), dall'ambizione di investire capitali ad ogni costo, dalla sovrapproduzione agricola e industriale, investì il mondo intero, producendo effetti che sarebbero durati parecchi anni: **il 24 ottobre 1929**, (**giovedì nero**) e poi il **29** (**martedì nero**) della **borsa di New York**, crollarono i titoli. Crollarono i prezzi delle merci e la produzione: conseguenza diretta furono i licenziamenti di massa. Il protezionismo doganale, lo sviluppo del mercato interno, il controllo dello Stato sull'economia (**capitalismo diretto**), permisero di affrontare il difficile periodo nero.
Nel 1929 venne firmato, per iniziativa degli USA, il **Piano Young**, che riduceva ulteriormente e regolava il pagamento delle riparazioni tedesche per la Prima Guerra Mondiale.
A causa delle gravi perdite umane ed economiche subite durante il periodo bellico e alla disastrosa situazione interna (sia economica che sociale), la politica estera americana appoggiata da gran parte dell'opinione pubblica e da molti politici e messa in atto dal presidente **Herbert Hoover** (1929-1933) fu perfettamente conforme all'isolazionismo che caratterizzò il dopo Wilson.
L'eccessivo liberismo di Hoover di fronte alla crisi del '29 spinse la società americana al collasso, solo in seguito si cercò di porre rimedio cambiando rotta. Il piano di ricostruzione **New Deal**, cioè *nuovo corso* di politica economica e di riforme (sostegno all'agricoltura, lotta alla disoccupazione, sviluppo del sindacalismo) grazie al quale gli Stati Uniti uscirono dal periodo della Grande Depressione iniziata alla fine degli anni '20 fu avviato dal Presidente democratico americano **Franklin Delano Roosevelt** (1882-1945). Presidente dal '33 fino alla morte, Roosevelt grazie al **National Industrial Recovery Act** e ad un massiccio sistema assistenziale, con la chiusura del mercato internazionale (autarchia) e il rientro dei capitali americani investiti all'estero, diede nuovo impulso all'economia americana. Furono potenziati i lavori pubblici, sostenuti i prezzi agricoli, sottoposti a controlli gli istituti finanziari e regolamentati i rapporti padronato/manodopera. Una seconda fase prese avvio nel 1935 con il **Social Security Act**, che istituì il sussidio di disoccupazione e la pensione di vecchiaia per i lavoratori. Contro la crisi economica americana Roosevelt promosse un programma politico sintetizzato con le parole **relief**, **recovery** and **reform** (cura, guarigione e riforma). Con il **Neutrality Act**, invece, stabiliva che non si potevano vendere armi ai Paesi belligeranti.
Durante la **Conferenza di Losanna**, tenutasi tra il giugno e il luglio del 1932, venne stabilito che sarebbe stato condonato alla Germania ciò che rimaneva da pagare per le riparazioni di guerra.
Nel 1927 negli Stati Uniti furono ingiustamente condannati a morte due anarchici italiani, ***Sacco*** e ***Vanzetti***. I due vennero arrestati, processati e giustiziati sulla sedia elettrica negli Stati Uniti negli anni venti, con l'accusa di omicidio di un contabile e di una guardia del calzaturificio «Slater and Morrill» di South Braintree.
Tra le due guerre mondiali si parlava della "**diplomazia del dollaro**" poiché a causa dell'afflusso di capitali statunitensi nei Paesi dell'America Latina, gli USA finirono per detenere il controllo economico di tutto il continente.

3.4 Il Nazismo

Nel 1923 Adolf Hitler unitamente a ***Erich Ludendorff*** tentò di prendere il potere con il famoso "**putsch di Monaco**", miseramente fallito.
Dopo aver fondato il partito, Hitler costituì un potente esercito, si affidò alla Gestapo (speciale forza di polizia segreta), alle SS e le SA ("**Sturmabteilungen**", create nel 1921 erano le squadre d'assalto per la difesa e per l'attacco contro gli avversari del partito) e nelle elezioni del 1933 il suo partito vinse le elezioni.
Proclamò il terzo Reich, con capitale Berlino, si fece chiamare *Fuhrer* (condottiero) e ne divenne **Cancelliere** in seguito alle pressioni della piazza. Nel libro **Mein Kampf** ("la mia battaglia") Adolf Hitler espose il proprio pensiero politico e delineò il programma del partito nazista. Tra i punti salienti del programma nazista vi erano la fine del parlamentarismo, la denuncia del trattato di Versailles e la riunione di tutti i tedeschi in una nuova Grande Germania.
In Germania, nel **1932**, **il Partito Nazionalsocialista** (**NSDAP**) divenne il primo Partito in particolare grazie all'appoggio prevalente dei grandi industriali, degli agrari e dell'esercito.
Per evitare le pressioni dei nazisti austriaci che volevano l'annessione alla Germania il Cancelliere austriaco **Dollfuss** istituì nel 1932 un regime autoritario.
Nel 1933, Germania, Italia, Francia e Inghilterra strinsero il **Patto a Quattro** per il mantenimento della pace in Europa.
Hitler assunse la carica di **Presidente** nel **1934** dopo la morte di Paul von Hindenburg, concentrando su di sé la doppia carica di Presidente e Cancelliere, e rimase al potere circa 12 anni. Nello stesso anno, per realizzare la "**Grande Germania**", tentò di annettere l'Austria al Terzo Reich, facendo assassinare il cancelliere austriaco Engelbert Dollfuss. Nel luglio del 1934 l'Italia, la Francia e la Gran Bretagna furono i Paesi che si opposero all'annessione.
Il 30 giugno 1934 furono epurati e massacrati i vertici delle **Sturmabteilungen** (SA) di ***Rohm*** e altri oppositori di Hitler, episodio noto come "***notte dei lunghi coltelli***".
Nel 1935 iniziò a perseguitare il popolo ebraico ritenuto responsabile dei mali della Germania e attraverso le **leggi di Norimberga** (cd. leggi per la protezione del sangue) tolse agli ebrei la parità dei diritti, ne proibì i matrimoni con i non ebrei e stabilì l'esclusione dei non ariani dalla cittadinanza tedesca.
Nel corso della **Conferenza di Stresa** del 1935, la politica militarista di Hitler fu denunciata dai rappresentanti di Italia, Francia e Gran Bretagna con lo scopo di contrastare il riarmo tedesco.
Nel 1936 venne firmato il **Patto Antikomintern** tra ***Germania*** e ***Giappone***, accordo al quale un anno più tardi aderì anche l'Italia.
Pio XI nel 1937 in relazione agli sviluppi della situazione politica in Germania emise l'enciclica ***Mit brennender Sorge*** ("con viva preoccupazione"), redatta eccezionalmente in tedesco e non in latino, con la quale condannava fermamente alcuni aspetti dell'*ideologia nazista*, seguita dopo poco dalla ***Divini Redemptoris***, con un'analoga condanna dell'*ideologia comunista*. Le proteste del governo tedesco furono molto dure.
Hitler approfittò del conflitto italo-abissino per far entrare le sue truppe in Romania e nel 1938 impose al governo di Vienna un formale accordo che sanzionò di fatto il passaggio dell'Austria sotto il dominio tedesco.

3.5 La guerra di Spagna

La prima prova palese di una concordanza di programmi aggressivi esistente tra il Governo italiano e quello tedesco si ebbe durante la guerra di Spagna.
Nel 1931 in Spagna cadde la Monarchia e fu instaurata la Repubblica poi, nel 1936, a seguito di libere elezioni, le forze popolari di sinistra ottennero la maggioranza dei voti e assunsero il potere legale nel Paese.
Le forze nazionaliste anti-marxiste (***Nacionales***), però, non si rassegnarono, anzi, appoggiate da reparti reazionari al comando del **generale Francisco Franco** (detto il *Caudillo*), iniziarono una sanguinosa e spietata **guerra civile** contro i ***Republicanos*** composti da truppe governative e sostenitori della Repubblica spagnola, che ebbe ben presto carattere internazionale. Il movimento fascista spagnolo guidato dal generale Francisco Franco è conosciuto con il nome di **Franchismo**. Egli era appoggiato in Spagna dalle gerarchie ecclesiastiche e dall'aristocrazia terriera.
L'Italia e la Germania appoggiarono il generale Franco, mentre i rivoluzionari spagnoli ebbero pochi aiuti dall'Unione Sovietica (che fu l'unica potenza ad inviare più aiuti) e dalla Francia. Nel 1937 le truppe franchiste conquistarono **Malaga**, mentre le truppe di Mussolini furono fermate dalle ***Brigate Internazionali*** (il cui commissario politico fu *Pietro Nenni*), gruppi di volontari che si recarono in Spagna per appoggiare l'esercito repubblicano e combattere le forze nazionaliste e filofasciste.
La città di **Guernica** subì nel corso della Guerra Civile spagnola un potente bombardamento da parte della *Legione Condor nazista*, come ricorda un celebre dipinto di Picasso.
La lotta cruenta si concluse nel 1939 con la nascita della **dittatura del generale Franco**, ormai unico capo della Spagna. Un mese dopo la fine della guerra civile, il governo di Franco annunciò la sua adesione all'asse tra Italia, Germania e Giappone.

3.6 La situazione internazionale tra le due guerre

In **Russia**, Lenin promosse nel 1919 la **Terza Internazionale** a Mosca con lo scopo di porre le basi della rivoluzione anche negli altri Paesi, riunificando le correnti rivoluzionarie e favorendo la formazione dei partiti comunisti in tutto il mondo.
Lo stesso alla fine della guerra civile, per salvare il Comunismo, inaugura dal 1921 al 1929 la **NEP** ossia la Nuova Politica Economica in parte orientata ad una pacata liberalizzazione del mercato.
Alla morte di Lenin, avvenuta nel 1924, si scatenò nel gruppo dirigente sovietico un'aspra lotta per la successione tra **Stalin** e **Trotzkij** conclusasi con l'affermazione di Stalin.
Stalin, dopo la morte di Lenin, non credendo più in un'imminente rivoluzione internazionale e concentrandosi pertanto sulla costruzione di un potente Stato russo, formulò la teoria "**socialismo in un solo paese**".
Promosse per la prima volta in Russia nel 1928, ponendo fine alla NEP di Lenin, una rapida industrializzazione volta a raggiungere determinati obiettivi in un periodo di cinque anni nei vari settori dell'economia chiamati "**Piani quinquennali**". Servivano ad avviare il processo di nazionalizzazione e collettivizzazione dei mezzi produttivi e a portare la Russia verso la realizzazione effettiva del comunismo. Il Paese non risentì della crisi mondiale del 1929 perché la sua economia era "chiusa".
In politica estera intervenne per favorire l'istituzione di democrazie popolari in Polonia, Ungheria, Romania, Cecoslovacchia e Jugoslavia.

Quando Stalin prese il potere, Trotskji organizzò, nel 1926, molti gruppi dissidenti nel movimento detto **Opposizione Unificata**. Nel 1929, per ordine di Stalin, **Lev Trotzkij** fu espulso dall'URSS e nel 1940 assassinato dall'agente sovietico, Ramón Mercader. A Trotzkij si deve la fondazione della **Quarta Internazionale**.
Il periodo in cui **Iosif Vissarionovic Džugašvili** costruì il suo potere assoluto, a partire dal 1928, viene detto "**era di Stalin**".
Le eccezionali prestazioni di lavoro del minatore russo ***Aleksej Stachanov***, che divenne l'emblema dell'ideologia ufficiale del produttivismo russo al tempo di Stalin, furono all'origine del fenomeno dello stacanovismo.

In **Cina**, nel 1921, venne fondato il **Partito Comunista Cinese**. Nell'ottobre del 1934, nell'ambito del conflitto fra la **Repubblica di ChangKai-shek** e i **comunisti cinesi**, si svolse quella che sarebbe passata alla storia con il nome di "***lunga marcia***" ovvero l'evacuazione dei comunisti che accerchiati nello Human, a sud della Cina, si trasferirono nella regione settentrionale dello Shanxi, di cui **Mao Zedong** fu uno dei protagonisti.
Nel 1937 il Giappone dichiarò guerra alla Cina e occupò l'area di Nanchino e Shangai.
In **Brasile**, il Presidente **Getulio Vargas** eletto nel 1930, instaurò il "***getulismo***" regime simile al fascismo.
In **Portogallo** nel 1932 salì al potere ***Antonio de Oliveira Salazar*** affermando definitivamente una dittatura di tipo fascista.
In **Irlanda**, nel 1921, avvenne il riconoscimento dello Stato libero d'Irlanda, come *Dominion* all'interno del Commonwealth.
Nel 1922 cadde definitivamente l'**Impero Ottomano** e nel 1923 in Turchia fu proclamata la Repubblica.
Nel 1923, **Francia** e **Belgio** occuparono il bacino tedesco della Ruhr, per compensare la mancanza da parte della Germania dei versamenti in natura previsti dal Trattato di Versailles.
Tra gli anni Venti e Trenta del Novecento, l'impero coloniale francese possedeva, compreso il proprio territorio, circa un decimo delle terre emerse.
In **Egitto**, nel 1928, fu fondato da ***Hasan al-Banna*** il movimento dei **Fratelli Musulmani**.
Nel 1928 il **Patto Briand-Kellog**, sottoscritto da 64 Paesi, tra cui anche l'Italia, prevedeva l'impegno a risolvere le controversie internazionali con mezzi pacifici.
Nel 21 marzo del 1935 lo scià di Persia, **Reza Pahlavi**, chiese formalmente alla comunità internazionale di riferirsi al suo Paese con il nome utilizzato dai suoi abitanti, ovvero **Iran**.
In **Inghilterra** con lo **Statuto di Westminster** del 1931 si stabiliva l'indipendenza delle colonne britanniche di: Canada, Nuova Zelanda, Australia e Sud Africa.
In **India**, ***Gandhi*** si dedicava alla lotta per l'indipendenza attraverso la teoria della non-violenza.

3.7 La Seconda Guerra Mondiale

3.7.1 Il Preludio

Nel 1938 avvenne l'**Anschluss** ovvero l'annessione dell'**Austria** da parte della Germania. Nel settembre dello stesso anno Hitler ottenne anche, a danno della Cecoslovacchia, il **territorio dei Sudeti**, popolato negli anni Trenta da una forte minoranza di lingua tedesca, con l'**Accordo di Monaco** promosso da Mussolini e i rappresentanti di Germania (Hitler), Gran Bretagna (Chamberlain), Francia (Daladier). La politica che è rappresentata simbolicamente da tali Accordi è definita "***Appeasement***".

Il 9 novembre 1938 si verificò l'episodio chiamato "**La notte dei cristalli**" che dette inizio alla repressione nazista nei confronti degli ebrei e nello stesso anno Hitler emanò il decreto sull'esclusione degli ebrei dagli uffici pubblici del Reich.
Nel 1939 le truppe tedesche invasero la Repubblica cecoslovacca, annettendo alla Germania gran parte del territorio, tra cui la **Boemia** e la **Moravia**.
Intanto nell'aprile 1939, Mussolini, fece occupare l'**Albania**.
Il 22 maggio venne stipulato il «**Patto d'acciaio**» (siglato dal Ministro, ***Galeazzo Ciano***), che legava militarmente le sorti della dittatura fascista a quella nazista. I due Paesi erano già alleati del Giappone rispettivamente dal 1936 e dal 1937.
Nell'agosto la Germania sottoscrisse un **Patto di non aggressione** con l'Unione Sovietica noto come **Patto Molotov-Von Ribbentrop**. La reazione dei comunisti italiani, alla firma del patto che aveva rinnegato la linea antifascista del VII Congresso dell'Internazionale comunista fu quello dell'allineamento.

3.7.2 L'inizio delle ostilità

Il primo settembre Hitler ordinò alle truppe di invadere la Polonia, utilizzando come pretesto la richiesta dell'annessione della città di Danzica, conquistando, in meno di una settimana, la parte occidentale attraverso la "**campagna di settembre**" che terminò con l'assedio di Varsavia. Seguì l'**Operazione Reinhardt**, nome in codice dato dai nazisti al progetto di sterminio degli ebrei in Polonia.
Stalin approfittò della situazione e, con il consenso dei nazisti, penetrò nella parte orientale della Polonia e, nei mesi successivi, fece occupare anche le Repubbliche baltiche di Lettonia, Estonia e Lituania. L'URSS, dopo l'invasione della Finlandia nel 1939, per le pretese sulla ***Carelia***, fu espulsa dalla Società delle Nazioni.
Intanto, Francia e l'Inghilterra, per tutelare la libertà dei popoli dalla sopraffazione nazista, dichiararono aperte le ostilità il **3 settembre**: ebbe inizio la **Seconda Guerra Mondiale**.
A fianco dell'Asse parteciparono al conflitto: la **Romania**, la **Cecoslovacchia**, la **Finlandia**, l'**Ungheria**, **Montenegro**, l'**Albania**, la **Serbia, la Croazia**, la **Bulgaria**, la **Repubblica Slovacca**, la **Birmania**, **Manchukuo** e i **Cetnici**, unità serbe.
A fianco degli Alleati (Inghilterra, Francia, URSS) si schierarono: il **Lussemburgo** e il **Belgio** (inizialmente neutrali ma poi attaccati dalla Germania), la **Grecia**, la **Jugoslavia**, il **Canada**, l'**Australia**, l'**Impero delle Indie**, la **Nuova Zelanda**, la **Cina** e il **Nepal**.
Tra i **Paesi neutrali** c'erano la **Spagna**, la **Svizzera** e la **Svezia** (e all'inizio USA e Giappone).
Allo scoppio del conflitto l'**Italia** dichiarò la non belligeranza a causa dell'inconsistenza e dell'impreparazione dell'apparato militare ad affrontare una guerra di lungo periodo.
Le prime operazioni fatte dal *Führer*, furono definite "**guerra lampo**", termine dovuto alla rapidità di utilizzare mezzi corazzati e una forte aviazione (la **Luftwaffe** che i tedeschi impiegarono nella guerra).
Tra il 30 novembre 1939 e il 13 marzo del 1940, si combatté la **guerra russo-finnica (guerra d'inverno)**, fra la Russia e la Finlandia.
Hitler, nell'aprile del 1940, invase la **Danimarca** e la **Norvegia**, assicurandosi così il controllo del Mar Baltico. Nel maggio dello stesso anno, la Germania attaccò l'**Olanda**, il **Belgio**, il **Lussemburgo** (paesi neutrali) e, infine, **Parigi**, che crollò il 14 giugno (l'operazione contro la Francia fu nominata **Fall Rot**, cioè Caso Rosso); l'armistizio, firmato il 22 dello stesso mese, garantiva la sovranità francese sull'area centro-meridionale del Paese e sulle colonie.
A seguito di questa vittoria, Hitler conferì ad ***Hermann Goering*** (dopo il processo di Norimberga morirà suicida) la carica di Maresciallo del Reich.

Il grandioso sistema di fortificazione (famosa "***linea Maginot***"), realizzato negli anni Trenta si snodava per circa 400 chilometri, fu importante nelle vicende della Seconda Guerra Mondiale, lungo la frontiera franco-tedesca.

La **Francia** venne divisa in **due parti**: la parte settentrionale passò sotto il controllo tedesco, quella meridionale con capitale ***Vichy***, conquistata successivamente dai tedeschi con l'***Operazione Attila*** (lo Stato francese di Vichy perse la propria indipendenza e neutralità nel novembre 1942 perché il Governo non aveva contrastato l'invasione alleata del Marocco e dell'Algeria), fu lasciata sotto la guida di **Pétain**, al potere dal 1940 al 1944, che formò un governo filo-nazista (collaborazionista; infatti, con il termine "***collaborazionismo***" si intendeva l'appoggio fornito dai cittadini delle nazioni invase, fenomeno di sostegno, aiuto e adesione talvolta anche piuttosto forzati alla causa dei nazisti cui si assistette in molti Paesi d'Europa). Ciò provocò la nascita di organizzazioni di lotta clandestina, che trovarono un punto di riferimento nel **generale Charles de Gaulle**, avverso a Pétain: questi, rifugiatosi in Inghilterra, proclamandosi da Radio Londra capo della "Francia libera", incitò la resistenza.

Mussolini approfittò del successo tedesco e parlando di "guerra proletaria" contro le potenze plutocratiche, dichiarò guerra il **10 giugno 1940** all'Inghilterra (governata da re Giorgio IV) e alla Francia (che già il 24 concesse l'armistizio). All'ingresso in guerra dell'Italia, Mussolini disse "*Ho bisogno di qualche migliaio di morti per sedermi al tavolo di pace*"; il balcone dal quale Mussolini annunciò l'entrata in guerra si trova a Palazzo Venezia in Roma).

Prima dell'entrata in guerra dell'Italia, Hitler e Mussolini si incontrarono al Brennero.

Nella politica di Mussolini, la strategia di espansione dell'Italia era quella di una "***guerra parallela***", che avrebbe dovuto seguire vie proprie e diverse da quelle tedesche.

Il 3 aprile 1940 **Winston Churchill** (1874-1965), assunse il comando "*de facto*" delle forze militari britanniche e, dal 10 maggio, iniziò ad essere capo oppositore del nazismo, governando l'**Inghilterra**.

Il **10 luglio 1940 Hitler** decise di attaccare l'**Inghilterra** (la concorrenza coloniale e marittima tra i due Paesi fu uno dei motivi profondi che scatenarono la guerra), ma Churchill, seppe raccogliere tutte le forze morali e materiali del Paese per resistere all'attacco tedesco. Hitler, diede inizio a una serie di bombardamenti "a tappeto" per ottantaquattro giorni consecutivi, tuttavia gli inglesi, aiutati dai primi radar (usati dagli inglesi, per la prima volta, nel 1940) e dall'efficiente aviazione **R.A.F.** (*Royal Air Force*), vinsero la **Battaglia d'Inghilterra**, denominata "**Leone Marino**", costringendo Hitler a sospendere i suoi piani. La fase della *guerra lampo* prevista da Hitler si poté considerare così terminata con la mancata invasione tedesca dell'Inghilterra nel 1940. Contemporaneamente l'Italia attaccò gli Inglesi in Africa, ottenendo inizialmente soltanto pochi successi.

Nel settembre del 1940, le forze dell'**Asse** (Germania e Italia), fiduciose della vittoria, firmarono con il Giappone un **Patto Tripartito**, ottenendo la massima espansione nella primavera-estate del 1942. Venne assegnata alla Germania l'egemonia sull'Europa continentale, all'Italia il dominio del Mediterraneo e al Giappone il controllo dell'Asia Meridionale e insulare.

Nel 1941 Hitler progettò la "**soluzione finale**" per eliminare fisicamente tutti gli ebrei europei, considerata razza inferiore a quella ariana facendone uccidere circa 5 milioni.

3.7.3 La guerra contro la Grecia (1940-1941)

Nell'estate 1940 il territorio coloniale italiano ebbe la sua massima espansione con l'occupazione della Somalia britannica.

Il primo scontro tra la Marina italiana e quella britannica avvenne a **Punta di Stilo,** il 9 luglio 1940, tra le navi della **Royal Navy** britannica e della **Royal Australian Navy** contro la **Re-**

gia Marina, utilizzando la più alta concentrazione d'armamenti navali durante tutto il conflitto nel Mar Mediterraneo.
Il **28 ottobre 1940** Mussolini ordinò l'attacco alla **Grecia** (Rodi era già un possedimento italiano, amministrata dall'Italia dal 1912 al 1947), ammassando le truppe sul confine greco-albanese per cercare di sfondare il fronte, ma l'esercito italiano fu bloccato dalla reazione dei Greci che, una volta respinto l'esercito italiano, entrarono per svariati chilometri nel territorio albanese. Nel novembre 1940, dopo i primi rovesci militari, la posizione del Capo di Stato Maggiore italiano Pietro Badoglio fu oggetto di aspre critiche da parte di ***Roberto Farinacci***.
I greci furono anche aiutati dagli inglesi che, con la Royal Navy, sferrarono un improvviso attacco la notte dell'11 novembre, lanciando aerosiluranti e danneggiando tre corazzate italiane e due incrociatori nel **porto di Taranto**. Nel marzo 1941 venne combattuta la **battaglia di Capo Matapan** tra una squadra navale della Regia Marina italiana e la Mediterranean Fleet britannica che evidenziò l'inadeguatezza della Regia Marina ai combattimenti notturni e consegnò temporaneamente alla Royal Navy il dominio del Mediterraneo. Nel corso della battaglia fu affondato l'incrociatore britannico *Bonaventure* dal sommergibile italiano *Ambra,* e gli incrociatori italiani *Fiume* e *Zara*. La Marina Militare italiana all'entrata in guerra, nel 1941, disponeva di due corazzate di pronto impiego: *Conte di Cavour* e *Giulio Cesare*.
A favore dell'Italia, salvandola, accorse l'esercito tedesco, le cui truppe invasero la Jugoslavia, alla quale Italia e Germania avevano dichiarato guerra il 6 aprile 1941. In risposta all'attacco tedesco, in Grecia (l'attacco navale nel Mediterraneo era finalizzato all'occupazione di Creta e Malta) e Jugoslavia ebbe inizio un **movimento di resistenza partigiana** contro i fascisti e i nazisti presenti sul loro territorio e gli iugoslavi, sotto il comando del **maresciallo Tito** (vero nome: **Josip Broz**). Gli **Ustascia**, invece, erano unità croate alleate alle truppe dell'asse.
Tuttavia, il 14 aprile 1941, la **Germania entrò a Belgrado**, (la Jugoslavia si arrese alle truppe italo-tedesche e si formò allora il regno di Croazia la cui corona fu assegnata ad Aimone di Savoia Aosta) proseguendo verso sud e unendosi con i reparti italiani in Albania, successivamente **penetrò in Grecia**. Il 2 maggio 1941, la Grecia venne occupata e il governo di Atene si rifugiò a Londra.
Tuttavia il Mediterraneo rimase sempre sotto il controllo della flotta inglese.

3.7.4 La guerra nell'Africa italiana e Settentrionale (1940-1943)

I soli fronti terrestri sui quali le truppe dell'Asse erano in diretto contatto con quelle inglesi si trovavano in Etiopia e in Libia.
Il **destino dell'A.O.I.** (Africa Orientale Italiana), nonostante la iniziale superiorità, sembrava segnato: i reparti italiani occuparono inizialmente la Somalia britannica, ma il **5 aprile 1941** gli inglesi entrarono in Addis Abeba e vi restaurarono il potere del **negus Hailé Selassié**, costringendo altresì alla resa l'ultimo presidio italiano al comando del Duca d'Aosta, ***Amedeo di Savoia***, arroccatosi sull'**Amba Alagi** (18 maggio 1941). Proprio in questa seconda battaglia dell'Amba Alagi le truppe italiane, sconfitte dopo una strenua resistenza, ottennero dai vincitori britannici l'onore delle armi.
Le operazioni libico-egiziane, nel corso dell'intera guerra, videro per ben tre volte le truppe dell'Asse in grado di far retrocedere gli inglesi, ma altrettante volte furono ricacciate, sino alla definitiva sconfitta.
Inizialmente gli italiani avanzarono fino a **Sidi el Barrani** (settembre 1940), ma nel dicembre gli inglesi sferrarono una violenta controffensiva, che in due mesi li portò alla conquista

di Bengasi e dell'intera Cirenaica. I tedeschi inviarono allora i loro reparti corazzati al comando del ***generale Erwin Rommel*** il quale, dopo aver congiunto le sue truppe con quelle italiane, riuscì a rioccupare Bengasi (3 aprile 1941) e a liberare tutta la Cirenaica, tranne Tobruk, difesa strenuamente dagli inglesi, perché era un importante porto.
All'alba del 9 dicembre 1941 il **Tenente di Vascello *Luigi Durand de la Penne*** partecipò al forzamento della base inglese di Alessandria d'Egitto. I famosi mezzi subacquei della nostra Marina riuscirono a portare a termine il 18 dicembre 1941 un'impresa quasi impossibile: penetrarono nella rada di Alessandria d'Egitto e misero fuori combattimento le due corazzate inglesi «*Valiant*» e «*Queen Elizabeth*». Luigi Durand de la Penne fu poi decorato con Medaglia d'Oro al Valore Militare.
Il 17 dicembre 1941, sempre nel Mar Mediterraneo, fu combattuta la **Prima battaglia della Sirte**, ancora un'altra battaglia navale tra la **Royal Navy** e la **Regia Marina**. Questo episodio, ricordato con il nome "**Battaglia dei convogli**", terminò con la vittoria italiana e la sconfitta dell'Inghilterra anche se entrambe le forze riuscirono a completare le loro missioni di scorta.
Sempre nel 1941, la X Flottiglia MAS (i famosi "***maiali***", che tanto operarono nel corso delle due guerre mondiali, erano siluri a lenta corsa) violò, con successo, il porto di Gibilterra.
Nel **1942** l'Asse raggiunse la sua massima espansione, ed era in grado di controllare gran parte dell'Europa, spingendosi sempre più minacciosa in Nord Africa, dove le truppe italo-tedesche erano ad un passo dalla conquista dell'Egitto. Ma l'ingresso in guerra degli Stati Uniti e la controffensiva sovietica rovesciarono in breve tempo la situazione.
Entrate in **Egitto**, le truppe italo-tedesche furono sbaragliate dall'esercito inglese guidato dal generale ***Bernard Law Montgomery*** che, nell'ottobre 1942, sfondò le linee italo-tedesche nella battaglia di **El Alamein,** e dopo diversi scontri tra mezzi corazzati nel deserto (Tobruk, El Alamein) riuscì ad occupare la colonia italiana della Libia e ben presto della Tunisia, ottenendo così il controllo di tutta l'Africa settentrionale. Le Truppe Alleate entrarono a Tripoli nel maggio 1943.
Intanto nel febbraio dello stesso anno aveva assunto il comando della 1ª Armata in Tunisia il ***generale Giovanni Messe***. Nel corso della Seconda Guerra Mondiale, durante lo sbarco degli Alleati in Algeria e Marocco, fu usato per la prima volta il **bazooka**, come arma anticarro.

3.7.5 La guerra contro la Russia e il coinvolgimento Usa (1941)

Nonostante il «Patto di non aggressione del 1939 con la Russia» Hitler attaccò improvvisamente la Russia il 22 giugno 1941. A fianco della Germania, nell'operazione denominata **«Barbarossa»** si schierarono immediatamente **Italia, Cecoslovacchia, Ungheria, Romania e Finlandia**.
Dopo i primi successi, Hitler sperò nella **guerra lampo** estiva: in realtà i sovietici, il 19 novembre, con l'**Operazione Urano**, sferrarono la controffensiva che riuscì ad accerchiare la **VI Armata** tedesca; aiutati dagli Usa, si organizzarono e, il **6 dicembre del 1941**, scatenarono nei pressi di Mosca un contrattacco che scacciò il nemico per 200 kilometri.
Nel 1941, la Francia dovette cedere i propri possedimenti indocinesi al Giappone.
Il **14 agosto 1941** il Presidente americano Roosevelt e il primo Ministro inglese Churchill s'incontrarono a bordo della nave da battaglia ***Prince of Wales***, ancorata nella Baia di Terranova, e fissarono sulla «**Carta Atlantica**» i principi di una politica comune, a cui il mese successivo aderì anche la Russia. Con essa le tre potenze si impegnavano affinché, dopo la definitiva distruzione della tirannide nazista, si stabilisse una pace che garantisse a tutti i popoli

di vivere sicuri e liberi entro i propri confini. In tale documento, la guerra contro il fascismo veniva definita "*democratica*".
Nella notte del **7 dicembre 1941** alcuni aerosiluranti giapponesi bombardarono improvvisamente la base navale di **Pearl Harbor** nelle isole **Hawaii** e distrussero otto corazzate americane, senza che vi fosse stata una dichiarazione di guerra da parte del Giappone (governato dall'imperatore **Hiroito**) agli Stati Uniti.
Questo avvenimento determinò l'intervento degli Stati Uniti e quattro giorni dopo anche le potenze dell'Asse dichiararono guerra agli americani.

Occorre Sapere

Il presidente americano **Roosevelt**, riferendosi all'attacco di Pearl Harbor, parlò così alla Nazione l'8 dicembre 1941: "Ieri, 7 dicembre, data che resterà simbolo di infamia, gli Stati Uniti d'America sono stati improvvisamente e deliberatamente attaccati da forze aeree e navali dell'impero giapponese...".

Successivamente il Giappone dichiarò guerra anche all'Inghilterra, all'Australia e al Canada riportando inizialmente importanti successi, ma nel 1942 fu per la prima volta ben contrastato nella **battaglia del Mar dei Coralli** mentre, nella **battaglia delle Midway** le gravi perdite giapponesi di portaerei e di piloti addestrati bloccarono ogni ulteriore avanzata e permisero alle forze americane di passare alla controffensiva.

3.7.6 Dalla seconda campagna di Russia alla resa dell'Italia (1942-1943)

La Germania ritentò di annientare l'Unione Sovietica tra l'estate e l'autunno del 1942 e l'azione fu rivolta su **Stalingrado** (luglio del 1942 - gennaio del 1943) e le zone del basso Volga. Inizialmente i tedeschi conquistarono Rostov con una certa facilità, così Hitler dispose che una parte delle truppe occupasse il Caucaso. Tra il 16 settembre e il 19 novembre 1942 quella zona fu investita dalle armate tedesche, ma i sovietici le contennero e ben presto passarono all'**offensiva**, che determinò la decimazione delle truppe dell'Asse delle quali faceva parte anche l'**armata italiana «Armir»**, il corpo di spedizione inviato da Mussolini, forte di 229.000 uomini, di cui 84.000 persero la vita (il primo Corpo militare italiano che venne inviato in Russia fu il CSIR, Corpo di Spedizione Italiano in Russia). La conclusione segnò praticamente il **tracollo definitivo del Terzo Reich**.

3.7.7 Dallo sbarco in Sicilia alla caduta del fascismo (1943)

Nel 1942, in Italia veniva creata la **Democrazia Cristiana** come continuazione del Partito Popolare Italiano, su iniziativa di ***Alcide De Gasperi***, mentre nel 1943, a Roma, si creò il Partito Socialista di Unità Proletaria (PSIUP), al quale aderì anche ***Sandro Pertini***.
Dopo aver occupato la Tunisia e, con l'**operazione Corkscrew** del 9 maggio 1943 (in italiano: cavatappi), le isole di Pantelleria e di Lampedusa, agli anglo-americani non fu difficile nella notte tra il **9 e 10 luglio 1943** sbarcare in Sicilia con l'**operazione Avalanche** (lo sbarco fu deciso in occasione della **Conferenza di Casablanca** del 14.01.1943). Il piano era stato predisposto in vista dell'apertura di un secondo fronte in Francia molto caldeggiato da Stalin.
Lo sbarco in Sicilia e i rapidi successi degli anglo-americani diedero un colpo decisivo al morale degli **italiani** che, provati da anni di orrori, desideravano liberarsi, a un tempo, della guerra e del fascismo che l'aveva voluta malgrado la totale impreparazione.
Mentre i partiti tradizionali si stavano ricostituendo nella clandestinità, si organizzava anche una fronda fascista facente capo a **Galeazzo Ciano**, genero del Duce e Ministro degli Esteri, che aveva indirettamente sfiduciato Benito Mussolini, firmando l'**ordine del giorno "Gran-**

di", ***Dino Grandi*** (promotore) e ***Giuseppe Bottai***. Furono loro che mediante l'ordine del giorno, chiedevano al Duce di restituire il Comando delle Forze Armate al Re e **misero Mussolini in minoranza** (19 contro 7 nella riunione del **24/25 luglio 1943**). Ciò significava sostanzialmente la fine del potere personale di Mussolini e del fascismo. Il Duce presentava le dimissioni, che il re accettava. **Vittorio Emanuele III** fece imprigionare Mussolini dapprima nell'isola di Ponza, poi a **Campo Imperatore sul Gran Sasso**, al fine dichiarato di preservarne l'incolumità personale. Poco prima della sua destituzione, il 19 luglio Mussolini incontrò Hitler nella località veneta di Feltre.
A presiedere il **nuovo governo** il re chiamò il maresciallo d'Italia **Pietro Badoglio**, al quale affidò pieni poteri. Badoglio lasciò Roma in compagnia di Vittorio Emanuele III e si rifugiò a Brindisi, già sgombrata dalle truppe tedesche e quasi subito occupata dagli americani. Il suo governo fu definito "*Governo dei quarantacinque giorni*".

3.7.8 L'armistizio dell'Italia e l'occupazione della penisola da parte dei tedeschi (1943)

Le truppe tedesche affluirono numerose nel nostro Paese, apparentemente per difenderlo dagli anglo-americani, ma in realtà per premunirsi contro il «tradimento» del governo Badoglio. Gli emissari di quest'ultimo iniziarono segretamente i contatti con gli ex nemici e li conclusero il 3 settembre con la firma del **generale Castellano a Cassibile (Siracusa)** di un **armistizio**, annunziato pubblicamente da **Badoglio** l'**8 settembre 1943**. Il 29 settembre Badoglio ed Eisenhower firmarono a Malta il documento che definiva le condizioni di resa dell'Italia. Dopo l'Armistizio, l'esercito italiano rimase sbandato e senza ordini; migliaia di soldati che si trovavano nelle isole del Mar Egeo vennero annientati dall'esercito tedesco perché non vollero unirsi ai loro ranghi (***eccidio di Cefalonia***).
L'Italia a seguito della dichiarazione di guerra alla Germania nel mese di ottobre divenne «cobelligerante» a fianco degli Alleati con il cd. "**Esercito del Sud**".
I tedeschi occuparono immediatamente gran parte della penisola (il comandante in capo delle forze armate di occupazione tedesca in Italia era **Kesselring**), mentre i soldati italiani, senza direttive o con ordini assolutamente generici, disertarono o vennero fatti prigionieri dalle truppe della Wehrmacht. Quanto rimaneva della nostra flotta e dell'aviazione venne consegnata agli anglo-americani. Il 23 settembre 1943, nacque l'accordo di cooperazione con le flotte alleate nel Mediterraneo firmato dall'ammiraglio ***Raffaele de Courten*** a Taranto.
Il rastrellamento nel ghetto di Roma ad opera dei tedeschi fu perpetrato il 16 ottobre 1943.

3.7.9 Mussolini fonda la Repubblica Sociale Italiana (1943)

Il **12 settembre** Mussolini fu liberato da un gruppo di paracadutisti tedeschi e dopo qualche giorno, da radio Monaco, annunciò la costituzione della **Repubblica Sociale Italiana** (nota come **Repubblica di Salò**, dalla località del lago di Garda dove erano istituiti alcuni ministeri). Si trattava di un governo «fantoccio» complice dei tedeschi nell'opprimere il popolo italiano. Nel novembre fondò il **Partito Fascista Repubblicano** di cui tenne il primo congresso a Verona, durante il quale si stabilì tra l'altro di costituire il Tribunale speciale per la difesa dello Stato della RSI per processare i firmatari dell'Ordine del giorno Grandi. Dall'8 al 10 gennaio 1944, quindi, si svolse a Verona il processo contro i membri del Gran Consiglio del Fascismo. Tra gli imputati c'erano Galeazzo Ciano, condannato a morte e fucilato insieme a Emilio De Bono, Luciano Gottardi, Giovanni Marinelli e Carlo Pareschi.

3.7.10 La situazione italiana dopo l'Armistizio e la Resistenza

Dopo l'armistizio, gli Alleati sbarcarono nel settembre a Salerno con la 5ª armata americana guidata dal ***generale Mark Clark***, mentre l'Italia si trovava divisa in due parti: nel Sud, per mezzo del riconoscimento da parte dell'URSS (prima potenza alleata a riconoscere il 13 marzo 1944 la legittimità del governo Badoglio) e alla **svolta di Salerno**, impressa nell'aprile 1944 al PCI da **Palmiro Togliatti** (che nel 1945 propugnò la "***via italiana al socialismo***", cioè l'abbandono delle idee rivoluzionarie, con l'intento di sostenere un governo di unità nazionale per fronteggiare la guerra e il fascismo, accantonando le pregiudiziali contro la monarchia e il governo Badoglio), nacque una corrispondenza di breve durata tra i partiti anti-fascisti e il re, che accettò di mettere in discussione la futura monarchia, a sostegno del nuovo governo Badoglio. I partiti democratici, per partecipare al Governo, chiesero come condizione l'abdicazione del Re; il centro-nord, invece, era in mano ai tedeschi di Hitler. Il nazionalismo fascista concludeva il suo ciclo, riducendo l'Italia a campo di battaglia degli eserciti stranieri.
Nel 1943 a Milano, nacque il ***movimento federalista europeo*** fondato da **Altiero Spinelli**. Nello stesso periodo **Ivanoe Bonomi** fondò il partito **Democrazia del Lavoro**.
Tradito da tutte le forze costituite e tradizionali, il popolo italiano doveva prendere nelle mani il proprio destino e ricrearsi una Patria su basi completamente nuove. Fu questo l'oneroso compito che si assunse la «**Resistenza**»: resistenza dei popoli al nazismo, che pretendeva di costringere milioni di lavoratori europei alla funzione di schiavi al servizio del Reich. Il periodo della *resistenza*, costituì un patrimonio insostituibile nel rispetto della libertà delle genti e indicò la strada per individuare un vero e umano ordine nuovo, che è ancora vivo nell'aspirazione dei popoli. In Europa i movimenti di resistenza al nazi-fascismo si svilupparono a partire dall'entrata in guerra degli Stati Uniti. In Italia le prime truppe partigiane si organizzarono verso la fine del 1943.
Napoli fu occupata dagli alleati il **1° ottobre 1943**, quando era stata già liberata da un'insurrezione popolare scoppiata tra il 27 ed il 30 settembre, cd. "Quattro giornate di Napoli". Le truppe tedesche, attestate poco a nord della linea di **Cassino,** mantennero le loro posizioni fino al maggio 1944, nonostante gli anglo-americani avessero stabilito alle loro spalle una testa di ponte tra Nettuno e Anzio mediante un nuovo sbarco (**Operazione Shingle**, gennaio 1944) per cogliere di sorpresa la **linea tedesca Gustav** (linea di fortificazione approntata dall'***Organizzazione Todt***), dislocata dalla foce del Garigliano a quella del Sangro.
Nel febbraio la capitale d'Italia fu spostata a Salerno.
Il 23 marzo 1944 vennero uccisi a Roma, in via Rasella, 33 soldati tedeschi in un'imboscata tesa dai partigiani. Il comando tedesco, sotto la guida di ***Kapper***, ordinò, per rappresaglia, la fucilazione di 335 ostaggi italiani, che avvenne alle **Fosse Ardeatine** (per questo fatto sanguinoso è stato processato in Italia l'ex capitano delle SS ***Erik Priebke***). Il 16 ottobre 1943 vennero arrestati e deportati gli ebrei del ghetto di Roma.
Roma fu liberata il **4 e 5 giugno 1944** e dichiarata "Città aperta" (guidava l'ingresso trionfale delle truppe americane il generale Mark Wayne Clark); Siena, Arezzo e Livorno nel mese di luglio e Firenze, dove l'azione partigiana era stata particolarmente vigorosa, verso la metà di agosto. I tedeschi si attestarono sulla **«linea gotica»**, linea di fortificazione approntata dal ***Feldmaresciallo Kesselring*** per rallentare l'avanzata degli eserciti alleati, sull'Appennino tosco-emiliano (con un fronte che andava da Pesaro a Massa Carrara, provincia Apuania), che fu superato dagli alleati prima della sosta invernale solo nel settore orientale e ciò consentì loro di impadronirsi della Romagna.

La **Risiera di San Sabba**, situata nella città di Trieste, fu trasformata in un lager nazista, utilizzata per il transito, la detenzione e l'eliminazione di un gran numero di detenuti, in prevalenza prigionieri politici ed ebrei.
Nell'aprile 1944 il governo Badoglio subì un sostanziale cambiamento, poiché vennero inseriti i rappresentanti dei partiti antifascisti. Con la liberazione di Roma, **Vittorio Emanuele III** (morì nel 1947 in Egitto) trasferì i suoi poteri nelle mani del figlio **Umberto II**, nominandolo **luogotenente generale del Regno** (re di maggio poiché regnò solo 31 giorni, dal 9 maggio al 12 giugno del 1946). La **Regina d'Italia** sua consorte, era **Maria José di Sassonia-Coburgo- Gotha**.
I rappresentanti dei partiti antifascisti designarono nel contempo **Ivanoe Bonomi** a presiedere il nuovo governo.
Le **formazioni partigiane** più importanti furono:
- la **Divisione partigiana Garibaldi** costituita da militari italiani sbandati in Jugoslavia;
- il **33° battaglione Sap "Pietro Ferrero"**, brigata partigiana anarchica operante a Torino;
- la brigata partigiana degli operai monfalconesi, che combatté la **Battaglia di Gorizia** contro le truppe di occupazione tedesche;
- **Giustizia e Libertà**, partigiani guidati da Ferruccio Parri;
- l'**Osoppo**: sorsero nel 1943 nel Seminario Arcivescovile di Udine per opera di alcuni volontari (repubblicani e monarchici) di ispirazione laica, liberale, socialista e cattolica ed operarono soprattutto in Friuli ed in Veneto;
- l'**XI Zona Patrioti**, composta in prevalenza da aderenti al Partito d'Azione, cattolici e seguaci di Pietro Badoglio;
- il **1° Gruppo Divisioni Alpine**, guidato da una serie di validi ufficiali, che operava prevalentemente nelle Langhe e nel Monferrato;
- la **Bandiera Rossa**, a prevalente orientamento comunista-trotskista; ebbe 68 militanti trucidati alle ***Fosse Ardeatine***;
- la formazione partigiana **Stella Rossa**, una brigata partigiana autoctona di montagna che operava nella zona di Marzabotto. La **strage *di Marzabotto*** (in Emilia-Romagna) o eccidio di Monte Sole fu perpetrata dalle truppe naziste nel quadro di un'operazione di rastrellamento diretta contro la formazione partigiana Stella Rossa;
- il **Battaglione Lucetti**, brigata partigiana anarchica operante nei dintorni di Carrara;
- la **Brigata Italia**, brigata partigiana di ispirazione cattolica operante a Modena;
- la **Brigata San Faustino - Proletaria** d'urto, costituita nell'Alta Umbria nel settembre del 1943;
- la **Brigata Garibaldina Antonio Gramsci**, brigata partigiana che operò dal settembre del 1943 al giugno del 1944 in Umbria;
- le **Brigate Fiamme Verdi** nacquero per iniziativa di intellettuali cattolici: operavano prevalentemente in montagna (vi fece parte anche ***Giuseppe Dossetti***);
- le **Brigate Matteotti**, formazioni socialiste;
- le **Brigate del popolo** che si formarono nell'estate 1944. Erano di diretta emanazione dalla Democrazia Cristiana.

Nell'ottobre 1944, venne fondata nella città di Alba una **Repubblica partigiana.**
Tutte le Brigate dipendevano dal Comando Generale di cui facevano parte *Giancarlo Pajetta, Pietro Secchia e Giorgio Amendola.*
Dopo l'8 settembre 1943, si formò il Comitato di Liberazione Nazionale **(CLN)**, organo coordinatore delle formazioni partigiane (prima struttura di coordinamento generale della resi-

stenza italiana ufficialmente riconosciuta sia dagli Alleati che dal governo Badoglio). Di questo facevano parte le rappresentanze dei comunisti, socialisti, democratici, liberali e del partito di azione.
Tra gli alleati, il governo italiano di Roma e il **CLN dell'Alta Italia**, il 7 settembre 1944, fu firmato un accordo noto come **Protocolli di Roma** e il comando del **Corpo Volontari della Libertà** (CVL), cioè dell'insieme delle formazioni partigiane, fu assunto da ***Raffaele Cadorna*** (figlio di Luigi Cadorna) generale dell'esercito regolare, mentre rimasero come vice-comandanti ***Ferruccio Parri*** del Partito d'azione e ***Luigi Longo***, comunista, che in pratica continuarono ad essere i veri capi riconosciuti della resistenza.
Nel Congresso dei partiti antifascisti svoltosi a Bari in gennaio, i partiti moderati si scontrarono con quelli di tradizione socialista a causa dei rapporti con casa Savoia.
Il 25 dello stesso mese venne organizzata l'evasione dal carcere di Regina Coeli di ***Sandro Pertini*** e ***Giuseppe Saragat***.
L'azione dei partigiani fu di guerriglia, tuttavia rappresentò il più forte movimento dell'Europa occidentale. Usando il canale radiofonico Radio Londra, **Charles De Gaulle** riuscì a lanciare l'esortazione alla resistenza al popolo francese.
Nell'inverno del 1944 il generale inglese ***Harold Alexander*** invitò i partigiani a sospendere le operazioni su larga scala.

3.7.11 Dallo sbarco in Normandia alla resa della Germania e del Giappone alla fucilazione di Mussolini (1944-1945)

Il **6 giugno 1944** (D-Day) gli alleati sbarcarono con una gigantesca operazione militare (Sbarco in Normandia, noto come "operazione Overlord") sulla penisola del Cotentin e si impadronirono del porto di Cherbourg da dove fecero affluire forze e mezzi, per poi procedere con un'offensiva terrestre a liberare la Francia. Venne, così, violato il *Vallo Atlantico,* l'esteso sistema di fortificazioni a difesa delle coste tedesche, che si estendeva dalla Norvegia alla Francia.
Il 15 agosto avvenne un altro sbarco alleato in **Provenza,** tra Tolone e Cannes, nonostante la costa fosse difesa dalla linea del *Vallo Mediterraneo*, ("**operazione Dragoon**") che permise la totale liberazione del suolo francese entro il mese di settembre.
L'ultima grande controffensiva tedesca sul **fronte occidentale** fu la **battaglia delle Ardenne**. Sul **fronte orientale** riprese l'offensiva sovietica che segnò il tracollo dell'armata tedesca. Tra il settembre e l'ottobre 1944 i Paesi satelliti del Reich: Finlandia, Romania, Bulgaria e Ungheria furono costretti ad arrendersi, mentre le truppe sovietiche si congiunsero in Jugoslavia con i partigiani di Tito e gli inglesi sbarcarono in Grecia e occuparono Atene (13-10-1944).
Nel febbraio del 1945, convinti ormai di aver vinto, **Stalin (URSS)**, **Churchill (Gran Bretagna)** e **Roosevelt** (**USA**) s'incontrarono a **Yalta**, in Crimea, per decidere le sorti del mondo dopo la guerra. Fu stabilito che la Germania venisse disarmata e divisa in quattro zone di occupazione tra i vincitori e che i popoli liberati dal dominio nazista fossero liberi di scegliere il proprio futuro. Nonostante ciò, l'Europa orientale venne assegnata all'influenza russa e l'Europa occidentale (più l'Austria e la Grecia) a quella anglo-americana. In realtà già vi era stata una precedente **Conferenza a Teheran** nel 1943, in cui si riunirono Stalin, per l'Unione Sovietica, F.D. Roosevelt, per gli Stati Uniti d'America, e Churchill per la Gran Bretagna e si accordarono sull'appoggio ai partigiani di Tito in Jugoslavia, sulla data e sulle modalità esecutive dell'operazione Overlord (sbarco in Normandia), sulla necessità di dividere, dopo la guerra, il territorio della Germania in più Stati per prevenire il riformarsi della sua potenza militare (la successiva **Conferenza di Potsdam** rappresentò l'atto finale della Seconda Guerra Mondiale).

Nei mesi di gennaio e febbraio 1945 i russi da una parte e gli alleati dall'altra strinsero in una morsa i tedeschi; l'azione si concluse il 2 maggio 1945 dopo l'occupazione di Berlino (le prime truppe che entrarono a Berlino furono quelle russe).
I bombardamenti sulle città tedesche compiuti dagli angloamericani erano prevalentemente effettuati con la crudele tecnica della tempesta di fuoco il tutto per costringere la Germania alla resa; uno degli episodi più drammatici, anche perché privo di giustificazioni militari, fu il bombardamento di Dresda.
Intanto ad aprile salì al potere il Presidente americano **Harry Truman**, in un momento assai critico, nelle ultime fasi della Seconda Guerra Mondiale: la Germania era ormai quasi vinta, ma rimaneva ancora aperto il conflitto nel Pacifico.
Fra il **7** e l'**8 maggio**, secondo gli ordini dell'ammiraglio **Karl Doenitz**, che Hitler, prima di togliersi la vita (si suicidò il 30 aprile nel suo bunker di Berlino per non cadere vivo nelle mani dei nemici) aveva nominato Presidente del Reich, i tedeschi firmarono a **Reina e a Berlino** la **resa incondizionata** agli anglo-americani e ai sovietici. Con la «**Dichiarazione di Berlino**» del 1945, le nazioni vincitrici del II conflitto mondiale, divisero la città tedesca e la nazione, in **quattro zone d'occupazione**: francese, inglese, americana e russa. Nelle sue ultime volontà Hitler nominò Cancelliere **Joseph Goebbels**, già Ministro della Propaganda, e conosciuto per aver attivato una dura campagna di arianizzazione culturale contro l'arte degenerata e la "scienza ebraica, massonica e bolscevica".
Resisteva ancora il Giappone, che non intendeva accettare la resa senza condizione, così il nuovo Presidente Truman e il comando statunitense ordinarono gli atroci **bombardamenti** di **Hiroshima** (con la bomba "**Little Boy**") e di **Nagasaki** (con la bomba "**Fat Man**") il **6 e 9 agosto 1945**. Gli scienziati che idearono la bomba sganciata su Hiroshima nel 1945 erano Fermi, Oppenheimer e Teller.
La conquista dell'**isola di Okinawa** da parte delle truppe statunitensi avvenne nel 1945 dopo 82 giorni di battaglia.
Il **14 agosto** il **Giappone** acconsentì ad arrendersi e il 2 settembre venne firmato il relativo atto a bordo della corazzata Missouri nella rada di Tokyo. La **seconda guerra sino-giapponese** (7 luglio 1937 - 2 settembre 1945) terminò con la resa incondizionata del Giappone.
Sul **fronte italiano** gli alleati sfondarono la linea gotica e avanzarono nella Pianura Padana, dovunque preceduti dall'insurrezione partigiana e popolare; il 25 aprile vennero liberate Milano e Genova e il 26 Torino. In Italia, il 25 aprile si commemora l'anniversario della Liberazione dal Nazifascismo.
Il giorno 27 aprile 1945 **Mussolini fu catturato** nei pressi di **Dongo**, sul lago di Como, mentre tentava di espatriare in Svizzera e il giorno 28 venne **fucilato** con alcuni suoi stretti collaboratori dal colonnello Walter Audisio, a Giuliano di Mezzegra, in esecuzione di un ordine del ***Comitato di Liberazione Alta Italia***. I loro corpi furono esposti nel Piazzale Loreto, a Milano, dove le bande fasciste il 10 agosto 1944 avevano esposto i corpi di 15 ostaggi da loro fucilati per rappresaglia. Fu sepolto a Predappio.
Il 29 aprile avvenne la capitolazione delle truppe tedesche in Italia.
Fra le nazioni dell'Asse coinvolte nella Seconda Guerra Mondiale, la Germania ebbe il maggior numero di morti (oltre 7 milioni tra civili e militari).
Verso la fine della guerra nacque l'organizzazione **ODESSA** con lo scopo di proteggere la fuga di nazisti dalla Germania occupata.

3.7.12 Il dopoguerra: il processo di Norimberga, la nascita dell'ONU e i trattati di pace

Al termine del conflitto, le potenze vincitrici istituirono un tribunale militare internazionale per giudicare e punire i crimini commessi dai nazisti ritenuti i maggiori responsabili della guerra. Per non essere catturati, alcuni dirigenti del Terzo Reich fuggirono in America Latina, altri si suicidarono, ma i 24 che comparvero davanti al tribunale, furono **processati** per crimini contro l'umanità quali stragi, deportazioni, persecuzioni per motivi politici, razziali o religiosi tra il 1945 e il 1946 a ***Norimberga*** (unico tribunale grande non distrutto dai bombardamenti). I dirigenti nazisti condannati a morte al processo furono in tutto dodici.
Ernst Kaltenbrunner, capo del "RSHA" (Ufficio Centrale per la Sicurezza del Reich) fu condannato a morte e impiccato nell'ottobre 1946; **Hermann Goering**, Comandante della Luftwaffe, morì suicida; **Hjalmar Schacht**, ministro dell'Economia nella Germania nazionalsocialista, dove era accusato di crimini contro la pace, fu assolto. **Joachim von Ribbentrop**, ministro degli esteri della Germania nazista, dopo il processo di Norimberga, fu il primo ad essere giustiziato mediante impiccagione.
Uno dei personaggi più spietati che diede vita ai massacri della "razza inferiore", fu **Heinrich Himmler**, da Hitler nominato ministro dell'interno nel 1943. Il suo nome è legato alla "***soluzione finale***" come programma di sterminio degli **Untermenschen** (uomini "inferiori" rispetto alla razza ariana).
Adolf Eichmann, il principale responsabile dell'Olocausto (sterminio sistematico degli ebrei), si nascose in Italia fino al 1950 per poi emigrare in Argentina dove fu rintracciato dal ***Mossad*** che lo rapì e lo fece processare in Israele dove venne condannato a morte ed impiccato nel 1962.
Erich Priebke, deceduto a Roma nel 2013, fu condannato per l'eccidio delle Fosse Ardeatine.

Occorre Sapere

Il termine **Shoah** si riferisce storicamente allo sterminio sistematico degli ebrei attuato dal regime nazista.
Furono creati diversi campi di sterminio sparsi per l'Europa, i più importanti furono:
- in Germania, a **Buchenwald**, dove morì la principessa Mafalda di Savoia e in prossimità di Monaco di Baviera il campo di sterminio di **Dachau**;
- in Polonia, ad **Auschwitz I**, **Treblinka** (secondo campo di sterminio per numero di vittime) e **Birkenau** (Auschwitz II, il primo campo) dove morirono la maggior parte degli ebrei per via della "soluzione finale alla questione ebraica";
- in Austria, quello di **Mauthausen**;
- in Italia, quello di **San Sabba.** Nella Penisola, il motto dei campi di internamento nazisti era tradotto in italiano "**Il lavoro rende liberi**".

Con il titolo il "**Giusto tra le nazioni**" si assegnò una onorificenza a coloro che, a rischio della propria vita, salvarono anche un solo ebreo dalla Shoah. **Oskar Schindler** ricevette l'onorificenza per aver salvato circa 1.100 ebrei dallo sterminio.
Il diplomatico e filantropo svedese **Folke Bernadotte**, noto per aver ottenuto la liberazione di circa 31.000 prigionieri dai campi di concentramento tedeschi, fu ucciso da un gruppo sionista nel 1948 a Gerusalemme.
Poi, nell'intento di scongiurare altre guerre fu creata l'**ONU**, il cui statuto fu elaborato dalla Conferenza che, su iniziativa di Cina nazionalista (Taiwan), Francia, Regno Unito, URSS e USA, riunì a **S. Francisco**, in California, dal 25 aprile al 26 giugno 1945, i rappresentanti di 50 Paesi, ed entrò in vigore il 24.10.1945. Costituisce un'organizzazione di carattere univer-

sale, in linea di principio aperta a tutti gli Stati e fu creata per mantenere la pace e la sicurezza e promuovere la cooperazione internazionale nei settori economico, sociale, culturale.
Nel 1945 venne proclamata la Repubblica Federativa Socialista della Jugoslavia.
Nel 1947, a Parigi, vennero firmati i **trattati** tra i quattro vincitori (Usa, Inghilterra, Francia, URSS) e gli sconfitti, ad eccezione della Germania.
L'**Italia** dovette cedere **Briga** e **Tenda** alla Francia, rinunciare all'Impero coloniale di **Rodi** e al **Dodecaneso** (queste ultime andarono alla Grecia); **Trieste** fu contesa fra Italia e Jugoslavia, ed alla fine divisa, come *territorio libero*, in due zone: la **zona A** anglo-americana; la **zona B** Jugoslava; l'**Istria**, alla Jugoslavia; dovette cedere anche la nave scuola **Cristoforo Colombo**, della Marina Militare, all'URSS. Per ultimo fu posta a Roma un'indennità di guerra che inglesi e Americani non pretesero, mentre la Jugoslavia e l'URSS sì.
Bulgaria, Romania, Ungheria e Finlandia, occupati dall'Armata Rossa, si piegarono a trattati corrispondenti alle esigenze di Mosca.
L'**URSS** ottenne la Polonia, le regioni di Bielorussia e Ucraina, consentendo però all'annessione polacca di Pomerania, Slesia e parte della Prussia Orientale. Il Paese uscì dalla guerra stremato sia economicamente che psicologicamente e dovette attendere molto tempo per riprendere dignità.
In Asia il **Giappone** perdeva i possedimenti in Cina, Formosa, Sakhalin e Corea.
Subito dopo la fine della Seconda Guerra mondiale, una guerra civile causò ingenti danni economici alla **Grecia**.
I vincitori mantennero il controllo sui rispettivi imperi coloniali, anche se l'epoca della decolonizzazione era prossima.
Dopo la **Conferenza di Mosca** (marzo-aprile 1947) la Germania rimase divisa in quattro zone di occupazione: francese, inglese, americana e sovietica.

OCCORRE SAPERE

Enrico Fermi, scienziato italiano, costruttore della prima pila atomica, vinse nel 1938 il Nobel per la fisica.
Anna Frank era la giovanissima scrittrice deceduta nel campo di concentramento di Bergen-Belsen.
Le ***foibe*** erano voragini rocciose create dall'erosione di corsi d'acqua che divennero, tra il 1943 e il 1947, fosse comuni per migliaia di italiani.
I **fratelli Cervi** erano sette fratelli di Reggio Emilia che per la loro attività antifascista vennero **fucilati** nel novembre del 1943.
Nell'aprile 1943 si verificò la drammatica **insurrezione del ghetto di Varsavia**.
Nella Seconda Guerra mondiale, i **razzi telecomandati V1 e V2** erano le armi segrete **tedesche**.
Il processo ai criminali giapponesi della seconda guerra mondiale si tenne a **Tokyo**.
Per ***oscuramento delle città*** si intendeva l'eliminazione di ogni fonte di luce durante la notte.
Nel corso della guerra, le truppe italiane non furono impegnate in territorio inglese.
Il primo computer **Colossus** fu costruito nel 1943, in Inghilterra per decifrare i messaggi nel periodo di guerra.
Andrej Sacharov era uno scienziato russo che contribuì allo sviluppo della bomba atomica e che per le sue posizioni di dissenso contro il regime comunista fu allontanato dal lavoro e confinato.
Subito dopo la Seconda Guerra mondiale venne fondata a Roma l'**ANSA**.
Il primo esploratore a raggiungere il Polo Sud fu **Roald Engelbert Amundsen**.
Palmach era il nome della forza di combattimento regolare degli Yishuv nella Palestina britannica.
Wilhelm Canaris fu il capo dello spionaggio militare del Nazismo.
Il fondatore del Partito Comunista ungherese fu **Béla Kun**.
Il **Fronte della gioventù** nacque come organizzazione giovanile del Partito Socialista.
Gabriela Mistral, scrittrice cilena, ha vinto nel 1945 il Premio Nobel per la letteratura.
La **conferenza (o accordi) di Bretton Woods** si tenne dal 1° al 22 luglio 1944 nei pressi di Carroll (New Hampshire), per stabilire le regole delle relazioni commerciali e finanziarie tra i principali paesi industrializzati

del mondo che portarono all'istituzione del **Fondo Monetario Internazionale**. Gli accordi definiscono un sistema di regole e procedure per controllare la politica monetaria internazionale.
Eleanor Roosevelt, vissuta tra il 1884 e il 1962, lottò fermamente per i diritti civili e presiedette la commissione che approvò la *Dichiarazione universale dei diritti dell'uomo*.
Ernesto Buonaiuti (Roma 1881-1946), storico antifascista, fu il principale esponente del modernismo cattolico italiano.
W. L. Spencer Churchill è stato l'unico uomo politico a vincere anche un premio Nobel per la letteratura.

Capitolo 4
La guerra fredda e la divisione dell'Europa in due blocchi – La decolonizzazione

4.1 La guerra fredda

4.1.1 L'inizio della tensione

L'espressione "Guerra fredda" indica lo stato di tensione esistente tra USA ed URSS iniziato alla fine della Seconda Guerra mondiale e terminato nel 1991, con la dissoluzione dell'URSS. Nel corso di quegli anni entrambe le superpotenze cercarono di rinnovare i propri arsenali per assicurarsi la superiorità militare sugli avversari; era una "corsa agli armamenti" che comportò rischi e ingenti costi militari. Il muro, eretto a Berlino nel 1961, con il suo filo spinato, le torrette di guardia, i poliziotti armati ne divenne il simbolo più significativo.

Nel 1948 **Berlino** si trovava nel mezzo della Germania Est, occupata dai russi. Stalin ordinò il blocco di tutte le vie di accesso a Berlino Ovest (**blocco di Berlino**), con l'intento di occupare anche questa zona della città. Gli Americani risposero organizzando un gigantesco ponte aereo che rifornì la città.

*4.1.2 Il blocco occidentale e la politica statunitense dal **1945** ad oggi*

Al termine del secondo conflitto mondiale molti Paesi europei erano instabili sia economicamente che politicamente. Gli USA, temendo un attacco militare dall'URSS (l'***Armata Rossa*** era l'esercito più forte del mondo) decisero di rafforzare l'economia europea per bloccare qualunque tentativo di espansione del comunismo e presentarono un piano di aiuti economici per la ricostruzione europea denominato: ***Piano Marshall (European Recovery Program)*** dal nome del segretario di Stato statunitense che lo presentò nel 1947, che concesse, tra il 1948 ed il 1952, fondi a titolo gratuito o a tassi di interesse bassissimo per acquistare materie prime, attrezzature dagli USA o dagli altri Paesi. Il piano favorì, quindi, l'integrazione e la stabilizzazione tra i Paesi del blocco occidentale, che consolidarono la loro intesa anche sul piano politico-militare il 4 aprile 1949 con la firma del ***Patto Atlantico***. Per realizzare gli obiettivi del patto si costituì nello stesso anno un'alleanza militare di difesa: la ***NATO***, a cui aderirono Stati Uniti, Canada e quasi tutti i Paesi dell'Europa occidentale; lo scopo dichiarato era la salvaguardia della libertà degli Stati membri in base al principio di democrazia favorendone la cooperazione in campo economico, sociale e culturale. La Repubblica Federale tedesca vi aderì nel 1955.

Oltre a ciò fu creato un nuovo ordine economico e monetario stabile basato sul dollaro; tale sistema internazionale venne definito nel luglio 1944 con gli **"*Accordi di Bretton Woods*"** tra gli USA ed i Paesi impegnati nella lotta contro l'Asse, sull'esperienza negativa della crisi economica del '29; in questa occasione si stabilì la convertibilità di tutte le monete in dollaro, il cui valore era fissato in relazione all'oro.

I prezzi calarono e molte persone poterono acquistare macchine fatte in serie. La ***dottrina di Truman***, subito dopo la fine della Seconda Guerra mondiale, voleva contenere il comunismo e porre gli Usa come guida del "mondo libero".
L'avversione al comunismo vide come maggior artefice il senatore Joseph **McCarthy** che sostenne delle leggi per estromettere i comunisti dalla scena politica. Il "**maccartismo**" si può definire una caccia alle streghe rivolta contro ogni presunto dissidente e sospetto "comunista".
Anticomunismo e conservatorismo continuarono a caratterizzare la politica americana anche negli anni Cinquanta durante la Presidenza di **Eisenhower** (1953/1961).
Il 21 agosto 1959 avvenne l'inserimento delle isole Hawaii come 50° Stato federato degli Stati Uniti d'America.
L'America del benessere aveva anche dei grandi problemi, primo tra tutti quello delle minoranze. Nel dicembre 1955, in Alabama, **Rosa Parks**, 42 anni, di colore, mise in atto la prima di una serie di proteste contro il razzismo studiate con l'associazione per i diritti civili di cui Rosa faceva parte. In particolare schiaffeggiò il governatore dell'Alabama. La protesta dei neri, discriminati, esplose violenta verso la meta degli anni Cinquanta, ma con **Martin Luther King** la battaglia per l'integrazione divenne non violenta; egli seppe diffondere elementi di tolleranza e fratellanza tra la gente ed ottenne l'appoggio dell'opinione pubblica tanto che lo stesso Presidente **John Fitzgerald Kennedy** (presidente dal 1960) appoggiò il progetto di legge per l'estensione dei diritti civili ai neri. Nel 1963 M.L. King promosse una grande manifestazione per la libertà e i diritti civili che raccolse a Washington oltre 250.000 persone (è sua la famosa frase: **I have a dream**, io ho un sogno); nel 1964 ricevette il Premio Nobel per la pace.
La politica di **Kennedy** fu chiamata "***nuova frontiera***" poiché era una nuova apertura per raggiungere l'uguaglianza fra gli esseri umani e combattere la disuguaglianza e la discriminazione. Fu assassinato in circostanze misteriose a Dallas nel novembre 1963 (di conseguenza figura tra i Presidenti americani non rieletti per un secondo mandato. Della sua uccisione fu accusato **Lee Harvey Oswald**), così le leggi sull'integrazione razziale furono varate dal suo successore **Johnson** (1963/1968) che continuò la sua politica e che vide il coinvolgimento dell'America nella prima fase della **guerra in Vietnam**.
Negli anni Sessanta, la mobilitazione dei neri, iniziata come movimento pacifico, esplose in una serie di aspre rivolte dei ghetti metropolitani ispirate all'ideologia rivoluzionaria. **Malcom X**, leader del movimento ***Musulmani Neri*** fu assassinato nel 1964.
Dagli USA partì il più vasto **movimento di contestazione** e ribellione, sulla scia delle proteste contro la guerra in Vietnam, che ebbe come protagonisti i giovani e soprattutto gli studenti. L'anno culminante fu il 1968 durante il quale il movimento di contestazione si diffuse in molti Paesi dell'Occidente e dell'Oriente assumendo connotazioni differenti esprimendosi in nuovi linguaggi musicali, nella pratica della non violenza, nell'incontro con religioni orientali (buddismo, induismo) e nella disponibilità all'uso di stupefacenti leggeri. In Italia, la **protesta** degli studenti universitari iniziata nel **1968** si saldò ben presto con quella degli operai che lottavano per il rinnovo dei contratti di lavoro. Nacque in quegli anni un nuovo movimento: il **femminismo** che rivendicava la parità tra uomo e donna, ma soprattutto la scoperta da parte di quest'ultima di poter rivestire nuovi ruoli all'interno della società oltre quelli di moglie e madre e di poter ottenere l'affermazione personale e l'emancipazione economica dall'uomo.
Le elezioni presidenziali del 1968 videro la vittoria del repubblicano **Richard Nixon** (37° presidente) che cercò di avviare negoziati di pace con i nordvietnamiti anche ripristinando i contatti con la Cina, ove andò in visita ufficiale nel 1972, anno in cui il Presidente fu rieletto; la sua presidenza si interruppe, tuttavia, prima della fine del mandato per "***lo scandalo Wa-***

tergate" (1973), una vicenda di spionaggio e controlli illeciti a danno degli avversari democratici, infatti si dimise nel 1974.
Nell'aprile del 1968 anche **Martin Luther King** rimase vittima di un attentato mortale a Memphis e nel giugno dello stesso anno anche ***Robert Kennedy***, candidato liberale alle elezioni, fu ucciso in California.
Nel 1969, all'apice della diffusione della cultura hippy, ebbe larga eco un concerto di 16 ore di musica rock, folk e pop che radunò più di 800 mila giovani a **Woodstock**.
Le presidenze di **G. Ford** (38° presidente) e **J. Carter** (39° presidente) furono poco brillanti, non solo per lo scandalo del predecessore, ma anche per la sconfitta in Vietnam e ciò portò all'appannamento del prestigio americano.
Nel 1980 fu eletto Presidente il repubblicano **Ronald Reagan** (40° presidente) che conquistò l'opinione pubblica e le classi dirigenti con un programma che prevedeva la difesa del dollaro ed un più serrato confronto politico-militare con l'URSS; ciò gli permise di essere rieletto nel 1984.
Nella politica degli armamenti, Reagan va ricordato per il contributo alla Strategic Defense Initiative – Iniziativa di difesa strategica (SDI), tesa a creare uno scudo spaziale in grado di neutralizzare le minacce missilistiche attraverso raggi laser; tale progetto fu però criticato per le ingenti spese che comportava.
L'immagine del Presidente è rimasta intatta fino alla fine del suo secondo mandato nel 1988, grazie anche al successo in quell'anno dei suoi incontri con **Gorbaciov (Urss)**, tendenti a favorire un clima più disteso tra le due superpotenze. Il Presidente fu però coinvolto in uno scandalo chiamato *"**Irangate**"*.
Il suo successore **B. Clinton** (41° presidente) fu eletto nel 1992. Gli Stati Uniti comunque intervennero negli otto anni del suo duplice mandato in qualità di mediatori o con truppe armate in Somalia (operazione Restore Hope), in Corea, in Irlanda ed in Medio Oriente.
Nel 2000 fu eletto G.W. Bush, (42° presidente), riconfermato nel 2004, che si trovò ad affrontare una delle pagine più tristi nella storia dell'umanità: la lotta al terrorismo internazionale di matrice islamica. Nel periodo della sua amministrazione il Segretario di Stato fu Colin Powell (2001-2005) nel primo mandato e successivamente Condoleeza Rice. Dick Cheney fu vicepresidente dal 2001al 2009.
Nel 2008 a seguito delle elezioni presidenziali, per gli Stati Uniti d'America si aprì una nuova era: fu eletto il 43° Presidente **Barack Obama** (già governatore dell'Illinois) primo afro-americano nella storia a ricoprire questa carica, sposato con **Michelle LaVaughn Robinson,** riconfermato, alla guida del Paese, nel 2012 (Joe Biden è il nome del vicepresidente durante il suo mandato). Nel suo secondo mandato il segretario di stato fu **John Kerry**. Nel 2016 è stato eletto suo successore il 45° Presidente **Donald Trump**.

4.1.3 Il blocco orientale dalla politica di Stalin alla destalinizzazione

Il blocco dell'Europa orientale comprendeva i Paesi della Germania orientale, della Polonia, dell'Ungheria, della Cecoslovacchia, della Romania e della Bulgaria.
La "***sovietizzazione***" rese più omogenea questa parte dell'Europa, ma non livellò del tutto le differenze tra gli Stati che sarebbero riemerse nel corso dei quaranta anni di domino sovietico.
Politicamente, nei Paesi posti sotto l'influenza sovietica furono istituite, per volere di **Stalin** – Iosif Vissarionovic Džugašvili (la stagione delle "***grandi purghe staliniane***" iniziò in Russia nel 1934), delle Repubbliche popolari dove il potere fu assunto dal partito comunista; successivamente esse furono trasformate in Stati satelliti e cominciarono a dipendere dall'URSS sia politicamente che economicamente; le stesse non potevano avere alcun rapporto con gli

altri Paesi non comunisti dell'Occidente: una ***"cortina di ferro"*** (come disse Churchill) si alzò tra i Paesi dell'est e dell'ovest europei.
Stalin impostò la ricostruzione dell'URSS con "**piani quinquennali**" che rafforzarono l'industria pesante ed inasprirono il trasferimento di risorse dall'agricoltura all'industria. Favorì la "**politica del terrore**" con processi farsa e deportazioni nei campi di concentramento (***gulag***). Per estendere il controllo sulle campagne, Stalin ordinò di eliminare i ***kulaki*** come classe confiscando le loro proprietà. Nel 1949 si costituì il "**Consiglio di Mutuo Aiuto Economico**", noto con la sigla **COMECON**, un'alleanza tra le Repubbliche socialiste europee appartenenti alla sfera di influenza dell'Unione Sovietica.
Nel 1953 l'URSS fece esplodere la sua prima Bomba H.
Nel 1955 L'URSS ed i Paesi satelliti costituirono un'alleanza militare per opporsi alla NATO denominata: **Patto di Varsavia** a cui non aderì la Jugoslavia.
Dopo la morte di Stalin (marzo 1953) si aprì una nuova fase nella storia dell'URSS con **Chruscev**, fautore di un cambiamento che allentasse la dittatura e ridesse fiato all'economia (***nuovo corso***). Egli, in occasione del XX Congresso del PCUS del 1956, condannò il "***culto delle personalità***", e denunciò gli aspetti totalitari ed oppressivi dello stalinismo come fattori che avevano impedito la realizzazione del socialismo, tuttavia rimase rigido il controllo sui Paesi satelliti dell'Europa orientale, dove si ebbero presto violente proteste.
Molto violenta fu la **rivolta in Ungheria nel 1956**, una vera insurrezione popolare contro il dominio dell'URSS; furono cacciati i governanti imposti durante il periodo di Stalin ed un nuovo governo costituto da più partiti, dichiarò la volontà dell'Ungheria di uscire dal Patto di Varsavia per diventare autonoma. La rivolta fu repressa dai carri armati sovietici, il capo del governo, **Imre Nagy**, dopo un processo a porte chiuse, venne processato e giustiziato in gran segreto dal governo di **Kádár** ed il Paese ricadde sotto il controllo dell'URSS.
Tra i protagonisti del "**disgelo**" politico tra USA e URSS vi furono: John Kennedy, Nikita Cruscev e Papa Giovanni XXIII.
Chruscev si dimise nel 1964 e la carica di segretario del PCUS fu assunta da **Breznev** che si impegnò nel tentativo di modernizzare l'economia concedendo più autonomia alle imprese e rendendo più efficiente la produzione agricola. Rimasero rigidi i controlli sulle attività culturali con lo scopo di reprimere qualsiasi forma di dissenso che venisse dal mondo intellettuale; elaborò, come linea di politica estera sovietica, la dottrina della sovranità limitata.
Durante il suo mandato, sul finire degli anni Sessanta, tornarono a manifestarsi movimenti indipendentisti dai Paesi satelliti.
In **Cecoslovacchia** gli stessi dirigenti del partito comunista ed il suo segretario ***Alexander Dubcek*** nel 1968 diedero il via ad importanti riforme che abolirono la censura e favorirono un maggior rispetto per i diritti umani incoraggiando l'iniziativa economica privata. Questa iniziativa che prese il nome di **"Primavera di Praga"** ebbe però vita breve poiché le truppe del Patto di Varsavia invasero, nell'agosto dello stesso anno, il Paese riportando il controllo sovietico. Avvenne, infatti, una dura repressione contro siffatto tentativo cecoslovacco di instaurare un "socialismo dal volto umano". ***Jan Palach***, studente di filosofia dell'Università Carlo IV di Praga, dopo l'occupazione russa si cosparse il corpo di benzina e si diede fuoco con un accendino in piazza San Venceslao, al centro di Praga.
Nel 1979 Breznev inviò truppe sovietiche in **Afghanistan**, per sostenere il regime filosovietico del Paese, che si stava scontrando con un gruppo di guerriglieri islamici che lo stava indebolendo (in quel periodo il Presidente americano era Ronald Reagan).
La guerra si protrasse per nove anni con costi altissimi fino a quando i russi nel febbraio 1989 si ritirarono lasciando i guerriglieri in lotta tra loro.

All'inizio degli anni '80 vi fu un breve interregno di Andropov, successore di Breznev, morto nel 1982. Il cambiamento nella politica russa avvenne nel 1985 quando a Konstantin Ustinovič Černenko successe Michail Gorbaciov, il quale apportò molte novità, sia in campo interno che internazionale. Il suo nome è infatti legato alla "**perestrojka**" (riforma), con interventi volti a introdurre nel sistema socialista elementi di economia di mercato, e alla trasparenza (glasnost). Le riforme ottenute permisero un miglior dialogo con l'Occidente. In politica estera adottò la non ingerenza negli affari interni delle nazioni alleate, la cosiddetta "Dottrina Sinatra".
Egli, in seguito, nel 1990 fu insignito del Premio Nobel per la Pace.
I negoziati tra Gorbaciov e Reagan, avvenuti a **Ginevra** nel **novembre 1985** ed a **Reykjavik nell'ottobre 1986**, segnarono la fine di tensioni e di incomunicabilità tra USA ed URSS. Infine, il vertice del **dicembre 1987 (Washington)** condusse ad un accordo sulla riduzione degli armamenti missilistici in Europa: per la prima volta fu concordata la distruzione di armi nucleari.
Altri incontri tra Gorbaciov e Bush a **Malta** nel dicembre '89 ed a **Washington** nel giugno '90 posero le basi per ulteriori accordi sulla riduzione degli armamenti strategici.
La collaborazione tra le due superpotenze portò i Paesi della Nato e del Patto di Varsavia alla firma di un **Trattato di non aggressione e di riduzione degli armamenti convenzionali** (Parigi, novembre 1990).
La crisi del comunismo sovietico ebbe come conseguenze il crollo dei regimi comunisti nell'Europa dell'Est.
In **Polonia**, già nel 1980-'81, vi erano stati dei significativi cambiamenti con la nascita di un sindacato indipendente denominato ***Solidarność*** (solidarietà), appoggiato dal clero e guidato da **Lech Walesa**. Per bloccare l'avanzata di tale movimento nel 1981 il **generale Jaruzelski**, segretario del Partito operaio polacco, aveva attuato un colpo di Stato militare, assumendo i pieni poteri e mettendo fuori legge Solidarność. Successivamente lo stesso generale aveva cercato di riappacificarsi con la Chiesa e con il sindacato indipendente. I tentativi di dialogo sfociarono nel 1988 negli **accordi di Danzica** con i quali Gorbaciov si impegnava ad una riforma costituzionale che, sebbene avesse assicurato ai comunisti la maggioranza, consentì lo svolgimento delle prime elezioni (1989) in un Paese comunista (vinte dai candidati di Solidarność). Nel 1990 la carica di Presidente della Repubblica passò a Lech Walesa. La Polonia, nel quadro della "partnership per la pace", aderì alla NATO nel 1994.
Dal 1991 al 1999 fu Presidente della Federazione Russa **B. Eltsin** che, con **V. Putin**, divenuto poi Presidente nel 1999, intervenne nella guerra contro la Cecenia che nel 1991 si era proclamata indipendente. La guerra durò 2 anni, dal 1994 al 1996; la resistenza non fu sedata e il conflitto riprese nel 1999 per un problema relativo all'esistenza di più etnie; ancora oggi la zona più a rischio è il Caucaso.
Anche l'**Ungheria** avviò delle riforme con la deposizione nel 1989 del vecchio **Kadar**. I nuovi dirigenti comunisti, quindi, legalizzarono i partiti e indissero libere elezioni nel 1990. L'Ungheria divenne neutrale e indipendente dall'URSS.
Il 9 novembre 1989 furono aperti i confini tra le **due Germanie** e furono permessi i passaggi attraverso il **muro di Berlino** (costruito nel 1961), che segnava il punto di riferimento della guerra fredda. Negli anni compresi tra il 1961 e il 1989 non era possibile passare liberamente dalla Germania Est alla Germania Ovest; l'emigrazione era praticamente proibita e poteva costare la vita. Il 3 ottobre 1990 la Germania è stata riunificata con Berlino capitale.
Successivamente in **Cecoslovacchia** ingenti manifestazioni popolari guidate da **Havel** e **Dubcek** resero possibile la caduta del gruppo dirigenziale comunista e avviarono un processo di

democratizzazione. Nel 1989 cadde il regime comunista e il 28 dicembre 1989 **Havel divenne** Presidente della Repubblica, poi nel gennaio del 1993 si costituirono la Repubblica Ceca e quella Slovacca.
In **Romania**, purtroppo, il mutamento del regime attraversò momenti drammatici per l'opposizione della dittatura di **Nicolae Ceausescu** (la sua agguerritissima polizia segreta si chiamava "*securitate*"), abbattuta nel dicembre 1989 dopo un sanguinoso tentativo di repressione.
Anche dopo la caduta di Ceausescu la situazione romena è rimasta instabile, causata da protesta sociale e da conflitti etnici.
In **Jugoslavia**, **Tito** divenne Presidente della "Federazione delle Repubbliche Jugoslave" alla fine della Seconda Guerra Mondiale. Il suo regime autoritario soffocò, senza spegnerli, gli antagonismi etnici e religiosi tra le diverse nazionalità. Alla morte di Tito, nel 1980 la crisi del regime a partito unico fece saltare gli equilibri su cui si reggeva il Paese, portando allo scontro armato ed alla disgregazione dello Stato federale. Tra il '90 e il '91 prima la Slovenia poi la Croazia (il gruppo estremista degli ***ustascia***, ricomparso nel corso delle guerre civili avvenute di recente in Jugoslavia, è il simbolo del nazionalismo croato) proclamarono la propria indipendenza; successivamente Macedonia e Bosnia si proclamarono Repubbliche indipendenti.
Nel 1992 in **Bosnia** scoppiò una guerra civile che durò tre anni, combattuta in nome di tre etnie e tre religioni diverse. Vi erano, infatti, bosniaci musulmani, croati cattolici e serbi ortodossi. Nel 1995 a **Srebenica**, si consumò il massacro di 8000 bosniaci. Il conflitto si risolse nello stesso anno con l'intervento della NATO. Nel 1996 la Bosnia rimase un unico Stato, formato da due territori separati ed autonomi, uno croato-musulmano, l'altro serbo.
Distaccatasi dalla Bosnia, la **Repubblica federale Jugoslava** comprendeva Serbia e Montenegro, con capitale Belgrado; il suo Presidente era **S. Milosevic** (fu uno dei principali fautori della rinascita del nazionalismo serbo ed ebbe un ruolo di primo piano nei drammatici eventi che negli anni Novanta scossero la Iugoslavia e i Balcani). Della regione faceva parte anche il Kosovo, una regione montuosa ai confini con l'Albania, abitata in prevalenza da albanesi musulmani.
Nel 1992 il **Kosovo** (l'**Ushtria Çlirimtare e Kosovës** – UÇK o UCK – era l'organizzazione paramilitare guerrigliera e terroristica kosovaro-albanese) ha reclamato l'indipendenza, ma la Federazione si oppose con ogni mezzo. È scoppiata, pertanto, una guerra civile tra Serbia e Kosovo che si concluse con un intervento militare della NATO che ricorse anche ai bombardamenti sulla Serbia nel 1999. Da quell'anno il Kosovo, autonomo, ma non indipendente, è soggetto all'amministrazione civile dell'ONU (K.F.O.R. è la Forza Multinazionale di Pace presente nel territorio). Nel 2002, a tre anni dalla fine della guerra e dopo più di tre mesi dalle elezioni politiche, il Paese ha il primo Presidente: **Ibrahim Rugova**.
S. Milosevic, accusato di crimini contro l'umanità, è stato sottoposto a processo presso il **Tribunale Internazionale dell'Aia** (istituito ufficialmente nel 2002) ed è stato trovato morto in carcere il 12/3/2006; sono state escluse le ipotesi di avvelenamento.
L'**Albania** è stato l'ultimo dei Paesi balcanici ad abbandonare il comunismo, rompendo i rapporti con l'URSS e con la Cina, che a lungo l'aveva aiutato. Durante gli anni Novanta sono iniziati i primi focolai di protesta contro il regime uniti a massicce fughe della popolazione soprattutto verso l'Italia. Sono avvenute delle elezioni che hanno avviato il processo di democratizzazione nel 1991, nel 1996 e nel 1997. Oggi il Paese ha raggiunto maggiore stabilità, ma è ancora il più povero d'Europa con un altissimo grado di emigrazione clandestina, contrabbando e tratta delle donne destinate alla prostituzione.

Anche in **Unione Sovietica** le Repubbliche baltiche di Lettonia, Estonia, Lituania proclamarono l'indipendenza, seguite successivamente dalla Georgia, dall'Armenia, dalla Moldavia e dall'Ucraina. Gorbaciov tentò di proporre un nuovo trattato di unione meno rigido, ma che garantisse l'esistenza dell'URSS come Stato, come entità militare e come soggetto di politica internazionale.
Tuttavia, i Presidenti delle tre Repubbliche baltiche (ad eccezione della Georgia) fecero un accordo ipotizzando una comunità di Stati sovrani, ottenendo in tal modo il consenso delle altre repubbliche ex sovietiche. Il 21 dicembre 1991 ad **Alma Ata** i rappresentanti delle Repubbliche diedero vita alla **Comunità degli Stati indipendenti** (**CSI**), decretando la fine dell'Unione Sovietica e del suo Presidente; ciò comportò le dimissioni di Gorbaciov.
In seguito al fallito colpo di Stato che nel 1991 fu attuato dalle forze più reazionarie per sostituire Gorbaciov, vide aumentare il proprio prestigio perché considerato come capo dell'opposizione democratica **Boris Eltsin** che, eletto Presidente, rassegnò le dimissioni dalla presidenza della Federazione Russa nel 1999.
Nel 1999 fu intrapresa dalla Federazione russa (è divisa in 83 soggetti federali dei quali 21 sono repubbliche) contro i separatisti ceceni la Guerra nel Caucaso Settentrionale (o **Seconda guerra Cecena**). La prima guerra cecena venne combattuta sempre tra Russia e Cecenia dal 1994 al 1996 e finì con la dichiarazione d'indipendenza della Cecenia.
Nel 2000 è diventato Presidente della federazione russa **Vladimir Putin** e dal 2002 il Paese fa parte della NATO (anche se la sua adesione nel quadro "partnership per la pace", è avvenuta nel 1994). Ciò ha determinato la fine della "guerra fredda". I rapporti con gli Stati Uniti, inoltre, si sono ulteriormente distesi nel 2003 quando gli arsenali atomici dei due Paesi sono stati sensibilmente ridotti rispettando la firma del 1993 del trattato sul disarmo (**START 2**).

4.1.4 Il non allineamento

I Paesi del Sud del mondo (29 Paesi afroasiatici), per formare una coesione fondata sui caratteri comuni di povertà e arretratezza e per dichiarare l'uguaglianza tra tutte le nazioni, convocò la "**Conferenza di Bandung**" (1955) in Indonesia; successivamente la "**Conferenza di Belgrado**" del 1961 portò alla nascita del movimento dei **Paesi non allineati** con a capo il generale Tito, l'indiano Nehru e l'egiziano Nasser il cui intento era lottare per lo sviluppo economico e sociale dei Paesi membri e per la pace.

4.2 La decolonizzazione

Dopo la Seconda Guerra mondiale si assistette al processo di indipendenza dei popoli afroasiatici ed allo smantellamento del sistema coloniale.

4.2.1 L'indipendenza dei paesi asiatici

L'**Asia** fu la prima ad affrancarsi dal dominio coloniale.
L'**India** sotto l'influenza di **Gandhi**, con una serie di campagne di disobbedienza civile e boicottaggio delle istituzioni inglesi, aveva ottenuto importanti concessioni, come la *Costituzione federale* del 1935, oltre la promessa, strappata agli Inglesi di concedere all'India l'indipendenza.
A guerra finita, la Gran Bretagna aprì i negoziati per il trasferimento della sovranità. Gandhi si batteva per uno Stato unitario laico dove potessero vivere musulmani ed indù, mentre questi ultimi rivendicavano la separazione. Nell'agosto del 1947 sono sorti due Stati: l'**Unione indiana**, prevalentemente indù, ed il **Pakistan musulmano**. La creazione di due Stati non

placò le tensioni ed i tumulti: India e Pakistan combatterono due guerre nel **1948** e nel **1965** per il controllo della regione del *Kashmir musulmano*, che fu assegnato all'Unione indiana. Gandhi fu assassinato da un estremista indù nel 1948. Nel corso degli anni successivi in India, dapprima con il potere esercitato da **Nehru**, poi da sua figlia **Indira Gandhi** (uccisa nel 1984 da un militante Sikh), le istituzioni democratico-parlamentari mantennero il confronto con i problemi del Paese, mentre negli altri Stati ciò non si verificò: ad esempio il Pakistan fu a lungo governato da dittature militari.

Nel **sud est asiatico** il processo di emancipazione e gli sviluppi successivi furono condizionati dal confronto tra le forze nazionaliste e quelle comuniste: in **Birmania e Malesia**, indipendenti dal 1948, prevalsero le forze nazionaliste; in **Indonesia**, il movimento nazionalista ottenne l'indipendenza dal colonialismo olandese nel 1949 e il primo Presidente della Repubblica, **Sukarno**, seguì una politica di non allineamento e di emancipazione economica dai capitali stranieri; nel regno di **Thailandia** le forze moderate mantennero sempre il potere. Il 2 settembre 1945 **Ho chi Minh** (leader della resistenza Vietnamita prima, poi capo della Repubblica Democratica del Vietnam del Nord) proclamò l'indipendenza del **Vietnam.** A metà degli anni '50 il **Vietnam fu protagonista di un conflitto** che si concluse soltanto nel 1975 con la caduta di **Saigon**. Il conflitto vide il massiccio coinvolgimento diretto degli Stati Uniti, per i quali risultò essere il più lungo combattuto. Questi misero a disposizione le loro forze militari a sostegno del Vietnam del Sud, senza riuscire però ad ottenere la vittoria politico-militare, subendo al contrario pesanti perdite, e finendo per abbandonare al suo destino, nel 1973, il governo di Saigon.

Il Vietnam, da decenni dipendente dallo Stato francese riuscì, grazie a soldati dell'esercito popolare della Repubblica Democratica del Vietnam, guidati dal generale **Giap**, a conquistare il bastione di **Dien-Bien-Phu** considerato invincibile (maggio 1954) e già alla fine di giugno i francesi erano sconfitti. La prima **guerra d'Indocina** (1946-1954) fra l'esercito coloniale francese e il movimento per l'indipendenza del Vietnam, comportò la fine del dominio coloniale francese in Indocina e la firma di un armistizio tra le parti in guerra, siglato durante la **Conferenza di Ginevra**, il 21 luglio 1954. La penisola indocinese fu divisa in tre Stati indipendenti, Laos, Cambogia (**Pol Pot** è stato un rivoluzionario, politico e dittatore cambogiano, capo dei guerriglieri rivoluzionari i ***Khmer Rossi***, dal 1976 al 1979, quando la sua dittatura fu rovesciata dal vicino stato del Vietnam; è morto nel 1998) e Vietnam e, sulla base degli accordi di Ginevra conseguenti alla vittoria dei **Viet Minh**, il Vietnam fu diviso in due parti lungo la linea del 17° parallelo: il Nord comunista **filo-sovietico** e il Sud **filo-occidentale**, sotto influenza americana. L'accordo prevedeva che il Paese fosse riunificato dopo le libere elezioni indette nel 1956, ma gli USA, temendo una vittoria comunista, si opposero attraverso l'intesa di Ginevra e iniziarono a creare un governo fantoccio nel sud, affidato al cattolico **Ngo Dinh Diem** che, con un colpo di Stato, divenne dittatore del Vietnam del Sud dall'aprile del 1955. Questa mossa da parte degli USA, che pur di contrastare i regimi comunisti hanno tra l'altro fondato nel Sud-Est asiatico la **SEATO** (Organizzazione del Trattato dell'Asia del Sud-Est, 8 sett.1954), causò il conflitto. Nel 1960 i diversi gruppi di comunisti vietnamiti, i cosiddetti **Viet-Cong**, si unirono nel Fronte Nazionale di Liberazione del Vietnam del Sud intensificando la guerriglia contro il governo di **Ngo Dinh Diem** e le forze americane che lo sostenevano.

Il **Pakistan** orientale, nel 1971, si dichiarò indipendente con il nome di **Bangladesh**.

L'isola di **Timor Est**, dichiarò la propria indipendenza dal Portogallo nel 1975.

4.2.2 L'indipendenza dei Paesi Africani

All'inizio degli anni '50, nei Paesi del Maghreb, parte occidentale dell'Africa Nera, il nazionalismo arabo continuò a scontrarsi con la dominazione coloniale francese.

In **Marocco** ed in **Tunisia** la guida del movimento indipendentista fu assunta da forze di ispirazione "occidentalizzante". Dopo aver cercato di reprimere l'agitazione indipendentista alternando la repressione militare con le proposte di autogoverno, i francesi furono costretti a concedere, nel 1956, la piena indipendenza ad entrambi i Paesi. Il Marocco ottenne l'indipendenza al termine della sanguinosa **guerra della sabbia**, per effetto di un negoziato, mantenendo lo *status* di monarchia.
In **Algeria**, dove la presenza di oltre un milione di francesi rendeva particolarmente rigida la posizione delle autorità, la lotta di liberazione fu particolarmente drammatica.
All'inizio degli anni '50 si affermò il **Fronte di Liberazione Nazionale**, organizzazione clandestina che propugnava la piena indipendenza dalla Francia. Nel 1957 fu combattuta la drammatica **battaglia di Algeri**, che terminò con una disfatta per l'organizzazione clandestina algerina.
Nel maggio del 1958, temendo un cedimento da parte del governo di Parigi, i coloni, appoggiati da una parte dell'Esercito, creò ad Algeri il Comitato di salute pubblica.
Il Presidente francese **De Gaulle** prese contatto con il Fronte di Liberazione Nazionale, stroncò nel 1961 un tentato colpo di Stato militare ad Algeri e reagì con durezza alla campagna terroristica condotta in Francia. Nel marzo 1962 ad **Evian** fu stipulato un accordo tra governo francese con Charles de Gaulle e governo rivoluzionario su un progetto di indipendenza da sottoporre al giudizio del popolo algerino mediante un referendum. Nel 1963 divenne Presidente dello Stato indipendente algerino **Mohammed Ben Bella** e terminò così la terza fase del colonialismo francese.
Nel 1952 in **Egitto** un gruppo di ufficiali detronizzò il re **Faruk** e proclamò la Repubblica. Nel 1954 si impose alla guida dell'Egitto **Gamal Abdel Nasser**.
In Libia, il 1° settembre 1969, il re **Idris I** fu deposto da un colpo di stato militare guidato da **Muammar Gheddafi**.
Anche a sud del Sahara, in **Africa nera**, il processo di decolonizzazione si compì tra la fine degli anni '50 e l'inizio degli anni '60. In questa parte del continente, tale processo fu pacifico, ad eccezione della **Rhodesia del Sud o del Congo**.
Nell'ex-**Congo** belga, oggi Repubblica Democratica del Congo, indipendente dal 1960, le compagnie straniere incoraggiarono la secessione del **Katanga** (a sud del Congo), per poter sfruttare a proprio interesse le ricche miniere di rame e stagno di quella regione; la sanguinosa guerra civile che ne conseguì fece vittime illustri come il primo ministro **Patrice Lumumba** che desiderava l'unità del Paese (il suo governo è durato soltanto dal 24 giugno 1960 fino al 17 gennaio 1961, quando fu trucidato). Il processo di decolonizzazione da parte del Belgio terminò con l'accettazione delle richieste di autonomia e la concessione dell'indipendenza a **Congo**, **Ruanda** e **Burundi** tra il 1960 e il 1962.
Gli Stati dell'Africa meridionale quali **Unione Sudafricana, Rhodesia del Sud** erano governati da minoranze bianche discendenti dai primi colonizzatori e che imponevano ai neri un regime di separazione razziale: l'***apartheid***. Ai neri veniva vietato il diritto al voto, i matrimoni misti ed erano costretti a vivere in quartieri ghetto. Si formarono perciò movimenti che miravano alla conquista dei diritti civili per i neri. Tra i più prestigiosi uomini politici africani vi era **Nelson Mandela**, leader del partito politico **African National Congress**.
Il Commonwealth britannico criticava la politica dell'apartheid ed i dirigenti sudafricani si distaccarono proclamando la **Repubblica Sudafricana** indipendente (1961). In seguito la **Rhodesia del Sud**, oggi **Zimbabwe**, dichiarò la propria indipendenza.
Gli "afrikaner" dell'Africa meridionale erano i discendenti dei coloni olandesi.
Nel 1993 una nuova Costituzione introdusse in Sudafrica il suffragio universale con l'ammissione al voto della maggioranza nera (si formò un governo di coalizione presieduto da Nel-

son Mandela nel quale ai neri furono riservati ministeri importantissimi) e nel **1994** Mandela divenne Presidente della Repubblica, dopo che nel **1993** aveva ricevuto il **Premio Nobel per la pace** per aver posto fine al regime dell'apartheid. Suoi successori alla presidenza sono stati: **Thabo Mbeki** (16 giugno 1999-24 settembre 2008); **Kgalema Motlanthe** (dal 2008 al 2009); **Jacob Gedleyihlekisa Zuma** (dal 2009).
In **Kenya** la rivolta dei MAU-MAU fu repressa violentemente dall'esercito britannico, ma poi i coloni inglesi dovettero abbandonare il Paese, che raggiunse l'indipendenza nel 1963. **Jomo Kenyatta** fu il primo Presidente della Repubblica.
L'**Angola** e il **Mozambico** si liberarono dal dominio portoghese dopo una lacerante guerra nel 1975.
Il primo Paese a ottenere l'indipendenza dalla Gran Bretagna fu il **Ghana** nel 1957, l'ultimo Paese dell'Africa Occidentale Britannica, invece, fu il Gambia (1965).

4.2.3 L'indipendenza dei Paesi dell'America Latina

I **Paesi dell'America Latina** dipendevano dagli Stati Uniti. Fu creata nel 1948, sotto la spinta USA, l'*Organizzazione degli Stati americani*, che doveva realizzare maggior collaborazione economica tra i Paesi del continente e che aveva come scopo politico impedire l'aggravarsi dell'instabilità politica.
Nel 1946 in Argentina fu fondato il ***movimento peronista***. A livello politico nello stesso anno fu instaurato in **Argentina** un regime di stampo populista-autoritario guidato dal **colonnello Juan Domingo Peròn** (Presidente dell'Argentina dal 1946 al 1955 e poi dal 1973 al 1974) che seppe guadagnarsi ampi consensi fra i ceti medi ed i sindacati operai, grazie ad una politica di aumenti salariali, di lotta contro i monopoli e di nazionalizzazione dei servizi pubblici ("***Descamisatos***" era il soprannome dato ai seguaci). Osteggiato dai conservatori, dai vertici delle forze armate e dalle gerarchie ecclesiastiche nel 1955, con un colpo di Stato, Peron fu deposto e costretto a lasciare l'Argentina. Dopo l'alternarsi di vari Presidenti, nel 1966, sotto la minaccia di una nuova vittoria dei peronisti, i generali attuarono un altro colpo di Stato, instaurando una ferrea dittatura fascista. Dopo sette anni di dittatura, i militari lasciarono il potere, permettendo così una nuova presidenza di Peròn fino al 1974. Le elezioni politiche presidenziali del 30 ottobre 1983 assegnarono la maggioranza a **R. Alfonsin**.
Nel 1998 fu arrestato il capo della giunta militare argentina degli anni '70 e '80 **Jorge Videla** con l'accusa di aver ordinato il sequestro di alcuni oppositori politici.
In **Brasile** negli anni '30 si era sviluppato il più importante esperimento populista dell'America Latina, quello di **Vargas** che si suicidò nel 1954, esautorato dai militari. I successori non riuscirono a liberare il Brasile dagli squilibri sociali in cui viveva e nel 1964, con un colpo di Stato, i militari ripresero il potere, instaurando un regime repressivo.
Anche in **Venezuela** ed in **Colombia** si affermarono regimi militari; in **Paraguay** cominciò nel '54 la dittatura del ***generale Stroesser***; in **Perù** nel 1968 il potere fu assunto dai militari di orientamento populista e riformista. Solo in **Uruguay**, **Cile** e **Messico** le istituzioni democratiche tennero. In **Messico** la stabilità politica fu assicurata dal dominio del Partito rivoluzionario istituzionale.
A **Cuba**, la dittatura di Batista fu rovesciata nel 1959, dopo una guerriglia di tre anni, da un movimento rivoluzionario guidato da **Fidel Castro**, di idee democratico-riformiste.
Il "**Che**" **Guevara**, collaboratore di Castro, si impegnò nel tentativo di suscitare fuochi di guerriglia in America Latina; fu catturato ed ucciso nel 1967 dai militari in Bolivia, dove cercava di organizzare un movimento rivoluzionario.
Nel 1970 fu eletto Presidente della Repubblica in **Cile**, **Salvador Allende** che varò un vasto programma di riforme assegnando terre ai cittadini, combattendo contro l'analfabetismo, na-

zionalizzando le miniere di rame. Ma la sua politica era in contrasto con gli interessi dei latifondisti, dei conservatori e delle multinazionali americane che decisero di reagire mettendo in crisi l'economia cilena. Nel settembre del 1973 il governo di Allende fu abbattuto con un colpo di Stato e lo stesso Allende fu ucciso. Fu instaurata la dittatura con **Augusto Pinochet** che durò per 16 anni. Nel 1998, durante un soggiorno a Londra, Pinochet fu arrestato su richiesta della magistratura spagnola per i crimini perpetrati durante l'esercizio del potere in coordinamento con le autorità militari cilene.

4.3 La rivoluzione comunista in Cina

Nel 1912 con la deposizione della dinastia Qing ebbe fine l'impero cinese e fu fondata la repubblica. Tra il 1912 ed il 1949 iniziò una guerra civile che tra alti e bassi vide pian piano ridursi sempre più il territorio della Repubblica. In particolare tra il 1946 ed il 1949 si acuì lo scontro tra i nazionalisti, guidati da **Chiang Kai-shek**, e i comunisti di **Mao Zedong (o Mao Tse-Tung)**. I primi, appoggiati dagli occidentali, volevano eliminare i comunisti, ma Mao, con il loro pieno sostegno, in crescita tra i contadini, si oppose ad ogni possibilità di accordo che non prevedesse una radicale riforma agraria e vinse dopo due anni di guerra civile.
Il 1° ottobre 1949 fu proclamata la ***Repubblica popolare cinese*** con Mao Presidente, mentre Chiang si ritirò a **Taiwan** (Isola di Formosa) dove fondò la **Repubblica della Cina nazionalista**.
Mao ebbe risultati contraddittori con la sua politica: nel 1958 il suo utopistico programma di crescita agricola ed industriale basato sulle "comuni popolari" fallì e sfociò in una spaventosa carestia. Questo fallimento fece prevalere l'ala moderata del partito più favorevole ad uno sviluppo graduale dell'economia.
Mao, nel 1965, per rafforzare la propria autorità in crisi, diede origine ad un movimento di rivolta: ***la rivoluzione culturale***, in cui masse di studenti e lavoratori, nominate guardie rosse, avevano il compito di smascherare i conservatori tra i funzionari di partito, i tecnici, gli insegnanti; in questo periodo furono compiuti molti atti violenti tanto che lo stesso Mao decise di porvi un freno.
Nel 1976 subito dopo la morte di **Mao** il suo successore **Deng Xiao-Ping** condannò l'operato del predecessore a partire dalla rivoluzione culturale (1966-1976) e promosse il "***socialismo di mercato***". La rottura con la politica passata portò all'individuazione ed all'arresto della Banda dei Quattro (i quattro potenti politici della Repubblica Popolare Cinese, capeggiati da **Jiang Qing**, vedova di Mao e sua quarta e ultima moglie).
Gli Stati Uniti non riconobbero mai la Cina e si opposero al suo ingresso nell'Onu, dove è stata ammessa nel 1971 (occupando il posto di Taiwan) quando sostituì la Cina nazionale nel Consiglio di Sicurezza.
Nel mese di gennaio 1984 il primo ministro cinese **Zhao Ziayang** incontrò il presidente degli Stati Uniti d'America **R. Reagan**. Fu la prima visita ufficiale di un premier cinese negli USA dal 1949.
Nel 1986 la corrente riformista cinese guidata da **Hu Yaobang** lanciò il movimento del "***doppio cento***" che proponeva una maggiore separazione tra le funzioni del Partito e quelle dello Stato.
Tra il 15 aprile ed il 4 giugno 1989 si svolsero in Cina una serie di dimostrazioni guidate da studenti, intellettuali ed operai che si conclusero con almeno 1000 vittime. L'episodio viene ricordato col nome di protesta (o incidente) di **piazza Tienanmen**.
Il Presidente della Repubblica Popolare Cinese designato nel 2003 fu **Hu Jintao**, che successe a **Jiang Zemin**, e nel 2013 venne eletto **Xi Jinping**.

4.4 La guerra in Corea

Alla fine della Seconda Guerra Mondiale la Corea, già protettorato giapponese, fu dichiarata stato libero, ma di fatto fu divisa tra le due potenze vincitrici in due zone: quella del **Nord**, guidata dal regime comunista di **Kim II Sung**, sotto l'influenza sovietica, e quella del **Sud**, con a capo un **governo nazionalista**, appoggiata dagli americani. Poiché entrambe le parti avrebbero voluto riunificare sotto la propria egemonia l'intera Corea, in un clima di crescente tensione, si giunse il 25 giugno 1950 all'invasione della Corea del Sud da parte delle forze nord–coreane, armate dai sovietici.
L'ONU condannò la Corea del Nord ed autorizzò gli americani ad intervenire inviando un forte contingente di uomini. Questi ultimi respinsero i nord coreani, oltrepassando a loro volta la linea di confine tra le due parti (38° parallelo). La Cina di Mao intervenne in difesa dei comunisti con l'invio di volontari che presto entrarono nella zona sud. I **trattati di pace**, iniziati nel 1951, si protrassero per due anni, con il ritorno alla situazione precedente.

4.5 La crisi di Cuba e le sue conseguenze

Cuba, che aveva raggiunto l'indipendenza dalla Spagna nel 1898 grazie all'aiuto degli Stati Uniti, dipendeva da essi sia economicamente che politicamente, ma negli anni Cinquanta cominciarono movimenti di opposizione nei confronti del governo del **generale Batista** e del capitalismo americano.
Un primo tentativo di insurrezione fu promosso nel 1953 da **Fidel Castro**, ma solo nel 1959 il regime di Batista fu rovesciato.
La riforma agraria attuata da Castro che espropriò le piantagioni di canna da zucchero di proprietà americana e il fatto che la rivoluzione cubana destabilizzasse una zona divenuta strategica preoccuparono molto gli USA che decretarono il blocco delle importazioni dello zucchero. Successivamente, nel 1961, il neoeletto Presidente **John Fitzgerald Kennedy** (sposato con Jaqueline Bouvier) avviò attività di guerriglia partendo dalla "***baia dei porci***", tuttavia il tentativo fallì, avendo come unico risultato l'inasprimento dei rapporti tra Stati Uniti e Cuba tanto che Castro, che aveva avviato la trasformazione in senso socialista del Paese, prese contatti con l'URSS, che da quel momento ha sostenuto economicamente e politicamente Cuba.
La situazione cubana fu sempre molto tesa ma rappresentò un grande rischio per l'America e il mondo intero quando **Chruscev**, Presidente sovietico, decise di installare delle basi missilistiche con missili a lungo raggio capaci di raggiungere gli USA a Cuba. Già il lancio dello ***Sputnik*** (4 ottobre 1957), in qualità di esibizione, aveva provocato in America un vero e proprio panico. Gli Stati Uniti, tuttavia, reagirono con fermezza imponendo attorno a Cuba (ottobre 1962) un blocco navale con l'intento di colpire le navi nemiche che si fossero avvicinate. La paura di una guerra nucleare preoccupò l'intera umanità, ma poi i sovietici smantellarono le basi e gli americani si impegnarono a rispettare l'indipendenza cubana.
La crisi cubana fece prendere coscienza alle due superpotenze del rischio di una catastrofe nucleare e della necessità di pace. Si istituì una linea telefonica permanente tra la Casa Bianca ed il Cremlino (1963) e si stipulò il "***trattato di non proliferazione***" delle armi atomiche.
Anche la Chiesa cattolica si aprì verso est e nel 1958 Giovanni XXIII (1881-1963) convocò il "***Concilio Vaticano II***" che avrebbe trasformato la vita della Chiesa aprendola ai problemi del presente, quali la pace ed il dialogo tra i popoli, evidenziati nell'enciclica **"*Pacem in terris*"** del 1963.

4.6 Il Giappone dopo la Seconda Guerra Mondiale

Dopo la Seconda Guerra Mondiale il Giappone fu occupato dalle truppe americane, che con una serie di riforme politiche ed economiche volevano ridimensionarne la potenza commerciale e la forza militare. Il Giappone mantenne la dinastia imperiale con l'imperatore **Hirohito**, ma nel Paese fu introdotta una Costituzione basata su modelli occidentali che di fatto trasformò lo Stato in una Monarchia costituzionale a regime parlamentare.
Tuttavia, quando in Giappone si consolidarono i partiti di sinistra e si affermò il maoismo in Cina, gli USA decisero di rafforzare economicamente e militarmente lo Stato in modo che potesse opporsi al comunismo cinese.
Nel 1951 fu stipulato il ***Trattato di San Francisco*** con il quale terminava l'occupazione militare degli americani, che continuavano, comunque, a mantenere il protettorato con delle basi terrestri, navali ed aeree grazie ad un ***Patto di Sicurezza***.

Occorre Sapere

Dopo la Seconda Guerra Mondiale la politologia americana cominciò a parlare di "**totalitarismo**". Con questa parola si intende il coinvolgimento dell'intera società e di ciascuno nella macchina oppressiva del potere.
Il **Cominform** (**Ufficio di Informazione dei Partiti Comunisti e Laburisti**) fu un'organizzazione internazionale di movimenti comunisti, costituita in Polonia nel settembre del 1947, succedendo al **Comintern** sciolto nel 1943, allo scopo di scambiare informazioni tra i partiti comunisti dei vari Paesi europei.
Nel 1953 venne scoperta la **struttura del DNA**.
In Iran avvenne la cosiddetta "**Rivoluzione degli ayatollah**".
Il ***Memorandum di Londra***, trattato internazionale a seguito del quale, per l'ultima e definitiva volta, la città di Trieste fu annessa al territorio italiano fu firmato nel 1954.
Ruben Um Nyobé capeggiò, nel 1955, l'insurrezione del Camerun repressa nel sangue.
L'**invenzione del microchip**, nel 1958, rappresentò l'evoluzione del transistor.
La **prima donna** al mondo ad essere eletta alla carica di **primo ministro** fu **Sirimavo Bandaranaike** che, nel 1960, assunse tale carica in Sri Lanka.
Il Ministro degli Esteri Sovietico artefice della politica di distensione e di collaborazione tra USA e URSS fu **Eduard Shervadrnadze**.
Le **World Trade Towers** di New York furono costruite nel 1973.

4.7 Il Medio Oriente dalla fine della Seconda Guerra Mondiale

4.7.1 Le guerre arabo-israeliane

Al termine della Seconda Guerra Mondiale la Francia dichiarò l'indipendenza del **Libano** e della **Siria**, che le erano state assegnate al termine della Prima Guerra mondiale.
Il 2 marzo del 1945 si costituì la **Lega araba**, che si prefiggeva la nascita di un nuovo Stato arabo in Palestina, di cui entrarono a far parte Libano, Siria, Iraq, Egitto, Arabia Saudita, Transgiordania ed Yemen.
Nel 1947 le Nazioni Unite votarono la spartizione della Palestina (amministrata prima dalla Gran Bretagna) fra Ebrei ed Arabi, ma gli Stati arabi non accettarono tale suddivisione.
Nel luglio 1948 l'**operazione Dani**, mirata a mettere in sicurezza e ad allargare il corridoio fra Gerusalemme e Tel Aviv, si concluse con l'esodo obbligato di circa 50.000 palestinesi dalle città di Lidda e Ramle.
Dopo il ritiro degli inglesi dalla Palestina, gli ebrei, in esecuzione di un deliberato dell'ONU, costituirono la **Repubblica d'Israele**; iniziarono le **cd. guerre arabo-israeliane**, durante le quali Israele ricevette l'appoggio degli Stati Uniti, i Paesi arabi quello dell'URSS.

Il Paese fu retto dal 1948 al 1963 dallo statista David Ben Gurion, considerato il "Padre di Israele". ***Golda Meir*** fu Primo Ministro e prima donna a guidare il governo di Israele.
La **prima guerra arabo-israeliana** si svolse tra il 1948 ed il 1949 e vide contrapposti Israele e Lega araba e terminò con la conquista da parte di Israele di quasi tutta la Palestina, ad eccezione di Gaza (occupata dall'Inghilterra) e della Cisgiordania (sotto il controllo della Giordania).
La **seconda guerra arabo-israeliana**, detta anche **guerra di Suez**, vide contrapposto ad Israele, sostenuto da Francia e Gran Bretagna, l'Egitto. **Nasser**, a capo dell'Egitto, decise di liberare il suo Paese dall'ingerenza della Gran Bretagna: nel 1956 vi fu la nazionalizzazione della ***Compagnia del Canale di Suez***, dove vi erano forti interessi inglesi e francesi e questo causò una crisi internazionale. Ad ottobre Israele attaccò l'Egitto e lo sconfisse, mentre francesi ed inglesi occupavano il canale. L'impresa fu però condannata dagli USA, e l'URSS inviò un ultimatum ad Israele, Francia ed Inghilterra, che furono costretti a ritirarsi.
La **terza guerra arabo-israeliana** fu la cd. ***guerra dei Sei giorni***, che si svolse tra il 1967 ed il 1970 tra Israele, Egitto, Giordania, Siria e causò circa 75.000 morti (**guerra del Golan**); terminò con la sconfitta degli Arabi che dovettero cedere tutti i territori occupati. Israele, le cui truppe erano guidate da ***Moshe Dayan***, conquistò la città di Gerusalemme, la Striscia di Gaza e il Sinai.
La **quarta guerra** si combatté nel 1973 durante la **Festa dello Yom Kippur** e questa volta Israele venne colta di sorpresa dalle forze siriane ed egiziane. La nazione israeliana ristabilì poi la situazione preesistente e gli avversari accettarono ancora una volta il cessate il fuoco imposto dall'ONU.
Dopo la guerra dello Yom Kippur, i Paesi produttori di petrolio quadruplicarono il prezzo del greggio e ciò si ripercosse sulle economie di tutti i Paesi occidentali industrializzati costretti ad importare l'oro nero per coprire il proprio fabbisogno energetico. Alcuni Stati iniziarono ad impiegare il carbone, mentre altri preferirono puntare sull'energia solare, sul nucleare, peraltro molto pericoloso in caso di incidenti.
Alla fine degli anni '70 si assistette ad una ripresa delle economie capitalistiche che nel decennio successivo, in concomitanza con il calo dei prezzi del petrolio, iniziarono una nuova fase di espansione. Tra i settori più colpiti dalla crisi petrolifera vi fu quello dell'industria automobilistica.
Sotto l'auspicio del Presidente degli USA ***Jimmy Carter*** furono firmati gli **Accordi di Camp David (1978)** con cui fu restituito il **Sinai** alla sovranità egiziana.
La **quinta guerra arabo-israeliana** si svolse nel 1982: Israele invase il Libano (**Operazione Pace in Galilea**), compiendo rappresaglie nei territori palestinesi. Proprio in Libano avvenne il massacro degli Arabi palestinesi nei ***campi di Sabra*** e ***Shatila*** alla periferia di Beirut. Nel giugno nacque un partito politico sciita del Libano **Hezbollah**, fondato per opporre una resistenza armata all'invasione israeliana.

4.7.2 La guerra tra Iran e Iraq

Negli anni '80 un'altra guerra sconvolse il Medio Oriente: quella tra **Iran** ed **Iraq** (l'emirato del Kuwait era alleato dell'Iraq) appoggiati rispettivamente dall'URSS e USA. Nel 1980 l'Iraq, per una disputa sui confini, senza una dichiarazione di guerra invase il territorio iraniano in cui nel 1979, dopo la cacciata dello scià **Mohammad Reza Pahlavi**, era stata instaurata una Repubblica islamica. L'ayatollah **Ruhollah Khomeini**, fu il fautore della Rivoluzione islamica e ne fu il leader religioso e politico fino al 3 giugno 1989. La guerra si protrasse fino al 1988; dopo i primi, brucianti successi da parte dell'esercito iracheno, la guerra si trasformò in un'estenuante guerra di posizione e in un reciproco bagno di sangue. L'attacco chimico di **Halabjav**, realizzato con gas al cianuro (16 marzo 1988), fu compiuto dall'esercito iracheno. La dichiarazione di decadenza dell'accordo di Algeri del 1975 sul controllo dell'estuario dello Shatt al Arab fu preliminare all'invasione dell'Iran da parte dell'Iraq.

4.7.3 Prima e seconda intifada

Nel 1964 nacque anche l'Organizzazione per la Liberazione della Palestina (**OLP**) guidata da **Arafat** (primo Presidente dell'Autorità Nazionale Palestinese con il suo quartier generale, dal 2001, a Ramallah). Scopo dell'OLP era la distruzione dello Stato d'Israele attraverso azioni terroristiche e dirottamenti di aerei.
Nel 1987, dopo il massiccio insediamento di coloni ebrei nei territori occupati, i palestinesi della Cisgiordania e di Gaza iniziarono a protestare attraverso un'insurrezione popolare di massa: l'"**intifada**" che si opponeva alle armi dei soldati israeliani con lanci di pietre, scioperi prolungati e manifestazioni di massa.
Nel 1987 fu fondato il **movimento Hamas**, ala palestinese della Fratellanza Musulmana, dallo sceicco Ahmed Yassin.
Verso la fine degli anni Ottanta sulla questione palestinese si aprì uno spiraglio di speranza. Arafat riconobbe il diritto di Israele all'esistenza (1988), che a sua volta riconobbe l'OLP rappresentante del popolo palestinese. L'**accordo di pace** tra israeliani e palestinesi, che fu firmato a **Oslo** da ***Arafat*** e ***Rabin*** (Primo ministro israeliano) nel 1993, prevedeva la creazione di una regione autonoma palestinese nella Striscia di Gaza e nella città di Gerico. Purtroppo, molti fondamentalisti religiosi e nazionalisti sia israeliani che palestinesi minacciarono di morte i due leader accusati di tradimento; Rabin (Premio Nobel per la Pace nel 1994) fu, infatti, ucciso a Tel Aviv nel novembre 1995. Da quel momento incomprensione e tensione sono riprese fino a sfociare nella nascita di una **seconda "intifada"** (settembre 2000), con attentati kamikaze contro la popolazione civile d'Israele, demolizioni di case, lanci di missili, isolamento dei territori e delle autorità palestinesi. L'episodio che scatenò la Seconda intifada fu la visita di Ariel Sharon al Monte del Tempio a Gerusalemme.
Il trattato di pace tra Israele e la Giordania fu firmato nel 1994 a **Wadi Araba** da re Hussein di Giordania e Yitzhak Rabin.
Il 24 luglio 2014 ha assunto la carica di Presidente dello Stato d'Israele **Reuven Rivlin**, succedendo a **Shimon Peres**.

4.7.4 Le guerre del Golfo, l'attacco alle Twin Towers, l'invasione in Afghanistan

Nel 1990 avvenne l'**occupazione del Kuwait** da parte dell'Iraq di ***Saddam Hussein*** sostenuta da motivazioni di ordine economico-politico, in seguito al rifiuto kuwaitiano di aderire alle eccessive pretese del governo di Bagdad: la completa cancellazione del debito contratto dall'Iraq, il "risarcimento" per il petrolio pompato illecitamente dai kuwaitiani nei giacimenti iracheni durante la guerra con l'Iran e la cessione della zona di confine da parte del Kuwait.
Gli USA risposero mediante l'imposizione dell'embargo su importazioni ed esportazioni in Iraq e un intervento armato nel Golfo.
L'irrigidimento della posizione irachena, spinse la CEE ad associarsi all'embargo e l'ONU a decretare pesanti sanzioni economiche nei confronti dell'Iraq. La crisi si aggravò poiché Hussein cominciò a ventilare l'utilizzo dei cittadini stranieri presenti in Iraq come "merce di scambio". Gli Stati Uniti e i Paesi alleati intimarono a Hussein l'immediato rilascio degli ostaggi e cominciarono l'invio di truppe nel Golfo.

L'Italia partecipò, insieme ad altri Stati, con un corpo di spedizione nel Golfo Persico. ***Bush*** e ***Gorbaciov*** si riunirono a Helsinki il 9 settembre, ma, mentre per gli USA lo sbocco armato apparve inevitabile, l'URSS insistette sull'uso della diplomazia.
Il 29 novembre il Consiglio di Sicurezza dell'ONU fissò come data ultima per il ritiro delle truppe irachene dal Kuwait il 15 gennaio 1991. Prima di Natale, Hussein annunciò che in caso di aggressione militare, il primo obiettivo che avrebbe colpito sarebbe stato Israele, cosi nacque il rischio di un'estensione del conflitto a tutti i Paesi arabi ostili allo Stato ebraico. Il 3 gennaio 1991 **Bush** propose un incontro fra i Ministri degli esteri **Baker** e **Aziz** da tenersi a Ginevra.
Il vertice terminò con un nulla di fatto. A mezzanotte del 15 gennaio scadeva "l'ultimatum" dell'ONU.
Dopo una snervante attesa, le truppe dell'ONU diedero inizio a un conflitto (***Prima guerra del Golfo***) con un massiccio lancio di missili "***Cruise***" su Bagdad, contro obiettivi militari e raffinerie. Il 18 gennaio la contraerea cominciò ad aggiustare la mira sui velivoli alleati; successivamente, missili iracheni "**Scud**" piovvero su Israele. L'operazione degli americani e dei loro alleati si chiamò "**Desert Storm**" (Tempesta nel deserto) e fu diretta dal ***generale Schwarzkopf***. L'attacco aereo su Baghdad durò poco più di quaranta giorni, concludendosi con la resa irachena.
Per evitare la reazione ebraica, Stati Uniti e Olanda inviarono a Israele missili anti-missile "***Patriot***" per assicurare una protezione massima in vista degli attacchi successivi.
Il 23 febbraio gli Stati Uniti lanciarono un ultimatum a Bagdad affinché provvedesse a iniziare lo smaltimento e il ritiro dal Kuwait delle truppe entro 24 ore. Scaduto il tempo concesso, iniziò il grande attacco di terra.
Le forze alleate chiusero a tenaglia l'esercito iracheno, che cominciò la fuga. Nell'arco di tre giorni tutto il Kuwait fu libero e la disfatta dell'Iraq fu totale. Il 28 febbraio Saddam Hussein dichiarò di accettare tutte le risoluzioni dell'ONU e di essere pronto ad arrendersi in modo incondizionato.
L'Iraq precipitò nel caos: le forze dell'opposizione occuparono Bassora ed il Sud del Paese, ma Saddam scatenò nei loro confronti una durissima repressione.
Saddam Hussein, sebbene sconfitto, rimase al potere e ostacolò più volte i controlli relativi al disarmo, innescando una lunga serie di incidenti diplomatici. Si giunse così a un braccio di ferro risolto nel novembre del 1998 dal Presidente americano Clinton che con la mini-campagna offensiva anglo-statunitense denominata ***Desert Fox*** sembrò porre fine alla vicenda.
L'11 settembre 2001 un gravissimo evento scatenò la lotta contro il terrorismo internazionale: alcuni aerei furono dirottati e fatti precipitare sulle **Twin Towers**, uno dei simboli di New York (furono costruite nel 1973), e sul ***Pentagono***.
Un altro aereo precipitò, forse per errore, a ***Pittsburgh***. Fu il più grave attacco terroristico mai avvenuto, sia per il numero delle vittime (circa 3000 persone) sia per gli obiettivi colpiti.
Gli USA, dopo una breve azione diplomatica, scatenarono l'offensiva contro il **terrorismo internazionale**. Il 7 ottobre bombardarono l'Afghanistan, Paese il cui governo era in mano ai Talebani dal 1996, un gruppo estremista islamico ritenuto colpevole di appoggiare **Bin Laden** (ucciso il 1° maggio 2011 ad Abbottabad, in Pakistan), considerato responsabile dell'attentato tale operazione fu denominata "***Enduring Freedom***". Tuttavia, l'amministrazione americana ritenne complice dell'attentato anche l'Iraq. I prigionieri catturati in Afghanistan dopo il 2001 furono rinchiusi nella località cubana di Guantanamo in cui si trova la base militare statunitense. Dopo la cacciata dei Taliban fu eletto liberamente il primo presidente afgano **Hamid Karzai**; suo successore dal settembre 2014 è **Ashraf Ghani Ahmadzai**.

Gli USA dopo essersi assicurati l'appoggio della Gran Bretagna, e di altri Paesi occidentali tra cui l'Italia, la Spagna, la Danimarca, il Portogallo, l'Olanda e altri Stati europei (la Francia non ha sostenuto l'attacco) dichiararono guerra all'Iraq il 20 marzo 2003 (***Seconda guerra del Golfo***) e in tre settimane ottennero la caduta del regime dando prova della schiacciante superiorità della più recente tecnologia militare occidentale.
Il carcere iracheno di **Abu Ghraib** è famoso per le torture e gli abusi commessi dai militari USA nei confronti dei prigionieri iracheni.
Il 13 dicembre 2003 avvenne la cattura di **Saddam Hussein** in un piccolo villaggio del nord Iraq, da parte delle forze alleate e fu giustiziato per impiccagione nel 2006.
Per combattere l'occupazione americana dell'Iraq, nel 2004 fu fondato lo Stato Islamico dell'Iraq e della Siria.
Il capo di al-Qaida, **Ayman al-Zawahiri**, nell'ottobre 2013 ordinò lo scioglimento di ISIS, tuttavia il 29 giugno 2014 l'**ISIS** ha proclamato la restaurazione del Califfato islamico con a capo **Abu Bakr al-Baghdadi**.

OCCORRE SAPERE

Andrew Johnson è stato l'unico Presidente degli Stati Uniti a non essere stato eletto dagli elettori. **Grover Cleveland** è stato l'unico Presidente USA a governare per due mandati non consecutivi.
Il 6 ottobre 1981 il Presidente egiziano **Anwar El Sadat,** successo nel 1970 a Nasser, viene assassinato dagli estremisti islamici (insignito con il Premio Nobel per la pace); a lui succede **Mubārak**.
La **battaglia di Tora Bora** fu combattuta da forze statunitensi e loro alleati contro al-Quaida e talebani, nel 2001.
Dalla corrente musulmana del ***wahabismo*** ha trovato ispirazione religiosa il movimento terrorista **Al Qaida**; **Al Zarqawi** era considerato il capo del terrorismo islamico, ed il leader di **Al Quaeda**, in **Iraq**.
Il 22 marzo 2004 a Gaza elicotteri israeliani lanciarono due razzi contro il leader di Hamas, **Ahmed Yassin**, uccidendolo.
Per **guerra civile palestinese** (2006-2007) si intende il conflitto fra i due partiti **Al-Fatah** e **Hamas**
Il movimento dei ***Fratelli Musulmani*** è una formazione politica islamista sunnita.
Il mullah **Mohammed Omar** è stato un politico afghano, guida spirituale dei talebani afghani. È stato Emiro dell'Emirato Islamico dell'Afghanistan dal 1996 al 2001.

Capitolo 5
I Paesi dell'Europa occidentale dalla Seconda Guerra Mondiale ai giorni nostri

5.1 Il dopoguerra in Europa

Il 17 marzo 1948 con il **Trattato di Bruxelles** fu firmato un patto di autodifesa collettiva, della durata di 50 anni, tra Regno Unito, Francia, Belgio, Paesi Bassi e Lussemburgo. Esso venne successivamente modificato dagli *Atti internazionali* firmati a Parigi il 23 ottobre 1954, che diedero vita all'**Unione Europea Occidentale** (**UEO**).

5.2 L'Inghilterra

L'**Inghilterra** dal 1945 al 1951 affidò il governo al laburista **Attlee**, che aveva come programma politico quello di potenziare gli interventi assistenziali dello Stato. Nacque così, tra il 1945 ed il 1950, il ***Welfare State*** (stato sociale o assistenziale) che intendeva proteggere il cittadino in ogni situazione di debolezza o bisogno, naturale (infanzia, vecchiaia) o occasionale (incidente, disoccupazione) per tutta la vita. Fu introdotta l'assistenza gratuita negli ospedali, le pensioni divennero più alte e raddoppiò la tredicesima mensilità in occasione delle vacanze natalizie. Furono nazionalizzate le industrie più importanti a livello collettivo (energia e trasporti) e fu concessa l'indipendenza all'India (a dimostrazione che ormai il vecchio Impero coloniale britannico si stava disgregando) con conseguenze serie per il sistema commerciale dell'Inghilterra. I governi successivi non seppero far fronte ai problemi dell'Impero coloniale che si sgretolò definitivamente costringendo alla presa di coscienza che l'Inghilterra aveva ormai un ruolo marginale come potenza mondiale.
Nel gennaio 1963 il generale francese De Gaulle, dopo circa un anno e mezzo di trattative, pose il veto all'ingresso dell'Inghilterra nella CEE.
Nel 1964 Malta otteneva l'indipendenza.
La situazione si fece più drammatica con l'inasprimento di alcuni problemi interni tra i quali gli attentati terroristici dell'**IRA** nel 1969 contro personaggi politici, istituzioni e cittadini inglesi.
Una vera e propria svolta politica si verificò nel 1979 con la schiacciante vittoria di un governo conservatore con a capo la leader **M. Thatcher** (detta la Lady di ferro) che, rimasta al potere fino al 1990, attuò una politica caratterizzata da un intransigente liberismo, da un duro attacco al potere delle *Trade Unions* e dalla privatizzazione di settori importanti dell'industria pubblica. La Thatcher ottenne una riduzione dell'inflazione e una notevole ripresa produttiva. In politica estera cercò di ridare prestigio all'immagine dell'Inghilterra impegnandosi in un vittorioso conflitto armato con l'Argentina per il possesso delle *isole Falkland* (1982), oggetto di un'antica contesa tra Londra e Buenos Aires (guerra che vide la partecipazione dell'Italia).

Il suo successore **J. Major**, eletto nel 1990, dovette affrontare un aumento dell'emarginazione sociale e della disoccupazione. Nel 1993 ratificò il **Trattato di Maastricht**, nonostante una forte opposizione all'integrazione europea.

Il 1° maggio 1997 il laburista **Tony Blair** divenne il nuovo primo ministro inglese. Nel 1998 fu indetto un referendum sull'autodeterminazione e fu eletta l'Assemblea semiautonoma d'Ulster. Nel maggio 1999 si svolsero le elezioni dei parlamenti regionali di Scozia e Galles. Dopo l'11 settembre 2001 il premier diventò il principale alleato degli USA nella guerra contro i talebani afghani e uno dei più convinti assertori della necessità della guerra al terrorismo.

Nel 2003, la Gran Bretagna decise di attaccare l'Iraq insieme agli Stati Uniti per privarlo delle armi di distruzione di massa. A Blair successe **James Gordon**, ex capo del Partito Laburista, Primo Ministro dal 27 giugno 2007 al 11 maggio 2010; al suo posto si insediò **David Cameron**.

Dal 13 luglio 2016 è stata eletta **Theresa May**, leader del partito conservatore, la cui posizione nella campagna elettorale per il referendum sulla ***Brexit*** è stata tiepidamente a favore della permanenza del Regno Unito nell'Unione Europea.

La *Brexit*, ovvero il processo che ha portato all'uscita del Regno Unito dall'Unione Europea, ha avuto delle importanti conseguenze sia sull'Unione Europea sia sui rapporti commerciali ed economici del Regno Unito con gli altri paesi membri. Dopo un complesso iter di approvazione dell'accordo di recesso, che ha visto il coinvolgimento di diversi organismi europei (Commissione Europea, Consiglio Europeo, Parlamento Europeo e Corte di Giustizia Europea) e britannici (Parlamento, Governo e Corte Suprema) e la caduta del Governo di Theresa May e la nomina di Boris Johnson a Primo Ministro, il 23 gennaio 2020 la Regina Elisabetta II ha firmato l'atto di ratifica dell'accordo raggiunto tra Regno Unito e UE, con il quale è stata sancita ufficialmente l'uscita del Regno Unito il 1° febbraio 2020.

5.3 La Francia

In **Francia**, all'indomani del secondo conflitto mondiale, si formò un governo di unità nazionale (comunisti, socialisti e repubblicani moderati) presieduto da **Charles De Gaulle**. Nel 1946 fu approvata una nuova Costituzione e nacque la **Quarta Repubblica**, che provocò l'uscita di scena di De Gaulle. Fecero seguito una serie di governi moderati fino al 1958, quando si ebbe la nascita della **Quinta Repubblica** (il 7 ottobre 1958 fu varata la nuova Costituzione): questi governi favorirono la ricostruzione economica del Paese, ma si scontrarono con problemi legati alla disgregazione dell'Impero coloniale. La Francia subì sconfitte in Indocina e successivamente si aprì la questione dell'Algeria che terminò con l'indipendenza delle colonie africane nel 1962 (**Accordi di Evian**), dopo che De Gaulle era tornato al governo. In quegli anni egli intraprese una politica estera autonoma dagli USA, che portò la Francia a dotarsi di armi atomiche e ad uscire dalla NATO nel 1966 per poi rientrarvi nel 1999.

Nel 1969 a Parigi il movimento studentesco provocò scontri particolarmente accesi.

L'anno successivo De Gaulle si ritirò dalla vita politica lasciando ai suoi successori, **G. Pompidou** (2° Presidente della V Repubblica) prima e **V.G. d'Estaing** poi, il compito di continuare il suo programma politico.

Nel 1980 con l'indipendenza di Vanuatu venne formalmente sancita la fine dell'Impero coloniale francese.

Nel frattempo i governi di sinistra continuavano ad esercitare una proficua opposizione che culminò nel 1981 con l'elezione a Presidente della Repubblica del socialista **F. Mitterrand**.

Negli anni successivi si assistette allo sfaldamento dell'unione delle sinistre che portò alla coesistenza della presidenza socialista con un governo di centro-destra guidato da **J. Chirac**.
Nel 1988 Mitterrand fu riconfermato e poté reggere il Paese grazie al suo grande prestigio interno ed internazionale, sebbene dovette fronteggiare il **Front National (FN)**, movimento razzista di estrema destra, di **Jean-Marie Le Pen**, che si affermava sfruttando le tensioni sociali del Sud, dove più forte era l'immigrazione.
Nel 1995 fu eletto Presidente **J. Chirac**, superando i socialisti e il Front National (FN), riconfermato al primo turno delle elezioni presidenziali del 2002. Egli inizialmente ricevette ampi consensi, in seguito, però, fu contestato per la sua decisione di condurre test nucleari nell'isola polinesiana di Mururoa e in un atollo vicino.
Nel 1999 la Francia ha introdotto l'Euro.
Nel 2007 è diventato Presidente della Francia **N. Sarkozy**, poi dal 2012 gli è succeduto **F. Hollande** e dal 2017 è Presidente **E. Macron**.

5.4 La Germania

La **Germania** fu uno dei Paesi su cui maggiormente evidenti furono le conseguenze della "guerra fredda" al termine del secondo conflitto mondiale, infatti, venne divisa in Repubblica Democratica, sotto il controllo dell'URSS, e Repubblica Federale (dal 1949 con capitale Bonn), sotto il controllo occidentale.
Nel 1949, la Germania Ovest si diede una nuova Costituzione democratica e da quell'anno la scena politica fu caratterizzata da governi democratico-cristiani con i quali la nazione ebbe una ripresa economica; i ministri furono **Adenauer** prima ed **Erhard** poi.
Tuttavia, una momentanea crisi economica, unitamente all'insorgenza del muro di Berlino nel 1961, consentì la riscossa del Partito Socialdemocratico (SPD) che riuscì a prendere il potere nel 1969 e a mantenerlo fino al 1980. Questo nuovo percorso politico ebbe come rappresentante il leader **W. Brandt**, che inaugurò la cosiddetta "**ostpolitik**", una serie di relazioni che avevano il compito di migliorare i rapporti con i Paesi socialisti dell'Est; egli strinse accordi con la Polonia, con l'URSS pur mantenendo una linea europeista e filoamericana sul fronte occidentale.
Durante i giochi della XX Olimpiade tenutasi in Germania nel 1972, avvenne il "**Massacro di Monaco**". Un commando dell'organizzazione terroristica palestinese **Settembre Nero** irruppe negli alloggi destinati agli atleti israeliani del villaggio olimpico, uccidendo subito due atleti che avevano tentato di opporre resistenza e prendendo in ostaggio altri nove membri della squadra olimpica di Israele. Un successivo tentativo di liberazione da parte della polizia tedesca portò alla morte di tutti gli atleti sequestrati, di cinque fedayn e di un poliziotto tedesco.
Anche il successore **Schmidt** rimase fedele a Brandt, ma si trovò ad affrontare un'ondata di terrorismo che fu costretto a sedare con la repressione.
L'alleanza tra liberali e socialdemocratici si ruppe e si formò una coalizione cristiano-democratica che portò alla nomina nel 1982 **H. Kohl** (che ha detenuto il più lungo cancellierato nella storia della Germania dal dopoguerra); egli cercò di mantenere sotto controllo la spesa pubblica senza ricorrere allo smantellamento dello stato sociale.
Nel 1989, durante il suo mandato, venne abbattuto il muro di Berlino e l'anno successivo la Germania fu riunita con capitale Berlino. La scintilla che il 9 novembre portò alla caduta del "Muro" fu la contestazione popolare contro il regime autoritario del **Presidente Honecker** nella Germania orientale.

Nel 1998 Kohl fu sconfitto alle elezioni da **Schroeder**, poi confermato nel 2002.
A differenza di altri Paesi occidentali, nel conflitto contro l'Iraq, la Germania non diede alcun contributo finanziario e militare.
Nel novembre 2005 il posto di Schroeder è stato preso da **Angela Merkel** (già il più giovane ministro del terzo governo presieduto da Helmut Kohl), prima donna a ricoprire l'incarico di cancelliere in Germania.
Nel maggio 2004 è stato eletto il nuovo Presidente tedesco, **Horst Koehler**, ex Presidente del Fondo Monetario e candidato dell'opposizione; nel 2010 è stato sostituito da **Christian Wulff** dimessosi a febbraio del 2012, in seguito a controversie giudiziarie. Il 18 marzo 2012 è stato eletto Presidente **Joachim Gauck**.
Dal 19 marzo 2017, **Frank-Walter Steinmeier** è Presidente della Repubblica federale tedesca.

5.5 L'Italia

In **Italia**, terminato il secondo conflitto mondiale, si formò un governo di Unità Nazionale, cui presero parte tutti i partiti antifascisti che avevano animato la Resistenza; il Presidente del Consiglio fu Ferruccio **Parri**, rappresentante del **Partito d'Azione**, che rimase in carica solo sei mesi (giugno-novembre 1945), e fu sostituito da **Alcide De Gasperi** (originario del Trentino) rappresentante del **Partito Popolare** e poi segretario della nuova **DC**. Egli ricoprì la carica di Presidente del Consiglio dal 1945 al 1953 (in otto governi); gli successe **Giuseppe Pella**.

SEGRETARIO DC	ELEZIONE	NOTE
Alcide De Gasperi	1943	*Presidente della Commissione Direttiva Centrale*
Alcide De Gasperi	31.07.1944	
Attilio Piccioni	22.09.1946	*Rieletto il 15.12.1946, ed il 28.11.1947*
Giuseppe Cappi	11.01.1949	
Paolo Emilio Taviani	20.06.1949	
Guido Gonella	16.04.1950	
Alcide De Gasperi	28.09.1953	
Amintore Fanfani	16.07.1954	*Si dimette il 31.01.1959. Reggenza di un quadrumvirato dal 02.02.1959*
Aldo Moro	14.03.1959	
Mariano Rumor	27.01.1964	
Flaminio Piccoli	19.01.1969	
Arnaldo Forlani	09.11.1969	
Amintore Fanfani	18.06.1973	*Decade il 22.07.1975 in Consiglio Nazionale*
Benigno Zaccagnini	25.07.1975	*Rieletto il 24.03.1976*
Flaminio Piccoli	05.03.1980	
Ciriaco De Mita	05.05.1982	*Rieletto il 28.02.1984 ed il 30.06.1986*
Arnaldo Forlani	22.02.1989	
Fermo Martinazzoli	12.10.1992	

Nel 1944 fu fondato a Roma il movimento politico, poi partito, denominato **Fronte dell'uomo qualunque** dal commediografo **Guglielmo Giannini**, caratterizzato da una forte critica ai partiti politici.
Le elezioni del 2 giugno 1946 decretarono la fine della Monarchia e la proclamazione della **Repubblica** (con il 54% dei voti; prevalse con circa due milioni di voti validi) con **Enrico De Nicola** eletto Presidente. Il Re **Umberto II**, di fronte all'anticipata pubblicizzazione dei dati provvisori del Referendum istituzionale, che aveva innescato un principio di guerra civile, rinunciò alla verifica da parte della Corte di Cassazione e si ritirò in esilio il 18 giugno 1946.
Poterono recarsi alle urne tutti i cittadini, uomini e donne, che avevano compiuto il ventunesimo anno d'età. Il Presidente del Consiglio dei Ministri Ivanoe Bonomi si era distinto nel 1945 per l'azione riformatrice, nell'ambito della lotta per l'emancipazione femminile, per la concessione del voto alle donne.
In quell'anno De Gasperi-Gruber firmarono l'accordo a garanzia dell'autonomia amministrativa dell'**Alto Adige**.
Alle elezioni per la Costituente del 2 giugno 1946 (che operò dal giugno 1946 al gennaio 1948) si presentò l'**Unione democratica nazionale**, formata da una coalizione di liberali e demolaburisti. L'Assemblea Costituente, oltre ad approvare il testo della Costituzione della Repubblica italiana, il cui progetto fu redatto dalla Commissione dei 75 con Presidente **Meucci Ruini**, votò la ratifica del trattato di pace con gli Alleati.
La **svalutazione della Lira** fu lo strumento principale impiegato nel 1947 dal Ministro delle Finanze **Luigi Einaudi** per combattere l'inflazione.
Il partito di maggioranza fu la **DC** (Democrazia Cristiana), mentre le sinistre, pur ottenendo risultati apprezzabili, capirono di non poter governare da sole, anzi si spaccarono all'interno (scissione di Palazzo Barberini) e nel 1947 formarono con **Giuseppe Saragat** il **Partito Socialista dei Lavoratori italiani**, poi denominato **PSDI** (Partito Socialdemocratico Italiano).
Benedetto Croce, filosofo italiano, partecipò ai lavori della Costituente.

La prima strage dell'Italia repubblicana fu un eccidio di lavoratori compiuto nel 1947 a **Portella della Ginestra**, in Sicilia. In quel periodo operava il famoso bandito siciliano del secondo dopoguerra, **Salvatore Giuliano**.
Il 1° gennaio 1948 entrava in vigore la **Costituzione** che gettava le basi per la democrazia (l'art. 7, relativo ai rapporti tra Stato e Chiesa, fu oggetto di un aspro dibattito ideologico in seno all'Assemblea Costituente). Il 18 aprile 1948 si tennero le elezioni politiche che videro il netto successo della **DC** (48,5% dei voti), imperniata sui valori cattolici e sulla permanenza dell'Italia nel blocco occidentale, con la possibilità per il nostro Paese di usufruire degli aiuti economici del Piano Marshall, a cui aderì lo stesso anno. A quelle elezioni il **Fronte Popolare** utilizzò per la sua campagna elettorale il ritratto di Giuseppe Garibaldi, ottenendo il 31% dei voti. Il PCI e il PSI, allora sotto lo stesso simbolo in coalizione con altre formazioni minori (**Fronte Democratico Popolare**), invece, ottennero un numero di voti inferiore a quello ottenuto nelle elezioni del 1946.
Luigi Einaudi divenne Presidente della Repubblica; presero il via una serie di governi centristi basati sull'alleanza tra DC, liberali, repubblicani e socialdemocratici.
L'attentato a Palmiro Togliatti, verificatosi nel luglio 1948 ad opera di **Pallante**, rischiò di far precipitare il Paese nella guerra civile (all'epoca era Ministro dell'interno **Mario Scelba**).

Estradato in Italia nel 1948, **Walter Reder** fu condannato all'ergastolo per la strage di Marzabotto. Il governo De Gasperi (sostenuto da DC, PRI, PLI, PSDI) adottò una politica monetaria restrittiva per sanare il bilancio dello Stato e combattere il mercato nero.

Alcide De Gasperi e **Robert Schumann**, all'interno del processo di unificazione europea, proposero un progetto che poi non venne realizzato: la costituzione del **CED** (Comunità europea di difesa) nei primi anni Cinquanta.

Nel 1949 l'Italia aderì al Patto Atlantico con **Carlo Sforza**, che guidò il Ministero degli Affari Esteri dal 1947 al 1950. Nel maggio dello stesso anno partecipò alla creazione di un organismo intergovernativo ideato per favorire l'integrazione europea, il **Consiglio d'Europa**.

Antonio Segni fu il relatore della riforma agraria del 1950 che prevedeva l'espropriazione dei grandi latifondi. Nello stesso periodo fu fondato a Roma il sindacato di orientamento cattolico, la **CISL**, mentre, su iniziativa di alcuni sindacalisti di area socialista, nacque la **UIL**.

Sempre nel 1950 all'Italia fu affidata dall'ONU l'**amministrazione fiduciaria**, per un decennio, dell'ex colonia **Somalia**.

Nel 1951 il Ministro delle Finanze **Ezio Vanoni** (ministro dal 1948 al 1954) varò la riforma tributaria che impose per la prima volta l'obbligo della dichiarazione annuale dei redditi.

Nel 1953 venne approvata la "**legge truffa**" che attribuiva il 65% dei seggi della Camera dei Deputati (premio di maggioranza) al partito o alla coalizione che avesse ottenuto il 50,01% dei voti.

La fase storica cosiddetta del "**centrismo**" ebbe inizio nel 1947-1948, dopo l'estromissione dei socialcomunisti dal governo (l'istituzione della "Cassa per il Mezzogiorno", fu una delle rilevanti iniziative di quegli anni).

L'opera di ricostruzione dell'Italia fu avviata grazie al sostegno economico degli USA e ad alcune mosse significative quali:

- la riorganizzazione dell'***Istituto per la Ricostruzione Industriale*** (**IRI**); ha cessato di esistere nel 2002;
- la fondazione nel 1953 dell'***Ente Nazionale Idrocarburi*** (per sottrarre l'Italia al dominio di grandi compagnie petrolifere straniere e per sfruttare i giacimenti petroliferi scoperti da imprenditori privati in Libia). Il 27 ottobre del 1962 muore in un incidente aereo, le cui cause non saranno mai chiarite, il Presidente dell'Ente **Enrico Mattei**;
- la costituzione nel 1950 della ***Cassa del Mezzogiorno*** (per favorire lo sviluppo e la realizzazione di opere pubbliche nel Sud Italia attraverso il finanziamento statale per le infrastrutture e il credito agevolato alle industrie), poi soppressa il 6 agosto 1984;
- l'approvazione di una legge agraria che nel giro di dieci anni provocò l'espropriazione di circa 700.000 ettari di latifondo, poi distribuiti a oltre 100.000 famiglie di contadini.

Negli anni dal 1953 al 1958 vi fu una persistenza del dominio dei governi della DC, pronti a collaborare con gli altri schieramenti moderati. Nel 1953 ad Alcide De Gasperi successe alla guida del Governo l'esponente democristiano **Giuseppe Pella**. Poi al Governo **Scelba** del 1954/1955 successe il Governo **Segni**.

Il 3 gennaio 1954 iniziarono ufficialmente le trasmissioni del servizio televisivo pubblico (**RAI**). In quell'anno a Londra, Italia e Jugoslavia sottoscrissero l'intesa riguardante la **città di Trieste**.

Giovanni Gronchi fu Presidente del gruppo democristiano alla Costituente e Presidente della Camera dei Deputati dal 1948 al 1955, anno in cui fu eletto Presidente della Repubblica (grazie all'indicazione unanime della DC).

Nel 1955 l'Italia venne ammessa all'Organizzazione delle Nazioni Unite (**ONU**) e intanto si andava formando il **Partito radicale** da una scissione del Partito liberale.
Nell'aprile del 1956 la Corte Costituzionale tenne le prima udienza pubblica.
Nello stesso anno, al fine di coordinare gli investimenti statali nei vari settori dell'economia italiana, fu creato il **Ministero delle Partecipazioni Statali**. Si verificò anche il grave incidente minerario a **Marcinelle**, in Belgio, nel quale persero la vita più di cento emigrati italiani.
Nel maggio del 1957 assunse la Presidenza del Consiglio il democristiano **Adone Zoli**. Nel medesimo anno, Italia, Repubblica Federale Tedesca, Francia e Paesi del Benelux firmarono i **Trattati di Roma** che segnarono la nascita della **CEE** e dell'**Euratom**. Nel secondo dopoguerra germogliò e prese forma l'idea di una Europa Unita; il primo passo fu, nel 1951, la scelta di mettere in comune le risorse siderurgiche e del carbone; nacque così a Parigi la **CECA** (Comunità Economica Carbone e Acciaio). Altri Stati entrano negli anni successivi nella CEE: nel 1972 fecero il loro ingresso Gran Bretagna, Irlanda e Danimarca.
Negli anni Sessanta in politica estera l'Italia si legò con decisione alle organizzazioni europee, all'ONU e alla NATO, scegliendo senza incertezze il campo occidentale.
Tra il 1957 e il 1962 realizzò il "miracolo economico", che nel 1963 cominciò a traballare a causa del primo shock salariale del dopoguerra. A questo fenomeno è legato il massiccio esodo dal Sud al Nord Italia e il conseguente spopolamento delle campagne.
Il cosiddetto "**boom economico**" si ebbe negli anni '50 e '60; fu una fase di sviluppo senza precedenti che interessò il mondo industrializzato, legato alla crescita della popolazione, all'aumento della domanda di beni di consumo, all'innovazione tecnologica, alla razionalizzazione della produttività, alle politiche statali in sostegno della crescita.
Nel 1958 venne promulgata la legge istitutiva del **Consiglio Superiore della Magistratura**. Nelle elezioni di quell'anno vi fu ancora la vittoria della DC, ma il governo **Tambroni**, eletto nel 1960 (prolungò la durata del suo Governo, che sarebbe dovuto essere "di transizione", grazie all'appoggio dell'MSI), fu poi sciolto in seguito ad una serie di manifestazioni antifasciste partite nel luglio del 1960 da Genova. Si aprì nel 1962 un nuovo periodo caratterizzato dall'ingresso nei governi dei partiti socialisti, con **Amintore Fanfani** al governo (Segretario della DC dal 1954 al 1959 e dal 1973 al 1975): fu il primo governo con una formazione di centro-sinistra, con l'appoggio esterno dei socialisti. Il nome di Fanfani fu legato ad una legge del 1949 che aveva ad oggetto il programma di edilizia popolare. Fu Presidente della XX sessione dell'Assemblea generale delle Nazioni Unite.
Le manifestazioni che erano scoppiate a Genova nel 1960 per protestare contro l'autorizzazione allo svolgimento di un congresso del MSI si estesero presto in tutta Italia.
La **Notte dei fuochi** nel 1961 rappresentò la prima azione terroristica per la liberazione del Sudtirolo (Befreiungsausschuss Südtirol). L'azione più cruenta fu la **strage di Cima Vallona** del 1967.
Nel 1962 **Antonio Segni** divenne Presidente della Repubblica, mentre si costituì un governo di coalizione (DC-PSDI-PRI) presieduto appunto da Fanfani, che promosse la nazionalizzazione dell'industria elettrica (**ENEL**) ed approvò la ***riforma della scuola media*** elevandone l'obbligo fino a 14 anni.
Nel medesimo periodo **Papa Giovanni XXIII** (Giuseppe Angelo Roncalli), salito al soglio pontificio nel 1958, aprì ufficialmente il **Concilio Ecumenico Vaticano II**, conclusosi sotto il pontificato di **Paolo VI**.
In Veneto, nel 1963, avvenne il **disastro del Vajont** nel bacino idroelettrico artificiale dell'omonimo torrente di recente costruzione, a causa della caduta di una colossale frana del Monte Toc e la conseguente tracimazione dell'acqua contenuta nell'invaso, che provocarono l'i-

nondazione e la distruzione degli abitati del fondovalle veneto, tra cui Longarone, e la morte di ben 1.910 persone.
Il **Partito Socialista Italiano** entrò a far parte ufficialmente di un Governo di centrosinistra nel 1963. Il Governo costituito da **Aldo Moro** fu il primo del cosiddetto "**centrosinistra organico**" con la partecipazione, appunto, del PSI. In qualità di Ministro degli Esteri firmò a Copenaghen, il **30 novembre 1969**, l'accordo con l'Austria che pose fine al contenzioso sul Sud Tirolo-Alto Adige; l'ultimo suo governo **cadde nel 1976**.
La politica delle riforme fu ostacolata dagli ambienti della destra; emblematica fu la scoperta del Colpo di Stato organizzato dal **generale De Lorenzo**, capo del Sifar (Servizio delle Informazioni delle Forze Armate) che organizzò un "golpe" nel 1964. I sospetti caddero anche sul capo di Stato **Segni** che, colpito da gravissima malattia, si dimise e lasciò la Presidenza a Giuseppe **Saragat** (1964). Con Fanfani e poi con Moro l'Italia degli anni Sessanta vide crescere una politica riformista, di cui una importante espressione fu il nuovo sistema pensionistico.
Nel frattempo i voti dei comunisti aumentarono grazie ad un memoriale scritto da **Togliatti** (**Memoriale di Yalta 1964**) con il quale vi era l'intento di abbandonare ogni progetto rivoluzionario in favore di una battaglia riformatrice e democratica per il raggiungimento del socialismo in Italia.
Nel 1964 una minoranza di sinistra, interna al PSI, contraria alla politica di Pietro Nenni (ultimo uomo politico occidentale a far visita a Stalin), diede vita ad un nuovo partito il **PSIUP** (Partito Socialista di Unità Proletaria) per la scelta maggioritaria di partecipare al governo con la DC.
Alla morte di Palmiro Togliatti in quell'anno venne eletto segretario del PCI **Luigi Longo**, in carica fino al 1972, poi gli successe **Enrico Berlinguer**.
Nel 1964 l'Italia fu il primo Paese europeo a lanciare un satellite in orbita.
Ugo la Malfa fu il segretario del PRI dal 1965 al 1975.
Nel 1966 **Firenze** venne sommersa dalle acque dell'Arno e rimase isolata dal resto del Paese. In campo politico il PSI di Nenni si fuse con il PSDI.
Negli anni tra il 1968 e il 1970 furono approvati i provvedimenti relativi all'**istituzione delle regioni**. Il periodo della Quinta Legislatura (1968/1972) fu contrassegnato da agitazioni interne e da gravi eventi in campo internazionale come la guerra in Vietnam, la crisi di Cuba, la rivoluzione studentesca che si alleò con l'"*autunno caldo*" dei lavoratori (1969), ovvero con le lotte degli operai che rivendicavano i diritti sindacali ottenendo l'approvazione dello "**Statuto dei lavoratori**" nel 1970 per stabilire nuove e più solide garanzie a tutela dei lavoratori.
Negli anni tra il 1950 ed il 1970 si sviluppò il grande fenomeno sociale, economico e demografico dell'emigrazione dal Sud alle città industriali del Nord.
La fine degli anni Sessanta vide la formazione del governo **Rumor** (1968) e l'affermarsi del terrorismo, articolatosi attraverso la strategia della tensione messa in atto da estremisti di destra e di sinistra che, pur mossi da motivazioni politico-ideologiche dissimili, avevano in comune l'obiettivo di bloccare il processo democratico e destabilizzare le istituzioni nazionali (furono definiti "**Anni di Piombo**").
I neofascisti (tra i quali il gruppo **Ordine Nuovo**) diedero il via ad una serie di attentati con lo scopo di favorire un regime repressivo ed autoritario. Meritano menzione:
- la strage di Piazza Fontana a Milano il 12 dicembre 1969 (la data che viene ricordata come l'inizio di quella che verrà definita "**strategia della tensione**");
- l'attentato terroristico alla Questura di Milano (1973);
- le bombe fatte esplodere in Piazza della Loggia a Brescia (1974);
- le bombe fatte esplodere sul treno Italicus (1974);
- la bomba fatta esplodere alla stazione di Bologna (1980).

Nel 1970 fu approvata la **Legge sul divorzio** (legge "Fortuna-Baslini"), alla quale si oppose la DC, mentre negli anni successivi vi fu la caduta dei gruppi conservatori DC che avevano promosso il referendum per l'abrogazione della *legge sul divorzio* (1974).
Nel 1970 si verificò la rivolta di Reggio Calabria. Ad innescare la violenta contestazione fu la scelta di Catanzaro quale capoluogo e istituzione degli enti della regione Calabria. Il 7 giugno si svolsero le prime elezioni regionali. Il 22 luglio veniva fatto deragliare il Treno del Sole procurando la morte di 6 persone. L'episodio, conosciuto come Strage di Gioia Tauro, fu provocato da un evento dinamitardo contro la stazione ferroviaria.
Nel frattempo nel 1971 fu eletto Presidente della Repubblica **Giovanni Leone** (con i voti determinanti del Movimento Sociale Italiano). Nel 1972 si costituì un governo centrista (DC, PLI, PSDI) presieduto da **Giulio Andreotti**.
Dalla caduta del Fascismo al 1974 si avvicendarono in Italia ben **trentasei** governi.
Nel 1973 si verificò la crisi petrolifera sotto la presidenza della Repubblica Leone.
Nello stesso anno **Enrico Berlinguer**, allora segretario del PCI, lanciava la proposta del famoso "**compromesso storico**", una collaborazione tra comunisti e DC a causa della situazione politico-economica in cui versava lo Stato, vittima anche di una nuova forma di terrorismo: il "*terrorismo rosso*" condotto da formazioni clandestine (***Prima Linea*** e ***Brigate Rosse***) maturate nelle università, nelle fabbriche e nelle classi medio-borghesi.
La proposta di Berlinguer, accettata da **Aldo Moro**, teorizzatore del centro-sinistra, si attuò dopo le elezioni del 1976 (in quelle elezioni il PCI toccò il suo massimo storico dei consensi con il 34,4%) quando si formò un governo "monocolore" DC presieduto da **Giulio Andreotti**, che per la prima volta poté contare sull'astensione del PCI. I governi Andreotti dal luglio 1976 al marzo 1979 sono noti come "***governi di solidarietà nazionale***". Egli ha presieduto in tutto sette governi.
Nel 1974 fu scoperto il cosiddetto "***golpe bianco***", progetto di un colpo di stato di stampo liberale ideato da **Edgardo Sogno**.
Intanto nel 1975 vennero stabiliti in modo definitivo i confini tra la Jugoslavia e l'Italia con i **Trattati di Osimo**: il Paese otteneva in via definitiva la città di Trieste, mentre la Jugoslavia l'Istria Nord-occidentale. Inoltre, a seguito di un accordo fra sindacati e Confindustria, fu introdotto il meccanismo della "***scala mobile***". Nello stesso anno fu introdotto il provvedimento per l'abbassamento della maggiore età a 18 anni e fu approvata la riforma del **diritto di famiglia** che sanciva la parità giuridica tra i coniugi.
Il 26 marzo del 1976 Giuseppe Saragat subentrò a Tanassi alla segreteria del PSDI, mentre **Francesco De Martino**, segretario del Partito Socialista Italiano fino al Congresso di quell'anno, fu sostituito nell'incarico da **Bettino Craxi**.
Nel dicembre entrò in vigore una legge sulle tossicodipendenze che introdusse la distinzione tra spacciatore e consumatore.
Durante il "**movimento del '77**" i protagonisti degli scontri di piazza più duri furono i gruppi di **Autonomia Operaia**, che utilizzarono armi da fuoco.
Nel 1978 cadde il Governo e sempre in quell'anno le Brigate Rosse (il cui capo storico fu **Renato Curcio**) rapirono e uccisero a Roma Aldo Moro (***strage di Via Fani*** - marzo 1978; il cadavere venne ritrovato in Via Caetani il giorno 9 maggio dello stesso anno dopo 55 giorni di sequestro). Durante il sequestro Moro, il leader del PSI **Bettino Craxi** propose di trattare con i brigatisti per la liberazione dell'onorevole, mentre il Papa **Paolo VI** rivolse loro un appello. Seguirono una serie di attentati contro uomini politici, magistrati ed industriali; il Partito Comunista entrò nella maggioranza e appoggiò governi di solidarietà nazionale.

Occorre Sapere

La prima azione delle **Brigate Rosse** contro un esponente dello Stato fu il rapimento di **Mario Sossi**; il 24 gennaio 1979 uccisero a Genova il sindacalista **Guido Rossa**; successivamente, il 12 febbraio 1980, fu assassinato nell'atrio della Facoltà di Scienze Politiche dell'Università la Sapienza di Roma **Vittorio Bachelet**, Vice Presidente del Consiglio Superiore della Magistratura. La loro lotta politica culminò con il rapimento di Aldo Moro.
Nel 1978 si aprì a Torino un processo ai "**capi storici**" delle Brigate Rosse, destinato a rimanere negli annali della storia italiana.

Il movimento "**Nuclei Armati di Contropotere territoriale**" rivendicò il pluriomicidio a sfondo politico del 1978, noto come "**Strage di Acca Larentia**".
Nel 1978 il Capo dello Stato, **Leone**, fu coinvolto in uno scandalo (*scandalo Lockheed*) per delle tangenti e fu costretto alle dimissioni; gli successe **Sandro Pertini** (morto poi nel 1990) che si era distinto durante la Resistenza antifascista, ricevendo il voto di tutti i partiti dell'arco costituzionale. Le conseguenze politiche del caso Lockheed furono il processo di due ex Ministri dinanzi alla Corte Costituzionale.
Sempre nel 1978 fu approvata la **legge sull'aborto** (L. n. 194/1978), la **legge sull'equo canone** e la **riforma sanitaria**.
Nello stesso anno, dopo la morte di Paolo VI, salì al soglio pontificio **Giovanni Paolo II** (Karol Wojtyla, già Arcivescovo e Cardinale di Cracovia), primo pontefice non italiano dopo 455 anni, che si spense nel mese di aprile 2005, dopo drammatiche ore di agonia; fu uno dei Papi più amati della storia della Chiesa e il suo pontificato durò oltre ventisei anni.
Grazie alle riforme dell'istruzione varate dal centro-sinistra negli anni '70, fu elevato l'obbligo di frequenza formativa ai 14 anni.
Nel 1979 cadde il governo Andreotti; le nuove elezioni videro in auge il segretario del PSI Bettino Craxi, che rinunciò all'incarico e il governo fu formato da **Francesco Cossiga**, che costituì un Governo Tripartito. I comunisti tornarono all'opposizione e cominciarono ad affermarsi i cosiddetti "**governi pentapartito**" formati da DC più gli schieramenti laici PSI, PSDI, PLI, PRI. **Nilde Jotti** fu la prima donna italiana a ricoprire la carica di Presidente della Camera nel 1979 e dal maggio fu eletto segretario della CISL **Pierre Carniti**. Ugo La Malfa, esponente repubblicano, morì poco dopo aver assunto l'incarico di Vice Presidente del Consiglio.
Nel 1981 si scoprirono le trame eversive della ***Propaganda due - P2***, cioè "**la loggia massonica di Licio Gelli**", formata da imprenditori, mafiosi e servizi segreti e che portò il Paese sull'orlo del tracollo (fu sciolta per l'abnorme segretezza e per aver sollevato inquietanti interrogativi sul funzionamento delle istituzioni della Repubblica).
Dopo qualche mese di governo **Forlani**, per la prima volta la formazione del nuovo governo fu affidata ad un esponente non democristiano, ma al senatore repubblicano **Giovanni Spadolini**.

Occorre Sapere

Alle 7 di mattina del 14 giugno 1981, un affranto Massimo Valentini, conduttore del TG1, annunciò in lacrime a tutta l'Italia che la storia del piccolo **Alfredino Rampi**, 6 anni, era finita in tragedia. 60 ore prima, il piccolo era caduto in un pozzo artesiano largo 30 cm e profondo 80 metri.
Nel 1982 fu assassinato il Prefetto **Carlo Alberto dalla Chiesa**, al quale era stato affidato il compito di reprimere il terrorismo; ciò comportò sfiducia ulteriore nelle istituzioni.
Nello stesso anno fu introdotto nel codice penale italiano il *reato di associazione di stampo mafioso*.
Nel luglio 1983 fu ucciso con un'autobomba **Rocco Chinnici**, il capo dell'ufficio istruzione del Tribunale di Palermo.
Il 23 dicembre 1984 a San Benedetto Val di Sambro avvenne la **strage del Rapido 904** o strage di Natale.
Il 9 agosto del 1991, in un agguato perpetrato in collaborazione con la 'ndrangheta, venne ucciso il magistrato **Antonino Scopelliti**.
Nel 1992 il Governo istituì la **Direzione Nazionale Antimafia**.
Nel 1993 avvenne la **strage di via dei Georgofili** a Firenze.

Il 13 maggio 1981 avvenne l'attentato al Papa ad opera di **Alì Agca**, che faceva parte del gruppo estremista dei ***Lupi grigi***.

Nello stesso anno un contingente militare italiano fu inviato in Libano nell'ambito di una forza multinazionale di pace che aiutasse a frenare la dilagante guerra civile e il PCI compì un ulteriore strappo da Mosca condannando il colpo di Stato in Polonia alla fine del 1981.

Nel 1983, le nuove elezioni, indette per far fronte a problemi quali crisi economica, inflazione, disoccupazione, lotta al terrorismo e mafia, portarono a capo del governo il socialista **Bettino Craxi** (scriveva sotto lo pseudonimo *Ghino di Tacco*). Il primo **governo Craxi** fu varato nel 1983, il secondo cadde nel 1987 (fu membro del **C.A.F.**, alleanza formata da Craxi - Andreotti - Forlani per blindare la maggioranza pentapartito e la collaborazione tra socialisti e democristiani; questa alleanza fu definita "**la vera regina d'Italia**").

Nel novembre del 1983 all'Italia furono assegnati dalla NATO i primi euromissili cruise installati in Sicilia nella base di Comiso.

Francesco Pazienza, membro dei servizi segreti nonché stretto collaboratore di Roberto Calvi, venne colpito da un mandato di cattura per il **crack del Banco Ambrosiano**.

Il 1984 si aprì all'insegna delle elezioni europee per il rinnovo del Parlamento europeo. I risultati furono a favore del PCI che superò la DC.

Nel Parlamento italiano vennero presentate una serie di misure fiscali note come "**pacchetto Visentini**", volte a combattere l'evasione da parte di alcune categorie sociali. Questo "pacchetto", diventato decreto, urtò contro l'intransigente ostilità dei commercianti e dei lavoratori autonomi.

Nel 1984 si ebbe la **revisione del Concordato**, con la quale la religione cattolica cessò di essere la religione ufficiale dello Stato e fu anche modificata la disciplina dell'insegnamento religioso nelle scuole statali (**Giovanni Paolo II/Craxi**).

Il PCI subì una battuta d'arresto a causa degli errori, dei ritardi e delle manchevolezze nell'azione del partito; intanto morì a Padova il leader Berlinguer. Si osservò un rafforzamento dei partiti di centro-destra e la sconfitta dell'opposizione di sinistra. Il nuovo leader della DC fu **Ciriaco De Mita**, mentre **Francesco Cossiga** venne eletto Presidente della Repubblica il 24 giugno.

Nel 1984 venne definitivamente sconfitta la **Nuova Camorra Organizzata** di **Raffaele Cutolo** e nello stesso periodo, in Sicilia, le rivelazioni dei pentiti **Buscetta** e **Contorno** permisero una vasta operazione antimafia. Nel 1986 iniziò il famoso "**maxiprocesso**" di Palermo contro circa 450 mafiosi.

Nel 1985 l'episodio del dirottamento dell'Achille Lauro venne direttamente collegato alla crisi di Sigonella. Nel dicembre dello stesso anno un gruppo palestinese estremista di **Abu Nidal** attaccò i banchi delle compagnie aeree **El Al e Twa** all'aeroporto di Fiumicino. Il gruppo perpetrò un duplice attentato quasi contemporaneamente all'aeroporto di Vienna.

Nel maggio del 1986 si tenne a Genova il XIX Congresso del PLI e **Renato Altissimo** ne fu eletto Segretario. Nello stesso anno l'Italia e la Libia di Gheddafi furono sull'orlo di una crisi diplomatico-militare a causa del lancio di due missili SS-1 Scud, che avrebbero dovuto colpire un'installazione militare del sistema di radionavigazione LORAN della NATO situata sull'isola di Lampedusa.

Alle elezioni del 14 giugno 1987 vi fu la vittoria del Partito Socialista. Nello stesso anno alla guida del **Movimento Sociale Italiano** di **Giorgio Almirante** (esordì con un incarico politico nella Repubblica Sociale Italiana e dopo la fine della seconda guerra mondiale nel 1946 promosse la fondazione del **Movimento**) successe **Giancarlo Fini**.

Nacque nel 1987 un governo democristiano presieduto da **Giovanni Goria** (X legislatura), che decise di inviare alcune navi nel Golfo Persico, dove la guerra Iran-Iraq poneva in se-

rio pericolo la navigazione delle navi mercantili di tutti i Paesi. Il suo governo dovette affrontare la crisi finanziaria internazionale del crollo di tutte le principali borse mondiali.
Dall'aprile 1988 al luglio 1989 capo del Governo fu **Ciriaco De Mita**; seguì l'ennesima crisi politica e rassegnò le dimissioni. Il Presidente della Repubblica, Cossiga, affidò un "mandato esplorativo" a Giovanni Spadolini, ma il tentativo non ebbe esito positivo.
A questo punto Cossiga diede l'incarico a **Giulio Andreotti** (già Presidente del Consiglio all'epoca della caduta del Muro di Berlino), che finalmente riuscì a costituire il governo, con vicepresidente del Consiglio **Claudio Martelli**, agli Esteri **Gianni De Michelis** e alla Sanità **Francesco De Lorenzo**. Alla segreteria della Democrazia Cristiana **Arnaldo Forlani** fu eletto al posto di Ciriaco De Mita (in carica dal 1982) e mantenne la carica fino all'ottobre del 1992, quando fu sostituito da **Mino Martinazzoli**.
Nel frattempo, segretario del PCI divenne **Achille Occhetto**, che costituì il cosiddetto "***governo ombra***" per contrastare l'azione del governo legale, proponendo delle alternative.
Nel 1989 si assistette ad una nuova *escalation* della mafia, con a capo il famigerato *clan dei Corleonesi*. Il primo attentato fallito al giudice Giovanni Falcone e il caso del "***corvo di Palermo***" insinuarono un clima di diffidenza all'interno della magistratura siciliana e di sfiducia verso le istituzioni a causa di una collusione tra la criminalità organizzata e quella politica.
Nel 1990 il Parlamento approvò la nuova legge sull'emittenza televisiva, nota come **legge Mammì**, la legge 142 concernente la **riforma dell'ordinamento degli enti locali** e la riforma della scuola elementare in base alla quale ogni classe doveva avere tre insegnanti e fu introdotto lo studio di una lingua straniera.
Nelle elezioni amministrative di quel periodo il partito della **Lega lombarda** (movimento politico fondato da **Umberto Bossi** il 4 dicembre 1989) riportò il primo significativo successo. Nel gennaio il movimento studentesco la "**pantera**" protestò contro il progetto di riforma del Ministro **Antonio Ruberti**.
Emettendo una massa crescente di titoli di Stato ad alti tassi di interesse, lo Stato italiano, negli anni **1980–'90**, riuscì a far fronte alle sempre più pressanti esigenze di cassa.
Nel 1991 sotto la guida del segretario **Achille Occhetto** avvenne la trasformazione del PCI (**svolta della Bolognina**) nel nuovo **Partito Democratico della Sinistra** e contemporaneamente nacque il **Partito della Rifondazione Comunista**, dalla sinistra radicale, ad opera di: **Armando Cossutta**, Ersilia Salvato, Lucio Libertini e Sergio Garavini. **Fausto Bertinotti** fu segretario dal 1994 al 2006.
Nel 1992 venne stipulato il **Trattato di Maastricht**, molto importante per le future sorti dell'Europa, con il quale si stabiliva un programma da attuarsi in fasi successive basato su una politica monetaria comune all'Europa, una moneta unica e una Banca centrale. Fu sottoscritto dal Presidente del Consiglio Giulio Andreotti, dal Ministro degli Esteri Gianni De Michelis e dal Ministro del Tesoro Guido Carli. Intanto il Comitato monetario della CEE sospese la lira dal Sistema Monetario Europeo.
Nello stesso anno partì dalla Procura di Milano, per estendersi poi in tutta Italia, l'inchiesta su "**Tangentopoli**" (la "città delle tangenti"). L'inchiesta si avviò a seguito dell'episodio in cui il presidente del Pio Albergo Trivulzio Mario Chiesa venne arrestato in flagrante mentre incassava una tangente. Questa operazione, chiamata "***Mani pulite***" e condotta dal giudice **Antonio Di Pietro** insieme ad altri magistrati, mise in luce il sistema di finanziamento illegale dei partiti (furono coinvolti gli ex sindaci di Milano Tognoli e Pillitteri). Lo scandalo travolse quasi tutte le parti politiche e specialmente i maggiori partiti di governo,

il Partito Socialista e la Democrazia Cristiana, che si scissero in strutture minori. Craxi in quel periodo storico ribadì la volontà di perpetuare l'alleanza PSI-DC. Il **1992** fu definito da taluni come "***annus terribilis***" per gli avvisi di garanzia sui principali protagonisti della vita politica italiana, per le due terribili stragi di mafia che uccisero a pochi mesi di distanza i giudici **Giovanni Falcone** (strage di Capaci) e **Paolo Borsellino** (Procuratore aggiunto a Palermo) e per le dimissioni anticipate del "picconatore" Francesco Cossiga, a cui successe **Oscar Luigi Scalfaro**, già Presidente della Camera dei Deputati (i due, oltre che dalla militanza democristiana, erano accomunati dall'essere stati entrambi Ministri dell'Interno). **Carlo Azeglio Ciampi**, nel 1993, assunse la Presidenza del Consiglio succedendo a **Giuliano Amato**.
Il 20 luglio, implicato nelle vicende di "tangentopoli", si uccise in carcere **R. Gardini**, un ex presidente dell'ENI.
Nello stesso anno Craxi, dopo aver lasciato l'Italia, si rifugiò in Tunisia, mentre il 15 gennaio fu arrestato a Palermo, dopo una latitanza durata 24 anni, **Salvatore Riina**, un esponente di spicco di Cosa Nostra. Intanto, nell'aprile, gli Italiani furono chiamati a esprimere la loro opinione su *otto quesiti referendari*, tra i quali vi era quello relativo alla modifica della legge elettorale per il Senato in senso maggioritario. Il 27 maggio a Firenze avvenne la **strage di via dei Georgofili** ad opera di Cosa Nostra tramite l'esplosione di un'autobomba nei pressi della storica Galleria degli Uffizi.
In quell'anno il Parlamento approvò una nuova legge elettorale in base alla quale il 75% dei seggi veniva assegnato con il sistema maggioritario e il 25% con quello proporzionale.
Il 1994 viene ricordato come la fine della cosiddetta Prima Repubblica (1948 – 1994) nella quale si sono succeduti ben **46 Governi**. Fino a quell'anno la Democrazia Cristiana partecipò al governo ininterrottamente.
Le elezioni anticipate del 1994 segnarono l'affermazione di due nuovi partiti: **Forza Italia**, partito fondato nello stesso anno dall'imprenditore **Silvio Berlusconi**, e **Alleanza Nazionale**, partito nato dal Movimento Sociale Italiano. Lo schieramento di centro-destra risultato vincitore (Forza Italia, Lega Nord, Alleanza Nazionale e CCD) portò al **governo Berlusconi** (dal maggio al dicembre 1994), che dopo poco, perso il sostegno della Lega Nord, si dimise.
Il PDS non fu parte della maggioranza guidata da Silvio Berlusconi.
Nel 1995 **Dini** ebbe l'incarico di formare un governo tecnico, per attuare una politica di risanamento economico. Nelle elezioni anticipate del 1996 si affermò lo schieramento di centro-sinistra (**Ulivo**), che portò al governo **Romano Prodi**. Tale governo cadde nell'ottobre 1998, sostituito dal primo governo **D'Alema**.
Dal momento dell'introduzione in Italia della legge sulla privacy nel 1997, diverse categorie di persone si dovettero necessariamente confrontare con imposizioni e restrizioni totalmente nuove. Il rispetto di tale legge è assicurato, in via principale, dal ***Garante per la tutela della privacy***, previsto dalla legge stessa.
Nel 1999 diventò Presidente della Repubblica **Carlo Azeglio Ciampi** (morto nel 2016), già Presidente della Camera dei Deputati.
Dopo la crisi del primo e del secondo Governo D'Alema, l'Onorevole **Giuliano Amato** traghettò la politica italiana fino alle elezioni del maggio 2001, che vide come protagonista il **Polo delle Liberta** guidato da **Silvio Berlusconi**.
Il 16 novembre dello stesso anno **Piero Fassino** fu nominato Segretario dei Democratici di Sinistra.

Occorre Sapere

Nel 1968 un violento terremoto sconvolse la valle del **Belice** (Sicilia); nel 1976 colpì gravemente e in prevalenza il **Friuli**; nel 1980 toccò all'**Irpinia**; nel 1997 sconvolse l'**Umbria**; il 31 ottobre 2002 un terremoto dell'ottavo grado della Scala Mercalli colpì il **Molise**. I danni maggiori a **San Giuliano di Puglia**, dove sotto le macerie rimasero uccisi 27 alunni ed una insegnante di una scuola elementare; nel 2009 venne distrutta la città de **L'Aquila**; nel gennaio 2016 l'epicentro di uno sciame sismico di modesta entità è stato localizzato in **Molise**; nello stesso anno il terremoto ha colpito il Centro Italia (Marche, Abruzzo e Umbria) radendo al suolo i paesi di Amatrice, Accumuli e Arquata.

Il 19 marzo del 2002 un commando delle **nuove BR** uccise a Bologna il professor **Marco Biagi**, consulente di diversi ministri del Lavoro negli ultimi anni. Per l'omicidio Biagi è stata condannata in via definitiva **Nadia Desdemona Lioce**.

Nel 2003 il Parlamento approvò una legge che tutelava l'immunità giudiziaria delle alte cariche dello Stato suscitando polemiche sul fatto che tale provvedimento potesse privilegiare il governo in carica. Alla fine di quell'anno la ***Parmalat*** (con a capo **Callisto Tanzi**) fu accusata di illeciti finanziari, provocando un enorme scandalo e creando forte preoccupazione per i risparmiatori e per i lavoratori dell'azienda.

Nel novembre dello stesso anno, un attentato coinvolse la base italiana di **Nassiriya**, in Iraq. Un grosso camion, seguito da un'auto blindata, si avvicinò all'ingresso della base e aprì il fuoco contro i militari della postazione di guardia.

Il 29 ottobre 2004 a Roma avvenne la firma della prima **Costituzione Europea**, progetto definitivamente abbandonato nel 2007.

Nell'aprile 2005 venne eletto papa **Benedetto XVI** (cardinale Joseph Ratzinger, di nazionalità Tedesca), poi dimessosi nel 2013.

Nel 2006 il governo tornò nuovamente alla coalizione dei partiti di centro-sinistra, guidata da Romano **Prodi** (XV Legislatura). Nello steso anno **Giorgio Napolitano** diventò Presidente della Repubblica (primo esponente del PCI a ricoprire questa carica ed eletto al 4° scrutinio, è stato ininterrottamente presente nelle assemblee legislative italiane dal 1945 al 2013).

Nel 2007 nacque il **Partito Democratico** (**PD**) dove confluirono Democratici di Sinistra e La Margherita.

Nel 2008, caduto il governo Prodi, tornò al governo nuovamente Berlusconi e il centrodestra.

Nel novembre 2011, dopo le dimissioni di Berlusconi si è formato un governo tecnico presieduto da **Mario Monti**, durato poco più di un anno; infatti, nell'aprile 2013 si è insediato al Governo **Enrico Letta**, sostituito nel febbraio 2014 da **Matteo Renzi** (all'età di 39 anni e un mese diviene il più giovane PdC) e nel 2016 **Paolo Gentiloni**.

Dal 1° giugno 2018, **Giuseppe Conte** è Presidente del Consiglio dei Ministri; il 5 settembre 2019, ha iniziato il secondo mandato (Governo Conte II).

5.6 La nascita delle nuove democrazie europee

In alcuni Stati europei, durante gli anni Settanta, si assistette al ritorno della democrazia.

In **Grecia**, nel 1967, un colpo di Stato militare contro la Monarchia costituzionale avviato diede vita alla "***Dittatura dei colonnelli***", un regime di destra autoritario e repressivo che venne abbattuto nel 1974, quando la monarchia fu abolita e si instaurò la Repubblica democratica governata alternativamente da liberali e socialisti. Nel 1981 la Grecia è entrata nella CEE, ma pur ricevendo aiuti, è rimasto un Paese a lungo travagliato da problemi economici, disoccupazione, debito pubblico ed inflazione.

In **Portogallo** il regime dittatoriale di **Salazar** (morto nel 1970) che era in piedi dal 1932 cadde nel 1974 in seguito a problemi economici e politici provocati dal processo di decolonizzazione; una sommossa di ufficiali capeggiati dalle sinistre determinò la caduta del regime di **M. Caetano**, successore di Salazar e la conseguente fine della dittatura. Non fu una rivoluzione cruenta e per questo fu chiamata "***Rivoluzione dei garofani***" (1974).
Dopo alcuni anni di instabilità, si impose alla guida del Paese il partito socialista di **M. Soares**, Presidente della Repubblica dal 1986 al 1996; con lui la vita democratica del Portogallo si è stabilizzata. Nel 1986 il Paese è entrato nella CEE.
La **Spagna** fu per un lungo periodo sottoposta al regime dittatoriale di **F. Franco** (dal 1939 al 1975) durante il quale conobbe un sensibile sviluppo economico, accompagnato però dalla mancanza di pluralismo politico e culturale che provocò il desiderio di opporsi. Alla morte di Franco ci si pose il problema di come passare dalla dittatura franchista alla democrazia. Il Re **Juan Carlos I di Borbone** (la Monarchia era stata ripristinata da Franco nel 1969), che aveva assunto le funzioni di capo provvisorio dello stato nel 1975, seppe guidare il Paese in un momento delicato senza conflitti e permettendo ai partiti di riorganizzarsi insieme ai sindacati. Regina fino al 19 giugno 2014 fu **Sofia di Oldenburg-Glücksburg**.
Nelle elezioni del 1978 fu approvata una Costituzione democratica che concedeva ampia autonomia a Catalogna, Paesi Baschi e Galizia; nel 1982 il Partito Socialista Operaio di **F. Gonzales** assunse la guida del Paese e nel 1986 la Spagna entrò nella CEE.
Dal 19 Giugno 2014 è diventato re **Felipe Juan Pablo Alfonso VI** (figlio di Juan Carlos I) e regina la moglie **Letizia Ortiz Rocasolano**.

OCCORRE SAPERE

GOVERNATORI DELLA BANCA D'ITALIA DAL 1928

Antonio Fazio è stato l'ultimo governatore a vita. Dopo le sue dimissioni nel 2005 a seguito di "***Bancopoli***" il mandato è stato ridotto a 6 anni, rinnovabile una volta.

1928 - 1930 Bonaldo Stringher
1931 - 1944 Vincenzo Azzolini
1945 - 1948 Luigi Einaudi
1948 - 1960 Donato Menichella
1960 - 1975 Guido Carli
1975 - 1979 Paolo Baffi
1979 - 1993 Carlo Azeglio Ciampi
1993 - 2005 Antonio Fazio
2005 - 2011 Mario Draghi
2011 - ... Ignazio Visco

Capitolo 6
Notizie flash dall'Italia e dal Mondo

6.1 Gli ultimi avvenimenti in Italia e nel Mondo

Habib Bourghiba fu un politico tunisino di origine berbera. Fu il leader della lotta per l'indipendenza e poi il fondatore della Tunisia moderna, e primo Presidente della Tunisia per 30 anni, dal 25 luglio 1957 al 7 novembre 1987, quando venne destituito.

Il **subcomandante Marcos** (vero nome, secondo il governo messicano, Rafael Sebastián Guillén Vicente) fu un rivoluzionario messicano, ex portavoce dell'Esercito Zapatista di Liberazione Nazionale attivo nel territorio del ***Chiapas***.

I ***contras*** furono gruppi armati nicaraguensi, finanziati dagli USA.

La guerra civile nigeriana, nota anche come **guerra del Biafra**, scoppiò nel 1967 e si protrasse fino al 1970.

Nel 1968 l'**Albania** uscì dal **Patto di Varsavia**.

Rivoluzione di Saur, anche detta **Rivoluzione d'aprile afghana**, è il nome dato all'episodio della presa del potere politico in Afghanistan da parte del Partito Democratico Popolare dell'Afghanistan (PDPA), avvenuta il 27 aprile 1978, che portò alla costituzione di una Repubblica Democratica.

Nel 1979 in **Nicaragua**, Stato dell'America Latina, salì al potere un governo di ispirazione marxista.

La guerra dei mujaheddin contro **Babrak Karmal** fu in parte sostenuta economicamente dagli Stati Uniti.

Tra il 1979 ed il 1981 fece molto scalpore il sequestro a **Teheran**, in **Iran**, di un gruppo di funzionari USA, tenuti prigionieri da un'associazione di militanti islamici, che trovarono la copertura delle autorità statali di quel Paese.

Hezbollah (o Partito di Dio) è un partito politico sciita fondato nel giugno 1982 in Libano.

Nel 1986 l'esplosione in volo dello shuttle **Challenger** generò polemiche che interruppero per alcuni anni le sperimentazioni spaziali americane.

Nel 1987, **Klaus Barbie**, ufficiale nazista, fu condannato alla pena dell'ergastolo da un tribunale francese per i crimini commessi a Lione.

Nello stesso anno, in seguito all'atterraggio sulla Piazza Rossa di un piccolo aereo tedesco che beffò pacificamente il sistema difensivo sovietico, il Ministro della Difesa dell'Unione Sovietica, **Solokov**, venne destituito.

Václav Havel fu l'ultimo Presidente della Repubblica di Cecoslovacchia, dal 1989 al 1992.

Nel 1991 il dittatore etiope **Mènghistu Hailè Marián** abbandonò la capitale Addis Abeba, costretto dall'avanzata verso la capitale delle forze vittoriose del fronte rivoluzionario democratico.

La donna politica del **Myamar** attiva nella difesa dei diritti umani fu **Aung San Suu Kyi**, **Premio Nobel per la Pace** nel 1991.

Nel 1991 la **Somalia** si liberò dalla ventennale dittatura di **Siad Barre** ma precipitò nel caos e nella miseria più nera. Nel 1993 l'ONU decise ufficialmente l'intervento militare. Il 9 dicembre 1992, 18.000 marines sbarcarono sulla spiaggia di Mogadiscio, in Somalia nell'operazione militare **Restore Hope**, guidata dal generale Robert B. Johnston.
Il "**Checkpoint Pasta**", posto di blocco presidiato dall'Esercito italiano nel 1993 nell'ambito di una missione militare all'estero, si trovava a Mogadiscio, in Somalia.
Nel gennaio del 1993, in seguito a un referendum del giugno 1992, la **Cecoslovacchia** si divise in due stati indipendenti. Il 24 maggio fu proclamata l'indipendenza dell'**Eritrea**, allora cinquantunesima nazione dell'Africa. Nel settembre, a Washington, si assistette alla storica stretta di mano, davanti al presidente B. Clinton, tra **Y. Rabin** (**Israele**) e **Y. Arafat** (**OLP**), che firmarono un'intesa per la pace in Medio Oriente.
Dal 1994, è Presidente della Bielorussia **Aleksandr Lukaššenko** (**Premio Nobel per la Pace** nel 2013).
Nel 1994 la guerra civile in **Ruanda** sfociò in un vero e proprio genocidio nel quale vennero sterminati dagli **Hutu** diverse centinaia di migliaia di **Tutsi**.
Il 19 novembre 1996 **Fidel Castro**, leader comunista cubano, si recò in Vaticano, per una visita storica.
José María Alfredo Aznar López, politico spagnolo appartenente al Partito Popolare, fu il quarto Presidente del Governo della Spagna dopo la costituzione democratica del 1978, nella legislatura compresa fra il 5 maggio 1996 e il 17 aprile 2004.
Laurent-Désiré Kabila fu Presidente della Repubblica Democratica del Congo dal 1997 fino al suo assassinio.
Nel 1997 fu firmata la **Convenzione di Ottawa**, che sancì la messa al bando delle mine antiuomo da parte di 134 Paesi.
L'8 gennaio 1997 il **Principato di Monaco** celebrò il 700° anniversario di regno. La famiglia detentrice del potere ancora oggi è quella dei **Grimaldi**.
Nell'aprile 1997 l'ONU affidò all'**Italia** il comando militare della **missione di pace in Albania**.
Il 30 giugno 1997 **Hong Kong** tornò in territorio cinese dopo più di 150 anni di dominio britannico.
Durante il 1998 **India** e **Pakistan** realizzarono alcuni test nucleari generando tensione reciproca e attirando l'attenzione dell'opinione pubblica mondiale.
Il 17 luglio 1998 a **Roma** fu firmato lo Statuto istitutivo della **Corte Penale internazionale**, diventato esecutivo il 1° luglio 2002.
Nel 1999 in **Australia** si svolse un referendum che confermò la **regina Elisabetta II** Capo dello Stato.
Nel 1999 il Re giordano **Hussein** morì dopo circa 47 anni di regno. **Abd Allāh** e sua moglie Rania al-Yāsīn sono gli attuali regnanti di **Giordania**.
Nel marzo del 1999 diventarono Paesi membri della NATO Polonia, Repubblica Ceca, Ungheria.
Dal 2001 al 2005 **Simeone II di Bulgaria**, ex monarca, fu anche Presidente della Repubblica del proprio Paese.
Nel 2002 **Israele** iniziò ad edificare un **muro**, la cui lunghezza supererà i 200 chilometri, tra i suoi confini e quelli della Palestina.
Dal 2003 al 2010 **Lula da Silva** fu **Presidente della Repubblica brasiliana**.
L'8 settembre 2003 si celebrò il sessantesimo anniversario della firma dell'armistizio tra l'Italia e gli Alleati anglo-americani.

Rivoluzione delle Rose fu chiamato il movimento politico filooccidentale che portò alle dimissioni nel 2003 del governo **Shevardnadze** in Georgia.
La missione militare italiana in Iraq (2003-2006) fu denominata ***Operazione Antica Babilonia***.
All'indomani delle elezioni presidenziali 2004 il movimento di protesta sorto in **Ucraina** venne chiamato **rivoluzione arancione**.
Il 16 febbraio 2005, dopo la sua ratifica da parte della Russia, entrò in vigore un importante trattato, redatto l'11 dicembre 1997 nella città giapponese di Kyoto (**Protocollo di Kyoto**) sul surriscaldamento globale.
Le forze siriane rimasero in Libano fino all'aprile del 2005, condizionandone pesantemente la vita politica; si ritirarono in seguito alle manifestazioni di piazza.
Nel luglio 2005 la Marina Militare fu chiamata a partecipare, nell'ambito della Forza multinazionale ISAF, all'***Operazione Leonte*** svoltasi in Libia.
Il 3 agosto 2005 avvenne la prima vittoria di **Mahmoud Ahmadinejad** alle elezioni presidenziali in Iran, che rimase in carica fino 2015; gli successe **Hassan Rouhani**.
La **International Security Assistance Force** (**ISAF**), al cui comando fu il Gen. Mauro del Vecchio nel 2005, fu una missione della NATO, autorizzata dall'ONU, di supporto al governo dell'Afghanistan nella guerra contro i Talebani.
La **seconda guerra civile sudanese**, incominciata nel 1983, si concluse ufficialmente nel 2005 con l'**accordo di Naivasha** (la prima guerra civile aveva avuto luogo tra dal 1955 al 1976).
Nel dicembre 2005 **Evo Morales** fu eletto Presidente della **Bolivia**. Egli fu il primo Presidente autenticamente indio d'America Latina.
Julija Tymošenko ricoprì dal 2007 al 2010 la carica di Primo ministro dell'Ucraina.
Con la risoluzione numero 1701, votata all'unanimità dalle Nazioni Unite nell'agosto del 2006, si chiedeva la fine delle ostilità tra Israele ed Hezbollah libanesi ed il concomitante schieramento delle forze dell'**UNIFIL** guidate dalla Francia, cui subentrò l'Italia nel febbraio 2007.
Benazir Bhutto fu la donna politica pakistana che trovò la morte il 27 dicembre 2007, al termine di un suo comizio. Ricoprì per due volte la carica di Primo Ministro.
Il **conflitto del Darfur**, dichiarato terminato il 27 agosto 2009, fu un vero e proprio genocidio messo in atto contro la popolazione non Baggara del Paese.
Pratibha Devisingh Patil fu la prima donna a ricoprire la carica di Presidente dell'India dal 2007 al 2012.
In **Tibet** divampò una forte protesta contro la politica del governo centrale cinese nel marzo 2008.
Operazione Piombo Fuso è una campagna militare lanciata dalle Forze armate israeliane con l'intento di colpire duramente l'amministrazione di **Hamas**. L'operazione militare si protrasse dal 27 dicembre 2008 al 18 gennaio 2009.
Nel novembre del 2009 si svolsero a **Berlino** le celebrazioni per i venti anni dalla **caduta del Muro**.
Nel 2008, dopo 49 anni, **Fidel Castro** rinuncia all'incarico di Presidente e di Capo delle Forze Armate di Cuba, lasciando il potere in mano al fratello **Raul**.
Nel 2009, dopo 25 anni di guerra civile, si arrese in **Sri Lanka** il gruppo militante nazionalista delle **Tigri Tamil**.
Nel 2009 le votazioni politiche in Afghanistan per l'elezione del presidente videro la vittoria di **Hamid Karzai**, liberamente eletto dopo la cacciata dei Taliban.
Julian Assange è il fondatore di ***Wikileaks***, l'organizzazione che ha pubblicato negli ultimi anni molti documenti coperti da segreto di Stato.

Il 6 dicembre 2009 scoppiarono seri tafferugli ad **Atene** durante la manifestazione organizzata per commemorare **Alexandros Grigoropoulos**, quindicenne ucciso dalla polizia l'anno prima.
L'ultimo trattato fra Stati Uniti e Russia sulla riduzione delle armi nucleari, firmato a Praga l'8 aprile 2010, si chiama **New START**.
Nel 2010 **Viktor Orban** fu **eletto** Primo ministro di Ungheria.
Il 18 dicembre 2010 la protesta estrema del tunisino Mohamed Bouazizi, che si diede fuoco, fu l'episodio che ha innescato la cosiddetta "**primavera araba**".
Il 14 gennaio 2011, in seguito alle persistenti e violente proteste che erano sorte in **Tunisia**, nel giro di pochi giorni il Presidente **Zine El-Abidine Ben Ali**, dopo ventiquattro anni al potere, lasciò il Paese. Una volta deposto, non è stato né giustiziato né incarcerato; suo successore è **Fouad Mebazaâ**.
Nel gennaio 2011 a **Luiz Inácio Lula da Silva** è subentrata nella Presidenza della Repubblica in Brasile **Dilma Rousseff** (2011-2016), poi **Michel Miguel Elias Temer Lulia** dal 2016.
Nel 2011 si è svolta la prima guerra civile libica, che ha portato alla caduta di **Mu'ammar Gheddafi**.
Nel 2011 **Ollanta Humala** è diventato il 44° Presidente del **Perù**.
Il 2 maggio 2011 in Pakistan è stato ucciso **Osama Bin Laden**, ideatore degli attentati dell'11 settembre 2001.
Nel 2011 si sono ritirate le truppe americane dall'Iraq.
Nel febbraio 2012 è diventato Presidente della Finlandia **Sauli Väinämö Niinistö**.
Nel 2012 è stato eletto Presidente dell'India **Pranab Kumar Murkhejee**.
Sono stati nominati a capo di un Governo nello stesso anno **Cristina Elizabeth Fernández de Kirchner** (prima donna ad essere eletta Presidente dell'Argentina) e **Michelle Bachelet** (Cile).
Alla fine del 2012 è avvenuta l'ammissione alle Nazioni Unite della **Palestina** come Stato osservatore non membro.
Il Presidente venezuelano (eletto nel 1998, 2000, 2006 e 2012) **Hugo Chávez** è morto il 5 marzo 2013.
Nelle elezioni politiche tedesche (settembre 2013), il partito della cancelliera **Angela Merkel** (**Cdu - Csu**) si è imposto con oltre il 40% delle preferenze.
Dal 20 marzo 2013 il Presidente del **Bangladesh** è **Abdul Hamid**.
Il 30 aprile 2013 è avvenuta l'abdicazione della regina **Beatrice** dei Paesi Bassi in favore del figlio primogenito **Guglielmo Alessandro**.
Dal 2013 il Presidente della Repubblica Ceca è **Milos Zeman**; suo predecessore è stato **Vacav Klaus**.
Dal 2013 il **PKK** (Partito dei Lavoratori del Kurdistan) è impegnato nella lotta armata contro il governo turco e contro lo Stato Islamico (ISIS).
In Turchia, le proteste di Piazza Taksim del 2013 erano rivolte contro il governo di **Recep Tayyip Erdoğan**; l'origine delle proteste fu la costruzione di un centro commerciale al posto del Parco Gezi a Istanbul.
Con il termine **Euromaidan** si indicano le manifestazioni pro-europeiste svoltesi a Kiev nel 2013-2014.
Nel 2014 **Joko Widodo (Jokowi)** è stato eletto Presidente dell'**Indonesia**; **Abdelaziz Bouteflika** ha vinto il suo quarto mandato presidenziale in **Algeria**; **János Áder** è stato eletto Presidente dell'**Ungheria**; **Abd al-Fattah al-Sisi** ha assunto la Presidenza dell'**Egitto**, dopo aver deposto **Muhammad Mursi** con un colpo di Stato militare; **Fu'ad Ma'sum** è diventato Presidente dell'**Iraq**.

Heinz Fischer è stato Presidente Federale dell'Austria dal 2014 al 2015 e a lui è successo l'attuale **Alexander Van der Bellen**.
Nel 2014 **Manuel Valls** è stato eletto alla carica di Primo Ministro di Francia; nel febbraio la **Crimea** è stata invasa dalla Russia ed in seguito al referendum di marzo è stata annessa alla stessa; in Ucraina, è stata liberata dopo due anni e mezzo di prigionia l'ex primo ministro, leader della cosiddetta Rivoluzione Arancione, **Julija Volodymyrivna Tymosenko**; la Scozia ha effettuato un referendum per ottenere l'indipendenza dal Regno Unito.
Nell'ottobre del 2014 **Derna**, città della Libia, è entrata sotto il controllo dello Stato Islamico.
Il 20 ottobre 2014 l'**ETA** (Organizzazione armata basco-nazionalista separatista d'ispirazione marxista-leninista) conclude qualsiasi attività armata.
Il nuovo Comandante (dicembre 2014) della **KFOR**, la Forza NATO in **Kosovo**, è di nazionalità tedesca.
Nel 2015 **Alexis Tsipras** (Coalizione della Sinistra Radicale) **è succeduto** alla guida del governo greco ad **Antonis Samaras**; **Yanis Varoukafis** ha ricoperto la carica di Ministro delle finanze nel governo greco eletto nel gennaio; **Prokopis Paulopoulos**, dopo le elezioni del settembre 2015, è diventato Primo Ministro della Repubblica Ellenica.
Nel 2015 i leader di USA e Cuba si sono incontrati per la prima volta dopo 50 anni al vertice di Panama.
L'**Arabia Saudita** il 2 gennaio 2016 giustizia l'Imam sciita **Nimr al-Nimr** scatenando la reazione di Ali Khamenei, guida suprema dell'Iran.
Il 6 gennaio 2016 **Kim Jong-un** ha annunciato l'avvenuta esplosione, sul territorio nazionale della Corea del Nord, di un ordigno nucleare, la bomba all'idrogeno, con finalità di sperimentazione, suscitando forti condanne e perplessità da parte della comunità internazionale.
Nel gennaio 2016, a seguito dei problemi legati all'immigrazione, **Svezia** e **Danimarca**, aderenti alla convenzione di Shengen sul controllo delle persone, hanno deciso di sospenderne l'applicazione.
Nel marzo 2016 gli Stati Uniti hanno posto fine all'**embargo nei confronti di Cuba** che durava da 55 anni, ristabilendo le relazioni diplomatiche.
Nel 2016 ha compiuto 10 anni come Emiro del Kuwait **Sabah IV al-Ahmad al-Jabir Al Sabah**.
Nel luglio 2016 in **Turchia** sotto la Presidenza di **Recep Tayyip Erdoğan** c'è stato un **colpo di Stato** fallito.
A tutto il 2017 **Hamad bin Isa Al Khalifa** (già emiro) è re del Bahrein.
L'ayatollah **Ali al-Sistani** è l'attuale e maggiore guida spirituale dell'Iraq.
Bashar al-Assad è il Presidente della Siria, succeduto al padre Hafiz.
Russia Unita è il partito principale sostenitore di **Vladimir Putin**.
La Cometa 45P, nel febbraio 2017, è passata a soli 7.4 milioni di miglia dalla Terra.
La **sonda Cassini** ha terminato la sua missione nell'aprile 2017**,** la sua ultima manovra è stata "**tuffo negli anelli di Saturno**".
Il 21 agosto 2017 si è potuto osservare un evento raro e spettacolare. Si tratta dell'**eclissi solare totale**.
I resti dell'ultimo grande asteroide che ha colpito la terra circa ottocentomila anni fa sono stati rinvenuti in **Thailandia**.
Nel 2017 la **FIAT 500** ha compiuto 60 anni dalla sua creazione.
Nel 2017 si è celebrato il **centenario** della nota **Battaglia di Caporetto**
L'**I-phone** compie 10 anni dalla sua prima uscita come prodotto **Apple**.
Sono trascorsi 100 anni dall'evento religioso dell'**Apparizione della Vergine** a Fatima.
Si è celebrato il **centenario** della nota manifestazione sportiva del "**Giro d'Italia**".

Nel 2017 il **Golden Gate Bridge** ha compiuto 80 anni.
Nell'ottobre 2017 sono stati ricordati i 100 anni dalla **Rivoluzione Russa**.
Nel mese di gennaio 2018 si potuta osservare per due volte la luna piena; tale rarissimo evento astronomico viene denominato **super luna blu**.
A marzo del 2018 una **sonda spaziale** atterrata sul suolo lunare ed ha effettuato, con un **piccolo Rover**, alcuni campionamenti per studiare la storia del satellite; l'**agenzia spaziale** che sta effettuando questa missione quella indiana.
Il 17 novembre 2019 viene registrato il primo caso di contagio accertato da **Covid-19**: si tratta di un cinquantacinquenne della provincia dello Hubei.
Il 31 gennaio 2020, il **Regno Unito** cessa ufficialmente di essere uno Stato membro dell'**Unione europea**, iniziando così un periodo di transizione che durerà fino al 31 dicembre 2020.
Il 21 febbraio, emergono i primi casi di Covid-19, la nuova malattia causata dal coronavirus, nel lodigiano, in Lombardia. L'8 marzo arriva il decreto che prevede l'isolamento della Lombardia e di altre 14 province, che diventano "zona rossa".
Il 9 marzo, il premier italiano Conte annuncia in televisione di aver esteso a tutto il Paese le misure già prese per la Lombardia e per le altre 14 province: tutta l'Italia diventa "zona protetta". Le norme sono contenute nel **DPCM 9 marzo 2020**. Di fatto la regola : si può uscire solo per comprovate ragioni di necessità come per fare la spesa, per esigenze lavorative, per l'acquisto di farmaci o per altri motivi di salute. L'11 marzo, l'OMS dichiara che l'epidemia di Covid-19 una **pandemia**.

6.2 Flash di cronaca

Nel 1960 avvenne lo scandalo dei ***Balletti Verdi*** legato al mondo omosessuale.
Il 12 aprile 1961 avvenne con successo il lancio della prima capsula spaziale con a bordo il sovietico **Yuri Gagarin**; nel 1963 **Valentina Tereshkova** fu la prima donna ad andare nello spazio.
Il 5 agosto 1962 morì l'attrice **Marilyn Monroe**.
Nel 1969 avvenne il primo allunaggio di un essere umano; a sbarcare sulla Luna per primo fu lo statunitense **Neil Armstrong**.
Nel 1971 in **Svizzera** le donne acquisirono il diritto al voto.
Lanciato da Cape Canaveral il 2 marzo 1972, il 13 giugno 1983 il satellite ***Pioneer 10*** superò l'orbita di Nettuno, diventando il primo oggetto prodotto dall'uomo a uscire dal sistema solare, famoso anche per la placca che recava incisa l'immagine di un uomo e di una donna.
Nel 1976 **Muammar Gheddafi** (assassinato il 20 ottobre 2011) espose i suoi principi politici e filosofici nel ***Libro verde***.
Il 20 marzo 1979 fu ucciso a colpi di pistola a Roma il giornalista **Mino Pecorelli**.
Nel 1979 fu lanciato nello spazio il primo razzo vettore europeo **Ariane**.
Nel 1982 avvenne l'incidente stradale mortale dell'attrice e principessa di Monaco **Grace Kelly** (sposa di Ranieri III).
Il 23 gennaio 1983 **Mario Moretti** militante delle Brigate Rosse venne condannato nel processo Moro con l'ergastolo. Nel 1985 le Brigate Rosse uccisero, presso l'Università la Sapienza di Roma, l'economista **Ezio Tarantelli**.
Nel 1986 avvenne lo scandalo del vino al metanolo per l'adulterazione del vino da tavola.
Paul Marcinkus, prelato cattolico, fu il Presidente dello IOR (la "banca vaticana") coinvolto nel crack del Banco Ambrosiano nel 1987.

Nel 1988, il giornalista, ex leader di Lotta Continua, **Adriano Sofri** è stato condannato in qualità di mandante per l'omicidio, commesso nel 1972, del commissario **Luigi Calabresi**.
Nel 1989 l'ayatollah Khomeini pronunciò una "fatwa" contro lo scrittore **Salman Rushdie** per aver scritto il libro ***I versi satanici***, chiedendone la condanna a morte.
Lo scioglimento dell'organizzazione paramilitare clandestina italiana Gladio è avvenuto dopo il 1989.
Nel 1990 è stato messo in orbita il telescopio spaziale **Hubble**.
Il 29 agosto 1991 fu ucciso dalla mafia a Palermo l'imprenditore **Libero Grassi** per aver denunciato il racket delle estorsioni.
Nel 1994 in Somalia furono uccisi la giornalista **Ilaria Alpi** e l'operatore del TG3 **Mirian Hrovatin**.
Nel 1995 **Greenpeace**, associazione non violenta che utilizza azioni dirette per denunciare problemi ambientali, si schierò in prima linea contro i test nucleari francesi nell'atollo di **Mururoa**, nel Pacifico.
Nel 1995 il cosmonauta russo **Valeri Polyakov** conquistò il record di permanenza più lungo nello spazio con 437 giorni e 18 h.
Nel 1996, ad Edimburgo, la nascita di una pecora clonata, battezzata con il nome **Dolly**, ottenuta per la prima volta al mondo da una cellula di animale adulto rappresentò un fondamentale passo in avanti nel campo dell'ingegneria genetica.
Il 31 agosto 1997 morì **Diana Spencer** o Lady D, consorte del **Principe di Galles Carlo**.
L'11 gennaio 1999 morì, a 59 anni, il cantautore **Fabrizio De André**, vittima venti anni prima, insieme alla compagna **Dori Ghezzi**, di un sequestro di persona in Sardegna.
A Cogne, nel gennaio 2002, avvenne "**il delitto di Cogne**", l'efferato omicidio del piccolo **Samuele Lorenzi** di 3 anni, per il quale fu condannata la mamma Anna Maria Franzoni.
Nel 2002 in Colombia venne rapita la giornalista esponente politica franco-colombiana **Ingrid Betancourt**, liberata poi nel luglio 2008, dopo 6 anni di prigionia; nello stesso anno **Roberto Vittori** fece parte dell'equipaggio della ***Soyuz*** e in Cina ebbe origine l'epidemia della **SARS**.
Nel 2003 è morto il noto imprenditore torinese **Gianni Agnelli**.
Nel 2003 l'attore **Arnold Schwarzenegger** fu eletto Governatore della California.
Il 21 gennaio 2004 si celebrò l'ottantesimo anniversario della **morte di Lenin**; nel novembre dello stesso anno si celebrò il cinquantesimo anniversario dalla restituzione della città di Trieste all'Italia.
La legge sulla laicità approvata in **Francia** nel gennaio 2004 vietava l'esibizione di simboli religiosi negli istituti scolastici.
Dopo il **Live Aid**, maxiconcerto tenuto in contemporanea a Londra e Philadelphia nel 1985, **Bob Geldof** organizzò anche il **Live Eight** nel 2005.
Il contingente NATO **KFOR**, di cui l'Italia ha assunto il comando nel 2005, è schierato in **Kosovo**.
Olindo Romano e **Rosa Bazzi** sono gli imputati della **strage di Erba**, avvenuta l'11 dicembre 2006, dove furono uccise selvaggiamente quattro persone, tra cui un bambino di soli 2 anni.
Il 23 agosto 2006, in Austria, **Natascha Kampusch**, una giovane ragazza rapita nel 1998 all'età di 10 anni, riuscì a fuggire dopo 8 anni di prigionia; il suo rapitore morì suicida.
Dopo l'arresto di Bernardo Provenzano, nel 2006 dopo 43 anni di latitanza, un altro importante boss di Cosa Nostra, **Salvatore Lo Piccolo**, latitante dal 1983, fu catturato il 5 novembre 2007; nello stesso mese si spense a 87 anni il noto giornalista italiano **Enzo Biagi**.
Nel 2007 avvenne il rapimento a **Kabul** del giornalista italiano **Daniele Mastrogiacomo** ad opera dei Talebani.
Il 25 marzo del 1998 a Bratislava si tenne la **protesta delle candele**, manifestazione per la libertà religiosa.
Nel luglio 2008 si spense a 76 anni il noto conduttore televisivo italiano **Gianfranco Funari**; il giorno 22 novembre scomparve il giornalista italiano **Sandro Curzi**.

Il 4 marzo 2009, per la prima volta, la Corte Penale internazionale per crimini contro l'umanità ha emesso un mandato di cattura nei confronti di un Capo di Stato, il Presidente del Sudan **Omar Hasan Ahmad al-Bashir**.

Il 25 giugno 2009 morì, all'età di 50 anni, **Micheal Jackson**.

Il rito di celebrazione della nascita del Buddha, noto come ***Vesak***, si tenne a Palermo nel 2009.

Nel 2009 fu chiusa la fornitura di **gas** all'**Europa** a causa di un contenzioso tra Russia e Ucraina.

Il **Gran Telescopio Canarie** (GTC), il più grande e avanzato telescopio ottico-infrarosso del mondo, fu inaugurato nel 2009 in Spagna.

Il 4 gennaio 2010 fu inaugurato il grattacielo più alto del mondo (829,8 metri), il **Burj Khalifa** di Dubai.

Nel 2010 fu ucciso dalla Camorra **Angelo Vassallo**, che era il Sindaco di Pollica.

Nel 2010 in Cile si verificò un **incidente minerario** nel quale tutti i 33 superstiti furono tratti in salvo dopo oltre due mesi.

Il 17 novembre del 2010 viene catturato il latitante **Antonio Iovine.**

Il 29 novembre 2010 è morto il regista italiano **Mario Monicelli.**

Nel 2011 **Salvatore Cuffaro**, noto personaggio politico, è stato condannato definitivamente a sette anni di reclusione per favoreggiamento personale verso persone appartenenti a Cosa nostra e rivelazione di segreto istruttorio.

Nel 2010-2011 le massime autorità brasiliane hanno negato l'estradizione dell'ex terrorista italiano **Cesare Battisti**.

Dal 1° gennaio 2012 a capo di IBM vi è la prima donna, **Virginia "Ginni" Rometty**.

Christian Wulff è il nome del Capo di Stato tedesco che si è dimesso dall'incarico (febbraio 2012), dopo essere stato accusato di pesanti illeciti amministrativi.

Nel 2012 **Giorgio Squinzi** ha sostituito **Emma Marcegaglia** alla Presidenza di Confindustria (l'unica donna italiana diventata Presidente).

Nell'ottobre 2012 il caporale dell'E.I. **Salvatore Parolisi** è stato condannato in primo grado all'ergastolo per l'omicidio di **Melania Rea** e successivamente condannato a 30 anni di carcere dalla Corte d'Assise d'Appello de L'Aquila (ottobre 2013).

Nel 2012 è sorta fra Italia e India una controversia internazionale in merito all'arresto di due marò italiani imbarcati, come nuclei militari di protezione, a bordo della nave ***Enrica Lexie***.

Nel 2013 è stato dichiarato l'**anno europeo dei cittadini**.

Il 3 febbraio 2014 **Janet Yellen** è diventata Presidente della **Federal Reserve**; nell'agosto si è suicidato l'attore **Robin Williams**; aveva interpretato il ruolo del professor Keating nel film *L'attimo fuggente*.

Rosetta è il nome della missione spaziale lanciata nel 2004 e atterrata nel 2014 sulla cometa 67P/ Churyumov Gerasimenko.

Sono stati **7** gli **astronauti italiani** a volare nello spazio dal 1992 al 2014.

L'accordo raggiunto nella **Conferenza sul clima di Parigi** nel 2015 è stato chiamato ***Riduzione gas serra*** ed ha come obiettivo, da raggiungere entro il 2020, proprio la riduzione delle emissioni dei gas serra.

Nel mese di settembre del 2012 migliaia di persone (***Indignados***) scesero per le strade di Madrid per contestare le misure di austerity del governo.

Charlene Wittstock è la moglie del Principe di Monaco.

Nel 2015 vi è stato lo scandalo ***Mafia Capitale*** relativo ad appalti illeciti.

Nel dicembre 2015 in **Arabia Saudita** è stato esteso il diritto di voto alle donne.

La principale conseguenza, a livello mondiale, del crollo del prezzo del petrolio di inizio 2016 è stata la caduta delle borse mondiali.
Nei primi 20 giorni del 2016 l'indice delle borsa italiana si è indebolito di oltre il 10%. I titoli del settore bancario sono risultati maggiormente penalizzati.
Dal 1° gennaio 2016 **Fabiola Gianotti** è stata eletta nuovo Direttore generale dell'Organizzazione europea per la ricerca nucleare.
Nel luglio 2016 a **Cracovia** si è tenuta la **XXXI Giornata Mondiale della Gioventù**.
Luca Cordero di Montezemolo è stato Presidente di Confindustria dal 25 maggio 2004 al 13 marzo del 2008; è stato Presidente della **Ferrari** S.p.A. dal 1991 al 2014, della Ferrari N.V. dal 2013 al 2014 (a cui poi è succeduto Sergio Marchionne), nonché amministratore delegato fino a settembre 2006, fondatore della società **Nuovo Trasporto Viaggiatori** (**NTV**) e, dall'ottobre 2012, vicepresidente di **Unicredit**.
Nel settembre 2016 è emerso lo ***scandalo Telecom-Sismi*** (intercettazioni illegali) che ha visto implicato il SISMI.
A partire dal 2017 **Jane Austen** è raffigurata sulle banconote da 10 sterline, in onore del bicentenario della sua morte.
Alfredo Romeo è l'imprenditore campano arrestato nell'ambito della inchiesta CONSIP.
Il 23 marzo 2017 è morto a Milano il conduttore televisivo che per tantissimi anni ha interpretato il personaggio di "Mago Zurlì", ossia **Cino Tortorella**.
Il 17 novembre dello stesso anno è morto all'età di 87 anni il mafioso **Salvatore Riina**, ma risulta ancora in circolazione il latitante **Matteo Messina Denaro**.
Nel 2017 il criminale di guerra **Slobodan Praljak** si toglie la vita **bevendo del veleno**, in seguito alla condanna comminata dall'Aja.
Il 20 agosto 2017 è morto **Jerry Lewis**, il famosissimo attore comico internazionale.
Il famoso **scandalo Weinstein** scoppiato nell'ottobre 2017 si riferisce alla notizia delle **molestie sessuali** del produttore Hollywoodiano Weinstein.
Julian Assange è il fondatore di **Wikileaks**, l'organizzazione che ha pubblicato nei mesi scorsi molti documenti coperti da segreto di Stato.
La donna di spettacolo **Marina Ripa di Meana** è morta nel gennaio 2018, a causa del cancro che combatteva da circa 15 anni.
Il 27 gennaio 2018 **Gessica Notaro**, la modella sfregiata dall'acido dall'ex fidanzato, ha sfilato sulla passerella dell'alta moda di Gattinoni, circa un anno dopo dall'incidente.
Nel 2018, in Italia si è avuto il primo caso di guarigione dalla **leucemia** grazie alla tecnica della **terapia genica**.
In **Cina**, nel gennaio 2018, viene annunciato, su un importante rivista scientifica, il successo dell'esperimento scientifico di **clonazione di due primati**. Precedentemente, nel 1996 fu clonata solo la pecora **Dolly**.
Kevin Spacey è stato accusato di gravi molestie, ed è stato rimosso dalle riprese del film *Tutti i soldi del mondo*.

6.3 Flash su disastri, attentati e stragi

Nel 1961, 13 militari dell'**Aeronautica Militare** in missione ONU vennero uccisi in Congo.
Nel 1980, si verificò il **disastro aereo di Ustica**, avvenuto nella sera di venerdì 27 giugno, quando un aereo di linea Douglas DC-9-15 della compagnia aerea italiana Itavia si squarciò in volo

all'improvviso e cadde nel braccio di mare compreso tra le isole tirreniche di Ustica e Ponza, chiamato posizione Condor. Nell'evento persero la vita tutti gli 81 occupanti dell'aereo.
Nel settembre 1984 un camion carico di esplosivo si lanciò contro l'**ambasciata americana** a Beirut, nel Libano, provocando 16 vittime. Nello stesso anno, a causa di una fortuita fuoriuscita di gas letali dalla fabbrica chimica la **Union Carbide India Limited**, migliaia di persone morirono a Bhopal, in India.
A bordo della nave italiana **Achille Lauro** si consumò, nel 1985, un vile atto terroristico nei confronti di un cittadino americano di origine ebraica.
Nel 1985, nello Stadio **Heysel** di Bruxelles, in occasione della finale di Coppa dei Campioni tra Juventus e Liverpool, 38 tifosi italiani persero la vita.
Nel 1986, nei cieli della Florida, esplose la navetta spaziale della NASA **Challenger**. Avvolta in una nube di fuoco, la navetta si disintegrò poco dopo il decollo e l'intero suo equipaggio perì all'istante.
Nel 1986, avvenne il disastro nucleare di **Cernobyl** (cittadina dell'Ucraina), a causa del quale furono immesse nell'ambiente grandi quantità di materiale radioattivo e una nube tossica si estese su gran parte dell'Europa.
Il 26 febbraio 1993 avvenne l'attentato terroristico con l'esplosione di un'autobomba nei sotterranei della **World Trade Center** di New York.
Il 6 aprile 1994, in **Ruanda**, con l'abbattimento dell'aereo del Presidente Habyarimana, iniziò il genocidio di oltre un milione di uomini, donne e bambini divisi tra tutsi e hutu moderati, ad opera di estremisti hutu.
Nel 1995 in Giappone i fanatici della setta ***Sublime verità*** liberarono un gas nervino nella metropolitana di Tokyo, provocando 12 decessi e più di 3000 intossicazioni.
Il 30 gennaio 1996 a Venezia un incendio distrusse il teatro **La Fenice**.
Nel 1998 la città italiana di **Sarno** fu colpita da una frana di fango e detriti.
Nel febbraio 1998, a Cavalese, presso la funivia del Cermis, si verificò il tragico incidente dell'aeroplano che tagliò le funi della funivia provocando la morte di 20 persone.
Nel 1999 in una scuola americana si verificò un terribile fatto di sangue ad opera di due adolescenti; la tragedia prese il nome di ***Strage di Columbine***.
Nel 2002 l'eruzione del **vulcano Nyiragongo** in Congo causò la fuga di circa 200 mila persone.
Il 23 ottobre 2002 un gruppo di guerriglieri ceceni assaltò il **Teatro Dubrovka** di **Mosca**, prendendo in ostaggio oltre 800 persone. Tale vicenda si concluse con un blitz delle forze speciali che uccisero tutti i guerriglieri, ma anche 129 ostaggi.
Nel 2003 il disastro dello Space Shuttle **Columbia** fu il secondo incidente mortale a conclusione di una missione Space Shuttle.
L'11 marzo 2004 avvenne la **strage di Madrid**, attribuita al terrorismo islamico, in cui persero la vita 191 persone.
Nel settembre 2004 avvenne la **Strage di Beslan** nell'Ossezia del Nord; fu perpetrata da un gruppo di fondamentalisti islamici e separatisti ceceni. I terroristi occuparono la scuola Numero Uno. Tre giorni dopo, quando le forze speciali russe liberano gli ostaggi, 331 civili rimasero uccisi, di questi 186 erano bambini.
Il 26 dicembre 2004 avvenne lo **tsunami** sulle coste asiatiche dell'Oceano Indiano, uno dei più catastrofici disastri naturali che causò oltre 250 mila morti; non ne rimasero coinvolti il Giappone e lo Yemen.
La città di New Orleans, nello Stato della Louisiana, fu devastata tra il 29 e il 31 agosto 2005 da un'inondazione causata dall'**uragano Katrina**.

Nell'ottobre 2008 precipitò in Francia l'**elicottero HH-3F** dell'Aeronautica Militare provocando la morte di 8 uomini; era decollato da Brindisi.
Il 26 novembre 2008 nella città indiana **Mumbai**, in una serie di attacchi terroristici, persero la vita quasi 200 persone.
Il 10 aprile 2010 il Presidente polacco **Lech Kaczynski** è morto insieme alla moglie e a 92 persone in un incidente aereo mentre cercava di atterrare in una base aerea russa; il 20 aprile si è inabissata nel Golfo del Messico la piattaforma petrolifera della **British Petroleum**; il 24 luglio 2010 a **Duisburg** sono morte 21 persone, tra cui un'italiana, durante l'edizione annuale della ***Love Parade*** a causa di una calca venutasi a creare in un tunnel; il 25 ottobre del 2010 nelle **isole Mentawai** (Indonesia) un terremoto ha provocato uno tsunami che ha causato la distruzione di 10 villaggi, 300 morti e più di 400 feriti.
Il gigantesco **versamento di petrolio**, che ha provocato il disastro ambientale più grave della storia americana, è conseguito all'incendio ed inabissamento della **piattaforma petrolifera Deepwater Horizon**.
Anders Breivik è un terrorista norvegese, autore degli attentati del 22 luglio 2011 a Oslo, che provocò oltre 70 morti.
Nel marzo del 2011 un devastante terremoto in Giappone generò uno ***tsunami*** che provocò circa 11000 morti. A seguito di tale sisma, nella centrale nucleare di **Fukushima**, si registrò fuoriuscita di materiale radioattivo.
Il 7 maggio 2013, nel porto di Genova, la nave **Jolly Nero**, durante la manovra di uscita, urtò abbattendola la torre pilota causando 9 morti.
L'8 marzo 2014, nell'Oceano indiano precipitò l'aereo della **Malaysia Airlines MH370**; da Amsterdam era partito il volo **Malaysia Airlines 17**, abbattuto il 17 luglio mentre sorvolava il confine tra Ucraina e Russia ed era diretto a Kuala Lumpur provocando 298 vittime; nell'agosto un aereo militare **Tornado** dell'Aeronautica Militare precipitò ad Ascoli provocando la morte di 4 piloti.
Nel novembre 2014 a **Gerusalemme** ci fu un attentato ad una Sinagoga dove persero la vita 4 rabbini; nel dicembre nel Canale d'Otranto prese fuoco il traghetto **Norman Atlantic** con a bordo 478 persone.
L'11 gennaio 2015, a Parigi, per la marcia contro il terrorismo dopo gli attacchi al giornale satirico **Charlie Hebdo**, si sono riuniti oltre 50 Capi di Stato.
Il pilota **Andrea Lubitz**, che il 24 marzo ha provocato lo schianto dell'aereo contro le Alpi della Provenza, era della compagnia aerea ***Germanwings***.
Nel marzo 2015 al **Museo Bardo** di Tunisi è avvenuto l'attacco terroristico che ha provocato la morte di 22 persone ed il ferimento di altre 45; il 20 giugno presso la città tunisina di **Susa**, un attentato terroristico su una spiaggia ha provocato 39 morti, fra cui molti turisti stranieri.
Il 31 ottobre 2015 è precipitato in Egitto l'aereo della compagnia ***Metrojet***.
Il 12 gennaio 2016 nella città di **Istanbul** c'è stato un attacco terroristico suicida.
Nel marzo del 2016, l'attentato nella città di **Bruxelles**, rivendicato dall'ISIS, ha colpito le zone dello stadio, mentre si stava svolgendo la partita Belgio – Francia, e del municipio.
L'airbus dell'**Egyptair**, partito il 19 maggio 2016 da Parigi, si è inabissato nel Mar Egeo provocando la morte di 66 passeggeri, era diretto a Il Cairo.
Nel luglio 2016 in **Puglia** è avvenuto un tragico incidente ferroviario che ha coinvolto due treni.
Il 14 luglio del 2016 in Francia nella città di **Nizza** vi è stato un attentato lungo la *Promenade des Anglais* con numerose vittime.
Dieudonné è l'attore francese condannato per apologia del terrorismo dopo gli atti terroristici di Parigi contro la rivista Charlie Hebdo e il supermercato Hyper Casher.

L'attacco chimico di **Khan Shaykhun** da parte della Siria nell'aprile 2017 ha comportato il bombardamento della base aera di **Shayrat**.
Nel 2017 si è celebrata la **commemorazione** del 25° anniversario delle **stragi** dei giudici **Falcone e Borsellino**.
Il 14 agosto 2018, crolla a Genova il **ponte Morandi**, viadotto autostradale costruito negli anni '60, causando la morte di 43 persone e l'evacuazione di numerose famiglie residenti nelle aree sottostanti il ponte.
L'11 dicembre 2018, a Strasburgo restano uccise cinque persone durante un attentato: un uomo di origini algerine spara sulla folla nella zona dello storico mercatino di Natale della città.
Il 21 aprile 2019, una serie di **attentati terroristici nello Sri Lanka** colpisce 3 chiese, 4 alberghi e un complesso residenziale, nel giorno in cui stata celebrata la Pasqua cristiana.
Il 9 agosto 2019, lo stato federato di Amazonas dichiara lo stato di emergenza a causa degli incendi che, da gennaio 2019, stanno bruciando la **foresta amazzonica**.

6.4 Flash sulla politica italiana

Giorgio Almirante, **Pino Rauti**, **Arturo Michelini** furono personaggi politici iscritti al Movimento Sociale Italiano.
Nell'agosto del 1990 il Parlamento approvò la nuova legge sull'emittenza televisiva che resterà nota come **Legge Mammì**.
Gianfranco Miglio, eletto senatore dal 1990 al 1994, fu considerato ideologo della Lega Nord, il partito è giornalisticamente noto come "***il Carroccio***".
Nel gennaio del 1997 fu istituita la cosiddetta "***Commissione bicamerale***", composta da membri del Senato e della Camera sia della maggioranza che dell'opposizione, che discusse e formulò proposte per la modifica della Costituzione.
Nel 1999 **Romano Prodi** fu nominato Presidente della Commissione europea.
Il **Gruppo XXII Ottobre** era una organizzazione extraparlamentare di Sinistra degli anni 1960-'70.
A differenza di Luigi Berlinguer, Tullio De Mauro, Riccardo Misasi e Bettino Craxi erano accomunati dall'essere stati Ministri della Pubblica Istruzione.
La legge sulla "**par condicio**", approvata dal Parlamento nel febbraio **2000**, stabiliva la parità di accesso ai mezzi di informazione di tutti i soggetti politici durante le campagne elettorali e referendarie.
L'autodeterminazione e la libertà di scelta, limitare i diritti del "concepito" rispetto a quelli della madre e di ogni persona nata non fu oggetto di referendum il 12-13 giugno 2005 per 4 punti.
L'esito della consultazione referendaria tenutasi in Italia nel giugno 2005 sulla **fecondazione assistita** e la **libertà di ricerca** vide il mancato raggiungimento del quorum previsto in tutti e quattro i quesiti proposti.
Pietro Marrazzo fu il **successore** di **Francesco Storace** alla guida della **Regione Lazio** (costretto a dimettersi in seguito ad uno scandalo sessuale).
Il 25 e 26 giugno 2006 si svolse in Italia il referendum per l'approvazione del disegno di legge costituzionale concernente "**Modifiche alla Parte II della Costituzione**". Il risultato di tale consultazione popolare fu che l'elettorato respinse il premierato, la devolution ed il Senato federale della Repubblica.
Guido Bertolaso fu nominato nel 2008 Commissario straordinario per l'emergenza rifiuti in Campania e nel 2009 per la gestione dell'emergenza seguita al terremoto de L'Aquila.

Nel luglio del 2009 si tenne a Roma il summit del G8.
Nel 2008 Forza Italia e Alleanza Nazionale avviarono lo scioglimento dei rispettivi partiti per dare vita al **Popolo delle Libertà**.
Nel 2009 le votazioni delle primarie per eleggere il **Segretario del Partito Democratico** furono vinte da **Pierluigi Bersani**.
Nel 2009 fu fondato il **Movimento 5 Stelle** ad opera di **Beppe Grillo**.
Il 21 febbraio 2009 **Dario Franceschini** successe a **Walter Veltroni**, dopo le sue dimissioni, alla guida del PD.
Il 24 febbraio 2009, a Villa Madama, **Berlusconi** siglò con il francese **Sarkozy** un **accordo** per la costruzione in Italia, a partire dal 2020, di **quattro centrali nucleari** di terza generazione.
A fine marzo 2010 fu eletta Presidente della Regione Lazio **Renata Polverini**, dimessasi nel 2012.
Il governo **Berlusconi IV** introdusse l'**Imposta Municipale Unica (I.M.U.)**.
L'economista **Giulio Tremonti** fu Ministro delle Finanze o dell'Economia in vari governi Berlusconi; **Gianni Letta**, invece, fu Sottosegretario alla Presidenza del Consiglio dei Ministri.
Rosa Russo Iervolino fu sindaco di Napoli dal 2001 al 2011.
Alle ***primarie*** del 2012 del centrosinistra **D'Alema** non fu un candidato.
Nel 2013 **Roberto Maroni** successe nella carica di **Presidente della Regione Lombardia** a **Roberto Formigoni**.
Nel 2013 il Quirinale ha nominato quattro nuovi ***senatori a vita***: **Claudio Abbado**, **Renzo Piano**, **Carlo Rubbia**, **Elena Cattaneo**.
Raffaele Bonanni, dal 2006 al 2014, ha ricoperto l'incarico di Segretario Generale della **CISL**; suo predecessore fu Savino Pezzotta, mentre suo successore è **Annamaria Furlan**.
Matteo Renzi dal dicembre 2013 al febbraio 2017 è stato Segretario del Partito Democratico e dal febbraio 2014 al dicembre 2016 Presidente del Consiglio (già Sindaco di Firenze).
Susanna Camusso dal 2010 al settembre 2018 ha ricoperto l'incarico di Segretario Generale della **CGIL**; suo predecessore è stato **Guglielmo Epifani**, succeduto a **Sergio Cofferati** nel settembre 2002.
Luigi Angeletti dal 2000 al 2014 ha ricoperto l'incarico di Segretario Generale della **UIL**; è succeduto a Pietro Larizza. Suo successore e attuale incaricato è **Carmelo Barbagallo**.
La **legge** dello Stato denominata "**Lodo Alfano**" riguardava le disposizioni in materia di finanziamento illecito.
Pier Ferdinando Casini ha ricoperto la carica di Vicepresidente del Consiglio durante il secondo governo Berlusconi; non ha mai ricoperto, invece, l'incarico al Parlamentare europeo.
Marcello Pera ha ricoperto la carica di Presidente del Senato (2001-2006), durante il governo **Berlusconi II**.
Gianni Letta è stato sottosegretario alla Presidenza del Consiglio dei Ministri nei governi Berlusconi.
Durante il Governo Monti (novembre 2011-dicembre 2012) **Fini** ha ricoperto l'incarico di Presidente della Camera; **Schifani** ha ricoperto l'incarico di Presidente del Senato. Oltre a ricoprire la carica di Presidente del Consiglio dei Ministri, **Mario Monti** era Ministero dell'Economia e delle Finanze. Prima di assumere l'incarico di Presidente del Consiglio era **Rettore dell'Università Bocconi**. Nel suo governo, il Gen. **Giampaolo Di Paola** è stato nominato Ministro della Difesa; **Corrado Passera**, Ministro dello Sviluppo Economico (già era Amministratore delegato di Banca Intesa/Sanpaolo); l'On. **Giuliomaria Terzi di Sant'Agata** Ministro degli Esteri (già Ambasciatore italiano negli USA); l'On. **Paola Severino Di Benedetto** Ministro della Giustizia (è stata la prima donna a ricoprire tale carica); **Elsa Fornero** Ministro del Lavoro e politiche sociali.
Mario Monti nel 2013 è stato eletto al Senato nelle liste del partito ***Scelta Civica***.

Nella XVII legislatura, iniziata nel 2013, **Rosy Bindi** ha assunto l'incarico di Presidente della Commissione parlamentare antimafia.
Il 25 luglio 2013 il Consiglio Superiore della Magistratura ha nominato Procuratore nazionale antimafia **Franco Roberti**.
Nel governo Letta (2013-2014) **Angelino Alfano** era Vicepresidente del Consiglio dei Ministri; **Cécile Kyenge**, Ministro per l'Integrazione; **Emma Bonino**, Ministro degli Esteri.
Nel 2014 **Matteo Orfini** è stato eletto Presidente del Partito Democratico.
Dal 2014 **Dario Nardella** è Sindaco di Firenze; ha sostituito Matteo Renzi.
Nel 2014 **Andrea Orlando** fu nominato a ricoprire l'incarico di Ministro della Giustizia nel Governo Renzi.
Maurizio Lupi, politico italiano, il 20 marzo 2015 rassegnò le dimissioni da Ministro delle Infrastrutture e dei Trasporti durante il governo Renzi.
Nel 2015 **Matteo Salvini**, segretario della Lega Nord (la cui segreteria federale si trova a Milano in via Carlo Ballerio), alle elezioni regionali non era candidato alla carica di Presidente.
Nel 2015 **Luca Zaia** fu eletto presidente del Veneto.
Nel gennaio 2016 la **Corte Costituzionale** espresse parere favorevole in merito a una proposta referendaria che riguarda la modifica della legge elettorale.
A giugno 2016 fu eletto Sindaco di Milano **Giuseppe Sala** e Sindaco di Torino **Chiara Appendino**.
Oscar Luigi Scalfaro, in qualità di Presidente della Repubblica, ebbe modo di conferire l'incarico di formare il Governo ai politici **Lamberto Dini**, **Carlo Azeglio Ciampi**, **Massimo D'Alema**, ma non a **Mario Monti**.
Carlo Azeglio Ciampi, in qualità di Presidente della Repubblica, ebbe modo di conferire l'incarico di formare il Governo ai politici **Silvio Berlusconi**, **Massimo D'Alema**, **Giuliano Amato**, ma non a **Romano Prodi**.
Rappresentante della Sinistra democratica, **Giuseppe Ferrari** riteneva che ai ceti popolari interessasse soprattutto la libertà economica.
Silvio Berlusconi e **Carlo De Benedetti** sono i personaggi legati al cosiddetto ***lodo Mondadori***.
Il politico italiano **Andrea Orlando** non ha mai ricoperto, sino al 2017, la carica di Ministro della Difesa.
Il politico italiano **Vittorio Sgarbi** non ha mai ricoperto, sino al 2017, la carica di Ministro dei Beni culturali.
Renato Schifani, **Franco Marini** e **Nicola Mancino**, politici italiani, hanno ricoperto la carica di Presidente del Senato.
Sino al 2017 **Debora Serracchiani**, politico italiano del PD, non ha ricoperto alcun carico ministeriale.
Michele Emiliano è un politico italiano appartenente alla corrente del PD.
Alessandro Di Battista è stato un membro del parlamento della XVII legislatura avviatasi nel 2013 appartenente alla corrente politica del M5S.
Giorgia Meloni è presidente del partito Fratelli d'Italia; **Angelino Alfano** è stato un dirigente politico del partito NCD; **Paolo Gentiloni** è un dirigente politico del partito PD.
Francesco Rutelli è stato un leader del partito politico **La Margherita**; **Romani Prodi** è stato un leader del partito politico **l'Ulivo**; **Gianfranco Fini** è stato un leader del partito politico **Alleanza Nazionale**.
Con **patto dell'arancino** si intende l'accordo politico tra Berlusconi, Meloni e Salvini.
Il **4 marzo 2018**, si sono tenute le **elezioni politiche in Italia** per il rinnovo dei due rami del Parlamento – il Senato della Repubblica e la Camera dei deputati. I risultati hanno visto il

centro-destra affermarsi come coalizione più votata, mentre la singola lista più votata è stata il **Movimento 5 Stelle**. Dopo una **crisi istituzionale** durata 89 giorni, il Presidente della Repubblica Sergio Mattarella ha affidato l'incarico di formare un nuovo governo, di coalizione tra Movimento 5 Stelle e Lega, a **Giuseppe Conte**.

Il **Governo Conte I** è entrato in carica il 1° giugno 2018. L'8 agosto 2019 il segretario federale della Lega Matteo Salvini ha annunciato l'intenzione di ritirare il sostegno del suo partito al governo. Salvini ha innescato così la crisi di governo.

Il 20 agosto Conte ha rassegnato le dimissioni dalla carica di presidente del Consiglio dei Ministri; il 29 agosto il presidente della Repubblica Mattarella ha conferito nuovamente a Giuseppe Conte l'incarico di formare il nuovo governo: il 5 settembre il **Governo Conte II** è entrato ufficialmente in carica.

Il **20 e 21 settembre 2020**, si sono volte le operazioni di voto del **referendum costituzionale** per approvare o respingere la legge di revisione costituzionale dal titolo "Modifiche agli articoli 56, 57 e 59 della Costituzione in materia di riduzione del numero dei parlamentari": ha vinto il sì con il 69,64%.

Il **13 gennaio 2021**, il leader di Italia Viva **Matteo Renzi** ha aperto la **crisi di governo** annunciando le dimissioni delle due ministre del suo partito Elena Bonetti (Pari opportunità) e Teresa Bellanova (Politiche agricole), e attaccando duramente il presidente del Consiglio Giuseppe Conte sulla gestione della pandemia e sui piani per usare i fondi europei per la ripresa.

Il 26 gennaio 2021 il Presidente del Consiglio **Giuseppe Conte si dimette**, formalizzando la crisi di governo.

Il Presidente della Repubblica decide di convocare l'ex-presidente della Banca Centrale Europea **Mario Draghi**, che ha accettato con riserva l'incarico di provare a formare un governo.

Il **13 febbraio 2021** entra in carica il **Governo Draghi**: Mario Draghi ha giurato con i suoi ministri, diventando ufficialmente Presidente del Consiglio dei ministri della Repubblica Italiana.

Capitolo 1
Principali accadimenti degli ultimi anni

2000

L'**Arma dei Carabinieri** è elevata a rango di Forza Armata
La legge sulla "**par condicio**", approvata dal Parlamento nel febbraio 2000, stabiliva la parità di accesso ai mezzi di informazione di tutti i soggetti politici durante le campagne elettorali e referendarie
Il sottomarino nucleare sovietico **KURSK** è affondato nell'agosto 2000. Nell'incidente sono periti i 118 membri dell'equipaggio

2001

Il 6 gennaio si è concluso l'ultimo **Giubileo**
In ambito UE, è stato firmato il **Trattato di Nizza**
A luglio, durante il vertice dei G8 a Genova, si sono verificati dei gravi incidenti tra manifestanti e forze dell'ordine, nei quali è rimasto ucciso un manifestante, **Carlo Giuliani**

2002

Il 1° gennaio in 12 Stati è entrato contemporaneamente in circolazione l'**Euro** (non in Gran Bretagna, Danimarca, Svezia)
Jimmy Carter è insignito del Premio Nobel per la Pace
Israele ha iniziato a edificare un **muro**, la cui lunghezza supera i 200 chilometri, tra i suoi confini e quelli di Palestina
La **Svizzera** è entrata a far parte dell'ONU

2003

Durante la prima Notte Bianca italiana organizzata a Roma il 28 settembre è avvenuto il peggior **black out elettrico italiano**
In **Georgia** è scoppiata la **rivoluzione delle rose**

2004

Il portoghese **José M. Barroso** è stato fino al 2014 *Presidente della Commissione Europea*
È stata promulgata la legge di **abolizione** del **servizio militare obbligatorio**
Mark Elliot Zuckerberg ha fondato **Facebook**

2005

Il leader di **Sinistra Ecologia Libertà** (SEL) è stato eletto Presidente della Regione Puglia
Stefano Rodotà è stato il primo garante della privacy
L'esito della **consultazione referendaria** tenutasi in Italia a giugno sulla **fecondazione assistita** e la **libertà di ricerca** ha visto il mancato raggiungimento del quorum previsto in tutti e quattro i quesiti proposti
La Francia, a seguito di un referendum popolare, non ha ratificato la **Costituzione europea**

2006

Giorgio Napolitano è stato eletto per la prima volta Presidente della Repubblica
Bernardo Provenzano viene arrestato dopo 43 anni di latitanza
Anna Stepanovna Politkovskaja, giornalista russa nota per i suoi reportage sulla Cecenia, è stata assassinata a Mosca

2007

Ennio Morricone ha ricevuto l'Oscar alla carriera
Dal 2007, ogni anno il 17 maggio si festeggia la **Giornata internazionale contro l'omofobia**, un evento promosso dall'Unione Europea
Il **Trattato di Lisbona**, firmato 13 dicembre, ha apportato modifiche al Trattato sull'Unione Europea

2008

Sean Penn è stato presidente della giuria al festival di Cannes
The Wrestler ha vinto il Leone d'Oro come miglior film
Nel corso dell'estate abbiamo assistito ad un breve conflitto fra due repubbliche della ex Unione Sovietica **Georgia e Russia**

A febbraio il **Kosovo**, provincia autonoma indipendentista della Serbia, amministrata dall'ONU, ha dichiarato la propria indipendenza unilateralmente

2009

Barack Obama, nato a Honolulu, ha vinto il Premio Nobel per la Pace
A luglio si è tenuto a Roma il summit del **G8**
Il 4 Marzo, per la prima volta, la Corte penale internazionale per **crimini contro l'umanità** ha emesso un mandato di cattura nei confronti di un capo di Stato, il Presidente del Sudan Omar Hasan Ahmad al-Bashir
Il 25 giugno è avvenuto il decesso, all'età di 50 anni, di **Micheal Jackson**

2010

Nel Golfo del Messico si è verificato uno **sversamento di una piattaforma petrolifera**, uno dei più gravi disastri ambientali degli ultimi decenni
Un violento **terremoto** nell'**isola di Haiti** ha causato oltre 200.000 vittime
La serie di proteste cominciata tra la fine del 2010 e l'inizio del 2011 nei paesi arabi viene chiamata **Primavera araba**
In Islanda è avvenuta l'eruzione del **vulcano Eyjafjöll**
Il 29 marzo a Mosca si sono verificati due **attacchi terroristici** che hanno provocato 40 morti e oltre 100 feriti

2011

È stato ucciso il leader libico **Gheddafi**
Si sono tenute le celebrazioni del **150° anniversario** dell'Unità d'Italia
Mariano Rajoy è stato eletto Presidente del Governo Spagnolo
Il 31 ottobre è stato dato l'annuncio che la popolazione mondiale ha raggiunto i **sette miliardi**
Il partito *Futuro e Libertà per l'Italia* (FLI) è stato fondato da **Gianfranco Fini**
L' **ENPALS**, l'ente previdenziale dei lavoratori dello Spettacolo, è stato assorbito dall'INPS

2012

Il 13 gennaio, la **Costa Concordia** è affondata presso l'isola del Giglio; sarà smantellata poi nel porto di Genova
Nel mese di febbraio, nelle **Honduras**, un incendio avvenuto in una prigione ha ucciso più di 350 persone
Nel mese di luglio le forze jihadiste, guidate da **Ansar Dine**, occupano il nord del Mali e distruggono una serie di mausolei e di monumenti islamici sufi nell'antica città di Timbuktu
Il 31 Agosto è scomparso l'Arcivescovo di Milano **Carlo Maria Martini**

Mohamed Morsi è divenuto Presidente dell'Egitto a seguito delle elezioni; nel maggio 2015 verrà condannato a morte dal tribunale penale del Cairo con l'accusa di aver organizzato l'evasione dal carcere dei vertici della Fratellanza Musulmana nel 2011
François Hollande è stato eletto Presidente della Repubblica Francese
È scomparso **Neil Armstrong**, il primo uomo a posare piede sulla Luna
L'**INPDAP**, l'ente di previdenza dei lavoratori dello Stato, è stato assorbito dall'INPS
Corrado Passera è stato nominato Ministro dello Sviluppo Economico e Infrastrutture e Trasporti nel Governo Monti
La Disney, grande azienda dei media, ha acquistato la ***Lucas Film***, la società cinematografica che produsse Guerre stellari
L'**Axelera Singularity Contest** è stato assegnato al progetto Freeijis, un sistema di refrigerazione che consente di raffreddare senza ricorrere a fonti tradizionali di energia, presentato da Caterina Falleni
Dmitrij A. Medvedev è stato nominato Primo Ministro della Federazione Russa
Mitt Romney ha vinto le elezioni primarie per il Partito Repubblicano americano
Giorgio Squinzi è stato eletto Presidente di Confindustria e nello stesso anno è diventato proprietario della squadra di calcio del Sassuolo
La definizione della parola ***ludopatia*** che si afferma nel discorso pubblico, diffondendosi attraverso i media vecchi è: condizione patologica di dipendenza dal gioco, in particolare dal gioco d'azzardo
Il Paese preposto per l'**EXPO** è stato inizialmente la Corea
Nell'ambito della missione di esplorazione del pianeta Marte della NASA (Mars Science Laboratory - MSL), ***Curiosity*** è il nome con cui viene comunemente chiamato il rover atterrato su Marte nel mese di agosto
Staffan de Mistura è stato incaricato dal governo Monti di occuparsi in India del caso dei Marò
Nell'ottobre, si è abbattuto, sulla East Coast degli Stati Uniti, l'**uragano Sandy**
Nel dicembre è scomparsa, all'età 103 anni, la neurologa e senatrice a vita italiana, Premio Nobel per la medicina nel 1986, **Rita Levi-Montalcini**

2013

Il 15 aprile due bombe sono esplose durante la maratona annuale di **Boston**
Nel giugno **Iosefa Idem**, il ministro del Governo Letta ha dato le dimissioni tre mesi dopo la formazione del Governo stesso
Il 29 giugno è morta **Margherita Hack**, la prima donna a dirigere un osservatorio astronomico in Italia, una delle menti più brillanti della comunità scientifica italiana contemporanea nota a livello mondiale per gli importanti studi nell'ambito dell'astrofisica
Il 1 luglio la **Croazia** ha aderito all'Unione Europea
In Siria, il 21 Agosto è stato utilizzato il **gas Sarin** che ha provocato innumerevoli vittime
Il 12 ottobre, in Italia, è stato proclamato il **lutto nazionale** a seguito della morte di oltre 300 migranti a largo di Lampedusa
Il 29 ottobre è stato inaugurato il primo **tunnel sottomarino** che collega due continenti passando sotto il Bosforo
La Sardegna, nel novembre, è stata colpita dal ciclone **Cleopatra** che ha provocato numerosi morti

Il 4 dicembre **la Corte Costituzionale** ha dichiarato l'illegittimità costituzionale delle norme dell'allora legge elettorale che riguardavano il premio di maggioranza
Nel dicembre le Nazioni Unite hanno inviato delle **forze di pace** in Sud Sudan (Sudan del Sud)
Fabrizio Saccomanni è stato nominato Ministro dell'Economia e Finanze nel Governo Letta
Carlo Cottarelli è stato nominato dal Governo Letta come Commissario straordinario per la Revisione della spesa pubblica
Ci sono state le elezioni di **Papa Francesco** che è anche stato eletto persona dell'anno del *Times*
I deputati hanno eletto **Laura Boldrini** Presidente della Camera
Il Premio Nobel per la Pace è stato assegnato all'**OPAC**, organizzazione internazionale per la proibizione delle armi chimiche, per i suoi ampi sforzi per eliminare le armi chimiche
Piazza Majdan, teatro di violenti scontri fra oppositori e governativi, si trova a Kiev
Lenovo, colosso cinese dei pc, ha acquistato da Google **Motorola Mobility** una importante azienda produttrice di smartphone.
Con il termine "**Datagate**", scaturito dalla pubblicazione di alcuni documenti riservati diffusi da Edward Snowden, si intende uno scandalo che ha rivelato al mondo i programmi di intercettazione statunitensi
Il Governo **Monti** è succeduto al Governo *Berlusconi IV*
Cerere, visitato da una sonda della Nasa, è un pianeta nano
Luca Parmitano è stato il primo astronauta italiano a compiere un'attività extraveicolare, compiendo dei lavori nello spazio all'esterno della sua navicella spaziale
Il titolo di *Benedetto XVI*, dopo le dimissioni dal Soglio petrino, è di **Papa Emerito**
Peter Higgs ha vinto il Premio Nobel per la fisica
In **Spagna** è ancora possibile la convertibilità tra vecchie valute ed euro
Silvio Berlusconi leader politico italiano è stato eletto in parlamento nelle elezioni politiche
È morto **Nelson Mandela**, grande leader africano e premio Nobel per la pace
Pif è un conduttore televisivo, regista e attore italiano, autore del film *La mafia uccide solo d'estate*

2014

In **Lettonia** il 1 °Gennaio è entrato in vigore l'Euro come moneta corrente
FCA è il gruppo automobilistico costituitosi nel gennaio dalla fusione di *Fiat e Chrysler*
Nel mese di febbraio è stata liberata **Julia Tymošenko** la leader ucraina della cosiddetta "Rivoluzione Arancione"
Il 16 marzo **un referendum ha** sancito l'indipendenza della Crimea dall'Ucraina
Il 27 aprile è avvenuta la **canonizzazione** *di Giovanni XXIII e Giovanni Paolo II*
Dal 26 maggio **Luciano D'Alfonso** è Presidente della Regione Abruzzo
Nel giugno il re di Spagna **ha abdicato** nei confronti del figlio
Nel luglio**, Anna Finocchiaro** era esponente del centrosinistra
Giorgio Faletti noto scrittore, attore e cantante italiano è morto nel mese di luglio
In **Ucraina** è stato abbattuto un aereo di linea (Volo Malaysia Airlines 17) nel mese di luglio
Gianluca Galletti era il Ministro dell'Ambiente, tutela del territorio e del mare del Governo Renzi nel mese di luglio

Il 12 settembre, si è svolta la cerimonia solenne internazionale organizzata a **Bligny** in Francia, in memoria dei caduti della seconda battaglia della Marna, in occasione degli eventi organizzati per il centenario della Prima Guerra mondiale
John Elkann nell'ottobre è stato designato Presidente del gruppo Fiat Chrysler Automobiles N.V.
Joe Cocker è il cantante britannico, scomparso a dicembre, noto per la sua voce roca ed energica
Nel dicembre è stato nominato Presidente dell'INPS **Tito Boeri**, succeduto ad Antonio Mastrapasqua
Virna Lisi è una grande attrice italiana, scomparsa a Roma nel dicembre
Abu Bakr al- Baghdadi, assurto alle cronache internazionali è associato al progetto di califfato islamico in Siria e Iraq
Andrea Orlando è stato nominato Ministro della Giustizia nel Governo Renzi
Si è autoproclamata indipendente la *Repubblica Popolare di Donetsk* che appartiene ufficialmente all'**Ucraina**
Il movimento politico **PPE** ha ottenuto la maggioranza relativa dei seggi alle elezioni Europee
Dilma Rousseff era il Presidente del Brasile
Non dirmi che hai paura *è stato* nominato al Premio Strega; il libro tratta del problema dei migranti
Recep Tayyip Erdogan è il Presidente della Turchia
Muore **Claudio Abbado**, il Senatore a vita nominato dal Presidente della Repubblica Giorgio Napolitano
Il tasso di partecipazione alle **elezioni europee** è stato del 42,54%
È stata inaugurata la più lunga teleferica aerea urbana del mondo che collega **La Paz con El Alto**
Viene attivata una nuova linea metropolitana di Roma **Metro C**
La Stazione ferroviaria di **Bruzzano**, attiva dal 1879 a Milano, viene soppressa per costruirne un'altra a 350 metri di distanza
A Soma, in Turchia, hanno perso la vita più di 300 persone per un incidente in una miniera
Carmelo Barbagallo è diventato Segretario Generale del sindacato Uil
Beatrice Lorenzin ha avuto l'incarico, prima nel Governo Letta (2013-2014) e poi nel Governo Renzi (2014), di Ministro della Salute
Annamaria Furlan è diventata Segretario Generale del sindacato Cisl
Isamu Akasaki, Hiroshi Amano e Shuji Nakamura hanno vinto il Nobel per la fisica per l'invenzione del LED blu efficiente, che ha reso possibile la produzione di luminose sorgenti di luce bianca a risparmio energetico
Il Paese con la maggior percentuale di affluenza alle elezioni europee è stato il **Belgio.** Il Paese con la minore percentuale di affluenza alle elezioni europee è stato **Slovacchia**
È stato inaugurato a Firenze il **Museo Novecento**
Nigel Farage è il leader del partito britannico UKIP
Antonis Samaras è il Primo Ministro della Grecia
Boko Haram, gruppo terroristico attivo a nord della Nigeria, ha clamorosamente rapito 276 studentesse nigeriane; la città dell'attacco è Maiduguri
Rispetto al 2009, si è avuto un aumento significativo della **partecipazione alle elezioni europee** della Lituania
Elle Goulding è stata la vincitrice dei *Brit Awards* (premi musicali inglesi) come miglior artista solista femminile
Il film *La Grande Bellezza* ha vinto il Premio **Oscar**
Jean-Claude Juncker è stato eletto *Presidente della Commissione Europea*
Il 28 luglio sono ricorsi i **cento anni** dalla Prima Guerra mondiale

L'***Alitalia*** si è unita con la compagnia aerea *Etihad*
Greta Ramelli e **Vanessa Marzullo** sono le due volontarie sequestrate a luglio in seguito al rapimento in Siria
La proposta di riforma elettorale avanzata dal Governo Renzi è stata chiamata ***Italicum***
La sonda Rosetta ha raggiunto la cometa **Churyumov–Gerasimenko**
Giuseppe Catozzella ha pubblicato il libro *'Non dirmi che hai paura'* che racconta la triste vicenda dell'atleta somala **Saamiya Yusuf Omar**
Ben Bernanke è stato sostituito alla carica di presidente del *Federal Reserve System* da **Janet Louise Yellen**
Premio persona dell'Anno è assegnato dal settimanale *TIME* ai combattenti dell'Ebola
Carmelo Barbagallo è diventato Segretario Generale del sindacato UIL
L'**Italia** ha assunto la Presidenza dell'Unione Europea nel secondo semestre

2015

A gennaio muore il notissimo cantautore Pino Daniele
Greta Ramelli e **Vanessa Marzullo** sono le due volontarie rilasciate nel gennaio in seguito al rapimento in Siria
Nel gennaio in Iraq, l'Is distrugge con gli esplosivi gran parte delle antiche mura della città assira di **Ninive**
L'attentato di **Charlie Hebdo**, periodico settimanale francese, è avvenuto il 7 gennaio, e rivendicato da Al Qaeda
Direttore del *Fatto Quotidiano* dal febbraio è **Marco Travaglio**
Lo storico accordo, nel febbraio, del ministro Pier Carlo Padoan e la sua omologa svizzera Eveline Widmer-Schlumpf, ha messo fine **al segreto bancario** tra Italia e Svizzera
Il gruppo guidato da **Fabrizio Carbone**, del Politecnico di Losanna, ha pubblicato il 2 marzo la prima fotografia che mostra sia la natura particellare sia quella ondulatoria della luce, uno dei pilastri fondamentali della fisica
L'attentato al museo nazionale **Bardo** di Tunisi è stato un attacco terroristico avvenuto il 18 marzo
In aprile, nella strage di **Garissa** in Kenya, 150 persone vengono uccise da un gruppo terroristico chiamato *Al-Shabaab*
Il 25 aprile una forte scossa di terremoto di 7,9 gradi della scala Richter scuote il **Nepal**
In **Irlanda** nel mese di maggio viene legalizzato il matrimonio tra persone dello stesso sesso
A luglio avviene un fatto di rilevanza storica in quanto gli Stati Uniti pongono **fine all'embargo** con Cuba dopo 54 anni a partire dalla crisi della *Baia dei Porci*
La presenza di **sette direttori stranieri** è stata la polemica che ha scatenato la procedura di selezione internazionale, nel mese di agosto per i direttori dei 20 principali musei italiani prevista dalla riforma Franceschini
Sergio Mattarella è stato eletto XII Presidente della Repubblica italiana; egli aveva un fratello Piersanti Mattarella, ucciso dalla Mafia che ricopriva il ruolo di Presidente della Regione Sicilia
Il pianeta **Plutone** è stato raggiunto dalla sonda spaziale statunitense New Horizons
Mauricio Macri è stato eletto Presidente dell'Argentina
L'**accordo nucleare** fra Iran e le grandi potenze mondiali, siglato il 14 luglio a Vienna, prevede il taglio delle scorte dell'uranio arricchito

Alcune immagini, rilanciate dal Daily Mail, mostrano i miliziani dell'Is mentre distruggono a colpi di martello e con bulldozer nei pressi di Tripoli un **tempio Sufi**
La moglie di Barack Obama, **Michelle Robinson**, è andata in visita ufficiale all'Expo 2015
Zerocalcare è uno dei più promettenti giovani fumettisti italiani che è stato presentato al Premio Strega
Si è dimesso dal ruolo di Presidente del CNEL **Antonio Marzano**
Sono stati negoziati gli accordi sul nucleare iraniano raggiunti dall'Iran e i Paesi del cosiddetto 5+1, i membri del Consiglio di Sicurezza dell'ONU con potere di veto, più la Germania
Il **Quartetto per il dialogo nazionale tunisino** è un gruppo formato da quattro organizzazioni tunisine vincitore del Nobel per la Pace
Sono ricorsi i 70 anni dal lancio della bomba atomica su **Hiroshima**
La regina **Elisabetta d'Inghilterra** ha stabilito il record del regno più lungo
Il premio Nobel per l'Economia è stato assegnato a **Angus Deaton**
Nel conflitto siriano, il Capo dello Stato era **Bassar al-Asad**
Gli attentati di Parigi hanno colpito, fra l'altro, il teatro **Bataclan**; negli stessi attentati si stava svolgendo il concerto del gruppo ***Eagles of Death Metal***
Flavia Pennetta e Roberta Vinci sono le tenniste italiane finaliste degli Us Open
La caratteristica unica tra tutti i pesci, sul **pesce Re** è la temperatura corporea costantemente più calda di cinque gradi centigradi rispetto all'ambiente
La NASA ha annunciato la scoperta di ***Kepler-452 b***; si tratta di un esopianeta di dimensioni simili alla Terra che orbita attorno a una stella simile al Sole a una distanza tale per poter ospitare acqua allo stato liquido
In **Croazia** viene eletta la prima presidente donna
L'accordo raggiunto nella ***Conferenza di Parigi*** sul clima prevede fra l'altro di mantenere l'aumento di temperatura inferiore ai 2 gradi; l'accordo viene definito "storico" perché è stato firmato da tutti i partecipanti
Alcune ricerche scientifiche hanno dimostrato che c'è acqua allo stato liquido, probabilmente salata sul pianeta **Marte**
Si è dimessa **Maria Carmela Lanzetta** ministro degli Affari Regionali del Governo Renzi
Il *Giubileo della Misericordia* è iniziato con l'apertura della porta della **cattedrale di Bangui**, capitale della Repubblica Centrafricana
Il tema dell'Expo svolto a **Milano** è stato *Nutrire il pianeta, energia per la vita*
L'**albero della vita** è il simbolo dell'Expo di Milano
Il vulcano **Kawah Ijen** ha eruttato lava blu provocando un insolito e spettacolare fenomeno
La **Volkswagen** è stata accusata di manipolazione dei test antismog
Viene inaugurato il raddoppio del **Canale di Suez**. Per la prima apertura *Giuseppe Verdi* compose l'opera lirica dell'*Aida*
Il premio *Persona dell'anno*, conferito annualmente dal settimanale di attualità statunitense Time è stato assegnato ad **Angela Merkel**
Il premio *Nobel per la Fisica* è stato assegnato ad **Arthur McDonald - Takaaki Kajita**
Il miglior film premiato con l'Oscar è stato ***Birdman***
Alle dimissioni del Sindaco di Roma Ignazio Marino, è subentrato il commissario prefettizio **Francesco Paolo Tronca**
Tu Youyou è stata insignita del Premio Nobel della Medicina per la scoperta di una nuova terapia contro la malaria

Dopo la divisione durata 66 anni in seguito alla guerra civile, si è verificato lo storico vertice ufficiale tra i leader di **Cina e Taiwan**

Il bar ***Le Carillon***, luogo di un attentato terroristico, si trova a Parigi

Per la prima volta, in **Arabia Saudita** viene esteso il diritto di voto alle donne

Il 26 giugno gli Stati Uniti hanno approvato **i matrimoni gay** all'interno dell'intera federazione

Fra gli attentati di matrice islamica, il 26 giugno si consuma quello di Susa, in cui i terroristi si sono avvicinati alla spiaggia aprendo il fuoco sui turisti sotto gli ombrelloni. Il bilancio della strage è stato di 39 morti e 38 feriti

Nel luglio è stato fotografato da vicino il pianeta **Plutone** dalla sonda New Horizons, regalandoci la veduta più ravvicinata mai realizzata finora

Eduardo Mendoza Garriga è un autore contemporaneo ritenuto uno dei nomi principali della narrativa spagnola, vincitore del premio letterario ceco Franz Kafka

Paolo Virzì è il regista de "*Il capitale umano*" designato come film rappresentante il cinema italiano alla selezione per l'Oscar al miglior film straniero

Giorgio Napolitano mette fine al suo mandato al Quirinale

Nicola Lagioia con il romanzo "*La Ferocia*" è il vincitore del Premio letterario *Strega*

Il Ruggito del Coniglio è la trasmissione radiofonica che ha festeggiato i venti anni di successi di ascolto

La Barcaccia, fontana di Piazza di Spagna a Roma, è stata pesantemente rovinata dai tifosi della squadra olandese

Dheepan - Una nuova vita ha vinto la Palma d'oro a Cannes

Eddie Redmayne ha vinto il premio Oscar come migliore attore protagonista

Filippo Sugar è diventato Presidente del Consiglio di Gestione SIAE

Haruki Murakami, autore tra i fenomeni letterari dell'inizio secolo, scrive *Sonno*.

È stata scoperta la **teixobactina** che potrebbe aprire la strada ad una nuova generazione di farmaci; si tratta di un antibiotico

Viene indetto da Papa Francesco il ***Giubileo della Misericordia***

Il team di ricercatori britannici e spagnoli, delle Università di Bristol e del Sussex hanno realizzato il **primo raggio traente con onde sonore**, in grado di sollevare oggetti

2016

Maurizio Molinari il I gennaio è divenuto direttore del quotidiano La Stampa

Il 15 gennaio **Mario Calabresi** è stato nominato direttore del quotidiano *La Repubblica*

Giulio Regeni era un ricercatore italiano dell'Università di Cambridge, rapito il 25 gennaio; il suo corpo è stato ritrovato il 3 febbraio

A febbraio è stato approvato in Senato, dopo ampi dibattiti e con il voto di fiducia, il maxi-emendamento al disegno di legge cosiddetto **Cirinnà**, dal nome della relatrice il cui argomento era relativo alla regolamentazione delle unioni civili tra persone dello stesso sesso e la disciplina delle convivenze

Nel mese di febbraio è scomparso **Umberto Eco** saggista, semiologo, filosofo e scrittore italiano

L'8 febbraio a Roma ci sono stati diversi eventi per celebrare la *Festa di Primavera*, una tradizionale festa importata da una comunità notevolmente presente sul nostro territorio; questa celebrazione è nota a tutti come **Capodanno Cinese**

Il 24 marzo muore **Johan Cruijff,** uno dei più grandi calciatori di tutti i tempi

A marzo la Corea del Nord ha lanciato missili nucleari; il suo leader è **Kim Jong-un**

Vincenzo Boccia è il nuovo Presidente di Confindustria nominato il 31 marzo
Il glifosato è un erbicida utilizzato in agricoltura per eliminare le piante infestanti, nel mese di aprile, ha creato allarme in Europa perché crea inquinamento ambientale e può essere pericoloso per la salute
Il 12 aprile è scomparso **Gianroberto Casaleggio** imprenditore e politico italiano e nello stesso giorno il critico d'arte Gillo Dorfles ha compiuto 106 anni
Nell'aprile il *Presidente della Repubblica* ha consegnato l'onorificenza di Cavaliere di Gran Croce dell'Ordine al Merito della Repubblica Italiana al Direttore Generale della FAO **Josè Francisco Graziano da Silva**
Il 9 maggio Mercurio transitava davanti al Sole
A maggio è stato annunciato il ritrovamento del brigantino **Endeavour**, si tratta della nave del navigatore britannico *James Cook*
Barack Obama, nel maggio, dopo 50 anni, chiude uno degli ultimi muri della **Guerra Fredda** ponendo fine all'embargo delle armi verso Hanoi (Vietnam)
Nel mese di maggio è scomparso il leader dei radicali **Marco Pannella**
Alla **Russia** appartiene l'orchestra che, nel mese di maggio ha suonato per prima nel teatro di Palmira liberata
A margine del suo ultimo **G7** nel maggio il Presidente statunitense Barack Obama è stato il primo presidente in carica a visitare la città giapponese di Hiroshima
La **Biennale di Venezia**, svolta dal 28 maggio, riguarda il settore della cultura relativo all'Arte contemporanea
Ricorre il quattrocentesimo anniversario della morte dell'artista **Miguel de Cervantes**, noto per essere l'autore di uno dei capolavori della letteratura mondiale
Il 28 maggio è scomparso **Giorgio Albertazzi**, grande attore e regista italiano
Un contingente italiano è impegnato, dalla fine di maggio, a 30 km dalla linea del fronte con l'Isis, a proteggere i complessi lavori di messa in sicurezza della **diga di Mosul**
Nel giugno in Francia ci sono stati scioperi e diverse manifestazioni, anche con scontri e violenze, per contestare il **progetto di riforma del codice del lavoro**
Nel giugno le Filippine hanno un nuovo Presidente in **Rodrigo Duterte** succeduto a Benigno Aquino III
Lo scoppio di **centinaia di incendi** fomentati da forte vento di scirocco ha travolto nel giugno Palermo e la provincia
Il referendum cosiddetto ***Brexit***, svolto il 23 giugno nel Regno Unito è stato di tipo consultivo
L'elettorato svizzero si è espresso con il 76,9% **di no al referendum** sull'introduzione di un reddito di base incondizionato e non tassato
Lo **speleologo Francesco Sauro** è stato scelto dalla rivista americana Time, come uno dei 10 giovani (millennials) in grado di cambiare il mondo
Con un'offensiva durata quattro settimane, le forze governative irachene sono riuscite a strappare, dopo due anni e mezzo dal controllo dell'Isis, la città di **Falluja**
L'artista di fama internazionale **Christo** ha realizzato il suo progetto *The Floating Piers*, un percorso pedonale provvisorio di 4,5 km sulle acque del Lago d'Iseo
Pierre Moscovici riveste il ruolo di Commissario degli Affari economici e finanziari nella Commissione Europea
È stata presentata un'**invenzione** di due ricercatori dell'Università Nuova di Lisbona che sono riusciti a replicare le principali funzioni del silicio con la carta
Giorgio Squinzi è divenuto Presidente del *Gruppo 24 Ore*

Prima di una partita classificata a rischio incidenti, c'è stato **l'arresto preventivo** di 43 tifosi russi, dettato dal timore di violenze; il fatto ha causato un incidente diplomatico ha coinvolto la Francia e la Russia

Il 2 giugno, durante la sfilata della **Festa della Repubblica,** hanno sfilato per la prima volta 400 sindaci

Il 12 giugno un evento drammatico ha coinvolto la città di Orlando in Florida, un attentatore armato ha fatto **irruzione** all'interno di un locale gay e ha cominciato a sparare all'impazzata uccidendo una cinquantina di persone e ferendone altrettante

Il 20 giugno, per la prima volta, dopo quasi cinquant'anni, il **solstizio d'estate** coinciderà con la cosiddetta "*strawberry moon*"

Il 26 giugno **in Spagna** si ritorna al voto appena dopo sei mesi

Il 18 luglio viene nominato Commissario Tecnico della Nazionale di calcio italiana al posto di Antonio Conte, **Giampiero Ventura**

Alex Schwazer, marciatore italiano al centro di polemiche nel mese di giugno per utilizzo di anabolizzanti, vinse la medaglia d'oro nella 50 km di marcia alle Olimpiadi Pechino 2008

Il Ministro per i rapporti con il Parlamento del Governo Renzi nel mese di agosto è stato **Maria Elena Boschi**

Il **canone Rai** si pagherà nella bolletta della corrente elettrica

Alejandro González Iñárritu è stato premiato dell'Oscar come miglior regista, come l'anno precedente

Con **Samantha Cristoforetti**, gli astronauti italiani che hanno viaggiato nello spazio giungono a quota 7; è stata la portavoce della missione **Expedition 42** che consiste in un viaggio di lunga durata verso la Stazione Spaziale Internazionale (ISS) dedicata alla ricerca scientifica. È rimasta nello spazio per 199 giorni

Perfetti sconosciuti, film diretto da Paolo Genovese, ha vinto il Premio David di Donatello come miglior film

George Miller, candidato agli Oscar come miglior regista, è anche un medico australiano

L'**Austria** ha chiesto di bloccare la frontiera del Brennero con l'Italia per un maggior controllo di migranti

Il nuovo Presidente del Perù è **Pedro Pablo Kuczynski**

Enrico Mentana è il direttore e conduttore del Tg de La7

Steven Spielberg ha diretto il film "Il GGG", acronimo di Grande Gigante Gentile

Carlo Conti è il nuovo Direttore Artistico di Radio Rai

Julianne Moore è stata premiata come miglior attrice protagonista agli Oscar

Joseph Blatter, noto dirigente del mondo imprenditoriale e sportivo, è stato squalificato per sei anni, a seguito di uno scandalo per corruzione che ha colpito la FIFA

I candidati al premio Nobel per la pace sono 376 (228 persone e 148 organizzazioni) tra cui la squadra femminile della **Federazione Ciclisti dell'Afghanistan**

La malattia causata dal **virus Zika**, ha destato allarme soprattutto in vista delle Olimpiade di Rio de Janeiro perché, se contratta da donne in stato di gravidanza, si sospetta che possa malformare il feto

Il Barbiere di Siviglia, di cui cade la ricorrenza, è stato rappresentato per la prima volta a Roma, presso il **Teatro Argentina**

Il CIO, **Comitato Olimpico Internazionale**, ha confermato la decisione di escludere dai giochi di Rio, per aver violato le regole dell'antidoping la squadra di atletica leggera russa

Il film di **Sean Penn** *The Last Face* è stato considerato un fiasco

Sale per la prima volta in serie A per il campionato italiano di calcio la quadra del **Crotone**
Dilma Vana Rousseff assunse la carica di presidente del Brasile nel gennaio 2015 sospesa per impeachment dalle funzioni di governo nel 2016 e successivamente destituita.
Sono stati ritrovati i corpi dei due alpinisti morti in Himalaya **Alex Lowe e David Bridges**
Quattro banche italiane entrano in **amministrazione controllata** per mala gestione e cioè *Banca Marche, Banca Popolare dell'Etruria e del Lazio, Cassa di Risparmio di Ferrara, CariChieti*
Dal 1967 il **CENSIS** edita il Rapporto sulla situazione sociale del Paese e nel 2016 è uscito il cinquantesimo
Viene a mancare **David Bowie**, l'autore di *Life on Mars*; nel 2014 è stato il vincitore dei *Brit Awards* (premi musicali inglesi) come migliore artista solista britannico maschile; egli, pur non essendo le sue discipline, si è dedicato anche alla pittura e al cinema
Fayez al-Sarraj è premier libico giunto via mare a Tripoli insieme ad altri membri del governo di unità nazionale
L'**Orso d'oro**, del Festival internazionale del cinema di Berlino, è stato assegnato al documentario italiano di *Fuocoammare* ambientato a Lampedusa
Il David di Donatello ha visto premiata come miglior attrice protagonista **Ilenia Pastorelli**
Il miglior film premiato con l'Oscar e riguardante una clamorosa indagine sulla pedofilia, è stato ***Il caso Spotlight***
Christina Grimmie pop star statunitense americana di soli 22 anni è stata uccisa mentre firmava autografi ai fan
Leonardo Di Caprio stato premiato come il miglior attore protagonista agli Oscar, per il film "*Revenant – Redivivo*"
È stato conferito a Papa Francesco, eletto nel 2013, il premio **Carlo Magno**, conferito dalla città tedesca di Aquisgrana a personalità con meriti particolari in favore dell'integrazione e unione in Europa
Il nuovo sindaco di Londra Sadiq Khan, è di origine pakistana e religione musulmana
La *Palma d'oro* di Cannes è stata vinta da **Ken Loach** con *I, Daniel Blake*
Secondo una dichiarazione dell'**ISTAT** a tre anni dalla laurea solo il 72% dei giovani lavora
Petaloso è un sostantivo creato da un bimbo; l'approvazione ufficiale è stata data da *l'Accademia della Crusca*
Brie Larson è stata premiata come la miglior attrice protagonista *Oscar*
L'isola di **Budelli**, al centro di trattative di vendita, appartiene definitivamente *all'Ente Parco della Maddalena*
Muore **Cassius Clay** che conquistò una medaglia d'oro alle Olimpiadi di Roma del 1960
Per un pugno di libri è una trasmissione televisiva rivolta a giovani studenti i cui presentatori sono stati **Piero Dorfles** e **Geppi Cucciari**
È morto **Muhammad Ali**, un suo noto soprannome era il *labbro di Louisville*
L'Annuario ISTAT dichiara che l'Italia è tra i Paesi **più invecchiati** al mondo insieme a Germania e Giappone
Gioachino Rossini compose *Il Barbiere di Siviglia*, di cui ricorrono i 200 anni dalla prima
Il CAI (Club Alpino Italiano) ricorda i 5 anni della scomparsa di **Walter Bonatti**, alpinista considerato il più grande
Antonia Truppo ha vinto il David di Donatello come migliore attrice non protagonista, per la sua interpretazione nel film *Lo chiamavano Jeeg Robot*
Ricorrono i **130 anni** dell'inaugurazione della *statua della Libertà*
La seconda più alta carica dello Stato è ricoperta da **Pietro Grasso**

È stato messo un ordigno nei pressi dell'**Autorità Europea per la Sicurezza Alimentare** (European Food Safety Authority) che si trova in Italia
Ennio Morricone ha vinto l'Oscar per la miglior colonna sonora del film *The Hateful Eight*
Per celebrare il centenario della morte del maestro del futurismo **Umberto Boccioni,** il Comune di Milano ne ha dedicato una mostra a Palazzo Reale
Si sono svolti diversi eventi per ricordare il quattrocentesimo anniversario della morte del noto drammaturgo **William Shakespeare**
Ricorrono i cinquant'anni dalla Rivoluzione Culturale di **Mao Zedong**
Il film di **Spielberg** presentato a Cannes è stato tratto dal libro di *Roald Dahl*
Con il distacco dell'ultimo diaframma **San Gottardo** è diventata la galleria ferroviaria più lunga del mondo
Il ponte delle spie (Bridge of Spies) di Steven Spielberg ha vinto il David di Donatello come miglior film straniero
Prince, star del pop, è morta a causa di un'overdose di oppiacei
Claudio Ranieri è l'allenatore italiano vincitore della Premier League con la squadra del Leicester
Ricorrono i 40 anni dal sisma del **Friuli**
Il *David di Donatello* ha visto premiato come miglior attore **Claudio Santamaria**
La portabandiera italiana per le Olimpiadi di Rio 2016 è stata **Federica Pellegrini;** nello stesso periodo si è disputata anche la competizione dei Campionati europei di calcio
Esino Lario, Paese di 760 abitanti, ha ospitato il raduno mondiale di *Wikimania*
L'ISTAT annuncia che da 90 anni i **residenti italiani** sono diminuiti
Il ***Corriere della Sera*** ha festeggiato i 140 anni dalla fondazione

2017

Il 20 gennaio 2017 è scaduto ufficialmente il mandato di **Barack Obama**
Astana, città del prossimo expo, è la capitale del Kazakistan
Si pensava che l'asteroide 2012 TC4 avrebbe potuto rappresentare un rischio di impatto per la Terra il giorno 12 Ottobre
Residuali
Per ***jihadismo*** si intende movimento fondamentalista islamico
Hugo Chávez è stato Presidente del Venezuela
Lo scopo del progetto **MOSE** (MOdulo Sperimentale Elettromeccanico) è proteggere Venezia dall'acqua alta
Telethon in Italia è una fondazione per la raccolta di fondi per combattere le malattie genetiche
Alice Munro è una scrittrice, Premio Nobel per la letteratura
Il grande laboratorio di fisica del **CERN** è al confine tra Svizzera e Francia presso il comune di Meyrin; nel 2015 ha annunciato alla comunità scientifica la scoperta del Pentaquark; nel 2016 il direttore generale è **Fabiola Gianotti**
Khaled al-Asaad è lo studioso decapitato dall'Is presso Palmira; in questa sede si trova il sito archeologico romano e mesopotamico, e il tempio di Bel brutalizzati dall'Is
Flame delle comunità Internet, indica un messaggio ostile e provocatorio inviato da un utente della comunità verso un individuo specifico
La **NASpI** (Nuova prestazione di Assicurazione Sociale per l'Impiego) è collegata al Jobs Act, riforma del lavoro in Italia del 2014-15

Il medico siciliano di **Emergency**, primo italiano ad essere stato contagiato dal virus Ebola (proveniente dall'Africa centrale) è stato curato all'ospedale Lazzaro Spallanzani di Roma
Nelle Filippine è stato Presidente, fino al 2016, **Rodrigo Duterte**, presentato dalla stampa internazionale come Donald Trump delle Filippine
Se una moto è chiamata **panigalina** si tratta di una Ducati
E-commerce è una forma di acquisizione dei beni che si sta sempre più diffondendo
In **Giappone** ci sono più colonnine di ricarica elettrica che pompe di benzina
Rhodam è il cognome di **Hillary Clinton**
In **Iraq** l'Is ha distrutto monumenti patrimonio dell'umanità
Joe Biden è il primo vicepresidente degli Stati Uniti d'America di religione cattolica, nominato da Barack Obama
Comunemente con il temine **Fed** si fa riferimento alla banca centrale degli Stati Uniti d'America o, più correttamente, al sistema delle banche centrali del Paese americano
Il **Festival dei Due Mondi** è il festival internazionale di musica, arte, cultura e spettacolo che si svolge annualmente nella città di Spoleto
Papa Francesco, di ordine gesuita, è di origini italiane, più precisamente piemontesi; è stato per lungo tempo tesserato della squadra di calcio Club Atlético San Lorenzo de Almagro; il suo nome è Jorge Mario Bergoglio
Martin Schultz è stato il Presidente del Parlamento europeo dal 2014 al gennaio 2017
L'influente personaggio politico **Wolfgang Schauble**, nel terzo mandato della Merkel, ricopre la carica di Ministro delle finanze
OnePlus è un'azienda di smart-phone cinese
L'**Ilva,** spesso menzionata nelle cronache attuali, si trova a Taranto
La **NASPI** è una prestazione economica che sostituisce l'indennità di disoccupazione
Emma Bonino era il Ministro degli Esteri del governo Letta che ha continuato a seguire il caso dei Marò italiani in India
La **riforma della costituzione** che porta il nome della ministra Maria Elena Boschi, approvata in doppia lettura da Camera e Senato, non è stata approvata dagli italiani con un referendum
La missione spaziale ***Rosetta*** è stata sviluppata dall'Agenzia Spaziale Europea
Con il termine ***Troll*** delle comunità Internet si intende un provocatore con l'obiettivo di disturbare la comunicazione e fomentare gli animi
Con il termine ***Netiquette*** si intende un insieme di regole che disciplinano il comportamento di un utente di Internet nel rapportarsi agli altri utenti
Pier Carlo Padoan, prima di ricoprire cariche governative, era Vice Segretario Generale dell'OCSE; egli è stato anche il Ministro delle Finanze del governo Renzi, nel febbraio 2014, giurò il giorno dopo rispetto agli altri ministri perché si trovava in Australia
Gli italiani che hanno vinto il **Nobel** sono compresi fra 15 e 25
Luiz Inácio Lula da Silva è stato Presidente del Brasile
A maggio di ogni anno, al palazzo ubicato sulla Croisette, si svolge il **Festival cinematografico di Cannes**
Femminicidio è un neologismo, tristemente giunto alla ribalta dei mass media, che indica ogni forma di discriminazione e violenza rivolta contro la donna in quanto appartenente al genere femminile
L'amica geniale, *Storia del nuovo cognome*, *Storia di chi fugge e di chi resta* e *Storia della bambina perduta* sono romanzi di **Elena Ferrante**
La Giornata mondiale della gioventù è un incontro internazionale promosso dalla Chiesa Cattolica

Alba Dorata è un partito greco di estrema destra
Margherita Hack non ha vinto il Premio Nobel
Alessandro Baricco ha scritto il romanzo *Oceano Mare*
Il Giappone sarà il paese organizzatore dei Giochi della XXXII Olimpiade nel 2020
Joseph Aloisius Ratzinger è il nome del Papa Benedetto XVI
Il **cyberbullismo** è una delle nuove sindromi legate alla tecnologia e riguarda i minori
È stata uccisa **Jo Cox**, deputata laburista anti-Brexit, che ha caratterizzato la campagna elettorale per il referendum inglese sull'uscita dall'Unione Europea
L'**ISTAT** è l'Istituto Nazionale di Statistica
Negli anni recenti è scoppiato il caso **WikiLeaks**, il principale collaboratore di tale sito è Julian Paul Assange
Federica Guidi, ministro del Governo Renzi si è dimesso a causa dell'inchiesta della procura di Potenza sullo smaltimento dei rifiuti legati alle estrazioni petrolifere
Il termine ***Boko Haram*** significa: "L'istruzione occidentale è proibita"
La Gran Bretagna ha votato il Brexit e la Norvegia ha votato due volte contro l'ingresso in Europa
Paolo Gentiloni è subentrato nel Governo Renzi a Federica Mogherini come Ministro degli Esteri
Pier Ferdinando Casini ha esercitato per primo la carica di Presidente della Camera dei Deputati
Nello scenario medio-orientale, la sigla **ISIS** indica *Stato Islamico dell'Iraq e della Siria*
Lo **Shard London Bridge**, uno tra i più alti grattacieli d'Europa, è stato progettato dall'architetto Renzo Piano
Annamaria Cancellieri ha ricoperto la carica di Ministro dell'Interno nel Governo Monti (2011-2013) e di Ministro della Giustizia nel Governo Letta (2013-2014)
Filippo VI è succeduto a Juan Carlos I sul trono di Spagna
Con la sigla **F35** si definisce *un caccia multiruolo*
Susanna Camusso è il segretario generale del sindacato CGL
Il premio letterario **Campiello** ha a che fare con Venezia
Per la scienza della matematica non è previsto il **Premio Nobel**
Le caselle di posta elettronica sono piene di **Spam**; questo termine deriva dallo sketch comico di Monty Python's Flying Circus del 15 dicembre 1970
L'*expo 2020* si svolgerà a **Dubai**
Il caso internazionale dell'**Enrica Lexie** fa riferimento al caso dei due Marò arrestati nel Kerala
Il cugino di Papa Francesco (Martinengo) fu autore della vettura **Duetto**
Max Emilian Verstappen è il pilota di Formula 1 più giovane a vincere un Gran Premio
Le Giornate di Primavera, che prevedono l'apertura straordinaria di sedi di interesse artistico e ambientale, sono organizzate da 24 anni da **FAI**
La furia dell'Is nell'abbattere monumenti è definita **furore iconoclasta**
Il **TTIP** (Transatlantic Trade and Investment Partnership) è il partenariato trans-atlantico per il commercio e gli investimenti, un accordo commerciale e per gli investimenti in fase di negoziato tra Europa e Stati Uniti d'America
Per **notte bianca** si intende un'iniziativa di alcune città del mondo per organizzare iniziative culturali o di intrattenimento durante tutta una nottata
Il **Governo Monti** ha decretato che l'INPS assorbisse l'Ente previdenziale degli statali
Russia, Bielorussia, Armenia, Kazakistan e Kirghizistan formano l'**Unione economica eurasiatica**

Con il termine **Ocse** si intende l'Organizzazione per la cooperazione e lo sviluppo economico
Le enciclopedie cartacee sono andate in soffitta a scapito delle informazioni on line. Il termine ***wiki*** utilizzato da un'enciclopedia online significa *rapido*
A seguito dell'operazione *Acquisizione di Banca Antonveneta*, la Banca **Monte dei Paschi di Siena** ha subito un pesante rovescio finanziario
Per **distopia** si intende la descrizione di una immaginaria società o comunità altamente indesiderabile o spaventosa
Peshmerga è il nome delle forze armate della regione autonoma del Kurdistan iracheno
Lucia Votano è la prima fisica italiana a dirigere i Laboratori Nazionali del Gran Sasso, del celebre Istituto Nazionale di Fisica Nucleare
Oltre alla Mogherini e alla Bonino, ha ricoperto il ruolo di Ministro degli affari esteri anche **Susanna Agnelli**
Il **PKK**, attualmente impegnato nella guerra contro lo Stato Islamico in Iraq e in Siria è *il Partito dei Lavoratori del Kurdistan*, un partito politico e organizzazione paramilitare, sostenuto dall'etnia curda
Salone internazionale del libro è la più importante manifestazione italiana nel campo dell'editoria che si svolge al Lingotto una volta all'anno, nel mese di maggio
Il Segretario di Stato americano, nominato nella seconda amministrazione Obama è stato **John Kerry**
Kim Ilsung è stato presidente della Corea del Nord
Una delle opere firmate in Italia dall'architetto spagnolo **Santiago Calatrava** è la stazione alta velocità Mediopadana
La prima donna italiana a ricoprire l'incarico di Ministro della Difesa è **Roberta Pinotti**
La responsabile della diplomazia europea, Federica Mogherini, ha dato l'annuncio dello **storico accordo internazionale** sul **nucleare** in Iran, in una conferenza stampa congiunta con il ministro iraniano degli esteri
L'industria più importante del polo produttivo di **Porto Marghera** è l'impianto petrolchimico
Angelina Jolie, oltre ad essere un'attrice, produttrice cinematografica è anche ambasciatrice UNHCR
Tokjo è la città prescelta per le Olimpiadi 2020
Anna Coliva, storica dell'arte, nata a Bologna è stata nominata direttore alla *Galleria Borghese di Roma* a conclusione della procedura di selezione internazionale per direttori dei 20 principali musei italiani, prevista dalla riforma Franceschini
Jean Claude Junker è un politico lussemburghese
La ***riforma Fornero*** riguarda il sistema pensionistico
Vladimir Putin non è stato o non è alla guida di un Paese dell'Unione Europea
Il partito **Nuovo Centrodestra (NCD)** è nato da esponenti del PDL
Nel **Mar Cinese Meridionale** si trovano le isole artificiali costruite dai cinesi in luogo conteso da anni da altri Paesi
Luca Pasquale Medici è un attore noto con il nome d'arte di **Checco Zalone**
Giusto Gervasutti, un grande alpinista italiano del passato, viene ricordato, a 70 anni dalla scomparsa, con il soprannome di **Fortissimo**
Edward Snowden è il principale protagonista dello scandalo denominato *Datagate*
Massimo Bottura, chef italiano raggiunge per la prima volta la vetta della *50 Best Restaurant in The World 2016*, la classifica dei 50 migliori ristoranti al mondo
Si celebra il 70° anniversario della costituzione del documento noto come *Dichiarazione universale dei diritti dell'uomo*

Ricorre il 25° anniversario dalla morte di Pablo Emilio Escobar, uno dei più famosi narcotrafficanti al mondo, su cui si basa la serie Tv *Narcos*

2018

Si celebra il centenario della pandemia di spagnola, una delle più violente malattie nella storia dell'uomo.
La **NASA** celebra i sessanta anni dalla sua fondazione
Ricorre il duecentesimo anniversario della pubblicazione della grande opera letteraria ***Frankenstein*** di Mary Shelley
Ricorre l'ottantesimo anniversario della scoperta scientifica della Fissione dell'Atomo.
Ricorre il 55° anniversario della morte del presidente americano **John Fitzgerald Kennedy**, ucciso a Dallas mentre era sulla limousine presidenziale
Il 4 settembre l'azienda **Google Inc** compie 20 anni
L'8 marzo, in Russia, si è celebrato il centenario della ricorrenza della Rivoluzione di febbraio
Nel mese di novembre ricorre il centenario della fine della **Prima Guerra Mondiale**
Il 4 aprile ricorrono i 50 anni dalla morte di **Martin Luther King**
A gennaio si è dato il via libera alla commercializzazione del farmaco che cura la **cheratopatia** neutrofica, frutto della ricerca su una proteina chiamata NGF, scoperta da **Rita Levi Montalcini**
Il 1 giugno, entra in carica il **governo Conte**: dopo una crisi istituzionale durata 89 giorni (la più lunga della storia dell'Italia repubblicana) in seguito alle elezioni del 4 marzo, il presidente della repubblica Sergio Mattarella affida al giurista Giuseppe Conte l'incarico di formare un governo di coalizione tra Movimento 5 Stelle e Lega
Il 25 luglio, muore a Zurigo **Sergio Marchionne**, dirigente di spicco del gruppo Fiat
17 novembre, hanno inizio in Francia le manifestazioni del cosiddetto **Movimento dei gilet gialli**, nato dalla protesta contro l'aumento dei prezzi del carburante e l'elevato costo della vita

2019

Mahmood ha vinto Sanremo
Green Book ha vinto l'Oscar come miglior film
Il 24 gennaio, **Maurizio Landini** viene nominato segretario generale della CGIL
Il Presidente della Commissione europea Jean-Claude Juncker ha terminato il suo incarico ed è stato sostituito da **Ursula Gertrud von der Leyen**
Matera è la capitale della cultura europea
Il 26 maggio, in Italia si tengono contemporaneamente le **elezioni europee** e, in 28 comuni, le **elezioni amministrative**. La Lega di Matteo Salvini vince le elezioni europee in Italia con il 34,4 %, circa il doppio del Movimento 5 Stelle, suo alleato di governo. Il Partito Democratico arriva secondo con il 22,7 % dei voti
Il 16 luglio, **Christine Lagarde** presenta le sue dimissioni da direttore generale del Fondo Monetario Internazionale. Le dimissioni sono effettive dal 12 settembre e sarà sostituita da Kristalina Georgieva. Lagarde sostituirà Mario Draghi alla guida della Banca centrale europea da novembre

Il 20 agosto, il premier Giuseppe Conte presenta le dimissioni e pone fine al governo M5S – Lega, in seguito alla mozione di sfiducia presentata dal vicepremier Matteo Salvini il 9 agosto 5 settembre, entra in carica il governo Conte II sostenuto da Movimento 5 Stelle e Partito Democratico
Il 17 novembre 2020 viene registrato il primo caso di contagio accertato da **COVID-19**: si tratta di un cinquantacinquenne della provincia dello Hubei. Inizialmente il virus non è stato riconosciuto come un nuovo tipo di coronavirus

2020

Il 3 gennaio, gli Stati Uniti compiono un attacco coi droni all'aeroporto internazionale di Baghdad, la capitale irachena, uccidendo il generale iraniano **Qassem Suleimani**. L'ordine di uccidere Suleimani è arrivato direttamente dal presidente Donald Trump
L' 8 gennaio, l'Iran attacca le basi militari statunitensi in Iraq con missili a lunga gittata, in rappresaglia all'uccisione di Soleimani. Durante l'attacco viene anche abbattuto per errore **l'Ukraine International Airlines** 752 uccidendo 176 persone
Il 23 gennaio, il governo cinese, a causa dell'epidemia del nuovo ceppo di **coronavirus**, mette in quarantena la metropoli di **Wuhan**, e successivamente espande il provvedimento a quasi tutta la provincia di Hubei
Il 30 gennaio, l'Organizzazione mondiale della sanità (OMS) dichiara l'epidemia del nuovo coronavirus **un'emergenza sanitaria pubblica di interesse internazionale**
Il 31 gennaio, il Regno Unito cessa ufficialmente di essere uno Stato membro dell'Unione europea, iniziando così un periodo di transizione lungo 11 mesi
Il 21 febbraio, emergono i primi casi di **Covid-19**, la nuova malattia causata dal coronavirus, nel lodigiano, in **Lombardia**
L'8 marzo arriva il decreto che prevede l'isolamento della Lombardia e di altre 14 province, che diventano "**zona rossa**"
Il 9 marzo, il **premier italiano Conte** annuncia in televisione di aver esteso a tutto il Paese le misure già prese per la Lombardia e per le altre 14 province: tutta l'Italia diventa "zona protetta". Le norme sono contenute nel **DPCM 9 marzo 2020**. Di fatto la regola è: si può uscire solo per comprovate ragioni di necessità come per fare la spesa, per esigenze lavorative, per l'acquisto di farmaci o per altri motivi di salute
L'11 marzo, l'OMS dichiara che l'epidemia di Covid-19 è una **pandemia**
Il 4 maggio, entra in vigore un nuovo DPCM che prevede l'inizio della cosiddetta "fase 2", ovvero un allentamento graduale delle precedenti misure di contenimento, essendo la curva epidemica in fase di discesa
Il 25 maggio, in seguito all'uccisione dell'afroamericano **George Floyd** da parte di un poliziotto a Minneapolis, negli Stati Uniti d'America scoppiano numerose proteste nelle principali città
Il 4 agosto, **due forti esplosioni** devastano il porto della capitale libanese **Beirut**, provocando il crollo di alcuni edifici. I morti sono oltre 200 e i feriti 7.000, inoltre, il Ministero della Salute esorta gli abitanti della città di lasciarla a causa dell'aria altamente tossica
Il 20 e 21 settembre, si svolgono le operazioni di voto del **referendum costituzionale** per approvare o respingere la legge di revisione costituzionale dal titolo "Modifiche agli articoli 56, 57 e 59 della Costituzione in materia di riduzione del numero dei parlamentari": **vince il sì**

con il 69,64%. Si è trattato del quarto referendum costituzionale nella storia della Repubblica 77Italiana

Il 7 ottobre, in seguito alla risalita della curva dei contagi da Covid-19, il Presidente del Consiglio Conte annuncia un nuovo decreto-legge, in vigore dall'8 ottobre, che proroga lo stato di emergenza fino al 31 gennaio 2021 e rende obbligatorio l'uso delle mascherine sia in luoghi all'aperto che al chiuso, fatta eccezione per le abitazioni private e per le circostanze in cui sia garantito un isolamento continuativo rispetto a persone non conviventi

Il 24 ottobre, il presidente Conte firma un altro DPCM, in vigore dal 26 ottobre e fino al 24 novembre, che aggiunge ulteriori restrizioni alle misure già adottate. Il nuovo decreto suscita una serie di rivolte in diverse città italiane

Il 3 novembre, si svolgono le **59° elezioni presidenziali degli Stati Uniti d'America**. **Joe Biden**, candidato del Partito Democratico, vince sorpassando il presidente uscente Donald Trump, candidato del Partito Repubblicano. Sin dalle ore immediatamente successive allo spoglio, Donald Trump si rifiuta di riconoscere l'esito delle votazioni e la vittoria dello sfidante, accusando i Democratici e Biden di brogli e annunciando ricorsi legali

L' 8 dicembre, il Regno Unito è il primo paese al mondo a dare il via alla campagna vaccinale contro il coronavirus

Il 27 dicembre, si celebra il **V-Day** per l'inizio delle vaccinazioni contro il coronavirus in Europa. In tutti i paesi dell'Unione europea iniziano le prime somministrazioni del vaccino al personale sanitario

2021

Il 6 gennaio, a Washington alcuni sostenitori del presidente repubblicano uscente Donald Trump fanno irruzione nel **Campidoglio** durante la sessione di certificazione della vittoria del democratico Joe Biden alle elezioni presidenziali. L'edificio viene fatto evacuare ma negli scontri a fuoco con la polizia perdono la vita 5 persone

Il 13 gennaio, il leader di Italia Viva, **Matteo Renzi**, annuncia il ritiro dall'esecutivo di 3 esponenti del suo partito; ha inizio la **crisi di governo**

Il 14 gennaio, inizia l'iter di i**mpeachment** nei confronti del Presidente uscente Donald Trump avviato dalla Camera dei Rappresentati degli Stati Uniti dopo gli scontri avvenuti al Campidoglio 8 giorni prima. Trump è accusato di aver aizzato la folla istigandola a fare irruzione al Congresso

Il 18-19 gennaio, la Camera e il Senato votano la fiducia al Governo Conte; al Senato il governo ottiene la maggioranza relativa ma non quella assoluta

Il 26 gennaio, il presidente del Consiglio dei Ministri**, Giuseppe Conte, rassegna le dimissioni nelle mani del Presidente della Repubblica**

Il 27 gennaio, iniziano le consultazioni al Quirinale del Presidente della Repubblica con le delegazioni di tutti i gruppi parlamentari per verificare se ci sono i margini per la costituzione di una nuova maggioranza di governo

Il 29 gennaio, al termine del primo giro di consultazioni il presidente della Repubblica Mattarella affida al presidente della Camera, **Roberto Fico**, un **mandato esplorativo** per verificare se ci sono le condizioni per la formazione di un governo appoggiato dalla maggioranza che sosteneva il governo Conte II

Il 1° febbraio, un **colpo di stato militare in Myanmar** (ex Birmania) rovescia il governo portando all'arresto del consigliere di Stato Aung San Suu Kyi, del presidente Win Myint e di altri leader del partito al governo. In risposta al colpo di stato si sono avute diverse manifestazioni di protesta in varie città birmane; il regime militare ha spesso represso in maniera violenta le proteste arrestando numerosi manifestanti e ha inoltre adottato una serie di contromisure antidemocratiche tra cui l'interruzione della connessione ad Internet e l'oscuramento dei social media

Il 2 febbraio, il Presidente della Camera Fico, di fronte all'indisponibilità di Italia Viva di sostenere un nuovo governo guidato da Giuseppe Conte, riferisce al Capo dello Stato **l'esito negativo del mandato esplorativo**

Il 3 febbraio, **Mario Draghi**, già governatore della Banca d'Italia e presidente della Bce, accetta l'incarico affidatogli da Mattarella di formare un nuovo governo

Il 13 febbraio, ha inizio il **governo Draghi**

Il Senato degli Stati Uniti assolve l'ex presidente Trump dall'impeachment a suo carico

Il 18 febbraio, il rover della NASA **Perseverance** atterra con successo su **Marte**

Il 19 febbraio, dopo lo stop imposto da Trump, gli Stati Uniti rientrano ufficialmente negli Accordi di Parigi, patto internazionale firmato da oltre 200 paesi per contrastare il cambiamento climatico

Il 5 marzo, **Nicola Zingaretti si dimette** da segretario del Partito Democratico

Il 14 marzo, Enrico Letta viene eletto segretario del Partito Democratico dall'Assemblea nazionale

Il 15 marzo, l'AIFA (Agenzia italiana del farmaco) sospende temporaneamente l'utilizzo del vaccino **AstraZeneca Covid19** in tutta Italia, in linea con analoghi provvedimenti adottati da altri paesi europei, in attesa che l'Ema, l'Agenzia europea per i medicinali, porti a termine le verifiche sulla sicurezza del vaccino dopo la segnalazione di alcuni eventi avversi tra i vaccinati. Dopo tre giorni, successivamente al via libera dell'Ema in Italia e in alcuni paesi europei si ricomincia a usare il vaccino AstraZeneca

Il 18 marzo, il **Parlamento spagnolo** approva una **legge sull'eutanasia** e il suicidio medicalmente assistito

Sezione IV
Cittadinanza e Costituzione

Capitolo 1
Diritto e Ordinamento giuridico

1.1 Norma giuridica

Nozione e caratteristiche. È una **regola di condotta** rivolta ai singoli individui (o meglio, persone fisiche o giuridiche) che impone un dato comportamento. Essa prescrive una facoltà, un obbligo o un divieto (in questi ultimi due casi si parla di **comando**), differenziandosi da altre regole di contegno, di natura sociale, religiosa, etica o comunque di norme non giuridiche, soprattutto per il carattere della ***coercibilità*** ovvero della previsione di una ***sanzione*** per effetto della sua inosservanza (in altri termini, il rispetto della norma viene garantito dall'uso di tutti gli strumenti legittimi della forza costrittiva o mediante la minaccia tesa a prevenirne le violazioni). Altre caratteristiche fondamentali della norma sono: ***positività***, in quanto dettata da organi dello Stato, secondo procedimenti predeterminati da altre norme; ***generalità*** (universalità), poiché destinata a tutti gli appartenenti alla comunità sociale; ***astrattezza***, perché non si riferisce a un caso concreto, ma disciplina situazioni ipotetiche (o astratte); ***imperatività*** (o coazione), in quanto, accanto a una norma che contiene un precetto, esiste una norma che prevede la sanzione; ***autoritativa,*** perché è emanata da un soggetto validamente legittimato.
Le norme giuridiche possono essere classificate in relazione alle **fonti**, all'**obbligatorietà**, all'**estensione nello spazio e nel tempo** e alle **sfere oggettive e soggettive**.
Norma imperfetta: norma che non prevede alcuna sanzione in caso di inosservanza.
Norma precettiva: norma che prescrive un comportamento da tenere o da non tenere.
Norma derogatoria: norma che fa eccezione alle regole contenute in un'altra norma giuridica e si applica in modo retroattivo.
Esiste differenza tra norma e disposizione: la **disposizione** è il testo legislativo, la norma il suo significato.

Sanzione. È la conseguenza giuridica negativa a carico del soggetto che l'ordinamento giuridico collega alla violazione di un dovere o di un obbligo posto da una norma (*precetto*); esistono tre tipologie di sanzioni: penale, amministrativa e civile.

Efficacia della norma giuridica. È l'attitudine della stessa a modificare o innovare l'ordinamento giuridico e, dunque, a produrre effetti all'interno dello stesso. La norma entra in vigore, e inizia ad avere efficacia, nel momento successivo a quello in cui è portata a conoscenza dei cittadini, tramite la sua **pubblicazione** sulla Gazzetta Ufficiale della Repubblica Italiana. Il tempo intercorrente tra la pubblicazione e l'entrata in vigore viene definito ***vacatio legis***, e dura 15 giorni (salvo che l'atto legislativo in cui essa è contenuto non disponga altrimenti: efficacia anticipata o differita rispetto ai quindici giorni ordinari).

Irretroattività della norma giuridica. La norma giuridica non può esplicare i suoi effetti per i fatti accaduti o commessi prima dell'entrata in vigore della stessa, per cui tutti i fatti che sono accaduti prima di tale data non vengono disciplinati con la nuova norma, ma continuano ad essere sottoposti agli effetti della precedente legge anche se ormai abrogata e sostituita. La **retroattività** di una norma giuridica è da considerarsi ***evento eccezionale***, perché la norma giuridica «non dispone che per l'avvenire: essa non ha effetto retroattivo» (art. 11 delle Preleggi al codice civile). La retroattività in materia penale è proibita dall'art. 25, c. 2, Cost.

Abrogazione della norma giuridica. La norma giuridica conserva la sua efficacia finché non interviene un nuovo atto normativo che disciplina diversamente i rapporti da essa regolati (cd. ***abrogazione implicita***) oppure quando all'interno di disposizioni di legge sia contenuta una norma che espunga espressamente una norma precedente dall'ordinamento (cd. ***abrogazione espressa***). Dunque, le leggi sono «abrogate da leggi posteriori per dichiarazione espressa del legislatore, o per incompatibilità tra le nuove disposizioni e le precedenti, o perché la nuova legge regola l'intera materia già regolata dalla legge anteriore» (art. 15 delle Preleggi al codice civile).

Occorre Sapere

Per **funzione nomofilattica** della legge (coerenza dell'Ordinamento giuridico) si intende il compito di garantirne l'esatta osservanza e l'uniforme interpretazione.

1.2 Ordinamento giuridico e diritto

Ordinamento giuridico. Insieme delle norme giuridiche che una comunità sociale, organizzata in Stato, ha inteso dettare per autoregolarsi. L'ordinamento giuridico può essere: ***interno*** se le norme giuridiche regolano la convivenza tra individui all'interno di uno Stato; ***internazionale*** se l'insieme delle norme giuridiche regolano i rapporti nella comunità degli Stati.

Diritto. Insieme di principi codificati allo scopo di fornire ai membri di una comunità regole oggettive di comportamento su cui fondare una ordinata convivenza. In altre parole, il diritto è l'insieme delle regole giuridiche (che hanno una natura intersoggettiva e riguardano l'interazione tra molteplici soggetti) che costituisce l'ordinamento giuridico di uno Stato.

Rami del diritto. Il diritto si divide in:

- **diritto pubblico**, che regola i rapporti tra Stato o enti pubblici e i privati quando i primi agiscono in posizione di supremazia. Sono da ascrivere al ramo del diritto pubblico: le nozioni fondamentali e introduttive del diritto; l'assetto costituzionale dello Stato (istituzioni pubbliche e loro funzioni; autonomia e libertà dei cittadini); il *diritto costituzionale*; il *diritto penale*; il *diritto processuale* (*civile*, *penale*, *amministrativo*); il *diritto ecclesiastico*; il *diritto internazionale*; il *diritto comunitario*; il *diritto amministrativo*. La protezione dei beni culturali è una branca del diritto pubblico. I ***diritti pubblici*** consistono nelle pretese del cittadino verso lo Stato e gli altri Enti pubblici;

- **diritto privato**, che disciplina i rapporti interindividuali sia dei singoli che degli enti privati lasciando all'iniziativa personale anche l'attuazione delle singole norme; in questo ramo i soggetti si muovono in condizione di parità. Del diritto privato fanno parte: il *diritto civile*; il *diritto commerciale*; il *diritto della navigazione*; il *diritto del lavoro*; il *diritto agrario*; il *diritto industriale*. In particolare, il diritto civile regola i rapporti che i privati stabiliscono tra loro in materia di famiglia, diritti reali, obbligazioni e tutela dei diritti. Le norme di diritto privato si distinguono in:
  a) ***norme imperative***, la cui applicazione è imposta dall'ordinamento prescindendo dalla volontà dei singoli;
  b) ***norme dispositive***, la cui applicazione può essere evitata mediante un accordo degli interessati.

Il diritto si suddivide, inoltre, in:

- **diritto oggettivo**: insieme delle norme giuridiche;
- **diritto soggettivo**: tipica *situazione giuridica di vantaggio* che assicura al titolare piena soddisfazione di un suo interesse, seppure nel rispetto dei limiti delle regole stabilite dall'ordinamento giuridico (diritto di proprietà, diritto di credito ecc.). I diritti soggettivi consistono, quindi, nella protezione accordata dalla legge ai cittadini, nel senso che la norma tutela direttamente e incondizionatamente la pretesa di un soggetto ad esigere da un altro soggetto l'osservanza di un dovere (i diritti sono strettamente connessi ai doveri). Sono essenzialmente di due tipi:
  a) ***diritti assoluti***, che possono essere fatti valere nei confronti di tutti gli altri consociati (diritto alla salute);
  b) ***diritti relativi***, che si inseriscono in un rapporto giuridico tra persone determinate e per regola possono farsi valere solo in quell'ambito (nel diritto di credito, il creditore può chiedere il pagamento solo al suo debitore).

Il **diritto positivo** è il complesso di norme giuridiche in uso in un determinato momento storico presso una data società.
Il **diritto naturale** è un insieme di norme non scritte valide in ogni tempo presso qualsiasi popolo e consistenti in diritti inseparabili dalla natura umana. I ***diritti naturali*** vengono riconosciuti a tutti gli individui, essendo fondati su norme immutabili e universali, che impongono al singolo determinati doveri e nel contempo gli garantiscono l'esercizio di determinati diritti inviolabili e inseparabili dalla natura umana.

1.3 Il rapporto giuridico e l'interesse legittimo

Rapporto giuridico. Indica una situazione giuridica che coinvolge più soggetti, cioè una relazione tra due o più persone regolata dal diritto (ad esempio, sono legati in rapporto giuridico il proprietario e l'affittuario di un immobile, i due coniugi, il genitore e il figlio, il creditore e il debitore ecc.). È un legame tra due o più individui basato sulla correlazione tra diritti e doveri.
Il **dovere giuridico** è un obbligo di obbedire ad una norma giuridica, che regola i rapporti tra gli uomini.

Interesse legittimo. Rappresenta, in diritto pubblico, una posizione soggettiva individuale, di grado minore rispetto al diritto soggettivo, a cui l'ordinamento attribuisce tutela, entro certi limiti. Esso è protetto dalla legge non direttamente, ma solo indirettamente. È la posizione di vantaggio che il singolo vanta nei confronti della pubblica amministrazione, quando questa esercita i poteri suoi propri in un rapporto di supremazia verso i privati.

1.4 Capacità giuridica e capacità di agire

Capacità giuridica. Idoneità del soggetto ad essere titolare di situazioni giuridiche soggettive. La capacità giuridica generale compete a tutte le persone fisiche e alle persone giuridiche e può accompagnarsi a singole incapacità speciali le quali precludono al soggetto la titolarità di determinati rapporti giuridici (caso del soggetto dichiarato fallito, incapace nei rapporti giuridici patrimoniali). Tale capacità si acquista alla nascita e viene meno al momento del decesso.
Capacità di agire. Generale idoneità del soggetto a compiere e ricevere gli atti giuridici incidenti sulla propria sfera patrimoniale e personale. La capacità di agire si specifica, in particolare, nella capacità negoziale, nella capacità extranegoziale e nella capacità di stare in giudizio.
La persona fisica acquista, di norma, la capacità di agire con il raggiungimento della maggiore età. Sono privi della capacità d'agire i minori (fatti salvi i casi dei ***minori emancipati***, ossia quei minori che possono compiere un'attività specifica solo se autorizzati dal giudice), gli interdetti giudiziali e legali.
Incapacità di agire. Può essere di due tipi:
- ***incapacità legale***, che sussiste in presenza di situazioni rigidamente tipizzate dal legislatore (minore di anni 18, dell'interdetto e dell'inabilitato);
- ***incapacità naturale*** o incapacità di intendere e di volere: è una categoria residuale, nel senso che ciascuno può ottenere l'annullamento di un atto che ha compiuto ove dimostri di aver agito in uno stato di alterazione mentale, anche momentaneo, che non gli ha consentito di apprezzare il significato e gli effetti della scelta.

1.5 Lo Stato

Stato-comunità. Organizzazione sovrana rappresentativa di una popolazione stanziata su un determinato territorio.
Stato-apparato. Insieme di strutture e organi che esercitano la sovranità e il potere politico, ovvero, compiono le scelte fondamentali per il soddisfacimento delle esigenze dell'intera comunità.
Lo Stato come apparato o come organizzazione (è un ordinamento giuridico originario) è una **persona giuridica** di diritto pubblico, nel senso che viene considerato un soggetto di diritto dotato di:
- ***capacità giuridica***, in quanto può essere titolare di diritti e di obblighi giuridici;
- ***capacità di agire***, in quanto può compiere atti giuridici per mezzo dei suoi organi.

Nazione. Identifica un gruppo di persone unite idealmente da alcune caratteristiche o legami comuni: la lingua, la razza, la religione, le tradizioni, i costumi ecc. Essa è una entità ideale che si basa su un criterio etnico o sociale, perché è costituito da un gruppo di persone unito da un comune patrimonio storico e culturale, capace di mantenere ferma la sua identità nel corso del tempo, indipendentemente da un'organizzazione statuale vera e propria.

Cittadinanza e nazionalità. Mentre la **cittadinanza** è un vincolo di natura giuridica tra le persone e lo Stato, la **nazionalità** è un vincolo di natura ideale tra un gruppo di persone, anche se, in alcuni casi, l'appartenenza a una nazionalità può essere rilevante anche per il diritto di uno Stato.
Straniero è chi non ha la cittadinanza italiana; **apolide** è chi è privo di qualunque cittadinanza, **bipolide** è chi ha la cittadinanza di due diversi Stati.

Elementi costitutivi dello Stato. *Popolo*, *territorio* e *sovranità*.
Popolo: persone legate allo Stato dal *vincolo della cittadinanza*. La cittadinanza, quale vincolo di appartenenza ad una determinata comunità statale, si acquisisce per:
- *"Ius sanguinis"*: figlio di padre o di madre cittadini;
- *"Ius soli"*: nato nel territorio della Repubblica se entrambi i genitori sono ignoti o apolidi, ovvero se il figlio non segue la cittadinanza dei genitori secondo la legge dello Stato al quale questi appartengono; figlio di ignoti trovato nel territorio della Repubblica, se non venga trovato il possesso di altra cittadinanza. Può chiedere la cittadinanza italiana lo straniero che ha da 10 anni la residenza nel territorio della Repubblica.

Con il termine **cittadinanza** si intende un insieme di diritti civili, politici e sociali, ai quali sono connessi vari doveri. Essa non è altro che l'affermazione di due principi fondamentali, che rendono gli individui cittadini e non sudditi. Secondo questi principi tutti gli individui sono uguali di fronte allo Stato e alle sue leggi e godono di una serie di libertà inviolabili.
La perdita della cittadinanza può avvenire per statuizione di legge e non può avvenire per motivi politici.
Popolazione: Tutte le persone che si trovano nello Stato in determinato momento senza alcun vincolo di cittadinanza.
Territorio: è il *luogo entro il quale lo Stato esercita la propria sovranità*, costituito da:
- ***terraferma***: superficie terrestre entro la quale lo Stato esercita la propria potestà, delimitata generalmente da confini *naturali* (montagne, fiumi ecc.) o *politici* (frutto di accordi con gli Stati confinanti) e dove ovviamente vivono i suoi abitanti. Comprende anche le cosiddette acque interne;
- ***mare territoriale***: fascia costiera di mare che si estende lungo la costa del territorio statale ed è assimilata ad esso; è pari a 12 miglia marine, stabilito per tutti gli Stati dalla *Convenzione di Montego Bay del 1982*, la quale ha anche riconosciuto agli Stati il diritto di sfruttamento delle risorse naturali marine nell'ambito della **piattaforma continentale** (fondi marini e sottosuolo) oltre il mare territoriale (fino a 200 miglia dalle linee base; la linea di base da cui si misura l'ampiezza delle acque territoriali corrisponde alla linea di bassa marea lungo la costa). Inoltre, fino a 200 miglia marine dalla costa, cioè nella cd. **zona economica esclusiva**, lo Stato può esercitare attività di pesca ed estrazione di risorse minerarie e può in generale sfruttare le risorse economiche presenti all'interno di tale zona;
- ***sottosuolo*** (fin dove è possibile lo sfruttamento concreto) e ***spazio aereo*** (inteso come spazio atmosferico);
- ***territorio fluttuante***: *navi* e *aerei* mercantili battenti bandiera nazionale in viaggio in alto mare (cioè oltre il mare territoriale) e le navi e gli aerei militari ovunque si trovino.

Sovranità: *potere politico supremo ed originario esercitato su persone e cose entro un determinato territorio* (interna), ma *anche nei confronti degli altri Stati* (esterna, cioè indipendenza dello Stato "sovrano" rispetto agli altri Stati anch'essi sovrani nel proprio territorio). Tale potere è:

- ***supremo*** perché non riconosce altro potere a sé superiore. La *supremazia* si manifesta nel **potere d'imperio**, cioè nel potere dello Stato di imporre *anche con la forza* determinate regole di condotta ai cittadini e su tutti coloro che stanziano nel territorio dello Stato e che cittadini non sono.
- ***originario*** perché non deriva da alcun altro potere. *L'originarietà* è sinonimo di **autolegittimazione**, cioè lo Stato trova in se medesimo la giustificazione della propria esistenza e, dunque, del proprio potere.

Funzioni dello Stato. Lo **Stato di diritto** moderno esercita la sovranità o potere di comando mediante l'esercizio delle seguenti tre funzioni:

- la **funzione legislativa**, consistente nella produzione di norme giuridiche generali e astratte dirette a disciplinare la vita sociale. Tale funzione è esercitata dal **Parlamento** mediante l'emanazione delle leggi;
- la **funzione esecutiva**, consistente nell'esecuzione delle leggi e nella realizzazione concreta degli interessi pubblici o collettivi. Tale funzione è esercitata dal **Governo** tramite l'attuazione dei provvedimenti o atti amministrativi;
- la **funzione giurisdizionale**, consistente nella applicazione delle norne giuridiche a casi particolari e concreti per risolvere eventuali controversie tra i consociati. Tale funzione è svolta dalla **Magistratura** attraverso la pronuncia di sentenze.

Siffatte funzioni sono dirette sia a garantire l'ordine interno, regolando i rapporti tra le varie componenti sociali e politiche, sia a definire le relazioni con gli altri Stati.
Comunità internazionale. Insieme delle singole sovranità di ciascuno Stato e degli altri enti le cui relazioni reciproche sono rette dal diritto internazionale.

Occorre Sapere

Il potere esecutivo, fra l'altro, consiste nel potere di far rispettare le leggi.
La **zona di vigilanza doganale terrestre** si estende per 10 km dalla linea doganale di frontiera terrestre verso l'interno.
La **zona di vigilanza doganale marittima** è costituita dalla fascia di mare che si estende dalla linea doganale fino al limite esterno del mare territoriale.

1.6 Forme di Stato e di governo

Forma di Stato. È il complesso di relazioni e rapporti che si instaurano tra i suoi ***elementi costitutivi*** (popolo, territorio e sovranità). Classificazioni:

1) In base al **fattore aggregativo esistente tra il gruppo e lo Stato**:
   - **Stato gentilizio**: tutti i membri sono legati fra loro da vincoli di sangue;
   - **Stato territoriale**: l'appartenenza a un determinato Stato dipende dall'essere stanziati sul suo territorio.
2) In base al **criterio di appartenenza del territorio allo Stato**:
   - **Stato a carattere patrimoniale-privatistico**: il territorio appartiene allo Stato in base al diritto di proprietà (titolo giuridico esclusivamente privatistico). Lo Stato non ha ca-

rattere di ente politico in quanto si preoccupa solo della conservazione materiale del proprio territorio, non anche della soddisfazione degli interessi dei cittadini;
- **Stato a carattere patrimoniale-politico**: lo Stato si preoccupa, oltre che della materiale conservazione del territorio, anche della soddisfazione di una serie di bisogni del gruppo sociale. Nell'ambito di tale forma Stato, in base al **regime politico adottato** si ha:
  - ***Stato di polizia***;
  - ***Stato liberale***;
  - ***Stato totalitario***;
  - ***Stato socialista***;
  - ***Stato sociale***.

3) In base al **titolo** dal quale il Capo dello Stato assume il potere:
   - **Monarchia**: potere che deriva immediatamente dalla Costituzione. Il Capo dello Stato è tale per diritto ereditario;
   - **Repubblica**: è una forma di Stato rappresentativo in cui l'organo supremo (Capo dello Stato) viene eletto o direttamente dal corpo elettorale o dai membri del parlamento.
4) In base alla **articolazione territoriale della sovranità**:
   - **Stato unitario**: risulta composto da un unico popolo, da un solo territorio e da un unico ordinamento giuridico;
   - **Stato regionale**: le unità territoriali di ampia dimensione che lo compongono (Regioni) sono tutelate, a livello costituzionale, sia per quanto riguarda la loro previsione che le loro competenze; hanno funzioni non solo amministrative ma anche di indirizzo politico, con la titolarità legislativa (esclusiva o condivisa) in un nucleo di materie costituzionalmente previsto e riconosciuto;
   - **Stato federale**: quando più Stati hanno un unico Governo.

Forma di governo. È data dalle diverse modalità di distribuzione del potere tra gli *organi principali* dello Stato (Governo, Parlamento, Presidente della Repubblica o monarca ecc.) e dall'insieme dei rapporti che tra gli stessi intercorrono.
1) **Monarchia**, che può essere:
   - ***assoluta***: se tutti i poteri sono concentrati nel monarca senza controllo di altri organi;
   - ***limitata***: qualora preveda l'esercizio del potere da parte di più organi; può essere *costituzionale pura* (esiste un rapporto di fiducia tra sovrano e ministri) e *costituzionale parlamentare* (quando vi è la fiducia anche da parte del popolo; il Re ha una funzione rappresentativa, ma il potere è del popolo).
2) **Repubblica**, che può essere:
   - ***aristocratica*** (governo di pochi);
   - ***democratica*** (governo del popolo): *diretta* (partecipazione al governo di tutti i cittadini) o *indiretta* (governo tramite persone elette dal popolo).
     Si distingue tra:
     - **Repubblica parlamentare**, fondata più sulla collaborazione che sulla contrapposizione dei poteri (rapporto di fiducia tra Parlamento e Governo – es. Italia);
     - **Repubblica presidenziale**, in cui il Presidente è eletto dal popolo, anche in forma indiretta, mediante la nomina dei grandi elettori; si caratterizza per una rigida separazione dei poteri, in cui il potere esecutivo si concentra nella figura del Presidente che è sia il Capo dello Stato sia il Capo del governo (es. Stati Uniti);
     - **Repubblica semi-presidenziale** è una soluzione intermedia tra la forma di governo parlamentare e quella presidenziale, si caratterizza infatti per il doppio rappor-

to di fiducia che lega il Governo (nominato dal Presidente della Repubblica, ma bisognoso della fiducia del Parlamento – es. Francia);

- **Repubblica popolare**, in cui il ruolo predominante viene assegnato al Partito dei lavoratori (es. Cina);
- **Repubblica direttoriale**, detta anche assembleare è caratterizzata dalla concentrazione di tutto il potere politico nell'assemblea elettiva (è attualmente adottata solamente dalla Svizzera).

L'**Italia** è una Repubblica democratica (forma di Stato), rappresentativa parlamentare (forma di governo), fondata sul lavoro (**art. 1 Cost.**).

Occorre Sapere

Il termine **Repubblica** fino alle soglie dell'età moderna era usato prevalentemente come sinonimo di Stato.
Il **Welfare State** rappresenta un particolare modello di organizzazione sociale con un sistema di norme con il quale lo Stato cerca di eliminare le diseguaglianze sociali ed economiche fra i cittadini, erogando servizi di pubblica utilità.
La **dittatura** indica una forma autoritaria di governo, dove il potere è accentrato in un solo organo, non limitato da leggi, costituzioni o altri fattori politici e sociali interni allo Stato.
Con il termine **autarchia** si intende il regime economico di un Paese che tende volontariamente a bastare a se stesso.
Con il termine **plutocrazia** si intende il predominio politico nelle mani di individui o gruppi detentori di grandi ricchezze.
Teocrazia è una di una forma di governo in cui il potere politico si identifica con il potere religioso.
Pluripartitismo è il sistema politico nel quale vi sono più partiti.
Tecnocrazia indica la detenzione del potere da parte dei tecnici.
Le forme di Stato basate sulla **collettivizzazione** sono fallite quasi ovunque e sopravvivono con difficoltà, laddove resistono.
Lo Stato definito come **Leviatano** è il concetto di Stato alla base di una teoria elaborata dal filosofo inglese Th. Hobbes. Il Leviatano rappresenta simbolicamente lo Stato come un grande corpo le cui membra sono i singoli cittadini. Tale teorizzazione è l'atto costitutivo dello Stato assoluto moderno.

1.7 Le fonti del diritto

Per **fonti del diritto** si intendono gli atti e i fatti a cui l'Ordinamento giuridico riconosce la capacità di far sorgere o estinguere norme giuridiche.
La **fonte** è ciò che permette di individuare sia gli organi dai quali deriva la formazione delle norme giuridiche (***fonti di produzione***) sia le modalità di esecuzione della produzione stessa (***fonti sulla produzione***).
Per **fonti di cognizione** si intendono, invece, i documenti che raccolgono ordinatamente le norme e ne permettono la consultazione, come la Gazzetta Ufficiale.
Altra distinzione è quella tra ***fonti dirette*** e ***fonti indirette***: le prime vengono individuate e disciplinate dall'ordinamento giuridico dello Stato; le seconde sono regolamentate da ordinamenti stranieri.
Nel nostro ordinamento, le fonti sono classificate secondo una **scala gerarchica** (cd. **gerarchia delle fonti**), secondo l'efficacia normativa differente. In relazione al rapporto di gerarchia esistente:

- la norma di grado inferiore non può mai modificare o abrogare la norma di grado superiore;
- la norma di grado superiore invece può sempre modificare o abrogare la norma di grado inferiore;

- le norme di pari grado possono modificarsi reciprocamente in base al criterio cronologico, per cui la norma successiva nel tempo può modificare o abrogare la norma anteriore di pari grado.

Ulteriore distinzione, in relazione all'autorità che le emana, è tra ***fonti statuali*** e ***fonti non statuali***. Nel nostro ordinamento, le **fonti statuali** possono essere così classificate:

1) **Fonti di rango costituzionale**, che comprendono la **Costituzione** e le **leggi costituzionali e di revisione**: queste ultime incidono sul testo costituzionale, mentre le altre leggi costituzionali la integrano o dettagliano.
2) **Atti di legislazione ordinaria primaria:**
   - **fonti primarie di primo grado** (definite così perché poste in essere su espressa previsione della Costituzione o di leggi costituzionali) e cioè ***leggi ordinarie*** dello Stato (leggi del Parlamento) e gli ***atti aventi forza e l'efficacia di legge***: *decreti legge* e *decreti legislativi* del Governo, *statuti delle Regioni ordinarie*, *decreti legislativi* di attuazione degli statuti delle Regioni ad autonomia speciale, *leggi regionali* e *leggi delle province di Trento e Bolzano*;
   - **fonti primarie di secondo grado** (definite così perché l'atto legislativo è emanato su delega contenuta in un precedente atto legislativo ordinario) e cioè ***leggi regionali delegate*** dallo Stato, ***decreti legislativi*** ex art. 76 Cost. o ***leggi delegate*** dal Parlamento al Governo.
3) **Atti di normazione secondaria (fonti secondarie)**, tra cui rientrano i ***regolamenti*** – atti formalmente amministrativi - (governativi – ministeriali e prefettizi), le ***ordinanze*** e gli ***statuti*** degli enti minori.
4) **Consuetudini *praeter legem***, si tratta di **usi** e **consuetudini** consistenti nella ripetizione costante nel tempo di una determinata condotta con la convinzione che essa sia dovuta (ovviamente la consuetudine deve essere lecita), che talvolta regolano i rapporti tra gli organi supremi dello Stato per ovviare a determinate norme costituzionali lacunose. A queste fonti *extra ordinem* si applica il criterio di legittimità.

Nel nostro ordinamento, le **fonti internazionali ed europee** sono **fonti non statuali**, che presentano la peculiarità di non essere prodotte da soggetti appartenenti all'ordinamento nazionale ma che, in virtù dell'apertura dell'Italia al contesto internazionale, comunque si impongono alle istituzioni e alla popolazione dello Stato. Si tratta dei *trattati internazionali* e degli *atti normativi comunitari*: che possono presentarsi sotto forma di regolamenti o direttive e le sentenze della Corte di Giustizia Europea "dichiarative" del Diritto Comunitario.
Alla luce dell'appartenenza dello Stato Italiano all'Unione Europea, al primo livello delle fonti normative sono annoverati i trattati e il diritto derivato dell'UE, sempreché non contrastino con i principi fondamentali del nostro Ordinamento. In questo modo la Costituzione si troverà ad occupare il secondo livello, o addirittura il terzo, della gerarchia. Nel caso di conflitto tra diritto dell'Unione e diritto nazionale prevale il diritto dell'Unione.
Il rapporto di gerarchia tra le fonti del diritto si sostanzia nella legalità e nella costituzionalità.
In caso di una legge contraria alla Costituzione, essa cessa di avere efficacia dal giorno successivo alla pubblicazione della decisione da parte della Corte Costituzionale.
Il **rapporto di competenza** tra le fonti del diritto attiene alla distribuzione orizzontale delle fonti e quindi all'abrogazione di una legge precedente che risulta in contrasto con una nuova legge.

Un'importanza fondamentale assume il **principio di legalità**. Tale principio regola il rapporto che intercorre tra il potere legislativo e quello esecutivo, garantendo che ogni atto posto in essere da quest'ultimo, sia esso di carattere amministrativo o normativo, debba essere adottato solo sulla base di una precedente norma di legge.
Occorre dunque che vi sia una norma, emanazione diretta del potere legislativo, che fissi a priori i casi in cui il provvedimento possa essere adottato.
In diritto, il principio di legalità può essere inteso in due modi:
- ***in senso formale***: in questa accezione è necessario che la norma di legge preveda ed autorizzi i poteri dell'esecutivo;
- ***in senso sostanziale***: la norma di legge non si limita a prevedere ed autorizzare i poteri dell'esecutivo ma definisce, nello specifico, non solo i criteri ma anche le modalità di esercizio dello stesso.

Intrinsecamente legata al principio di legalità è la *riserva di legge*.
Per **riserva di legge** si intende che una determinata materia sia regolata soltanto dalla legge primaria e non da fonti di tipo secondario; la materia potrà essere anche disciplinata dal Governo ma non con fonti secondarie.
Quando la Costituzione italiana prevede una **riserva assoluta di legge**, la materia può essere disciplinata dalla legge e da tutti gli atti aventi forza di legge.
La norma della Costituzione secondo il quale "I pubblici uffici sono organizzati secondo disposizioni di legge" pone una **riserva relativa di legge**.
Si ha **riserva di legge costituzionale** quando la Costituzione dispone espressamente che determinate materie siano regolate con legge costituzionale.
Le **leggi regionali** non possono essere fonte del diritto penale perché la potestà legislativa in materia penale spetta solo allo Stato.

Occorre Sapere

Lo **stato di natura** è quello che caratterizzò gli uomini ai loro primordi.
La **religione** è l'insieme delle regole che disciplinano i rapporti tra Dio e l'uomo.
Le **norme morali**, che costituiscono la morale, provengono dai comandi della coscienza individuale, e hanno carattere soggettivo.
La **legge** è un complesso di regole o norme accumulatesi nel corso del tempo ed entrate nella tradizione e nel costume di un popolo.
Il **rapporto tra diritto e morale** è dettato dall'affermarsi di alcuni valori e principi etici in un dato momento storico.
La **persona** è l'uomo non quale individuo chiuso in sé, ma quale costruzione morale.
Nel diritto è detta **qualificazione giuridica** la corrispondenza tra un fatto giuridico e una norma giuridica.
Diritto vivente rappresenta la legge nella sua consolidata interpretazione giurisprudenziale
Il diritto ha una **funzione di tutela** poiché protegge la persona nei diritti della personalità, di famiglia, di cittadinanza e patrimoniali.
I diritti umani hanno **matrice giusnaturalistica** perché essi sono preesistenti rispetto allo Stato.
La **vita sociale** è un tipo di convivenza imposto dallo Stato di diritto.
Nell'ordinamento italiano le norme del **diritto internazionale consuetudinario** vengono recepite mediante adattamento automatico.

Capitolo 2
La Costituzione italiana

Registrandosi sul nostro sito secondo le modalità indicate nelle prime pagine, è possibile consultare la versione aggiornata della Costituzione, oltre ad altri materiali online.

2.1 La Costituzione della Repubblica italiana

La **Costituzione della Repubblica italiana** è la legge fondamentale dello Stato, posta al vertice nella gerarchia delle fonti di diritto dello Stato italiano.
Il 2 giugno 1946 si votò per la prima volta in Italia a suffragio universale per il referendum Repubblica-Monarchia e per l'elezione della Costituente. La forma di governo precedente, dal 1861 al 1946, era una Monarchia Costituzionale i cui regnanti appartenevano alla **famiglia Savoia**.
L'**Assemblea Costituente** era composta da **556 membri** tra cui 21 donne. Il primo Presidente dell'Assemblea fu *Giuseppe Saragat*, il secondo fu *Umberto Terracini*. Oltre al compito di redigere la Costituzione vi era quello di individuare i diritti e i doveri dei cittadini.
La **Commissione per la Costituzione**, istituita il 15 luglio 1946, incaricata di elaborare e proporre il progetto di Costituzione repubblicana, era chiamata anche **Commissione dei 75**.
Il **Comitato dei 18** rispetto al progetto di elaborazione della Costituzione italiana fu un Comitato di redazione con il compito di coordinare ed armonizzare il lavoro prodotto.
La **Costituzione italiana** fu **approvata** dall'Assemblea Costituente il 22 dicembre 1947 e **firmata** a Roma il 27 dicembre 1947, dal Capo provvisorio dello Stato (*Enrico De Nicola*) controfirmata dal Presidente dell'Assemblea Costituente (*Umberto Terracini),* dal Presidente del Consiglio dei Ministri (*Alcide de Gasperi*) e dal Guardasigilli (*Giuseppe Grassi*).
La Costituzione promulgata dal Capo provvisorio dello Stato **è entrata in vigore** il **1° gennaio 1948**, sostituendo lo **Statuto Albertino**.
Il **Partito Socialdemocratico** non partecipò all'elaborazione della Carta Costituzionale.

Occorre Sapere

Lo scopo primario di un'**Assemblea Costituente** è la redazione della Costituzione di uno Stato.
La nascita della **democrazia in Italia** è da riferirsi al 1946 con la fondazione della Repubblica e la successiva prolungazione della Costituzione.
Emilio Colombo è stato uno dei più giovani padri costituenti, ultimo a morire nel 2013; è stato anche il 15° Presidente del Consiglio dei Ministri.
Giulio Andreotti non fece parte della Commissione per la Costituzione.

Struttura della Costituzione. La Costituzione è composta da **139 articoli** (di cui 5 abrogati: 115; 124; 128; 129; 130), 18 disposizioni transitorie e finali (non contiene alcun preambolo):

1) **PRINCIPI FONDAMENTALI (ARTT. 1-12)**
2) **PARTE I (artt. 13-54) Diritti e doveri dei cittadini**
   - TITOLO I - Rapporti civili (artt. 13-28)
   - TITOLO II - Rapporti etico-sociali (artt. 29-34)
   - TITOLO III - Rapporti economici (artt. 35 -47)
   - TITOLO IV - Rapporti politici (artt.48-54)
3) **PARTE II (artt. 55-139) Ordinamento della Repubblica**
   - TITOLO I - Il Parlamento
     - SEZIONE I - Le Camere (artt. 55 -69)
     - SEZIONE II - La formazione delle leggi (artt. 70 - 82)
   - TITOLO II - Il Presidente della Repubblica (artt. 83 - 91)
   - TITOLO III - Il Governo
     - SEZIONE I - Il Consiglio dei Ministri (artt. 92 -96)
     - SEZIONE II - La Pubblica Amministrazione (artt. 97-98)
     - SEZIONE III - Gli organi ausiliari (artt. 99-100)
   - TITOLO IV - La Magistratura (artt. 101 -113)
     - SEZIONE I - Ordinamento giurisdizionale (artt. 101 - 110)
     - SEZIONE II - Norme sulla giurisdizione (artt. 111 - 113)
   - TITOLO V - Le Regioni, le Province, i Comuni (artt. 114 -133)
   - TITOLO VI - Garanzie costituzionali (artt. 134 -139)
     - SEZIONE I - La Corte costituzionale (artt. 134 -137)
     - SEZIONE II - Revisione della Costituzione. Leggi costituzionali (artt. 138 -139)
4) **DISPOSIZIONI TRANSITORIE E FINALI (artt. I - XVIII)**

Occorre Sapere

Gli articoli 115 e 124 della Costituzione sono stati abrogati dall'art. 9, c. 2, L. Cost. 18 ottobre 2001, n. 3, mentre, la L. Cost. 29 ottobre 1993, n. 3, ha modificato l'articolo 68.

La nostra Costituzione, oltre ad essere ***deliberata*** e ***scritta***, è:
- ***rigida***: i principi in essa affermati non possono essere modificati con semplici leggi ordinarie (contrariamente a una *Costituzione flessibile*), ma solo mediante un lungo e gravoso procedimento, che impone alle Istituzioni coinvolte un'attenta e ponderata valutazione. Alcune norme della Costituzione non possono essere modificate nemmeno seguendo l'*iter* di revisione costituzionale sancito dagli artt. 138 e ss. Cost;
- ***lunga***: *i principi fondamentali di solidarietà e convivenza civile* cui tutta la Costituzione si ispira sono stati sanciti in maniera inequivocabile. Allo stesso modo è disciplinato, in maniera analitica, il funzionamento degli organi costituzionali al fine di garantire una "razionalizzazione del potere" ed evitare in futuro qualunque tipo di accentramento da parte di un'istituzione. Essa contiene disposizioni in molti settori del vivere civile, non limitandosi a indicare le norme sulle fonti del diritto;
- ***votata***: perché emanata a seguito di votazione da parte di apposita Assemblea Costituente;
- ***compromissoria***: frutto di una particolare collaborazione tra tutte le forze politiche uscenti dal secondo conflitto mondiale;

- ***democratica***: è dato particolare rilievo alla sovranità popolare, ai sindacati e ai partiti politici;
- ***programmatica***: rappresenta un programma (attribuisce alle forze politiche il compito di rendere effettivi gli obiettivi fissati dai costituenti, e ciò attraverso provvedimenti legislativi non contrastanti con le disposizioni costituzionali).

È caratteristica peculiare della Carta Costituzionale italiana la formulazione di norme di principio.

Occorre Sapere

La Costituzione italiana prende spunto maggiormente dal documento storico della **Costituzione della Repubblica Romana**.
Dal 1946 si sono svolti in Italia **3 referendum di modifiche costituzionali**: il primo il 7-10-2001; il secondo il 25/26-06-2006 e il terzo il 4-12-2016.
Il sistema economico delineato dalla nostra Costituzione è di tipo misto.
Nel 1948 vi furono le prime elezioni politiche nell'Italia repubblicana.
Lo **Statuto Albertino** era una Costituzione ***scritta***, ***flessibile*** e ***ottriata*** (ovvero concessa dal sovrano).

2.2 Principi fondamentali (artt. 1-12 Cost.)

I principi fondamentali esposti negli artt. 1-12 della Costituzione contengono un **preambolo di carattere ideologico ed etico-sociale** a base dell'ordinamento giuridico della Repubblica italiana. Essi fissano le decisioni essenziali sul tipo di Stato e sul tipo di società voluti dalla Costituzione.
I primi 12 articoli sono dedicati ai «**principi fondamentali**» detti «***inviolabili***» poiché non é possibile abrogarli (eliminarli) neppure con una legge di revisione costituzionale, procedimento particolare con cui, invece, é ammesso modificare gli articoli della Costituzione non compresi tra i primi 12. Inoltre, sono ***indisponibili, intrasmissibili*** *e* ***irrinunciabili*** da parte dei loro titolari e sono *imprescrittibili*; anche se non esercitati, non cadono mai in prescrizione.
L'**art. 1 Cost.** stabilisce che la **sovranità appartiene al popolo**, non allo Stato o alla Nazione: sono i cittadini i reali detentori del potere di indirizzo politico, anche se l'esercizio della sovranità si svolge prevalentemente secondo modalità e con l'ausilio di soggetti diversi da essi (democrazia indiretta o rappresentativa). Lo Stato si realizza nel governo del popolo attraverso strumenti tipici della democrazia, quali il Parlamento e i referendum.
All'**art. 2 Cost.** troviamo il **principio personalista e solidarista** che riconosce i diritti inviolabili non solo all'uomo in quanto singolo ma anche in quanto membro di formazioni sociali (gruppi sociali, es. una associazione sportiva) in cui si svolge la propria personalità.

Il riconoscimento dei diritti inviolabili è strettamente connesso con il concetto di «personalità», che pur essendo previsto nell'art. 2 Cost. viene ribadito dall'art. 3, c. 2, Cost. laddove si afferma che «è compito della Repubblica rimuovere gli ostacoli di ordine economico e sociale, che, limitando di fatto la libertà e l'*eguaglianza dei cittadini, impediscono il pieno sviluppo della persona umana*». Tali riconoscimenti sono rinvenibili in molte altre disposizioni della Costituzione, tra le quali assume posizione prioritaria l'art. 13 che sancisce il diritto alla libertà personale. Tra i diritti della personalità si possono annoverare: il diritto alla vita ed all'integrità fisica; il diritto all'integrità morale (il decoro, l'onore, il prestigio, e la reputazione della persona); il diritto all'immagine; il diritto al nome; il diritto alla riservatezza, ossia il diritto alla intimità della vita privata.

L'**art. 3, c. 1, Cost.** afferma il **principio di uguaglianza** stabilendo che *tutti i cittadini hanno pari dignità sociale e sono eguali davanti alla legge senza distinzione di sesso, di razza, di lingua, di religione, di opinioni politiche e di condizioni personali e sociali.* Così disponendo, la norma in esame pone il principio di ***uguaglianza formale***, che costituisce la regola fondamentale dello Stato di diritto. Il secondo comma dell'art. 3 Cost., invece, assegnando allo Stato il compito di rimuovere gli ostacoli di ordine economico e sociale che di fatto limitano la libertà e l'uguaglianza dei cittadini, sancisce il principio di ***uguaglianza sostanziale***, ossia il dettame secondo cui situazioni diverse devono essere trattate in modo diverso. In altri termini, la discriminazione apparente non è altro che un'espressione di ragionevolezza concreta di un Ordinamento giuridico, volto ad attuare quelle distinzioni necessarie tra gli individui al fine di garantire il c.d. welfarestate, massima espressione dello Stato sociale.
Il principio di eguaglianza davanti alla legge concerne, in base al testo della Costituzione, i cittadini. La giurisprudenza costituzionale, al riguardo, ritiene che il riferimento ai soli cittadini non escluda l'applicazione del principio agli stranieri, là dove si tratti di assicurare la tutela dei diritti inviolabili dell'uomo.
Il **principio lavorista** è indicato nel combinato disposto dell'art 1, dove si afferma che *l'Italia* è una Repubblica democratica fondata sul lavoro, e dell'**art. 4, c. 1, Cost.** dove si afferma che *la Repubblica riconosce a tutti i cittadini il diritto al lavoro e promuove le condizioni che rendano effettivo questo diritto.* La Carta costituzionale, pur riaffermando i principi di ideologia liberale (Stato di diritto), considera il diritto al lavoro come mezzo necessario per l'affermazione della personalità dell'individuo e nello stesso tempo come strumento di progresso materiale e sociale (art. 4, c. 2, Cost.). Il lavoro è riconosciuto, non solo come un diritto, ma anche come un **dovere di solidarietà** che ciascun cittadino è tenuto ad adempiere per contribuire al progresso dell'intera collettività.

Nell'**art. 5 Cost.** viene affermato (**principio autonomista**), in subordine all'intangibile principio di unità ed indivisibilità della Repubblica, sia il **principio del decentramento dei poteri** che quello della promozione e del **riconoscimento delle autonomie locali** (Regioni, Province, Comuni ecc.). Dall'esame della norma si ricavano tre punti fondamentali: 1. l'unità e l'indivisibilità della Repubblica, quale limite invalicabile al riconoscimento da parte dello Stato persona e alla promozione delle autonomie locali; 2. l'attuazione, da parte dello Stato, del più ampio decentramento amministrativo nella erogazione dei servizi; 3. l'adeguamento della legislazione dello Stato alle esigenze dell'autonomia e del decentramento, attraverso il riconoscimento e la creazione di enti territoriali espressione dello Stato comunità.

L'**art. 6 Cost.** (**tutela delle minoranze linguistiche**) offre una tutela positiva, al fine di conservare il patrimonio linguistico e culturale delle minoranze in ossequio ai principi di pluralismo e tolleranza.

Lo Stato italiano è una Repubblica democratica laica sebbene manchi nella sua Carta costituzionale una specifica ed espressa previsione del **principio di laicità** come pure avviene in altri Stati. Tale principio assicura eguale tutela del sentimento religioso, indipendentemente dalla confessione che lo esprime.
L'**art. 7 Cost.** dispone che «*lo Stato e la Chiesa cattolica sono, ciascuno nel proprio ordine, indipendenti e sovrani*». I rapporti fra questi ordinamenti sono regolati da veri e propri accordi, i **Patti Lateranensi**. Essi possono essere modificati con legge ordinaria, purché le modi-

ficazioni siano concordate fra le parti. In alternativa lo Stato può procedere egualmente alle modifiche, ricorrendo, però, al procedimento di revisione costituzionale ex art. 138 Cost.
I **rapporti tra lo Stato e le altre confessioni religiose acattoliche** sono contenuti nell'**art. 8** Cost., che stabilisce, in particolare, ai commi 2 e 3: «*Le confessioni religiose diverse dalla cattolica hanno diritto di organizzarsi secondo i propri statuti in quanto non contrastino con l'ordinamento giuridico italiano. I loro rapporti con lo Stato sono regolati per legge sulla base di intese con le relative rappresentanze*».

L'**art. 9 Cost.** afferma il **principio culturale e ambientalista**: «*La Repubblica promuove lo sviluppo della cultura e la ricerca scientifica e tecnica. Tutela il paesaggio e il patrimonio storico e artistico della Nazione*». Tale disposizione enuncia due principi fondamentali: 1. la promozione e lo sviluppo di cultura e ricerca – la Repubblica in tutte le sue articolazioni si impegna ad incentivare il progresso culturale, scientifico e tecnico del paese, in competizione con i Paesi più progrediti, evitando in ogni caso di imporre modelli, modalità e obiettivi e salvaguardando la libertà dell'arte e della scienza; 2. la tutela del paesaggio e dei beni culturali ed ambientali – a tal fine i compiti di tutela da parte dello Stato hanno una portata più ampia rispetto a una concezione essenzialmente difensiva dei beni paesaggistici, culturali e ambientali.

L'**art. 10**, **c. 1, Cost.** (**adattamento al diritto internazionale**) prevede che: «*l'ordinamento giuridico italiano si conforma alle norme di diritto internazionale generalmente riconosciute*». L'obbligo di conformarsi agli obblighi derivanti dal diritto internazionale vige per: il Parlamento, che non potrà approvare leggi contrarie alle norme internazionali e dovrà emendare o abrogare quelle eventualmente contrastanti; la Pubblica Amministrazione, in particolare il Governo, nell'adozione di decreti legge e decreti legislativi; la Magistratura, che dovrà applicare le prescrizioni del diritto internazionale ratificate dallo Stato italiano e assicurarne il rispetto.

L'**art. 10, c. 2, Cost.** delega la legislazione ordinaria per la regolazione della **condizione giuridica dello straniero** in conformità delle norme e dei trattati internazionali. Il successivo c. 3 stabilisce che lo straniero, al quale sia impedito nel suo Paese l'effettivo esercizio delle libertà democratiche garantite dalla Costituzione italiana, ha **diritto d'asilo** nel territorio della Repubblica secondo le condizioni stabilite dalla legge. Il c. 4, infine, vieta l'estradizione per motivi politici, ovvero la consegna da parte dello Stato italiano a un altro Stato di un individuo condannato o accusato di crimini commessi per opporsi a regimi illiberali o per affermare un diritto di libertà il cui esercizio nel suo Paese è negato. Nei confronti dello straniero comunque presente alla frontiera o nel territorio italiano, quindi anche se entrato clandestinamente, deve essere garantito il rispetto dei diritti fondamentali della persona umana previsti da norme interne o da consuetudini e convenzioni internazionali. Lo straniero regolarmente soggiornante, invece, gode anche dei diritti in materia civile attribuiti al cittadino italiano.
L'estradizione di stranieri accusati di reati politici di genocidio è l'unico dei principi fondamentali della Costituzione corretto con la legge costituzionale n. 1 del 21 giugno 1967, ciò per quel che riguarda sia il disposto dell'art. 10 Cost. sia il disposto dell'art. 26 Cost. concernente il **diritto a non essere estradati**.

L'**art. 11 Cost.** (**ripudio della guerra e adesione all'Unione europea**) enuncia i principi che orientano la posizione dell'Italia nel contesto internazionale, con riferimento alla sua relazio-

ne con la guerra e alle limitazioni della sovranità nazionale ritenute necessarie al fine di consentire l'ammissione della Repubblica italiana all'ONU.
Si ritenne che il riferimento alle «***limitazioni di sovranità***» si potesse intendere in un'accezione così ampia da consentire anche l'adesione dell'Italia alle Comunità europee. Tali limitazioni concernono non solo l'attività normativa dello Stato ma anche quella amministrativa e giurisdizionale sicché in conseguenza della stipulazione dei trattati comunitari, i cittadini sono sottoposti, oltre che alle autorità nazionali, a un sistema di pubblici poteri estraneo e indipendente rispetto ad esse.
Il dettame **promuove e favorisce le organizzazioni internazionali** rivolte ad assicurare la pace e la giustizia fra le Nazioni.

L'**art. 12 Cost.** indica il **tricolore italiano** come bandiera della Repubblica. Il vessillo, caratterizzato da tre fasce verticali di uguali dimensioni, è ispirato al modello francese del 1790 ove le tre bande uguali (utilizzate successivamente da tutte le democrazie europee con differenti colorazioni) rappresentano i tre cardini (libertà, uguaglianza, fraternità) che costituiscono la matrice ideologica e libertaria comune degli Stati democratici. Nella nostra bandiera il verde rappresenta le nostre pianure, il bianco le vette innevate e il rosso il sangue dei nostri soldati.
Il tricolore nacque a Reggio Emilia nel 1797, quando il Parlamento della Repubblica Cispadana decretò: "che si renda universale". Ogni **7 gennaio**, si celebra la Festa del Tricolore, ufficialmente Giornata Nazionale della Bandiera, istituita con la legge n. 671 del 31 dicembre 1996. Le festività nazionali in cui va esposto il tricolore sono in tutto nove. Con la legge del 23 novembre 2012, n. 222 è stata istituita, il **17 marzo** di ogni anno, la celebrazione della **Giornata** dell'**Unità nazionale**, della **Costituzione**, dell'**inno** e della **bandiera.**

I tre elementi **emblema della Repubblica Italiana** sono: la ruota dentata che rappresenta l'attività lavorativa; la stella che rappresenta la personificazione dell'Italia, sul cui capo essa splende raggiante; i rami di ulivo e di quercia. Il ramo di ulivo rappresenta la volontà di pace della nazione, sia nel senso della concordia interna che della fratellanza internazionale; il ramo di quercia raffigura la forza e la dignità del popolo italiano.

Occorre Sapere

L'anniversario dell'Unità d'Italia è stato solennemente festeggiato 3 volte: per i 50 anni, per i 100 anni e per i 150 anni.
Il **Canto degli italiani** è il titolo originale dell'inno nazionale italiano. È stato scritto da **Goffredo Mameli** e musicato da Michele Novaro.
L'origine del **colore azzurro**, uno dei simboli patri italiani non ufficiali, deriva dal colore dello stemma nobiliare di casa Savoia, il drappo di tela che veniva posto trasversalmente sopra lo scudo nobiliare.
Ogni 4 novembre si festeggia la **Giornata dell'Unità Nazionale e delle Forze Armate**, istituita nel 1919 per commemorare la vittoria italiana nella prima guerra mondiale.
Quotidianamente su sedi Regionali, Provinciali, Comunali le bandiere da esporre sono tre (bandiera dell'ente, dell'UE e quella italiana), il **tricolore va esposto al centro**.
Il **Vittoriano** dedicato a Vittorio Emanuele II, il primo re d'Italia, è considerato il monumento simbolo ufficiale della Repubblica italiana.

2.3 Parte I – Diritti e doveri dei cittadini (artt. 13-54 Cost.)

2.3.1 Titolo I – Rapporti civili (artt. 13-28 Cost.)

I ***rapporti civili*** sono sanciti nella Parte I, Titolo I della Costituzione.

Libertà personale (art. 13 Cost.). La libertà della persona è inviolabile. La carta costituzionale non consente la sottoposizione ad alcuna forma di detenzione, ispezione o perquisizione personale se non nei casi previsti dalla legge o stabiliti, con motivazione, dal giudice. Solo in casi eccezionali di necessità e urgenza, indicati tassativamente dalla legge, l'autorità di pubblica sicurezza può adottare provvedimenti provvisori restrittivi della libertà personale, da comunicare entro 48 ore all'autorità giudiziaria: se questa non li convalida nelle successive 48 ore, si intendono revocati e restano privi di ogni effetto. È punita ogni violenza fisica e morale sulle persone sottoposte a restrizioni di libertà.

Libertà di domicilio (art. 14 Cost.). È la libertà inviolabile relativa alla dimora di abituale abitazione, incluso il luogo di lavoro. La carta costituzionale vieta ispezioni o perquisizioni o sequestri se non nei casi e modi stabiliti dalla legge e secondo le garanzie prescritte per la tutela della libertà personale. Limitazioni alla libertà di domicilio (accertamenti e ispezioni) sono possibili per motivi di sanità e di incolumità pubblica o per fini economici e fiscali, secondo la disciplina di leggi speciali.

Libertà e segretezza della corrispondenza (art. 15 Cost.). Tali diritti, inviolabili, attengono non solo alla corrispondenza cartacea ma a tutte le forme di comunicazione, ad esempio telefonica e telematica (chat tra due soggetti, posta elettronica a un destinatario o a una mailing list chiusa, videoconferenza one-to-one). Limitazioni sono ammesse soltanto per atto motivato dell'autorità giudiziaria con le garanzie stabilite dalla legge. Le intercettazioni sono consentite solo per talune categorie di reato (art. 266 c.p.p.).

Libertà di circolazione, di soggiorno nel territorio nazionale, di espatrio e di emigrazione (artt. 16 e 35, c. 4, Cost.). Si tratta di prerogative che non ammettono restrizioni per ragioni politiche; eventuali limitazioni stabilite dalla legge dovranno riguardare motivi di sanità o di sicurezza.

Nel contesto comunitario, detta tutela è sancita dall'art. 45 della Carta dei diritti fondamentali dell'Unione europea oltre che dal TFUE che, all'art. 21, stabilisce che "ogni cittadino dell'Unione ha il diritto di circolare e di soggiornare liberamente nel territorio degli Stati membri, fatte salve le limitazioni e le condizioni previste dai trattati e dalle disposizioni adottate in applicazione degli stessi". La ***libertà di emigrazione*** è confermata nell'art. 35, c. 4, Cost., nel quadro della tutela del lavoro italiano all'estero.

Libertà di riunione (art. 17 Cost.). È garantita a tutti i cittadini purché il diritto sia esercitato pacificamente e senza uso di armi.

La Costituzione distingue tra *riunioni in luogo aperto al pubblico* (es. un teatro) per le quali non occorre preavviso e *riunioni in luogo pubblico* (es. una piazza) per il cui svolgimento occorre dare preavviso alle autorità di pubblica sicurezza.

Libertà di associazione (art. 18 Cost.). È il diritto dei cittadini di associarsi liberamente (**principio del pluralismo**), senza autorizzazione, per fini non vietati dalla legge penale. Tale diritto consente lo svolgimento di determinate attività, da parte di più persone, per realizzare i più diversi obiettivi, dando luogo nel caso anche a formazioni sociali (ex art. 2 Cost.). Sono proibite le associazioni segrete e quelle che perseguono, anche indirettamente, scopi politici mediante organizzazioni di carattere militare o paramilitare.

Libertà di religione (artt. 19-20 Cost.). I cittadini hanno diritto di professare liberamente la propria fede religiosa in qualsiasi forma, individuale o associata, di farne propaganda, cioè attività di proselitismo religioso, e di esercitarne in privato o in pubblico il culto, purché non si tratti di riti religiosi contrari al buon costume; la professione della fede in forma «associata» implica la possibilità di costituire, modificare o estinguere associazioni religiose. I fini religiosi di un'associazione non possono giustificare speciali gravami fiscali per la sua costituzione (l'acquisto della capacità giuridica) e non possono essere causa di speciali limitazioni legislative.

Libertà di manifestazione del pensiero (art. 21 Cost.). È il diritto di manifestare liberamente il proprio pensiero con la parola, lo scritto e ogni altro mezzo di diffusione. Per la stampa esiste riserva di legge, disciplinandosi nel testo costituzionale soltanto le modalità d'intervento dell'autorità giudiziaria: pertanto, essa non può essere soggetta ad autorizzazioni o censure. Nei casi di assoluta urgenza, e se non sia possibile il tempestivo intervento dell'autorità giudiziaria, il sequestro della stampa periodica può essere eseguito da ufficiali di polizia giudiziaria, che devono immediatamente, e non mai oltre 24 ore, fare denunzia all'autorità giudiziaria. Se questa non convalida l'intervento nelle 24 ore successive, il sequestro s'intende revocato e privo d'ogni effetto. Limitazioni alle pubblicazioni provengono dalla loro contrarietà al «buon costume». La libertà di manifestazione del pensiero è tutelata anche negli artt. 10 e 11 della Carta dei diritti fondamentali dell'UE.

Diritto alla personalità giuridica (art. 22 Cost.). La carta costituzionale sancisce che «*nessuno può essere privato, per motivi politici, della capacità giuridica, della cittadinanza, del nome*». Tale disposizione fa riferimento alle qualità che definiscono la personalità giuridica del cittadino, consentendo a quest'ultimo di essere identificato (*nome*), di operare nel mondo del diritto (*capacità giuridica*), e di esercitare i diritti e i doveri che scaturiscono dall'appartenenza allo Stato (*cittadinanza*).

Diritto di tutela personale e patrimoniale (art. 23 Cost.). «*Nessuna prestazione personale o patrimoniale può essere imposta se non in base alla legge*». Tale norma sancisce la riserva di legge per evitare che a carico dei cittadini possa essere arbitrariamente imposto un obbligo consistente nel fare (prestazione personale) o nel dare qualcosa (prestazione patrimoniale).

Diritto a tutelare i propri diritti soggettivi e interessi legittimi, agendo in giudizio (art. 24, c. 1, Cost.). È il **diritto di azione giurisdizionale** riconosciuto a tutti i cittadini, garantito in forza del principio di uguaglianza. Consiste nella possibilità di ricorrere al sistema giudiziario a tutela delle proprie ragioni. La tutela, secondo la giurisprudenza costituzionale, si estende anche ai cd. interessi collettivi o a quelli diffusi che, in quanto tali, interessano più categorie di individui. La riparazione degli errori giudiziari può essere regolata per legge.

Diritto alla difesa in giudizio (art. 24, c. 2, Cost.). È un diritto tipico dei sistemi politici democratici. Esso si esplica nell'assistenza di un legale e nell'effettiva partecipazione al processo, che deve svolgersi in condizioni di effettiva uguaglianza tra le parti in giudizio. La Costituzione prevede anche per i «non abbienti» istituti e mezzi per agire e difendersi in giudizio davanti ad ogni giurisdizione.

Diritto al giudice naturale e irretroattività delle leggi penali incriminatrici (art. 25 Cost.). Correlati al diritto di difesa in giudizio sono i **diritti** a:

- non essere distolto dal giudice naturale precostituito per legge (art. 25, c.1, Cost.)
- non essere punito se non in forza di una legge che sia entrata in vigore prima del fatto commesso (art. 25, c. 2, Cost.).

Diritto a non essere estradati (art. 26 Cost.). Tale diritto viene meno solo nei casi in cui l'estradizione sia espressamente prevista dalle convenzioni internazionali. È comunque esclusa l'estradizione per reati politici.

Principi della personalità della pena e di non colpevolezza fino alla condanna definitiva (art. 27 Cost.). L'articolo sancisce i principi della personalità della pena e di non colpevolezza fino alla condanna definitiva e attribuisce alla pena una funzione rieducativa, ripudiando la pena di morte e ogni trattamento contrario al senso di umanità (umanità della pena). La Repubblica, con la L. Cost. 11 gennaio 2007, n. 1, ha abrogato la pena di morte anche nei codici penali militari di guerra.
La Costituzione non ammette casi di **responsabilità oggettiva**, in ambito penale, in quanto vi ostano i caratteri di personalità della responsabilità e di rieducatività della pena.

Principio di responsabilità dei funzionari e dipendenti dello Stato (art. 28 Cost.). «*I funzionari e i dipendenti dello Stato e degli enti pubblici sono direttamente responsabili, secondo le leggi penali, civili e amministrative, degli atti compiuti in violazione di diritti. In tali casi la responsabilità civile si estende allo Stato e agli enti pubblici*». La responsabilità civile dell'amministrazione disciplinata dall'art 28 della Costituzione e dall'art 2043 c.c. concerne la responsabilità extracontrattuale da fatto illecito.

2.3.2 Titolo II – Rapporti etico-sociali (artt. 29-34 Cost.)

Diritti della famiglia (artt. 29-31 Cost.). Sono diritti intangibili. Nella Costituzione si possono evincere i seguenti principi generali:
- il riconoscimento della famiglia come società naturale fondata sul matrimonio, ossia come formazione sociale non derivata dallo Stato e dotata, conseguentemente, di ampia autonomia di scelta in ordine alla propria organizzazione interna, pur sempre nei limiti dei principi costituzionali e della conseguente disciplina attuativa;
- la libertà di scelta del proprio coniuge;
- l'eguaglianza morale e giuridica dei coniugi;
- la tutela e la garanzia dell'unità familiare;
- il diritto-dovere dei genitori di mantenere, istruire ed educare i figli anche se nati fuori del matrimonio.

Se i genitori non sono in grado di assolvere ai loro obblighi nei confronti dei figli "*la legge provvede a che tali obblighi siano assolti*".
"*La legge assicura ai figli nati fuori del matrimonio ogni tutela giuridica e sociale, compatibile con i diritti dei membri della famiglia legittima. La legge detta le norme e i limiti per la ricerca della paternità*" (**art. 30, c. 3 e 4 Cost.**).
Infine, l'**art. 31** stabilisce che "*La Repubblica agevola con misure economiche e altre provvidenze la formazione della famiglia e l'adempimento dei compiti relativi, con particolare riguardo alle famiglie numerose. Protegge la maternità, l'infanzia e la gioventù, favorendo gli istituti necessari a tale scopo*".

Diritto alla salute (art. 32 Cost.). La carta costituzionale stabilisce che «*La Repubblica tutela la salute come fondamentale diritto dell'individuo e interesse della collettività, e garantisce cure gratuite agli indigenti*».
La salute costituisce lo stato di benessere fisico, mentale e sociale, oggetto di specifica tutela da parte dell'ordinamento, che consente all'individuo di integrarsi nel suo ambiente naturale e sociale.
Il dettato costituzionale prevede, in ogni caso, che qualsiasi intervento sanitario, anche a tutela di un interesse fondamentale e collettivo, non può essere imposto se non nei casi eccezio-

nali e tassativi previsti dalla legge né tanto meno degenerare in violenza fisica o, più in generale, nella lesione della dignità della persona.

Libertà artistica, scientifica e di insegnamento (art. 33 Cost.). L'articolo statuisce che «*l'arte e la scienza sono libere e libero ne è l'insegnamento*».
I termini «arte» e «scienza» devono essere intesi nell'accezione più lata possibile, in modo da abbracciare qualunque manifestazione dello spirito compatibile con l'insegnamento.
La libertà di insegnamento e della scienza consiste nell'affermazione del principio che vieta, ad esempio, la nascita e lo sviluppo di un'arte e di una scienza di Stato, e si sostanzia in un insieme di libertà e diritti:
- il diritto/dovere dello Stato di dettare «*le norme generali sull'istruzione*» ed istituire «*scuole statali per tutti gli ordini e gradi*» nonché di disciplinare la parità scolastica;
- la libertà della scuola o pluralismo scolastico, consistente nel diritto dei soggetti privati «*di istituire scuole ed istituti di educazione, senza oneri per lo Stato*»;
- il diritto degli studenti che frequentano le scuole paritarie ad un «*trattamento scolastico equipollente a quello degli alunni di scuole statali*»;
- la libertà d'insegnamento dei docenti secondo il metodo didattico da loro ritenuto più confacente alla natura della materia insegnata ed ai principi pedagogici seguiti, nel rispetto della libertà di opinione dello studente.

Diritto all'istruzione (art. 34 Cost.). Il diritto si articola:
- nel diritto di iscrizione a qualsiasi scuola, avendone i requisiti di età e di studio «*la scuola* è aperta a tutti»;
- nel diritto-dovere all'istruzione obbligatoria, che, attualmente, è della durata di almeno 8 anni;
- nel diritto ad avanzare negli studi se «*capaci e meritevoli*», pur in mancanza di mezzi economici.

La Repubblica rende effettivo questo diritto con borse di studio, assegni alle famiglie ed altre provvidenze, da attribuire per concorso.
Il diritto è garantito anche in sede sovranazionale dall'art. 14, c. 1-2, della Carta dei diritti fondamentali dell'Unione europea: «*Ogni persona ha diritto all'istruzione e all'accesso alla formazione professionale e continua. Questo diritto comporta la facoltà di accedere gratuitamente all'istruzione obbligatoria*».

Occorre Sapere

Il **matrimonio** fondato su vincoli di natura affettiva risale al Cristianesimo.
L'affidamento familiare di un minore viene disposto dal **Tribunale dei Minori**.
I diritti e i doveri del nucleo familiare sono sanciti dalla Costituzione, dal codice civile e dalle leggi speciali in materia.
Per ottemperare ai principi dell'articolo 32 della Costituzione italiana, la legge del 23 dicembre 1978 ha istituito il **Servizio Sanitario Nazionale.**
I **cittadini disabili** hanno diritto all'assistenza pubblica.
La **scuola secondaria di primo grado** ha una durata complessiva di tre anni.
L'**obbligo di istruzione inferiore, obbligatoria e gratuita**, secondo quanto riportato dall'ordinamento italiano (legge finanziaria per l'anno 2007) è stato prolungato a **dieci anni,** quindi l'obbligo per un ragazzo di andare a scuola è fino a 16 anni.

2.3.3 Titolo III – Rapporti economici (artt. 35-47 Cost.)

Gli articoli della Costituzione dedicati ai rapporti economici **non hanno carattere precettivo**, ma definiscono i criteri generali cui deve attenersi il legislatore nell'elaborazione delle specifiche leggi di attuazione.

Il **lavoro** non è tutelato come diritto soggettivo perfetto, perché limiterebbe la libertà e l'iniziativa della persona: lo Stato non ha pertanto l'obbligo di fornire un lavoro al cittadino, ma piuttosto l'obbligo di «*promuovere le condizioni che rendano effettivo questo diritto*» (art. 4).

Il **diritto al lavoro** consiste nella libera scelta dell'attività lavorativa e, dove possibile, nella scelta delle modalità di esercizio del lavoro prescelto. Tale diritto e il **diritto all'esercizio di una professione** trovano tutela sovrannazionale nell'art. 15 della Carta dei diritti fondamentali; il diritto è di ogni cittadino europeo e pertanto è garantita la libera circolazione dei lavoratori sul territorio dell'Unione.

A tale diritto corrisponde il **dovere** (art. 4) di "*concorrere al progresso materiale e spirituale della società*" (il lavoro non è quindi solo il mezzo per la sopravvivenza individuale).

Diritti sociali dei lavoratori (artt. 35-38 Cost.). L'**art. 35 Cost.** stabilisce una generale tutela del lavoro in quanto sancisce che «*La Repubblica tutela il lavoro in tutte le sue forme ed applicazioni; cura la formazione e l'elevazione professionale dei lavoratori; promuove e favorisce gli accordi e le organizzazioni internazionali intesi ad affermare e regolare i diritti del lavoro*». Infine, «*riconosce la libertà di emigrazione, salvo gli obblighi stabiliti dalla legge nell'interesse generale, e tutela il lavoro italiano all'estero*».

I diritti sociali dei lavoratori si articolano nei seguenti:

- Diritto del lavoratore ad una retribuzione proporzionata alla quantità e qualità del suo lavoro; la durata massima della giornata lavorativa è stabilita dalla legge (art. 36, c. 1).
- Diritto di una retribuzione sufficiente ad assicurare a sé e alla famiglia un'esistenza libera e dignitosa (art. 36, c. 1); lo stesso diritto spetta alla donna lavoratrice (art. 37).
- Diritto (irrinunciabile) del lavoratore al riposo settimanale e a ferie annuali (art. 36); medesimo diritto spetta alla donna lavoratrice (art. 37).
- Diritto al mantenimento e all'assistenza sociale.Tale diritto si riferisce ai cittadini inabili al lavoro e sprovvisti dei mezzi necessari per vivere. L'assistenza sociale ha oggi assunto carattere di universalità, avendo il fine di tutelare la dignità della persona nelle situazioni di bisogno e di garantire a tutti i cittadini, lavoratori e non, i mezzi per un'esistenza dignitosa; l'assistenza privata, invece, è libera (art. 38).
- Diritto alla previdenza sociale: vale per i lavoratori in caso di infortunio, malattia, invalidità e vecchiaia, disoccupazione involontaria (art. 38).
- Diritto all'educazione e all'avviamento professionale per gli inabili e i minorati: a questi soggetti è garantita una posizione di vantaggio nell'avviamento al lavoro beneficiando di un collocamento obbligatorio che prevede una riserva di posti presso le aziende, e ciò anche per favorirne un inserimento ottimale nella vita produttiva nazionale (art. 38).

> ***Occorre Sapere***
>
> Il **lavoratore studente** ha diritto a turni di lavoro che agevolino la frequenza ai corsi e la preparazione agli esami.
> Ai fini dell'assunzione, e nel corso dello svolgimento del rapporto di lavoro, **non è concesso** al datore di lavoro **effettuare indagini sulle opinioni politiche, religiose o sindacali dei lavoratori**.

Le condizioni di lavoro della donna devono consentire l'adempimento della sua essenziale funzione familiare e assicurare alla madre e al bambino una speciale adeguata protezione. Il limite minimo di età per il lavoro salariato deve essere stabilito dalla legge, mentre il lavoro dei minori deve essere tutelato con speciali norme e garantire ad essi, a parità di lavoro, il diritto alla parità di retribuzione (art. 37).

Libertà sindacale (art. 39 Cost.). È collegata alla libertà di associazione riconosciuta all'art. 18. L'art. 39 Cost., riconosce al cittadino il diritto di associarsi liberamente con altri cittadini per l'autotutela di comuni interessi legati al lavoro; l'associazione sindacale deve dotarsi di un ordinamento interno a base democratica e quindi registrarsi presso i competenti uffici per acquisire la personalità giuridica. *Possono, rappresentati unitariamente in proporzione dei loro iscritti, stipulare contratti collettivi di lavoro con efficacia obbligatoria per tutti gli appartenenti alle categorie alle quali il contratto si riferisce.* Tuttavia le associazioni sindacali sono tuttora organismi non riconosciuti perché il dettame non è mai stato attuato.

Occorre Sapere

Alcune sigle sindacali:
C.G.I.L. - Confederazione generale italiana del lavoro
C.I.S.L. - Confederazione italiana sindacati lavoratori (questo sindacato è di matrice moderata cattolica)
U.I.L. - Unione italiana del lavoro
COBAS - Confederazione dei Comitati di base
Alcune sigle per il personale militare:
Co.Ce.R. (Consiglio Centrale di Rappresentanza): organo centrale, a carattere nazionale ed interforze, articolato in sezioni di Forza Armata o di Corpo Armato rappresenta unitariamente il personale dell'Esercito, della Marina, dell'Aeronautica, dell'Arma dei Carabinieri, della Guardia di Finanza e della Guardia Costiera
Co.IR. (Consigli Intermedi di Rappresentanza): organo di rappresentanza intermedio, svolge la sua attività presso gli Alti comandi. Ogni Ente di Forza Armata di livello di divisione o superiore è rappresentato dal suo COIR
Co.Ba.R. (Consigli di Base di Rappresentanza): organo di base di rappresentanza del personale militare, generalmente opera a livello reggimentale, sulle Unità Navali da guerra e rappresenta il personale presso il Comandante di Corpo

Libertà di sciopero (art. 40 Cost.). Lo sciopero consiste nell'astensione dal lavoro e si esercita nell'ambito e nel rispetto delle leggi che lo regolano, le quali pongono precisi limiti a presidio dei diritti altrui (es. garanzie nei servizi pubblici essenziali, come in ambito sanitario e medico, oppure in riferimento ai trasporti pubblici, settori in cui, anche in pendenza dell'esercizio del diritto di sciopero ad opera del personale, devono essere garantite le prestazioni – seppur in maniera ridotta –, pena una responsabilità penale degli scioperanti).

Occorre Sapere

La **precettazione** è un provvedimento amministrativo finalizzato a porre fine ad uno sciopero.

Libertà d'impresa (art. 41 Cost.). Il dettame statuisce che l'iniziativa economica e privata è libera, ma non può svolgersi in contrasto con l'utilità sociale o in modo da recare danno alla sicurezza, alla libertà, alla dignità umana. La legge determina i programmi e i controlli per indirizzare l'attività economica pubblica e privata a fini sociali.
Lo Stato ha il compito di compensare l'attività economica privata con quella pubblica a vantaggio di tutti. In questo articolo emerge che l'Italia ha un sistema economico misto in quanto all'iniziativa privata, nella vita economica, si affianca l'intervento dello Stato. A quest'ultimo spetta il ruolo di coordinare l'economia nazionale.

Diritto di proprietà (art. 42 Cost.). "*La proprietà è **pubblica** o **privata**. I beni economici appartengono allo Stato, ad enti o a privati. La proprietà privata è riconosciuta e garantita dalla legge, che ne determina i modi di acquisto, di godimento e i limiti allo scopo di assicura-*

re la funzione sociale e di renderla accessibile a tutti. La proprietà privata può essere, nei casi previsti dalla legge, e salvo indennizzo, espropriata per motivi di interesse generale. La legge stabilisce le norme ed i limiti della successione legittima e testamentaria e i diritti dello Stato sulle eredità."

Occorre Sapere

Mancando nella Costituzione una vera e propria definizione del diritto di proprietà è necessario fare un riferimento al codice civile. Il **diritto di proprietà** è un diritto reale che ha per contenuto la facoltà di godere e di disporre delle cose in modo pieno ed esclusivo, entro i limiti e con l'osservanza degli obblighi previsti dall'ordinamento giuridico (art. 832 c.c.).
Espropriazione per pubblica utilità. Solo la Pubblica Amministrazione può, con un provvedimento, acquisire per sé o far acquisire ad un altro soggetto (espropriazione), per esigenze di interesse pubblico, la proprietà o altro diritto reale su di un bene, indipendentemente dalla volontà del suo proprietario, previo pagamento di un indennizzo.

I BENI PUBBLICI E I BENI DEMANIALI

Beni pubblici. Costituiscono la dotazione di carattere materiale di cui le amministrazioni si servono per svolgere i loro compiti rientranti nella categoria giuridica della **proprietà pubblica** (art. 42 Cost.); essi presentano una disciplina molto peculiare rispetto ai beni privati sotto il profilo dell'uso, della circolazione e della tutela.
Patrimonio disponibile. Costituito da determinati beni pubblici che sono in tutto soggetti alla disciplina dei beni privati.

Occorre Sapere

La **protezione dei beni culturali** è una branca del diritto pubblico.
La legge 5 gennaio 1994, n. 37 ha introdotto l'appartenenza al demanio pubblico delle **isole e unioni di terra**.

Classificazione dei beni pubblici. Sono classificati dal codice civile in: *beni demaniali*, *beni patrimoniali indisponibili* e *beni patrimoniali disponibili*.
Beni demaniali. Sono individuati dall'art. 822 c.c. in un'elencazione che per dottrina e giurisprudenza è da considerarsi tassativa e che comprende beni immobili e universalità di mobili. Fanno parte del demanio pubblico: il lido del mare, la spiaggia, le rade e i porti; i fiumi, i torrenti, i laghi e le altre acque definite pubbliche dalle leggi in materia; le opere destinate alla difesa nazionale.
I beni demaniali si distinguono in:

- **demanio necessario**, costituito dall'insieme di beni naturali e artistici che si trovano nel territorio dello Stato; a sua volta è distinto in demanio marittimo, idrico e militare. Il demanio necessario è solo statale o regionale;
- **demanio accidentale**, costituito dai beni che, a loro volta, si distinguono in *beni demaniali naturali* e *beni demaniali artificiali*. Il demanio accidentale è l'insieme di beni che possono essere di proprietà privata o pubblica (Stato, Regioni o Enti locali) e che formano parte del demanio solo se pubblici: strade, autostrade e strade ferrate; aerodromi, acquedotti; immobili riconosciuti d'interesse storico, archeologico e artistico a norma delle leggi in materia, raccolte dei musei, pinacoteche archivi, biblioteche; e infine gli altri beni che sono dalla legge assoggettati al regime proprio del demanio pubblico. Ciò che caratterizza i beni del demanio accidentale è la loro titolarità: possono appartenere anche a soggetti non pubblici ma, se appartengono ad un ente pubblico territoriale, il relativo regime è quello del demanio accidentale. Il demanio accidentale può essere anche provinciale o

comunale. Ulteriore differenza dei beni del demanio accidentale rispetto a quelli del demanio necessario deriva dal fatto che essi non sono costituiti esclusivamente da beni immobili, potendo consistere anche in universalità di mobili (raccolte dei musei e pinacoteche). L'art. 117, c. 3, Cost. rimette alla potestà legislativa concorrente tra Stato e Regioni la disciplina di molti dei beni demaniali in questione tra cui i porti e le grandi reti di trasporto.

I beni che fanno parte del demanio pubblico sono assoggettati al seguente regime: **inalienabilità**: i beni demaniali non possono essere trasferiti ad altri soggetti e gli eventuali atti di disposizione compiuti in spregio a tale divieto sono nulli; **non possono essere costituiti diritti a favore di terzi** (es. una servitù di passaggio) se non nei modi e nei limiti stabiliti tassativamente dalla legge. Resta precluso l'usucapione quale modo d'acquisto di diritti reali e in generale l'applicazione della disciplina privatistica della proprietà; **inespropriabilità**; **trasferibilità ad altro ente territoriale**: i beni demaniali possono essere trasferiti ad altro ente pubblico territoriale sempre che non siano indissolubilmente legati al territorio dell'ente cui appartengono (come nel caso di una piazza sita al centro di un comune) e purché permanga la loro destinazione pubblica.

Beni patrimoniali indisponibili. Possono in linea di massima essere alienati a condizione che non siano sottratti alla loro destinazione. Tali beni, infatti, sono permanentemente destinati a servizi o finalità di interesse pubblico e non possono essere sottratti a tale destinazione se non con particolari procedure. Vi rientrano, per esempio, gli edifici destinati a ospitare le sedi degli uffici pubblici. I beni indisponibili possono essere usucapiti, ma non sono suscettibili di espropriazione forzata.

Beni patrimoniali disponibili. Pur appartenendo allo Stato o agli altri enti pubblici territoriali, non sono inderogabilmente destinati a soddisfare un interesse pubblico, perché servono soltanto a produrre un reddito. Rientrano in quest'ultima categoria tutti i beni che non fanno parte del demanio e del patrimonio indisponibile. Può trattarsi di beni immobili o mobili, di crediti, di titoli o di denaro. Tali beni costituiscono una proprietà privata dell'ente pubblico e coerentemente con la loro funzione tali beni sono alienabili e seguono, con qualche limitata eccezione, le regole del diritto privato.

Limiti al monopolio privato e la nazionalizzazione (art. 43 Cost.). "*Ai fini di utilità generale la legge può riservare originariamente o trasferire, mediante espropriazioni e salvo indennizzo, allo Stato, ad enti pubblici o a comunità di lavoratori o di utenti determinate imprese o categorie di imprese, che si riferiscano a servizi pubblici essenziali o a fonti di energia o a situazioni di monopolio ed abbiano carattere di preminente interesse generale.*"

Proprietà terriera privata (art. 44 Cost.). "*Al fine di conseguire il razionale sfruttamento del suolo e di stabilire equi rapporti sociali, la legge impone obblighi e vincoli alla proprietà terriera privata, fissa limiti alla sua estensione secondo le regioni e le zone agrarie, promuove ed impone la bonifica delle terre, la trasformazione del latifondo e la ricostituzione delle unità produttive; aiuta la piccola e la media proprietà. La legge dispone provvedimenti a favore delle zone montane*".

Cooperazione mutualistica (art. 45 Cost.). "*La Repubblica riconosce la funzione sociale della cooperazione a carattere di mutualità e senza fini di speculazione privata. La legge ne promuove e favorisce l'incremento con i mezzi più idonei e ne assicura, con gli opportuni controlli, il carattere e le finalità. La legge provvede alla tutela e allo sviluppo dell'artigianato*".

Collaborazione dei lavoratori alla gestione aziendale (art. 46 Cost.). *"Ai fini della elevazione economica e sociale del lavoro in armonia con le esigenze della produzione, la Repubblica riconosce il diritto dei lavoratori a collaborare, nei modi e nei limiti stabiliti dalle leggi, alla gestione delle aziende".*
Tutela del risparmio (art. 47 Cost.). *"La Repubblica incoraggia e tutela il risparmio in tutte le sue forme; disciplina, coordina e controlla l'esercizio del credito. Favorisce l'accesso del risparmio popolare alla proprietà dell'abitazione, alla proprietà diretta coltivatrice e al diretto e indiretto investimento azionario nei grandi complessi produttivi del Paese".*

2.3.4 Titolo IV – Rapporti politici (artt. 48-54 Cost.)

Il diritto di voto (art. 48 Cost.). Il dettame prevede che *tutti i cittadini*, uomini e donne, che hanno raggiunto la maggiore età sono elettori (costituiscono l'**elettorato attivo**) e che il voto è *personale ed eguale, libero e segreto*: il suo esercizio costituisce un diritto politico, ma anche un *dovere civico*.
Da tale disposizione si ricavano i seguenti *principi*:
- *suffragio universale* («*tutti i cittadini*»): in Italia il voto alle donne è stato concesso soltanto il 1° febbraio 1945, esercitato nel referendum istituzionale del 1946 e poi riaffermato come diritto inviolabile, in seguito al riconoscimento dell'*eguaglianza* tra i sessi affermata nella Costituzione. Nel 1946 si sanciva anche l'eleggibilità;
- *personalità del voto*: occorre recarsi *personalmente* alla sezione elettorale *segnare di proprio pugno* e *segretamente* la scheda; fanno eccezione gli italiani all'estero (L. 27-12-2001, n. 459, di attuazione dell'art. 48 Cost. come modificato dalla L. Cost. 1/2000) poiché con la nuova normativa gli elettori appartenenti alla circoscrizione estero (vale a dire i cittadini italiani residenti all'estero) possono esercitare il loro diritto di voto anche per corrispondenza[1];
- *eguaglianza del voto*: sono esclusi i voti *plurimi* riservati a determinate categorie di persone;
- *segretezza del voto*: stabilita a tutela della *libertà* del voto, per garantire l'elettore da possibili pressioni esterne;
- *libertà del voto*: per il principio di libera manifestazione delle proprie idee, deve essere concesso ad ogni elettore la facoltà di attribuire il proprio voto a chi ritenga più opportuno, senza coazioni di sorta;
- *non obbligatorietà del voto*: l'esercizio del diritto di voto costituisce *dovere civico*.

Il c. 4 stabilisce che il diritto di voto **può essere limitato** solo in presenza dei seguenti requisiti negativi:
1) *incapacità civile*;
2) *effetto di sentenza penale irrevocabile*;
3) *casi di indegnità morale indicati dalla legge*.

---

1 **Il voto degli italiani residenti all'estero.** La L. Cost. 17-1-2000, n. 1, ha inserito un nuovo comma dopo il secondo, riconoscendo ai cittadini italiani residenti all'estero l'esercizio del diritto di voto. La norma dispone che la «*legge stabilisce i requisiti e le modalità per l'esercizio del diritto di voto dei cittadini italiani residenti all'estero e ne assicura l'effettività*». A questo scopo istituisce una *circoscrizione Estero* per l'elezione delle Camere. Alla nuova circoscrizione della Camera sono stati attribuiti 12 deputati mentre a quella del Senato 6 senatori.

Diritto di associarsi in Partiti (art. 49 Cost.). *"Tutti i cittadini hanno diritto di associarsi liberamente in partiti per concorrere con metodo democratico a determinare la politica nazionale"*. Nel nostro ordinamento, così come in tutti gli altri sistemi democratici, per scegliere i propri rappresentanti si ricorre all'intermediazione dei **partiti**, organismi in grado di orientare le attività e le scelte dei cittadini.

Occorre Sapere

I **partiti politici** non possono:
- assumere la forma di «associazione segreta», né presentare carattere di organizzazione militare, per l'espresso divieto dell'art. 18 Cost.;
- assumere simboli o contrassegni che possano confondersi con simboli altrui o che riproducano immagini religiose;
- riorganizzare, sotto qualsiasi forma, il disciolto partito fascista (disp. trans. XII Cost.);
- annoverare tra i loro iscritti (ex art. 98 Cost.) le seguenti categorie di cittadini:
  1) i militari di carriera in servizio attivo;
  2) gli ufficiali e gli agenti di polizia giudiziaria;
  3) i magistrati;
  4) i rappresentanti diplomatici e consolari all'estero.

In Italia, il sistema dei partiti politici è multipartitico.

Diritto di petizione (art. 50 Cost.). *"Tutti i cittadini possono rivolgere petizioni alle Camere per chiedere provvedimenti legislativi o esporre comuni necessità"*. Costituisce uno degli **istituti di democrazia diretta** riconosciuti al popolo-corpo elettorale. Con l'esercizio di tale diritto i cittadini portano a conoscenza del Parlamento determinate situazioni o necessità, chiedendo alle Camere di esaminarle e di provvedervi attraverso lo strumento legislativo.

Il nostro ordinamento prevede una serie di **istituti di democrazia diretta** volti a permettere al popolo di esercitare la sovranità: il *referendum popolare*, l'*iniziativa legislativa*, la *petizione popolare*.

Il referendum popolare. È *l'istituto di democrazia diretta* più importante e prevede l'intervento diretto del popolo nell'esercizio dell'indirizzo politico senza il tramite dei suoi rappresentanti. La Costituzione (artt. 75 e 138) prevede due tipi di referendum popolare:

- **referendum abrogativo (art. 75 Cost.)**. Con esso si propone all'elettorato "l'abrogazione, totale o parziale, di una legge o di un atto avente valore di legge". Può essere richiesto da **500.000 elettori** che abbiano compiuto la maggiore età o da **5 Consigli Regionali**. Sono escluse da referendum abrogativo le leggi:
  - tributarie e di bilancio;
  - di amnistia e di indulto;
  - di autorizzazione a ratificare trattati internazionali.

  Sono, altresì, escluse dal referendum abrogativo tutte le leggi connesse a quelle espressamente indicate dalla Costituzione, ovvero qualsiasi normativa di carattere finanziario o incidente, anche solo indirettamente, su tematiche di diritto internazionale o Comunitario.
  Per l'approvazione di una proposta sottoposta a referendum abrogativo è necessario che abbia partecipato alla votazione la ***maggioranza degli aventi diritto*** (possono votare tutti gli elettori ammessi ad eleggere la Camera dei deputati) e sia raggiunta la ***maggioranza dei voti***. Indire il referendum e, in caso di esito favorevole, dichiarare l'abrogazione della legge ad esso sottoposta, è una funzione del Presidente della Repubblica in relazione all'esercizio della sovranità popolare.

Non può essere inoltrata richiesta di referendum abrogativo negli ultimi 6 mesi della legislatura. Le modalità di attuazione del referendum sono determinate dalla legge. Il giudizio sull'ammissibilità di un referendum abrogativo in Italia è affidato alla **Corte Costituzionale**, mentre il deposito delle firme per la richiesta di referendum abrogativo deve avvenire presso la **Corte di Cassazione**; le sottoscrizioni necessarie a richiedere un referendum abrogativo vanno raccolte entro tre mesi dalla presentazione dell'iniziativa referendaria. L'Ufficio centrale per il referendum verifica che la richiesta sia conforme alle norme dell'art. 138 della Costituzione e della legge e decide, con ordinanza, sulla legittimità della richiesta **entro 30 giorni** dalla sua presentazione;

- **referendum costituzionale o sospensivo (art. 138 Cost**.). È previsto per le leggi di revisione della Costituzione e per le altre leggi costituzionali; tali leggi possono essere sottoposte a referendum quando, pur essendo state approvate nella seconda votazione, a maggioranza assoluta dei componenti di ciascuna Camera, non *abbiano ottenuto il voto favorevole di almeno i due terzi dei componenti.*
  La legge viene pubblicata, per notizia, sulla Gazzetta Ufficiale, ma non promulgata; entro tre mesi da tale data, un quinto dei membri della Camera o 500.000 elettori o 5 Consigli Regionali possono avanzare la richiesta di referendum confermativo.

Il referendum regionale o locale. Può essere indetto per approvare la *fusione* di Regioni esistenti o per la *creazione* di nuove Regioni; per *abrogare o meno leggi o provvedimenti amministrativi regionali.* Questo tipo di referendum è necessario quando Comuni o Province vogliano staccarsi da una Regione per aggregarsi ad un'altra.
Con i *referendum locali*, invece, i cittadini possono esprimere il loro parere su interventi relativi al funzionamento e all'organizzazione dell'ente locale.

L'iniziativa legislativa popolare. Il popolo può avviare direttamente il processo di formazione di una legge proponendo al Parlamento, tramite **50.000 elettori**, il progetto di una legge redatta per articoli, secondo l'art. 71 Cost. Il testo va presentato al Presidente della Camera dei deputati. Il Parlamento è tenuto a prendere in considerazione tale progetto, a discuterlo e a votarlo.

Occorre Sapere

Il **primo referendum abrogativo** che si è svolto in Italia è stato nel 1974 (referendum sul divorzio).
La giurisprudenza costituzionale ha affermato che la **natura del referendum abrogativo** è quella di atto fonte dell'ordinamento dello stesso rango della legge ordinaria.
Nell'aprile del 1993 il **referendum popolare abrogativo diretto alla depenalizzazione dell'uso personale di sostanze stupefacenti** ebbe esito positivo.

Diritto di accesso agli uffici pubblici e alle cariche elettive (art. 51 Cost.). *"Tutti i cittadini dell'uno o dell'altro sesso possono accedere agli uffici pubblici e alle cariche elettive* (**Elettorato passivo**) *in condizioni di eguaglianza, secondo i requisiti stabiliti dalla legge. A tale fine la Repubblica promuove con appositi provvedimenti le pari opportunità tra donne e uomini.*
La legge può, per l'ammissione ai pubblici uffici e alle cariche elettive, parificare ai cittadini gli italiani non appartenenti alla Repubblica.
Chi è chiamato a funzioni pubbliche elettive ha diritto di disporre del tempo necessario al loro adempimento e di conservare il suo posto di lavoro".

Occorre Sapere

L'**elettorato passivo** consiste nella capacità di ricoprire cariche elettive. Tutti i cittadini dell'uno o dell'altro sesso possono accedervi, tuttavia, possono sussistere situazioni, previste dalla legge, che ne impediscono l'eleggibilità (***ineleggibilità***), per cui, qualora il candidato venga eletto, l'elezione è invalida e inefficace. Si parla, invece, di ***incompatibilità*** quando l'eletto si trova in una situazione per la quale, se vuole conservare la carica validamente assunta, deve rinunziare ad altra carica incompatibile con la prima.
Per il principio di coincidenza tra elettorato attivo e passivo, di regola chiunque è elettore è, a sua volta, anche eleggibile. Per l'appartenenza alla Camera dei deputati, tuttavia, l'età non può essere inferiore a **25 anni**, per il Senato a **40**.

I SISTEMI ELETTORALI

Per **sistema elettorale** si intende l'insieme di regole che determinano le modalità con le quali gli elettori sono chiamati ad esprimere il proprio voto e che individuano i criteri da utilizzare per assegnare i seggi elettorali ai candidati.
I sistemi elettorali sono numerosi, ma vengono tradizionalmente raggruppati in due tipi fondamentali: i sistemi maggioritari e i sistemi proporzionali.
I **sistemi maggioritari** sono accomunati dal fatto che i seggi vengono attribuiti solo *a coloro che ottengono il maggior numero di voti* all'interno di ciascuna area geografica (**collegio**) in cui è diviso il Paese. In genere, si tratta di *collegi uninominali*, nel senso che il loro numero è uguale al numero dei seggi da assegnare e, pertanto, in ciascuno di essi viene eletto un solo candidato. I sistemi maggioritari si distinguono in: di tipo ***plurality***, di tipo ***majority***.
Si parla di "*maggioritario a doppio turno*", quando viene utilizzato il sistema dell'istituto del **ballottaggio**. In pratica, si prevedono due *turni elettorali*: viene eletto al primo turno chi raggiunge il 50% + 1 dei voti validi; se nessuno raggiunge questa soglia, si va ad un secondo turno al quale sono ammessi a partecipare i candidati che, al primo turno, hanno ottenuto più voti oppure hanno superato una certa percentuale di voti. In Italia, il turno di ballottaggio, laddove previsto per legge, avviene dopo quattordici giorni.
I **sistemi proporzionali** sono accomunati dal fatto di *attribuire i seggi in proporzione al numero di voti ottenuto da ciascun partito*. In questo modo, i partiti che hanno un maggior numero di elettori otterranno il maggior numero dei seggi disponibili, ma anche i partiti minori, cioè con un minor seguito elettorale, avranno la possibilità di ottenere la presenza di propri rappresentanti, sia pure in numero inferiore, nelle assemblee elettive.
In genere, il territorio del Paese viene diviso in più *collegi plurinominali*, nel senso che in ciascuno di essi deve essere eletto un certo numero di rappresentanti (ai fini della ripartizione dei seggi per l'elezione dei Deputati, il territorio nazionale è suddiviso in **Circoscrizioni elettorali**).
In Italia per molto tempo si è adottato un **sistema maggioritario misto**, nel quale una parte dei seggi veniva ripartita proporzionalmente tra i vari partiti politici escludendo i voti che sono stati necessari per eleggere i candidati nei singoli collegi. In alcuni casi si è stabilito uno **sbarramento**, cioè una soglia minima di voti necessari per partecipare alla ripartizione dei seggi. In altri casi, ancora, come in Italia dopo la legge elettorale 21 dicembre 2005, n. 270 (cd. **legge Calderoli** o ***Porcellum***), si è previsto un cd. **premio di maggioranza**, in base al quale il partito o i partiti che ottengono il maggior numero di voti hanno diritto a un numero di seggi più alto rispetto a quello che sarebbe spettato loro applicando il metodo puramente proporzionale.
Per l'esame dei disegni di legge in materia elettorale deve essere sempre adottata la **procedura normale di esame ed approvazione** da parte delle due Camere.
Le elezioni per stabilire in anticipo il candidato a capo di una determinata coalizione alle successive elezioni politiche/amministrative si dicono **primarie**.

Occorre Sapere

La **legge elettorale** è l'atto del parlamento che fissa le regole con cui organizzare le elezioni.
Per **elezioni politiche** si intendono le elezioni del Parlamento o del Governo del Paese.
Dopo la convocazione dei comizi elettorali è lecito diffondere, a determinate condizioni, i sondaggi demoscopici sull'esito delle elezioni tranne che nei 15 giorni precedenti la data delle votazioni.
Le persone che possono essere votate in un'elezione sono dette **candidati**.
In Italia il suffragio universale maschile fu introdotto nel 1912.
La prima riforma elettorale italiana degli anni '90 riguardò il collegio uninominale a due turni.
La soglia di sbarramento nel sistema elettorale italiano per le formazioni che si presentano alle elezioni europee è pari al 4%.
In **Trentino Alto Adige e in Valle d'Aosta** è rimasto in vigore il sistema elettorale proporzionale per l'elezione del Presidente della Regione. Questa scelta è avvenuta per salvaguardare le minoranze linguistiche.

I Sistemi elettorali dell'Italia Repubblicana. Dal 18 aprile 1948, quando si tennero le prime elezioni dell'Italia repubblicana, fino al 1993, a parte la breve parentesi della cosiddetta **Legge Truffa** (1953, abrogata l'anno successivo), l'elezione dei parlamentari italiani è stata regolata da un **sistema proporzionale puro** con la legge elettorale nata per scegliere i membri dell'allora Assemblea Costituente (1946).
Per quanto riguarda l'elezione della Camera dei deputati, il territorio nazionale era suddiviso in 32 circoscrizioni plurinominali; ogni elettore poteva esprimere un massimo di quattro voti di preferenza. Il sistema elettorale per il Senato, pur mantenendosi anch'esso in un contesto largamente proporzionale, conteneva piccoli correttivi in senso maggioritario. Nel 1993 fu approvata la **legge Mattarella,** rimasta in vigore fra il **1993 e il 2005**, che introdusse un **sistema elettorale ibrido**: maggioritario uninominale a turno unico per i tre quarti dei seggi del Senato e i tre quarti dei seggi della Camera; ripescaggio proporzionale dei più votati fra i candidati non eletti per l'assegnazione del rimanente 25% dei seggi del Senato; proporzionale con liste bloccate e ***soglia di sbarramento al 4%*** per il rimanente 25% dei seggi della Camera. Con questo sistema si è votato per 3 volte: nel 1994, nel 1996 e nel 2001.
Con la **legge** n. 270/2005 entrò in vigore un **sistema proporzionale corretto con un premio di maggioranza** – attribuito su base regionale al Senato, con diverse clausole di accesso, senza voto di preferenza. La Corte costituzionale nel 2013 ha dichiarato l'incostituzionalità di parte della legge, in riferimento al premio di maggioranza e all'eccessiva lunghezza delle liste bloccate.
Per quanto riguarda la sola Camera dei deputati, invece, nel **2015** fu approvato un nuovo sistema elettorale, voluto da **Renzi**, noto come «**Italicum**»; la legge, operativa a partire dal 1° luglio 2016, prevedeva un **meccanismo proporzionale** con ***sbarramento al 3%*** ed eventuale **premio di maggioranza**.
Con la L. 3 novembre **2017**, n. 165, cd. «**Rosatellum**», è stato adottato un sistema elettorale misto, che riunisce una componente maggioritaria uninominale ed una proporzionale plurinominale. L'assegnazione di 232 seggi alla Camera e di 116 seggi al Senato è, infatti, effettuata in **collegi uninominali**, in cui è proclamato eletto il candidato più votato, a prescindere dal numero di voti effettivamente riportati. La componente uninominale porta all'attribuzione del 36,8% dei seggi. Gli altri seggi (386 alla Camera e 193 al Senato), invece, sono attribuiti in **collegi plurinominali**, con metodo proporzionale tra le liste e le coalizioni di liste che abbiano superato le soglie di sbarramento (3% per la singola lista e 10% per le coalizioni). In questo caso sono proclamati eletti i candidati della lista del collegio plurinominale secondo l'ordine di presentazione, nel limite dei seggi cui la lista abbia diritto.
Una disciplina specifica è prevista per la circoscrizione Estero che elegge 12 deputati e 6 senatori.

Doveri inderogabili (artt. 52-54 Cost.). L'art. 2 Cost., accanto ai diritti inviolabili, richiede l'adempimento dei ***«doveri inderogabili di solidarietà politica, economica e sociale»***. Per «**doveri inderogabili**» si devono intendere quei doveri dal cui adempimento nessun soggetto può essere esentato in quanto espressione del principio di solidarietà.
Tra i doveri inderogabili di solidarietà politica si inserisce il **dovere di difesa della Patria** proclamato dall'**art. 52 Cost.** e definito come «***sacro***» (termine inteso laicamente) La difesa della Patria può essere adempiuta anche con forme di solidarietà nei confronti della comunità diverse dal servizio militare armato. L'ordinamento delle Forze armate si informa allo spirito democratico della Repubblica.
L'**art. 53 Cost**. stabilisce il **dovere**, sia per i cittadini sia per gli stranieri (che hanno interessi economici in Italia), **di concorrere alle spese pubbliche** attraverso prelievi fiscali in ragione della ***capacità contributiva*** di ciascuno e secondo il ***criterio di progressività***.
Generalmente, il potere impositivo di prelievo compete al Parlamento che lo esercita nel rispetto dei più generali principi costituzionali dell'*equità* e della *solidarietà sociale*.
Ogni individuo appartenente alla comunità nazionale è tenuto a pagare i tributi al fine di adempiere ai «doveri inderogabili di solidarietà politica, economica e sociale» e, pertanto, deve cooperare al benessere della collettività, secondo le sue possibilità, proprio attraverso il versamento dei tributi.
L'**art. 54 Cost.** impone il cd. **dovere di fedeltà** secondo cui «*Tutti i cittadini hanno il dovere di essere fedeli alla Repubblica e di osservarne la Costituzione e le leggi*». Tuttavia, il dovere di fedeltà non comporta «obbedienza incondizionata» ai governanti che, abusando del loro ufficio, violino o sovvertano i principi fondamentali consacrati dalla Costituzione.

2.4 Parte II – Ordinamento della Repubblica (artt. 55-139 Cost.)

2.4.1 Organi costituzionali e a rilevanza costituzionale

Sono **organi costituzionali** quelli previsti e disciplinati dalla Carta costituzionale (necessari e indefettibili) e che godono di una particolare **autonomia** che consente loro di essere definiti come **poteri dello Stato**. Gli organi costituzionali partecipano all'esercizio della funzione politica (*indirizzo politico*) a seconda delle competenze loro riconosciute direttamente dalla Costituzione. La disciplina di tali organi è, dunque, coperta da **riserva di legge (*assoluta*) di rango costituzionale**. Le funzioni di tali organi non possono essere svolte da altri organi (se si eccettua la provvisoria sostituzione del Capo dello Stato da parte del Presidente del Senato prevista dall'art. 86, c. 1, Cost.).
Gli organi costituzionali previsti nella Costituzione italiana sono:
- il **Parlamento** (nella sua accezione di bicameralismo perfetto, composto dalla **Camera dei deputati** e dal **Senato della Repubblica** – e nelle diverse ipotesi in cui si riunisce in *seduta comune*);
- il **Presidente della Repubblica**;
- il **Governo**;
- la **Magistratura**;
- la **Corte costituzionale**;
- le **Regioni**, le **Province**, le **Città metropolitane** e i **Comuni**.

Gli **organi di rilevanza costituzionale** sono solo previsti, sebbene non disciplinati nelle funzioni, dalla Costituzione e non svolgono funzioni riconducibili all'indirizzo politico, ma di tipo consultivo o giurisdizionale; essi sono essenziali alla struttura costituzionale:

- il **Consiglio di Stato**;
- la **Corte dei conti**;
- il **Consiglio supremo di difesa**;
- il **Consiglio nazionale dell'economia e del lavoro** (CNEL);
- il **Consiglio superiore della Magistratura**.

2.4.2 Titolo I – Il Parlamento (artt. 55-82 Cost.)

Il **Parlamento**, potere dello Stato, titolare della funzione legislativa e della funzione di **indirizzo politico** e di **controllo** sull'attività del *Governo*, è un organo:
- ***costituzionale***;
- ***complesso*** e ***bicamerale*** poiché costituito da due camere: Camera dei deputati e Senato della Repubblica o Camera Alta (art. 55);
- ***collegiale***, in quanto i membri che lo compongono emettono decisioni imputate unitariamente all'organo;
- ***rappresentativo***, poiché rispecchia la volontà politica del corpo elettorale;
- ***perfetto***, in quanto le due camere hanno uguali funzioni, poteri e prerogative e partecipano allo stesso modo alla funzione legislativa.

Il Parlamento italiano dura in carica 5 anni (cd. ***legislatura***) - art. 60, c. 1, Cost.
"Le elezioni delle nuove Camere hanno luogo entro 70 giorni dalla fine delle precedenti" (art. 61) e finché non siano riunite le nuove Camere *sono prorogati i poteri delle precedenti*. Possono essere sciolte, singolarmente o congiuntamente, dal Presidente della Repubblica con proprio decreto (art. 88), dopo aver consultato i presidenti delle stesse, quando: non appaiano più rappresentative delle forze politiche del Paese, sia impossibile formare una maggioranza politica stabile nel Parlamento e vi sia un insanabile contrasto politico fra le due assemblee. Il Capo dello Stato non può procedere allo scioglimento delle Camere negli ultimi sei mesi del suo mandato (cd. ***semestre bianco***), sempre che essi non coincidano in tutto o in parte con gli ultimi sei mesi della legislatura.
L'**istituto della *prorogatio*** prevede che, fino a quando non siano riunite le nuove Camere, siano prorogati i poteri delle precedenti, ma la durata non dovrebbe superare i 90 giorni (art. 61).
La **proroga**, invece, consiste in un atto spontaneo del Parlamento che, mediante una legge, decide di rinviare le elezioni e di prorogare i propri poteri; avviene solo in caso di guerra (art. 60, c. 2, Cost.).

2.4.2.1 Sezione I - Le Camere (artt. 55-69)

CARATTERISTICHE GENERALI DELLE CAMERE		
	CAMERA DEI DEPUTATI	SENATO DELLA REPUBBLICA
Composizione	seicentotrenta (630) deputati, dodici (12) dei quali eletti nella circoscrizione Estero (art. 56). L'Assemblea è **interamente elettiva***	trecentoquindici (315) senatori, sei (6) dei quali eletti nella circoscrizione Estero (**elettivi**). Inoltre, ne fanno parte i **senatori a vita** (**non elettivi** - art. 59)*
Sede	Palazzo Montecitorio (Roma)	Palazzo Madama (Roma)

(segue)

CARATTERISTICHE GENERALI DELLE CAMERE		
	CAMERA DEI DEPUTATI	**SENATO DELLA REPUBBLICA**
Elettorato attivo	è eletta a suffragio universale e diretto su base nazionale; possono votare tutti i cittadini italiani di maggiore età (18 anni) – art. 56	è eletta a suffragio universale su base regionale; possono votare i cittadini italiani che hanno compiuto il venticinquesimo anno di età (25 anni) – art. 58
Elettorato passivo	Sono eleggibili tutti i cittadini italiani che nel giorno della elezione hanno compiuto il venticinquesimo anno di età (25 anni) – art. 56	Sono eleggibili tutti i cittadini italiani che nel giorno della elezione hanno compiuto il quarantesimo anno di età (40 anni) – art. 58
* La legge costituzionale approvata in via definitiva dal Parlamento l'8 ottobre 2019 ha ridotto il numero dei parlamentari che saranno 400 alla Camera (di cui 8 eletti nella circoscrizione estero) e 200 al Senato (di cui 4 eletti nella circoscrizione estero). A seguito del referendum costituzionale, che si è svolto il 20 e 21 settembre 2020, la legge entra definitivamente in vigore: la modifica si applica dalla XIX legislatura.		

La Costituzione prevede i seguenti tipi di convocazione delle Camere:

- ***iniziale***: le Camere neo-elette devono riunirsi entro 20 giorni dalle elezioni, nel giorno fissato dal Presidente della Repubblica;
- ***di diritto***: il primo giorno non festivo di febbraio e di ottobre (art. 62);
- su ***mozione di aggiornamento***: decisa dalle stesse Camere;
- ***straordinaria***: per iniziativa del suo Presidente o del Presidente della Repubblica o di un terzo dei suoi componenti (art. 62). Quando è riunita in via straordinaria una Camera è convocata di diritto anche l'altra Camera.

Le ***sedute sono pubbliche***, anche se *ciascuna Camera* e il *Parlamento* a *Camere* riunite possono deliberare di adunarsi in *seduta segreta*. I membri del Governo (compresi i Sottosegretari), anche se non ricoprono la carica di parlamentare, hanno il diritto, e se richiesti, l'obbligo, di assistere alle sedute (art. 64). La norma, incidentalmente, sancisce la compatibilità delle cariche di membro del Governo e del Parlamento, ma consente anche che un Ministro non sia membro del Parlamento.

Le deliberazioni di ciascuna Camera non sono valide se non è presente la maggioranza dei componenti e se non sono adottate a maggioranza dei presenti (***maggioranza semplice***) ovvero è necessario il voto della metà dei parlamentari presenti più uno, salvo che la Costituzione prescriva una ***maggioranza speciale*** (art. 64). Infatti, le maggioranze necessarie per una deliberazione in Parlamento o alla Camera possono essere: ***semplice***, ***assoluta*** (316), ***qualificata***. Per le votazioni nelle assemblee parlamentari è previsto il **voto palese ovvero** per **alzata di mano**, salve le eccezioni previste dai regolamenti parlamentari.

Prerogative delle Camere

Autonomia regolamentare: "*ciascuna Camera adotta il proprio regolamento a maggioranza assoluta dei suoi componenti*" (art. 64); serve a disciplinare l'organizzazione interna di ciascuna Camera. I **regolamenti** trattano tutti gli aspetti funzionali e decisionali del Parlamento: organizzazione delle Camere (Presidenza, Ufficio di presidenza, Gruppi parlamentari, Giunte, Commissioni permanenti); organizzazione dei lavori e dell'ordine del giorno dell'Assemblea e delle Commissioni; numero legale e deliberazioni; votazioni; presentazione e trasmissione dei progetti di legge ecc. Ogni Camera giudica sui titoli di ammissione degli eletti alla propria assemblea e sulle cause sopraggiunte di incompatibilità. Gli ***uffici di Presidenza*** di ciascuna Camera sono eletti dalle proprie assemblee (art. 63) e sono composti, oltre che dal Presidente, da 4 vicepresidenti, 3 questori e 8 segretari. Se nella terza votazione per l'elezione del Presidente dell'assemblea nessuno ha riportato la ***maggioranza assoluta*** dei voti dei presenti si procede al ballottaggio fra i due candidati che hanno ottenuto nel precedente scrutinio il maggior numero di voti nel giorno successivo e viene proclamato eletto quello che consegue almeno la maggioranza dei tre quarti dei presenti. In apertura della legislatura, il Presidente dell'Assemblea è il membro più anziano.

Autonomia finanziaria: ciascuna Camera delibera il proprio bilancio. Non è prevista nessuna forma di controllo esterno da parte della Corte dei conti

Autonomia amministrativa: ciascuna Camera organizza i propri uffici amministrativi e provvede alla assunzione dei propri dipendenti (commessi, funzionari, dipendenti guardie di servizio ecc.) stipulando in proprio contratti di lavoro

Inviolabilità degli edifici delle Camere: in base ad una norma consuetudinaria, non sancita dalla Costituzione, è vietato agli ufficiali ed agenti della forza pubblica, l'accesso negli edifici delle Camere, per compiere atti del proprio ufficio

Tutela penale delle Camere: nel nostro ordinamento penale sono puniti come reati: il tentativo di impedire alle Camere l'esercizio delle proprie funzioni (art. 289 c.p.) ed il vilipendio delle Camere (art. 290 c.p.).

Organi interni

Organi interni delle Camere sono:

- **Presidente di ciascuna Camera** (nell'ordine delle cariche della Repubblica Italiana, il Presidente del Senato occupa il secondo posto, dopo il Presidente della Repubblica ed il Presidente della Camera dei Deputati occupa il terzo posto);
- **Gruppi parlamentari**: appena eletti ciascun membro deve dichiarare a quale gruppo appartenere altrimenti viene assegnato al cd. ***gruppo misto***. Sono associazioni di deputati appartenenti allo stesso partito politico o con idee politiche simili; alla Camera ogni gruppo parlamentare è composto da almeno 20 deputati, al Senato da 10 senatori
- **Commissioni parlamentari** (art. 72): sono organi collegiali del Parlamento, al quale vengono assegnati i disegni di legge prima che essi vengano discussi in sede parlamentare. Le Commissioni si distinguono in:
  - **permanenti**: in ciascuna Camera, all'inizio di ogni legislatura, si costituiscono 14 Commissioni permanenti, formate in modo da rispecchiare la proporzionalità dei vari gruppi parlamentari e si distinguono per materia;
  - **bicamerali**: sono previste dalla legge e composte da Senatori e da Deputati, nel rispetto del principio di proporzionalità; se previsto dalla legge, vi deve essere assicurata anche la rappresentanza di tutti i gruppi (Es. Commissione parlamentare per le questioni regionali);
  - **d'inchiesta**: ciascuna Camera può disporre inchieste su materie di pubblico interesse con poteri istruttori (art. 82). Procedono alle indagini e agli esami con gli stessi poteri e le stesse limitazioni dell'autorità giudiziaria.
- **Giunte parlamentari**: sono organi delle Camere che svolgono compiti diretti a garantire il corretto funzionamento del Parlamento rispetto agli altri poteri. Svolgono unicamente compiti di consulenza tecnico-amministrativa. Sia alla Camera dei deputati sia al Senato della Repubblica è prevista: la ***Giunta per il regolamento, la Giunta per le elezioni, la Giunta per le autorizzazioni a procedere***; in totale sono previste tra le due Camere 6 giunte.

Le Camere riunite in seduta comune. La Costituzione attribuisce al Parlamento una natura unitaria, al punto tale da conferirgli rilevanti funzioni da svolgere in seduta comune: elettorale, accusatoria e di accertamento; non ha, invece, funzioni legislative. Quando le camere si ri-

uniscono in seduta comune costituiscono un **organo separato e diverso** rispetto a quello delle singole assemblee. Tale organo è presieduto dal Presidente della Camera ed utilizza il regolamento e le strutture della Camera dei deputati (coordina i lavori il Presidente e l'Ufficio di presidenza della Camera) - art. 63.
Le ipotesi in cui ciò avviene sono tassativamente indicate dalla Costituzione:
- l'*elezione* del Presidente della Repubblica (art. 83). Il Parlamento non può esercitare tale ufficio negli ultimi tre mesi del mandato;
- il *giuramento* del Presidente della Repubblica (art. 91);
- la *messa in stato d'accusa del Presidente della Repubblica* per alto tradimento o per attentato alla Costituzione (art. 90);
- l'*elezione* di un terzo dei membri del Consiglio Superiore della Magistratura (art. 104);
- l'*elezione a scrutinio segreto* di un terzo dei giudici costituzionali (art. 135);
- la *compilazione* dell'elenco di cittadini tra cui devono essere sorteggiati i giudici aggregati chiamati ad intervenire nei giudizi di accusa contro il Presidente della Repubblica, innanzi alla Corte costituzionale (art. 135).

I Parlamentari. Ciascun parlamentare rappresenta la Nazione, senza vincolo di mandato (art. 67-divieto di mandato imperativo). In senso giuridico, i membri del Parlamento, sono rappresentanti degli interessi generali della comunità. Per il conferimento della carica di parlamentare occorrono le seguenti condizioni:
- regolarità del procedimento elettivo (il cui controllo spetta esclusivamente alla Camera di appartenenza);
- esclusione delle cause di incapacità;
- esclusione di cause di ineleggibilità;
- esclusione di cause di incompatibilità.

"La Legge determina i casi di ineleggibilità e incompatibilità dei parlamentari" (art. 65).
"*Ciascuna Camera giudica dei titoli di ammissione dei suoi componenti e delle cause sopraggiunte di ineleggibilità e di incompatibilità"* (art. 66).
Ineleggibilità. Mira a garantire la parità di opportunità tra i candidati; i casi di ineleggibilità sono determinati con legge:
- Presidenti delle Giunte Provinciali.
- Sindaci di Comuni con più di 20.000 abitanti.
- Capo e Vice Capo di polizia ed ispettori generali di pubblica sicurezza.
- Capi Gabinetto dei Ministeri.
- Prefetti, Vice Prefetti e funzionari di Pubblica Sicurezza.
- Ufficiali Generali, Ammiragli, Ufficiali Superiori delle Forze Armate dello Stato nella circoscrizione del loro comando territoriale.
- Magistrati, esclusi quelli in servizio presso le giurisdizioni superiori, nelle circoscrizioni di loro assegnazione o giurisdizione nei sei mesi antecedenti l'accettazione della candidatura.
- Diplomatici, Consoli, Vice Consoli non onorari e Ufficiali addetti alle ambasciate, legazioni e consolati esteri sia all'estero che in Italia o coloro con impiego da Governi esteri.
- Componenti della Corte Costituzionale.
- Coloro che in proprio o in qualità di rappresentanti legali di società o di imprese private risultino vincolati con lo Stato per contratti di opere o di somministrazioni, oppure per concessioni o autorizzazioni amministrative di notevole entità economica, che importino l'obbligo di adempimenti specifici, l'osservanza di norme generali o particolari protettive del pubblico interesse, alle quali la concessione o la autorizzazione è sottoposta.

- I rappresentanti, amministratori e dirigenti di società e imprese volte al profitto di privati e sussidiate dallo Stato con sovvenzioni continuative o con garanzia di assegnazioni o di interessi, quando questi sussidi non siano concessi in forza di una legge generale dello Stato.
- I consulenti legali e amministrativi che prestino in modo permanente l'opera loro alle persone, società e imprese di cui ai due punti precedenti, vincolate allo Stato nei modi di cui sopra.
- I pubblici impiegati eletti in Parlamento, infatti, sono posti d'ufficio in aspettativa per tutta la durata del mandato e conservano il proprio posto di lavoro; essi però, in tale periodo non possono conseguire nessun tipo di promozione, se non per motivi di anzianità.

Incompatibilità. Riguarda l'impossibilità materiale di ricoprire contemporaneamente due cariche: quindi si deve optare per l'una o per l'altra (Presidente della Repubblica e deputato); in caso contrario è lo stesso ordinamento che automaticamente lo fa decadere.

La Costituzione stabilisce che sono incompatibili la carica di deputato e quella di senatore (art. 65). È incompatibile con lo *status* di parlamentare l'assunzione delle seguenti cariche: Presidente della Repubblica (art. 84), membro del Consiglio Superiore della Magistratura (art. 104), membro di un Consiglio o di una Giunta regionale (art. 122), membro della Corte costituzionale (art. 135), membro del Parlamento europeo, membro del CNEL, membro di assemblea legislativa o di organo esecutivo, nazionali o regionali, in Stati esteri, qualsiasi altra carica pubblica elettiva di natura monocratica relativa ad organi di governo di enti pubblici territoriali aventi alla data di indizione delle elezioni o della nomina popolazione superiore a 5.000 abitanti.

Incandidabilità. Consiste nel divieto per alcuni soggetti di presentare la propria candidatura (es. coloro che hanno riportato condanna definitiva per alcuni delitti particolarmente gravi).

Prerogative dei parlamentari. Le prerogative, istituti che, in deroga al diritto comune, perseguono il fine di tutelare la regolarità e l'indipendenza del mandato, e che, quindi, non possono essere oggetto di rinuncia da parte del parlamentare, sono:

a) l'**immunità penale** (art. 68, modificato dalla legge costituzionale n. 3/1993): senza autorizzazione della Camera di appartenenza, nessun membro del Parlamento può essere sottoposto a perquisizione personale o domiciliare, né può essere arrestato o altrimenti privato della libertà personale o mantenuto in detenzione, salvo che in esecuzione di una sentenza irrevocabile di condanna ovvero se sia colto nell'atto di commettere un delitto per il quale è previsto l'arresto obbligatorio in flagranza. Analoga autorizzazione è richiesta per sottoporre i parlamentari ad intercettazioni di conversazioni o comunicazioni e a sequestro di corrispondenza;
b) l'**insindacabilità**: i parlamentari «*non possono essere chiamati a rispondere delle opinioni espresse e dei voti dati nell'esercizio delle loro funzioni*» (art. 68);
c) l'**indennità**: stabilita dalla legge, mira a garantire l'indipendenza economica e il decoro del parlamentare (art. 69).
d) il **divieto del mandato imperativo**: ogni membro del Parlamento rappresenta la Nazione ed esercita le sue funzioni senza vincolo di mandato.

Cessazione dall'ufficio di parlamentare. L'ufficio parlamentare può cessare per:

1) Fine della legislatura o scioglimento anticipato delle Camere.
2) Dimissioni volontarie: hanno efficacia solo dal momento in cui siano accettate dalla Camera di appartenenza.

3) Decadenza; viene pronunciata dalla Camera, quando:
   - sia intervenuta una causa di incompatibilità;
   - sia venuto meno uno dei requisiti di eleggibilità;
   - si sia verificata una incompatibilità ed il parlamentare abbia optato per un'altra carica, incompatibile con il mandato parlamentare.
4) Annullamento della elezione: accertate irregolarità elettorali (i candidati eletti entrano nel pieno esercizio delle proprie funzioni con la proclamazione; fondamentale è un controllo sulla regolarità delle elezioni posto in essere da una commissione permanente costituita presso ciascuna Camera).
5) Morte.

Occorre Sapere

Per **legislatura** si intende il periodo dei lavori parlamentari compreso fra le elezioni e lo scioglimento della Camera (periodo effettivo).
Per "**quorum**" si intende Il numero legale, alla sola presenza del quale l'Assemblea può dire di svolgere una funzione rappresentativa.
Gli **stranieri** possono essere eletti parlamentari.
Un parlamentare è **perseguibile penalmente** per la commissione di un fatto materiale che integra gli estremi di un reato.
Per essere deputati o senatori è richiesta la condizioni del **pieno godimento dei diritti civili e politici**.

2.4.2.2 Sezione II - La formazione delle leggi (artt. 70-82)

Le *funzioni* esercitate dalle Camere possono essere distinte in:

a) ***legislativa***, esercitata collettivamente dalle due Camere (art. 70 Cost. – formazione delle leggi);
b) ***di indirizzo e controllo politico***, attraverso la quale si determinano i fini della politica nazionale, si scelgono i mezzi per conseguirli e si esercita un controllo sull'attività del Governo;
c) ***elettorali*** nelle quali rientrano le attività di elezione:
   - del Presidente della Repubblica;
   - di 5 giudici della Corte costituzionale;
   - di 8 componenti del Consiglio Superiore della Magistratura;
   - di 4 componenti del Consiglio di Presidenza della Giustizia Amministrativa;
   - dei 4 componenti del Garante per la protezione dei dati personali.

   In tale funzione rientra la scelta dei cittadini fra cui vanno sorteggiati i giudici aggregati della Corte costituzionale;
d) materialmente ***giurisdizionali*** o di ***accusa*** nelle quali rientrano le attività dirette a porre in stato d'accusa il Presidente della Repubblica e a rinviarlo a giudizio dinanzi alla Corte costituzionale.

La funzione legislativa

È la più significativa tra le funzioni del Parlamento; è esercitata **collettivamente dalle due Camere** (art. 70) e consiste nella preparazione, nell'esame e nell'approvazione delle leggi.
Il **procedimento legislativo** (cd. ***iter legis***), descritto dall'art. 72, è dato dall'insieme delle procedure poste in essere da ciascuna Camera per approvare una legge. Le fasi dell'*iter legis* sono:

- iniziativa legislativa;

- istruttoria;
- costitutiva (discussione e approvazione);
- promulgazione;
- pubblicazione.

L'**iniziativa legislativa** consiste nella presentazione di un progetto di legge diviso in articoli, all'ufficio di presidenza di una delle due Camere. I soggetti ai quali spetta l'iniziativa (art. 71) sono:
- **Governo**, in questo caso, l'iniziativa governativa viene definita "***disegno di legge***";
- ciascun membro del **Parlamento**;
- **Consigli regionali**, che hanno facoltà di fare proposte di legge alle Camere per le materie di loro competenza (art. 121, c. 2);
- **Consigli comunali**, limitatamente alle proposte di legge per il mutamento delle circoscrizioni provinciali e l'istituzione di nuove province;
- **Consiglio nazionale dell'economia e del lavoro**;
- **popolo** (***iniziativa legislativa popolare***), la proposta di legge deve essere presentata e firmata da almeno 50.000 elettori.

Il Presidente di ciascuna Camera, prima di mettere in discussione e in votazione qualunque proposta, assegna le stesse alla competente Commissione parlamentare permanente ai fini del compimento dell'**istruttoria**.
L'***esame istruttorio*** del progetto di legge viene effettuato da una o più Commissioni che agiscono "**in sede referente**", ma alle quali può anche essere demandata l'approvazione dei singoli articoli del progetto (esame **in sede "redigente"**, con riserva all'assemblea dell'approvazione finale) o l'approvazione definitiva del progetto medesimo (esame **in sede "deliberante"**) – art. 72. La proposta di legge che si trova in esame in sede redigente o deliberante può tornare alla procedura normale dell'esame nella Camera, se richiesto da: 1/10 dei membri dell'Assemblea che sta procedendo; da 1/5 dei membri della Commissione; dal Governo. Dopo l'esame (in sede referente o redigente) effettuato dalla Commissione permanente competente, il progetto di legge è trasmesso all'assemblea del ramo del Parlamento in cui è in corso l'*iter* (Camera o Senato) per la **discussione**, l'esame e l'**approvazione**: quest'ultima dovrà avvenire «articolo per articolo e con votazione finale» (art. 72, c. 1), salvo precedente determinazione in sede redigente della Commissione competente – art. 72.
Il regolamento parlamentare stabilisce termini di esame dei progetti di legge **abbreviati** per i disegni di legge dei quali è dichiarata l'**urgenza** (art. 72, c. 2).
È seguita la normale procedura di esame e di approvazione diretta da parte dell'assemblea di ciascuna Camera per i disegni di legge in materia costituzionale ed elettorale e per quelli di delegazione legislativa, di autorizzazione a ratificare trattati internazionali, di approvazione di bilanci e consuntivi (art. 72, c. 4).
Per l'approvazione di una legge sono previste **4 procedure alternative**:
- ***procedura ordinaria***: approvazione riservata all'assemblea;
- ***procedura speciale o decentrata***: l'approvazione in commissione (in sede deliberante);
- ***procedura d'urgenza***;
- ***procedura mista*** (o in sede redigente), introdotta dai regolamenti parlamentari, nella quale la commissione provvede alla stesura, discussione e votazione del progetto, e all'assemblea spetta l'approvazione dei singoli articoli e quella finale.

Spetta ai singoli membri del Parlamento l'iniziativa di proporre **emendamenti** ad un progetto di legge. Poiché le Camere devono approvare il progetto di legge nel medesimo testo affinché diventi legge, qualora una Camera apporta al progetto già approvato dall'altra alcuni emendamenti, il progetto stesso dovrà ritornare alla Camera che lo ha approvato per prima perché anche questa approvi a sua volta gli emendamenti. Le votazioni relative alle leggi collegate alla manovra di finanza pubblica sono votate sempre a scrutinio palese.
Se una Camera approva una proposta di legge senza che questa sia stata preventivamente sottoposta all'esame della competente Commissione si determina un **vizio formale di costituzionalità**.
La fase della **promulgazione** consiste in un atto del Presidente della Repubblica, con il quale egli controlla la regolarità del procedimento di approvazione della legge e svolge una prima verifica di costituzionalità. La promulgazione può essere rifiutata dal Presidente della Repubblica per motivi formali, nel caso in cui il procedimento di approvazione non sia stato regolare, oppure per motivi di opportunità. In tal caso, il Capo dello Stato può rinviare, con messaggio motivato, il progetto di legge alle Camere. Tuttavia, se le Camere, obbligate a riesaminare la legge già approvata, nuovamente l'approvano, questa deve essere promulgata. La promulgazione deve avvenire non oltre un mese dall'approvazione della legge (art. 73). La data della sua promulgazione è quella data alla legge.

Occorre Sapere

Una legge che è stata respinta prima della promulgazione si indica con il termine di "**legge stralcio**".

Una volta promulgata dal Presidente della Repubblica, la legge deve essere **pubblicata** sulla **Gazzetta Ufficiale della Repubblica Italiana** (G.U.R.I.) e nella Raccolta Ufficiale degli atti normativi. Le norme contenute nella legge entrano in vigore, di norma, decorsi 15 giorni dalla pubblicazione (cd. ***vacatio legis***), anche se nella medesima legge possono essere previsti termini diversi (più brevi o più lunghi) per l'entrata in vigore (art. 73, c. 3).
Le leggi vengono inserite nella Raccolta Ufficiale degli atti normativi della Repubblica italiana con la funzione di garantire la certezza del diritto, giacché il testo che entrerà in vigore è quello in essa inserito.

Leggi di revisione e modifica della Costituzione. Per la modifica delle disposizioni contenute nella Costituzione è necessario un procedimento particolare, detto procedimento di revisione costituzionale, che termina nella emanazione di una legge costituzionale ad opera sempre dello stesso Parlamento nelle forme e nei modi previsti dall'art. 138 Cost. (cd. ***procedura aggravata***), che sarà trattato nel paragrafo relativo al Titolo VI.

Delega al Governo della funzione legislativa. La Costituzione dispone che l'esercizio della funzione legislativa non può essere delegato al Governo se non con determinazione di principi e criteri direttivi e soltanto per tempo limitato e per oggetti definiti (art. 76); il Governo non può, senza delegazione delle Camere, emanare decreti che abbiano valore di legge ordinaria. Sono ammissibili leggi di delegazione legislativa che contengano le cosiddette "**deleghe plurime**" quando una legge di delegazione riguarda diversi oggetti.

Occorre Sapere

Il **Parlamento italiano** è sorto nel 1861 sul modello del parlamento istituito nel 1848, nel Regno di Piemonte e Sardegna, dallo Statuto albertino.
Viene definito «**franco tiratore**» in Parlamento colui che vota segretamente in modo contrario alle direttive del proprio partito.

L'**ostruzionismo parlamentare** si attua quando i poteri dei parlamentari sono esercitati in maniera da impedire o ritardare il funzionamento delle Camere; si parla di **ostruzionismo parlamentare tecnico** quando l'azione dell'opposizione condotta senza il rispetto del regolamento parlamentare.
I **vizi sostanziali** della legge sono quelli che violano norme sostantive; i **vizi formali** della legge riguardano la violazione della forma prescritta.
In base al dettato costituzionale, in Italia l'**indulto** e l'**amnistia** sono concessi con leggi deliberate a maggioranza di due terzi dei componenti di ciascuna Camera.
In base alla Costituzione italiana, ogni **legge che importa nuove e maggiori spese** deve indicare i mezzi per farvi fronte.
La Costituzione conferisce il potere di concedere l'**esercizio provvisorio del bilancio** dello Stato al Parlamento con legge e per periodi non superiori complessivamente a quattro mesi.
Nel nostro ordinamento non esiste l'istituto del **voto di fiducia costruttivo**.
Il deputato o senatore che, nel corso di una votazione nell'aula parlamentare effettuata con sistema elettronico, preme il pulsante relativo a uno o più colleghi assenti, votando in sua (o loro) vece, è definito **pianista**.
Ai sensi dell'art. 81, c. 3, Cost., come modificato dalla legge costituzionale n. 1 del 2012, lo Stato assicura l'**equilibrio tra le entrate e le spese del proprio bilancio**, tenendo conto delle fasi avverse e delle fasi favorevoli del ciclo economico.
Secondo la Costituzione, con la **legge di approvazione del bilancio** non si possono stabilire nuovi tributi e nuove spese.
Qualora il Governo adotta un decreto legge quando **le Camere sono sciolte** esse vengono appositamente convocate e si riuniscono entro 5 giorni (art. 77).

La funzione di indirizzo, di controllo e di informazione sull'attività di Governo

Il Parlamento esercita la **funzione di indirizzo politico** anzitutto mediante la votazione (nominale e palese) con la quale concede la fiducia al Governo. Rientrano nella funzione di indirizzo e controllo anche: l'approvazione con legge del bilancio predisposto annualmente dal Governo con la quale vengono ripartite le risorse finanziarie fra i vari rami dell'amministrazione (art. 81); la legge di stabilità (già legge finanziaria): le leggi di approvazione dei programmi economici; le leggi di concessione dell'amnistia e dell'indulto; le leggi di autorizzazione alla ratifica dei trattati internazionali che sono di natura politica, o prevedono arbitrati o regolamenti giudiziari, o importano variazioni del territorio od oneri alle finanze o modificazioni di leggi; la deliberazione dello stato di guerra e il conferimento al Governo dei poteri necessari (art. 78).
La **funzione di controllo** e di **informazione** si estrinseca in un insieme di atti che sono: l'interrogazione, l'interpellanza, la mozione, la risoluzione, le inchieste parlamentari, l'ordine del giorno.
L'**interrogazione** consiste in domande orali o scritte, rivolte al Governo o al singolo Ministro da parte di un parlamentare, per conoscere se un fatto sia vero o se su quel fatto il Governo sia in possesso di specifiche informazioni. A norma dei regolamenti di ciascuna Camera, lo svolgimento di *interrogazioni a risposta immediata* in assemblea ha luogo periodicamente e almeno una volta al mese.
L'**interpellanza** è una domanda scritta, richiesta da qualunque parlamentare, rivolta al Governo o al singolo Ministro competente sui motivi della loro condotta in relazione a fatti che investono la loro azione politica; se l'interpellante dovesse dichiararsi insoddisfatto della risposta ottenuta potrebbe trasformare l'interpellanza in mozione.
Le **mozioni** mirano a promuovere discussioni e deliberazioni dell'assemblea su di un determinato argomento, sono considerate dunque atti di impulso. Le mozioni più importanti sono quelle di ***fiducia*** e di ***sfiducia***. La mozione di sfiducia presentata da una delle Camere contro il Governo deve essere firmata da almeno **un decimo** dei propri componenti. Le Camere accordano o revocano la fiducia mediante una risoluzione motivata (art. 94). Il Parlamento può votare la mozione di sfiducia sia nei confronti di un singolo Ministro che nei confronti dell'intero Consiglio dei Ministri; le votazioni avvengono per appello nominale.

La **risoluzione** manifesta orientamenti dei parlamentari o definisce indirizzi su specifici argomenti.
Le **inchieste** parlamentari possono essere disposte, a norma dell'art. 82. Cost., da ciascuna Camera su materie di pubblico interesse: sono svolte da commissioni d'inchiesta istituite con legge. In taluni casi la commissione d'inchiesta ha i poteri propri dell'autorità giudiziaria (poteri di indagine e di ricerca della prova, garanzia dei diritti processuali).

2.4.3 Titolo II – Il Presidente della Repubblica (artt. 83-91 Cost.)

Il Presidente della Repubblica è un **organo monocratico**, cioè composto da una sola persona, il cui compito fondamentale è garantire il rispetto del dettato costituzionale e rappresentare *l'unità nazionale*.
«*Il Presidente della Repubblica è il Capo dello Stato*» (art. 87): egli è il Capo, il vertice della struttura costituzionale della quale si fa garante e della quale è responsabile di fronte a tutto il popolo, alla cui sovranità anch'egli è sottoposto. Il Presidente della Repubblica non governa il Paese, ma lo rappresenta.
È eletto dalle Camere riunite in seduta comune, integrate da 58 delegati regionali (3 per ciascuna Regione e 1 per la Valle d'Aosta) eletti dai Consigli regionali in modo che siano comunque rappresentate le minoranze (art. 83). Siffatta assemblea (allargata) elegge il Presidente della Repubblica a ***scrutinio segreto*** e con una ***maggioranza qualificata*** di due terzi nei primi tre scrutini; dal quarto scrutinio in poi è sufficiente la maggioranza assoluta. Il modo di elezione del Presidente previsto nella nostra Costituzione è tipico nella forma di governo parlamentare.
Se le Camere sono sciolte o mancano meno di 3 mesi alla loro cessazione, l'elezione ha luogo entro 15 giorni dalla riunione delle Camere nuove.
La carica del Presidente della Repubblica decorre dal giorno del giuramento di fedeltà alla Repubblica e di osservanza della Costituzione prestato dinanzi al Parlamento riunito in seduta comune. La **durata del mandato** presidenziale è di **7 anni** ed è **rieleggibile** (art. 85); al termine del mandato diventa senatore a vita, salvo rinunzia. Oltre che alla scadenza, il mandato può essere interrotto per dimissioni volontarie (in questo caso è il Presidente del Senato a indire le nuove elezioni), per impedimento permanente e per morte. Può rivestire la carica di Presidente della Repubblica ogni cittadino che abbia compiuto **50 anni d'età** e goda dei diritti civili e politici (art. 84, c. 1). Anche un senatore a vita può essere eletto Presidente della Repubblica, purché rinunci alla carica ricoperta.
L'ufficio di Presidente della Repubblica è ***incompatibile*** con qualsiasi altra carica (art. 84, c. 2). La Costituzione non prevede la carica della vicepresidenza né la possibilità di delega volontaria delle funzioni del Capo dello Stato ad altro organo, ma solo l'istituto della «***supplenza***» ovvero dell'assunzione temporanea dei poteri e delle funzioni del Presidente della Repubblica da parte del Presidente del Senato (art. 86) nel caso in cui a causa di un impedimento, questi non possa svolgere la propria attività. In caso di impedimento permanente, le elezioni per il nuovo Presidente devono avvenire **entro 15 giorni**, salvo eccezioni. La procedura di accertamento dell'impedimento permanente del Presidente non è disciplinata espressamente nell'ambito della Costituzione. Nel caso in cui le Camere siano sciolte i poteri del Presidente sono prorogati fino alla elezione del nuovo.
L'art. 90 stabilisce che «*il Presidente della Repubblica non è responsabile degli atti compiuti nell'esercizio delle funzioni, tranne che per alto tradimento e per attentato alla Costituzione*». Il potere in Italia di mettere in stato d'accusa il Capo dello Stato è attribuito al Parlamento in seduta comune a maggioranza assoluta, mentre sulle accuse mosse giudica la Corte Co-

stituzionale in composizione integrata. La procedura di messa in stato d'accusa di un Capo dello Stato per fatti commessi durante il mandato può essere definita ***impeachment***.
Poiché, però, di ogni atto giuridico, in concreto, un soggetto deve essere chiamato a rispondere, "*nessun atto del Presidente della Repubblica è valido se non è controfirmato dai Ministri proponenti che ne assumono la responsabilità. Gli atti che hanno valore legislativo e gli altri indicati dalla legge sono controfirmati anche dal Presidente del Consiglio dei Ministri*" (art. 89).
Quando un atto presidenziale deriva dai "poteri propri" del Presidente, la controfirma ministeriale accerta la **regolarità formale** della decisione del Capo dello Stato. Non è prevista la controfirma sugli atti assunti per: il conferimento dell'incarico di formare il governo e per la nomina dei senatori a vita.
Egli, invece, **è** illimitatamente e civilmente responsabile per gli atti compiuti come privato cittadino.
Il Capo dello Stato si fa garante del testo costituzionale nei confronti dei tre poteri istituzionali: legislativo, esecutivo e giudiziario.
Nei confronti del Parlamento, il Capo dello Stato in quanto garante del dettato costituzionale può:
- sciogliere una o entrambe le Camere, sentiti i rispettivi Presidenti, alla scadenza della legislatura o anche anticipatamente. Durante il "semestre bianco" (ultimi 6 mesi di mandato) non può procedere allo scioglimento delle Camere, salvo che coincida in tutto o in parte con gli ultimi 6 mesi della legislatura (art. 88, c. 1);
- indire le elezioni delle nuove Camere, fissarne la prima riunione (art. 87, c. 3) e può convocarle in via straordinaria (art. 62, c. 2);
- inviare messaggi alle Camere (art. 87, c. 2);
- indire referendum popolari, ma solo nei casi tassativamente previsti dalla Costituzione (art. 87, c. 6) e, in caso di esito favorevole, dichiara l'abrogazione della legge ad esso sottoposta;
- promulgare le leggi (art. 87, c. 5);
- rinviare le leggi alle Camere con messaggio motivato (cd. sospensivo). Invece di promulgarla, il Presidente della Repubblica può "restituire" la legge alle Camere per una nuova approvazione (la Camera non è tenuta a concluderne l'esame entro un determinato termine) egli però deve motivare dettagliatamente i motivi di questo atto (può ad esempio rinviare la legge qualora la procedura seguita non sia costituzionalmente legittima, perché non sono state osservate le norme costituzionali nel procedimento di formazione). Nel caso in cui la legge venga nuovamente approvata, egli è costretto a promulgarla (art. 74);
- autorizzare la presentazione alle Camere dei disegni di legge di iniziativa del Governo (art. 87, c. 4);
- nominare cinque senatori a vita scelti discrezionalmente tra cittadini che hanno illustrato la Patria per altissimi meriti nel campo sociale, scientifico, artistico e letterario (art. 59).

Nei confronti del Governo, invece, il Capo dello Stato in qualità di garante della Costituzione **è titolare dei seguenti poteri:**
- nomina il Presidente del Consiglio e, su proposta di questo, i Ministri che insieme costituiranno il Consiglio dei Ministri nonché i Sottosegretari, su proposta del Presidente del Consiglio dei Ministri, di concerto con il Ministro che il sottosegretario è chiamato a coadiuvare, sentito il Consiglio dei Ministri (art. 92). La nomina e la revoca di un Ministro è un potere espressamente attribuito dalla Costituzione al Presidente della Repubblica; l'atto **è** formalmente presidenziale e sostanzialmente governativo;

- autorizza la presentazione al Parlamento dei disegni di legge di iniziativa del Governo;
- emana gli atti aventi valore di legge (decreti legge o decreti legislativi) ed i regolamenti governativi;
- nomina, nei casi indicati dalla legge, i funzionari dello Stato;
- controfirma gli atti ministeriali che sono emanati con un suo decreto;
- nomina gli esperti del CNEL;
- comanda le Forze armate e presiede il Consiglio supremo di difesa, dichiara lo stato di guerra deliberato dalle Camere (art. 87, c. 9);
- ratifica i trattati internazionali, accredita e riceve i rappresentanti diplomatici (art. 87, c. 8);
- conferisce le onorificenze della Repubblica (art. 87, c. 12);
- può sciogliere i Consigli regionali per ragioni di sicurezza nazionale e rimuovere il Presidente della Giunta (art. 126).

Nei confronti della Magistratura, infine, il Capo dello Stato:
- presiede il Consiglio Superiore della Magistratura (CSM);
- può concedere la grazia e commutare le pene;
- nomina 5 giudici della Corte Costituzionale.

Nella veste di rappresentante dell'unità nazionale il Presidente della Repubblica è inoltre titolare di una ulteriore serie di poteri e prerogative. L'assegno dovuto al Presidente è determinato con legge ordinaria.
La residenza ufficiale del Presidente della Repubblica Italiana è il **Palazzo del Quirinale** in Roma, uno dei simboli dello Stato italiano. A Napoli, la residenza presidenziale è **Villa Rosebery**. La guardia d'onore del Presidente della Repubblica è affidata al Reggimento Corazzieri dell'Arma dei Carabinieri.

PRESIDENTE	DURATA MANDATO	AREA POLITICA DI APPARTENENZA
Enrico De Nicola	1946-1948	LIBERALE
Luigi Einaudi	1948-1955	PARTITO LIBERALE ITALIANO
Giovanni Gronchi	1955-1962	PARTITO POPOLARE ITALIANO (1919-1923) DEMOCRAZIA CRISTIANA (1943-1978)
Antonio Segni	1962-1964 (interrotto per malattia)	DEMOCRAZIA CRISTIANA
Giuseppe Saragat	1964-1971	PSI (1922-1947)/PSDI(1947-1988)
Giovanni Leone	1971-1978	PARTITO POPOLARE ITALIANO (1919-1926) DEMOCRAZIA CRISTIANA (1942-1994)
Sandro Pertini	1978-1985	PARTITO SOCIALISTA UNITARIO PARTITO SOCIALISTA ITALIANO DI UNITÀ PROLETARIA PARTITO SOCIALISTA ITALIANO
Francesco Cossiga	1985-1992	DEMOCRAZIA CRISTIANA (1945-1992) UNIONE DEMOCRATICA PER LA REPUBBLICA (1998-1999) UNIONE PER LA REPUBBLICA (1999-2001) INDIPENDENTE (2001-2010)

(segue)

PRESIDENTE	DURATA MANDATO	AREA POLITICA DI APPARTENENZA
Oscar Luigi Scalfaro	1992-1999	DC (1946-1992) INDIPENDENTE (1999-2012)
Carlo Azeglio Ciampi	1999-2006	PD'A (1943-1947) INDIPENDENTE (1947-2016)
Giorgio Napolitano – unico caso di rielezione	2006-2013 2013-2015	INDIPENDENTE (DAL 2006) PRECEDENTI: PCI (1945-1991) PDS (1991-1998) DS (1998-2006)
Sergio Mattarella	2015-	INDIPENDENTE (dal 2009) PRECEDENTI: DC (fino al 1994) PPI (1994-2002) DL (2002-2007) PD (2007-2009)

Occorre Sapere

La figura del Presidente della Repubblica rappresenta un **potere autonomo**.
Qualora un **Deputato** o un **Senatore** sia **eletto alla Presidenza della Repubblica** cessa immediatamente dal suo ufficio.
Il Presidente della Repubblica può **rinviare una legge** anche **dopo lo scioglimento delle Camere**, anche se questo caso non è disciplinato dalla Costituzione; in passato vi sono stati dei casi di rinvio dopo lo scioglimento.
Il Presidente della Repubblica ha il potere di *revocare formalmente* la nomina di un Ministro del Governo.
L'**Ordine al Merito della Repubblica Italiana è la più importante onorificenza nazionale istituita con legge del 1951**.
La Camera del Regno di Sardegna promulgò la legge che fece nascere il Regno d'Italia.
Giovanni Leone e **Giorgio Napolitano** hanno ricoperto l'incarico di Presidente della Repubblica essendo già stati nominati senatore a vita. Giovanni Gronchi era il Presidente della Repubblica durante il centenario dell'Unità d'Italia, mentre Giorgio Napolitano lo era per i 150 anni.

2.4.4 Titolo III – Il Governo (artt. 92-100 Cost.)

Il Titolo III della Costituzione è dedicato all'organo cui spetta la gestione del potere esecutivo: il **Governo**. Per **potere esecutivo** si intende il complesso di attività e di organi la cui funzione è quella di dare attuazione alle scelte di indirizzo politico più generali. Tale potere è gestito dal *Governo* in senso stretto e dall'apparato amministrativo, dalla *Pubblica amministrazione* e dagli *Organi Ausiliari*.

2.4.4.1 Sezione I – Il Consiglio dei Ministri (artt. 92-96)

«Il Governo della Repubblica è composto del Presidente del Consiglio e dei Ministri, che costituiscono insieme il Consiglio dei Ministri» (art. 92, c. 1).

Il **Consiglio dei Ministri** (CDM) è un organo costituzionale con poteri deliberativi, collegiale, complesso composto, a sua volta, da due distinti organi, il *Presidente del Consiglio* ed i *Ministri*. Accanto a questi **organi necessari**, in quanto senza di loro non potrebbe costituirsi un Governo costituzionalmente legittimo, altri organi, detti **eventuali** o non necessari sono i *sottosegretari*, il *vicepresidente del Consiglio*, i *Ministri senza portafoglio*, i *comitati interministeriali*, i *commissari straordinari* ecc. La sede ufficiale è a **Palazzo Chigi** in Roma.
Al Consiglio dei Ministri spetta la determinazione della politica generale del Governo e, ai fini dell'attuazione di essa, l'*indirizzo generale dell'azione amministrativa*. È l'organo che

deve approvare le ***dichiarazioni programmatiche*** da sottoporre al Parlamento per il voto di fiducia al Governo.
Il Consiglio dei Ministri ha come principale scopo l'**attuazione di una determinata politica nazionale** in base al programma di governo, e gli **strumenti** previsti dalla Costituzione col quale realizzarla sono:

- l'***iniziativa legislativa*** attraverso la presentazione di disegni di legge alle due Camere. I disegni di legge e le proposte di ritiro dei disegni di legge già presentati al Parlamento sono sottoposti alla deliberazione del Consiglio dei Ministri;
- il **potere di decretazione e regolamentazione** con l'adozione dei decreti aventi forza di legge (Decreto legge e il Decreto legislativo) o l'emanazione di regolamenti governativi.

Il Governo presenta alle Camere ogni anno il bilancio dello Stato.
Alle riunioni del Consiglio dei Ministri partecipano il Capo del Governo (PCM) e i Ministri, compresi quelli senza portafoglio, alla presenza dei Presidenti delle Regioni e delle Province Autonome interessate, in caso di deliberazioni relative ad argomenti di loro specifico interesse. Inoltre, può partecipare alle sedute il Sottosegretario del Consiglio dei ministri. Svolge le funzioni di ***segretario*** del CDM il Sottosegretario alla Presidenza del Consiglio.
Secondo la Costituzione italiana, all'ordinamento della Presidenza del Consiglio si provvede con legge ordinaria (art. 95).

Formazione del Governo. Incardinatosi il nuovo Parlamento dopo le elezioni politiche, il Presidente della Repubblica nomina il Presidente del Consiglio e, su proposta di questi, dei Ministri. Nel caso di grave crisi politica, invece, per la formazione del Governo, avvia le **consultazioni** (la fase delle consultazioni è disciplinata da una consuetudine costituzionale) convocando al Quirinale le maggiori personalità politiche ed istituzionali del Paese (i capi dei gruppi parlamentari e dei rappresentanti delle coalizioni; i Presidenti delle due camere, gli ex Presidenti della Repubblica; le delegazioni politiche, ecc.) per riuscire ad individuare la persona cui affidare il delicato compito di formare un nuovo Governo. Se dopo le consultazioni non si riesce a delineare una possibile maggioranza a sostegno del Governo, il Presidente della Repubblica può fare un altro giro di consultazioni ed affidare un ***incarico*** detto "***esplorativo***" (preincarico) al Presidente del Senato o ad un esponente politico particolarmente apprezzato per accertare la possibilità di dare vita a una maggioranza di governo, in vista dell'incarico definitivo di Presidente del Consiglio. Qualora anche con il secondo giro di consultazioni il Capo dello Stato non riuscisse a comporre la crisi, dovrebbe sciogliere anticipatamente il Parlamento ed indire nuove elezioni politiche.
Il Presidente della Repubblica conferisce personalmente l'incarico di formare il nuovo Governo alla persona prescelta in forma orale dopo un colloquio privato. Dopo aver deciso un programma politico di governo e aver definito la lista dei Ministri, l'incaricato si reca nuovamente dal Presidente della Repubblica per la sua **nomina** a Presidente del Consiglio e, su sua proposta, dei singoli Ministri (art. 92, c. 2).
Prima di assumere le piene funzioni il nuovo Presidente del Consiglio ed i Ministri devono prestare giuramento nelle mani del Presidente della Repubblica (art. 93). Entro **10 giorni** dalla formazione i componenti si recano in entrambe le Camere del Parlamento per ottenere o meno la **fiducia** (art. 94).

Il rapporto di fiducia. È un rapporto con il Parlamento senza il quale il Governo non può espletare la propria funzione. La **mozione di fiducia** deve essere concessa da entrambe le Ca-

mere e ciascuna può accordarla o respingerla mediante una mozione motivata e votata per appello nominale. Se l'Assemblea lo consente, più mozioni possono formare oggetto di una sola discussione quando siano relative ad argomenti identici o connessi.
La **mozione di sfiducia** deve essere firmata da almeno 1/10 (un decimo) dei componenti della Camera nella quale è presentata e non può essere messa in discussione **prima di tre giorni** dalla presentazione. Essa può riguardare l'intero Governo o anche un singolo Ministro, in questo ultimo caso il Presidente della Repubblica revoca formalmente l'incarico. Durante il suo operato il Presidente del Consiglio dei Ministri, con l'assenso del Consiglio stesso, può porre la **questione di fiducia** su una legge o su un singolo emendamento alla stessa, qualificando tale atto come fondamentale della propria azione politica e facendo dipendere dalla sua approvazione la propria permanenza in carica.
Il voto contrario di una sola Camera su una proposta del Governo non comporta le sue dimissioni obbligatorie.

La **durata** della carica del Governo non è prevista dalla Costituzione; può coincidere con quella di una intera legislatura, tuttavia può essere più breve poiché rimane in carica finché gode della fiducia di entrambe le Camere, mentre ***decade obbligatoriamente*** in caso di approvazione di una mozione di sfiducia (***crisi di governo***). Anche se le elezioni politiche danno esito favorevole alla maggioranza uscente, il Governo in carica ha comunque l'obbligo giuridico di dimettersi.
Differente è la crisi di governo ***extraparlamentare,*** rispetto a quella ***parlamentare*** in cui non si ha più la fiducia del Parlamento; tale crisi extraparlamentare si apre in conseguenza di una crisi politica all'interno della maggioranza che sostiene il governo, a causa della quale quest'ultimo non ha la possibilità di far approvare i provvedimenti necessari alla propria azione e ne trae le conseguenze politiche dimettendosi, pur in assenza di un voto formale.
Rimpasto di governo. Non è una crisi di governo, ma comporta il mutamento della compagine governativa attraverso la sostituzione di uno o più ministri.

Presidente del Consiglio dei Ministri. È un organo *monocratico* del Governo cui la Costituzione affida il delicato compito di *dirigere la politica generale del Governo, assumendone la responsabilità, e mantenere l'unità di indirizzo politico ed amministrativo, promuovendo e coordinando l'attività dei Ministri* (art. 95). È nominato dal Presidente della Repubblica (art. 92, c. 2).
Compiti.
- Dirige la politica generale del governo e mantiene l'unità dell'indirizzo politico, amministrativo, promuovendo e coordinando l'attività dei ministri;
- convoca le riunioni del Consiglio dei ministri, ne stabilisce l'ordine del giorno e le presiede;
- impartisce ai ministri delle direttive in attuazione delle decisioni del Consiglio;
- sospende l'adozione di atti da parte dei ministri e può chiedere loro di concordare con lui le dichiarazioni pubbliche che essi intendono rilasciare;
- comunica al Parlamento la composizione del CDM e ogni sua eventuale modificazione;
- pone la controfirma sugli atti più importanti del PDR (promulgazione delle leggi ed emanazione degli atti aventi forza di legge).

Convoca la Conferenza Stato-Regioni istituita presso la Presidenza del Consiglio dei Ministri.
In caso di ***assenza*** del Presidente del Consiglio dei Ministri, la supplenza spetta al Vicepresidente e, nell'ipotesi in cui non sia stato nominato il Vicepresidente, al Ministro più anziano.

Responsabilità. Nell'ambito **penale**, per i ***reati propri (reati ministeriali)***, cioè per i reati commessi nell'esercizio delle proprie funzioni il Presidente del Consiglio dei Ministri ed i

Ministri, anche se cessati dalla carica, sono sottoposti alla *giurisdizione ordinaria* (sezione specializzata in seno ad essa che si chiama **Tribunale dei Ministri**), previa autorizzazione del Senato della Repubblica (se senatori o estranei al Parlamento) o della Camera dei deputati (se deputati); per i ***reati comuni***, cioè per i reati che potrebbero essere commessi da chiunque; il relativo giudizio spetta ai Tribunali ordinari. Vigono le prerogative parlamentari solo se il Ministro o il PCM è anche membro del Parlamento.
Nell'ambito **politico**, il Presidente del Consiglio dirige la politica generale del governo e ne è responsabile verso il Parlamento. È una ***responsabilità generale***, cioè per tutti gli atti del Governo, nel suo complesso.
In ambito **civile**, per violazione di diritti soggettivi, come qualsiasi altro cittadino.

Ministri. Fanno parte del Consiglio dei Ministri e sono posti a dirigere uno ***specifico*** settore della Pubblica Amministrazione, ovvero il singolo **Ministero** (o Dicastero). Il numero e le attribuzioni dei ministeri sono stabiliti per legge; attualmente sono 14. Ciascun ministero può essere diviso in dipartimenti. Il potere di revoca di un Ministro non è espressamente previsto in Costituzione.

I MINISTERI	
DENOMINAZIONE	**MISSIONE**
Affari esteri e Cooperazione internazionale (Palazzo della Farnesina)	*Rapporti dell'Italia con gli altri Stati e con le organizzazioni internazionali - Rappresentanza dell'Italia all'estero*
Interno (Palazzo del Viminale)	*Ordine e sicurezza pubblica - Difesa e protezione civile - Cittadinanza, immigrazione, asilo - Costituzione e funzionamento degli enti locali*
Giustizia (Via Arenula)	*Giustizia e attività giudiziaria ed esecuzione delle pene, rapporti con il CSM, attribuzioni concernenti i magistrati ordinari, vigilanza sugli ordini professionali, archivi notarali, cooperazione internazionale in materia civile e penale*
Difesa (Palazzo Baracchini)	*Difesa e sicurezza militare dello Stato*
Economia e Finanze	*Politica economica, finanziaria e di bilancio - Politiche fiscali*
Sviluppo economico	*Politiche e strategie per lo sviluppo del sistema produttivo, industria, commercio anche con l'estero e artigianato - Promozione delle politiche per la competitività internazionale - Programmazione economica e finanziaria, coordinamento e verifica degli interventi per lo sviluppo economico, territoriale e settoriale e delle politiche di coesione*
Politiche agricole alimentari e forestali	*Agricoltura e foreste, caccia e pesca - Alimentazione*
Ambiente e Tutela del Territorio e del Mare (istituito nel 1986)	*Tutela dell'ambiente, del territorio e dell'ecosistema*
Infrastrutture e Trasporti	*Assetto del territorio, reti infrastrutturali, politiche urbane e dell'edilizia abitativa, opere marittime e infrastrutture idrauliche - Trasporti e viabilità*
Lavoro e Politiche sociali	*Politica del lavoro e sviluppo dell'occupazione, tutela del lavoro - Politiche sociali e previdenziali*
Salute	*Tutela della salute umana, sanità veterinaria, coordinamento del sistema sanitario nazionale*

(segue)

I MINISTERI	
DENOMINAZIONE	**MISSIONE**
Istruzione	*Istruzione scolastica e superiore*
Università e Ricerca	*Istruzione universitaria - Ricerca scientifica e tecnologica*
Beni e Attività culturali e Turismo	*Beni culturali e ambientali, spettacolo - Turismo*

Tutti i Ministri sono **proposti** dal Presidente del Consiglio e **nominati** dal Presidente della Repubblica nelle cui mani prestano giuramento. Tale nomina consiste in un atto formalmente presidenziale e sostanzialmente governativo. I Ministri possono essere scelti tra i membri del Parlamento, non essendo prevista alcuna incompatibilità tra le due cariche.

Esistono Ministri che gestiscono soltanto *alcune funzioni per conto dello Stato* detti **senza portafoglio**, proprio per indicare il fatto che non sono a capo di un apparato amministrativo (Ministero), ma solo di un dipartimento; ciononostante partecipano al Consiglio dei Ministri e alla realizzazione del programma politico del Governo.

Una particolare figura di ministri è costituita dai **Ministri ad interim**, si tratta di membri del governo ai quali, in aggiunta ai loro compiti, viene affidato un altro ministero con decreto del PDR.

Requisiti. Per la carica sono necessari: cittadinanza italiana; godimento dei diritti civili e politici; maggiore età.

Compiti e funzioni. Nell'esercizio delle loro ***funzioni amministrative***, i Ministri adottano provvedimenti, solitamente nella forma di *Decreto ministeriale* o di *Decreto interministeriale*, a seconda che l'atto sia emanato dal singolo Ministro o di concerto con un altro.

Responsabilità. In ambito **penale** vale quando detto per il PCM; **politicamente,** i ministri sono responsabili sia verso il PCM sia verso il Parlamento, che può votare la sfiducia al Governo o al singolo Ministro. La responsabilità può essere sia **collegiale** per gli atti del Consiglio dei Ministri sia **individuale** per gli atti dei loro dicasteri (art. 95). Sono responsabili **civilmente** per violazione di diritti soggettivi come qualsiasi altro cittadino.

Occorre Sapere

I Presidenti del Consiglio dei ministri del **Regno d'Italia** sono stati 30.
Fino al **1961** la Presidenza del Consiglio dei Ministri ha avuto sede con il Ministero dell'Interno a **Palazzo del Viminale**.
I membri del Governo rispondono alle domande formulate dai parlamentari nel cosiddetto ***question time***.
Il **Presidente del Consiglio** può chiedere il parere dell'**Autorità garante della concorrenza e del mercato** riguardo ad iniziative legislative o regolamentari.
Il **Ministro della Giustizia** ha facoltà di promuovere l'**azione disciplinare** nei confronti dei **magistrati** (art. 107). A esso spetta la funzione istituzionale di **Guardasigilli**. Controfirma il Decreto Presidenziale di concessione della grazia. Ha competenze in materia di **organizzazione e funzionamento dei servizi relativi alla giustizia**, ferme le competenze del Consiglio Superiore della Magistratura.
Al **Ministero dell'Economia e Finanze**, nato dall'accorpamento del Ministero delle Finanze con il Ministero del Tesoro, spetta l'**amministrazione dei beni** dello Stato. Alla sua vigilanza è sottoposta l'Agenzia delle Entrate.
Le **dogane** sono stabilite dal Ministro dell'Economia e Finanze.
Il **Ministero dell'Ambiente** in Italia venne creato nel 1986.
L'**igiene e la sicurezza degli alimenti** sono materia di competenza del **Ministero della Salute**.
L'**INAIL** è sottoposto alla vigilanza del **Ministero del Lavoro e delle Politiche Sociali**.
Dal **Ministero delle Infrastrutture e dei Trasporti** dipende l'**Ente Nazionale per l'Aviazione Civile**.
Il **Ministero della Pubblica Istruzione** è confluito nel Ministero dell'Istruzione, dell'Università e della Ricerca.
Le funzioni amministrative statali in materia di **immigrazione** e le principali funzioni in materia di **tutela dell'ordine pubblico** fanno capo essenzialmente al **Ministero dell'Interno**.
Il **Governatore** della Banca d'Italia, dopo essere eletto dal Consiglio di amministrazione, è ratificato dai Presidenti del Consiglio e della Repubblica.

Il **Prefetto** è nominato con decreto del Presidente della Repubblica, previa deliberazione del Consiglio dei Ministri e su proposta del Ministro dell'Interno. Le **Prefetture** sono Uffici territoriali del Governo. Il **Corpo Prefettizio** costituisce la dirigenza civile del Ministero dell'Interno.
Le **circolari ministeriali** sono **atti amministrativi**.

L'iniziativa legislativa e il potere di decretazione e regolamentazione del Governo

Il Decreto Legge (D.L.). Atto avente forza di legge, adottato in casi straordinari di ***necessità e urgenza*** dal Governo (art. 77). Deve essere deliberato dal Consiglio dei Ministri ed emanato dal Presidente della Repubblica; entra in vigore immediatamente, nel giorno della sua pubblicazione sulla G.U.

Il giorno stesso della pubblicazione, il decreto-legge deve essere presentato alle Camere, che, anche se sciolte, sono appositamente convocate e si riuniscono entro 5 giorni; viene chiesto al Parlamento di produrre la legge di conversione con o senza modifiche e se le Camere non convertono in legge il D.L. nel **termine di 60 giorni** quest'ultimo diviene inefficace retroattivamente (c.d. perdita di efficacia *ex tunc*, dunque come se non fosse mai esistito); i rapporti giuridici sorti sulla base di decreti legge non convertiti possono essere regolati solo con legge del Parlamento. Il D.L. non è soggetto al controllo preventivo di legittimità della Corte dei conti.

Limiti: Il Governo non può mediante decreto legge (art. 15 L. n. 400/1988):
- conferire deleghe legislative;
- provvedere in materia: costituzionale ed elettorale, di ratifica dei trattati internazionali, di approvazione di bilanci e consuntivi;
- rinnovare le disposizioni dei decreti legge dei quali sia stata negata la conversione in legge con voto di una delle due Camere;
- ripristinare l'efficacia di disposizioni dichiarate illegittime dalla Corte Costituzionale per vizi non attinenti il procedimento.

I **decreti-catenaccio**: sono decreti legge emanati, di solito in materia tributaria, per sottolineare l'esigenza di intervenire in modo rapido e senza preavviso in settori economici particolari in cui potrebbero verificarsi comportamenti distorsivi o fenomeni di accaparramento.

Il decreto legislativo (D.Lgs.). Atto normativo avente forza di legge adottato dal potere esecutivo (Governo) per delega espressa e formale del potere legislativo (Parlamento). *"Il Governo non può, senza delegazione delle Camere, emanare decreti che abbiano valore di legge ordinaria"*. Il ***procedimento*** di formazione del decreto legislativo è disciplinato dall'art. 14 L. n. 400/1988, secondo cui:
- il decreto va deliberato dal Governo entro il termine fissato dalla legge di delega;
- va presentato almeno 20 giorni prima della scadenza del termine fissato nella legge delega al Presidente della Repubblica, il quale provvederà poi all'emanazione.

La legge delega, approvata dalle Camere come una qualsiasi altra legge, disciplina l'ambito, le direttive, i limiti e il tempo di delega a cui il Governo dovrà attenersi nel predisporre i decreti legislativi (art. 76); trascorso inutilmente il limite temporale fissato dal Parlamento per esercitare la delega, il Governo non può più legiferare. La delega può essere conferita soltanto mediante legge, mai tramite decreto legge.

Occorre Sapere

La Corte costituzionale ha affermato che le **scelte del legislatore delegato non devono essere in contrasto con gli indirizzi generali della legge delega**.

Qualora il Governo non rispetti la legge di delegazione ovvero i principi e i criteri direttivi in essa stabiliti, si ha il cosiddetto ***eccesso di delega*** che, se sottoposto al giudizio della Corte costituzionale, ne comporta la dichiarazione di illegittimità nella parte che ecceda la delega. La legge delega può essere anche mista, ossia contenere disposizioni di immediata applicazione oltre che contenuti delegati.
Limiti. Ci sono materie in cui il Governo non può legiferare:
- amnistia e indulto
- bilancio e tributi
- ratifica dei trattati internazionali
- leggi costituzionali
- leggi di conversione dei decreti legge.

I Regolamenti Governativi. Atti normativi autonomi deliberati dal CDM, sentito il *parere del Consiglio di Stato*. Appartengono alle fonti secondarie ed entrano in vigore dopo 15 giorni dalla loro approvazione, salva l'indicazione di un termine diverso.

Tipologie: L'art. 17 della L. 400/1988 distingue diverse tipologie di regolamento:
- ***regolamenti di esecuzione delle leggi, dei decreti legislativi e di regolamenti europei***: sono di norma previsti dalla legge o dal decreto legislativo al fine di dettare norme specifiche per la loro corretta esecuzione, inoltre possono avere la funzione interpretativa per precisare e integrare le norme dagli stessi predisposte. Quelli di esecuzione dei regolamenti europei hanno la funzione di dare attuazione a eventuali disposizioni non direttamente applicabili;
- ***regolamenti di attuazione e integrazione***: adottati quando una disciplina è coperta da *riserva di legge relativa* e nel caso in cui una legge definisca soltanto norme di principio; colmano eventuali incompletezze della norma primaria;
- ***regolamenti indipendenti***: adottati autonomamente dal Governo per regolamentare materie che non sono disciplinate da una fonte primaria, ossia quando non vi sia una disciplina legislativa di grado primario;
- ***regolamenti di delegificazione*** (delegati o autorizzati): presuppongono una autorizzazione del Parlamento che permette di disciplinare con regolamento un oggetto già regolato da legge, anche su una materia coperta da riserva di legge (purché non assoluta). La legge di autorizzazione dispone l'abrogazione della normativa vigente con effetto però dall'entrata in vigore del regolamento, cd. abrogazione differita (art. 17, c. 2);
- ***regolamenti per l'organizzazione e il funzionamento delle amministrazioni pubbliche***: adottati secondo le disposizioni dettate dalla legge.

Altre due tipologie di regolamenti governativi sono le seguenti:
- ***regolamenti di riordino***: tipologia di regolamenti introdotta dalla L. 69/2009, la quale, nell'integrare l'art. 17 L. n. 400/1988 del comma 4-*ter*, stabilisce che attraverso tale strumento si deve *provvedere alla periodica riorganizzazione delle disposizioni regolamentari vigenti*, nonché alla ricognizione di quelle che sono state oggetto di abrogazione implicita e all'espressa abrogazione di quelle che hanno esaurito la loro funzione o sono prive di effettivo contenuto normativo o sono comunque obsolete;
- ***regolamenti di attuazione delle direttive europee***: si tratta di regolamenti previsti dall'art. 35 della L. n. 234/2012, che fanno seguito a disposizioni della legge di delegazione tramite la quale lo Stato si adegua annualmente agli atti comunitari.

Organi eventuali del Governo

Sono quelli non necessari poiché non previsti dalla Costituzione.

- il **vicepresidente del Consiglio dei ministri**, che svolge la funzione di supplente del Presidente del Consiglio in caso di impedimento temporaneo. Tale carica è formalmente equiparata a quella di un Ministro senza portafoglio, a meno che non sia preposto, contemporaneamente, alla guida di un dicastero. Il Consiglio dei Ministri può attribuire a uno o più ministri, su proposta del presidente del Consiglio, le funzioni di vicepresidente o vicepresidenti del Consiglio. Se in un Governo non è stato nominato il vicepresidente la supplenza, salvo diversa indicazione espressa direttamente dal presidente del Consiglio, spetta al Ministro più anziano d'età.
- **Sottosegretari di Stato**, coadiuvano un ministro o il Presidente del Consiglio ed esercitano i compiti a essi delegati con decreto ministeriale (o del Presidente del Consiglio). I sottosegretari di Stato possono intervenire, quali rappresentanti del Governo, alle sedute delle Camere e delle Commissioni parlamentari, sostenere la discussione in conformità alle direttive del Ministro e rispondere a interrogazioni e interpellanze. Sono nominati con decreto del Presidente della Repubblica, su proposta del Presidente del Consiglio dei ministri, di concerto con il Ministro che il sottosegretario è chiamato a coadiuvare, sentito il Consiglio dei Ministri. Prima di assumere le funzioni prestano giuramento nelle mani del Presidente del Consiglio dei Ministri. **I vice-ministri** sono sottosegretari di Stato con particolari deleghe.
- **Ministri senza portafoglio**, Il Ministro senza portafoglio è nominato con il procedimento costitutivo del Governo, cioè con decreto del Presidente della Repubblica Italiana, nelle cui mani presta giuramento. Essi a differenza dei ministri a capo di dicasteri, sono solo responsabili collegialmente per gli atti compiuti dal Consiglio dei ministri;
- **Commissari straordinari**, che sono organi nominati temporaneamente per realizzare specifici obbiettivi di interesse pubblico.
- **Comitati e consiglio di Gabinetto.** I **Comitati dei Ministri** sono organi collegiali, costituiti da più Ministri, sorti per la necessità di soddisfare le esigenze di particolari settori della P.A. Possono costituirsi tramite provvedimento del Consiglio dei Ministri o decreto del Presidente del Consiglio dei Ministri; tali **comitati ministeriali** sono organi interni con funzioni preparatorie, consultive ed esecutive. I **comitati interministeriali** sono istituiti con legge, poiché hanno rilievo esterno; svolgono funzioni istruttorie o consultive o di indirizzo dell'amministrazione attiva. Il **Consiglio di Gabinetto** è un organo ristretto rispetto al Consiglio dei Ministri, il cui compito è quello di discutere le linee generali dell'attività di Governo.

Occorre Sapere

Il Comitato Interministeriale per gli Affari Europei **(CIAE)** concorda le linee politiche del Governo nella fase di formazione degli atti dell'UE.
Fanno parte del Comitato Interministeriale per la Sicurezza della Repubblica **(CISR):** il Presidente del Consiglio ed i Ministri degli Affari esteri, della Difesa, dell'Interno, della Giustizia, dell'Economia e della Finanza, dello Sviluppo economico.
Il Comitato interministeriale per la programmazione economica (**CIPE**) svolge compiti di coordinamento a livello territoriale o settoriale su questioni di rilevante valenza economico-finanziaria.
Il Comitato interministeriale per il credito e il risparmio **(CICR)** ha la direzione politica in materia di credito, risparmio e valuta.

Governo Draghi

PRESIDENTE DEL CONSIGLIO DEI MINISTRI	
Mario Draghi	
MINISTRI SENZA PORTAFOGLIO	
Rapporti con il Parlamento	Federico D'Incà
Pubblica amministrazione	Renato Brunetta
Affari regionali e autonomie	Mariastella Gelmini
Sud e coesione territoriale	Maria Rosaria Carfagna
Politiche giovanili	Fabiana Dadone
Pari opportunità e famiglia	Elena Bonetti
Innovazione tecnologica e transizione digitale	Vittorio Colao
Disabilità	Erika Stefani
Coordinamento di iniziative nel settore del turismo	Massimo Garavaglia
MINISTRI CON PORTAFOGLIO	
Affari esteri e cooperazione internazionale	Luigi Di Maio
Interno	Luciana Lamorgese
Giustizia	Marta Cartabia
Difesa	Lorenzo Guerini
Economia e finanze	Daniele Franco
Sviluppo economico	Giancarlo Giorgetti
Politiche agricole alimentari e forestali	Stefano Patuanelli
Ambiente e tutela del territorio e del mare	Roberto Cingolani
Infrastrutture e trasporti	Enrico Giovannini
Lavoro e politiche sociali	Andrea Orlando
Istruzione	Patrizio Bianchi
Università e ricerca	Maria Cristina Messa
Beni e attività culturali	Dario Franceschini
Salute	Roberto Speranza

Governo Conte II

Restò in carica dal 5 settembre 2019 al 13 febbraio 2021

PRESIDENTE DEL CONSIGLIO DEI MINISTRI	
Giuseppe Conte (M5S)	
MINISTRI SENZA PORTAFOGLIO	
Rapporti con il Parlamento	Federico D'Incà (M5S)
Innovazione tecnologica e Digitalizzazione	Paola Pisano (M5S)
Pubblica Amministrazione	Fabiana Dadone (M5S)
Affari regionali e Autonomie	Francesco Boccia (PD)
Sud e Coesione territoriale	Giuseppe Provenzano (PD)
Politiche giovanili e Sport	Vincenzo Spadafora (M5S)
Pari Opportunità e Famiglia	Elena Bonetti (PD) rassegna le dimissioni il 14 gennaio 2021
Affari Europei	Vincenzo Amendola (PD)
MINISTRI CON PORTAFOGLIO	
Affari Esteri e Cooperazione Internazionale	Luigi Di Maio (M5S)
Interno	Luciana Lamorgese (PD)
Giustizia	Alfonso Bonafede (M5S)
Difesa	Lorenzo Guerini (PD)
Economia e Finanze	Roberto Gualtieri (PD)
Sviluppo Economico	Stefano Patuanelli (M5S)
Politiche Agricole Alimentari e Forestali	Teresa Bellanova (PD) rassegna le dimissioni il 14 gennaio 2021
Ambiente e Tutela del Territorio e del Mare	Sergio Costa (M5S)
Infrastrutture e Trasporti	Paola De Micheli (PD)
Lavoro e Politiche Sociali	Nunzia Catalfo (M5S)
Istruzione	Lucia Azzolina (M5S)
Università e Ricerca	Gaetano Manfredi (PD)
Beni e Attività Culturali e Turismo	Dario Franceschini (PD)
Salute	Roberto Speranza (LeU)

Governo Conte

Restò in carica dal 1° giugno 2018 al 5 settembre 2019

PRESIDENTE DEL CONSIGLIO DEI MINISTRI	
Giuseppe Conte (M5S)	
MINISTRI SENZA PORTAFOGLIO	
Rapporti con il Parlamento e per la Democrazia Diretta	Riccardo Fraccaro (M5S)
Pubblica Amministrazione	Giulia Bongiorno (Lega)
Affari Regionali e Autonomie	Erika Stefani (Lega)
Sud	Barbara Lezzi (M5S)
Famiglia e Disabilità	Lorenzo Fontana (Lega)
Affari Europei	Paolo Savona (Indipendente)
MINISTRI CON PORTAFOGLIO	
Affari Esteri e Cooperazione Internazionale	Enzo Moavero Milanesi (Indipendente)
Interno	Matteo Salvini (Lega)
Giustizia	Alfonso Bonafede (M5S)
Difesa	Elisabetta Trenta (M5S)
Economia e Finanze	Giovanni Tria (Indipendente)
Sviluppo Economico	Luigi Di Maio (M5S)
Politiche Agricole Alimentari, Forestali e Turismo	Gianmarco Centinaio (Lega)
Ambiente e Tutela del Territorio e del Mare	Sergio Costa (M5S)
Infrastrutture e Trasporti	Danilo Toninelli (M5S)
Lavoro e Politiche Sociali	Luigi Di Maio (M5S)
Istruzione, Università e Ricerca	Marco Bussetti (Lega)
Beni e Attività Culturali	Alberto Bonisoli (M5S)
Salute	Giulia Grillo (M5S)

Governo Gentiloni

Restò in carica dal 12 dicembre 2016 al 1° giugno 2018

PRESIDENTE DEL CONSIGLIO DEI MINISTRI	
Paolo Gentiloni (PD)	
MINISTRI SENZA PORTAFOGLIO	
Rapporti con il Parlamento	Anna Finocchiaro (PD)
Semplificazione per la Pubblica Amministrazione	Maria Anna Madia (PD)
Affari Regionali	Paolo Gentiloni ad interim (già Enrico Costa (PD), dimissionario 18 luglio 2017)
Coesione territoriale e Mezzogiorno	Claudio De Vincenti (PD)
Sport	Luca Lotti
MINISTRI CON PORTAFOGLIO	
Affari Esteri	Angelino Alfano (NCD/AP)
Interno	Domenico Minniti (PD)
Giustizia	Andrea Orlando (PD)
Difesa	Roberta Pinotti (PD)
Economia e Finanze	Pietro Carlo Padoan (PD)
Sviluppo Economico	Carlo Calenda (PD)
Infrastrutture e Trasporti	Graziano Delrio (PD)
Politiche Agricole Alimentari e Forestali	Maurizio Martina (PD)
Ambiente, Tutela del Territorio e del Mare	Gianluca Galletti (CPE)
Lavoro e Politiche Sociali	Giuliano Poletti (PD)
Istruzione, Università e Ricerca	Valeria Fedeli (PD)
Beni e Attività Culturali e Turismo	Dario Franceschini (PD)
Salute	Beatrice Lorenzin (NCD/AP)

Governo Renzi

Restò in carica dal 22 febbraio 2014 al 12 dicembre 2016

PRESIDENTE DEL CONSIGLIO DEI MINISTRI	
Matteo Renzi (PD)	
MINISTRI SENZA PORTAFOGLIO	
Riforme costituzionali e rapporti con il Parlamento	Maria Elena Boschi (PD) con delega al programma di Governo e dal 10/05/2016 alle pari opportunità e alle adozioni internazionali
Semplificazione e Pubblica Amministrazione	Marianna Madia (PD)
Affari Regionali e Autonomie (fino all'08/04/2014 con il nome Affari Regionali)	Enrico Costa (NCD) con delega alla famiglia - dal 29/01/2016 Maria Carmela Lanzetta (PD) - fino al 30/01/2015
MINISTRI CON PORTAFOGLIO	
Affari Esteri e Cooperazione Internazionale (Fino al 29/08/14 con il nome Affari Esteri)	Paolo Gentiloni (PD) dal 31/10/2014 Federica Mogherini (PD) fino al 31/10/2014
Interno	Angelino Alfano (NCD)
Giustizia	Andrea Orlando (PD)
Difesa	Roberta Pinotti (PD)
Economia e Finanze	Pier Carlo Padoan (indipendente)
Sviluppo Economico	Carlo Calenda (indipendente) - dal 10/05/2016 ad interim Matteo Renzi (PD) - dal 05/04/2016 al 10/05/2016 Federica Guidi (indipendente) - fino al 05/04/2016
Infrastrutture e trasporti	Graziano Delrio (PD) - dal 02/04/2015 ad interim Matteo Renzi (PD) - dal 20/03/2015 al 02/04/2015 Maurizio Lupi (NCD) - fino al 20/03/2015
Politiche agricole alimentari e forestali	Maurizio Martina (PD) con delega a Expo 2015
Ambiente e tutela del territorio e del mare	Gian Luca Galletti (UdC)
Lavoro e politiche sociali	Giuliano Poletti (indipendente) con delega alle politiche giovanili, al Servizio civile nazionale, all'integrazione
Istruzione, Università e Ricerca	Stefania Giannini (SC, poi PD)
Beni e attività culturali e turismo	Dario Franceschini (PD)
Salute	Beatrice Lorenzin (NCD)

I PRESIDENTI DEL CONSIGLIO DEI MINISTRI E I PRESIDENTI DELLA REPUBBLICA								
N.	**PRESIDENTE DEL CONSIGLIO**	**MANDATO**		**PARTITO**	**GOVERNO E COMPOSIZIONE**		**LEGISLATURA**	**PRESIDENTE DELLA REPUBBLICA (MANDATO)**
		INIZIO	**FINE**					
1	**Alcide De Gasperi** (1881-1954)	14 luglio 1946	2 febbraio 1947	DC	De Gasperi II	Comitato di Liberazione Nazionale DC-PSIUP-PCI-PRI	AC (1946)	**Enrico De Nicola** (1946-1948)
		2 febbraio 1947	1° giugno 1947		De Gasperi III	Comitato di Liberazione Nazionale DC-PSIUP-PCI		
		1° giugno 1947	24 maggio 1948		De Gasperi IV	Centrismo DC-PSLI-PLI-PRI		
		24 maggio 1948	27 gennaio 1950		De Gasperi V		I (1948)	**Luigi Einaudi** (1948-1955)
		27 gennaio 1950	26 luglio 1951		De Gasperi VI	Centrismo DC-PSLI-PRI		
		26 luglio 1951	16 luglio 1953		De Gasperi VII	Centrismo DC-PRI		
		16 luglio 1953	17 agosto 1953		De Gasperi VIII	DC	II (1953)	
2	**Giuseppe Pella** (1902-1981)	17 agosto 1953	18 gennaio 1954	DC	Pella	DC-Ind. con l'appoggio esterno di PLI e PNM		
3	**Amintore Fanfani** (1908-1999)	18 gennaio 1954	10 febbraio 1954	DC	Fanfani I	DC		
4	**Mario Scelba** (1901-1991)	10 febbraio 1954	6 luglio 1955	DC	Scelba	Centrismo DC-PSDI-PLI		
5	**Antonio Segni** (1891-1972)	6 luglio 1955	19 maggio 1957	DC	Segni I	Centrismo DC-PSDI-PLI		**Giovanni Gronchi** (1955-1962)
6	**Adone Zoli** (1887-1960)	19 maggio 1957	1° luglio 1958	DC	Zoli	DC con l'appoggio esterno di: PLI-PRI-PSDI-PNM-PMP-MSI		

(segue)

I PRESIDENTI DEL CONSIGLIO DEI MINISTRI E I PRESIDENTI DELLA REPUBBLICA

N.	PRESIDENTE DEL CONSIGLIO	MANDATO		PARTITO	GOVERNO E COMPOSIZIONE		LEGISLATURA	PRESIDENTE DELLA REPUBBLICA (MANDATO)
		INIZIO	FINE					
	Amintore Fanfani (1908-1999)	1° luglio 1958	15 febbraio 1959	DC	Fanfani II	Centrismo DC-PSDI	II (1953)	**Giovanni Gronchi** (1955-1962)
	Antonio Segni (1891-1972)	15 febbraio 1959	25 marzo 1960	DC	Segni II	DC con l'appoggio esterno di: PLI-PNM-PMP-MSI	III (1958)	
7	**Fernando Tambroni** (1901-1963)	25 marzo 1960	26 luglio 1960	DC	Tambroni (*rimasto in carica meno tempo*)	DC con l'appoggio esterno di MSI e PDI		
	Amintore Fanfani (1908-1999)	26 luglio 1960	21 febbraio 1962	DC	Fanfani III	DC		
		21 febbraio 1962	21 giugno 1963		Fanfani IV	Centrismo DC-PSDI-PRI con l'appoggio esterno del PSI		
8	**Giovanni Leone** (1908-2001)	21 giugno 1963	4 dicembre 1963	DC	Leone I	DC	IV (1963)	**Antonio Segni** (1962-1964)
9	**Aldo Moro** (1916-1978)	4 dicembre 1963	22 luglio 1964	DC	Moro I	Centro-sinistra "organico" DC-PSI-PSDI-PRI		
		22 luglio 1964	23 febbraio 1966		Moro II			
		23 febbraio 1966	24 giugno 1968		Moro III			**Giuseppe Saragat** (1964-1971)
	Giovanni Leone (1908-2001)	24 giugno 1968	12 dicembre 1968	DC	Leone II	DC		

(segue)

I PRESIDENTI DEL CONSIGLIO DEI MINISTRI E I PRESIDENTI DELLA REPUBBLICA

N.	PRESIDENTE DEL CONSIGLIO	MANDATO		PARTITO	GOVERNO E COMPOSIZIONE		LEGISLATURA	PRESIDENTE DELLA REPUBBLICA (MANDATO)
		INIZIO	FINE					
10	**Mariano Rumor** (1915-1990)	12 dicembre 1968	5 agosto 1969	DC	Rumor I	Centro-sinistra "organico" DC-PSU-PRI	V (1968)	**Giuseppe Saragat** (1964-1971)
		5 agosto 1969	27 marzo 1970		Rumor II	DC		
		27 marzo 1970	6 agosto 1970		Rumor III	Centro-sinistra "organico" DC-PSI-PSDI-PRI		
11	**Emilio Colombo** (1920-2013)	6 agosto 1970	17 febbraio 1972	DC	Colombo	Centro-sinistra "organico" DC-PSI-PSDI-PRI		
12	**Giulio Andreotti** (1919-2013)	17 febbraio 1972	26 giugno 1972	DC	Andreotti I	DC		**Giovanni Leone** (1971-1978)
		26 giugno 1972	7 luglio 1973		Andreotti II	Centrismo DC-PSDI-PLI	VI (1972)	
	Mariano Rumor (1915-1990)	7 luglio 1973	14 marzo 1974	DC	Rumor IV	Centro-sinistra "organico" DC-PSI-PSDI-PRI		
		14 marzo 1974	23 novembre 1974		Rumor V	Centro-sinistra "organico" DC-PSI-PSDI		
	Aldo Moro (1916-1978)	23 novembre 1974	12 febbraio 1976	DC	Moro IV	Centrismo DC-PRI		
		12 febbraio 1976	29 luglio 1976		Moro V	DC		
	Giulio Andreotti (1919-2013)	29 luglio 1976	11 marzo 1978	DC	Andreotti III	DC con l'appoggio esterno del PCI	VII (1976)	**Giovanni Leone** (1971-1978)
		11 marzo 1978	20 marzo 1979		Andreotti IV			

(segue)

I PRESIDENTI DEL CONSIGLIO DEI MINISTRI E I PRESIDENTI DELLA REPUBBLICA

N.	PRESIDENTE DEL CONSIGLIO	MANDATO		PARTITO	GOVERNO E COMPOSIZIONE		LEGISLATURA	PRESIDENTE DELLA REPUBBLICA (MANDATO)
		INIZIO	FINE					
	Giulio Andreotti (1919-2013)	20 marzo 1979	4 agosto 1979	DC	Andreotti V	DC con l'appoggio esterno del PCI	VII (1976)	**Sandro Pertini** (1978-1985)
13	**Francesco Cossiga** (1928-2010)	4 agosto 1979	4 aprile 1980	DC	Cossiga I	Centrismo DC-PSDI-PLI	VIII (1979)	
		4 aprile 1980	18 ottobre 1980		Cossiga II	Centro-sinistra "organico" DC-PSI-PRI		
14	**Arnaldo Forlani** (1925-)	18 ottobre 1980	28 giugno 1981	DC	Forlani	Centro-sinistra "organico" DC-PSI-PSDI-PRI		
15	**Giovanni Spadolini** (1925-1994)	28 giugno 1981	23 agosto 1982	PRI	Spadolini I	Pentapartito DC-PSI-PSDI-PRI-PLI		
		23 agosto 1982	1° dicembre 1982		Spadolini II			
	Amintore Fanfani (1908-1999)	1° dicembre 1982	4 agosto 1983	DC	Fanfani V	DC-PSI-PSDI-PLI		
16	**Bettino Craxi** (1934-2000)	4 agosto 1983	1° agosto 1986	PSI	Craxi I	Pentapartito DC-PSI-PSDI-PRI-PLI	IX (1983)	
		1° agosto 1986	17 aprile 1987		Craxi II			**Francesco Cossiga** (1985-1992)
	Amintore Fanfani (1908-1999)	17 aprile 1987	28 luglio 1987	DC	Fanfani VI **Il più anziano**	DC-Ind.		
17	**Giovanni Goria** (1943-1994)	28 luglio 1987	13 aprile 1988	DC	Goria	Pentapartito DC-PSI-PSDI-PRI-PLI	X (1987)	**Francesco Cossiga** (1985-1992)
18	**Ciriaco De Mita** (1928-)	13 aprile 1988	22 luglio 1989	DC	De Mita	Pentapartito DC-PSI-PRI-PSDI-PLI		

(segue)

I PRESIDENTI DEL CONSIGLIO DEI MINISTRI E I PRESIDENTI DELLA REPUBBLICA

N.	PRESIDENTE DEL CONSIGLIO	MANDATO		PARTITO	GOVERNO E COMPOSIZIONE		LEGISLATURA	PRESIDENTE DELLA REPUBBLICA (MANDATO)
		INIZIO	FINE					
	Giulio Andreotti (1919-2013)	22 luglio 1989	12 aprile 1991	DC	Andreotti VI	Pentapartito DC-PSI-PSDI-PRI-PLI	X (1987)	**Francesco Cossiga** (1985-1992)
		12 aprile 1991	28 giugno 1992		Andreotti VII	Quadripartito DC-PSI-PSDI-PLI		
19	**Giuliano Amato** (1938-)	28 giugno 1992	28 aprile 1993	PSI	Amato I	Quadripartito DC-PSI-PSDI-PLI	XI (1992)	**Oscar Luigi Scalfaro** (1992-1999)
20	**Carlo Azeglio Ciampi** (1920-2016)	28 aprile 1993	10 maggio 1994	Indipendente	Ciampi	DC-PSI-PDS-PSDI-PRI-PLI-FdV		
21	**Silvio Berlusconi** (1936-)	10 maggio 1994	17 gennaio 1995	FI	Berlusconi I	Polo delle Libertà-Polo del Buon Governo FI-LN-AN-CCD-UdC-FLD	XII (1994)	
22	**Lamberto Dini** (1931-)	17 gennaio 1995	17 maggio 1996	Indipendente	Dini	Governo tecnico con l'appoggio esterno di: PDS-PPI-PSI-FdV-Rete-CS-LN		
23	**Romano Prodi** (1939-)	17 maggio 1996	21 ottobre 1998	Indipendente centro-sinistra	Prodi I	L'Ulivo PDS-PPI-UD-FdV-RI-SI con l'appoggio esterno del PRC	XIII (1996)	
24	**Massimo D'Alema** (1949-)	21 ottobre 1998	22 dicembre 1999	DS	D'Alema I	L'Ulivo DS-PPI-RI-SDI-FdV-PdCI-UDR-Rete		
		22 dicembre 1999	25 aprile 2000	DS	D'Alema II	L'Ulivo DS-PPI-Dem-UDEUR-SDI-FdV-RI-PdCI-UV		**Carlo Azeglio Ciampi** (1999-2006)
	Giuliano Amato (1938-)	25 aprile 2000	11 giugno 2001	Indipendente centro-sinistra	Amato II	L'Ulivo DS-PPI-Dem-FdV-PdCI-UDEUR-RI-SDI		

(segue)

I PRESIDENTI DEL CONSIGLIO DEI MINISTRI E I PRESIDENTI DELLA REPUBBLICA								
N.	**PRESIDENTE DEL CONSIGLIO**	**MANDATO**		**PARTITO**	**GOVERNO E COMPOSIZIONE**		**LEGISLATURA**	**PRESIDENTE DELLA REPUBBLICA (MANDATO)**
		INIZIO	**FINE**					
	Silvio Berlusconi (1936-)	11 giugno 2001	23 aprile 2005	FI	Berlusconi II (*governo più duraturo*)	Casa delle Libertà FI-AN-LN-UDC-NPSI-PRI	XIV (2001)	**Carlo Azeglio Ciampi** (1999-2006)
		23 aprile 2005	17 maggio 2006		Berlusconi III			
	Romano Prodi (1939-)	17 maggio 2006	8 maggio 2008	Indipendente centro-sinistra	Prodi II	L'Unione DS-DL/PD-PRC-RnP (SDI-RI) -PdCI-IdV-FdV-UDEUR-SI-DCU-LpA-AL-SD-LD-MRE	XV (2006)	**Giorgio Napolitano** (2006-2015)
	Silvio Berlusconi (1936-)	8 maggio 2008	16 novembre 2011	PDL	Berlusconi IV	Centro-destra PdL-LN-MpA-CN-PT-FdS-DC	XVI (2008)	
25	**Mario Monti** (1943-)	16 novembre 2011	28 aprile 2013	Indipendente	Monti	Governo tecnico con l'appoggio esterno di: PdL-PD-UdC-FLI-ApI		
26	**Enrico Letta** (1966-)	28 aprile 2013	22 febbraio 2014	PD	Letta	Grande coalizione PD-PdL/ NCD-SC-UdC-PpI-RI	XVII (2013)	
27	**Matteo Renzi** (1975-)	22 febbraio 2014	12 dicembre 2016	PD	Renzi	PD-NCD-SC-UdC-Demo.S-CD-PSI		
28	**Paolo Gentiloni** (1954-)	12 dicembre 2016	1° giugno 2018	PD	Gentiloni	PD-NCD/ AP-MDP-CpE-Demo.S-CD-PSI		**Sergio Mattarella** (2015-)
29	**Giuseppe Conte** (1964-)	1° giugno 2018	5 settembre 2019	M5S	Conte	M5S-Lega	XVIII (2018)	
		5 settembre 2019	13 febbraio 2021		Conte II	M5S-PD-LeU		
30	**Mario Draghi** (1947-)	13 febbraio 2021	*in carica*	Indipendente	Draghi	M5S, LSP, FI, PD, IV, Art.1, +Eu, NcI, CD		

2.4.4.2 Sezione II - La Pubblica Amministrazione (artt. 97-98)

La Pubblica Amministrazione (PA) è il complesso di organi e uffici posto al servizio dei cittadini, con le funzioni di curare gli interessi della collettività. "*I funzionari dello Stato sono direttamente responsabili degli atti compiuti in violazione dei diritti secondo le leggi penali, civili, amministrative. In tali casi la responsabilità civile si estende allo Stato e agli enti pubblici*" (art. 28).
I principi alla base su cui deve essere improntata l'attività amministrativa sono:

- **Principio del buon andamento e imparzialità della PA**. L'art. 97 stabilisce, infatti, il principio generale secondo cui gli uffici pubblici ed i pubblici impiegati devono essere organizzati in modo che siano garanti il buon funzionamento e l'imparzialità dell'amministrazione. Inoltre, i ***pubblici funzionari*** sono tenuti ad assicurare il corretto e imparziale bilanciamento degli interessi pubblici o privati che sono chiamati a valutare. Il diritto di accesso ai documenti amministrativi è riconosciuto dalla legge al fine di favorire la partecipazione dei cittadini e assicurare la trasparenza e l'imparzialità dell'attività amministrativa.
- **Principio del pareggio di bilancio**. In coerenza con l'ordinamento dell'UE, si impone l'equilibrio dei bilanci e la sostenibilità del debito pubblico (inserito con legge costituzionale n. 1 del 2012).
- **Principio di trasparenza**. Consiste nella possibilità immediata e facile della controllabilità di tutti gli atti e procedimenti dell'azione amministrativa.
- **Principio di ragionevolezza**. L'azione della PA deve seguire un canone di razionalità operativa, al fine di evitare decisioni arbitrarie e irrazionali.
- **Principio di legalità**. La Pubblica Amministrazione deve agire nei modi prestabiliti dalla legge.

Agli impieghi pubblici accedono i cittadini, uomini e donne, in ***condizioni di eguaglianza*** (art. 51), di norma ***tramite concorso***, salvo i casi stabiliti dalla legge.
I pubblici impiegati sono al **servizio esclusivo della nazione** e quindi la legge ha disciplinato le ipotesi di **incompatibilità** con il lavoro autonomo o alle dipendenze di privati. Il principio è volto ad evitare che l'impiegato pubblico, per l'importanza, non possa svolgere a tempo pieno la sua funzione pubblica (art. 98). Qualora il dipendente pubblico sia un Parlamentare egli potrà conseguire promozioni solo per anzianità.
Ad alcune categorie di dipendenti pubblici la legge può stabilire delle limitazioni di iscrizione a partiti politici: magistrati; militari in servizio attivo; funzionari e agenti di polizia; diplomatici e consoli all'estero. Questi, proprio per la delicatezza del ruolo svolto, devono conservare la massima indipendenza e imparzialità di giudizio e valutazione.
I pubblici uffici sono organizzati secondo disposizioni di legge (riserva di legge relativa). L'impiegato pubblico è sempre tenuto a prestare giuramento.
La Costituzione italiana ha attribuito la titolarità della **funzione organizzatrice** della Pubblica Amministrazione al Parlamento, che la esercita attraverso atti di eteronormazione.
Le competenze che altri organi della Pubblica Amministrazione esercitano in Italia, all'estero sono proprie del **Consolato**.

Nozioni sugli atti della PA. L'**atto amministrativo** è un atto giuridico adottato dalla Pubblica Amministrazione. Sono **atti di amministrazione attiva** quelli diretti a soddisfare immediatamente gli interessi propri della PA. Gli ***elementi accidentali*** in un atto amministrativo hanno la funzione di ampliare o restringere il contenuto naturale.
A norma della Costituzione, gli organi di giurisdizione che possono annullare gli atti della Pubblica Amministrazione sono determinati con legge, così come gli effetti dell'annullamen-

to giurisdizionale degli atti. La Costituzione, contro gli atti della PA, ammette sempre la tutela giurisdizionale dei diritti e degli interessi legittimi.
In relazione alla reciproca interdipendenza, gli atti amministrativi si distinguono in ***atti composti*** e ***atti contestuali***.
La legge n. 241 del 1990 ha rivisitato la disciplina generale del **procedimento amministrativo** introducendo, tra l'altro, la trasparenza amministrativa.
L'**incompetenza**, una delle cause concrete della illegittimità degli atti amministrativi, può configurarsi per materia, per valore, per grado e per territorio.
Un atto amministrativo può essere **viziato** per eccesso di potere
Per gli atti amministrativi a contenuto normativo (art. 3 L. n. 241/1990) non esiste un obbligo di motivazione.

Occorre Sapere

A norma dell'art. 35 del D.Lgs. n. 165/2001, i **vincitori di concorsi** devono permanere nella sede di prima destinazione per un **periodo non inferiore a cinque anni**.
Ai sensi del TU sul pubblico impiego, l'**ipotesi di accordo per il personale delle Amministrazioni dello Stato** deve essere sottoposta al **parere del Presidente del Consiglio dei Ministri**.
Ai sensi dell'art. 55 del D.Lgs. n. 165/2001, il **dipendente della PA** può impugnare la **sanzione disciplinare** che gli è stata comminata dinanzi al collegio arbitrale di disciplina dell'Amministrazione alle dipendenze della quale presta servizio.
È esclusa la **responsabilità personale del pubblico dipendente** verso i terzi, quando ha agito per legittima difesa di sé o di altri.
Il **diritto al risarcimento del danno** per responsabilità amministrativa si prescrive in cinque anni.
La **Commissione per l'accesso ai documenti amministrativi** è istituita presso la Presidenza del Consiglio dei ministri La legge sulla semplificazione amministrativa è conosciuta come "**Legge Bassanini**".
Nell'ambito del pubblico impiego è stato introdotto nel 2009 il principio di **incentivazione della produttività**.
Nell'ordinamento italiano la **CONSOB** (**Commissione nazionale per le società e la Borsa**), istituita con la legge 7 giugno 1974, n. 216, è un'autorità amministrativa indipendente, dotata di personalità giuridica e piena autonomia la cui attività è rivolta alla tutela degli investitori, all'efficienza, alla trasparenza e allo sviluppo del mercato mobiliare italiano.
Il 24 ottobre gli organi pubblici italiani organizzano eventi collegati alla **celebrazione della giornata delle Nazioni Unite**

2.4.4.3 Sezione III - Gli organi ausiliari (artt. 99-100)

Consiglio Nazionale dell'Economia e del Lavoro (CNEL)
È previsto dalla Costituzione e ha sia un potere di ***iniziativa legislativa***, entro i limiti stabiliti dalla legge, sia funzioni ***consultive*** nei confronti di Camere, Governo e Regioni nei campi dell'economia e del sociale (art. 99).
Istituito con la L. Cost. n. 33 del 1957 (poi abrogata e sostituita *ex* L. n. 936/1986), il Presidente è nominato con decreto del Presidente della Repubblica al di fuori dei componenti. È composto da 64 membri, di cui 48 sono scelti tra i lavoratori dell'industria e dell'agricoltura, 6 rappresentano le associazioni di volontariato e 10 sono esperti in materie economiche e sociali (di cui 8 sono nominati dal Presidente della Repubblica e 2 sono proposti dal Presidente del Consiglio dei Ministri).
Il CNEL gestisce l'Archivio Nazionale dei contratti collettivi di lavoro, curandone la conservazione e rendendo disponibile la libera consultazione dei testi contrattuali all'utenza esterna. Presso il CNEL è stato istituito l'***Organismo Nazionale di Coordinamento per le politiche di integrazione sociale dei cittadini stranieri a livello locale***.
Il referendum costituzionale del 2016, con la vittoria del NO, ha confermato la sopravvivenza del CNEL che altrimenti sarebbe stato abolito.

Consiglio di Stato

È previsto dalla Costituzione. Ha la funzione di sanare i contrasti che si verificano nei rapporti tra i privati e la pubblica amministrazione e fra lo Stato e gli Enti pubblici; ha sede in Roma a Palazzo Spada. È un ***organo giurisdizionale*** amministrativo di secondo grado in quanto deve giudicare sui ricorsi avverso sentenze emesse dai TAR (Tribunali Regionali Amministrativi) – art. 103; ha inoltre ***funzioni consultive*** in materia giuridico-amministrativa ed è il supremo organo di consulenza giuridico-amministrativa del Presidente della Repubblica. Si articola in 7 Sezioni, di cui 3 consultive e 4 giurisdizionali.
Esprime ***pareri obbligatori*** *(vincolanti o non vincolanti)* e ***facoltativi*** a seconda di quanto prevede la normativa.
L'indipendenza dell'Istituto e dei suoi componenti di fronte al Governo è assicurata dalla Costituzione (art. 100).

Corte dei conti

È previsto dalla Costituzione. È un *organo complesso* costituito da una pluralità di organi collegiali. Ha il compito del controllo preventivo di legittimità sugli atti del potere esecutivo e della PA (anche sugli atti delle Regioni a Statuto speciale), quello successivo sulla gestione del bilancio dello Stato, nonché la competenza di accertare la responsabilità dei dipendenti pubblici in relazione ai danni erariali da questi arrecati alla Pubblica Amministrazione.
Il visto apposto dalla Corte dei conti agli atti amministrativi del Governo ha carattere di ***controllo preventivo***; il parere deve essere espresso **entro 45 giorni** dal ricevimento della richiesta. La Corte dei conti partecipa, nei casi e nelle forme stabilite dalla legge, al controllo sulla gestione finanziaria degli enti a cui lo Stato contribuisce in via ordinaria. Esso predispone pareri sul risultato dei controlli e se rileva un'illegittimità in un atto del Governo, deve riferire alle Camere (art. 100).

> ***Occorre Sapere***
>
> Il Presidente della Corte dei conti a tutto il 2019 è **Angelo Buscema**.

Il Presidente della Corte dei conti trasmette le valutazioni della Corte in ordine alle conseguenze finanziarie che deriverebbero dall'emanazione di un decreto legislativo.
La Corte dei conti ha giurisdizione nelle materie di **contabilità pubblica** e nelle altre specificate dalla legge (art. 103).
L'indipendenza dell'Istituto e dei loro componenti di fronte al Governo è assicurata dalla Costituzione (art. 100).
Secondo la Corte costituzionale, la Corte dei conti può essere legittimata ad agire in sede di conflitto di attribuzione tra poteri dello Stato non solo per l'attività svolta in sede giurisdizionale ma anche per quella svolta in sede di controllo di legittimità degli atti del Governo.

Le articolazioni della Corte dei conti in sede di controllo sono:
- **Sezione Controllo Stato**: svolge i suoi compiti ai sensi della legge n. 20 del 1994
- **Sezione di Controllo Autonomie**: estende il suo controllo in particolare sui progetti di parcheggi finanziati ai sensi della legge n. 122 del 1989
- **Sezione di Controllo Enti sovvenzionati dallo Stato**: svolge l'azione di controllo ai sensi della legge n. 259 del 1958
- **Sezione controllo Affari comunitari e internazionali**: nuovo organo collegiale istituto ai sensi della legge n. 20 del 1994, che svolge un controllo successivo di tipo diffuso e un controllo di tipo specifico (controllo-referto)

2.4.4.4 Altri organi di rilievo costituzionale

Consiglio Supremo di Difesa
Il Consiglio Supremo di Difesa (CSD) è stato istituito nel 1950 per assicurare la difesa dello Stato; ha sia poteri consultivi che di coordinamento tra i vari organi direttivi dello Stato anche al fine di assicurare la corretta organizzazione delle attività militari.
È **presieduto dal Presidente della Repubblica** e può dotarsi di un Comitato deliberativo più o meno ristretto a seconda della partecipazione esclusiva o meno dei Ministri designati.
Sono membri ordinari del Consiglio: Presidente del Consiglio dei Ministri (vicepresidente); Ministro della Difesa; Ministro dell'Interno; Ministro dell'Economia e Finanze; Ministro degli Affari Esteri; Ministro dello sviluppo economico; Capo di Stato Maggiore della Difesa.
Il Consiglio Supremo di Difesa si riunisce almeno due volte all'anno ed è convocato dal Presidente della Repubblica, anche dietro richiesta del Presidente del Consiglio dei ministri, ogniqualvolta ne ravvisino la necessità.

Consiglio Superiore della Magistratura
Il Consiglio Superiore della Magistratura (CSM) è stato istituito per garantire l'indipendenza della Magistratura, sottraendo tale materia al potere esecutivo del Governo (organo di autogoverno della Magistratura). La sua funzione consiste nel provvedere a tutti quegli atti amministrativi che riguardano la carriera e le attività dei magistrati: assunzioni, trasferimenti, promozioni, e provvedimenti disciplinari (art. 105). Ha sede in Roma presso il Palazzo dei Marescialli.
La Costituzione stabilisce la composizione del CSM, la cui presidenza spetta al **Presidente della Repubblica**, in tal senso:
- ***3 membri di diritto***, che sono il Capo dello Stato, il 1° Presidente della Corte di Cassazione e il Procuratore Generale presso la Cassazione;
- ***24 membri elettivi***, che durano in carica **quattro anni** e non sono immediatamente rieleggibili; 16 togati (2/3) eletti dai magistrati nell'ambito della loro categoria, 8 membri laici (1/3) eletti dal Parlamento in seduta comune scelti tra professori ordinari di Università in materie giuridiche e avvocati che esercitano la professione da almeno 15 anni.

Il numero dei componenti del Consiglio Superiore della Magistratura è stato stabilito dalla legge n. 44/2002; i membri **non possono** essere: iscritti agli albi professionali o far parte del Parlamento o di un Consiglio regionale.
Il Vice Presidente del Consiglio Superiore della Magistratura viene scelto dal collegio tra i soli membri laici. Per dettato costituzionale le decisioni riguardanti le promozioni dei magistrati spettano al CSM.

2.4.5 Titolo IV – La Magistratura (artt. 101-113 Cost.)

2.4.5.1 Sezione I - Ordinamento giurisdizionale (artt. 101-110)
La **funzione giurisdizionale** è una delle funzioni fondamentali dello Stato, autonoma ed indipendente dagli altri poteri dello Stato (legislativo ed esecutivo) – art. 104 – e consiste nella applicazione delle norme giuridiche a casi concreti. Tale «*funzione giurisdizionale è esercitata da magistrati ordinari istituiti e regolati dalle norme sull'ordinamento giudiziario*» (art. 102 Cost.). «*Le norme sull'ordinamento giudiziario sono stabilite con legge*» (art. 108) che attribuiscono il potere giurisdizionale esclusivamente ai giudici, che lo esercitano in ***nome del popolo*** e nel rispetto della legge stessa. L'insieme dei giudici forma la **Magistratura**. In base

alla Costituzione italiana, il popolo può partecipare direttamente all'amministrazione della giustizia, nei casi regolati dalla legge (es.: *giudici popolari* nella composizione delle Corti d'Assise e d'Assise d'Appello (chiamata ***giuria*** negli Stati Uniti d'America), e *giudici laici* nei giudizi promossi nei confronti del Presidente della Repubblica per alto tradimento e attentato alla Costituzione innanzi alla Corte costituzionale.
Nell'Ordinamento giuridico italiano, il giudice ha l'obbligo di decidere applicando le norme di diritto sostanziale (regola generale), e solo eccezionalmente, nei casi stabiliti dalla legge, può fare ricorso all'equità.
A seconda della natura della controversia sottoposta all'esame del giudice, si distingue tra giurisdizione ordinaria civile e penale e speciale amministrativa.

Giurisdizione civile. Ha ad oggetto una controversia tra soggetti privati in relazione alla violazione di un ***diritto soggettivo***. Una parte (detta attore o ricorrente) chiama in giudizio l'altra parte (detta convenuto o resistente), affinché il giudice stabilisca se nel caso concreto affinché il giudice, accertata la lesione di un diritto soggettivo, ripristini l'ordine violato con sentenza. Il processo civile è regolato dalle norme del codice di procedura civile.

Giurisdizione penale. Ha ad oggetto una controversia tra un soggetto e lo Stato, conseguente alla commissione di un ***reato***. Quest'ultimo è un comportamento ritenuto particolarmente grave in quanto lesivo non solo di diritti di singole persone ma di un interesse generale dell'intera collettività, ed al quale la legge collega l'applicazione di una pena pecuniaria (multa o ammenda) o detentiva (reclusione o arresto).

Giurisdizione amministrativa. Ha ad oggetto una controversia tra un privato e la Pubblica amministrazione, in relazione alla violazione di un ***interesse legittimo***. Colui che si ritiene leso, ad esempio, da un atto di espropriazione ritenuto illegittimo, può rivolgersi al giudice amministrativo per ottenere l'annullamento dell'atto. Il processo amministrativo è regolato da varie norme del diritto amministrativo.
La giurisdizione amministrativa generale si articola nei due gradi di giudizio: **TAR** (Tribunale Amministrativo Regionale) e **Consiglio di Stato** (II grado). Avverso le sentenze del Consiglio di Stato è ammesso il ricorso in **Cassazione** esclusivamente per motivi inerenti alla giurisdizione ovvero le questioni in merito alla trattazione del processo sorte quando una delle parti processuali (ricorrente o resistente) sostenga che la causa avrebbe dovuto essere trattata dal giudice ordinario e non, invece, dal quello amministravo.
I TAR sono 20 e si trovano principalmente nei capoluoghi di regione. Il **TAR del Lazio** ha competenza anche per le controversie relative ad atti provenienti da un'amministrazione statale ultra regionale ad eccezione di quelle sugli atti dell'Autorità per l'energia elettrica e il gas. Prima dell'istituzione, prevista dalla Costituzione, dei TAR nel 1971, la giustizia amministrativa di primo grado era demandata alle ***Giunte Provinciali Amministrative***. Nel caso sia stato leso un interesse legittimo, gli organi che possono **annullare l'atto**, oltre al Presidente della Repubblica, sono la Pubblica Amministrazione e il TAR. Le controversie inerenti al personale militare e della Polizia dello Stato sono decise dal giudice amministrativo in maniera esclusiva. Tale tutela giurisdizionale non può essere esclusa o limitata a particolari mezzi di impugnazione o per determinate categorie di atti (art. 113).
Per norma costituzionale gli organi di giustizia amministrativa hanno giurisdizione per la tutela, nei confronti della Pubblica Amministrazione, degli interessi legittimi e, in particolari materie indicate dalla legge, anche dei diritti soggettivi.

Sono **giudici ordinari** competenti in materia civile e penale:

- il ***Giudice di pace***, organo onorario e individuale. La competenza del Giudice di pace si distingue da quella del Tribunale per materia o per valore;
- il ***Tribunale***, composto da giudici togati, che opera in composizione monocratica o collegiale a seconda di quanto stabilito dalla legge in considerazione dell'importanza e della delicatezza delle controversie che deve trattare;
- la ***Corte d'Appello***, organo collegiale composto da giudici togati;
- la ***Corte d'Assise*** organo collegiale di primo grado, composto da giudici togati (2) e da giudici popolari (6) avente giurisdizione soltanto in materia penale. La Corte d'Assise è preposto a giudicare reati di particolare gravità (come ad esempio terrorismo o eversione);
- la ***Corte d'Assise d'Appello***, (solo penale), avente le stesse caratteristiche dell'organo precedente, ma competente a giudicare in secondo grado in relazione alle impugnazioni proposte contro i provvedimenti della Corte d'assise di primo grado. L'ufficio di giudice popolare può essere assunto da avvocati;
- la ***Corte di Cassazione***, organo collegiale competente per tutte le impugnazioni proposte contro le sentenze di secondo grado oppure emesse in seguito ad un unico grado di giudizio, per soli motivi di legittimità. Inoltre, è competente per le impugnazioni di provvedimenti sulla libertà personale, pronunciati dagli organi giurisdizionali ordinari e speciali, ma solo per violazione di legge.

Presso gli organi giudiziari ordinari è possibile istituire sezioni specializzate per determinate materie.

Divieto di istituire nuovi giudici speciali e straordinari (art. 102). Il dettato costituzionale pone un divieto assoluto di costituire **giudici straordinari**, poiché in contrasto con il principio del ***giudice naturale precostituito per legge*** (art. 25) secondo cui l'organo giudiziario competente a decidere una determinata controversia deve essere stabilito preventivamente dalla legge.
Lo stesso articolo pone il divieto di costituire nuovi **giudici speciali** oltre a quelli già previsti dalla Costituzione (art. 103):

- **Giurisdizione tributaria** (giurisdizione speciale). È competente a giudicare dei rapporti di imposta tra cittadini e Stato ed è esercitata dalle ***Commissioni tributarie***, regionali e provinciali.
- **Giurisdizione contabile** (giurisdizione speciale). È esercitata dalla **Corte dei conti** nelle materie di contabilità pubblica.
- **Giurisdizione militare** (giurisdizione speciale). È esercitata dai tribunali militari:
  - in tempo di guerra: hanno la giurisdizione stabilita dalla legge;
  - in tempo di pace: hanno giurisdizione solo per i reati commessi dagli appartenenti alle forze armate.

Tribunale superiore delle Acque pubbliche (giurisdizione speciale): organo giurisdizionale con competenza in materia di acque pubbliche.
Possono essere create, invece, **Sezioni Specializzate** per determinate materie presso gli organi giudiziari ordinari (Sezione Lavoro presso il Tribunale; Sezione Fallimentare presso il Tribunale; Tribunale per i minorenni (composti da due magistrati togati, due esperti in psicologia, pedagogia e criminologia); Tribunali regionali delle Acque pubbliche.
Il conflitto che insorge tra un Giudice del Tribunale ordinario ed un Giudice di un Tribunale speciale viene definito "**conflitto di giurisdizione**".

Sentenza. Atto tipico della funzione giurisdizionale esercitata dai Magistrati vincolante solo per le parti del processo, la sentenza consiste in un provvedimento con il quale il giudice dichiara, al termine del processo, che cosa prevede il diritto, la valutazione dei fatti e delle prove ammesse nel processo. La sentenza si compone di tre parti: il *fatto* (descrizione della fattispecie sulla quale il giudice deve decidere), la *motivazione* (indicazione delle regole giuridiche che lo hanno condotto a quella decisione) e il *dispositivo* (decisione vera e propria con la quale il giudice risolve il caso concreto).
L'interpretazione di una norma data da un giudice in una sentenza è vincolante per le parti in causa.

Occorre Sapere

Il **giudizio di ottemperanza**, in ambito amministrativo, è finalizzato a ottenere l'esecuzione di una sentenza da parte della Pubblica Amministrazione.
Con l'espressione "**merito della causa**" si intende il complesso delle questioni che influiscono sulla decisione del processo.

Magistrati. I **giudici** che fanno parte degli organi giurisdizionali possono essere **togati** (in via ordinaria), quando sono scelti mediante concorso pubblico (art. 106) o **onorari**, quando non sono legati allo Stato da un rapporto di impiego, ma vengono dallo stesso chiamati, senza concorso, a svolgere le funzioni giurisdizionali con un incarico temporaneo.
Esistono, infine, i cd. ***giudici popolari***, che sono privati cittadini chiamati ad integrare alcuni organi giurisdizionali collegiali, assicurando la partecipazione diretta del popolo all'amministrazione della giustizia. La nomina dei Giudici Popolari avviene tramite estrazione a sorte da apposite liste.
Alcuni di tali giudici svolgono le loro funzioni in **composizione monocratica** (sono cioè composti da un solo giudice), altri in **composizione collegiale** (sono cioè composti da più giudici che prendono le decisioni a maggioranza). La Costituzione stabilisce che in via ordinaria i magistrati sono scelti con concorso pubblico.
All'interno della Magistratura si distinguono le funzioni:
1) **inquirente/requirente**: ad alcuni degli organi che appartengono all'ordine giudiziario la legge affida funzioni, dette di **pubblico ministero**, o requirenti, che si occupano di esercitare l'azione penale e di svolgere e delegare le indagini per perseguire i responsabili di reati. L'autorità giudiziaria dispone direttamente della polizia giudiziaria (ufficiali e agenti di polizia giudiziaria provenienti dalle varie forze di polizia) – art. 109. La P.G. ha il compito di supportare con la loro attività investigativa le indagini del PM;
2) **giudicante**: è la funzione svolta dagli organi giudiziari (i giudici) a cui è attribuito il compito di decidere le controversie o di pronunciarsi sugli affari di loro competenza.

Inamovibilità e responsabilità dei Magistrati. L'**inamovibilità** consiste nel fatto che di regola i giudici possono essere sospesi o dispensati dal servizio o destinati ad altra sede o ad un altro incarico soltanto con il loro consenso o in seguito ad un provvedimento del **CSM**.
La **responsabilità** per i danni causati ai terzi nell'esercizio della loro funzione giurisdizionale riguarda soltanto i casi stabiliti dalla legge.
Un giudice è responsabile in caso di:
- dolo, consistente nell'intenzione di danneggiare un terzo;
- diniego di giustizia, consistente nella omissione, rifiuto o ritardo nel compimento di un atto o di un provvedimento dovuto;
- colpa grave, consistente in un comportamento gravemente negligente.

Nei loro confronti l'**azione disciplinare** è promossa dal Ministro della Giustizia, cui spetta anche vigilare sul funzionamento dei servizi relativi alla giustizia.

2.4.5.2 Sezione II - Norme sulla giurisdizione (artt. 111-113)

Principi costituzionali in materia di giurisdizione. In considerazione dell'importanza e della delicatezza del compito attribuito ai giudici e delle gravi conseguenze che l'applicazione delle sanzioni può comportare sui diritti di ciascun cittadino, l'esercizio del potere giurisdizionale è sottoposto ad una serie di garanzie volte ad assicurarne il corretto esercizio nell'interesse di tutti.

Principio di uguaglianza (art. 3), in base al quale tutti i cittadini sono uguali davanti alla legge, senza distinzioni di sesso, razza, lingua, religione, opinioni politiche, condizioni personali o sociali. Anche in questo campo, inoltre, è riaffermato il principio della sovranità popolare, e infatti l'art. 101 Cost. stabilisce che "*la giustizia è amministrata in nome del popolo*".
I giudici, inoltre, devono esercitare la loro funzione di amministrazione della giustizia in maniera indipendente ed imparziale.

Principio di imparzialità e terzietà. Comporta che ciascun giudice sia estraneo agli interessi della causa (terzo), che deve decidere e non parteggi per alcuna delle parti coinvolte nel processo. Per assicurare l'imparzialità del giudice, la Costituzione sancisce il **principio del giudice naturale**, secondo il quale la legge deve determinare i criteri oggettivi e generali in base ai quali viene individuato il magistrato competente a decidere una determinata controversia. Il giudice, cioè, non può essere scelto dopo il sorgere della controversia o dopo la commissione del fatto da una delle parti in causa. Deve esistere, invece, già prima della controversia o del fatto, un giudice competente in base a criteri individuati dalla legge.

Principio di indipendenza (garanzia assicurata con legge). È volto ad assicurare ai cittadini che il giudice, nell'esercitare le proprie funzioni, non subisca pressioni da parte degli altri poteri dello Stato, i cui rappresentanti potrebbero essere coinvolti, anche indirettamente, nelle sue decisioni, ed è, dunque, diretta conseguenza del più generale principio di separazione dei poteri. Si parla in tal caso di ***indipendenza esterna*** della Magistratura. Per evitare che gli organi del potere legislativo ed esecutivo possano influenzare le decisioni dei magistrati, nel nostro ordinamento è stato istituto il ***Consiglio Superiore della Magistratura*** organo autonomo al quale sono attribuite le decisioni più importanti in ordine alla carriera dei magistrati ed al controllo del corretto esercizio delle loro funzioni.
Si parla, invece, di ***indipendenza interna*** della Magistratura con riferimento a quei principi ed a quelle norme volte a garantire che l'attività di ciascun giudice non sia influenzata da altri magistrati oppure dalla struttura organizzativa all'interno della quale egli opera. Tale indipendenza, in primo luogo, è garantita dall'art. 101 Cost., laddove afferma che "*i magistrati sono soggetti soltanto alla legge*". Tale principio è ribadito dal 3° comma, art. 107 in base al quale "*i magistrati si distinguono tra loro soltanto per diversità di funzioni*".

Diritto di azione e precostituzione del giudice naturale (artt. 24, co. 1, e 25). L'art. 24 permette ad ogni soggetto di attivarsi ovvero di "***agire***" di fronte all'autorità giudiziaria, contro qualcuno affinché siano tutelati i propri «diritti» (verso gli altri soggetti) e «interessi legittimi» (verso la PA). L'art. 25 stabilisce che "*Nessuno può essere distolto dal giudice naturale precostituito per legge*". Il principio della precostituzione del giudice, sancito dall'articolo, comporta che sia la legge ordinaria a predeterminare – sulla base dei criteri certi e oggettivi di competenza territoriale, di valore o di materia – l'organo giurisdizionale competente a giudicare su una determinata questione. La disposizione intende annullare la discrezionalità del capo dell'ufficio giudiziario nell'assegnare gli incarichi: lo scopo è quello di ***garantire l'imparzialità all'indagine e al giudizio***.

Diritto alla difesa (art. 24, c. 2). È riconosciuto come inviolabile, in quanto tutti devono potersi difendere. Tale diritto viene riconosciuto «*in ogni stato e grado del procedimento*», quindi per l'intera durata del processo e in qualsiasi grado ci si trovi (tre gradi di giudizio); diritto riconosciuto anche ai non abbienti, cioè a coloro che si trovino in particolari condizioni di indigenza, e che, quindi, possono richiedere il "***gratuito patrocinio***" (assistenza da parte di un avvocato, senza alcuna spesa). Nel nostro ordinamento non è possibile difendersi da soli e nel caso in cui la parte, pur avendone i mezzi economici, non nomini da sé il difensore, gliene verrà assegnato uno dall'amministrazione ("difesa d'ufficio"). La legge assicura alla persona accusata di un reato che non comprende o non parla la lingua impiegata nel processo l'***assistenza di un interprete***.

Principio dell'obbligatorietà dell'azione penale (art. 112). È tipico del processo penale poiché nel processo civile il potere giurisdizionale si attiva solo su iniziativa di parte. Siffatto principio comporta l'obbligo per il **Pubblico Ministero** di attivarsi ogni qualvolta ritenga di essere in presenza di un illecito penale, cioè di un "reato". Questo modello di azione si collega al "**principio accusatorio**", secondo il quale il giudice si dovrà limitare a giudicare sulla base delle prove che gli vengono portate dalle parti.

Obbligo della motivazione. Tutti i provvedimenti del giudice devono essere "***motivati***" (art. 111) e la motivazione deve riguardare sia i fatti portati all'attenzione del giudice, sia il diritto, cioè il ragionamento giuridico fatto dal giudice per arrivare a prendere la decisione contenuta nella sentenza.

Principio del "giusto processo" (art. 111). Qualunque processo, civile, penale, amministrativo, deve svolgersi "*nel contraddittorio tra le parti*, in condizioni di parità, davanti a giudice terzo e imparziale". "*La legge regola i casi in cui la formazione della prova non ha luogo in contraddittorio per consenso dell'imputato o per accertata impossibilità di natura oggettiva o per effetto di provata condotta illecita*". Il giusto processo può attuarsi laddove la persona accusata di un reato possa disporre del tempo e delle condizioni necessarie per preparare la sua difesa. La Costituzione afferma che l'imputato non è considerato colpevole fino alla condanna definitiva.

L'**Avvocatura dello Stato** ha il compito di rappresentare, assistere e difendere in giudizio lo Stato e l'amministrazione statale in tutte le sue articolazioni. È l'organo, oltre al Consiglio di Stato, che svolge attività di consulenza giuridico-amministrativa per le Pubbliche Amministrazioni.

Occorre Sapere

La legge assicura che la **durata del processo** sia **ragionevole**.
La persona accusata di un reato deve essere informata riservatamente, nel più breve tempo possibile, della natura e dei motivi dell'accusa (**informazione di garanzia**).
Possono essere chiamati all'ufficio di **consigliere di Cassazione** i professori ordinari di università in materie giuridiche per meriti insigni e gli avvocati iscritti negli albi speciali per le giurisdizioni superiori e su designazione del CSM.
Chi è rimasto vittima di un **errore giudiziario** può essere risarcito a spese dello Stato italiano, ma è la legge a determinare le condizioni e i modi di riparazione.
Il Giudice chiamato a decidere sui problemi della Laguna Veneta prende il nome di **Magistrato delle acque**.
Il **Procuratore della Repubblica** è un magistrato.
I cittadini possono essere sottoposti a **misure di sicurezza** solo nei casi previsti dalla legge.
Se durante un processo di fronte alla Magistratura ordinaria è sollevata dalle parti una **questione di legittimità costituzionale** il giudice, prima di rimettere la questione alla Corte costituzionale, valuta se la questione è fondata e rilevante per la soluzione della causa.
La Costituzione **non ammette casi di responsabilità oggettiva in ambito penale** perché vi ostano i caratteri di personalità della responsabilità e di rieducatività della pena.
Nel sistema giudiziario italiano la sigla DDA sta per **Direzione Distrettuale Antimafia**.

2.4.6 Titolo V – Le Regioni, le Province, i Comuni (artt. 114-133 Cost.)

Lo Stato, pur mantenendo la sua unità, deve *riconoscere* e soprattutto *promuovere le autonomie locali*, attuando il più ampio decentramento amministrativo (art. 5).

Attualmente, gli **enti territoriali** che si identificano con la nozione di **autonomia locale** sono quelli elencati dall'art. 114, c. 1, Cost., ossia: i *Comuni*; le *Province*; le *Città metropolitane*; le Regioni.

Il comma 2 dell'art. 114 Cost. stabilisce che "*I Comuni, le Province, le Città metropolitane e le Regioni sono enti autonomi con propri statuti, poteri e funzioni secondo i principi fissati dalla Costituzione*".

> ***Occorre Sapere***
>
> **Decentramento** è il termine italiano della Costituzione che ***è stato distratto nel concetto di devolution.***

Come vedremo, le Regioni hanno **potestà regolamentare**. Anche i Comuni, le Province e le Città metropolitane hanno potestà regolamentare, in ordine, però, alla disciplina dell'organizzazione e dello svolgimento delle funzioni loro attribuite.

2.4.6.1 Regioni

La Regione è un ente necessario previsto dalla Costituzione. L'Italia è costituita da 20 Regioni, di cui 5 a Statuto speciale. Nel 1948 in sede costituente fu fatta una distinzione tra Regioni a Statuto ordinario e Regioni a Statuto speciale, procedendo all'approvazione degli statuti delle cinque Regioni "speciali" e cioè: Sicilia, Sardegna, Valle d'Aosta, Trentino-Alto Adige, Friuli-Venezia Giulia (art. 116). Le motivazioni di tale distinzione sono da ricercarsi nelle esigenze di carattere politico, geografico e di tutela delle minoranze residenti nei territori "speciali", che avevano spiccate tendenze autonomiste. Il Trentino Alto Adige è costituito da due Province autonome: Trento e Bolzano. La Costituzione menziona solo le Regioni a Statuto speciale e non quelle a Statuto ordinario.

L'autonomia regionale. Le Regioni in quanto **enti autonomi territoriali** sono dotate di:

- ***autonomia statutaria***: cioè della possibilità di adottare un proprio *Statuto* avente per oggetto la disciplina della forma di governo dell'*organizzazione e del funzionamento* dell'ente per tutte le attività non regolate direttamente dalla Costituzione. L'autonomia statutaria delle Regioni è contemplata dalla Carta costituzionale, la quale ha inteso riconoscere l'esistenza e la necessità dell'elaborazione degli Statuti da parte delle Regioni, determinandone, altresì, la *funzione* e i *limiti*. La disciplina dettata dalla Costituzione per gli Statuti delle Regioni speciali è diversa rispetto a quella delle Regioni ordinarie;
- ***autonomia legislativa***: a tutte le Regioni è riconosciuta la potestà di emanare leggi aventi valore di legge ordinaria. Tale potestà può essere esercitata dalle Regioni nelle materie non espressamente riservate allo Stato (art. 117);
- ***autonomia amministrativa***: ciascuna Regione è dotata di un proprio apparato amministrativo e le è riconosciuta la potestà di emanare atti amministrativi (cd. *autarchia*). Gli atti amministrativi non sono soggetti ad alcun controllo di legittimità o di merito;
- ***autonomia finanziaria***: le Regioni godono di autonomia finanziaria di entrata e di spesa, in armonia con la Costituzione e secondo i principi di coordinamento della finanza pubblica e del sistema tributario. «*I Comuni, le Province, le Città metropolitane e le Regioni hanno autonomia finanziaria di entrata e di spesa. I Comuni, le Province, le Città metropolitane e le Regioni hanno risorse autonome. Stabiliscono e applicano tributi ed entrate propri, in armonia con la Costituzione e secondo i princìpi di coordinamento della finanza pubblica e del sistema tributario. Dispongono di compartecipazioni al gettito di tributi erariali riferibile al loro territorio*» (art. 119 Cost).

Organi di governo: Consiglio regionale, Giunta regionale, Presidente della Regione (art. 121). Il Governo può sostituirsi a organi delle Regioni, ma solo nei casi espressamente previsti (art. 120).

Consiglio regionale. È l'***organo assembleare rappresentativo dell'intero collettività regionale***. Esercita la ***potestà legislativa***, cioè approva le leggi regionali, e le altre funzioni conferitegli dalla Costituzione e dalle leggi. Può anche fare proposte di legge alle Camere. I suoi membri, eletti a suffragio universale e diretto, non possono essere chiamati a rispondere delle opinioni e dei voti espressi nell'esercizio delle loro funzioni. La durata in carica dei Consigli regionali è stabilita dalla legge regionale (art. 122 Cost.). Il Consiglio elegge il proprio ***Presidente del Consiglio*** e i delegati delle Regioni che partecipano all'elezione del Presidente della Repubblica. I consiglieri regionali godono di immunità. Nessuno può appartenere contemporaneamente a un Consiglio regionale e a una delle Camere del Parlamento o ad un altro Consiglio regionale, ovvero al Parlamento europeo.

Giunta regionale. **Organo esecutivo** della Regione, è composto dal ***Presidente*** (che è anche Presidente della Regione) e da un numero di ***assessori*** variabile, da 6 a 12, a seconda della popolazione residente. La Giunta è nominata dal Presidente della Regione. Come avviene per il Governo anche la Giunta regionale ed il suo Presidente devono avere la fiducia del proprio Consiglio regionale. Per la **mozione di sfiducia**, espressa dal Consiglio, la Costituzione richiede che sia approvata dalla ***maggioranza assoluta*** dei componenti l'Assemblea. Essa va discussa, di norma, non prima di tre giorni. L'approvazione della mozione di sfiducia del Consiglio regionale nei confronti del Presidente della Giunta regionale comporta le dimissioni della Giunta e lo scioglimento del Consiglio regionale.

Presidente della Regione. È anche Presidente della Giunta, **rappresenta e dirige la Regione**. In particolare: nomina e revoca la Giunta regionale; dirige la politica della Giunta e ne è responsabile; **promulga** le leggi ed **emana i regolamenti** regionali; dirige le funzioni amministrative delegate dallo Stato alla Regione, conformandosi alle istruzioni del Governo della Repubblica. Viene eletto a suffragio universale e diretto (art. 1 L. Reg. n. 25 del 13 maggio 2004), salvo che lo Statuto regionale disponga diversamente. Nel Trentino Alto Adige il Presidente non viene eletto direttamente dai cittadini. Le dimissioni volontarie del Presidente comportano le dimissioni della Giunta stessa e lo scioglimento del Consiglio. Può essere ***rimosso*** con decreto motivato del Presidente della Repubblica, sentita una Commissione per le questioni regionali costituita da Deputati e Senatori. I casi di ***incompatibilità***, di ***ineleggibilità*** e il sistema di elezione di questo organo sono disciplinati con legge regionale, ma nei limiti di quanto stabilito dalle leggi statali. L'appartenenza contemporanea ad una Giunta regionale e al Parlamento Europeo non è ammessa.

Gli Statuti delle Regioni speciali. L'art. 116, c. 1, Cost. stabilisce: «*Il Friuli Venezia Giulia, la Sardegna, la Sicilia, il Trentino-Alto Adige/Südtirol e la Valle d'Aosta/Vallée d'Aoste dispongono di forme e condizioni particolari di autonomia, secondo i rispettivi statuti speciali adottati con legge costituzionale*».
Gli Statuti speciali sono approvati con legge costituzionale, quindi prevalgono sulle leggi ordinarie dello Stato e disciplinano completamente le condizioni di autonomia della Regione e la sua forma di governo.
Con L. cost. n. 2/2001 sono state introdotte nell'ordinamento delle Regioni speciali le cd. **leggi statutarie**, con le quali possono essere disciplinati determinati aspetti della forma di go-

verno regionale. Si tratta di leggi regionali approvate con un *procedimento rinforzato*: sono sottoposte a *referendum* se entro tre mesi dalla loro pubblicazione ne facciano richiesta un cinquantesimo degli elettori o un quinto dei consiglieri regionali oppure, se approvate dalla maggioranza dei due terzi dei consiglieri, se ne fa richiesta una frazione qualificata del corpo elettorale, le quali prevalgono quindi sulle altre leggi regionali, integrando le disposizioni dello Statuto speciale per le materie e gli ambiti ad esse affidati.

Gli Statuti delle Regioni ordinarie. Gli Statuti ordinari sono approvati (e modificati) dal Consiglio regionale «con legge approvata a maggioranza assoluta dei suoi componenti, con due deliberazioni successive adottate a maggioranza assoluta dei suoi componenti», conferisce ad essi anche *formalmente*, e non più soltanto sostanzialmente, la natura giuridica di ***leggi regionali*** (fonti primarie di primo grado). Entro trenta giorni dalla pubblicazione degli statuti regionali può essere proposta la questione di legittimità costituzionale.
Le prime elezioni nelle Regioni a statuto ordinario si svolsero nel 1975.

Il **procedimento di formazione degli Statuti** si caratterizza, attualmente, per i seguenti passaggi:
- la legge regionale deve essere approvata a **maggioranza assoluta** dei suoi componenti con due deliberazioni successive adottate ad intervallo non minore di 2 mesi;
- il ricorso del Governo per sollevare la **questione di legittimità costituzionale** sugli Statuti dinanzi alla Corte costituzionale deve essere proposto entro trenta giorni dalla pubblicazione, a fini notiziari, della seconda deliberazione consiliare;
- lo Statuto è sottoposto a **referendum popolare** qualora entro 3 mesi dalla pubblicazione, a fini notiziari, della seconda deliberazione consiliare, ne faccia richiesta un cinquantesimo degli elettori della Regione o un quinto dei componenti il Consiglio regionale. In questo caso lo Statuto è promulgato soltanto se è approvato dalla maggioranza dei voti validi;
- scaduti i 3 mesi senza indizione del referendum, lo Statuto viene **promulgato** e assoggettato alla **pubblicazione** necessaria ai fini della definitiva entrata in vigore.

Lo Statuto determina la forma di governo e i principi fondamentali di organizzazione e funzionamento della Regione, regola l'esercizio del diritto di iniziativa legislativa e del *referendum* su leggi e provvedimenti amministrativi della Regione e la pubblicazione delle leggi e dei regolamenti regionali (art. 123).
Gli Statuti, quindi, possono regolare:
- le modalità di elezione del Presidente della Giunta regionale, nell'ipotesi in cui si decida di non adottare il sistema dell'elezione a suffragio universale e diretto esplicitamente previsto dall'art. 122 Cost.;
- le cause di cessazione dalla carica degli organi di governo regionale (esclusi i casi di decadenza per incompatibilità);
- la scelta del capoluogo regionale, in quanto la legge tace sul punto;
- la specifica regolamentazione dei rapporti fra gli organi di governo regionali e del loro funzionamento. Tale regolamentazione, ad esempio, può riguardare:
  a) le attribuzioni del Consiglio regionale;
  b) il regime dei lavori consiliari (interrogazioni, interpellanze, mozioni);
  c) le competenze e attribuzioni della Giunta regionale e le regole di funzionamento di essa;
  d) gli organi e la disciplina della programmazione regionale;
  e) la finanza e il patrimonio regionale.

Inoltre, lo Statuto regionale deve disciplinare anche il **Consiglio delle autonomie locali**, organo di consultazione fra le Regioni e gli enti locali (art. 123, ultimo comma, Cost., introdotto dalla L. cost. 3/2001).

Gli Statuti non possono regolare né modificare:

- il *tipo* e il *numero* degli *organi di governo* della Regione, predeterminati dalla Costituzione (Consiglio regionale, Giunta regionale e Presidente della Regione);
- la *ripartizione della funzione di governo* fra tali organi, già operata dall'art. 121 Cost.;
- il *sistema di elezione* e i *casi di ineleggibilità e di incompatibilità* del Presidente e degli altri componenti della Giunta regionale nonché dei consiglieri regionali. Essi infatti sono disciplinati con legge della Regione nei limiti dei princìpi fondamentali stabiliti con legge della Repubblica, che fissa anche la durata degli organi elettivi.

L'autonomia legislativa. L'art. 117 Cost. prevede la suddivisione della **potestà legislativa** tra lo Stato e le Regioni, operando una distinzione tra:

- ***potestà legislativa esclusiva dello Stato***: si tratta di 17 settori (comma 2);
  - a) politica estera e rapporti internazionali dello Stato; rapporti dello Stato con l'Unione europea; diritto di asilo e condizione giuridica dei cittadini di Stati non appartenenti all'Unione europea;
  - b) immigrazione;
  - c) rapporti tra la Repubblica e le confessioni religiose;
  - d) difesa e Forze armate; sicurezza dello Stato; armi, munizioni ed esplosivi;
  - e) moneta, tutela del risparmio e mercati finanziari; tutela della concorrenza; sistema valutario; sistema tributario e contabile dello Stato; armonizzazione dei bilanci pubblici; perequazione delle risorse finanziarie;
  - f) organi dello Stato e relative leggi elettorali; referendum statali; elezione del Parlamento europeo;
  - g) ordinamento e organizzazione amministrativa dello Stato e degli enti pubblici nazionali;
  - h) ordine pubblico e sicurezza, ad esclusione della polizia amministrativa locale;
  - i) cittadinanza, stato civile e anagrafi;
  - l) giurisdizione e norme processuali; ordinamento civile e penale; giustizia amministrativa;
  - m) determinazione dei livelli essenziali delle prestazioni concernenti i diritti civili e sociali che devono essere garantiti su tutto il territorio nazionale;
  - n) norme generali sull'istruzione;
  - o) previdenza sociale;
  - p) legislazione elettorale, organi di governo e funzioni fondamentali di Comuni, Province e Città metropolitane;
  - q) dogane, protezione dei confini nazionali e profilassi internazionale;
  - r) pesi, misure e determinazione del tempo; coordinamento informativo statistico e informatico dei dati dell'amministrazione statale, regionale e locale; opere dell'ingegno;
  - s) tutela dell'ambiente, dell'ecosistema e dei beni culturali;
- ***potestà legislativa concorrente***: si tratta dei settori individuati nel comma 3 e nei quali si assiste ad una suddivisione dei compiti tra lo Stato e le Regioni: al primo spetta il compito di «determinare i principi fondamentali» (attraverso le ***leggi quadro*** o ***leggi cornice***), mentre alle Regioni spetta il compito di emanare la legislazione specifica di settore nel rispetto dei suddetti principi fondamentali stabiliti dalla legislazione statale:

  Sono materie di legislazione concorrente quelle relative a: rapporti internazionali e con l'Unione europea delle Regioni; commercio con l'estero; tutela e sicurezza del lavoro; istruzio-

ne, salva l'autonomia delle istituzioni scolastiche e con esclusione della istruzione e della formazione professionale; professioni; ricerca scientifica e tecnologica e sostegno all'innovazione per i settori produttivi; tutela della salute; alimentazione; ordinamento sportivo; protezione civile; governo del territorio; porti e aeroporti civili; grandi reti di trasporto e di navigazione; ordinamento della comunicazione; produzione, trasporto e distribuzione nazionale dell'energia; previdenza complementare e integrativa; coordinamento della finanza pubblica e del sistema tributario; valorizzazione dei beni culturali e ambientali e promozione e organizzazione di attività culturali; casse di risparmio, casse rurali, aziende di credito a carattere regionale; enti di credito fondiario e agrario a carattere regionale;
- ***potestà legislativa residuale delle Regioni***: i settori che rientrano in tale ambito non sono definiti nel testo costituzionale, ma vanno ricavati per esclusione; infatti, dispone che «*spetta alle Regioni la potestà legislativa in riferimento ad ogni materia non espressamente riservata alla legislazione dello Stato*».

  Le Regioni e le Province autonome di Trento e di Bolzano, nelle materie di loro competenza, partecipano alle decisioni dirette alla formazione degli atti normativi comunitari e provvedono all'attuazione e all'esecuzione degli accordi internazionali e degli atti dell'Unione europea, nel rispetto delle norme di procedura stabilite da legge dello Stato, che disciplina le modalità di esercizio del potere sostitutivo in caso di inadempienza.

La Costituzione stabilisce che il Governo (*funzione politico-costituzionale*) possa impugnare una legge regionale che ritiene aver superato le competenze regionali entro 60 giorni dalla pubblicazione (art. 127).

La **potestà regolamentare** spetta allo Stato nelle materie di legislazione esclusiva, salva delega alle Regioni e a quest'ultime in ogni altra materia.
Le leggi regionali rimuovono ogni ostacolo che impedisce la piena parità degli uomini e delle donne nella vita sociale, culturale ed economica e promuovono la parità di accesso tra donne e uomini alle cariche elettive; ratificano le intese della Regione con altre Regioni per il migliore esercizio delle proprie funzioni, anche con individuazione di organi comuni.
Infine, nelle materie di sua competenza la Regione può concludere accordi con Stati e intese con enti territoriali interni ad altro Stato, nei casi e con le forme disciplinati da leggi dello Stato.

Occorre Sapere

Per espresso divieto della Costituzione, le Regioni **non possono istituire dazi di esportazione o d'importazione** all'interno dei propri territori.
Per espresso divieto della Costituzione, una Regione **non può adottare provvedimenti che ostacolino la libera circolazione delle persone e delle cose** tra le Regioni.

Il patrimonio. «*I Comuni, le Province, le Città metropolitane e le Regioni hanno un proprio patrimonio attribuito secondo i principi generali determinati dalla legge dello Stato*» (art. 119).
Il patrimonio, dunque, viene attribuito non solo alle Regioni ma anche agli altri enti territoriali, ovvero Comuni, Province e Città metropolitane.
Procedimento di formazione delle leggi regionali. Ricalca quasi fedelmente quello previsto per l'approvazione delle leggi ordinarie dello Stato, e si compone delle fasi dell'***iniziativa***, dell'***istruttoria*** e della ***deliberazione***.
Il procedimento si apre con la presentazione di una proposta di legge; il potere di iniziativa legislativa spetta alla Giunta regionale, ai singoli consiglieri e al corpo elettorale regionale. La proposta così presentata passa all'esame delle Commissioni permanenti, strutturate sul mo-

dello di quelle presenti in Parlamento, ma prive di ogni potere deliberativo. La legge regionale deve essere, quindi, necessariamente approvata dal Consiglio e, soltanto dopo, promulgata dal Presidente della Regione, per entrare in vigore il quindicesimo giorno successivo alla pubblicazione sul Bollettino ufficiale regionale.
Alla **Corte costituzionale** spetta giudicare se la legge regionale rientri tra quelle che sono esercizio della potestà legislativa esclusiva (art. 117, c. 4) o della potestà legislativa concorrente (art. 117, c. 3), potendo in questo ultimo caso anche accertare la conformità, intesa come legittimità, rispetto alla normativa di principio contenuta nella legge cornice.
Le leggi regionali possono essere sottoposte al giudizio di legittimità costituzionale.
In ambito regionale sono sempre ammissibili dei referendum su leggi regionali; tale esercizio del referendum è regolato dallo statuto regionale.

L'autonomia regolamentare. Le Regioni sono titolari di potestà regolamentare:
- nelle materie di legislazione concorrente ad esse riservate *ex* art. 117, comma 3;
- nelle materie di legislazione residuale di cui all'art. 117, comma 4;
- nelle materie che l'art. 117, comma 2 definisce di legislazione esclusiva statale e per le quali lo Stato abbia delegato alle Regioni la normazione secondaria.

Sempre allo Statuto spetta disciplinare il procedimento di formazione dei regolamenti regionali e la tipologia dei regolamenti stessi. I nuovi Statuti prevedono *regolamenti esecutivi*, *attuativo-integrativi della legislazione regionale*, *di organizzazione* ed *esecutivi della normativa europea*, mentre già la Corte costituzionale ha riconosciuto l'ammissibilità dei *regolamenti regionali di delegificazione*, almeno laddove non si discostino dal modello statale delineato dall'art. 17 della L. n. 400/1988.
I regolamenti sono **emanati** dal Presidente della Giunta Regionale.

Il controllo sugli atti amministrativi regionali. La disciplina dei controlli è stata radicalmente riscritta dalla L. 127/1997 (cd. *Bassanini bis sulla semplificazione amministrativa*), che ha assoggettato a sindacato soltanto due categorie di atti:
1) i *regolamenti regionali*, con esclusione di quelli attinenti all'autonomia organizzativa, funzionale e contabile dei Consigli regionali;
2) gli *atti costituenti adempimento degli obblighi derivanti dall'appartenenza all'Unione europea.*

Creazione e fusione di Regioni. Secondo l'art. 132 della Costituzione, il numero minimo di abitanti necessario per la creazione di una nuova Regione è di un milione di abitanti. La fusione di Regioni esistenti (purché sia stabilito attraverso un referendum) o la creazione di nuove Regioni viene disposta con legge costituzionale. Alla Regione è riconosciuto il potere di istituire nuovi Comuni.

Occorre Sapere

"Nella Regione sono istituiti organi di giustizia amministrativa di primo grado, secondo l'ordinamento stabilito da legge della Repubblica" **cd. TAR** (art. 125).
La riforma costituzionale attuata dalla legge costituzionale 3/2001 ha soppresso la figura del **Commissario di Governo** presso la Regione.
Per "**settore economico primario**" in riferimento alle attività produttive di una Regione si intende l'attività di raccolta delle materie prime della terra e cioè delle attività agricole, allevamento, pesca, delle attività estrattive e di selvicoltura.
L'**art. 115 Cost.** è stato **abrogato** dall'art. 9, c. 2, della legge cost. 18 ottobre 2001, n. 3.
Nello stemma della Regione **Sicilia** è presente il simbolo della **Trinacria**.
Nello stemma della Regione **Puglia** è presente il simbolo dell'**albero d'olivo**.

2.4.6.2 Comuni

Il **Comune** è l'*organizzazione pubblica da sempre più vicina alle esigenze dei cittadini*. È un ente autonomo che rappresenta la propria comunità, ne cura gli interessi e ne promuove lo sviluppo. Gode di autonomia statutaria, normativa, organizzativa e amministrativa, nonché impositiva e finanziaria di entrata e di spesa nell'ambito del proprio Statuto e Regolamento. Le ***funzioni amministrative*** sono, di norma, attribuite ai Comuni, salvo che siano conferite a Province, Città metropolitane, Regioni e Stato per assicurarne l'esercizio unitario.

Il Comune è considerato un *ente a fini generali di governo della collettività locale* che viene quindi amministrata non dall'autorità statale, ma da rappresentati locali da essa stessa eletti. L'Ente è titolare di funzioni proprie e di funzioni conferitegli dallo Stato e dalla Regione, secondo il cd. ***principio di sussidiarietà***, in base al quale lo Stato o la Regione intervengono solo qualora l'attività, nel caso specifico del Comune, è carente o non possa essere realizzata (cd. ***sussidiarietà verticale***) – art.118. La cd. ***sussidiarietà orizzontale*** consiste nel fatto che lo Stato e gli altri enti territoriali sono tenuti a favorire «*l'autonoma iniziativa dei cittadini, singoli e associati, per lo svolgimento di attività di interesse generale*» (art. 118, c. 4, Cost.).

Il Comune *concorre* alla determinazione degli obiettivi contenuti nei piani e nei programmi dello Stato e della Regione cui appartiene e provvede, per quanto di propria competenza, alla loro attuazione. Spettano al Comune tutte le funzioni amministrative che riguardano la popolazione ed il territorio comunale, in particolare nei seguenti settori:

- servizi alla persona e alla comunità;
- assetto e utilizzazione del territorio;
- sviluppo economico.

Riguardo, invece, i servizi di competenza statale delegati agli enti locali, compiti del Comune sono la gestione dei ***servizi elettorali***, di ***stato civile***, di ***anagrafe***, di ***leva militare*** e di ***statistica***, tutte funzioni esercitate dal Sindaco nella veste di *ufficiale del Governo*. Lo Stato può, poi, destinare a determinati Comuni delle risorse aggiuntive o predisporre interventi speciali al fine di *promuovere lo sviluppo economico, la coesione e la solidarietà sociale*, e di rimuovere gli squilibri economici e sociali per favorire l'effettivo esercizio dei diritti della persona.

I Comuni possono indire un ***referendum*** solo con valore ***consultivo***.

Ad un Comune che ne faccia richiesta può essere concesso il distacco da una Regione e l'aggregazione ad un'altra a seguito di un referendum, di un parere obbligatorio, ma non vincolante dei Consigli regionali interessati e di una legge della Repubblica.

Organi di governo: *Consiglio comunale*, *Giunta comunal*e e *Sindaco*.

Consiglio comunale: *organo di indirizzo e controllo politico ed amministrativo eletto, a suffragio universale diretto direttamente dai cittadini residenti sul territorio, per* ***5 anni***. È deputato ad approvare lo Statuto comunale. Il numero di consiglieri varia in base al numero dei cittadini. Si possono nominare Assessori al di fuori del Consiglio comunale soltanto nei Comuni con popolazione superiore ai 15.000 abitanti. Gli Assessori comunali sono soggetti a revoca da parte del Sindaco. Se la metà più uno dei Consiglieri si dimettono il Consiglio comunale viene sciolto.

NUMERO CONSIGLIERI		
ABITANTI	**ABITANTI**	**MEMBRI**
popolazione superiore	1.000.000	48
popolazione superiore	500.000	40
popolazione superiore	250.000	36
capoluoghi di provincia o popolazione superiore	100.000	32
popolazione superiore	30.000	24
popolazione superiore	10.000	16
popolazione superiore	5.000	12
popolazione superiore	3.000	12
Altri Comuni	= = =	10

Giunta comunale: *organo esecutivo e deliberativo del Comune.*

Sindaco: *organo responsabile dell'amministrazione del Comune e ufficiale di Governo.* Rappresenta l'ente, convoca e presiede la Giunta e il Consiglio (quando non è prevista la figura del Presidente del Consiglio comunale), sovrintende al funzionamento dei servizi e degli uffici e all'esecuzione degli atti. Può essere eletto a Sindaco il cittadino che ha compiuto la maggiore età (18 anni). Nelle elezioni a Sindaco per i Comuni con meno di 15mila abitanti è eletto colui che ottiene in un unico turno il maggior numero di voti nella lista vincitrice. Per i Comuni con più di 15mila abitanti è eletto al primo turno il candidato che ottiene la maggioranza assoluta dei voto validi; se nessun candidato ottiene la maggioranza si procede al ballottaggio fra i due candidati che hanno ottenuto il maggior numero di voti. Il Sindaco nomina il Vicesindaco tra gli Assessori comunali. Nella Regione Valle d'Aosta, nei comuni con più di 1000 abitanti viene eletto direttamente dai cittadini anche il Vicesindaco. Il giuramento da parte del Sindaco di osservare lealmente la Costituzione avviene davanti al Consiglio comunale.
La cessazione dalla carica del Sindaco e della Giunta può dipendere dal Consiglio comunale se viene votata la ***mozione di sfiducia*** per appello nominale della maggioranza assoluta dei componenti il Consiglio. Le dimissioni volontarie del Sindaco provocano lo scioglimento del Consiglio comunale.

Il **Segretario comunale** ha un rapporto di lavoro dipendente con il Ministero dell'interno, ma funzionalmente dipende dal Sindaco. Viene designato tramite concorso pubblico per esami per conseguire l'abilitazione all'iscrizione ad un Albo.

Occorre Sapere

Il **bilancio di previsione** per l'anno successivo di un Comune deve essere deliberato entro il 31 dicembre di ogni anno. La mancata approvazione del bilancio, entro i termini fissati dalla legge, da parte del Consiglio comunale, comporta il suo scioglimento.
Nei comuni con più di 100.000 abitanti può essere nominato, da parte del Sindaco, un **Direttore generale**.
Le **circoscrizioni comunali** possono essere modificate con legge regionale.
Nell'ordinamento italiano la **suddivisione in circoscrizioni** è obbligatoria solo per i Comuni che superano i 100.000 abitanti.
Per le **spese elettorali** la legge che disciplina l'elezione del Sindaco e dei Consigli comunali con **popolazione superiore a 10.000 abitanti** norma la dichiarazione preventiva e il rendiconto delle spese nei comuni.
Per le **spese elettorali** la legge che disciplina l'elezione del Sindaco e dei Consigli comunali nei comuni con **popolazione superiore a 50.000 abitanti** afferma che la dichiarazione deve essere preventiva e affissa all'albo pretorio del comune. Il **rendiconto** delle spese elettorali, invece, deve essere reso pubblico entro trenta giorni dalla fine della campagna elettorale.
In un decreto legislativo del 2000 è descritto il **tradizionale distintivo del Sindaco** con le parole "*La fascia tricolore con lo stemma della Repubblica e lo stemma del Comune, da portarsi a tracolla*".
Un **ufficiale superiore** è ineleggibile a sindaco nel territorio nel quale esercita il comando.
Un Comune può essere chiamato **città** se il titolo gli viene conferito con specifico provvedimento dal Capo dello Stato.

2.4.6.3 Unione dei Comuni

È una forma istituzionale di associazione tra comuni, considerata un Ente locale. Può essere costituita da due o più comuni che devono essere contigui con un obiettivo chiaro: "esercitare congiuntamente una pluralità di funzioni di loro competenza" trasferendo alla unione funzioni e servizi sottraendo, così, la titolarità diretta al Comune. L'unione deve avere un atto costitutivo e uno statuto. Il Presidente viene scelto fra i sindaci eletti.

All'Unione sono destinati tutti gli introiti che derivano da tasse, tariffe e contributi dovuti per i servizi trasferiti dai comuni.

Occorre Sapere

Ai sensi della legge n. 59 del 1997 sono conferite ampie **funzioni amministrative** alle Regioni e agli enti locali.
Le elezioni dei massimi rappresentanti locali, come governatori, sindaci, giunta, si dicono **elezioni amministrative**.
Accanto all'Unione dei Comuni abbiamo anche le **Comunità Montane** e le **Comunità Isolane**, così come disciplinate dall'art. 2 del D.Lgs. 18 Agosto 2000, n. 267.

2.4.6.4 Province

La suddivisione dello Stato in Province è un'eredità culturale del Regno d'Italia. La Costituzione ha fatto propria tale ripartizione ma, nel corso degli ultimi anni, la necessità di snellire l'apparato burocratico e ridurre la spesa pubblica ha spinto molti a chiedere la soppressione di tali enti. Tuttavia essendo previste dalla Carta costituzionale non è possibile procedere alla loro eliminazione senza una modifica della Costituzione. Al momento, dunque, le Province sono ancora operative, anche se la **L. 7 aprile 2014, n. 56 (cd. legge Delrio)** le ha enormemente depotenziate nei loro compiti e ne ha notevolmente snellito l'apparato istituzionale.

Organi. La struttura istituzionale è formata dal **Presidente** (carica che deve essere ricoperta da un Sindaco di un Comune della Provincia), dal **Consiglio provinciale** (formato da 10 a 16 membri, a seconda della popolazione, scelti tra gli amministratori municipali del territorio) e dall'**Assemblea dei Sindaci**.

Sono tutti eletti in via indiretta, da parte dei rappresentanti dei Comuni che formano la Provincia.

Funzioni. La L. 56/2014 attribuisce a questo ente le seguenti **funzioni fondamentali**:

- pianificazione territoriale provinciale di coordinamento, nonché tutela e valorizzazione dell'ambiente, per gli aspetti di competenza;
- pianificazione dei servizi di trasporto in ambito provinciale, autorizzazione e controllo in materia di trasporto privato, nonché costruzione e gestione delle strade provinciali;
- programmazione provinciale della rete scolastica;
- raccolta ed elaborazione dati ed assistenza tecnico-amministrativa agli enti locali;
- gestione dell'edilizia scolastica;
- controllo dei fenomeni discriminatori in ambito occupazionale e promozione delle pari opportunità sul territorio provinciale.

Il voto contrario del Consiglio provinciale su una proposta del Presidente della Provincia non comporta le sue dimissioni.

Lo Stato con legge può conferire funzioni amministrative alle Province.

Il controllo sugli organi di Comune e Provincia

L'art. 141 del D.Lgs. 267/2000 (T.U. enti locali) dispone che i Consigli comunali e provinciali vengano ***sciolti*** nei seguenti casi:

- compimento di atti contrari alla Costituzione;
- gravi e persistenti violazioni di legge;
- gravi motivi di ordine pubblico;
- impossibilità di normale funzionamento degli organi e dei servizi per le seguenti cause:
  1) impedimento permanente, rimozione, decadenza, decesso del Sindaco o del Presidente della Provincia;
  2) dimissioni del Sindaco o del Presidente della Provincia;

3) cessazione dalla carica per dimissioni contestuali, ovvero rese anche con atti separati purché contemporaneamente presentati al protocollo dell'ente, della metà più uno dei consiglieri assegnati, non computando a tal fine il Sindaco o il Presidente della Provincia;
4) riduzione dell'organo assembleare per impossibilità di surroga alla metà dei componenti del Consiglio;

- mancata approvazione nei termini del bilancio;
- mancata adozione, nel termine di 18 mesi dalla data dell'elezione degli organi, degli strumenti urbanistici generali nei Comuni con più di 1000 abitanti.

A queste ipotesi di scioglimento se ne aggiungono altre previste in ordine sparso dal T.U.:

- mozione di sfiducia nei confronti del Sindaco o del Presidente della Provincia;
- fenomeni di infiltrazione e di condizionamento mafioso;
- omissione della deliberazione di dissesto finanziario;
- ipotesi connesse al controllo sugli equilibri finanziari.

Lo **scioglimento dei Consigli comunali e provinciali** viene adottato con *decreto del Presidente della Repubblica*, su proposta del Ministro dell'Interno; al decreto di scioglimento è allegata la relazione del Ministero contenente i motivi del provvedimento (art. 141, c. 6).
Con il decreto di scioglimento (ad eccezione delle ipotesi relative all'*impedimento permanente*, alla *rimozione*, *decadenza* e *decesso* del Sindaco o del Presidente della Provincia e di quella specifica di cui all'art. 143 del T.U.) si provvede alla nomina di un ***Commissario*** che esercita le attribuzioni conferitegli con il decreto stesso.

Sospensione del Consiglio comunale e provinciale. Il Prefetto ha facoltà di sospendere dalle funzioni Il Sindaco, il Presidente della Provincia, i Presidenti dei Consorzi e delle Comunità montane, i componenti dei Consigli e delle Giunte e i Presidenti dei Consigli circoscrizionali per non più di 90 giorni, nominando contestualmente, un **Commissario prefettizio** per la provvisoria amministrazione (art. 141, c. 7, T.U.).
Presupposti per l'emanazione di detto provvedimento sono:

a) l'avvenuta attivazione della procedura per lo scioglimento del Consiglio;
b) la sussistenza di motivi di grave ed urgente necessità tali da rendere opportuna l'adozione del provvedimento sospensivo.

2.4.6.5 Città metropolitane

Accanto ai Comuni e alle Province il legislatore costituzionale, nel 2001, ha introdotto nella nostra Carta fondamentale le **Città metropolitane** nelle cd. *aree metropolitane* comprendenti i Comuni di Torino, Milano, Venezia, Genova, Bologna, Firenze, Roma, Bari, Napoli e altri Comuni i cui insediamenti abbiano con essi rapporti di *stretta integrazione territoriale* e in ordine alle attività economiche, ai servizi essenziali, alla vita sociale, nonché alle relazioni culturali e alle caratteristiche territoriali.
Le città metropolitane di Torino, Milano, Venezia, Genova, Bologna, Firenze, Bari, Napoli e Reggio Calabria sono ora disciplinate dalla L. 56/2014.
Inoltre, dal 1° gennaio 2015 le città metropolitane sono subentrate alle province omonime e succedono ad esse in tutti i rapporti attivi e passivi e ne esercitano le funzioni. Il territorio della città metropolitana coincide con quello della provincia omonima; per il passaggio di singoli comuni da una provincia limitrofa alla città metropolitana è previsto un determinato procedimento. Possono far parte di un'area metropolitana territori anche molto ampi, a destinazione agricola o liberi.

Organi delle Città metropolitane sono:
a) il sindaco metropolitano;
b) il consiglio metropolitano;
c) la conferenza metropolitana.

Sindaco metropolitano: *rappresenta l'ente,* convoca e presiede il consiglio metropolitano e la conferenza metropolitana, sovrintende al funzionamento dei servizi e degli uffici e all'esecuzione degli atti; esercita le altre funzioni attribuite dallo Statuto. Può attribuire ai consiglieri specifiche funzioni. Se lo statuto non prevede altrimenti, il Sindaco metropolitano è di diritto il Sindaco del comune capoluogo. Qualora il Sindaco metropolitano cessi dalla carica, fino all'insediamento del nuovo, le sue competenze passano al vicesindaco metropolitano.

Consiglio metropolitano: *è organo di indirizzo e controllo*, propone alla conferenza lo statuto e le sue modifiche, approva regolamenti, piani e programmi; approva o adotta ogni altro atto ad esso sottoposto dal Sindaco metropolitano; esercita le altre funzioni attribuite dallo Statuto. Su proposta del Sindaco metropolitano, il Consiglio adotta gli schemi di bilancio da sottoporre al parere della conferenza metropolitana.
Il Consiglio metropolitano dura in carica **5 anni** ed è composto dal Sindaco metropolitano e da:
a) **24 consiglieri** nelle città metropolitane con popolazione residente superiore a 3 milioni di abitanti;
b) **18 consiglieri** nelle città metropolitane con popolazione residente superiore a 800.000 e inferiore o pari a 3 milioni di abitanti;
c) **14 consiglieri** nelle altre città metropolitane.
È eletto a suffragio ristretto, dai sindaci e dai consiglieri comunali dei comuni della città metropolitana, lo Statuto può prevedere anche l'elezione diretta.
Sono eleggibili a consigliere metropolitano i sindaci e i consiglieri comunali in carica. La cessazione dalla carica comunale comporta la decadenza da consigliere metropolitano. È presieduto dal Sindaco.

Conferenza metropolitana: *ha poteri propositivi e consultivi*, secondo quanto disposto dallo Statuto; adotta o respinge lo Statuto e le sue modifiche proposti dal Consiglio metropolitano con i voti che rappresentino almeno un terzo dei comuni compresi nella città metropolitana e la maggioranza della popolazione complessivamente residente. Esprime pareri sui bilanci dell'ente.
Lo Statuto stabilisce le norme fondamentali dell'organizzazione dell'Ente, ivi comprese le attribuzioni degli organi e l'articolazione delle loro competenze.

Secondo quanto previsto dalla Costituzione italiana, la città metropolitana è uno degli **enti locali territoriali** previsti nelle Regioni a Statuto ordinario. Tale ente è previsto anche nelle Regioni a Statuto speciale; in questi territori le città metropolitane sono normate con legge regionale che deve comunque adattarsi alle direttive generali della legge statale in materia. Il Trentino Alto Adige e la Val d'Aosta non prevedono aree metropolitane.
Secondo quanto disposto dalla legge sulle "*Disposizioni sulle città metropolitane, sulle province, sulle unioni e fusioni di comuni*" (**legge Delrio**) la delimitazione territoriale delle città metropolitane prevede l'abolizione della relativa provincia.

CITTÀ METROPOLITANA		POPOLAZIONE *Residente al 01/01/2019*	SUPERFICIE *km²*	DENSITÀ *ABITANTI/km²*	NUMERO COMUNI
Denominazione	*Comune capoluogo*				
BARI	Bari (322.316)	1.249.246	3.863	324	41
BOLOGNA	Bologna (390.625)	1.017.806	3.702	274	55
CAGLIARI	Cagliari (153.231)	430.914	1.249	345	17
CATANIA	Catania (311.402)	1.104.974	3.574	309	58
FIRENZE	Firenze (372.038)	1.004.298	3.514	287	42
GENOVA	Genova (574.090)	835.829	1.834	458	67
MESSINA	Messina (229.565)	620.721	3.266	190	108
MILANO	Milano (1.396.059)	3.279.944	1.576	2062	134
NAPOLI	Napoli (962.589)	3.082.905	1.179	2614	92
PALERMO	Palermo (657.960)	1.243.328	5.009	248	82
REGGIO CALABRIA	Reggio Calabria (178.760)	541.278	3.210	168	97
ROMA CAPITALE	Roma Capitale (2.837.332)	4.333.274	5.363	807	121
TORINO	Torino (870.952)	2.252.379	6.827	329	316
VENEZIA	Venezia (259.150)	851.663	2.473	344	44

Secondo gli studi dell'Istat 2020 le aree metropolitane italiane rientranti tra le quattro più grandi rispetto al numero degli abitanti sono le aree: lombarda, romana, napoletana e veneta.

2.4.7 Titolo VI – Garanzie costituzionali (artt. 134-139 Cost.)

Il Titolo VI della Costituzione è dedicato alle garanzie costituzionali, ovvero a quegli strumenti finalizzati a conservare la Carta fondamentale che sta alla base della società italiana. Esse prevedono:

- l'istituzione della **Corte Costituzionale**, con il compito di controllare che gli atti normativi dello Stato e delle Regioni siano conformi alla Costituzione. In caso di difformità la Corte può dichiararli illegittimi ed impedirne l'osservanza e l'applicazione;
- un procedimento, più complesso per la **formazione delle leggi di modifica o integrazione della Costituzione**;
- l'impossibilità di sottoporre a **revisione costituzionale** la **forma repubblicana**.

2.4.7.1 Sezione I – La Corte costituzionale (artt. 134-137)

Le norme necessarie per la costituzione e il funzionamento della Corte Costituzionale (cd. **Consulta**) sono stabilite con legge ordinaria. Essa gode di autonomia finanziaria, amministrativa e regolamentare.

Composizione. La Corte costituzionale si compone di **15 giudici** (art. 135) nominati:

- per 1/3 (cioè **5**) dal Presidente della Repubblica
- per 1/3 dal Parlamento in seduta comune a maggioranza dei 2/3 dei componenti delle Camere fino al terzo scrutinio, poi è sufficiente la maggioranza dei 3/5;

- per 1/3 dalle Supreme magistrature ordinaria e amministrativa (Corte di Cassazione, Corte dei conti, Consiglio di Stato).

Per il **funzionamento** della Corte costituzionale è necessaria la presenza di **almeno 11 giudici**. I giudici della Corte sono scelti fra i magistrati, anche a riposo, delle giurisdizioni superiori ordinaria ed amministrativa, tra i professori ordinari di università in materie giuridiche e gli avvocati con almeno vent'anni di esercizio. Non è previsto alcun limite d'età, né minimo né massimo. La legge vieta espressamente che i giudici della Corte costituzionale possono essere candidati in elezioni amministrative o politiche o far parte di commissioni giudicatrici di concorso. I Giudici della Corte non possono svolgere: attività inerente ad un partito politico; attività professionale di avvocato. Non è **incompatibile**, invece, con la docenza universitaria.

Durata del mandato. I giudici costituzionali durano in carica **9 anni** (decorrenti dal giuramento) e non possono essere nuovamente nominati.

Attribuzioni e sede. La Corte costituzionale, in base art. 1 della legge 18 marzo 1958, n. 265, ha la sede permanente nel **Palazzo della Consulta** a Roma. Alla Corte costituzionale compete il giudizio:

- sulle controversie relative alla legittimità costituzionale delle leggi e degli atti che hanno forza di legge dello Stato e delle Regioni (art. 134 Cost.) (la Corte svolge il controllo sulla ***ragionevolezza*** delle leggi);
- sui conflitti di attribuzione tra i poteri dello Stato (artt. 127 e 134 Cost.);
- sui conflitti di attribuzione tra lo Stato e le Regioni (artt. 127 e 134 Cost.);
- sui conflitti di attribuzione tra le Regioni (artt. 127 e 134 Cost.);
- sull'ammissibilità delle richieste di referendum abrogativo (L. 352/1970); con il giudizio di ammissibilità verifica che le richieste referendarie non eccedano i limiti previsti dalla Costituzione.

In merito ai giudizi sui conflitti di attribuzione, l'intervento della Corte è necessario perché si può avere conflitto per indebito esercizio della funzione esecutiva, giudiziaria o legislativa.

Le condizioni, le forme, i termini di proponibilità dei giudizi di legittimità costituzionale sono stabiliti da apposita legge costituzionale (art. 137, co. 1, Cost.). La disciplina della Corte costituzionale è coperta, infatti, da **riserva assoluta di legge**.

La Corte ha anche funzioni giudicanti nell'unico, e gravissimo, caso previsto dall'art. 90 Cost. concernente la **messa in stato d'accusa**, da parte del Parlamento in seduta comune, **del Presidente della Repubblica** per *alto tradimento* e *attentato contro la Costituzione*. In tal caso la sua composizione viene integrata con l'intervento di 16 giudici aggregati tratti da una lista approvata ogni 9 anni.

Presidente della Corte. Una volta nominati, i giudici eleggono il Presidente della Corte costituzionale che rimane in carica per **3 anni** ed è rieleggibile, salvo in ogni caso i termini di scadenza dall'ufficio di giudice; a lui spetta il compito di convocare le sedute, regolare la discussione e determinare i punti più importanti.

Prerogative. I giudici costituzionali non possono essere perseguiti per le opinioni espresse ed i voti dati nell'esercizio della loro funzione; essi godono della stessa immunità personale dei deputati. Con legge costituzionale sono stabilite le garanzie d'indipendenza dei giudici della Corte.

I soggetti che possono sollevare per ***impugnativa principale*** o ***diretta*** la **questione della legittimità costituzionale** di una legge sono: lo Stato, le Regioni e le Province autonome di Trento e Bolzano.
In tutti gli altri casi *l'****impugnativa*** è ***incidentale***, vale a dire che può essere promossa da un'Autorità giudiziaria solo nel corso di un processo nel quale la norma sospettata di illegittimità costituzionale deve essere applicata.
Di seguito, i Presidenti che si sono succeduti dal 1956 a oggi:

N.	PRESIDENTE	DAL	AL	DURATA IN CARICA
1	Enrico De Nicola	23 gennaio 1956	26 marzo 1957	1 anno, 2 mesi e 3 giorni
2	Gaetano Azzariti	6 aprile 1957	5 gennaio 1961	3 anni, 8 mesi e 30 giorni
3	Giuseppe Cappi	4 marzo 1961	10 ottobre 1962	1 anno, 7 mesi e 6 giorni
4	Gaspare Ambrosini	20 ottobre 1962	15 dicembre 1967	5 anni, 1 mese e 25 giorni
5	Aldo Mazzini Sandulli	16 gennaio 1968	4 aprile 1969	1 anno, 2 mesi e 19 giorni
6	Giuseppe Branca	10 maggio 1969	9 luglio 1971	2 anni, 1 mese e 29 giorni
7	Giuseppe Chiarelli	22 novembre 1971	16 febbraio 1973	1 anno, 2 mesi e 25 giorni
8	Francesco Paolo Bonifacio	23 febbraio 1973	25 ottobre 1975	2 anni, 8 mesi e 2 giorni
9	Paolo Rossi	18 dicembre 1975	9 maggio 1978	2 anni, 4 mesi e 21 giorni
10	Leonetto Amadei	5 marzo 1979	28 giugno 1981	2 anni, 3 mesi e 23 giorni
11	Leopoldo Elia	21 settembre 1981	7 maggio 1985	3 anni, 7 mesi e 16 giorni[7]
12	Livio Paladin	3 luglio 1985	1° luglio 1986	11 mesi e 28 giorni
13	Antonio La Pergola	2 luglio 1986	14 giugno 1987	11 mesi e 12 giorni
14	Francesco Saja	15 giugno 1987	22 ottobre 1990	3 anni, 4 mesi e 7 giorni[8]
15	Giovanni Conso	23 ottobre 1990	3 febbraio 1991	3 mesi e 11 giorni
16	Ettore Gallo	4 febbraio 1991	14 luglio 1991	5 mesi e 10 giorni
17	Aldo Corasaniti	15 luglio 1991	14 novembre 1992	1 anno, 3 mesi e 30 giorni
18	Francesco Paolo Casavola	15 novembre 1992	25 febbraio 1995	2 anni, 3 mesi e 10 giorni
19	Antonio Baldassarre	26 febbraio 1995	8 settembre 1995	6 mesi e 13 giorni
20	Vincenzo Caianiello	9 settembre 1995	23 ottobre 1995	1 mese e 14 giorni
21	Mauro Ferri	24 ottobre 1995	3 novembre 1996	1 anno e 10 giorni
22	Renato Granata	4 novembre 1996	4 novembre 1999	3 anni
23	Giuliano Vassalli	11 novembre 1999	13 febbraio 2000	3 mesi e 2 giorni
24	Cesare Mirabelli	23 febbraio 2000	21 novembre 2000	8 mesi e 29 giorni
25	Cesare Ruperto	5 gennaio 2001	2 dicembre 2002	1 anno, 10 mesi e 27 giorni
26	Riccardo Chieppa	5 dicembre 2002	23 gennaio 2004	1 anno, 1 mese e 18 giorni
27	Gustavo Zagrebelsky	28 gennaio 2004	13 settembre 2004	7 mesi e 16 giorni
28	Valerio Onida	22 settembre 2004	30 gennaio 2005	4 mesi e 8 giorni
29	Piero Alberto Capotosti	10 marzo 2005	6 novembre 2005	7 mesi e 27 giorni

(segue)

N.	PRESIDENTE	DAL	AL	DURATA IN CARICA
30	Annibale Marini	10 novembre 2005	9 luglio 2006	7 mesi e 29 giorni
31	Franco Bile	11 luglio 2006	8 novembre 2008	2 anni, 3 mesi e 28 giorni
32	Giovanni Maria Flick	14 novembre 2008	18 febbraio 2009	3 mesi e 4 giorni
33	Francesco Amirante	25 febbraio 2009	7 dicembre 2010	1 anno, 9 mesi e 12 giorni
34	Ugo De Siervo	10 dicembre 2010	29 aprile 2011	4 mesi e 19 giorni
35	Alfonso Quaranta	6 giugno 2011	27 gennaio 2013	1 anno, 7 mesi e 21 giorni
36	Franco Gallo	29 gennaio 2013	16 settembre 2013	7 mesi e 18 giorni
37	Gaetano Silvestri	19 settembre 2013	28 giugno 2014	9 mesi e 9 giorni
38	Giuseppe Tesauro	30 luglio 2014	9 novembre 2014	3 mesi e 10 giorni
39	Alessandro Criscuolo	12 novembre 2014	24 febbraio 2016	1 anno, 3 mesi e 12 giorni
40	Paolo Grossi	24 febbraio 2016	23 febbraio 2018	1 anno, 11 mesi e 29 giorni
41	Giorgio Lattanzi	8 marzo 2018	9 dicembre 2019	1 anno, 9 mesi e 1 giorno
42	Marta Cartabia	11 dicembre 2019	13 settembre 2020	9 mesi e due giorni
43	Mario Rosario Morelli	16 settembre 2020	12 dicembre 2020	2 mesi e 26 giorni
44	Giancarlo Coraggio	18 dicembre 2020	*in carica*	

Forma delle decisioni della Corte. Le decisioni pronunciate dalla Corte sono sotto forma di *sentenze* o *ordinanze*. Nelle ordinanze la motivazione è più sintetica, mentre nelle sentenze il giudice costituzionale giustifica i motivi di fatto e di diritto che ne costituiscono il fondamento.
Le **sentenze** sono:

- ***di inammissibilità***, quando mancano i presupposti per procedere a un giudizio di merito (es. mancano i requisiti soggettivi per sollevare la questione di legittimità);
- ***di accoglimento***, con cui si dichiara l'incostituzionalità della norma. In questo caso la norma cessa di avere efficacia dal giorno successivo alla pubblicazione della sentenza (art. 136 Cost.) e non potrà più essere applicata neanche ai rapporti passati, a meno che non siano intervenute sentenze definitive. Si tratta dunque di pronunce retroattive cioè con effetto *ex tunc* nella singola causa;
- ***di rigetto***, con cui si dichiara infondata la questione di legittimità nei termini e sotto i profili in cui è stata sollevata dinanzi alla Corte. In questo caso l'efficacia preclusiva della sentenza è limitata e riguarda soltanto il giudizio a quo, per cui la stessa identica questione potrà essere sollevata in altri giudizi e da altri giudici. Nelle sentenze di rigetto, quindi, la Corte non si pronuncia sulla illegittimità della norma, ma sulla fondatezza della questione;
- ***interpretative di rigetto***, quando dichiara infondata la questione per un'errata interpretazione della norma.

Le udienze della Corte costituzionale possono essere a porte chiuse, quando la pubblicità può nuocere alla sicurezza dello Stato o all'ordine pubblico o alla morale. Quando la Corte costituzionale dichiara l'illegittimità costituzionale di una norma di legge o di un atto avente forza di legge la norma cessa di avere efficacia dal **giorno successivo** alla pubblicazione della decisione. La decisione in materia di illegittimità costituzionale di una norma di legge è comunicata alle Camere e ai Consigli regionali interessati (art. 136).
Le decisioni della Corte costituzionale sono depositate nella cancelleria della Corte e chiunque può prenderne visione ed ottenerne copia.

Le sentenze della Corte sono inappellabili (art. 137), ma ne è ammessa la revisione.
In base alla giurisprudenza della Corte costituzionale, la delibera con cui il Consiglio regionale dichiara l'insindacabilità delle opinioni espresse da un consigliere non ha un effetto inibitorio dell'azione giurisdizionale.

2.4.7.2 Sezione II – Revisione della Costituzione. Leggi costituzionali (artt. 138-139)

A differenza dello Statuto Albertino (tipica costituzione flessibile, facilmente modificabile da leggi ordinarie), il Costituente decise di rendere rigida l'attuale Costituzione stabilendo che per modificare, integrare o derogare temporaneamente la stessa, il legislatore debba adottare un procedimento più complesso di quello ordinario previsto per la formazione delle leggi (art. 138 Cost.), facendo esprimere eventualmente anche al popolo la sua opinione, mediante referendum.
Inoltre, non tutte le materie possono essere sottoposte a revisione, come espressamente indicato dall'art. 139, che dispone la non modificabilità della forma repubblicana.

Il procedimento legislativo per la revisione della Costituzione. Per la modifica delle disposizioni contenute nella Costituzione è necessario un procedimento particolare, detto procedimento di revisione costituzionale, che termina nella emanazione di una legge costituzionale ad opera sempre dello stesso Parlamento nelle forme e nei modi previsti dall'art. 138 Cost. (cd. ***procedura aggravata***).
Il procedimento si differenzia da quello ordinario sia nella **fase preparatoria di iniziativa e di istruttoria** (non è ammessa l'iniziativa del CNEL) sia nella fase costitutiva sia nella fase di integrazione dell'efficacia.
Nella **fase costitutiva**:
- non è ammesso il procedimento decentrato in Commissione; la discussione e l'approvazione della legge (nel suo complesso e per i singoli articoli) devono sempre svolgersi in Assemblea (art. 72, c. 4);
- per approvare le leggi di revisione costituzionale (e le altre leggi costituzionali) sono richieste, in ogni ramo del Parlamento, due successive deliberazioni ad intervallo non minore di tre mesi. In particolare le due deliberazioni successive di ciascuna Camera devono riguardare lo stesso testo di legge (*principio della doppia delibera conforme*); in caso di emendamenti tra la prima e la seconda deliberazione il procedimento deve ricominciare. Dopo la prima deliberazione di una Camera, il progetto di legge costituzionale può già passare all'altra Camera affinché si giunga alla prima approvazione di entrambe le Camere su uno stesso testo. Nella votazione della seconda deliberazione è richiesta la maggioranza assoluta dei componenti la Camera (non è ammessa la discussione e la votazione dei singoli articoli, ma solo la discussione delle linee generali e la votazione finale) mentre nella prima deliberazione, e in genere per l'approvazione dei singoli articoli della legge, è sufficiente la sola maggioranza ordinaria (maggioranza dei presenti).

Nella **fase di integrazione dell'efficacia**, se la legge è stata approvata nella seconda votazione da entrambe le Camere con una maggioranza ***non inferiore ai due terzi dei componenti***, il Capo dello Stato provvede alla promulgazione e, quindi, la legge viene pubblicata nella Gazzetta Ufficiale e diventa legge dello Stato a tutti gli effetti; se, invece, la legge è stata approvata nella seconda votazione, con la semplice maggioranza assoluta, questa sarà ugualmente pubblicata in Gazzetta Ufficiale, solo per notizia, ma non viene promulgata ed entro tre mesi potrà essere sottoposta a referendum (***cd. Referendum costituzionale***). Entro tre mesi da tale data possono avanzare richiesta di referendum sospensivo, dal momento che la legge resta sospesa:

- **un quinto dei membri di una Camera**;
- **500.000 elettori**;
- **5 Consigli regionali**.

Il referendum non può essere, invece, richiesto per le leggi costituzionali che prevedono modifiche agli Statuti delle Regioni speciali anche nel caso in cui non siano approvate con la maggioranza dei due terzi, in deroga alle disposizioni dell'art. 138 Cost.

Le modalità di attuazione per questo tipo di referendum sono analoghe a quelle previste per il referendum abrogativo; differiscono solo per le seguenti particolarità:

- il controllo di legittimità è affidato esclusivamente all'Ufficio centrale per il referendum e non è previsto alcun intervento della Corte costituzionale;
- il giorno del referendum deve essere fissato in una domenica compresa tra il 50° e il 60° giorno successivo alla emanazione del decreto di indizione;
- se il risultato del referendum è contrario all'approvazione, ne è data notizia sulla Gazzetta Ufficiale e la legge e come se fosse mai emanata;
- se invece il risultato è favorevole, il Presidente della Repubblica deve provvedere, senza indugio, alla promulgazione della legge;
- rispetto al referendum abrogativo non è necessario raggiungere il quorum della maggioranza degli aventi diritto al voto; l'art. 138 della Costituzione prevede che la legge di revisione costituzionale debba semplicemente essere approvata (o bocciata) dalla maggioranza dei voti validamente espressi, a prescindere dal numero complessivo dei votanti.

Limiti alla revisione costituzionale. L'ultimo articolo della Costituzione, l'**art. 139**, stabilisce che la forma repubblicana non può essere oggetto di revisione, pertanto si proclama l'intangibilità di un principio che non deve venir meno nella nostra Carta costituzionale.

La Corte costituzionale ha individuato anche nei diritti inviolabili dell'uomo, consacrati dall'art. 2 Cost., ulteriori limiti al potere di revisione costituzionale poiché i diritti inviolabili sono riconosciuti e non creati dalla Costituzione, pertanto essi preesistono all'ordinamento e non possono essere modificati neppure con legge costituzionale. Infine, sempre la Corte costituzionale ha affermato che alcuni principi supremi contenuti nella Costituzione non possono essere sovvertiti o modificati da leggi di revisione (es., la solidarietà *ex* art. 2, l'uguaglianza *ex* art. 3, la tutela del lavoro *ex* art. 4, l'unità e l'indivisibilità della Repubblica *ex* art. 5).

La Corte costituzionale nella sentenza n. 1146 del 1988 ha rilevato che i **principi supremi dell'ordinamento costituzionale** hanno valenza superiore rispetto alle altre norme o leggi di rango costituzionale.

La Corte costituzionale ha sentenziato che possono considerarsi **principi supremi dell'ordinamento**: il **principio della sovranità popolare**; il **principio pluralistico**.

Occorre Sapere

Se durante un processo di fronte alla **magistratura ordinaria** è sollevata dalle parti una **questione di legittimità costituzionale**, il giudice prima di rimettere la questione alla **Corte costituzionale** valuta se la questione è fondata e rilevante per la soluzione della causa.

Secondo la Corte costituzionale, spetta disciplinare la ***prorogatio*** degli organi regionali allo statuto regionale, in armonia con i precetti ed i principi della Costituzione, fatta salva l'ipotesi dello scioglimento e della rimozione sanzionatori di cui all'art. 126.

Secondo un giudizio della Corte costituzionale il **condono edilizio** non ha la natura di amnistia impropria.

La legge costituzionale 22 novembre 1999, n. 1 ha comportato la modifica di quattro articoli della Costituzione: **121**, **122**, **123** e **126**.

La riforma costituzionale effettuata nel 2012 riguardava l'introduzione nella nostra Costituzione del **pareggio di bilancio**.

2.4.8 *Disposizioni transitorie e finali (artt. I - XVIII)*

Le disposizione transitorie e finali della Costituzione consistono in una serie di dettami per il passaggio dalla situazione di diritto esistente fino ad allora a quello previsto dalla nuova Carta fondamentale dello Stato Repubblicano. Tra le 18, si ricordano le principali disposizioni:

- *"Con l'entrata in vigore della Costituzione il Capo provvisorio dello Stato (**Enrico De Nicola**) esercita le attribuzioni di Presidente della Repubblica e ne assume il titolo"* (art. I).
- *"È vietata la riorganizzazione, sotto qualsiasi forma, del disciolto **partito fascista**"* (art. XII).
- *"I membri e i discendenti di Casa Savoia non sono elettori e non possono ricoprire uffici pubblici né cariche elettive. Agli ex re di **Casa Savoia**, alle loro consorti e ai loro discendenti maschi sono vietati l'ingresso e il soggiorno nel territorio nazionale* (con legge costituzionale del 2002 si è disposta l'abolizione del divieto di ingresso e soggiorno in Italia ai discendenti maschi di **Casa Savoia**).
- *I beni, esistenti nel territorio nazionale, degli ex re di Casa Savoia, delle loro consorti e dei loro discendenti maschi, sono avocati allo Stato. I trasferimenti e le costituzioni di diritti reali sui beni stessi, che siano avvenuti dopo il 2 giugno 1946, sono nulli."* (art. XIII).
- *"I **titoli nobiliari** non sono riconosciuti. L'Ordine mauriziano è conservato come ente ospedaliero e funziona nei modi stabiliti dalla legge."* (art. XIV).

Capitolo 3
L'Unione europea e le Organizzazioni internazionali

3.1 L'Unione europea

3.1.1 Ordinamento giuridico e fonti

Ordinamento giuridico. È caratterizzato da proprie fonti normative, ovvero da un complesso di atti dai quali traggono origine le norme giuridiche rivolte agli Stati membri, alle istituzioni, agli organi europei, ai cittadini e alle imprese dell'Unione.
È possibile operare una classificazione delle fonti dell'Unione distinguendo tra le *fonti primarie*, o *diritto primario*, le *fonti derivate* o *diritto secondario* e le *fonti complementari.*

Fonti di diritto primario. Comprendono essenzialmente i trattati istitutivi, ovvero il **Trattato sull'Unione europea** (TUE) e il **Trattato sul funzionamento dell'Unione europea** (TFUE). Tali trattati stabiliscono la ripartizione delle competenze tra l'Unione europea e gli Stati membri e fondano il potere delle Istituzioni europee. Definiscono, inoltre, il quadro giuridico all'interno del quale le istituzioni dell'UE attuano le politiche europee.
Il diritto primario comprende altresì:
- i trattati modificativi dell'Unione europea;
- i protocolli allegati ai trattati istitutivi e ai trattati modificativi;
- i trattati di adesione degli Stati membri dell'UE.

In tutti i trattati istitutivi della UE è prevista una clausola di revisione, ovvero la previsione della possibilità di modificare il trattato con appositi procedimenti.

Fonti di diritto secondario. Comprendono gli **atti unilaterali tipici** (atti menzionati all'art. 288 del TFUE), ossia il regolamento, la direttiva, la decisione, i pareri e le raccomandazioni, e da **atti unilaterali atipici** (atti non menzionati all'art. 288 del TFUE), ossia le comunicazioni (normalmente adottate dalla Commissione), le raccomandazioni, i libri bianchi e i libri verdi. Inoltre, comprendono gli **atti convenzionali** che, a loro volta, comprendono: gli accordi internazionali tra l'UE e un Paese terzo o un'organizzazione; gli accordi tra Stati membri; gli accordi interistituzionali, ossia tra le istituzioni dell'UE.
La nuova classificazione degli atti giuridici, posta dall'art. 288, fa riferimento a cinque tipi di atti:
- il ***regolamento***, che ha portata generale. Esso è vincolante in tutti i suoi elementi e direttamente applicabile in ciascuno degli Stati membri. Un cittadino di uno Stato membro può impugnare un regolamento a condizione che lo riguardi direttamente e individualmente;
- la ***direttiva***, anch'essa di portata generale, che vincola lo Stato membro cui è rivolta per quanto riguarda il risultato da raggiungere, lasciando liberi gli Organi nazionali in merito alla forma e ai mezzi di attuazione. La direttiva è l'atto che l'Unione europea usa come

strumento per armonizzare le legislazioni degli Stati membri; essa viene pubblicata nella Gazzetta Ufficiale dell'Unione europea serie L;
- la ***decisione***, che è obbligatoria in tutti i suoi elementi. Se designa i destinatari è obbligatoria soltanto nei confronti di questi;
- la ***raccomandazione***, che è atto non vincolante: si tratta di esortazione o monito diretti ai singoli Stati membri;
- il ***parere***, che, come la raccomandazione, non ha valore precettivo per il destinatario, trattandosi di indicazioni o di considerazioni su questioni determinate.

Gli atti vincolanti hanno l'obbligo di motivazione, di indicare la disposizione o le disposizioni del Trattato in forza delle quali l'Istituzione dell'Unione ha adottato l'atto, l'efficacia del tempo, con eventuale indicazione della data di entrata in vigore.

Tali atti non possono derogare alle fonti di diritto primario né modificarle, subordinazione sancita espressamente dall'art. 263 del TFUE.

Per gli atti comunitari non è stata fino ad oggi introdotta alcuna forma di gerarchia. Nel caso di conflitto tra diritto dell'Unione e diritto nazionale prevale il diritto dell'Unione.

La **violazione delle forme sostanziali** è un tipo di vizio che integra il **difetto e la carenza di motivazione** negli atti europei, in violazione dell'art. 263 TFUE.

Occorre Sapere

Il **codice civile europeo** può essere definito come «fonte del diritto internazionale».
Le direttive europee in materia di **appalti pubblici**, basate sul principio di non discriminazione, riguardano gli appalti di lavori, di forniture e di servizi.
La Gazzetta Ufficiale dell'Unione europea è pubblicata in tutte le lingue parlate nell'Unione.
Attraverso direttive o regolamenti vengono adottate le misure necessarie per attuare la **libera circolazione dei lavoratori** all'interno della comunità.
Il **Regolamento (UE) n. 1301/2013** del Parlamento europeo relativo al Fondo europeo di sviluppo regionale e a disposizioni specifiche concernenti l'obiettivo "**Investimenti a favore della crescita e dell'occupazione**" ha abrogato il regolamento (CE) n. 1080/2006 del Consiglio.
Con "**acquis**" comunitario si intende la piattaforma comune di diritti e di obblighi che vincolano l'insieme degli Stati membri.
La sigla **EUR-LEX** si riferisce alla banca dati della legislazione e dell'***acquis communautaire*** e del diritto dell'Unione europea.
Le direttive in materia di politica sociale non possono riguardare anche le retribuzioni.

Fonti di diritto complementare. Comprendono, oltre alla giurisprudenza europea, il diritto internazionale e i principi generali del diritto. Tali fonti hanno consentito alla Corte di giustizia di colmare le lacune del diritto primario e derivato.

3.1.2 Integrazione europea

La prima organizzazione europea fu la **CECA** (Comunità Europea del Carbone e dell'Acciaio), il cui trattato istitutivo fu firmato nel **1951** tra i sei Stati fondatori: Belgio, Germania occidentale, Lussemburgo, Francia, Italia e Paesi Bassi (dando vita alla cosiddetta "***Piccola Europa***").
Era un'organizzazione prevalentemente economica destinata a regolare la produzione del carbone e dell'acciaio facilitando altresì gli scambi nel mercato dei Paesi della Comunità.
Con il **Trattato di Roma** del **1957** furono istituite:
- **Euratom** (Comunità Europea per l'Energia Atomica), con lo scopo di realizzare la collaborazione tra gli Stati europei per la ricerca e lo sfruttamento del nucleare;
- **CEE** (Comunità Economica Europea), il cui obiettivo era quello di abbattere le barriere commerciali fra gli Stati membri e costituire un mercato comune (la CEE nacque inizialmente come Mercato comune europeo, MEC).

Nel **1967** fu poi concordata la fusione delle tre Comunità europee che da allora ebbero organi comuni.
Nel **1974**, nel vertice comunitario di Parigi, venne adottata la decisione di istituzionalizzare gli incontri dei Capi di Stato e di Governo, dando vita al **Consiglio Europeo**.
Nel **1979** fu creato il **Sistema Monetario Europeo** (SME) il cui scopo era quello di stabilizzare entro certi margini i cambi delle valute dei Paesi europei realizzando così anche una convergenza di tipo monetario. Fu istituita l'unità di conto europea (**ecu**) che servì esclusivamente come punto di riferimento per le valute nazionali nelle transazioni contabili.
Nel **1987** venne firmato l'**Atto Unico Europeo** il quale, modificando nella sostanza i trattati precedenti, sancì l'impegno degli stati aderenti di adeguare, entro il 1° gennaio 1993, le proprie legislazioni alla creazione di un grande mercato unico europeo, comprensivo di uno spazio senza frontiere, nel quale le merci, le persone, i servizi e i capitali avrebbero potuto liberamente circolare senza controlli e senza il pagamento di dazi doganali. Tali accordi prevedevano la facoltà di istituire nell'ambito della Comunità Europea un Tribunale di primo grado.
Nel **1992** nacque l'**Unione europea**, istituita dal **Trattato di Maastricht** (firmato da 12 Stati) che assorbì le funzioni di CECA, CEE ed Euratom. La clausola di ***opting-out*** inserita prevedeva che la Gran Bretagna potesse rimanere nella futura Unione europea pur senza accogliere le innovazioni che il suo governo avesse rifiutato. Infatti, tramite questa clausola, il Regno Unito e l'Irlanda, successivamente, non accettarono di far parte dell'"*area Schengen*".

Occorre Sapere

La **Danimarca** creò, nel giugno 1992, una preoccupante crisi dell'Europa dopo che il 50,7% dei suoi cittadini disse di "**no**" al Trattato di Maastricht.

Con l'Unione europea la Comunità diventa un organismo politico destinato ad operare per favorire e realizzare il processo di integrazione non più solo economica, ma anche in altri settori come la politica estera comune, la politica di difesa europea, la cooperazione tra le forze di polizia e tra le autorità giudiziarie. Il Trattato di Maastricht ha sancito anche l'unione monetaria dei Paesi europei.
La struttura in "**tre pilastri**" dell'Unione europea risale a questo trattato: il primo è il *mercato comune europeo*; il secondo pilastro è *la politica estera e di sicurezza comune*; il terzo è la *cooperazione giudiziaria e di polizia in materia penale*. Un altro principio importante introdotto nell'ordinamento comunitario dagli accordi è il ***principio di sussidiarietà*** (quando nell'ambito delle materie di competenza concorrente tra UE e Stati membri interviene l'apparato di livello superiore per porre rimedio alle mancanze degli Stati).
Nel **1997** il **Trattato di Amsterdam** sancisce i diritti dei cittadini dell'area U.E. in materia di occupazione (prefiggendosi di promuovere un più alto livello occupazionale) e di eliminazione degli ostacoli alla libera circolazione, prevedendo inoltre una più efficace struttura istituzionale dell'UE.
Nel marzo **2000** l'Unione europea adottò la "**strategia di Lisbona**" il cui obiettivo era quello di modernizzare l'economia europea affinché fosse in grado di competere sul mercato globale.
Nel **2001** il **Trattato di Nizza** ha ridefinito l'assetto istituzionale dell'Unione europea e, tra le altre cose, ha introdotto una modica della composizione della Commissione Europea e una riforma per rendere più flessibile il sistema delle cooperazioni rafforzate. Con il Trattato è stata proclamata ufficialmente la **Carta dei diritti fondamentali dell'Unione europea** (18 dicembre 2000; la più recente è stata proclamata a Strasburgo nel 2007) i cui temi principali sono: dignità, libertà, uguaglianza, solidarietà, cittadinanza, giustizia.

La **Carta** è composta da: un **Preambolo**, in cui si fa riferimento ai valori a cui essa si ispira e da **7 Capi** (Capo I – ***Dignità***, artt. 1-5; Capo II – ***Libertà***, artt. 6-19; Capo III – ***Uguaglianza***, artt. 20-26; Capo IV – ***Solidarietà***, artt. 27-38; Capo V – ***Cittadinanza***, artt. 39-46, Capo VI – ***Giustizia***, artt. 47-50; Capo VII – ***Disposizioni generali***, artt. 51-54).
Essa reca un intero capo, il capo V, a disposizioni dedicate alla ***cittadinanza europea***, la quale garantisce la libertà di circolazione e di soggiorno di ogni cittadino europeo nel territorio di uno Stato membro, anche senza alcun contratto di lavoro. La libertà di circolazione e soggiorno può essere limitata per legge, per motivi di sanità e sicurezza.
La Carta riconosce espressamente i ***diritti dei bambini*** anche con riferimento al diritto di intrattenere regolari relazioni personali con i due genitori.
Afferma espressamente per i cittadini della UE la ***libertà di lavorare e stabilirsi in qualsiasi Stato membro***.
Afferma espressamente il ***diritto alla vita***, come valore e principio da difendere, a livello dell'UE.
Riconosce espressamente il ***ruolo dei partiti politici a livello dell'UE***, al fine di contribuire ad esprimere la volontà politica dei cittadini dell'UE.
Inoltre, afferma espressamente il ***principio della tutela dei consumatori***, prevedendo la garanzia di un elevato livello di protezione nelle politiche dell'UE.
Sono ipotizzabili ***limitazioni all'esercizio dei diritti e delle libertà riconosciuti dalla Carta*** nei casi espressamente previsti dalla legge dello Stato membro e purché dette leggi rispettino il contenuto essenziale di detti diritti e libertà.

Dal **1° gennaio 2002**, l'**euro**, già introdotto nel 1999, entra ufficialmente in circolazione con valore legale, sotto forma di monete e banconote, nei dodici Paesi della "zona euro". Il nome euro deriva dall'inizio della parola Europa, ed è stato adottato per rimpiazzare la sigla ECU. È stato emesso in banconote da 5, 10, 20, 50, 100, 200 e 500 (7 tagli). Attualmente, non tutti i Paesi dell'UE adottano l'euro, ma solo 19.
Il 29 ottobre del **2004**, a Roma è stato firmato il **Trattato che adotta una Costituzione per l'Europa**. Il Presidente della Convenzione per la preparazione della Costituzione Europea era ***Valere Giscard d'Estaing*** (Francia). Hanno firmato la Costituzione i Capi di Stato o di Governo dei 25 Paesi dell'Unione europea; in rappresentanza dell'Italia, Berlusconi e Frattini. La Costituzione è stata abbandonata a seguito dello stop alle ratifiche imposto dai referendum in Francia e Olanda (2005).
Il 13 dicembre **2007**, i leader dell'Unione europea hanno firmato il **Trattato di Lisbona**, mettendo fine a diversi anni di negoziati sulla riforma istituzionale. È entrato in vigore il 1° dicembre **2009**. Il Trattato è stato redatto per sostituire la Costituzione europea bocciata nel 2005 dai referendum francese e olandese. Rispetto al Trattato di Amsterdam rafforza il principio democratico e la tutela dei diritti fondamentali.
Dal 27 settembre **2012** è entrato in vigore il "**Meccanismo europeo di stabilità**".
L'art. 3 del Trattato sull'Unione europea, come modificato dal Trattato di Lisbona, stabilisce che l'UE si prefigge "***la pace, i suoi valori e il benessere dei propri popoli***". Tra i fini vi è anche quello della soppressione delle restrizioni ai movimenti di capitali appartenenti a persone degli Stati membri. Gli Stati dell'Unione europea sono **27**; attraverso 7 tappe (1973, 1981, 1986, 1995, 2004, 2007 e 2013) si è passati dagli iniziali 6 Stati a 28. Il 23 giugno 2016, il Regno Unito con un referendum ha espresso la volontà di uscire dall'UE; il processo formale per uscire è stato avviato il 29 marzo 2017. Quasi due anni più tardi, il 31 gennaio 2020, il Regno Unito lascia in modo ufficiale l'Unione Europea, ed esordisce un periodo di transizione che terminerà il 31 dicembre dello stesso anno.

STATI MEMBRI DELL'UE				
STATO	**ADESIONE UE**	**MPE***	**VALUTA**	**VECCHIA VALUTA**
Belgio	23 luglio 1952 (CECA) 1° gennaio 1958 (Comunità Europea allora CEE)	21	Euro	Fiorino belga
Francia		79	Euro	Franco francese
Germania		96	Euro	Marco tedesco
Italia		76	Euro	Lira italiana
Lussemburgo		6	Euro	Franco lussemburghese
Paesi Bassi		29	Euro	Fiorino olandese
Austria	1 gennaio 1995	19	Euro	Scellino austriaco
Bulgaria	1 gennaio 2007	17	Lev	= = =
Cipro	1 maggio 2014	6	Euro	Lira cipriota
Croazia	1 luglio 2013	12	Kuna croata	= = =
Danimarca	1 gennaio 1973	14	Corona Danese	= = =
Estonia	1 maggio 2004	7	Euro	Corona estone
Finlandia	1 gennaio 1995	14	Euro	Marco finlandese
Grecia	1 gennaio 1981	21	Euro	Dracma greca
Irlanda	1 gennaio 1973	13	Euro	Sterlina irlandese
Lettonia	1 maggio 2004	8	Euro	Lats lettone
Lituania	1 maggio 2004	11	Euro	Litas lituano
Malta	1 maggio 2004	6	Euro	Lira maltese
Polonia	1 maggio 2004	52	Zloty	= = =
Portogallo	1 gennaio 1986	21	Euro	Scudo portoghese
Rep. Ceca	1 maggio 2004	21	Corona ceca	= = =
Romania	1 gennaio 2007	33	Leu rumeno	= = =
Slovacchia	1 maggio 2004	14	Euro	Corona slovacca
Slovenia	1 maggio 2004	8	Euro	Tallaro sloveno
Spagna	1 gennaio 1986	59	Euro	Peseta Spagnola
Svezia	1 gennaio 1995	21	Corona svedese	= = =
Ungheria	1 maggio 2004	21	Fiorino ungherese	= = =
		705		
* MPE = Membri dell'Europarlamento				

Adesione all'Unione. Qualsiasi Paese che voglia presentare la sua candidatura all'Unione europea deve soddisfare i "***criteri di adesione***". In base al Trattato UE, uno Stato che voglia diventare membro della UE deve rispettare i principi di libertà, democrazia, rispetto dei diritti dell'uomo e delle libertà fondamentali, e i principi dello Stato di diritto.
La distinzione tra Paesi candidati e candidati potenziali all'Unione europea consiste nel fatto che i primi hanno già cominciato a recepire o integrare la legislazione dell'UE nell'ordinamento nazionale, mentre i candidati potenziali non soddisfano ancora pienamente i criteri per l'adesione.
All'atto dell'adesione all'UE la sovranità nazionale degli Stati membri viene limitata.

STATI CANDIDATI ALL'ADESIONE		
Turchia	Negoziati di adesione	Candidata dal dicembre 1999
Montenegro		Candidata dal dicembre 2010
Serbia		Candidata dal marzo 2012
Macedonia	Candidati all'adesione	Candidata dal dicembre 2005
Albania		Candidata dal giugno 2014
Bosnia ed Erzegovina	Futuri candidati all'adesione	
Kosovo		

Cittadinanza dell'Unione europea. Ai sensi dell'art. 9 del Trattato UE, è cittadino dell'Unione chiunque abbia la cittadinanza di uno Stato membro. La **cittadinanza** dell'Unione europea si aggiunge a quella del proprio Stato nazionale. Il diritto di circolare e soggiornare liberamente nel territorio dell'Unione europea è un diritto di tutti i cittadini dell'UE.

Simboli dell'UE. La **bandiera dell'Unione europea** è un cerchio di dodici stelle dorate in campo blu; le stelle rappresentano gli ideali di unità, solidarietà e armonia tra i popoli d'Europa. Essa, venne inizialmente adottata dal Consiglio d'Europa nel 1955. Le *lingue ufficiali* dell'Unione europea sono 24, ovvero quelle di tutti gli Stati membri; la più elevata percentuale complessiva dei cittadini europei parla come lingua madre o come lingua straniera appresa l'inglese.
L'*inno ufficiale* della UE è l'***inno alla gioia**,* la Nona sinfonia di Beethoven. Il **9 maggio** è stato scelto come "***Giornata dell'Europa***" o festa dell'Europa in ricordo della dichiarazione di **Robert Schuman**, Ministro degli Affari esteri francesi, sulle prospettive dell'integrazione europea; prima personalità politica che, con un celebre discordo del 9 maggio 1950, propose una unione tra i Paesi europei.

Occorre Sapere

Il **Manifesto di Ventotène**, avente titolo originale "Per un'Europa libera e unita. Progetto d'un manifesto", è un atto che promuove l'unità europea, scritto tra il 1941 ed il 1944, durante il periodo di confino presso l'isola di Ventotene, da Altiero Spinelli, Ernesto Rossi ed Ursula Hirschmann.
Nel 1950 fu firmata a Roma la **Convenzione Europea dei Diritti dell'Uomo**.
Ai fini della disciplina europea della libera circolazione delle merci, la nozione di **merce** è molto ampia, ricomprendendo tutti i beni idonei ad essere l'oggetto di una transazione commerciale (sono ricompresi i prodotti che incorporano opere dell'ingegno o artistiche).
Ai sensi dell'art. 168 TFUE, l'esigenza di garantire la **protezione della salute umana** deve essere considerata nella definizione e nell'attuazione di tutte le politiche e le attività della comunità.
Ai sensi dell'**art. 165 TFUE**, l'azione dell'Unione in materia di **istruzione** è intesa a favorire la mobilità degli studenti e degli insegnanti.
La politica europea per l'**ambiente**, si fonda sull'**art. 191 TFUE**, attraverso il principio dell'azione preventiva.
L'**art. 102 del TFUE** che vieta l'**abuso di posizione dominante** contiene un elenco di alcune fattispecie di abuso a puro titolo esemplificativo.
Ai sensi dell'**art. 42 del TUE**, l'Unione rispetta l'**appartenenza di alcuni Stati membri alla NATO**.
Ai sensi dell'**art. 31 del Trattato UE**, nell'ambito della **cooperazione giudiziaria in materia penale**, la facilitazione dell'**estradizione** tra Stati membri è espressamente richiamata.
L'**unione doganale** comporta il divieto di dazi all'importazione ed esportazione fra gli Stati membri e l'adozione di una tariffa doganale esterna comune a tutti i Paesi membri. In questo settore l'Unione europea ha **competenza esclusiva**.
L'azione dell'Unione europea è **insostituibile** quando si tratti di **competenze esclusive**.
Nell'ambito della politica di **protezione dei consumatori**, gli Stati membri possono introdurre o mantenere misure di protezione più rigorose di quelle dell'Unione europea.

TRATTATI					
TRATTATO	**ISTITUZIONE/ MODIFICA**	**LUOGO FIRMA**	**DATA**	**EFFETTIVO DA**	**CESSAZIONE**
Trattato di Bruxelles	Unione dell'Europa Occidentale	Bruxelles, BE	17 marzo 1948	23 ottobre 1954 (modificato)	1° luglio 2011
Trattato CECA	Comunità europea del carbone e dell'acciaio	Parigi, FR	18 aprile 1951	23 luglio 1952	23 luglio 2002
Trattato CEE	Comunità economica europea	Roma, IT	25 marzo 1957	1° gennaio 1958	in vigore
Trattato Euratom	Comunità europea dell'energia atomica (CEEA)	Roma, IT	25 marzo 1957	1° gennaio 1958	in vigore
Trattato di fusione	Unione degli esecutivi di CECA e EURATOM con quelli della CEE	Bruxelles, BE	8 aprile 1965	1° luglio 1967	1° maggio 1999
Primo Trattato Finanziario	Parziali poteri finanziari al Parlamento	Lussemburgo, LU	22 aprile 1970	1° gennaio 1971	in vigore
Trattato di Adesione del 1972	Allargamento a Danimarca, Irlanda e Regno Unito	Bruxelles, BE	22 gennaio 1972	1° gennaio 1973	in vigore
Secondo Trattato Finanziario	Poteri finanziari maggiori al Parlamento. Istituzione della Corte dei conti europea	Bruxelles, BE	22 luglio 1975	1° giugno 1977	in vigore
Trattato di Adesione del 1979	Allargamento alla Grecia	Atene, GR	28 maggio 1979	1° gennaio 1981	in vigore
Trattato della Groenlandia	Uscita della Groenlandia	Bruxelles, BE	13 marzo 1984	1° gennaio 1985	in vigore
Trattato di Adesione del 1985	Allargamento a Spagna e Portogallo	Madrid, ES Lisbona, PT	12 giugno 1985	1° gennaio 1986	in vigore

(segue)

TRATTATI					
TRATTATO	**ISTITUZIONE/ MODIFICA**	**LUOGO FIRMA**	**DATA**	**EFFETTIVO DA**	**CESSAZIONE**
Accordi di Schengen	Spazio di libera circolazione delle persone	Schengen, LU	14 giugno 1985	19 giugno 1990 (convenzione)	1° maggio 1999
Atto unico europeo	Introdotto il Mercato unico e la Cooperazione politica europea	Lussemburgo, LU L'Aia, NL	17 febbraio 1986 28 febbraio 1986	1° luglio 1987	in vigore
Trattato sull'Unione europea	La CEE divenne Comunità europea. Istituzione dei pilastri intergovernativi della PESC e del GAI	Maastricht, NL	7 febbraio 1992	1° novembre 1993	in vigore
Trattato di Adesione del 1994	Allargamento a Austria, Finlandia e Svezia	Corfù, GR	24 giugno 1994	1° gennaio 1995	in vigore
Trattato di Amsterdam	Introdotto l'Alto Rappresentante, trasferiti poteri dal GAI alla CE, e integrati gli Accordi di Schengen	Amsterdam, NL	1° ottobre 1997	1° maggio 1999	in vigore
Trattato di Nizza	Preparazione in vista degli allargamenti	Nizza, FR	26 febbraio 2001	1° febbraio 2003	in vigore
Trattato di Adesione del 2003	Allargamento a Repubblica Ceca, Cipro, Estonia, Lettonia, Lituania, Malta, Polonia, Slovenia, Slovacchia e Ungheria	Atene, GR	16 aprile 2003	1° maggio 2004	in vigore

(segue)

TRATTATI					
TRATTATO	**ISTITUZIONE/ MODIFICA**	**LUOGO FIRMA**	**DATA**	**EFFETTIVO DA**	**CESSAZIONE**
Trattato di Adesione del 2005	Allargamento a Bulgaria e Romania	Lussemburgo, LU	13 aprile 2005	1° gennaio 2007	in vigore
Trattato di Lisbona	Completamento delle innovazioni per il buon funzionamento dell'UE a 27 e più membri.	Lisbona, PT	13 dicembre 2007	1° dicembre 2009	in vigore
Trattato sul MES	Istituzione del meccanismo europeo di stabilità	Bruxelles, BE	2 febbraio 2012	27 settembre 2012	in vigore
Trattato sul bilancio	Unione di bilancio nell'Eurozona	Bruxelles, BE	2 maggio 2012	1° gennaio 2013	in vigore
Trattato di adesione del 2011	Allargamento alla Croazia	Bruxelles, BE	9 dicembre 2011	1° luglio 2013	in vigore

Occorre sapere

Denominazione dei Trattati

Il trattato che istituisce la Comunità economica europea (**TCEE**) è il trattato internazionale istitutivo della CEE. È il trattato firmato nel 1957 insieme al trattato che istituisce la Comunità europea dell'energia atomica (**TCEEA**): insieme sono denominati Trattati di Roma.

Insieme al trattato che istituisce la Comunità europea del carbone e dell'acciaio (CECA), firmato nel 1951, i Trattati di Roma rappresentano il momento costitutivo della Comunità europea.

Il nome del trattato è stato successivamente cambiato in "Trattato che istituisce la Comunità Europea" (**TCE**), all'entrata in vigore del trattato di Maastricht, e poi in "Trattato sul Funzionamento dell'Unione Europea" (**TFUE**), all'entrata in vigore del trattato di Lisbona.

Il Trattato sull'Unione Europea (**TUE**), o Trattato di Maastricht, anch'esso modificato in vari punti dal Trattato di Lisbona, resta comunque distinto dal TFUE.

Convenzione di Schengen - 1985 (in vigore dal 1999). Aderiscono allo "**spazio Schengen**" 26 Paesi. La convenzione ha abolito i controlli doganali e di polizia alle frontiere tra quasi tutti i Paesi dell'Unione europea; prevede la libera circolazione delle persone all'interno dei Paesi che vi hanno aderito; il cittadino dell'UE, quando si muove all'interno dello spazio Schengen non è tenuto ad esibire la carta d'identità o il passaporto. Vi partecipano anche 4 Stati non aderenti all'Unione: Islanda, Norvegia, Svizzera e Liechtenstein. Gli Stati dell'Unione che non ne fanno parte sono: l'Irlanda, la Croazia, la Romania, la Bulgaria e Cipro.

3.1.3 Organismi e Istituzioni dell'Unione europea

A seguito dell'entrata in vigore del Trattato di Lisbona le istituzioni europee sono sette (art. 13 del TUE):

1) Commissione europea
2) Parlamento europeo
3) Consiglio dell'Unione europea
4) Consiglio europeo
5) Corte di giustizia dell'Unione europea
6) Corte dei conti
7) Banca centrale europea

Opera inoltre, nella Unione europea, un **Sistema europeo di Banche centrali**.

Organi consultivi del Consiglio e della Commissione: Comitato Economico e Sociale Europeo (CESE); **Comitato delle Regioni**; **Consiglio Consultivo Regionale Mediterraneo** per la pesca (istituito dalla Commissione Europea e ha sede a Roma); **Comitato per l'occupazione** di cui all'art. 150 del TFUE.

Commissione europea. Ha sede a Bruxelles e può essere identificata come un organo esecutivo, indipendente, a tempo pieno e collegiale, in cui le deliberazioni sono adottate a maggioranza dei suoi membri. È composta dai commissari europei (un membro per ciascun Paese dell'UE), ognuno dei quali scelto tra le personalità di spicco dello Stato membro di appartenenza, al quale però non è legato da alcun titolo di rappresentanza. Tra i membri della Commissione sono compresi il **Presidente** e l'**Alto rappresentante dell'Unione per gli affari esteri e la politica di sicurezza**, che svolge anche il ruolo di vicepresidente.

I membri della Commissione Europea, per la durata delle loro funzioni non possono esercitare altre attività professionali, remunerate o meno e, nell'adempimento del loro mandato, non sollecitano né accettano istruzioni da alcun Governo. La Commissione si riunisce, di norma, almeno una volta a settimana; i Commissari possono assistere alle sedute del Parlamento Europeo e possono essere uditi a loro richiesta. La Commissione detiene il **potere esecutivo** per **5 anni**.

Attribuzioni:

- *vigila sull'applicazione delle disposizioni* del Trattato e di quelle adottate dalle Istituzioni in virtù del Trattato stesso, attraverso la possibilità di aprire una procedura di infrazione nei confronti degli Stati membri;
- sorveglia la situazione di bilancio e l'entità del debito pubblico degli Stati membri dell'UE;
- formula *raccomandazioni* o *pareri* nei settori definiti dal Trattato, quando questo esplicitamente lo preveda ovvero quando la Commissione lo ritenga necessario;
- detiene il potere di *iniziativa legislativa*;
- attua le politiche comuni, la gestione dei programmi dell'Unione e la gestione del bilancio europeo, in quanto organo esecutivo dell'Unione.

L'ordine del giorno della Commissione Europea viene stabilito dal Presidente della Commissione tenendo conto del programma di lavoro già concordato. La convocazione del **CES** (Con-

> ***Occorre Sapere***
>
> Dello svolgimento delle **interrogazioni a risposta immediata** in Commissione europea è sempre disposta la trasmissione tramite impianti audiovisivi a circuito chiuso.

federazione Europea dei Sindacati) può avvenire su sua richiesta. Il ricorso per inadempimento è promosso dalla Commissione nei confronti di uno Stato membro. Il suo potere di procedere all'esecuzione delle sanzioni si prescrive dopo cinque anni. Ai sensi dell'art. 175 TFUE (già art. 159 TCE), la Commissione ogni tre anni presenta la relazione sui progressi compiuti nella realizzazione della coesione economica e sociale.

COMPOSIZIONE COMMISSIONE EUROPEA (2019-2024)		
NOME	**RUOLO**	**FUNZIONI**
Ursula von der Leyen	Presidente	
Frans Timmermans	Vicepresidente esecutivo	Green Deal europeo
Valdis Dombrovskis	Vicepresidente esecutivo	Un'economia al servizio delle persone
Margrethe Vestager	Vicepresidente esecutiva	Un'Europa pronta per l'era digitale
Josep Borrell	Alto rappresentante/ Vicepresidente	Un'Europa più forte nel mondo
Margaritis Schinas	Vicepresidente	Promozione dello stile di vita europeo
Dubravka Šuica	Vicepresidente	Democrazia e demografia
Věra Jourová	Vicepresidente	Valori e trasparenza
Maroš Šefčovič	Vicepresidente	Relazioni interistituzionali e prospettive strategiche
Johannes Hahn	Commissario	Bilancio e amministrazione
Mariya Gabriel	Commissaria	Innovazione, ricerca, cultura, istruzione e giovani
Phil Hogan	Ex commissario (2019-2020)	Commercio
Nicolas Schmit	Commissario	Lavoro e diritti sociali
Paolo Gentiloni	Commissario	Economia
Janusz Wojciechowski	Commissario	Agricoltura
Elisa Ferreira	Commissaria	Coesione e riforme
Adina Vălean	Commissaria	Trasporti
Didier Reynders	Commissario	Giustizia
Stella Kyriakides	Commissaria	Salute e sicurezza alimentare
Olivér Várhelyi	Commissario	Vicinato e allargamento
Helena Dalli	Commissaria	Uguaglianza
Thierry Breton	Commissario	Mercato interno
Ylva Johansson	Commissaria	Affari interni
Janez Lenarčič	Commissario	Gestione delle crisi
Kadri Simson	Commissaria	Energia
Jutta Urpilainen	Commissaria	Partenariati internazionali
Virginijus Sinkevičius	Commissario	Ambiente, oceani e pesca
Mairead McGuinness	Commissaria designata	Stabilità finanziaria, servizi finanziari e Unione dei mercati dei capitali

PRESIDENTI DELLA COMMISSIONE EUROPEA				
N.	PRESIDENTE	NAZIONE	MANDATO	
			INIZIO	FINE
1	**Walter Hallstein** (1901–1982)	Germania	10 gennaio 1958	1° luglio 1967
2	**Jean Rey** (1902–1983)	Belgio	2 luglio 1967	30 giugno 1970
3	**Franco Maria Malfatti** (1927–1991)	Italia	1° luglio 1970	21 marzo 1972
4	**Sicco Leendert Mansholt** (1908–1995)	Paesi Bassi	22 marzo 1972	5 gennaio 1973
5	**François-Xavier Ortoli** (1925–2007)	Francia	6 gennaio 1973	5 gennaio 1977
6	**Roy Jenkins** (1920–2003)	Regno Unito	6 gennaio 1977	5 gennaio 1981
7	**Gaston Thorn** (1928–2007)	Lussemburgo	6 gennaio 1981	5 gennaio 1985
8	**Jacques Delors** (1925–)	Francia	6 gennaio 1985	6 gennaio 1995
9	**Jacques Santer** (1937–)	Lussemburgo	23 gennaio 1995	15 marzo 1999
10	**Manuel Marín** (1949–)	Spagna	16 marzo 1999	15 settembre 1999
11	**Romano Prodi** (1939–)	Italia	16 settembre 1999	21 novembre 2004
12	**José Manuel Durão Barroso** (1956–)	Portogallo	22 novembre 2004	31 ottobre 2014
13	**Jean-Claude Juncker** (1954–)	Lussemburgo	1° novembre 2014	30 novembre 2019
14	**Ursula von der Leyen** (1958–)	Germania	1° dicembre 2019	*in carica*

Parlamento europeo. Assemblea parlamentare dell'UE con sede a **Strasburgo**, in Francia, ma svolge i suoi lavori anche a Bruxelles e a Lussemburgo (sede del segretariato). Ogni **5 anni**, a partire dal 1979, si tengono le elezioni a suffragio universale e diretto in cui vengono eletti gli eurodeputati, che nel nuovo TUE non possono essere superiori a **750** più il Presidente che per prassi rimane in carica due anni e mezzo.

Attribuzioni:
- esercita il ***potere legislativo*** *(camera bassa)*, congiuntamente al Consiglio dell'Unione e su iniziativa della Commissione.
- può incidere sul *potere di iniziativa legislativa* chiedendo alla Commissione di presentare una proposta di legge (potere di iniziativa dell'iniziativa);
- esercita il *potere di bilancio*, attraverso l'esame congiunto con il Consiglio del progetto di bilancio presentato dalla Commissione;

- esercita il *potere di controllo democratico*, tramite l'istituzione di temporanee Commissioni d'inchiesta e la possibilità di approvare una ***mozione di censura*** nei confronti della Commissione, che obbliga i suoi membri a dimettersi.

Gli eurodeputati si riuniscono di solito a Strasburgo per quattro giorni al mese, ma talvolta vengono organizzate sessioni supplementari a Bruxelles; tuttavia possono richiedere la ***convocazione straordinaria*** del Parlamento la maggioranza dei suoi membri, il Consiglio o la Commissione.
Il Parlamento Europeo conta **20 Commissioni** e **2 Sottocommissioni**, ognuna delle quali si occupa di un determinato settore; esse esaminano le proposte legislative. Può istituire **Commissioni temporanee di inchiesta** su richiesta di un 1/4 dei suoi membri; tali commissioni durano in carica fino al deposito della relazione con le considerazioni finali.
Nell'ambito dell'attività di controllo politico del Parlamento Europeo, i parlamentari possono presentare interrogazioni rivolte alla Commissione o al Consiglio.

PRESIDENTI DEL PARLAMENTO EUROPEO ELETTO DIRETTAMENTE					
N.	**PRESIDENTE**	**NAZIONE**	**MANDATO**		**LEGISLATURA**
			INIZIO	**FINE**	
1	Simone Veil	Francia	1979	1982	I
2	Piet Dankert	Paesi Bassi	1982	1984	
3	Pierre Pflimlin	Francia	1984	1987	II
4	Charles Henry Plumb	Regno Unito	1987	1989	
5	Enrique Barón Crespo	Spagna	1989	1992	III
6	Egon Klepsch	Germania	1992	1994	
7	Klaus Hänsch	Germania	1994	1997	IV
8	José María Gil-Robles	Spagna	1997	1999	
9	Nicole Fontaine	Francia	1999	2002	V
10	Pat Cox	Irlanda	2002	2004	
11	Josep Borrell Fontelles	Spagna	2004	2007	VI
12	Hans-Gert Pöttering	Germania	2007	2009	
13	Jerzy Buzek	Polonia	2007	2012	VII
14	Martin Schulz	Germania	2012	2014	
			2014	2017	VIII
15	Antonio Tajani	Italia	2017	2019	
16	David Sassoli	Italia	2019	*in carica*	IX

Occorre Sapere

Ai fini dell'esercizio del **diritto di voto per l'elezione dei parlamentari europei** è necessario aver compiuto **18 anni**.
Nel **1958** si riunì a Strasburgo il **primo Parlamento europeo**. I suoi componenti erano stati delegati dai rispettivi Parlamenti nazionali.
Dopo le elezioni del maggio 2014 i primi tre gruppi politici per numero di seggi al Parlamento europeo sono, rispettivamente, **PPE** (Gruppo del Partito Popolare Europeo – 221), **S&D** (Gruppo dell'Alleanza Progressista di Socialisti e Democratici al Parlamento Europeo – 191), **ECR** (Conservatori e Riformisti Europei – 70).
Il **diritto di accedere** ai documenti del Parlamento europeo, del Consiglio e della Commissione è espressamente riconosciuto a qualsiasi cittadino dell'Unione e a qualsiasi persona fisica o giuridica che risieda o abbia sede in uno Stato membro.

Consiglio dell'Unione europea. Noto come Consiglio Unico o dei Ministri, è composto dai ministri, o comunque da persone facenti parte della compagine governativa, degli Stati membri. Si riunisce, anche per iniziativa di uno dei suoi membri, in varie formazioni a seconda della questione all'ordine del giorno; ha sede nel palazzo **Justus Lipsius (Bruxelles)** tranne che in aprile, giugno e ottobre, mesi in cui tutte le riunioni hanno luogo a Lussemburgo. La **Presidenza del Consiglio** è assicurata, nel nuovo TUE, mediante un sistema di *rotazione paritaria* della durata di **6 mesi**.

È il principale organo decisionale dell'UE e, in base all'**art. 16 TUE**, delibera a ***maggioranza qualificata***, salvo nei casi in cui i trattati dispongano diversamente. A partire dal 2014 tale maggioranza qualificata è doppia, degli Stati (55% dei membri del Consiglio) e delle popolazioni (65% delle popolazioni rappresentate). È consentito ad un numero limitato di Stati membri (minoranza di blocco: 4 Stati che rappresentano il 35% della popolazione totale dell'Unione) di bloccare l'adozione di una decisione. Il Consiglio adotta alcune decisioni anche all'***unanimità*** e a ***maggioranza semplice***.

Attribuzioni:

- svolge, congiuntamente al Parlamento Europeo, la ***funzione legislativa*** (*camera alta*) e la *funzione di bilancio*;
- coordina le *politiche economiche generali* degli Stati membri;
- definisce e implementa la *politica estera e di sicurezza comune (PESC)* della UE. In questo ambito sono previste deliberazioni del Consiglio per l'adozione di azioni e posizioni comuni sulla base di una strategia comune;
- conclude, a nome dell'Unione, *accordi internazionali* tra la UE e uno o più Stati o Organizzazioni internazionali;
- coordina le azioni degli Stati membri e adotta misure nel settore della cooperazione di polizia e giudiziaria in materia penale.

Nella procedura legislativa ordinaria, il Consiglio deve deliberare all'***unanimità*** sugli emendamenti che il Parlamento ha proposto a posizioni comuni quando la Commissione ha espresso parere negativo su tali emendamenti. Così come, ai sensi dell'art. 113 TFUE (già art. 93 TCE), le disposizioni di armonizzazione delle legislazioni dei Paesi membri in materia di imposte indirette sono approvate con delibera assunta all'unanimità.

Per l'approvazione del ***regolamento di procedura*** della Corte di giustizia dell'Unione europea, il Consiglio dell'Unione delibera a maggioranza qualificata. Secondo quanto stabilito dal Trattato di Amsterdam, il Comitato delle Regioni dell'Unione europea adotta un proprio regolamento che non necessita, invece, di approvazione del Consiglio dell'Unione.

Occorre Sapere

Le disposizioni relative alla PESC non ostano ad una cooperazione rafforzata tra due o più Stati membri dell'UE nell'ambito della NATO, purché detta cooperazione non contravvenga a quella prevista dal trattato UE e non la ostacoli.

Nel Consiglio dell'Unione europea la cura delle relazioni internazionali della Unione (es. accreditamento di rappresentanti di Stati terzi, firma di accordi internazionali ecc.) compete all'Alto rappresentante per la politica estera e di sicurezza comune, figura rappresentata dal 1° dicembre 2019 dallo spagnolo **Josep Borrell**, a cui spetta la gestione e la promozione della Politica Estera e di Sicurezza Comune dell'Unione europea (**PESC**) insieme al Servizio Europeo per l'Azione Esterna ovvero al corpo diplomatico dell'Unione europea, che sostiene la responsabile degli affari esteri dell'Ue nella sua missione (Trattato UE, titolo V). Ai sensi dell'art. 24 del TUE, gli accordi internazionali con uno o più Stati o Organizzazioni internazionali nell'ambito della PESC vengono conclusi dal Consiglio della UE, su raccomandazione della Presidenza.
Il Consiglio presenta, in forma scritta, la relazione annuale sui progressi compiuti dalla UE al Parlamento Europeo; dopo ciascuna riunione, elabora una relazione che invia alla Commissione. L'**ECOFIN**, in seno al Consiglio, è l'insieme dei Ministri dell'Economia e delle Finanze di tutti gli Stati membri.
Lo **Statuto dei Comitati** è stabilito dal Consiglio, previo parere della Commissione (art. 242 TFUE). La firma degli accordi internazionali, a nome dell'Unione, compete al Paese che a turno presiede il Consiglio dell'Unione europea.
Il Consiglio nei confronti di uno Stato membro che abbia violato i diritti dell'uomo può adottare le misure di sospensione di alcuni dei diritti derivanti dall'applicazione dei trattati.

Occorre Sapere

Il metodo di voto "standard" del Consiglio. La maggioranza qualificata è il metodo di voto più diffuso all'interno del Consiglio. Esso lo utilizza quando adotta decisioni nell'ambito della procedura legislativa ordinaria, in precedenza denominata procedura di codecisione. L'80% circa di tutta la legislazione UE è adottato secondo tale procedura.
L'ultima **presidenza italiana** risale al secondo semestre del 2014.
L'**Ungheria** ha detenuto la presidenza di turno del Consiglio dell'UE una sola volta nel 2011.
L'**Austria** ha detenuto la presidenza di turno del Consiglio dell'UE due volte fra il 1998 e il 2006. La prossima volta sarà nel 2018.
Il **Belgio** ha detenuto la presidenza di turno del Consiglio dell'UE, fra il 1958 e il 2010 ben 12 volte.

PRESIDENZA DEL CONSIGLIO DELL'UNIONE EUROPEA			
ANNO	**SEMESTRE**	**STATO MEMBRO**	**PRESIDENTE DI TURNO**
2010	Gen-Giu	Spagna	José Luis Rodríguez Zapatero
	Lug-Dic	Belgio	Yves Leterme
2011	Gen-Giu	Ungheria	Viktor Orbán
	Lug-Dic	Polonia	Donald Tusk
2012	Gen-Giu	Danimarca	Helle Thorning-Schmidt
	Lug-Dic	Cipro	Dimitris Christofias
2013	Gen-Giu	Irlanda	Enda Kenny
	Lug-Dic	Lituania	Dalia Grybauskaitė
2014	Gen-Giu	Grecia	Antonis Samaras
	Lug-Dic	**Italia**	**Matteo Renzi**
2015	Gen-Giu	Lettonia	Laimdota Straujuma
	Lug-Dic	Lussemburgo	Xavier Bettel
2016	Gen-Giu	Paesi Bassi	Mark Rutte
	Lug-Dic	Slovacchia	Robert Fico

(segue)

PRESIDENZA DEL CONSIGLIO DELL'UNIONE EUROPEA			
ANNO	SEMESTRE	STATO MEMBRO	PRESIDENTE DI TURNO
2017	Gen-Giu	Malta	Joseph Muscat
	Lug-Dic	Estonia	Jüri Ratas
2018	Gen-Giu	Bulgaria	Bojko Borisov
	Lug-Dic	Austria	Sebastian Kurz
2019	Gen-Giu	Romania	Klaus Johannis
	Lug-Dic	Finlandia	Annti Rinne
2020	Gen-Giu	Croazia	Andrej Plenković
	Lug-Dic	Germania	Angela Merkel
2021	Gen-Giu	Portogallo	Antonio Costa

Consiglio europeo. Riunisce i Capi di Stato e di Governo degli Stati membri, nonché il Presidente della Commissione quattro volte all'anno, salvo i casi di convocazione straordinaria da parte del Presidente. Il Presidente è eletto dai membri del Consiglio europeo per un mandato di **due anni e mezzo**, rinnovabile una volta sola. L'attuale presidente del Consiglio europeo è il belga **Charles Michel**, che ha iniziato il primo mandato il 1 dicembre 2019. Egli presiede e anima i lavori del Consiglio europeo per stabilire gli orientamenti politici generali e le priorità dell'UE, in cooperazione con la Commissione; inoltre promuove la coesione e il consenso in seno al Consiglio e assicura la rappresentanza esterna dell'UE per quanto riguarda le questioni di politica estera e di sicurezza. **Attribuzioni**: dà all'Unione l'impulso necessario al suo sviluppo e ne definisce gli orientamenti e le priorità politiche generali (art. 15 del TUE).

Occorre Sapere

La prima riunione del Consiglio Europeo si tenne nel 1975, a Dublino.
Il secondo mandato del primo Presidente permanente del Consiglio europeo è terminato nel novembre 2014.
L'attuale presidente del Consiglio è il polacco **Donald Tusk** che ha assunto l'incarico il 1° dicembre 2014, succeduto al primo presidente del nuovo corso **Herman Van Rompuy**.

Corte di giustizia (o di Lussemburgo). Creata nel 1951, con sede in **Lussemburgo**, è composta da un giudice per ciascuno Stato membro; suddivisa in due sezioni: Corte di giustizia e Tribunale (l'ex Tribunale di primo grado). **Attribuzioni**: è competente a pronunciarsi:

- sul *ricorso per inadempimento*. Il ricorso alla Corte è preceduto da una procedura di infrazione avviata dalla Commissione, nel corso della quale lo Stato membro ha la possibilità di rispondere alle accuse. Se tale procedimento non porta lo Stato membro a porre fine all'inadempimento, viene presentato alla Corte di giustizia un ricorso per violazione del diritto comunitario, proposto dalla Commissione oppure da un altro Stato membro;
- sul *ricorso per annullamento* di un atto legislativo di un'Istituzione europea. In tale caso la Corte è chiamata a valutare la legittimità degli atti posti in essere dalle Istituzioni europee;
- sul *ricorso per carenza*, in caso di inerzia delle Istituzioni europee;
- sulla *risoluzione delle controversie* relative al risarcimento danni causati dalle istituzioni o dagli agenti della Comunità nell'esercizio delle loro funzioni;
- sul *rinvio pregiudiziale* proposto da un giudice di un Tribunale nazionale di uno Stato membro relativamente ad una questione circa l'interpretazione del diritto comunitario. Il giudice comunitario fornisce ai giudici nazionali le indicazioni cui devono attenersi nell'applicazione del diritto comunitario e che risultino necessarie per giungere alla decisione;

– sull'*impugnazione* avverso le sentenze del Tribunale.

Nell'ambito UE, la pronuncia in via pregiudiziale sulla legittimità delle decisioni-quadro e delle decisioni viene data dalla Corte di giustizia. Le sentenze della Corte **non sono appellabili**. La Corte assicura il rispetto del diritto nell'interpretazione e nell'applicazione dei Trattati europei.

Nel caso in cui uno Stato membro non si conformi ad una sentenza di inadempimento, la Corte di Giustizia può condannarlo al pagamento di una sanzione pecuniaria o di una penalità o può chiedere alla Commissione di sollecitare lo Stato membro ad adempiere.

Procedure proprie del sistema di controllo giurisdizionale comunitario sono l'*azione in carenza*, la *procedura di infrazione*, l'*azione di annullamento*, l'*eccezione incidentale di invalidità*, ma non il controllo di legittimità costituzionale.

Corte dei conti. È organo di controllo contabile competente ad esaminare i conti della Comunità, istituito con il Trattato finanziario del 1975 che ha accresciuto i poteri di bilancio del Parlamento Europeo. Il mandato del Presidente della Corte è di **3 anni,** rinnovabile. Ha sede in **Lussemburgo**.

Banca Centrale Europea (BCE). È la banca centrale dei 19 Stati membri dell'UE che hanno adottato l'euro. Ha sede a Francoforte sul Meno.

Attribuzioni: secondo il Trattato di Maastricht, ad essa spetta il potere di emissione dell'euro, mantenere la stabilità dei prezzi nell'area dell'euro e preservare così il potere di acquisto della moneta unica, oltre a vigilare sul sistema bancario. I compiti fondamentali che assolve tramite l'Eurosistema sono:

- definire e attuare la politica monetaria per l'area dell'euro e fissare i tassi di interesse applicabili ai prestiti erogati dalla BCE alle banche commerciali;
- svolgere le operazioni sui cambi
- detenere e gestire le riserve ufficiali dei Paesi dell'area dell'euro (gestione di portafoglio)
- promuovere il regolare funzionamento dei sistemi di pagamento.
- diritto esclusivo di autorizzare l'emissione di banconote all'interno dell'area dell'euro.

Il capitale sociale della BCE è detenuto dalle Banche centrali nazionali.

Il principale organo decisionale è il ***Consiglio direttivo***, costituito dai 6 membri del ***Comitato esecutivo*** e dai governatori delle banche centrali dei 19 Paesi dell'area dell'euro; possono partecipare alle riunioni del Consiglio direttivo, senza diritto di voto, il Presidente del Consiglio e un membro della Commissione UE.

Dal 1998 la Banca d'Italia è parte integrante del Sistema europeo delle banche centrali (SEBC).

L'attuale Presidente è **Christine Lagarde**. I precedenti presidenti della BCE sono stati: Mario Draghi, Wim Duisenberg e Jean-Claude Trichet.

Tribunale della Funzione Pubblica dell'UE. Organo che ha cessato di operare dal 1° gennaio 2016. Era composto da sette giudici e giudicava sulle controversie in materia di pubblico impiego dell'Unione europea, cioè tra l'Unione europea e i propri dipendenti. Le sue competenze sono passate al Tribunale.

Occorre Sapere

La **Banca Europea degli Investimenti** ha sede in Lussemburgo. La principale funzione della Banca è rappresentata dall'attuazione e sviluppo del mercato europeo.

Le banche centrali sono destinate generalmente all'emissione e alla gestione di carta-moneta.

La funzione dell'**EPSO** (European Personnel Selection Office), nell'ambito dell'Unione europea, è quella di orga-

nizzare concorsi finalizzati all'assunzione di personale in tutte le istituzioni dell'Unione europea.
Il **Mediatore europeo** si occupa della cattiva amministrazione nell'azione delle istituzioni, degli organi e degli organismi dell'Unione europea. Resta in carica per la durata della legislatura, con mandato rinnovabile.
Il **Gruppo Europeo di Interesse Economico (GEIE)** è la figura giuridica proposta dall'Unione europea con lo scopo di unire le conoscenze e le risorse di attori economici di almeno due Paesi appartenenti all'Unione.
La funzione dell'**Ufficio delle pubblicazioni** dell'Unione europea è quella di realizzare e distribuire tutte le pubblicazioni dell'Unione europea, in formato sia cartaceo che digitale.
Il **Garante europeo della protezione dei dati personali** si occupa della salvaguarda della riservatezza dei dati personali dei cittadini.
Una delle novità più importanti introdotte con il Trattato di Lisbona del 2007 è stata l'istituzione di un **Alto Rappresentante dell'Unione europea per gli affari esteri**.
I **Fondi Strutturali** sono strumenti finanziari dell'Unione europea volti a promuovere lo sviluppo e l'adeguamento strumentale delle Regioni a sviluppo ritardato.
Il **Fondo europeo agricolo per lo sviluppo rurale** (FEASR) è stato istituito con il Regolamento n. 1698/2005 del Consiglio.
Il **Fondo sociale europeo** (FSE) è il principale strumento finanziario che consente all'Unione di concretizzare gli obiettivi strategici della sua politica per l'occupazione.
Il **Fondo europeo agricolo di garanzia** (FEAGA) è destinato a finanziare le misure di mercato ed altre azioni avviate nell'ambito della politica agricola.
Rispetto ai tempi previsti dal trattato istitutivo della CEE, il processo di abolizione dei dazi doganali tra i Paesi membri della CE si è concluso in anticipo.
Con l'**Atto Unico Europeo** è stata introdotta tra le competenze esplicite della UE la **protezione dell'ambiente**.
Nel corso della celebre conferenza stampa del 14 gennaio 1963, il **generale De Gaulle** annunciò il veto francese all'ingresso del Regno Unito nella CEE.
Nel 1965 iniziò per la CEE il cosiddetto periodo della "**sedia vuota**" motivato dal ritiro del rappresentante permanente presso la Comunità della Francia e dal rifiuto di partecipare alle sedute del Consiglio.
L'Accordo "**Blair-House**" del 1992 fu un preaccordo stipulato tra Commissione europea e USA in materia di agricoltura.
Il **Belgio** e l'**Italia** hanno avuto in consegna il Trattato sull'Unione europea.
Il 12 ottobre 2012 l'Unione europea è stata insignita del **Premio Nobel per la pace**.
L'Unione europea ha sottoscritto **accordi di cooperazione finanziaria e tecnica** con i Paesi del bacino del Mediterraneo.
Con il termine "**mercato interno**" dell'UE si intende l'area nella quale circolano liberamente beni, servizi, capitali e persone.
Fa parte del gruppo delle Agenzie che concorrono al funzionamento del mercato interno europeo **l'Agenzia ferroviaria europea**.
L'**Eurostat** è l'ufficio statistico dell'Unione europea.
Il quartiere generale della **ESA** (Agenzia Spaziale Europea) si trova a Parigi.
L'**OLAF** è l'Ufficio europeo preposto alla lotta contro le frodi.
Un **cittadino italiano** può **scrivere** alle istituzioni o agli organi dell'Unione europea **nella sua lingua** e ha il diritto di **ricevere** una risposta **nella stessa lingua**.
L'Agenzia europea **CEDEFOP** (Centro europeo per lo sviluppo della formazione professionale) ha sede a Salonicco (Grecia).
L'Autorità Europea per la Sicurezza Alimentare (**EFSA**) ha sede a Parma.
Il **Centro satellitare UE** ha sede a Torrejón de Ardoz in Spagna.
L'**EUROPOL** ha pertinenza, tra l'altro, nei settori: traffico di stupefacenti; contraffazione e pirateria dei prodotti; riciclaggio di denaro. Non si interessa dell'accoglienza degli immigrati.
Il **mandato d'arresto europeo** abolisce la procedura formale di estradizione.
Alla presenza di un **ospite straniero appartenente all'Unione europea** sugli edifici pubblici la **bandiera italiana** cede la posizione centrale alla bandiera europea e la bandiera ospite occupa la prima posizione a destra.
Tra i parametri cui debbono attenersi gli Stati membri dell'Unione europea, al fine di evitare disavanzi pubblici eccessivi, vi è quello per cui il **rapporto tra disavanzo pubblico e prodotto interno lordo** non deve superare il 3%.
Il **Patto di bilancio europeo** prevede per i Paesi contraenti l'obbligo di non superare la soglia di deficit strutturale superiore allo 0,5% del PIL.
Il **sistema fiscale** nell'area dei Paesi aderenti all' UE è di esclusiva competenza di ogni Stato membro.
Il **territorio doganale dell'Unione europea** non comprende le acque italiane del lago di Lugano, Campione d'I-

talia, il comune di Livigno.
L'**art. 4 del Trattato sull'Unione europea** espone il **principio di leale cooperazione** con cui l'Unione e gli Stati membri devono rispettarsi ed assistersi reciprocamente nell'adempimento dei compiti derivanti dai trattati
L'**art. 106 TFUE (già art. 86 del Trattato istitutivo della Comunità Europea)** persegue lo scopo di favorire l'intervento pubblico nel mercato al fine del raggiungimento di scopi di interesse pubblico.
Il **settimo programma quadro** 2007-2013 dell'Unione europea rappresentò uno strumento fondamentale della politica europea in favore della ricerca.
L'Unione europea ha dato vita a una serie di programmi destinati ai propri giovani cittadini, destinati alla formazione permanente e agli scambi internazionali in ambito di istruzione a livello europeo: **Leonardo da Vinci**; **Grundtvig**; **Comenius**
Le **restrizioni quantitative all'importazione** tra Stati membri sono **vietate**.
Nei rapporti tra Unione europea e Stati membri, la **politica di concorrenza** è materia di giurisdizione concorrente.
Nell'ambito della UE, la DOP (**Denominazione d'Origine Protetta**) è un marchio che garantisce il livello qualitativo di prodotti agro-alimentari.
Al fine di determinare la competenza dell'Unione europea a concludere accordi internazionali sono rilevanti i **principi**: dei poteri impliciti; del parallelismo fra competenze interne e competenza esterna; delle competenze di attribuzione. Non è rilevante il principio di precauzionalità.
Nell'Unione europea, si applica il **principio di proporzionalità** a tutti i settori di competenza della Comunità stessa.
Il **Regno Unito**, **Svezia**, **Belgio**, **Spagna** e **Lussemburgo**, Paesi membri dell'Unione europea sono **monarchie costituzionali**.
Cipro, **Malta**, **Polonia**, **Irlanda**, **Croazia**, **Lituania** e **Portogallo**, Paesi membri dell'Unione europea sono **repubbliche**.
La **Norvegia** è il Paese che ha concesso per primo il diritto di voto alle donne.
In **Belgio**, il Parlamento è formato da Senato e Camera dei Rappresentanti.
In **Francia**, il Parlamento è formato dall'Assemblea Nazionale e Senato.
In **Inghilterra**, la Camera dei Lords non può opporsi alle decisioni della Camera dei Comuni. Si tratta perciò di un bicameralismo zoppo.
In **Germania** il Parlamento è formato da Bundestag e Bundesrat.
La "**sfiducia costruttiva**" presente, tra gli altri, negli **ordinamenti tedesco, belga e spagnolo**, è un istituto in base al quale il Parlamento può votare la sfiducia al Governo solo se indica contestualmente indica un nuovo Esecutivo.

Registrandosi sul nostro sito secondo le modalità indicate nelle prime pagine, è possibile consultare la Carta dei diritti fondamentali dell'Unione europea, nonché dati delle cariche politiche di alcuni Stati membri dell'Unione europea e di altri Stati del mondo.

3.2 Le Organizzazioni internazionali

3.2.1 Introduzione

In generale, un'Organizzazione internazionale è un'organizzazione costituita da membri con scopo o presenza a carattere internazionale; rappresenta il principale strumento per favorire la cooperazione internazionale e l'integrazione politica e/o economica.
Va intesa come un insieme di principi, norme, regole e procedure decisionali, scritte o convenzionali, su cui si basano e confluiscono le aspettative dei soggetti di diritto internazionale.
Gli uffici delle organizzazioni sono organi separati dagli Stati membri e si prefiggono finalità, svolgono azioni, manifestano volontà e si assumono una responsabilità giuridica autonoma per poter contemperare gli interessi interni ai singoli Stati con quello unitario delle Organizzazioni Internazionali.
Le Organizzazioni internazionali si distinguono in base al *ruolo geopolitico* in ***universali***, ***intercontinentali***, ***regionali***; a seconda dell'ampiezza e della natura del vincolo che lega gli Sta-

ti membri e degli scopi delle Organizzazioni stesse (politici, economici, ideologici ecc.) semplicemente in: ***universali*** e ***particolari***.
L'Organizzazione delle Nazioni Unite (ONU) è la più importante Organizzazione Internazionale; altri esempi sono: l'Autorità Internazionale dei Fondali Marina; l'Interpol; l'Organizzazione Mondiale del Commercio.
Le **organizzazioni regionali** (**Consiglio d'Europa**, da *non confondere con il Consiglio europeo o il Consiglio dell'Unione, istituzioni dell'Unione europea*; Associazione europea di libero scambio – **EFTA**) sono soggetti internazionali che coinvolgono Paesi limitrofi geograficamente e con interessi comuni.
Esistono altre organizzazioni che non hanno una rappresentanza universale, tuttavia per composizione geografica e politica dei Paesi membri sono di rilevanza superiore a quelle regionali; si tratta in particolare di **OCSE** (Organizzazione per la Cooperazione e lo Sviluppo Economico), **WB** (Banca Mondiale), **FMI** (Fondo Monetario Internazionale).
Un'organizzazione internazionale può essere creata attraverso uno ***statuto***, un ***trattato*** o una ***convenzione***, che quando viene sottoscritta dai membri fondatori, attribuisce alla organizzazione un riconoscimento legale. Si stabilisce così che le stesse siano dei soggetti della legge internazionale, capaci di prendere parte ad accordi tra loro stessi o con gli Stati, e più in generale di adottare e promuovere atti di *soft law* (insieme di norme, rilevanti in ambito internazionale, ma prettamente riconducibili a raccomandazioni, pareri, osservazioni. In altri termini, il *soft law* è sprovvisto della coercibilità, e, pertanto, mai vincolante, già a monte). Esse non sono dotate, a differenza degli Stati, di competenza generale, ma di poteri limitati attribuiti dagli stessi Stati membri in funzione del perseguimento degli interessi comuni che esse intendono perseguire.

3.2.2 Organizzazione delle Nazioni Unite (ONU)

Istituita a San Francisco (USA) il 26 giugno 1945 su iniziativa delle potenze vincitrici della Seconda Guerra mondiale. All'inizio raggruppava 51 Stati; progressivamente, vi hanno aderito 193 Stati (ovvero, la quasi totalità degli Stati), tra i quali l'Italia nel 1955. Nel 2011 è entrato a far parte delle Nazioni Unite il Sudan del Sud. Con Risoluzione adottata il 29 novembre 2012 lo Stato di Palestina ha ottenuto lo status di Osservatore nell'ONU come Città del Vaticano. Ha sede a **New York** (***Palazzo di vetro***) dal 1951. L'ONU di regola manifesta le proprie decisioni attraverso **risoluzioni**.
Attribuzioni: mantenere la pace e la sicurezza internazionale; promuovere lo sviluppo economico, sociale e culturale dei popoli; diffondere il rispetto dei diritti e delle libertà fondamentali dell'uomo (si pensi all'emanazione nel 1948 della solenne "**Dichiarazione universale dei diritti dell'uomo**" in cui si affermano i diritti individuali, civili, politici, economici, sociali, culturali di ogni persona).

Organi principali
Assemblea generale. Costituita dai rappresentanti degli Stati membri, non più di 5 per Paese. Ogni Stato membro dispone in Assemblea di un solo voto. **È l'**organo deliberante e detiene poteri limitati, potendo adottare solo delle ***raccomandazioni*** (ovvero, delle mere esortazioni indirizzate ad un determinato Stato). Ha funzioni consultive. Attualmente sono esclusi dall'Assemblea: Taiwan e Città del Vaticano. Ha il compito di eleggere i membri del Consiglio Economico e Sociale dell'ONU. L'Assemblea si riunisce in sessioni ordinarie annuali.
Consiglio di Sicurezza. Composto da 15 membri, dei quali **5 a titolo permanente**: USA, Russia, Cina, Francia e Gran Bretagna; ciascuno di questi 5 Stati membri gode del diritto di veto ovvero del potere di impedire, con la sola propria opposizione, l'adozione di una qualsi-

asi delibera da parte del Consiglio. Gli altri dieci Stati membri del Consiglio siedono per soli due anni e sono eletti dall'Assemblea. È l'organo operativo che dispone di maggiori poteri. Ad esso è concesso di adottare misure di sicurezza che implicano l'uso della forza armata. Le **decisioni** del Consiglio, se riguardano questioni non procedurali, necessitano di una maggioranza di almeno 9/15 di membri e di tutti i 5 membri permanenti.

Segretario generale. Organo amministrativo (non militare) rappresentativo dell'ONU, che svolge soprattutto funzioni esecutive e di coordinamento delle strutture burocratiche. Esso è eletto ogni **5 anni** dall'Assemblea Generale su raccomandazione del Consiglio di Sicurezza ed è membro permanente del Consiglio di Sicurezza senza diritto di voto.

ELENCO DEI SEGRETARI GENERALI

N.	NOME	NAZIONE	DURATA MANDATO	MOTIVO DEL RITIRO
	Gladwyn Jebb	Regno Unito	24 ottobre 1945 - 1° febbraio 1946	Mandato provvisorio
1	**Trygve Lie**	Norvegia	1° febbraio 1946 - 10 novembre 1952	Dimissionario
2	**Dag Hammarskjöld**	Svezia	10 aprile 1953 - 18 settembre 1961	Deceduto in un incidente aereo in Rhodesia Settentrionale
3	**U Thant**	Birmania	30 novembre 1961 - 31 dicembre 1971	Eletto per tre mandati, rifiutò il quarto
4	**Kurt Waldheim**	Austria	1° gennaio 1972 - 31 dicembre 1981	La Cina pose il veto per un terzo mandato
5	**Javier Pérez de Cuéllar**	Perù	1° gennaio 1982 - 31 dicembre 1991	Eletto per due mandati, rifiutò il terzo
6	**Boutros Boutros-Ghali**	Egitto	1° gennaio 1992 - 31 dicembre 1996	Gli Stati Uniti posero il veto per un secondo mandato
7	**Kofi Annan**	Ghana	1° gennaio 1997 - 31 dicembre 2006	Ritirato dopo due mandati pieni
8	**Ban Ki-moon**	Corea del Sud	1° gennaio 2007 - 31 dicembre 2016	Ritirato dopo due mandati pieni
9	**António Guterres**	Portogallo	1° gennaio 2017-	Segretario generale in carica

Corte Internazionale di Giustizia dell'Aja. Tribunale composto da 15 giudici, delle diverse nazionalità, che decide delle controversie tra Stati, sempre che esse siano deferite dai contendenti.

Occorre Sapere

Le forze di protezione delle Nazioni Unite vengono comunemente definite **Caschi blu**.
Nel 2001 le Nazioni Unite e il Segretario Generale Kofi Annan furono insigniti del **Premio Nobel** per la pace.
Il 24 ottobre gli organi pubblici italiani organizzano eventi collegati alla celebrazione della **giornata delle Nazioni Unite**.
Il **Programma alimentare mondiale dell'ONU** (**WFP**) ha sede a Roma.
Svizzera e Timor est sono entrati a far parte delle Nazioni Unite nel 2002.
Il 1° luglio 1968 è stato approvato dall'Assemblea generale dell'ONU il **Trattato di non proliferazione nucleare**.
L'**art. 16 della Dichiarazione Universale dei Diritti dell'Uomo** afferma che la **famiglia** è il nucleo naturale e fondamentale della società.
Alla **Francia** appartiene la prima Dichiarazione dei Diritti dell'Uomo e del Cittadino.
L'Assemblea Generale delle Nazioni Unite ha proclamato la **Dichiarazione dei Diritti del Bambino**.
Nel 1989 l'ONU ha adottato la Convenzione Internazionale per i diritti dell'Infanzia.

3.2.2.1 Altri organi e organizzazioni collegate all'ONU

Mirano alla cooperazione tra gli Stati in particolari settori.

Organizzazione Internazionale del Lavoro (OIL). Agenzia specializzata delle Nazioni Unite con sede in Ginevra, promuove l'adozione da parte degli Stati membri di misure legislative a protezione del lavoro subordinato (giustizia sociale e lavoro).

Organizzazione per l'Alimentazione e l'Agricoltura (FAO). Con sede in Roma, si occupa dei problemi dell'alimentazione e dello sviluppo delle tecniche agricole. Scopi: elevazione dei livelli di nutrizione e degli standard di vita; lotta contro la fame e modernizzazione delle tecniche agricole, così da favorire per quanto possibile l'autosufficienza alimentare; ricerca e diffusione di tecnologie moderne e razionali per sconfiggere la fame.

Conferenza sul commercio e lo sviluppo (UNCTAD). Con sede in Ginevra, agisce per promuovere accordi e relazioni economiche a favore dei Paesi in via di sviluppo.

Fondo Monetario Internazionale (FMI). Con sede in Washington, ha come obiettivo di armonizzare le politiche finanziarie e monetarie degli Stati membri. Ha iniziato ad operare nel 1946 istituito a seguito delle decisioni di ***Bretton Woods***.

Fondo per l'Infanzia (UNICEF). Con sede in New York, adotta misure a tutela dell'infanzia nel mondo.

Organizzazione per l'Educazione, la Scienza e la Cultura (UNESCO). Con sede in Parigi, ha il compito di valorizzare la cultura, favorendo, tra l'altro, programmi di scolarizzazione e di istruzione.

Organizzazione per il Commercio Mondiale (WTO o OMC). Con sede in Ginevra, tende a promuovere i rapporti commerciali tra gli Stati, favorendo programmi e accordi in materia di liberalizzazione dei servizi e del commercio. Ha come obiettivo quello dell'abolizione o della riduzione delle barriere tariffarie al commercio internazionale dei beni commerciali, dei servizi e delle proprietà intellettuali.

Organizzazione Mondiale per la Sanità (WHO). Con sede in Ginevra, ha come obiettivo di diffondere le tecniche più evolute in materia sanitaria, nonché di controllare la diffusione nel mondo di malattie e fonti patologiche. L'obiettivo è il raggiungimento da parte di tutte le popolazioni del livello più alto possibile di salute.

Programma delle Nazioni Unite per l'ambiente (UNEP). Con sede a Nairobi, Kenya, redige e aggiorna di continuo il «*Registro internazionale delle sostanze chimiche potenzialmente tossiche*» **che raccoglie informazioni e consigli su sostanze che possono essere nocive per la salute e** l'ambiente.

Banca Mondiale (IBRD). Con sede in Washington, istituita nel 1944, ha lo scopo di favorire lo sviluppo economico dei Paesi membri e di quelli poveri.

Consiglio Economico e Sociale (ECOSOC). Con sede a New York, composto da 54 membri eletti dall'Assemblea, ha il compito relativo alle questioni internazionali economiche, sociali, culturali, educative e sanitarie. Ha fondato il *Programma alimentare mondiale.*

Alto Commissariato delle Nazioni Unite per i Rifugiati (ACNUR o UNHCR). Con sede a Ginevra, assicura la protezione ai rifugiati.

Corte penale internazionale. Con sede all'Aja nei Paesi Bassi, assicura che i crimini internazionali più gravi non rimangano impuniti. Esercita la sua ***giurisdizione*** relativamente alle controversie tra Stati.

Istituto internazionale per la ricerca sul crimine e la giustizia (UNICR). Ha sede a Torino.

Commissione economica e sociale ONU per: l'Asia e il Pacifico, ha sede a Bangkok; l'Asia Occidentale, ha sede a Beirut; l'America Latina e i Caraibi, ha sede a Santiago; l'Africa, ha sede a Addis Abeba; l'Europa (UNECE) ha sede a Ginevra.

3.2.3 *Altre Organizzazioni internazionali*

Organizzazione del Trattato del Nord Atlantico (NATO). Fondata nel 1949 da 16 Paesi, con il Trattato di Washington, ha lo scopo di coordinare la difesa militare degli Stati occidentali contrapposti al blocco sovietico (i Paesi che gravitavano intorno all'ex URSS erano invece organizzati nel **Patto di Varsavia**, istituito nel 1955 e sciolto nel 1991).

Ne fanno parte 29 Paesi, suddivisi per anno di entrata: **1949**: Belgio, Canada, Danimarca, Francia (rientrata nel Comitato Militare Integrato della NATO nel marzo 2009, dopo ben 43 anni di assenza), Islanda, **Italia**, Lussemburgo, Norvegia, Paesi Bassi, Portogallo, Regno Unito, USA; **1952**: Grecia, Turchia; **1955**: Germania; **1982**: Spagna; **1999**: Polonia, Repubblica Ceca, Ungheria; **2004**: Bulgaria, Estonia, Lettonia, Lituania, Romania, Slovacchia, Slovenia; **2009**: Albania, Croazia; **2017**: Montenegro.

> ***Occorre Sapere***
>
> La NATO non ha mai ricevuto il premio Nobel per la pace.

La sede è a **Bruxelles** e gli organi sono: il **Consiglio Atlantico** e il **Comitato Militare**. L'incarico di **Segretario Generale** della NATO è stato assegnato nel 2014 al norvegese **Jens Stoltenberg**.

Consiglio d'Europa (**CdE**). È un'organizzazione internazionale il cui scopo è promuovere la democrazia, i diritti umani, l'identità culturale europea e la ricerca di soluzioni ai problemi sociali in Europa. Il Consiglio d'Europa fu fondato il 5 maggio 1949 con il Trattato di Londra e conta oggi 47 Stati membri. È estraneo all'Unione europea e non va confuso con organi di quest'ultima, quali il Consiglio dell'Unione europea o il Consiglio europeo.

La sua sede istituzionale è a **Strasburgo**, in Francia, nel Palazzo d'Europa. Lo strumento principale d'azione consiste nel predisporre e favorire la stipulazione di accordi o convenzioni internazionali tra gli Stati membri e, spesso, anche fra Stati terzi. Le iniziative del Consiglio d'Europa non sono vincolanti e vanno ratificate dagli Stati membri.

I principali organi del Consiglio d'Europa sono: il Comitato dei Ministri del Consiglio d'Europa, il Segretario generale del Consiglio d'Europa, l'Assemblea parlamentare del Consiglio d'Europa e il Congresso dei poteri locali e regionali.

La Convenzione europea per la salvaguardia dei diritti dell'uomo e delle libertà fondamentali è stata redatta e adottata nell'ambito del Consiglio d'Europa.

Il 17 ottobre 1989 gli è stato riconosciuto lo status di osservatore dell'Assemblea generale delle Nazioni Unite.

> ***Occorre Sapere***
>
> Il Consiglio d'Europa nel 1989 evidenzia le relazioni e i processi che si stabiliscono tra soggetti o gruppi appartenenti a culture ed etnie diverse. In tale contesto vuole affermare la necessità di dover adattare l'insegnamento alle nuove esigenze imposte dal contesto multietnico, pluriculturale e pluriconfessionale della società.

Corte europea dei diritti dell'uomo (CEDU). È una Corte internazionale istituita nel 1959 che si pronuncia sui ricorsi individuali o statali inerenti alle presunte violazioni dei diritti civili e politici stabiliti dalla Convenzione europea dei diritti dell'uomo. Dal 1998, la Corte è organo permanente e può essere adita direttamente dagli individui.

La Corte ha sede a **Strasburgo** e non ha nulla a che vedere con la Corte di giustizia dell'Unione europea.

La **Convenzione europea per la salvaguardia dei diritti dell'uomo e delle libertà fondamentali**, che ha istituito la Corte, è un trattato internazionale redatto dal Consiglio d'Europa.

È stata firmata a Roma il 4 novembre 1950 ed è stata ratificata (o vi è stata l'adesione) da parte di tutti i 47 Stati membri del Consiglio.
La Corte svolge una funzione sussidiaria rispetto agli organi giudiziari nazionali, ossia è possibile ricorre alla CEDU solo quando tutte le vie di ricorso interne (quindi, in Italia fino alla Cassazione) siano state esaurite.
Organizzazione per la sicurezza e la cooperazione in Europa (OSCE). Ricomprende gli Stati europei, gli USA e il Canada, il suo scopo è quello del mantenimento della pace.
Organizzazione per la Cooperazione e lo Sviluppo Economico (OCSE). Istituita con la Convenzione per la Cooperazione e lo Sviluppo Economico, firmata il 14 dicembre 1960 ed entrata in vigore il 30 settembre 1961, con sede in Parigi, raggruppa i Paesi maggiormente industrializzati nel mondo e si preoccupa di favorire lo sviluppo economico degli Stati membri e di quelli in via di sviluppo, nonché di favorire il commercio internazionale.
Croce Rossa Italiana (CRI). Con sede a Ginevra, il comitato internazionale della Croce Rossa è attivo dall'anno 1863. Responsabilità del comitato è quello di proteggere la vita e la dignità delle vittime di conflitti armati e di altre situazioni di violenza, e di portar loro assistenza. Nel 1996, la Croce Rossa ha ricevuto il ***Premio Balzan*** per l'umanità.
EFTA (Associazione europea di libero scambio). Nel 1960 fu firmata la Convenzione di Stoccolma che istituiva l'EFTA, una zona europea di libero scambio; vi aderirono 7 Stati: Austria, Danimarca, Norvegia, Portogallo, Svezia, Svizzera e Regno Unito. Gli attuali membri sono Norvegia, Svizzera, Islanda e Liechtenstein. La sede è a Ginevra, ma l'associazione ha uffici a Bruxelles e nel Lussemburgo.
NAFTA. Istituzione economica del continente americano formata da Stati Uniti, Canada e Messico.
Mercosur. Mercato comune dell'America meridionale con sede a Montevideo, in Uruguay. L'organizzazione fu istituita con il ***Trattato di Asunción*** firmato il 26 marzo 1991 da Brasile, Argentina, Uruguay e Paraguay
Interpol. Organizzazione internazionale per la cooperazione di polizia ed il contrasto al crimine internazionale. Nata nel 1923 a Vienna; Il 15 ottobre 1996 le è stato riconosciuto lo status di osservatore dell'Assemblea generale dell'ONU.
OPEC. Organizzazione fondata nel 1960, comprende dodici Paesi che si sono associati, formando un ***cartello economico***, per negoziare con le compagnie petrolifere aspetti relativi alla produzione di petrolio, prezzi e concessioni. La sede è a Vienna.

3.2.4 Organizzazioni internazionali non governative (ONG)

Amnesty International. È un'organizzazione economicamente indipendente fondata in Inghilterra nel 1961 che lotta contro le violazioni fisiche e morali della dignità della persona umana. Nel 1977 ha ottenuto il Premio Nobel per la pace. Ha denunciato i governi che compivano violazioni contro i diritti umani. Tra le finalità di *Amnesty International* vi è anche l'abolizione della pena di morte. Il simbolo è la "***candela nel filo spinato***". Il logo richiama la recinzione di un campo di prigionia.
Il Club di Roma. Con sede in Svizzera, è un'organizzazione formata da scienziati, economisti, uomini d'affari, attivisti dei diritti civili, alti dirigenti pubblici internazionali e da capi di Stato.
Altre ONG: **World Wildlife Fund; Greenpeace; Medici senza Frontiere**.

L'organismo internazionale definito "**Società delle Nazioni**" fu creato dopo la fine della prima guerra mondiale.

FLASH AUTORITÀ AMMINISTRATIVE INDIPENDENTI

Garante per la protezione dei dati personali

Il **Garante per la protezione dei dati personali** è un'autorità amministrativa indipendente istituita dalla legge n. 675 del 31 dicembre 1996 (cosiddetta *legge sulla privacy*), per assicurare la tutela dei diritti e delle libertà fondamentali e il rispetto della dignità nel trattamento dei dati personali.
Con l'entrata in vigore del *Codice in materia di protezione dei dati personali* (meglio noto come *Codice della privacy*), approvato con il D.Lgs. n. 196 del 30 giugno 2003, la legge n. 675/1996 è stata abrogata.
Il *Garante* è costituito da 4 membri, eletti da ciascuno dei due rami del Parlamento (2 ciascuno), i quali eleggono uno di loro come Presidente, il voto del quale prevale in caso di parità. Sono scelti tra persone che assicurino indipendenza e che siano esperti riconosciuti nelle materie del diritto o dell'informatica. Il mandato dura sette anni e non è rinnovabile.
A seguire, la tabella con i Presidenti del Garante succedutisi nel tempo.

N.	PRESIDENTE	IN CARICA DA	FINO A
1	Stefano Rodotà	17 marzo 1997	16 marzo 2001
2	Stefano Rodotà	19 marzo 2001	18 aprile 2005
3	Francesco Pizzetti	18 aprile 2005	18 giugno 2012
4	Antonello Soro	19 giugno 2012	28 luglio 2020
5	Pasquale Stanzione	29 luglio 2020	*in carica*

Autorità per le garanzie nelle comunicazioni (AGCOM)

L'**Autorità per le garanzie nelle comunicazioni** (**AGCOM**) è un'autorità italiana di regolazione e garanzia, istituita con legge n. 249/1997. Ha sede principale a Napoli e sede secondaria operativa a Roma, con il duplice compito di assicurare la corretta competizione degli operatori sul mercato e di tutelare il pluralismo e le libertà fondamentali dei cittadini nel settore delle telecomunicazioni, dell'editoria, dei mezzi di comunicazione di massa e delle poste.
A seguire, la tabella con i presidenti del Collegio succedutisi nel tempo.

PRESIDENTI	
Mario Sinopoli	(1981-1987)
Giuseppe Santaniello	(1987-1996)
Francesco Paolo Casavola	(1996-1997)
Enzo Cheli	(1998-2005)
Corrado Calabrò	(2005-2012)
Angelo Marcello Cardani	(2012-2020)
Giacomo Lasorella	(2020 - *in carica*)

Autorità garante della concorrenza e del mercato (AGCM)

L'**Autorità garante della concorrenza e del mercato**, nota anche come **Antitrust** o **AGCM**, è un'autorità amministrativa indipendente italiana, istituita con la legge n. 287/1990, per la tutela della concorrenza e del mercato, ha compiti di vigilanza sulle intese restrittive della

concorrenza, sugli abusi di posizione dominante, nonché di controllo e valutazione sui casi di concentrazione di imprese che comportino la costituzione o il rafforzamento di posizioni dominanti restrittive della concorrenza.
L'Autorità è costituita da 3 componenti, di cui uno è il Presidente, sono nominati dai Presidenti di Camera e Senato; ciascuno dura in carica 7 anni, non rinnovabili.
A seguire tabella con i presidenti del Collegio succedutisi nel tempo.

PRESIDENTI	
Francesco Saja	(1990-1994)
Giuliano Amato	(1994-1997)
Giuseppe Tesauro	(1998-2005)
Antonio Catricalà	(2005-2011)
Giovanni Pitruzzella	(2011-2018)
Roberto Rustichelli	(2018-*in carica*)

GLOSSARIO

Aggiotaggio: rialzo o ribasso fraudolento di prezzi sul pubblico mercato o nelle borse di commercio
Amnistia (art. 79 Cost.): provvedimento di clemenza concesso dal capo dello Stato, con legge deliberata a maggioranza dei due terzi dei componenti di ciascuna Camera, con cui rinuncia all'applicazione della pena per determinati reati (anche puniti con la pena dell'ergastolo). Il termine per l'applicazione dell'amnistia è stabilito dalla legge che la concede. L'amnistia non può riguardare reati commessi successivamente alla presentazione del relativo disegno di legge. È una causa di estinzione del reato
Appalto pubblico: contratto a titolo oneroso stipulato da uno o più operatori economici ed una pubblica amministrazione ed avente ad oggetto l'esecuzione di lavori, la prestazione di servizio, la fornitura di prodotti e la prestazione di servizi

Bene: secondo il Codice Civile consiste in ciò che può formare oggetto di diritti

CCT: Certificato di Credito del Tesoro
Codice: raccolta di norme giuridiche relative a una determinata materia
Collegio: insieme di persone che svolgono una determinata funzione
Concordato: accordo stipulato tra due parti o due Stati per regolamentare i rapporti
Console: diplomatico a cui lo Stato affida, nelle più importanti città di un Paese straniero, compiti di tutela dei propri cittadini e incarichi di natura amministrativa, giurisdizionale e di rappresentanza
Contratto: accordo di due o più parti per costruire, regolare o estinguere tra loro un rapporto giuridico patrimoniale
Costituzione: carta costituente l'ordinamento fondamentale di uno Stato

Decentramento amministrativo: trasferimento di funzioni da un organo dello Stato ad organi periferici
Demagogia: inganno di massa per indurre a votare o sostenere un uomo o un partito
Dimora: sede in cui la persona abita e svolge in maniera continuativa la propria vita
Divorzio: scioglimento del matrimonio civile. Inteso sia come scioglimento del vincolo matrimoniale sia come cessazione degli effetti civili del matrimonio
Domicilio fiscale delle persone fisiche: è il luogo nel quale nasce l'obbligazione tributaria
Domicilio: luogo fisico in cui l'interessato sceglie formalmente di fissare la sede principale dei propri affari e interessi; di conseguenza il domicilio resta tale anche se di fatto l'interessato non vi dimora, al contrario che per la residenza. Per le persone giuridiche non si parla di domicilio ma di **sede**

Funzione monetaria: funzione di una banca di emettere moneta nel sistema economico

Giustizia: attività che realizza il diritto mediante l'**interpretazione** e l'applicazione delle leggi. L'interpretazione della legge spetta al giudice, nel momento in cui egli va ad applicarla.
Grazia (art. 87 Cost.): provvedimento individuale di clemenza concesso con decreto dal Presidente del-

la Repubblica che condona la pena principale in tutto o in parte o la sostituisce con altra meno grave

Imperialismo: tendenza di uno Stato a espandere il proprio dominio e ad esercitare la propria egemonia su altre nazioni
Indulto (art. 79 Cost.): provvedimento di clemenza a carattere generale concesso con legge approvata a maggioranza dei due terzi dei componenti di ciascuna Camera, con il quale viene condonata in tutto o in parte la pena inflitta per un reato punito anche con la pena dell'ergastolo
Inefficace: atto amministrativo inidoneo a produrre gli effetti giuridici propri perché non si sono ancora verificati i requisiti di efficacia
Integralismo: tendenza ad applicare in modo eccessivamente rigoroso la propria ideologia in ogni aspetto della vita

Légge: riferimento alla deliberazione di un organo pubblico investito di funzioni legislative che fissa comportamenti vincolanti

Matrimonio concordatario: matrimonio canonico trascritto al quale lo Stato riconosce, a certe condizioni, effetti civili

Patria: terra propria di un popolo, a cui ciascuno degli abitanti sente di appartenere come parte di una collettività per esservi nato o per vincoli affettivi o culturali

Perdono giudiziale: causa di estinzione del reato (art. 169 c.p.) indirizzato ai soli minori, ovvero ai soggetti che al momento della commissione del fatto abbiano compiuto i quattordici anni e non ancora i diciotto.
Plebiscito: istituto con cui il popolo è chiamato ad approvare o disapprovare un fatto che riguarda la struttura dello Stato o del governo

Residenza: come la dimora, è una situazione non formale, ma di fatto, caratterizzata però da maggior stabilità temporale (abitualità). Difatti, la residenza di una persona è nel luogo in cui il soggetto dimora abitualmente, cioè stabilmente pernotta ed è personale

Sancire: indica lo stabilire e riconoscere qualcosa come valido mediante una legge
Silenzio-assenso: si intende, in diritto amministrativo, la fattispecie in cui la legge attribuisce al silenzio della Pubblica Amministrazione il valore di accoglimento di un'istanza

Uguaglianza: assenza di differenze nell'ambito di un gruppo sociale; può essere ***formale*** e ***sostanziale*** in rapporto alle situazioni concrete

Welfare State: consiste nell'erogazione a tutti i cittadini, prescindendo dal reddito, di servizi sociali a titolo gratuito o semigratuito

OCCORRE SAPERE

PERSONAGGI POLITICI
Gianni Lettieri era il candidato a Sindaco del Centro Destra alle elezioni amministrative 2016 per **Napoli**, mentre **Valeria Valente** il candidato del Centro Sinistra; **Matteo Brambilla** è stato il candidato a Sindaco del Movimento 5 Stelle, mentre il candidato di Sinistra Italiana è stato **Luigi de Magistris**, poi eletto.
Chiara Appendino è stato il candidato a Sindaco del Movimento 5 Stelle, poi eletto, alle elezioni amministrative 2016 per **Torino**, mentre il candidato del Partito Democratico è stato **Piero Fassino**; **Giorgio Airaudo** è stato il candidato a Sindaco di Sinistra Italiana
Virginia Raggi è stato il candidato a Sindaco del Movimento 5 Stelle, poi eletto, alle elezioni amministrative 2016 a **Roma**, mentre il candidato del Partito Democratico è stato **Roberto Giachetti**; **Mario Adinolfi** è stato candidato a Sindaco del Popolo della Famiglia; **Alfio Marchini** è stato il candidato delle liste civiche e Forza Italia; **Giorgia Meloni** è stato il candidato a Sindaco di Fratelli d'Italia.
Gianluca Corrado è stato il candidato a Sindaco del Movimento 5 stelle alle elezioni amministrative 2016 per **Milano**, mentre il candidato del Partito Comunista dei Lavoratori è stato **Natale Azzaretto; Stefano Parisi** è stato il candidato della coalizione di Centro Destra; **Maria Teresa Baldini** è stato il candidato a Sindaco di "Fuxia People"; **Marco Cappato** è stato candidato a Sindaco dei Radicali.
Virginio Merola è stato il candidato a Sindaco del Partito Democratico alle elezioni amministrative 2016 per **Bologna**, mentre il candidato della coalizione di Centro Destra è stato **Lucia Borgonzoni**; **Massimo Bugani** è stato il candidato a Sindaco per il Movimento 5 Stelle.
Roberto Celano è stato il candidato a Sindaco per la Lista Civica "Celano sindaco" e "Attiva Salerno" alle elezioni amministrative 2016 a **Salerno**.
Massimo Zedda è stato candidato a Sindaco ed eletto dal 2016 a **Cagliari** per il Centro Sinistra, mentre **Antonietta Martinez** è stato candidato per il Movimento 5 Stelle.

Massimo Cialente era Sindaco de l'Aquila a tutto maggio 2017.
Andrea Romizi è Sindaco di Perugia a tutto ottobre 2017.
Marco Alessandrini è Sindaco di Pescara a tutto ottobre 2017.
Mattia Palazzi è Sindaco a Mantova a tutto ottobre 2017.
Luigi Brugnaro è Sindaco a Venezia dal 2015.
Flavio Tosi è stato Sindaco a Verona per un secondo mandato dal 2012 a giugno 2017.
Marco Filippeschi è Sindaco di Pisa a tutto ottobre 2017.
Renzo Caramaschi è il Sindaco di Bolzano, eletto alle elezioni amministrative con il ballottaggio.
Enrico Berlinguer non fece parte della Commissione per la Costituzione istituita nel 1946.
Massimo D'Alema, il 17 maggio 2006, è stato nominato Ministro degli Esteri e Vicepresidente del Consiglio nel secondo Governo Prodi.
Giuseppe Saragat nominò senatore a vita per meriti in campo letterario e artistico **Eugenio Montale**.
Antonio Cassese è il magistrato italiano che è stato Presidente del Tribunale internazionale per i crimini commessi nell'ex-Jugoslavia
Gherardo Colombo è l'ex Magistrato del pool Mani Pulite che si è dedicato alla diffusione dell'educazione alla legalità nelle scuole italiane.
Giuseppe Mussari è stato presidente dell'ABI (Associazione Bancaria Italiana).
Irene Pivetti è stata la più giovane Presidente della Camera della storia italiana.
Marco Pannella, importante leader politico italiano del partito radicale, è deceduto il 20 maggio del 2016.
Umberto Bossi, personaggio politico della Lega Nord, fu condannato per vilipendio alla bandiera.
Susanna Camusso è il Segretario Generale della CGIL, a tutto ottobre 2017

CODICE DELLA STRADA

Il Codice della Strada classifica le **strade** nei seguenti tipi: autostrade, strade extraurbane principali, strade extraurbane secondarie, strade urbane di scorrimento, strade urbane di quartiere, strade locali, itinerari ciclopedonali.
Ai sensi del Codice della strada, la **delimitazione del centro abitato** è di competenza del Comune.
Una **strada vicinale**, secondo il Codice della strada, è definita strada privata fuori dai centri abitati ad uso pubblico.
L'espletamento dei servizi di polizia stradale previsti dal Codice della strada spetta in via principale alla specialità **Polizia Stradale** della Polizia di Stato.
La manovra con cui un veicolo supera un altro veicolo, un animale o un pedone in movimento o fermi sulla corsia destinata normalmente alla circolazione, si dice **sorpasso**.
La **carta di circolazione** è il documento che identifica un veicolo con i suoi dati tecnici.
Il documento, obbligatorio, che certifica l'idoneità alla guida di determinati autoveicoli, tra cui l'automobile, si dice **patente**; essa viene rilasciata dalla **Motorizzazione civile**.
La patente di guida necessaria per condurre autoveicoli per trasporto di persone e di cose con massimo di 9 posti totali è di **categoria B**.
In Italia, l'età minima per conseguire oggi la **patente AM** è 14 anni.
La definizione di **neopatentato** vale per chi ha conseguito la patente di guida da meno di 3 anni.
La tassa sull'automobile basata sulla potenza del veicolo, e versata alle Regioni, si chiama **bollo auto**.
È un **"veicolo a braccia"** secondo il Codice della Strada un veicolo spinto o trainato dall'uomo a piedi.
La **corsia d'emergenza** è la corsia delle strade a più corsie, destinata alla sosta dei veicoli in avaria o in difficoltà e alla circolazione dei veicoli di controllo, assistenza e soccorso.
Una **carreggiata** è una parte della strada destinata allo scorrimento dei veicoli.
In autostrada è obbligatorio rispettare la **distanza di sicurezza**. Ogni veicolo, rispetto al veicolo che lo precede, deve sempre tenersi la distanza di sicurezza.
Il **semaforo** è il segnale luminoso che possiamo incontrare lungo le strade, nei pressi di passaggi pedonali o incroci.
Il segnale stradale che indica «**obbligo di svolta a destra**» è di colore bianco e blu.
I segnali stradali che impongono ai conducenti di tenere un comportamento prudente si dicono **segnali di pericolo** e sono di forma triangolare.
I **segnali stradali di divieto** hanno una forma rotonda.
I **segnali** che rendono noti **obblighi**, **divieti** e **limitazioni** a cui gli utenti della strada devono uniformarsi si dicono **segnali di prescrizione**.
Il segnale stradale che indica «**dare la precedenza**» è di colore bianco e rosso.
Il **proiettore di profondità** è il dispositivo che serve ad illuminare in profondità la strada antistante
L'**art. 115 del Codice della Strada** elenca anche i requisiti per la conduzione di animali.
A norma della Legge 120 del 2010, che ha modificato il Codice della Strada i proprietari delle strade, con un'ordinanza specifica, possono prescrivere l'uso di pneumatici da neve o di avere catene a bordo.
La **velocità massima** di un veicolo in autostrada non può superare i 130 km/h.
In autostrada è assolutamente vietato fare l'autostop, concedere passaggi, fare retromarcia, superare a destra
La guida con **tasso alcolemico maggiore di 0,5 e fino a 0,8 g/l** prevede due sanzioni amministrative: il pagamento di una somma da euro 500 a eu-

ro 2.000 e la sospensione della patente di guida da tre a sei mesi.
La guida con **tasso alcolemico maggiore di 0,8 e fino a 1,5 g/l** prevede due sanzioni amministrative: l'ammenda da euro 800 a euro 3.200, l'arresto fino a sei mesi e la sospensione della patente di guida da sei mesi a un anno.
La guida con **tasso alcolemico maggiore a 1,5 g/l** prevede l'ammenda da euro 1.500 a euro 6.000, l'arresto da sei mesi a un anno e la sospensione della patente di guida da uno a due anni.

DIRITTO PENALE
Il nostro codice penale è anche chiamato "**Codice Rocco**".
Secondo le disposizioni dell'art. 5 del codice penale, nessuno può invocare a propria scusa l'**ignoranza della legge** penale tranne i casi di ignoranza inevitabile.
La **responsabilità penale** è personale; per «**responsabilità penale personale**» si intende che risponde penalmente di un reato, riconosciuto tale dalla legge, solo colui che lo ha commesso.
In base al principio di presunzione di innocenza, un imputato viene considerato **innocente** fino al momento in cui viene emessa una sentenza di condanna definitiva.
I **reati** sono individuati dal diritto penale.
Nel vigente Codice penale italiano i reati sono distinti in **delitti** e **contravvenzioni**. Le pene previste per i delitti sono: ***ergastolo*** (pena detentiva a vita), ***reclusione*** e ***multa***; per le contravvenzioni sono: ***arresto*** e ***ammenda***.
L'**arresto** è la limitazione della libertà personale in caso di flagranza di reato.
Un cittadino può procedere all'**arresto** di un altro cittadino soltanto nei casi tassativamente previsti dalla legge.
In diritto penale con il termine **aggravante** si intendono le circostanze del reato che fanno aumentare la relativa pena.
Ai sensi dell'art. 101 del c.p., sono considerati **reati della stessa indole**, tra gli altri, quelli che violano una stessa disposizione di legge.
Il **reato di peculato** può essere commesso solo dal pubblico ufficiale o dall'incaricato di pubblico servizio.
La legge può prevedere l'adozione, da parte dell'autorità di pubblica sicurezza, di provvedimenti provvisori che **limitano la libertà personale** solo in casi eccezionali di necessità ed urgenza, indicati tassativamente dalla legge stessa.
L'**omicidio** è la morte di un uomo cagionata da un altro uomo con dolo, colpa o preterintenzione, senza il concorso di cause di giustificazione.
La legge ordinaria stabilisce i limiti massimi della **carcerazione preventiva**.
Si definisce **soggetto passivo** del reato chi è titolare del bene o interesse tutelato dalla norma che è stato ingiustamente colpito.
La **confisca** è la misura di sicurezza non detentiva.
Il **dibattimento** è una fase del processo penale.
Il termine **maxi-processo** indica un processo penale con elevato numero di imputati per lo stesso reato.
L'**uxoricidio** è la forma di omicidio aggravato in quanto commesso contro la propria moglie.
La forma più lieve di dolo è il **dolo eventuale**.
L'effetto di una **sentenza penale irrevocabile** può essere, a norma della Costituzione, alla base della limitazione del diritto di voto.
I **delitti** non possono essere estinti prima del giudizio mediante **oblazione**.
La **corruzione** è un delitto contro la Pubblica Amministrazione.
Nel **reato continuato**, il disegno criminoso è il progetto di compiere più reati, deliberato nelle linee essenziali.
L'**amnistia**, nel nostro ordinamento, è una causa di estinzione del reato.
A norma della Costituzione nell'ambito del processo penale, tra gli altri, è possibile la formazione della prova senza contraddittorio delle parti, in caso di accertata impossibilità di natura oggettiva, secondo quanto stabilito dalla legge
L'**obiezione di coscienza** nell'ordinamento italiano è ammessa solo in ipotesi tassativamente determinate per legge
La **pericolosità sociale** è un grado particolarmente intenso di capacità a delinquere e costituisce il presupposto per l'applicazione di una ***misura di sicurezza.***
Nel febbraio del 1996 viene approvata la nuova legge sulla violenza sessuale. In base ad essa lo **stupro** è considerato un reato contro la persona.
Il termine giuridico che indica il furto del bestiame è **abigeato**.
Ai sensi dell'art. 133 del c.p. la **capacità a delinquere** del soggetto va desunta da una serie di elementi tra i quali precedenti penali e giudiziari
Nel 1989 è stato emanato il **codice di procedura penale** attualmente in vigore
Nel 1972 fu approvata la legge che riconobbe l'**obiezione di coscienza** come servizio sostitutivo del servizio militare
La circostanza del reato si dice **attenuante** quando importa una diminuzione della pena da un punto di vista quantitativo o da quello qualitativo.
Nel caso di **concorso di reati**, la durata massima delle pene accessorie temporanee non può superare nel complesso cinque anni se si tratta della sospensione dall'esercizio di una professione o di un'arte
Quando da una azione od omissione deriva un evento dannoso o pericoloso più grave di quello vo-

luto dall'agente si determina la fattispecie del **delitto preterintenzionale**

DIRITTO CIVILE

Il **Codice Civile** Italiano è una legge ordinaria dello Stato approvata nel 1942 e promulgata da Vittorio Emanuele III. È suddiviso in **sei libri**; il **Libro Terzo** si occupa della **Proprietà**.

Le situazioni giuridiche soggettive si distinguono in attive (o di vantaggio) e passive (o di svantaggio). Nella prima categoria rientra il **diritto potestativo**.

Le **potestà** costituiscono dei poteri attribuiti ad un soggetto per la tutela di interessi che non fanno capo direttamente a lui.

Sono consentiti cambiamenti, aggiunte o rettifiche al proprio **nome** solo nei casi e con le formalità indicati dalla legge.

Ai sensi del nostro Codice Civile lo **pseudonimo**, se ha acquistato l'importanza di un nome, può essere tutelato.

I **diritti di utilizzazione economica di un'opera** durano tutta la vita dell'autore e sino al termine del settantesimo anno solare dopo la sua morte. I **diritti morali su un'opera** possono essere tutelati anche dopo la morte dell'autore, senza limite di tempo dal coniuge e dai figli, in loro mancanza dai genitori e da ascendenti e discendenti diretti; dai fratelli e dai loro discendenti.

Il **testamento** è un atto revocabile dal contenuto patrimoniale e non patrimoniale.

La nascita del **rapporto giuridico** è oggetto di apposito accordo scritto tra i soggetti interessati.

La **persona giuridica** è un complesso organizzato di persone e di beni rivolto ad uno scopo al quale la legge riconosce la qualifica di soggetto di diritto. Essa è caratterizzata dall'autonomia patrimoniale.

Il **contratto** deve avere i seguenti requisiti: l'***accordo*** tra le parti, la ***causa***, l'***oggetto*** e la ***forma*** se prescritta dalla legge. Il contratto che viola norme imperative è **nullo**. I contratti che comportano prestazioni a carico di una sola o di entrambe le parti vengono rispettivamente definiti **unilaterali** e **bilaterali**.

Il **consenso contrattuale** è l'incontro della volontà di due individui.

La «**libertà di contrarre**» per le parti di un contratto consiste nella libertà di vincolarsi unicamente se lo vogliono.

Il **credito** è il diritto di ottenere da un dato soggetto una determinata prestazione o di riscuotere una certa somma di denaro.

Si definisce **autentica** l'interpretazione di una norma di legge, quando è effettuata dallo stesso legislatore.

La **massima** di una sentenza è l'enunciazione in poche righe della regola di diritto affermata nella sentenza.

Il **matrimonio religioso** in Italia comporta sia effetti religiosi che civili. Gli **effetti religiosi di un matrimonio** possono venire meno soltanto con l'annullamento, che può essere pronunciato solo dall'Autorità Ecclesiastica. Il **matrimonio canonico** produce effetti solamente per la Chiesa cattolica.

Si definiscono **contratti reali** quelli che si perfezionano col consenso delle parti e la consegna della cosa.

Con **alienazione** si intende un atto giuridico con cui si trasferiscono ad altri soggetti una proprietà o un diritto

Il **comodato** è un contratto.

Il contratto con il quale un debitore o un terzo si obbliga a consegnare un immobile al creditore a garanzia, affinché ne percepisca i frutti, imputandoli agli interessi e al capitale si definisce **anticresi**.

Il termine **cancelliere**, nell'ambito del diritto civile, si riferisce a un funzionario che svolge attività di supporto alla funzione giudiziaria.

Secondo il codice civile il contratto con il quale una parte consegna all'altra una determinata quantità di denaro o di altre cose fungibili e l'altra si obbliga a restituire altrettante cose della stessa specie e qualità si chiama **mutuo**.

Il negozio giuridico col quale una persona conferisce ad un'altra il potere di rappresentarla è denominato **procura**.

Dal 1940 esiste nell'ordinamento italiano un **Codice di Procedura Civile**.

Nel processo civile si definisce **attore** il soggetto che agisce presentando una domanda giudiziale.

Nel processo civile con l'espressione **procedimento in contumacia** si intende il processo che si svolge in assenza di una delle parti.

Con il termine "**lodo**" si definisce la decisione degli arbitri.

DIRITTO DEL LAVORO

I **diritti dei lavoratori** sono stabiliti nei contratti di lavoro, che fissano l'orario di lavoro, il riposo e le ferie.

Gli organismi pubblici preposti ai problemi del lavoro sovrintendono al settore del lavoro attraverso **uffici centrali e periferici**.

Il rapporto di lavoro può essere **subordinato** o **autonomo**.

Lo Stato italiano aderisce alle convenzioni internazionali aventi per argomento la **tutela di lavoro**.

La **sicurezza sul luogo di lavoro** è disciplinata da apposite norme.

L'instaurazione del **rapporto di lavoro** avviene sempre per iscritto mediante la stipula di un contratto tra il datore di lavoro e il lavoratore.

Un lavoro retribuito con carattere di stabilità e di durata nel tempo si dice **occupazione**

I sindacati stipulano contratti collettivi di lavoro vali-

di per tutti i lavoratori della stessa categoria, anche non iscritti ad alcun sindacato.
In caso di **sciopero nei servizi pubblici essenziali**, un apposito contingente di personale garantisce l'erogazione delle prestazioni c.d. "necessarie". La determinazione della consistenza numerica di tale contingente compete ai contratti, agli accordi collettivi, nonché ai regolamenti di servizio
L'**ambiente di lavoro** è un aspetto importante ai fini della migliore prestazione lavorativa.
La donna lavoratrice in stato di **gravidanza** ha diritto ad una astensione obbligatoria dal lavoro per cinque mesi con diritto alla retribuzione
La retribuzione a **cottimo** si basa sulla quantità prodotta.
Le parti normative del contratto di lavoro sono prescritte dalla **legge** e dai **contratti collettivi di categoria**.
Si dice **apprendistato** ogni attività subordinata, lavorativa e formativa, che un giovane svolge all'interno di un'azienda, per conseguire le conoscenze professionali necessarie all'esercizio di quel mestiere specifico
Durante l'autunno caldo del 1969 si realizzò l'unità sindacale.
I **collegi delle arti e dei mestieri** risalgono ai tempi dell'antica Roma.

DIRITTO DI FAMIGLIA

I **rapporti tra i coniugi** sono regolati dal principio di assoluta uguaglianza di diritti e doveri tra marito e moglie.
Il referendum sul **divorzio** in Italia si è svolto nel 1974.
Secondo il codice civile, il **regime patrimoniale dei coniugi** prevede la comunione dei beni, salvo che le parti scelgano la separazione).
L'affidamento **familiare** di un minore viene disposto dal Tribunale dei Minori.
Per sposarsi è necessario avere **18 anni**.
I figli nei riguardi dei genitori hanno tutti **pari diritti**.
La **potestà** è esercitata da entrambi i genitori.
L'età minima per richiedere l'**emancipazione** dalla potestà genitoriale è 16 anni.
Uno degli obiettivi della **legge 194/1978** sull'**interruzione volontaria della gravidanza** era la riduzione del numero degli aborti clandestini. La stessa legge prevede che ad assistere le donne in stato di gravidanza siano i **consultori**. L'aborto in Italia è legale ma regolato. Prima dell'emanazione della legge 194 sull'interruzione volontaria della gravidanza, l'aborto era considerato un reato punibile con la reclusione.
L'interruzione di gravidanza volontaria avviene per scelta della gestante.
Nel 1970 è stata approvata la prima **legge sul divorzio** in Italia con cd. Legge Fortuna Baslini. Il **divorzio** può essere concesso anche perché uno dei coniugi è stato condannato per reati che prevedono pene superiori ai 15 anni di reclusione.
Il matrimonio può essere sciolto nel caso in cui l'altro coniuge sia stato condannato, dopo la celebrazione del matrimonio, con **sentenza passata ingiudicato**.
Prima della legge n. 55 del 2015, erano necessari 3 anni di ininterrotta separazione personale affinché i coniugi possano ottenere il **divorzio**.
Nel diritto di famiglia con il termine "**affinità**" si definisce il vincolo tra un coniuge ed i parenti dell'altro coniuge.
Il **vincolo di parentela**, salvo che per alcuni effetti determinati, è riconosciuto dalla legge fino al *sesto grado*.
I **figli minori** nei confronti dei genitori hanno diritti e doveri.
La famiglia fondata sul matrimonio è detta **famiglia legittima**.
La **relazione** è un legame tra individui di natura sentimentale, culturale ecc.
La **ricerca di paternità** è disciplinata dalla legge.
Il **marito** è il **padre del figlio** concepito o nato durante il matrimonio.
La **moglie** ha **domicilio** nel luogo in cui ella ha la sede principale dei suoi interessi.
La formazione della famiglia di fatto ha avuto soltanto un riconoscimento a livello giurisprudenziale
L'**adozione** dei minori è consentita ai coniugi in possesso di determinati requisiti previsti dalla legge
La **parità morale e giuridica** tra coniugi è diventata effettiva dal 1975 con la riforma del diritto di famiglia.
Con tale riforma, l'**adulterio** non si considerò più reato e veniva fissata a diciotto anni la maggiore età.

VARIE

Le attività di vigilanza, prevenzione e contrasto dell'immigrazione clandestina via mare sono svolte, a norma dell'art. 12 del Testo Unico di cui al decreto legislativo 25 luglio 1998, n. 286, dai mezzi aeronavali della marina militare, delle Forze di Polizia e delle capitanerie di porto.
La cosiddetta **legge antismog** è la prima legge italiana contro l'inquinamento atmosferico e risale al 1966.
In Italia vige il **divieto di somministrare alcolici** ai minori di 18 anni
Un conflitto organizzato per avere una durata limitatissima nel tempo e in presenza di un grande divario di mezzi disponibili fra i due contendenti si dice **guerra lampo**.
Procedura aperta, ristretta e negoziata sono le **tipologie di procedura** per l'individuazione del contraente nei contratti pubblici di lavori, servizi e forniture
Nel diritto è detta **qualificazione giuridica** la corrispondenza tra un fatto giuridico e una norma giuridica

In merito ad un determinato potere, chiedersi a quale organo dello Stato esso competa significa essere di fronte ad un **conflitto amministrativo**.
Lo Stato utilizza le **entrate tributarie** per finanziare servizi e opere di pubblica utilità.
Le tipologie di procedura per l'individuazione del contraente nei **contratti pubblici di lavori**, **servizi e forniture** sono: la procedura aperta, ristretta e negoziata.
I **militari** candidati ad elezioni politiche o amministrative possono svolgere liberamente attività politica e di propaganda al di fuori dell'ambiente militare e in abito civile. Essi sono posti in licenza speciale per la durata della campagna elettorale.

Eni S.p.A.
L'**Eni S.p.A.**, acronimo di **Ente Nazionale Idrocarburi**, è un'azienda multinazionale creata nel 1953 dallo Stato Italiano come ente pubblico sotto la presidenza di Enrico Mattei, che fu presidente fino alla sua morte nel 1962, convertita nel 1992 in società per azioni. Fu istituita per sfruttare i giacimenti di metano scoperti dall'Agip.

Presidenti	
Enrico Mattei	1953-1962
Marcello Boldrini	1962-1967
Eugenio Cefis	1967-1971
Raffaele Girotti	1971-1975
Pietro Sette	1975-1979
Giorgio Mazzanti	1979
Egidio Egidi (commissario straordinario)	1979-1980
Alberto Grandi	1980-1982
Enrico Gandolfi (commissario straordinario)	1982
Umberto Colombo	1982-1983
Franco Reviglio	1983-1989
Gabriele Cagliari	1989-1993
Luigi Meanti	1993-1996
Guglielmo Moscato	1996-1999
Renato Ruggiero	1999
Gian Maria Gros-Pietro	1999-2002
Roberto Poli	2002-2011
Giuseppe Recchi	2011-2014
Emma Marcegaglia	2014-2020
Lucia Calvosa	dal 2020

Sezione V
Geografia

Capitolo 1
Geografia fisica e politica

1.1 Continenti

La superficie totale della **Terra** è di 510.072.000 kmq, occupati prevalentemente da acqua (361.132.000 kmq) per circa il 71%. La rimanente superficie delle **terre emerse** è di 148.940.000 kmq.
Le acque del Pianeta sono costituite da:
- Oceano Pacifico (il *più esteso* e il *più profondo*);
- Oceano Atlantico;
- Oceano Indiano;
- Mar Glaciale Artico.

Politicamente il pianeta viene suddiviso in **6 continenti** e **196 Nazioni** (Stati sovrani), di cui 193 aderenti all'ONU, oltre ad altri territori dipendenti e colonie. Inoltre, bisogna considerare l'**Antartide**, territorio totalmente ghiacciato e non abitato permanentemente.

I 6 CONTINENTI	
Antico Continente	**Europa**
	Asia: il *più esteso* e il *più popolato*
	Africa
Nuovo Continente	**Americhe**
Nuovissimo Continente	**Oceania**
	Antartide

Le catene montuose
Le più imponenti si trovano nel continente asiatico; ad esempio l'*Himalaya* con l'**Everest** (m 8.846, la vetta più alta del mondo) e il *Karakorum* con il *K2* (m 8.611). Altra ugualmente importante è la *Cordigliera delle Ande* nell'America meridionale (con la vetta *Aconcagua*, di m 6.960).
Di minore altitudine (non superano i 6.000 m di altezza), ma sempre di notevole rilevanza, sono il *Kilimangiaro* e il *Ruwenzori*, che si trovano in Africa, mentre in Europa il più elevato è il *Monte Bianco*.

PRINCIPALI MONTI			
MONTE	CATENA MONTUOSA	ALT. M	CONTINENTE
Everest	**Himalaya**	**8.846**	**Asia**
K2	Karakoram	8.611	Asia
Kanchenjunga	Himalaya	8.598	Asia
Cerro Aconcagua	Ande (sistema montuoso più lungo)	6.960	America del Sud
Denali	Catena d'Alaska	6.194	America del Nord
Mount Logan	Saint Elias Mountains	6.050	America del Nord
Kilimangiaro	Rift Valley	5.895	Africa
Pico Cristóbal Colón	Sierra Nevada de S. Marta	5.800	America del Sud
Pico de Orizaba	Sierra Madre Oriental	5.700	America del Nord
Damavand	Monti Elburz	5.670	Asia
Elbrus	**Caucaso**	**5.642**	**Europa**
Vinson Massif	-	5.140	Antartide
Ruwenzori	Monti Mitumba	5.119	Africa
Puncak Jaya	Monti Maoke	5.030	Oceania
Pico Bolivar	Cordillera de Mérida	5.007	America del Sud
Monte Bianco	**Alpi**	**4.810**	**Europa**
Ras Dascian	Acrocoro Etiopico	4.620	Africa
Gora Belukha	Altaj	4.506	Asia
Tajumulco	Sierra Madre	4.220	America Centrale
Mauna Kea	Isola Hawaii	4.205	Oceania
Jebel Toubkal	Atlante	4.167	Africa
Gunong Kinabalu	Banjaran Crocker	4.101	Asia
Mont Cameroun	Adamoua	4.070	Africa
Gunnbjorn Fjeld	Groenlandia Orientale	3.700	America del Nord

Fiumi

I fiumi più importanti sono: il **Rio delle Amazzoni** (6.900 kmq circa, il più ampio e possente), il **Nilo-Kagera** (6.671 km, il più esteso), il Mississippi-Missouri (5.620 km), il Chang Jiang, il Rio de la Plata, il Congo ecc.

PRINCIPALI FIUMI		
FIUME	KM	CONTINENTE (PRINCIPALI STATI)
Nilo-Kagera	**6.695**	Africa – Egitto, Sudan, Sudan del S., Burundi, Ruanda, Tanzania, Uganda
Rio delle Amazzoni	6.280	America del Sud – Perù, Colombia, Brasile
Chang Jiang (Fiume Azzurro)	6.380	Asia – Cina
Mississippi-Missouri	5.620	America del Nord – Usa

(segue)

PRINCIPALI FIUMI		
FIUME	**KM**	**CONTINENTE (PRINCIPALI STATI)**
Ob (con Irtys)	5.410	Asia – Russia
Huang He (Fiume Giallo)	4.845	Asia – Cina
Rio Paraná	4.700	America del Sud – Brasile, Argentina, Paraguay
Mekong	4.500	Asia – Cina, Birmania, Laos, Thailandia, Cambogia, Vietnam
Amur (con Silka)	4.416	Asia – Russia, Mongolia
Lena	4.400	Asia – Russia
Congo (Zaire)	4.374	Africa – Rep. Dem. Congo, Zambia
Irtys	4.248	Asia – Cina, Russia, Kazakistan
Mackenzie (con Peace River)	4.241	America del Nord – Canada
Niger	4.184	Africa – Niger, Nigeria, Mali, Benin (sfocia nel G. di Guinea)
Jenisej	4.092	Asia – Russia
Volga	**3.531**	**Europa – Russia**
Madeira (con Mamoré)	3.240	America del Sud – Bolivia, Brasile
Purus	3.210	America del Sud – Perù, Brasile
Yukon	3.185	America del Nord – Usa (Alaska), Canada
Indo	3.180	Asia – India, Pakistan, Cina
Rio Grande	3.060	America del Nord – Usa (Colorado, Texas), Messico
San Lorenzo	3.058	America del Nord – Canada, Usa
Brahmaputra	2.900	Asia – India, Bangladesh
Rio São Francisco	2.900	America del Sud – Brasile
Danubio	**2.860**	**Europa – Germania, Austria, Ungheria, Bulgaria**
Eufrate	2.760	Asia – Iraq, Turchia, Siria
Darling (con Culgoa e Condamine)	2.740	Oceania – Australia
Zambesi	2.736	Africa – Zimbawe, Mozambico, Zambia, Angola, Namibia, Botswana
Rio Tocantins	2.700	America del Sud – Brasile
Vilyuy	2.650	Asia – Russia
Araguaia	2.600	America del Sud – Brasile
Nelson (con Saskatchewan)	2.575	America del Nord – Canada
Amudarja	2.540	Asia – Turkmenistan, Uzbekistan
Murray	2.520	Oceania – Australia
Gange	2.510	Asia – India, Bangladesh

Occorre Sapere

La **diga delle Tre Gole**, la più grande del mondo, si trova in Cina, sul fiume Azzurro.
Il fiume **Amur** non fluisce nel Mar Glaciale Artico.
Il fiume **Drina** segna il confine fra Serbia e Bosnia-Erzegovina.

Laghi

I laghi sono masse d'acqua, raccolte in depressioni dette conche, che vengono colmate dalle acque provenienti da un ghiacciaio, da un fiume, meteoriche e sotterranee. I laghi possono essere chiusi (spazi di acqua salmastra o salata) e aperti (dotati di fiumi immissari ed emissari, in genere di acqua dolce); temporanei (la conca si riempie periodicamente) e permanenti (l'acqua è sempre presente nella conca). Secondo la loro origine si dividono in: **costieri** (il lago è separato dal mare da un cordone litoraneo, sono di forma allungata e di acqua salmastra – L. Lesina, L. Varano); **glaciali** (dovuti alla fusione dei ghiacciai – L. di Garda, L. Maggiore, L. Iseo); **craterici** (l'acqua riempie il cratere di un vulcano spento e perciò sono circolari – L. di Bracciano, L. Albano, L. Nemi), **tettonici** (l'acqua riempie cavità della crosta terrestre formatesi in seguito a grandi movimenti della crosta terrestre – L. Bajkal, L. Tanganica, L. Vittoria); **relitti** (si tratta di residui di un antico mare rimasto isolato dal sistema oceanico – Mar Caspio, L. Aral); **carsici** (occupano il fondo di doline, impermeabilizzato da depositi argillosi – L. Canterno), artificiali (usati per la costruzione di dighe). Un lago può estinguersi, trasformandosi prima in stagno, poi in palude e, infine, in torbiera (con vegetazione palustre sommersa).

I laghi più estesi sono il **Mar Caspio**, nell'Eurasia (kmq 371.000), il **lago Superiore**, tra il Canada e gli Stati Uniti (kmq 82.100), il **lago Vittoria**, in Africa tra lo Zambia e lo Zimbabwe (kmq 68.100). Il lago più profondo è il **Bajkal** in Asia (Russia).

PRINCIPALI LAGHI		
LAGO	KMQ	CONTINENTE (PRINCIPALI STATI)
Mar Caspio (salato)	**371.000**	**Asia** – Azerbaigian, Kazakistan, Turkmenistan, Iran, Russia
Lago Superiore	82.100	America del Nord – Canada, Usa
Vittoria	68.100	Africa – Uganda, Kenya, Tanzania
Huron	59.600	America del Nord – Canada
Michigan	58.016	America del Nord – Usa
Tanganica	32.893	Africa – Tanzania, Zambia, R. D. del Congo
Grande Lago degli Orsi	31.792	America del Nord – Canada
Bajkal (il più profondo)	31.500	Asia – Russia
Malawi (o Niassa)	30.800	Africa – Malawi, Mozambico, Tanzania
Grande Lago degli Schiavi	28.438	America del Nord – Canada
Erie	25.700	America del Nord – Usa, Canada
Winnipeg	24.514	America del Nord – Canada
Ontario	18.960	America del Nord – Canada, Usa
Balhas	18.200	Asia – Kazakistan
Ladoga	**17.700**	**Europa – Russia**
Lago d'Aral (acqua salata)	17.160	Asia – Kazakistan
Ciad	16.300	Africa – Ciad, Nigeria, Niger, Camerun
Onega	**9.610**	**Europa – Russia**

(segue)

PRINCIPALI LAGHI		
LAGO	KMQ	CONTINENTE (PRINCIPALI STATI)
Eyre	9.500	Oceania – Australia
Lago de Nicaragua	8.430	America Centrale – Nicaragua
Titicaca	8.300	America del Sud – Perù, Bolivia
Athabasca	7.935	America del Nord – Canada
Lago delle Renne (Reindeer Lake)	6.650	America del Nord – Canada
Turkana (o Rodolfo)	6.400	Africa – Kenya, Etiopia
Issyk-Kul	6.200	Asia – Kirghizistan
Torrens	5.900	Oceania – Australia
Lago di Urmia	5.800	Asia – Iran
Vänern	**5.585**	**Europa – Svezia**
Nettiling	5.542	America del Nord – Canada
Alberto	5.400	Africa – Rep. Dem. Congo
Winnipegosis	5.374	America del Nord – Canada
Bangweulu	5.000	Africa – Zambia
Zajsan	5.000	Asia – Kazakistan

Cascate

PRINCIPALI CASCATE		
CASCATA	METRI	CONTINENTE/STATO
Salto Angel	979	**America del Sud** (Venezuela)
Tugela	948	**Africa** (Sudafrica)
Tres Hermanas	914	**America del Sud** (Perù)
Yumbilla	896	**America del Sud** (Perù)
Gocta	771	**America del Sud** (Perù)
Yosemite	739	**America del Nord** (Stati Uniti)
Cuquenàn/Kukenaam	674	**America del Sud** (Venezuela)
Sutherland	580	**Oceania** (Nuova Zelanda)
La Chinata	580	**America del Sud** (Perù)
Hannok-no-taki	500	**Asia** (Giappone)
Gavarnie	421	**Europa** (Francia)
Vittoria	107	**Africa** (Zambia, Zimbabwe)
Iguagu	82	**America del Sud** (Argentina, Brasile)
Niagara	52	**America del Nord** (Stati Uniti, Canada)

Isole

PRINCIPALI ISOLE					
ISOLA	KMQ	CONTINENTE	ISOLA	KMQ	CONTINENTE
Groenlandia (appartiene al **Regno di Danimarca)**	**2.175.600**	**America del Nord**	Cuba	105.007	America Centrale
Nuova Guinea	785.000	Oceania	Luzon	104.647	Asia
Borneo	736.000	Asia	**Islanda**	**102.950**	**Europa**
Madagascar	586.500	Africa	Mindanao	94.594	Asia
Baffin	507.451	America del Nord	Irlanda	84.420	Europa
Sumatra	420.306	Asia	Hokkaido	77.981	Asia
Gran Bretagna	**229.885**	**Europa**	Sahalin	76.400	Asia
Honshu	227.939	Asia	Hispaniola	76.200	America Centrale
Victoria	217.291	America del Nord	Banks	70.028	America del Nord
Ellesmere	196.236	America del Nord	Ceylon	65.600	Asia
Celebes	172.000	Asia	Tasmania	64.519	Oceania
Isola del Sud (N. Zelanda)	151.215	Oceania	Devon	55.247	America del Nord
Giava	125.900	Asia	**Nuova Zemlya Settentrionale**	**48.904**	**Europa**
Isola del Nord (N. Zelanda)	115.777	Oceania	Marajo	47.573	America del Sud
Terranova	108.860	America del Nord	Isla Grande de Tierra del Fuego	47.000	America del Sud

Occorre Sapere

L'isola di **Bali** si trova in Indonesia, nell'Oceano Indiano.
Le isole **Maldive** si trovano in Asia, nell'Oceano Indiano.
Le isole **Comore** si trovano nell'Oceano Indiano, fra Madagascar e Mozambico.
L'isola di **Bora-Bora** si trova in Polinesia Francese, nell'Oceano Pacifico.
L'isola di **Pasqua,** nell'Oceano Pacifico, è nota per i suoi monumenti (circa 460), probabilmente sacrali o funerari, detti moai, costituiti da enormi teste umane.
Le isole **Hawaii**, **Tuamotu**, **Marshall**, **Galapagos** (arcipelago ad ovest della costa ecuadoregna), si trovano nell'Oceano Pacifico.
L'Atollo **Lighthouse Reef** si trova nel Mar dei Caraibi.
Le isole dei **Caraibi** appartengono al continente americano (Mar dei Caraibi – Oceano Atlantico).
L'isola della **Riunione**, facente capo all'arcipelago delle **Mascarene**, è situata nell'Oceano indiano.
Le isole **Salomone** sono uno Stato dell'Oceania.
L'isola di **Creta** si trova nel continente europeo, in Grecia.
La **Giamaica** fa parte dell'arcipelago delle Grandi Antille, in America.
La **Terra del Fuoco** è un arcipelago dell'America Meridionale.
La **Malacca** è una penisola dell'Asia sud orientale.
Le **Laccadive** si trovano nel Mar Arabico.

Deserti

PRINCIPALI DESERTI			
NOME	**TIPO**	**KMQ**	**CONTINENTI/PAESI**
Artide	Polare	13.700.000	**America del Nord**, **Europa**, **Asia** (Stati Uniti d'America, Canada, Groenlandia, Islanda e Russia)
Sahara	Subtropicale	8.600.000	**Africa** (Algeria, Ciad, Egitto, Libia, Mali, Niger, Mauritania, Marocco, Sudan e Tunisia)
Rub' al-Khali	Subtropicale	2.330.000	**Asia** (Arabia Saudita, Giordania, Iraq, Kuwait, Qatar, Emirati Arabi Uniti, Oman e Yemen)
Deserto dei Gobi	Freddo	1.300.000	**Asia** (Mongolia e Cina)
Kalahari	Subtropicale	930.000	**Africa** (Angola, Botswana, Namibia e Sudafrica)
Deserto patagonico	Freddo	673.000	**America del Sud** (Argentina e Cile)
Deserto siriano	Subtropicale	520.000	**Asia** (Siria, Giordania e Iraq)
Deserto di Chihuahua	Subtropicale	509.500	**America del Nord** (Messico e Stati Uniti)
Gran Bacino	Tropicale	492.000	**America del Nord** (Stati Uniti)
Gran Deserto Victoria	Subtropicale	424.400	**Oceania** (Australia)
Gran Deserto Sabbioso	Subtropicale	360.000	**Oceania** (Australia)
Deserto del Karakum	Freddo	350.000	**Asia** (Turkmenistan)
Altopiano del Colorado	Freddo	337.000	**America del Nord** (Stati Uniti)
Deserto di Sonora	Tropicale	310.800	**America del Nord** (Messico e Stati Uniti)
Deserto del Kizilkum	Freddo	300.000	**Asia** (Kazakhstan, Uzbekistan e Turkmenistan)
Deserto di Taklamakan	Freddo	270.000	**Asia** (Cina)
Deserto di Thar	Subtropicale	200.000	**Asia** (India e Pakistan)
Deserto di Gibson	Subtropicale	155.900	**Oceania** (Australia)
Deserto Simpson	Subtropicale	143.000	**Oceania** (Australia)
Deserto di Atacama	Fresco costiero	105.200	**America del Sud** (Cile e Perù)
Deserto del Namib	Fresco costiero	80.900	**Africa** (Namibia e Angola)
Deserto di Kavir	Inverno freddo	77.000	**Asia** (Iran)
Deserto del Mojave	Tropicale	65.000	**America del Nord** (Stati Uniti)
Deserto di Lut	Inverno freddo	51.800	**Asia** (Iran)

Agglomerati urbani

PRINCIPALI AGGLOMERATI URBANI					
CITTÀ	**ABITANTI**	**STATO**	**CITTÀ**	**ABITANTI**	**STATO**
Tokyo	29.870.000	Giappone	Dacca	8.545.000	Bangladesh
New York	21.200.000	Stati Uniti	**Istanbul**	**7.910.000**	**Turchia**
Città del Messico	18.330.000	Messico	Washington	7.610.000	Stati Uniti

(segue)

PRINCIPALI AGGLOMERATI URBANI					
CITTÀ	ABITANTI	STATO	CITTÀ	ABITANTI	STATO
Sao Paulo	17.880.000	Brasile	Londra	7.355.000	Regno Unito
Los Angeles	16.370.000	Stati Uniti	Hong Kong	7.100.000	Cina
Mumbai (Bombay)	16.370.000	India	San Francisco	7.040.000	Stati Uniti
Osaka	16.350.000	Giappone	Chongqing	7.000.000	Cina
Shanghai	13.585.000	Cina	Teheran	6.835.000	Iran
Kolkata (Calcutta)	13.215.000	India	Lima	6.740.000	Perù
Il Cairo	13.000.000	Egitto	Bangkok	6.545.000	Thailandia
Delhi	12.790.000	India	Essen	6.480.000	Germania
Buenos Aires	11.460.000	Argentina	Chennai (Madras)	6.425.000	India
Pechino	11.300.000	Cina	Wuhan	6.200.000	Cina
Parigi	**11.250.000**	**Francia**	Filadelfia	6.190.000	Stati Uniti
Rio de Janeiro	10.895.000	Brasile	Santa Fe de Bogotá	6.080.000	Colombia
Seoul	10.610.000	Corea del Sud	Boston	5.820.000	Stati Uniti
Mosca	**10.125.000**	**Russia**	Detroit (con Windsor)	5.760.000	Stati Uniti, Canada
Karachi	9.730.000	Pakistan	Bangalore	5.685.000	India
Tientsin	9.315.000	Cina	Hyderabad	5.535.000	India
Chicago	9.160.000	Stati Uniti	Dallas	5.220.000	Stati Uniti
Nagoya	8.655.000	Giappone	**San Pietroburgo**	**5.130.000**	**Russia**
Giacarta	8.620.000	Indonesia	**Madrid**	**5.085.000**	**Spagna**
Manila	8.595.000	Filippine			

Aeroporti e porti internazionali

AEROPORTI INTERNAZIONALI			
CITTÀ/SCALO	NOME AEROPORTO	CITTÀ/SCALO	NOME AEROPORTO
Londra (Gran Bretagna)	Heathrow	Los Angeles (Stati Uniti)	Lawa
Parigi (Francia)	De Gaulle	Osaka (Giappone)	Kansai
Madrid (Spagna)	Barajas	Tokyo (Giappone)	Narita
Francoforte sul Meno (Germania)	Hahn	Sidney (Australia)	International
Reykjavjk (Islanda)	Keflavic	Hong Kong (Cina)	New Kai Tai
Amsterdam (Olanda)	Schiphol	Kuala Lumpur (Malaysia)	International
Mosca (Russia)	Sheremetyevo	Singapore (Singapore)	Changi
New York (Stati Uniti)	J. F. Kennedy	Giacarta (Indonesia)	Soekarno Hatta
Miami (Stati Uniti)	International	Seul (Corea del Sud)	Incheon

PORTI INTERNAZIONALI	
STATO	**CITTÀ**
Italia	Genova, Napoli, Cagliari, Civitavecchia
Olanda	Rotterdam
Gran Bretagna	Londra, Liverpool
Grecia	Atene
Turchia	Smirne
Francia	Marsiglia, Calais
Polonia	Danzica
Danimarca	Copenaghen
Svezia	Stoccolma, Goteborg
Ucraina	Odessa
Giordania	Aqaba
Egitto	Alessandria, Suez
Libano	Tripoli
Cina	Hong Kong, Shangai
Giappone	Tokyo, Osaka
Stati Uniti	Boston, New York, San Francisco
Canada	Montreal, Vancouver
Venezuela	Maracaibo
Australia	Sydney

Paesi attraversati dai paralleli di riferimento

L'**equatore** (0°) attraversa le terre e/o i mari di 13 territori: São Tomé e Príncipe (isola di Ilhéu das Rolas), Gabon, Repubblica del Congo, Repubblica Democratica del Congo, Uganda, Kenya, Somalia, Maldive (nel mare tra gli atolli), Indonesia, Sumatra, Borneo, Kiribati, Isole Gilbert, Sporadi equatoriali, Ecuador, Galápagos, Colombia, Brasile.
Il **Tropico del Cancro** (emisfero Nord 23° 26' 16") attraversa: Algeria, Mali, Niger, Libia, Egitto, Mar Rosso, Arabia Saudita, Emirati Arabi Uniti, Oman, Mar Arabico, India, Bangladesh, Birmania, Cina, Mar della Cina, Taiwan, Oceano Pacifico, Golfo di California, Messico, Golfo del Messico, Bahamas, Oceano Atlantico, Sahara occidentale, Mauritania.
Il **Tropico del Capricorno** (emisfero Sud o australe –23° 26' 16") attraversa: Oceano Atlantico, Namibia, Botswana, Sudafrica, Mozambico, Canale del Mozambico, Madagascar, Oceano Indiano, Australia, Oceano Pacifico, Cile, Argentina, Paraguay, Brasile.
Circolo Polare Artico (emisfero Nord 66° 33' 39") attraversa: Norvegia, Svezia, Finlandia, Russia, USA (Alaska), Canada, Danimarca (Groenlandia), Islanda (Grimsey).

Occorre Sapere

I **Paesi più estesi** in ordine di superficie sono: **Russia**, **Canada**, **Cina**, Stati Uniti e Brasile.
I **Paesi più popolati** sono: **Cina** (1.300.000.000 ab. ca – 137 ab./kmq), **India** (1.180.000.000 ab. ca – 349 ab./kmq), **Usa** (310.000.000 ab. ca), Indonesia, Brasile.
I Paesi **più densamente popolati** sono: **Bangladesh** (oltre 1.000 ab./kmq), Taiwan (oltre 630 ab./kmq), Corea del Sud (oltre 480 ab./kmq). Il primo Paese europeo per densità è **Paesi Bassi** (circa 400 ab./kmq), seguito dal **Belgio**. Il Paese **meno densamente popolato** è la **Mongolia** (1,4 ab./kmq ca).

1.2 Climi

Il **clima** è l'insieme delle condizioni atmosferiche medie di una determinata regione geografica. È determinato dalla latitudine, dalla temperatura, dalla morfologia del territorio, dalla continentalità, dalla pressione atmosferica, dall'umidità dell'aria, dalle precipitazioni, dalla nebulosità, dalle correnti marine, dalla distanza dal mare, dalla presenza di catene montuose, dall'esposizione al sole, dall'esposizione ai venti e dall'ecosistema naturale del luogo.
Di seguito il sistema di classificazione dei climi ideato dal climatologo **Wladimir Köppen**; si basa su tre fattori: **temperatura**, **precipitazioni** e **associazioni vegetali**.

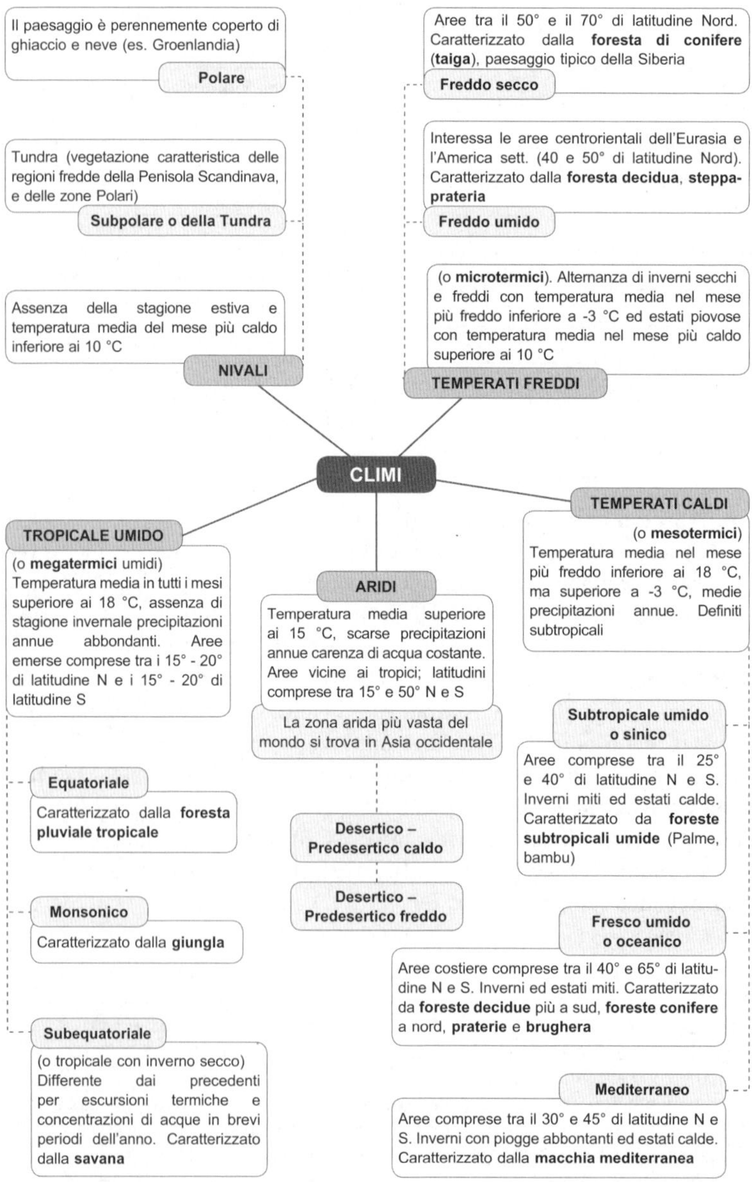

SCHEDA RIEPILOGATIVA SUL MONDO		
Abitanti: 7,7 miliardi circa; densità: 48 ab/kmq		
Città più popolata	Tokyo	37.468.302*
Monte più alto	Everest	8.848 m
Massima depressione	Mar Morto	399 m
Massima profondità	Fossa delle Marianne	11.022 m
Fiume più lungo	Nilo – Kagera	6.671 km
Lago più esteso	Mar Caspio	371.000 kmq
Isola più estesa	Groenlandia	2.175,6 kmq

* Fonte: Treccani

1.3 Biomi

Per **bioma** s'intende *il complesso degli ecosistemi, inteso come comunità vegetali e animali che, in una determinata area geografica del pianeta, hanno raggiunto una condizione di stabilità che si mantiene grazie ad un preciso equilibrio delle condizioni ambientali.*
I biomi si distinguono in: **terrestri** con la tundra, le foreste, le praterie e i deserti; **acquatici**, comprendenti *biomi marini* (delle regioni oceaniche, della piattaforma continentale, delle aree di risalita e delle aree di estuario) e *biomi di acqua dolce* (di lago, di fiume, di palude).
La conformazione dei biomi terrestri dipende essenzialmente dai seguenti parametri: latitudine; altitudine; alternanza delle stagioni; andamento delle precipitazioni; temperatura.

PRINCIPALI TIPI DI BIOMI TERRESTRI	
TUNDRA (*ARTICA E ALPINA*)	Presente alle alte latitudini (estremo Nord dell'Europa, dell'America e dell'Asia), è una zona desertica tipica dei Paesi freddi con suolo gelato e coperto da una crosta di ghiaccio per la maggior parte dell'anno. Nel breve periodo di disgelo, la flora principale è caratterizzata da una vegetazione bassa (priva di alberi) di **muschi, licheni** e salici nani. Per quanto attiene alla fauna sono presenti vipere, lucertole, migratori, ma in particolare mammiferi in grado di compiere rapidi spostamenti (renne, lepri, volpi, ermellini).
TAIGA	Presente un po' più a Sud della tundra, è anch'essa prevalente nelle regioni dell'estremo Nord eurasiatico, in particolare in Siberia in cui è presente il **Permafrost**. La flora è rappresentata da vaste foreste di **conifere** (pini, abeti e larici) le cui piante hanno una struttura aghifoglie per consentire la caduta dei fiocchi di neve che altrimenti appesantirebbero eccessivamente il fusto. Il suolo è sovente acquitrinoso. La fauna è caratterizzata da: alce, lupo, scoiattolo, gallo cedrone.
FORESTA DECIDUA TEMPERATA	Tipico delle latitudini intermedie tra il polo e l'equatore. È un'associazione vegetale costituita da piante ad alto fusto, da arbusti e da piante rampicanti che coprono superfici più o meno ampie del suolo. Predominano le querce, gli olmi, i faggi e le betulle. Animali caratteristici sono: cervi, cinghiali, linci e molte specie di uccelli. Altro aspetto di tale bioma è la **prateria** dominata da associazioni di piante erbacee, per lo più graminacee. Si distinguono *praterie a erbe alte* e *praterie a erbe basse*. Le prime sono tipiche delle zone a clima continentale ove si sviluppano isolati alberi; tipiche sono la **pampas** in Argentina e la **putza** in Ungheria. Particolare tipo di praterie sono le **savane** dell'Africa tropicale.

(segue)

PRINCIPALI TIPI DI BIOMI TERRESTRI	
FORESTA DECIDUA TEMPERATA	Le praterie a erbe basse, o **steppe**, si sviluppano nelle zone con clima più arido (sia caldo sia freddo) e sono caratterizzate da specie erbacee con poca crescita in altezza e ampi spazi di terreno scoperti con qualche arbusto o albero basso isolati. La fauna è popolata da *canidi* (volpi, coyote, lupi) e *felini* (puma, gatto selvatico). I **pascoli alpini**, altra tipo di prateria, sono limitati alle regioni di alta quota, caratterizzati da climi molto freddi e molta acqua nel suolo; vi dominano le graminacee e le ciperacee basse, ma sono presenti anche specie erbacee a fiore, muschi e licheni.
FORESTA PLUVIALE TROPICALE	Si trova nelle regioni prossime all'equatore; è costituita generalmente da una vegetazione stratificata. Al suolo sono presenti molte varietà di piante che costituiscono un fitto sottobosco, spesso impenetrabile. Vi è poi uno strato di vegetazione sempreverde, di altezza media intorno ai 50 m, dominato da alcune specie di alberi che si elevano molto al di sopra di questa altezza. Altra caratteristica è la presenza delle liane, piante dal fusto molto allungato, il cui diametro può superare i 20 cm, che crescono appoggiandosi alle altre piante, creando una specie di collegamento tra il livello del suolo e la volta superiore della foresta. Nelle zone più impenetrabili la foresta pluviale è indicata anche con il nome di giungla.
SAVANA	Presente nelle regioni tropicali, si alterna alla foresta pluviale. È caratterizzata da praterie disseminate di cespugli e di radi alberi di varie dimensioni. Le savane determinate dal clima, come quelle africane, si sviluppano in regioni caratterizzate da un clima arido, con precipitazioni annue sotto i 400 mm; la vegetazione è costituita da alte erbe (graminacee) che si sviluppano con le prime piogge e scompaiono nel periodo secco, insieme a pochi elementi arborei e arbustivi (baobab, palme e acacie). Per quanto riguarda la fauna si trovano elefanti, gazzelle, zebre, giraffe, leoni, rinoceronti, antilopi, canguri, babbuini ecc.
MACCHIA MEDITERRANEA	Tipico delle aree climaticamente temperate come quelle presenti nella zona del Mediterraneo. È caratterizzata dalla presenza di alberi e arbusti sempreverdi di medie e basse dimensioni (altezza di 3-5 m) e suolo prevalentemente siliceo.
DESERTO	Bioma particolare nel quale sono ridotte al minimo le possibilità di vita. I deserti possono essere pietrosi (Reg) o sabbiosi (Erg), caratterizzati da un clima con fortissime escursioni termiche (giornate caldissime e notti freddissime), e nei quali il rilievo assume aspetti tipici. La vegetazione è possibile solo laddove vi sia un affioramento della falda freatica, dando origine alle oasi, oppure se siano presenti specie resistenti a tali condizioni di aridità (cactus). La fauna è costituita in prevalenza da rettili, insetti e piccoli roditori (topo delle piramidi e il Fennec) e da specie superiori quali la volpe, il cammello e il dromedario. Dal punto di vista ecologico si distinguono deserti caldi (Africa, Arabia, Australia) e deserti freddi (Mongolia - Deserto del Gobi).

PRINCIPALI TIPI DI BIOMI ACQUATICI	
BIOMI MARINI	Comprendono tre forme di vita principali: **plancton**, **necton** e **benton**. Il *plancton* è formato da vegetali (*fitoplancton*: alghe unicellulari, come le diatomee, e cianobatteri e animali (*zooplancton*: protozoi - foraminiferi e radiolari- meduse e ctenofori, crostacei - cladoceri e copepodi e tunicati) che vivono sospesi nell'acqua. Il *necton* annovera gli animali sospesi nell'acqua in grado di nuotare: pesci, alcuni molluschi cefalopodi (calamari), rettili come le tartarughe marine, mammiferi come foche e balene e delfini. Il *benton* è costituito da animali e vegetali che vivono sul fondo.

OCCORRE SAPERE

SIMBOLI CULTURALI

Il **Golden Gate** si trova a San Francisco.

L'**Opera House** si trova a Sydney.

Il monolita gigante **Uluru** o **Ayers Rock** si trova in Australia.

La **Grande Barriera Corallina**, una delle meraviglie naturali del mondo, si trova in Australia (scogliera lunga 2.027 km).

Il Tempio del **Buddha di Smeraldo** si trova in Thailandia.

Il Tempio buddista di **Borobudur** si trova in Indonesia.

La **Moschea Blu** si trova a Istanbul.

Le **grotte di Carlsbad** si trovano in USA.

La città Maya di **Chichen Itza** si trova in Messico.

L'animale simbolo dell'Australia è un marsupiale (canguro); altri animali caratteristici sono l'ornitorinco e il koala.

Le abitazioni chiamate **igloo** sono caratteristiche delle regioni artiche.

NOZIONI VARIE

Il confine più lungo al mondo tra due Stati è quello tra Stati Uniti e Canada.

Inuit e **Yupic** sono le popolazioni che vivono in Artide.

La Nuova Zelanda è il Paese oceanico che si trova agli antipodi dell'Italia che ha una forma molto simile a uno stivale.

Il Giappone fa parte della **Cintura di Fuoco** del Pacifico.

Nel punto più vicino l'Asia dista dall'America 4 km.

Se si oltrepassa il **Capo di Buona Speranza**, si passa dall'Oceano Indiano all'Oceano Atlantico.

Il **Canale di San Giorgio** separa Galles – Irlanda.

Economia - Primati nel mondo per settore

Dopo gli Stati Uniti, il maggior Paese produttore di energia nucleare è la Francia.

I principali produttori mondiali di energia elettrica sono Stati Uniti d'America, Cina, Giappone.

Il Paese che possiede le maggiori riserve petrolifere è l'Arabia Saudita, ed è anche il maggior produttore mondiale di petrolio.

Il maggior produttore mondiale d'oro è il Sudafrica.

La canna da zucchero è uno dei principali prodotti dell'agricoltura cubana.

Il maggior produttore di cacao del mondo è la Costa d'Avorio.

Il maggior produttore di caffè del mondo è il Brasile.

La maggiore quantità di tè nel mondo è prodotta dall'India.

Uno dei maggiori produttori mondiali di vino sono gli Stati Uniti d'America (nel 2015, la classifica era: Italia, Francia, Stati Uniti, Spagna, Cina).

Il maggior produttore mondiale di olio d'oliva è la Spagna, seguita da Italia, Grecia, Siria, Marocco, Turchia, Tunisia.

Fra i maggiori esportatori di grano vi sono il Canada, l'Unione Europea, la Russia.

I principali Paesi allevatori di ovini sono Cina, Australia, India.

Australia e Nuova Zelanda hanno la più alta produzione mondiale di lana.

Le cosiddette «colture legnose» sono costituite da alberi da frutta.

La sigla OPEC indica l'Organizzazione dei Paesi Esportatori di Petrolio.

L'Africa è il continente più povero.

La ragione di scambio dei prodotti agricoli rispetto a quella dei manufatti nel corso del tempo e su scala mondiale è peggiorata.

Registrandosi sul nostro sito, secondo le modalità indicate nelle prime pagine, è possibile consultare i seguenti contenuti: Principali mari, golfi e penisole; Altitudini delle Capitali; Le lingue parlate nel mondo; Cartografia.

Capitolo 2
L'Italia

2.1 Italia fisica e politica

L'Italia è una Repubblica parlamentare costituita da 20 Regioni. Il suo territorio è costituito dalla penisola italiana.
La penisola confina a nord con la *Francia*, la *Svizzera*, l'*Austria* e la *Slovenia* ed è bagnata ad ovest dal Mar Ligure, dal Mare di Sardegna e dal Mar Tirreno, a sud dal Mar Ionio e ad Est dal Mare Adriatico. All'interno del nostro territorio ci sono due Stati: **Città del Vaticano** (all'interno di Roma), e **Repubblica di San Marino** (tra Emilia Romagna-Rimini e le Marche-Pesaro Urbino).

PRINCIPALI DATI DELL'ITALIA		
DATO		NOTE
Superficie Rep. Italiana	301.245 kmq	= = =
Confine terrestre	1.700 km	= = =
Lunghezza coste	8.572 km	(isole 4.200 km circa)
Punti estremi	47°05'29" lat. N 35°29'26" lat. N 18°31'13" long E 6°33' long. E	**Vetta d'Italia**, in valle Aurina (BZ) **Punta Pesce Spada**, in Lampedusa (AG) **Faro di Capo d'Otranto** (LE) **Rocca di Chardonnet**, nelle Alpi Cozie (TO)
Centro geometrico	42°30'11" lat. N 12°34'24" long. E	Ponte Cardona Narni (Umbria)
Popolazione	59.433.744 ab.	Censimento del 2011
Densità abitativa	197,98 ab./kmq	maggior densità: Campania 424 ab/kmq minore densità: Valle d'Aosta 39 ab/kmq
Religione	Cattolica	98% della popolazione; altre: protestanti, ebrei, musulmani, ecc.
Lingua ufficiale	Italiana	Oltre ai vari dialetti: francese, sloveno, ladino, croato

Orografia

Il territorio è pianeggiante per il 23% ca, montuoso per il 35% e collinare per il rimanente 42%. È delimitato a nord dall'arco alpino, il principale sistema montuoso europeo (con le cime più elevate - **Monte Bianco** 4.810 m), che lo divide dagli Stati confinanti; ad occidente, dalle Alpi Marittime parte la dorsale dell'Appennino che percorre da nord a sud tutta la penisola. In Calabria tale sistema montuoso si articola nei gruppi della Sila, delle Serre e dell'Aspromonte per proseguire in Sicilia con i Monti Peloritani, i Nebrodi e le Madonìe. Accanto alla catena appenninica si individuano sistemi subappenninici e preappenninici o edifici montuosi diversi ma di notevole importanza: è il caso delle Alpi Apuane in Toscana, dei Monti Sabini nel Lazio, del promontorio del Gargano in Puglia, dei Monti del Gennargentu in Sardegna.

DIVISIONE DELLE ALPI	
Alpi Occidentali dal *Passo di Cadibona* al *Col di Ferret*	**Alpi Marittime**: dal *Passo di Cadibona* al *Colle della Maddalena*
	Alpi Cozie: dal *Colle della Maddalena* al *Moncenisio*
	Alpi Graie: dal *Moncenisio* al *Col di Ferret*
Alpi Centrali dal *Col di Ferret* al *Passo del Brennero*	**Alpi Pennine**: dal *Col di Ferret* al *Passo del Sempione*
	Alpi Leponzie o **Lepontine**: dal *Passo del Sempione* al *Passo dello Spluga*
	Alpi Retiche o **Giudicarie**: dal *Passo dello Spluga* al *Passo del Brennero*
Alpi Orientali *Passo del Brennero* al *Monte Nevoso*	**Alpi Noriche** e **Dolomitiche**: dal *Passo del Brennero* al *Passo di Dobbiaco*
	Alpi Carniche: dal *Passo di Dobbiaco* a *Passo di Camporosso* (Tarvisio)
	Alpi Giulie: dal *Passo di Camporosso* al *Passo di Vrata*

ALPI OCCIDENTALI - MONTI PRINCIPALI		
MONTE	**METRI**	**COLLOCAZIONE**
Bianco	4.810	Alpi Graie (Traforo Italia-Francia)
Maudit	4.468	Alpi Graie
Grandes Jorasses	4.205	Alpi Graie
Gran Paradiso	4.061	Alpi Graie
Monviso	3.841	Alpi Cozie
Rocciamelone	3.538	Alpi Cozie
Chambeyron	3.389	Alpi Cozie
Argentera	3.297	Alpi Marittime
Gelas	3.143	Alpi Marittime
Matto	3.088	Alpi Marittime

ALPI CENTRALI - MONTI PRINCIPALI		
MONTE	**METRI**	**COLLOCAZIONE**
Rosa	4.634	Alpi Pennine
Dom	4.554	Alpi Pennine
Cervino	4.478	Alpi Pennine
Pizzo Bernina	4.052	Alpi Retiche
Ortles	3.899	Alpi Retiche
Cevedale	3.764	Alpi Retiche
Leone	3.552	Alpi Lepontine
Adula	3.406	Alpi Lepontine
Basodino	3.277	Alpi Lepontine

ALPI ORIENTALI - MONTI PRINCIPALI		
MONTE	**METRI**	**COLLOCAZIONE**
Gran Pilastro	3.510	Alpi Noriche e Dolomitiche
Collalto	3.435	Alpi Noriche e Dolomitiche
Marmolada	3.342	Alpi Noriche e Dolomitiche
Tricorno	2.863	Alpi Giulie
Coglians	2.780	Alpi Carniche
Cima dei Preti	2.703	Alpi Carniche
Peralba	2.694	Alpi Carniche
Mangart	2.678	Alpi Giulie
Nevoso	1.796	Alpi Giulie

DIVISIONE DEGLI APPENNINI	
Appennino Settentrionale dal *Passo di Cadibona* al *Passo di Bocca Trabaria*	**Appennino Ligure-Piemontese:** dal *Passo di Cadibona* al *Passo della Cisa*
	Appennino Tosco-Emiliano: dal *Passo della Cisa* al *Passo di Bocca Trabaria*
Appennino Centrale dal *Passo di Bocca Trabaria* al *Passo di Vinchiaturo*	**Appennino Umbro Marchigiano**: dalla *Bocca Trabaria* alla *Gola D'Arquata*
	Appennino Abruzzese Molisano: dalla *Gola d'Arquata* al *Passo di Vinchiaturo*
Appennino Meridionale dal *Passo di Vinchiaturo* al *Capo dell'Armi*	**Appennino Campano Sannita:** dal *Passo di Vinchiaturo* al *Passo di Sella di Conza*
	Appennino Lucano: dal *Passo di Sella di Conza* al *Passo dello Scalone*
	Appennino Calabro: dal *Passo della Scalone* al *Capo dell'Armi*

APPENNINO SETTENTRIONALE: MONTI PRINCIPALI		
MONTE	**METRI**	**COLLOCAZIONE**
Maggiorasca	1.803	Appennino Ligure Piemontese
Penna	1.735	Appennino Ligure Piemontese
Lesima	1.724	Appennino Ligure Piemontese
Cimone (più alto)	**2.163**	Appennino Tosco Emiliano
Cusna	2.121	Appennino Tosco Emiliano
Alpe di Succiso	2.017	Appennino Tosco Emiliano
Falterona	1.654	Appennino Tosco Emiliano
Fumaiolo	1.408	Appennino Tosco Emiliano
Pisanino	1.945	Appennino Tosco Emiliano/Alpi Apuane
Pania della Croce	1.858	Appennino Tosco Emiliano/Alpi Apuane
Monti Pisani	918	Appennino Tosco Emiliano/Alpi Apuane

APPENNINO CENTRALE: MONTI PRINCIPALI		
MONTE	**METRI**	**COLLOCAZIONE**
Vettore	2.478	Appennino Umbro Marchigiano
Priore	2.334	Appennino Umbro Marchigiano
Porche	2.235	Appennino Umbro Marchigiano
Corno (Gran Sasso, punto più alto dell'Appennino)	**2.914**	Appennino Abruzzese Molisano/Gran Sasso
Corvo	2.626	Appennino Abruzzese Molisano/Gran Sasso
Amaro	2.775	Appennino Abruzzese Molisano/Maiella
Acquaviva	2.737	Appennino Abruzzese Molisano/Maiella
Terminillo	2.213	Preappennino Laziale/Monti Reatini
Viglio	2.156	Preappennino Laziale/Monti Ernici
Pizzodito	2.037	Preappennino Laziale/Monti Ernici

APPENNINO MERIDIONALE: MONTI PRINCIPALI		
MONTE	**METRI**	**COLLOCAZIONE**
Miletto	2.050	Appennino Campano Sannita/Matese
Mutria	1.822	Appennino Campano Sannita/Matese
Cervati	1.899	Appennino Campano Sannita/Cilento
Motola	1.700	Appennino Campano Sannita/Cilento
Pollino (più alto)	**2.271**	Appennino Lucano
Sirino	2.007	Appennino Lucano
Paleparto	1.481	Appennino Calabrese/Sila
Montalto	1.955	Appennino Calabrese/Aspromonte
Pecoraro	1.420	Appennino Calabrese/Aspromonte

Passi e valichi

Il valico carrabile alpino del **Rombo** mette in comunicazione Italia e Austria.
Il valico carrabile alpino del **Gavia** mette in comunicazione Brescia e Sondrio - Lombardia.
Il valico carrabile alpino del **Sella** mette in comunicazione Bolzano e Trento - Trentino Alto Adige.
Il valico carrabile alpino del **Falzarego** mette in comunicazione l'alto Agordino (Belluno) e Cortina d'Ampezzo (Belluno) - Veneto.

Monti della Sicilia

La Sicilia è separata dalla Calabria dallo Stretto di Messina, largo poco più di 3 km al suo ingresso settentrionale, mentre è separata dall'Africa dal Canale di Sicilia largo 150 km. I monti principali sono: **Peloritani**, **Nebrodi** (o Caronìe) e **Madonie**.
Ricordiamo l'**Etna** (3.340 m), il vulcano attivo più alto d'Europa.

Monti della Sardegna

La Sardegna è delimitata a Nord dal capo Testa, a Sud dal capo Teulada, a Est dal capo Comino e a ovest dal capo dell'Argentiera. I monti principali sono: Gallura, Iglesiente, Barbagia col Gennargentu, culminante con la Punta La Marmora (1.834 m), la vetta più alta dell'isola.

Monti della Corsica

L'isola della Corsica appartiene solo fisicamente all'Italia. Ha una superficie di 9.409 kmq ed è separata dalla Sardegna dalle **Bocche di Bonifacio** larghe circa 12 km. È prevalentemente montuosa. I monti principali sono: Cinto (2.710 m) e Incudine (2.136 m).

Vulcani

In Italia i vulcani attivi sono quattro: l'**Etna** o Mongibello (3.340 m) in Sicilia, il più alto d'Europa; lo **Stromboli** (920 m) e *Vulcano* (499 m), nelle isole Eolie o Lipari; il *Vesuvio* (1.277 m), in Campania nei pressi di Napoli.

PRINCIPALI MONTI D'ITALIA			
MONTE	CATENA MONTUOSA	ALTEZZA M	REGIONI
Monte Bianco	**Alpi Graie**	**4.810**	**Valle d'Aosta**
Monte Rosa	Alpi Pennine	4.634	Piemonte/Valle d'Aosta
Cervino	Alpi Pennine	4.478	Valle d'Aosta
Gran Paradiso	Alpi Graie	4.061	Piemonte/Valle d'Aosta
Pizzo Zupò (Bernina)	Alpi Retiche	3.996	Lombardia
Ortles	Alpi Retiche	3.899	Trentino-Alto Adige
Monviso	Alpi Cozie	3.841	Piemonte
Monte Cevedale	Alpi Atesine	3.764	Lombardia/ Trentino Alto Adige
Palla Bianca	Alpi Atesine	3.738	Trentino Alto Adige
Marmolada	Dolomiti	3.342	Trentino Alto Adige/Veneto
Etna	Appennino siciliano	3.323	Sicilia
Gran Sasso d'Italia	Appennino abruzzese	2.914	Abruzzo
La Maiella	Appennino abruzzese	2.795	Abruzzo
Monte Vettore	App.umbro-marchigiano	2.476	Marche
Monte Pollino	Appennino lucano	2.267	Basilicata/Calabria
Monte Terminillo	App.umbro-marchigiano	2.213	Lazio
Monte Cimone	App. tosco-emiliano	2.165	Emilia Romagna
Monte Miletto	Appennino campano	2.050	Campania/Molise
Montalto (Aspromonte)	Appennino calabrese	1.955	Calabria
Punta La Marmora	Appennino sardo	1.834	Sardegna

Fiumi

Il **Po** è il fiume di maggiore rilevanza per l'Italia sia per l'ampiezza di bacino (74.900 kmq ca) sia per la lunghezza del corso (652 km), seguito, a livello di lunghezza, dall'**Adige** (410 km) e dal **Tevere** (405 km).

Attraversa la **Pianura Padana** bagnando diverse città: Torino, Casale Monferrato, Piacenza, Cremona; sfocia con un *estuario a delta* nel Mar Adriatico, tra l'Emilia Romagna ed il Veneto a Sud Est di Rovigo ramificandosi in vari canali. Lungo il suo percorso sono numerosi gli ***affluenti*** sia di ***destra*** (*Tanaro* in Piemonte, *Trebbia*, *Scrivia*, *Taro*, *Panaro*, *Secchia*, *Varaita*, *Maira*, *Parma*, *Enza* in Emilia) che di ***sinistra*** (*Pellice*, *Doria Riparia*, *Orco*, *Sesia*, *Stura di Lanzo*, *Dora Baltea* in Piemonte, *Ticino*, *Adda*, *Oglio*, *Mincio* – immissario del Lago di Garda–, *Olona*, *Agogna*, in Lombardia).

Il fiume **Adige** è per estensione del bacino il terzo fiume d'Italia con i suoi 12.200 kmq ca; lo precedono il Po e il Tevere (17.170 kmq ca). Suoi affluenti sono l'*Isarco*, il *Noce* e l'*Avisio*. Attraversa la Val Venosta e la Lagarina, bagnando le città di Merano, Bolzano, Rovereto, Trento, Verona, Legnago e si butta nel Mar Adriatico.

Il **Tevere**, fiume di Roma, passa per Orte (VT) nelle cui vicinanze riceve il ***Nera*** alimentato dall'acque del ***Velino*** che forma le *Cascate delle Marmore* nei pressi di Terni (150 m ca); altri affluenti sono il ***Salto***, l'***Aniene*** (forma le cascate di Tivoli) il *Nesterone* e il *Chiani*. Sfocia nel Tirreno con due rami, Ostia e Fiumicino, racchiudendo l'Isola Sacra.

PRINCIPALI FIUMI				
FIUME	KM	NASCE	SFOCIA	SCORRE
Po	652	Monviso (Pian del Re)	Mar Adriatico (Adria)	Piemonte, Lombardia, Emilia-Romagna, Veneto
Adige	410	Passo di Resia (Alpi Re-tiche)	Mar Adriatico (Chioggia)	Trentino-Alto Adige, Veneto
Tevere	405	M. Fumaiolo	Mar Tirreno	Emilia-Romagna, Toscana, Umbria, Lazio
Adda	313	Passo di Foscagno (alimenta il lago di Como e ne diviene emissario)	Po	Lombardia
Oglio	280	Corno dei Tre Signori (emissario ed immissario del lago d'Iseo)	Po	Lombardia
Tanaro	276	M. Saccarello (Affluenti: Stura, Bormida e Belbo	Po	Piemonte, Liguria
Ticino	248	Passo di Novena (immissario ed emissario del lago Maggiore)	Po	Svizzera, Piemonte, Lombardia
Arno	241	M. Falterona	Mar Tirreno (Marina di Pisa)	Toscana (attraversa Pisa e Firenze)

(segue)

PRINCIPALI FIUMI				
Piave	220	M. Peralba (Alpi Carniche)	Mar Adriatico	Veneto
Reno	211	M. Prunetta (Affluenti: Sillaro, Idice, Santerno, Savena, Senio)	Mar Adriatico	Toscana, Emilia-Romagna
Volturno	175	Gruppo della Meta	Mar Tirreno (golfo di Gaeta)	Molise, Campania
Secchia	172	Alpe di Succiso	Po	Emilia-Romagna, Lombardia
Tagliamento	170	Passo Mauria (Alpi Carniche)	Laguna di Marano	Friuli-Venezia Giulia
Ombrone	161	Monti del Chianti	Mar Tirreno	Toscana (Bagna Grosseto)
Brenta	160	Lago di Caldonazzo	Mar Adriatico (Chioggia - Laguna di Venezia)	Trentino-Alto Adige, Veneto
Chiese	160	M. Fumo - Adamello	Oglio	Trentino-Alto Adige, Lombardia
Dora Baltea	160	Monte Bianco	Po	Valle d'Aosta, Piemonte
Liri-Garigliano	158	Monti Simbruini	Mar Tirreno (golfo di Gaeta)	Abruzzo, Lazio, Campania
Tirso	150	Altopiano di Buddusò	Mar Tirreno (golfo di Oristano)	Sardegna

Laghi

In Italia i principali laghi sono di origine ***glaciale*** situati nelle Alpi e nelle Prealpi (laghi Maggiore, Garda, Como, Iseo, d'Orta, Varese), altri bacini importanti sono di origine ***vulcanica*** al Centro Italia (laghi Bolsena, Bracciano, Vico, Albano, Nemi, ecc); troviamo ancora bacini ***costieri*** laghi Varano, Lesina) e di tipo ***alluvionale*** (lago Trasimeno).

PRINCIPALI LAGHI				
LAGO	**ORIGINE**	**KMQ**	**PROF. MAX**	**REGIONI**
Garda o Benaco	Glaciale	370,0	346	Lombardia, Trentino-Alto Adige, Veneto
Maggiore o Verbano	Fluvo-glaciale	212,0	372	Lombardia, Piemonte, Ticino (Svizzera)
Como o Lario	Glaciale	145,9	410	Lombardia
Trasimeno	Alluvionale	128,0	6	Umbria
Bolsena	Vulcanico	114,5	146	Lazio
Iseo o Sebino	Glaciale	65,3	251	Lombardia
Varano	Costiero	60,5	6	Puglia
Bracciano	Vulcanico	57,5	160	Lazio
Lesina	Costiero	51,5	2	Puglia
Lugano	Glaciale	50,5	288	Lombardia, Ticino (Svizzera)

Mari, coste e golfi

Mar Ligure

È profondo in media 2.800 metri ed è separato, idealmente, dal Tirreno dalla piattaforma dell'arcipelago toscano. Nel Mar Ligure le coste formano, tra Nizza (in Francia) e Piombino, un ampio arco al centro del quale è situato il porto di Genova.
A occidente di Genova il litorale prende il nome di Riviera di Ponente; ad oriente, quello di Riviera di Levante. Il Mar Ligure interessa anche la costa della Toscana centro-settentrionale, prevalentemente bassa e sabbiosa, che comprende la costa apuana, la Versilia, il litorale pisano e la costa degli Etruschi fino al golfo di Baratti. Le coste liguri sono, invece, per lo più alte e rocciose, molto spesso frastagliate e soprattutto ricche di insenature con profondi fondali che consentono la creazione di ottimi porti.
principali golfi sono:
- Golfo di Baratti, in Toscana;
- Golfo di Biodola, in Toscana - isola d'Elba;
- Golfo di Procchio, in Toscana - isola d'Elba;
- Golfo di La Spezia, in Liguria;
- Golfo del Tigullio, in Liguria;
- Golfo di Genova, in Liguria.

Oltre al porto di Genova, sono da ricordare il porto di Livorno (commerciale e industriale), il porto di Savona (commerciale) e il porto di La Spezia (militare e commerciale).

Mar Tirreno

Mar Tirreno ha la forma quasi triangolare ed è completamente italiano perché delimitato da terre che appartengono fisicamente all'Italia quali la penisola ad oriente, la Sicilia a sud, la Sardegna e la Corsica a occidente. Ha una profondità di 3.731 metri ed è ricco di isole prevalentemente vulcaniche.
Le coste tirreniche, che bagnano la penisola dal promontorio di Piombino a capo Vaticano sono prevalentemente *basse e sabbiose.* Esse presentano una serie di archi molto aperti che, congiungendosi tra loro, formano penisole rocciose quali la *penisola di Piombino* (con il promontorio che fa da suddivisione con il mar Ligure), di fronte all'isola d'Elba.
L'arco costiero compreso tra il monte Circeo e la penisola Flegrea forma l'ampio Golfo di Gaeta. Dove termina la penisola di Salerno, si apre il Golfo di Napoli. Il golfo di Salerno, immediatamente contiguo, finisce dove sporge il promontorio del Cilento, per lo più costituito da costa alta e rocciosa.
A sud del Cilento, fino allo stretto di Messina, le coste calabre appaiono inizialmente frastagliate, per la maggior parte alte, rocciose e scoscese; dopo il Golfo di Policastro sono invece quasi rettilinee fino al promontorio di monte Poro (capo Vaticano).
Altri golfi, nel Mar Tirreno, sono:
- Golfo Stella, in Toscana - isola d'Elba;
- Golfo di Lacona, in Toscana - isola d'Elba;
- Golfo di Campo, in Toscana - isola d'Elba;
- Golfo di Follonica, in Toscana;
- Golfo di Talamone, in Toscana;
- Golfo di Anzio, in Lazio;
- Golfo di Terracina, in Lazio;

- Golfo di Pozzuoli, in Campania;
- Golfo di Gioia Tauro, in Calabria;
- Golfo di Sant'Eufemia, in Calabria.

Mar Ionio

Il Mar Ionio è il più profondo del Mediterraneo - oltre 4.400 metri - e, poiché riceve le acque di pochi fiumi, le sue acque sono più salate di quelle dell'Adriatico col quale comunica mediante il canale di Otranto largo 73 km. Il Mare Ionio bagna le coste della penisola che vanno da *punta Pezzo* a *Capo S. Maria di Leuca,* estremo lembo pugliese, definito il "Tacco dello Stivale".

Da Punta Melito al Golfo di Squillace le coste calabre, bagnate dal Mar Ionio sono in tutto simili a quelle del tratto tirrenico: rettilinee, poco incise e ripide dove l'Appennino s'accosta di più al mare.

Le coste della Sila sono accidentate; quelle della Basilicata e della Puglia sono uniformi ed una volta sede di fiorenti colonie greche (Sibari, Metaponto, Gallipoli).

principali golfi delle coste ioniche sono:

- Golfo di Locri;
- Golfo di Squillace;
- Golfo di Sibari;
- Golfo di Taranto.

Il porto principale sullo Ionio è quello di Taranto.

Stretto di Messina

Mette in comunicazione il Mar Tirreno con lo Ionio. È lungo 33 km circa e largo, al suo ingresso settentrionale poco più di 3 km. Il suo fondale non è molto profondo e tende a diminuire per lo sfaldamento delle montagne circostanti. Lo stretto di Messina si apre tra Scilla e punta Faro o Capo Peloro.

Mar Adriatico

Il Mar Adriatico è una fossa longitudinale che separa il sistema appenninico da quello balcanico. Si estende dal *golfo di Trieste* al *canale di Otranto* con una lunghezza di circa 900 km; la massima profondità è di 1.205 metri e la minima 40.

Procedendo da sud verso nord, da Punta Palascia ad Otranto fino alla foce del Po, le coste sono uniformi e rettilinee, interrotte solo dai promontori del Gargano e del Monte Conero, le cui pendici settentrionali proteggono il porto di Ancona.

Nei restanti tratti il litorale è costituito da una larga fascia sabbiosa, adatta per gli stabilimenti balneari.

A nord di Ravenna, dalle Valli di Comacchio fino al Golfo di Trieste, le coste sono nel primo tratto frastagliatissime, occupate in gran parte da valli e paludi (acque dolci) o lagune (acque salmastre). Continuano poi basse e fangose, un poco più uniformi, lungo tutta la Venezia Euganea, fino ai golfi di Grado e di Monfalcone per tornare alte e molto frastagliate nella Penisola istriana (divisa tra Italia, Slovenia e Croazia).

I golfi del Mar Adriatico sono:

- Golfo di Manfredonia;
- Golfo di Ancona;
- Golfo di Venezia;
- Golfo di Grado;

- Golfo di Monfalcone;
- Golfo di Trieste.

porti principali sono quelli di Brindisi, di Bari, di Pescara, di Ancona, di Ravenna, di Venezia, di Trieste, di Pola e di Fiume (gli ultimi due in territorio croato).

Mar di Sicilia

Mar di Sicilia è la parte compresa tra l'Africa e la Sicilia e, per mezzo dei canali di Tunisi e Malta, mette in comunicazione il bacino occidentale con quello orientale dello stesso Mediterraneo. È stato sempre teatro di cruenti battaglie navali tra le principali potenze marittime. Le sue coste sono per la maggior parte montuose e frastagliate nel tratto settentrionale ed orientale, basse in quello occidentale e meridionale.
Le principali insenature che si incontrano sul tratto del Tirreno sono:
- il Golfo di Gela, compreso fra Licata e Punta Braccetto, è il più ampio dell'isola;
- il Golfo di Patti, compreso fra la penisola di Milazzo e Capo Calava;
- il Golfo di Termini Imerese, tra la punta di Cefalù ed il Capo Zaffarano;
- il Golfo di Palermo, della Conca d'Oro;
- il Golfo di Castellamare, tra Punta Raisi e Capo San Vito.

Nel tratto dello Ionio si incontrano:
- il Golfo di Catania;
- il Golfo di Noto;
- il Golfo di Augusta.

Mar di Sardegna

È rappresentato dal tratto più orientale del Mediterraneo occidentale e bagna le coste insulari del gruppo sardo-corso.
Lungo il versante tirrenico, da Punta Falcone (nelle Bocche di Bonifacio) fino a Capo Carbonara le coste sarde sono alte e quasi rettilinee a parte il settore settentrionale, dove sono molto frastagliate.
Dalle Bocche di Bonifacio (che separano la Sardegna dalla Corsica) fino al Golfo di Terranova, lo sviluppo costiero è accompagnato da numerosi scogli, isolette ed isole. Le principali solo l'isola della Maddalena e di Caprera.
I principali golfi sul versante tirrenico sono quelli di Olbia ed Orosei.
Sul versante meridionale, dove si apre il vasto Golfo di Cagliari, le coste sono pianeggianti.
Sul versante occidentale si alternano coste rocciose a coste basse ed acquitrinose, come quelle del Golfo di Palmas e del Golfo di Carloforte, limitato verso il mare aperto dall'isola di San Pietro.
Da Capo Caccia alla Punta Asinara la costa della *Nurra* è in gran parte montuosa.
Nel Golfo dell'Asinara, invece, la costa è pianeggiante e proprio qui sorge il porto di Porto Torres.
I principali golfi del versante occidentale sono quelli di Palmas, di Carloforte, di Oristano, di Alghero e dell'Asinara.

Penisole e isole

L'Italia è una penisola. È bagnata per 3/4 dal mare, mentre per 1/4 i suoi confini sono naturali e formati dall'arco alpino. Tuttavia, all'interno della stessa penisola se ne possono delimitare altre; due di esse si trovano in Puglia: il **Gargano** e la **Penisola Salentina**. Un'altra penisola è la **Calabria**.

Vi sono poi le penisole formate nelle coste dagli altri congiunti tra loro, quali la **penisola di Piombino**, quella **Flegrea** e quella di **Salerno**.
Per quanto riguarda le isole, oltre alla **Sicilia** e alla **Sardegna**, che sono le più estese, raggruppiamo le altre nella tabella sottostante.

ISOLE PRINCIPALI				
ARCIPELAGO	**ISOLA**	**KMQ**	**REGIONE/PROVINCIA**	**MARE**
Arcipelago Toscano	Elba	223,50	Toscana (Livorno)	Tirreno
	Giglio	21,20		
	Capraia	19,30		
	Montecristo	10,39		
	Pianosa	10,30		
	Giannutri	2,30		
	Gorgona	2,00		
Arcipelago Ponziano	Ponza	7,35	Lazio (Latina)	Tirreno
	Palmarola	1,31		
	Ventotene	1,24		
	Zannone	1,02		
	S. Stefano	0,28		
	Gavi	0,14		
Arcipelago Partenopeo Isole Flegree	Ischia	46,40	Campania (Napoli)	Tirreno
	Capri	10,34		
	Procida	3,90		
	Vivara	—		
	Nisida	—		
Isole Eolie	Lipari	37,30	Sicilia (Messina)	Tirreno
	Salina	26,10		
	Vulcano	21,00		
	Stromboli	12,20		
	Filicudi	9,50		
	Alicudi	5,10		
	Panarea	3,30		
	Ustica	8,65	Sicilia (Palermo)	Tirreno
Arcipelago delle Egadi	Favignana	19,80	Sicilia (Trapani)	Tirreno
	Marettimo	12,30		
	Lèvanzo	5,60		
	Stagnone	5,40		
Arcipelago della Maddalena	La Maddalena	20,10	Sardegna (Olbia-Tempio)	Tirreno
	Caprera	15,80		

(segue)

ISOLE PRINCIPALI				
ARCIPELAGO	**ISOLA**	**KMQ**	**REGIONE/PROVINCIA**	**MARE**
Arcipelago della Maddalena	Spargi	4,20	Sardegna (Olbia-Tempio)	Tirreno
	S. Stefano	3,10		
	Budelli	1,60		
	S. Maria	2,00		
	Razzoli	1,50		
	Mortorio	0,60	Sardegna (Olbia-Tempio)	Tirreno
	Soffi	0,40	Sardegna (Olbia-Tempio)	Tirreno
Arcipelago di Tavolara	Tavolara	5,9	Sardegna (Olbia-Tempio)	Tirreno
	Molara	3,41		
	Molarotto	---		
	Serpentara	1,34	Sardegna (Cagliari)	Mediterraneo
	Cavoli	---	Sardegna (Carbonia-Iglesias)	Mediterraneo
Arcipelago Sulcis	S. Antioco	108,90	Sardegna (Carbonia-Iglesias)	Mediterraneo
	S. Pietro	51,30		
	Toro	0,11		
	Piana	---		
	Catalano	---	Sardegna (Oristano)	Mediterraneo
	Mal di Ventre	---	Sardegna (Oristano)	Mediterraneo
	Asinara	50,90	Sardegna (Sassari)	Mediterraneo
	Pantelleria (di origine vulcanica)	82,90	Sicilia (Trapani)	Canale di Sicilia
Arcipelago delle Pelagie	Lampedusa (è l'isola più a sud)	20,20	Sicilia (Agrigento)	Canale di Sicilia
	Linosa	5,43		
	Lampione (non si trova geograficamente in Europa)	1,50		
Isole Cheradi	S. Pietro	1,17	Puglia (Taranto)	Ionio
	S. Paolo	0,05		
	S. Andrea	0,05	Puglia (Lecce)	Adriatico
Arcipelago delle Tremiti	Capraia o Caprara	0,45	Puglia (Foggia)	Adriatico
	S. Nicola	0,42		
	S. Domino	2,08		
	Pianosa	0,11		
	Cretaccio	---		

PRINCIPALI ISOLE PER ESTENSIONE					
ISOLA	KMQ	REGIONE	ISOLA	KMQ	REGIONE
Sicilia	25.426	Sicilia	Vulcano	21,00	Sicilia
Sardegna	23.813	Sardegna	Lampedusa	20,20	Sicilia
Elba	223,50	Toscana	La Maddalena	20,10	Sardegna
Sant'Antioco	108,90	Sardegna	Favignana	19,80	Sicilia
Pantelleria	82,90	Sicilia	Capraia	19,30	Toscana
San Pietro	51,30	Sardegna	Caprera	15,80	Sardegna
Asinara	50,90	Sardegna	Marettimo	12,30	Sicilia
Ischia	46,40	Campania	Stromboli	12,20	Sicilia
Lipari	37,30	Sicilia	Capri	10,34	Campania
Salina	26,10	Sicilia	Montecristo	10,40	Toscana
Giglio	21,20	Toscana	Pianosa	10,30	Toscana

Pianure e Valli

Oltre alla **pianura Padano-Veneta** sono da ricordare le seguenti.

PRINCIPALI PIANURE E VALLI	
Piemonte	Stura, Susa, Tanaro, Ossola, Gesso, Sesia, Aosta, Vercellese, Novarese
Lombardia	Seriana, Brembana, Trompia, Levantina, Camonica, Valtellina (attraversata dal fiume Adda), Cremonese e Mantovana
Trentino, Friuli e Veneto	Venosta, Lagarina, Pusteria, Fassa, Cembra, Fiemme, Valsugana, Cadore, Carnia, Valle del Vipacco, Gardena, Isarco, San Pellegrino
Emilia Romagna	Trebbia, Staffora, Valli di Comacchio, val di Taro (Parma), Valconca
Liguria	Albenga, Auletta, Lunigiana, Magra
Toscana	Lucca, Garfagnana, dell'Arno, Maremma toscana
Umbria	Tiberina, Teverina e Valle Umbra
Lazio	Pontina, Campagna romana, Valle del Tevere, Ciociaria
Abruzzo	Conca aquilana, Avezzano, Sulmona
Campania	Pianura campana, Pianura di Paestum o del Sele
Lucania	Pianura dell'Agri, del Bradano, di Metaponto
Calabria	Sibari, Sant'Eufemia, Palmi o Rosarno
Puglia	Tavoliere (la più estesa dopo la Pianura Padana) e Penisola Salentina
Sicilia	Piana di Catania e Conca d'Oro
Sardegna	Pianura del Campidano e della Nurra

AREE GEOGRAFICHE	REGIONE
Polesine, Cadore, riviera del Brenta (tra Padova e Venezia)	Veneto
Lomellina, Bria	Lombardia
Tirolo (tra Austra e Italia)	Trentino Alto-Adigè

(segue)

AREE GEOGRAFICHE	REGIONE
Piana di Sibari	Calabria
Cinqueterre	Liguria
Carnia, Vallone di Muggia, Altopiano del Carso, Laguna Marano	Friuli Venzia Giulia
Ciociaria, Sabina, Agro Pontino (LT)	Lazio
Canavese Monferrato, Langhe (CN)	Piemonte
Salento, Murge, Foresta Umbra	Puglia
Montefeltro	Marche
Versilia, Chianti (tra Firenze e Siena), Casentino; Maremma (tra Cecina e Civitavecchia), Garfagnana; Lunigiana (al confine con la Liguria), Mugello	Toscana
Marsica	Abruzzo
Terra del Lavoro, Irpinia, Cilento (Campania e Basilicata), Campi Flegrei (Napoli)	Campania
Mazara del Vallo, Val Demone, Val di Noto	Sicilia
Piana del Metaponto	Basilicata
Gallura a Nord, Campidano, Sulcis, Ogliastra, Iglesiente, Logudoro, Barbagia (alle pendici del Gennargentu)	Sardegna

Parchi nazionali

Il territorio italiano presenta ben **24 parchi nazionali** per una superficie complessiva di 12.068 kmq (il 10% del territorio nazionale) e 936 kmq di acque territoriali. Il parco **più esteso** è quello del ***Parco del Pollino***, tra le regioni della Basilicata e Calabria, seguito dal ***Cilento*** e ***Vallo di Diano***, in Campania (SA).

PARCHI NAZIONALI			
DENOMINAZIONE PARCO	ETTARI	COMUNI	REGIONI
Pollino *(il più grande, istituito nel 1990)*	**192.565**	**55**	**Basilicata, Calabria**
Cilento, Vallo di Diano e Alburni	181.048	80	Campania
Gran Sasso e Monti della Laga	148.935	44	Abruzzo, Lazio, Marche
Stelvio	130.728	24	Lombardia, Trentino-Alto Adige
Gargano	121.118	18	Puglia
Majella	74.095	38	Abruzzo
Gennargentu e Golfo Orosei	73.935	18	Sardegna
della Sila	73.695	20	Calabria
Monti Sibillini	71.437	18	Marche, Umbria
Gran Paradiso *(il più antico 1922 con simbolo lo stambecco. Al suo interno ospita la cascata di Lillaz)*	**71.043**	**13**	**Piemonte, Valle d'Aosta**
Appennino Lucano - Val D'Agri - agonegrese	68.996	29	Basilicata
Alta Murgia	68.077	13	Puglia

(segue)

PARCHI NAZIONALI			
DENOMINAZIONE PARCO	ETTARI	COMUNI	REGIONI
Aspromonte	64.545	37	Calabria
Arcipelago Toscano	56.776	11	Toscana
Abruzzo, Molise e Lazio	49.680	25	Abruzzo, Lazio, Molise (in gran parte in provincia di L'Aquila)
Foreste Casentinesi, M. Falterona, Campigna	36.426	12	Emilia-Romagna, Toscana
Dolomiti Bellunesi	31.034	15	Veneto

Sistema aeroportuale

Il sistema aeroportuale italiano è composto da circa una quarantina di scali di cui però solo tre – Roma-Fiumicino, Milano-Linate, Milano-Malpensa – assorbono circa il 50% del traffico passeggeri e l'85% del traffico merci.

L'ENAV S.p.A. è la società che fornisce il servizio del Controllo del Traffico Aereo, nonché gli altri servizi essenziali per la navigazione, nei cieli italiani e negli aeroporti civili nazionali, con sempre crescenti livelli di sicurezza, efficienza e regolarità.

PRINCIPALI AEROPORTI			
CITTÀ/SCALO	NOME AEROPORTO	CITTÀ/SCALO	NOME AEROPORTO
Alghero	Fertilia	Napoli	Capodichino
Ancona	Falconara Marittima	Olbia	Costa Smeralda
Bari	Palese	Palermo	Falcone - Borsellino
Bergamo	Orio al Serio	Pantelleria	Pantelleria
Bologna	Guglielmo Marconi	Perugia	S. Egidio
Brindisi	Papola Casale	Pisa	Galileo Galilei
Cagliari	Elmas	Reggio Calabria	Aerop. dello Stretto
Catania	Fontanarossa	Roma (Fiumicino)	Leonardo da Vinci
Firenze	Amerigo Vespucci	Torino	Caselle
Genova	Cristoforo Colombo	Trapani-Birgi	Livio Bassi
Lamezia Terme	S. Eufemia	Trieste	Ronchi dei Legionari
Lampedusa	Lampedusa	Venezia	Marco Polo
Milano	Malpensa e Linate	Verona	Villafranca Veronese

RETE AUTOSTRADALE		
AUTOSTRADA	COLLEGAMENTO	KM (CIRCA)
A1	Milano-Napoli *(Autostrada del Sole)*	759
A3	Napoli-Reggio Calabria	495
A4	Torino-Trieste *(A. Serenissima)*	522
A5	Torino-Monte Bianco *(A. della Valle d'Aosta)*	143
A6	Torino-Savona *(A. La Verdemare)*	124

(segue)

RETE AUTOSTRADALE		
AUTOSTRADA	**COLLEGAMENTO**	**KM (CIRCA)**
A7	Milano-Genova *(A. dei Giovi)*	134
A8	Milano-Varese *(A. dei Laghi)*	44
A9	Lainate-Chiasso *(A. dei Laghi)*	31
A10	Ventimiglia-Savona-Genova *(A. dei Fiori)*	159
A11	Firenze-Pisa Nord *(Firenze-Mare)*	82
A12	Genova-Rosignano - Civitavecchia-Roma *(A. Azzurra)*	206+65
A13	Bologna-Padova	117
A14	Bologna-Taranto *(A. Adriatica)*	743
A15	Parma-La Spezia *(A. della Cisa)*	108
A16	Napoli-Canosa *(A. dei due mari)*	173
A18	Messina-Catania - Siracusa-Rosolini	77+40
A19	Palermo-Catania	192
A20	Messina-Palermo	183
A21	Torino-Brescia *(A. dei vini)*	238
A22	Brennero-Modena *(A. del Brennero)*	315
A23	Palmanova-Tarvisio *(A. Alpe Adria)*	120
A24	Roma-Teramo *(A. dei Parchi)*	167
A25	Torano-Chieti-Pescara *(A. dei Parchi)*	115
A26	Voltri-Gravellona Toce *(A. dei Trafori)*	197
A27	Mestre-Belluno *(A. di Alemagna)*	83
A28	Portogruaro-Conegliano	49
A29	Palermo-Mazara del Vallo *(A. del Sale)*	115
A30	Caserta-Salerno	55
A31	Piovene Rocchette-Vicenza *(A. Val D'Astico)*	36
A32	Torino-Bardonecchia *(A. del Frejus)*	73
A33	Asti-Cuneo *(A. delle Langhe)*	42+12
A91	Roma-Fiumicino	19
NSA 339	Catania-Siracusa	25

AUTOSTRADE TANGENZIALI			
A50	Tangenziale Ovest di Milano	(San Giuliano Milanese- Rho)	km 33
A51	Tangenziale Est di Milano	(San Donato Milanese- Usmate)	km 29
A52	Tangenziale Nord di Milano	(Sesto San Giovanni - Paderno Dugnano)	km 13
A54	Tangenziale di Pavia	(Pavia Nord - San Martino Siccomario)	km 8
A55	Tangenziale di Torino	(Falchera - Rivoli - Trofarello)	km 58
A56	Tangenziale di Napoli	(Napoli - Pozzuoli)	km 20
A57	Tangenziale di Mestre	(Dolo - Quarto d'Altino)	km 27

(segue)

AUTOSTRADE TANGENZIALI			
GRA	Grande Raccordo Anulare	(Roma)	km 68
RA 1	Tangenziale di Bologna	(Bologna)	km 22
RA 15	Tangenziale di Catania	(Catania)	km 24

TRAFORI INTERNAZIONALI AUTOSTRADALI			
T1	Traforo del Monte Bianco	Italia (Courmayeur)-Francia (Chamonix)	km 12
T2	Traforo Gran San Bernardo	Italia (Valle d'Aosta)-Svizzera	km 6
T3	Traforo del Frejus	Italia (Bardonecchia) - Francia (Modane)	km 13

STRADE CONSOLARI	
NOME	**COLLEGAMENTO**
Appia	Roma-Brindisi
Flaminia	Roma-Rimini
Emilia	Rimini-Piacenza
Aurelia	Roma-Arles (Francia)
Salaria	Roma-Porto d'Ascoli
Valeria/Claudia Valeria	Roma-Aternum (sull'Adriatico)
Cassia	Roma-Firenze
Clodia o Claudia	Roma-Orbetello-Grosseto

ALTRE STRADE ANTICHE DI MINORE IMPORTANZA
Prenestina
Casilina
Ardeatina
Labicana
Tiburtina
Nomentana
Collatina

Occorre Sapere

PRINCIPALI COLLEGAMENTI TRAMITE AUTOSTRADE E STRADE STATALI (SS)

Partendo da Milano per arrivare a Napoli, percorrendo l'autostrada Al, si devono attraversare l'Emilia Romagna, la Toscana, l'Umbria e il Lazio

Genova e Ventimiglia sono collegate dall'autostrada AIO che, per le zone che attraversa lungo il tragitto, viene chiamata «Autostrada dei Fiori»

Milano e Genova sono collegate dall'autostrada A7

Se percorro la strada statale 456 del Turchino, mi trovo in Liguria

Partendo da Bologna per arrivare a Taranto, percorrendo l'autostrada Al 4, si devono attraversare le Marche, l'Abruzzo e il Molise

Partendo da Genova per arrivare a Roma, percorrendo l'autostrada Al 2 e la SS1 si deve attraversare la Toscana

Partendo da Venezia per arrivare a Bari, percorrendo l'autostrada, si devono attraversare l'Emilia Romagna, le Marche, l'Abruzzo ed il Molise

L'arteria autostradale A3 attraversa la Campania, la Basilicata e la Calabria collegando le città di Napoli e Reggio Calabria

Se percorriamo la Strada Statale 145 Sorrentina siamo in Campania

Il valico stradale alpino del Frejus collega l'Italia con la Francia ed è più lungo d'Italia

Il traforo alpino del Gran San Bernardo si trova in Valle d'Aosta

Le «direttrici nazionali», nel settore dei trasporti, sono i lunghi tratti di autostrade e ferrovie

La SS 18 Tirrena Inferiore va da Napoli a Reggio Calabria

La SS 33 del Sempione va da Milano al confine con la Svizzera (presso Domodossola)

La SS 107 Silana Crotonese va da Paola a Crotone

La SS 113 Settentrionale Sicula va da Messina a Trapani

La SS 121 Catanese va da Catania a Palermo

La SS 205 Amerina va da Narni Scalo ad Orvieto

La SS 172 dei Trulli va da Casamassima a Taranto

La SS 370 Litoranea delle Cinque Terre va da La Spezia a Sestri Levante

La SS 3 Via Flaminia va da Roma a Fano e attraversa, fra l'altro, le Marche

La SS 6 Via Casilina va da Roma a Caianello

La SS 2 Via Cassia va da Roma a Firenze
La SS 4 Via Salaria va da Roma ad Ascoli Piceno
La SS 7 Via Appia va da Roma a Brindisi
La SS 5 Via Tiburtina va da Roma a Pescara
La SR 148 Pontina va da Roma a Terracina
La SR 213 Via Fiacca va da Terracina a Formia
La SS 1 Via Aurelia va da Roma al confine con la Francia (presso Ventimiglia)
La SS 9 Via Emilia va da Rimini a Milano
La SS 50 del Grappa e del Passo Rolle va da Ponte nelle Alpi a Predazzo
La SS 51 di Alemagna va da Conegliano a Dobbiaco
La SS 87 Sannica va da Napoli a Termoli
La SS 125 Orientale Sarda va da Cagliari a Palau
La SS 129 Trasversale Sarda va da Marina di Orosei a Macomer
La SS 131 Carlo Felice va da Cagliari a Porto T orres
La SS 10 Padana Inferiore va da Torino a Monselice
La SS 13 Pontebbana va da Mestre al confine con l'Austria (presso Tarvisio)
La SS 16 Adriatica va da Padova ad Otranto
La SS 38 dello Stelvio va da Colico a Bolzano
La SS 53 Postumia va da Vicenza a Portogruaro
La SS 65 della Futa va da Firenze a Bologna
La SS 67 Tosco Romagnola va da Pisa a Marina di Ravenna
La SS 115 Sud Occidentale Sicula va da Trapani a Siracusa
La SS 11 Padana Superiore va da Torino a Venezia
La SS 35 dei Giovi va da Genova al confine con la Svizzera (presso Chiasso)
La SS 45 di Val Trebbia va da Genova a Piacenza
La SS 79 Ternana va da San Gemini a Rieti
La SS 93 Appulo-Lucana va da Barletta a Potenza
La SS 106 Jonica va da Reggio Calabria a Taranto

ESEMPIO DI ALCUNE DISTANZE IN LINEA D'ARIA TRA CITTÀ
Rieti e Chieti è di circa 100 km
Genova e Aosta è di circa 200 km
Alessandria e Trieste è di circa 400 km
Sondrio e Roma è tra 500 e 650 km
Firenze e Ancona è di 200 km
Bari e Matera è di circa 60 km
Genova e Bologna è di circa 200 km
Palermo e Napoli è di circa 310 km

DATI GENERALI
La superficie territoriale per zone altimetriche della regione Piemonte è suddivisa in montagna 43,3%, collina 30,3%, pianura 26,4%.
La superficie territoriale per zone altimetriche della regione Valle d'Aosta è suddivisa in montagna 100%, collina 0%, pianura 0%.
La superficie territoriale per zone altimetriche della regione Puglia è suddivisa in montagna 1,5%, collina 45,2%, pianura 53,3%.
La superficie territoriale espressa in ettari della zona montuosa della nazione Italia è 10.627.608 ha.
In riferimento alla conformazione fisica delle coste dell'Italia, vi è una netta contrapposizione tra le coste dell'alto Adriatico e le coste peninsulari.
In riferimento alla conformazione fisica dell'isola della Sicilia, l'isola è in prevalenza montuosa e collinare, con l'Etna che domina la piana di Catania e con una serie di catene montuose disposte lungo la costa nordorientale.
Lo sviluppo peninsulare e insulare dell'Italia e delle sue isole si aggira intorno ai 7.375 km.
Le coste vicine alla catena appenninica sono in prevalenza rocciose e/o con brevi strisce sabbiose.
Il litorale peninsulare e insulare maggiore per lunghezza in Italia ha una misura di 1.731,1 km nella regione Sardegna. In corrispondenza di pianure che si aprono verso il litorale le coste sono basse e sabbiose.
L'Emilia Romagna è divisa dalle altre regioni confinanti dal fiume Po, che la separa dalla Lombardia e dal Veneto, e dall'Appennino, che la divide dalla Toscana e dalle Marche.
L'alto Adriatico è caratterizzato da coste basse e lagunari.
L'Italia si trova fra i paralleli 47° e 37°.

A U S T R I A
LIECHTENSTEIN
S V I Z Z E R A
U N G H E R I A
F R A N C I A
SLOVENIA
C R O A Z I A
BOSNIA HERZEGOVINA
Alto Adige
Bolzano
Trentino-
TRENTO
Friuli-
Venezia
Giulia
Udine
Gorizia
TRIESTE
Belluno
Pordenone
Treviso
Vicenza
Veneto
VENEZIA
Verona
Padova
Rovigo
Sondrio
Como
Varese
Lecco
Bergamo
Lombardia
MILANO
Brescia
Lodi
Cremona
Mantova
Pavia
Valle d'Aosta
AOSTA
Biella
Novara
Vercelli
TORINO
Asti
Alessandria
Piemonte
Cuneo
Piacenza
Parma
Reggio nell'Em.
Modena
Ferrara
Emilia-Romagna
BOLOGNA
Ravenna
Forlì
SAN MARINO
Liguria
GENOVA
Savona
Imperia
La Spezia
MONACO
MAR LIGURE
Massa
Lucca
Pistoia
Pisa
FIRENZE
Arezzo
Livorno
Toscana
Siena
Grosseto
Pesaro
ANCONA
Marche
Macerata
Ascoli Piceno
PERUGIA
Umbria
Terni
Teramo
Pescara
Chieti
L'AQUILA
Abruzzi
Viterbo
Rieti
Lazio
CITTÀ DEL VATICANO
Roma
Frosinone
Latina
Molise
CAMPOBASSO
Isernia
Foggia
Puglia
BARI
Brindisi
Taranto
Lecce
Caserta
Benevento
Avellino
NAPOLI
Salerno
Campania
POTENZA
Matera
Basilicata
Calabria
Cosenza
Crotone
CATANZARO
Vibo Valentia
Reggio di Cal.
Messina
PALERMO
Trapani
Sicilia
Caltanissetta
Enna
Catania
Agrigento
Siracusa
Ragusa
MALTA
Corsica (Francia)
Sassari
Nuoro
Sardegna
Oristano
CAGLIARI
MARE ADRIATICO
MAR TIRRENO
MAR MEDITERRANEO
MAR IONIO
ALGERIA
TUNISIA
0
100
200
km

2.2 Le regioni d'Italia

L'Italia è suddivisa amministrativamente in 20 regioni di cui 5 a statuto speciale, ovvero con una maggiore autonomia: Friuli-Venezia Giulia, Sardegna, Sicilia, Trentino-Alto Adige e Valle d'Aosta.

PIEMONTE (STATUTO ORDINARIO)					
SUPERFICIE	kmq 25.873	**ABITANTI**	4.341.375	**DENSITÀ AB/KMQ**	167
CONFINI	Francia (O), Svizzera (N), Valle d'Aosta (NO), Lombardia (E), Liguria (S), Emilia Romagna (SE)				
PROVINCE (8)	**Torino**, Alessandria (importante piazzaforte militare sulle rive del Tanaro), Asti, Cuneo, Novara, Vercelli (sul fiume Sesia, che scorre sulla valle alpina omonima), Biella, Verbania (ove si trova la *cascata del Toce*). **Altre città**: Ivrea, Domodossola, Alba (famoso centro vinicolo e mercato del tartufo, in provincia di Cuneo), Novi Ligure				
FIUMI	Po, Pellice, Dora Riparia, Orco, Sesia, Stura di Lanzo, Dora Baltea, Tanaro, Bormida e Scrivia, Belbo, Ticino				
RILIEVI	Monte Rosa (m 4634), Gran Paradiso (m 4061), Monviso (m 3841), Argentera (m 3297)				
LAGHI	Viverone (kmq 5,7), Candia (kmq 1,7), Orta o Cusio (kmq 18) che ha per immissario il torrente Nigoglia, Avigliana (kmq 0,8), Mergozzo (kmq 1,85) Maggiore o Verbano (kmq 212) situato tra il Piemonte, la Lombardia e la Svizzera; quest'ultimo ha per immissari i fiumi Ticino, Toce e Tresa e per emissario il Ticino.				
NOTE	Importante la produzione di riso (Novara, Vercelli, Alessandria, Novara) e di cappelli (Borsalino), oltre a essere rinomata per i vini (Barolo, Nebbiolo, Barbera, Moscato d'Asti) e spumanti. Il settore industriale trainante è quello meccanico, con l'industria automobilistica e tutte le attività a essa collegate. In provincia di Torino si trovano il colle Superga, il valico alpino del Sestriere e l'attrazione importante del castello Rivoli				

LOMBARDIA (STATUTO ORDINARIO)					
SUPERFICIE	kmq 23.863	**ABITANTI**	10.103.969	**DENSITÀ AB/KMQ**	423
CONFINI	Piemonte (O), Svizzera (N), Trentino Alto Adige e Veneto (E), Emilia (S)				
PROVINCE (12)	**Milano**, Bergamo, Brescia («Leonessa d'Italia» per resistenza contro gli austriaci nelle «dieci giornate», ai piedi delle Prealpi), Como (con la *Grotta dell'Orso*), Cremona, Mantova (con centri monumentali medievali e rinascimentali dei Gonzaga), Pavia (sul Ticino), Sondrio, Varese, Lecco, Lodi, Monza-Brianza. **Altre città**: Rho, Tirano, Seregno, Crema, Vigevano				
FIUMI	Ticino, Adda (suo affluente Brembo), Oglio, Mincio, Olona, Agogna, Chiese, Lambro, Serio				
RILIEVI	Pizzo Zupò (Bernina - m 3996), M. Cevedale (m 3764), Adamello (m 3539). Alpi Orobie				
ISOLE PRINCIPALI	Monte Isola (Lago d'Iseo) 4,3 kmq				
LAGHI	Lugano o Ceresio (kmq 50,5) tra Italia e Svizzera; Como o Lario (kmq 146 - caratteristica forma a "Y" rovesciata, tra Como e Lecco), ha per immissario ed emissario l'Adda; Iseo o Sebino (kmq 65), ha per immissario ed emissario il fiume Oglio; Idro; Garda o Benaco (kmq 370); Maggiore o Verbano (kmq 212) ha per immissario il Sarca e per emissario il Mincio, Varese (kmq 15), Idro (kmq10,9), Mezzola (kmq 5,9), lago di Pusiano (provincia di Lecco)				

(segue)

LOMBARDIA	(STATUTO ORDINARIO)
NOTE	Si trova in Lombardia l'enclave "Campione d'Italia". Colture principali sono quelle di cereali, frutta, ortaggi, uva da vino e foraggi. L'allevamento è concentrato su bovini e suini, con tutti i prodotti derivati (latte, burro, formaggi, carne). È al primo posto in Italia per la produzione di *granturco*, così come per il *grano* e il *riso* unitamente al Piemonte. La Lombardia detiene il primato per il numero di capi nell'allevamento dei *bovini.* In provincia di Bergamo il *villaggio industriale di Crespi d'Adda* (la famiglia Crespi è famosa per aver concesso alloggi ai dipendenti dell'opificio). Il simbolo della Lombardia è la *Rosa Camuna*

VENETO	(STATUTO ORDINARIO)				
SUPERFICIE	kmq 18.390	**ABITANTI**	4.907.704	**DENSITÀ AB/KMQ**	268
CONFINI	Lombardia (O), Trentino Alto Adige (NO), Austria (N), Friuli Venezia Giulia e Mare Adriatico (E), Emilia Romagna e Lombardia (SO)				
PROVINCE (7)	**Venezia** (ospita la *Biennale* d'arte e il Palazzo Ducale detto Palazzo Dogale), Belluno (ospita la foresta del Cansiglio in Alpago), Padova, Rovigo, Treviso (al centro dell'antica Marca Trevigiana, non è bagnata da mari), Verona, Vicenza. **Altre città**: Mestre, Cortina d'Ampezzo (BL) nelle Dolomiti, Jesolo, Chioggia, Bassano del Grappa, Abano Terme, Oderzo				
FIUMI	Po (il cui delta è interamente nella provincia di Rovigo, bagnata dal Mar Adriatico), Adige, Brenta, Piave (suo affluente il Terche; Grave di Papadopoli è una sua isola fluviale), Livenza, Bacchiglione				
RILIEVI	Marmolada (m 3.342), Antelao (m 3.264), Le Tofane (m 3.243), Monti Lessini, Colli Euganei (PD), Colli Berici				
ISOLE PRINCIPALI	Giudecca; Isole della Laguna di Venezia: Torcello, Murano, Burano, La Certosa				
LAGHI	Garda, Allegre, Santa Croce, Auronzo, Misurina				
NOTE	Il Veneto occupa con la Lombardia il primo posto in Italia per la produzione di granturco. Sono rinomati i suoi vini (Conegliano, Valpolicella, Bardolino), le industrie artigianali come i vetri di Murano. Famoso è il marmo rosa di Verona				

TRENTINO ALTO ADIGE	(STATUTO SPECIALE)				
SUPERFICIE	kmq 13.607	**ABITANTI**	1.074.819	**DENSITÀ AB/KMQ**	78
CONFINI	Lombardia e Svizzera (O), Austria (N), Veneto (E – S)				
PROVINCE (2)	**Trento** (città preromana, poi romana nel 222 a.C, nel 49 a.C. ha avuto diritto di cittinanza) e Bolzano. **Altre città**: Moena sulla Marmolada, Dobbiaco, Bressanone, Rovereto, Brunico				
FIUMI	Adige con i suoi affluenti Isarco, Avisio, Rienza, Noce, Chiese, Brenta, Sarca, Plima				
RILIEVI	Ortles (m 3.899), Monte Cevedale (m 3.764), Palla Bianca (m 3.738), Marmolada (nelle Dolomiti - m 3.342, con il ghiacciaio di rilievo delle Alpi orientali), Pale di San Martino (Dolomiti). Le Tre Cime di Lavaredo sono in comune fra le province di Belluno e Bolzano. Passo del Tonale, m 1.883 slm, mette in comunicazione il Trentino Alto Adige con la Lombardia				
LAGHI	Ledro, Carezza, Resia, Tovel (fino al 1964 diventava rosso per la presenza di un'alga), Fortezza e Dobbiaco				

(segue)

TRENTINO ALTO ADIGE	(STATUTO SPECIALE)
NOTE	È la regione più boscosa d'Italia. Nelle conche di Merano e di Bolzano vi è una buona produzione di mele, pere e prugne. Presso Cardano vi è un importante impianto idroelettrico. Nel Trentino la popolazione si divide in tre gruppi linguistici: italiani, tedeschi e ladini

FRIULI VENEZIA GIULIA		(STATUTO SPECIALE)			
SUPERFICIE	kmq 7.858	Abitanti	1.211.357	DENSITÀ AB/KMQ	154
CONFINI	Austria (N), Veneto - fiume Livenza - (O), Slovenia (E), Mare Adriatico (S)				
PROVINCE (4)	**Trieste** (ha minore estensione territoriale e minor numero di comuni), Gorizia, Udine, Pordenone. **Altre città**: Monfalcone, Grado (bagnata dal mar Adriatico), Redipuglia				
FIUMI	Tagliamento, Livenza, Isonzo, Timavo (sfocia nel golfo di Trieste con un corso di 40 km sotterraneo)				
RILIEVI	Monte Coglians (m 2.780), Jof di Montasio (m 2.753), Monte Zoncolan (famoso per gare di sci e ciclismo)				
LAGHI	Cavazzo, Predil, Doberdò, Pietrarossa, Fusine, Sauris (UD) ai piedi di un colle				
NOTE	I prodotti più importanti sono: cereali, alberi da frutta, uva da vino e coltivazioni a scopo industriale (barbabietole da zucchero, tabacco e gelso). L'allevamento è incentrato soprattutto su bovini e suini. Famosi i prosciutti di San Daniele. Il fenomeno Carsico è tipico del Friuli				

VALLE D'AOSTA		(STATUTO SPECIALE)			
SUPERFICIE	kmq 3.263	ABITANTI	125.501	DENSITÀ AB/KMQ	38
CONFINI	Francia (O), Francia e Svizzera (N), Piemonte (E-S)				
PROVINCE (1)	**Aosta** (sul fiume Dora Baltea). **Altre città**: Courmayeur (sul Monte Bianco), Cervinia, Sant Vincent				
FIUMI	Dora Baltea, scorre lungo la val Veny, ai piedi del Monte Bianco				
RILIEVI	Monte Bianco (m 4.810), Monte Rosa (m 4.634), Cervino (Matterhorn, nome tedesco, m 4.478), Gran Paradiso (m 4.061)				
NOTE	Importante il Traforo del Monte Bianco (11,6 km: 7.640 m in territorio francese contro i 3.960 m in territorio italiano)				

LIGURIA		(STATUTO ORDINARIO)			
SUPERFICIE	kmq 5.421	ABITANTI	1.543.127	DENSITÀ AB/KMQ	284
CONFINI	Francia (O); Piemonte (N/O); Emilia (N/E); Toscana (E); Mar Ligure (S)				
PROVINCE (4)	**Genova**, Imperia, La Spezia (importante porto militare) e Savona. **Altre città**: Alassio, Rapallo, San Remo, Varazze (si affaccia sul golfo di Genova), Sarzana, Ventimiglia, Recco				
FIUMI	Roia, Vara, Lavagna, Magra, Trebbia, Tanaro, Bormida, Scrivia				
RILIEVI	Monte Saccarello (m 2.200), Monte Cimone (m 1.832), Monte Maggiorasca (m 1.799), Monte Penna (m 1.735), colle di Cadibona (divide le Alpi dagli Appennini e si trova in provincia di Savona)				

(segue)

LIGURIA (STATUTO ORDINARIO)	
ISOLE PRINCIPALI	Palmaria, Tino e Tinetto
LAGHI	Giacopane, Brugneto
NOTE	Rilevante la produzione e lo smercio dei fiori e delle primizie orticole. Il *commercio* è la principale risorsa della Liguria; Genova è il principale porto italiano. Importanti sono le industrie siderurgiche e cantieristiche

EMILIA ROMAGNA (STATUTO ORDINARIO)					
SUPERFICIE	kmq 22.446	ABITANTI	4.467.118	DENSITÀ AB/KMQ	199
CONFINI	Liguria e Piemonte (O), Lombardia (O-N), Veneto (N), Toscana, Repubblica di San Marino e Marche (S), Mare Adriatico (E)				
PROVINCE (9)	**Bologna** (città d'origine etrusca, ricca di monumenti di grande valore artistico: il Duomo, la Torre degli Asinelli e della Garisenda (ribattezzata torre mozza), il Palazzo dei Priori, Palazzo Re Enzo; è sede della principale università per stranieri e della più antica università d'Europa), Ferrara (non toccata dalla via Emilia), Forlì-Cesena, Modena, Parma, Piacenza, Ravenna (comune più popoloso), Reggio Emilia, Rimini (dal '92 capoluogo di provincia e importante stazione balneare). **Altre citta**: Fidenza (MO), Imola (BO), Maranello (MO), Cento, Lugo, Sassuolo, Carpi, Salsomaggiore (PR)				
FIUMI	Trebbia, Taro, Enza, Secchia, Panaro, Reno, Rubicone, Lamone, Marecchia				
RILIEVI	Monte Cimone (m 2.165), Monte Titano (Appennini tosco-romagnolo), Monte Cusna (m 2.120)				
LAGHI	Comacchio				
NOTE	È la prima regione per quantità e valore della produzione agricola, i prodotti di punta sono cereali, patate ed ortaggi, frutta (ciliegie), uva da vino e barbabietole da zucchero. A Ferrara vi sono i zuccherifici tra i più produttivi a livello nazionale; famosi i vini Lambrusco e Sangiovese; ottimo l'allevamento di bovini (Parmigiano-Reggiano) e dei suini (prosciutto di Parma). Famosa la pesca delle anguille nelle valli di Comacchio				

TOSCANA (STATUTO ORDINARIO)					
SUPERFICIE	kmq 22.993	ABITANTI	3.722.729	DENSITÀ AB/KMQ	161
CONFINI	Mar Tirreno e Ligure (O), Emilia (N), Marche e Umbria (E), Lazio (S)				
PROVINCE (10)	**Firenze** (vi si trova Ponte Vecchio), Arezzo, Grosseto, Livorno, Lucca (bagnata dal mar Ligure), Massa Carrara, Pisa (centro storico con piazza dei Miracoli), Pistoia, Siena, Prato (industria tessile). **Altre città**: Empoli, Piombino, Montepulciano (rinomata per la produzione di vini), Fiesole, Larderello (presenza di soffioni boraciferi), Viareggio (bagnata dal mar Ligure), Piombino, Abetone (località sciistica), Volterra, Cortona, Pietrasanta				
FIUMI	Arno e i suoi affluenti Bisenzio e Sieve, Cecina, Ombrone				
RILIEVI	Monte Pisanino (m 1946), Alpi Apuane, Argentario, Amiata, Colline Metallifere, Punta Ala, Monte Sella (Alpi Apuane)				
ISOLE PRINCIPALI	Elba, Giglio, Capraia, Pianosa, Montecristo, Gallinara				

(segue)

TOSCANA	(STATUTO ORDINARIO)
LAGHI	Orbetello (kmq 26,2), Massaciuccoli (kmq 6,9), Chiusi (kmq 3,9), Montepulciano (kmq 1,9)
NOTE	È al primo posto nella produzione mineraria nazionale; molto pregiati in tutto il mondo sono i marmi bianchi di Carrara; famosi i vini del Chianti (colline del Chianti - SI) e del Montepulciano. Culturalmente si devono ricordare Palazzo Strozzi, Palazzo vecchio e il Giardino dei Boboli (Firenze)

MARCHE					(STATUTO ORDINARIO)
SUPERFICIE	kmq 9.366	**ABITANTI**	1.518.400	**DENSITÀ AB/KMQ**	162
CONFINI	Romagna e Repubblica di San Marino (N), Mare Adriatico (E), Toscana e Umbria (O), Abruzzo e Lazio (S)				
PROVINCE (5)	**Ancona** (bagnata dal mar Adriatico), Ascoli Piceno, Macerata (bagnata dal mar Adriatico), Pesaro-Urbino, Fermo. **Altre città**: Senigallia (bagnata dal mar Adriatico), San Benedetto del Tronto (AP), Recanati (famosa stazione balneare), Fano				
FIUMI	Foglia, Tronto, Chienti, Metauro, Esino, Potenza				
RILIEVI	Monte Vettore (m 2.476), Monte Priora (m 2.332), Monte Conero, Monti Sibillini				
NOTE	Attraversata dalla via Flaminia. È importante l'industria pellettiera, delle poltrone e della carta (a Fabriano). Molto sviluppata la pesca: terza marineria italiana per cattura nella pesca. Famose le grotte di Frasassi				

UMBRIA					(STATUTO ORDINARIO)
SUPERFICIE	kmq 8.456	**ABITANTI**	880.285	**DENSITÀ AB/KMQ**	104
CONFINI	Toscana (O -N), Marche (E), Lazio (S)				
PROVINCE (2)	**Perugia**, Terni. **Altre città**: Città di Castello, Gubbio, Foligno, Todi, Orvieto (conosciuta per il suo Duomo), Spoleto (il Festival dei Due Mondi dal 1958 - provincia di Perugia)				
FIUMI	Tevere e i suoi affluenti: Nestore, Chiascio, Nera; Velino				
RILIEVI	Monte Vettore (m 2.448), Monti Sibillini (da cui si estende la Valnerina), Monte Subasio				
ISOLE PRINCIPALI	Isola Polvese, Isola Maggiore (nel lago Trasimeno)				
LAGHI	Trasimeno, Piediluco (rinomato per le gare di canottaggio, in prov. di Terni), Corbara				
NOTE	L'Umbria è una regione che non si affaccia sul mare. Da ricordare le *cascate delle Marmore* (150 m) formate dal Tevere con le acque del Nera e del Velino. Importante l'industria del cioccolato (Perugina) e delle ceramiche. Di spicco le tecniche di produzione dei suini (Norcia)				

ABRUZZO					(STATUTO ORDINARIO)
SUPERFICIE	kmq 10.763	**ABITANTI**	1.305.770	**DENSITÀ AB/KMQ**	121
CONFINI	Lazio (O), Marche (N), Mare Adriatico (E), Lazio e Molise (S)				
PROVINCE (4)	**L'Aquila**, Chieti, Pescara, Teramo. **Altre citta**: Vasto, Giulianova (famoso centro balneare)				

(segue)

ABRUZZO (STATUTO ORDINARIO)	
FIUMI	Vomano, Tronto, Liri, Aterno, Pescara, Sangro
RILIEVI	Gran Sasso d'Italia (m 2914, comprende Pizzo Intemesoli 2.635 m), La Maiella (m 2.795), Monti della Meta (Abruzzo, Lazio, Molise)
LAGHI	Scanno, Campotosto
NOTE	A San Salvo vi è la maggiore vetreria d'Europa. Importanti produzioni sono: confetti (Sulmona), pizzi e merletti, patate (piana del Fucino), mortadella (Campotosto)

LAZIO (STATUTO ORDINARIO)					
SUPERFICIE	kmq 17.236	ABITANTI	5.865.544	DENSITÀ AB/KMQ	340
CONFINI	Mar Tirreno (O), Toscana (N), Marche (NE), Umbria, Abruzzo e Molise (E), Campania (S)				
PROVINCE (5)	**Roma**, Frosinone, Rieti (sul fiume Velino e ai piedi del Monte Terminillo), Latina (anticamente Littoria, al centro dell'Agro Pontino), Viterbo (non è bagnata dal mare). **Altre città**: Anzio, Formia, Frascati, Civitavecchia, Cassino, Montalto di Castro (VT) è stata sede di una centrale nucleare, Tarquinia (Corneto, nome medievale)				
FIUMI	Tevere, Aniene, Liri-Garigliano, Velino, Sacco, Mignone che segna il confine fra le province di Roma e Viterbo				
RILIEVI	Volsini, Cimini (VT), Sabatini; Reatini (Monte Terminillo (m 2.213); Simbruini, Sabini, Ernici, Aurunci, Monte Gorzano (montagna più alta del Lazio)				
ISOLE PRINCIPALI	Ponza, Palmarola, Ventotene, Zannone, S.Stefano, Gavi				
LAGHI	Bolsena (circondato dai Monti Volsini), Vico, Bracciano, Albano, Nemi, Martignano (vulcanico), Posta Fibreno (FR)				
NOTE	*Il commercio* è attivissimo, essendo Roma il centro di tutte le strade ordinarie e ferroviarie. Per lo svolgimento del traffico aereo e marittimo ricordiamo l'*aeroporto di Fiumicino (Leonardo Da Vinci)* e il *porto di Civitavecchia*. La città di Roma sorge su sette colli: *Palatino*, *Aventino*, *Campidoglio*, *Quirinale*, *Viminale*, *Celio*, *Esquilino*				

CAMPANIA (STATUTO ORDINARIO)					
SUPERFICIE	kmq 13.590	ABITANTI	5.785.861	DENSITÀ AB/KMQ	425
CONFINI	Mar Tirreno (O), Molise (N), Lazio (NO), Puglia e Basilicata (E), Basilicata e Mar Tirreno (S)				
PROVINCE (5)	**Napoli**, Avellino (fondata dagli Irpini, non è bagnata dal mare), Benevento (non si affaccia sul mare), Caserta (si trova in pianura), Salerno. **Altre città**: Eboli (SA), Battipaglia (SA), Amalfi (sul golfo di Salerno), Paestum (SA), Ercolano (NA), Pompei (NA), Afragola, Portici, Nocera Inferiore (SA), Acerra, Ogliastro Cilento, Nola				
FIUMI	Volturno, Sarno, Sele e Garigliano che segna il confine con il Lazio				
RILIEVI	Monte Miletto (m 2.050), Monte Matese, Monte Taburno, Monte Cervialto, Monti Lattari (nella penisola sorrentina), Monte Vesuvio (m 1.281)				
LAGHI	Matese, Patria, Averno (vulcanico), Conza, Falciano				
ISOLE PRINCIPALI	Ischia, Capri, Procida, Nisida				

(segue)

CAMPANIA (STATUTO ORDINARIO)	
NOTE	Molto intenso il *commercio* marittimo, specialmente a Napoli. Importante la produzione di *mozzarelle di bufala* nella piana di Paestum; la Campania è al 1° posto nazionale per la produzione di patate; di rilievo la lavorazione del corallo a Torre del Greco

MOLISE (STATUTO ORDINARIO)					
SUPERFICIE	kmq 4.438	ABITANTI	302.265	DENSITÀ AB/KMQ	68
Confini	Lazio (O), Abruzzo (N), Adriatico (E), Campania (S) e Puglia (SE)				
Province (2)	**Campobasso** (con minoranza linguistica, unica in Italia, di lingua croata), Isernia (tutte città non bagnate dal mare). **Altre città**: Termoli				
Fiumi	Trigno, Biferno, Fortore				
Rilievi	Monte Miletto (m 2.050), Massiccio del Matese, Catena delle Mainarde, Bocca di Forlì è un valico appenninico tra Molise e Abruzzo				
Note	La pesca è piuttosto consistente e fa capo principalmente a *Termoli*, porto peschereccio e scalo delle motonavi per le isole Tremiti. Agnone è un noto centro per la costruzione delle campane fin dall'anno 1000				

BASILICATA (STATUTO ORDINARIO)					
SUPERFICIE	kmq 9.995	ABITANTI	556.934	DENSITÀ AB/KMQ	55
CONFINI	Campania (O-NO), Mar Tirreno (SO), Puglia (N-NE), Mar Jonio (SE), Calabria (S)				
PROVINCE (2)	**Potenza** (la sua provincia si affaccia sul mar Tirreno) Matera (le cui abitazioni storiche sono chiamate "sassi"; la sua provincia si affaccia sul mar Ionio). **Altre città**: Melfi, Maratea				
FIUMI	Bradano, Basento, Agri, Sinni				
RILIEVI	Monte Pollino (m 2.267), Monte Sirino (m 2.005), Piccole Dolomiti Lucane				
LAGHI	Monticchio, San Giuliano, Pietra del Pertusillo				
NOTE	L'industria è in crescita, grazie soprattutto ai giacimenti di gas naturale e di petrolio (val d'Agri). La Basilicata estrae il 70% del petrolio italiano. Ospita una minoranza linguistica albanese				

PUGLIA (STATUTO ORDINARIO)					
SUPERFICIE	kmq 19.358	ABITANTI	4.008.296	DENSITÀ AB/KMQ	207
CONFINI	Molise (O-NO, Campania (O), Lucania (O–SO), Mar Adriatico (N–NE), Mar Jonio (S)				
PROVINCE (6)	**Bari**, Brindisi, Foggia, Lecce (di stile architettonico barocco), Taranto, Barletta-Andria-Trani (BAT, bagnata dal mar Adriatico). **Altre città**: Castellaneta; Castellana (nota per le grotte di origine carsica), Manfredonia, Canosa, Vieste, Ostuni, Fasano, Altamura, Galatina				
FIUMI	Ofanto, Fortore, Candelaro, Cervaro, Carapelle				
RILIEVI	Monte Cornacchia (m 1.152), Monte Calvo (1.055 m), Antiappennino apulo-garganico, Altopiano delle Murge				
LAGHI	Varano, Lesina, Alimini				
ISOLE PRINCIPALI	Arcipelago delle Tremiti (Capraia, S. Nicola, S. Domino, Pianosa, Pelagosa) Arcipelago delle Cheradi, S. Pietro, S. Paolo				

(segue)

PUGLIA	(STATUTO ORDINARIO)
NOTE	È al primo posto per la produzione di ortaggi (fornisce oltre il 10% della produzione agricola nazionale) e detiene in ambito orticolo numerosi primati (pomodori, insalata, finocchi, peperoni, cavolfiori, sedano), così come per la vite e l'olivo. È al primo posto (50%) nella produzione nazionale di olio. È la regione meno montuosa d'Italia. Bari è sede della più importante rassegna merceologica del Mezzogiorno, la Fiera del Levante

CALABRIA	(STATUTO ORDINARIO)				
SUPERFICIE	kmq 15.081	ABITANTI	1.924.701	DENSITÀ AB/KMQ	127
CONFINI	Mar Tirreno (O), stretto di Messina (SO), Mar Jonio (S -SE), Basilicata (N)				
PROVINCE (5)	**Catanzaro**, Cosenza, Reggio Calabria, Vibo Valentia, Crotone (fondazione greca e centro più importante della Magna Grecia). **Altre città**: Locri, Paola, Rossano, Castrovillari, Gioia Tauro, Lamezia Terme, Rosarno				
FIUMI	Crati, Neto, Amato				
RILIEVI	Monte Pollino (m 2.248), Sila, Aspromonte, Monte Sella, Dolcedorme (m 2.267)				
LAGHI	Cecita, Arvo, Ampollino, Angitola				
NOTE	Importante la cattura del pesce spada. Gioia Tauro è uno dei porti italiani con maggior traffico di merci. La punta orientale protesa nel mar Ionio prende il nome di Capo Colonna. Lingue parlate sono italiano, greco, albanese e occitano				

SICILIA	(STATUTO SPECIALE)				
SUPERFICIE	kmq 25.711	ABITANTI	4.968.410	DENSITÀ AB/KMQ	193
CONFINI	Mar Tirreno (N), Canale di Sicilia (S -SO), Mar Jonio (E)				
PROVINCE (9)	**Palermo** (bagnata dal mar Tirreno, sorge ai margini della pianura costiera detta Conca d'Oro), Agrigento, Caltanissetta, Catania, Enna (provincia più elevata d'Italia), Messina, Ragusa, Siracusa, Trapani. **Altre città**: Taormina (bagnata dal mar di Sicilia), Mazara del Vallo (TP), Cefalù (PA), Caltagirone, Gela, Comiso, Augusta (porto petrolifero), Marsala (TP)				
FIUMI	Simeto, Alcantara, Belice, Platani, Ciane, in provincia di Siracusa, noto per la presenza spontanea di papiri				
RILIEVI	Etna (m 3.323), Gruppo dei Peloritani, Nebrodi e Madonie (Pizzo Carbonara (m 1.979)				
LAGHI	Pergusa (EN), Arancio				
ISOLE PRINCIPALI	Pantelleria, Lampedusa, Lipari, Salina, Vulcano, Favignana, Ciclopi, dei Conigli (Pelagie), Formica (Egadi)				
NOTE	È la regione più estesa. Al primo posto in Italia per la pesca (Mazara del Vallo è un importante scalo per la pesca nell'intero Mediterraneo) e la produzione di agrumi. L'industria estrattiva si è arricchita con la scoperta di alcuni giacimenti di idrocarburi (metano e petrolio)				

SARDEGNA (STATUTO SPECIALE)					
SUPERFICIE	kmq 24.090	ABITANTI	1.630.474	DENSITÀ AB/KMQ	67
CONFINI	Bocche di Bonifacio (N), Mar Mediterraneo (O-S), Mar Tirreno (E)				
PROVINCE (8)	**Cagliari**, Carbonia-Iglesias, Ogliastra, Olbia-Tempio, Medio Campidano, Nuoro, Oristano, Sassari. **Altre città**: Stintino (sul golfo dell'Asinara), Alghero (si parla il dialetto catalano), Lanusei, Palau, Santa Teresa di Gallura, Tempio Pausania				
FIUMI	Tirso, Flumendosa (nasce dal Gennargentu), Coghinas, Mannu				
RILIEVI	Punta La Marmora - Catena del Gennargentu (m 1834); Monte Limbara (m 1.362), Monte Arci (m 812), Monte Ortobene				
LAGHI	Omodeo, Coghinas (artificiale)				
ISOLE PRINCIPALI	Sant'Antioco, La Maddalena, San Pietro, Asinara, Caprera				
NOTE	È la regione più ricca di minerali; si ricavano: zinco, ferro, piombo, rame, manganese, lignite e carbone (catena Iglesiente). I prodotti di punta sono il sughero e il sale; la pescosità dei mari non è sfruttata adeguatamente				

ECONOMIA

In riferimento alle coltivazioni legnose in Italia (anno 2015) la coltivazione che ha più importanza dal punto divista della produzione in tonnellate è l'uva.
Nelle regioni meridionali si produce in maggiori quantità l'uva da tavola.
In riferimento alle coltivazioni ortive in Italia (anno 2015) la coltivazione che ha più importanza dal punto divista della produzione in tonnellate è quella dei pomodori.
In riferimento alla coltivazione dei cereali in Italia (anno 2015) la coltivazione che ha più importanza dal punto di vista della produzione in tonnellate è il frumento.
Il tipo di allevamento di bestiame più importante come numero di capi (anno 2015):
nella regione Sardegna è quello ovino;
nella regione Piemonte è quello suino.
La zootecnia ha il suo punto particolare di forza nella Pianura Padana.
La città di Foligno è nota per il settore tipografico e della carta.
L'Italia è una nazione dove il turismo rappresenta da sempre uno dei settori più importanti dell'economia. Il maggior numero di arrivi di turisti italiani (anno 2014) nei complessi ricettivi si è avuto in Lombardia ed Emilia-Romagna, mentre il maggior numero di presenze di turisti stranieri (anno 2014) nei complessi ricettivi si è avuto in Veneto.
Nel settore tessile e dell'abbigliamento l'Italia è ai primi posti nel mondo.
Tra le colture industriali in Italia si impone la barbabietola da zucchero, coltivata principalmente nella Pianura Padana (basso Piemonte, Emilia-Romagna, Polesine).
L'olivicoltura italiana occupa oltre un milione di ettari. Per quantità di prodotto primeggiano Puglia e Calabria, ma anche Liguria e Toscana offrono oli molto pregiati.
Le città di Fabriano e Castelfidardo si ricordano la prima per l'industria della carta e la seconda per la produzione di fisarmoniche.

OCCORRE SAPERE

Gli abitanti di Abano (PD) sono aponensi
Gli abitanti di Albenga (SV) sono albenganesi
Gli abitanti di Alessandria (AL) sono alessandrini
Gli abitanti di Anzio (RM) sono anziati
Gli abitanti di Asti (AT) sono astigiani
Gli abitanti di Barletta (BT) sono barlettani
Gli abitanti di Bra (CN) sono braidesi
Gli abitanti di Bressanone (BZ) sono bressanonesi
Gli abitanti di Busto Arsizio (VA) sono bustocchi
Gli abitanti di Caltanissetta (CL) sono nisseni
Gli abitanti di Camerino (MC) sono camerti
Gli abitanti di Campobasso (CB) sono campobassani

Gli abitanti di Carbonia (CI) sono carboniensi
Gli abitanti di Chievo (VR) sono clivensi
Gli abitanti di Città di Castello (PG) sono tifernati
Gli abitanti di Civitavecchia (RM) sono civitavecchiesi
Gli abitanti di Domodossola (VB) sono domesi
Gli abitanti di Fermo (FM) sono fermani
Gli abitanti di Gubbio (PG) sono eugubini
Gli abitanti di Iglesias (CI) sono iglesienti
Gli abitanti di Imperia (IM) sono imperiesi
Gli abitanti di Isernia (IS) sono isernini
Gli abitanti di Ivrea (TO) sono eporediesi
Gli abitanti di La Spezia (SP) sono spezzini
Gli abitanti di Laives (BZ) sono laivesotti
Gli abitanti di Mondovì (CN) sono monregalesi
Gli abitanti di Oristano (OR) sono oristanesi
Gli abitanti di Pantelleria (TP) sono panteschi
Gli abitanti di Pavia (PV) sono pavesi
Gli abitanti di Poggibonsi (SI) sono poggibonsesi
Gli abitanti di Rho (MI) sono rhodensi
Gli abitanti di Rovigo (RO) sono rodigini
Gli abitanti di Salò (BS) sono salodiani
Gli abitanti di Sesto (BZ) sono sestesi
Gli abitanti di Susa (TO) sono segusini
Gli abitanti di Tempio Pausania (OT) sono tempiesi
Gli abitanti di Tivoli (RM) sono tiburtini
Gli abitanti di Todi (PG) sono tuderti
Gli abitanti di Urbino (PS) sono urbinati
Gli abitanti di Velletri (RM) sono veliterni
Gli orobici sono gli abitanti di Bergamo
Un Abbiatense viene da Abbiategrasso (MI)
Un Acese viene da Acireale (CT)
Un Alladiese viene da Agliè (TO)
Un Aponense viene da Abano Terme (PD)
Un Apuano viene da Massa (MS)
Un Aretino viene da Arezzo (AR)
Un Argentarino viene da Monte Argentario (GR)
Un Arilicense viene da Peschiera del Garda (VR)
Un Bonizzese viene da Poggibonsi (SI)
Un Braidese viene da Bra (CN)
Un Calatino viene da Caltagirone (CT)
Un Calese viene da Calvi Risorta (CE)
Un Civitarese viene da Civitavecchia (RM)
Un Civitese viene da Cittaducale (RI)
Un Clodiense viene da Chioggia (VE)
Un Dalignese viene da Ponte di Legno (BS)
Un Domese viene da Domodossola (VB)
Un Eporediése viene da Ivrea (TO)
Un Eretìno viene da Monterotondo (RM)
Un Ferrarese viene da Ferrara (FE)
Un Forsempronese viene da Fossombrone (PU)
Un Graisano viene da Grado (GO)
Un Idruntino viene da Otranto (LE)
Un Ilcinese viene da Montalcino (SI)
Un Ingàuno viene da Albenga (SV)
Un Iriense viene da Voghera (PV)
Un Labronico viene da Livorno (LI)
Un Laudense viene da Lodi (LO)
Un Lauretano viene da Loreto (AN)
Un Leoniceno viene da Lonigo (VI)
Un Napitino viene da Pizzo (VV)
Un Opitergino viene da Oderzo (TV)
Un Oplontino viene da Torre Annunziata (NA)
Un Orceano viene da Orzivecchi (BS)
Un Ortigiano viene da Siracusa (SR)
Un Pantesco viene da Pantelleria (TP)
Un Poliziano viene da Montepulciano (SI)
Un Resinese viene da Ercolano (NA)
Un Salese viene da Castelnuovo Nigra (TO)
Un Salinaro viene da Margherita di Savoia (FG)
Un Sipontino viene da Manfredonia (FG)
Un Teatino viene da Chieti (CH)
Un Tifernato viene da Città di Castello (PG)

Registrandosi sul nostro sito, secondo le modalità indicate nelle prime pagine, è possibile consultare dati delle regioni italiane.

Capitolo 3
L'Europa

3.1 Europa fisica e politica

L'**Europa** fa parte del super continente Eurasia, in cui l'Asia occupa la parte orientale. È, dopo l'Oceania, il più piccolo continente della Terra, infatti con i suoi circa 10.000.000 Kmq, occupa solo il 7% delle terre emerse e si trova interamente nell'emisfero boreale.

PRINCIPALI DATI DELL'EUROPA*		
DATO		**NOTE**
Superficie	10.149.253 kmq	= = =
Lunghezza coste	Oltre 100.000 km	= = =
Popolazione	744.250.000 ab. ca	Stime 2013
Densità abitativa	73 ab./Kmq ca	Detiene il primato mondiale maggior densità: Paesi Bassi 400 ab/kmq ca minore densità: Islanda 3 ab/kmq ca
Agglomerato Urbano più grande	Mosca	13.500.000 ab. ca (segue Parigi 12.089.000 ab. ca)
Religione	Cristiana	(cattolica-protestante-ortodossa) la più diffusa, seguono: musulmani, ebrei, ecc.
Monte più alto	M. Bianco*	4.810 m (Alpi)
Vulcano più alto	Etna	3.340 m (Italia, Sicilia)
Lago più esteso	Ladoga	18.400 kmq ca
Fiume più lungo	Volga	3530 km ca
Isola più grande	Gran Bretagna	229.800 kmq ca

* Anche se molti considerano il versante europeo del M. Elbrus 5.642 m (Caucaso) Russia

Il territorio montuoso è inferiore a quello pianeggiante e le molte montagne che lo costituiscono non sono particolarmente elevate; l'**altitudine media**, infatti è di 384 m (inferiore a quella degli altri continenti, esclusa l'Oceania.

Rilievi

La principale catena montuosa è costituita dal **Caucaso** (*Monte Elbrus*, 5.642 m in Georgia) o dalle **Alpi** (*Monte Bianco*, 4.810 m), a seconda delle fonti. Le catene che fanno parte del **sistema alpino** (serie di catene montuose che ebbero origine con il fenomeno dell'orogenesi alpina nel Terziario) sono i **Pirenei**, tra Francia e Spagna (*Pico de Aneto* 3.404 m; *Monte Perdido* 3.355 m); gli **Appennini**; i **Carpazi** che attraversano Slovacchia, Polonia, Romania,

Ucraina e che si suddividono in C. Occidentali, C. Orientali, C. Meridionali; i **Balcani** che comprendono *Alpi Dinariche* (Croazia, Bosnia ed Erzegovina, Serbia, Montenegro e Albania), *Catena del Pindo* (Grecia, Albania e Macedonia), *Parnaso* (Grecia), *Olympus Range* (Monte Olimpo 2.917 m, Grecia), *Monti Rodopi* (Bulgaria e Grecia), *Monti Balcani* (Bulgaria e Serbia); il **Caucaso**.

Fanno parte dei monti dell'Europa centro occidentale (rilievi di origine antica, profondamente erosi e arrotondati da fattori esogeni che non superano i 2.000 m): il **Massiccio Centrale**, catena montuosa della Francia centrale (*Puy de Sancy* 1.886 m, *Plomb du Cantal* 1.855 m); il **Massiccio Renano** (tra Germania, Belgio, Lussemburgo e Francia, con altitudine massima non superiore a 900 m); i **Monti Metalliferi**, tra Germania e Repubblica Ceca; la **Selva Boema** (tra Germania, Repubblica Ceca e Austria; l'altitudine massima non supera i 1.500 m e separa la Baviera dalla Boemia).

A oriente si trovano gli **Urali** (*Narodnaja* 1.895 m), catena montuosa che si estende da Nord a Sud nella Russia Occidentale segnando il confine con l'Asia. L'altezza massima non supera i 1.900 m.

I monti dell'Europa settentrionale invece sono le catene più antiche d'Europa, con forme molto arrotondate dall'azione dei venti e dei ghiacci; ne fanno parte: **monti di Gran Bretagna** (*M. Grampiani M. Pennini M. Cambrici*), **monti dell'Irlanda**, **Alpi scandinave** che occupano Norvegia, Svezia, Finlandia (*Galdøpiggen* 2.469 m).

Occorre sapere

Le **Highlands** sono regioni montuose della Scozia.
La catena montuosa dei **Sudeti** è compresa fra Polonia, Repubblica Ceca e Germania.
I monti **Tatra** si trovano in Polonia.
I monti **Cantabrici** si trovano in Spagna.
I monti **Cambrici** sono le principali catene montuose del Galles.

Pianure

In Europa, gran parte del territorio, è occupato da pianure.

Le pianure nord orientali sono caratterizzate da praterie e da scarse precipitazioni; fra le più importanti ricordiamo il Bassopiano sarmatico e il Bassopiano germanico, che sono le pianure più antiche d'Europa, e il Bacino di Londra.

Le pianure sud occidentali invece, generalmente, sono costituite da boschi di latifoglie; le principali sono: la Pianura ungherese, la Valacchia, la Pianura Padana, la Depressione Caspica.

Vulcani

In Europa sono diversi i vulcani attivi, per lo più presenti nell'isola dell'Islanda (ben 9 di altezza superiore ai 1.500 m - **Hvannadalshnúkur, Bárdarbunga, Kverkfjöll**) anche se il più alto è l'**Etna** o Mongibello (3.340 m) in Sicilia, seguito da **Beeremberg** (2.777 m), nell'isola Jan Mayen, in Norvegia.

Mari

L'Europa è circondata da oceani e mari.

Il **Mar Baltico** è quasi privo di sbocchi e poco profondo, ad eccezione di alcune zone. Le estremità settentrionali e nordorientali sono ghiacciate durante una parte dell'anno e il loro livello di salinità è molto basso. Il Mar Baltico lambisce le coste di Estonia, Lettonia, Lituania, Polonia, Finlandia, Svezia e Russia.

Il **Mare del Nord** è semichiuso e poco profondo, a parte l'estremità settentrionale. Vi si affacciano: Gran Bretagna, Paesi Basi, Germania, Norvegia, Danimarca e Russia.
Il **Mare Celtico** comprende il Canale della Manica, il Mare d'Irlanda e le acque ad ovest delle Isole Britanniche.
Il **Golfo di Biscaglia** e la **Costa Iberica** si estendono dal Sud della Bretagna alla Spagna meridionale.
Il **Mediterraneo** è un mare piuttosto chiuso. Vi è un piccolo scambio delle acque con l'Atlantico sullo stretto di Gibilterra e con il Mar Nero sullo stretto del Bosforo ad Istanbul. All'estremo est, il canale di Suez, sebbene navigabile, è soltanto una comunicazione artificiale con il Mar Rosso. Le coste africane ed asiatiche sono aride e piatte, mentre le coste europee, anche se non soggette a piogge pesanti, sono verdi e montagnose, con un clima più temperato.
Il **Mar Nero** è profondo e quasi privo di sbocchi.
L'**Oceano Artico** è una vasta area marina che circonda il Polo Nord. Confina con le coste settentrionali dell'Europa, dell'Asia e dell'America.
L'**Oceano Atlantico** è delimitato ad ovest dal continente americano (sia dalla parte settentrionale che da quella meridionale) e ad est dall'Europa e dall'Africa (ma due dei suoi mari adiacenti, il Mediterraneo e il Mar Nero bagnano anche l'Asia). Comunica con l'Oceano Pacifico attraverso il Mare Glaciale Artico a nord, e il Canale di Drake (nella Terra del Fuoco) e Capo Horn a sud. Inoltre, esiste una connessione artificiale tra i due oceani, il Canale di Panama, che si trova vicino all'equatore, nell'istmo che unisce le due Americhe. A est comunica con l'Oceano Indiano, attraverso il Capo Agulhas, al 20°E (e non dal Capo di Buona Speranza come si ritiene comunemente), ma anche attraverso il canale artificiale di Suez. L'Atlantico copre il 20% della superficie della Terra, ed è secondo solo al Pacifico come grandezza.

Coste

Presentano aspetti molto vari; vanno dalle coste a «falaises» della Manica, muraglie rocciose alte anche 80 metri, alle piattissime distese sabbiose delle coste italiane sull'Adriatico. Le sponde occidentali dell'Atlantico bagnano l'America; quelle orientali lambiscono l'Africa, a sud, e l'Europa, a nord. Portogallo, Spagna, Francia, Isole Britanniche sono i Paesi del nostro Continente che si affacciano su quest'oceano, molti altri sono invece bagnati dai mari che esso forma, come il Mare del Nord e il Mar di Norvegia.
Le coste atlantiche europee presentano una morfologia molto variegata: l'andamento della linea costiera è articolato, ricco di baie, canali, promontori, passaggi che lo collegano ad altri mari europei, e mostra una continua alternanza tra paesaggi profondamente diversi. Se prendiamo in esame due Paesi europei che si affacciano sull'Atlantico, la Spagna e l'Irlanda, molto diversi per clima e paesaggio, ci rendiamo conto dell'estrema varietà con cui le coste atlantiche si presentano nel nostro continente. Le coste atlantiche della Spagna sono estremamente frastagliate, a tratti impervie, con rocce e alte scogliere incise dall'opera degli agenti atmosferici: le frequenti piogge, le violente burrasche e i forti venti oceanici ne hanno modellato le forme, e continuano la loro azione incessante; nella regione della Galizia, caratteristiche sono le rias, strette insenature che scavano profondamente la linea di costa, di per sé già tormentata. In Irlanda, i litorali sono caratterizzati da coste estremamente basse e sabbiose, che si estendono per lunghissimi tratti, come ad esempio nella regione del Donegal, o al contrario da rocce altissime e da impervie scogliere che si innalzano a picco sulle onde, come nell'area dei Cliffs of Mother. Le frequenti insenature prendono in Irlanda il caratteristico nome di 'lough': alcune, come il Lough of Dublin, hanno una notevole estensione.

Porti

Il **Porto di Rotterdam** è stato anche il più grande del mondo fino al 2004, quando è stato scavalcato da quelli di Singapore e Shangai. Il **Porto di Amburgo** è il più importante della Germania. Il **Porto di Anversa** gode di una posizione più centrale in Europa rispetto alla maggior parte dei porti del Mare del Nord. **I principali porti europei** sono:

1) **Porto di Rotterdam**, Paesi Bassi;
2) **Porto di Amburgo**, Germania;
3) **Porto di Anversa,** Belgio;
4) **Porto di Bremerhaven**, Germania;
5) **Porto di Valencia**, Spagna;
6) **Porto di Algeciras**, Spagna;
7) **Porto di Felixstowe**, Regno Unito;
8) **Porto di San Pietroburgo**, Russia;
9) **Malta Freeport**, Malta;
10) **Porto di Gioia Tauro**, Italia.

Idrografia

I principali fiumi d'Europa, per lunghezza, sono: il Volga (km 3.531, sfocia nel Mar Caspio), il *Danubio* (km 2.860, sfocia nel Mar Nero), l'*Ural* (Mar Caspio, divide l'Europa dall'Asia), il *Dnepr* (Mar Nero), il *Kama* (Volga), il *Don* (Mar d'Azov), il *Pecýora* (Mar Glaciale Artico), il *Reno* (Mare del Nord), l'*Elba* (Mar del Nord).

NOTA. Il Danubio nasce in Germania, attraversa Austria, Slovacchia, Ungheria, Croazia, Serbia, Romania, Bulgaria, Moldavia e Ucraina (capitali che bagna: Vienna, Budapest e Belgrado).

PRINCIPALI FIUMI D'EUROPA							
FIUME	**LUNG. KM**	**PAESI ATTRAVERSATI**	**FOCE**	**FIUME**	**LUNG. KM**	**PAESI ATTRAVERSATI**	**FOCE**
Volga	3531	Russia, Kazakistan	Mar Caspio	Elba	1165	Repubblica Ceca, Germania	M. del Nord
Danubio	2860	Germania, Austria, Slovacchia, Ungheria, Croazia, Serbia, Romania, Bulgaria, Ucraina, Moldavia	Mar Nero	Desna	1130	Russia, Ucraina	Dnepr
Ural	2428	Russia, Kazakistan	Mar Caspio	Vycegda	1130	Russia	Dvina Sett.
Depr/ Nipro	2201	Russia, Bielorussia, Ucraina	Mar Nero	Donec	1053	Russia, Ucraina	Don
Don	1870	Russia	Mar d'Azov	Vistola	1047	Polonia	Mar Baltico

(segue)

PRINCIPALI FIUMI D'EUROPA							
FIUME	**LUNG. KM**	**PAESI ATTRAVERSATI**	**FOCE**	**FIUME**	**LUNG. KM**	**PAESI ATTRAVERSATI**	**FOCE**
Pečora	1809	Russia	M. di Barents	Dvina Occ.	1026	Russia, Bielorussia, Lettonia	Mar Baltico
Kama	1805	Russia	Volga	Loira	1020	Francia	O. Atlantico
Oka	1480	Russia	Volga	Tago	1007	Spagna, Portogallo	O. Atlantico
Belaja	1430	Russia	Kama	Sava	990	Slovenia, Croazia, Ungheria, Serbia	Danubio
Dnestr	1352	Ucraina, Moldavia	Mar Nero	Tibisco	976	Ucraina, Romania, Ungheria, Serbia	Danubio
Reno	1326	Svizzera, Liechtenstein, Austria, Germania, Francia, Paesi Bassi	Mar del Nord	Prut	953	Ucraina, Romania	Danubio
Vjatka	1314	Russia	Kama	Nemunas	937	Bielorussia, Lituania, Russia	Mar Baltico
Dvina Sett.	1302	Russia	Mar Bianco	Ebro	927	Spagna	Mediterraneo
Mosa	925	Francia, Belgio, Paesi Bassi	Reno	Guadalquivir	722	Spagna	O. Atlantico
Ufa	918	Russia	Belaja	Pripjat'	710	Ucraina, Bielorussia	Dnepr
Duero	895	Spagna, Portogallo	O. Atlantico	Po	652	Italia	Mar Adriatico
Oder	854	Polonia, Germania	M. Baltico	Garonna	647	Francia, Spagna	O. Atlantico
Rodano	812	Svizzera, Francia	Mediterraneo	Mosella	544	Francia, Lussemburgo, Germania	Reno
Senna	776	Francia	O. Atlantico	Meno	540	Germania	Reno
Bug Occ.	772	Ucraina, Bielorussia, Polonia	Vistola	Inn	517	Svizzera, Austria, Germania	Danubio
Guadiana	744	Spagna, Portogallo	O. Atlantico	Weser	452	Germania	M. del Nord
Drava	725	Italia, Austria, Slovenia, Croazia, Ungheria	Danubio	Moldava	440	Repubblica Ceca	Elba
Maros	725	Romania, Ungheria	Tibisco	Adige	410	Italia	M. Adriatico

Laghi

È il continente con il maggior numero di laghi (circa 80.000), per lo più presenti nelle zone prealpine della Svizzera, dell'Italia e dell'Austria e nelle regioni pianeggianti della Svezia, della **Finlandia** (ha il maggior numero di laghi circa 187.000, per lo più nella ***regione dei laghi***, che occupano 1/10 del proprio territorio) e della Polonia, dove la loro formazione è legata alla morfologia ***glaciale***. Il più grande lago d'acqua dolce d'Europa è il lago **Ladoga**, nella Russia nordoccidentale.
Sono pochi i laghi di origine ***vulcanica*** (**Lago di Bolsena**, *Lago di Nemi*, in Italia) e i laghi di origine ***tettonica*** (**Lago Trasimeno**, in Italia e il **Lago di Balaton** (in Ungheria, Centro Europa).

LAGHI PIÙ ESTESI		
LAGO	KMQ	PAESE
Ladoga	**18.400**	Russia
Onega	9.610	Russia
Vànern	5.585	Svezia
Saimaa	4.400	Finlandia
Rybinsk	4.100	Russia
Ciudi	3.550	Estonia, Russia
Il'men'	2.330	Russia
Vàttern	1.912	Svezia
Màlaren	1.140	Svezia
Inari	1.102	Finlandia

Penisole e isole

Il territorio europeo è caratterizzato dalla presenza di numerose penisole. La principale per estensione del continente è la **Scandinavia** a nord (tra Oceano Atlantico e Mare del Nord con lo Skagerrak e il Kattegat, Mar Baltico con il Golfo di Botnia), poi penisole minori sono: la **iberica** (tra Mediterraneo e Oceano Atlantico), la **italiana**, la **balcanica** (nel Mar Mediterraneo), e lo **Jutland** (tra Mare del Nord, Kattegat e dal Mar Baltico).
Quasi 800.000 kmq della superficie dell'Europa sono occupati da isole che rappresenta l'8% del territorio, preceduta dal Nord America con il 25% ca e dall'Oceania con il 12% ca. l'Isola con maggiore estensione è **Gran Bretagna** (ottava al mondo), segue l'**Islanda** e l'**Irlanda** ecc.

ARCIPELAGHI

Mar di Barents
- Isole di Ajnov (Russia)
- Isole Jokangskie (Russia)
- Sette isole (Russia)

Oceano Artico
- Novaja Zemlja (Russia)
  - Arcipelago Petuchovskij
  - Isole Južnye Gorbovy
  - Isole Gorbovy
  - Isole Južnye Krestovye
- Isole Svalbard (Norvegia)

Mare del Nord
- Isole Frisone (Olanda-Germania)
  - Isole Frisone Occidentali
  - Isole Frisone Orientali
  - Isole Frisone Settentrionali
- Arcipelago di Goteborg (Svezia)

Oceano Atlantico
- Arcipelago di Berlengas (Portogallo)
- Fær Øer (Danimarca)
- Isole Lofoten (Norvegia)
- Vesterålen (Norvegia)
- Isole Vestmanr (Islanda)
- Arcipelago Britannico (Gran Bretagna, Irlanda, I. di Man, Guemsey, Jersey)
  - Isole del Canale
  - Isole Chausey (Francia)
  - Isole Ebridi
  - Isole Orcadi
  - Isole Scilly
  - Isole Shetland

Mar Mediterraneo

Oltre agli arcipelaghi italiani

- Isole Baleari (Spagna)
- Isole Calipsee (Malta)
- Isole Egee (Grecia)
  - Isole Argo-Saroniche
  - Cicladi
  - Dodecaneso
  - Isole egee nord-orientali
  - Isole di Furni
  - Sporadi settentrionali
  - Sporadi meridionali
- Isole Ionie (Grecia)
- Isole Elafiti (Croazia)
- Isole Incoronate (Croazia)

Mar Maltico
- Isole Aland (Finlandia)
- Arcipelago golfo di Botnia (Finlandia)
- Arcipelago dello Kvarken (Finlandia)
- Arcipelago occ. estone (Estonia)
- Arcipelago oren. svedese (Svezia)
  - Arcipelago di Östergötland
  - Arcipelago di Öregrund
  - Arcipelago di Stoccolma
  - Arcipelago di Småland
- Isole Saaristomeri (Finlandia)
- A. di Turku (Finlandia)

TIPI DI VEGETAZIONE	
TUNDRA	con cespugli bassi che crescono in estate sul terreno paludoso
TAIGA	caratterizzata da conifere
BRUGHIERA - MAR MEDITERRANEO	con cespugli che seccano dopo la stagione delle piogge
MACCHIA	con alberi sempreverdi, tipica del Mediterraneo

Il *clima* d'Europa è complessivamente temperato, tuttavia presenta una notevole varietà, a seconda della latitudine, dell'altitudine, della distanza dal mare. Se ne distinguono cinque principali tipi:

TIPI DI CLIMA	
ATLANTICO (così chiamato perché risente dell'influsso dell'Oceano Atlantico e della corrente del Golfo)	con piogge abbondanti durante tutti i mesi dell'anno, senza eccessivo contrasto climatico tra inverno ed estate. Caratterizza la zona settentrionale della Spagna, parte della Francia e della Germania, la costa della Norvegia, le isole britanniche e un lembo dell'Islanda
MEDITERRANEO (il cui nome deriva dall'influsso del Mar Mediterraneo, che rende gli inverni miti)	con piogge scarse localizzate nel periodo invernale; le estati sono calde e asciutte. Vi appartengono i climi esotermici. Caratterizza l'Italia, parte della penisola iberica, il meridione francese e le coste dell'Albania, della ex Jugoslavia e della Grecia.
DI TRANSIZIONE (tra l'Atlantico e il Mediterraneo)	con piogge frequenti durante le fresche estati e inverni rigidi. Caratterizza la Svizzera meridionale, la pianura del Po e l'Appennino centro-settentrionale
CONTINENTALE (così chiamato perché non risente dell'influsso del mare)	con piogge scarse nelle calde estati e temperatura fredda durante l'inverno
SUB-ARTICO (è quello a contatto con l'estremo Nord e con le estensioni glaciali del Polo)	l'estate è breve e poco calda, l'inverno lungo con abbondanti nevicate

L'Europa occupa il terzo posto, dopo l'Asia e l'Africa, per numero di abitanti; per densità di popolazione detiene, invece, il primato mondiale. Tra le zone più popolate troviamo i *Paesi Bassi*, il *Belgio* e la *Germania*. Questo dato è sicuramente dovuto a fattori economici, come la fertilità del suolo e la buona posizione per il commercio. Alcuni Paesi sono molto industrializzati; è il caso di Gran Bretagna, Belgio, Germania. Altri hanno un'agricoltura molto sviluppata; si tratta di Bulgaria, Grecia, Albania. Altri ancora hanno un'economia mista, cioè agricolo-industriale: la Francia e l'Italia, ad esempio.

In *campo industriale* spiccano i giacimenti di carbone (che assicurano all'Europa la metà della produzione mondiale) e di petrolio (particolarmente in Russia e in Romania). Altra importante fonte di energia è l'elettricità: l'Europa ne produce i 2/5 a livello mondiale.

Nel *settore agricolo* la produzione principale è rappresentata dai cereali, più precisamente: grano (nella parte centro-orientale), avena e orzo (nella zona settentrionale).

Gli Stati europei nel *campo del commercio* sono molto attivi, esercitando i 3/4 del commercio mondiale.

Tutti i popoli europei professano una *religione monoteista*; la più diffusa è la cristiana (cattolica-protestante-ortodossa); seguono la musulmana (islamica) e la giudaica.

Molte e varie sono le etnie europee, come pure le lingue. Si possono distinguere i seguenti ceppi etnico-linquistici: i Neolatini e Mediterranei (Italiani, Francesi, Spagnoli, Portoghesi, Greci, Maltesi), i Germanici (Tedeschi, Britannici, Olandesi, Scandinavi), gli Slavi (Russi, Polacchi, Cechi, Slovacchi, Croati, Serbi, Bulgari), i Finnico-Baltici (Finlandesi, Estoni, Lettoni, Lituani), i Magiari (Ungheresi). I Romeni sono Slavi, ma parlano una lingua neolatina.

Occorre sapere

La pianura delle Fiandre termina sul Mare del Nord.
Lo **Scudo Baltico** è una conca pianeggiante. È tra i territori più antichi del continente dal punto di vista geologico. Ne fanno parte la Norvegia, la Svezia, la Finlandia e la Danimarca, nonché Carelia, penisola di Kola, Estonia e Lettonia. È compreso anche il letto del Mar Baltico. Lo Scudo Baltico è caratterizzato da un orlo occidentale più elevato - le Alpi scandinave - e una vasta depressione centrale, occupata dal Mar Baltico.
Le **regioni basche** si trovano tra la Francia e la Spagna.
La Danimarca esercita la propria sovranità sulla Groenlandia.
Le **Isole Fær** sono comprese fra tra la Scozia, la Norvegia e l'Islanda.
Il Golfo di Riga si trova in Lettonia.
L'isola greca di **Ios** (in italiano Io) misura circa 108 km^2.
Bilbao è un importante porto della Spagna settentrionale.
Il numero di abitanti della Bosnia ed Erzegovina, secondo una stima del 2015 è di 3.800.000.
Lo Stato con il maggior numero di abitanti dell'Europa occidentale è la Germania.
Lo Stato più popolato dell'Europa è la Russia (nella sua parte europea).
I Paesi Bassi è una delle nazioni con la maggiore densità di popolazione, tale valore è pari a 407 abitanti/km^2.
In Germania si ebbe negli anni '90 un fortissimo flusso migratorio di lavoratori musulmani provenienti dalla Turchia.

Suddivisione politica dell'Europa

L'Europa attualmente comprende **45 Stati** o 46 con il **Kosovo** (capitale Pristina) che ha dichiarato unilateralmente la propria indipendenza dalla Serbia nel febbraio 2008, ma riconosciuto come Stato solamente da circa 90 Paesi del Mondo.
A seguire, la cartina politica dell'Europa e un quadro di tutti i Paesi con evidenziati alcuni dati di particolare interesse per i partecipanti ai concorsi, quali: superficie, ordinamento politico, confini, capitale e città rilevanti, ecc.

Groenlandia (DANIMARCA)
Jan Mayen (NORVEGIA)
Mar della Groenlandia
Stretto di Danimarca
Mar di Norvegia
Mar di Barents
CAPO NORD
Hammerfest
Tromsø
Murmansk
Kiruna
Reykjavík
ISLANDA
Circolo Polare Artico
Mar Bianco
Arkhangel'sk
NORVEGIA
Luleå
Oulu
Umeå
FINLANDIA
MONTI URALI
Lago Onega
Trondheim
SVEZIA
Golfo di Botnia
Lago Ladoga
Tórshavn
Is. Faroe (DANIMARCA)
Tampere
Is. Shetland
Gävle
Turku
Helsinki
San Pietroburgo
Golfo di Finlandia
RUSSIA
Bergen
Oslo
ALAND ISLANDS
Tallinn
Rockall (Regno Unito)
Is. Orcadi
Stoccolma
ESTONIA
Is. Ebridi
Stavanger
Mosca
Oceano Atlantico
Aberdeen
Göteborg
Gotland
LETTONIA
Riga
Glasgow
Edinburgh
Mar del Nord
Mar Baltico
Öland
LITUANIA
Vitsyebsk
Smolensk
Belfast
REGNO UNITO
DANIMARCA
Copenhagen
Malmö
Vilnius
Mahilyow
Minsk
Isola di Man
Kaliningrad
RUSSIA
Dublino
Mar d'Irlanda
Leeds
Bornholm
Gdańsk
BIELORUSSIA
Hrodna
IRLANDA
Liverpool
Manchester
Homyel'
Chernihiv
Amburgo
Varsavia
Brest
Birmingham
Amsterdam
Bremen
Berlino
Poznań
POLONIA
Kiev
Cardiff
NETH.
Łódź
Zhytomyr
Mar Celtico
Londra
Rotterdam
Essen
Leipzig
Wrocław
UCRAINA
Bruxelles
Colonia
L'viv
Vinny tsya
Canale della Manica
Lille
BELGIO
Bonn
GERMANIA
Praga
Cracovia
Guernsey (Regno Unito)
Jersey (Regno Unito)
Francoforte
REP. CECA
Chernivtsi
Mykolayiv
Lussemburgo
LUX.
Brno
SLOVACCHIA
Parigi
Strasburgo
Stuttgart
Chisinău
Iaşi
Odessa
Monaco
Vienna
Bratislava
Budapest
Cluj-Napoca
MOLDAVIA
Nantes
LIECH.
AUSTRIA
UNGHERIA
Zurigo
Berna
Vaduz
SVIZZERA
ROMANIA
Golfo di Biscaglia
FRANCIA
Ginevra
Ljubljana
SLOVENIA
Zagabria
Bucarest
Costanza
Lione
Milano
Venezia
Mar Nero
A Coruña
Bordeaux
Torino
CROAZIA
BOSNIA ED ERZEGOVINA
Sarajevo
Belgrado
SERBIA
Varna
Genova
SAN MARINO
Bilbao
Toulouse
MONACO
Mar Ligure
Firenze
BULGARIA
Porto
Andorra la Vella
Marsiglia
Mar Adriatico
MONTENEGRO
Priština
Sofia
Istanbul
PORTOGALLO
Saragoza
ANDORRA
Corsica
ITALIA
Podgorica
KOS.
Skopje
MACEDONIA
Bursa
Madrid
Barcellona
Roma
CITTÀ DEL VATICANO
Tirana
Thessaloniki
CAPO DA ROCA
ALBANIA
TURCHIA
Napoli
Lisbona
SPAIN
Valencia
Mar delle Baleari
Sardegna
Mar Tirreno
GRECIA
Mar Egeo
İzmir
Minorca
Palma
Maiorca
Cagliari
Mar Ionio
Atene
Siviglia
Ibiza
Is. Baleari
PUNTA TARIFA
Málaga
Mar Mediterraneo
Palermo
Rhodes
Stretto di Gibilterra
Gibilterra (Regno Unito)
Mar di Alborán
Sicilia
Ceuta (SPAGNA)
Melilla (SPAGNA)
Oran
Algeri
Tunisi
Creta
LaValletta
MALTA
Rabat
Casablanca
TUNISIA
MAROCCO
ALGERIA

REGIONE IBERICA					
SPAGNA					
SUPERFICIE	km²	505.936 kmq	**LINGUA**		Spagnolo
GOVERNO		Monarchia costituzionale	**MONETA (SOSTITUITA)**	$	Euro (Peseta)
CAPITALE E CITTÀ PRINCIPALI	**Madrid**, Bilbao Barcellona, Valencia, Siviglia, Saragozza, Málaga, Murcia, Palma de Mallorca, Las Palmas de G.C.				
CONFINI	**NE** Francia, Andorra; **O** Portogallo; **E** e **SE** Mar Mediterraneo; **SO** e **NO** Oceano Atlantico. Comprende arcipelaghi: le **Baleari** (Mediterraneo) e **Canarie** (Oceano Atlantico)				
MARI/OCEANI	Mar Mediterraneo, Oceano Atlantico				
NOTE	È suddivisa in 17 comunità autonome: Andalusia (Siviglia), Aragona (Saragozza), Asturie (Oviedo), Isole Baleari (Palma de Mallorca), Isole Canarie (Las Palmas o Santa Cruz), Cantabria (Santander), Castiglia-La Mancha (Toledo), Castiglia e León (Valladolid), Catalogna (Barcellona), Estremadura (Mérida), Galizia (Santiago de Compostela), La Rioja (Logroño), Madrid (Madrid), Murcia (Murcia), Navarra (Pamplona/Iruña), Paesi Baschi (Vitoria-Gasteiz), Valencia (Valencia).				
PORTOGALLO					
SUPERFICIE	km²	92.212 kmq	**LINGUA**		Portoghese
GOVERNO		Repubblica parlamentare	**MONETA (SOSTITUITA)**	$	Euro (Scudo)
CAPITALE E CITTÀ PRINCIPALI	**Lisbona**, Porto, Vila Nova de Gaia, Amadora, Braga, Setúbal, Coimbra				
CONFINI	**N** e **E** Spagna; bagnato a **S** e a **O** dall'Oceano Atlantico				
MARI/OCEANI	Oceano Atlantico				
NOTE	È suddivisa in 18 distretti che ben presto verranno aboliti, e due regioni autonome: le Azzorre e Madeira. A fini esclusivamente statistici sono istituite 5 regioni: Alentejo, Algarve, Centro, Lisbona (Lisboa), Nord (Norte).				
ANDORRA					
SUPERFICIE	km²	453 kmq	**LINGUA**		Catalano e Spagnolo
GOVERNO		Principato parlamentare	**MONETA (SOSTITUITA)**	$	Euro (Peseta)
CAPITALE E CITTÀ PRINCIPALI	**Andorra la Vella**, Escaldes-Engordany				
CONFINI	**N** Francia; **S** Spagna				
NOTE	I Capi dello Stato sono i due "coprincipi" (il presidente francese e il vescovo spagnolo di Urgell).				

(segue)

REGIONE GALLICA				
FRANCIA				
SUPERFICIE	543.965 kmq	**LINGUA**	Francese	
GOVERNO	Repubblica presidenziale	**MONETA (SOSTITUITA)**	Euro (Franco)	
CAPITALE E CITTÀ PRINCIPALI	**Parigi**, Marsiglia, Lione, Tolosa, Nizza, Nantes, Strasburgo, Montpellier, Lilla, Bordeaux, Rennes, Le Havre, Tolone			
CONFINI	**NE** Belgio, Lussemburgo, Germania; **E** Italia, Germania, Svizzera; **SO** Spagna, Andorra; **O** e **NO** Oceano Atlantico, C. Manica; **N** Mare del Nord; **S** Mar Mediterraneo. A **SE** racchiude il Principato di Monaco			
MARI/OCEANI	Oceano Atlantico, Canale della Manica, Mar del Nord, Mar Mediterraneo			
NOTE	Le regioni sono 27 (di cui 5 oltremare) suddivise in dipartimenti. Principali: Bretagna (Rennes), Champagne-Ardenne (Châlons-En-Champagne), Alta Normandia (Rouen), Nord-Pas-de-Calais (Lilla), Lorena (Metz), Alsazia (Strasburgo), Bassa Normandia (Caen), Paesi della Loira (Nantes), Alvernia (Clermont-Ferrand), Aquitania (Bordeaux), Borgogna (Digione), Rodano-Alpi/reg. Savoia (Lione), Linguadoca-Rossiglione (Montpellier), Provenza-Alpi-Costa Azzurra (Marsiglia), Pirenei (Tolosa).			
BELGIO				
SUPERFICIE	30.528 kmq	**LINGUA**	Francese e Neerlandese	
GOVERNO	Monarchia federale costituzionale	**MONETA (SOSTITUITA)**	Euro (Franco)	
CAPITALE E CITTÀ PRINCIPALI	**Bruxelles**, Gent Anversa, Liegi, Charleroi			
CONFINI	**N** Paesi Bassi; **E** Germania, Lussemburgo, **SO** Francia; **NO** Mare del Nord			
MARI/OCEANI	Mare del Nord			
NOTE	È suddivisa in regioni. **Fiandre**: Anversa, Brabante (fiamminga), Fiandra Occ. e Or., Limburgo; **Vallonia**: Brabante (vallona), Hainaut, Liegi, Lussemburgo, Namur.			
LUSSEMBURGO				
SUPERFICIE	2.586 kmq	**LINGUA**	Lussemburghese e Francese	
GOVERNO	Monarchia costituzionale	**MONETA (SOSTITUITA)**	Euro (Franco)	
CAPITALE E CITTÀ PRINCIPALI	**Lussemburgo**, Esch-sur-Alzette, Differdange			
CONFINI	**N** e **O** Belgio; **E** Germania; **S** Francia			
NOTE	È uno degli Stati più piccoli d'Europa. È suddiviso in 3 distretti, 12 cantoni e 106 comuni. Il Lussemburgo è il paese che vanta, tra tutti i membri dell'Unione Europea, il più elevato PIL pro capite.			

(segue)

PRINCIPATO DI MONACO					
SUPERFICIE	km²	2 kmq	**LINGUA**		Francese
GOVERNO		Monarchia costituzionale	**MONETA (SOSTITUITA)**	$	Euro (Franco)
CAPITALE E CITTÀ PRINCIPALI	**Monaco**				
CONFINI	**S** Mar Mediterraneo; circondato dal territorio Francese				
MARI/OCEANI	Mar Mediterraneo				
NOTE	È suddiviso in quartieri: Monaco-Ville, Monte-Carlo, Fontvieille e La Condamine.				

REGIONE GERMANICA					
GERMANIA					
SUPERFICIE	km²	357.121 kmq	**LINGUA**		Tedesco
GOVERNO		Repubblica federale parlamentare	**MONETA (SOSTITUITA)**	$	Euro (Marco)
CAPITALE E CITTÀ PRINCIPALI	**Berlino**, Amburgo, Monaco, Colonia, Francoforte, Brema, Dresda, Düsseldorf, Stoccarda, Bonn				
CONFINI	**N** Danimarca; **E** Polonia, Rep. Ceca; **SE** e **S** Austria; **SO** Svizzera; **O** Francia, Belgio, Lussemburgo; **NO** Paesi Bassi bagnata a **N** Mar Baltico e Mare del Nord				
MARI/OCEANI	Mari: Baltico e del Nord				
NOTE	È suddivisa in 16 regioni: Amburgo, Assia, Baden-Württemberg, Bassa Sassonia, Baviera, Berlino, Brandeburgo, Brema, Meclemburgo-Pomerania Anteriore, Renania Palatinato, Renania Sett.-Vestfalia, Saarland, Sassonia-Anhalt, Sassonia, Schleswig-Holstein, Turingia.				
PAESI BASSI					
SUPERFICIE	km²	41.543 kmq	**LINGUA**		Olandese
GOVERNO		Monarchia costituzionale	**MONETA (SOSTITUITA)**	$	Euro (Fiorino)
CAPITALE E CITTÀ PRINCIPALI	**Amsterdam**, L'Aia, Rotterdam, Maastricht, Utrecht, Eindhoven				
CONFINI	**E** Germania, **S** Belgio; **N** e **O** Mare del Nord				
MARI/OCEANI	Mare del Nord				
NOTE	Regioni geografiche: Brabante Sett., Drenthe, Flevoland, Frisia, Gheldria, Groningen, Limburgo, Olanda Merid. E Sett., Overijssel, Utrecht, Zelanda.				

(segue)

SVIZZERA					
SUPERFICIE	km²	41.285 kmq	**LINGUA**		Italiano, Tedesco, Ladino (romancio), Francese
GOVERNO		Repubblica federale democratica	**MONETA**	$	Franco svizzero
CAPITALE E CITTÀ PRINCIPALI	**Berna**, Zurigo, Basilea, Ginevra, Losanna, Lucerna, Winterthur, Lugano				
CONFINI	**N** Germania; **E** Austria, Liechtenstein; **S** Italia; **O** Francia				
NOTE	È suddivisa in 26 Cantoni. Il Ticino ha come lingua ufficiale l'italiano.				
AUSTRIA					
SUPERFICIE	km²	83.879 kmq	**LINGUA**		Tedesco
GOVERNO		Repubblica federale parlamentare	**MONETA (SOSTITUITA)**	$	Euro (Scellino)
CAPITALE E CITTÀ PRINCIPALI	**Vienna**, Salisburgo, Innsbruck Graz, Linz				
CONFINI	**N** Rep. Ceca; **E** Slovacchia, Ungheria; **S** Slovenia, Italia; **O** Svizzera, Liechtenstein; **NO** Germania				
NOTE	È suddivisa in 9 stati federati: Austria Inferiore, Austria Superiore, Burgenland, Corinzia, Salisburgo, Stiria, Tirolo, Vienna, Vorarlberg.				
LIECHTENSTEIN					
SUPERFICIE	km²	160 kmq	**LINGUA**		Tedesco
GOVERNO		Monarchia costituzionale	**MONETA**	$	Franco svizzero
CAPITALE	Vaduz				
CONFINI	Tra l'Austria a **E** e la Svizzera a **O**; il fiume **Reno** segna il confine con la Svizzera				
NOTE	Altri centri, oltre la capitale, sono Nendeln, Schaan, Triesen.				

REGIONE BRITANNICA					
REGNO UNITO DI GRAN BRETAGNA					
SUPERFICIE	km²	242.513 kmq	**LINGUA**		Inglese
GOVERNO		Monarchia costituzionale	**MONETA**	$	Sterlina
CAPITALE E CITTÀ PRINCIPALI	**Londra**, Leeds, Birmingham, Glasgow, Sheffield, Bradford, Liverpool Manchester, Bristol, Edimburgo, Cardiff				
CONFINI	Irlanda del Nord: **O** e **S** Eire; Il resto del Regno Unito ha confini marittimi: **N**, **SO** e **NO** Oceano Atlantico; **E** Mare del Nord; **S** Manica; **O** Mar d'Irlanda				

(segue)

REGNO UNITO DI GRAN BRETAGNA	
MARI/OCEANI	Oceano Atlantico, Mare del Nord, Manica, Mar d'Irlanda
NOTE	Costituito da: Inghilterra (Londra), Galles (Cardiff), Scozia (Edimburgo), Irlanda del Nord (Belfast).

IRLANDA					
SUPERFICIE	km²	70.273 kmq	**LINGUA**		Gaelico irlandese, inglese
GOVERNO		Repubblica parlamentare	**MONETA (SOSTITUITA)**	$	Euro (Sterlina irlandese)
CAPITALE E CITTÀ PRINCIPALI	**Dublino**, Cork, Galway, Tallaght				
CONFINI	**NE** Regno Unito; **E** Mar d'Irlanda, **N**, **S, O** Oceano Atlantico				
MARI/OCEANI	Mar d'Irlanda, Oceano Atlantico				
NOTE	È suddivisa in 4 province: Leinster, Munster, Ulster, Connaught.				

REGIONE SCANDINAVA					
NORVEGIA					
SUPERFICIE	km²	323.787 kmq	**LINGUA**		Norvegese
GOVERNO		Monarchia costituzionale	**MONETA**	$	Corona norvegese
CAPITALE E CITTÀ PRINCIPALI	**Oslo**, Bergen, Trondheim, Stavanger				
CONFINI	**NE** Russia, Finlandia; **E** Svezia, **N** Mar Glaciale Artico, Mare di Barents; **S** Mare del Nord; **O** Oceano Atlantico				
MARI/OCEANI	Mari: Glaciale Artico, di Barents, del Nord, Oceano Atlantico				
NOTE	Di fronte alle coste le numerose isole sono raggruppate nei due arcipelaghi delle **Lofoten** e delle **Vesterålen**. Sono molti i laghi ed occupano complessivamente una superficie di circa 14 000 kmq.				
SVEZIA					
SUPERFICIE	km²	447.420 kmq	**LINGUA**		Svedese
GOVERNO		Monarchia costituzionale	**MONETA**	$	Corona svedese
CAPITALE E CITTÀ PRINCIPALI	**Stoccolma**, Göteborg, Malmö, Uppsala, Linköping				
CONFINI	**N** e **O** Norvegia; **NE** Finlandia; **E** Golfo di Botnia; **SE** Mar Baltico; **SO** Kattegat				
MARI/OCEANI	Golfo di Botnia, Mar Baltico, Kattegat				

(segue)

SVEZIA	
NOTE	È suddivisa in 21 Contee (Lan). I laghi occupano l'8% della superficie, concentrati al centro e a Sud (il maggiore è il Vänern). Fiumi: Torne, Lule, Ume, tutti tributari del Mar Baltico.

DANIMARCA				
SUPERFICIE	42.916 kmq	**LINGUA**	Danese
GOVERNO	Monarchia costituzionale	**MONETA**	Corona danese
CAPITALE E CITTÀ PRINCIPALI	**Copenaghen**, Århus, Odense, Aalborg, Esbjerg		
CONFINI	**N** e **O** Mare del Nord; **E** Mar Baltico; **S** Germania. Sovrana sull'isola della **Groenlandia** anche se fisicamente dell'America		
MARI/OCEANI	Mari: del Nord e Baltico (Skagerrak, Kattegat, Øresund)		
NOTE	Regioni geografiche: Danimarca Merid., Jutland Centrale, Jutland Settentrionale, Regione della Capitale, Sjælland È formata da: penisola **Jutland**, **isola di Sjælland** (dove sorge la capitale), circa 400 isole minori.		

ISLANDA			
SUPERFICIE	103.022 kmq	**LINGUA**	Islandese
GOVERNO	Repubblica parlamentare	**MONETA**	Corona islandese
CAPITALE E CITTÀ PRINCIPALI	**Reykjavik**, Kópavogur		
CONFINI	Isola dell'Oceano Atlantico sett., a circa 800 km dalla Scozia e 300 dalla Groenlandia		
MARI/OCEANI	Oceano Atlantico		
NOTE	Occupato da oltre 200 vulcani, alcuni attivi e da vaste distese di ghiacciai (principale il **Vatnajökull**).		

REGIONE FINNICO-BALTICA			
FINLANDIA			
SUPERFICIE	338.432 kmq	**LINGUA**	Finnico e Svedese
GOVERNO	Repubblica parlamentare	**MONETA (SOSTITUITA)**	Euro (Marco finlandese)
CAPITALE E CITTÀ PRINCIPALI	**Helsinki**, Espoo, Tampere, Vantaa, Oulu, Turku		
CONFINI	**N** Norvegia; **E** e **SE** Russia; **NO** Svezia; S e **O** è bagnata dai golfi di Finlandia e di Botnia		

(segue)

FINLANDIA			
MARI/OCEANI	Golfi: di Finlandia e di Botnia		
NOTE	La Finlandia è divisa in sei **lääni** (province): Finlandia Mer., Occ., Orient., Provincia di Oulu, **Lapponia**, Åland (isola maggiore: 685 kmq). Il territorio ha circa 40.000 laghi (10% sup.).		
ESTONIA			
SUPERFICIE	45.227 kmq	**LINGUA**	Estone e Russo
GOVERNO	Repubblica parlamentare	**MONETA (SOSTITUITA)**	Euro (Corona estone)
CAPITALE E CITTÀ PRINCIPALI	**Tallinn**, Tartu, Narva		
CONFINI	**E** Federazione Russa; **S** Lettonia; **N** e **O** Mar Baltico		
MARI/OCEANI	Mar Baltico		
NOTE	Il Paese è diviso in 15 contee.		
LETTONIA			
SUPERFICIE	64.569 kmq	**LINGUA**	Lettone e Russo
GOVERNO	Repubblica parlamentare	**MONETA (SOSTITUITA)**	Euro (Lats lettone)
CAPITALE E CITTÀ PRINCIPALI	**Riga**, Daugavpils, Jelgava		
CONFINI	**NE** Estonia; **E** Russia; **SE** Bielorussia; **S** Lituania; **O** Mar Baltico		
MARI/OCEANI	Mar Baltico		
NOTE	È solcato dalla Dvina Occidentale.		
LITUANIA			
SUPERFICIE	65.300 kmq	**LINGUA**	Lituano e Russo
GOVERNO	Repubblica parlamentare	**MONETA (SOSTITUITA)**	Euro (Lita)
CAPITALE E CITTÀ PRINCIPALI	**Vilnius**, Kaunas		
CONFINI	**N** Lettonia; **E** e **SE** Bielorussia; **SO** Polonia, Russia; **NO** Mar Baltico		
MARI/OCEANI	Mar Baltico		
NOTE	È attraversato dal fiume **Nemunas** e dai suoi affluenti. I laghi sono numerosi.		

(segue)

REGIONE CARPATICO-DANUBIANA					
POLONIA					
SUPERFICIE	km²	312.679 kmq	**LINGUA**		Polacco
GOVERNO		Repubblica parlamentare	**MONETA**	$	Nuovo Zloty
CAPITALE E CITTÀ PRINCIPALI	**Varsavia**, Łódź, Breslavia, Poznań, Danzica, Stettino, Cracovia, Lublino				
CONFINI	**NE** Russia, Lituania; **E** Bielorussia, Ucraina; **S Slovacchia, Rep. Ceca**; **O** Germania; **N** Mar Baltico				
MARI/OCEANI	Mar Baltico				
NOTE	È suddivisa in 16 regioni; da ricordare: Pomenaria, Bassa Slesia, Łódź, Lublino.				
REPUBBLICA CECA					
SUPERFICIE	km²	78.866 kmq	**LINGUA**		Ceco
GOVERNO		Repubblica parlamentare	**MONETA**	$	Corona ceca
CAPITALE E CITTÀ PRINCIPALI	**Praga**, Brno, Plzeň, Liberec				
CONFINI	**NE** Polonia; **SE** Slovacchia; **S** Austria; **O** e **NO** Germania				
NOTE	Comprende le aree geografiche di: **Boemia** e **Moravia** con parte della Slesia.				
REPUBBLICA SLOVACCA					
SUPERFICIE	km²	49.063 kmq	**LINGUA**		Slovacco
GOVERNO		Repubblica parlamentare	**MONETA (SOSTITUITA)**	$	Euro (Corona slovacca)
CAPITALE E CITTÀ PRINCIPALI	**Bratislava**, Košice, Prešov				
CONFINI	**N** Polonia; **E** Ucraina; **S** Ungheria; **O** Austria, Rep. Ceca				
NOTE	Principali fiumi: **Danubio**, l'Hornád, l'Hron, il Nitra, il Váh e la Morava.				
UNGHERIA					
SUPERFICIE	km²	93.024 kmq	**LINGUA**		Ungherese
GOVERNO		Repubblica parlamentare	**MONETA**	$	Fiorino ungherese
CAPITALE E CITTÀ PRINCIPALI	**Budapest**, Pécs Debrecen, Miskolc, Seghedino				
CONFINI	**N** Slovacchia; **NE** Ucraina; **E** Romania; **S** Serbia; **SO** Croazia, Slovenia; **O** Austria				

(segue)

UNGHERIA					
NOTE	È suddivisa in 7 regioni, ognuna, a sua volta, composta da 2-3 contee. Il **Danubio** attraversa il paese da N a S; a E scorre il Tibisco e a SO la Drava. Il territorio comprende la parte settentrionale della **Pianura Pannonica** e la **Selva Baconia** (delimitata dal Lago Balaton).				
ROMANIA					
SUPERFICIE	km²	238.391 kmq	LINGUA		Romeno
GOVERNO		Repubblica semi-presidenziale	MONETA	$	Leu
CAPITALE E CITTÀ PRINCIPALI	**Bucarest**, Cluj-Napoca, Timişoara, Costanza, Craiova, Braşov				
CONFINI	**N** e **E** Ucraina; **E** Moldova; **S** Bulgaria; **O** Serbia, Ungheria; **SE** Mar Nero				
MARI/OCEANI	Mar Nero				
NOTE	Regioni storiche: Dobrugia, Moldavia, Valacchia (divisa in due parti, l'Oltenia e la Muntenia), Transilvania, Crişana, Banato, Bucovina.				
MOLDAVIA					
SUPERFICIE	km²	34.483 kmq	LINGUA		Moldavo, russo, ucraino
GOVERNO		Repubblica parlamentare	MONETA	$	Leu moldavo
CAPITALE E CITTÀ PRINCIPALI	**Kisyinev**, Tiraspol, Bălţi				
CONFINI	**N**, **E**, e **S** Ucraina; **O** Romania				
NOTE	Situata a SO del Bassopiano Sarmatico; tra il corso del fiume Prut a O a quello del fiume Dnestr a NE.				

REGIONE ITALICA					
ITALIA					
SUPERFICIE	km²	301.245 kmq	LINGUA		Italiano
GOVERNO		Repubblica parlamentare	MONETA (SOSTITUITA)	$	Euro (Lira)
CAPITALE E CITTÀ PRINCIPALI	**Roma**, Milano, Torino, Napoli				
CONFINI	Vedi trattazione				
MARI/OCEANI	Mar Mediterraneo				
NOTE	È suddivisa in 20 Regioni.				

(segue)

SAN MARINO			
SUPERFICIE	61 kmq	**LINGUA**	Italiano
GOVERNO	Repubblica parlamentare	**MONETA (SOSTITUITA)**	Euro (Lira sanmarinese)
CAPITALE	**San Marino**		
CONFINI	Tra Emilia-Romagna e Marche		
NOTE	Dominato dal monte Titano (739 m). Il centro storico e il monte Titano sono patrimonio mondiale Unesco.		

CITTÀ DEL VATICANO			
SUPERFICIE		**LINGUA**	Italiano
GOVERNO	Monarchia assoluta	**MONETA (SOSTITUITA)**	Euro (Lira vaticana)
CAPITALE	**Città del Vaticano**		
CONFINI	È un piccolo territorio all'interno della città di Roma		
NOTE	Rappresenta la sede della Chiesa cattolica e capo dello Stato è il Sommo Pontefice al quale competono i poteri legislativo, esecutivo e giudiziario. È lo Stato meno esteso al mondo: comprende la piazza e la basilica di S. Pietro, i palazzi circostanti con le raccolte artistiche, i musei e la biblioteca, parchi, giardini e alcune strade e piazze.		

MALTA			
SUPERFICIE	315 kmq	**LINGUA**	Inglese e maltese
GOVERNO	Repubblica parlamentare	**MONETA (SOSTITUITA)**	Euro (Sterlina maltese)
CAPITALE E CITTÀ PRINCIPALI	**Valletta**, Mosta Birkirkara		
CONFINI	Arcipelago del Mediterraneo centromeridionale		
MARI/OCEANI	Mar Mediterraneo		
NOTE	Situata fra Sicilia e La Tunisia è costituita dalle isole di Malta, Gozo, Comino e da altre minori.		

REGIONE BALCANICA			
SLOVENIA			
SUPERFICIE	20.273 kmq	**LINGUA**	Sloveno
GOVERNO	Repubblica parlamentare	**MONETA (SOSTITUITA)**	Euro (Tallero sloveno)

(segue)

SLOVENIA	
CAPITALE E CITTÀ PRINCIPALI	**Lubiana**, Maribor, Celje, Kranj
CONFINI	**N** Austria; **NE** Ungheria; **SE** e **S** Croazia; **SO** Mar Adriatico; **O** Italia
MARI/OCEANI	Mar Adriatico
NOTE	Fiumi principali: Sava, Drava e Mura.

ALBANIA			
SUPERFICIE	28.748 kmq	**LINGUA**	Albanese, Ghego e Tosco
GOVERNO	Repubblica parlamentare	**MONETA**	Lek
CAPITALE E CITTÀ PRINCIPALI	**Tirana**, Durazzo, Valona, Scutari		
CONFINI	**N** Kosovo, Montenegro; **NE** Macedonia; **SE** Grecia; **O** Mar Adriatico, Canale d'Otranto		
MARI/OCEANI	Mar Adriatico, Canale d'Otranto		
NOTE	Lo Stato è suddiviso in prefetture.		

BOSNIA ED ERZEGOVINA			
SUPERFICIE	51.209 kmq	**LINGUA**	Serbo-croato
GOVERNO	Repubblica federale	**MONETA**	Dinaro bosniaco
CAPITALE E CITTÀ PRINCIPALI	**Sarajevo**, Banja Luka, Tuzlam, Zenica, Mostar		
CONFINI	**N** e **O** Croazia; **E** Serbia; **S** Croazia, Montenegro		
NOTE	Il territorio è formato dalle regioni della Bosnia a **N** e dell'Erzegovina a **S.** Lo Stato è diviso in dieci cantoni: cinque bosniaci, tre croati, due multietnici.		

BULGARIA			
SUPERFICIE	51.209 kmq	**LINGUA**	Bulgaro
GOVERNO	Repubblica parlamentare	**MONETA**	Lev
CAPITALE E CITTÀ PRINCIPALI	**Sofia**, Plovdiv, Varna, Burgas, Ruse, Stara Zagora		
CONFINI	**N** Romania; **S** Turchia, Grecia; **O** Macedonia, Serbia; **E** Mar Nero con 354 km di coste		
MARI/OCEANI	Mar Nero		
NOTE	Lo Stato è suddiviso in 28 regioni/distretti.		

(segue)

CROAZIA					
SUPERFICIE	km²	56.594 kmq	**LINGUA**		Croato
GOVERNO		Repubblica semi-presidenziale	**MONETA**	$	Kuna
CAPITALE E CITTÀ PRINCIPALI	**Zagabria**, Spalato, Fiume, Osijek, Zara, Pola, Sesvete				
CONFINI	**N** Slovenia, Ungheria; **E** Serbia; **S** Bosnia-Erzegovina, Montenegro; **O** Mar Adriatico				
MARI/OCEANI	Mar Adriatico				
NOTE	La Croazia è divisa in Regioni/Contee. La città di Zagabria forma una entità distinta. Da ricordare: Raguseo-narentana (Dubrovnick), Istria (Pisino), Spalato-Dalmazia (Spalato), Zara.				

SERBIA					
SUPERFICIE	km²	77.570 kmq	**LINGUA**		Serbo-croato
GOVERNO		Repubblica semi-presidenziale	**MONETA**	$	Dinaro iugoslavo
CAPITALE E CITTÀ PRINCIPALI	**Belgrado**, Novi Sad, Niš, Pančevo Subotica, Zrenjanin				
CONFINI	**N** Ungheria; **NE** Romania; **E** Bulgaria; **S** Macedonia, Kosovo; **O** Montenegro, Bosnia-Erzegovina; **NO** Croazia				
NOTE	È attraversato dal Danubio con gli affluenti Tibisco, Morava e Sava. Regioni: Belgrado, Serbia Merid. e Or., Šumadija-Serbia Occ., Vojvodina.				

MONTENEGRO					
SUPERFICIE	km²	13.812 kmq	**LINGUA**		Serbo
GOVERNO		Repubblica parlamentare	**MONETA (SOSTITUITA)**	$	Euro (Marco tedesco)
CAPITALE E CITTÀ PRINCIPALI	**Podgorica**, Nikšić				
CONFINI	**O** e **NO** Croazia, Bosnia-Erzegovina; **E** e **SE** Serbia, Kosovo, Albania; **S** e **SO** Mar Adriatico				
MARI/OCEANI	Mar Mediterraneo				
NOTE	È diventato uno Stato indipendente dal 3 giugno 2006 (prima era unito alla Serbia). È suddiviso in comuni.				

MACEDONIA DEL NORD					
SUPERFICIE	km²	25.713 kmq	**LINGUA**		Macedone e Albanese

(segue)

MACEDONIA DEL NORD					
GOVERNO		Repubblica parlamentare	**MONETA**		Denar
CAPITALE E CITTÀ PRINCIPALI	**Skopje**, Kumanovo, Bitola				
CONFINI	**N** Kosovo, Serbia; **E** Bulgaria; **S** Grecia; **O** Albania				
NOTE	Fino al gennaio 2019 lo Stato si chiamava Repubblica di Macedonia, dal febbraio 2019 ha assunto la denominazione ufficiale di Repubblica di Macedonia del Nord.				

GRECIA					
SUPERFICIE		131.957 kmq	**LINGUA**		Greco
GOVERNO		Repubblica parlamentare	**MONETA (SOSTITUITA)**		Euro (Dracma)
CAPITALE E CITTÀ PRINCIPALI	**Atene**, Salonicco, Patrasso, Pireo, Irákleio, Larissa, Corinto				
CONFINI	**NO** Albania; **N** Macedonia, Bulgaria; **NE** Turchia; **E** Mar Egeo; **S** Mar Mediterraneo; **O** Mar Ionio				
MARI/OCEANI	Mari: Egeo, Mediterraneo, Ionio				
NOTE	È suddivisa in 13 regioni: Attica, Grecia Centrale, Macedonia Centrale, Creta, Macedonia Orientale e Tracia, Epiro, Isole Ionie, Egeo Settentrionale, Peloponneso, Egeo Meridionale, Tessaglia, Grecia Occidentale, Macedonia Occidentale.				

KOSOVO					
SUPERFICIE		10.908 kmq	**LINGUA**		Albanese e serbo
GOVERNO		Repubblica parlamentare	**MONETA (SOSTITUITA)**		Euro (Marco tedesco)
CAPITALE E CITTÀ PRINCIPALI	**Priština**, Prizreni, Ferizaj, Gjakova				
CONFINI	**N** e **E** Serbia, **NO** Montenegro, **SO** Albania, **S** Macedonia del Nord				
NOTE	Si è autoproclamato indipendente dalla Serbia il 17 febbraio 2008. Nel 2020, è riconosciuto da 96 stati membri dell'ONU.				

REGIONE RUSSA					
FEDERAZIONE RUSSA					
SUPERFICIE		17.098.200 kmq	**LINGUA**		Russo
GOVERNO		Repubblica federale presidenziale	**MONETA**		Rublo

(segue)

FEDERAZIONE RUSSA	
CAPITALE E CITTÀ PRINCIPALI	**Mosca**, San Pietroburgo, Volgograd, Novosibirsk, Ekaterinburg, Samara, Kazan’
CONFINI	**SE** e **SO** Corea del Nord, Cina, Mongolia, Kazakistan, Azerbaigian, Georgia; **SO** e **NO** Ucraina, Bielorussia, Polonia, Lituania, Lettonia, Estonia, Finlandia, Norvegia. **N** Mar Glaciale Artico; **E** Mare di Bering, Mare di Ohotsk, Mare del Giappone (Oceano Pacifico), **SO** Mar Caspio, Mar d’Azov, Mar Nero; **NO** al Mar Baltico
MARI/OCEANI	Mari: Glaciale Artico, Bering, Ohotsk, del Giappone (Oceano Pacifico), Caspio, d’Azov, Nero, Baltico
NOTE	È suddivisa in distretti federali: Centrale (Mosca), Nord-Occidentale, Meridionale, Del Caucaso Settentrionale, Del Volga, Degli Urali, Siberiano, Estremo-Orientale.

BIELORUSSIA O RUSSIA BIANCA			
SUPERFICIE	207.600 kmq	**LINGUA**	Bielorusso
GOVERNO	Repubblica presidenziale	**MONETA**	Rublo bielorusso
CAPITALE E CITTÀ PRINCIPALI	**Minsk**, Homieĺ, Brest, Viciebsk, Hrodna		
CONFINI	**N** e **E** Russia; **S** Ucraina; **O** Polonia; **NO** Lituania, Lettonia		
NOTE	Regioni geografiche: Brest, Homieĺ, Hrodna, Mahilioŭ, Minsk (città), Minsk, Viciebsk. Il territorio è attraversato dai fiumi Dvina Occ., Dnepr, Pripjat e Nëman.		

UCRAINA			
SUPERFICIE	603.500 kmq	**LINGUA**	Ucraino, russo
GOVERNO	Repubblica semi-presidenziale	**MONETA**	Grivnia ucraina
CAPITALE E CITTÀ PRINCIPALI	**Kiev**, Kharkov, Odessa, Donets’k, Leopoli		
CONFINI	**NE** e **E** Fed. Russa; **SO** Moldova, Romania, **O** Ungheria, Slovacchia, **NO** Polonia, Bielorussia; **S** Mar Nero		
MARI/OCEANI	Mar Nero		
NOTE	È suddivisa in 24 **oblast’**, 1 repubblica autonoma (Crimea) e 2 Città a statuto speciale. La Crimea nel 2014 con un referendum è passata alla Russia.		

OCCORRE SAPERE

POSIZIONE DEGLI STATI E DELLE CITTÀ TRA LORO

Da nord a sud la corretta sequenza di Stati è: Polonia, Ungheria, Bulgaria e Grecia.
La città situata più a nord tra Budapest, Helsinki, Copenaghen, Berlino e Danzica è Helsinki.
La città di Parigi si trova a una latitudine inferiore rispetto a Berlino.
Bratislava si trova ad altitudine maggiore rispetto a Bruxelles, Belgrado e Tirana.
Vienna si trova ad altitudine maggiore rispetto a Belgrado, Budapest e Zagabria.

NUMEROSITÀ DI ABITANTI DI ALCUNE CITTÀ EUROPEE

Il numero di abitanti dell'agglomerato urbano della città di Parigi è di circa 12.400.000.
Il numero di abitanti dell'agglomerato urbano della città di Londra è di circa 10.200.000.
Il numero di abitanti dell'agglomerato urbano della città di Madrid è di circa 6.170.000.
Il numero di abitanti dell'agglomerato urbano della città di Berlino è di circa 4.320.000.
Il numero di abitanti dell'agglomerato urbano della città di Atene è di circa 3.160.000.
Il numero di abitanti dell'agglomerato urbano della città di Lisbona è di circa 2.000.000.

SIMBOLI CULTURALI E ARTISTICI

I castelli della Loira si trovano in Francia. La Torre Eiffel è situata sulle rive della Senna a Parigi. Sempre a Parigi si trovano il Museo d'Orsay, il Museo del Louvre e la cattedrale del Sacré Coeur, situata nel pittoresco quartiere di Montmartre.
Il Big Ben si trova a Londra; il centro finanziario di Londra si chiama City; il Tower Bridge e il Greenwich Park sono simboli di Londra.
A Monaco di Baviera si celebra dal 1810 la festa denominata Oktoberfest. Il castello di Neuschwanstein e il castello di Sanssouci si trovano in Germania; la famosa piazza Alexanderplatz e la Porta di Brandeburgo si trovano a Berlino.
Santiago di Compostela si trova in Spagna. La Sagrada Familia, basilica opera dell'architetto Antoni Gaudì, si trova a Barcellona. Plaza Major e il Museo del Prado si trovano a Madrid. La corrida è tipica della Spagna
L'Organizzazione Europea per la Ricerca Nucleare (CERN), il più grande laboratorio al mondo di fisica delle particelle, si trova a Meyrin in Svizzera.
Le Colonne di Ercole corrispondono alla rocca di Gibilterra e alla montagna Jebel Musa.
Serravalle è un castello che si trova a San Marino.
Il Partenone si trova ad Atene.
La Sirenetta è il simbolo di Copenaghen.
Il circolo megalitico di Stonehenge si trova in Gran Bretagna.
La torre di Belém, uno dei più mirabili esempi dello stile manuelino nella storia dell'architettura portoghese, è il simbolo di Lisbona.
Il teatro Bolshoi, la Cattedrale di San Basilio, Palazzo d'Inverno, il Cremlino si trovano a Mosca. Il Museo dell'Ermitage si trova a San Pietroburgo.
Fátima, famosa destinazione del turismo religioso, si trova in Portogallo

ECONOMIA

All'interno dell'Unione Europea, i più grandi produttori di patate sono Polonia e Germania.
La Germania è tra i maggiori produttori mondiali di luppolo che alimenta una fiorente industria della birra. La regione più industrializzata della Germania si chiama Ruhr.
Dopo Russia e Germania, analizzando i dati relativi all'anno 2004, il maggior produttore europeo di carbone è la Polonia.
La Russia è al primo posto nel mondo per la produzione di gas naturale e cereali. Sugli Urali ci sono grandi giacimenti di ferro.
La zona mineraria di Ostrava, nella Repubblica Ceca, è nota per l'estrazione di carbone.
Una produzione tipica del Portogallo è quella delle querce da sughero.
Escluse Italia e Francia, che si contendono il primato mondiale, il vino in grande quantità è prodotto dalla Spagna (dati del 2004).
In Spagna l'allevamento ovino è famoso per la lana pregiata della specie merinos.
Tra i maggiori produttori mondiali di olio d'oliva figurano i Paesi dell'area mediterranea dell'Europa: Spagna, Italia e Grecia.
Nel sottosuolo della Grecia si trovano diversi minerali, ma le produzioni più rilevanti sono costituite da quelle di lignite, bauxite e nichel.
Nell'economia greca circa il 17% del PIL nazionale è prodotto dal turismo.
L'industria spagnola grazie all'afflusso di capitali stranieri seguito all'ingresso nella Comunità Europea si è notevolmente modernizzata e diversificata e accanto ai settori tradizionali si sono affermati quelli dell'elettronica, l'informatica, la meccanica e l'alimentare.
Il Lussemburgo sviluppa nel settore terziario un PIL molto elevato ed un tasso di disoccupazione molto basso (dati relativi al 2003-2004).
Nei Paesi Bassi circa la metà dell'arativo è coltivato a cereali, mentre il prodotto più importante della pesca è l'aringa.

L'allevamento della Finlandia riguarda soprattutto bovini e suini, ma rilevante è anche quello degli animali da pelliccia.
Il primo produttore europeo di petrolio è la Norvegia.
Una risorsa molto importante per la Norvegia è la pesca, che alimenta l'industria conserviera; essa si concentra soprattutto su merluzzo e aringa.
Il Regno Unito è fra i maggiori produttori mondiali di idrocarburi; il petrolio viene estratto soprattutto dai giacimenti del Mare del Nord.
La galleria Calais-Folkestone collega Francia e Regno Unito.
Il Parco Nazionale Lake District si trova in Inghilterra.
L'Irlanda viene chiamata "Isola Smeralda" per la presenza di immense distese di prati e pascoli.
La Francia è tra i primi produttori di frumento. È il primo produttore agricolo dell'Unione Europea e uno dei maggiori esportatori di derrate alimentari; il 30% della sua superficie coltivata è destinata a cereali, tra cui frumento e avena. In Francia circa il 77% dell'energia elettrica prodotta è di origine nucleare.
Nella regione francese della Champagne si coltiva soprattutto vite.

Capitolo 4
I continenti extraeuropei

4.1 Asia

L'Asia, con i suoi 44 milioni di kmq (rappresenta circa 1/3 delle terre emerse) è il **continente più esteso** del mondo. È anche il **più popolato** (la Cina è lo Stato più popolato, seguito dall'India entrambi con oltre un miliardo di abitanti) e il più antico di storia; infatti affonda la sua civiltà diversi secoli prima di Cristo.
In Asia sono presenti quasi tutti i gruppi razziali e tutte le religioni, monoteistiche e politeistiche.
È ricca di isole, soprattutto nell'Oceano Pacifico e Indiano, e dei più alti rilievi la cui principale catena è costituita dall'**Himalaja** con la vetta più elevata del mondo: l'**Everest** che separa India, Nepal e Buthan dalla Cina. Altra catena di rilievo è il **Karakorum**, con la vetta del **K2**, fra Cina e Pakistan. Altri rilievi: **Monte Ararat** (Turchia), **Monte Fuji** (Giappone) **Monte Zagros** (Iran), **Monte Kunlun** (Cina).
Numerosi sono gli altipiani (il ***Tibet*** è il più vasto al mondo) mentre l'area dei bassipiani è poco estesa.
Ricordiamo il bassopiano siberiano, cinese, indocinese ecc.
Il continente è anche ricco di fiumi quelli che sfociano nell'oceano Pacifico ed Indiano, l'Indo, il Gange, il Tigri e l'Eufrate, sono i più importanti.
Tra i laghi ricordiamo il **Mar Caspio** (bacino chiuso, considerato il più vasto del mondo), il **Lago Aral** (kmq 65.500) e il **Lago Balhas** (kmq 18.200). Il **Lago Bajkal** è il più profondo (supera i 1.600 m).
È il continente che detiene numerosi primati in termini di dati geografici. È il solo continente a essere bagnato da tre oceani: l'Atlantico (con il Mar Glaciale Artico e il Mar Mediterraneo), l'**Indiano** e il **Pacifico**.
L'Asia con l'Europa forma un'unica massa continentale l'**Eurasia** (convenzionalmente separata dalla catena dei **M. Urali**); inoltre è unita anche all'Africa dall'**istmo di Suez** (attraverso cui si passa dal Mediterraneo al Mar Rosso); è separata dall'America settentrionale dallo **stretto di Bering** (92 km).
Infine, è qui che hanno avuto origine le maggiori religioni mondiali oggi esistenti oltre che quasi tutte praticate.

SCHEDA RIEPILOGATIVA ASIA					
SUPERFICIE	44.614.000* kmq	ABITANTI	3.765.000.000*	DENSITÀ	84 ab/kmq
Città più popolata		Tokyo		37.468.302* ab	
Nazione più estesa		Russia		17.075.400 kmq	
Monte più alto		Everest		8846 m	
Fiume più lungo		Chang Jiang (F. Azzurro)		5800 km	
Lago più esteso		Mar Caspio		371.000 kmq	
Isola più estesa		Borneo		736.000 kmq	

* Fonte: Treccani

Dati principali dell'Asia

RILIEVI PRINCIPALI			
CATENA	MONTE	METRI	PAESE
Himalaya	**Everest**	8.846	**Cina, Nepal**
	Kanchenjunga	8.598	India, Nepal
	Lhotse	8.501	Cina, Nepal
Karakoram	K2	8.611	Cina, Pakistan
	Gasherbrum 1	8.068	Cina, Pakistan
Hindu Kush	Nowshak	7.485	Afgan istan
Pamir	Picco Ismail Samani	7.495	Tagikistan
Monti Kunlun	Kungur Tagh	7167	Cina
Trans-Alaj	Picco Lenin	7.134	Tagikistan, Kirghizistan
Monti Elburz	Damavand (vulcano)	5.670	Iran
Caucaso	Elbrus	5.642	Russia, Azerbaigian
Acrocoro Armeno	Ararat	5.165	Turchia
Monti Zagros	Dena	4.548	Iran, Iraq
Altaj	Gora Belukha	4.506	Russia, Kazakistan
Banjaran Crocker	Kinabalu	4.095	Malesia
Monti Barisan	Keringi	3.805	Isola di Sumatra
Monte Fuji (Vulcano)	Monte Fuji	3.776	Giappone

FIUMI PRINCIPALI		
FIUME	KM	PAESE
Fiume Azzurro (*Chang Jiang*)	5.800	Cina
Ob'-lrtys	5.500	Cina, Russia, Kazakistan
Fiume Giallo (*Huang He*)	4.845	Cina
Mekong	4.500	Cina, Birmania, Laos, Thailandia, Cambogia, Vietnam
Amur	4.416	Russia siberiana, Mongolia

(segue)

FIUMI PRINCIPALI		
FIUME	**KM**	**PAESE**
Lena	4.400	Russia siberiana
Enisej	4.092	Russia siberiana
Indo	3.180	Cina, India, Pakistan
Syr Darya	2.991	Kirghizistan, Kazakistan, Tagikistan, Uzbekistan
Brahmaputra	2.900	Cina, India, Bangladesh
Tunguska Inferiore	2.769	Russia
Eufrate	2.760	Turchia, Siria, Iraq
Tarim	2.750	Cina
Gange (sfocia nel golfo di Bengala)	2.700	India, Bangladesh
Viljuj	2.650	Russia
Amu Darya	2.600	Afghanistan, Turkmenistan, Tagikistan, Uzbekistan
Kolyma	2.513	Russia
Salween	2.500	Cina, Myanmar
Ural	2.428	Russia, Kazakistan
Tigri	1.950	Turchia

Suddivisione politica dell'Asia

L'Asia attualmente comprende **50 Stati** di seguito elencati evidenziando alcuni dati di particolare interesse per i partecipanti ai concorsi, quali: ordinamento politico, confini, capitale e città più rilevanti, lingue e monete ufficiali. Di particolare importanza le note che riportano notizie interessanti.

ASIA SETTENTRIONALE
È occupata interamente dalla Russia Asiatica

ASIA CENTRALE E CAUCASICA				
ARMENIA				
GOVERNO	Repubblica semi-presidenziale	**MONETA**	Dram	
LINGUA	Armeno	**CAPITALE E CITTÀ PRINCIPALI**	**Erevan**, Gyumri, Vanadzor	
CONFINI	**N** Georgia; **E** e **SE** Azerbaigian; **S** Iran e **O** Turchia			
NOTE	A Nord del Tropico del Cancro. Si estende sui rilievi del Piccolo Caucaso; La cima più alta è Aragats (4090 m).			
AZERBAIGIAN				
GOVERNO	Repubblica presidenziale	**MONETA**	Manat	

(segue)

AZERBAIGIAN					
LINGUA		Azerbaigiano	**CAPITALE E CITTÀ PRINCIPALI**		**Baku**, Gäncä, Sumqayıt
CONFINI	**E** Mar Caspio; **N** Russia; O Turchia; **NO** Georgia; **O** Armenia; **S** Iran				
NOTE	A Nord del Tropico del Cancro.				
GEORGIA					
GOVERNO		Repubblica semi-presidenziale	**MONETA**		Lari georgiano
LINGUA		Georgiano	**CAPITALE E CITTÀ PRINCIPALI**		**Tblisi**, Batumi, Gori, Poti
CONFINI	**N** e **NE** con la Russia, **SE** con l'Azerbaigian, **S** con l'Armenia, **SO** con la Turchia e a **O** si affaccia sul Mar Nero				
NOTE	Il territorio, prevalentemente montuoso, include a N il versante meridionale del Caucaso e a S il Piccolo Caucaso.				
KAZAKISTAN					
GOVERNO		Repubblica	**MONETA**		Tenge kazako
LINGUA		Kazako, russo, tedesco e ucraino	**CAPITALE E CITTÀ PRINCIPALI**		**Astana**, Taraz, Oral
CONFINI	N e NO Fed. Russa; E Cina; SE Kirghizistan; S Uzbekistan; SO Turkmenistan; O Mar Caspio.				
NOTE	Il territorio comprende i Bassopiano Turanico e Siberiano Occ. Monti: Altaj e Tian Shan.				
KIRGHIZISTAN					
GOVERNO		Repubblica	**MONETA**		Som
LINGUA		Kirghiso e russo	**CAPITALE E CITTÀ PRINCIPALI**		**Biškek**, Karakol, Jalal-Abad, Osh
CONFINI	**N** Kazakistan; **E** e **SE** Cina; **SO** Tagikistan; **O** Uzbekistan				
NOTE	Comprende buona parte della catena del Tian Shan e dei monti Alatau. Fiumi: Chüy, Naryn,Talas.				
TAGIKISTAN					
GOVERNO		Repubblica	**MONETA**		Somoni tagiko
LINGUA		Tagiko	**CAPITALE E CITTÀ PRINCIPALI**		**Dusanbe**, Khujand, Kulob
CONFINI	**N** Kirghizistan; **E** Cina; **S** Afghanistan; **O** Uzbekistan				
NOTE	Il territorio tocca i 7495 m nel Picco Ismoili Somoni (già Picco del Comunismo).				
TURKMENISTAN					
GOVERNO		Repubblica	**MONETA**		Manat

(segue)

TURKMENISTAN					
LINGUA		Turkmeno	**CAPITALE E CITTÀ PRINCIPALI**		**Asgabat**, Türkmenabat, Mary, Balkanabat
CONFINI	**N** Kazakistan, Uzbekistan; **SE** Afghanistan; **S** Iran; **O** Mar Caspio				
NOTE	Il territorio è in gran parte occupato dal deserto del Garagum.				
UZBEKISTAN					
GOVERNO		Repubblica	**MONETA**		Sum uzbeco
LINGUA		Uzbeco e russo	**CAPITALE E CITTÀ PRINCIPALI**		**Tashkent**, Namangan, Andijon, Buxoro
CONFINI	**N** e **NO** Kazakistan; **E** Kirghizistan, Tagikistan; **SE** Afghanistan; **S** Turkmenistan.				
NOTE	Il territorio è in parte desertico e contiene il **lago d'Aral**.				

MEDIO ORIENTE					
ARABIA SAUDITA					
GOVERNO		Monarchia assoluta	**MONETA**		Riyal
LINGUA		Arabo	**CAPITALE E CITTÀ PRINCIPALI**		**Riyad**, Gidda, La Mecca, Medina, Ad-Dammām
CONFINI	**N** Giordania, Iraq; **NE** Kuwait; **SE** Qatar, Emirati Arabi Uniti; **S** Oman, Yemen; **E** Golfo Arabico; **O** Mar Rosso				
NOTE	Attraversata dal Tropico del Cancro. Presenta i deserti, sabbiosi An-Nafūd e Ar-Rub' al-Khālī e pietroso Neged.				
BAHREIN					
GOVERNO		Monarchia	**MONETA**		Dinar di Bahrein
LINGUA		Arabo	**CAPITALE E CITTÀ PRINCIPALI**		**Manama**, Al-Muḥarraq, Riffa, Hamad
CONFINI	Arcipelago del Golfo Arabico, al largo della costa orientale dell'Arabia Saudita				
NOTE	Costituita da 33 isole, poco a Nord del Tropico del Cancro.				
CIPRO					
GOVERNO		Repubblica presidenziale	**MONETA**		Lira sterlina di Cipro
LINGUA		Greco e turco	**CAPITALE E CITTÀ PRINCIPALI**		**Nicosia,** Limassol, Lárnaca
CONFINI	**Isola** del Mediterraneo orientale al largo delle coste della Siria e della Turchia				
NOTE	Paese a Nord del Tropico del Cancro.				
EMIRATI ARABI UNITI					
GOVERNO		Federati di Emirati	**MONETA**		Dirham

(segue)

EMIRATI ARABI UNITI					
LINGUA		Arabo	**CAPITALE E CITTÀ PRINCIPALI**		**Abu Dhabi**, Dubai, Sharjah, Ajman
CONFINI	**E** Oman; **S** e **O** Arabia Saudita; **NO** Qatar; **N** Golfo Arabico; **NE** Golfo di Oman				
NOTE	Attraversati dalla linea equatoriale.				
GIORDANIA					
GOVERNO		Monarchia costituzionale	**MONETA**		Dinar giordano
LINGUA		Arabo	**CAPITALE E CITTÀ PRINCIPALI**		**Amman**, As-Salt, Irbid
CONFINI	**N** con la Siria, **NE** con l'Iraq, **SE** e **S** con l'Arabia Saudita, **O** con Israele e la Cisgiordania; a **SO** si affaccia sul golfo di Aqaba (Mar Rosso)				
NOTE	È occupata da Israele nel 1967 e formalmente amministrata dall'Autorità Palestinese; il paese si estende sul vasto tavolato quasi desertico limitato a O dalla valle del fiume Giordano, dal Mar Morto e dalla valle del Wādī 'Arabah.				
IRAN					
GOVERNO		Repubblica islamica	**MONETA**		Rial iraniano
LINGUA		Persiano	**CAPITALE E CITTÀ PRINCIPALI**		**Teheran**, Mashhad, Karaj, Tabriz
CONFINI	**N** Armenia, Azerbaigian, Turkmenistan, **E** Afghanistan, Pakistan, **O** Iraq, Turchia; **N** Mar Caspio; **S** Golfo Persico, Golfo di Oman				
NOTE	Poco sopra il Tropico del Cancro. Senza sbocco al mare, alternata distese salmastre, steppe saline e deserti sabbiosi (come il Dasht-e Kavīr).				
IRAQ					
GOVERNO		Repubblica federale	**MONETA**		Dinar iracheno
LINGUA		Arabo e curdo	**CAPITALE E CITTÀ PRINCIPALI**		**Baghdad**, Bassora, Arbīl
CONFINI	**N** Turchia, **NE** e **E** Iran; **SE** Kuwait; **SO** Arabia Saudita; **O** Giordania, Siria; **SE** Golfo Arabico				
NOTE	Poco sopra il Tropico del Cancro. Corrisponde alla Mesopotamia, regione tra il **Tigri** e l'**Eufrate**; i **Monti Zagros** segnano il confine con l'Iran.				
ISRAELE					
GOVERNO		Repubblica	**MONETA**		Sciclo
LINGUA		Ebraico	**CAPITALE E CITTÀ PRINCIPALI**		**Gerusalemme**, Tel Aviv, Giaffa, Haifa
CONFINI	**N** Libano; **NE** Siria; **E** Cisgiordania, Giordania, **SO** con Egitto; **NO** Mar Mediterraneo; **S** Golfo di Aqaba				

(segue)

ISRAELE					
NOTE	Il rilievo è costituito dagli altopiani di Galilea, Samaria e Giudea. La parte Sud è occupata dal **deserto del Negev**.				
KUWAIT					
GOVERNO		Monarchia costituzionale	**MONETA**		Dinar kuwaitiano
LINGUA		Arabo	**CAPITALE E CITTÀ PRINCIPALI**		**Al Kuwait**, Hawallī, Salwā', Janub Khītān
CONFINI	**S** e **SO** Arabia Saudita; **N** e **NO** Iraq; **E** Golfo Arabico				
NOTE	Si trova poco sopra il Tropico del Cancro.				
LIBANO					
GOVERNO		Repubblica	**MONETA**		Lira del Libano
LINGUA		Arabo, inglese e francese	**CAPITALE E CITTÀ PRINCIPALI**		**Beirut**, Tripoli, Sidone, Trino
CONFINI	**N** e **E** Siria; **S** Israele; **O** Mar Mediterraneo				
NOTE	È percorso dalla Catena del Libano (monte Qurnat as-Sawdā', 3083 m).				
OMAN					
GOVERNO		Sultanato	**MONETA**		Rial Omani
LINGUA		Arabo e inglese	**CAPITALE E CITTÀ PRINCIPALI**		**Masqat**; Bawshar, Şalālah, Maţraḥ, Şūr
CONFINI	**SO** Yemen; **O** Arabia Saudita; **NO** Emirati Arabi Uniti; **NE** G. di Oman; **E** Mar Arabico; **S** Oceano Indiano				
NOTE	Attraversato dal Tropico del Cancro.				
PALESTINA					
GOVERNO		Repubblica	**MONETA**		Nuovo siclo israeliano, dinaro giordano
LINGUA		Aramaico, ebraico, inglese	**CAPITALE E CITTÀ PRINCIPALI**		**Gerusalemme est** (rivendicata), Ramallah e Gaza (de facto)
CONFINI	Controlla unitamente a Israele la Cisgiordania e la Striscia di Gaza.				
QATAR					
GOVERNO		Emirato	**MONETA**		Riyal del Qatar
LINGUA		Arabo	**CAPITALE E CITTÀ PRINCIPALI**		**Doha**, Ar-Rayyān, Adh-Dhakhīrah, Al-Khawr
CONFINI	**S** Arabia Saudita; **E**, **N**, **O** Golfo Persico				
NOTE	Poco a Nord del Tropico del Cancro.				
SIRIA					
GOVERNO		Repubblica	**MONETA**		Lira sterlina siriana

(segue)

SIRIA					
CONFINI	**N** Turchia; **E** e **SE** Iraq; **S** Giordania, **SO** Israele, Cisgiordania, Libano; **O** Mar Mediterraneo				
NOTE	I fiumi principali sono l'**Eufrate** e l'**Oronte**.				
TURCHIA					
GOVERNO		Repubblica	MONETA		Lita turca
LINGUA		Turco	CAPITALE E CITTÀ PRINCIPALI		**Ankara** e **Istanbul**, Smirne, Bursa, Adana
CONFINI	**NE** Georgia; **E** Armenia, Iran, **SE** Iraq, Siria; **NO**, in Europa, Grecia, Bulgaria. **N** Mar Nero; **SO** Mar Mediterraneo; **O** Mar Egeo				
NOTE	Il territorio della Turchia europea è separato da quello asiatico sull'**Anatolia** dal Mar di Marmara, ai cui estremi si aprono gli stretti dei **Dardanelli** e del **Bosforo**.				
YEMEN					
GOVERNO		Repubblica	MONETA		Riyal yemenita
LINGUA		Arabo, inglese	CAPITALE E CITTÀ PRINCIPALI		**Sana**, 'Adan, Ta'izz, Ibb
CONFINI	**N** Arabia Saudita; **E** Oman; **S** Golfo di Aden (Oceano Indiano); **O** Mar Rosso				
NOTE	Attraversato dal Tropico del Cancro.				

ASIA MERIDIONALE					
AFGHANISTAN					
GOVERNO		Repubblica islamica	MONETA		Afghani
LINGUA		Pasto e dari	CAPITALE E CITTÀ PRINCIPALI		**Kabul**, Herāt, Kandahār, Mazār-e Sharāf, Jalālābād
CONFINI	**N** Turkmenistan, Uzbekistan, Tagikistan; **NE** Cina; **E** e **S** Pakistan; **O** Iran				
NOTE	A Nord del Tropico del Cancro.				
BANGLADESH					
GOVERNO		Repubblica parlamentare	MONETA		Taka
LINGUA		Bengali, urdu e inglese	CAPITALE E CITTÀ PRINCIPALI		**Dacca**, Chittagong, Nārāyanganj, Khulna
CONFINI	**O**, **N** e **NE** India; **SE** Myanmar; **S** Golfo del Bengala				
NOTE	Attraversato dal Tropico del Cancro.				
BHUTAN					
GOVERNO		Monarchia costituzionale	MONETA		Ngultrum

(segue)

BHUTAN					
LINGUA		Dzongkha	CAPITALE E CITTÀ PRINCIPALI		**Thimphu**, Phuentsholing
CONFINI	**N** Cina (Tibet); **E**, **S** e **O** India				
NOTE	Occupa il meridione dell'Himalaya, poco a Nord del Tropico del Cancro.				
INDIA					
GOVERNO		Repubblica federale	MONETA		Rupia indiana
LINGUA		Hindi e inglese	CAPITALE E CITTÀ PRINCIPALI		**New Delhi**, Calcutta, Surat, Bombay
CONFINI	Comprende tutta la penisola del Deccan, tra il Golfo del Bengala a **E** e il Mare Arabico a **O**, buona parte dell'Indostan, o bassopiano indogangetico, limitato a **N** da Cina, Nepal e Bhutan, a **NE** dal Myanmar e dal Bangladesh e a **O** dal Pakistan				
NOTE	Attraversata dal Tropico del Cancro. Subregioni naturali: l'altopiano del **Deccan**, la piana indogangetica e le fasce montane e pedemontane dell'Himalaya meridionale. Fiumi principali: **Gange**, **Indo**, **Brahmaputra**.				
MALDIVE					
GOVERNO		Repubblica presidenziale	MONETA		Rupia delle Maldive
LINGUA		Divehi	CAPITALE E CITTÀ PRINCIPALI		**Male**, Dhekunu, Medhu
CONFINI	Arcipelago dell'Oceano Indiano, a SO dell'India, costituito da 20 atolli				
NOTE	Si trova poco a Nord dell'Equatore.				
NEPAL					
GOVERNO		Repubblica federale	MONETA		Rupia nepalese
LINGUA		Nepalese e bihari	CAPITALE E CITTÀ PRINCIPALI		**Kathmandu**, Pokharā, Lalitpur, Birātnagar
CONFINI	**N** Cina; **E**, **S** e **O** India				
NOTE	Poco a Nord del Tropico del Cancro. Comprende la zona himalayana più alta (**Everest**, 8848 m; **Kānchenjunga**, 8586 m).				
PAKISTAN					
GOVERNO		Repubblica	MONETA		Rupia Pakistana
LINGUA		Urdu e inglese	CAPITALE E CITTÀ PRINCIPALI		**Islamabad**, Karāchi, Lahore, Faisalabad, Multan
CONFINI	**NE** Cina, **E** e **SE** India; **SO** Iran; NO Afghanistan; **S** Mare Arabico				
NOTE	Poco a Nord del Tropico del Cancro. Cima più elevata (**K2** 8611 m). Il Punjab, parte più fertile, è formata dalle valli dell'Indo.				
SRI LANKA					
GOVERNO		Repubblica	MONETA		Rupia singalese

(segue)

SRI LANKA			
LINGUA	Singalese e tamil	**CAPITALE E CITTÀ PRINCIPALI**	**Colombo**, Jaffna, Negombo, Kandy
CONFINI	Isola dell'Asia meridionale nell'Oceano Indiano a SE dell'estrema punta meridionale della penisola del Deccan		
NOTE	Poco a Nord dell'Equatore.		

ASIA ORIENTALE

CINA			
GOVERNO	Repubblica popolare	**MONETA**	Yuan Renminbi
LINGUA	Cinese	**CAPITALE E CITTÀ PRINCIPALI**	**Pechino**, Shanghai, Tientsin, Canton, Shenzen
CONFINI	**N** Mongolia, Russia; **NE** Corea del Nord; **S** Viet Nam, Laos, Myanmar, India; **SO** Bhutan, Nepal, India; O Pakistan; Afghanistan, Tagikistan; **NO** Kirghizistan, Kazakistan; **E** Mar Giallo, Mar Cinese Or.; **SE** Mar Cinese Merid		
NOTE	È attraversata a Sud dal Tropico del Cancro. Principali catene montuose: **Himalaya**, Kunlun Shan, Tian Shan, Altaj). L'altipiano del **Tibet**, il più vasto della Terra, ha un'altitudine media di 4000 m. La Cima più elevata è il **monte Everest** (8848 m; la maggior depressione il **Turpan**. Scorrono: il **Fiume Giallo, il Fiume Azzurro**, l'Amur e il Yalu.		

COREA DEL NORD			
GOVERNO	Repubblica socialista	**MONETA**	Won nordcoreano
LINGUA	Coreano	**CAPITALE E CITTÀ PRINCIPALI**	**Pyeongyang**, Hamheung, Cheongjin, Nampo
CONFINI	**N** Cina, Russia; **S** Corea del Sud; **E** Mare del Giappone/Mare dell'Est; **O** Mar Giallo		
NOTE	Paese a Nord del Tropico del Cancro.		

COREA DEL SUD			
GOVERNO	Repubblica semi-presidenziale	**MONETA**	Won sudcoreano
LINGUA	Coreano	**CAPITALE E CITTÀ PRINCIPALI**	**Seoul**, Busan, Incheon, Daegu, Daejeon
CONFINI	**N** Corea del Nord; **E** Mare del Giappone/Mare dell'Est; **O** Mar Giallo; **S** stretto di Corea		
NOTE	Paese a Nord del Tropico del Cancro.		

HONG KONG			
GOVERNO	Regione speciale	**MONETA**	Dollaro di Hong Kong
LINGUA	Cinese e inglese	**CAPITALE**	Victoria
CONFINI	Composta dall'isola di Hong Kong, posta nel Mar Cinese Meridionale, dalla penisola di Kowloon e dai cosiddetti Nuovi Territori		

(segue)

HONG KONG					
NOTE	Dal 1° luglio 1997 è tornata alla Repubblica Popolare Cinese, che ne ha fatto una Regione speciale amministrativa.				
GIAPPONE					
GOVERNO		Monarchia costituzionale	MONETA		Yen
LINGUA		Giapponese	CAPITALE E CITTÀ PRINCIPALI		**Tokyo**, Osaka, Kyoto, Kawasaki, Hiroshima
CONFINI	Nell'arcipelago giapponese, al largo delle coste della Russia, della Cina e della Corea; delimita il Mare del Giappone e si affaccia a **E** all'Oceano Pacifico				
NOTE	Il cono del Fuji con i suoi 3776 m è il monte più alto del paese. Nell'arcipelago sono presenti quattro fasce vulcaniche comprendenti 165 coni di cui una sessantina tuttora attivi. Molto intensa è l'attività sismica.				
MONGOLIA					
GOVERNO		Repubblica	MONETA		Tughrik
LINGUA		Mongolo	CAPITALE E CITTÀ PRINCIPALI		**Ulan-Bator**, Erdenet, Moron, Darhan
CONFINI	**N** con la Russia e per il resto con la Cina				
NOTE	Il territorio è costituito da una serie di altipiani stepposi e dal **deserto del Gobi**.				
TAIWAN O FORMOSA					
GOVERNO		Repubblica	MONETA		Dollaro di Taiwan
LINGUA		Cinese, taiwanese	CAPITALE E CITTÀ PRINCIPALI		**Taipei**, Kaohsiung, Taichung, Tainan
CONFINI	È attraversata longitudinalmente da una serie di rilievi (mt. **Yu Shan**, 3997 m)				
NOTE	Isola tra il Mar Cinese Or. e il Mar Cinese Merid., separata dalla Cina a **O** dallo Stretto di Taiwan.				

SUD-EST ASIATICO					
BRUNEI					
GOVERNO		Monarchia assoluta	MONETA		Dollaro del Brunei
LINGUA		Malese, inglese e cinese	CAPITALE E CITTÀ PRINCIPALI		**Bandar Seri Begawan**, Kuala Belait
CONFINI	Formata da due piccoli territori lungo la costa sett. dell'isola del Borneo, sul Mar Cinese Merid., circondato dalla Malaysia Orientale				
NOTE	Poco a Nord dell'Equatore.				
CAMBOGIA					
GOVERNO		Monarchia costituzionale	MONETA		Riel

(segue)

CAMBOGIA					
LINGUA		Khmer e francese	**CAPITALE E CITTÀ PRINCIPALI**		**Phnom Penh**, Siĕm Réab, Bătdâmbâng
CONFINI	**N** Thailandia, Laos; **E** e **SE** Viet Nam; **O** Thailandia; **SO** Golfo del Siam				
NOTE	Situato tra Equatore e tropico del Cancro. È solcato dal **fiume Mekong**.				
FILIPPINE					
GOVERNO		Repubblica	**MONETA**		Peso filippino
LINGUA		Filippino o tagalog, inglese e spagnolo	**CAPITALE E CITTÀ PRINCIPALI**		**Manila**, Quezon City, Davao
CONFINI	Arcipelago situato fra l'Oceano Pacifico, il Mar di Celebes e il Mar Cinese Meridionale				
NOTE	Paese tra il Tropico del Cancro e l'Equatore. Isole maggiori: Luzon, Mindanao, Samar, Negros, Palawan, Panay, Mindoro, Leyte, Cebu, Bohol e Masbate.				
INDONESIA					
GOVERNO		Repubblica	**MONETA**		Rupia indonesiana
LINGUA		Bahasa indonesia	**CAPITALE E CITTÀ PRINCIPALI**		**Jakarta**, Bandung, Surabaya, Medan
CONFINI	**N** Malaysia; si estende su un arco di isole tra l'Asia sudorientale e l'Oceania segnando qui il limite convenzionale tra gli oceani Pacifico e Indiano				
NOTE	Attraversato dall'Equatore. Isole principali: Celebes (Sulawesi), Molucche, Giava, Sumatra, la maggior parte del Borneo.				
LAOS					
GOVERNO		Repubblica	**MONETA**		Kip
LINGUA		Lao e francese	**CAPITALE E CITTÀ PRINCIPALI**		**Ventiane**, Pakxé, Xam Nua, Thakhèk
CONFINI	**N** Cina; **E** Viet Nam; **S** Cambogia; **O** Thailandia; **NO** Myanmar (Birmania)				
NOTE	Si trova poco a Sud del Tropico del Cancro.				
MALAYSIA O MALESIA					
GOVERNO		Federazione di monarchie	**MONETA**		Ringgit
LINGUA		Malese, inglese, cinese e tamil	**CAPITALE E CITTÀ PRINCIPALI**		**Kuala Lumpur,** Klang, Ipoh
CONFINI	Nella penisola della Malacca. **N** Thailandia; **S** Singapore; i territori di Sarawak e Sabah si trovano nella parte sett. dell'isola del Borneo tra il Mar Cinese Meridionale a **N**, il Mar di Sulu a **NE** e il Mar di Celebes a **E**				
NOTE	Si trova poco a Nord dell'Equatore.				

(segue)

MYANMAR (EX BIRMANIA)					
GOVERNO		Repubblica	**MONETA**		Kyat
LINGUA		Birmano e inglese	**CAPITALE E CITTÀ PRINCIPALI**		**Napydaw**, Mandalay, Bago,Yangon (Rangoon)
CONFINI	**NE** Cina; **E** Laos; **SE** Thailandia, **NO** Bangladesh, India; **SO** Mar delle Andamane; **O** Golfo del Bengala				
NOTE	Attraversato dal Tropico del Cancro.				

SINGAPORE					
GOVERNO		Repubblica	**MONETA**		Dollaro di Singapore
LINGUA		Inglese, cinese, malese e tamil	**CAPITALE**		**Singapore**
CONFINI	Isola presso l'estrema punta merid. della penisola di Malacca, da cui la separa il Canale di Johor				
NOTE	È occupata per circa un quinto dall'area urbana di Singapore.				

THAILANDIA (EX SIAM)					
GOVERNO		Monarchia costituzionale	**MONETA**		Bath
LINGUA		Thai, cinese e malese	**CAPITALE E CITTÀ PRINCIPALI**		**Bangkok**, Samut Prakan, Nonthaburi, **Hat Yai**
CONFINI	**NE** e **E** Laos; **SE** Cambogia; **S** Malaysia; **O** e **NO** Myanmar; **S** Golfo del Siam; **SO** Mar delle Andamane				
NOTE	Poco a Sud del Tropico del Cancro. Il territorio si unisce alla penisola malese attraverso l'Istmo di Kra.				

TIMOR EST					
GOVERNO		Repubblica	**MONETA**		Dollaro USA
LINGUA		Portoghese e tetum	**CAPITALE E CITTÀ PRINCIPALI**		**Dili,** Baucau, Dare, Maliana
CONFINI	Occupa la parte orientale dell'isola di Timor				
NOTE	Ex colonia portoghese.				

VIETNAM					
GOVERNO		Repubblica socialista	**MONETA**		Dong
LINGUA		Vietnamita	**CAPITALE E CITTÀ PRINCIPALI**		**Hanoi**, Thanh Phô Hô Chí Minh, Hai Phòng
CONFINI	**N** Cina; **O** Cambogia, Laos; **E** e **S** Mar Cinese Meridionale				
NOTE	Tra l'Equatore e il Tropico del Cancro.				

Mar Glaciale Artico
Mar di Barents
Mar di Kara
Mar di Laptev
Mar Siberiano Occidentale
Mar di Bering
Mar di Okhotsk
Mar di Norvegia
Mar del Nord
Circolo Polare Artico
RUSSIA
NORVEGIA
SVEZIA
FINLANDIA
Oslo
Stoccolma
Helsinki
Tallinn
Riga
Vilnius
Minsk
BIELOR.
Kiev
UCRAINA
Kharkiv
Donets'k
Rostov
Volgograd
Mosca
Nizhniy Novgorod
Voronezh
Kazan'
Perm'
Saratov
Samara
Ufa
Yekaterinburg
Chelyabinsk
San Pietroburgo
Murmansk
Arkhangel'sk
Noril'sk
Tiksi
Yakutsk
Magadan
Cherskiy
Anadyr'
Provideniya
Petropavlovsk-Kamchatskiy
Wrangel Island
Omsk
Novosibirsk
Krasnoyarsk
Irkutsk
Chita
Khabarovsk
Vladivostok
Sakhalin
KAZAKISTAN
Astana
Qaraghandy (Karaganda)
Atyrau (Atyrau)
UZBEKISTAN
TURKMENISTAN
Ashgabat
Tashkent
Bishkek
KIRGHIZISTAN
Dushanbe
TAGIKISTAN
Almaty
AFGHANISTAN
Kabul
Kandahar
IRAN
Teheran
Mashhad
Esfahan
Shiraz
Tabriz
Baku
Tbilisi
PAKISTAN
Islamabad
Lahore
Quetta
Kara'chi
OMAN
Muscat
Doha
QATAR
Abu Dhabi
ARABIA SAUDITA
MONGOLIA
Ulaanbaatar
CINA
Ürümqi
Kashi
Lhasa
Beijing
Tianjin
Baotou
Taiyuan
Jinan
Qingdao
Dalian
Shenyang
Changchun
Harbin
Lanzhou
Xi'an
Zhengzhou
Nanjing
Shanghai
Hangzhou
Wuhan
Nanchang
Chengdu
Chongqing
Changsha
Guiyang
Kunming
Guangzhou
Nanning
Hong Kong S.A.R.
Macau S.A.R.
Taipei
Taiwan
COREA del NORD
Pyongyang
Seoul
COREA del SUD
Busan
GIAPPONE
Tokyo
Yokohama
Nagoya
Osaka
Fukuoka
Sapporo
Mar del Giappone
Yellow Sea
Mar della Cina Orientale
Okinawa
Tropico del Cancro
INDIA
Nuova Delhi
Jaipur
Lucknow
Kanpur
Patna
Ahmadabad
Indore
Surat
Mumbai
Pune
Nagpur
Hyderabad
Vishakhapatnam
Bangalore
Chennai
Kochi
Kolkata
NEPAL
Kathmandu
BHUTAN
Thimphu
BANGLADESH
Dacca
Chittagong
SRI LANKA
Colombo
Jaffna
MALDIVE
Male
Mar Arabico
Baia del Bengala
BURMA
Mandalay
Nay Pyi Taw
Rangoon
LAOS
Vientiane
Hanoi
Haiphong
THAILANDIA
Bangkok
CAMBOGIA
Phnom Penh
VIETNAM
Da Nang
Ho Chi Minh City
Mar di Andaman
Mar della Cina Meridionale
FILIPPINE
Manila
Quezon City
Cebu
Davao
Mar delle Filippine
MALAYSIA
Kuala Lumpur
SINGAPORE
BRUNEI
Bandar Seri Begawan
Borneo
Medan
Sumatra
Palembang
INDONESIA
Jakarta
Bandung
Semarang
Surabaya
Makassar
Sulawesi
Ambon
Dili
TIMOR-LESTE
Mar di Celebes
Equatore
Oceano Indiano
AUSTRALIA

Occorre sapere

Se una nave attracca nel porto di Port Kelang è giunta in Malesya.
Lo Stretto di Formosa separa la Cina dal Taiwan.
La kefiah è il copricapo tipico del popolo arabo.
A Macao, regione amministrativa della Cina, si parla il portoghese, che è la lingua ufficiale.
Il numero di abitanti dell'India (stima 2014) è di circa 1.290.000.000.
Il numero di abitanti dell'Afghanistan (stima 2015) è di circa 38.900.000; della Cambogia (stima 2014) è di circa 23.800.000; Giappone (censimento 2015) è di circa 72.300.000.
La bandiera a tre bande orizzontali di uguale dimensione, (dall'alto) verde-bianco-rosso, con un trapezio nero posto sul lato sinistro appartiene al Kuwait.
Al centro della bandiera giapponese vi è rappresentato un sole rosso su sfondo bianco.
La bandiera rossa con al centro una stella a cinque punte gialla appartiene al Vietnam.
La bandiera a tre bande orizzontali di uguale dimensione, (dall'alto) rosso-bianco-nero, con riprodotte due stelle verdi a cinque punte nella banda centrale, appartiene alla Siria.
Sulla bandiera della Turchia, su sfondo rosso, si trovano rappresentate una mezzaluna e una stella.
Lo sfondo della bandiera del Myanmar (Birmania) è formata da tre bande orizzontali giallo, verde e rosso. Inoltre vi è un simbolo bianco che rappresenta una stella.

Simboli culturali dei paesi e religioni

La pagoda di Shwedagon si trova in Birmania.
Il Tempio del Cielo si trova a Pechino.
Il sito archeologico di Baalbek si trova in Libano.
La moschea Badshahi a Lahore si trova in Pakistan.
La religione più praticata in Armenia è cristiana.
La religione più diffusa in India è quella induista.
Le religioni maggiormente professate in Giappone sono lo Scintoismo e il Buddismo.
La religione più praticata in Corea è buddista.
La religione più praticata in Cambogia è buddista.
La religione più diffusa in Cina è il Buddhismo.
La città più importante per il culto islamico è La Mecca.
La religione più praticata in Indonesia è quella musulmana.
La religione più praticata in Siria è quella musulmana.

4.2 Africa

Con oltre 30 milioni di kmq di estensione, è il terzo continente per vastità, dopo l'Asia e le Americhe. È separata dall'Europa dallo **stretto di Gibilterra** e dell'Asia dal canale di Suez. È circondata a nord dal Mar Mediterraneo, a ovest dall'Oceano Atlantico e a est dal Mar Rosso e dall'Oceano Indiano.
Vi dominano gli altipiani, mentre sono scarsi i rilievi veri e propri: tra i monti ricordiamo il **Kilimangiaro** (m 5.895, fra Kenya e Tanzania), il **Kenya** (m 5.199, in Kenya), il **Ruwenzori** (m 5.109, fra R.D. del Congo e Uganda), la *Catena dell'Atlante* (Marocco) e l'*Acrocoro Etiopico*. Rilevante è il deserto del **Sahara**, fra le regioni centrali e le coste settentrionali.
È ricca di importanti fiumi, quali il **Nilo**, il **Congo**, il **Senegal**, l'**Orange** ecc.
Tra i laghi, importanti per l'economia dei Paesi in cui si trovano, sono da ricordare il **Lago di Vittoria** (con i suoi 84.131 kmq il più esteso d'Africa e il terzo al mondo), il **Lago Tana**, il **Lago Tanganica** e il **Lago Niassa**.
Si professano diverse religioni:
- nell'Africa settentrionale predomina l'**islamismo**;
- nell'Africa Subsahariana, oltre all'islamismo, sono diffuse religioni **pagane** o **feticiste**;
- il cristianesimo ha nel complesso pochi adepti.

SCHEDA RIEPILOGATIVA AFRICA					
SUPERFICIE	30.258.000* kmq	ABITANTI	900.000.000* ab. circa	DENSITÀ	31 ab./kmq
Città più popolata		Il Cairo		13.000.000* ab.	
Nazione più estesa		Sudan		2.503.883 kmq	
Monte più alto		Kilimangiaro		5.895 m	
Fiume più lungo		Nilo		6.671 km	
Lago più esteso		Vittoria		68.100 kmq	
Isola più estesa		Madagascar		5.876.041 kmq	

* Fonte: Wikipedia e Global Geografia

Dati principali dell'Africa

RILIEVI PRINCIPALI			
CATENA	MONTE	METRI	PAESE
Rift Valley	Kilimangiaro	5.895	Kenya e Tanzania
Kenya	Kenya	5.199	Kenya
Margherita Peak	Ruwenzori	5.109	Rep. Dem. Congo e Uganda
M. Simien	Ras Dashen Terara	4.620	Etiopia
Karisimbi	Karisimbi	4.507	Ruanda
Monti Baie	Tullu Demtu	4.377	Etiopia
Elgon	Elgon	4.321	Kenya e Uganda
	Batu	4.307	
	Guna Terara	4.231	
Acrocoro Etiopico	Gugē	4.200	Etiopia
	Abune Yosef	4.190	
	K'ech'a Terara	4.190	
Atlante	Jebel Toubkal	4.167	Tra Marocco, Algeria e Tunisia
	Ouanoukrim	4.089	
Monti Virunga	Muhabura	4.127	Ruanda e Uganda

La **massima depressione** è rappresentata dal **Lago di Assal** (–155 m) in Gibuti, poi Qattara (–137 m) in Egitto.
I bacini d'acqua sono fortemente caratterizzati e influenzati dalle zone climatiche, infatti si trovano vicino all'equatore i fiumi e i laghi maggiori.

FIUMI PRINCIPALI		
FIUME	KM	PAESE
Nilo-Kagera (unico fiume capace di attraversare il deserto del Sahara)	6.671	Egitto, Sudan, Sudan del Sud, Burundi, Ruan, Tanzania, Uganda)
Congo-Chambeshi	4.200	Rep. Democratica Congo, Zambia
Niger	4.160	Mali, Niger, Nigeria, Guinea
Zambesi	2.660	Angola/Zambia/Namibia/Zimbabwe/Mozambico
Uebi Scebeli	1.900	Etiopia/Somalia
Cassai/Kasai	1.900	Angola/Congo, Rep. Dem.
Orange	1.860	Lesotho/Sudafrica/Namibia
Okavango	1.600	Angola/Namibia/Botswana
Limpopo	1.600	Sudafrica/Zimbawe/Mozambico
Volta-Volta Nero	1.500	Burkina Faso/Ghana
Lomami	1.500	Congo, Rep. Dem.
Senegai	1.440	Mali/Mauritania/Senegal
Chari-Ouham	1.400	Centrafricana, Rep./Ciad
Vaal	1.200	Sudafrica
Uadi Dra	1.200	Marocco
Benue	1.169	Nigeria/Camerun
Nilo Azzurro	1.148	Etiopia/Sudan
Oubangui	1.000	Congo, Rep. Dem./Centrafricana, Rep./Congo, Rep.

I principali **bacini fluviali** espressi in kmq sono rappresentati da: **Congo** (3.730.900), **Nilo-Kagera** (3.254.900), **Lago Ciad** (2.497.738), **Niger** (2.261.700).
I **laghi principali** dell'Africa, espressi in kmq, sono: **Vittoria** (68.100) che bagna Kenya/ Tanzania/Uganda; **Tanganica** (32.893) compreso tra Burundi/Congo, Rep. Dem./Tanzania/ Zambia; **Malawi/Niassa** (23.800) compreso tra Malawi/Mozambico/Tanzania; **Ciad** (16.300) fra Ciad/Camerun/Niger/Nigeria; Turkana (8.600) in Etiopia/Kenya; altri via via meno estesi; Nasser, in Egitto, formato dalla gigantesca diga di Assuan, costruita lungo il corso del Nilo; lago Mweru, dalla superficie di 5.120 kmq, tra Zambia e Congo.

ISOLE PRINCIPALI		
ISOLA	KMQ CA	PAESE
Madagascar	587.000	Madagascar
Socotra	3.626	Yemen
Riunione	2.504	Francia
Bioko	2.017	Guinea Equatoriale
Tenerife (Isole Canarie)	1.929	Spagna
Mauritius	1.865	Mautitius
Zanzibar	1.660	Tanzania
Gran Canaria (Isole Canarie)	1.532	Spagna
Grande Comore (I. Comore)	1.148	Comore
Santiago (I. Capo Verde)	991	Capo Verde

DESERTI PRINCIPALI			
NOME	**TIPO**	**KMQ CA**	**PAESI**
Sahara	Subtropicale	8.600.000	Africa (Algeria, Ciad, Egitto, Libia, Mali, Niger, Mauritania, Marocco, Sudan e Tunisia)
Kalahari	Subtropicale	930.000	Africa (Angola, Botswana, Namibia e Sudafrica)
Deserto del Namib	Fresco costiero	80.900	Africa (Namibia e Angola)

I **paesi più estesi** dell'Africa sono nell'ordine: **Algeria** (2.381.741 kmq ca), **Rep. Dem. Congo** (2.344.858 kmq ca), **Sudan** (1.861.484 kmq ca). Il più popoloso è la Nigeria con oltre 170 milioni di abitanti, mentre il più densamente popolato è il Ruanda con 430 ab/kmq ca.
L'Africa è il continente meno densamente popolato (1.110.600.000 ab. ca - stime 2013), infatti la sua densità è di circa 37 ab/Kmq.
I principali **agglomerati urbani**, con abitanti circa, sono: **Grande Cairo** (11.894.000), in Egitto; **Lagos** (10.578.000), in Nigeria; Johannesburg (4.434.000) in Sudafrica.

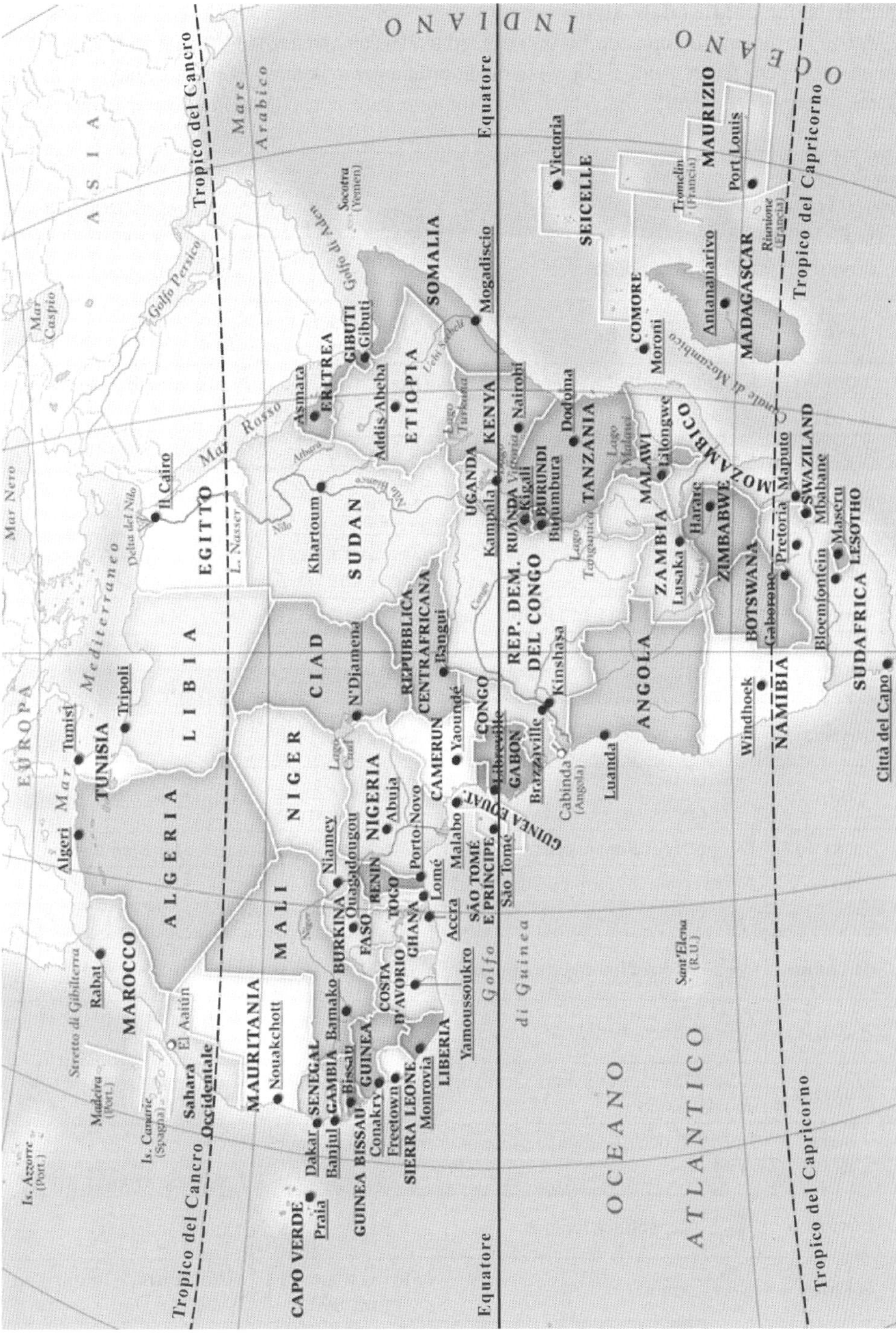
EUROPA
ASIA
Mar Nero
Mar Caspio
Mar Mediterraneo
Mar Rosso
Golfo Persico
Golfo di Aden
Mare Arabico
OCEANO INDIANO
OCEANO ATLANTICO
Golfo di Guinea
Canale di Mozambico
Stretto di Gibilterra
Tropico del Cancro
Equatore
Tropico del Capricorno
Is. Azzorre (Port.)
Madeira (Port.)
Is. Canarie (Spagna)
CAPO VERDE
Praia
MAROCCO
Rabat
Sahara Occidentale
El Aaiún
MAURITANIA
Nouakchott
SENEGAL
Dakar
GAMBIA
Banjul
GUINEA BISSAU
Bissau
GUINEA
Conakry
SIERRA LEONE
Freetown
LIBERIA
Monrovia
COSTA D'AVORIO
Yamoussoukro
MALI
Bamako
BURKINA FASO
Ouagadougou
GHANA
Accra
TOGO
Lomé
BENIN
Porto-Novo
NIGER
Niamey
NIGERIA
Abuja
ALGERIA
Algeri
TUNISIA
Tunisi
LIBIA
Tripoli
EGITTO
Il Cairo
Delta del Nilo
L. Nasser
Nilo
CIAD
N'Djamena
Lago Ciad
CAMERUN
Yaoundé
GUINEA EQUAT.
Malabo
SÃO TOMÉ E PRÍNCIPE
São Tomé
GABON
Libreville
CONGO
Brazzaville
Cabinda (Angola)
REPUBBLICA CENTRAFRICANA
Bangui
SUDAN
Khartoum
ERITREA
Asmara
GIBUTI
Gibuti
ETIOPIA
Addis Abeba
SOMALIA
Mogadiscio
Socotra (Yemen)
UGANDA
Kampala
KENYA
Nairobi
Lago Turkana
Lago Vittoria
RUANDA
Kigali
BURUNDI
Bujumbura
REP. DEM. DEL CONGO
Kinshasa
TANZANIA
Dodoma
Lago Tanganica
Lago Malawi
ANGOLA
Luanda
ZAMBIA
Lusaka
MALAWI
Lilongwe
MOZAMBICO
Maputo
ZIMBABWE
Harare
NAMIBIA
Windhoek
BOTSWANA
Gaborone
SUDAFRICA
Pretoria
Bloemfontein
Città del Capo
SWAZILAND
Mbabane
LESOTHO
Maseru
Sant'Elena (R.U.)
SEICELLE
Victoria
COMORE
Moroni
MADAGASCAR
Antananarivo
MAURIZIO
Port Louis
Tromelin (Francia)
Riunione (Francia)

Suddivisione politica dell'Africa

L'Africa attualmente comprende 54 Stati di seguito elencati, evidenziando alcuni dati di particolare interesse per i partecipanti ai concorsi, quali: ordinamento politico, confini, capitali e città rilevanti, lingue e monete ufficiali. Di particolare importanza le note che riportano notizie interessanti.

AFRICA DEL NORD			
ALGERIA			
GOVERNO	Repubblica	**MONETA**	Dinaro algerino
LINGUA	Arabo e francese	**CAPITALE E CITTÀ PRINCIPALI**	**Algeri**, Orano, Costantina
CONFINI	**E** Tunisia, Libia; **S** Niger, Mali, Mauritania; **O** Marocco; **N** Mar Mediterraneo		
NOTE	Attraversato da Tropico del Cancro.		
EGITTO			
GOVERNO	Repubblica presidenziale	**MONETA**	Sterlina egiziana
LINGUA	Arabo	**CAPITALE E CITTÀ PRINCIPALI**	**Il Cairo**, Giza, Alessandria, Shubrā, Suez
CONFINI	**NE** Israele; **S** Sudan; **O** Libia; bagnato: **N** Mar Mediterraneo; **E** Mar Rosso		
NOTE	Attraversato da Tropico del Cancro.		
LIBIA			
GOVERNO	Governo provvisorio	**MONETA**	Dinaro libico
LINGUA	Arabo	**CAPITALE E CITTÀ PRINCIPALI**	**Tripoli**, Bendasi, Misurata
CONFINI	**E** Egitto; **SE** Sudan; **S** Ciad e Niger; **O** Algeria; **NO** Tunisia; **N** Mar Mediterraneo		
NOTE	Attraversato da Tropico del Cancro.		
MAROCCO			
GOVERNO	Monarchia costituzionale	**MONETA**	Dirham
LINGUA	Arabo, berbero e francese	**CAPITALE E CITTÀ PRINCIPALI**	**Rabat**, Marrakech, Fes, Casablanca, Tangeri
CONFINI	**E SE** Algeria; **SO** Sahara Occidentale; bagnato: **NE** Mar Mediterraneo; **NO** e **O** Oceano Atlantico		
NOTE	Dal 1975 occupa il Sahara Occ. Attraversato da Tropico del Cancro.		
SUDAN			
GOVERNO	Repubblica federale	**MONETA**	Dinaro sudanese
LINGUA	Arabo	**CAPITALE E CITTÀ PRINCIPALI**	**Khartoum**, Omdurman, Nyala

(segue)

SUDAN					
CONFINI	**N** Egitto, **E** Eritrea, Etiopia; **S** Sudan del Sud; **O** Ciad, Repubblica Centrafricana; **NO** Libia; si affaccia **NE** Mar Rosso				
NOTE	Attraversato a **E** dal Nilo Bianco e dal Nilo Azzurro, che confluiscono a Khartoum. A **N** si trova il deserto della Nubia.				
SUDAN DEL SUD					
GOVERNO		Repubblica	MONETA	$	Sterlina Sudan Sud
LINGUA		Inglese e arabo	CAPITALE E CITTÀ PRINCIPALI		**Juba**, Wau, Malakal, Yambio
CONFINI	**N** Sudan; **E** Etiopia; **SE** Kenya; **S** Uganda, Rep. Democr. Congo; **O** Rep. Centrafricana				
NOTE	Attraversato dal Nilo (N. Alberto, N. delle Montagne e N. Bianco).				
TUNISIA					
GOVERNO		Repubblica	MONETA	$	Dinaro tunisino
LINGUA		Arabo e francese	CAPITALE E CITTÀ PRINCIPALI		**Tunisi**, Sfax, Susa, Monastir
CONFINI	**SE** Libia; **O** Algeria; si affaccia: **N** ed **E** al Mar Mediterraneo				
NOTE	Insistono l'Atlante Telliano e Sahariano, separati dal fiume Medjerda.				

AFRICA OCCIDENTALE					
BENIN					
GOVERNO		Repubblica	MONETA	$	Franco C.F.A.
LINGUA		Francese e lingue locali	CAPITALE E CITTÀ PRINCIPALI		**Porto-Novo**, Cotonou, Djougou
CONFINI	**N** Burkina Faso, Niger; **E** Nigeria; **O** Togo; **S** affaccia sul Golfo di Guinea				
NOTE	Situata tra Tropico del Cancro ed Equatore.				
BURKINA FASO					
GOVERNO		Repubblica	MONETA	$	Franco C.F.A.
LINGUA		Francese	CAPITALE E CITTÀ PRINCIPALI		**Ouagadougou**, Bobo-Dioulasso, Koudougou
CONFINI	**N e O** Mali; **E** Niger, Benin; **S** Togo, Ghana, Costa d'Avorio.				
NOTE	Situata tra Tropico del Cancro ed Equatore.				
CAPO VERDE					
GOVERNO		Repubblica	MONETA	$	Escudo Capo Verde
LINGUA		Portoghese	CAPITALE E CITTÀ PRINCIPALI		**Praia**, Mindelo, Santa Maria

(segue)

CAPO VERDE			
CONFINI	Arcipelago dell'Oceano Atlantico, al largo del senegalese (10 isole principali più isolotti minori)		
NOTE	Isole maggiori: São Tiago (991 kmq), Santo Antão (779 kmq), Boa Vista (631 kmq).		
CIAD			
GOVERNO	Repubblica	**MONETA**	Franco C.F.A.
LINGUA	Francese e arabo	**CAPITALE E CITTÀ PRINCIPALI**	**N'djamena**, Moundou, Sarh, Abéché
CONFINI	**N** Libia; **E** Sudan; **S** Rep. Centrafricana; **O** Camerun, Nigeria, Niger		
NOTE	A Nord, il Paese è adiacente al Tropico del Cancro.		
COSTA D'AVORIO			
GOVERNO	Repubblica	**MONETA**	Franco C.F.A.
LINGUA	Francese e diula	**CAPITALE E CITTÀ PRINCIPALI**	**Yamoussoukro**, Abidjan, Bouaké, Daloa
CONFINI	**N** Mali, Burkina Faso; **E** Ghana; **O** Liberia, Guinea; **S** affaccia all'Oceano Atlantico		
NOTE	Situata più a Nord dell'Equatore.		
GAMBIA			
GOVERNO	Repubblica	**MONETA**	Dalasi
LINGUA	Inglese e lingue locali	**CAPITALE E CITTÀ PRINCIPALI**	**Banjul**, Brikama, Bakau, Farafenni
CONFINI	**N E** e **S** Senegal ; **O** all'Oceano Atlantico		
NOTE	Attraversato dal fiume Gambia.		
GHANA			
GOVERNO	Repubblica	**MONETA**	Cedi
LINGUA	Inglese	**CAPITALE E CITTÀ PRINCIPALI**	**Accra**, Kumasi, Sekondi-Takoradi, Tamale
CONFINI	**N** Burkina Faso; **E** Togo; **O** Costa d'Avorio; **NO** Burkina Faso; **S** affaccia al Golfo di Guinea (Oceano Atlantico)		
NOTE	Situata più a Nord dell'Equatore.		
GUINEA			
GOVERNO	Repubblica presidenziale	**MONETA**	Franco della Guinea
LINGUA	Francese	**CAPITALE E CITTÀ PRINCIPALI**	**Conakry**, Kankan, Kindia, Nzérékoré
CONFINI	**N** Senegal; **NE** Mali; **SE** Costa d'Avorio; **S** Liberia, Sierra Leone; **NO** Guinea-Bissau; **O** affaccia all'Oceano Atlantico		
NOTE	Dal M. Fouta Djalon (1538 m), nascono i fiumi Gambia e Bafing. Dai monti Loma, nasce il fiume Niger.		

(segue)

GUINEA-BISSAU					
GOVERNO		Repubblica presidenziale	MONETA		Franco C.F.A.
LINGUA		Portoghese e creolo	CAPITALE E CITTÀ PRINCIPALI		**Bissau**, Gabù, Bafata
CONFINI	**N** Senegal; **S** e **SE** Guinea; **O** Oceano Atlantico				
NOTE	Situata tra Tropico del Cancro ed Equatore.				

LIBERIA					
GOVERNO		Repubblica presidenziale	MONETA		Dollaro liberiano
LINGUA		Inglese	CAPITALE E CITTÀ PRINCIPALI		**Monrovia**, Gbarnga, Buchanan, Kakata
CONFINI	**N** Guinea, **E** Costa d'Avorio; **O** Sierra Leone; **S** Oceano Atlantico				
NOTE	Situata più a Nord dell'Equatore.				

MALI					
GOVERNO		Repubblica	MONETA		Franco C.F.A.
LINGUA		Francese	CAPITALE E CITTÀ PRINCIPALI		**Bamako**, Sikasso, Kayes, Koutiala
CONFINI	**N** Algeria; E Niger; **S** Burkina Faso, Costa d'Avorio, Guinea; **O** Senegal, Mauritania				
NOTE	Attraversata a Nord del Paese dal Tropico del Cancro.				

MAURITANIA					
GOVERNO		Repubblica	MONETA		Ouguiya
LINGUA		Arabo hassania e wolof	CAPITALE E CITTÀ PRINCIPALI		**Nouakchott**, Nouâdhibou, Rosso, Bogué
CONFINI	**NE** Algeria; **E** Mali; **S** Mali, Senegal; **NO** Sahara Occidentale; **O** Oceano Atlantico				
NOTE	Attraversata dal Tropico del Cancro.				

NIGER					
GOVERNO		Repubblica parlamentare	MONETA		Franco C.F.A.
LINGUA		Francese	CAPITALE E CITTÀ PRINCIPALI		**Niamey**, Zinder, Maradi, Agadez, Tahoua
CONFINI	**N** Algeria, Libia; **E** Ciad; **S** Nigeria, Benin; **SO** Burkina Faso; **O** Mali				
NOTE	A Nord, il Paese è adiacente al Tropico del Cancro.				

NIGERIA					
GOVERNO		Repubblica federale	MONETA		Naira
LINGUA		Inglese	CAPITALE E CITTÀ PRINCIPALI		**Abuja**, Kano, Ibadan, Abuja, Benin City
CONFINI	**N** Niger; **NE** Ciad; **E** Camerun; **O** Benin; **S** Golfo di Guinea (O. Atlantico)				
NOTE	Situata tra Tropico del Cancro ed Equatore.				

(segue)

SENEGAL				
GOVERNO	Repubblica	MONETA	Franco C.F.A.
LINGUA	Francese e lingue sudanesi	CAPITALE E CITTÀ PRINCIPALI	**Dakar**, Ziguinchor, Thiès, Saint-Louis, Kaolack
CONFINI	**N** Mauritania; **E** Mali; **S** Guinea, Guinea-Bissau; **O** Oc. Atlantico. Ingloba nel territorio il Gambia		
NOTE	Situata tra Tropico del Cancro ed Equatore.		

SIERRA LEONE			
GOVERNO	Repubblica presidenziale	MONETA	Leone
LINGUA	Inglese	CAPITALE E CITTÀ PRINCIPALI	**Freetwon**, Bo, Kenema, Yoni, Port Loko
CONFINI	**N** e **E** Guinea; **SE** Liberia; **S** e **O** Oceano Atlantico		
NOTE	Situata tra Tropico del Cancro ed Equatore.		

TOGO			
GOVERNO	Repubblica semi-presidenziale	MONETA	Franco C.F.A.
LINGUA	Francese	CAPITALE E CITTÀ PRINCIPALI	**Lomé**, Sokodé, Kara, Kpalimé
CONFINI	**N** Burkina Faso; **E** Benin; **O** Ghana; **S** Golfo di Guinea		
NOTE	Situato più a Nord dell'Equatore.		

AFRICA CENTRALE

CAMERUN			
GOVERNO	Repubblica semi-presidenziale	MONETA	Franco C.F.A.
LINGUA	Francese e Inglese	CAPITALE E CITTÀ PRINCIPALI	**Yaoundè**, Douala, Garoua, Bamenda, Bafoussam
CONFINI	**N** e **O** Nigeria; **NE Ciad**; **E** Rep. Centrafricana; **S** Congo, Gabon, Guinea Equatoriale; **O** Oceano Atlantico (golfo di Guinea); **N** lago Ciad		
NOTE	Poco a Nord dell'Equatore. Il paese è solcato a S dai fiumi Sanaga e Nyong e a N dal Benue. Da ricordare il **monte Camerun** (4095 m).		

REPUBBLICA DEMOCRATICA DEL CONGO (EX ZAIRE)			
GOVERNO	Repubblica parlamentare	MONETA	Franco congolese
LINGUA	Francese e lingue bantu	CAPITALE E CITTÀ PRINCIPALI	**Kinshasa**, Lubumbashi, Mbuji-Mayi, Kananga, Kisangani
CONFINI	**N** Rep. Centrafricana, Sudan Sud; **NE** Uganda; **E** Ruanda, Burundi, Tanzania; **SE** Zambia; **S** Zambia, Angola; **O** Congo; **O** Oceano Atlantico		

(segue)

REPUBBLICA DEMOCRATICA DEL CONGO (EX ZAIRE)					
NOTE	Attraversata dall'Equatore. Il territorio è percorso dal **fiume Congo**; laghi rilevanti sono: **Tanganica** e **Kivu**.				
REPUBBLICA DEL CONGO					
GOVERNO		Repubblica presidenziale	**MONETA**		Franco C.F.A.
LINGUA		Francese	**CAPITALE E CITTÀ PRINCIPALI**		**Brazzaville**, Pointe-Noire, Dolisie, Nkayi
CONFINI	**N** Camerun, Rep. Centrafricana; **E** e **S** Rep. Dem. Congo; **SO** Angola; **O** Gabon; **SO** Oc. Atlantico				
NOTE	Attraversata dall'Equatore.				
GABON					
GOVERNO		Repubblica	**MONETA**		Franco C.F.A.
LINGUA		Francese e lingue bantu	**CAPITALE E CITTÀ PRINCIPALI**		**Libreville**, Port-Gentil, Franceville, Oyem
CONFINI	**N** Guinea Equatoriale, Camerun; **E** e **S** Congo; **O** Oceano Atlantico				
NOTE	Attraversata dall'Equatore. Il territorio è esteso sul bacino del **fiume Ogooué**.				
GUINEA EQUATORIALE					
GOVERNO		Repubblica	**MONETA**		Franco C.F.A.
LINGUA		Spagnolo e francese	**CAPITALE E CITTÀ PRINCIPALI**		**Malabo**, Bata, Ebebiyín, Luba, Aconibe
CONFINI	**N** Camerun; **E** e **S** Gabon; O Oc. Atlantico (Golfo di Guinea)				
NOTE	Poco a Nord dell'Equatore. Comprende le isole Bioko, Pagalu, Corisco, Elobey Grande e Elobey Chico.				
REPUBBLICA CENTRAFRICANA					
GOVERNO		Repubblica	**MONETA**		Franco C.F.A.
LINGUA		Francese e sango	**CAPITALE E CITTÀ PRINCIPALI**		**Bangui**, Bimbo, Berbérati, Carnot, Bambari
CONFINI	**N** Ciad; **E** Sudan, Sudan Sud; **S** Rep. Dem. Congo, Congo; **O** Camerun				
NOTE	A Nord dell'Equatore.				
SAO TOMÉ E PRINCIPE					
GOVERNO		Repubblica	**MONETA**		Dobra
LINGUA		Portoghese e Creolo	**CAPITALE E CITTÀ PRINCIPALI**		**Sao Tomé**, Neves, Santo Amaro
CONFINI	Arcipelago dell'Oceano Atlantico, nel Golfo di Guinea				
NOTE	Sulla linea equatoriale, comprendente le isole di São Tomé e Príncipe e alcuni isolotti.				

(segue)

AFRICA ORIENTALE					
BURUNDI					
GOVERNO		Repubblica	**MONETA**		Franco del Burundi
LINGUA		Francese e kirundi	**CAPITALE E CITTÀ PRINCIPALI**		**Bujumbura**, Gitega, Ngozi
CONFINI	**N** Ruanda; E e **S** Tanzania; **O** Rep. Democratica del Congo				
NOTE	A sud della linea equatoriale. Si affaccia al lago Tanganica.				
COMORE					
GOVERNO		Repubblica	**MONETA**		Franco C.F.A.
LINGUA		Francese e arabo	**CAPITALE E CITTÀ PRINCIPALI**		**Moroni**, Mutsamudu, Fomboni, Domoni
CONFINI	Arcipelago dell'Oceano Indiano situato nel Canale del Mozambico				
NOTE	Situate tra Equatore e Tropico del Capricorno. Isole principali: Ngazidja (Grande Comore), Ndzuwani (Anjouan), Mwali (Mohéli).				
ERITREA					
GOVERNO		Repubblica	**MONETA**		Nakfa
LINGUA		Tigrino e Arabo	**CAPITALE E CITTÀ PRINCIPALI**		**Asmara**, Cheren, Assab, Mendefera, Massaua
CONFINI	**SE** Gibuti; **S** Etiopia; **NO** e **O** Sudan; **NE** e **E** Mar Rosso				
NOTE	Situata tra Tropico del Cancro ed Equatore, nel Corno d'Africa.				
ETIOPIA					
GOVERNO		Repubblica federale	**MONETA**		Birr
LINGUA		Amharico	**CAPITALE E CITTÀ PRINCIPALI**		**Addis Abeba**, Macallè, Nazrēt, Diredaua, Gondar
CONFINI	**N** Eritrea; **NE** Gibuti; **E** e **SE** Somalia; **S** Kenya; **O** Sudan, Sudan del Sud				
NOTE	Situata tra Tropico del Cancro ed Equatore, nel Corno d'Africa.				
GIBUTI					
GOVERNO		Repubblica	**MONETA**		Franco del Gibuti
LINGUA		Arabo e francese	**CAPITALE E CITTÀ PRINCIPALI**		**Gibuti**, Ali Sabieh, Dikhil, Arta
CONFINI	**N** Eritrea; **SE** Somalia; **S** e **O** Etiopia, Golfo di Aden				
NOTE	Situata tra Tropico del Cancro ed Equatore, nel Corno d'Africa.				
KENYA					
GOVERNO		Repubblica presidenziale	**MONETA**		Scellino del Kenya

(segue)

KENYA					
LINGUA		Swahili e inglese	CAPITALE E CITTÀ PRINCIPALI		**Nairobi**, Mombasa, Nakuru, Eldoret, Ruiru
CONFINI	**N** Sudan Sud, Etiopia; **E** Somalia; **S** Tanzania; **O** Uganda; **SE** Oceano Indiano				
NOTE	Attraversata dall'Equatore. La cima più alta è il **Kilimangiaro** (m. 5.895) nella catena del Rift Valley e il **Monte Kenya** (m 5.199).				
MADAGASCAR					
GOVERNO		Repubblica	MONETA		Franco malgascio
LINGUA		Malgascio	CAPITALE E CITTÀ PRINCIPALI		**Antananarivo**, Toamasina, Antsirabe, Mahajanga
CONFINI	Isola dell'Oceano Indiano				
NOTE	Attraversata a sud dal Tropico del Capricorno.				
MALAWI					
GOVERNO		Repubblica presidenziale	MONETA		Kwacha del Malawi
LINGUA		Inglese e chewa	CAPITALE E CITTÀ PRINCIPALI		Lilongwe, Blantyre, Mzuzu
CONFINI	**N** Tanzania; **E**, **S** e **SO** Mozambico, **O** Zambia				
NOTE	Situato tra l'Equatore ed il Tropico del Capricorno.				
MAURITIUS					
GOVERNO		Repubblica parlamentare	MONETA		Rupia di Mauritius
LINGUA		Inglese e francese	CAPITALE E CITTÀ PRINCIPALI		**Port Louis**, Vacoas-Phoenix
CONFINI	Isola dell'Oceano Indiano a **E** del Madagascar, nell'**arcipelago delle Mascarene**				
NOTE	Situato tra l'Equatore ed il Tropico del Capricorno.				
MOZAMBICO					
GOVERNO		Repubblica	MONETA		Metical
LINGUA		Portoghese e lingue bantu	CAPITALE E CITTÀ PRINCIPALI		**Maputo**, Matola, Nampula, Beira, Chimoio
CONFINI	**N** Tanzania; **S** e **SO** Sudafrica, Swaziland; **O** Zimbabwe, Zambia, Malawi; **E** Oceano Indiano; **NO** al **Lago Niassa** (o Malawi)				
NOTE	Il Paese a S è attraversato dal Tropico del Capricorno. Fiumi: **Zambesi**, Limpopo, Save.				
RUANDA					
GOVERNO		Repubblica presidenziale	MONETA		Franco ruandese
LINGUA		Francese e kinyarwanda	CAPITALE E CITTÀ PRINCIPALI		**Kigali**, Gitarama, Butare

(segue)

RUANDA			
CONFINI	**N** Uganda; **E** Tanzania; **S** Burundi; **O** Repubblica Democratica del Congo		
NOTE	Attraversata dall'Equatore.		
SEICELLE			
GOVERNO	Repubblica presidenziale	**MONETA**	Rupia delle Seicelle
LINGUA	Francese e inglese	**CAPITALE**	**Victoria**
CONFINI	Arcipelago (formato da 88 isole-isolotti, di cui 36 abitati) dell'Oceano Indiano, a NE del Madagascar.		
SOMALIA			
GOVERNO	Repubblica	**MONETA**	Scellino somalo
LINGUA	Somalo, arabo, italiano e inglese	**CAPITALE E CITTÀ PRINCIPALI**	**Mogadiscio**, Hargeysa, Chisimaio, Marca
CONFINI	**O** Kenya, Etiopia; **NO** Gibuti; N Golfo di Aden; **E** Oceano Indiano		
NOTE	Attraversato a Sud dall'Equatore. Occupa il Corno d'Africa.		
TANZANIA			
GOVERNO	Repubblica semi-presidenziale	**MONETA**	Scellino somalo Scellino della Tanzania
LINGUA	Swahili e inglese	**CAPITALE E CITTÀ PRINCIPALI**	**Dar es Salaam**, Arusha, Dodoma, Zanzibar, Mbeya
CONFINI	**N** Uganda, Kenya; S Mozambico, Malawi, Zambia; **NO** Burundi, Ruanda; O Rep. Dem. Congo; **E** Oceano Indiano con le **isole Zanzibar**		
NOTE	A sud dell'Equatore.		
UGANDA			
GOVERNO	Repubblica presidenziale	**MONETA**	Scellino ugandese
LINGUA	Inglese e swahili	**CAPITALE E CITTÀ PRINCIPALI**	**Kampala**, Kira, Guru, Lira, Mbale
CONFINI	**N** Sudan del Sud; **E** Kenya; **S** Tanzania; **SO** Ruanda; **O** Rep. Dem. del Congo		
NOTE	Attraversata dall'Equatore. La cima più alta è il **Ruwenzori** (5109 m). Laghi: **Vittoria**, Edoardo, Alberto, Kyoga.		
ZAMBIA			
GOVERNO	Repubblica presidenziale	**MONETA**	Kwacha zambiano
LINGUA	Inglese, tonga e lingue bantu	**CAPITALE E CITTÀ PRINCIPALI**	**Lusaka**, Kitwe, Ndola, Chingola Livingstone,
CONFINI	**N** Rep. Dem. Congo; **NE** Tanzania, Malawi; **E** Mozambico; **S** Zimbabwe, Botswana; **SO** Namibia; **O** Angola		
NOTE	Posto tra l'Equatore ed il Tropico del Capricorno. Il fiume **Zambesi** forma le grandi **Cascate Vittoria**.		

(segue)

ZIMBABWE					
GOVERNO		Repubblica semi-presidenziale	**MONETA**		Dollaro dello Zimbabwe
LINGUA		Inglese e lingue bantu	**CAPITALE E CITTÀ PRINCIPALI**		**Harare**, Bulawayo, Mutare, Chitungwiza
CONFINI	**N** Zambia; **NO** Namibia; **E** Mozambico; **S** Sudafrica; **O** Botswana				
NOTE	Poco più a Nord del Tropico del Capricorno. Attraversato dai fiumi **Zambesi** e **Limpopo**.				

AFRICA DEL SUD					
ANGOLA					
GOVERNO		Repubblica presidenziale	**MONETA**		Kwanza
LINGUA		Portoghese, lingue bantu	**CAPITALE E CITTÀ PRINCIPALI**		**Luanda**,Huambo, Benguela, Lobito
CONFINI	**N** e **NE** Rep. Dem. Congo; **E** Zambia; **S** Namibia; **O** Oceano Atlantico				
NOTE	Situato tra l'Equatore ed il Tropico del Capricorno.				
BOTSWANA					
GOVERNO		Repubblica presidenziale	**MONETA**		Pula
LINGUA		Inglese e setswana	**CAPITALE E CITTÀ PRINCIPALI**		**Gaborone**, Francistown, Molepolole, Maun
CONFINI	**NO** e **O** Namibia; **N** Zambia; **NE** Zimbabwe; **SE** e **S** Sudafrica				
NOTE	Attraversato dal Tropico del Capricorno.				
LESOTHO					
GOVERNO		Monarchia costituzionale	**MONETA**		Loti
LINGUA		Inglese e sesotho	**CAPITALE E CITTÀ PRINCIPALI**		**Maseru**, Teyateyaneng
CONFINI	Enclave del Sudafrica.				
NAMIBIA					
GOVERNO		Repubblica presidenziale	**MONETA**		Dollaro Namibiano
LINGUA		Inglese	**CAPITALE E CITTÀ PRINCIPALI**		**Windhoek**, Rundu, Walvis Bay
CONFINI	**N** Angola; **NE** Zambia, Zimbabwe; **E** Botswana; **SE** e **S** Sudafrica; **O** Oceano Atlantico				
NOTE	Attraversato dal Tropico del Capricorno. Il territorio presenta il **deserto di Namib**.				

(segue)

REPUBBLICA SUDAFRICANA				
GOVERNO	Repubblica presidenziale	**MONETA**	Rand sudafricano	
LINGUA	Afrikaans e Inglese	**CAPITALE E CITTÀ PRINCIPALI**	**Città del Capo e Pretoria**, Soweto Johannesburg, Port Elizabeth	
CONFINI	**N** Botswana; **NE** Zimbabwe, Swaziland, Mozambico; **NO** Namibia; **E** e **SE** Oceano Indiano; **SO** e **O** Oceano Atlantico			
NOTE	Il Paese a Nord è attraversato dal Tropico del Capricorno. Fiumi principali: **Orange** e **Limpopo**.			

REGNO DI SWATINI				
GOVERNO	Monarchia	**MONETA**	Lilangeni	
LINGUA	Swazi e inglese	**CAPITALE E CITTÀ PRINCIPALI**	**Mbabane**, Manzini, Lobamba	
CONFINI	È circondato dal Sudafrica salvo a **NE** con il Mozambico.			

Occorre sapere

Il Marocco e il Libano hanno in comune la caratteristica che si affacciano entrambi sul Mediterraneo. Il tasso di alfabetizzazione degli adulti in Marocco è approssimativamente del 52%.
La Tunisia è il Paese più a Nord dell'Africa, che comprende la depressione salata del **Chott el Djerid**.
Il Niger si trova a Nord della Nigeria.
Il Botswana rispetto alla Namibia si trova ad Est.
Il Paese più grande del continente Africa è il Sudan e misura circa 2.381.471 kmq.
Il cratere **Ngorongoro** si trova in Tanzania.
La Spagna esercita la sua giurisdizione sulle città di Ceuta e Melilla.
Il tempio di Karnak si trova in Egitto.
La popolazione nomade che vive nell'area del Sahara si chiama **Tuareg**.
Il Paese più popoloso dell'Africa è la Nigeria con 177.475.986 di abitanti.
Il numero di abitanti dell'agglomerato urbano della città di Lagos è di circa 12.600.000, mentre a Dakar 3.270.000.
La stima degli abitanti aggiornata al 2014 del Madagascar è di circa 22.400.000. Il Ariary è la valuta in uso nel Paese.
L'estrema punta meridionale dell'Africa si chiama **Baia Sant'Elena**.
Il **Grande Maghreb** comprende Tunisia, Algeria, Libia, Marocco e Mauritania. Il Maghreb è l'area più a ovest del Nordafrica.
Nelle zone attraversate dai tropici in Africa si trova il deserto.
Il **Sahel** è una vasta fascia del territorio che si trova in Africa subsahariana.
Tra la Tunisia, il Marocco, la Libia e l'Algeria, l'Algeria ha la maggiore superficie.
Tra il Mozambico, la Nigeria, il Namibia e l'Egitto, l'Egitto ha la maggiore superficie.
Tra l'Ucraina, il Sudafrica, il Kenya e il Sudan, il Sudafrica ha la maggiore popolazione.
Tra il Mali, la Nigeria, il Ciad e il Gambia, la Nigeria è il Paese più popoloso, anche dell'intero continente africano.
La lunghezza complessiva delle coste del continente africano è pari a 42.008 km.

4.3 America

L'America, con **42.549.000** kmq ca., è il secondo continente per estensione dopo l'Asia; è invece il più ampio in latitudine: si estende da nord a sud, dal Mar Glaciale Artico fino ad avvicinarsi all'Antartide. L'America è posta nell'emisfero occidentale ed è composta dai due subcontinenti: l'America settentrionale e l'America meridionale, separati dal **Canale di Panama.**

4.3.1 America Settentrionale

È situata a nord del Tropico del Cancro.

Emergono alcuni gruppi montuosi: la catena delle *Montagne Rocciose* (Elbert, m. 4.399) che domina la costa del Pacifico e la zona orientale, i *Monti Appalachi*, situati lungo la costa dell'Atlantico, ricchi di minerali, la catena d'*Alaska* (Logan, m. 5.959), la *Sierra Nevada* (Whitney, m. 4418), la *Sierra Madre Orientale* (Orizaba, m. 5610), la Catena delle cascate tra Usa e Canada. In questa parte dell'America si trovano importanti fiumi (*Mississippi-Missouri, Ohio* ecc.) e laghi (*Lago Superiore, Michigan, Ontario* ecc.).

L'America del Nord comprende **3 Stati**: Canada, Stati Uniti e Messico.

4.3.2 America Centrale e Caraibi

È la congiunzione tra la parte settentrionale e quella meridionale. Comprende numerose isole, tra le quali le Grandi Antille, ed è prevalentemente montuosa.

L'America centrale e i Caraibi comprendono **19 Stati**.

SCHEDA RIEPILOGATIVA AMERICA CENTRALE E SETTENTRIONALE					
SUPERFICIE	24.228.917* kmq	**ABITANTI**	489.939.000* ab. circa	**DENSITÀ**	20* ab./kmq
Città più popolata		New York		21.200.000 * ab. (aggl.U)	
Nazione più estesa		Canada		9.973.248 kmq	
Monte più alto		Denali		6.194 m	
Fiume più lungo		Mississipi-Missouri		5.620 km	
Lago più esteso		Superiore		84.131 kmq	
Isola più estesa		Groenlandia		2.175.600 kmq	

* Fonte: Global geografia

4.3.3 America Meridionale

L'America meridionale è caratterizzata dalla catena montuosa più lunga, la *Cordigliera delle Ande*, lungo la costa del Pacifico, con vette molto elevate (*M. Aconcagua* m. 6.962, Ojos del Salado m. 6.893), che interessa quasi tutti i Paesi più estesi. Assume diverse denominazioni a seconda della regione (come la *Cordigliera patagonica* in Argentina). Da menzionare anche il *Massiccio della Guayana*.

I fiumi più importanti sono il *Rio delle Amazzoni* (che ha la maggior portata d'acqua del mondo) e il *Paraguay* che forma alla foce, con l'Uruguay il *Rio della Plata*.

I Paesi che fanno parte dell'America del Sud sono **13**.

SCHEDA RIEPILOGATIVA AMERICA MERIDIONALE					
SUPERFICIE	17.833.000* kmq	**ABITANTI**	351.400.000* ab. circa	**DENSITÀ**	20* ab./kmq
Città più popolata		Sao Paulo		10.630.000 * ab. (aggl.U)	
Nazione più estesa		Brasile		8.514.215 kmq	
Monte più alto		Cerro Aconcagua		6.959 m	
Fiume più lungo		Rio delle Amazzoni		6.280 km	
Lago più esteso		Lagoa Dos Patos		10.140 kmq	
Isola più estesa		Marajo		48.450 kmq	

* Fonte: Global geografia

Dati principali dell'America

Il terrritorio è dominato dalle catene montuose delle **Montagne Rocciose** e della **Cordigliera delle Ande**, entrambe poste lungo le coste occidentali del continente.

RILIEVI PRINCIPALI			
CATENA	**MONTE**	**METRI**	**PAESE**
Catena delle Ande (la più estesa al mondo e la più alta America Meridionale)	Aconcagua	6.962	Argentina, Cile, Perù, Bolivia, Equador, Venezuela, Colombia
	Pissis	6.882	
	Oyos del Salado	6.893	(America del Sud)
Catena dell'Alaska (più alta America del Nord)	McKinley	6.194	
	Monte Foraker	5.304	
Monti Sant'Elia	Logan	5.959	
	Monte Sant'Elias	5.489	USA, Alaska (America del Nord)
	Monte Bona	5.029	
Monti Wrangell	Monte Blackburn	4.996	
Monti Chugach	Monte Marcus Baker	4.016	
Sierra Nevada S. Marta	Pico C. Colombo	5.775	Colombia (America del Sud)
Sierra Nevada	Pico de Orizaba	5.636	Messico (Amercica del Nord)
Cordillera de Mérida	Pico Bolivar	4.901	Venezuela (America del Sud)
Montagne Rocciose	Monte Elbert	4.401	USA, Canada (Amercica del Nord)
Catena delle Cascate	Monte Rainier	4.329	Canada (America del Nord)
Montagne Costiere	Monte Waddington	4.019	Canada (America del Nord)
Sierra Madre Occ.	Cerro Mohinora	3.250	Usa Messico (Amercica del Nord)
Sierra Madre Chiapas	Tajumulco	4.220	Guatemala (America Centrale)
Massicio della Guayana	Pico da Neblina	3.014	Venezuela, Brasile, Guayana, Suriname (America del Nord)
Serra do Pacaraimà	Roraima	2.739	Venezuela, Brasile, Guayana (America Centrale)
Monti Appalachi	Monte Mitchell	2.038	USA (America del N.) costa Atlantica

Altopiani: del Colorado attraversato dall'omonimo fiume (Utah, Arizona, Nuovo Messico, Colorado), **Cumberland** (Kentucky, Virginia, Tennessee, Alabama, Georgia), Messicano, Guayana, Altipiano del Brasile e Altipiano della Patagonia in Argentina.

La **massima depressione** è rappresentata dal **Laguna del Carbón** (-105 m) in Argentina, poi Valle della Morte (-86 m) negli Stati Uniti.
I **vulcani** attivi in America sono numerosi e di altezza notevole, per lo più collocati lungo la Catena delle Ande, nell'America del Sud, ricordiamo: **Antofalla** (Argentina) 6.440 m; **Gualatiri** (Cile) 6.071 m; Cotopaxi (Ecuador) 5.911; El Misti (Perù) 5.822 m; Popocatépetl (Messico) 5.465; Wrangell (Alaska-USA) 4.317; Tacanà (Guatemala) 4.060.

FIUMI PRINCIPALI		
FIUME	KM	PAESE
Rio delle Amazzoni-Ucayali	6.281	Perù, Colombia, Brasile (America del Sud)
Mississippi-Missouri	5.970	Stati Uniti (America del Nord)
Rio delle Amazzoni-Maranon	6.281	Perù, Brasile (America del Sud)
Rio Parana	4.880	Brasile, Aregentina, Paraguay (America del Sud)
Mackenzie	4.241	Canada (America del Nord)
Purus	3.200	Perù, Brasile (America del Sud)
Madeira-Mamoré	3.200	Bolivia, Brasile (America del Sud)
San Lorenzo	3.058	Usa, Canada (America del Nord) - Sfocia nel Golfo del Messico ed è importante dal punto di vista naturalistico, economico e commerciale
Rio Grande/Rio Bravo	3.034	Usa, Messico (America del Nord)
Juruà	3.000	Perù, Brasile (America del Sud)
Sào Francisco	2.900	Brasile (America del Sud)
Yukon	2.897	Canada, Alaska, Usa (America del Nord)
Tocantins	2.640	Brasile (America del Sud)
Nelson-Saskatchewan	2.575	Canada (America del Nord)
Arkansas	2.348	Usa (America del Nord)
Colorado	2.334	Usa, Messico (America del Nord)
Columbia-Snake	2.238	Usa (America del Nord)
Churchill	1.609	Canada (America del Nord)
Paraguay	2.625	Brasile, Paraguay (America del Sud)
Japurà/Caquetà	2.500	Colombia, Brasile (America del Sud)
Tapajós-Juruena	2.220	Colombia, Brasile (America del Sud)
Araguaia	2.200	Brasile (America del Sud)
Orinoco	2.140	Colombia, Brasile (America del Sud)
Xingu	2.100	Brasile (America del Sud)
Rio Negro	2.000	Brasile
Uruguay	1.650	Brasile, Uruguay, Argentina (America del Sud)
Montaga	400	Guatemala

I principali **bacini fluviali** espressi in kmq sono rappresentati da: **Rio delle Amazzoni** (6.145.186); **Mississippi-Missouri** (3.202.200); **Paranà-Paraguay** (2.582.700). I **laghi principali** dell'America si trovano nella parte Settentrionale tra il Canada e gli Stati Uniti.

LAGHI PRINCIPALI			
AMERICA DEL NORD		AMERICA DEL SUD	
LAGO	KMQ CA	LAGO	KMQ CA
Superiore (Usa, Canada)	84.131	Maracaibo (Venzuela)	14.243
Huron (Usa, Canada)	59.600	Lagoa dos Patos (Brasile)	10.000
Michigan (Usa)	57.800	Titicaca (Perù, Bolivia)	8.300
Gran Lago degli Orsi (Canada)	31.080	Sobradinho (Brasile)	4.214
Gran Lago degli Schiavi (Canada)	28.930	Guri (Venezuela)	4.000
Erie (Usa, Canada)	25.700	Poopó (Bolivia)	2.800
Winnipeg (Canada)	23.553	Buenos Aires/General Carrera (Argentina, Cile)	1.850
Ontario (Usa, Canada)	18.800		
Nicaragua (Nicaragua)	8.001		
Athabasca (Canada)	7.920		
Winnipegosis (Canada)	5.403		

ISOLE PRINCIPALI		
ISOLA	KMQ CA	PAESE
Groenlandia	2.175.600	Regno di Danimarca
Baffin	507.451	Canada
Victoria	217.291	
Ellesmere	196.236	
Terranova	108.860	
Cuba	105.007	Cuba
Hispaniola	76.200	Haiti, Rep. Dominicana
Banks	60.165	Canada
Devon	54.030	
Terra del Fuoco	48.000	Cile, Argentina
Axel Heiberg	43.178	Canada J
Marajó	40.100	Brasile
Chiloé	9.394	Cile
East Falkland	7.760	Regno unito
West Falkland	6.413	
Wellington	5.556	Cile
Isabela (Galapagos)	4.711	Ecuador
Hoste	4.117	Cile

DESERTI PRINCIPALI			
NOME	TIPO	KMQ	PAESI
Deserto Patagonico	Freddo	673.000	Argentina, Cile (America del Sud)
Deserto di Chihuahua	Subtropicale	509.500	Messico, USA (America del Nord)
Gran Bacino	Tropicale	492.000	USA (America del Nord)

(segue)

DESERTI PRINCIPALI			
NOME	**TIPO**	**KMQ**	**PAESI**
Altopiano del Colorado	Freddo	337.000	Stati Uniti (America del Nord)
Deserto Sonora	Caldo	310.800	A Messico, USA (America del Nord)
Deserto di Sechura	Costiero	188.735	Perù (America del Sud)
Deserto Atacama	Fresco costiero	105.200	Cile, Perù (America del Sud)
Deserto del Mojave	Tropicale	65.000	Stati Uniti (America del Nord)
Salar de Uyuni	Salato	10.582	Bolivia (America del Sud). Il più grande deserto salato

Alcuni dati dell'America Meridionale

Questa parte di Continente detiene una serie di primati.

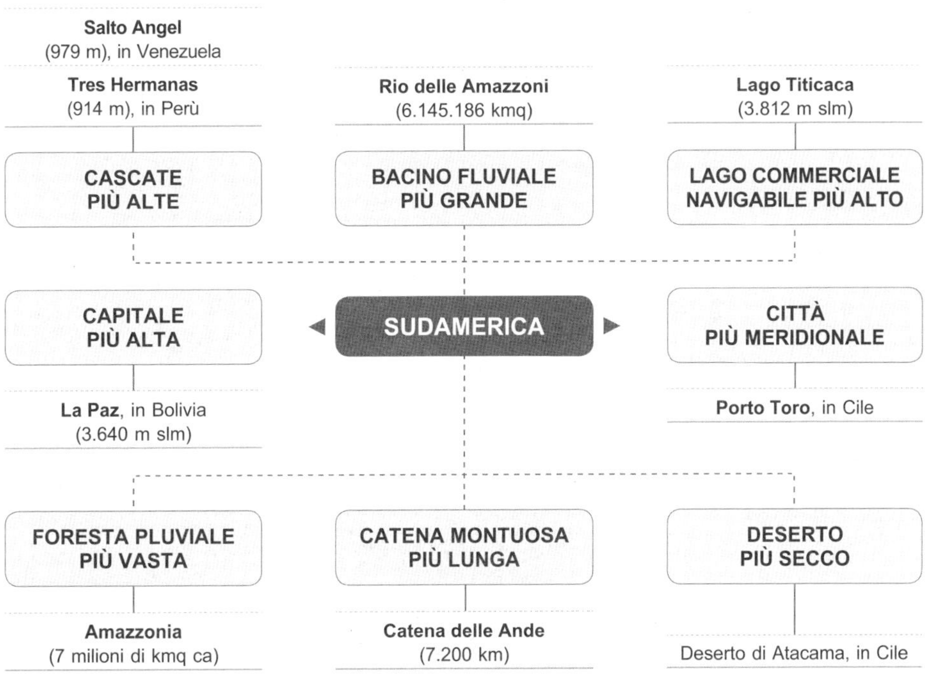

I **paesi più estesi** dell'America sono nell'ordine: **Canada** (9.984.000 kmq ca) il 2° al mondo, **Stati Uniti** (9.374.000 kmq ca) il 4° al mondo, Brasile (8.547.000 kmq ca), il 5° e l'Argentina (2.766.000 kmq ca). I **paesi più popolosi** sono gli **Stati Uniti** con oltre 309 milioni di abitanti seguito dal **Brasile** con quasi 200 milioni ab., mentre il più densamente popolato è **El Salvador** con 250 ab/kmq ca. L'America conta circa 9 milioni di abitanti e la sua densità è di circa 19 ab/Kmq.

I principali **agglomerati urbani**, con abitanti circa, sono: **Città del Messico** (20.116.000), in Messico; **New York** (19.831.000), in USA; **San Paolo** (19.684.000) in Brasile; **Gran Buenos Aires** (13.226.000) in Argentina; **Los Angeles** (13.052.000) in USA; **Rio de Janeiro** (11.872.000), in Brasile.

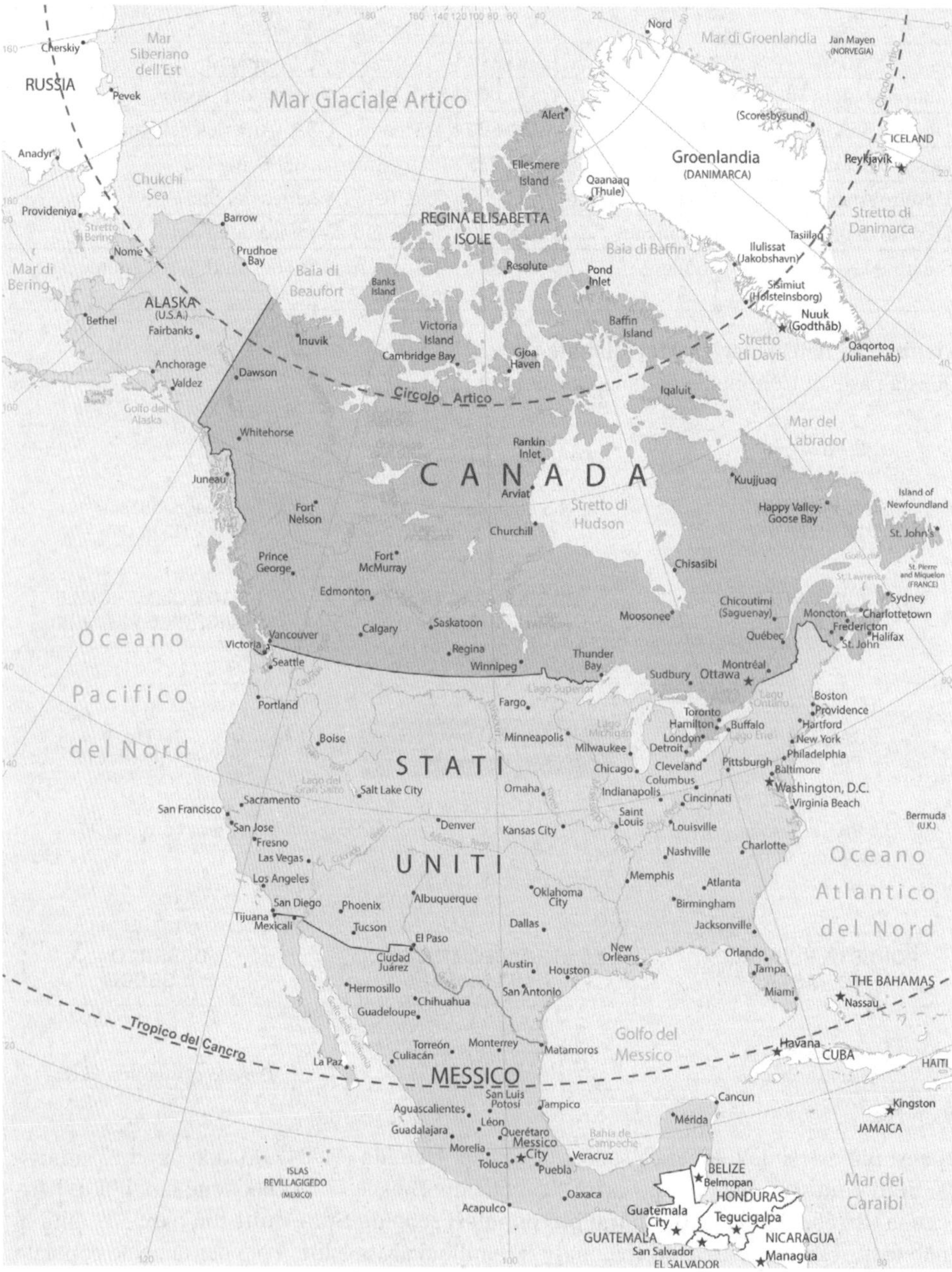
Mar Glaciale Artico
Mar Siberiano dell'Est
Mar di Groenlandia
RUSSIA
Cherskiy
Pevek
Anadyr
Providenya
Chukchi Sea
Stretto di Bering
Mar di Bering
Nome
Bethel
ALASKA
(U.S.A.)
Fairbanks
Anchorage
Valdez
Golfo dell'Alaska
Barrow
Prudhoe Bay
Baia di Beaufort
Inuvik
Dawson
Whitehorse
Juneau
Banks Island
Victoria Island
Cambridge Bay
Gjoa Haven
REGINA ELISABETTA ISOLE
Resolute
Ellesmere Island
Alert
Nord
Qaanaaq (Thule)
Pond Inlet
Baia di Baffin
Baffin Island
Circolo Artico
Iqaluit
Groenlandia
(DANIMARCA)
(Scoresbysund)
Jan Mayen
(NORVEGIA)
ICELAND
Reykjavík
Tasiilaq
Stretto di Danimarca
Ilulissat (Jakobshavn)
Sisimiut (Holsteinsborg)
Nuuk (Godthåb)
Stretto di Davis
Qaqortoq (Julianehåb)
Mar del Labrador
CANADA
Rankin Inlet
Arviat
Churchill
Stretto di Hudson
Kuujjuaq
Happy Valley-Goose Bay
Island of Newfoundland
St. John's
Fort Nelson
Prince George
Fort McMurray
Edmonton
Calgary
Saskatoon
Regina
Winnipeg
Vancouver
Victoria
Seattle
Chisasibi
Moosonee
Chicoutimi (Saguenay)
Moncton
Charlottetown
Fredericton
Halifax
St. John
Sydney
St. Pierre and Miquelon (FRANCE)
Québec
Montréal
Ottawa
Thunder Bay
Sudbury
Oceano Pacifico del Nord
Portland
Boise
Fargo
Minneapolis
Milwaukee
Toronto
Hamilton
Buffalo
London
Detroit
Boston
Providence
Hartford
New York
Philadelphia
Baltimore
Pittsburgh
Chicago
Cleveland
Columbus
Indianapolis
Cincinnati
Washington, D.C.
Virginia Beach
STATI UNITI
Salt Lake City
Omaha
Sacramento
San Francisco
San Jose
Fresno
Denver
Kansas City
Saint Louis
Louisville
Bermuda (U.K.)
Las Vegas
Los Angeles
Nashville
Charlotte
Oceano Atlantico del Nord
Memphis
Atlanta
Birmingham
Jacksonville
San Diego
Tijuana
Mexicali
Phoenix
Tucson
Albuquerque
Oklahoma City
Dallas
El Paso
Ciudad Juárez
Austin
Houston
San Antonio
New Orleans
Orlando
Tampa
Miami
THE BAHAMAS
Nassau
Hermosillo
Chihuahua
Guadeloupe
Tropico del Cancro
Torreón
Culiacán
Monterrey
Matamoros
Golfo del Messico
Havana
CUBA
HAITI
La Paz
MESSICO
San Luis Potosí
Tampico
Cancun
Kingston
JAMAICA
Aguascalientes
León
Guadalajara
Querétaro
Mérida
Morelia
Messico City
Toluca
Puebla
Veracruz
ISLAS REVILLAGIGEDO (MEXICO)
BELIZE
Belmopan
Mar dei Caraibi
Oaxaca
HONDURAS
Acapulco
Guatemala City
Tegucigalpa
GUATEMALA
NICARAGUA
San Salvador
EL SALVADOR
Managua

Mar dei Caraibi
HONDURAS
Tegucigalpa
NICARAGUA
Managua
San José
COSTA RICA
PANAMA
Panama City
Isla de Providencia (COLOMBIA)
Isla de San Andrés (COLOMBIA)
Isla de Malpelo (COLOMBIA)
Aruba (NETH.)
Curaçao (NETH.)
Martinique (FRANCE)
ST. LUCIA
ST. VINCENT AND THE GRENADINES
GRENADA
BARBADOS
Port of Spain
TRINIDAD AND TOBAGO
Oceano Atlantico del Nord
Barranquilla
Cartagena
Maracaibo
Caracas
Valencia
Barquisimeto
Barcelona
San Cristóbal
Cúcuta
Ciudad Guayana
VENEZUELA
Georgetown
GUYANA
Paramaribo
SURINAME
Cayenne
Guiana Francese (FRANCIA)
Medellín
Bucaramanga
Pereira
Bogotá
Ibagué
Cali
COLOMBIA
Boa Vista
Macapá
Equatore
Quito
ECUADOR
Guayaquil
Cuenca
Iquitos
Rio Negro
Rio delle Amazzoni
Manaus
Santarém
Belém
São Luis
Fortaleza
Teresina
Rio Madeira
Rio Xingu
Rio Tocantins
Natal
João Pessoa
Recife
Maceió
Aracajú
Salvador
Piura
Chiclayo
Trujillo
Pucallpa
Rio Branco
Pôrto Velho
Huánuco
PERÙ
Huancayo
Lima
Cuzco
Ica
Arequipa
BRASILE
Trinidad
La Paz
BOLIVIA
Cochabamba
Santa Cruz
Sucre
Potosí
Cuiabá
Brasília
Goiânia
Contagem
Belo Horizonte
Uberlândia
Campo Grande
Vitória
Oceano Pacifico del Sud
Arica
Iquique
PARAGUAY
Asunción
Ciudad del Este
Londrina
Campinas
São Paulo
Santos
Rio de Janeiro
Tropico del Capricorno
Antofagasta
Salta
San Miguel de Tucumán
Curitiba
Joinvile
Resistencia
Florianópolis
Isla San Félix (CHILE)
Isla San Ambrosio (CHILE)
CILE
Porto Alegre
Córdoba
Santa Fe
Salto
Mendoza
Rosario
URUGUAY
ARCIPÉLAGO JUAN FERNÁNDEZ (CILE)
Valparaíso
Santiago
Buenos Aires
La Plata
Montevideo
Oceano Atlantico del Sud
Concepción
ARGENTINA
Bahía Blanca
Mar del Plata
Temuco
Puerto Montt
San Carlos de Bariloche
Comodoro Rivadavia
Río Gallegos
Stanley
Falkland Islands (Islas Malvinas)
(amministrate dal Regno Unito, rivendicate dall'Argentina)
Stretto di Magellano
Punta Arenas
Ushuaia
Capo Horn
South Georgia and South Sandwich Islands
(amministrate dal Regno Unito, rivendicate dall'Argentina)

Occorre sapere

La densità di popolazione (abitante per kmq) del continente dell'America meridionale è pari a 23.
Tenendo conto dei dati stimati alla data più recente, il numero di abitanti dell'agglomerato urbano della città di Santiago è di circa 7.300.000.
Tenendo conto dei dati stimati alla data più recente, il numero di abitanti dell'agglomerato urbano della città di Philadelphia è di circa 6.000.000.
Chicago sorge sulla sponda sudoccidentale del lago Michigan.
La città di **San Francisco** si affaccia sull'Oceano Pacifico.
Il **Parco Nazionale di Yellowstone** si trova negli Stati Uniti d'America.
La lingua più diffusa nel **Québec**, provincia del Canada, è il francese.
Il fiume più importante del Canada, dal punto di vista naturalistico, economico e commerciale è il **San Lorenzo**.
La maggioranza degli eschimesi del Canada vive in un territorio autonomo del nord-ovest concesso dal governo federale.
La catena montuosa più settentrionale delle Montagne rocciose è la **Catena di Brooks**.
La **corrente del Golfo** dalle coste del Golfo del Messico arriva a lambire quelle del Regno Unito.
Il **Venezuela** è attraversato dal fiume **Orinoco**.
Il **Brasile** è attraversato dal fiume **Rio Negro**.

NORD AMERICA					
CANADA					
GOVERNO		Stato federale	**MONETA**		Dollaro canadese
LINGUA		Inglese e francese	**CAPITALE E CITTÀ PRINCIPALI**		**Ottawa**, Toronto, Montreal, Calgary
CONFINI	**S** Stati Uniti; **O** Alaska (USA). **N** Mar Glaciale Artico; **E** Oceano Atlantico; **O** Oceano Pacifico				
NOTE	Attraversato a nord dal Circolo Polare Artico. I monti principali sono: le **Montagne Rocciose** e gli **Appalachi**. Fiumi: Yukon, il Fraser, Columbia (Oc. Pacifico), il Mackenzie (Mar G. Artico), il San Lorenzo, emissario del lago Ontario (Oc. Atlantico).				
STATI UNITI D'AMERICA					
GOVERNO		Repubblica federale	**MONETA**		Dollaro USA
LINGUA		Inglese americano e spagnolo	**CAPITALE E CITTÀ PRINCIPALI**		**Washington,** New York, Los Angeles**,** San Francisco
CONFINI	**N** Canada; **S** Messico; **E** Oc. Atlantico; **S** golfo del Messico; **O** Oceano Pacifico				
NOTE	A Nord del tropico del Cancro. Monti pr.: Montagne Rocciose, Appalachi, Sierra Nevada. Fiumi: Mississippi-Missouri (Golfo del Messico), Columbia, Sacramento e Colorado (Oc. Pacifico). Laghi: Ontario, Erie, Huron, Michigan e L. Superiore).				
MESSICO (SECONDO LA SUDDIVISIONE ONU APPARTIENE AL CENTRO AMERICA)					
GOVERNO		Repubblica federale	**MONETA**		Peso messicano
LINGUA		Spagnolo e lingue amerinde	**CAPITALE E CITTÀ PRINCIPALI**		**Città del Messico**, Tijuana, Puebla, León
CONFINI	**N** Stati Uniti, **SE** Belize, Guatemala; **E** Oc. Atlantico (Golfo del Messico e Mare delle Antille); **O** sull'Oc. Pacifico				

(segue)

MESSICO (SECONDO LA SUDDIVISIONE ONU APPARTIENE AL CENTRO AMERICA)	
NOTE	Attraversato dal Tropico del Cancro. Rilievi: altopiano centrale, la Sierra Madre Occ., la Sierra Madre Or., Sierra Madre del Sud e Sierra Madre del Chiapas. Comprende le penisole **California** (Baja California) e dello **Yucatán**.

AMERICA LATINA - CENTRO AMERICA					
BELIZE					
GOVERNO		Monarchia costituzionale	**MONETA**		Dollaro del Belize
LINGUA		Inglese e spagnolo	**CAPITALE E CITTÀ PRINCIPALI**		**Belmopan**, San Ignacio, Orange Walk
CONFINI	**N** Messico; **S** e **O** Guatemala; **E** Mar delle Antille				
NOTE	Poco a Sud del Tropico del Cancro. Nella penisola dello **Yucatán**.				
COSTA RICA					
GOVERNO		Repubblica	**MONETA**		Colòn
LINGUA		Spagnolo	**CAPITALE E CITTÀ PRINCIPALI**		**San Josè,** Limon, Liberia
CONFINI	**N** con il Nicaragua, **SE** con Panamá; a **NE** si affaccia sul Mar delle Antille, a **SO** e a **O** sull'Oceano Pacifico				
NOTE	Attraversata dal Tropico del Cancro. I monti principali sono Sierra de Escambray e la Sierra Maestra.				
EL SALVADOR					
GOVERNO		Repubblica	**MONETA**		Colòn
LINGUA		Spagnolo	**CAPITALE E CITTÀ PRINCIPALI**		**San Salvador,** Santa Ana, San Miguel
CONFINI	**NE** e **E** Honduras; **NO** Guatemala; **S** Oceano Pacifico				
NOTE	Tra il Tropico del Cancro e l'Equatore.				
GUATEMALA					
GOVERNO		Repubblica	**MONETA**		Quetzal
LINGUA		Spagnolo e maya	**CAPITALE E CITTÀ PRINCIPALI**		**Guatemala**, Villa Nueva, Mixco
CONFINI	**N** e **O** Messico; **NE** Belize; **E** Honduras; **SE** El Salvador; **E** Mar delle Antille; **SO** Oceano Pacifico				
NOTE	Tra il Tropico del Cancro e l'Equatore.				
HONDURAS					
GOVERNO		Repubblica	**MONETA**		Lempira

(segue)

HONDURAS					
LINGUA		Spagnolo	**CAPITALE E CITTÀ PRINCIPALI**		**Tegucigalpa**, San Pedro Sula, Choloma
CONFINI	**S** Nicaragua; **O** El Salvador, Guatemala; **N** Mar delle Antille; **S** Oceano Pacifico				
NOTE	Tra il Tropico del Cancro e l'Equatore.				
NICARAGUA					
GOVERNO		Repubblica	**MONETA**		Còrdoba
LINGUA		Spagnolo e chibcha	**CAPITALE E CITTÀ PRINCIPALI**		**Managua**, Leon, Masaya
CONFINI	**N** Honduras; **S** Costa Rica; **E** Mare delle Antille; **O** Oceano Pacifico				
NOTE	Tra il Tropico del Cancro e l'Equatore.				
PANAMA					
GOVERNO		Repubblica	**MONETA**		Balboa
LINGUA		Spagnolo e inglese	**CAPITALE E CITTÀ PRINCIPALI**		**Panamà**, San Miguelito, David
CONFINI	**E** Colombia; **O** Costa Rica; **N** Mar delle Antille; **S** Oceano Pacifico				
NOTE	Tra il Tropico del Cancro e l'Equatore È attraversato da costa a costa dal **Canale di Panamá**.				

AMERICA LATINA - CARAIBI					
ANTIGUA E BARBUDA					
GOVERNO		Monarchia costituzionale	**MONETA**		Dollaro dei Caraibi Orientali
LINGUA		Inglese	**CAPITALE E CITTÀ PRINCIPALI**		**Saint John's**, All Saints, Liberta
CONFINI	Arcipelago delle **Piccole Antille** tra l'Oceano Atlantico e il Mar dei Caraibi				
NOTE	In prossimità del Tropico del Cancro. Comprende le isole di Antigua, Barbuda e Redonda.				
BAHAMAS					
GOVERNO		Monarchia costituzionale	**MONETA**		Dollaro delle Bahamas
LINGUA		Inglese	**CAPITALE E CITTÀ PRINCIPALI**		**Nassau**; Freeport, West End
CONFINI	Arcipelago corallino dell'Oceano Atlantico tra la Florida e le isole di Cuba e Hispaniola				
NOTE	Attraversate dal Tropico del Cancro.				

(segue)

BARBADOS			
GOVERNO	Monarchia costituzionale	**MONETA**	Dollaro di Barbados
LINGUA	Inglese e bajan	**CAPITALE E CITTÀ PRINCIPALI**	**Bridgetown**, Oistins Speightstown,
CONFINI	Isola dell'Oceano Atlantico, la più orientale delle Piccole Antille		
NOTE	In prossimità del Tropico del Cancro.		
CUBA			
GOVERNO	Repubblica socialista	**MONETA**	Peso di Cuba
LINGUA	Spagnolo	**CAPITALE E CITTÀ PRINCIPALI**	**L'Avana,** Santiago de Cuba, Santa Clara
CONFINI	L'**arcipelago di Cuba** è il più grande delle Antille, compreso tra l'Oceano Atlantico, il Mare caraibico e il Golfo del Messico		
NOTE	Poco a Sud del Tropico del Cancro.		
DOMINICA			
GOVERNO	Repubblica	**MONETA**	Dollaro dei Caraibi Orientali
LINGUA	Inglese e creolo-francese	**CAPITALE E CITTÀ PRINCIPALI**	**Roseau,** Portsmouth, Atkinson
CONFINI	**Isola** delle Piccole Antille, la maggiore delle Windward		
NOTE	A Sud del Tropico del Cancro.		
GIAMAICA			
GOVERNO	Monarchia costituzionale	**MONETA**	Dollaro giamaicano
LINGUA	Inglese	**CAPITALE E CITTÀ PRINCIPALI**	**Kingston**, Portmore, Spanish Town
CONFINI	**Isola** del Mar delle Antille appartenente al gruppo delle **Grandi Antille**		
NOTE	A Sud del Tropico del Cancro.		
GRENADA			
GOVERNO	Monarchia costituzionale	**MONETA**	Dollaro dei Caraibi Orientali
LINGUA	Inglese	**CAPITALE E CITTÀ PRINCIPALI**	**Saint George's**, Gouyave, Grenville
CONFINI	**Isola** (311 kmq) che comprende le Grenadine Mer., delle Piccole Antille		
NOTE	A Sud del Tropico del Cancro.		
HAITI			
GOVERNO	Repubblica	**MONETA**	Gourde

(segue)

HAITI					
LINGUA		Francese e creolo	**CAPITALE E CITTÀ PRINCIPALI**		**Port-au-Prince**, Carrefour, Delmas
CONFINI	Occupa la parte occidentale **dell'isola di Hispaniola** nel Mar delle Antille e confina a **E** con la Repubblica Dominicana				
NOTE	A Sud del Tropico del Cancro.				
REPUBBLICA DOMINICANA					
GOVERNO		Repubblica	**MONETA**		Peso dominicano
LINGUA		Spagnolo	**CAPITALE E CITTÀ PRINCIPALI**		**Santo Domingo**, Santiago de los Caballeros, San Cristóbal
CONFINI	Occupa la parte orientale dell'isola di Hispaniola e confina a **O** con Haiti				
NOTE	Poco a Sud del Tropico del Cancro.				
SAINT KITTS E NEVIS					
GOVERNO		Monarchia costituzionale	**MONETA**		Dollaro dei Caraibi Orientali
LINGUA		Inglese e creolo-inglese	**CAPITALE E CITTÀ PRINCIPALI**		**Basseterre** e **Charlestown**
CONFINI	Gruppo insulare delle **Piccole Antille**, nelle Leeward, costituito dalle isole di Saint Kitts=Saint Christopher e di Nevis				
NOTE	A Sud del Tropico del Cancro.				
SAINT LUCIA					
GOVERNO		Monarchia costituzionale	**MONETA**		Dollaro dei Caraibi Or.
LINGUA		Inglese e creolo-francese	**CAPITALE E CITTÀ PRINCIPALI**		**Castries**, Canaries
CONFINI	Isola delle **Piccole Antille**, tra a **N** l'isola della Martinica e a **S** quella di Saint Vincent				
NOTE	A Sud del Tropico del Cancro.				
SAINT VINCENT E GRENADINE					
GOVERNO		Monarchia costituzionale	**MONETA**		Dollaro dei Caraibi Orientali
LINGUA		Inglese e creolo-inglese	**CAPITALE**		Kingstown
CONFINI	Gruppo insulare delle **Piccole Antille**, formato dall'is. di Saint Vincent e dalle Grenadine sett.				
NOTE	A Sud del Tropico del Cancro.				
TRINIDAD E TOBAGO					
GOVERNO		Repubblica	**MONETA**		Dollaro di Trinidad e Tobago

(segue)

TRINIDAD E TOBAGO				
LINGUA		Inglese, creolo-inglese	**CAPITALE**	Port of Spain
CONFINI	**Isole** dell'Oceano Atlantico, al largo del Venezuela			
NOTE	Tra Tropico del Cancro ed Equatore.			

AMERICA LATINA – SUD AMERICA					
ARGENTINA					
GOVERNO		Repubblica federale	**MONETA**		Peso argentino
LINGUA		Spagnolo	**CAPITALE E CITTÀ PRINCIPALI**		**Buenos Aires**, Cordoba, Rosario, La Plata
CONFINI	**N** Bolivia, Paraguay; **NE** Brasile, Uruguay; **O** Cile; **E** Oceano Atlantico				
NOTE	Attraversata dal Tropico del Capricorno. La Cordigliera delle Ande segna il confine con il Cile - **Aconcagua** (6962 m). Famose: la **Pampa**, sterminata distesa pianeggiante; la **Mesopotamia** argentina, compresa tra i fiumi Paraná e Uruguay; la **Patagonia** con la Terra del Fuoco.				
BOLIVIA					
GOVERNO		Repubblica	**MONETA**		Boliviano
LINGUA		Spagnolo, quechua e aymarà	**CAPITALE E CITTÀ PRINCIPALI**		**La Paz e Sucre**, Santa Cruz de la Sierra; Cochabamba
CONFINI	**N** e **E** Brasile; **SE** Paraguay; **S** Argentina; **O** Cile, Perú.				
NOTE	Poco a Nord del Tropico del Capricorno. Insiste l'Altopiano della Bolivia. Cime delle Ande (Nevado Sajama, 6542 m; Illampu, 6421 m				
BRASILE					
GOVERNO		Repubblica federale	**MONETA**		Real brasiliano
LINGUA		Portoghese	**CAPITALE E CITTÀ PRINCIPALI**		**Brasilia**, São Paulo, Rio de Janeiro
CONFINI	**N** Guyana Francese, Suriname, Guyana, Venezuela, Colombia; **NO** e **O** Perú, Bolivia, Paraguay; **S** Argentina e Uruguay; **E** e **NE** si affaccia sull'Oceano Atlantico con 7491 km di coste				
NOTE	Attraversato a N dall'equatore e a S dal Tropico del Capricorno. Da ricordare: le pianure del Paraná, del Paraguay, dell'Amazzonia; l'altopiano del Brasile e l'altopiano del Mato Grosso. Fiume: **Rio delle Amazzoni** che sfocia nell'Oceano Atlantico.				
CILE					
GOVERNO		Repubblica	**MONETA**		Peso cileno

(segue)

CILE			
LINGUA	Spagnolo	**CAPITALE E CITTÀ PRINCIPALI**	**Santiago,** Puerto Montt, Puente Alto
CONFINI	**N** con il Perú, **NE** con la Bolivia, **E** con l'Argentina (il confine segue la catena andina); a **O** si affaccia sull'Oceano Pacifico		
NOTE	Attraversato dal Tropico del Capricorno. I monti principali sono Aconcagua (6962 m) e Ojos del Salado (6893 m), i fiumi il Loa e il Biobío.		
COLOMBIA			
GOVERNO	Repubblica presidenziale	**MONETA**	Peso colombiano
LINGUA	Spagnolo e chibcha	**CAPITALE E CITTÀ PRINCIPALI**	**Santa Fe de Bogotà,** Medellín, Cali, Cartagena
CONFINI	**NO** Panamá; **E** Venezuela, Brasile; **S** Perú, Ecuador; **N** Mar Antille; **O** Oc. Pacifico		
NOTE	Attraversato dall'Equatore. Monti principali: catena delle Ande.		
ECUADOR			
GOVERNO	Repubblica	**MONETA**	Dollaro USA
LINGUA	Spagnolo	**CAPITALE E CITTÀ PRINCIPALI**	**Quito,** Quenca**,** Santo Domingo de los Colorados
CONFINI	**N** con la Colombia, **E** e **S** con il Perú; a **O** si affaccia sull'Oceano Pacifico Comprende l'arcipelago di Colón (o delle Galápagos), nell'Oc. Pacifico		
NOTE	Attraversato dall'Equatore e da due catene montuose: la Cordillera Occidental e la Cordillera Real, con imponenti vulcani (Chimborazo, 6310 m).		
GUYANA			
GOVERNO	Repubblica presidenziale	**MONETA**	Dollaro della Guyana
LINGUA	Inglese e creolo-inglese	**CAPITALE E CITTÀ PRINCIPALI**	**Georgetown**, Linden, New Amsterdam
CONFINI	**NO** Venezuela; **E** Suriname; **S** e **SO** Brasile; **NE** Oceano Atlantico		
NOTE	Poco a Nord dell'Equatore.		
PARAGUAY			
GOVERNO	Repubblica	**MONETA**	Guarand
LINGUA	Spagnolo e guarani	**CAPITALE E CITTÀ PRINCIPALI**	**Asunciòn**, San Lorenzo, Luque
CONFINI	**N** Bolivia; **E** Brasile; **S** e **O** con l'Argentina		
NOTE	Attraversato dal Tropico del Capricorno. È solcato dal **fiume Paraguay**.		

(segue)

PERÙ					
GOVERNO		Repubblica	**MONETA**		Nuovo sol peruviano
LINGUA		Spagnolo e quechua	**CAPITALE E CITTÀ PRINCIPALI**		**Lima**, Arequipa, Trujillo
CONFINI	**N** Ecuador, Colombia; **E** Brasile; **SE** Bolivia; **S** Cile; **O** Oceano Pacifico				
NOTE	Adiacente a Sud alla linea dell'Equatore. Monti: **Cordigliera delle Ande** (Cordillera Occidental, Central e Oriental) con cime elevate (Huascarán, 6768 m).				
SURINAME					
GOVERNO		Repubblica	**MONETA**		Dollaro di Suriname
LINGUA		Olandese e creolo-inglese	**CAPITALE E CITTÀ PRINCIPALI**		**Paramaribo**, Lelydorp
CONFINI	**E** Guyana Francese; **S** Brasile; **O** Guyana; **N** Oceano Atlantico				
NOTE	Poco a Nord dell'Equatore.				
URUGUAY					
GOVERNO		Repubblica	**MONETA**		Peso uruguayano
LINGUA		Spagnolo	**CAPITALE E CITTÀ PRINCIPALI**		**Montevideo**, Salto, Paysandú
CONFINI	**N** e **E** Brasile; **O** Argentina; **SE** Oceano Atlantico				
NOTE	A Sud del Tropico del Capricorno. Fiume: Uruguay, confluendo nel Paraná, forma l'estuario del Río de la Plata.				
VENEZUELA					
GOVERNO		Repubblica federale	**MONETA**		Bolìvar
LINGUA		Spagnolo e Caribe	**CAPITALE E CITTÀ PRINCIPALI**		**Caracas,** Maracaibo, Valencia
CONFINI	**E** Guyana; **S** Brasile; **O** Colombia; **N** Mar delle Antille, Oceano Atlantico				
NOTE	Poco a Nord dell'Equatore. Monti: Sierra de Perijá e Cordillera de Mérida (Pico Bolívar, 5007 m), che racchiudono la depressione di **Maracaibo** e il lago omonimo.				

4.4 Oceania

Eccetto l'Antartide, è stato il continente scoperto per ultimo dagli europei. L'ONU divide l'Oceania nelle seguenti macroregioni: **Australia** (isola più grande della Terra) e **Nuova Zelanda**; **Micronesia**; **Melanesia**; **Polinesia**.
È situata quasi per intero nell'emisfero australe, è bagnata dall'**Oceano Pacifico** (con i Mari: degli Arafura, dei Coralli, di Tasman) e dall'**Oceano Indiano**.

SCHEDA RIEPILOGATIVA OCEANIA					
SUPERFICIE	8.944.697 * kmq	ABITANTI	34.690.000 * ab. circa	DENSITÀ	4* ab./kmq
Città più popolata		Sydney		4.050.000 * ab. (aggl.U)	
Nazione più estesa		Australia		7.692.024 kmq	
Monte più alto		Puncak Jaya		5030 m	
Fiume più lungo		Darling		2740 km	
Lago più esteso		Eyre		9.500 kmq	
Isola più estesa		Marajo		785.000 kmq	

* Fonte: Global geografia

Tra le catene montuose di questo continente ricordiamo: **Monti Bismarck** (Wilhelm m 4.509), **Monti Saruwaged** (Bangeta m 4.121), *Monti Owen Stanley* e *Catena Centrale* in Papua Nuova Guinea, *Alpi Meridionali* in nuova Zelanda e la *Grande Catena Divisoria* in Australia.

Dati principali dell'Oceania

RILIEVI PRINCIPALI			
CATENA	**MONTE**	**METRI**	**PAESE**
Sudirman	Puncak Jaya	4.884	Nuova Guinea (Indonesia, ma fisicamente dell'Oceania)
Monti Bismark	Wilhelm	4.509	Papua Nuova Guinea
	Giluwe	4.368	
Mauna Kea	Mauna Kea (Vulcano)	4.205	Hawai-Usa
Haleakala	Haleakala	3.055	
Monti Saruwaged	Bangeta	4.121	Papua Nuova Guinea
Monti Owen Stanley	Victoria	4.072	
	Suckling	4.377	
Alpi Meridionali (Neozelandesi)	Aoraki (Cook)	3.754	Nuova Zelanda
	Aspiring	3.033	
Alpi Australiane (Monti Nevosi - Grande Catena Divisoria)	Monte Kosciuszko	2.228	Australia

FIUMI PRINCIPALI		
FIUME	**KM**	**PAESE**
Murray-Darling	3.672	Australia
Murray	2.375	
Murrumbidgee	1.485	
Darling	1.472	
Lachlan	1.339	
Sepik	1.126	Papua Nuova Guinea
Cooper Creek	1.113	Australia
Fly	1.050	Papua Nuova Guinea/Indonesia
Flinders	1.004	Australia
Macquarie	950	
Diamantina	941	
Gascoyne	800	
Burdekin	680	
Dawson	640	

I principali **bacini fluviali** espressi in kmq sono rappresentati da: **Gran Bacino-Eyre** (1.140.000), **Murray-Darling** (1.050.100).
L'Oceania è un continente povero di **laghi**, i principali espressi in kmq, sono: **Eyre** (9.690), **Torrens** (5.745); **Gairdner** (4.351) in Australia; Taupo (622) in Nuova Zelanda.

CASCATE PRINCIPALI					
CASCATA	**METRI**	**PAESE**	**CASCATA**	**METRI**	**PAESE**
Browne	836	Nuova Zelanda	Wallaman	268	Australia
Waihilau	792	Hawaii-USA	Helena	221	Nuova Zelanda
Sutherland	580	Nuova Zelanda	Jim Jim Falls	213	Australia
Tully	293	Australia	Wentworth	187	Australia
Humboldt	275	Nuova Zelanda	Akaka	129	USA

ISOLE PRINCIPALI		
ISOLA	**KMQ CA**	**PAESE**
Nuova Guinea	785.000	Papua Nuova Guinea/Indonesia
Isola del Sud	151.200	Nuova Zelanda
Isola del Nord	113.700	
Tasmania	62.400	Australia
Nuova Britannia (A. di Bismarck)	36.500	Papua Nuova Guinea
Nuova Caledonia	16.400	Francia
Viti Levu	10.497	I. Figi
Isola di Hawaii	10.400	Usa
Bougainville (I. Solomone)	9.300	Papua Nuova Guinea
Nuova Irlanda (A. di Bismarck)	8.650	Papua Nuova Guinea

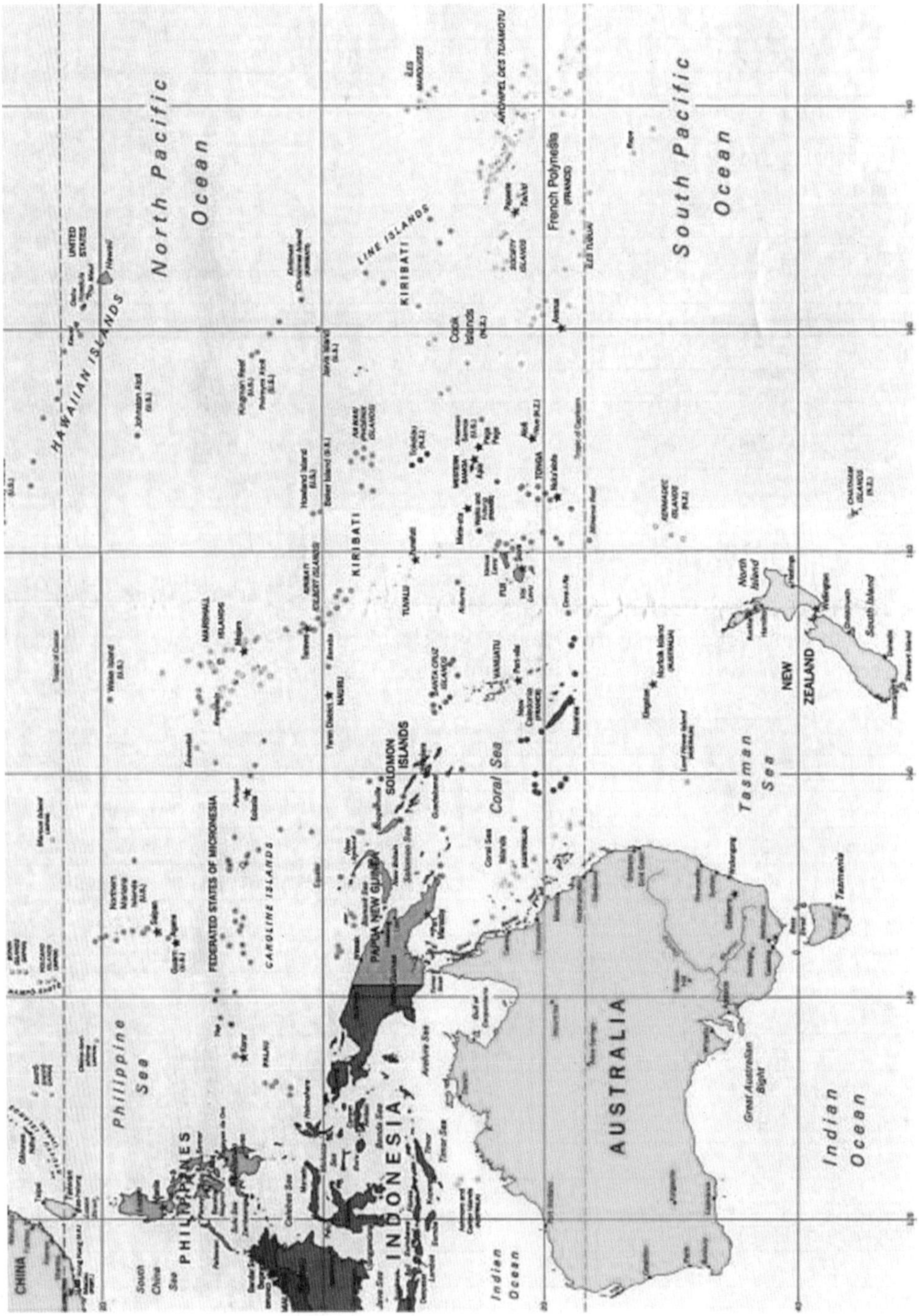
CHINA
South China Sea
PHILIPPINES
Philippine Sea
North Pacific Ocean
HAWAIIAN ISLANDS
FEDERATED STATES OF MICRONESIA
CAROLINE ISLANDS
MARSHALL ISLANDS
KIRIBATI
LINE ISLANDS
INDONESIA
PAPUA NEW GUINEA
SOLOMON ISLANDS
TUVALU
Cook Islands
French Polynesia
Coral Sea
AUSTRALIA
Great Australian Bight
Indian Ocean
Tasman Sea
NEW ZEALAND
South Pacific Ocean

I **principali deserti** sono situati in Australia: **Grande Deserto Sabbioso** (390.000 kmq) e Simpson Desert (100.000 kmq).
I principali **agglomerati urbani**, con abitanti circa, sono: **Sydney** (4.391.674), Melbourne (3.999.980), Brisbane (4.434.000), Adelaide (1.225.235) in Australia; **Auckland** (1.397.300) in Nuova Zelanda.

Suddivisione politica dell'Oceania

L'Oceania attualmente comprende **14 Stati** di seguito elencati evidenziando alcuni dati di particolare interesse per i partecipanti ai concorsi, quali: ordinamento politico, confini, capitale e altre città più rilevanti, lingue e monete ufficiali. Di particolare importanza le note che riportano notizie interessanti.

AUSTRALIA E NUOVA ZELANDA					
AUSTRALIA					
GOVERNO		Stato federale	MONETA		Dollaro australiano
LINGUA		Inglese	CAPITALE E CITTÀ PRINCIPALI		**Canberra**, Sydney, Brisbane, Gold Coast
CONFINI	Circondata dal mare. **N** e **E** Oceano Pacifico (Mare degli Arafura, Mar dei Coralli, Mar di Tasman); **S** e **O** Oceano Indiano				
NOTE	Attraversato dal Tropico del Capricorno. Rilievi: Grande Catena Divisoria, Alpi Australiane (Monte Kosciuszko, 2229 m).				
NUOVA ZELANDA					
GOVERNO		Monarchia costituzionale	MONETA		Dollaro neozelandese
LINGUA		Inglese e maori	CAPITALE E CITTÀ PRINCIPALI		**Wellington**, Auckland, Christchurch
CONFINI	Arcipelago dell'Oceano Pacifico meridionale, affacciato a **O** al Mar di Tasman				
NOTE	È formato da due grandi isole, separate dallo **Stretto di Cook**, e da numerose isole minori l'Isola del Sud è attraversata dalle Alpi Meridionali la cui massima elevazione è il monte Cook (3754 m). Molti i fenomeni di vulcanismo (geyser).				

MELANESIA					
FIGI					
GOVERNO		Repubblica	MONETA		Dollaro figiano
LINGUA		Figiano e Inglese	CAPITALE E CITTÀ PRINCIPALI		**Suva**, Nasinu, Nadi, Lami
CONFINI	**Arcipelago dell'Oceania** nell'Oc. Pacifico sudocc., che racchiude il Mare di Koro				
NOTE	Poco sopra del tropico del Capricorno. Isole princ.: Viti Levu, Vanua Levu.				

(segue)

SALOMONE				
GOVERNO	Monarchia costituzionale	**MONETA**		Dollaro delle Isole Salomone
LINGUA	Inglese, lingue loc.	**CAPITALE E CITTÀ PRINCIPALI**		**Honiara**, Gizo, Noru, Taro
CONFINI	**Arcipelago** della Melanesia (Oc. Pacifico merid.), a **E** della Nuova Guinea			
NOTE	Tra Equatore e Tropico del Capricorno. Formato dalle isole di Guadalcanal, Malaita, Santa Isabel, Choiseul e altre minori.			
PAPUA NUOVA GUINEA				
GOVERNO	Monarchia costituzionale	**MONETA**		Kina
LINGUA	Inglese e dialetti papuani	**CAPITALE E CITTÀ PRINCIPALI**		**Port Moresby**, Lae, Arawa, Mendi, Kimbe
CONFINI	Costituito dall'**Isola** Nuova Guinea e da atolli minori, nell'Oceano Pacifico meridionale			
NOTE	Poco a Sud dell'Equatore.			
VANUATU				
GOVERNO	Repubblica	**MONETA**		Vatu
LINGUA	Bislama, inglese e francese	**CAPITALE**		Port Vila
CONFINI	**Arcipelago** dell'Oceano Pacifico, nella Melanesia			
NOTE	Sul Tropico del Capricorno.			

MICRONESIA				
MARSHALL				
GOVERNO	Repubblica	**MONETA**		Dollaro USA
LINGUA	Inglese	**CAPITALE E CITTÀ PRINCIPALI**		**Majuro,** Delap-Uliga-Djarrit
CONFINI	**Arcipelago** dell'Oceano Pacifico, nella Micronesia			
NOTE	Poco a Nord dell'Equatore. Formata dalle isole Ratak e Ralik. Gli atolli princ.: Jaluit, Kwajalein, Enewetak e Bikini.			
KIRIBATI				
GOVERNO	Repubblica	**MONETA**		Dollaro australiano
LINGUA	Gilbertese e inglese	**CAPITALE E CITTÀ PRINCIPALI**		**Bairiki**, Betio, Bikenibeu
CONFINI	**Arcipelago** dell'Oceano Pacifico			

(segue)

KIRIBATI					
NOTE	A cavallo dell'Equatore. Formata da: is.Gilbert, is. Ocean (Banaba), is. della Fenice e dalle Line Islands (Sporadi Equatoriali) con **Christmas**, il più grande atollo del Pacifico.				
MICRONESIA					
GOVERNO		Repubblica federale	**MONETA**		Dollaro USA
LINGUA		Inglese	**CAPITALE E CITTÀ PRINCIPALI**		**Palikir**, Weno
CONFINI	**Arcipelago** dell'Oceano Pacifico				
NOTE	A Nord dell'Equatore. Comprendente le isole Caroline Orientali e le isole Yap.				
NAURU					
GOVERNO		Repubblica	**MONETA**		Dollaro australiano
LINGUA		Nauruano e inglese	**CAPITALE**		Yaren
CONFINI	Atollo dell'Oceano Pacifico, a **O** delle Isole Gilbert				
NOTE	È lo stato insulare più piccolo al mondo.				
PALAU					
GOVERNO		Repubblica	**MONETA**		Dollaro USA
LINGUA		Paluano e inglese	**CAPITALE E CITTÀ PRINCIPALI**		**Koror**, Meyuns, Airai
CONFINI	**Gruppo insulare** dell'Oceano Pacifico, nella Micronesia, il più occidentale dell'arcipelago delle Caroline, poco a Nord dell'Equatore				
NOTE	È composto da 7 isole maggiori (tra cui Babeldaob e Koror, collegate tra loro da un ponte) e da circa 300 altre isole minori.				

POLINESIA					
SAMOA					
GOVERNO		Repubblica parlamentare	**MONETA**		Tala
LINGUA		Samoano e inglese	**CAPITALE E CITTÀ PRINCIPALI**		**Apia**, Vaitele, Faleasi'u
CONFINI	Sezione occ. dell'**arcip. delle Samoa**, nell'Oc. Pacifico centro-meridionale				
NOTE	Comprende le is. di Savaii e di Upolu e alcuni isolotti.				
TONGA					
GOVERNO		Monarchia costituzionale	**MONETA**		Pa'anga

(segue)

LINGUA		Tongano e inglese	CAPITALE E CITTÀ PRINCIPALI		**Nuku'alofa**, Vaini, Pea
CONFINI	**Arcipelago** dell'Oceano Pacifico meridionale				
NOTE	Costituito da 150 isole e isolotti di natura vulcanica o corallina.				
TUVALU					
GOVERNO		Monarchia costituzionale	MONETA		Dollaro australiano
LINGUA		Tuvaluano, inglese	CAPITALE E CITTÀ PRINCIPALI		**Vaiaku**, Alapi, Teone, Fongafale
CONFINI	**Arcipelago** dell'Oceano Pacifico				
NOTE	Situato poco a S dell'Equatore tra le isole Gilbert e le isole Samoa				
Sono dipendenze USA: Guam, Marianne Sett., Johnston, Samoa Americane. Sono dipendenze francesi: Nuova Caledonia, Polinesia Francese, Wallis e Futuna.					

4.5 Antartide

È il continente più recente, quasi interamente ricoperto di ghiaccio sotto la quale non si trova la terra ferma, ad eccezione della fascia costiera in cui è possibile scorgere muschi e licheni. Si estende per 13.00.000 Kmq ca superando per superficie l'Europa e l'Oceania. Il suo territorio è occupato da una catena montuosa lunga circa 3 mila Km. Politicamente è suddiviso in settori di influenza attribuiti a vari Stati.

4.6 Commonwealth

Il **Commonwealth** è una organizzazione intergovernativa di 54 Stati sovrani e indipendenti che cooperano per l'interesse comune dei loro popoli e per la pace nel mondo.
I Paesi membri sono stati quasi tutti sotto il dominio diretto o indiretto della Gran Bretagna. L'associazione non ha prerogative sovranazionali in alcun Paese membro, anche se il presidente dell'organizzazione, riconosciuto come "simbolo della libera associazione" dai suoi membri, è la **regina Elisabetta II**.
L'organizzazione si propone, ancora oggi, di integrare e far cooperare tra loro **realtà economiche** molto diverse sulla base dell'uguaglianza di tutti i membri. Oltre alla finalità economica, il Commonwealth persegue anche **scopi sociali**, come la promozione della democrazia e il rispetto dei diritti umani, il miglioramento del sistema educativo, soprattutto nei Paesi meno sviluppati, la lotta alla povertà e ad alcune malattie.
L'organo più importante del Commonwealth è il **Consiglio dei capi di governo**, che si riunisce ogni 2 anni e stabilisce le linee di politica generali e gli obiettivi dell'organizzazione. Il **Gruppo di azione ministeriale** del Commonwealth è invece composto da 9 ministri degli esteri di Paesi membri a rotazione e delinea le politiche e fa raccomandazioni per le azioni collettive dell'organizzazione. Il **Segretariato** è l'organo esecutivo del Commonwealth, dà assistenza tecnica e si occupa di sviluppare le politiche decise in seno al Consiglio dei capi di governo.

PAESI DEL COMMONWEALTH	
PAESE (ANNO)	**PAESE (ANNO)**
Regno Unito (1931)	Mauritius (1968)
Canada (1931)	Swaziland (1968)
Sudafrica (1994)	Figi (1970)
Australia (1942)	Samoa (1970)
India (1947)	Tonga (1970)
Nuova Zelanda (1947)	Bangladesh (1972)
Pakistan (1947)	Bahamas (1973)
Sri Lanka (1948)	Grenada (1974)
Ghana (1957)	Papua Nuova Guinea (1975)
Malaysia (1957)	Seychelles (1976)
Nigeria (1960)	Rep. Dominicana (1978)
Cipro (1961)	Isole Salomone(1978)
Sierra Leone (1961)	Tuvalu (1978)
Giamaica (1962)	Kiribati (1979)
Trinidad e Tobago (1962)	Saint Vincent e Grenadine (1979)
Uganda (1962)	Saint Lucia (1979)
Kenya (1963)	Vanuatu (1980)
Malawi (1964)	Antigua e Barbuda (1981)
Malta (1964)	Belize (1981)
Tanzania (1964)	Maldive (1982)
Zambia (1964)	Saint Kitts e Nevis (1983)
Gambia (1965)	Brunei (1984)
Singapore (1965)	Namibia (1990)
Barbados (1966)	Camerun (1995)
Botswana (1966)	Mozambico (1995)
Guyana (1966)	Nauru (1999)
Lesotho (1966)	Ruanda (2009)

Capitolo 5
Geografia astronomica

5.1 Il sistema geocentrico e il sistema eliocentrico

TEORIE ASTRONOMICHE
Tolemaica o **geocentrica**. Nel II secolo d.C., l'astronomo greco Claudio Tolomeo, vissuto ad Alessandria d'Egitto, ipotizzò che la Terra fosse al centro dell'Universo e che il Sole, la Luna, i pianeti e le stelle ruotassero intorno ad essa
Copernicana o **eliocentrica**. Nel 1543 il polacco Niccolò Copernico, nella sua opera *Sulle orbite dei corpi celesti*, propose una nuova teoria, detta **copernicana** o **eliocentrica**, secondo la quale tutti i pianeti, Terra compresa, si muovevano intorno al Sole percorrendo delle orbite circolari

Alcuni anni dopo, il tedesco ***Giovanni Keplero*** (1571-1630) corresse la teoria di Copernico, dimostrando che il movimento dei pianeti intorno al Sole era ellittico e non circolare.
Galileo Galilei, mediante l'uso del suo telescopio, raccolse prove indiscutibili a favore della teoria copernicana e, nel 1632, pubblicò il *Dialogo sui massimi sistemi* nel quale metteva a confronto il sistema geocentrico con quello eliocentrico, sostenendo la validità di quest'ultimo.
La Terra ha una forma non perfettamente sferica (come invece sosteneva Pitagora, nel V sec. a.C.), ma presenta uno schiacciamento ai poli e un rigonfiamento all'equatore, dove ha un raggio di 6378 km. Questa sua forma è data dal movimento di rotazione che essa compie intorno al proprio asse. Inoltre è stato dimostrato che il centro della Luna e della Terra ruotano intorno a un punto immaginario (baricentro) all'interno di quest'ultima. Ne deriva che i due pianeti vengono considerati un unico sistema che ruota intorno al Sole.

5.2 La Terra e i suoi movimenti

MOVIMENTI DELLA TERRRA
Movimento di rotazione. È il movimento della Terra, da ovest verso est, effettuato attorno al proprio asse che dura **24 ore**; viene chiamato **giorno solare** e determina l'alternarsi del *giorno* e della *notte. La velocità di rotazione intorno al Sole non è costante.* La sua forma sferica impedisce ai raggi paralleli del Sole di coprire tutta la superficie terrestre; di conseguenza una metà (*emisfero*) viene illuminata ed è giorno, mentre l'altra resta al buio ed è notte. La superficie illuminata e quella al buio del pianeta sono separate da un *circolo massimo detto di illuminazione*. Le particelle e i gas presenti nell'atmosfera, inoltre, sfumano i raggi solari, determinando le due fasi intermedie del giorno, chiamate *alba* (mattino) e *crepuscolo* (sera)
Movimento di rivoluzione. È il movimento effettuato dalla Terra, così come dagli altri pianeti del sistema solare, intorno al Sole descrivendo un'orbita ellittica compiuto in circa 365 giorni (**anno solare**). Contemporaneamente ruota intorno al proprio asse inclinato di 67° (inclinazione che si mantiene costante) rispetto al piano dell'orbita, detto piano d'eclittica

La posizione della Terra (ma anche di altri pianeti), quando la sua distanza orbitale dal Sole è massima, si chiama Afelio. Il clima della Terra e l'alternarsi delle stagioni dipendono dall'inclinazione dell'asse terrestre rispetto al piano dell'eclittica. L'inclinazione dell'asse terrestre (di circa 23°) durante il moto di rivoluzione comporta infatti una durata diversa del periodo di illuminazione nelle varie zone del pianeta e, di conseguenza, anche un diverso periodo di riscaldamento, che si manifesta con l'alternarsi delle stagioni. A metà strada fra i due poli l'equatore divide la Terra in due emisferi (settentrionale e meridionale).

SOLSTIZI ED EQUINOZI
Solstizio d'estate. Si verifica il ***21 giugno*** quando il Polo Nord ha la sua massima inclinazione verso il Sole: nell'emisfero settentrionale è estate. In questo giorno la regione a Nord del Circolo Polare Artico è illuminata per 24 ore, mentre l'altra rimane buia per tutto il tempo
Equinozio d'autunno. Si verifica il ***23 settembre***. Dopo il solstizio d'estate, nell'emisfero Nord le ore di luce cominciano a diminuire fino a tale giorno, quando la durata del giorno è uguale a quella della notte. A questo punto, nell'emisfero Sud comincia la primavera, mentre a Nord l'autunno
Solstizio d'inverno. Si verifica il ***22 dicembre*** quando le ore di luce diminuiscono ulteriormente. Nell'emisfero meridionale la regione del Circolo Polare Antartico viene illuminata dal Sole per 24 ore e inizia l'estate, mentre nell'Artico avviene il processo inverso ed è inverno
Equinozio di primavera. Si verifica il ***21 marzo***. Nei due emisferi la durata del giorno e della notte è la medesima

5.3 La Luna ed i suoi movimenti

La Luna è l'*unico satellite naturale* della Terra.

<table>
<tr><th colspan="2">MOVIMENTI DELLA LUNA</th></tr>
<tr><td colspan="2">Movimento di rotazione. È il movimento effettuato intorno al proprio asse ed avviene sempre da Ovest verso Est. Dura poco più di 27 giorni e 7 ore.</td></tr>
<tr><td rowspan="2">Movimento di rivoluzione. È il suo movimento effettuato intorno alla Terra (velocità 1 km/sec circa); ha la stessa durata del movimento di rotazione il che spiega perché la Luna rivolge a quest'ultima sempre la stessa faccia. Il tempo necessario per compiere una rivoluzione completa si chiama mese sinodico. Nel corso del movimento di rivoluzione della Luna, i due pianeti non si trovano sempre alla stessa distanza</td><td>Perigeo: punto più vicino alla Terra descritto dalla sua orbita (velocità più elevata)</td></tr>
<tr><td>Apogeo: punto più lontano alla Terra descritto dalla sua orbita (velocità più bassa)</td></tr>
<tr><td colspan="2">Movimento di traslazione. È il movimento effettuato, insieme alla Terra, intorno al Sole. Il movimento di traslazione della Luna intorno al Sole si effettua nello stesso senso e con la medesima velocità con cui la Terra compie il suo moto di rivoluzione. Tale moto determina le fasi lunari, cioè le diverse posizioni che la Luna assume nei confronti della Terra e del Sole. Le fasi sono determinate dalla forza di gravità che la Terra esercita sulla Luna</td></tr>
</table>

5.3.1 Mese lunare

È il tempo che la Luna impiega a percorrere la sua orbita intorno alla Terra ed è di 29 giorni e mezzo, durante il quale si susseguono le 4 fasi lunari seguenti: luna nuova, primo quarto, luna piena, ultimo quarto. La Luna non ha luce propria ma, come gli altri pianeti, riflette i raggi solari; a seconda dell'intensità di luce che il Sole le trasmette, si presenta alla Terra in siffatti modi.

5.3.2 Maree

La forza di attrazione tra la Terra e la Luna (con un'influenza minima anche da parte del Sole) determina la bassa e l'alta marea. La forza di gravità della Luna fa sollevare le acque del mare in due parti diverse della Terra, determinando l'alta marea diretta (punto rivolto verso la Luna) e l'alta marea indiretta (punto opposto). Ogni alta o bassa marea dura circa 6 ore e 12 minuti.

5.3.3 Le eclissi

Quando il Sole, la Terra e la Luna sono perfettamente allineati, si verifica il fenomeno dell'eclissi, per cui uno dei tre appare parzialmente o totalmente oscurato.

ECLISSI
Eclissi di Luna. La Terra si interpone fra Sole e Luna coprendo questa in parte o per intero
Eclissi di Sole. La Luna si interpone fra il Sole e la Terra, la sua ombra impedisce ai raggi solari di raggiungere il nostro pianeta. Quest'ultimo è un fenomeno molto raro, che interessa solo le parti su cui la Luna proietta la sua ombra; inoltre può capitare di assistere a un'*eclissi parziale*, pertanto il pianeta interessato può rimanere soltanto in parte oscurato

Occorre Sapere

La **selenografia** è lo studio della superficie lunare.
La **superficie lunare** ha dei crateri, montagne e i cosiddetti mari, che sono delle distese di rocce levigate e scure. I crateri sulla Luna sono presenti su tutta la superficie.
Si pensa che possa trovarsi del **ghiaccio** sulla Luna nei crateri vicini ai poli lunari.
L'**atmosfera** della Luna è costituita da atomi derivanti dal degassamento e dal vento solare, che viene brevemente catturato dalla gravità lunare.
Durante la fase di **Luna Nuova** il satellite della Terra non è visibile.
Si verifica il **plenilunio** quando la Luna è in opposizione.
L'**Apollo 11** con a bordo l'astronauta Neil Armstrong arrivò sulla Luna nel 1969.
I primi esseri umani a sbarcare sulla Luna furono **Neil Armstrong** e **Buzz Aldrin**.
Sulla Luna giungono al suolo molte più **meteoriti** che sulla Terra perché la Luna non ha un'atmosfera che la Terra invece possiede.

5.4 Il Sole

Il Sole è al centro del nostro sistema ed è una stella. Dista dal pianeta Terra circa 150 milioni di km e tale distanza viene considerata come un'unità astronomica (UA). L'***anno luce*** è la distanza fra questi e le altre stelle e rappresenta il tratto percorso da un raggio di luce in un anno, alla velocità di circa 300.000 km/s.
Il Sole ha un diametro e una massa rispettivamente di 109 e 333.420 volte quelli della Terra; è composto principalmente da idrogeno ed elio e la sua temperatura di superficie è circa 5.600 °C. Quella, invece, raggiunta al centro è di 15 milioni di °C. Questo calore così elevato dipende dal processo di fusione nucleare di 4 nuclei di idrogeno, che dà luogo a 1 nucleo di elio, e

avviene all'interno del Sole (*nucleo*).
L'energia si trasmette per irraggiamento e per convezione dal centro alla superficie *(fotosfera)*, che emette radiazioni a noi visibili, dette appunto radiazioni visibili. Sulla stessa fotosfera si possono talvolta scorgere zone più scure, generate da vortici di gas di temperatura minore, che vengono chiamate *macchie solari*.
Uno strato sottile e colorato *(cromosfera)*, visibile solo durante l'eclisse, segna il confine fra la fotosfera e la zona più esterna dell'atmosfera solare *(corona)*.

5.5 I pianeti del sistema solare

Un pianeta è un **corpo celeste che orbita attorno ad una stella** (ma che non produce energia tramite fusione nucleare, ovvero non è esso stesso una stella) **la cui massa è sufficiente a conferirgli una forma sferoidale e la cui fascia orbitale è priva di eventuali corpi di dimensioni confrontabili o superiori**. Tale definizione è entrata ufficialmente nella nomenclatura astronomica il 24 agosto 2006, con la sua promulgazione ufficiale da parte dell'*Unione Astronomica Internazionale*. In precedenza non esisteva una definizione precisa, ma un'atavica indicazione (derivante dall'antica astronomia greca) per cui si considerava pianeta qualunque corpo celeste, dotato di massa significativa, che muovesse su orbite fisse.
I pianeti del sistema solare sono otto, divisibili in due gruppi: pianeti di tipo **terrestre** o **interni** (che hanno una densità sempre maggiore di quelli di tipo gioviano) e pianeti **giganti** o **esterni**, più grandi e lontani dal Sole.
I primi, che hanno un moto di rivoluzione più veloce, sono costituiti da materiale roccioso pesante (cd. Pianeti rocciosi o tellurici), mentre i secondi hanno una consistenza più leggera, formata principalmente di idrogeno e elio. Ad eccezione della Terra, tutti i pianeti possiedono nomi derivati dalla mitologia romana.

Occorre Sapere

I pianeti extrasolari sono stati **scoperti** alla fine del XX secolo d.C.
Le **rotazioni** dei pianeti intorno al Sole descrivono orbite ellittiche.
I pianeti che girano intorno al Sole **non brillano di luce propria**.

PIANETI (IN ORDINE DI DISTANZA DAL SOLE)
INTERNI O TERRESTRI
Mercurio. È il pianeta più vicino al Sole, pertanto difficilmente visibile di giorno. La sua superficie, come la Luna, è disseminata di crateri, a causa di numerosi impatti di asteroidi evidenziati ancora di più dalla mancanza di atmosfera. Inoltre, la sua escursione termica è la più elevata del sistema solare. È sprovvisto di satelliti. Il pianeta Mercurio compie un movimento di rotazione intorno al suo asse di 59 giorni. Le temperature che raggiunge sul lato esposto al Sole e su quello non esposto sono: sul lato esposto 425°C e su quello opposto -175°C
Venere. È un pianeta caratterizzato dalla presenza di nubi, con una temperatura rovente, sconquassato continuamente da piogge acide, fulmini e fortissimi venti. Ha una rotazione opposta rispetto a quella della maggior parte dei pianeti, compreso la Terra (il suo movimento è detto retrogrado) ed è l'astro più luminoso, visibile in cielo all'alba e al tramonto. Sul pianeta Venere un giorno dura più di un anno perché la rotazione del pianeta è molto lenta. Infatti, compie un movimento di rotazione su se stesso in 243 giorni. Ha un periodo orbitale di circa 225 giorni. È il pianeta più simile alla Terra. Benché fosse difficile vedere la superficie del pianeta, grazie ad alcuni radar, si è potuto verificare l'esistenza di pianure ondulate, rocce basaltiche, e due altipiani simili. L'atmosfera di Venere è composta

(segue)

PIANETI (IN ORDINE DI DISTANZA DAL SOLE)
principalmente da anidride carbonica. La prima sonda lanciata su Venere fu l'americana Mariner 2 nel 1962. La massima temperatura raggiunta da Venere durante il giorno è 480 °C. Venere è un *pianeta caldo* a causa della sua atmosfera, composta principalmente da anidride carbonica
Terra
Marte (pianeta rosso). Si trova lontano dal Sole e per questo motivo, osservato al telescopio, si presenta con due calotte polari formate in parte di ghiaccio, in parte da anidride carbonica allo stato solido (ghiaccio secco). L'atmosfera rarefatta di Marte è composta principalmente da anidride carbonica. Il tempo di rivoluzione del pianeta Marte intorno al Sole è di 687 giorni. Qui la durata del giorno è uguale a quello della Terra; vi si trova il più grande vulcano estinto del sistema solare: il *Monte Olimpo*, alto più di 25.000 m e con un diametro di 700 km. Marte non ha alcuna forma di vita; ha 2 satelliti di forma irregolare chiamati ***Deimos*** e ***Phobos*** ("panico" e "paura"). Tra gli asteroidi della fascia tra Marte e Giove il primo ad essere scoperto fu Cerere. Sulla superficie di Marte sono presenti canyon molto ampi e vulcani di grandi proporzioni; sono inoltre ancora in atto processi di modellamento, soprattutto ad opera del vento. Ai poli di Marte sono visibili due calotte di ghiaccio che si allargano e si restringono durante l'anno. La temperatura su Marte è sempre più bassa rispetto a quella sulla Terra
ESTERNI O GIGANTI
Giove. È il *più grande pianeta*, con la tipica grande macchia rossa. Il suo diametro equatoriale è compreso tra i 130.000 e 150.000 km (quello della Terra è compreso tra 12.000 e 13.000 km). Il suo campo magnetico, rispetto a quello terrestre, è 14 volte più intenso. Intorno a Giove ruotano 69 satelliti, 4 dei quali (i più grandi: ***Ganimede*** - il più grande di tutto il sistema solare - ***Io***, ***Europa***, ***Callisto***) sono noti come "*Satelliti Medicei*", in quanto Galileo Galilei ne volle intitolare la scoperta a Cosimo II de' Medici. Al suo interno Giove raggiunge una temperatura di circa 30.000 °C irradiando nello spazio un calore che è il doppio di quello del Sole
Saturno. 2° pianeta per massa e dimensioni, è circondato, all'equatore, da numerosi anelli concentrici luminosi, formati da miliardi di frammenti di rocce e ghiaccio su cui si riflettono i raggi solari. Gli è stato dato, per questa suggestiva caratteristica, l'appellativo di *"Signore degli anelli"*. È stato esplorato dal 1997 dalla sonda Cassini. Ha 56 satelliti, fra i quali ***Titano*** (il più grande, ha una densità notevole e si comporta come un pianeta), ***Giapeto***, ***Rhea***
Urano. Il suo asse di inclinazione è particolare facendolo sembrare inclinato su un fianco. È stato scoperto nel 1781 da Herschel. Il suo nucleo è roccioso. È circondato da 10 anelli concentrici, ma molto rarefatti e poco luminosi, da essere poco visibili al telescopio. L'atmosfera di Urano è composta principalmente da idrogeno, elio e metano. Il tempo di rivoluzione di Urano intorno al Sole è di 84 anni. Ha circa 15 satelliti (portano nomi derivati da personaggi delle opere di Shakespeare), dei quali soltanto i 5 più grandi sono visibili dalla Terra: ***Titania***, ***Oberon***, ***Ariel***, ***Umbriel*** e ***Miranda***
Nettuno. È il pianeta gassoso più distante dal Sole e si trova a un miliardo di km oltre l'orbita di Urano. L'atmosfera di Nettuno è verde-azzurro. Per compiere una rotazione completa intorno al Sole, impiega circa 165 anni. Orbita 30 volte più lontano della Terra. All'equatore 20 anelli non completi circondano il pianeta, inoltre ha 13 satelliti, di cui ***Tritone*** è più grande del pianeta Plutone

Le orbite descritte dai pianeti intorno al Sole sono determinate dalla forza di attrazione gravitazionale.

Occorre Sapere

La **forza di attrazione gravitazionale** tiene legati i pianeti al Sole.
Mercurio, Venere, Marte, Giove e Saturno sono gli unici pianeti del Sistema Solare ad essere **visibili ad occhio nudo dalla Terra**.
I **pianeti gassosi** sono composti da un nucleo roccioso circondato da un mantello liquido, a sua volta ricoperto da uno spesso strato di gas.
I **pianeti di ghiaccio** sono composti da un nucleo di roccia, ricoperto da uno strato di ghiaccio, il tutto circondato da un'atmosfera.

5.5.1 Pianeta nano

Il pianeta nano è un corpo celeste di tipo planetario orbitante attorno ad una stella e caratterizzato da una massa sufficiente a conferirgli una forma sferoidale, ma che non è stato in grado di "ripulire" la propria fascia orbitale da altri oggetti di dimensioni confrontabili.
Nonostante il nome, un pianeta nano *non* è necessariamente più piccolo di un pianeta. In teoria non vi è limite alle dimensioni dei pianeti nani. La classe dei pianeti è distinta da quella dei pianeti nani, e non comprende quest'ultima.
Il termine pianeta nano è stato introdotto ufficialmente nella nomenclatura astronomica il 24 agosto 2006 da un'assemblea dell'Unione Astronomica Internazionale.
Attualmente rientrano nella categoria dei pianeti nani i 5 corpi celesti orbitanti intorno al Sole: *Cerere* (1801), *Plutone* (1930), *Eris* (2005), Makemake (2005) e Haumea (2005).
Plutone dal 1930 al 2006 era considerato pianeta, il più piccolo, più distante dal Sole. Nel 2006, invece, è stato riclassificato come *pianeta nano*. È un corpo celeste più piccolo della Luna. Si ipotizza che Plutone sia una grossa sfera di polvere, silicati e gas congelati. L'atmosfera di Plutone è composta principalmente da metano gassoso. La sua temperatura superficiale è di -236 °C. Plutone ha 5 satelliti naturali, *Caronte*, *Notte*, *Idra*, *Cerbero* e *Stige*.

5.5.2 Altri corpi celesti

Oltre ai pianeti e ai satelliti, intorno al Sole orbitano anche altri corpi minori, quali le comete, le meteore, i meteoriti e gli asteroidi.

COMETE
Sono corpi solidi del sistema solare in rotazione intorno al Sole. Le comete sono costituite da masse di gas congelati, frammenti di materiale roccioso e polvere cosmica. Hanno orbite ellittiche molto allungate e possono essere visibili dalla Terra a intervalli di tempo regolari. Le orbite che compiono arrivano persino a superare Plutone. Se l'orbita è relativamente corta, gli intervalli di tempo sono brevi, mentre al contrario la cometa impiega molti più anni prima di attraversare nuovamente la parte interna del nostro sistema solare. Ad ogni passaggio intorno al Sole le comete perdono una parte di massa. Una delle più celebri è la **cometa di Halley**, dal suo scopritore, astronomo inglese, Edmund Halley che studiandone l'orbita preannunciò la sua ricomparsa ogni 76 anni circa
PROTOCOMETE
Sono nuclei costituiti da particelle solide che, una volta penetrati nel sistema solare, subiscono una parziale vaporizzazione per effetto dell'energia del Sole. Più in particolare, quando una protocometa si avvicina al Sole, una parte del materiale ghiacciato di cui è costituita evapora, originando una nube gassosa detta chioma e una coda, la cui lunghezza può essere di decine di milioni di km. Quest'ultima è sempre rivolta dalla parte opposta al Sole
METEORE
Sono frammenti di materia cosmica che si muovono liberamente nel sistema solare, quando uno di questi si viene a trovare vicinissimo alla Terra, per effetto della forza di gravità, riesce a penetrare nella nostra atmosfera a una elevatissima velocità. La meteora è la conseguenza del fenomeno di una particella molto piccola (massa inferiore a 1 grammo) che si incendia a contatto con l'atmosfera facendo scaturire una sorta di attrito lasciando una scia luminosa visibile di notte (cosiddetta "*stella cadente*")
METEORITI
Sono, a differenza delle meteore, le particelle più grosse che superano l'atmosfera senza incendiarsi completamente che raggiungendo la superficie terrestre provocando crateri simili a quelli lunari

(segue)

ASTEROIDI O PIANETINI
Sono piccoli corpi celesti che ruotano intorno al Sole descrivendo un'orbita (fascia degli asteroidi) compresa fra quelle di Marte e di Giove. La composizione chimica degli asteroidi è analoga a quella dei pianeti terrestri
NEBULOSA
In astronomia, indica una nube interstellare di gas e polveri, che viene suddivisa a seconda della sua composizione e di come viene illuminata. È visibile se i suoi atomi emettono luce per fluorescenza o riflettono luce di stelle vicine. Le nebulose luminose emettono o riflettono luce, le nebulose oscure l'assorbono
STELLA
Si definisce stella un corpo celeste (composta di idrogeno ed elio) che brilla di luce propria. La magnitudine di una stella ne esprime lo splendore. Il primo stadio di vita di una stella è rappresentato dalla protostella. È una sfera di plasma in equilibrio idrostatico che genera energia nel suo interno attraverso dei processi di fusione nucleare. L'energia che viene prodotta viene irradiata nello spazio sotto forma di onde elettromagnetiche e neutrini. Le stelle in base allo stadio evolutivo possono essere definite: Supergiganti, Giganti brillanti e Giganti - Gigante Blu (Rigel), Gigante rossa, stella grande e fredda (Antares)
STELLA BINARIA
È un sistema formato da due stelle che orbitano intorno al comune centro di gravità
NANA BIANCA
È una stella caldissima di piccola dimensione, con una bassissima luminosità e un colore tendente al bianco
NANA NERA
È l'ultimo stadio della vita di una stella, ossia è una nana bianca che nel corso di decine di miliardi di anni si raffredda e disperde tutto il suo calore nell' universo
NOVA
È un'enorme esplosione nucleare causata dall'accumulo di idrogeno sulla superficie di una stella nana bianca. La stella diventa, per qualche ora o qualche giorno, molto più luminosa del solito
SUPERNOVA
È un'esplosione stellare con aumento di emissione di luce per miliardi di volte, che ha come risultante la creazione di una nuova stella nella sfera celeste
COSTELLAZIONE
È ognuna delle 88 parti in cui la sfera celeste è convenzionalmente suddivisa allo scopo di mappare le stelle. Le costellazioni dello zodiaco sono 12. Tra le più note: Costellazioni Orsa Maggiore (Alcor, Mizar, ecc.), Orsa Minore (Stella Polare, ecc.). Altre: Cita (una sua stella è Vega), Centauro (Proxima Centauri, la stella più vicina alla Terra)
PULSAR
Il suo nome deriva da *sorgente radio pulsante*; è una stella di neutroni rapidamente rotante, la cui radiazione elettromagnetica, in coni ristretti, è osservata come *impulsi* emessi ad intervalli estremamente regolari
GALASSIE
Sono costituite da gas e da immensi ammassi di stelle non appartenenti al nostro sistema solare. Queste hanno forme differenti; possono essere *irregolari* (molte stelle separate fra loro da dense nuvole di gas e polvere), *ellittiche* (contenenti pochi gas e comprendenti numerosissime stelle) e di forma a *spirale*

(segue)

VIA LATTEA
È la Galassia di cui fa parte il nostro sistema solare. Essa appare come una grande galassia a spirale con vari bracci che si avvolgono intorno ad un disco centrale, una delle quali comprende anche il Sole, oltre a più di 100 miliardi di stelle. Fa parte di un insieme di galassie chiamato **Gruppo Locale** a cui appartengono anche la *Galassia di Andromeda* e la *Galassia del Triangolo*. La Galassia più vicina alla Via Lattea è quella *Nana del Cane Maggiore*
BIG BANG
Grande esplosione dell'atomo primordiale che costituiva l'Universo, la cui densità era notevole e la temperatura elevata, proiettandone la materia in tutte le direzioni dello spazio

È opinione comune che l'espansione dell'Universo sia comunque destinata a finire, per cui tornerà a formarsi un nuovo piccolo ammasso, o atomo primordiale che, per un'altra grande esplosione, sarà nuovamente sgretolato.

Questa è la ***teoria dell'Universo oscillante***, secondo la quale il destino dello stesso, o meglio della materia che lo compone, sarebbe quello di oscillare per sempre fra uno stato di compressione e uno di espansione.

Occorre Sapere

L'**astrometria** si occupa dello studio e dell'osservazione delle posizioni e dei moti degli astri. Uno dei principali scopi dell'astrometria è quello di definire una scala delle distanze fra i corpi celesti.

L'**orbita** in astronomia è la traiettoria curva descritta da un corpo celeste che si muove nello spazio intorno a un altro corpo di massa maggiore.

La nostra **galassia** contiene circa **100 miliardi di stelle**.

Nel sistema solare, le **comete** compiono **orbite** che arrivano persino a superare Plutone.

Con il **ferro** il **processo di fusione nucleare** nelle stelle più massicce si interrompe.

La **magnitudine assoluta** è la magnitudine apparente delle stelle se queste fossero collocate a 10 parsec dalla Terra.

L'alone rarefatto e luminoso delle comete viene chiamato **chioma**.

L'**indice di colore** è il colore dominante nello spettro di una stella.

Quando due stelle sono identiche e in contatto fra loro vengono indicate con il termine **stella doppia simbiotica**.

Le **lititi**, le **sideriti** e le **sideroliti** formano la famiglia delle meteoriti.

Quando sulla Terra vediamo delle **stelle cadenti**, in realtà stiamo vedendo delle meteore.

Le **comete che passano vicino alla Terra** orbitano intorno al Sole.

Chandrasekar è il nome del fisico che dà il nome alla massa limite che deve avere una gigante rossa per non degenerare in una nebulosa planetaria (resti gassosi di stelle non più attive che somigliano a pianeti).

La **materia interstellare** che è diffusa nello spazio vuoto tra una stella e l'altra è composta da polveri finissime e gas.

Le stelle **scintillano** per l'effetto dell'atmosfera terrestre.

Il **destino** di una stella dipende dalla sua iniziale massa.

In astronomia, se un oggetto celeste è **circumpolare**, vuol dire che non sorge e non tramonta mai.

Di seguito alcuni esercizi delle banche dati inerenti gli argomenti trattati in questo capitolo.

		A	B	C	D
1	**Quali sono i pianeti rocciosi o tellurici del sistema solare?**	Giove, Saturno, Urano e Nettuno	Giove, Plutone e Mercurio	Saturno, Giove, Venere e Plutone	Mercurio, Venere, Terra e Marte
2	**I satelliti naturali di Urano portano nomi derivati...**	da quelli di divinità o personaggi della mitologia greca	dalla mitologia romana	da quelli di personaggi delle opere di Shakespeare	Non ci sono disposizioni nell'assegnazione di nomi
3	**Tutti i pianeti del sistema solare (eccetto la Terra) possiedono nomi derivati...**	da quelli di divinità o personaggi della mitologia greca	dalla mitologia romana	da personaggi delle opere di Shakespeare	Non ci sono disposizioni nell'assegnazione di nomi
4	**Quali sono i pianeti giganti del sistema solare?**	Giove, Saturno, Urano e Nettuno	Giove, Plutone, Mercurio e Terra	Saturno, Giove, Venere e Plutone	Mercurio, Venere, Terra e Marte
5	**Quale tra i seguenti pianeti è il più vicino al Sole?**	Marte	Nettuno	Saturno	Terra
6	**Come si chiama il moto della Terra attorno al Sole?**	Nutazione	Rivoluzione	Rotazione	Processione
7	**Quale tra i seguenti è un satellite di Saturno?**	Io	Luna	Tritone	Rhea

Soluzioni: 1.D, 2.C, 3.B, 4.A, 5.D, 6.B, 7.D

PRINCIPALI TERMINI GEOGRAFICI

Il **globo terrestre** è la Terra. I tre decimi dell'intera superficie terrestre sono costituiti da terre emerse, mentre i rimanenti sette decimi del globo sono coperti dai mari.

Le terre emerse si frazionano in vari lembi, di cui i quattro maggiori sono detti **continenti**, i quali sono divisi tra sette parti del mondo.

Le **carte topografiche** indicano con la massima precisione i vari particolari di una determinata zona poco vasta che varia tra 1:10.000 e 1:100.000.

Le **mappe o piante** evidenziano le piccole entità di terreno o centri abitati su ampia scala 1:1.000; 1:10.000.

I **mappamondi** o **planisferi** riproducono tutta la superficie terrestre su scala molto piccola e si debbono ritenere la più esatta riproduzione della Terra.

Per poter indicare con precisione qualsiasi punto della superficie del nostro pianeta, è stato ideato un sistema di coordinate. Si ipotizza che l'intera superficie terrestre sia percorsa da linee immaginarie, i ***meridiani*** e i ***paralleli***, che danno vita al reticolato geografico.

Il **parallelo** è un circolo ideale, parallelo all'equatore, che taglia la superficie terrestre secondo un piano perpendicolare all'asse del pianeta. La massima circonferenza del globo terrestre, posta a uguale distanza tra i due poli, si dice **equatore**; l'equatore divide la Terra in due emisferi uguali: settentrionale o ***boreale*** e meridionale o ***australe***. I paralleli sono in tutto 180, 90 a nord e 90 a sud dell'equatore. La distanza tra i due paralleli si chiama *grado di latitudine*.

I **tropici** sono i paralleli di latitudine 23°26'16" N (***Tropico del Cancro***) e S (***Tropico del Capricorno***), corrispondenti all'angolo di inclinazione dell'asse terrestre rispetto alla perpendicolare al piano dell'orbita.

Il **meridiano** è il semicircolo massimo originato dall'intersezione con la sfera terrestre di un piano passante per l'asse terrestre. L'*antimeridiano* è il semicircolo diametralmente opposto. I meridiani sono 360, disposti a un grado l'uno dall'altro, tutti di uguale lunghezza a partire dallo zero, con cui viene indicato il **meridiano fondamentale** o **di Greenwich**. Definiamo ancora il meridiano come cerchio massimo della sfera terrestre che passa per i poli e per lo Zenit di un luogo (punto immaginario al luogo cui si riferisce).

La **latitudine** è la distanza di un punto della superficie terrestre dall'equatore, espressa in gradi e corrispondente all'arco di meridiano compreso tra il punto considerato e l'equatore. La latitudine si misura da 0° a 90° e può essere latitudine Nord o Sud, secondo che il luogo considerato si trovi nell'emisfero settentrionale o meridionale.

La **longitudine** è la distanza di un punto della superficie terrestre dal *meridiano fondamentale*, espressa in gradi e corrisponde all'arco di parallelo compreso tra il punto considerato e il meridiano fondamentale. La longitudine si misura da 0° a 180° e può essere longitudine Est o Ovest, secondo che il luogo si trovi a Est o a Ovest del meridiano fondamentale. Orientarsi significa, in genere, stabilire la posizione dei quattro punti cardinali: Nord, Sud, Ovest ed Est; più propriamente significa trovare l'oriente. Per orientarsi l'uomo si avvale del *Sole* e della *Stella Polare*. Ma il mezzo più sicuro è la *bussola*, strumento scientifico simile ad un orologio, dotato di un ago calamitato posto su un perno fisso nel centro di una *rosa dei venti*. L'ago, quando la bussola è posta su un piano orizzontale, coincide con il Nord Magnetico, che è molto vicino al polo nord geografico.

La **rosa dei venti** è una stella a otto punte, in cui ognuna rappresenta un punto cardinale - Nord (N), Ovest (O), Sud (S) ed Est (E) - oppure intercardinale - Nord-Ovest (NO), Sud-Ovest (SO), Sud-Est (SE) e Nord-Est (NE). A ognuno di questi punti viene associato il vento che spira dalla specifica direzione: Nord: Tramontana; Nord-Est: Grecale; Est: Levante; Sud-est: Scirocco; Sud: Ostro; Sud-Ovest: Libeccio; Ovest: Ponente; Nord-Ovest: Maestrale.

Immaginiamo che la terra sia suddivisa in 24 spicchi, corrispondenti alle ore del giorno. Ciascuno di essi prende il nome di **fuso orario** e comprende 15 meridiani, cioè 15 gradi di longitudine, in cui è ripartita la superficie terrestre, che abbia una pendenza piuttosto ripida. In ogni fuso l'orologio va indietro di un'ora rispetto al fuso che sta ad oriente; va invece avanti di un'ora rispetto a quello che sta ad occidente.

Per **configurazione orizzontale** di un Paese si intende la sua forma vista da un punto al livello del mare. Un'area può essere compatta o frastagliata; può essere tutta o in parte circondata dal mare: nel primo caso si avrà un'**isola**, nel secondo una **penisola**; più isole formano un **arcipelago**.

Per **configurazione verticale** o **rilievo** di un Paese si intende la sua forma considerata rispetto al livello del mare; una regione può essere alta o bassa, montuosa o piana.

Per **monte** o *montagna* si intende una qualsiasi elevazione notevole della superficie terrestre, che abbia una pendenza piuttosto ripida.

Per **collina** si intende una elevazione della superficie terrestre inferiore a una media di 500 metri sul livello del mare.

Per **cima**, *vetta* o *sommità* si intende la parte superiore del monte detta anche *defluvio* o *spartiacque*. Una vetta, in base alla forma, prende il nome di picco, pizzo, punta, dente, corno, guglia, torre, campanile.

La **catena montuosa** è un allineamento di montagne o di colline che hanno più o meno la stessa direzione e sono unite in una sola base. Le catene minori, che si staccano da una principale, prendono il nome di *contrafforti*. Più catene vicine, piuttosto parallele, formano il *sistema montuoso*.

Gruppo o **massiccio** si definisce un insieme di montagne posto su una stessa base senza direzione predominante.

La *china* o **versante** è il fianco o pendìo del monte.

Si definiscono *passo*, *colle* e *valico* i punti bassi di una catena montuosa, che consentono generalmente il passaggio rotabile.

Il **piede** o **falda** è il tratto del pendio montano che si unisce con la pianura.

La **valle** è la parte compresa tra i fianchi di due catene montuose.

La **conca** è l'area circondata da montagne; molto spesso la parte più bassa della conca è occupata da un lago.

La **pianura** è la parte di superficie terrestre situata ovunque quasi allo stesso livello del mare. Le pianure poco elevate sul mare si chiamano *bassipiani*, mentre quelle piuttosto elevate prendono il nome di *altipiani* (non superano i 250 metri).

Il **vulcano** è un'apertura della crosta terrestre attraverso la quale le materie che si trovano in fusione nell'interno della terra vengono eruttate, formando intorno all'apertura o cratere dei coni di varie dimensioni. Molti vulcani sono spenti; altri sono attivi: emettono cioè continuamente o a intervalli cenere, fango, lava (roccia pastosa o incandescente).

Il **fiume** è un corso d'acqua di notevole portata che si getta nel mare o in un altro fiume (affluente) o in un lago (immissario). Di un fiume si considerano *l'origine, il corso, la foce*.

Il **torrente** è un corso d'acqua che può avere una certa ampiezza, ma che va soggetto a notevoli piene o magre.

Il **ruscello** è un piccolo corso d'acqua che ha origine da una sorgente.

Il **bacino di un fiume** è il complesso del territorio nel quale è compreso un fiume con tutti i suoi affluenti.

La **foce a estuario** si ha quando un fiume, prima di gettarsi in un mare aperto (con maree modeste), si allarga per le forti ondate senza depositare detriti.

La **foce a delta** si ha quando, prima della foce, il fiume si divide in vari rami o canali (sbocca in un mare chiuso dove può depositare i suoi detriti).

Il **lago** è la massa d'acqua raccolta in cavità più o meno grandi della superficie terrestre. Le acque dei laghi sono dolci o salmastre; i laghi possono essere glaciali, vulcanici o di sbarramento.

Il **mare** è l'insieme delle acque salate che ricoprono la maggior parte del globo.

La **costa** è la zona di territorio in cui esercitano la loro azione i movimenti variabili (onde) e periodici (maree) del mare. Le coste possono essere *alte* e *basse*, *dritte* o *frastagliate*. Quelle alte consentono una migliore navigazione, in quanto permettono di avvicinarsi alla terraferma. Le coste frastagliate presentano delle sporgenze (*capi, promontori*) e rientranze (*baie, golfi, rade, fiordi*). Lungo le coste basse vi sono spesso delle strette lingue di terra (*lidi*) o serie di basse isole parallele alla costa. Il tratto di mare tra esse compreso prende il nome di **laguna**.

Lo **sviluppo costiero** è il rapporto che passa tra la superficie di una terra e la lunghezza delle sue coste e si ottiene dividendo i chilometri quadrati della superficie per i chilometri di lunghezza delle coste. Es. La superficie dell'Italia fisica è di 324.000 Kmq e le sue coste hanno una lunghezza di km 8.572. Per conoscere lo sviluppo costiero si dividerà 324.000 per 8.572 e si troverà che è del 37% circa.

Il **golfo** è un'ampia rientranza della costa a forma arcuata.

Il **porto** è il luogo di ancoraggio naturale oppure artificiale (se migliorato dall'uomo).

Lo **stretto** è un piccolo braccio di mare che divide due terre.

La **spiaggia** è una piccola striscia di terra pianeggiante e sabbiosa a contatto con il mare.

La **palude** è una massa d'acqua poco profonda con contorni mutabili e incerti e coperta in tutto o in parte da erbe palustri.

Lo **stagno** è una palude di piccole dimensioni.

Le **correnti marine** si possono definire veri fiumi che percorrono l'oceano; devono i loro movimenti ai venti costanti che soffiano sui mari.

La superficie del globo è costantemente agitata e deformata dai movimenti che passano lenti ed insensibili (**bradisismi**), ma talvolta anche violenti. Questi ultimi si dicono **terremoti**.

Le **aree di bassa pressione** (aree cicloniche) presentano la pressione più bassa al centro, mentre i suoi valori vanno gradualmente aumentando quanto più si procede verso la periferia. Nell'emisfero settentrionale i venti di un'area di bassa pressione soffiano in senso antiorario e deviano verso il centro. Le basse pressioni sono collegate a condizioni estremamente variabili del tempo, per lo più cattivo.

Le **aree di alta pressione** (aree anticicloniche) presentano le pressioni più alte al centro dell'area che degradano verso la periferia ed i venti nell'emisfero settentrionale, soffiano in senso orario allontanandosi dal centro stesso. Un'area di alta pressione è caratterizzata da tempo sereno e asciutto

L'**atmosfera** è l'involucro d'aria di considerevole altezza che avvolge tutta la Terra.

L'**aria** è un miscuglio gassoso composto principalmente di azoto e di ossigeno.

La **temperatura** è l'insieme di calore dell'aria in un determinato luogo in un dato tempo. Si misura col *termometro*.

I **venti** sono movimenti dell'aria *costanti periodici, variabili*. Tra i venti che spirano in Italia ricordiamo la Bora (violenta e fredda - corso Adriatico settentrionale), il Libeccio (soffia violento lungo le coste liguri e tosca-

ne) e lo Scirocco (vento caldo che proviene dall'Africa e spira lungo le coste meridionali).
La **flora** è costituita dall'insieme dei vegetali che ricoprono una regione. L'Italia abbonda di querce, faggi, abeti e pini.
La **fauna** è rappresentata dall'insieme degli animali che vivono in un determinato territorio. Ad esempio, l'orso bruno vive principalmente nel Parco d'Abruzzo; il lupo nell'Appennino meridionale e in Sicilia; il cervo in Sardegna; il camoscio sulle Alpi e sull'Appennino abruzzese.
Il **paesaggio vegetale** è costituito dall'associazione delle piante in diversi modi, che danno origine a quattro principali forme di vegetazione: foresta, savana, steppa e deserto.
Valli longitudinali, sono quelle valli parallele alla catena montuosa
Geografia è il termine, di origine greca, che significa descrizione della terra.
Orografia è la scienza che studia i rilievi e la loro distribuzione in una data regione.
I **canali irrigui** sono corsi d'acqua artificiali utilizzati per la coltivazione dei campi.
Gli **acquitrini** sono terreni caratterizzati da acque stagnanti, spesso ricoperte di erbe
L'**atollo** è un tipo di isola corallina con al centro una laguna, in comunicazione col mare attraverso canali.
L'**anticiclone** è l'area di alta pressione atmosferica delimitata da linee isobariche chiuse, con valori decrescenti dal centro verso la periferia.
Il **paesaggio umanizzato o territorio** è l'area terrestre plasmata dalle attività degli uomini.
Il **G.P.S.** è il sistema costituito da una serie di satelliti artificiali, attraverso il quale è possibile calcolare rapidamente le coordinate geografiche.
Il **sestante** è lo strumento di navigazione, usato per misurare l'altezza degli astri sull'orizzonte è detto sestante.
La **densità di popolazione** è il rapporto tra gli abitanti e la superficie di una determinata area geografica.
Potamiche sono dette le civiltà sviluppatesi lungo i fiumi sfruttandone la navigabilità e la capacità di rendere fertili i terreni.
Caucasoide è anche detta la razza europoide, caratterizzata in genere dal colore chiaro della pelle e da capelli sottili.
Conurbazione è l'agglomerato formato da una molteplicità di città grandi e piccole sviluppatesi l'una vicina all'altra
L'**istmo** è una sottile lingua di terra, bagnata su ambo i lati da masse d'acqua, che congiunge tra loro due porzioni di terre emerse.
L'**ambiente naturale** è l'insieme dei caratteri naturali di un determinato sito
La **pianura alluvionale** è una pianura formatasi grazie all'azione dei fiumi, che hanno trasportato a valle materiale detritico
I **depositi alluvionali** sono il prodotto di accumulo di sedimenti trasportati dai corsi d'acqua superficiali
I **meandri** indicano in idrografia l'ampia sinuosità del corso di un fiume che ne caratterizza la parte terminale dove la pendenza è minima
Il **fiordo** è una insenatura costiera stretta di origine glaciale con pareti pressoché verticali inondata dal mare (è tipico della costa norvegese)
La **penisola** è un territorio che si protende nelle acque marine o lacustri rimanendo attaccato al continente da un solo lato
La **falesia** è una scarpata molto ripida formatasi per intensa azione erosiva del mare sulla costa rocciosa e, in genere, soggetta a continuo arretramento
Una **laguna** è un bacino costiero separato dal mare da un cordone litoraneo e caratterizzato da acqua salmastra e maree, in comunicazione con lo stesso tramite canali artificiali detti bocche
La **dolina** è una cavità superficiale, tipica delle regioni carsiche, di forma approssimativamente circolare o ovale, di profondità e ampiezza variabile, formatasi direttamente per dissoluzione della roccia calcarea a opera di acque superficiali filtranti attraverso fratture
Le **morene** sono materiale detritico trasportato o deposto da un ghiacciaio
L'**alveo** è il tratto di superficie terrestre su cui scorre un fiume
Le **risorgive** sono delle sorgenti di pianura tipiche della Pianura Padana
Il **carsismo** è un complesso fenomeno di erosione chimica delle rocce da parte delle acque superficiali
L'**ansa** è il punto in cui il corso del fiume devia, formando una curva
Un **delta** è un accumulo di sedimenti in corrispondenza dello sbocco di un fiume in un lago o in un mare

SETTORI DI ATTIVITÀ

Primario: Agricoltura - Silvicoltura – Pesca - Allevamento – Estrazione di minerali
Secondario: Industria - Attività manifatturiere - Produzione e distribuzione di energia – Costruzioni
Terziario: Servizi: trasporti e comunicazioni, scuole, poste, banche, assicurazioni, commercio, telecomunicazioni, alberghi e ristoranti, affari immobiliari, noleggio, informatica, ricerca, P.A. e difesa, sanità e altri servizi sociali, altri servizi pubblici e privati

OCCORRE SAPERE

ITALIA

Aree geografiche

Aosta, fondata dai Romani nel 25 a.C. con il nome di Augusta Praetoria, è attualmente capoluogo di regione.
Cloz è un comune trentino della Val di Non.
Con la nuova delimitazione territoriale di Roma i **Municipi** sono diventati 15.
Diomedee è un nome delle isole Tremiti.
Frosinone è il centro principale della Ciociaria, vasta regione agricola racchiusa tra le alture dei Monti Lepini e dei Monti Ernici.
Gli abitanti di Todi si chiamano **Tudertini**.
I **colli Berici** si trovano in Veneto.
I **fiumi piemontesi** convogliano le loro acque nel Po.
I **reggiani** sono gli abitanti di Reggio Emilia.
Il **Golfo di Napoli** è compreso tra la penisola di Pozzuoli e quella di Sorrento, ed è chiuso dalle isole vulcaniche di Ischia e Capri.
La **Grotta Azzurra** si trova a Capri.
Il **muflone** è l'animale caratteristico della Sardegna.
Il territorio italiano è caratterizzato da montagne, colline e pianure. Le **zone pianeggianti** rappresentano il 21%; le **zone montuose** circa 35%.
Il **Triveneto** è un'area composta da Trentino Alto Adige, Veneto e Friuli Venezia Giulia.
In Italia, sono circa 35.000 le persone di **confessione religiosa ebraica**.
In **Sardegna** il territorio è montuoso e collinare per una percentuale pari all'80%.
L'**Orrido di Pré-Saint-Didier** si trova in Valle d'Aosta.
La "**Regione Verde d'Europa**" è l'Abruzzo.
La **Capitanata** è una regione geografica culturale che appartiene alla Puglia.
La città di **Belluno** non si trova nella pianura Padana.
La città di **Guardia Piemontese** è un comune della provincia di Cosenza.
La città di **Sabaudia** si trova nel Lazio.
La **comunità walser**, in Val d'Aosta, si trova a Gressoney st. Jean.
La **laguna di Caorle** è situata nel comune di Caorle in provincia di Venezia.
La laguna di **Marano** si trova in Friuli.
La parte più settentrionale del territorio italiano è la **Valle Aurina**.
La Vetta d'Italia è stata considerata per anni la parte più settentrionale italiana.
Dal 1997, dopo attenta rilevazione il punto più a nord è **Testa Gemella Occidentale** (2837 m).
La **Penisola salentina** è conosciuta come il "tacco d'Italia".
La regione più orientale d'Italia è la **Puglia**.
La **Repubblica di San Marino** è situata tra Emilia-Romagna e Marche.
La **Svizzera Pesciatina** è una caratteristica zona della regione Toscana.
La **valle di Cogne** è compresa nel Parco Nazionale del Gran Paradiso.
L'**Enotria** era l'antica Calabria.
Lo **Stretto di Scilla e Cariddi** indicava nell'antichità l'attuale Stretto di Messina.
Maranello, famosissima in tutto il mondo per essere la sede della casa automobilistica Ferrari, si trova in provincia di Modena.
Milano ha il primato nella finanza e nell'informazione.
A Milano funzionano **4 linee metropolitane** dal 1964.
Nola si trova in Campania.
Percorrendo la **SS 456 del Turchino** ci si trova in Liguria.
Piana degli Albanesi si trova in Sicilia.
Piglio, località vitivinicola del Lazio, è in provincia di **Frosinone**, che è il centro principale della Ciociaria, vasta regione agricola racchiusa tra le alture dei Monti Lepini e dei Monti Ernici.
Punta del Faro si trova a Messina.
Rocca Calascio è una località abruzzese in provincia di L'Aquila.
Roma ha il primato nella politica e nella Pubblica Amministrazione.
Sella di Conza è il principale valico dell'Appennino meridionale tra Campania e Lucania o Basilicata.
Serravalle si trova a San Marino.
Stintino, rinomata località turistica sarda dal mare cristallino, si affaccia sul Golfo dell'Asinara.
Torino ospita piazza Castello.
Trento, città di origine preromana, fu conquistata dai Romani nel 222 a.C., ottenendo nel 49 a.C. da Giulio Cesare il diritto di città e il nome di *Tridentum*.
Treviso sorge al centro dell'antica Marca Trevigiana.
Urbino è centro culturale e città d'arte, sede di un'università, e diede i natali al pittore Raffaello Sanzio.
Ururi è un comune del Molise, unito fino al 1963 con la regione Abruzzo.
Vieste si trova nella provincia di Foggia.

Bellezze

All'interno della città di Roma, la zona dell'«**oltre Tevere**» è la zona con la **Città del Vaticano**.
I **trulli** sono abitazioni a pianta circolare con copertura conica.
Il **Castello di Fenis** si trova in Valle d'Aosta.
Il parco archeologico di circa 40 ettari della città di **Selinunte** si trova sul territorio del comune di Castelvetrano in provincia di Trapani.

Il **Parco Regionale della Vena del Gesso** si trova in Emilia.
Il **Tempio di Era Lacinia** è ad **Agrigento** (l'antico nome è Akragas), nella famosa **Valle dei Templi**.
La chiesa di **Santa Maria delle Grazie** si trova a Milano.
La riserva naturale di **Tombolo della Feniglia** si trova in Toscana.
La riserva naturale **Piazza del Diavolo** è un'area naturale protetta della regione Veneto.
La **Torre del Mangia** si trova a Siena.
La **Torre dell'orologio** è un monumento importante della città di Avellino.
Le **Grotte del Vento** si trovano a Lucca.
Le monete italiane da un centesimo di euro hanno raffigurato un monumento pugliese: **Castel del Monte**.
L'**Isola Tiberina** si trova a Roma.
L'**Obelisco Lateranense** si trova a Roma.
Palazzo dei Normanni si trova a Palermo.
Palazzo Farnese si trova a Roma.
Palazzo Koch si trova a Roma.
Pietrabbondante è un'area archeologica del Molise.
Ponte Milvio è un noto ponte di Roma.
Villa Adriana, uno dei complessi archeologici più belli e interessanti d'Italia, costruita nel II secolo d.C. dall'imperatore Adriano, si trova a Tivoli (RM).
Villa d'Este si trova a Tivoli (RM).

Economia
La **Pianura Padana** è la zona italiana con il maggior numero di fabbriche.
Mazara del Vallo è lo scalo più importante per la pesca.

EUROPA

Europa fisica
Le **zone sismiche** europee si trovano ai bordi del Mar Mediterraneo.
Il **territorio austriaco** è caratterizzato dalla notevole presenza di **boschi**, che occupano quasi la metà del territorio complessivo.
Il **Canale del Mittelland** si trova in Germania.
Il **Caucaso** separa Russia e Azerbaijan.
Itaca è la più piccola delle isole Ionie.
Il primo porto del Mar Nero è **Odessa**.
Il **Bacino Aquitano** si trova in Francia.
Stoccolma è situata su quattordici isole e sulle rive dell'arcipelago dove il Lago Mälaren sfocia nel Mar Baltico.

Regioni
Bastia si trova in Corsica.
Lo Stato con il maggior numero di abitanti dell'Europa occidentale è la **Germania**.
La **Baviera** è la regione tedesca più vicina all'Italia.
Le regioni del **Sussex** e dell'**Essex** fanno parte della Gran Bretagna.
Le **Terre Nere** sono la più grande regione agricola dell'Ucraina e della Russia.
Cipro è un'isola politicamente divisa fra due Stati.

Bandiere
Austria, **Svizzera** e **Polonia** hanno le bandiere con gli stessi colori.
Belgio e **Germania** hanno le bandiere con gli stessi colori.
I colori della bandiera **austriaca** sono rosso e bianco.
I colori della bandiera **irlandese** sono verde, bianco e giallo.
Il colore azzurro non è presente nella bandiera dell'**Ungheria**.
I colori della bandiera **francese** sono rosso, bianco e blu.
I colori della bandiera **greca** sono bianco-azzurro.
La bandiera della **Svizzera** raffigura una croce bianca su sfondo rosso.
Italia e **Ungheria** hanno le bandiere con gli stessi colori.

Popolazioni
I **Lusitani** erano la popolazione che abitava anticamente il Portogallo e ancora oggi i portoghesi vengono chiamati lusitani.

Economia
Il primo produttore europeo di **petrolio** è la **Norvegia**.
La **Russia** è al primo posto nel mondo per la produzione di **gas naturale**.
Nella regione francese della **Champagne** si coltiva prevalentemente la vite.

Bellezze
La **Torre Eiffel** è situata sulla riva della Senna.
Madrid è famosa per la sua **Plaza Major**.
A Barcellona si trova la **Sagrada Familia**, basilica opera dell'architetto Antoni Gaudì.
Il **Castello di Sanssouci** si trova in Germania.
A Mosca si trova il **teatro Bolscioi** e la **Cattedrale di San Basilio**.
A Parigi si trova il **museo del Louvre**.
Lo **Yorkshire** è una regione della Gran Bretagna.
Il **Greenwich Park** si trova a Londra.
A Parigi si trova la cattedrale del **Sacré Coeur**.
Il **museo del Prado** si trova a Madrid.
Il **museo Ermitage** si trova a San Pietroburgo.
Il circolo megalitico di **Stonehenge** si trova in Gran Bretagna.
A Monaco di Baviera si celebra dal 1810 la festa denominata **Oktoberfest**, che dura due settimane.
Il **Palazzo d'Inverno** si trova in Russia.
Il **Cremlino** è uno dei simboli della città di Mosca.

Il centro finanziario di Londra si chiama **City**.
Alexanderplatz è una famosa piazza di Berlino.
La **Porta di Brandeburgo** si trova a Berlino.
La **Sirenetta** è il simbolo di Copenaghen.

ASIA

Asia fisica

Se si attraversa lo **Stretto di Magellano**, si passa dall'Oceano Atlantico all'Oceano Pacifico.
Con i suoi 11.521 metri al di sotto del livello del mare la **fossa delle Marianne** è la più profonda tra le fosse oceaniche.
L'**Asia occidentale** è la zona arida più vasta del mondo.
Lo **stretto di Formosa** divide la Cina da Taiwan.
La zona con più alta densità di **vulcani attivi** corrisponde all'**Indonesia**.
Il Giappone fa parte della **Cintura di Fuoco** del Pacifico.

Città e monumenti

L'**isola di Pasqua**, nel Pacifico, è nota per i suoi monumenti (circa 460), probabilmente sacrali o funerari, detti **moai**, costituiti da enormi teste umane.
La città che presenta il più alto **tasso di urbanizzazione** al mondo è **Tokyo**.
Bombay è il più grande **agglomerato urbano** dell'India.

Popolazione e lingua

La **lingua** più parlata al mondo è il **cinese**.
L'Asia settentrionale e centrale è la parte del continente asiatico che ha la più bassa **densità di popolazione**.

Economia e curiosità

L'**Arabia Saudita** è il maggior produttore mondiale di **petrolio**.
L'**India** è la Nazione che produce la maggiore quantità di **tè** nel mondo.
Il **dromedario** è un animale tipico della penisola araba.
La **kefiah** è il copricapo tipico del popolo arabo.
A Pechino si trova il **Tempio del Cielo**.

AMERICA

America fisica

In **Arizona** vi si trovano alcune delle più impressionanti meraviglie naturali del mondo quali il **Gran Canyon** e la **Monument Valley**.
Le **Falkland** sono isole appartenenti al Regno Unito che si trovano a largo delle coste argentine.
La **Terra del Fuoco** è un arcipelago dell'America del Sud.

Città e monumenti

La città di **Guadalajara** si trova in Messico.
La città americana di New York è chiamata **Grande Mela**.

Economia e curiosità

Uno dei maggiori produttori mondiali di **vino** sono gli **Stati Uniti d'America**.
Il **Canada** è fra i maggiori esportatori di **grano**.
Il **Brasile** è il maggior produttore di **caffè** del mondo.
Il **lama** e l'**alpaca** sono tipici della Cordigliera delle Ande (America meridionale).

AFRICA

Africa fisica

L'**Africa Nera** comprende i Paesi a sud del Sahara.
La gigantesca **diga di Assuan**, costruita lungo il corso del Nilo, ha formato il lago Nasser.
I **deserti** caratterizzano il **paesaggio africano** lungo le linee dei tropici.

Popolazione e lingua

Lo Stato più popoloso del continente africano è la **Nigeria**.
I **Tuareg** sono un popolo, tradizionalmente nomade, che vive nell'area del Sahara.

Economia e curiosità

Gli Stati dell'**Africa settentrionale** sono i più ricchi di **petrolio**.
Il **Sudafrica** è il maggior produttore mondiale di **oro**.
La **Costa d'Avorio** è il maggior produttore di **cacao** del mondo.
La **Tunisia** è uno dei maggiori produttori mondiali di **olio d'oliva**.

Australia, Nuova Zelanda, Artide, Antartide

La **Tasmania** si trova in **Australia**.
La **Nuova Zelanda** si trova agli antipodi dell'Italia e ha una forma molto simile a uno stivale.
L'**Artide** è la vasta estensione ghiacciata sotto la quale non si trova la terra ferma.
Il continente che si estende al Polo Sud è l'**Antartide**.
La zona rocciosa che occupa il 60% dell'Australia si chiama **scudo australiano**.

Popolazione e lingua

Le abitazioni chiamate **igloo** sono caratteristiche delle regioni artiche.

Economia e curiosità

Australia e **Nuova Zelanda** hanno la più alta produzione mondiale di **lana**.
Il **pinguino** è un animale caratteristico dell'**Antartide**.

GEOGRAFIA ASTRONOMICA

Teorie e scoperte

La scoperta principale di **Keplero** fu che le orbite dei pianeti non compiono un moto perfettamente circolare, ma seguono una traiettoria ellittica di cui il Sole rappresenta uno dei due fuochi.

Keplero descrisse, attraverso **tre leggi**, il moto dei pianeti intorno al Sole. Non riuscì a comprendere però quali forze costringessero i pianeti a muoversi secondo le leggi da lui postulate. Il primo a darne una spiegazione poi accettata da tutti fu **Isaac Newton**.

A **Francis Crick** è associata la scoperta della struttura a doppia elica del DNA.

Lo scienziato che isolò per primo la penicillina dal fungo Penicillium, ricevendo il premio Nobel nel 1945, fu **Alexander Fleming**.

Oltre a Charles Darwin, **Alfred R. Wallace**, scienziato dell'epoca, giunse a conclusioni simili sulla teoria evoluzionistica.

Galileo Galilei è considerato l'iniziatore del metodo scientifico.

A **Jean-Baptiste de Lamarck** si deve la teoria dell'evoluzione basata sull'adattamento e sulla ereditarietà dei caratteri acquisiti.

Secondo la **teoria di un Universo in continua espansione** non esiste un centro dell'Universo ben definito.

Lo spazio

I **satelliti artificiali** sono veicoli spaziali che compiono un'orbita intorno ad un pianeta.

L'**apporto dei satelliti artificiali** si è rivelato di grande utilità per l'indagine del cosmo attraverso la radioastronomia, per eliminare gli effetti deformanti dell'atmosfera terrestre.

Il **primo satellite artificiale della Terra** è stato lanciato in orbita nel 1957 dall'Unione Sovietica attorno alla Terra e si chiamava **Sputnik**. Restò in orbita per 92 giorni.

Il **Centro di Vigilanza Spaziale di Colorado Springs** è l'organismo che controlla la posizione degli oggetti artificiali in orbita intorno alla Terra.

Agli **astronauti nello spazio** anche le azioni più banali risultano difficoltose perché tutto fluttua. La **respirazione**, la **circolazione del sangue** e le **funzioni fisiologiche** risultano alterate.

Nello spazio l'**equipaggio** di una **navetta** deve fare **esercizi fisici** con regolarità perché in condizioni di assenza di peso il cuore si indebolisce rapidamente.

L'**equipaggio** di una **navetta spaziale** è chiamato a indossare una **tuta spaziale** per sistemare il carico o per eseguire riparazioni nello spazio.

L'**equipaggio** di una **navetta spaziale** dorme all'interno di **stazioni di riposo** senza letti legati a pannelli da cinghie morbide.

Nello spazio gli **astronauti sono privi di peso** perché più ci si allontana dalla Terra più l'attrazione esercitata dal nostro pianeta diminuisce, fino alla perdita totale di peso nel vuoto assoluto.

I **cibi** che mangiano i componenti di una navetta spaziale sono rigorosamente precotti o essiccati.

La **stazione spaziale internazionale** è un progetto che si sta realizzando con il concorso di Canada, Stati Uniti, Russia ed ESA (Agenzia Spaziale Europea).

Lo **Skylab** è un laboratorio spaziale destinato allo studio del Sole messo in orbita nel 1973.

La prima donna a viaggiare nello spazio fu la sovietica **Valentina Tereskova**, nel 1963.

Nel dicembre 1962, la **sonda americana Mariner 2** fu la prima a raggiungere un pianeta: il pianeta Venere.

La **sonda Mariner 10** lanciata nel 1974 raggiunge il pianeta Mercurio dopo aver sorvolato e fotografato il pianeta Venere.

La **sonda Ulisse**, lanciata nello spazio nel 1990 allo scopo di raccogliere dati sul Sole, è il frutto di una missione congiunta della NASA e dell'Agenzia Spaziale Europea, l'ESA. Gli strumenti della sonda hanno trasmesso informazioni sul campo magnetico interplanetario, sulla polvere interplanetaria e sui raggi cosmici.

Le **sonde Voyager 1** e **Voyager 2** sono state lanciate nel 1977 dalla base statunitense di Cape Canaveral.

La **sonda spaziale Voyager 2**, dopo aver sorvolato i pianeti di Giove, Saturno e Urano, ha fornito informazioni anche su Nettuno.

Le **sonde russe Vega 1 e 2** hanno contribuito alla valutazione della composizione della cometa di Halley.

La **sonda Galileo** fu lanciata nel 1989 alla volta di Giove. Oltre a fornire dati sulla composizione dell'atmosfera di Giove, ha inviato moltissime informazioni sui satelliti di Giove.

Lo **Space Shuttle** è quel veicolo spaziale con equipaggio, munito di ali, che viene lanciato come un razzo quando è in partenza, ma al rientro atterra su una pista come un aeroplano. Lo **Space Shuttle** è il primo veicolo spaziale riutilizzabile.

Il 28 gennaio 1986 lo **Space Shuttle Challenger** si è disintegrato dopo meno di due minuti di volo e ciò ha determinato lo stop di due anni del programma americano di corsa allo spazio.

La prima donna a viaggiare nello spazio fu la sovietica **Valentina Tereskova**, nel 1963.

Gli animali che hanno viaggiato nello spazio furono un **cane** e uno **scimpanzé**.

La **cagnetta** che ha viaggiato a bordo dello Sputnik 2 si chiamava **Laika**.

Il 12 aprile 1961, il russo **Yuri Gagagrin** fu il primo uomo a effettuare un volo orbitale sulla navicella **Vostok 1**.

L'**astronomo statunitense Hubble** ha scoperto che nell'universo esistono molteplici galassie e che tutte si stanno allontanando dalla Terra.
Il **telescopio Hubble** ha mandato immagini molto nitide del cielo rispetto a quelle ottenibili in precedenza perché ha operato in orbita al di sopra dell'atmosfera.
Hally è la famosa cometa che appare nell'Arazzo di Bayeux, dedicato alla conquista normanna del 1066.
La **radiazione cosmica** è l'alta energia proveniente dallo spazio.
Un **oggetto celeste** arriva al **meridiano** quando arriva al suo punto di massima altezza nella volta celeste.
Lo scopo per cui viene monitorata la **posizione degli oggetti artificiali in orbita intorno alla Terra** è quello di evitare danni ai veicoli spaziali operativi.

La Terra

I **continenti si muovono** poiché vengono spostati dalle correnti ascendenti e discendenti che rimescolano l'interno della Terra. La Terra, infatti, si muove anche sotto gli oceani formando catene montuose, spaccature e fenomeni tettonici.
L'**asse terrestre** è la retta immaginaria che interseca la superficie terrestre in corrispondenza del Polo Nord e del Polo Sud passando per il centro della Terra; è **inclinato di 23,5°** rispetto alla perpendicolare del piano Terra-Sole.
Nella **calotta polare artica e antartica** si alternano un gran giorno che dura sei mesi e una grande notte che dura altrettanto.
La **pressione atmosferica** è il carico esercitato dall'atmosfera stessa sulla superficie terrestre.
I **circoli verticali** sono circonferenze che passano per lo zenit e il nadir dell'osservatore.
La **temperatura al centro della Terra** si aggira attorno a circa 5.000 °C.
La posizione degli oggetti artificiali in orbita intorno alla Terra viene monitorata per evitare danni ai veicoli spaziali operativi.
La Terra e la Luna vengono considerate come un **sistema biplanetario**.
Una delle ipotesi della **nascita della vita sulla Terra** riguarda il possibile impatto con una cometa.
La **densità media** è maggiore sulla Terra che sul Sole.
Il giorno dell'anno in cui la Terra si trova più lontano dal Sole è il **4 luglio**.

I Pianeti

Uno dei maggiori problemi per i progettisti di navicelle spaziali inviate verso **Giove** è stata la sua magnetosfera a causa della densità delle radiazioni.
Giove ha un **raggio** pari circa 11 volte quello terrestre.
La **parte più alta dell'atmosfera** di **Venere** comprende una coltre spessa di nubi, continuamente agitata da forti venti.
Nel **cielo notturno** si possono identificare le stelle, i pianeti, la Luna.
Venere è l'**oggetto più luminoso** nel cielo notturno dopo la Luna.
Il **mantello liquido** di **Urano** è composto principalmente di idrogeno, elio e metano.
L'**asse di rotazione** di **Urano** è parallelo al piano dell'orbita.
Gli **anelli di Saturno** sono un insieme di corpi posti su orbite concentriche costituiti da frammenti di ghiaccio e polvere. Saturno fa parte dei pianeti gioviani, ovvero dei quattro pianeti del Sistema Solare fra i più lontani dal Sole.
Dalla Terra sono visibili ad occhio nudo Mercurio, Venere, Marte, Giove e Saturno.

Il Sole, le stelle e il sistema solare

Il modo di diffusione attraverso il quale il calore del Sole giunge fino alla superficie terrestre è l'**irraggiamento**.
Le **distanze astronomiche** si misurano attraverso le Unità Astronomiche all'interno del Sistema Solare, con gli anni luce e i Parsec per distanze maggiori.
Al mattino il **Sole** è basso **all'orizzonte ad oriente**.
Ad ogni passaggio intorno al Sole le **comete** perdono una parte di massa.
Sono 63 i **satelliti** principali che ruotano intorno ai pianeti nel Sistema Solare.
Le **protuberanze solari** sono grandi nubi di idrogeno.
I **buchi neri** sono una distorsione infinita dello spazio-tempo.
Secondo gli studi degli astronomi, il Sole diverrà un **buco nero**.
Le **Pleiadi** in astronomia sono un ammasso aperto nella costellazione del Toro.
Uno dei principali scopi dell'**astrometria** è quello di definire una scala delle distanze fra i corpi celesti.
La **meteora** è una scia di luce prodotta dall'ingresso di un meteoroide all'interno dell'atmosfera di un altro corpo celeste. Le meteore si vedono dalla Terra quando vediamo delle stelle cadenti.
In tutte le località che si trovano all'interno del Circolo Polare Artico è possibile vedere il **Sole a mezzanotte** il giorno 21 giugno, infatti durante il solstizio d'estate il Sole non tramonta mai.
Navigando di **notte** nel **Mar Mediterraneo** in direzione della stella polare si sta procedendo verso Nord.
Dal momento che la Terra è sferica, man mano che il punto di osservazione si sposta verso Sud, la **stella polare** si abbassa sull'**orizzonte**.
Se un **oggetto celeste** arriva al meridiano vuol dire che arriva nel suo punto di massima altezza nella volta celeste.
Il fisico **Chandrasekar** dà il nome alla massa limite che una gigante rossa deve avere per non degenerare in una nebulosa planetaria.

L'alone rarefatto e luminoso delle comete si chiama **chioma**.
La **materia interstellare** che è diffusa nello spazio vuoto tra una stella e l'altra è formata da polveri finissime e gas.
Le **galassie** tendono a riunirsi in ammassi.
Le **stelle variabili intrinseche** sono stelle singole la cui luminosità varia periodicamente nel tempo.
La **magnitudine assoluta** è la magnitudine apparente delle stelle se queste fossero collocate ad una distanza di 10 Parsec dalla Terra.
La composizione chimica degli **asteroidi** è analoga a quella dei pianeti terrestri.
Convenzionalmente, il periodo di tempo necessario per il movimento della Terra intorno al Sole (moto di rivoluzione) e che si compie in 365 giorni è definito **anno civile**.
Il **Sole risplende** perché al suo interno avviene un processo di fusione nucleare tra gli atomi di idrogeno che si trasformano in elio generando un'enorme quantità di energia.
La **fotosfera** del Sole è la **superficie visibile** di colore giallo. Il **colore giallo** della **fotosfera** è dovuto alla temperatura superficiale del Sole che è di circa 5500°C.
In astronomia l'**indice di colore** è un parametro usato per la classificazione delle stelle.
La sede delle **reazioni termonucleari** del Sole si trova nel **nucleo.**
Le **tempeste magnetiche** sono provocate dai campi magnetici del Sole.
Nel tempo il **colore del Sole** subirà dei mutamenti, in un futuro lontano diverrà una gigante rossa.
La natura degli **strati esterni del Sole** è stata analizzata attraverso l'**analisi spettrografica**.
Con il termine «**stella doppia simbiotica**» si identificano due stelle che sono identiche e sono in contatto fra di loro
Il **vento solare** è un flusso di particelle.
Tra le attività del **Sole** ci sono i **brillamenti**, che sono violentissime esplosioni di energia, associate a potenti scariche elettriche.
La **riflessione dell'energia solare** dalla superficie terrestre è caratterizzata da un alto potere di riflessione della **neve.**
All'**alba** il **Sole** sembra avere **dimensioni maggiori** del normale. Si tratta di un effetto ottico dovuto alla vicinanza dell'immagine del disco solare al paesaggio che circonda l'osservatore.
I **cicli di Milankovich** determinano le variazioni periodiche dell'orbita terrestre attorno al Sole.
L'astronomo **J. Oort** ipotizzò per primo che le comete sono distribuite nello spazio a formare una specie di alone sferico intorno al Sole e ai suoi pianeti.
La **cometa Shoemaker-Levy**, passata vicina a Giove, rimase imprigionata nella sua orbita, frantumandosi.

La Luna

Le **terre alte** sulla Luna costituiscono il 70% della faccia della Luna visibile dalla Terra.
In astronomia, la cosiddetta **precessione luni–solare** è uno dei moti millenari della Terra.
Il **radon** è un gas nobile presente nell'atmosfera lunare.
Rispetto a quella terrestre, la **massa** della Luna è pari a 1/81.

Sezione VI
Matematica

Capitolo 1
Aritmetica - Numeri interi e decimali - Le quattro operazioni - I sistemi di misura

1.1 Teoria degli insiemi

INSIEME Gruppo di elementi di cui si può stabilire inequivocabilmente almeno una caratteristica in comune

➤ Le *vocali dell'alfabeto italiano* costituiscono un insieme.
I *libri più interessanti della biblioteca* non costituiscono un insieme, perché non lo si può stabilire con certezza.
- Un **insieme** si indica con la ***lettera maiuscola***
- gli **elementi dell'insieme** con la ***lettera minuscola***

A = {a, b, c, d, e}

SIMBOLI RELATIVI AGLI INSIEMI	
A = B	(*uguaglianza*): gli insiemi **A** e **B** sono uguali
b ∈ A	(*appartenenza*): l'elemento **b** appartiene all'insieme **A**
b ∉ A	(*non appartenenza*): l'elemento **b** non appartiene all'insieme **A**
A = ∅	l'insieme **A** è *vuoto*
A ⊂ B	l'insieme **A** è un **sottoinsieme** di **B** ciò vuol dire che ogni elemento di **A** appartiene anche a **B**, ma non viceversa; es. **A** è l'insieme delle città della Lombardia, **B** l'insieme delle città italiane
C = A ∩ B	(*intersezione*): l'insieme **C** è costituito dagli elementi in comune tra **A** e **B**
C = A ∪ B	(*somma*): l'insieme **C** è costituito dalla somma degli insiemi **A** e **B**

1.2 Corrispondenze tra insiemi

Gli elementi di due differenti insiemi possono essere in relazione tra loro. Questa relazione si chiama **corrispondenza**.

➤ L'insieme **A** degli abbonati telefonici e l'insieme **B** dei numeri telefonici: a ogni abbonato è abbinato un numero; perciò si dice che **A** e **B** sono in corrispondenza.

TIPI DI CORRISPONDENZE	
Univoca	Si ha quando a ogni elemento del primo insieme corrisponde un solo elemento del secondo, ma non viceversa (a un elemento del secondo insieme possono corrispondere anche più elementi del primo).
Biunivoca	Si ha quando a ogni elemento del primo insieme corrisponde un solo elemento del secondo insieme e viceversa.

1.3 I numeri

I numeri sono classificati in **insiemi**, quindi, indicati ognuno con una **lettera maiuscola**. Ogni insieme di numeri ha le sue **operazioni** (addizione, sottrazione ecc.) che possono essere di 2 tipi:

- **operazione interna**
  Si ha quando il risultato dell'operazione *è* un numero che appartiene allo stesso insieme di partenza.
  ➤ La somma di due numeri naturali è sempre un numero naturale: 2 + 5 = 7
- **operazione non interna**
  Si ha quando il risultato dell'operazione *non è sempre* un numero che appartiene allo stesso insieme.
  ➤ La sottrazione di due numeri naturali: 4 – 3 = 1 (dà un numero naturale), ma 3 – 4 = – 1 (dà un numero relativo)

INSIEMI NUMERICI	
Numeri Naturali (N)	Numeri interi positivi, compreso lo zero (0, 1, 2, 3, 4, 5 ecc.) *operazioni interne*: addizione, moltiplicazione
Numeri Relativi (Z)	Sono i numeri **positivi** (Z^+) e **negativi** (Z^-) – 5, – 4, – 3, – 2, – 1, 0, 1, 2, 3, 4, 5 ecc. *operazioni interne*: addizione, sottrazione, moltiplicazione, divisione
Numeri Razionali (Q)	Possono essere indicati o come **frazione** $\left(\frac{1}{4}, \frac{1}{2}, \frac{3}{4}\right)$ o come **parte intera + parte decimale** (1,5; 0,7; 4,8) *operazioni interne*: addizione, sottrazione, moltiplicazione, divisione
Numeri Irrazionali (I)	Non possono essere trasformati in un numero razionale. ➤ $\sqrt{2}$ (dà un valore dalla cifra decimale infinita: 1,4142135624...)
Numeri Reali (R)	Sono l'unione tra Q e I. Quindi **R = Q ∪ I**

Come si vede, gli insiemi numerici sono in relazione fra loro.

➤ **N** è un sottoinsieme di **Z (N ⊂ Z)**; **Z** è a sua volta un sottoinsieme di **Q (Z ⊂ Q)**; tutti sono un sottoinsieme di **R**.

1.4 Introduzione all'aritmetica

L'*aritmetica* è l'arte dei numeri. Infatti, contare e numerare è l'operazione che si compie sia per stabilire quanti sono gli oggetti che costituiscono il gruppo, sia per attribuire a ogni oggetto dello stesso gruppo una unità o per nominare tali unità una di seguito all'altra.
I numeri da 0 a 9 sono le cifre significative.
L'unità sola si dice semplice o fondamentale.
Il numero 10 è alla base della numerazione in quanto un numero di 10 unità è una nuova unità che si dice di ordine superiore.
Per questo la nostra numerazione è detta *decimale* o a *base decimale*.

È opportuno ricordare le seguenti definizioni:

- *Valore assoluto* (o *modulo*) *di un numero relativo*: è il numero stesso, ma senza segno.
- *Numeri relativi concordi:* con lo stesso segno

  ➤ – 4 e – 8, oppure + 7 e + 11.

- *Numeri relativi discordi:* con segno diverso

  ➤ – 3 e + 5, oppure + 8 e – 4.

- *Numeri relativi opposti:* con valore assoluto uguale e segno diverso. La somma di due numeri opposti è 0

  ➤ – 3, + 3.

- *Numeri relativi inversi (o reciproci):* il loro prodotto è = 1.

  ➤ $5 \text{ e } \frac{1}{5}, -\frac{3}{4} \text{ e } -\frac{4}{3}$

- *Numeri relativi antireciproci:* sono contemporaneamente inversi e discordi e il loro prodotto è – 1

  ➤ $2 \text{ e} -\frac{1}{2}$.

- *Il prodotto di due numeri relativi concordi è positivo.*
- *Il prodotto di due numeri relativi discordi è negativo.*
- *Il prodotto di due numeri opposti è negativo.*
- *Se il prodotto di due numeri relativi è positivo,* i due numeri sono entrambi positivi o entrambi negativi.
- *Se il prodotto di due numeri relativi è negativo,* uno è negativo, l'altro è positivo.
- *Se il prodotto di due numeri relativi è nullo,* uno o entrambi sono nulli.
- *Se il prodotto di quattro numeri è un numero positivo,* allora i fattori concordi sono in numero pari.
- *Se una divisione tra numeri relativi ha come quoziente* + 1, vuol dire che il dividendo è 0 e che il divisore è un numero qualunque.
- *Se la somma di due numeri relativi è nulla,* essi sono opposti.
- *Se la differenza di due numeri relativi è nulla,* essi sono uguali. (La differenza di due numeri relativi è il numero che si ottiene aggiungendo al primo l'opposto del secondo).

Numeri interi

1° gruppo				
1° ord. unità	– da	1	a	9
2° ord. decine	– da	10	a	99
3° ord. centinaia	– da	100	a	999
2° gruppo				
4° ord. unità di migliaia	– da	1.000	a	9.999
5° ord. decine di migliaia	– da	10.000	a	99.999
6° ord. centinaia di migliaia	– da	100.000	a	999.999
3° gruppo				
7° ord. un. di milioni	– da	1.000.000	a	9.999.999
8° ord. dec. di milioni	– da	10.000.000	a	99.999.999
9° ord. cen. di milioni	– da	100.000.000	a	999.999.999
4° gruppo				
10° ord. un. di miliardi o bilioni	– da	1.000.000.000	a	9.999.999.999
11° ord. dec. di miliardi o bilioni	– da	10.000.000.000	a	99.999.999.999
12° ord. cen. di miliardi o bilioni	– da	100.000.000.000	a	999.999.999.999
5° gruppo				
13° ord. un. di trilioni	– da	1.000.000.000.000	a	9.999.999.999.999
14° ord. dec. di trilioni	– da	10.000.000.000.000	a	99.999.999.999.999
15° ord. cen. di trilioni	– da	100.000.000.000.000	a	999.999.999.999.999

I numeri interi si contano da destra verso sinistra.

Esempi sugli ordini dei numeri

➤ *Quante unità del 3° ordine ci sono nel numero 253.462?*

Le unità del 3° ordine sono le centinaia, quindi in questo caso il numero *4* rappresenta le unità del 3° ordine.

➤ *10^3 è l'ordine di grandezza del numero ...*

In questo caso bisogna prima svolgere la potenza di 10^3 cioè $10 \cdot 10 \cdot 10 = 1.000$ e poi scegliere tra le opzioni quella che più si avvicina per «difetto» al numero dato, cioè, in questo caso, 1.000. Quindi se nell'esempio 10^3 le soluzioni possibili sono: a) 500 b) 190 c) 832 d) 1.020, bisogna scegliere l'alternativa c).

➤ *10^{-1} è l'ordine di grandezza del numero ...*

Poiché 10 alla meno uno è 1/10 cioè 0,1 il numero da scegliere è quello che più si avvicina a 0,1 ... per difetto come nell'esempio precedente.

1.5 Le quattro operazioni

Addizione e relative proprietà

Addizionare un numero a un altro significa contare di seguito al primo le unità del secondo. Le proprietà dell'addizione sono:

1) *commutativa*: invertendo l'ordine degli addendi la somma non cambia.

$$5 + 2 = 7; \quad 2 + 5 = 7;$$

2) *associativa*: una somma di più addendi non cambia se ad alcuni di essi si sostituisce la loro somma.

$$2 + (3 + 4) + 5 = 14; \quad 2 + 7 + 5 = 14;$$

3) *dissociativa*: una somma di due o più addendi non cambia se a un addendo si sostituiscono altri la cui somma sia uguale all'addendo considerato.

$$2 + 6 + 7 = 15; \quad 2 + 6 + (3 + 4) = 15.$$

I numeri dell'addizione si dicono «*addendi*» ed il risultato si dice «*somma* o *totale*».
3 + 5 (addendi) = 8 (somma o totale). Il segno è + (più).

Sottrazione e relativa proprietà

Sottrarre un numero da un altro significa trovare un terzo numero che sommato al secondo dia per risultato il primo.

$$9 - 7 = 2; \quad 2 + 7 = 9$$

9 si dice minuendo.
7 si dice diminutore o sottraendo.
2 si dice differenza.
Il segno è – (meno).
I numeri 9 e 7 considerati assieme si dicono termini della sottrazione.
La sottrazione ha una sola proprietà:

- *invariantiva*: aggiungendo o togliendo ai due termini di una sottrazione uno stesso numero la differenza non cambia.

$$9 - 7 = 2; \quad (9 + 3) - (7 + 3) = 12 - 10 = 2; \quad (9 - 4) - (7 - 4) = 5 - 3 = 2.$$

Moltiplicazione e relative proprietà

Moltiplicare un numero per un altro (maggiore di uno) significa fare la somma di tanti addendi uguali al primo quante sono le unità contenute nel secondo numero.
La moltiplicazione non è altro che una addizione abbreviata.

$$9 \cdot 3 = 27; \quad 9 + 9 + 9 = 27.$$

I numeri 9 e 3 si dicono rispettivamente *moltiplicando* e *moltiplicatore*; se si considerano assieme assumono la denominazione di *fattori*. Il numero 27 di cui all'esempio suindicato si dice *prodotto*. Il segno · si dice moltiplicando o semplicemente *per*. Le proprietà sono:

1) *commutativa*: invertendo l'ordine dei fattori il prodotto non cambia.

$$6 \cdot 4 = 24; \quad 4 \cdot 6 = 24;$$

2) *associativa*: un prodotto di più fattori non muta se ad alcuni di essi si sostituisce il loro prodotto.

$$2 \cdot (3 \cdot 4) = 24; \quad 2 \cdot (12) = 24;$$

3) *dissociativa*: un prodotto di più fattori non cambia se a uno di essi se ne sostituiscono altri il cui prodotto sia uguale al fattore considerato.

$$3 \cdot (8) \cdot 5 = 120; \quad 3 \cdot (2 \cdot 4) \cdot 5 = 120;$$

4) *distributiva rispetto all'addizione*: il prodotto di una somma per un numero si può eseguire moltiplicando ciascun addendo per quel numero e addizionando i prodotti parziali ottenuti;

$$(2 + 3 + 4) \cdot 5 = (9 \cdot 5) = 45$$
$$(2 \cdot 5) + (3 \cdot 5) + (4 \cdot 5) = (10 + 15 + 20) = 45;$$

5) *il prodotto di una differenza* per un numero si può eseguire moltiplicando ciascun termine della differenza per quel numero e sottraendo i prodotti parziali ottenuti.

$$(8 - 2) \cdot 4 = (6 \cdot 4) = 24$$
$$(8 \cdot 4) - (2 \cdot 4) = (32 - 8) = 24.$$

NOTA. Se tra i fattori vi è ***zero***, il prodotto è zero.

➤ $2 \cdot 3 \cdot 0 \cdot 2 \cdot 5 = 0.$

Divisione e relative proprietà

Dividere un numero per un altro vuol dire trovare un terzo numero che, moltiplicato per il secondo, e aggiungendo l'eventuale resto, dia per risultato il primo.

$$16 : 2 = 8; \quad 8 \cdot 2 = 16.$$

```
17  |3
 2   5
```

17 si dice dividendo
3 si dice divisore
5 si dice quoziente
2 si dice resto.
se il resto è zero il risultato si dice quoto.

Prova: 5 · 3 = 15; 15 + 2 = 17.

Le proprietà della divisione sono:

1) *invariantiva*: moltiplicando il dividendo e il divisore per uno stesso numero il quoziente non cambia e il resto, se c'è, risulta moltiplicato per quel numero.

   27 : 6 è uguale a 4 con il resto di 3.

   Se moltiplico 27 · 3, 6 · 3 e 3 · 3 ottengo i seguenti numeri: 81, 18, e 9.
   Dividendo 81 per 18, trovo «4» come quoziente e «9» come resto, cioè 3 · 3;
2) *distributiva rispetto all'addizione*: per dividere una somma indicata di due o più numeri per un numero dato, si possono dividere – se ciò risulta possibile – tutti gli addendi per quel numero e sommare i quozienti parziali ottenuti.

   $$(40 + 25 + 10) = 75; \quad 75 : 5 = 15$$
   $$(40 : 5) + (25 : 5) + (10 : 5) = (8 + 5 + 2) = 15;$$

3) *distributiva rispetto alla sottrazione*: per dividere una differenza indicata per un numero dato, si possono dividere – se ciò risulta possibile – diminuendo e sottraendo per quel numero e sottrarre quindi i quozienti parziali ottenuti.

   $$(18 - 6) : 3 = 4 \text{ quoziente.}$$
   $$(18 : 3) - (6 : 3) = 6 - 2 = 4.$$

Proprietà delle uguaglianze

Le scritture 4 + 3 = 7; 2 + 3 = 5; 6 + 3 = 9 si dicono uguaglianze.

Il segno = si legge «è uguale»; 4 + 3 si dice primo membro dell'uguaglianza e 7 secondo membro. Le proprietà sono:

1) *riflessiva*: ogni numero è uguale a se stesso.

   ➤ 3 = 3;

2) *simmetrica*: se un numero è uguale ad un altro, questo è uguale al primo.

   ➤ 4 + 3 = 7; 7 è pure uguale a 3 + 4

3) *transitiva*: se un numero è uguale a un altro e questo è uguale a un terzo, anche il primo sarà uguale al terzo.

   ➤ 3 + 4 = 7; 2 + 5 = 7; anche 3 + 4 = 2 + 5.

Disuguaglianze

Per indicare se un numero è maggiore o minore di un altro si adoperano i seguenti simboli: > e < .
9 > 6 significa che 9 è maggiore di 6
6 < 9 significa che 6 è minore di 9

Integrazioni sui numeri naturali

Se l'esercizio parla di numeri che «sono compresi» vuol dire che non devo prendere in considerazione i numeri estremi.

➤ $1 < n < 4$.

I numeri compresi tra 1 e 4 sono solo 2 e 3; se invece sono «compresi e uguali» prendo in considerazione anche l'estremo o gli estremi con l'uguale.

➤ $1 \leq n < 4$.

Oltre al 2 e 3 anche il numero 1 va considerato, perché c'è il simbolo ≤ (minore od uguale), mentre il 4 non va considerato poiché non c'è il simbolo uguale.
Inoltre va ricordato che: il più piccolo numero naturale di una cifra è 0 e il più grande è 9; il più piccolo di due cifre è 10; il più grande è 99 ecc.

Se l'esercizio mi chiede di calcolare la somma dei primi 20 numeri (il 20 è solo un esempio) il ragionamento che debbo seguire è il seguente:

- se *n* è *pari* (come nel caso dell'esempio 20) si moltiplica il valore per la sua metà e si aggiunge la metà. Quindi $20 \cdot 10 + 10 = 200 + 10 = 210$.
- se *n* è *dispari* (es.: 27) si moltiplica la metà di quel valore approssimato per eccesso per il valore stesso.

Nell'esempio $\frac{27}{2} = 13{,}5$ quindi $14 \cdot 27 = 378$.

NOTA.
- moltiplicando un numero per **1** si ottiene lo stesso numero: $3 \times 1 = 3$
- moltiplicando un numero per **0** si ottiene $0 : 3 \times 0 = 0$
- nella divisione, quando non esiste un quoziente appartenente ai numeri naturali, si produce il **quoziente approssimato** più il **resto**

➤ 52 : 10 = 50 (quoziente appr.) + 2 (resto)

- nelle espressioni con più operazioni, ove non indicato dalle parentesi, si effettuano prima le **moltiplicazioni** e le **divisioni**: $4 \times 5 + 6 : 2 = (4 \times 5) + (6 : 2) = 20 + 3 = 23$.

Numeri decimali

I numeri decimali vengono posti dopo la virgola e si enunciano nell'ordine:

– decimi	0,1
– centesimi	0,01
– millesimi	0,001
– decimillesimi	0,0001
– centimillesimi	0,00001
– milionesimi	0,000001
– decimilionesimi	0,0000001
– centimilionesimi	0,00000001
– bilionesimi o miliardesimi	0,000000001
– decimiliardesimi	0,0000000001

– centimiliardesimi......................... 0,00000000001
– trilionesimi................................. 0,000000000001 ecc.

NOTA. I predetti numeri decimali si contano da sinistra verso destra.

Confronto e arrotondamento

Data una serie di numeri decimali, per individuare immediatamente l'entità più grande o più piccola occorre prima fare riferimento alla parte intera (**1**,7567), poi ai decimi (1,7567), poi ai centesimi (1,7**5**67) e così di seguito per le altre parti. Il numero più grande della serie sarà quello che ha il numero intero maggiore, a parità quello che ha il decimale più grande, a parità di decimale è più grande il numero che ha i centesimi maggiori e così via. Viceversa per individuare il numero decimale più piccolo.

➤ Mettere in **ordine decrescente** i seguenti numeri: 9; 0,9; 0,96; 9,6; 0,06.

Si consiglia di considerare i numeri tutti con lo stesso numero di posti dopo la virgola, quindi aggiungendo tanti zeri per i decimi o centesimi mancanti:

9,00; 0,90; 0,96; 9,60; 0,06.

Prendendo in considerazione le unità, si nota che i numeri più grandi e che hanno le medesime unità sono 9,00 e 9,60, si passa quindi ad esaminare i decimi dei due numeri e notiamo che un numero non ha decimi e l'altro ne ha 6, pertanto il maggiore dei due numeri è **9,60**. Passando ad esaminare i rimanenti numeri che hanno tutti come unità 0, quelli che presentano gli stessi decimi più grandi rispetto agli altri sono 0,90 e 0,96, quindi il numero più grande tra i due è **0,96** perché ha come centesimi 6 a differenza dell'altro che ne ha 0.
Di conseguenza l'ordine decrescente è: 9,6 > 9,0 > 0,96 > 0,9 > 0,06.

➤ Mettere in **ordine crescente** i seguenti numeri: 0,1; 1; 0,2; 1,5; 0,12.

Anche per questo esercizio si effettua lo stesso ragionamento summenzionato individuando le grandezze inferiori. I numeri più piccoli sono quelli che riportano le unità uguali a zero (0,10; 0,20; 0,12) e meno decimi, quindi 0,10 < 0,12 < 0,20.
Continuando ad esaminare i numeri rimanenti che hanno più unità, vediamo che il più piccolo è 1,00 poiché non ha decimi.
Sulla base dell'analisi effettuata, l'ordine crescente è: 0,1 < 0,12 < 0,20 < 1 < 1,5.

L'arrotondamento consiste nel ridurre il numero delle cifre significative con cui si rappresenta una quantità.
Se si vuole arrotondare alla seconda cifra decimale si prende in considerazione la terza cifra decimale e, se questa è maggiore di cinque, si arrotonda alla cifra successiva, mentre se è inferiore si lascia il numero così com'è invariato alla seconda cifra.

➤ 1,3466 arrotondato alla seconda cifra decimale diventa 1,35 (perché il 6, terza cifra è maggiore di 5);

➤ 2,5834 arrotondato alla seconda cifra rimane 2,58 (perché il 3, terza cifra è minore di 5).

Operazioni con i numeri decimali

• Addizione

Per poter effettuare la somma di 2 o più numeri decimali, è necessario metterli in colonna facendo in modo che la virgola sia allineata e poi eseguire le somme normalmente.

➤ 3,25 + 13,6 + 120,03 = 136,88

```
   3,25+
  13,60+
 120,03=
 136,88
```

• Sottrazione

La differenza tra 2 numeri decimali segue le stesse regole dell'addizione. Bisogna incolonnare i valori allineando la virgola e poi effettuare la sottrazione.

➤ 15,3 – 12,88 = 2,42

```
 15,30–
 12,88=
  2,42
```

• Moltiplicazione

Il prodotto tra 2 numeri decimali non prevede un incolonnamento particolare. Bisogna effettuare normalmente la moltiplicazione tra essi, come se la virgola non ci fosse; il risultato del prodotto, invece, dovrà avere tante cifre decimali quante sono complessivamente le cifre decimali dei 2 numeri.

➤ 12,**26** × 5,**43** = (in tutto 4 cifre decimali) 66,**5718**

```
    12,26 ×
     5,43 =
     3678
    4904 –
   6130 –
  66,5718
```

(partendo dall'ultima cifra si devono contare quattro posizioni da destra verso sinistra e mettere la virgola)

• Divisione

In caso di quoziente tra due numeri decimali, è necessario distinguere tre casi:

1) dividendo decimale e divisore intero: ➤ 12,6 : 7 = 1,8
2) dividendo intero e divisore decimale: ➤ 135 : 4,15 = 32,53012
3) dividendo decimale e divisore decimale: ➤ 9,66 : 2,3 = 4,2

Caso 1.: si procede effettuando normalmente la divisione ricordandosi di mettere la virgola al quoziente prima di "abbassare" il numero 6:

➤ 12,6: 7 =
  5 6   1,8
  0 0

Caso 2.: bisogna rendere intero il divisore decimale, quindi, per la proprietà invariantiva, si dovrà moltiplicare sia il dividendo che il divisore tante volte per 10 quante sono le cifre decimali. In questo caso le cifre decimali sono due, quindi si moltiplicheranno per 100 (10×10) entrambi i termini.

➤ 135 × 100 = 13500

  4,15 × 100 = 415

Perciò la nuova forma della divisione sarà: 13500:415=, che potrà essere svolta normalmente.

Caso 3.: vale sempre la regola del caso 2, quindi **bisogna rendere intero solo il divisore decimale** e perciò si dovranno moltiplicare sia il dividendo che il divisore tante volte per 10 quante le cifre decimali. In questo caso il divisore ha 1 cifra decimale, e per questo si moltiplicheranno entrambi i termini × 10.

➤ 9,66 × 10 = 96,6

  2,3 × 10 = 23

La nuova forma della divisione sarà: 96,6:23= che riporta al Caso 1.

1.6 Sistema metrico decimale

Per misurare una qualsiasi grandezza sono indispensabili delle unità di misura quali il metro lineare, il metro quadrato, il grammo e il litro che sono dette misure principali.
A queste, per maggiore precisione e più facilità di calcolo, si aggiungono misure secondarie, maggiori o minori delle misure principali.
Tutte queste grandezze costituiscono il sistema metrico decimale.
Le predette unità procedono di 10 in 10.
Quando si passa a una misura più grande si deve dividere per 10 ogni ordine; quando si passa ad una misura più piccola occorre moltiplicare per 10 ogni ordine.

Misure di lunghezza

L'unità fondamentale è il **metro** che è la quarantamilionesima parte del meridiano terrestre.
Sono *multipli* del metro:

Mm	– miriametro	=	10.000	metri	
km	– chilometro	=	1.000	metri	
hm	– ettometro	=	100	metri	
dam	– decametro	=	10	metri	
m.	*– metro*	=	*1*	*metro*	unità fondamentale

Sono *sottomultipli* del metro:

dm	– decimetro	=	0,1	metri
cm	– centimetro	=	0,01	metri
mm	– millimetro	=	0,001	metri

- m 2,8 = hm 0,028; si sale di due ordini e si sposta la virgola verso sinistra di due posti oppure si divide per 100 se il numero è intero.
- km 44,16 = dam 4.416; si scende di due ordini e si sposta la virgola verso destra di due posti oppure si aggiungono due zeri se il numero è intero (si moltiplica per 100).

Misure di capacità

L'unità fondamentale delle misure di capacità è il **litro**.

Sono *multipli* del litro:

hl – ettolitro	=	100	litri	
dal – decalitro	=	10	litri	
l – litro	=	*1*	*litro*	unità fondamentale

Sono *sottomultipli* del litro:

dl – decilitro	=	0,1	litro
cl – centilitro	=	0,01	litro
ml – millilitro	=	0,001	litro

- dl 428,29 = dal 4,2829; si sale di due ordini e si sposta la virgola verso sinistra di due posti oppure si divide per 100 se il numero è intero.
- hl 0,438 = cl 4.380; si scende di quattro ordini e si sposta la virgola verso destra di quattro posti oppure si moltiplica per 10.000 se il numero è intero.

Misure di peso

L'unità fondamentale delle misure di peso è il **grammo**.

Sono *multipli* del grammo:

t	– tonnellata	=	1.000.000	grammi	
q	– quintale	=	100.000	grammi	
Mg	– miriagrammo	=	10.000	grammi	
kg	– chilogrammo	=	1.000	grammi	
hg	– ettogrammo	=	100	grammi	
dag	– decagrammo	=	10	grammi	
g	*– grammo*	=	*1*	*grammo*	unità fondamentale

Sono *sottomultipli* del grammo:

dg	– decigrammo	=	0,1	grammi
cg	– centigrammo	=	0,01	grammi
mg	– milligrammo	=	0,001	grammi

- q 0,04 = dag 400; si scende di quattro ordini e si sposta la virgola di quattro posti verso destra oppure si moltiplica per 10.000 se il numero è intero.

- cg 230,13 = kg 0,0023013; si sale di cinque ordini e si sposta la virgola verso sinistra di cinque posti oppure si divide per 100.000 se il numero è intero.

NOTA. In pratica si assume come unità di base il chilogrammo.

1.7 Altri sistemi di misura

Per le misure di superficie (aree) si usano gli stessi simboli esaminati per le misure di lunghezza; va però tenuto presente che procedono di 100 in 100 per ogni ordine. Si parla pertanto di misure al quadrato.

- dm^2 8,28 = mm^2 82.800; si scende di due ordini e si sposta la virgola verso destra di quattro posti;

- m^2 16,392 = dam^2 0,16392; si sale di un ordine e si sposta la virgola verso sinistra di due posti.

Per le misure terriere si usano le seguenti misure agrarie che procedono di 100 in 100 per ogni ordine:

ha	=	ettaro	=	10.000	metri quadrati	= hm^2
a	=	ara	=	100	metri quadrati	= dam^2
ca	=	centiara	=	1	metro quadrato	= m^2

L'*ara* è l'unità di misura fondamentale.
Anche per le misure di volume si usano gli stessi simboli delle misure di lunghezza; essi procedono però di 1.000 in 1.000 per ogni ordine. Si parla pertanto di misure cubiche.

- m^3 0,04 = cm^3 40.000; si scende di due ordini e si sposta la virgola verso destra di sei posti;

- cm^3 96008,2 = m^3 0,0960082; si sale di due ordini e si sposta la virgola verso sinistra di sei posti.

Per la misurazione della paglia, legna da ardere ecc., si adopera, in alcune località, lo *stero* che ha quale multiplo il *decastero* e come sottomultiplo il *decistero*.

Procedono di 10 in 10 per ogni ordine.

das	=	decastero	=	10	metri cubi
s	=	stero	=	1	metro cubo
ds	=	decistero	=	0,1	metro cubo

- das 0,8 = ds 80

1.8 Equivalenze tra sistemi di misura

Considerato che un litro di acqua distillata alla temperatura di 4 gradi centigradi corrisponde a un decimetro cubo e a un chilogrammo, possiamo senz'altro eseguire riduzioni da litri a kg a dm^3 e ai multipli e sottomultipli dell'uno e dell'altro.
Si riportano i seguenti specchietti indicativi, sempre riferiti all'acqua con le caratteristiche su esposte.

Misure di capacità			Misure di estensione			Misure di peso	
l	1.000	=	m^3	1	=	t	1
l	1	=	dm^3	1	=	kg	1
ml	1	=	cm^3	1	=	g	1
l	1	=	dm^3	1	=	kg	1
dal	1	=	dm^3	10	=	kg	10
hl	1	=	dm^3	100	=	kg	100
dl	1	=	cm^3	100	=	g	100
cl	1	=	cm^3	10	=	g	10
ml	1	=	cm^3	1	=	g	1

➤ m^3 0,69 = hg ..... = hl .....
Cerchiamo le misure fondamentali (l, kg, dm^3); si ha che

$$m^3\ 0{,}69 = dm^3\ 690$$

che sono anche il valore in kg e litri. Ci è quindi facile fare il passaggio da kg 690 a hg 6.900 e da l 690 a hl 6,90.

1.9 Le scale geografiche

La Terra ha forma sferica e quindi risulta complicato riportarla su di una carta geografica; per questo motivo deve essere rimpicciolita secondo un determinato rapporto chiamato *scala di riduzione*. La scala di riduzione esprime, quindi, il rapporto tra la distanza di due punti misurata sulla carta e la distanza corrispondente misurata sulla superficie terrestre. La scala è tanto più piccola quanto è maggiore il denominatore della frazione.

Classificazione delle scale

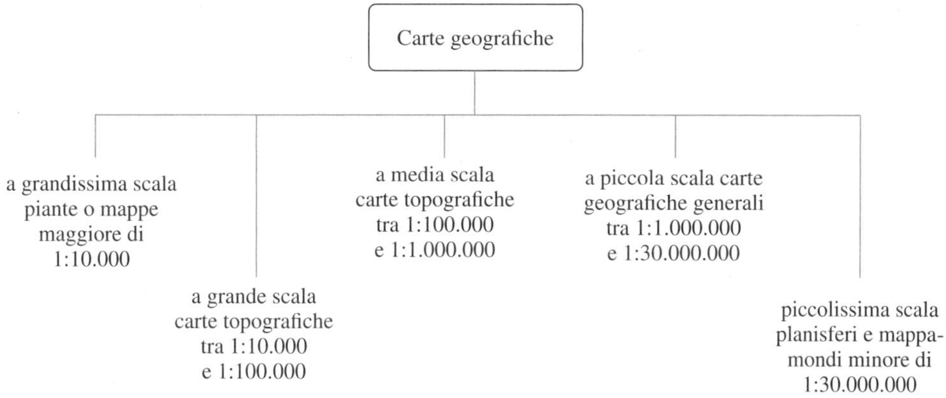

➤ La scala (numerica) 1:100.000, che si legge *uno a centomila*, indica che un'unità di lunghezza (in genere il centimetro) sulla carta equivale a centomila unità sulla superficie terrestre. Vale a dire che, ad esempio, 1 cm sulla carta corrisponde a 100.000 cm = 1 km nella realtà. Quindi, per ricavare la distanza reale (in linea d'aria) tra due punti della carta, basta moltiplicare la distanza, misurata con una riga, per la scala (e poi fare la conversione nell'unità di misura richiesta).

Vediamo un esercizio:

➤ In una carta topografica la distanza tra due località è di 7 cm. Sapendo che la scala è di 1:200.000, quanto distano nella realtà le due località?
Per risolvere questo problema dobbiamo moltiplicare la scala per i cm della distanza e si ottiene: 200.000 × 7=1.400.000 cm quindi 14 km.

		A	B	C	D
1	**Quante decine contengono diecimila unità?**	Mille	Centomila	Diecimila	Cento
2	**Di quale numero, tra i seguenti, 5,3 non rappresenta un arrotondamento al decimo?**	5,21	5,33	5,28	5,312
3	**Un'operazione aritmetica è:**	una simbologia grafica	una coppia di insiemi	una soluzione	una procedura
4	**Quale, tra le seguenti, è la somma dei numeri 2,31 e 0,155?**	2,565	2,4551	2,465	2,4461
5	**Qual è il risultato della differenza 0,25 – 0,024?**	0,274	0,226	0,01	0,49
6	**Risolvere la seguente operazione: 52,4 : 0,5 = …**	104,8	1048	26,2	524

7	**Quante damigiane da 15 litri dovremo acquistare per travasare 5.760 litri di olio?**	393	384	371	348
8	**3,26 hg equivalgono a:**	32.600 cg	3.260 cg	326 cg	0,0326 cg
9	**Esprimere in chilometri la quantità 45 decimetri.**	0,45 km	450 km	0,0045 km	0,00045 km
10	**Quanti ettolitri può contenere una botte della capacità di 238 decalitri?**	238	2,38	2380	23,8
11	**Come è denominata la proprietà dell'addizione secondo la quale una somma non cambia se ad uno o più addendi si sostituiscono altri addendi aventi per somma l'addendo sostituito?**	Proprietà commutativa	Proprietà dissociativa	Proprietà associativa	Proprietà invariantiva
12	**A quale delle seguenti relazioni è applicata la proprietà distributiva della moltiplicazione rispetto all'addizione?**	$(7+4+2)\cdot 3=(7\cdot 3)+(4\cdot 3)+(2\cdot 3)$	$(7+4+2)\cdot 3=(7+3)\cdot(4+3)\cdot(2+3)$	$(7+4+2)\cdot 3=13\cdot 3$	$(7+4+2)\cdot 3=(7\cdot 3)\cdot(4\cdot 3)\cdot(2\cdot 3)$
13	**Quanti millesimi sono contenuti in dieci unità?**	Centomila	Diecimila	Un milione	Mille
14	**Una carta geografica è in scala 1 : 500.000. Quanto distano su di essa due località che nella realtà si trovano a 5 chilometri di distanza?**	1 cm	5 cm	1 m	1 mm
15	**Una carta geografica è in scala 1 : 100.000. Quanto distano tra loro nella realtà due località distanti 2 centimetri sulla carta?**	5 km	1 km	2 km	100 m

Soluzioni: 1.A, 2.A, 3.D, 4.C, 5.B, 6.A, 7.B, 8.A, 9.C, 10.D, 11.B, 12.A, 13.B, 14.A, 15.C

Capitolo 2
Potenze, frazioni, proporzioni e calcoli vari

2.1 Definizione

POTENZA Dicesi **potenza** di un numero il prodotto di più fattori uguali a quel numero.

➤ $4^2 = 4 \cdot 4 = 16$; il numero 4 si dice base e il numero 2 esponente.

Il valore di una potenza si calcola moltiplicando per se stessa la base tante volte quante sono le unità dell'esponente.

$$2^3 = 2 \cdot 2 \cdot 2 = 8.$$

La prima potenza di un numero è il *numero stesso*.

$$5^1 = 5.$$

La seconda potenza di un numero dicesi *quadrato del numero stesso*.
La terza potenza dicesi *cubo* e le potenze successive si dicono *quarta, quinta, sesta, settima* ecc.

Operazioni sulle potenze

L'addizione e la sottrazione di due potenze si eseguono sempre calcolando il valore di ogni potenza ed eseguendo quindi l'addizione o la sottrazione richiesta:

$$4^2 + 3^3 = 16 + 27 = 43; \quad 5^2 - 2^3 = 25 - 8 = 17.$$

Proprietà sulle potenze

1) *Il prodotto* di due o più potenze aventi la medesima base è uguale a un'altra potenza con la stessa base e per esponente la somma degli esponenti:

$$3^2 \cdot 3^3 = 3^5 = 243.$$

2) *Il quoziente* di due potenze aventi la medesima base è uguale a un'altra potenza con la stessa base e per esponente la differenza degli esponenti:

$$5^3 : 5^2 = 5^1 = 5.$$

3) *La potenza di una potenza* è un'altra potenza con la stessa base e per esponente il prodotto degli esponenti:

$$(3^2)^3 = 3^6 = 729.$$

4) *Per elevare a potenza un prodotto* di più fattori basta elevare a potenza i singoli fattori:

$$(5 \cdot 7 \cdot 3)^2 = (5^2 \cdot 7^2 \cdot 3^2) = 11.025.$$

5) *Per elevare a potenza un quoziente* basta elevare a quella potenza il dividendo e il divisore:

$$(12 : 3)^2 = 12^2 : 3^2 = 144 : 9 = 16.$$

NOTA. Se l'esponente è 0 il valore è 1.

➤ $4^0 = 1$ (per convenzione).

Infatti se si dividono due potenze di uguale base e di uguale esponente, il risultato è una potenza con la stessa base e con esponente zero.

➤ $5^4 : 5^4 = 5^0$; ma si ha altresì $\frac{5 \cdot 5 \cdot 5 \cdot 5}{5 \cdot 5 \cdot 5 \cdot 5} = 1$ da cui si rileva che $5^0 = 1$.

Nello specchietto seguente sono riepilogate le proprietà principali:

$$a^m \cdot a^n = a^{m+n}$$
$$a^m : a^n = a^{n-n}$$
$$(a^m)^n = a^{m \cdot n}$$
$$a^0 = 1$$
$$a^1 = a$$
$$a^{-n} = \left(\frac{1}{a}\right)^n$$

In *matematica*, un **numero primo** (in breve anche *primo*) è un *numero naturale* maggiore di 1 che sia *divisibile* solamente per *1* e per se stesso; al contrario, un numero maggiore di 1 che abbia più di due divisori è detto *composto*. Ad esempio, 2, 3 e 5 sono primi, mentre 4 e 6 non lo sono perché sono divisibili rispettivamente anche per 2 e per 2 e 3. L'unico numero *pari* primo è 2, in quanto tutti gli altri numeri pari sono divisibili per 2.
La *successione* dei numeri primi inizia con *2, 3, 5, 7, 11, 13, 17, 19, 23, 29, 31, 37* ... (Sequenza *A000040* dell'*OEIS*).

2.2 Multipli di un numero

Se si esegue il prodotto $4 \cdot 5$, il risultato ottenuto (20) si dice multiplo di 5 secondo il numero 4 e poiché $5 \cdot 4 = 4 \cdot 5$, il numero 20 si dice pure multiplo di 4 secondo il numero 5.
Ne consegue che il prodotto di due fattori è multiplo di ciascuno di essi secondo l'altro. È bene ricordare che:

1) lo *zero* è multiplo di qualunque numero, perché il prodotto di qualsiasi numero per *zero* = *zero*;
2) qualunque numero è multiplo di se stesso secondo il numero *uno* ($7 \cdot 1 = 7$);
3) il massimo multiplo di un numero non esiste, essendo i numeri infiniti;
4) i numeri multipli di 2 si dicono numeri *pari*; tutti gli altri si dicono *dispari*;
5) due numeri multipli rispettivamente di altri due numeri, secondo uno stesso numero, si dicono *equimultipli*.

➤ 30 e 35 sono multipli rispettivamente di 6 e 7 secondo il numero 5; si dice che 30 e 35 sono equimultipli di 6 e 7.

NOTA. Se consideriamo il numero 35 rispetto al 7 diremo che il numero 35 è multiplo di 7 ed il numero 7 è chiamato sottomultiplo o divisore del maggiore.

2.3 Criteri o caratteri di divisibilità

Vi sono alcune regole per accertare velocemente, senza eseguire la divisione, se un numero è divisibile per un altro.

Tali regole prendono il nome di *criteri di divisibilità*, di cui i principali sono i seguenti:

1) un numero è *divisibile per 2* quando termina con zero o con cifra pari;
2) un numero è *divisibile per 3* quando la somma delle sue cifre è divisibile per 3.
   ➤ 2361 è divisibile per 3 perché 2 + 3 + 6 + 1 = 12 e 12 è divisibile per 3;
3) un numero è *divisibile esattamente per 4 o per 25* soltanto quando le ultime due cifre formano un numero divisibile per 4 o per 25;
4) un numero è *divisibile per 5* quando termina con 5 o con zero;
5) un numero è *divisibile per 9* quando la somma delle sue cifre è divisibile per 9;
6) un numero è *divisibile per 11* quando la differenza tra la somma delle cifre di posto dispari e la somma delle cifre di posto pari è zero oppure un numero divisibile per 11.

➤ 105.149 è divisibile per 11 perché (9 + 1 + 0) – (4 + 5 + 1) = 0.

2.4 Scomposizione di un numero in fattori primi

Un numero si scompone in fattori primi per trovare quei numeri primi il cui prodotto è uguale al numero dato.
Per fare ciò si applicano i criteri di divisibilità. Si divide il numero dato per il suo più piccolo divisore primo provando successivamente se esso è divisibile per 2, 3, 5, 7 ecc.

2.5 Massimo comune divisore

Un numero che divide esattamente più numeri dati si dice che è un loro divisore comune.

➤ Il numero 4 è divisore comune di 16, 28, 36 perché tutti i numeri sono divisibili per 4.

Quando due o più numeri non hanno divisori comuni oltre l'unità si dicono *primi tra loro*.
Il massimo comune divisore di due o più numeri è perciò il maggiore dei loro divisori comuni.
Dati due numeri, se il primo è divisibile per il secondo, si dirà senz'altro che quest'ultimo è il massimo comune divisore dei due numeri.

➤ Fra 35 e 7 il massimo comune divisore è 7.

Il metodo delle divisioni successive o di *Euclide* consente di trovare il massimo comune divisore (M.C.D.) dividendo il maggiore per il minore; se il resto è zero il M.C.D. è dato dal numero minore. Se il resto è diverso da zero si divide il primo divisore per questo resto; se il nuovo resto è zero il M.C.D. è il nuovo resto. Se invece si trova ancora un resto si proseguirà come già indicato fino a trovare per resto zero. L'ultimo divisore è il M.C.D. cercato.

2.6 Minimo comune multiplo

Il minimo comune multiplo fra due o più numeri è il minore dei loro multipli comuni.
Se il numero è divisibile soltanto per l'unità e per se stesso si dirà primo.
Per accertare questo è necessario conoscere la tavola dei numeri primi, per la cui costruzione si applica la regola detta «IL CRIVELLO DI ERATOSTENE». Essa si costituisce nel modo seguente, per determinare i numeri primi fino a 100.
Si scrivono a partire da 2 tutti i numeri, esclusi i multipli di 2 perché non sono primi. Si escludono tutti i multipli di 3 che è primo: poi si eliminano tutti i multipli di 5 non ancora considerati; successivamente i multipli di 7. I numeri rimanenti sono quelli primi fino a 100.

2.7 Calcolo del massimo comune divisore e del minimo comune multiplo mediante la scomposizione in fattori primi

Conoscendo la scomposizione di un numero in fattori primi risulta facile calcolare il M.C.D. e il m.c.m. di più numeri.

➤ Scomposizione in fattori primi del numero 150:

150	2	
75	3	
25	5	
5	5	... da cui 150 è uguale a $2 \cdot 3 \cdot 5^2$

Il M.C.D. di due o più numeri è dato dal prodotto dei fattori primi *comuni* presi una sola volta col *minore esponente.*

Calcoliamo il M.C.D. tra i seguenti numeri:

75 - 350 - 1.250 - 8.000
$75 = 3 \cdot 5^2$;
$350 = 2 \cdot 5^2 \cdot 7$;
$1.250 = 2 \cdot 5^4$;
$8.000 = 2^6 \cdot 5^3$.

Si rileva facilmente che il solo fattore comune ai quattro numeri è 5 e il suo minimo esponente è 2. Perciò il M.C.D. dei quattro numeri suddetti è $5^2 = 25$.

Il m.c.m. di due o più numeri è dato dal prodotto dei fattori primi *comuni e non comuni* presi una sola volta col *maggiore esponente.*

Infatti, nell'esempio precedente, il minimo comune multiplo risulta dato dai seguenti numeri:
$2^6 \cdot 3 \cdot 5^4 \cdot 7 = 840.000$.

2.8 Parentesi ed espressioni aritmetiche

Le parentesi che si usano nelle espressioni sono le seguenti:
1) tonda o rotonda ( )
2) quadra [ ]
3) graffa { }

Col nome di espressione aritmetica o numerica si intende un insieme di più numeri collegati tra loro mediante i segni delle quattro operazioni.
Poiché per la risoluzione di un'espressione aritmetica si possono incontrare valori racchiusi in parentesi, si dovrà calcolare il valore dell'espressione nel modo seguente:
a) prima quanto contenuto nelle parentesi tonde, poi quello nelle quadre e quindi quello nelle graffe;
b) per il giusto procedimento è indispensabile che si eseguano prima le moltiplicazioni e le divisioni e quindi le addizioni e le sottrazioni indipendentemente dalle parentesi;
c) se all'esterno delle parentesi ci sono potenze, occorre prima risolvere quanto è inserito tra le parentesi stesse, quindi effettuare l'elevazione a potenza.

Espressioni con numeri naturali con parentesi

In caso di espressioni con parentesi, bisogna svolgere prima le operazioni contenute nelle parentesi tonde ( ), poi nelle parentesi quadre [ ], poi nelle parentesi graffe { } e, all'interno delle stesse parentesi, prima le potenze, poi le moltiplicazioni e le divisioni, infine le addizioni e le sottrazioni.

➤
$$6 - \{ 4 + [12 : 3 + 2 \times (4 + 3 \times 2) - 5] \times 2\} : 7 =$$
$$6 - \{ 4 + [4 + 2 \times (4 + 6) - 5] \times 2\} : 7 =$$
$$6 - \{ 4 + [4 + 2 \times 10 - 5] \times 2\} : 7 =$$
$$6 - \{ 4 + [4 + 20 - 5] \times 2\} : 7 =$$
$$6 - \{ 4 + 19 \times 2\} : 7 =$$
$$6 - \{ 4 + 38\} : 7 =$$
$$6 - 42 : 7 =$$
$$6 - 6 = 0$$

2.9 Le frazioni

UNITÀ FRAZIONARIA: se noi consideriamo una grandezza qualsiasi divisa in più parti diremo che ciascuna di esse è l'unità frazionaria. Per unità frazionaria intendiamo quindi una delle parti in cui è stata divisa una grandezza.

➤ $\frac{1}{4}$

sta a indicare che un qualsiasi oggetto è stato diviso in quattro parti di cui si considera una sola. Dicesi pertanto *numero frazionario* o semplicemente *frazione* l'insieme di più unità frazionarie.

Consideriamo la frazione $\frac{4}{5}$.

In essa il numero 5 indica il numero delle parti in cui è stata divisa l'unità e si chiama *denominatore*; il numero 4 indica quante di quelle parti sono state considerate e si dice *numeratore*. Il numeratore si scrive al di sopra della linea di frazione e il denominatore al di sotto. Numeratore e denominatore si definiscono *termini della frazione*.
Una frazione si enuncia leggendo prima il numeratore, come numero cardinale, e poi il denominatore come numero ordinale.
$\frac{4}{5}$ si legge «quattro quinti».

Fanno eccezione le frazioni che hanno per denominatore 2 che si leggono «un mezzo», «tre mezzi» ecc.

2.10 Proprietà invariantiva o fondamentale delle frazioni

Data una frazione, il suo valore non cambia se si moltiplicano i suoi due termini per uno stesso numero.

➤ $\frac{2}{5}\cdot\frac{3}{3}=\frac{2\cdot 3}{5\cdot 3}=\frac{6}{15}$ e quindi avremo: $\frac{6}{15}$ corrispondenti a $\frac{2}{5}$.

Dividendo i due termini di una frazione per un loro divisore comune il valore della frazione non cambia.

➤ $\frac{6}{15}:\frac{3}{3}=\frac{6:3}{15:3}=\frac{2}{5}$ Quindi $\frac{6}{15}$ è equivalente a $\frac{2}{5}$.

Una frazione avente per denominatore 1 è uguale al numeratore.

$$\frac{5}{1}=5.$$

Una frazione avente per numeratore 0 ha per valore zero.

$$\frac{0}{3}=0\text{, perché } 0:3=0\text{, essendo } 0\cdot 3=0.$$

Non hanno alcun significato le frazioni aventi per denominatore 0:

$$\frac{4}{0}$$

Le frazioni che hanno per denominatore 10 o una potenza di 10 si dicono decimali.

Quindi $\frac{1}{10}$ si può scrivere 0,1; $\frac{1}{100}=0{,}01$.

Le frazioni aventi lo stesso denominatore si dicono della stessa specie.

$$\frac{1}{4}, \frac{2}{4}, \frac{3}{4}$$

2.11 Frazione propria, impropria e apparente

La frazione si dice *propria* quando il numeratore è minore del denominatore.

$\frac{2}{5}$ e il suo valore è compreso tra zero e 1

Si dice *impropria* quando il numeratore è maggiore del denominatore.

$\frac{8}{3}$ e il suo valore è > 1

Tra le improprie distinguiamo le *apparenti* se il numeratore è multiplo del denominatore, cioè il numeratore è divisibile esattamente per il denominatore; il suo valore è uguale a un numero intero.

$$\frac{8}{2} = 4$$

Si dice *numero misto* quello formato da un numero intero più una frazione propria.

$$1 + \frac{3}{5}$$

In questo caso per trovare la frazione si moltiplica il denominatore (5) per il numero intero (1) e il prodotto (5) si aggiunge al numeratore della frazione (5 + 3 = 8);
si scriverà quindi la frazione $\frac{8}{5}$.
Una frazione impropria si può trasformare in numero misto nel modo seguente:
consideriamo la frazione $\left(\frac{7}{3}\right)$; si divide il numeratore (7) per il denominatore (3) e si ottiene 2 con il resto di 1, per cui si scriverà $2 + \frac{1}{3}$.

2.12 Riduzione di una frazione ai minimi termini

Semplificare una frazione significa trasformarla in un'altra equivalente che abbia i suoi termini più piccoli, applicando la proprietà invariantiva.

$$\frac{\not{4}^{1}}{\not{8}_{2}} = \frac{1}{2}$$

Perché si può dividere sia il numero 4 che il numero 8 per 4.
Ne consegue che, per semplificare una frazione, occorre dividere i suoi termini per un loro divisore comune.
Una frazione si dice *irriducibile* o *ridotta ai minimi termini* quando i suoi due termini sono primi fra loro.

$$\frac{3}{4};\quad \frac{4}{5};\quad \frac{6}{7}.$$

Per la stessa ragione si può trasformare una frazione in un'altra di denominatore indicato, equivalente alla data, sempreché il nuovo denominatore sia multiplo di quello della prima frazione.

$$\frac{3}{5}=\frac{?}{30}$$

Siccome il numero 30 è multiplo di 5, è sufficiente dividerlo per 5 (30 : 5 = 6) e il quoziente (6) moltiplicarlo per il numeratore della frazione (6 · 3 = 18).

Avremo così $\frac{18}{30}$ corrispondente a $\frac{3}{5}$.

2.13 Confronto di frazioni

Due frazioni si dicono *uguali* quando, ridotte ai minimi termini, presentano lo stesso numeratore e lo stesso denominatore.

Le frazioni $\frac{30}{50}$ e $\frac{24}{40}$ sono uguali in quanto, ridotte ai minimi termini danno entrambe $\frac{3}{5}$.

Fra due frazioni di uguale denominatore è maggiore quella che ha il numeratore maggiore.

Fra $\frac{4}{5}$ e $\frac{7}{5}$ è più grande $\frac{7}{5}$.

Se non hanno il medesimo denominatore si dovrà prima ridurle allo stesso denominatore e poi fare il confronto.

$\frac{3}{7}$ e $\frac{4}{5}=\frac{15}{35}$ e $\frac{28}{35}$ da cui risulta che $\frac{28}{35}$ è maggiore.

Date due frazioni aventi lo stesso numeratore, è maggiore quella che ha il denominatore minore.

Fra $\frac{8}{3}$ e $\frac{8}{5}$ è maggiore $\frac{8}{3}$.

2.14 Operazioni sulle frazioni

Moltiplicazione - Per moltiplicare una frazione per un'altra si moltiplicano tra loro i numeratori e tra loro i denominatori.

$$\frac{2}{3}\cdot\frac{8}{5}=\left(\frac{2\cdot 8}{3\cdot 5}\right)=\frac{16}{15}$$

Quando è possibile è bene procedere alla semplificazione prima di moltiplicare.

Le frazioni si possono semplificare singolarmente, cioè il numeratore con il proprio denominatore, oppure a incrocio.

$$\frac{{}^{1}\cancel{3}}{{}_{1}\cancel{3}}\cdot\frac{\cancel{6}^{\,2}}{\cancel{15}_{\,3}}=\frac{2}{3}$$

Divisione - Per dividere una frazione per un'altra si moltiplica la prima frazione per l'inverso della seconda.

$$\frac{3}{7}:\frac{2}{5}=\frac{3}{7}\cdot\frac{5}{2}=\frac{3\cdot 5}{7\cdot 2}=\frac{15}{14}$$

Addizione e *sottrazione* - Quando si tratta di addizionare o sottrarre due o più frazioni aventi lo stesso denominatore, si fa la somma o la sottrazione dei numeratori conservando lo stesso denominatore.

$$\frac{5}{8}+\frac{7}{8}=\frac{12}{8};\qquad \frac{13}{7}-\frac{2}{7}=\frac{11}{7}$$

Per procedere invece all'addizione o sottrazione di frazioni *aventi diverso denominatore*, occorre ridurre le frazioni al medesimo denominatore (si trova il minimo comune multiplo fra i denominatori).
Si divide il denominatore (m.c.m.) trovato per il denominatore di ogni frazione e si moltiplica il risultato ottenuto per ciascun numeratore delle frazioni.
I nuovi numeratori si sommano o si sottraggono, conservando il denominatore trovato.

$$\frac{8}{3}-\frac{2}{5}=\frac{?}{15}\ \text{(m.c.m.)}$$

15 : 3 = 5 quoziente
15 : 5 = 3 quoziente
5 · 8 = 40
3 · 2 = 6

40 - 6 = 34

2.15 Frazione complementare

La frazione complementare di una data frazione propria ha il medesimo denominatore e ha per numeratore la differenza fra il denominatore e il numeratore della frazione stessa.
Si dice pertanto *frazione complementare di una frazione propria la differenza tra l'unità e la frazione stessa, ovvero la frazione che bisogna aggiungere a quella data per avere 1.*

➤ La frazione complementare di $\frac{3}{5}$ è $\left(1-\frac{3}{5}\right)$, cioè

$$\frac{5}{5}-\frac{3}{5}=\frac{2}{5}$$

La frazione complementare di $\frac{7}{10}$ è $\frac{3}{10}$ perché

$$\frac{7}{10}+\frac{3}{10}=\frac{10}{10}=1.$$

2.16 Numeri inversi o reciproci

Se si cambiano di posto il numeratore e il denominatore di una frazione, la nuova frazione che si ottiene si dice *inversa o reciproca*.

$$\frac{4}{7} \text{ inversa di } \frac{7}{4}; \; 2 \text{ inversa di } \frac{1}{2}$$

2.17 Potenza di una frazione

La potenza di una frazione si scrive indicando l'esponente fuori della parentesi.
Si procede come per la potenza di un numero intero, tenendo presente, però, di elevare a potenza sia il numeratore che il denominatore della frazione.

$$\left(\frac{3}{5}\right)^2 = \frac{3 \cdot 3}{5 \cdot 5} = \frac{9}{25}$$

Viceversa, se si scrive $\frac{5^2}{3} = \frac{25}{3}$ vuol dire che va elevato al quadrato il solo numeratore.

2.18 Osservazione sui numeri decimali

I numeri decimali possono essere posti sotto forma di frazione decimale mettendo per numeratore tutto il numero senza la virgola e per denominatore l'unità seguita da tanti 0 quante sono le cifre decimali.

$$2{,}16 = \frac{216}{100}; \quad 145{,}18 = \frac{14.518}{100}; \quad 1{,}1345 = \frac{11.345}{10.000}$$

Per moltiplicare un numero decimale per 10, 100, 1.000, si sposta la virgola verso destra di tanti posti quanti sono gli 0 del moltiplicatore.

$$3{,}56 \cdot 100 = 356$$

Per dividere un numero per 10, 100, 1.000, si sposta la virgola verso sinistra di tanti posti quanti sono gli 0 del divisore.

$$23{,}18 : 1.000 = 0{,}02318$$

Per eseguire la moltiplicazione fra due numeri decimali si procede come se fossero numeri interi; a operazione effettuata si mette la virgola, a partire dall'ultima cifra a destra, procedendo verso sinistra di tanti posti quante sono le cifre decimali.

➤ $2{,}16 \cdot 2{,}3 = 4{,}968$ (si sposta la virgola di tre posti verso sinistra partendo dal numero 8).

Per dividere tra loro due numeri decimali occorre dapprima confrontare le cifre del dividendo e quelle del divisore, tenendo presente che il divisore non può mai essere un numero decimale. Consideriamo i seguenti numeri:

16,8	:	2,002
(dividendo)		(divisore)

Poiché il divisore ha tre cifre decimali si deve spostare la virgola nel dividendo di tre posti verso destra; si avranno pertanto i seguenti numeri:

$$16.800 : 2.002 = 8{,}39$$

2.19 I numeri periodici

Quando una frazione non si può trasformare in frazione decimale e quindi in numero decimale limitato, come ad esempio

$$\frac{49}{33} = 1{,}484848$$

si dice che il quoziente fra numeratore e denominatore è un numero *decimale periodico semplice*, e il numero che si ripete (48) è il *periodico del numero decimale illimitato*. Ciò avviene quando il denominatore contiene altri fattori primi diversi da 2 e da 5.
Anche la frazione irriducibile 41/110 non si può trasformare in numero decimale limitato, ma eseguendo la divisione del numeratore per il denominatore, notiamo che prima del «periodo» vi è un altro numero (3) chiamato «antiperiodo»: 41 : 110 = 0,372727. I numeri di questa specie decimale si dicono *periodici misti*.

2.20 Frazioni generatrici dei numeri decimali

Analizziamo la possibilità di trasformare in numero decimale una frazione equivalente.

➤ $\left(3{,}25 = \frac{325}{100} = \frac{13}{4}\right)$ la frazione $\frac{13}{4}$ si dice generatrice del numero.

Analogamente si procede per i numeri periodici che comprendono rispettivamente il periodo (3) e l'antiperiodo (58).

$$\frac{7}{3} = 2{,}\overline{3} \quad \text{e} \quad \frac{7}{12} = 0{,}58\overline{3}$$

La frazione generatrice di un numero decimale periodico semplice ha per numeratore la differenza fra il numero formato dalla parte intera seguita dal periodo, diminuito del numero intero e per denominatore il numero formato da tanti 9 quante sono le cifre del periodo.
Considerando $2{,}\overline{3}$ avremo, perciò $= \frac{23-2}{9} = \frac{21}{9}$.
La frazione generatrice del numero decimale periodico misto (cioè con il periodo e l'antiperiodo) ha invece per numeratore la differenza tra il numero formato dalla parte intera, seguita dall'antiperiodo e dal periodo, meno il numero formato dalla parte intera seguita dall'antiperiodo e per denominatore il numero formato da tanti 9 quante sono le cifre del periodo e da tanti 0 quante sono le cifre dell'antiperiodo.
Considerando $0{,}58\overline{3}$ avremo, quindi $\frac{583-58}{900} = \frac{525}{900}$.

2.21 Rapporti

Il rapporto tra due numeri è una scrittura che indica una divisione non eseguita. Il primo numero di un rapporto si dice *antecedente*, il secondo *conseguente*; entrambi si dicono *termini* del rapporto. Se si invertono i termini di un rapporto si ottiene un altro rapporto, che si dice inverso o reciproco del primo. Il rapporto tra 20 e 5 è 20 : 5 cioè 4; il rapporto tra 8 e 9 è 8 : 9 cioè 8/9. I *rapporti inversi* sono:

$$5:20=\frac{5}{20}=\frac{1}{4}; \quad \text{e} \quad 9:8=\frac{9}{8}.$$

Il prodotto di due rapporti inversi dà luogo all'unità. Dagli esempi suindicati si ha, infatti:

$$4\cdot\frac{1}{4}=\frac{4}{4}=1; \qquad \frac{8}{9}\cdot\frac{9}{8}=\frac{72}{72}=1.$$

2.22 Proporzioni

Si dice che quattro numeri dati in un certo ordine formano una *proporzione* quando il rapporto del primo numero al secondo è uguale al rapporto del terzo al quarto.
Una proporzione è, quindi, l'*uguaglianza di due rapporti.*

Consideriamo 4 - 2 - 20 - 10 e disponiamoli in proporzione:

4 : 2	=	20 : 10
(sta a)	(come)	(sta a)

La **proprietà fondamentale** della proporzione dice che *il prodotto dei medi dev'essere uguale a quello degli estremi.*

(4 · 10)	e	(2 · 20)
(estremi)		(medi)

I numeri 4 e 20 si dicono *antecedenti*;
i numeri 2 e 10 si dicono *conseguenti.*

Ricerca di un termine di una proporzione - In virtù della proprietà fondamentale, per trovare il valore di un medio di una proporzione, si moltiplicano tra loro gli estremi ed il prodotto ottenuto si divide per il medio conosciuto.

$$4:x=20:10 \qquad x=\frac{4\cdot 10}{20}=\frac{40}{20}=2$$

Ne consegue che x è uguale a 2 (termine *incognito* di una proporzione).
Analogamente si procede per ricercare un *estremo.*
Si moltiplicano, infatti, tra loro i medi e si divide il prodotto per l'estremo conosciuto.

$$3:6=2:x \qquad x=\frac{6\cdot 2}{3}=\frac{12}{3}=4$$

La proporzione, in questo caso, si scriverà:

$$3:6=2:4$$

Una proporzione se ha i due medi o i due estremi uguali si dice *continua*:

$$4 : 6 = 6 : 9 \quad \text{oppure} \quad 6 : 4 = 9 : 6$$

Il medio di una proporzione continua, se è incognito, *è il risultato della radice quadrata del prodotto dei due estremi.*

$$4 : x = x : 9 \qquad x = \sqrt{4 \cdot 9} = \sqrt{36} = 6$$

➤ Calcolare il medio proporzionale tra 144 e 9/4.
Anche se c'è una frazione bisogna impostare la proporzione:

$$144 : x = x : \frac{9}{4} \qquad x = \sqrt{144 \cdot \frac{9}{4}} = 18$$

Proprietà del comporre
In ogni proporzione la somma dei primi due termini sta al primo (o al secondo) come la somma degli altri due sta al terzo (o al quarto).

Dalla proporzione:

$$6 : 4 = 12 : 8$$

si ricavano:
$(6 + 4) : 6 = (12 + 8) : 12$
$(6 + 4) : 4 = (12 + 8) : 8$
$10 : 6 = 20 : 12$
$10 : 4 = 20 : 8$

Proprietà dello scomporre
In ogni proporzione la differenza dei primi due termini sta al primo (o al secondo) come la differenza degli altri due sta al terzo (o al quarto).

➤ Dalla proporzione:
$15 : 10 = 3 : 2$

si ricavano:

$(15 - 10) : 15 = (3 - 2) : 3$

e

$(15 - 10) : 10 = (3 - 2) : 2$,

cioè:

$5 : 15 = 1 : 3$

e

$5 : 10 = 1 : 2$.

➤ $3 : 5 = 6 : 10$.

Per potere applicare la proprietà dello scomporre bisogna prima applicare quella dell'invertire ($5 : 3 = 10 : 6$) e poi si procede come nel primo esempio.

Permutare e invertire
Applicando la proprietà del permutare e dell'invertire si ottengono altre sette proporzioni oltre a quella data, fino a ottenere la proporzione iniziale.

Dalla proporzione:

$$4 : 1 = 28 : 7$$

permutando i medi	$4 : 28 = 1 : 7$
invertendo	$28 : 4 = 7 : 1$
permutando i medi	$28 : 7 = 4 : 1$
invertendo	$7 : 28 = 1 : 4$
permutando i medi	$7 : 1 = 28 : 4$
invertendo	$1 : 7 = 4 : 28$
permutando i medi	$1 : 4 = 7 : 28$

2.23 Proporzionalità diretta e inversa

Grandezze direttamente proporzionali
Due grandezze si dicono *direttamente proporzionali* quando, diventando l'una doppia, tripla, la metà, un terzo, lo diventa anche l'altra grandezza.

Sono *direttamente proporzionali*, ad esempio:
- la quantità di una certa merce e il suo costo;
- il volume di un corpo e il suo peso;
- la lunghezza del raggio e quella della circonferenza;
- la quantità di lavoro compiuta da un operaio e il tempo impiegato a compierlo;
- il numero degli operai e la paga di tutti gli operai medesimi.

➤ kg 40 di mele costano € 20. Quanto costa il triplo di mele? E la metà?

peso		**costo**	
kg 40		€ 20	
kg 40 · 3	= kg 120	€ 20 · 3	= € 60
kg 40 · 1/2	= kg 20	€ 20 · 1/2	= € 10

Grandezze inversamente proporzionali
Due grandezze sono *inversamente proporzionali* quando, diventando una grandezza doppia, tripla, metà, l'altra diventa rispettivamente la metà, un terzo, il doppio.
Sono *inversamente proporzionali*, ad esempio:
- il numero degli operai e il numero dei giorni impiegati a compiere un certo lavoro;
- il numero dei convittori e il numero dei giorni per i quali può bastare una certa provvista;
- la base e l'altezza dei rettangoli di area data;
- la pressione del gas e il volume.

➤ Per compiere un determinato lavoro 10 operai impiegano 120 giorni. Quanto impiegano 20 operai a compiere quel lavoro? Quanto tempo 60 operai? Quanto 5 operai?

numero operai		**tempo impiegato**
10	giorni	120
20 $(10 \cdot 2)$	"	$120 : 2 = 60$
60 $(10 \cdot 6)$	"	$120 : 6 = 20$
5 $(10 : 2)$	"	$120 \cdot 2 = 240$

Regola del tre semplice
Nei problemi del tre semplice diretta le grandezze sono direttamente proporzionali, mentre in quelli del tre semplice inversa le grandezze sono inversamente proporzionali.

Esempio di regola del tre semplice diretta
Se 20 quaderni costano € 10, quanto costeranno 56 quaderni?
€ 10 : 20 = 0,50 (costo di un quaderno); 56 quaderni costeranno 56 volte di più.
Pertanto € 0,50 · 56 = € 28 (costo complessivo dei quaderni).
L'esercizio è stato svolto con il *metodo di riduzione all'unità*, avendo calcolato prima il costo di un quaderno e, quindi, quello complessivo.

Con le proporzioni avremo:

numero dei quaderni	**costo**
20	€ 10
56	€ x

ossia $20 : 56 = 10 : x$

da cui $x = \dfrac{56 \cdot 10}{20} =$ € 28

Ne consegue che, quando le grandezze sono direttamente proporzionali, il valore dell'incognita si ottiene moltiplicando il valore noto della grandezza per il rapporto inverso dei valori dell'altra.

Esempio di regola del tre semplice inversa
Una nave con 240 uomini di equipaggio ha viveri per 30 giorni. Al momento della partenza l'equipaggio si riduce a 200 uomini. Per quanti giorni basteranno le provviste?

uomini	**giorni**
240	30
200	x

ossia $240 : 200 = x : 30$

da cui $x = \dfrac{240 \cdot 30}{200} = 36$ giorni.

Pertanto, quando le grandezze sono inversamente proporzionali, il valore dell'incognita si ottiene moltiplicando il valore noto della grandezza per il rapporto diretto dei valori dell'altra.

2.24 Percentuale

Ogniqualvolta si presenta la trattazione di un problema sulle percentuali si esegue, in effetti, un problema del tre semplice, il quale si può risolvere con il metodo di riduzione all'unità o con le proporzioni.

La **percentuale** (simbolo %), detta anche **ragione percentuale** o **tasso percentuale** o **saggio percentuale**, esprime quante unità di una determinata grandezza corrispondono a 100 unità di un'altra grandezza.

Un esempio di percentuale si può avere valutando la maggiorazione operata da un commerciante sul prezzo di acquisto della merce. Supponiamo che egli su € 100 guadagni € 8; diremo che la percentuale di guadagno è stata di € 8 per cento e scriveremo 8%.

Calcoliamo il 3% di € 20.000:

$$€\ \frac{20.000 \cdot 3}{100} = €\ 600$$

Indicando con:

r il tasso o ragione percentuale;
S la somma iniziale su cui dovrà calcolarsi il tasso o ragione percentuale;
P il «per cento» totale, cioè la somma risultante dalla moltiplicazione del tasso o ragione percentuale per la somma iniziale si ottiene la seguente proporzione:

$$100 : r = S : P$$

Ne consegue che, conoscendo tre dei quattro termini della proporzione, saremo in grado di determinare ogni volta il termine incognito, sia esso r, S oppure P.

Esercizi svolti

1) In una scuola con 420 alunni i promossi sono stati il 40%. Calcolare il numero dei promossi. Lo schema da impostare è il seguente:

alunni frequentanti	*alunni promossi*
100	40
420	x

Poiché le grandezze sono direttamente proporzionali avremo: $100 : 420 = 40 : x$

$$\text{da cui } x = \frac{420 \cdot 40}{100} = 168 \text{ (alunni promossi).}$$

2) In una scuola con 180 alunni, ne sono stati respinti 27. Calcolare la percentuale dei respinti.

alunni frequentanti	*alunni respinti*
180	27
100	x

Le grandezze sono direttamente proporzionali, quindi avremo: $180 : 100 = 27 : x$

da cui $x = \dfrac{100 \cdot 27}{180} = 15\%$ (percentuale dei respinti).

3) Gli alunni promossi in una scuola sono 540 e rappresentano il 60% degli iscritti. Quanti erano gli iscritti?

alunni promossi	*alunni iscritti*
60	100
540	x

Le grandezze sono direttamente proporzionali, per cui avremo:

$60 : 540 = 100 : x$ da cui $x = \dfrac{540 \cdot 100}{60} = 900$ (alunni iscritti).

2.25 Risoluzione di problemi con le proporzioni

Ci sono tante tipologie di problemi che si possono risolvere usando le proporzioni.
Spesso le difficoltà maggiori si incontrano nell'**impostazione** di una proporzione, piuttosto che nella sua risoluzione.
È fondamentale verificare se i valori che si intende mettere in relazione tra loro siano legati da una *proporzionalità diretta* (all'aumentare di un termine, aumenta anche l'altro) o *inversa* (all'aumentare di uno, l'altro diminuisce).
Qui di seguito si propongono alcuni problemi in cui verrà spiegata l'impostazione della proporzione e poi la sua risoluzione.

➤ Sara, Elena e Lia acquistano insieme 15 kg di caramelle, spendendo rispettivamente 30 euro, 45 euro, 75 euro. Se la distribuzione delle caramelle viene fatta in proporzione alla cifra versata, qual è la quantità che spetta a Lia?

In questa tipologia di esercizio si hanno come dati le caramelle e le cifre spese dalle 3 persone. In una proporzione si possono mettere in relazione due elementi, quindi si deve provare a ridurre a due i dati proposti. Si sommeranno quindi le cifre spese da ognuno ottenendo la cifra complessiva che è servita ad acquistare le caramelle.

€ (30 + 45 + 75) = € 150 (*spesa totale*)

Adesso si può impostare la proporzione, dopo aver verificato che le due grandezze (caramelle e denaro) sono direttamente proporzionali (**più soldi ho, più caramelle acquisto**):

€ 150 (*spesa totale*) : 75 € (*spesa di Lia*) = 15 Kg (*caramelle totali*) : X (*quantitativo di caramelle spettanti a Lia*)

Essendo una proporzione diretta, gli antecedenti dei 2 rapporti rappresentano i totali, mentre i conseguenti le specifiche singole.

Finalmente si può procedere alla risoluzione della proporzione:

X = 75 × 15/150 = 7,5 *(kg di caramelle spettanti a Lia)*

Se si dovesse calcolare anche il quantitativo di caramelle spettanti a Sara o ad Elena, si dovrebbe impostare la stessa proporzione, sostituendo all'importo speso da Lia quello di Sara o di Elena:

€ 150 *(spesa totale)* : 30 € *(spesa di Sara)* = 15 Kg *(caramelle totali)* : X *(quantitativo di caramelle spettanti a Sara)*

e risolvere: X = 30 × 15/150 = 3 *(kg di caramelle spettanti a Sara)*

€ 150 *(spesa totale)* : 45 € *(spesa di Elena)* = 15 Kg *(caramelle totali)* : X *(quantitativo di caramelle spettanti a Elena)*

e risolvere: X = 45 × 15/150 = 4,5 *(kg di caramelle spettanti a Elena)*

➤ Doretta ha comprato un sacchetto contenente 288 biglie e decide di dividerle tra i suoi tre figli, Rony, Sandrina e Ippazio, in proporzione alla loro età. Sapendo che Sandrina ha 2 anni in meno di Rony, che ha 8 anni, e Ippazio ha la metà degli anni di Rony, quante biglie toccheranno a Rony?

Questo esercizio è analogo al precedente, solo che in più si devono calcolare le età dei tre figli, poiché il problema non le esplicita, e poi sommarle in modo da ottenere l'età complessiva.

Rony = 8 anni Sandrina = 8 – 2 = 6 anni Ippazio = 8 : 2 = 4 anni
Età complessiva: 8 + 6 + 4 = 18 anni

Adesso si può impostare la proporzione, dopo aver verificato che le due grandezze (età e biglie) siano direttamente proporzionali (infatti maggiore è l'età e maggiore sarà il numero delle biglie che avrà):

288 *(biglie totali)* : X *(quantitativo di biglie spettanti a Rony)* = 18 *(età complessiva)* : 8 *(età di Rony)*

Essendo una proporzione diretta, gli antecedenti dei 2 rapporti rappresentano i totali, mentre i conseguenti le specifiche singole
Ora si può procedere alla risoluzione della proporzione:

X = 288 × 8/18 = 128 *(biglie spettanti a Rony)*

Se si dovesse calcolare anche il quantitativo di biglie spettanti a Sandrina o a Ippazio, si dovrebbe impostare la stessa proporzione, sostituendo all'età di Rony quella di Sandrina o di Ippazio:

288 *(biglie totali)* : X *(quantitativo di biglie spettanti a Sandrina)* = 18 *(età complessiva)* : 6 *(età di Sandrina)*

e risolvere: X = 288 × 6/18 = 96 *(biglie spettanti a Sandrina)*

288 *(biglie totali)* : X *(quantitativo di biglie spettanti a Ippazio)* = 18 *(età complessiva)* : 4 *(età di Ippazio)*

e risolvere: X = 288 × 4/18 = 64 *(biglie spettanti a Ippazio)*

2.26 Definizioni e formule per calcoli vari

1) *Interesse semplice*: è il compenso dato in premio a chi presta o deposita un capitale per un certo periodo di tempo a un determinato tasso percentuale.

$I = C \cdot t \cdot r$ (C = capitale, t = tempo, r = tasso o ragione) diviso:

100	quando l'impiego del capitale è riferito ad anni;
1.200	(100 · 12) quando l'impiego del capitale è riferito a mesi;
36.000	(100 · 360) quando l'impiego del capitale è riferito a giorni.

2) *Capitale*: è la somma di denaro messa a frutto.

$$C = \frac{I \cdot 100}{t \cdot r} \; (1.200 \text{ o } 36.000)$$

3) *Tasso o ragione*: è il rapporto che si verifica tra due quantità nell'unità di tempo e si esprime, generalmente, in percentuale annua.

$$r = \frac{I \cdot 100}{C \cdot t} \; (1.200 \text{ o } 36.000)$$

4) *Tempo*: è il periodo espresso in anni, mesi o giorni durante il quale un capitale frutta l'interesse.

$$t = \frac{I \cdot 100}{C \cdot r} \; (1.200 \text{ o } 36.000)$$

5) *Sconto o ribasso*: è la diminuzione di prezzo che il venditore accorda all'acquirente nel momento in cui viene perfezionato un contratto. Lo sconto *commerciale* è il compenso che spetta a chi paga un debito prima della scadenza. La formula è analoga a quella richiesta per la ricerca dell'interesse.

$$S = \frac{C \cdot t \cdot r}{100(1.200 \text{ o } 36.000)}$$

6) *Montante*: è la somma del capitale più l'interesse da questo maturato in un dato periodo.

$$M = \frac{C \cdot (100 + r \cdot t)}{100}$$

Se il computo è riferibile ai mesi o ai giorni in luogo di 100 si scriverà rispettivamente 1.200 e 36.000.

7) *Spesa o costo*: è l'erogazione, l'uscita di una somma di denaro per l'acquisto di un determinato bene.

Spesa = *ricavo – guadagno*
= *ricavo + perdita*

8) *Ricavo o incasso*: è l'importo dell'entrata derivante da vendite di prodotti o da altre iniziative.

Ricavo = spesa + guadagno

9) *Guadagno*: è il profitto, l'utile realizzato in conseguenza di un certo investimento.

Guadagno = ricavo – spesa

10) *Perdita*: è la conseguenza della maggiore spesa sostenuta rispetto all'incasso realizzato.

Perdita = spesa – ricavo

11) *Peso lordo*: è l'insieme della merce e del contenitore o tara.

Peso lordo = peso netto + tara

12) *Peso netto*: è stabilito dalla sola merce.

Peso netto = peso lordo – tara

13) *Tara*: è rappresentata dall'involucro o dal recipiente che contiene la merce.

Tara = peso lordo – peso netto.

NOTA. Vengono spesso somministrati problemini finanziari tutti della stessa tipologia che sono facilmente risolvibili applicando la formula dell'interesse semplice, pur sembrando nella loro formulazione molto più complessi.

➤ Gaspare investe la somma di 84.000 euro in un fondo obbligazionario che garantisce un rendimento annuo del 40% per 3 anni. A quanto ammonta l'incremento di valore registrato solamente nel primo anno?

Analizzando l'esercizio si può notare che l'incremento di valore del capitale in un anno richiesto non è altro che l'interesse (I) maturato dal Capitale (C = 84.000 €) in un determinato tempo (t = 1 anno) al tasso percentuale (r = 0,40).

$$I = C \times t \times r = 84.000 \times 1 \times 0,40 = 33.600\ €$$

Non deve ingannare il dato del tempo di investimento (3 anni); sarebbe stato uguale se l'investimento fosse stato per 2, 4, 5 anni ecc. Il rendimento è annuo e l'incremento chiesto è relativo solamente al primo anno.

2.27 Peso specifico, peso e volume

Il peso specifico (Ps) di una sostanza è il numero che esprime in chilogrammi (o grammi) il peso di un decimetro cubo (o di un centimetro cubo) di quella sostanza riferito all'acqua distillata, a 4° C, il cui Ps è uguale a 1.
Perciò, dire che il peso specifico di una certa qualità di olio è 0,93 significa precisare che un decimetro cubo di olio, o di un litro di olio, pesa Kg 0,93.
Il peso specifico si indica con *Ps* e si ottiene dividendo il peso del corpo per il suo volume.

Peso specifico = Peso : Volume

Il peso di un corpo in chilogrammi (o grammi) è uguale al prodotto del suo peso specifico per il numero che indica il volume in decimetri cubi (o in centimetri cubi).
Il peso si indica con *P*.

Peso = Peso specifico · Volume

Il volume di un corpo in decimetri cubi (o in centimetri cubi) è uguale al risultato della divisione del peso del corpo espresso in chilogrammi (o grammi) per il suo peso specifico.
Il volume si indica con *V*.

Volume = Peso : Peso specifico

2.28 Misure di tempo

Il tempo impiegato dalla Terra per compiere un giro completo ruotando intorno al proprio asse si dice giorno solare.
Poiché questo varia lievemente a seconda della stagione, come unità fondamentale per la misura del tempo si è assunto il *giorno solare medio* o semplicemente il giorno. Il giorno si divide in 24 ore, l'ora in 60 minuti primi e il minuto primo in 60 minuti secondi.
Quali multipli del giorno si adottano, per comodità di calcolo, il *mese commerciale* di 30 giorni e l'*anno commerciale* di 360 giorni.
I multipli e i sottomultipli del giorno si possono raggruppare secondo il seguente schema:

- secolo............................ 20 lustri
- lustro............................. 5 anni
- anno commerciale .... (a) 12 mesi
- mese commerciale......... (m) 30 giorni
- giorno .... (g) 24 ore
- ora................................. (h) 1/24 g
- minuto primo................ (m') 1/60 h
- minuto secondo .... (m'') 1/60 m'

➤ $7^a\ 3^m\ 4^g\ 6^h$ 17' 25'' si leggono: sette anni, tre mesi, quattro giorni, 6 ore, 17 primi e 25 secondi.

2.29 Rapporto tra tempo, spazio e velocità

Si dice rapporto di un numero razionale a un altro, diverso da zero, il quoto fra il primo e il secondo.
La *velocità media* (V) di un corpo è il rapporto costante tra lo spazio percorso e l'unità di tempo impiegato.
Il *tempo* (t) consiste nel perdurare di un'azione per percorrere una certa distanza ad una determinata velocità.
Lo *spazio* (s) è la distanza intercorrente tra due punti considerati, che si possono raggiungere in una determinata unità di tempo e a una certa velocità.

Si possono, perciò, ottenere i seguenti rapporti:

Velocità = spazio : tempo   *Tempo* = spazio : velocità   *Spazio* = velocità · tempo

2.30 Misura degli angoli

L'unità di misura degli angoli è il grado, che è la novantesima parte dell'angolo retto.

I sottomultipli del grado sono:

- il *primo*, che è la sessantesima parte del grado;
- il *secondo*, che è la sessantesima parte del primo e la tremilaseicentesima parte di un grado.

La misura di un angolo si dice «ampiezza» e per indicare che un angolo ha l'ampiezza di 38 gradi 47 primi 54 secondi si scrive 38° 47' 54''.

La misura effettiva degli angoli si ottiene con il «rapportatore» e con maggiore precisione facendo uso dei *goniometri* e dei *teodoliti*.
Essi si usano anche per misurare l'ampiezza di un arco.
Nelle operazioni con i numeri complessi per passare da un'unità a un'altra di ordine immediatamente inferiore, basta moltiplicare la prima per il suo modulo (si dice modulo di un'unità di un certo valore il numero che indica quante unità dell'ordine immediatamente inferiore essa contiene).

➤ 20' = 20 · 60 = 1.200".

Per passare da un'unità a un'altra di ordine immediatamente superiore, basta dividere la prima per il modulo di trasformazione della seconda.

➤ 720' = 720 : 60 = 12°.

2.31 Operazioni con i numeri non decimali (complessi)

Se una grandezza si indica mediante unità di ordini differenti si ha un numero complesso.

➤ $15^g\ 10^h$ 17' 25" (15 giorni, 10 ore, 17 minuti primi e 25 minuti secondi).

Addizione
Per effettuare l'addizione di numeri complessi si scrivono tali numeri l'uno sotto l'altro, incolonnando le unità dello stesso ordine. Si sommano quindi gli addendi, iniziando dall'ordine più basso e, dal risultato ottenuto, si effettua l'eventuale riporto all'ordine superiore. Si voglia eseguire l'addizione:

17° 20' 47" +
7° 26' 34" +
15° 18' 16" =
____
39° 64' 97" o 40° 5' 37"

dal totale ottenuto si desume che:
97" = 1' + 37", quindi al posto dei minuti secondi si scrive 37" e al numero 64' si aggiunge 1', ottenendo così 65', che corrispondono a:
65' = 1° + 5', per cui in luogo di 65' si scrive 5' e al numero 39° si aggiunge 1°.
A operazione avvenuta si ha:

39° 64' 97" = 40° 5' 37"

Sottrazione
La sottrazione di due numeri complessi si esegue in modo analogo all'addizione.
Effettuiamo la sottrazione:

20° 16' 45" –	(minuendo)
12° 7' 10" =	(sottraendo)
8° 9' 35"	(resto o differenza)

Se accade che un termine di un certo ordine del minuendo sia minore del corrispondente termine del sottraendo, si dovrà trasformare un'unità dell'ordine immediatamente superiore del minuendo in unità dell'ordine inferiore, rendendo così possibile la sottrazione. Eseguiamo la sottrazione:

$$\begin{array}{l} 15^\circ\ 6'\ 20'' - \\ 10^\circ\ 24'\ 16'' = \end{array}$$

Notiamo subito che non possiamo eseguire 6' – 24'; occorre perciò aggiungere 60', cioè 1° ed otteniamo 66'. Contemporaneamente togliamo 1° da 15°: ne rimangono 14°.
Pertanto, la prima sottrazione indicata si trasforma in:

$$\begin{array}{l} 14^\circ\ 66'\ 20'' - \\ \underline{10^\circ\ 24'\ 16'' =} \\ \ \ 4^\circ\ 42'\ \ 4'' \end{array}$$

Osserviamo che: 90° = 89° + 1° = 89° + 60' = 89° 59' + 1' = 89° 59' 60".

Eseguiamo ad esempio:

$$\begin{array}{rl} 90^\circ = & 89^\circ\ 59'\ 60'' - \\ & \underline{20^\circ\ 10'\ 15'' =} \\ & 69^\circ\ 49'\ 45'' \end{array}$$

Moltiplicazione
Per effettuare la moltiplicazione di un numero non decimale per un numero intero si moltiplicano le unità di ciascun ordine e si eseguono, successivamente, le riduzioni come nell'addizione.

➤ 10° 16' 23" · 4 = 40° 64' 92"
da cui avremo 41° 5' 32"

Divisione
Per dividere un numero complesso per un numero intero si opera nel modo seguente:

➤

$$\begin{array}{rrr|l} 16^\circ & 27' & 10'' & 5 \\ \hline -15^\circ & + & & 3^\circ\ \ 17'\ \ 26'' \\ 1^\circ & \times 60 = \underline{60'} & & \\ & 87' & & \\ & -85' & + & \\ & 2' \times 60 = & \underline{120''} & \\ & & 130'' & \\ & & \underline{-130''} & \\ & & = & \end{array}$$

avremo perciò 16° 27' 10" : 5 = 3° 17' 26"

Moltiplicazione e divisione di un numero complesso per una frazione

a) Per eseguire l'operazione (23^h 16' 22") · 2/5 si effettua prima la moltiplicazione per 2, poi la divisione per 5.

46^h	$32'$	$44''$	5
-45^h	$+$		9^h 18' 32''
1^h	$\times 60 = 60'$		
	$92'$		
	$-90'$	$+$	
	$2' \times 60 =$	$120''$	
		$164''$	
		$-160''$	
		$4''$	

b) Per eseguire l'operazione $(15^h\ 19'\ 11'') : \frac{7}{5}$ basta moltiplicare il numero complesso per l'inverso della frazione, cioè $(15^h\ 19'\ 11'') \cdot \frac{5}{7}$.

2.32 Radice quadrata

La radice quadrata di un numero che sia quadrato perfetto è quel numero che elevato al quadrato dà il numero considerato.

$$\sqrt{36} = 6; \quad 6^2 = 36$$

Deduciamo, perciò, che la radice quadrata è l'inverso dell'elevazione di un numero a potenza al quadrato.

➤

$\sqrt{12.17.63}$	348
9	$65 \cdot 5 = 325$
317 –	$64 \cdot 4 = 256$
256 =	$688 \cdot 8 = 5.504$
6163 –	
5504 =	
659	

Estrazione della radice quadrata del numero 121.763, detto radicando. Si scompone il numero in gruppi di due cifre a partire da destra; pertanto, l'ultimo gruppo a sinistra potrà anche essere di una cifra. Si calcola a mente la radice quadrata del primo gruppo di sinistra, cioè 12, e si ottiene 3: è la prima cifra della radice quadrata che si cerca. Si calcola il suo quadrato (9) che si sottrae dal numero 12, determinando il primo resto (3). Si abbassa il secondo gruppo, ossia 17 scrivendolo accanto al primo resto e si ottiene 317. Si stacca con un puntino l'ultima cifra a destra e si ha 31. Si fa il doppio della prima cifra della radice (3) e il risultato (6) si scrive sotto tale cifra. Si determina quindi il quoziente 31 : 6 = 5 e questo numero lo si pone alla destra di 6. Si ottiene 65 che va moltiplicato per lo stesso 5. Il risultato (325) è superiore a 317 quindi il 5 non può essere il secondo numero della radice. Si prova perciò a moltiplicare per 4 e si ha $64 \cdot 4 = 256$, inferiore a 317. Il numero 4 è quindi la seconda cifra della radice; il numero 256 si sottrae da 317 e si ottiene per resto 61.
Si abbassa infine l'ultimo gruppo (63); si stacca con un puntino l'ultima cifra a destra e si ha 616. Si fa il doppio delle prime due cifre della radice ($34 \cdot 2 = 68$). Si procede come nell'esempio precedente e si constata che 8 è la terza cifra della radice. Si scrive alla destra di 68 e si moltiplica per lo stesso numero 8.

Il risultato 5504 si sottrae da 6163 e si ha per resto 659. Quindi la radice quadrata di 121.763 è 348 con il resto di 659; infatti:

$$348 \cdot 348 + 659 = 121.104 + 659 = 121.763$$

2.33 Radice quadrata approssimata

Per effettuare la radice quadrata di un numero, approssimata a meno di un decimo 0,1, un centesimo 0,01, un millesimo 0,001 ecc. si pone alla destra del numero la virgola e un numero di 0 doppio delle cifre decimali richieste; quindi si procede all'esecuzione della normale operazione di estrazione della radice quadrata.

2.34 Radice cubica

La radice cubica di un numero è quel numero, se esiste, che elevato al cubo riproduce il numero dato.

➤ $\sqrt[3]{8} = 2$; $\sqrt[3]{32,768} = 3,2$; infatti: $2 \cdot 2 \cdot 2 = 8$ e $3,2 \cdot 3,2 \cdot 3,2 = 32,768$.

2.35 Indici di posizione

Data una serie di informazioni di tipo numerico, che possono essere anche classificate sotto forma di *distribuzione* statistica, i suoi *valori medi* vengono chiamati anche ***indici di posizione*** poiché indicano, con diverse caratterizzazioni, la zona dell'asse numerico in cui tali dati cadono con maggiore frequenza.
Volendo riassumere in un unico valore rappresentativo una serie di dati, è possibile utilizzare uno degli indici di tendenza centrale, tra cui troviamo le medie aritmetiche (semplice e ponderata) e le medie geometriche (semplice e ponderata), la moda e la mediana.

2.36 Le medie

Media aritmetica semplice

Date n quantità $a_1, a_2, a_3, \ldots, a_n$, la loro **media aritmetica** è il rapporto tra la somma di tutte le quantità ed il numero n; cioè:

$$\overline{a} = \frac{a_1 + a_2 + a_3 + \ldots + a_n}{n} \quad \text{oppure in maniera più sintetica} \quad \overline{a} = \frac{1}{n}\sum_{i=1}^{n} a_i$$

quindi la media aritmetica di n valori è pari ad un ennesimo della sommatoria per i che va da 1 ad n dei valori a_i.

➤ I sei giocatori di una squadra di pallavolo sono alti cm 198, cm 195, cm 182, cm 202, cm 196 e cm 191. Qual è l'altezza media della squadra?

$$\overline{a}=\frac{1}{6}\sum_{i=1}^{6}a_i=\frac{198+195+182+202+196+191}{6}=\frac{1.164}{6}=194 \qquad (1)$$

Come si può notare, la media aritmetica è sempre compresa tra il minimo ed il massimo valore rilevato.

Media aritmetica ponderata

Nell'esempio precedente abbiamo dato la stessa importanza all'altezza dei singoli giocatori della squadra; nel caso in cui invece volessimo dare più importanza ad un dato e meno ad un altro, possiamo calcolare la **media aritmetica ponderata**, dove ad ogni valore è associato un peso p_i che denota l'importanza del dato rispetto ad un altro. Il valore della media aritmetica ponderata di n valori $a_1, a_2, a_3, \ldots, a_n$, rispettivamente di peso $p_1, p_2, p_3, \ldots p_n$, è dato dal rapporto tra la somma dei prodotti di ogni valore per il suo peso, e la somma di tutti i pesi. La formula è:

$$\overline{a}=\frac{a_1\cdot p_1+a_2\cdot p_2+a_3\cdot p_3+\ldots+a_n\cdot p_n}{p_1+p_2+p_3+\ldots+p_n} \qquad \text{ossia} \qquad \overline{a}=\frac{\sum_{i=1}^{n}a_i\cdot p_i}{\sum_{i=1}^{n}p_i}$$

➤ Il voto finale di un esame è dato dalla media dei voti riportati in tre esami, di cui il secondo ha valore doppio del primo, ed il terzo valore doppio rispetto al secondo. Se i voti dei 3 esami sono rispettivamente 30, 29, e 27, quale sarà il voto dell'esame?
Occorre trovare la media ponderata dei tre valori, assegnando al primo un peso pari a 1, al secondo un peso pari a 2 ed al terzo un peso pari a 4. Avremo dunque il valore approssimato:

$$\overline{a}=\frac{30\cdot 1+29\cdot 2+27\cdot 4}{1+2+4}=\frac{30+58+108}{7}=\frac{197}{7}=28 \qquad (2)$$

Possiamo dire che la media aritmetica semplice non è altro che la media aritmetica ponderata in cui ogni termine ha peso pari ad 1.

Media geometrica semplice

Data una distribuzione di n valori, la loro **media geometrica semplice** è la radice di indice n del prodotto degli n valori; cioè

$$\overline{a}_g=\sqrt[n]{a_1\cdot a_2\cdot a_3\cdot\ldots\cdot a_n} \qquad \text{ossia} \qquad \overline{a}_g=\sqrt[n]{\prod_{i=1}^{n}a_i}$$

➤ Riprendendo l'esempio (1), calcolare la media geometrica semplice.

$$\overline{a}_g=\sqrt[6]{198\cdot 195\cdot 182\cdot 202\cdot 196\cdot 191}\cong 195 \qquad (3)$$

Media geometrica ponderata

Prendendo in considerazione i diversi pesi attribuiti alle n rilevazioni a_i, possiamo calcolare la **media geometrica ponderata** come la radice che ha come indice la somma dei pesi p_i, dei prodotti dei valori a_i, ognuno elevato ad esponente p_i. La formula è quindi

$$\overline{a}_g = \sqrt[\sum_{i=1}^{n} p_i]{a_1^{p_1} \cdot a_2^{p_2} \cdot a_3^{p_3} \cdot \ldots \cdot a_n^{p_n}} \quad \text{ossia} \quad \overline{a}_g = \sqrt[\sum_{i=1}^{n} p_i]{\prod_{i=1}^{n} a_i^{p_i}}$$

➤ Riprendiamo l'esempio (2), e calcoliamo la media geometrica ponderata dei voti dei tre esami.

$$\overline{a}_g = \sqrt[7]{30^1 \cdot 29^2 \cdot 27^4} \cong 27{,}975 \tag{4}$$

2.37 La moda o valore normale

La **moda** o **valore normale** in una distribuzione di frequenze è la modalità o il valore della variabile al quale corrisponde la massima frequenza.

➤ Calcolare la moda tra i seguenti punteggi: 4, 5, 4, 3, 4, 5, 4, 3, 4, 4, 5, 4.
Come si può facilmente vedere il 4 è il numero che compare più volte (7), quindi rappresenta la moda di questa distribuzione.

➤ Calcolare la moda tra i seguenti punteggi: 4, 3, 6, 2, 8, 9, 7, 0.
In questo caso, poiché nessun numero compare più di una volta, si dice che non c'è moda.

2.38 La mediana

La **mediana** è una media di posizione e rappresenta il valore centrale della distribuzione; i dati, però, devono essere sempre ordinati in senso crescente, cioè dal più piccolo al più grande. Precisamente: ordinando i valori $x_1, x_2, \ldots, x_n$ in senso crescente, la mediana **Me** è il valore che bipartisce (divide in due parti uguali) la successione, ossia il valore non inferiore a metà dei valori e non superiore all'altra metà.
Bisogna fare attenzione però, una volta ordinati i valori, se il numero n dei termini è *dispari*, la mediana è proprio il valore centrale; se n è *pari*, si assume come mediana la semi somma dei due valori centrali. Questo procedimento si applica per i dati posti in serie.

➤ Calcolare la mediana tra i seguenti punteggi: 7, 1, 5, 2, 3, 9, 4.
Ordino i punteggi in senso crescente: 1, 2, 3, 4, 5, 7, 9; poiché n è dispari, la mediana è proprio il valore centrale, quindi 4.

➤ Calcolare la mediana tra i seguenti punteggi: 5, 2, 4, 8, 9, 6.
Ordino i punteggi: 2, 4, 5, 6, 8, 9; poiché n è pari la mediana è data dalla semisomma dei due valori centrali, quindi (5 + 6)/2 = 5,5.

2.39 Elementi di calcolo delle probabilità

2.39.1 Eventi certi, impossibili e casuali

La probabilità è la disciplina che tratta i risultati possibili di un esperimento. In una prova ***la probabilità del verificarsi di un evento E*** è data dal *rapporto fra il numero* **n** (E) *dei casi favorevoli all'evento ed il numero* **n** *dei casi favorevoli e sfavorevoli (totali)*. Esprimendo il concetto in simboli si avrà:

$p\,(E) = n\,(E)/n$, perché tutti i casi siano equiprobabili.

Per esempio, la probabilità che lanciando una volta un dado non truccato si abbia il numero 4 è 1/6 = 0,16 in quanto solo una faccia su sei ha stampato il numero 4.

➤ Qual è la probabilità in un mazzo di carte di scegliere un otto?
Poiché gli otto sono sempre 4 e le carte in totale sono 40 la probabilità sarà 4/40 = 0,1.

Va ricordato che la probabilità è sempre compresa fra 0 e 1 ($0 \leq P \leq 1$), dove $P = 0$ quando l'evento è ***impossibile*** e $P = 1$ quando l'evento è ***certo***.

2.39.2 Regola della somma

Due eventi si definiscono ***incompatibili*** *se il verificarsi di uno automaticamente esclude il verificarsi dell'altro.*

Dati due eventi incompatibili o mutuamente escludentisi E_1 e E_2, aventi rispettivamente probabilità $P(E_1)$ e $P(E_2)$ di presentarsi, la probabilità di presentarsi dell'uno o dell'altro in una prova è data dalla somma delle probabilità dei singoli eventi:

$$P\,(E_1 \text{ o } E_2) = P\,(E_1) + P\,(E_2).$$

➤ Vogliamo determinare la probabilità che da un mazzo di carte si estragga un asso o una carta di spade. I casi favorevoli sono costituiti da 4 assi e dalle 10 spade meno l'asso di spade in quanto già considerato con gli assi, i casi possibili sono 40.

Quindi si ha:

$$P\,(A \text{ o } B) = (4 + 10 - 1)/40 = 4/40 + 10/40 - 1/40.$$

In questo caso l'asso di spade è un elemento di compatibilità e va sottratto alla somma dei due eventi:

$$P\,(E_1 \text{ o } E_2) = P\,(E_1) + P\,(E_2) - P\,(E_1 \cap E_2).$$

2.39.3 Regola del prodotto

Due eventi si definiscono ***compatibili*** *se il verificarsi di uno non esclude il verificarsi dell'altro.*

Caso del campionamento con reimmissione

Dati due eventi indipendenti E_1 ed E_2, la probabilità del presentarsi dell'uno e dell'altro (simultanei o successivi) in una prova è data da:

$$P(E_1 \text{ e } E_2) = P(E_1) \cdot P(E_2)$$

➤ In due lanci successivi di un dado, la probabilità di avere 3 e poi 4 è data da

$$P(3 \text{ e } 4) = P(3) \cdot P(4) = 1/6 \cdot 1/6 = 1/36 = 0{,}027$$

Caso del campionamento senza reimmissione

In un'urna vi sono 6 palline bianche, 4 rosse e 2 nere; vengono estratte a caso due palline senza rimettere la prima pallina estratta nell'urna; la seconda estrazione ha una diversa composizione.

I casi favorevoli sono rappresentati dalle coppie che si possono formare con le 6 palline bianche e le 4 rosse; i casi possibili dalle coppie che si possono formare con le 12 palline presenti nell'urna alla prima estrazione e le 12–1 che rimangono disponibili alla seconda.

$$6/12 \cdot 4/11 = P(B) \cdot P(R \mid B)$$

In questo caso, dunque, la probabilità di avere *A* e *B* è data dalla probabilità di *A* per la probabilità di *B*, una volta che l'evento *A* si sia già verificato:

$$P(A \text{ e } B) = P(A) \cdot P(B \mid A)$$

		A	B	C	D
1	**La potenza di un numero intero qualsiasi con esponente 1 è...**	Impossibile	Uguale al numero stesso	1	0
2	**Calcolare il m.c.m. e il M.C.D. tra i numeri 30 e 75.**	105; 10	250; 2	150; 15	100; 5
3	**Il valore della potenza $(13^7)^3$ corrisponde a:**	13^{10}	13^4	9^{13}	13^{21}
4	**Il numero 464 è scomponibile nei seguenti fattori primi:**	$29 \times 2^3 \times 3$	$11 \times 5^2 \times 2$	29×2^4	$13 \times 2^3 \times 3$
5	**Quale delle seguenti uguaglianze è falsa?**	$2^3=3^2$	$16^2=4^4$	$9^2=3^4$	$2^4=4^2$
6	**Una potenza di potenza è una potenza che:**	Ha per base la stessa base e per esponente la differenza degli esponenti	Ha per base la stessa base e per esponente la somma degli esponenti	Ha per base la stessa base e per esponente il prodotto degli esponenti	Ha per base la stessa base e per esponente la potenza degli esponenti

7	**Quale tra i seguenti criteri permette di capire se un numero intero è divisibile per 11?**	La somma delle cifre di posto pari deve essere un multiplo della somma delle cifre di posto dispari	Tutte le sue cifre devono essere numeri primi	Le sue ultime due cifre devono essere uguali tra loro	La differenza tra la somma delle cifre di posto pari e la somma delle cifre di posto dispari deve essere un multiplo di 11, 0 compreso
8	**Calcolare il minimo comune multiplo dei seguenti numeri: 3 7 25 35**	80	75	525	420
9	**Per determinare il minimo comune multiplo di più numeri scomposti in fattori primi, quali fattori vanno moltiplicati fra loro?**	Quelli comuni, presi una sola volta, con il minimo esponente	Quelli comuni e non comuni, presi una sola volta, con il maggiore esponente	Quelli comuni e non comuni, presi una sola volta, con il minimo esponente	Quelli comuni e non comuni, presi uno ad uno, con il maggiore esponente
10	**Un numero è divisibile per 3 quando:**	La somma delle sue cifre è un numero dispari	La somma delle sue cifre è un multiplo di 3	L'ultima cifra è 3	Le sue cifre sono divisibili per 3
11	**Qual è il maggiore, tra i numeri seguenti, che approssima per difetto la frazione 41/7?**	5,7	5,9	5,8	6,1
12	**A quale numero corrisponde la seguente frazione: 40/16?**	2,5	0,8	3,8	3,2
13	**Risolvere la seguente proporzione: 5 : 10 = 3 : x**	x = 5	x = 4	x = 2	x = 6
14	**Un commerciante rivende una partita di merce pagata 38 euro a 62. Qual è il suo guadagno?**	28 euro	23 euro	25 euro	24 euro
15	**Quanto viene a costare una penna il cui prezzo è 25 euro e sulla quale viene applicato uno sconto del 20%?**	22 euro	24 euro	20 euro	18 euro
16	**Data la proporzione x : 25 = 8 : 5 quanto vale x?**	40	36	43	38
17	**Quanto vale la frazione 1296/108 ridotta ai minimi termini?**	24	38/3	128/9	12
18	**Quali tra le seguenti grandezze sono tra loro inversamente proporzionali?**	Il peso di una sostanza ed il volume da essa occupato	La velocità di un veicolo ed il tempo impiegato a percorrere un tragitto	Il lato di un poligono regolare ed il suo perimetro	La tonalità di un suono e la distanza dalla sorgente che lo emette

Soluzioni: 1.B, 2.C, 3.D, 4.C, 5.A, 6.C, 7.D, 8.C, 9.B, 10.B, 11.C, 12.A, 13.D, 14.D, 15.C, 16.A, 17.D, 18.B

Capitolo 3
Elementi di algebra

3.1 Potenze

Dall'aritmetica sappiamo che per potenza s'intende il prodotto di *n* fattori naturali uguali. Adesso dobbiamo estendere questo concetto agli insiemi numerici che abbiamo visto nel primo capitolo, cioè:

1) insieme dei numeri relativi – Z
2) insieme dei numeri razionali – Q
3) insieme dei numeri reali – R

tenendo presente che la base, da ora in poi, sarà *sempre un numero reale* ed estendendo l'insieme numerico dell'esponente.

Nel seguente capitolo tratteremo i seguenti argomenti:

- potenza di un numero reale ad esponente naturale
- potenza di un numero reale ad esponente relativo.

3.2 Potenza di un numero reale ad esponente naturale

Consideriamo un numero reale α ($\alpha \in R$) ed un numero naturale n ($n \in N$), si definisce *potenza reale ad esponente naturale* il prodotto di n fattori α, cioè:

$$\alpha^n = \overbrace{\alpha \cdot \alpha \cdot \alpha \cdot \alpha \cdot ..... \cdot \alpha \cdot \alpha \cdot \alpha \cdot \alpha \cdot \alpha}^{n}$$

Per definizione si pone ($\alpha \neq 0$):

1) potenza ad esponente ***nullo***: $\alpha^0 = 1$
2) potenza ad esponente ***unitario***: $\alpha^1 = \alpha$

È di fondamentale importanza il segno assunto dalla base della potenza, poiché in funzione di essa cambia anche il segno della potenza.
In particolare:

- $\alpha > 0 \Rightarrow \alpha^n > 0$ con base positiva si ottiene sempre una potenza positiva;
- $\alpha < 0 \Rightarrow \begin{cases} n \text{ dispari} \Rightarrow \alpha^n < 0 \\ n \text{ pari} \Rightarrow \alpha^n > 0 \end{cases}$

  con base negativa il segno dipende dall'esponente (se pari o dispari).

ATTENZIONE!
Quando il segno della base è negativo si esegue sia n volte il prodotto del modulo della base che n volte il prodotto del segno – (meno), per questo (ricordando la regola del prodotto dei segni), se il segno meno lo moltiplico un numero di volte pari il risultato è positivo, mentre se lo moltiplico un numero di volte dispari è negativo, e ciò spiega la dipendenza del segno della potenza dall'indice n nel caso di base negativa.
Negli esempi seguenti viene chiarito ulteriormente quanto appena detto.

➤ Calcoliamo le seguenti potenze:
- $(-2)^4 = (-2)\cdot(-2)\cdot(-2)\cdot(-2) = +16$ (il prodotto dei segni negativi è pari)
- $(-3)^3 = (-3)\cdot(-3)\cdot(-3) = -27$ (il prodotto dei segni negativi è dispari)

Proprietà delle potenze reali ad esponente naturale
Così come già visto per le potenze naturali di un numero naturale, anche per le potenze reali ad esponente naturale valgono le seguenti proprietà:

1) *Prodotto di potenze aventi la stessa base* $\Rightarrow \alpha^m \cdot \alpha^n = \alpha^{m+n}$
2) *Rapporto di potenze aventi la stessa base* $\Rightarrow \alpha^m : \alpha^n = \alpha^{m-n}$
3) *Potenza di potenza* $\Rightarrow \left(\alpha^m\right)^n = \alpha^{m\cdot n}$
4) *Potenza di un prodotto con stesso esponente* $\Rightarrow (\alpha\cdot\beta)^n = \alpha^n \cdot \beta^n$
5) *Potenza di un rapporto con stesso esponente* $\Rightarrow \left(\dfrac{\alpha}{\beta}\right)^n = \dfrac{\alpha^n}{\beta^n}$

3.3 Potenza di un numero reale ad esponente relativo

Abbiamo visto che i numeri relativi sono dei numeri caratterizzati dal modulo (detto anche valore assoluto) e dal segno, che può essere positivo oppure negativo.
Si vuole adesso estendere il concetto di potenza di un numero reale al caso in cui l'esponente sia un numero relativo.
Se α è un numero reale ($\alpha \in R$) ed n un numero intero relativo ($n \in Z$), si definisce *potenza reale ad esponente relativo*:

- Per $n > 0 \Rightarrow \begin{cases} \alpha^n = \overbrace{\alpha\cdot\alpha\cdot\alpha\cdot\ldots\cdot\alpha\cdot\alpha}^{n} \\ \alpha^{-n} = \dfrac{1}{\alpha^n} \end{cases}$

- Per $n = 0 \Rightarrow \alpha^0 = 1$
- Per $n = 1 \Rightarrow \alpha^1 = \alpha$

ATTENZIONE!
In questo caso l'unica differenza con la potenza reale ad esponente naturale riguarda il caso in cui abbiamo un esponente negativo.
In queste condizioni viene definita la potenza ad esponente negativo, come il reciproco della potenza con lo stesso esponente però positivo.

➤ Risolvere la seguente potenza: $4^{-2}=\frac{1}{4^2}=\frac{1}{16}$

Proprietà delle potenze reali ad esponente relativo
Così come già visto nel paragrafo precedente, anche per le potenze reali ad esponente razionale abbiamo le stesse proprietà:

1) *Prodotto di potenze aventi la stessa base* $\Rightarrow \alpha^m \cdot \alpha^n = \alpha^{m+n}$
2) *Rapporto di potenze aventi la stessa base* $\Rightarrow \alpha^m : \alpha^n = \alpha^{m-n}$
3) *Potenza di potenza* $\Rightarrow \left(\alpha^m\right)^n = \alpha^{m \cdot n}$
4) *Potenza di un prodotto con stesso esponente* $\Rightarrow (\alpha \cdot \beta)^n = \alpha^n \cdot \beta^n$
5) *Potenza di un rapporto con stesso esponente* $\Rightarrow \left(\frac{\alpha}{\beta}\right)^n = \frac{\alpha^n}{\beta^n}$

Tuttavia occorre fare attenzione perché in questo caso, quando abbiamo un rapporto con esponente negativo, risulta:

$$\left(\frac{\alpha}{\beta}\right)^{-n} = \left(\frac{\beta}{\alpha}\right)^n$$

infatti ricordando la definizione abbiamo:

$$\left(\frac{\alpha}{\beta}\right)^{-n} = \alpha^{-n} \cdot \frac{1}{\beta^{-n}} = \frac{1}{\alpha^n} \cdot \beta^n = \frac{\beta^n}{\alpha^n} = \left(\frac{\beta}{\alpha}\right)^n$$

Quando una potenza ha l'esponente negativo è necessario prendere in considerazione il reciproco della base che assumerà l'esponente positivo.

➤

$$3^{-2} = \left(\frac{1}{3}\right)^2 = \frac{1}{9}$$

$$\left(\frac{2}{3}\right)^{-3} = \left(\frac{3}{2}\right)^3 = \frac{27}{8}$$

$$\left(\frac{1}{2}\right)^{-4} = 2^4 = 16$$

3.4 Introduzione all'algebra

Si definisce *espressione algebrica razionale* un insieme di numeri e lettere legate fra loro mediante segni di operazioni in numero limitato.
Se in una espressione algebrica si sostituiscono alle lettere dei valori numerici assegnati l'espressione assume un valore numerico.

➤ $3a^2 - b^2 + ab$ = **espressione algebrica**

per $a = -\frac{1}{2}$ e $b = +3$ sostituendo questi valori nell'espressione data si ha:

$$3\cdot\frac{1}{4}-9+\left(-\frac{1}{2}\cdot 3\right)=\frac{3}{4}-9-\frac{3}{2}=\frac{3-36-6}{4}=-\frac{39}{4}$$

3.5 Definizioni e proprietà dei monomi

Si definisce *monomio* un'espressione algebrica nella quale non figurano addizioni o sottrazioni.

➤ Sono monomi:

1) $\left(-\frac{2}{3}\right)\cdot(5)^2\cdot(-1)^{-2}$ 2) $a^3\cdot b^{-2}\cdot\left(-\frac{1}{4}\right)\cdot(-3)^2$

Tenendo presenti le regole di calcolo si ha:

1) $-\frac{2}{3}\cdot 25\cdot 1=-\frac{50}{3}$

2) $a^3\cdot\frac{1}{b^2}\cdot\left(-\frac{1}{4}\right)\cdot 9=-\frac{9}{4}\cdot\frac{a^3}{b^2}$

Dagli esempi possiamo dedurre che un monomio può sempre trasformarsi in modo che esso abbia un solo fattore numerico, detto *coefficiente*, e fattori letterali tutti differenti. Il prodotto delle lettere prende il nome di *parte letterale*. In tal caso il monomio si dice ridotto a *forma normale*.
Se il monomio è privo di fattori numerici ha il coefficiente + 1 o – 1 a seconda che esso sia preceduto dal segno + o dal segno –.

➤ $\frac{3}{5}ab^2$

$\frac{3}{5}$ = coefficiente

ab^2 = parte letterale

Grado di un monomio - Monomi simili - Monomi opposti
Si definisce grado di un monomio rispetto ad una lettera l'esponente di tale lettera, mentre dicesi grado assoluto o semplicemente *grado* del monomio la somma (algebrica) degli esponenti delle sue lettere.

➤ il monomio $x^2y^3z^{-2}$

è di grado	2	rispetto alla lettera	x;
»	3	»	y;
»	-2	»	z

pertanto il suo grado assoluto è $2 + 3 - 2 = 3$

- Due monomi si dicono *simili* se hanno la stessa parte letterale; se poi, oltre alla parte letterale, hanno anche lo stesso coefficiente si dicono *identici*.
- Due monomi simili aventi coefficienti opposti si dicono *monomi opposti*.
- Un monomio è *nullo* se il suo coefficiente è 0.

NOTA. Ricordiamo che quando una lettera ha esponente negativo equivale ad una lettera presente al denominatore con esponente positivo!

➤ $x^2y^3z^{-2} = \dfrac{x^2y^3}{z^2}$

3.6 Operazioni con i monomi

Somma algebrica di monomi

- *La somma di più monomi si ottiene, in generale, scrivendo uno di seguito all'altro i monomi con i propri segni.*

➤ $\left(-\dfrac{3}{4}a^2b\right)+\left(-\dfrac{1}{2}xy\right)=-\dfrac{3}{4}a^2b-\dfrac{1}{2}xy$

- *La differenza di due monomi si ottiene aggiungendo al primo l'opposto del secondo.*

➤ $\left(\dfrac{2}{3}abc^2\right)-\left(-3a^2b\right)=\dfrac{2}{3}abc^2+3a^2b$

- *Un insieme di addizioni e sottrazioni di monomi prende il nome di somma algebrica di monomi.*

➤ $\left(+3ab\right)-\left(-a\right)-\left(\dfrac{1}{3}b^2\right)= +3ab + a - \dfrac{1}{3}b^2$

Riduzione di termini simili

Può accadere che in una somma algebrica di monomi si abbiano monomi simili. In tal caso si può procedere avvalendosi della seguente regola:
la somma algebrica di due o più monomi simili è un monomio simile ai dati, avente per coefficiente la somma algebrica dei coefficienti.

➤ $-\dfrac{5}{3}\dfrac{a^2b}{c}+\left(+\dfrac{1}{4}a^2c\right)-\left(-\dfrac{2}{3}a^3c^2\right)+\left(-\dfrac{1}{3}\dfrac{a^2b}{c}\right)-\left(-\dfrac{1}{2}a^2c\right)=$

$$= -\frac{5}{3}\frac{a^2b}{c} + \frac{1}{4}a^2c + \frac{2}{3}a^3c^2 - \frac{1}{3}\frac{a^2b}{c} + \frac{1}{2}a^2c =$$

$$= \left(-\frac{5}{3} - \frac{1}{3}\right)\frac{a^2b}{c} + \left(\frac{1}{4} + \frac{1}{2}\right)a^2c + \frac{2}{3}a^3c^2 =$$

$$= -2\frac{a^2b}{c} + \frac{3}{4}a^2c + \frac{2}{3}a^3c^2$$

NOTA. Ricordiamo che ***la somma di due monomi opposti è il monomio nullo, cioè 0***.

➤ $(+ 3ab^2) + (- 3ab^2) = 0$

Prodotto di monomi

Il prodotto di due o più monomi è un monomio avente per coefficiente il prodotto dei coefficienti dei monomi dati e per parte letterale il prodotto dei fattori letterali di ciascun monomio.

Ricordando le regole enunciate per il prodotto dei numeri relativi e le proprietà delle potenze, si ha facilmente il prodotto di monomi.

➤ $$\left(-\frac{3}{4}a^3b^2x\right)\cdot\left(-2abx^4\right)\cdot\left(+\frac{7}{3}axy^2\right) =$$

$$= \left(-\frac{3}{4}\right)\cdot(-2)\cdot\left(\frac{7}{3}\right)a^3\cdot a\cdot a\cdot b^2\cdot b\cdot x\cdot x^4\cdot x\cdot y^2 = \left(\frac{7}{2}\right)a^5b^3x^6y^2$$

Quoziente di due monomi

Il quoziente di due monomi è un monomio che ha per coefficiente il quoziente dei coefficienti; la parte letterale ha ciascuna lettera comune ai due monomi con esponente uguale alla differenza fra l'esponente del dividendo e quello del divisore.

Le lettere non comuni restano inalterate se compaiono solo nel dividendo; hanno esponente opposto se compaiono solo nel monomio divisore.

➤ $$\left(-\frac{2}{3}a^3b^2xy^2\right):\left(-\frac{1}{3}abx^2\right) =$$

$$= \left(-\frac{2}{3}\right)\cdot(-3)\frac{a^3}{a}\frac{b^2}{b}\frac{x}{x^2}y^2 = +2a^2bx^{-1}y^2$$

Potenza di monomi

La potenza ad esponente intero relativo di un monomio è un monomio avente per coefficiente la potenza a quell'esponente del coefficiente del monomio dato, e la parte letterale costituita dal prodotto delle potenze, a quell'esponente, dei fattori letterali del monomio dato (potenza di potenza). Il grado (relativo o assoluto) della potenza di un monomio è uguale al prodotto del grado del monomio per l'esponente della potenza.

➤ $\left(\frac{1}{2}a^{-2}bx^3\right)^3 = \frac{1}{8}a^{-6}b^3x^9 = \frac{1}{8}\cdot\frac{b^3x^9}{a^6}$ di grado 6

3.7 Definizioni e proprietà dei polinomi

Dicesi *polinomio* la somma algebrica di due o più monomi.

➤ $3x^2y + 4y^3 + 7$

Se in un polinomio si hanno monomi simili, essi possono ridursi e si ottiene un polinomio *ridotto.*

– La somma algebrica di due monomi si dice *binomio.*

➤ $4x^2 - \frac{1}{3}y$

– La somma algebrica di tre monomi si dice *trinomio.*

➤ $4x^2 - \frac{1}{3}y + 1$

– La somma algebrica di quattro monomi si dice *quadrinomio.*

➤ $a^2 - 3ab + \frac{1}{5}b^3 + 5$

– Negli altri casi si usa il termine generico *polinomio.*

Un polinomio dicesi *intero* se tutti i suoi monomi sono interi, se qualcuno di essi è un monomio frazionario, il polinomio dicesi *fratto.*

Grado relativo e assoluto di un polinomio

Se una lettera compare in uno o più monomi di un polinomio, il maggiore degli esponenti di tale lettera si dice **grado del polinomio rispetto a quella lettera**. *Dicesi* **grado assoluto del polinomio** *il maggiore dei gradi assoluti dei suoi monomi.*

➤ $4xy^3 - 3ab^5 + 4abx^2y - 7a^3b^2y^2 - 5$ il grado assoluto è 7.

Se i monomi di un polinomio hanno tutti ugual grado, il polinomio dicesi *omogeneo.*

➤ $7x^2y - ab^2 + 3a^3 + 5axy$

è un polinomio omogeneo di 3° grado.

Si definisce polinomio *ordinato* rispetto a una lettera, un polinomio nel quale i suoi termini si succedono in modo che gli esponenti di quella lettera sono crescenti o decrescenti.

➤ $3x^5 + 2bx^4 - \frac{1}{3}x^3yz^2 + 2x^2y^5 - 3xz + ab$

Il suddetto è un polinomio ordinato rispetto a x.

NOTA. Anche se si scambia l'ordine dei monomi, il polinomio è sempre ordinato rispetto a x!

3.8 Principi della teoria delle equazioni

EQUAZIONE In matematica, è una uguaglianza tra due espressioni contenenti una o più variabili dette incognite.

Identità ed equazioni

In precedenza avevamo dato la seguente definizione: *Due espressioni algebriche che assumono lo stesso valore per ogni sistema di valori attribuiti alle lettere che figurano nelle due espressioni si dicono identiche o identicamente uguali.*
L'uguaglianza delle due espressioni prende il nome di *identità*.

➤ $(3x - 2y)^2 = 9x^2 - 12xy - 4y^2$ è una identità.

Se, invece, l'uguaglianza fra due espressioni è verificata solo per particolari valori attribuiti alle lettere che in esse figurano, l'uguaglianza prende il nome di *equazione*.
Le due espressioni si dicono *membri* dell'equazione, i valori che la soddisfano si dicono *radici* o *soluzioni* dell'equazione.

➤ L'uguaglianza $3x^2 + 5 = x + 7$ è una equazione.

Infatti essa è verificata solo per la coppia di valori:

$$x_1 = 1; \qquad x_2 = -\frac{2}{3}$$

Dalle definizioni date deriva che, mentre un'identità è una *uguaglianza incondizionata*, cioè che sussiste sempre, una equazione è invece una *uguaglianza condizionata*, che sussiste solo a condizione che le variabili abbiano certi particolari valori. Per determinarli viene appunto stabilita l'equazione che è la traduzione algebrica di un problema, le cui costanti contenute nei due membri rappresentano i *numeri dati* e le variabili i *quesiti*. Per questa ragione alle variabili delle espressioni di una equazione si dà propriamente il nome di *incognite* e l'equazione dicesi anche *uguaglianza problematica*. L'identità, invece, è la traduzione algebrica di un teorema. L'identità rappresenta un *fatto algebrico vero*, un'equazione rappresenta un fatto algebrico *che può essere vero*. Un'equazione viene classificata, in base alle soluzioni, come:

1) ***determinata*** = *numero finito di soluzioni*;
2) ***indeterminata*** = *numero infinito di soluzioni*;
3) ***impossibile*** = *non ha soluzioni*.

Grado di una equazione. Equazioni numeriche, letterali e frazionarie (fratte)

Una equazione si dice ad m incognite quando m è il numero complessivo delle incognite contenute nei due membri; si dice di grado n se i due membri sono espressioni intere ed è n il maggiore dei loro gradi.
In particolare, l'equazione dicesi *lineare* se il grado è uno, *quadratica* se il grado è due, *cubica* se il grado è tre.

➤ $3x^2y - 4xy^5 + 8 = x^2y^2 - 3y^2 + 5$ è un'equazione a due incognite, di VI grado.

Ad una equazione, in cui tutti i coefficienti sono numeri, si dà il nome di **equazione numerica**; se compaiono oltre all'incognita delle lettere, l'equazione si dice **letterale**; se, infine, uno o entrambi i membri dell'equazione sono frazioni algebriche i cui denominatori contengono l'incognita, l'equazione dicesi **frazionaria**.

➤ $3x + 1 = 5x + 3$ è una equazione numerica intera;

$\frac{3x-1}{x+2} - \frac{1-x}{2x} = 4 \cdot (x-1)^2$ è una equazione numerica frazionaria;

$3ax + b = (2a + b)x + c$ è una equazione letterale intera;

$\frac{x+b}{x-a} = \frac{1}{(x+b)\cdot(x+2)}$ è una equazione letterale frazionaria.

3.9 Nozioni di equivalenza e principi di equivalenza

Due equazioni si dicono **equivalenti** quando ogni radice o soluzione della prima soddisfa la seconda e viceversa.

Ne deriva:
1) *Due equazioni equivalenti ad una terza sono equivalenti fra loro.*
2) *Una equazione ad una sola incognita si chiama subordinata ad un'altra se ammette tutte le radici della prima, ed in più altre, che siano estranee alla prima equazione, in quanto non la soddisfano.*

➤ $3x + 1 = 5$ ha radice $x = \frac{4}{3}$
l'equazione $(3x + 1)^2 = 25$ è una sua subordinata.
Infatti ha radici $\frac{4}{3}$ e -2.

Principi di equivalenza
Risolvere un'equazione equivale a ricercarne le radici. La risoluzione è fondata su due principi fondamentali delle equazioni.

I principio - *Se ai due membri di una equazione si addiziona o si sottrae una medesima espressione, che contenga o meno l'incognita, si ottiene un'equazione equivalente a quella data.*

Se $$A(x) = B(x) \qquad (1)$$

è una equazione nella incognita x ed è k una sua radice, dovrà essere

$$A(k) = B(k)$$

L'equazione ottenuta aggiungendo o sottraendo la stessa espressione $C(x)$:

$$A(x) \pm C(x) = B(x) \pm C(x) \qquad (2)$$

ha pure radice k.

Infatti
$$A(k) \pm C(k) = B(k) \pm C(k)$$

quindi una radice della (1) è anche una radice della (2). Lo stesso si può affermare in senso inverso e quindi è provato che le due equazioni sono equivalenti.

Di conseguenza, essendo

$$A(x) \pm C(x) = B(x) \pm C(x)$$

equivalente all'equazione

$$A(x) = B(x)$$

se ne deduce che *è possibile sopprimere, nei due membri, una stessa espressione comune.*

Consideriamo l'equazione

$$A(x) + B(x) = C(x)$$

Sottraendo ad ambo i membri B(x), per il I principio si ottiene l'equazione equivalente

$$A(x) = C(x) - B(x)$$

Ne deduciamo che ***in una equazione un termine si può trasportare da un membro all'altro cambiandolo di segno.***

➤ Nell'equazione $\frac{3}{5}x + 3x^2 = 2x - \frac{1}{2} + 3x^2$

si può sopprimere nei due membri il fattore comune $3x^2$.
Nell'equazione $8x - 7 + 5x = - 12$ possiamo trasportare al secondo membro – 7 cambiandolo di segno.

II principio *- Moltiplicando o dividendo i due membri di una equazione per una espressione che non contenga l'incognita e diversa da zero si ottiene una equazione equivalente a quella data.*

Se l'equazione

$$A(x) = B(x) \qquad (1)$$

ha la radice k, dovrà essere

$$A(k) = B(k)$$

e quindi se moltiplichiamo la (1) per una espressione $C \neq 0$, non contenente l'incognita, l'equazione

$$C \cdot A(x) = C \cdot B(x) \qquad (2)$$

ha anche la radice k. Analogamente ogni radice dell'equazione (2) è radice dell'equazione (1). Le due equazioni sono equivalenti.
Di conseguenza moltiplicando ambo i membri dell'equazione A(x) = B(x) per – 1 si ha

$$-A(x) = -B(x)$$

Da ciò si deduce che ***in una equazione si può cambiare il segno a tutti i suoi termini.***
Se A(x) e B(x) sono espressioni a coefficienti frazionari, l'equazione A(x) = B(x) diviene a coefficienti interi se moltiplichiamo ambo i membri per il m.c.m. dei denominatori.

➤ $\frac{3x-1}{3}+\frac{5x}{2}=\frac{7x+2}{8}$ essendo m.c.m. (3; 2; 8) = 24

moltiplicando ambo i membri per 24 avremo:

$8 \cdot (3x-1) + 60x = 3 \cdot (7x+2)$

Nell'enunciare il II Principio abbiamo escluso che si possa moltiplicare o dividere ambo i membri di una equazione, per una espressione contenente l'incognita. In effetti, in tal caso, l'equazione che si ottiene non è più, in generale, equivalente alla data.

Infatti sia l'equazione

$$A(x) = B(x) \qquad (1)$$

Moltiplicando ambo i membri per C(x) si ha l'equazione

$$A(x) \cdot C(x) = B(x) \cdot C(x) \qquad (2)$$

Trasportando il secondo membro di quest'ultima al primo, cambiando di segno, si ha:

$$A(x) \cdot C(x) - B(x) \cdot C(x) = 0$$

Raccogliendo a fattor comune C(x), otteniamo:

$$C(x) \cdot [A(x) - B(x)] = 0$$

Per la legge dell'annullamento del prodotto, dovrà essere:

$$C(x) = 0$$
$$A(x) - B(x) = 0$$

quindi la (2) oltre ad avere tutte le radici della (1) può avere tutte le eventuali radici di C(x) = 0
Se, inversamente, si dividono ambo i membri di una equazione per una espressione in x, si otterrà un'equazione avente in uno le eventuali radici di tale espressione.

➤ Consideriamo l'equazione $x - 2 = 5$ la cui radice è $x = 7$.
Se la moltiplichiamo per $x - 3$ otterremo

$$(x-2) \cdot (x-3) = 5 \cdot (x-3) \Rightarrow x_1 = 7 \text{ e } x_2 = -6$$

3.10 Equazioni di I grado ad una incognita ($ax + b = 0$)

Un'equazione di primo grado ad una incognita è l'equazione più semplice che si possa incontrare.

Per risolvere un'equazione di primo grado ad una incognita si procede nel seguente modo:

1) *Si eseguono tutte le eventuali operazioni indicate.*
2) *Si libera l'equazione dai denominatori (se l'equazione ha coefficienti frazionari o è frazionaria), moltiplicando tutti i suoi termini per il m.c.m. dei denominatori.*

3) *Si sviluppano i prodotti indicati e si riducono i termini simili nei due membri.*
4) *Si trasportano nel primo membro tutti i termini contenenti l'incognita (cambiandoli di segno) e nel secondo membro tutti i termini che non la contengono (cambiandoli di segno).*
5) *Si riducono i termini simili nei due membri.*
   Si perviene così alla forma semplicissima

$$\boxed{ax = b}$$

   che si dice *forma naturale* o *tipica* dell'equazione di I grado.
6) *Si dividono ambo i membri per il coefficiente dell'incognita.*

➤ (1) Si voglia risolvere l'equazione

$$3x \cdot (x + 1) - 14 = 3 \cdot (x - 1)^2 + 1$$

Eseguiamo le operazioni indicate nei due membri:

$$3x^2 + 3x - 14 = 3 \cdot (x^2 - 2x + 1) + 1$$
$$3x^2 + 3x - 14 = 3x^2 - 6x + 3 + 1$$

Possiamo sopprimere il termine $3x^2$ comune in due membri (*I principio*):

$$3x - 14 = -6x + 4$$

Possiamo trasportare $-6x$ dal secondo al primo membro e -14 dal primo al secondo (*I principio*), cambiandoli di segno:

$$3x + 6x = 14 + 4$$

da cui

$$9x = 18$$

Dividendo ambo i membri per 9 (*II principio*)

$$x = 2$$

La radice è 2 e l'**equazione è determinata**.

➤ (2) Risolvere l'equazione $\dfrac{a+b}{x-a} + \dfrac{a-b}{x-b} = \dfrac{a}{x-a} - \dfrac{b}{x-b}$

Affinché le frazioni algebriche, termini dell'equazione, abbiano significato deve essere

$$x \neq a \qquad x \neq b$$

si calcola il m.c.m. dei denominatori:

$$(x - a)(x - b)$$

Riduciamo a forma intera:

$$(a + b)(x - b) + (a - b)(x - a) = a(x - b) - b(x - a)$$

Eseguendo le operazioni indicate e riducendo i termini simili:

$$ax - ab + bx - b^2 + ax - a^2 - bx + ab = ax - ab - bx + ab$$

da cui

$$2ax - a^2 - b^2 = ax - bx$$

Trasportiamo al primo membro i termini contenenti l'incognita e al secondo quelli che non la contengono:

$$2ax - ax + bx = a^2 + b^2 \quad \Rightarrow \quad ax + bx = a^2 + b^2$$

Raccogliendo x a fattor comune nel I membro

$$x\,(a + b) = a^2 + b^2$$

che è la forma normale dell'equazione.
Il solo caso di indeterminazione si ha quando sia a che b sono entrambi uguali a zero. Se non è così l'equazione è determinata e la sua radice è

$$x = \frac{a^2 + b^2}{a + b}$$

TABELLA RIASSUNTIVA EQUAZIONI DI I GRADO		
$ax + b = 0$		**Soluzioni**
Equazione determinata	$a \neq 0$ $b \neq 0$	$x = -\frac{b}{a}$
Equazione indeterminata	$a = 0$ $b = 0$	Infinite $x = \frac{0}{0}$
Equazione impossibile	$a = 0$ $b \neq 0$	Non esistono $x = \frac{b}{0}$
Equazione nulla ma determinata	$a \neq 0$ $b = 0$ $ax = 0$	$x = \frac{0}{a} = 0$

3.11 Disuguaglianze e relative proprietà - Intervalli

Richiamiamo le proprietà elementari delle disuguaglianze tra numeri relativi, cominciando con il ricordare che: dati due numeri reali a e b, si dice che il numero a è **minore** del numero b, e si scrive:

$$a < b,$$

se esiste *un numero reale* positivo c che, addizionato ad a, dia per somma b; cioè tale che sia:

$$a + c = b$$

Detto questo, dimostriamo le seguenti **proprietà**:

1ª) *Aggiungendo a numeri diseguali lo stesso numero, si ottengono numeri diseguali dello stesso senso;* cioè, per esempio, se è:

$$a < b,$$

allora è anche:

$$a + c < b + c$$

qualunque sia il numero c.

Infatti, se è $a < b$, ciò significa che esiste un numero positivo d, tale che:

$$a + d = b$$

Aggiungendo ad ambo i membri il numero c, si ha:

$$a + d + c = b + c,$$

da cui, per la proprietà commutativa e associativa:

$$(a + c) + d = b + c.$$

Il che equivale a dire che:

$$a + c < b + c$$

In particolare:

$a < b$ equivale a: $b - a > 0$, oppure a: $a - b < 0$;
$a > b$ equivale a: $a - b > 0$, oppure a: $b - a < 0$.

2ª) *Due disuguaglianze dello stesso segno si possono addizionare membro a membro, ottenendo una disuguaglianza dello stesso segno*; cioè, per esempio, da:

$$a < b \text{ e } c < d$$

si deduce:

$$a + c < b + d$$

Infatti, per la proprietà precedente, si ha:

$$a < b \Rightarrow a + c < b + c$$

e

$$c < d \Rightarrow b + c < b + d$$

da cui, per la proprietà transitiva:

$$a + c < b + d$$

Si noti che, in generale, non è lecito sottrarre membro a membro delle disuguaglianze.

3ª) *Moltiplicando (o dividendo) ambedue i membri di una disuguaglianza per uno stesso numero* ***positivo****, si ottiene una disuguaglianza dello* ***stesso segno****.*

Cioè, se è:

$$m > 0, \text{ da: } a < b \text{ segue: } ma < mb$$

Infatti se è $a < b$, è anche $b - a > 0$, ed essendo $m > 0$, risulta:

$$m(b - a) > 0, \text{ cioè: } mb - ma > 0$$

ossia:

$$ma < mb$$

4ª) *Moltiplicando (o dividendo) ambedue i membri di una disuguaglianza per uno stesso numero* ***negativo****, si ottiene una disuguaglianza di* ***segno contrario****.*

Cioè, se è:

$$m < 0,\ \text{da: } a < b,\ \text{segue: } ma > mb$$

Infatti, $a < b$ equivale a $b - a > 0$, ed essendo $m < 0$, risulta:

$$m(b - a) < 0,\ \text{cioè: } mb - ma < 0$$

cioè:

$$ma > mb$$

In particolare:
Cambiando segno *ad ambo i membri di una disuguaglianza, la disuguaglianza* ***cambia verso***.
Infatti cambiare segno a un numero significa moltiplicarlo per –1.

Per esempio:

da: $-7 < -3$, si ricava: $7 > 3$
da: $2 > -3$, si ricava: $-2 < 3$

Altre proprietà, di facile dimostrazione, sono le seguenti:

5ª) *Moltiplicando membro a membro due disuguaglianze dello stesso segno fra* ***numeri positivi****, si ottiene una disuguaglianza dello stesso segno.*

Cioè, se a, b, c, d sono **numeri positivi**, da:

$$a > b \ \text{ e } \ c > d$$

segue:

$$ac > bd$$

6ª) *Se* ***a*** *e* ***b*** *sono numeri* ***entrambi positivi*** *o* ***negativi****:*

$$a < b,\ \text{si deduce: } \frac{1}{a} > \frac{1}{b}$$

$$a > b,\ \text{si deduce: } \frac{1}{a} < \frac{1}{b}$$

7ª) *Se* ***a*** *e* ***b*** *sono due numeri reali* ***positivi*** *ed* ***n*** *un numero intero positivo, allora:*

$$a > b \Rightarrow a^n > b^n$$
$$a < b \Rightarrow a^n < b^n$$

e viceversa.

8ª) *Se* ***a*** *e* ***b*** *sono* ***numeri negativi*** *ed* ***n*** *un numero intero positivo, da:*

$$a > b \Rightarrow a^n > b^n \text{ se } n \text{ è dispari,}$$
$$a > b \Rightarrow a^n < b^n \text{ se } n \text{ è pari.}$$

9ª) *Se* ***m*** *ed* ***n*** *sono numeri interi e positivi ed* ***a*** *un qualsiasi numero positivo, diverso da uno, da:*

$$m > n$$

segue:

$$a^m > a^n,\ \text{se è } \ a > 1$$

e:

$$a^m < a^n, \text{ se è } a < 1$$

e viceversa.

Infine, si danno le seguenti definizioni:

*Dati due numeri reali **a** e **b**, con **a < b**:*

1) *Si chiama **intervallo aperto** di estremi **a** e **b**, e si indica con:*

$$(a, b) \text{ oppure }]a, b[$$

l'insieme di tutti i numeri reali x, tali che:

$$a < x < b.$$

2) *Si chiama **intervallo chiuso** di estremi **a** e **b**, e si indica con:*

$$[a, b]$$

l'insieme di tutti i numeri reali x, tali che:

$$a \leq x \leq b$$

3.12 Disequazioni, definizioni e proprietà

È una **disequazione** una relazione di disuguaglianza tra due espressioni in cui sono presenti delle incognite.

Siano $f(x)$ e $g(x)$ due funzioni di dominio (campo di esistenza) comune A, e codominio B, ordinato dalla relazione <.
Generalmente A è un insieme di numeri reali, cioè un sottoinsieme di **R**.
Si pone allora il problema di sapere se esistono dei valori della $x \in A$, per i quali risulta:

$$f(x) < g(x)$$

Tale problema si chiama ***disequazione nell'incognita x.***

Si dà, cioè, la seguente **definizione:**
Date due funzioni $f(x)$ e $g(x)$ di un insieme A *in un insieme* B, *ordinato dalla relazione <, la relazione:*

$$f(x) < g(x),$$

scritta allo scopo di determinare gli eventuali valori x^* della x per i quali vale la disuguaglianza numerica:

$$f(x^*) < g(x^*), \qquad (1)$$

si chiama disequazione nell'incognita x.

Le funzioni $f(x)$ e $g(x)$ si chiamano, rispettivamente, ***primo*** e ***secondo membro*** della disequazione.
Ogni elemento $x^* \in$ A tale che $f(x^*) < g(x^*)$ si dice ***soluzione*** della disequazione.
L'insieme S di tutte le soluzioni viene detto ***insieme soluzione*** (o ***delle soluzioni***).

Tale insieme è un sottoinsieme di A e si ha, per definizione:

$$S = \{x^* | x^* \in A \;\; e \;\; f(x^*) < g(x^*)\}$$

Risolvere la disequazione (1) significa determinare l'insieme soluzione.
Il termine x si chiama **incognita** della disequazione.
Notiamo che, generalmente, l'insieme S delle soluzioni contiene *infiniti* numeri; tuttavia, esistono anche disequazioni il cui insieme soluzione è vuoto, oppure contiene un numero finito di soluzioni.

Una disequazione si può definire anche a partire dalle relazioni:

$$f(x) > g(x), \quad \text{oppure: } f(x) \geq g(x); \text{ oppure: } f(x) \leq g(x) \qquad (2)$$

La risoluzione delle disequazioni (1) e (2) è particolarmente semplice quando $f(x)$ e $g(x)$ sono espressioni polinomiali.
In tal caso le disequazioni vengono dette ***razionali intere.***

➤ (1) Risolvere la disequazione: $x - 4 > 0$

L'insieme soluzione è costituito da tutti i numeri reali maggiori di 4. Si scrive: $x > 4$.

➤ (2) Risolvere la disequazione: $(x - 7)^2 > 0$

L'insieme soluzione è dato da tutti gli x reali diversi da 7, cioè:

$S = \mathbf{R} - \{7\}$

➤ (3) Risolvere la disequazione: $x^2 + 5 > 0$

Risulta: $S = \mathbf{R}$

➤ (4) Risolvere la disequazione: $- x^2 - 3 > 0$

Risulta: $S = \emptyset$

Il concetto di equivalenza ed i teoremi visti a proposito delle equazioni possono essere estesi facilmente anche alle disequazioni:

1) *Due disequazioni si dicono* ***equivalenti*** *quando ammettono le stesse soluzioni; cioè quando hanno lo stesso insieme soluzione.*
2) *Aggiungendo ad ambo i membri di una disequazione razionale intera uno stesso polinomio, si ottiene una disequazione equivalente alla data.*
   Da questo teorema risulta che *si può trasportare un termine da un membro all'altro di una disequazione, purché si cambi segno a tale termine.*
3) *Se a è un numero reale, la disequazione:*

$$f(x) > g(x)$$

è equivalente alla: $a \cdot f(x) > a \cdot g(x)$, se $a > 0$
è equivalente alla: $a \cdot f(x) < a \cdot g(x)$, se $a < 0$

Da qui segue una proprietà **fondamentale**.

Proprietà fondamentale delle disequazioni
Si possono cambiare di segno tutti i membri di una disequazione purché si cambi il verso della disequazione.
Ciò, infatti, equivale a moltiplicare i due membri per *–1*.
In base a queste proprietà è possibile trasportare tutti i termini di una disequazione razionale intera, in un medesimo membro, e ridurre i termini simili, dando alla disequazione la forma:

$$P(x) > 0$$

dove $P(x)$ è un polinomio ridotto a forma normale.
Il grado del polinomio $P(x)$ si chiama ***grado*** della disequazione razionale intera.

➤ Data la disequazione: $\frac{x^2-2}{2} < \frac{1}{6} - \frac{2x^2-5}{3}$

Moltiplicando ambo i membri per 6, si ottiene la disequazione equivalente:

$$3x^2 - 6 < 1 - 4x^2 + 10$$

ossia, trasportando tutti i termini nel primo membro e riducendo i termini simili:

$$7x^2 - 17 < 0$$

che è una disequazione di 2° grado.

3.13 Disequazioni lineari (di I grado)

Una disequazione razionale intera ***lineare*** (o ***di primo grado***) ad una incognita si può sempre ridurre alla forma:

$$ax + b > 0, \text{ oppure } ax + b < 0$$

nelle quali è sempre lecito supporre $a > 0$, perché, in caso contrario, basta cambiar di segno a tutti i termini, e *invertire il verso della disequazione*.

Sviluppando la disequazione otteniamo:

$$ax > -b \text{ oppure } ax < -b$$

da cui, dividendo ambo i membri per il numero positivo a, si deduce:

$$x > -\frac{b}{a} \quad \text{oppure} \quad x < -\frac{b}{a}$$

che rappresentano gli insiemi delle soluzioni.

➤ (1) Risolvere la disequazione:

$$x + \frac{1}{2}x + 3x + 2x - 2 < x + 3 + 3x$$

Eliminando il denominatore, cioè moltiplicando ambo i membri per 2, si ha:

$$13x - 4 < 8x + 6$$

e trasportando tutti i termini al primo membro e riducendo i termini simili, si ottiene:

$$5x - 10 < 0$$

da cui si ricava:

$$5x < 10 \qquad \text{cioè} \qquad x < 2$$

La disequazione quindi è soddisfatta da tutti i valori della x minori di 2.

➤ (2) Risolvere la disequazione letterale:

$$a(x - 1) > x - 2$$

L'equazione data si può scrivere nel seguente modo:

$$(a - 1)\,x > a - 2$$

e, perciò, dobbiamo distinguere tre casi:

- Se è: $a > 1$ cioè $a - 1 > 0$

  risulta: $x > \dfrac{a-2}{a-1}$

- Se è: $a = 1$ si ha $0 > -1$
  che è vera $\forall x \in \mathbb{R}$.

- Se è: $a < 1$ cioè $a - 1 < 0$

  risulta: $x < \dfrac{a-2}{a-1}$

Capitolo 4
Geometria piana

4.1 Enti geometrici

La **geometria** è la scienza che studia la forma e l'estensione dei corpi, intendendo per corpo un qualsiasi elemento di cui si consideri appunto la forma e l'estensione.
Dicesi figura geometrica un insieme di *enti geometrici*.

Gli enti fondamentali della geometria sono:

- il **punto**;
- la **linea**;
- il **piano**.

Il *punto* è un ente geometrico privo di dimensioni: cioè non ha lunghezza, né altezza, né profondità.
La *linea* è un insieme ordinato di punti; essa ha una sola dimensione: la lunghezza.

Una linea si definisce:

a) *aperta*: quando non si verifica la predetta condizione.

Linea aperta

b) *chiusa*: quando un suo punto, muovendosi in un verso qualunque, può tornare nella posizione iniziale;

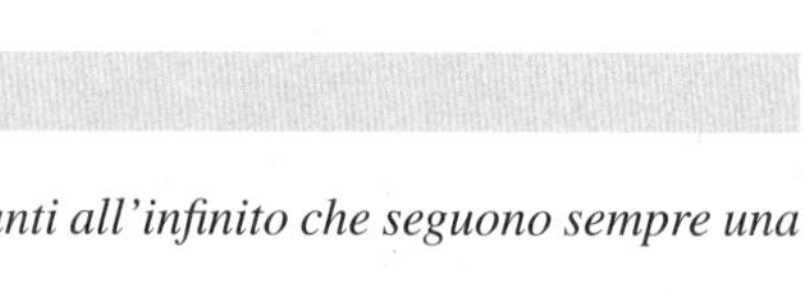

Linea chiusa

4.2 Retta, semiretta e segmento

La linea più comune è la **retta**, *cioè il susseguirsi di punti all'infinito che seguono sempre una medesima direzione.*

Si tengano presenti i seguenti postulati:
1) esistono quante rette si vogliano;
2) per due punti passa una sola retta;
3) per un punto passano infinite rette;
4) i punti di ogni retta sono ordinati secondo due versi, l'uno opposto all'altro.

La retta secondo la posizione può essere:
- *orizzontale* quando coincide con il profilo dell'acqua stagnante;
- *verticale* quando coincide con la direzione del filo a piombo;
- *inclinata* quando assume una posizione intermedia.

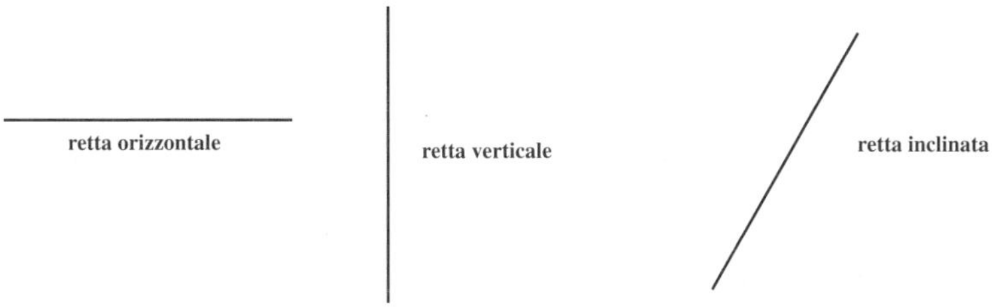

Due rette si dicono:
a) *perpendicolari* quando, incontrandosi, formano quattro angoli retti;
b) *parallele* quando giacciono sullo stesso piano e, prolungandole, non si incontrano mai, ossia mantengono la stessa distanza;
c) *divergenti* quando, prolungate in un determinato senso, tendono ad allontanarsi sempre più l'una dall'altra;
d) *convergenti* quando, prolungate in un determinato senso, tendono ad incontrarsi in un punto.

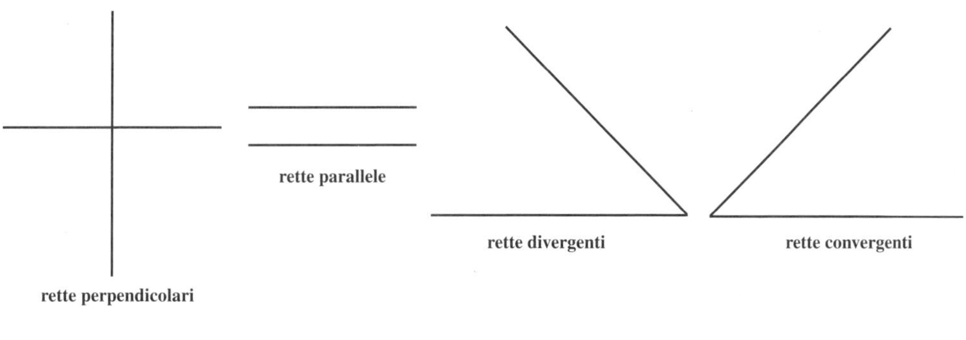

Si dice **semiretta** ciascuna delle parti in cui viene divisa una retta da un punto qualsiasi.

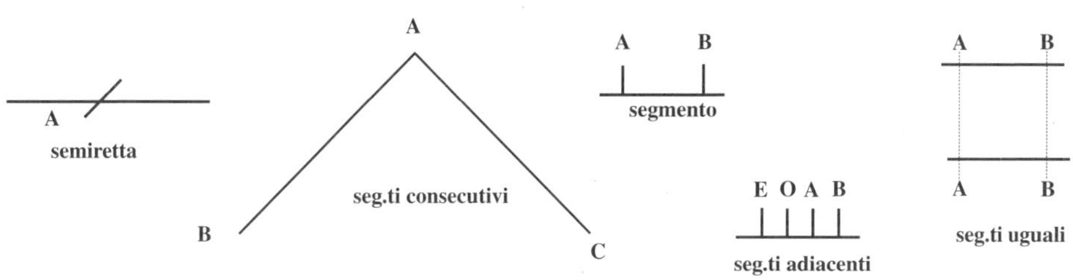

Il **segmento** è la parte di retta delimitata da due punti, che si dicono estremi del segmento. Uno dei due punti si dice origine e l'altro termine.

Due segmenti si dicono:

a) *consecutivi* se giacciono su due rette distinte ed hanno un estremo in comune;
b) *adiacenti* quando hanno un estremo in comune e giacciono sulla medesima retta;
c) *uguali* quando, sovrapponendosi, gli estremi dell'uno coincidono con gli estremi dell'altro.

La **spezzata** è una successione di segmenti consecutivi tra loro a due a due. I segmenti si dicono *lati della spezzata*, i loro estremi *vertici*. La spezzata può essere *aperta* o *chiusa* a seconda che l'ultimo estremo coincida o meno col primo; è *intrecciata* se due lati non consecutivi si tagliano.

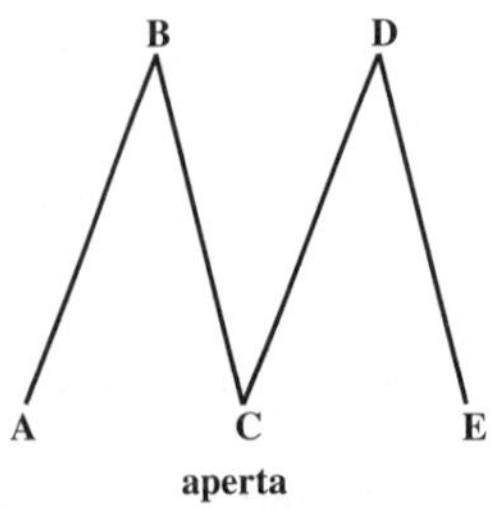

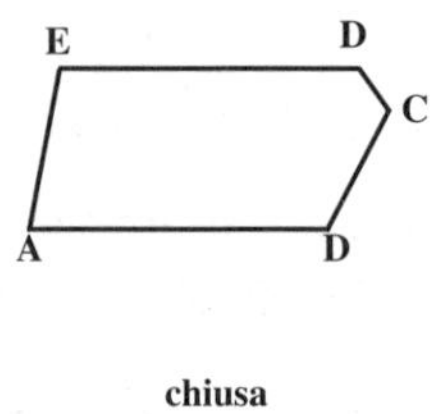

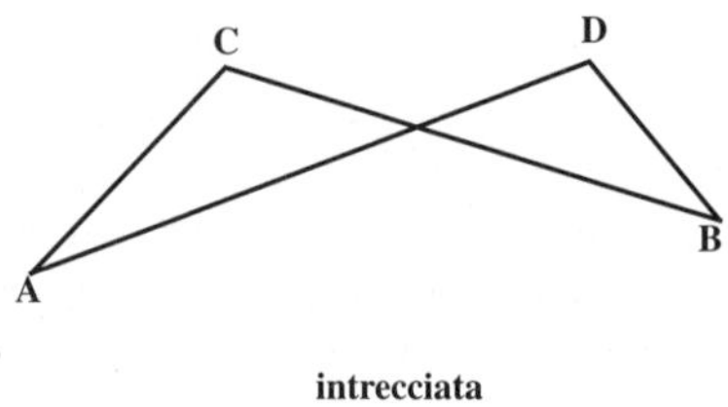

4.3 Piano, semipiano e angolo

Per **piano** intendiamo una superficie piana che si estende indefinitamente in tutti i sensi.

I postulati del piano sono i seguenti:

1) esistono quanti piani si vogliano;
2) per tre punti non allineati passa un piano ed uno solo;
3) se una retta passa per due punti di un piano, giace tutta sul piano;
4) ogni retta divide un piano in due parti, dette *bande*.

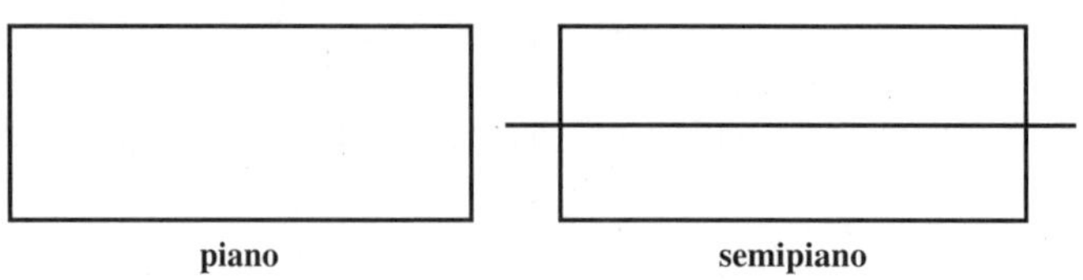

Quando una retta qualunque attraversa un piano e lo divide in due parti, ciascuna di essa dicesi *semipiano*.
Due figure piane sono *uguali* se per mezzo di un movimento rigido ogni punto dell'una si sovrappone ad un punto dell'altra.

Due figure giacenti nello stesso piano si dicono *direttamente* o *inversamente uguali* secondo che nel movimento che le porta a sovrapporsi esse non si staccano o si staccano dal piano.

I criteri di uguaglianza delle figure piane sono i seguenti:

1) ogni figura è uguale a se stessa;
2) se una figura è uguale ad un'altra, questa è uguale alla prima;
3) due figure uguali ad una terza sono uguali fra loro.

L'**angolo** è una delle delle due parti in cui il piano è diviso da due semirette aventi la stessa origine.

L'angolo può essere:

a) *concavo* quando contiene il prolungamento dei suoi lati;
b) *convesso* se non contiene il prolungamento dei suoi lati;
c) *acuto* se è di ampiezza minore dell'angolo retto (meno di 90°);

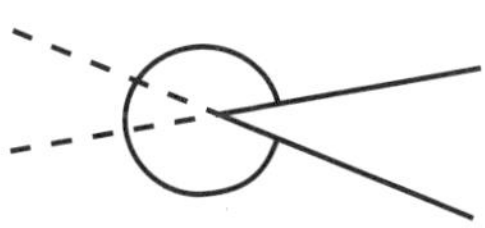

angolo concavo

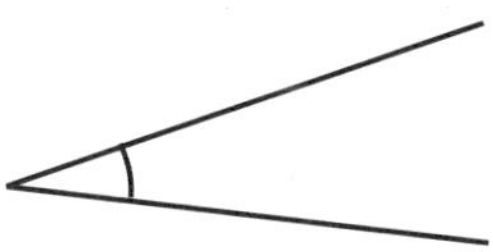

angolo convesso

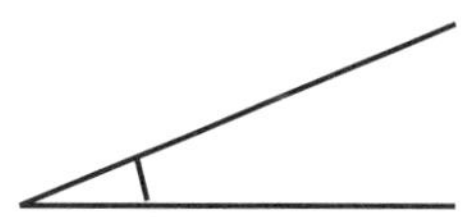

angolo acuto

d) *retto* quando ha i lati perpendicolari. È la metà di un angolo piatto (misura 90°);
e) *ottuso* se è di ampiezza maggiore dell'angolo retto, ma minore dell'angolo piatto (più di 90° e meno di 180°);
f) *piatto* quando uno dei suoi lati è il prolungamento dell'altro (misura 180°);

angolo retto

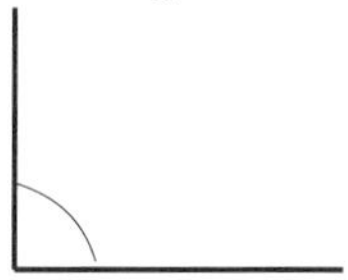

angolo ottuso

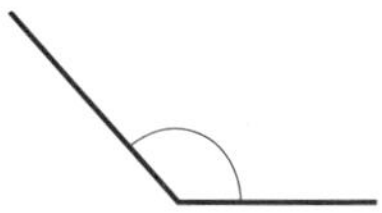

angolo piatto

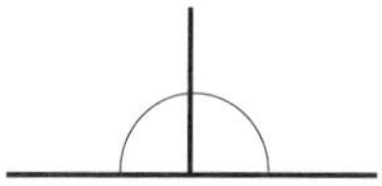

g) *giro* se è costituito dalla somma di due angoli piatti (360°) o quattro angoli retti;
h) *consecutivi* se giacciono su un medesimo piano, hanno il vertice ed un lato in comune e gli altri due lati da parti opposte, rispetto al lato comune, non giacciono uno sul prolungamento dell'altro;
i) *adiacenti* se sono consecutivi ed hanno i lati non comuni disposti uno sul prolungamento dell'altro;

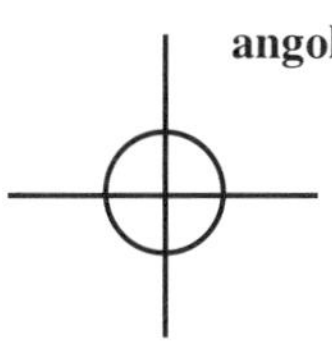

angolo giro

angoli consecutivi

angoli adiacenti

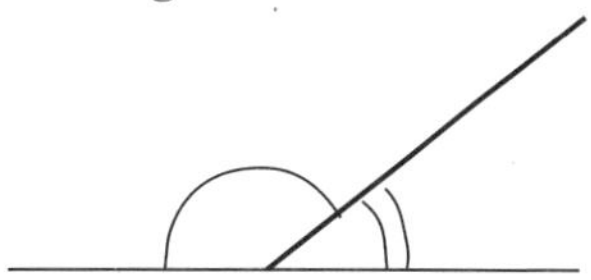

l) *uguali* quando, sovrapponendoli, i lati dell'uno coincidono con i lati dell'altro;
m) *opposti al vertice* quando i lati dell'uno sono il prolungamento dei lati dell'altro. Essi sono uguali;
n) *supplementari* quando la loro somma è uguale ad un angolo piatto (due angoli adiacenti sono sempre supplementari, cioè 180°);
o) *complementari* quando la loro somma è uguale ad un angolo retto (90°).

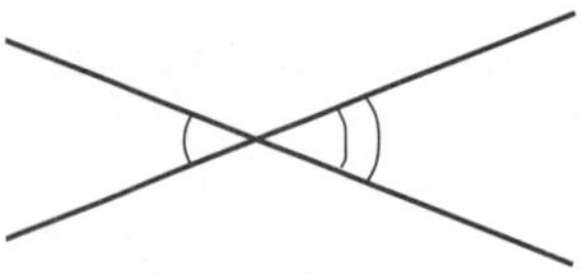

angoli opposti al vertice

angoli supplementari

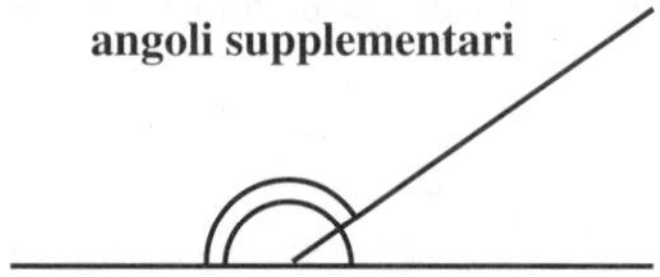

angoli complementari

La *bisettrice* di un angolo è la semiretta che, uscendo dal vertice, divide l'angolo in due parti uguali.
La *distanza fra due punti* è il segmento che li unisce.
La *distanza tra un punto ed una retta* è il segmento perpendicolare condotto dal punto alla retta.

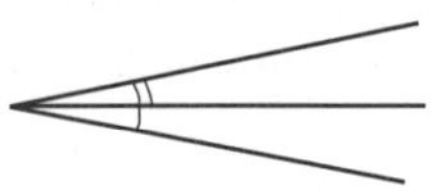

bisettrice

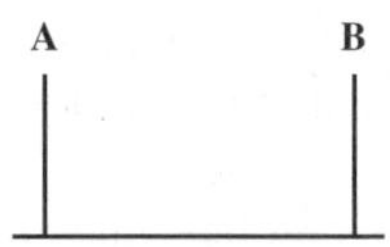

distanza tra due punti

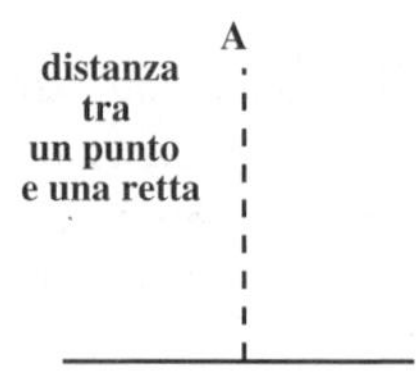

Le rette parallele
Si dicono parallele due rette che, giacendo sullo stesso piano, non hanno alcun punto in comume.
Assioma fondamentale delle rette parallele: data una retta e un punto non appartenente ad essa, per quel punto può passare soltanto una retta parallela a quella data.

La *distanza tra due rette parallele* è il segmento perpendicolare condotto da un punto qualsiasi dell'una su un punto dell'altra.

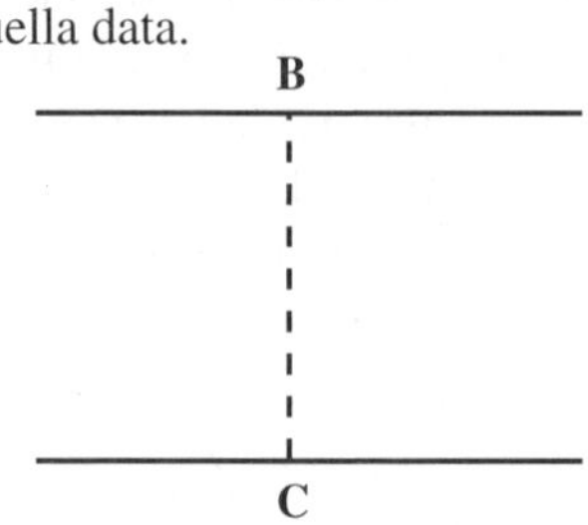

dist. tra due rette parallele

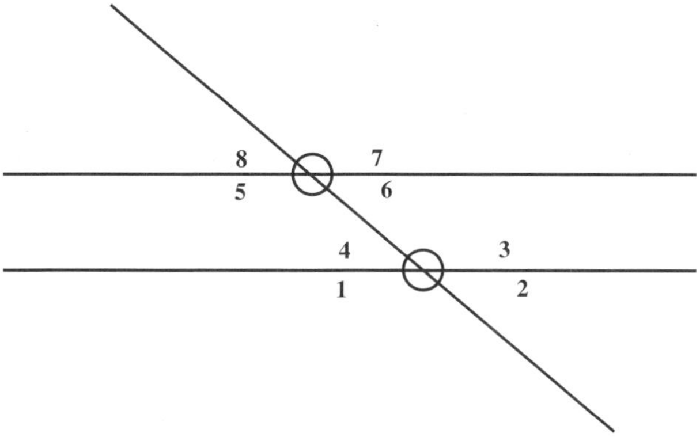

Due rette parallele intersecate da una trasversale formano angoli dalle proprietà particolari.

Angoli formati da due rette parallele e una trasversale:
- **Alterni interni** (3-5 e 4-6) e **alterni esterni** (2-8 e 1-7)
- **Coniugati interni** (3-6 e 4-5) e **coniugati esterni** (2-7 e 1-8)
- **Corrispondenti** (3-7, 4-8, 1-5, 2-6)

Regola: gli angoli alterni interni e alterni esterni sono uguali fra loro (congruenti), allo stesso modo gli angoli corrispondenti; mentre gli angoli coniugati sono supplementari.

4.4 Poligoni

Dicesi **poligono** *la parte di piano limitata da una linea spezzata chiusa, non intrecciata.*

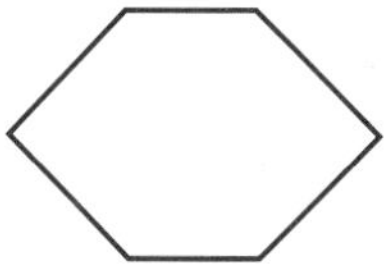
poligono convesso

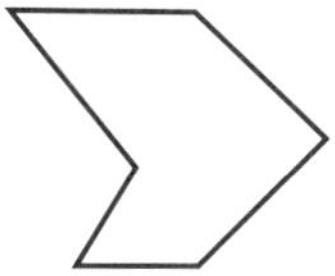
poligono concavo

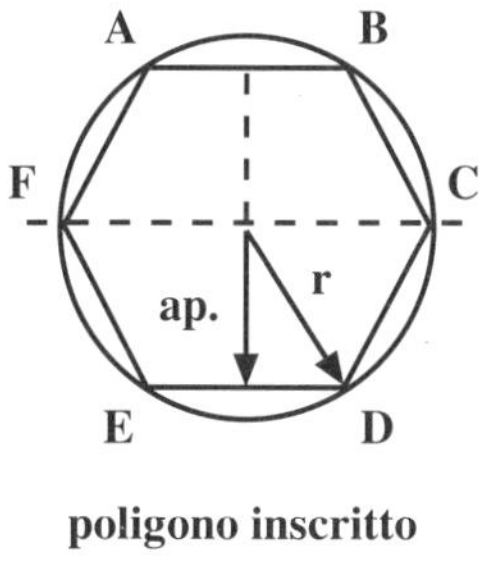

poligono inscritto

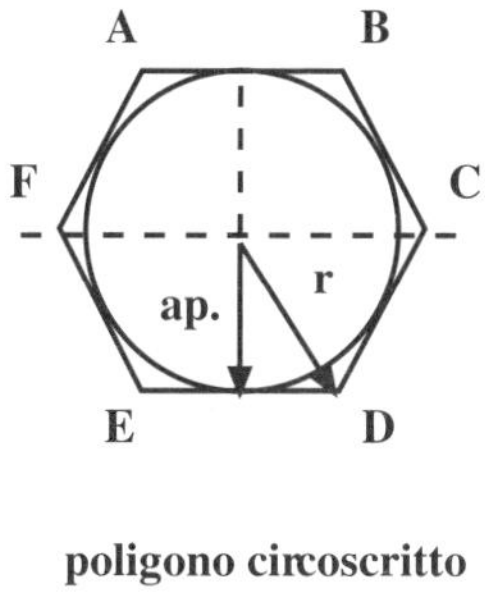

poligono circoscritto

Il poligono può essere:

a) *convesso*: quando, prolungando un lato, il poligono viene a trovarsi in uno dei semipiani determinati dalla retta ottenuta con tale prolungamento nonché quando non contiene il prolungamento dei suoi lati (ha, cioè, tutti angoli convessi);

b) *concavo*: quando il prolungamento di uno qualunque dei lati attraversa il poligono.

Un poligono è *inscritto* in una circonferenza quando tutti i suoi vertici appartengono alla circonferenza. Un poligono è *circoscritto* ad una circonferenza quando tutti i suoi lati appartengono alla circonferenza.

Il *centro* della circonferenza inscritta e circoscritta ad un poligono regolare è detto centro del poligono; il *raggio* della circonferenza circoscritta è detto raggio del poligono regolare, mentre il raggio della circonferenza inscritta corrisponde all'apotema del poligono regolare, perchè partendo dal centro tocca tutti i lati.

NOTA. Tratteremo unicamente poligoni convessi.

In ogni poligono distinguiamo:

- **lati** (*l*): segmenti delimitanti la figura;
- **angoli interni**: formati ciascuno da due lati consecutivi;
- **angoli esterni**: formati ciascuno dal prolungamento di un lato con il suo lato consecutivo;
- **vertici**: punti d'incontro dei lati;
- **perimetro** (*p*): somma dei lati;
- **diagonali** (*d*): segmenti che uniscono due vertici non consecutivi;
- **apotema** (*ap.*): segmento condotto dal centro del poligono su uno dei due lati.

Un poligono a seconda delle caratteristiche dei suoi lati e dei suoi angoli si dice:

- *equilatero* se ha tutti i lati uguali;
- *equiangolo* se ha tutti gli angoli uguali;
- *regolare* se ha tutti i lati e gli angoli uguali, cioè se è equilatero ed equiangolo.

4.5 Calcolo della somma degli angoli interni di un poligono

La somma degli angoli interni di un poligono regolare si ottiene moltiplicando 180° per il numero dei lati e sottraendo 360°, cioè la somma degli angoli esterni.

$$(180° \cdot n) - 360°$$

Se consideriamo un triangolo, abbiamo:

$$(180° \cdot 3) - 360° = 540° - 360° = 180°$$

Se consideriamo un pentagono, abbiamo:

$$(180° \cdot 5) - 360° = 900° - 360° = 540°$$

Poichè noi non conosciamo la misura di un angolo interno, consideriamo 180°, che rappresenta la somma di un angolo interno più un angolo esterno; lo moltiplichiamo per il numero dei lati (che è uguale a quello degli angoli) ed in ultimo sottraiamo 360° che rappresenta la somma degli angoli esterni (che noi avevamo calcolato uno alla volta insieme a quelli interni).

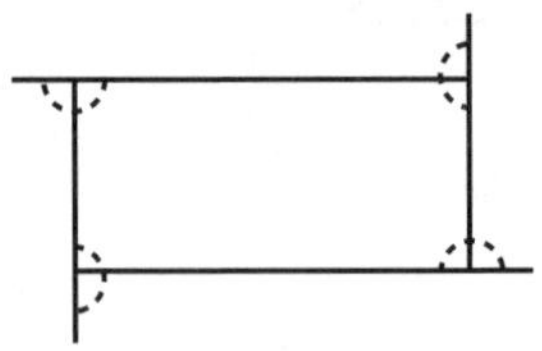

quadrilatero

$(180° \cdot 4) - 360 = 720° - 360° = 360°$, somma degli angoli interni di un quadrilatero.

4.6 Perimetro e area di un poligono regolare

Il **perimetro di un poligono regolare** si trova moltiplicando la misura del lato per il numero dei lati.

➤ pentagono $p = l \cdot 5$; $l = p : 5$
esagono $p = l \cdot 6$; $l = p : 6$

L'**area** si trova moltiplicando il perimetro per l'apotema e dividendo il prodotto per 2.

$$A = \frac{p \cdot a_p}{2}; \quad p = \frac{2 \cdot A}{a_p}; \quad a_p = \frac{2 \cdot A}{p}.$$

Dato il lato, l'**apotema** si trova moltiplicando la misura del lato per il **numero fisso**, che è per:

il pentagono	0,688;	ap = l · 0,688;	l = ap: 0,688
l'esagono	0,866;	ap = l · 0,866;	l = ap: 0,866
l'ottagono	1,207;	ap = l · 1,207;	l = ap: 1,207
il decagono	1,539;	ap = l · 1,539;	l = ap: 1,539

L'**area del poligono regolare** si trova anche moltiplicando il quadrato del lato per il numero fisso, che è per:

il triangolo equilatero	0,433;	$A = l^2 \cdot 0{,}433$
il pentagono	1,720;	$A = l^2 \cdot 1{,}720$
l'esagono	2,598;	$A = l^2 \cdot 2{,}598$
l'ottagono	4,828;	$A = l^2 \cdot 4{,}828$
il decagono	7,694;	$A = l^2 \cdot 7{,}6948$

4.7 Proprietà dei poligoni

In ogni poligono ciascun lato è minore della somma dei rimanenti. Il perimetro del poligono convesso è minore del perimetro di qualsiasi poligono che lo contenga.
La somma degli angoli interni di ogni poligono convesso è uguale a tanti angoli piatti, quanti sono i suoi lati, meno due.
La somma degli angoli esterni del poligono convesso uguaglia due angoli piatti.

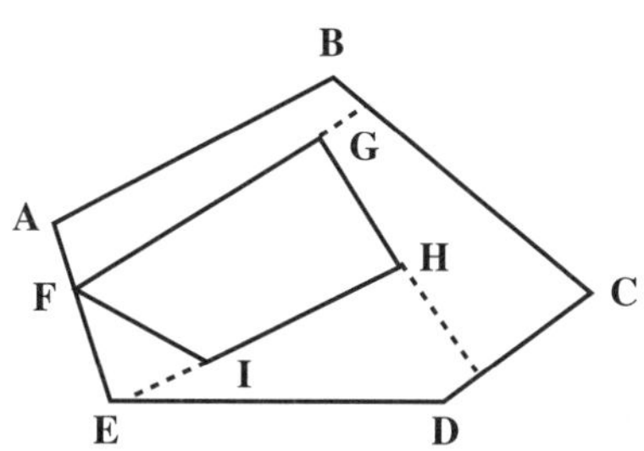

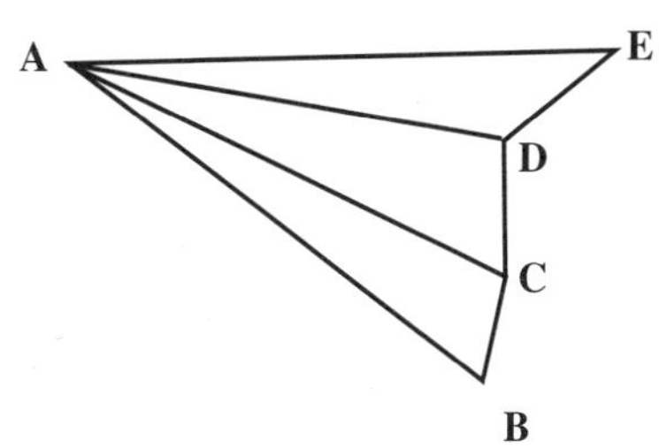

4.8 Criteri di uguaglianza tra poligoni

1° criterio: due poligoni convessi, di ugual numero di lati, sono uguali se si corrispondono vertice e vertice in modo che lati ed angoli corrispondenti siano uguali, ad eccezione di due coppie di lati consecutivi e degli angoli fra essi compresi, sui quali non si fa alcuna ipotesi.

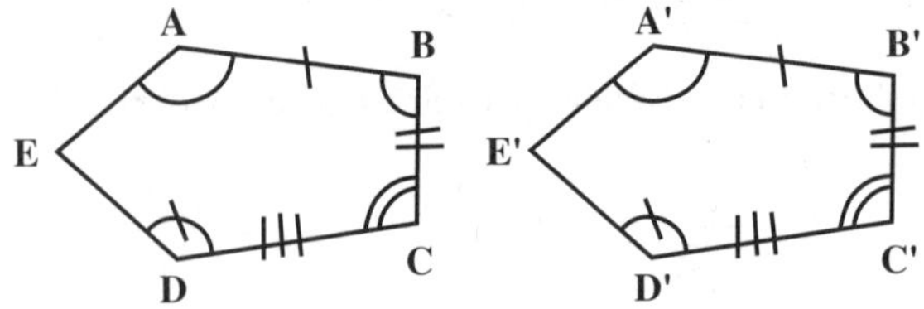

2° criterio: due poligoni convessi di ugual numero di lati sono uguali se si corrispondono vertice e vertice in modo che lati ed angoli corrispondenti siano uguali, ad eccezione di due lati corrispondenti e dei due angoli adiacenti ad essi, sui quali non si fa alcuna ipotesi.

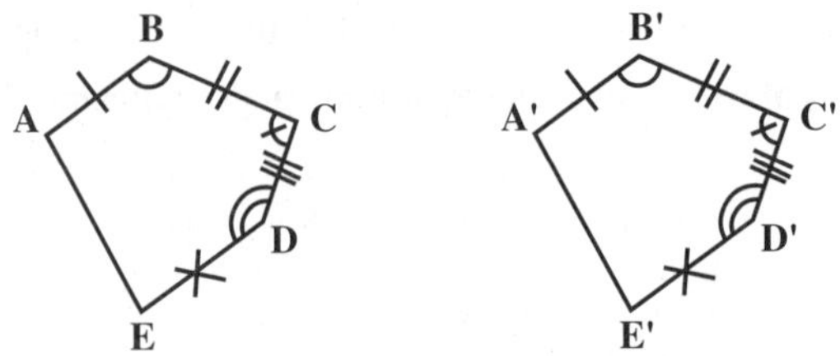

3° criterio: due poligoni convessi di ugual numero di lati sono uguali se si corrispondono vertice e vertice, in modo che i lati e gli angoli corrispondenti siano uguali, ad eccezione di tre angoli consecutivi sui quali non si fa alcuna ipotesi.

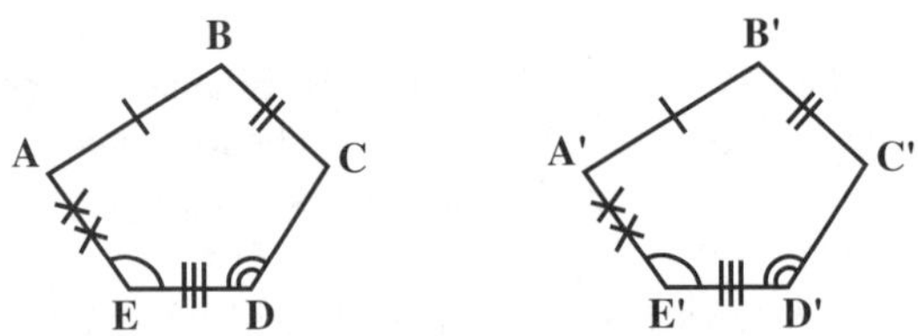

4.9 Triangoli: proprietà, punti notevoli e somma degli angoli

Il **triangolo** è il più semplice dei poligoni, costituito da tre lati.

In un triangolo, oltre ai lati ed agli angoli, si distinguono:

- *altezza*: perpendicolare tracciata dal vertice sul lato opposto o sul suo prolungamento. Il punto di incontro delle tre altezze dicesi *ortocentro*;
- *base*: è uno qualsiasi dei suoi lati;
- *bisettrice*: semiretta, che uscendo dal vertice, divide l'angolo in due parti uguali. Il punto di incontro delle tre bisettrici prende il nome di *incentro*;

– *mediana*: segmento che uscendo dal vertice divide il lato opposto in due parti uguali. Il punto di incontro delle tre mediane prende il nome di *baricentro*.

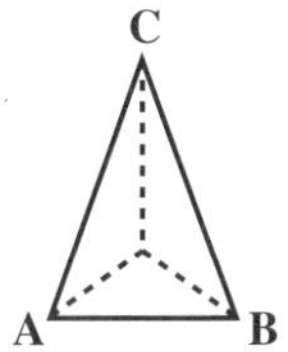

incentro-incontro bisettrici

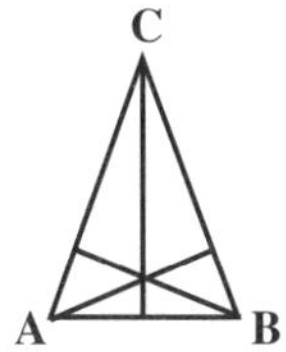

ortocentro-incontro altezze

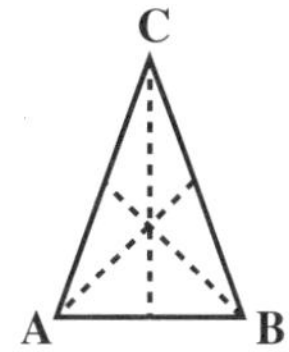

baricentro-incontro mediane

Un triangolo, *secondo i suoi lati*, può essere:

– *equilatero*: se ha i tre lati uguali - anche gli angoli sono uguali - (ortocentro, incentro e baricentro si incontrano nello stesso punto);
– *isoscele*: se ha solo due lati uguali (gli angoli alla base sono uguali);
– *scaleno*: se ha i tre lati disuguali.

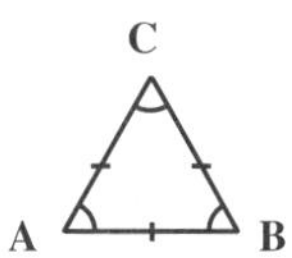

triangolo equilatero

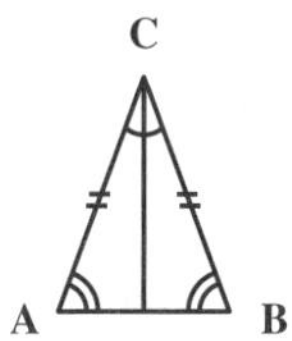

triangolo isoscele

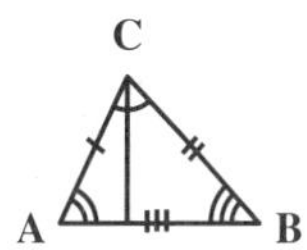

triangolo scaleno

Un triangolo, *secondo i suoi angoli*, può essere:

— *rettangolo*: se ha un angolo retto;
— *acutangolo*: se ha tutti gli angoli acuti;
— *ottusangolo*: se ha un angolo ottuso.

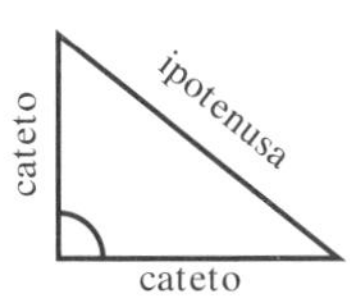

triangolo rettangolo

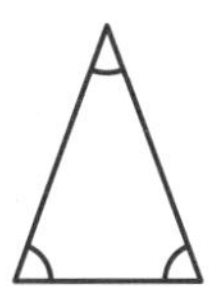

triangolo acutangolo

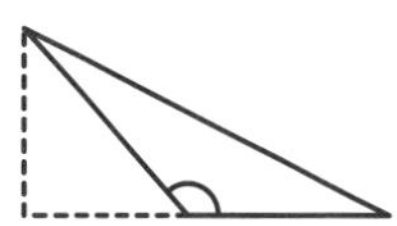

triangolo ottusangolo

La somma degli angoli interni di un triangolo è sempre uguale a 180°.

$$(180° \cdot 3) - 360° = 540° - 360° = 180°$$

Il perimetro del triangolo si trova sommando le misure dei tre lati.

P = a + b + c; a = P – (b + c)
b = P – (a + c); c = P – (a + b)

L'area si trova moltiplicando le misure della base e dell'altezza e dividendo il prodotto per 2.

$$A = \frac{b \cdot h}{2} \qquad h = \frac{2 \cdot A}{b} \qquad b = \frac{2 \cdot A}{h}$$

L'*area* di un triangolo equilatero, come per tutti i poligoni regolari, si trova dividendo per 2 il prodotto del perimetro per l'apotema. L'apotema si calcola moltiplicando la misura del lato per il numero fisso (0,288).

$$A = \frac{P \cdot a_p}{2}; \qquad P = \frac{2 \cdot A}{a_p}$$

$$a_p = \frac{2 \cdot A}{P}; \qquad a_p = l \cdot 0{,}288; \qquad l = \frac{a_p}{0{,}288}$$

L'area di un triangolo rettangolo si trova moltiplicando le misure dei due cateti e dividendo il prodotto per 2. I cateti sono i due lati che formano l'angolo retto, mentre l'ipotenusa è il lato opposto all'angolo retto.

$$A = \frac{c \cdot c_1}{2}; \qquad c = \frac{2 \cdot A}{c_1}; \qquad c_1 = \frac{2 \cdot A}{c}$$

Formula di Erone

In un triangolo quando sono note le misure dei lati, l'area si ottiene estraendo la radice quadrata del prodotto del suo semiperimetro per le differenze fra il semiperimetro e ciascuno dei tre lati.

$$A = \sqrt{\frac{P}{2} \cdot \left(\frac{P}{2} - a\right) \cdot \left(\frac{P}{2} - b\right) \cdot \left(\frac{P}{2} - c\right)}$$

Ponendo:

$$\frac{P}{2} = p \text{ (semiperimetro)}$$

si ottiene:

$$A = \sqrt{p \cdot (p-a) \cdot (p-b) \cdot p \cdot (p-c)}$$

4.10 Criteri di uguaglianza tra triangoli

Due triangoli sono uguali se è possibile sovrapporli l'uno all'altro in modo che coincidano. Ciò è possibile se, intuitivamente, coincidono i contorni, cioè se sono uguali i lati di uno con i lati dell'altro e gli angoli di uno con gli angoli dell'altro.

Allora due triangoli sono uguali se hanno:

1) Le coppie di lati omologhi uguali.
2) Le coppie di angoli omologhi uguali.

Tuttavia per stabilire se due triangoli sono uguali non è necessario che vengano verificate tutte e sei le condizioni di uguaglianza (tre per i lati e tre per gli angoli), ma **è sufficiente che siano verificate solo tre condizioni**, opportunamente scelte, **delle quali almeno una relativa ai lati**.
In base alle tre condizioni scelte si hanno i *tre criteri di uguaglianza tra i triangoli.*

1° Criterio di uguaglianza tra i triangoli

Due triangoli sono uguali se hanno rispettivamente uguali due lati e l'angolo compreso tra essi.

Dimostrazione

Si considerino i due triangoli ABC e A'B'C', che abbiano rispettivamente uguali due lati e l'angolo compreso tra essi. In riferimento alla figura seguente (*ipotesi*):

- $AB = A'B'$
- $AC = A'C'$
- $\hat{A} = \hat{A}'$

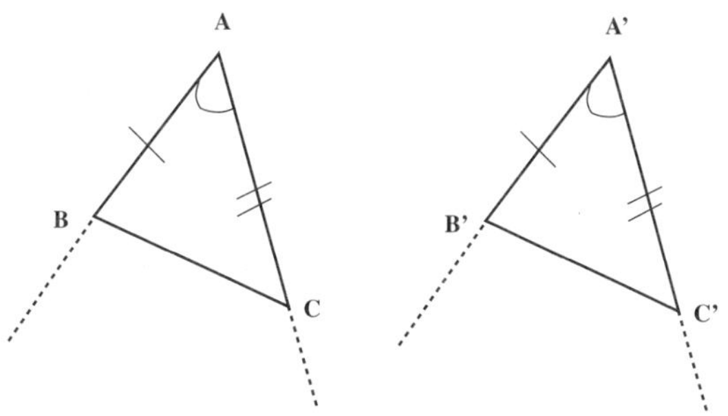

Si deve quindi dimostrare che i due triangoli sono uguali ⇒ $ABC = A'B'C'$ (*tesi*).
Essendo per ipotesi uguali gli angoli in A ed A', è possibile sovrapporre uno di questi angoli all'altro in modo che la semiretta AB vada a coincidere con la semiretta $A'B'$ e la semiretta AC con la semiretta $A'C'$.
Poiché per ipotesi $AB = A'B'$ ed $AC = A'C'$, B coinciderà con B' e C con C', e di conseguenza coincideranno i contorni dei due triangoli, che risultano pertanto uguali.

2° Criterio di uguaglianza tra i triangoli

Due triangoli sono uguali se hanno rispettivamente uguali due angoli ed il lato compreso tra essi.

Dimostrazione

Dati i triangoli ABC e $A'B'C'$ nella figura sottostante, che per ipotesi hanno:

$\hat{B} = \hat{B}'$ $\quad \hat{C} = \hat{C}'$ $\quad BC = B'C'$ (*ipotesi*)

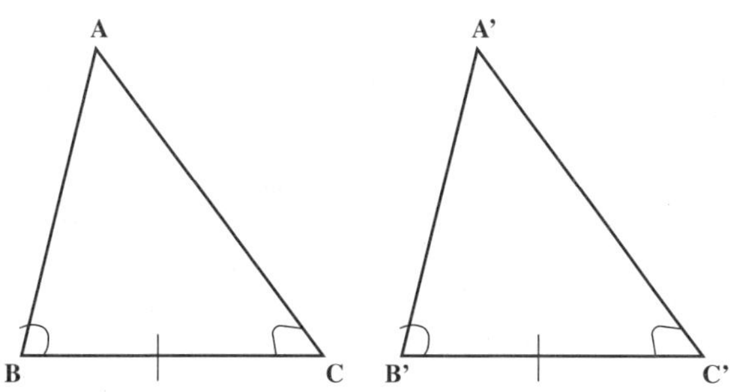

Si deve quindi dimostrare l'uguaglianza dei triangoli *ABC* e *A'B'C'* (*tesi*).
Si trasporti il semipiano limitato dalla retta *BC*, e contenente il punto *A*, sul semipiano limitato dalla retta *B'C'* e contenente *A'*, in modo tale che il segmento *BC* coincida con il segmento *B'C'* al quale, per ipotesi, è uguale.
Per l'uguaglianza degli angoli in *B* e *B'*, la semiretta *BA* coinciderà con la semiretta *B'A'*. Inoltre, per l'uguaglianza degli angoli in *C* e *C'*, semiretta *CA* dovrà coincidere con la semiretta *C'A'*.
Ne consegue che il punto *A*, comune alle semirette *BA* e *CA*, coinciderà con il punto *A'*, comune alle semirette *B'A'* e *C'A'*.
Pertanto il movimento effettuato ha fatto coincidere i tre vertici e quindi anche i contorni dei due triangoli risultando, pertanto, uguali.

3° Criterio di uguaglianza tra i triangoli
Due triangoli sono uguali se hanno rispettivamente uguali i tre lati.

Dimostrazione
Si considerino due triangoli *ABC* e *A'B'C'* che abbiano i rispettivi lati uguali, cioè:

AB = A'B' AC = A'C' BC = B'C' (*ipotesi*)

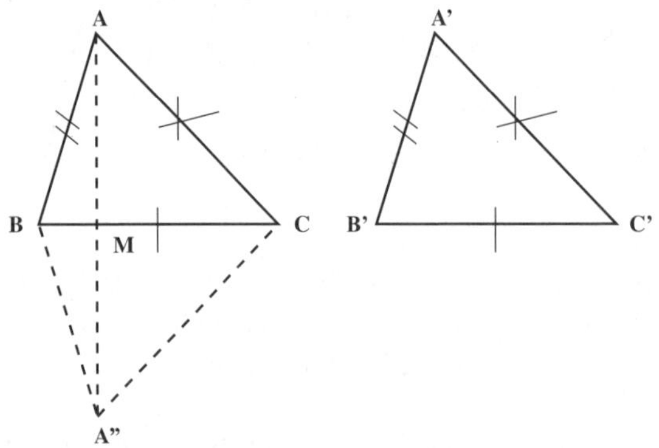

Si deve quindi dimostrare l'uguaglianza dei triangoli *ABC* e *A'B'C'* (*tesi*).
La dimostrazione si basa sulla verifica che gli angoli *BÂC* e *B'Â'C'* sono uguali, poiché avendo i due triangoli due lati uguali e l'angolo tra essi compreso, sono uguali per il I° criterio di uguaglianza.

Si trasporti dunque il triangolo *A'B'C'* sul semipiano opposto a quello che ha come origine la retta *BC* e contiene il triangolo *ABC*, in modo che i vertici *B'* e *C'* coincidano rispettivamente con i vertici *B* e *C* (il che è vero poiché per ipotesi *B'C'= BC*). Sia ancora *A"BC* la nuova posizione assunta dal triangolo *A'B'C'*, si ha:

- *AB = A"B* (poiché *A"B = A'B'* ed *A'B' = AB*)
- *AC = A"C* (poiché *A"C = A'C'* ed *A'C' = AC*)

Si congiunga *A* ed *A"*; poiché questi due punti sono opposti rispetto alla retta *BC*, la congiungente taglia la retta nel punto *M* che può essere, rispetto al segmento *BC*, interno (come nella figura), esterno o coincidente con uno dei suoi estremi.
Consideriamo il caso in figura (gli altri sono risolubili agevolmente allo stesso modo), i due triangoli *BAA"* e *CAA"* risultano isosceli sulla base comune *AA"* e, pertanto, avranno gli angoli alla base uguali, cioè:

- $B\hat{A}A'' = B\hat{A}''A$
- $C\hat{A}A'' = C\hat{A}''A$

Sommando membro a membro si ottiene:

$$B\hat{A}A'' + C\hat{A}A'' = B\hat{A}''A + C\hat{A}''A$$

che significa:

$$B\hat{A}C = B\hat{A}''C$$

e poiché $B\hat{A}''C = B'\hat{A}'C'$, si ha infine:

$$B\hat{A}C = B'\hat{A}'C' \quad \text{c.v.d.}$$

Triangoli - Terne di numeri

Un triangolo viene identificato da terne ben precise di numeri, che rappresentano le misure dei suoi lati. Affinché un triangolo possa dirsi tale, le misure dei suoi lati devono soddisfare le seguenti caratteristiche:

il terzo lato deve essere minore della somma degli altri due e maggiore della loro differenza.

➤ ***Se due lati di un triangolo misurano 40 cm e 60 cm, quale misura non può avere il terzo lato?***

Secondo la regola precedente, la misura del terzo lato dovrà essere minore di 100 cm e maggiore di 20 cm, quindi compresa tra 20 e 100 centimetri. Nello specifico dell'esercizio proposto, il valore da ricercare nelle risposte è o minore di 20 o maggiore di 100.

➤ ***25 cm, 18 cm e 32 cm possono essere le misure dei lati di un triangolo?***

La risposta è Sì, in quanto sommando le misure di due lati, il terzo risulta essere minore; e facendo la differenza tra le misure di due lati, il terzo è maggiore.

Nel caso di triangoli rettangoli, oltre alla caratteristica succitata, le misure dei lati devono soddisfare anche la relazione del teorema di Pitagora:

"la misura dell'area del quadrato costruito sull'ipotenusa è uguale alla somma della misura delle aree dei quadrati costruite sui cateti, cioè $i^2 = c^2 + c_1^2$"

➤ ***I lati di un triangolo misurano rispettivamente 6 cm, 8 cm e 10 cm. Com'è il triangolo?***

Si prendono in considerazione le tre misure e si mettono in relazione tra loro come prevede il teorema di Pitagora:

$10^2 = 8^2 + 6^2$ da cui si ottiene: $100 = 64 + 36 = 100$

Poiché la relazione è soddisfatta, **il triangolo** le cui misure dei lati sono quelle date **è rettangolo**.

➤ ***Con tre segmenti lunghi 16 cm, 12 cm e 20 cm, cosa si può costruire?***

Per rispondere al quesito, sicuramente le misure dei tre lati soddisfano la caratteristica peculiare dei triangoli, in quanto la somma di due lati è minore del terzo e la differenza è maggiore. Inoltre si può verificare che possa trattarsi di un triangolo rettangolo mettendo in relazione i tre numeri:

$20^2 = 16^2 + 12^2$ (*relazione del teorema di Pitagora*)

$400 = 256 + 144 = 400$ (*soddisfatta*)

Avendo verificato, si può affermare che con le misure proposte si può costruire un triangolo rettangolo.

4.11 Quadrilateri

Dicesi ***quadrilatero*** *o anche quadrangolo un poligono avente quattro lati e quattro angoli.*
La somma degli angoli interni di un quadrilatero convesso è uguale a due angoli piatti, cioè 360°.

4.12 Trapezi: definizioni e proprietà

Il ***trapezio*** *è un quadrilatero con due lati opposti paralleli.*
Può essere:

a) *rettangolo*: se ha un lato obliquo ed uno perpendicolare alle basi;
b) *isoscele*: se ha due lati obliqui uguali;
c) *scaleno*: se ha due lati obliqui disuguali.

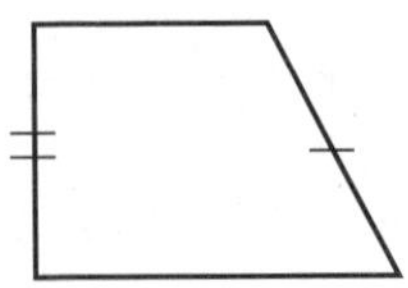

trapezio rettangolo

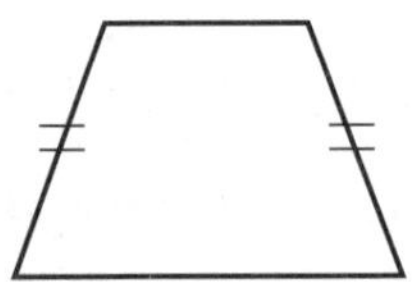

trapezio isoscele

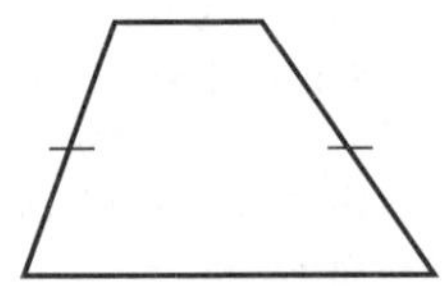

trapezio scaleno

Il *perimetro* del trapezio si trova facendo la somma delle misure dei lati.

$$p = B + b + a + c$$

L'*area* si trova moltiplicando la semisomma delle misure della base maggiore e della base minore per l'altezza.

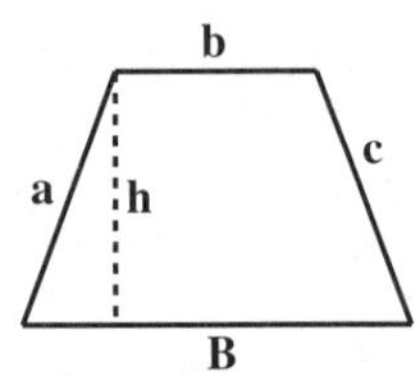

$$A = \frac{B+b}{2} \cdot h \qquad h = \frac{2 \cdot A}{B+b}$$

$$B = \frac{2 \cdot A}{h} - b \qquad b = \frac{2 \cdot A}{h} - B$$

4.13 Parallelogrammi: definizioni e proprietà

Il ***parallelogramma*** *è un quadrilatero avente i lati opposti uguali e paralleli.*

In un parallelogramma distinguiamo: la base che può essere uno qualunque dei lati; l'altezza che è la distanza tra il lato considerato quale base e il lato opposto parallelo.

Le proprietà sono:

1) una diagonale divide un parallelogramma in due triangoli uguali;
2) i lati opposti sono uguali;
3) gli angoli opposti sono uguali;
4) le diagonali si tagliano scambievolmente a metà;
5) gli angoli adiacenti a ciascun lato sono supplementari (la loro somma è pari a 180°).

Sono parallelogrammi particolari il **quadrato**, il **rettangolo**, e il **rombo**.
Il *perimetro* del parallelogramma si trova moltiplicando per 2 la somma delle misure di due lati consecutivi.

$$p = (l_1 + l_2) \cdot 2$$

da cui:

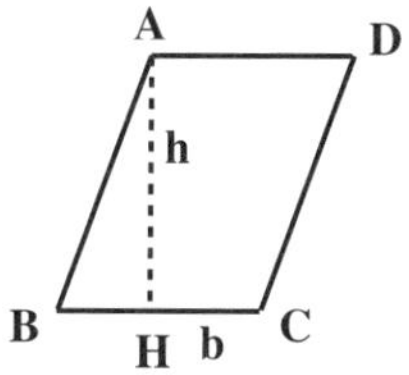

$$l_1 = (p : 2) - l_2; \ l_2 = (p : 2) - l_1$$

L'area si trova moltiplicando la misura della base per la misura dell'altezza.

$$A = b \cdot h; \ b = A/h; \ h = A/b$$

4.14 Quadrato: definizioni e proprietà

*Il **quadrato** è un parallelogramma avente i lati uguali e gli angoli retti.*

Le diagonali di un quadrato sono uguali, perpendicolari tra loro, bisettrici degli angoli e si tagliano scambievolmente per metà.
Il perimetro si trova moltiplicando la misura del lato per 4.

$$p = l \cdot 4 \quad l = p/4$$

L'*area* del quadrato si trova moltiplicando la misura del lato per se stessa, oppure dividendo per 2 il prodotto delle diagonali (d).

$$l = \sqrt{A} \quad d = \sqrt{2A}$$

$$d = l \cdot \sqrt{2}, \text{ ossia } l \cdot 1{,}414; \ l = d : 1{,}414$$

4.15 Rettangolo: definizioni e proprietà

*Il **rettangolo** è un parallelogramma avente i quattro angoli retti, mentre i lati sono uguali a due a due. Le diagonali sono uguali.*

Il perimetro del rettangolo si trova moltiplicando per 2 la somma della base e dell'altezza.

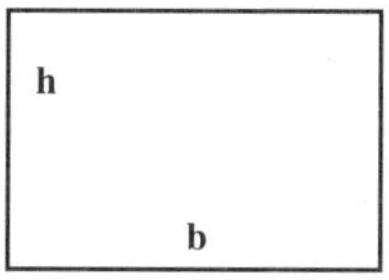

Rettangolo

$$p = 2 \cdot (b + h); \ b = (p : 2) - h; \ h = (p : 2) - b$$

L'area si trova moltiplicando la misura della base per la misura dell'altezza.

$$A = b \cdot h; \ b = A : h; \ h = A : b$$

4.16 Rombo: definizioni e proprietà

*Il **rombo** è un parallelogramma avente i lati uguali; i suoi angoli sono due acuti e due ottusi. Le diagonali sono disuguali; si incontrano perpendicolarmente nel loro punto medio.*

Il perimetro si calcola moltiplicando per 4 la misura del suo lato.

$p = 1 \cdot 4; \quad 1 = P : 4$

L'area si trova dividendo per 2 il prodotto delle diagonali.

$$A = \frac{D \cdot d}{2}; \quad D = \frac{2 \cdot A}{d}; \quad d = \frac{2 \cdot A}{D}.$$

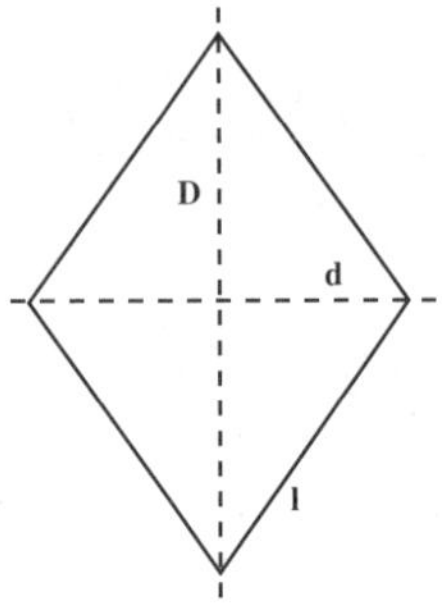

Rombo

Se si considera il rombo come un parallelogramma l'area si può trovare moltiplicando la misura della base per la misura dell'altezza.

$A = b \cdot h; \; b = A : h; \; h = A : b$

4.17 Circonferenza: definizioni e proprietà

*La **circonferenza** è una linea curva chiusa avente tutti i suoi punti equidistanti da un punto interno detto centro.*

Nella circonferenza distinguiamo:

1) *raggio*: la distanza tra il centro e un punto qualunque della circonferenza;
2) *diametro*: segmento che unisce due punti della circonferenza passante per il centro;
3) *corda*: segmento che congiunge due punti qualunque della circonferenza senza passare per il centro;
4) *saetta*: segmento perpendicolare tracciato dal centro della corda sulla circonferenza;
5) *arco*: porzione di circonferenza compresa tra due punti della circonferenza stessa.

Una retta, rispetto ad una circonferenza, può essere:

a) *esterna*: se non ha alcun punto in comune con la circonferenza;
b) *secante*: se ha due punti in comune con la circonferenza;
c) *tangente*: se ha un solo punto in comune con la circonferenza.

A) circonferenza
B) diametro
C) raggio
D) corda
E) saetta
F) secante
G) tangente
H) esterna

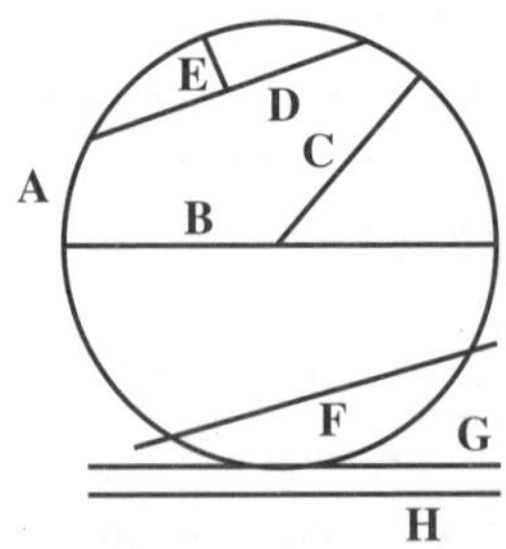

La lunghezza della circonferenza (C) si trova moltiplicando la misura del diametro per il numero fisso 3,14 (π).

NOTA. Si definisce π il numero irrazionale ottenuto facendo il rapporto tra la circonferenza ed il diametro $\pi = \frac{C}{d} = 3,14$

$C = d \cdot 3,14$ oppure $C = r \cdot 6,28$

$r = C : 6,28$ $d = C : 3,14$

4.18 Cerchio: definizioni e proprietà

*Il **cerchio** è la parte di piano delimitata dalla circonferenza.*

Oltre a quanto detto per la circonferenza ricordiamo:

1) il diametro divide il cerchio in due parti uguali dette *semicerchi*;
2) due diametri perpendicolari dividono il cerchio in quattro parti dette *quadranti*;
3) la porzione di cerchio delimitata da una corda e dal corrispondente arco dicesi *segmento circolare*;
4) la porzione di cerchio racchiusa tra due raggi e l'arco compreso dicesi *settore circolare*;
5) la parte di piano compresa tra due circonferenze concentriche dicesi *corona circolare*.

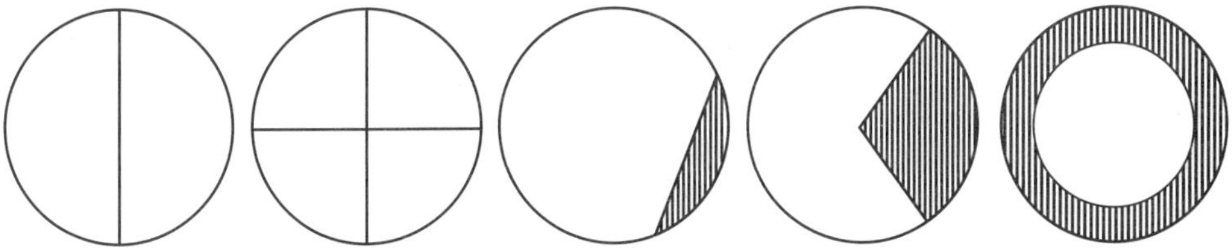

Semicerchi — Quadranti — Segmento circolare — Settore circolare — Corona circolare

Essendo il cerchio equivalente ad un poligono regolare avente come perimetro la circonferenza e per apotema il raggio, si ha:

$$A = \frac{2\pi r \cdot r}{2} = \pi r^2$$

L'*area del cerchio* si trova anche moltiplicando la circonferenza per il raggio e dividendo il prodotto per 2.

$$A = (C \cdot r)/\ 2;\ r = (2 \cdot A)/\ C$$

L'*area della corona* circolare si trova sottraendo dall'area del cerchio maggiore, l'area del cerchio minore.

$$Ac = R^2 \cdot 3,14 - r^2 \cdot 3,14$$

$$\text{oppure } Ac = (R^2 - r^2) \cdot 3,14$$

L'*area di un settore circolare* si ottiene dividendo l'area del cerchio a cui esso appartiene per 360° e moltiplicando il quoziente ottenuto per la ampiezza del corrispondente angolo al centro, espresso in gradi.

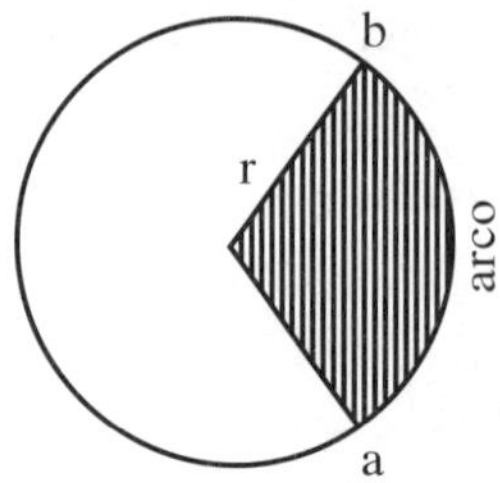

$$As = \frac{3{,}14 \cdot r^2}{360} \cdot \alpha \text{ (ampiezza)}$$

Oppure: lunghezza dell'arco che limita il settore, moltiplicata per la lunghezza del raggio ed il prodotto diviso per 2.

$$As = \frac{\text{arco} \cdot r}{2}$$

L'*ampiezza del settore* (α) si trova moltiplicando l'area del settore per 360 e dividendo il prodotto per l'area del cerchio a cui esso appartiene.

$$\alpha = (As \cdot 360)/A$$

L'*area del segmento circolare* ALB si trova sottraendo dall'area del settore circolare ALBO l'area del triangolo isoscele AOB.

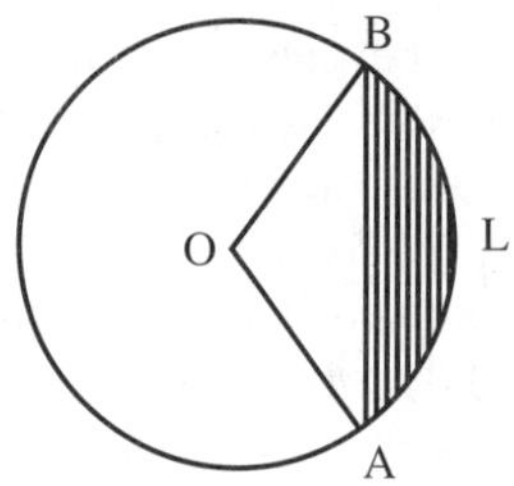

Per trovare la *lunghezza dell'arco* (L) si moltiplica il raggio per 6,28, quindi si divide il prodotto ottenuto per 360 e si moltiplica il quoziente per l'ampiezza dell'arco espressa in gradi.

$$L = \frac{r \cdot 6{,}28}{360} \cdot \alpha \text{ (ampiezza)}$$

RIEPILOGO: POLIGONO E RISPETTIVE FORMULE		
POLIGONO	**PERIMETRO**	**AREA**
triangolo	$l_1 + l_2 + l_3$	$\frac{b \cdot h}{2}$
trapezio	B + b + 2l	$\frac{(B+b)}{2} \cdot h$
romboide	$2(l_1 + l_2)$	$b \cdot h$
rettangolo	$2(b_1 + h_2)$	$b \cdot h$
quadrato	$l \cdot 4$	l^2
rombo	$l \cdot 4$	$\frac{D \cdot d}{2}$
poligono regolare con numero n di lati	$l \cdot n$	$\frac{l \cdot n \cdot ap}{2}$
cerchio	$2\pi \cdot r$	$\frac{C \cdot r}{2}$

4.19 Applicazione dell'algebra alla geometria

4.19.1 Introduzione

Ogni grandezza ha come misura, rispetto ad una prefissata unità, un determinato numero reale e, viceversa, dato un qualsiasi numero reale esiste sempre, tra le grandezze della specie considerata, una determinata grandezza che ha il numero considerato come misura (rispetto all'unità di misura prestabilita). Si può pertanto affermare che:

La misura è quel numero reale che individua una grandezza

Dunque, sostituendo ad ogni grandezza la sua misura, si possono trasformare le *relazioni geometriche* tra grandezze in *relazioni algebriche* fra le misure delle grandezze.

Questa trasformazione è fondamentale poiché si ottengono i seguenti vantaggi:

1) si possono dimostrare teoremi di geometria molto più facilmente per via algebrica che per via geometrica;
2) si possono determinare le misure di alcuni elementi di una figura per mezzo delle altre misure note della figura in questione;
3) si possono trasformare i problemi geometrici in algebrici e quindi, utilizzando le regole dell'algebra, risolverli in maniera molto più semplice e rapida.

Ai problemi di algebra applicata alla geometria, dopo le varie fasi di ogni problema, si aggiunge spesso un'ulteriore operazione: la costruzione geometrica dei risultati, che deriva da convenienti interpretazioni delle formule risolutive.

4.19.2 Forme algebriche dei teoremi di Pitagora e Euclide

I teoremi di Pitagora ed Euclide, tradotti in termini algebrici, consentono la risoluzione di molti problemi di geometria piana. È pertanto fondamentale la conoscenza della loro *forma* algebrica.

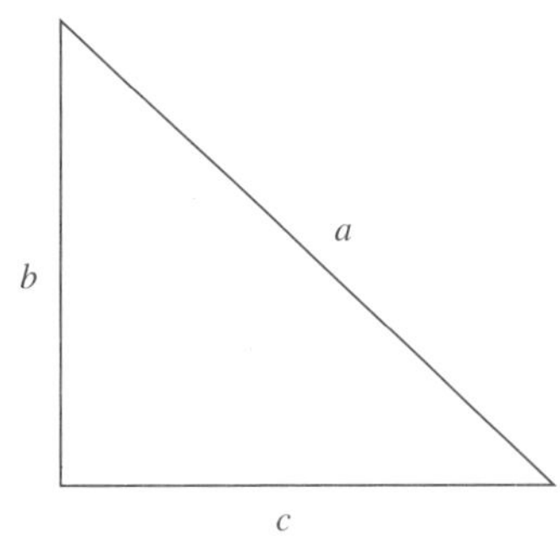

Il **teorema di Pitagora** afferma che: *In un triangolo rettangolo l'area del quadrato costruito sull'ipotenusa è uguale alla somma delle aree dei quadrati costruiti sui cateti.*

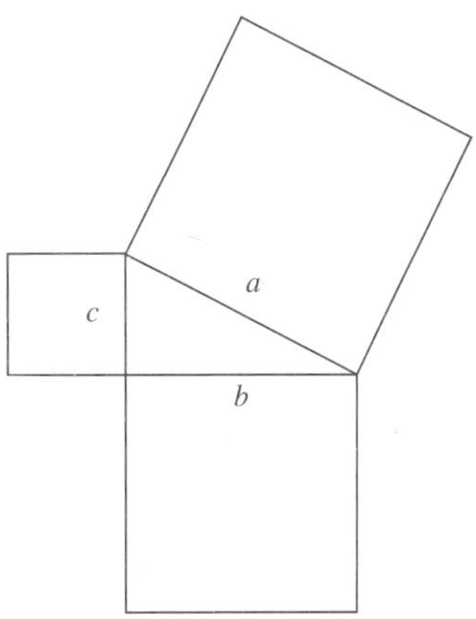

In tali ipotesi esso si traduce nella seguente relazione:

$$a^2 = b^2 + c^2 \qquad (*)$$

In questo modo possiamo, grazie all'algebra, ricavare sia l'ipotenusa che i cateti per mezzo delle formule seguente (ottenute dalla (*)):

$$a = \sqrt{b^2 + c^2}$$

$$b = \sqrt{a^2 - c^2}$$
$$c = \sqrt{a^2 - b^2} \qquad (**)$$

➤ Calcolare la misura di un cateto di un triangolo rettangolo avente l'ipotenusa di 16,9 cm e l'altro cateto di 6,5 cm.
Si applica la seconda relazione delle (**) ponendo a = 16,9 cm e c = 6,5 cm e ricavando b.

$$b = \sqrt{16{,}9^2 - 6{,}5^2} = \sqrt{285{,}61 - 42{,}25} = 15{,}6 \text{ cm}$$

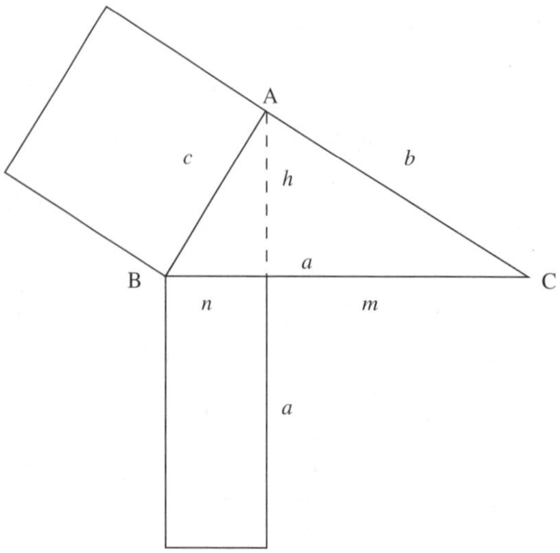

Il **1° teorema di Euclide** afferma che: *In un triangolo rettangolo l'area del quadrato costruito su un cateto è uguale all'area del rettangolo che ha per lati l'ipotenusa e la proiezione sull'ipotenusa di quel cateto.*

Dato un triangolo ABC retto in A, si indicano con a, b e c, le misure, rispettivamente dell'ipotenusa e dei due cateti, mentre con h la misura dell'altezza relativa all'ipotenusa e con m ed n le misure delle rispettive proiezioni sull'ipotenusa dei cateti b e c.

In tali ipotesi il 1° teorema di Euclide, algebricamente, si traduce nelle seguenti relazioni:

$$b^2 = a \cdot m \quad c^2 = a \cdot n$$

da cui è possibile ricavare agevolmente a, b, c, m ed n:

$$b = \sqrt{a \cdot m} \qquad c = \sqrt{a \cdot n} \qquad a = \frac{b^2}{m} = \frac{c^2}{n} \qquad m = \frac{b^2}{a} \qquad n = \frac{c^2}{a}$$

Il **2° teorema di Euclide** afferma che: *In un triangolo rettangolo l'area del quadrato costruito sull'altezza relativa all'ipotenusa è uguale all'area del rettangolo che ha per lati le proiezioni dei cateti sull'ipotenusa.*

Considerando la figura il 2° teorema di Euclide, algebricamente, si trasforma nella seguente relazione:

$$h^2 = m \cdot n$$

e dalla quale ricaviamo le seguenti formule inverse:

$$h=\sqrt{m\cdot n}$$

$$m=\frac{h^2}{n}$$

$$n=\frac{h^2}{m}$$

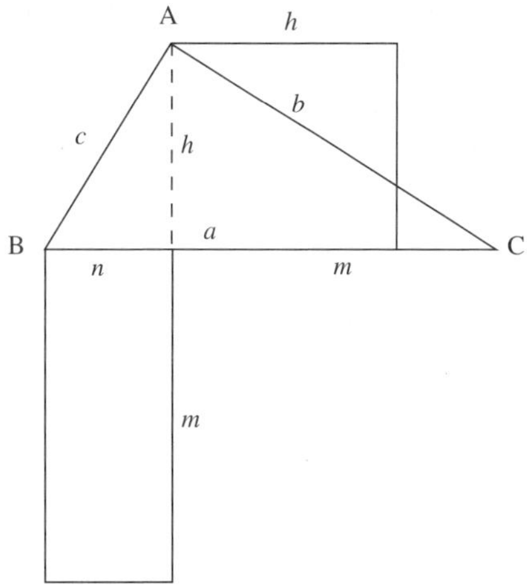

➤ Un triangolo rettangolo ha le proiezioni dei due cateti sull'ipotenusa lunghe l'una 10,8 cm e l'altra 19,2 cm.
Calcolare l'altezza relativa all'ipotenusa.

Applicando il 2° teorema di Euclide abbiamo:

$$\text{h}=\sqrt{10{,}8\cdot 19{,}2}=\sqrt{207{,}36}=14{,}4\ \text{cm}$$

4.19.3 Applicazioni algebriche del teorema di Pitagora

Relazione tra le dimensioni e la diagonale di un rettangolo

Dato il rettangolo ABCD a lato, esso è diviso da una sua diagonale AC in due triangoli uguali. Indicando con *a*, *b* e *d* le misure delle dimensioni base, altezza e diagonali, per il teorema di Pitagora si ha:

$$d=\sqrt{a^2+b^2}$$

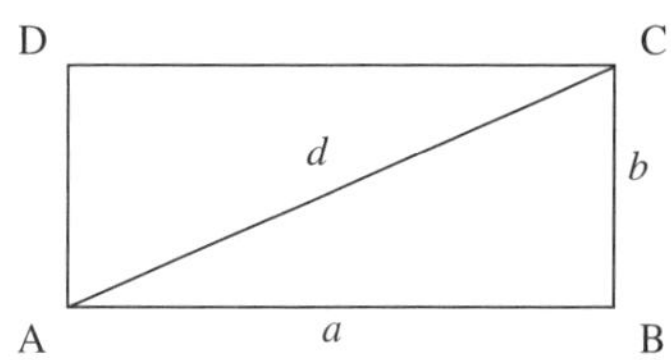

Relazione tra il lato e la diagonale del quadrato

Dato il quadrato ABCD a lato, sia AC una sua diagonale che individua due triangoli rettangoli isosceli uguali. Indicando con l e d, rispettivamente le misure del lato e della diagonale, per il teorema di Pitagora si ha:

$$d=\sqrt{l^2+l^2}=\sqrt{2\cdot l^2}=l\cdot\sqrt{2}$$

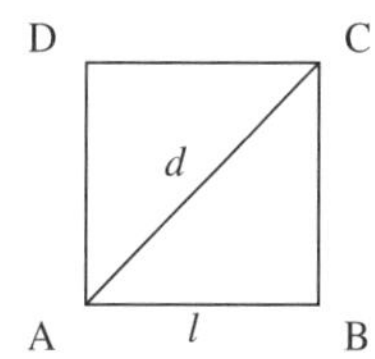

Relazione tra gli elementi del triangolo equilatero

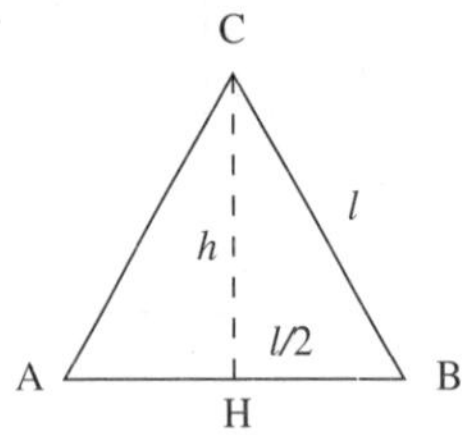

Dato il triangolo equilatero ABC, esso è diviso dall'altezza CH in due triangoli rettangoli uguali. Ciascun triangolo ha come ipotenusa un lato del triangolo equilatero ABC (ad es. CB) e come cateti l'altezza CH e la metà di un altro lato del triangolo ABC (ad es. HB). Indicando con l la misura di un lato del triangolo ABC e con h la misura dell'altezza, applicando il teorema di Pitagora ad uno dei due triangoli rettangoli (ad es. BHC), si ottiene:

$$h=\sqrt{l^2-\left(\frac{l}{2}\right)^2}=\sqrt{l^2-\frac{l^2}{4}}=\sqrt{\frac{3\cdot l^2}{4}}=l\cdot\frac{\sqrt{3}}{2}$$

In base alla suddetta relazione è possibile ricavare anche l'area del triangolo equilatero tenendo presente che:

$$A=\frac{b\cdot h}{2}=\frac{l}{2}\cdot l\cdot\frac{\sqrt{3}}{2}=\frac{l^2\cdot\sqrt{3}}{4}$$

Relazione tra lato e diagonali del rombo

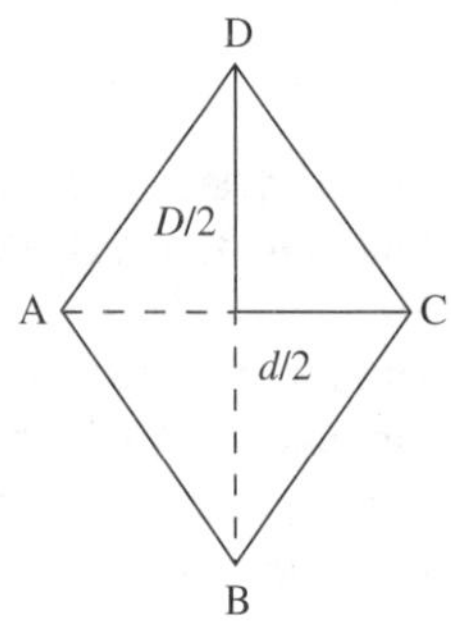

Dato il rombo ABCD a lato, le diagonali AC (*d*) e BD (*D*), lo dividono in quattro triangoli rettangoli uguali, ciascuno dei quali ha come ipotenusa un lato (del rombo) e come cateti la metà delle diagonali (*D/2* e *d/2*). Ne consegue che, note le misure delle due diagonali, oppure di una diagonale e del lato, applicando il teorema di Pitagora è possibile ricavare la terza misura incognita.

Relazioni tra gli elementi dei trapezi rettangolo e isoscele

Dato il trapezio rettangolo ABCD a lato, conducendo l'altezza CH si ottiene un triangolo rettangolo CHB che ha per ipotenusa il lato obliquo CB e per cateti l'altezza CH e la differenza delle due basi del trapezio.

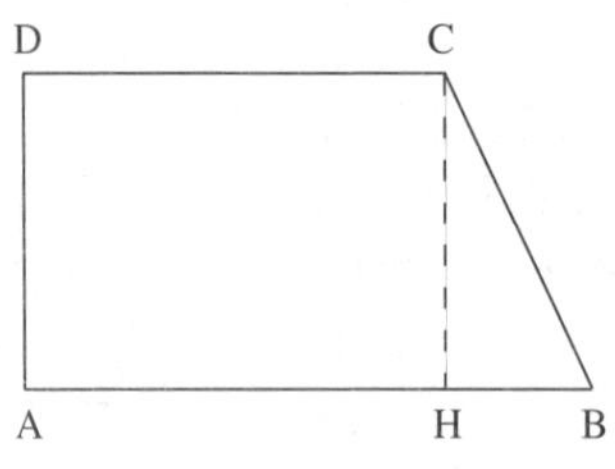

Applicando il teorema di Pitagora, si ottiene una relazione tra le misure di questi tre elementi, lato obliquo, altezza e differenza delle basi, che consente, note due di esse, di calcolare la terza.

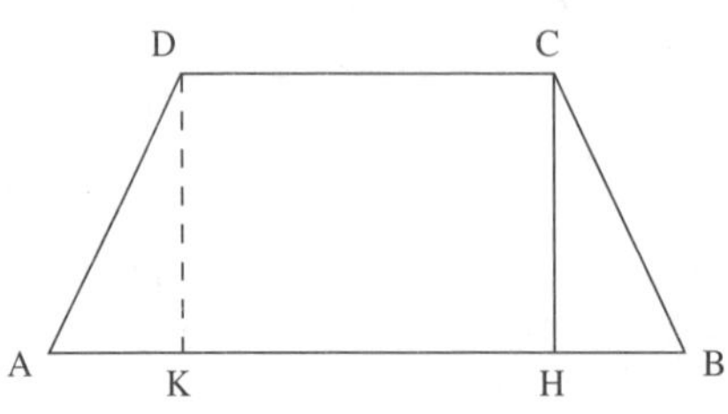

Si consideri adesso il trapezio isoscele ABCD a lato, conducendo le due altezza CH e DK si hanno due triangoli rettangoli uguali. Ognuno dei suddetti triangoli, ad esempio CHB, ha come ipotenusa un lato obliquo e come cateti l'altezza CH e la metà della differenza tra le due basi del trapezio (cioè HB = AK = (AB – DC)/2). Applicando il teorema di Pitagora si ottiene una relazione tra queste tre grandezze e, note due di esse, è possibile ricavare facilmente la terza.

		A	B	C	D
1	**Che cos'è il baricentro di un triangolo?**	Il punto in cui si incontrano le sue mediane	Il punto in cui si incontrano le sue altezze	Uno dei tre vertici	Il centro della circonferenza circoscritta al triangolo
2	**Con tre segmenti lunghi 16 cm, 12 cm e 20 cm:**	Si può costruire un triangolo ottusangolo	Si può costruire un triangolo rettangolo	Si può costruire un triangolo acutangolo	Non si può costruire un triangolo
3	**Due angoli si dicono complementari se:**	La loro somma misura 90°	La loro differenza misura 180°	La loro somma misura 180°	La loro somma misura 2π
4	**Dato un quadrato di lato 12 cm, si costruisce un nuovo quadrato avente per vertici i punti medi del precedente quadrato. Quanto vale il perimetro del nuovo quadrato?**	$24\sqrt{2}$ cm	24 cm	36 cm	32 cm
5	**Detta u l'unità di misura delle lunghezze, si sa che il segmento $\overline{AB}$ misura 12u, il segmento $\overline{CD}$ misura 8u e il segmento $\overline{EF}$ misura 6u. Il segmento $\overline{GH}$ = (3/4)$\overline{AB}$ – (1/2) $\overline{CD}$ + $\overline{EF}$ misura**	11u	18u	19u	10u
6	**Due rette parallele, tagliate da una trasversale, formano angoli:**	Alterni esterni congruenti	Alterni interni supplementari	Coniugati interni congruenti	Corrispondenti complementari
7	**La somma degli angoli interni di un pentagono è:**	180°	540°	360°	210°
8	**Quando una retta è secante a una circonferenza?**	Quando non ha alcun punto in comune con la circonferenza	Quando ha due punti in comune con la circonferenza	Quando ha un punto in comune con la circonferenza	Quando è esterna alla circonferenza
9	**Come si chiama la porzione di piano compresa tra due circonferenze concentriche?**	Corona circolare	Settore circolare	Semicerchio	Segmento circolare
10	**La formula di Erone consente di trovare l'area di un triangolo:**	note la sua base e la sua altezza	noti i suoi lati	dividendo per 2 il prodotto della misura della base per l'altezza	note le tre altezze del triangolo

Soluzioni: 1.A, 2.B, 3.A, 4.A, 5.A, 6.A, 7.B, 8.B, 9.A, 10.B

Capitolo 1
Biologia

1.1 Biologia

La **biologia** è la scienza che studia la vita (dal greco *bios* = vita). La lotta biologica consiste nell'usare animali antagonisti per contrastare la specie dannosa.

1.1.1 Gli organismi viventi

Per noi è naturale e spontaneo affermare che una pianta, un uccello, una pantera, un'ape, un uomo sono esseri viventi, mentre le rocce non lo sono. Nonostante la diversità esistente tra loro, gli esseri viventi condividono una serie di caratteristiche che li contraddistinguono. Infatti tutti gli esseri viventi:

- **sono composti da cellule** – le cellule sono i componenti di base di tutte le strutture viventi. Alcuni organismi sono costituiti da singole cellule, come i batteri, altri da molte cellule, come l'uomo;
- **richiedono energia** – i sistemi viventi traggono energia (sotto vari tipi di forme) dal loro ambiente e la utilizzano per convertirla in una forma che è caratteristica al proprio organismo, cioè adatta al loro metabolismo;
- **si riproducono** – tutti gli organismi viventi si riproducono in modo sessuato o asessuato;
- **mostrano ereditarietà** – gli organismi viventi ereditano tratti dagli "organismi-genitori" che li hanno creati. Questo meccanismo è detto ereditarietà;
- **rispondono all'ambiente** – tutti gli organismi viventi rispondono agli stimoli dell'ambiente in cui vivono;
- **mantengono l'omeostasi** – tutti gli esseri viventi mantengono uno stato di equilibrio interno, caratteristica detta omeostasi;
- **si evolvono e si adattano** – tutti gli organismi viventi si evolvono e si adattano al proprio ambiente.

* Ricordiamo che i virus non sono considerati organismi viventi dato che non sono in grado di moltiplicarsi autonomamente, ma per farlo necessitano di dover infettare una cellula.

Caratteristiche della cellula

Le cellule possono essere di dimensioni e forme molto diverse. Alcune sono piccole, come alcune cellule batteriche di forma cilindrica che hanno una lunghezza di meno di un micrometro (mm, un milionesimo di metro); altre, come le cellule nervose, che hanno forme molto complesse, possono raggiungere anche diversi metri di lunghezza data la presenza di lunghi prolungamenti citoplasmatici.

Tutte le cellule sono delimitate da una membrana cellulare o membrana plasmatica. La maggior parte delle cellule vegetali ha solitamente forma poliedrica, un diametro compreso tra i 20 e i 30 mm ed è delimitata da pareti cellulari rigide. Le cellule dei tessuti animali hanno forma estremamente varia, a seconda del tipo e della funzione (possono essere sferiche, dai contorni irregolari, stellate, poliedriche, cubiche, cilindriche ecc.). Il loro diametro è compreso fra i 10 e i 20 mm e la loro superficie può non essere regolare.

Vedremo più avanti che esistono due tipi di cellule: la cellula *procariotica* e la cellula *eucariotica.*

1.1.2 La chimica della cellula

Nozioni di chimica generale

La materia è costituita da **atomi**, che sono formati da un nucleo centrale, dove sono presenti i **protoni** (carichi positivamente) ed i **neutroni** (senza carica), e da una zona intorno al nucleo, dove sono collocati gli **elettroni** (carichi negativamente). Ogni atomo è caratterizzato da un **numero atomico**, cioè dal numero di protoni che corrisponde al numero degli elettroni, e da un **peso atomico**, cioè dalla somma dei protoni e dei neutroni.

Il comportamento chimico di un atomo è determinato dal numero e dalla distribuzione degli elettroni intorno al nucleo. Gli elettroni si dispongono intorno al nucleo su dei livelli energetici, tenendo presente che gli elettroni più vicini al nucleo hanno meno energia di quelli più lontani e sono, quindi, ad un livello di energia più basso. Un elettrone, per stabilità, tende ad occupare il livello libero più basso di energia, ma può essere "spinto" ad un livello di energia più alto. Un atomo ha la massima stabilità quando tutti i suoi elettroni occupano i livelli energetici più bassi e quando questi livelli sono completamente occupati da elettroni. Le reazioni chimiche tra gli atomi sono il risultato della tendenza degli atomi stessi a raggiungere la configurazione elettronica più stabile possibile.

Quando due o più atomi si combinano chimicamente, si formano unità dette **molecole**; gli atomi sono tenuti insieme da legami chimici. I legami chimici più comuni sono quello covalente e quello ionico. Nei **legami covalenti**, coppie di elettroni vengono condivise da atomi; talvolta la distribuzione della carica non è uguale tra gli elementi, per cui si creerà una molecola con un polo positivo e uno negativo ed il composto diventa un dipolo. I **legami ionici** invece si ottengono in seguito alla perdita o all'acquisto da parte degli atomi di elettroni, per cui questi atomi acquistano una carica diventando o ioni positivi (se hanno perso l'elettrone) o ioni negativi (se hanno acquistato l'elettrone); il legame è quindi l'attrazione elettrostatica che si esercita tra ioni di carica opposta nei reticoli cristallini.

Gli **esseri viventi** sono costituiti per lo più da sei elementi naturali che da soli rappresentano il 99% circa di tutta la sostanza vivente. Questi elementi sono: carbonio (C), idrogeno (H), azoto (N), ossigeno (O), fosforo (P) e zolfo (S). Gli atomi di questi elementi raggiungono la loro stabilità legandosi fra loro e dando origine a molecole complesse che caratterizzano i sistemi viventi.

L'**acqua** è l'elemento essenziale ed il principale componente in peso di tutti gli esseri viventi. Una molecola di acqua è costituita da due atomi di H ed uno di O, tenuti insieme da legami covalenti. Essendo l'ossigeno più elettronegativo (l'**elettronegatività** è la capacità con cui un atomo attira a sé gli elettroni) dell'H, nella molecola di acqua si addensa una parziale carica negativa intorno all'O ed una positiva intorno agli atomi di idrogeno. Ogni molecola di acqua risulta perciò un piccolo dipolo elettrico, avente la capacità di legarsi con altre molecole mediante legami idrogeno. La polarità conferisce alle molecole di acqua la capacità di legarsi ad altre sostanze polari; inoltre la rende un ottimo solvente per ioni e molecole polari. L'acqua può trovarsi sotto forma solida (ghiaccio), liquida e di vapore. L'acqua ha una leggera tendenza a ionizzarsi, cioè a formare ioni H (idrogeno) positivi e ioni OH (ossidrili) negativi. Nell'acqua pura il numero di tali ioni è uguale; quando prevale il numero degli ioni positivi, allora la soluzione è detta acida, nel caso opposto è detta basica. Esiste un fattore che permette di esprimere questo rapporto tra i due tipi di ioni ed è il **pH**. La scala di pH assume valori dallo 0 a 14: la soluzione è acida tra 0 e 6, tra 8 e 14 è basica, a 7 è neutra. Quasi tutte le reazioni chimiche dei sistemi viventi hanno luogo entro limiti ristretti di pH, intorno alla neutralità.

Le molecole organiche

La chimica degli organismi viventi è detta **chimica organica**, cioè la chimica dei composti del carbonio, in quanto tutti gli esseri viventi sono formati da molecole che contengono atomi di carbonio. In tutti gli esseri viventi è possibile trovare quattro tipi fondamentali di molecole contenenti carbonio. Queste molecole biologiche sono i carboidrati, i lipidi, le proteine e gli acidi nucleici.

- I **carboidrati** sono costituiti da carbonio, idrogeno, ossigeno ed hanno la seguente formula grezza $(CH_2O)_n$. Sono molto diffusi negli organismi viventi, nei quali hanno ruolo sia strutturale che funzionale: sono infatti componenti delle membrane cellulari, degli acidi nucleici (DNA, RNA) e rappresentano la fonte primaria dell'energia necessaria ai processi biologici. I carboidrati vengono suddivisi in tre gruppi principali: monosaccaridi, disaccaridi e polisaccaridi. I **monosaccaridi** sono costituiti da brevi catene di atomi di carbonio. Il più importante monosaccaride è il **glucosio** che viene prodotto dalle piante verdi per fotosintesi e usato dagli organismi viventi come fonte di energia, dopo averlo ossidato e scisso in anidride carbonica e acqua. I **disaccaridi** sono formati da due unità monosaccaridiche e ne sono un esempio il saccarosio ed il maltosio. I **polisaccaridi**, come il glicogeno e l'amido, contengono molte unità monosaccaridiche legate tra loro. L'amido è costituito da molte molecole di glucosio ed è presente soprattutto nelle cellule vegetali come materiale di riserva, mentre negli animali c'è il glicogeno con struttura molto simile a quella dell'amido.
- I **lipidi** sono costituiti anch'essi da C, H, O. Una delle loro proprietà è quella di risultare insolubili in acqua, ma solubili nei comuni solventi organici apolari, come acetone, benzene e cloroformio. Nelle cellule viventi svolgono due funzioni fondamentali: sono costituenti essenziali delle membrane e sono materiali di riserva.
- Le **proteine** sono dei polimeri naturali formati da un gran numero di monomeri, gli **amminoacidi**. Un amminoacido è costituito da un atomo di C unito ad un gruppo carbossilico –COOH, ad un gruppo amminico $-NH_2$, ad un atomo di H e ad un gruppo o catena laterale definito R, che varia a seconda dei composti.
- Gli **acidi nucleici** sono molecole organiche di due tipi: DNA (acido desossiribonucleico) e RNA (acido ribonucleico), di cui parleremo in seguito. Si tratta di polimeri formati dalla successione di unità dette **nucleotidi;** un nucleotide è formato da uno zucchero a 5 atomo di carbonio, da una base azotata e da un gruppo fosfato. Lo zucchero è il desossiribo-

sio nel DNA ed il ribosio nell'RNA; per quanto riguarda le basi azotate adenina, citosina e guanina sono presenti in entrambi i tipi di acido nucleico, mentre come quarta base nel DNA è presente la timina e nell'RNA l'uracile. Il DNA è formato da due filamenti avvolti a formare una **doppia elica** (scoperta da Watson e Crick nel 1953). L'RNA è a singolo filamento.

Per quanto riguarda il ruolo biologico degli acidi nucleici:

- il DNA è il depositario dell'informazione genetica ed attraverso esso tale informazione viene trasmessa da una generazione all'altra;
- esistono tre tipi principali di RNA e precisamente: l'RNA messaggero (lineare) che funge da mediatore e porta l'informazione per la sintesi proteica, l'RNA ribosomale che costituisce i ribosomi e l'RNA di trasferimento (a forma di trifoglio) che veicola gli amminoacidi durante la sintesi proteica.

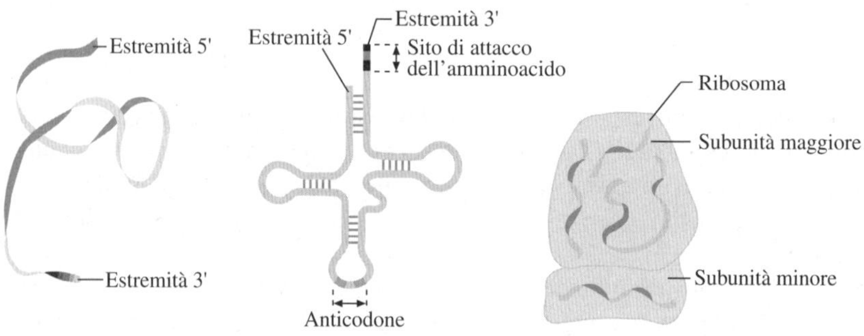

RNA messaggero (m-RNA) — RNA transfer (t-RNA) — RNA ribosomiale (r-RNA)

– **Le vitamine** sono composti organici indispensabili per le attività biologiche degli esseri viventi. Esse devono necessariamente essere introdotte con gli alimenti in quanto non possono essere sintetizzate dall'organismo. Le vitamine sono dei principi regolatori la cui carenza, come anche un eccesso, può determinare gravi danni all'organismo. Si dividono in liposolubili (vitamine A, D, E, K) e idrosolubili (vitamine B e C). Non si conoscono tutti i ruoli biochimici svolti, ma alcune servono a prevenire semplici disturbi (es. influenza), altre persino il cancro Si possono distinguere, tra le malattie, un'avitaminosi (mancanza di vitamine, dovuta ad un insufficiente apporto alimentare) e una disvitaminosi (incapacità dell'organismo di assimilare le proteine ingerite).

Occorre Sapere

Le **proteine** sono polimeri di amminoacidi.
La **frutta** e gli **ortaggi** sono la miglior **fonte di acqua**; è importante mangiare frutta e verdure perché sono ricche di vitamine e sali minerali. Sono alimenti regolatori o protettivi per il corpo umano.
La **vitamina A** si trova in frutta e ortaggi e serve al corpo umano per la pelle, i capelli, la vista.
La **vitamina D** serve al corpo umano per le ossa e i denti. Essa favorisce l'assorbimento intestinale di calcio.
La **vitamina K** si trova in spinaci e cavolfiori; essa interagisce nel processo di coagulazione sanguigna.
Sono **alimenti energetici** per il corpo umano **zuccheri**, **cereali** e **grassi**.
Sono **alimenti plastici** per il corpo umano **carne**, **pesce** e **latte**.
Le **patate** contengono principalmente amido.

1.1.3 Cellula procariotica
Le **cellule procariotiche** sono tipiche degli archeobatteri (anche se gli archeobatteri sono da alcuni considerati a metà tra procarioti ed eucarioti, presentando anche delle caratteristiche degli eucarioti), degli eubatteri e delle alghe azzurre. Esse sono relativamente piccole (con un diametro generalmente compreso fra 1 e 5 mm) ed hanno una struttura interna alquanto semplice; il loro DNA (molecola circolare) si trova concentrato in una regione del citoplasma, nucleoide, senza essere delimitato da alcuna membrana. Sono prive di organuli, ad eccezione dei ribosomi, preposti alla sintesi delle proteine. Le funzioni cellulari sono comunque effettuate da complessi enzimatici analoghi a quelli delle cellule eucariotiche. Esternamente alla membrana plasmatica i batteri presentano una parete, che è però diversa dalla parete delle cellule vegetali. Sono inoltre presenti delle appendici, tra cui i flagelli differenti comunque dai flagelli eucariotici. Gli organismi formati da cellule procariotiche sono detti **procarioti**.

1.1.4 Cellula eucariotica
Le **cellule eucariotiche** costituiscono tutti gli altri organismi viventi (i protisti, le piante, i funghi e gli animali) e sono molto più grandi (solitamente il loro asse maggiore è compreso fra i 10 e i 50 μm); in esse il DNA è racchiuso da un involucro nucleare, formando così un particolare organulo chiamato **nucleo**. Queste cellule possiedono **organuli** immersi nel citoplasma, ognuno deputato a svolgere una particolare funzione. Gli organismi formati da cellule eucariotiche sono detti **eucarioti**.
Cominciamo ora ad analizzare la membrana plasmatica, il citoplasma e i vari organuli presenti nella cellula.

Membrana cellulare
Una sottile membrana, denominata membrana plasmatica, costituisce una barriera fra l'ambiente intracellulare e quello extracellulare. Il modello oggi accettato per le membrane è il **modello a mosaico fluido**, che vede la membrana costituita da un mosaico di proteine immerse in un doppio strato lipidico; quindi la struttura non è vista come una struttura rigida ma come una struttura in cui a lipidi e proteine è consentito un certo movimento. La membrana

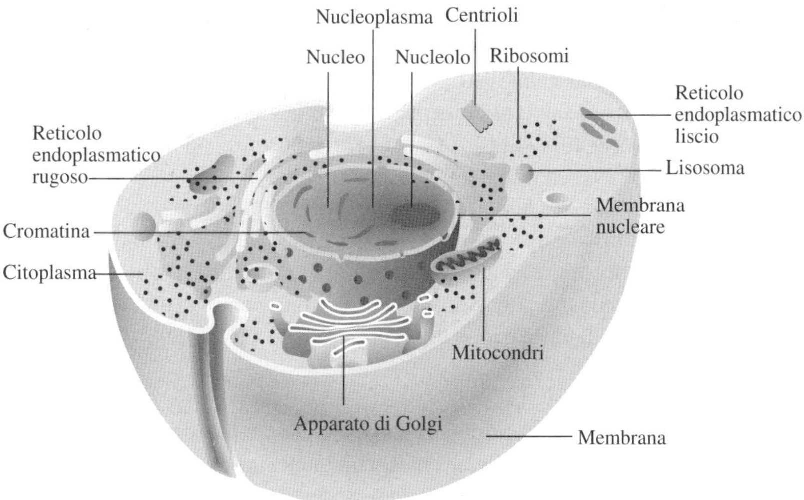

funziona da barriera selettiva, regolando l'entrata e l'uscita delle sostanze. Un altro sistema per operare scambi fra l'ambiente intracellulare e quello extracellulare comporta la presenza di vescicole membranose che si fondono o si distaccano dalla membrana plasmatica; questo meccanismo permette, in particolare nelle cellule animali, di trasportare attraverso la membrana plasmatica macromolecole e particelle di grandi dimensioni, sia dall'interno all'esterno, sia in direzione opposta.

Nucleo

Il nucleo nelle cellule eucariotiche esiste come struttura ben definita in quanto delimitata da un **involucro nucleare** (doppia membrana) e gli scambi sono consentiti solo attraverso i pori nucleari. Nel nucleo è contenuta l'informazione genetica dell'organismo all'interno di molecole di DNA. Il DNA, date le dimensioni, è associato con proteine a formare la cromatina che mostra gradi di condensazione differente in relazione allo stato funzionale (eucromatina, tratti di DNA decondensati perché in attiva trascrizione; eterocromatina, tratti non trascritti e quindi più condensati) ed alla fase del ciclo cellulare (i cromosomi metafasici manifestano la maggiore condensazione).

Citoplasma

L'intero volume della cellula, con esclusione del nucleo, è occupato dal citoplasma. La porzione acquosa è denominata **citosol**. Esso è il sito di molte funzioni importanti ai fini del mantenimento della cellula, compresi i primi stadi della demolizione delle molecole introdotte sotto forma di alimenti e la sintesi di numerose macromolecole che sono le unità costitutive della cellula. Nel citoplasma sono riconoscibili diversi organuli: mitocondri, ribosomi, reticolo endoplasmatico liscio e rugoso, complesso del Golgi, lisosomi, ribosomi, microtubuli e microfilamenti.

- I **mitocondri** sono organelli citoplasmatici, a forma di fagiolo, rivestiti da una doppia membrana, di cui quella interna si ripiega formando numerosi setti, chiamati creste. I mitocondri sono la sede della conversione dell'energia chimica, contenuta negli alimenti, in energia cellulare, ATP. Queste reazioni costituiscono il processo di "respirazione cellulare".
- Il **reticolo endoplasmatico** è un vasto sistema di endomembrane, costituito da sacchi appiattiti, le cisterne, tubuli e vescicole.
- I **ribosomi** sono minuscoli organelli sferici del diametro di circa 30 nm che risultano costituiti da due subunità a diverso peso molecolare. Queste subunità sono la sede del processo di sintesi proteica, in quanto attraverso esse scorrerà l'RNA messaggero e mediante il processo di traduzione si avrà la formazione della catena polipeptidica.
- L'**apparato** o **complesso del Golgi** è stato scoperto da Camillo Golgi. Al microscopio elettronico risulta costituito da sacche membranose appiattite (cisterne), disposte l'una sull'altra, da cui si staccano delle vescicole, capaci di trasportare proteine prodotte dal reticolo endoplasmatico, fino ad arrivare alla membrana plasmatica con cui si fondono, riversando all'esterno il loro contenuto, oppure ad altre destinazioni.con struttura e forma variabili. Nei protozoi i lisosomi svolgono la funzione digestiva primaria, mentre negli organismi pluricellulari sono responsabili della distruzione di corpi estranei e vecchi della cellula.

Citoscheletro

Un sistema di filamenti proteici, denominato citoscheletro, è presente nel citosol di tutte le cellule animali e vegetali. Nelle cellule animali, che mancano di una parete cellulare rigida, questo sistema ha un'importanza particolare, in quanto contribuisce a mantenere la struttura e la forma della cellula. Il citoscheletro fornisce un'impalcatura per l'organizzazione interna della cellula ed un punto di ancoraggio per organuli ed enzimi. Esso permette, inoltre, alla cellula di compiere alcuni movimenti e, all'occasione, di cambiare forma.

Plastidi

I cloroplasti, sede della fotosintesi, sono il principale esempio di una vasta classe di organuli, detti **plastidi**.

Parete cellulare

È una struttura che si trova all'esterno della membrana citoplasmatica; i componenti principali della parete sono: cellulosa (polimero composto da molecole di glucosio), lipidi, proteine, pectina, emicellulosa. La parete conferisce turgore cellulare, cioè costituisce una sorta di sostegno meccanico per la cellula; rappresenta una protezione dall'ambiente esterno; regola l'apertura degli stomi.

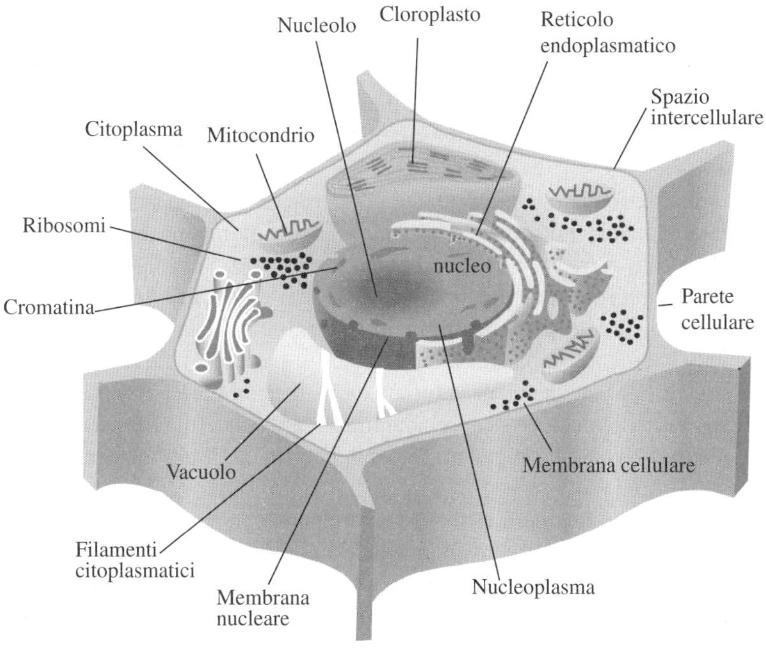

Vacuolo

È un organo delimitato da una membrana, detta tonoplasto. Nelle cellule vegetali in genere c'è un unico grande vacuolo centrale, che può arrivare ad occupare il 95% del volume cellulare. Le funzioni del vacuolo sono le seguenti:

- digestione di sostanze
- riserva, come deposito
- mantenimento della pressione di turgore tipica dei tessuti vegetali non appassiti.

1.1.5 Il metabolismo cellulare

Il metabolismo può essere suddiviso in: **catabolismo** (tutti i processi che rilasciano energia per degradazione di molecole più grandi in componenti più piccoli) ed **anabolismo** (tutti i processi di sintesi di molecole complesse a partire dai componenti più semplici).

Le reazioni metaboliche

Sono reazioni che comportano un acquisto o un rilascio di energia e si dividono in due tipi principali: endoergoniche (quando, per avvenire, richiedono energia) ed esoergoniche (quando liberano energia). Molte reazioni metaboliche sono endoergoniche (es. sintesi proteica), per cui per avvenire bisogna che siano accoppiate a reazioni che liberano energia. In questo caso si parla di reazioni accoppiate.

La respirazione cellulare

Le cellule degli esseri viventi usano particolari reazioni chimiche come fonte di energia. Solo gli organismi fotosintetici hanno la capacità di sfruttare l'energia luminosa e sintetizzare molecole organiche, che saranno l'unica fonte di energia chimica per tutti gli altri organismi. L'energia chimica contenuta nelle molecole organiche degli alimenti viene liberata attraverso reazioni di ossidazione, altamente esoergoniche, in un processo che prende il nome di **respirazione**. La respirazione può essere ***aerobica*** (quando avviene in presenza di ossigeno) ed ***anaerobica*** (quando avviene in sua assenza ed è detta **fermentazione**).

La fotosintesi

Si tratta di un processo metabolico importante per permettere la vita sulla Terra. È un processo effettuato da organismi autotrofi, cioè organismi capaci di organicare le sostanze inorganiche, in particolare convertire l'anidride carbonica in glucosio. Si svolge in un organello tipico delle cellule vegetali fotosintetiche, il cloroplasto, e presenta due fasi:

- la **fase luminosa (luce-dipendente)** libera ossigeno molecolare e produce molecole ad alto contenuto energetico di ATP e NADPH (riserva di energia). Le reazioni sono innescate dall'energia luminosa, che viene catturata da idonei complessi di captazione e poi incanalata verso i fotosistemi, dove l'energia luminosa sarà convertita in energia chimica. Ruolo fondamentale è svolto dai pigmenti fotosintetici, tra cui il più importante è la **clorofilla**.
- la **fase oscura** (o **luce-indipendente)** produce glucosio, a partire dall'anidride carbonica e non necessita della luce. La conversione dell'anidride carbonica in glucosio si ha in un ciclo di reazioni, detto ciclo di Calvin, dove avverranno delle reazioni chimiche non spontanee e, quindi, endoergoniche: saranno proprio le molecole di ATP e NADPH, prodotte nella fase luminosa della fotosintesi, a permettere tali reazioni. In tal modo si ha la fissazione o organicazione dell'anidride carbonica.

Gli organismi in grado di sintetizzare composti organici complessi a partire da materiali inorganici semplici sono detti **autotrofi**; quelli in grado di farlo sono detti **eterotrofi**.

1.1.6 La mitosi

È un processo attraverso il quale una cellula madre si divide in due cellule figlie e ciascuna di esse riceve lo stesso numero e lo stesso tipo di cromosomi della cellula madre. In questo modo una cellula diploide con la mitosi produce due cellule diploidi.

1.1.7 La meiosi

Riguarda la riproduzione sessuata ed interessa solo le cellule germinali (quindi la produzione di gameti). Essa consiste di due divisioni, precedute da una sola duplicazione del DNA: la prima divisione meiotica in cui, dopo la duplicazione del DNA, si verifica la segregazione dei cromosomi omologhi, uno di origine paterna e l'altra di origine materna; la seconda divisione meiotica, dal punto di vista morfologico identica ad una mitosi, in cui i cromatidi fratelli si dividono in cellule figlie. Il risultato è la produzione di quattro cellule aploidi, aventi la metà del patrimonio genetico di quella di partenza.

1.2 Genetica

La genetica è la scienza che studia i caratteri ereditari, la loro trasmissione, nonché la loro variabilità.

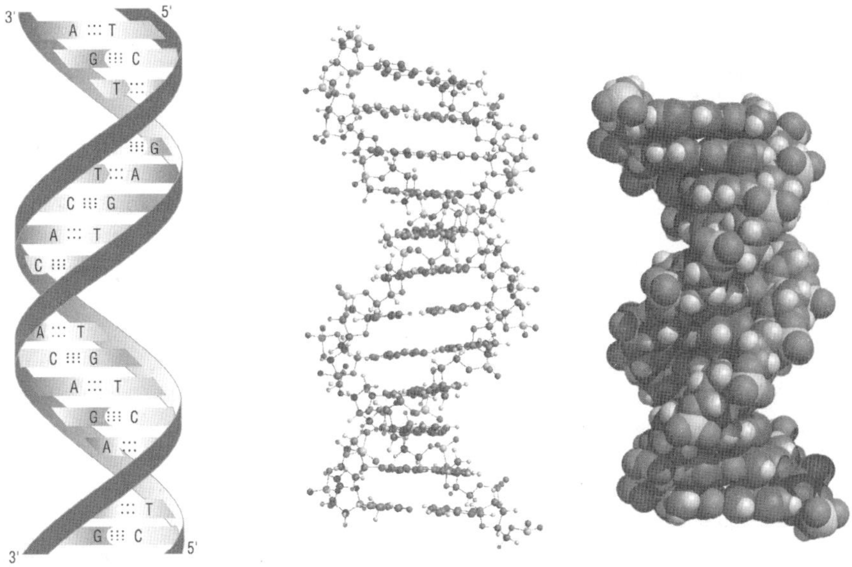

Diversi modi di rappresentare la doppia elica del DNA.

Cromosomi ed eredità

Il padre della genetica è considerato l'abate **Gregor Mendel**, che si dedicò verso la fine dell'Ottocento agli studi su piante di pisello, scoprendo le leggi che regolano la trasmissione dei caratteri ereditari. Ad esempio incrociando piante di pisello a fiori viola con quelle a fiori bianchi, notò che la prima generazione era tutta a fiori viola. Ma effettuando incroci tra individui della prima generazione, poté osservare che la seconda generazione era costituita per il 75% da piante a fiori viola e il 25% da piante a fiori bianchi. Mendel interpretò questi esperimenti dicendo che il carattere viola è dominante rispetto al carattere bianco recessivo. Mendel intuì che il carattere del colore dei fiori è controllato da un fattore, oggi chiamato **gene**, che si trova su un determinato cromosoma (in un sito detto locus) di ciascun genitore, e possiede due varianti o forme alternative dette **alleli**. Conclusa la prima serie di esperimenti sulla trasmissione di un solo carattere, Mendel si preoccupò di studiare la trasmissione contemporanea di due caratteri. In questi nuovi studi egli giunse alla conclusione che i caratteri si trasmettono nella progenie uno indipendentemente dall'altro. A questi studi seguirono le seguenti leggi.

Le leggi di Mendel

- **Principio della dominanza.** In un eterozigote un allele (detto *dominante*) può mascherare la presenza di un altro (detto *recessivo*).
- **Principio della segregazione.** Due membri di una coppia genica (gli alleli) segregano (si separano) l'uno dall'altro durante la formazione dei gameti.
- **Principio dell'assortimento indipendente.** Gli alleli di geni differenti assortiscono indipendentemente l'uno dall'altro durante la formazione dei gameti.

Genotipo e fenotipo

Il **genotipo** è la costituzione genetica di un organismo. Invece il **fenotipo** di un organismo è la manifestazione visibile o comunque evidenziabile di un carattere genetico ed è determinato dal genotipo, dall'azione di altri geni e dall'interazione con l'ambiente. Il colore dei capelli di un individuo risponde a delle precise regole di trasmissione dei caratteri e dipende dalla coppia di geni che controllano questo carattere (i due geni della coppia prendono il nome di alleli); l'individuo riceve questi geni dai genitori, uno per ogni genitore, attraverso i gameti al momento della fecondazione. Se i due alleli, per un determinato carattere, sono uguali, allora l'individuo si dice **omozigote**, nel caso contrario prende il nome di **eterozigote**. In un individuo eterozigote un allele, quello dominante, può mascherare l'espressione dell'altro allele, quello recessivo. Gli alleli vengono indicati con le lettere dell'alfabeto, usando la stessa lettera per gli alleli che fanno parte della stessa coppia di geni; all'allele dominante viene data la lettera maiuscola.

Cariotipo

È l'insieme di tutti i cromosomi contenuti in una cellula di un organismo. È possibile conoscere il cariotipo di ciascun individuo; nel caso dell'uomo lo si può ottenere isolando globuli bianchi dal sangue, sottoponendoli a mitosi, bloccando la loro divisione alla metafase. Solo a questo punto si possono colorare i cromosomi con sostanze appropriate e fotografarli. I cromosomi si presentano disposti a coppie e quelli di una stessa coppia si chiamano omologhi; in questo caso presentano lo stesso aspetto e hanno informazioni per gli stessi caratteri. Uno di essi è di origine materna e uno paterna. Ogni specie ha un suo numero specifico di cromosomi che viene indicato con 2n, in quanto i cromosomi sono disposti a coppie. L'uomo ha 46 cromosomi, quindi 23 coppie, queste vengono opportunamente numerate e la coppia numero 23 è quella dei **cromosomi sessuali**: nel caso di un maschio i due cromosomi omologhi saranno diversi, XY; nel caso di una femmina invece saranno uguali, XX.

Il genoma umano

Il termine genoma definisce l'insieme di tutto il materiale genetico di un organismo vivente. Il genoma umano comprende il DNA del nucleo e quello dei mitocondri ed attualmente è composto da circa 32.000-37.000 geni, localizzati su 23 coppie di cromosomi presenti nel nucleo di ciascuna cellula. Ogni gene è formato da un tratto di molecola di DNA e contiene una sequenza di coppie di basi azotate: se il gene può essere paragonato ad una parola, ciascuna coppia di basi può essere fatta corrispondere ad una lettera di quella parola. Diversi geni si trovano sui cromosomi, osservabili nelle cellule al momento della divisione (mitosi); quindi,

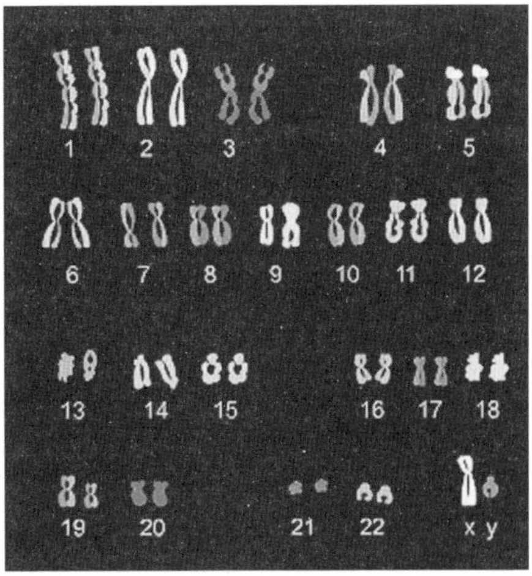

ogni cromosoma contiene diverse parole e può essere paragonato ad una frase. Un singolo cromosoma può arrivare a contenere più di 250 milioni di coppie di basi, mentre l'intero genoma umano, secondo alcune stime, è costituito da circa 3 miliardi di coppie di basi.
Il DNA analizzato dal Progetto Genoma Umano proviene da piccoli campioni di sangue o di altri tessuti, ottenuti da molti individui diversi. Benché i geni del patrimonio genetico di ciascuno individuo siano costituiti da sequenze uniche di DNA, la variazione media del genoma di due persone diverse risulta essere inferiore all'1%. Quindi, rispetto alle somiglianze, le differenze tra i campioni di DNA ottenute da fonti diverse si possono considerare estremamente ridotte.

Mutazioni
S'intende per mutazione ogni modificazione a carico del materiale genetico. Può verificarsi in qualsiasi tipo di cellula: se interessa una cellula somatica allora interesserà l'individuo in questione, se interessa una cellula germinale allora potrà essere trasmessa alla prole Le mutazioni possono essere *spontanee*, se insorgono naturalmente, o *indotte*, se insorgono in seguito ad esposizione a mutageni (chimici, fisici o tecniche di manipolazione).

1.3 Ecologia

1.3.1 Cos'è l'ecologia?
L'**ecologia** è lo studio delle interazioni degli organismi tra loro e con il loro ambiente fisico. È la scienza più antica (da sempre l'uomo si è posto in relazione al suo ambiente), ma anche la più moderna (l'uomo ed il suo ambiente sono in continua mutazione).
Obiettivo principale dell'ecologia è di argomentare sulle attività dell'uomo in relazione alla biosfera e capirne le conseguenze.

1.3.2 L'ecosistema
La combinazione di componenti biotiche ed abiotiche, attraverso cui fluisce l'energia e vi circolano le sostanze, è detta sistema ecologico o ecosistema. Quindi, l'ecosistema è un **insieme interattivo di materia**, **energia ed informazioni**. Per questo il pianeta Terra rappresenta il più grande ecosistema conosciuto. Tre sono i concetti chiave che identificano un ecosistema: a) l'energia (il cui flusso è lineare), b) la materia (tutti i materiali di cui gli organismi sono composti compiono dei cicli all'interno dell'ecosistema, tra gli organismi, tra gli organismi ed il loro ambiente), c) il mondo abiotico (radiazione solare, atmosfera, clima, fuoco, oceani, piogge acide, suolo). Nel punto b) la materia può essere inorganica ed organica. La prima è costituita dagli elementi chimici base degli organismi viventi (C, H, O, N, P) che vengono trasformati dagli organismi fotosintetici (piante e batteri), cioè organicati in sostanze organiche. Queste, per decomposizione, possono ritornare a composti inorganici, in un ciclo piuttosto regolare. I singoli elementi chimici sono coinvolti in **cicli**, detti **biogeochimici**, il

cui flusso ne consente un continuo e giusto apporto. Nel punto a) il flusso va dal Sole ai produttori (**organismi autotrofi**), da questi ai consumatori (**organismi eterotrofi**), fino ai decompositori. Attraverso i passaggi da un organismo all'altro, l'energia viene convertita in calore ed utilizzabile all'interno dei **livelli trofici**, cioè livelli che accomunano organismi con uguali caratteristiche di vita. Ciò determina la presenza di **catene alimentari** o reti alimentari, costituite da organismi appartenenti a livelli trofici crescenti e ciascuno dei quali si nutre a spese di quello che lo precede. Nella catena alimentare l'energia viene in parte persa nei vari passaggi tra i diversi livelli, per cui è necessario che venga sostituita. Questo compito è svolto dagli organismi decompositori, principalmente funghi e batteri, che demoliscono le sostanze organiche fino a sostanze semplici che possono essere riutilizzate dai produttori. In questo modo il ciclo si chiude e può continuamente ripartire. Nella catena alimentare il primo anello è costituito dai **PRODUTTORI**, organismi capaci di provvedere autonomamente al proprio nutrimento e per questo si chiamano **autotrofi**.
Gli anelli successivi sono costituiti da animali **eterotrofi**, che si cibano di organismi vegetali: questi si dicono **ERBIVORI** o **consumatori primari** e costituiscono il secondo anello della catena alimentare. A loro volta gli animali erbivori costituiscono cibo per altri animali, i **CARNIVORI** o **consumatori secondari ed i predatori**, che formano il terzo anello della catena alimentare. L'ultimo anello della catena alimentare è costituito da organismi che provvedono a distruggere i rifiuti e perciò detti **DECOMPOSITORI**, che si nutrono dei resti dei vegetali morti. Infine ci sono muffe, funghi e microbi che decompongono tutti i residui trasformandoli in sostanze semplici, che fertilizzano il terreno favorendo la crescita di nuove piante, per iniziare così il ciclo di una nuova catena alimentare. L'istogramma di tali disposizioni genera una **piramide ecologica**. La piramide rappresenta la fitta interconnessione di rapporti tra gli organismi principali. Ma esistono anche altre forme di relazione tra gli organismi.
I **rapporti tra gli organismi** hanno un ruolo chiave nel determinarne la loro distribuzione nei livelli trofici. Tra le forme di rapporti abbiamo il **commensalismo,** che si instaura tra due organismi di cui uno trae beneficio da un ospite senza favorirlo né danneggiarlo (un esempio sono le orchidee, che nella foresta tropicale vivono sui rami degli alberi per poter ricevere luce in quantità sufficiente). Diverso è il rapporto di **mutualismo,** infatti in questo caso entrambi gli organismi traggono beneficio (un es. è la relazione tra paguro ed attinia), oppure di **parassitismo**, nel quale un organismo, il parassita, vive a spese di un ospite che viene in questo modo danneggiato (un es. è la tenia nell'intestino dell'uomo).
L'ambiente abiotico e quello biotico spesso interagiscono tra loro nel determinare la distribuzione di un organismo. L'area entro la quale è diffusa una specie costituisce la sua **area di distribuzione o areale**, mentre il luogo in cui una specie vive è chiamato **habitat**.

1.3.3 Clima e biomi

I grandi ecosistemi vengono descritti in rapporto al loro clima, determinato dall'interazione di diversi fattori che comprendono l'energia del Sole, la temperatura, il vento, le precipitazioni atmosferiche, l'umidità, l'evaporazione, la nebbia, la nuvolosità. Per quanto riguarda la quantità di energia solare occorre dire che, data la forma della Terra, le zone equatoriali vicine all'equatore sono raggiunte da luce e calore massimo; al contrario le zone polari o vicine ai poli dal minimo. Si evince quindi che il clima è strettamente correlato alla latitudine. Si vengono quindi a creare ampie fasce climatiche, caratterizzate da particolari climi. Per ogni tipo principale di clima si sviluppa una vegetazione tipica; ad esempio i climi caldi e aridi sono associati ad una vegetazione desertica, mentre i climi umidi favoriscono la crescita delle foreste. Ogni forma di vita vegetale, consente inoltre l'esistenza di determinate forme di vita animale. Da queste interazioni nasce una comunità ecologica detta **bioma**. Si conoscono biomi terrestri, di acqua dolce e di acqua salata. Sono stati individuati sette tipi principali di biomi terrestri: la foresta tropicale, la foresta temperata, la prateria, la macchia mediterranea, il deserto, la foresta boreale (o bioma polare) e la tundra.

1.3.4 Fattori di deterioramento dell'ambiente

Gli ecosistemi naturali mostrano un'alta resistenza a perturbazioni, anche violente, periodiche o acute, perché sono naturalmente adattati ad esse. Ad esempio alcuni ecosistemi vegetali periodicamente sono soggetti ad incendi "arricchitori", che fertilizzano il suolo, o ad alluvioni. Ma tutti sono soggetti a perturbazioni croniche, persistenti e continuative, che generano effetti (ovvero danni) così pronunciati, da mettere in pericolo l'equilibrio e la salute del nostro pianeta. Tra queste perturbazioni la più grave è l'inquinamento, che colpisce tutti i nostri habitat naturali: aria, acqua e suolo. L'**inquinamento** è la contaminazione ecologica dovuta all'introduzione nell'ambiente di sostanze (dai microrganismi ai rifiuti), di fonti di energia (radiazioni varie) e delle loro conseguenze (rumori ecc.). Le attività umane hanno contribuito e contribuiscono a modificare gli ecosistemi, recando danno all'ambiente, agli esseri viventi, ma soprattutto all'uomo stesso ed a tutto ciò con cui interagisce.

L'inquinamento dell'aria, o atmosferico, è dovuto all'emissione di gas in esubero rispetto al livello normale nella composizione base dell'aria (C, H, O, N, P, Cl, F). L'aumento di anidride carbonica (CO_2), di metano (CH_4), di ossido di azoto (N_2O) è dovuto all'uso di strumenti (frigoriferi, bombolette spray ecc.), mezzi (auto, riscaldamenti ecc.) e sostanze (petrolio, carbone ecc.), di cui l'uomo non può fare a meno. Tutto ciò crea una barriera nell'atmosfera, che assorbe le radiazioni infrarosse (che riscaldano) dei raggi del Sole e le intrappola, non facendole fuoriuscire, come dovrebbero. Questo calore viene trasferito al suolo ed agli oceani, innalzando dovunque la temperatura (scioglimento dei ghiacciai posti ai Poli). Si è creato così, un innalzamento globale della temperatura che viene definito **Effetto Serra** (come fa il vetro che racchiude una serra) ed i gas che trattengono calore sono detti **gas serra**. L'ozono è un prodotto naturale ed essenziale per la stratosfera: esso protegge la superficie terrestre, schermandola dai raggi UV della radiazione solare. Per alcuni mesi dell'anno si osserva un assottigliamento dello strato di ozono sopra l'Antartide, che viene definito ***buco dell'ozono***. L'inquinamento delle acque e del suolo sono strettamente correlati a quello dell'aria; infatti, un riscaldamento o un'alterazione della composizione dell'aria, provoca la morte di specie (animali e vegetali), alcune delle quali di fondamentale e vitale importanza nella catena alimentare.

1.4 Classificazione dei viventi

1.4.1 La sistematica

La **sistematica** è la scienza che classifica gli esseri viventi. Tentativi di classificazione sono esistiti fin dall'antichità, ma è solo con Linneo che la sistematica acquista un rigore scientifico.

Linneo inventa la **nomenclatura binomiale**: qui la specie rappresenta il primo livello di classificazione degli individui e per **specie** si intende un gruppo di organismi simili, in grado di incrociarsi tra loro e di produrre prole fertile. Ad ogni specie è assegnato un doppio nome in latino, il primo indica il genere, il secondo la specie. In alcuni casi può essere indicato un ter-

zo nome per la sottospecie. Il nome generico è sempre maiuscolo, quello specifico è sempre minuscolo.
I metodi in vigore attualmente si basano ancora sulla nomenclatura binomiale di Linneo, anche se la classificazione si è nel tempo arricchita di criteri moderni, quali i rapporti evolutivi e le caratteristiche genetiche, biochimiche e morfologiche dei diversi organismi.
Oltre alla classificazione binomiale abbiamo la **classificazione tassonomica,** che è il sistema di raggruppamento e denominazione degli organismi, finalizzato ad un metodo universale.
Le caratteristiche prese in esame dagli studiosi per accomunarli possono riguardare l'anatomia, la fisiologia, la genetica, il comportamento, la composizione biochimica dei vari organismi considerati e messi a confronto. Risulta importante anche la paleontologia, in cui si opera una valutazione dei reperti fossili, nel tentativo di ricostruire la storia evolutiva dei viventi e di capirne i rapporti di parentela. Gli schemi della classificazione moderna tentano, infatti, di creare collegamenti tra i differenti gruppi di organismi che riflettano i rapporti evolutivi esistenti tra loro.
Le categorie tassonomiche obbligatorie sono: dominio; regno; phylum, subphylum, tipo, divisione; classe; ordine; famiglia; genere; specie.

1.4.2 Il sistema di classificazione in cinque regni

Un tempo, agli albori della sistematica naturalistica, i viventi erano divisi in due soli regni: regno vegetale e regno animale. In seguito, con l'aumento delle conoscenze sulle caratteristiche e la biologia delle diverse forme di vita, questa distinzione si è rivelata del tutto insufficiente.
L'aumento di conoscenze sui batteri ha inoltre portato a riconoscere una prima fondamentale distinzione tra i viventi in **procarioti e eucarioti,** che oggi vengono considerati due dominii distinti. Anzi, secondo molti sistematici, la grande varietà presente all'interno dei procarioti suggerirebbe di suddividere i viventi addirittura in tre dominii, due dei quali corrispondono agli attuali procarioti (Eubacteria, Archaea, Eukarya).
Col procedere delle conoscenze sistematiche, nuovi regni sono stati individuati e descritti.
Gli organismi viventi sono stati classificati nel sistema a **cinque regni**, proposto da Robert Whittaker e basato sul livello di organizzazione degli organismi (dei procarioti, degli eucarioti unicellulari e degli eucarioti pluricellulari) e sul tipo di nutrizione (autotrofa, eterotrofa per ingestione e eterotrofa per assorbimento). I cinque regni comprendono: **Monera** (comprendente archeobatteri, eubatteri e alghe azzurre o cianobatteri, ossia organismi procarioti a nutrizione mista); **Protisti** (eucarioti unicellulari, a nutrizione mista); **Fungi** (eucarioti pluricellulari a nutrizione eterotrofa, per assorbimento); **Plantae** (autotrofi pluricellulari a nutrizione autotrofa); **Animalia** (eucarioti pluricellulari a nutrizione eterotrofa, per ingestione).

1.4.3 Regno Monera (monere)

I procarioti o batteri sono viventi unicellulari caratterizzati da un tipo particolare di **cellula**, quella **procariotica**.
Le Monere possono vivere in ogni tipo di ambiente, anche inospitale, come i ghiacciai polari e le acque termali calde. I batteri si dividono in: Archebatteri (metanogeni, alofili, termoacidofili) ed Eubatteri (Cianobatteri, Actinomiceti, Rickettsie, Micoplasmi, Spirochete). Sono autotrofi fotosintetici o chemiosintetici. Per le loro forme si dividono in: cocchi (a sfera), bacilli (a bastoncino), spirilli (a spirale), vibrioni (a virgola).
I primi viventi apparsi sulla terra oltre 3,5 miliardi di anni fa erano probabilmente simili a procarioti. I primi procarioti fotosintetici comparvero tra 2 e 3,4 miliardi di anni fa. L'ossigeno

prodotto con la fotosintesi da questi organismi (e in seguito anche dagli autotrofi eucarioti) ebbe conseguenze importanti per la vita sulla Terra:

- trasformò l'atmosfera da riducente ad ossidante, permettendo l'arricchimento dell'ossigeno nell'aria e quindi la vita degli eucarioti aerobi;
- portò alla formazione dello strato di ozono che schermando le letali radiazioni UV consentì l'emersione dei viventi dall'acqua.

1.4.4 Regno Protista (protisti)

I protisti sono eucarioti unicellulari (solo alcune alghe sono pluricellulari). Sono sia autotrofi che eterotrofi. Sono più grandi dei procarioti ed hanno strutture specializzate all'interno delle cellule. Si dividono in: protozoi (es. Ciliophora e Sporozoa), funghi mucillaginosi e muffe d'acqua, alghe.

Le **alghe** sono autotrofi fotosintetici con cloroplasti provvisti di clorofilla, associata a pigmenti diversi. Vivono in ambienti acquatici o umidi e sono prive di tessuti di sostegno, di strutture differenziate (fusto, foglia o radice) e di organi pluricellulari. Comprendono organismi molto diversi per dimensioni ed organizzazione cellulare (unicellulari, coloniali, pluricellulari).

Si pensa che i progenitori acquatici delle piante fossero organismi simili alle alghe verdi: presenza di clorofilla a e b, di carotenoidi, di amido come sostanza di riserva, di parete di cellulosa, flagelli del tipo a frustino. Le alghe unicellulari sono molto importanti per la vita in generale perché formano gran parte del fitoplancton, cioè degli organismi microscopici unicellulari che fluttuano nello strato superiore degli oceani e delle acque dolci. Il fitoplancton svolge buona parte della fotosintesi; inoltre esso costituisce la base delle catene alimentari degli ambienti acquatici.

Si distinguono in Euglenophyta (alghe di colore verde), Dinoflagellata (alghe di vari colori), Chrysophyta (o alghe giallo-brune), Chlorophyta (o alghe verdi), Phaeophyta (o alghe brune), Rhodophyta (o alghe rosse). Il loro colore dipende dalla profondità a cui vivono, perché i loro pigmenti accessori assorbono le radiazioni a differenti lunghezze d'onda.

1.4.5 Regno Fungi (funghi)

I funghi (Regno Mycota o Fungi) sono organismi eucarioti (eterotrofi, saprofiti o parassiti) caratterizzati da:

- nutrizione eterotrofa e mancanza di plastidi e clorofilla;
- nutrizione in genere per assorbimento dopo digestione esterna;
- cellule non organizzate in tessuti, spesso di aspetto filamentoso (ife), riunite in miceli;
- parete cellulare non cellulosica; di solito a base di chitina, composto assente nei vegetali e presente in insetti e crostacei;
- presenza diffusa di propagazione vegetativa per mezzo di singole cellule (conìdi o mitospore, chiamati anche impropriamente "spore");
- assenza di organi (sporangi e gametangi) pluricellulari;
- riproduzione mediante spore che sono prodotte sia per via sessuata sia per via asessuata.

In questo regno esistono esempi di simbiosi: le **micorrize** sono simbiosi tra funghi e radici di piante. La pianta sfrutta la capacità del fungo di assorbire acqua e minerali anche in terreni poco fertili ed il fungo utilizza i carboidrati sintetizzati dalla pianta. I **licheni** sono simbiosi tra un fungo ed un organismo fotosintetico, che può essere un'alga verde o un cianobatterio. Il fungo trae il nutrimento dall'alga (o cianobatterio), che grazie alla simbiosi riesce a vivere in ambienti dove non potrebbe crescere autonomamente.

1.4.6 Regno Plantae (vegetali)

Le piante sono organismi autotrofi fotosintetici pluricellulari, con parete cellulare costituita da cellulosa. Comprendono: le briofite (muschi ed organismi affini, cioè le piante non vascolari); le piante vascolari senza semi, conosciute anche come pteridofite (felci ed organismi simili); le piante vascolari con seme o spermatofite, cioè gimnosperme (conifere) e angiosperme (piante con fiori).
Le angiosperme costituiscono le forme vegetali più evolute e più numerose e vengono suddivise in due grandi gruppi: le dicotiledoni e le monocotiledoni. Caratteristiche comuni agli organismi appartenenti alle angiosperme sono la presenza di uno sporofito costituito da fusto, foglie e radici e la produzione di fiori, frutti e semi. L'aspetto può essere erbaceo o legnoso.
Le gimnosperme sono piante arboree, legnose e di grandi dimensioni. Il loro ciclo vitale presenta una generazione aploide, il gametofito (es. le conifere, le cicadacee, le ginkgofite).

1.4.7 Regno Animalia (animali)

Gli animali sono organismi eucarioti pluricellulari eterotrofi. Rispetto alle piante hanno un compito in più: procurarsi il cibo ricercandolo nell'ambiente esterno. Per fare questo hanno sviluppato organi di senso capaci di percepire gli stimoli provenienti dall'ambiente esterno. Per questo motivo il movimento diventa quindi un attributo essenziale, sfruttato anche per sfuggire ai predatori, per ricercare ambienti più adatti o un partner per la riproduzione.
Il movimento ha indotto lo sviluppo di un **sistema muscolare e scheletrico** che consentisse di articolare e sostenere la colonna vertebrale e gli arti ad essa connessi.
Inoltre gli animali sono dotati di altri apparati o sistemi: digerente (per metabolizzare il cibo e trasformarlo in energia), respiratorio (per introdurre ossigeno ed eliminare anidride carbonica), circolatorio (per trasportare ossigeno in tutto il corpo), escretore (per eliminare sostanze di rifiuto), nervoso (per connettere e trasferire gli impulsi), endocrino (per controllare attraverso gli ormoni le funzioni fisiologiche), riproduttore (per garantire la progenie e preservare la specie).
In genere il corpo degli animali presenta un'estremità anteriore diversa da quella posteriore e una parte dorsale diversa da quella ventrale, mentre è simmetrico per quanto riguarda i due lati: **simmetria bilaterale.** Esistono tuttavia molti animali che presentano **simmetria raggiata**, ossia un tipo di simmetria in cui le parti del corpo sono distribuite in modo regolare attorno ad un asse centrale (ad es. le stelle marine).
I Phyla principali sono: Porifera (es. le spugne di mare), Cnidaria (es. le meduse), Platyhel- minthes (o vermi piatti), Nematoda (o vermi cilindrici), Mollusca (i molluschi), Anellida (o vermi segmentati), Arthropoda (i crostacei, gli aracnidi, gli insetti), Echinodermata (le stelle ed i ricci di mare), Chordata (v. dopo Vertebrati).

1.4.7.1 Vertebrati

Sono un subphylum dei **cordati,** caratterizzati dal fatto di possedere un organo di sostegno, la ***corda dorsale*** nello stato embrionale, che, nell'adulto, diventa la ***colonna vertebrale***.
Tutti i vertebrati presentano le seguenti caratteristiche:
- uno scheletro osseo e/o cartilagineo;
- un sistema muscolare specializzato;
- uno o due paia di arti per il movimento;
- un sistema nervoso centrale;
- un cuore ed un apparato digerente situato ventralmente.

I vertebrati sono suddivisi in **sette classi**: ciclostomi, pesci cartilaginei, pesci ossei, anfibi, rettili, uccelli, mammiferi.

- **Ciclostomi.** Sono i vertebrati più primitivi, un esempio sono le lamprede.

- **Pesci.** Sono vertebrati acquatici, dotati di branchie per la respirazione e di pinne per il moto, forniti di due narici e di mascelle, dal corpo compresso e fusiforme, ricoperto da squame. Si possono suddividere in pesci cartilaginei e pesci ossei. I **pesci cartilaginei** (condroitti, come gli squali) non hanno subìto una grande evoluzione: i denti che corredano la mandibola ed il palato in realtà sono dentelli cutanei; sviluppano occhi, che però non sono molto efficaci, dato l'ambiente in cui vivono che ha scarsa luminosità; hanno la coda con pinne disuguali; particolare risulta la disposizione delle branchie ai lati del capo. **I pesci ossei** (osteitti) hanno una diversa disposizione delle branchie e presentano la vescica natatoria, posta al centro del corpo sotto la colonna vertebrale, che svolge un ruolo essenziale per scendere e risalire nell'acqua.
Il movimento dei pesci è reso possibile grazie alle ***pinne***, che si dividono in ***pari*** ed impari. Le prime sono quelle pettorali e ventrali, mentre le ***pinne impari*** sono quelle dorsali, anali e caudali. Queste ultime sono quelle che, battendo alternativamente a destra e a sinistra, fanno avanzare l'animale. Le pinne pari regolano l'equilibrio ed i cambiamenti di direzione e di velocità.
All'interno dell'**ecosistema marino** si possono trovare due grandi gruppi di organismi, i *bentonici* e i *pelagici*. I **bentonici** sono organismi che vivono a contatto con il **fondale** e si appoggiano ad esso per svolgere le proprie attività (alghe, crostacei, molluschi, echinodermi ma anche alcuni pesci: lo **scorfano**, **la murena**, **il grongo**, **la razza** e **la sogliola**). Gli organismi del **sistema pelagico**, invece, nuotano o si fanno trasportare e si appoggiano solo occasionalmente al substrato.

- **Anfibi.** Questi animali, come dice il loro nome, si sono adattati a vivere in due ambienti diversi, l'acqua (dove depongono le loro uova e si sviluppano le larve) e la terraferma (dove vivono le forme adulte). Normalmente nell'adulto la respirazione avviene tramite i polmoni, che si formano dopo la metamorfosi. La riproduzione è sessuata con la fecondazione esterna, le uova vengono deposte in acqua, da queste si originano le larve, i girini.

- **Rettili.** Questa classe presenta una serie di caratteristiche che gli hanno permesso di conquistare la terraferma: ad es. la pelle è ricoperta da scaglie e scudi ossei o cornei, cosa che limita molto i problemi di disidratazione che hanno gli anfibi. La riproduzione è sessuata con fecondazione esterna: le uova, fornite di guscio impermeabile, vengono deposte sempre sulla terraferma (in alcuni casi le uova si sviluppano nell'ovidotto).

- **Uccelli.** Questi vertebrati hanno potuto affermarsi in un nuovo ambiente grazie ad una serie di caratteristiche, come la presenza di piume o penne, la cui formazione è identica a quella delle scaglie dei rettili, in quanto ambedue si originano da un sollevamento del derma rivestito dall'epidermide. Inoltre a comprova della loro origine comune, le zampe degli uccelli sono ricoperte da scaglie e depositano le uova, anche se più rigide di quelle dei rettili. Sono tetrapodi con bocca priva di denti, muniti di becco, con arti anteriori trasformati in ali. Hanno anche uno scheletro molto leggero per la presenza di cavità nelle ossa e presentano un grande sviluppo dello sterno, dove si inseriscono i muscoli pettorali del volo.
La respirazione degli uccelli è sempre polmonare, connessi ai polmoni ci sono dei sacchi aerei, che occupano lo spazio fra gli organi interni; durante l'inspirazione si riempiono d'aria anche i sacchi aerei e, con l'espirazione, il ricambio d'aria nei polmoni è totale. A differenza dei rettili, hanno una temperatura corporea costante, grazie alla loro capacità di termoregolarsi, perciò sono detti endodermi.

– **Mammiferi.** Tra i vertebrati sono il gruppo più affermato e più complesso; il loro corpo è rivestito da peli (per l'omeotermia) ed in alcuni casi da una folta pelliccia, che serve da isolante termico e come protezione dal freddo; i mammiferi marini, delfini e balene, ne sono completamente privi. Tutti i mammiferi possiedono quattro arti, modificati a seconda del tipo di animale. La respirazione è polmonare e la circolazione sanguigna è doppia e completa; i mammiferi sono tutti omeotermi e presentano come prodotto finale di escrezione l'urea.
Questi animali, in relazione al tipo di gestazione, si possono suddividere in tre gruppi: monotremi, marsupiali e placentati. I monotremi sono ovipari: i piccoli si sviluppano da uova che sono deposte e covate; il piccolo viene nutrito con latte prodotto dalle ghiandole mammarie; un esempio è l'ornitorinco. I marsupiali comprendono i canguri e gli opossum. Le femmine presentano nell'addome una tasca, marsupio, in cui migrano i cuccioli, che possono così terminare il loro sviluppo. I placentati sono tutti gli altri mammiferi che partoriscono figli, i quali si sono sviluppati all'interno della madre, grazie alla placenta.

1.4.7.2 Invertebrati

– **Poriferi o spugne.** Sono organismi antichissimi, prevalentemente marini, fissi al substrato (sessili), il cui corpo non presenta organi veri e propri.
Le spugne sono raggruppate in tre classi in base alla sostanza presente negli elementi di sostegno: 1) quella che ha spicole di carbonato di calcio; 2) un'altra ha spicole silicee; 3) l'ultima non ha spicole, ma fibre cornee elastiche di spongina (tra queste spugne vi sono quelle che dopo l'essiccamento, vengono utilizzate come spugne da bagno).

– **Celenterati o cnidari.** A questo phylum appartengono organismi acquatici apparentemente molto diversi tra loro, come idre, meduse, attinie, coralli e anemoni di mare.
I celenterati sono organismi dotati di simmetria radiale, con due tipi di organizzazione corporea: il polipo (sessile, con corpo cavo a forma di tubo ed un'apertura verso l'alto) e la medusa (liberamente natante, a forma di campana, con apertura boccale verso il basso). Tra i celenterati, i coralli sono animali coloniali particolarmente interessanti perché, nel corso di migliaia di generazioni, il loro esoscheletro calcificato è andato edificando strutture sottomarine complesse, note come **barriere coralline**, che ospitano una folta schiera di organismi, regalandoci uno straordinario spettacolo naturale.

– **Platelminti.** Essi sono anche detti vermi piatti, per la forma del corpo appiattito e lungo e possono essere di acqua dolce, come la planaria, oppure vivere come parassiti di alcuni animali o dell'uomo. I platelminti si riproducono per via sessuata o sono ermafroditi. Si dividono in: Turbellari (planaria), Trematodi (fasciola epatica), Cestodi (tenie).

– **Nematodi.** Comprendono vermi a corpo allungato, di forma cilindrica, affusolato alle due estremità ma non segmentato a simmetria bilaterale. Sono sia parassiti (Ascaridi) sia decompositori a vita libera.

– **Anellidi**. Il phylum degli anellidi comprende organismi a simmetria bilaterale che vivono in ambiente acquatico o terrestre. La riproduzione è sessuata, anche se a volte per ermafroditismo. Hanno un sistema circolatorio, nervoso ed escretore. Sono organismi sia decompositori sia parassiti; acquatici e terrestri.
Con gli anellidi compare per la prima volta la segmentazione del corpo, dove il corpo ci-

lindrico è suddiviso in segmenti trasversali, detti metameri. Il più comune di questi animali è il lombrico; altri sono le sanguisughe.

- **Molluschi.** I molluschi sono organismi dal corpo molle, privi di scheletro interno, ma dotati di un esoscheletro calcareo detto conchiglia. Si dividono in: 1) ***Poliplacofori***: comprendono i chitoni, ricoperti da una conchiglia a 8 placche sovrapposte e da un piede a ventosa; 2) ***Bivalvi*** (o lamellibranchi): comprendono mitili, vongole ed ostriche; hanno una conchiglia bivalve, unita da una "cerniera", con corpo appiattito e piede trasformato in organo di scavo, possono essere sessili o natanti e si nutrono per filtrazione; 3) ***Gasteropodi***: comprendono chiocciole, lumache, patelle, il gruppo più numeroso di molluschi; sono caratterizzati da una conchiglia a spirale, dovuta alla torsione del corpo e contiene gli organi interni, il tutto sorretto da un piede muscoloso, nel cui interno c'è l'apparato digerente; 4) ***Cefalopodi***: comprendono calamari, seppie e polpi; sono organismi marini natanti e privi di conchiglia, dotati di un capo sviluppato, con organi di senso e bocca, ed un piede suddiviso in tentacoli, muniti di ventose, che servono al movimento come organo propulsore; hanno occhi e la tasca del nero (organo dell'inchiostro), che serve per mimetizzarsi in caso di "avvistamento nemico". Possono essere di piccole dimensioni (alcuni cm), ma anche molto grandi (l'Architeutis, o calamaro gigante, è lungo 18-20 m).

- **Artropodi.** Gli artropodi sono il gruppo più numeroso e vario di organismi, potendo vivere in tutti gli habitat: acquatico, terrestre ed aereo. Hanno riproduzione sessuata, con le femmine che depositano le uova. Le larve vanno incontro a metamorfosi o muta, sino a raggiungere lo stadio adulto.
  Gli artropodi vengono suddivisi in cinque classi principali: chilopodi (centopiedi), diplopodi (millepiedi), crostacei, insetti ed aracnidi.
  I ***chilopodi*** hanno un capo con antenne e corpo allungato; il primo paia di zampe, nel quale sbocca una ghiandola del veleno, è modificato per la presa del cibo, e termina a uncino; essi sono infatti in massima parte animali carnivori predatori.
  I ***diplopodi*** sono animali terrestri che vivono in luoghi umidi e si nutrono di materiali vegetali.
  I ***crostacei*** presentano respirazione branchiale; il loro capo è costituito da due paia di antenne con funzione sensoriale; da due occhi e da due mandibole, con funzione di masticazione, e due mascelle, con funzione di manipolare il cibo. Il corpo è diviso in cefalotorace ed addome, con 5 appendici locomotorie. Il loro esoscheletro (carapace) viene abbandonato durante le fasi di crescita (muta). Esempi di crostacei sono i gamberi, le aragoste, i granchi, i cirripedi.
  Gli ***insetti*** sono artropodi che hanno conquistato l'ambiente aereo, sviluppando ali per il volo. Presentano un corpo rivestito da uno scheletro esterno, detto esoscheletro, che si assottiglia in prossimità delle articolazioni. Gli arti di questi animali sono formati da più segmenti articolati tra loro, mentre il corpo risulta diviso in tre regioni: capo, torace e addome. Il capo presenta due occhi, due antenne (che hanno funzione olfattiva e tattile), l'apparato boccale (che può essere di tipo diverso a seconda se l'animale deve succhiare o masticare). Il torace presenta tre paia di zampe e sono spesso presenti due paia di ali, nella mosca ad esempio le ali anteriori servono al volo e sono molto sviluppate, mentre quelle posteriori sono ridotte e si chiamano bilancieri. La riproduzione è sessuata.
  Un evento importante nell'accrescimento degli insetti è la **metamorfosi**, che può essere di due tipi, incompleta o completa. Nel primo caso (grilli, cicale, cavallette) la larva, det-

ta ninfa, quando esce dall'uovo, pur essendo priva di ali, è simile all'adulto. Nel secondo caso la larva, detta bruco, mangia e cresce molto e si trasforma in pupa racchiusa in un bozzolo; durante questo periodo si ha la formazione degli organi e delle ali. Infiniti sono gli esempi (api, formiche, farfalle ecc.), tutti con sistemi sociali organizzati e capaci di comunicare.

Gli ***aracnidi*** presentano il corpo diviso in due parti, cefalotorace ed addome, ma sono privi di antenne e di mandibole, nel torace ci sono sei paia di appendici. Il primo paio sono i due cheliceri (una sorta di pinze velenose), il secondo sono i due pedipalpi (per afferrare la preda) e 4 paia di arti. Il primo ed il secondo sono adattati alla manipolazione del cibo, alla locomozione, alla difesa ed alla copulazione. Sul capo sono presenti numerosi occhi. Agli aracnidi appartengono i ragni, gli scorpioni, gli acari, le zecche.

Occorre Sapere

La **diminuzione dei livelli di ossigeno** è la causa principale delle **morie di pesci** nei fiumi inquinati dai fertilizzanti.
La **macchia mediterranea** è un bioma.
La caratteristica principale della **tundra** è l'assenza di alberi.
Nell'**ambiente polare** è possibile trovare il **tricheco**.
Lo **spargimento di insetticidi ad ampio spettro** è il metodo di controllo degli insetti maggiormente dannoso per gli altri organismi nell'ambiente.
L'incidente che si è verificato nella centrale nucleare di **Cernobyl** nel 1986 ha provocato la formazione di **nubi radioattive**.
L'**echidna** è un mammifero monotremo (mammiferi primitivi ovipari).
Essere **folivori** significa nutrirsi principalmente di foglie.
Essere **frugivori** significa nutrirsi principalmente di frutti.
I **lagomorfi** sono dei mammiferi.

1.5 Struttura e funzioni dell'organismo umano

1.5.1 I tessuti

Il corpo dell'uomo e di molti animali è costituito da una grande varietà di cellule specializzate che formano i *tessuti*, aventi, ognuno, caratteristiche e funzioni proprie. Negli animali più complessi i tessuti si assemblano formando così *organi* che a loro volta vanno a formare *sistemi* o *apparati* che, infine, formano l'organismo.

I tessuti vengono classificati in: tessuto epiteliale, tessuto connettivo, tessuto muscolare e tessuto nervoso.

Il tessuto epiteliale

Vi sono vari tipi di tessuto epiteliale che assolvono a funzioni diverse quali: rivestimento della superficie corporea e delle cavità interne (epitelio di rivestimento), secrezione (epitelio ghiandolare) e ricezione di stimoli (epitelio sensoriale). Il tessuto epiteliale con funzione di rivestimento è costituito da cellule con diverse forme geometriche, disposte a stretto contatto tra loro, in quanto hanno come principale funzione appunto quella di protezione e di rivestimento. Questo tessuto può essere: 1) *squamoso* o pavimentoso, forma i capillari, gli alveoli polmonari, le mucose, come quella della bocca; 2) *cubico*, riveste l'interno dei tubuli renali e dei dotti ghiandolari; 3) *cilindrico*, riveste l'interno del tratto digestivo e di quello respiratorio. L'epitelio può essere semplice (o monostrato) o composto (o pluristrato), ma in ogni caso poggia su una membrana basale.

Il tessuto connettivo

Questo tessuto costituisce il sostegno di quasi tutti gli organi e svolge funzione meccanica, nutritiva e di protezione. Le cellule di questo tessuto sono immerse in una sostanza fondamentale o matrice, in cui sono presenti tre tipi di fibre: collagene, reticolari ed elastiche. Ricordiamo che sono tessuti connettivi il tessuto adiposo, il tessuto osseo, il tessuto cartilagineo ed il sangue (in questo la sostanza fondamentale è liquida).

Il tessuto muscolare

Le cellule di questo tessuto hanno una tipica forma allungata e prendono il nome di fibre muscolari. Contengono grandi quantità di proteine contrattili, actina e miosina, disposte nel citoplasma come filamenti paralleli.

Esistono tre tipi di tessuto muscolare:

- tessuto muscolare scheletrico o *striato*, responsabile dei movimenti delle ossa e quindi dell'intero corpo;
- tessuto muscolare *liscio*, riveste principalmente le pareti del tubo digerente, dei vasi sanguigni e delle vie respiratorie, utero;
- tessuto muscolare *cardiaco*, responsabile delle contrazioni del cuore.

Il tessuto nervoso

È formato da due tipi di cellule, i neuroni e le cellule gliali. I *neuroni* sono specializzati nel trasmettere impulsi nervosi, mentre le *cellule gliali* hanno funzione nutritiva e di sostegno per i neuroni. Ciascun neurone è formato da un corpo cellulare, che contiene il nucleo, da uno o più prolungamenti citoplasmatici ramificati, detti *dendriti*, e da un lungo e sottile assone, detto fibra nervosa.

1.5.2 L'apparato tegumentario

L'**apparato tegumentario**, costituito dalla pelle e dagli annessi cutanei, è adibito a proteggere il corpo dagli insulti meccanici e dagli agenti di malattie, a non disperdere acqua e calore, a garantire, con terminazioni nervose all'interno della cute, la sensibilità tattile, dolorifica e termica.

La **pelle** o cute o tegumento è formata dall'epidermide, superficiale, e dal derma. Nel derma troviamo i vasi sanguigni che nutrono la pelle e le terminazioni nervose con funzione di recettori sensoriali. Gli **annessi cutanei** sono: capelli, peli, unghie, ghiandole sebacee e sudoripare.

> ***Occorre Sapere***
>
> La **cheratina** nella pelle conferisce l'impermeabilità.
> Si ha la pelle a **pelle d'oca** quando I muscoli erettori si contraggono.
> Le **ghiandole sudoripare** contribuiscono a regolare la temperatura corporea.
> Le **ghiandole sebacee** producono una sostanza che rende il pelo lucido e impermeabile.

La ghiandola pineale produce l'ormone della **melatonina**, responsabile del colorito della pelle.

Il **collagene** (principale proteina del tessuto connettivo negli animali) è la sostanza la cui mancanza è responsabile della formazione delle rughe.

1.5.3 L'apparato locomotore

L'**apparato locomotore** è costituito dal sistema scheletrico, dal sistema muscolare e dal sistema articolare.

Il sistema scheletrico

Lo **scheletro** svolge diverse funzioni, la più evidente delle quali consiste nel sostegno del peso corporeo a opera delle **ossa**, formazioni forti quanto il cemento ma sensibilmente più leggere. Diversamente dal cemento, l'osso può essere rimodellato e riplasmato per far fronte alle variazioni delle richieste metaboliche e di attività. Le ossa cooperano con i muscoli al mantenimento della postura corporea e all'effettuazione di movimenti controllati e precisi. Facendo leva sullo **scheletro**, i muscoli con la loro contrazione possono consentire di sedersi, stare in piedi, camminare o correre.

Il sistema scheletrico comprende, oltre alle ossa, cartilagini, articolazioni, legamenti e altre formazioni connettivali che le stabilizzano o le connettono. Tale sistema svolge cinque funzioni principali:

1) **Sostegno**. L'apparato scheletrico fornisce il sostegno strutturale a tutto il corpo. Singole ossa o gruppi di ossa forniscono un'intelaiatura per l'attacco dei tessuti molli e degli organi.
2) **Accumulo**. I sali di calcio dell'osso rappresentano una significativa riserva di minerali per il mantenimento della normale concentrazione di ioni calcio e fosfato nei fluidi corporei. A livello osseo vi sono inoltre riserve energetiche lipidiche, in aree piene di midollo giallo.
3) **Produzione di cellule del sangue**. I globuli rossi, i globuli bianchi e gli altri elementi del sangue sono prodotti all'interno del midollo rosso che riempie le cavità interne di diverse ossa.
4) **Protezione**. I tessuti molli e gli organi sono spesso circondati da elementi scheletrici: le coste proteggono il cuore e i polmoni; il cranio racchiude l'encefalo; le vertebre, il midollo spinale e le ossa della pelvi sostengono i delicati organi degli apparati digerente e riproduttivo.
5) **Sistema di leve**. Parecchie ossa agiscono come leve in grado di variare l'ampiezza e la direzione delle forze generate dalla contrazione dei muscoli scheletrici. I movimenti che ne risultano variano dal moto delicato della punta delle dita alle potenti variazioni di posizione dell'intero corpo umano.

– **Struttura dell'osso**. L'**osso**, o **tessuto osseo**, è un tessuto connettivo di sostegno contenente cellule specializzate e una matrice costituita da proteine fibrillari extracellulari e sostanza fondamentale (*ground susbstance*).

  Il principale componente delle ossa è il fosfato di calcio. Le cellule che producono l'indurimento del tessuto osseo sono gli osteoblasti.

  Le ossa dello scheletro umano possono essere: lunghe, brevi, piatte o irregolari. Nelle **ossa lunghe**, la lunghezza prevale sulla larghezza, mentre nelle **ossa brevi** lunghezza e larghezza sono pressoché equivalenti. Sono lunghe le ossa degli arti, quali ad esempio le ossa del braccio (omero) o della coscia (femore). Ossa brevi si trovano nel polso (ossa carpali) e nella caviglia (ossa tarsali). Le **ossa piatte** sono sottili e relativamente ampie, come le ossa parietali del cranio, le coste e le scapole. Le **ossa irregolari** hanno caratteristiche che non rientrano in alcuna delle categorie precedenti. Le vertebre costituiscono un esempio di ossa irregolari.

– **Suddivisioni dello scheletro**. L'apparato scheletrico è costituito da 206 ossa distinte e numerose cartilagini a esse associate. È possibile distinguere uno scheletro assile e uno scheletro appendicolare.

Lo **scheletro assile** forma l'asse longitudinale del corpo. È formato da 80 ossa suddivise in: 22 ossa del **cranio** più 7 ossa associate (6 ossicini dell'udito e l'osso ioide); la **gabbia toracica**, composta da 24 **coste** e dallo **sterno**; le 26 ossa della **colonna vertebrale**.
Lo **scheletro appendicolare** comprende le ossa degli **arti** e dei **cingoli toracico e pelvico**, che connettono gli atri al tronco. In tutto, le ossa appendicolari sono 126, ossia 32 per ciascun arto superiore e 31 per ciascun arto inferiore.

– **Il cranio**. Le ossa del cranio proteggono l'encefalo e sostengono i delicati organi di senso che presiedono a vista, udito, equilibrio, olfatto e gusto. Il cranio è formato da 22 ossa: 8 formano il cranio vero e proprio, 14 sono associate alla faccia. Altre 7 ossa sono associate al cranio: 6 piccoli *ossicini dell'udito*, implicati nella percezione dei suoni, si trovano all'interno dell'osso temporale, e l'*osso ioide*, connesso tramite legamenti alla superficie inferiore del cranio.
Il cranio è formato da 8 ossa, delle quali 4 impari (occipitale, sfenoide, etmoide e frontale) e 4 pari (due parietali e due temporali):
- **osso frontale**. Forma la parte anteriore della testa e il tetto dell'**orbita**, il recesso osseo contenente gli occhi;
- **ossa parietali**. Sono due e si trovano posteriormente all'osso frontale, su ciascun lato del cranio;
- **osso occipitale**. Forma la porzione posteriore e inferiore del cranio;
- **ossa temporali**. Si trovano sotto le ossa parietali e mostrano una serie di punti di riferimento anatomici. Uno di questi, il **meato acustico esterno**, conduce al **timpano**, che separa il meato acustico esterno dalla *cavità dell'orecchio medio* contenente gli ossicini uditivi. Anteriormente al canale acustico esterno si trova una depressione ad asse maggiore trasversale, la **fossa mandibolare**, sito di articolazione con la mandibola. La sporgenza situata postero-inferiormente al meato acustico esterno è il **processo mastoideo**, sito di attacco dei muscoli che permettono la rotazione e l'estensione della testa;
- **osso sfenoide**. Forma parte della base cranica;
- **osso etmoide**. Si trova anteriormente all'osso sfenoide.

– **Le ossa della faccia**. Sostengono e proteggono i siti di ingresso agli apparati digerente e respiratorio. Le ossa della faccia sono 14, di cui 12 pari e 2 impari, come il vomere e la mandibola:
- **ossa mascellari**. Si articolano con tutte le ossa della faccia a eccezione della mandibola;
- **ossa palatine**. Sono due ossa pari che formano la parte posteriore del palato duro;
- **il vomere**. Il suo margine inferiore si articola con le ossa palatine;
- **ossa zigomatiche**. Su ciascun lato del cranio un osso zigomatico si articola con le ossa frontale e mascellare a completare la parete laterale dell'orbita;
- **ossa nasali**. Formando il ponte nasale tra le due orbite, le due ossa nasali si articolano con le ossa frontale e mascellare;
- **ossa lacrimali**. Le due ossa lacrimali si trovano sulla superficie laterale di ciascuna orbita; si articolano con le ossa frontale, etmoidale e mascellari;
- **conche nasali inferiori**. Le due conche nasali inferiori si proiettano dalle pareti laterali delle cavità nasali;
- **mandibola**. Forma l'arcata dentale inferiore e ha la forma di un ferro di cavallo aperto posteriormente, dalle cui estremità si sollevano due processi verticali, definiti **rami mandibolari**.

– **La colonna vertebrale e la gabbia toracica**. Il resto dello scheletro assile è costituito dalla gabbia toracica e dalla colonna vertebrale. La spina dorsale dell'uomo è formata da 33 vertebre.
La **colonna vertebrale** è costituita da 26 ossa: 24 vertebre, osso sacro e coccige. Viene suddivisa in regioni sulla base della morfologia vertebrale in *regione cervicale*, *regione toracica* e *regione lombare*. Nella colonna vertebrale si distinguono quindi:
  - la **regione cervicale**, formata da 7 vertebre cervicali (abbreviate da C_1 a C_7), la prima delle quali (C_1) si articola con i condili occipitali, mentre l'ultima (C_7) si articola con la prima vertebra toracica. Le 7 vertebre cervicali si estendono dalla testa al torace; le prime due vertebre cervicali mostrano caratteristiche individuali, indispensabili per lo svolgimento di movimenti specializzati. L'**atlante** (C_1) sostiene il peso della testa; inoltre, l'articolazione atlo-occipitale consente di annuire. Tra l'atlante e un'espansione della vertebra C_2 (**asse** o **epistrofeo**), definita *dente* o *processo odontoideo* si realizza un'articolazione a perno che consente l'articolazione della testa;
  - la **regione toracica**, formata da 12 vertebre toraciche (T_1-T_{12}), ciascuna delle quali si articola con una o più paia di coste. Caratteristiche distintive delle vertebre toraciche sono: (1) un corpo a forma di cuore, più voluminoso rispetto al corpo delle vertebre cervicali; (2) un ampio e sottile processo spinoso diretto inferiormente; (3) faccette costali ai lati del corpo per l'articolazione con la testa di una o più paia di coste;
  - la **regione lombare**, che contiene 5 vertebre lombari (L_1-L_5), l'ultima delle quali si articola con l'osso sacro. Caratteristiche distintive delle vertebre lombari sono: (1) un corpo vertebrale ovalare, più spesso rispetto al corpo delle vertebre toraciche; (2) un processo spinoso relativamente tozzo e massiccio diretto indietro, sito di attacco dei muscoli inferiori del dorso; (3) processi trasversi simili a pale, mancanti delle faccette articolari per le coste;
  - il **sacro**, che è un osso singolo formato dalla fusione delle 5 vertebre sacrali embrionali;
  - il **coccige**, che termina appuntito, e risulta anch'esso dalla fusione di vertebre coccigee.

  La **gabbia toracica**, o **scheletro del torace**, è costituita dalle vertebre toraciche, dalle coste e dallo sterno. Fornisce il supporto osseo alle pareti della cavità toracica. La gabbia toracica protegge cuore e polmoni e altri organi interni, e fornisce l'attacco ai muscoli coinvolti nella respirazione. Le **coste** sono ossa appiattite e allungate che originano a livello delle vertebre toraciche e terminano come pareti della cavità toracica. Vi sono 12 paia di coste, di cui le prime 7 paia sono dette **coste vere** poiché raggiungono la parete anteriore del torace e si connettono direttamente allo sterno tramite prolungamenti cartilaginei, le **cartilagini costali**. Le coste 8-12 vengono dette **coste false** poiché non si articolano direttamente con lo sterno. Le cartilagini costali delle coste 8-10 si fondono ciascuna alla cartilagine della costa soprastante, e tutte si uniscono alla cartilagine della settima costa prima che essa raggiunga lo sterno. Le ultime due paia di coste vengono definite **coste fluttuanti** poiché prive di connessione con lo sterno.

– **Il cingolo toracico**. Ciascun arto superiore si articola con il tronco a livello del cingolo toracico, o *cingolo scapolare*, costituito da due ossa piatte, le **scapole**, e da due ossa allungate, le **clavicole**. La clavicola ha la forma di una S. La faccia superiore della clavicola è liscia e si trova subito al di sotto della cute, mentre la faccia inferiore dell'estremità acromiale è rugosa e segnata da prominenti linee e tubercoli, siti di attacco per muscoli e legamenti.

- **Arto superiore**. Lo scheletro di ciascun arto superiore è costituito dalle ossa di braccio, avambraccio, polso e mano.
  Il **braccio** è compreso tra la spalla e il gomito, e contiene un solo osso, l'**omero**, che si estende dalla scapola al gomito. L'epifisi prossimale dell'omero è sferica, viene chiamata **testa** e si articola con la scapola.
  Radio e **ulna** sono le ossa dell'**avambraccio**.
  Polso, **palmo** e **dita della mano** sono costituiti da 27 ossa. Le articolazioni tra le ossa del carpo permettono movimenti limitati di scivolamento e di rotazione. Cinque ossa metacarpali si articolano prossimamente con le ossa della fila distale del carpo a formare il palmo della mano, e distalmente con le **falangi**. Ciascuna mano ha 14 falangi; tutte le dita hanno 3 falangi (prossimale, intermedia, distale) a eccezione del pollice, che ne ha soltanto 2 (prossimale e distale).

- **Il cingolo pelvico**. Si articola con le due ossa della coscia ed è costituito da due voluminose **ossa dell'anca** (ossa coxali), ciascuna delle quali si forma dalla fusione di tre ossa, **ileo**, **ischio** e **pube**, e si articola posteriormente con il sacro nell'articolazione sacro-iliaca.

- **Arto inferiore**. Lo scheletro di ciascun arto inferiore è costituito da: *femore*, l'osso della coscia; *patella*; *tibia* e *fibula*, le ossa della gamba; le ossa della caviglia e del piede.
  Il **femore** è l'osso più lungo e più pesante di tutto il corpo. La **tibia** è il grosso osso mediale della gamba, mentre la **fibula** si trova parallelamente al margine laterale della tibia.
  La **caviglia**, o **tarso**, comprende 7 **ossa tarsali**: (1) *astragalo* o *talo*, (2) *calcagno*, (3) *scafoide* o *navicolare*, (4) *cuboide*, (5-7) *primo*, *secondo* e *terzo osso cuneiforme*.

Il sistema muscolare

Il **sistema muscolare** comprende tutti i muscoli scheletrici che possono essere controllati volontariamente. I muscoli del corpo umano si classificano in volontari ed involontari. L'aspetto generale di ciascuno dei quasi 600 muscoli scheletrici fornisce indicazioni riguardo la sua funzione principale. I muscoli coinvolti nella locomozione e nella postura lavorano attraverso le articolazioni, determinando il movimento dello scheletro. **I muscoli, pertanto, determinano il movimento con l'azione congiunta dello scheletro**. I muscoli che sostengono i tessuti molli formano bande o lamine tra elementi ossei relativamente stabili, mentre quelli che controllano un ingresso o un'uscita ne circondano completamente l'apertura. Il tessuto muscolare può essere liscio o striato.

- **Origini, inserzioni e azioni**. Ciascun muscolo ha inizio nel punto di **origine**, termina nel punto di **inserzione** e si contrae per produrre una specifica **azione**. In generale, l'origine di un muscolo resta ferma, mentre si muove il punto di inserzione. Ad esempio, il muscolo gastrocnemio (del polpaccio) origina dalla porzione distale del femore e si inserisce sul calcagno. La sua contrazione avvicina il punto di inserzione all'origine, determinando un'azione definita *flessione plantare*.
  Quasi tutti i muscoli scheletrici originano o si inseriscono sullo scheletro. Contraendosi possono determinare *flessione*, *estensione*, *adduzione*, *abduzione*, *protrusione*, *retrazione*, *innalzamento*, *abbassamento*, *rotazione*, *circumduzione*, *pronazione*, *supinazione*, *inversione* o *eversione*.

Le azioni muscolari possono essere descritte in due modi: il primo descrive le azioni in relazione alle ossa interessate, e pertanto il muscolo *bicipite brachiale* si dice che determina la "flessione dell'avambraccio"; il secondo, che si sta diffondendo presso i fisiatri, descrive l'azione in relazione all'articolazione interessata, e il muscolo bicipite brachiale secondo questo metodo determina la "flessione a livello del gomito".
I muscoli possono inoltre essere descritti sulla base delle loro azioni principali:

- un muscolo **agonista** (o motore primario) è un muscolo le cui contrazioni sono le principali responsabili nella realizzazione di un particolare movimento. Il muscolo *bicipite brachiale* è il principale muscolo flessore del gomito;
- i muscoli **antagonisti** sono muscoli le cui azioni si oppongono a quelle dei muscoli agonisti. Anche un muscolo antagonista può agire come agonista: il muscolo *tricipite brachiale*, ad esempio, pur essendo antagonista del bicipite brachiale (che è pertanto antagonista del tricipite brachiale), è il principale muscolo estensore del gomito. I muscoli agonisti e antagonisti agiscono in maniera opposta: se la contrazione dell'uno provoca flessione, l'azione del suo antagonista determina estensione;
- un muscolo **sinergico** (*syn*, insieme; *ergon*, lavoro) è un muscolo che con la sua contrazione rende più efficiente quella di un muscolo agonista. I sinergismi possono rinforzare l'inserzione o stabilizzare il punto di origine. Ad esempio, il muscolo *deltoide* determina l'allontanamento dell'arto superiore dal corpo (adbuzione); il piccolo *muscolo sopraspinto* assiste il deltoide nell'avvio del movimento. Sono **fissatori** i muscoli sinergici che stabilizzano l'origine di un muscolo agonista prevenendo il movimento a livello di un'altra articolazione.

– **Muscolatura assile**. I muscoli assili possono essere distinti in quattro gruppi logici:
  1) **Muscoli della testa e del collo** – sono compresi in questo gruppo i muscoli alla base della mimica facciale, della masticazione e della deglutizione. Il più importante muscolo del collo è lo **sternocleidomastoideo**.
  2) **Muscoli della colonna vertebrale** – muscoli flessori ed estensori della testa, del collo e della colonna vertebrale.
  3) **Muscoli del tronco** – sono compresi in questo gruppo i muscoli obliqui e retti, che formano le pareti muscolari della cavità toracica e addominopelvica.
  4) **Muscoli del pavimento pelvico** – sono compresi in questo gruppo i muscoli che formano il **perineo**, un setto muscolare che chiude lo stretto inferiore della pelvi.

– **Muscolatura appendicolare**. I muscoli appendicolari comprendono i muscoli della spalla e dell'arto superiore e i muscoli della pelvi e dell'arto inferiore.
  - **Muscoli della spalla e dell'arto superiore.** L'ampio e superficiale muscolo **trapezio** copre il dorso e parte del collo, raggiungendo la base del cranio. Dopo rimozione del trapezio, appaiono i muscoli **romboidi** ed **elevatore della scapola**.
    Sulla gabbia toracica si trova il muscolo **dentato anteriore**, che origina dalla faccia anteriore delle prime 8-9 coste e si inserisce sul margine vertebrale della scapola. La sua contrazione porta la spalla in avanti. Il muscolo **piccolo pettorale** si inserisce sul processo coracoideo della scapola; la sua contrazione provoca l'abbassamento e la protusione della scapola.
    I **muscoli motori del braccio** sono:
    - il muscolo **deltoide**, che è il principale abduttore del braccio, e il **sovraspinato** che lo assiste nel dare inizio al movimento;

- i muscoli **sottoscapolare, grande rotondo, piccolo rotondo** e **sottospinato**, che sono rotatori del braccio;
- il muscolo **grande pettorale**, che, esteso tra la parte anteriore della gabbia toracica e il tubercolo maggiore dell'omero, determina flessione a livello dell'articolazione scapolo-omerale;
- il muscolo **grande dorsale**, che, esteso tra le vertebre toraciche e il solco bicipitale (inter-tubercolare) dell'omero, determina estensione.

  Questi due ultimi muscoli, contraendosi insieme, cooperano inoltre nei movimenti di adduzione e rotazione dell'omero.

  I **muscoli motori dell'avambraccio e del polso**, per la maggior parte, originano sull'omero, a eccezione del **bicipite brachiale** e del capo lungo del **tricipite brachiale** che hanno origine dalla scapola e si inseriscono sulle ossa dell'avambraccio. Il tricipite brachiale agisce come estensore dell'avambraccio, il bicipite brachiale come flessore.

  Per quanto riguarda i **muscoli motori della mano e delle dita**, occorre considerare che i muscoli dell'avambraccio flettono ed estendono le articolazioni delle dita e terminano prima di raggiungere la mano, poiché solo i tendini di inserzione oltrepassano il polso.

  Dalle falangi non hanno origine muscoli; solo i tendini raggiungono le falangi distali delle dita.

- **Muscoli della pelvi e dell'arto inferiore**. I muscoli della pelvi e dell'arto inferiore possono essere divisi dal punto di vista funzionale in tre gruppi:
  - Muscoli che, agendo sull'articolazione dell'anca, muovono la **coscia**.
  - Muscoli che, agendo sull'articolazione del ginocchio, muovono la **gamba**.
  - Muscoli che, agendo su diverse articolazioni del piede, muovono **caviglia, piede e dita**.

  Per quanto riguarda i **muscoli motori della coscia**, occorre considerare che:
  - i **muscoli glutei** rivestono la superficie laterale dell'osso iliaco e determinano estensione, rotazione e abduzione della coscia. Il muscolo **grande gluteo** è il più voluminoso e posteriore dei tre;
  - sono adduttori della coscia i muscoli **grande adduttore, adduttore lungo, adduttore breve, pettineo** e **gracile**;
  - il più grande muscolo flessore dell'anca è l'**ileopsoas**, costituito in realtà da due muscoli, **grande psoas** e **iliaco**, che prendono inserzione a livello del piccolo trocantere del femore.

  Per quanto riguarda i **muscoli motori della gamba**, occorre considerare che:
  - i muscoli flessori del ginocchio sono quattro, tre noti come *muscoli posteriori della coscia* o *ischiocrurali* (**bicipite femorale, semitendinoso e semimembranoso**) e il muscolo **sartorio**;
  - l'estensione del ginocchio avviene a opera del **muscolo quadricipite femorale**.

  I **muscoli motori del piede e delle dita** sono:
  - il grosso muscolo **gastrocnemio** del polpaccio che si unisce al sottostante muscolo **soleo** in un tendine unico, il **tendine calcaneale** o *di Achille*;
  - un paio di muscoli **fibulari** o **peronei**, situati in profondità, che determinano l'eversione del piede e la flessione plantare della caviglia;
  - il muscolo **tibiale anteriore** (antagonista al muscolo gastrocnemio) che provoca invece inversione del piede e flessione dorsale della caviglia.

Occorre Sapere

Lo **scheletro** può essere interno, come nei vertebrati, e in questo caso si parla di **endoscheletro**.
Le **ossa** che compongono il sistema scheletrico dell'uomo sono **parti vive** poiché ricevono dal sangue le sostanze nutrienti di cui necessitano.
La deformazione dovuta ad un'eccessiva curvatura dorsale della colonna vertebrale umana è chiamata **cifosi**.
Lo **sterno carenato** è un osso tipico negli uccelli.
Le **ossa pneumatiche** sono tipiche negli uccelli.
Il liquido semidenso contenuto nelle cavità delle articolazioni con funzione di lubrificante si chiama **sinovia**.

1.5.4 L'apparato respiratorio

L'**apparato respiratorio** dell'uomo è costituito da organi che formano le vie respiratorie superiori e inferiori. Le prime sono costituite da naso e cavità nasali, le seconde, situate nel collo e nel torace, sono costituite da faringe, laringe, trachea e polmoni. Le cavità nasali sono rivestite di muco, che umidifica l'aria, e di un epitelio ciliato, che ha la funzione di purificarla. L'aria dalle vie respiratorie superiori passa alla faringe e da questa alla laringe, che è l'organo della fonazione, in quanto contiene le corde vocali. L'orifizio che mette in comunicazione la faringe con la laringe è regolato dall'epiglottide, una cartilagine che si abbassa, quando ingoiamo il cibo, che altrimenti imboccherebbe la laringe invece dell'esofago.
Segue la trachea, con la quale ci si sposta dal collo al torace, che si divide in due bronchi, che si diramano a loro volta in tubuli sempre più sottili, detti bronchioli. Questi condotti terminano in piccole cavità, chiamate alveoli, con pareti molto sottili e vascolarizzate. L'insieme degli alveoli, disposti in grappoli, costituisce la superficie respiratoria, attraverso cui avvengono gli scambi gassosi tra aria ricca di ossigeno (che entra) e aria ricca di anidride carbonica (che viene eliminata).
Gli alveoli polmonari sono contenuti in due grosse sacche, che prendono il nome di polmoni. Questi ultimi sono posti a ciascun lato del cuore, delimitati inferiormente dal diaframma, un muscolo che separa la cavità toracica da quella addominale.
I polmoni si trovano nel mediastino (tra sterno e colonna vertebrale). Ciascun polmone è diviso in **lobi**; essi sono due nel polmone sinistro e tre in quello destro, separati da scissure.
Ogni polmone è rivestito da due membrane, **pleure**, una aderente al polmone e l'altra alla cavità toracica; tra di esse c'è un liquido che funge da lubrificante.
L'area del polmone dove penetrano i bronchi e i nervi ed entrano/escono i vasi è detta **ilo**.
Per quanto riguarda il **meccanismo respiratorio**, l'entrata di aria dai polmoni è consentita dal movimento del diaframma e dei muscoli intercostali, che contraendosi aumentano il volume della cassa toracica (processo di inspirazione). Durante il processo di espirazione, i muscoli invece si rilasciano, si riduce il volume della cavità toracica, il diaframma ritorna nella sua posizione originaria e quindi l'aria, ricca di anidride carbonica, può fuoriuscire dai polmoni. La frequenza degli atti respiratori, che comprendono l'inspirazione, l'espirazione e la pausa, è di circa 16-20 al minuto.

Occorre Sapere

Se respiriamo **aria** con un contenuto di circa il 21% di ossigeno, in condizioni normali, un uomo, espira aria con un contenuto di ossigeno pari al 16%.
Nel corpo umano la **respirazione interna** si ha all'interno delle cellule.
La **respirazione polmonare umana** è detta anche esterna.
Il **corpo umano** è costituito per circa il **70% da acqua**.

1.5.5 Il sangue e l'apparato circolatorio. Il sistema linfatico

L'apparato circolatorio

L'**apparato circolatorio** consente il collegamento tra le singole cellule del corpo ed i grandi organi addetti alla nutrizione (intestino e fegato), alla respirazione (polmoni) e all'eliminazione di sostanze di rifiuto (reni).
L'apparato circolatorio è costituito dal liquido di trasporto (il sangue), da una pompa muscolare (il cuore) e da canali di trasporto (i vasi sanguigni).

Il sangue

Il **sangue** è un fluido circolante del corpo, ma anche un tessuto connettivo specializzato che contiene cellule sospese in una matrice fluida.
Il sangue ha 5 funzioni principali:

1) *Trasporto di gas discolti, nutrienti, ormoni e scarti metabolici.* Il sangue trasporta ossigeno dai polmoni ai tessuti e anidride carbonica dai tessuti ai polmoni.
2) *Regolazione del pH e della composizione ionica dei fluidi interstiziali di tutto il corpo.* La diffusione tra i fluidi interstiziali e il sangue elimina gli eccessi o le carenze locali di ioni come calcio e potassio.
3) *Contenimento delle perdite di liquido a livello di siti di lesione.* Il sangue contiene enzimi e fattori che rispondono alla rottura delle pareti dei vasi dando inizio al processo di *coagulazione sanguigna.*
4) *Difesa contro tossine e patogeni.* Il sangue trasporta globuli bianchi, cellule specializzate che migrano dentro i tessuti per contrastare le infezioni o rimuovere i detriti. Il sangue inoltre libera *anticorpi*, speciali proteine che attaccano le sostanze estranee o i microrganismi.
5) *Stabilizzazione della temperatura corporea.*

Il sangue umano è costituito da 45% tra globuli rossi, bianchi e piastrine e il 55% dal plasma; di norma, nel sistema circolatorio di un adulto di corporatura media, sono contenuti circa 5 litri di sangue.
Il sangue è l'unico tessuto fluido del nostro organismo. Il **plasma** è formato per oltre il 90% da acqua; contiene proteine disciolte e, poiché queste proteine sono in soluzione, è leggermente più denso dell'acqua. Gli **elementi figurati** sono cellule e frammenti cellulari (le piastrine) risospesi nel plasma I **globuli rossi**, o **eritrociti**, trasportano ossigeno e anidride carbonica. Se i globuli rossi umani non hanno abbastanza emoglobina allora hanno un basso livello di ossigeno. I meno numerosi **globuli bianchi**, o **leucociti**, sono componenti dei meccanismi di difesa del corpo. Le **piastrine** sono piccoli sacchetti di citoplasma circondati da membrana che contengono enzimi e fattori importanti per la coagulazione ematica.

Occorre Sapere

I **gruppi sanguigni** sono A, B, AB, 0 (zero).
Il **gruppo sanguigno zero** ha la particolarità di essere donatore universale.
La **malattia** caratterizzata da globuli rossi più piccoli della norma e dalla conseguente difficoltà del sangue a trasferire ossigeno alle varie parti del corpo è detta **anemia mediterranea**.

La posizione del cuore nel sistema circolatorio

Il sangue fluisce attraverso una rete di vasi ematici che si estende tra il cuore e i tessuti periferici. I vasi ematici sono suddivisi in un **circolo polmonare**, che trasporta il sangue verso e

dalla superficie di scambio dei polmoni, e in un **circolo sistemico**, che trasporta il sangue verso e dal resto del corpo. Ogni circolo origina e termina al cuore e il sangue viaggia attraverso questi circoli in modo sequenziale. Così, il sangue che ritorna al cuore dal circolo sistemico deve completare il circolo polmonare prima di rientrare nel circolo sistemico.
Le **arterie**, o vasi *efferenti*, trasportano il sangue lontano dal cuore; le **vene**, o vasi *afferenti*, riportano il sangue al cuore. I **capillari** sono piccoli vasi a parete sottile tra le arteriole e le venule. Le sottili pareti dei capillari permettono lo scambio di nutrienti, dei gas disciolti e dei rifiuti metabolici tra il sangue e i tessuti circostanti.
Nonostante il suo impressionante carico di lavoro, il **cuore** è un organo piccolo, all'incirca la dimensione di un pugno chiuso. Il cuore contiene quattro camere, due associate a ogni circolo. L'**atrio destro** riceve il sangue dal circolo sistemico e il **ventricolo destro** riversa il sangue nel circolo polmonare. L'**atrio sinistro** raccoglie il sangue dal circolo polmonare e il **ventricolo sinistro** lo immette nel circolo sistemico. Quando il cuore batte, prima si contraggono i due atri, poi i due ventricoli. I due ventricoli si contraggono contemporaneamente ed espellono uguali volumi di sangue.

L'anatomia di superficie del cuore

Il cuore è inclinato rispetto all'asse longitudinale del corpo. Esso è anche ruotato leggermente verso sinistra, cosicché la superficie anteriore consiste principalmente dell'atrio destro e del ventricolo destro. La parete del ventricolo sinistro costituisce molta della superficie posteriore estesa tra la base e l'apice del cuore.

La parete cardiaca

La parete del cuore contiene tre distinti strati: l'epicardio (pericardio viscerale), il miocardio e l'endocardio. L'**epicardio** ricopre la superficie esterna del cuore. Il **miocardio**, o **parete muscolare** del cuore, contiene tessuto muscolare cardiaco, vasi ematici e nervi. Le superfici interne del cuore, comprese le valvole cardiache, sono ricoperte dall'**endocardio**.

Anatomia interna e organizzazione del cuore

I due atri sono separati dal **setto interatriale**, mentre i due ventricoli sono divisi dal **setto interventricolare**. Ogni atrio si apre nel ventricolo dello stesso lato attraverso una **valvola atrioventricolare**, piega di tessuto fibroso che assicura l'unidirezionalità del flusso ematico dagli atri ai ventricoli.
L'atrio destro riceve il sangue dal circolo sistemico attraverso due grandi vene, la vena cava superiore e la vena cava inferiore. La **vena cava superiore** riceve il sangue proveniente dalla testa, dal collo, dagli arti superiori e dal torace. La **vena cava inferiore** trasporta il sangue dal resto del tronco, dai visceri e dagli arti inferiori. Le *vene cardiache* restituiscono il sangue venoso del cuore attraverso il **seno coronario**, che si apre nell'atrio destro, poco al di sotto dell'apertura della vena cava inferiore.
Il sangue si sposta dall'atrio destro al ventricolo destro attraverso un'ampia apertura ai cui bordi si trovano tre lembi di tessuto fibroso. Questi lembi, o **cuspidi**, fanno parte della **valvola atrioventricolare destra**, conosciuta anche come **valvola tricuspide**.
Il sangue che lascia il ventricolo destro fluisce nel **tronco polmonare**, il punto di partenza del circolo polmonare. La **valvola semilunare polmonare** protegge l'entrata in questo tronco efferente. All'interno del tronco polmonare, il sangue fluisce nelle **arterie polmonari sinistra e destra**. Questi vasi si ramificano ripetutamente nei polmoni prima di dare origine ai capillari dove si realizzano gli scambi gassosi. Da questi capillari respiratori, il sangue ossigenato si

muove nelle **vene polmonari sinistra e destra**, che lo distribuiscono all'atrio sinistro. Come l'atrio destro, l'atrio sinistro ha un'auricola esterna e una valvola, la **valvola atrioventricolare sinistra**, o **valvola bicuspide**. Come suggerisce il nome *bicuspide*, la valvola sinistra contiene un paio di cuspidi anziché tre. I clinici chiamano questa valvola spesso **valvola mitrale**. L'organizzazione interna del ventricolo sinistro somiglia a quella del ventricolo destro. Un paio di muscoli papillari rinforzano le corde tendinee che si inseriscono nella valvola bicuspide. Il sangue che lascia il ventricolo sinistro passa attraverso la **valvola semilunare aortica** (*valvola aortica*) e nell'**aorta**, il punto di inizio del circolo sistemico.

La circolazione dell'uomo è doppia e completa, in quanto il sangue passa due volte per il cuore e non si verifica mai mescolanza tra il sangue arterioso e quello venoso. Il sangue circola regolarmente nell'organismo perché il cuore lo pompa con pulsazioni ritmiche controllate che generano il **battito cardiaco**. La **frequenza cardiaca** è il numero di battiti del cuore al minuto (bpm). Insieme alla temperatura corporea, la pressione sanguigna e il ritmo respiratorio, è una delle funzioni vitali. Il **ritmo cardiaco** è il susseguirsi in maniera regolare di una sequenza di eventi elettrici e meccanici che permettono al cuore di funzionare come pompa. Il ritmo cardiaco, in condizioni normali, è determinato da un segnapassi (*pacemaker*) naturale che si trova in un punto definito dell'atrio destro, alla giunzione con la vena cava superiore, ed è detto nodo senoatriale, per cui il ritmo normale del cuore viene detto **ritmo sinusale**. Il battito cardiaco consta di due fasi: la **diastole** comporta la dilatazione delle cavità cardiache ed il loro riempimento con il sangue aspirato dalle vene; segue la **sistole**, ossia la rapida contrazione delle pareti muscolari del cuore ed in tal modo il sangue riceve una potente spinta che lo immette nell'aorta oppure nelle arterie polmonari. La pressione diastolica e sistolica del sangue è espressa in mmhg.

Occorre Sapere

Poiché **in condizioni di assenza di peso** il cuore si indebolisce rapidamente, l'equipaggio di una navetta spaziale deve fare esercizi fisici con regolarità.

I vasi ematici

Come precedentemente discusso, l'apparato circolatorio è diviso in **circolo polmonare** e **circolo sistemico**.

Il circolo polmonare è composto da arterie e vene che trasportano il sangue tra cuore e polmoni; questa circolazione inizia nel ventricolo destro e termina nell'atrio sinistro. La circolazione sistemica consta di arterie, che trasportano il sangue ossigenato e i nutrienti a tutti gli organi e a tutti i tessuti, e di vene che riportano il sangue deossigenato al cuore; questa circolazione inizia nel ventricolo sinistro e termina nell'atrio destro.

La distribuzione delle arterie e delle vene a sinistra e a destra del corpo è quasi identica, eccetto in vicinanza del cuore, dove grossi vasi prendono contatto con gli atri e con i ventricoli. Per esempio, la distribuzione delle *arterie succlavie destra e sinistra*, dell'*arteria ascellare*, della *brachiale* e della *radiale* cammina in parallelo con quella delle *rispettive vene*. Inoltre, un singolo vaso può cambiare nome lungo il decorso. Per esempio, l'*arteria iliaca esterna* diviene *femorale* quando lascia il tronco ed entra nella coscia.

- **Circolazione polmonare**. Il sangue che entra nell'atrio destro proviene dai letti capillari periferici dove si ha il rilascio di ossigeno e l'assorbimento di anidride carbonica. Dopo aver attraversato l'atrio destro e il ventricolo destro, il sangue entra nel tronco polmonare che segna l'inizio della **circolazione polmonare** (*pulmo*, polmone). Attraverso questo circuito, viene rilasciata anidride carbonica e la quota di ossigeno ematico viene rimpinguata; il sangue ossigenato ritorna al cuore per essere quindi incanalato nella circolazione sistemica. Le arterie della circolazione polmonare differiscono da quelle della circolazione sistemica in quanto esse trasportano sangue deossigenato (per questa ragione, i disegni a colori generalmente mostrano le arterie polmonari in blu, lo stesso colore usato per le vene sistemiche). Non appena il tronco polmonare curva al di sopra del margine superiore del cuore, dà origine alle **arterie polmonari destra e sinistra**. Queste grosse arterie entrano nei polmoni prima di ramificarsi ripetutamente dando origine ad arterie via via più piccole. Le più piccole ramificazioni, le arteriole polmonari, portano il sangue ai capillari circondanti gli **alveoli**. Le pareti degli alveoli sono sufficientemente sottili da permettere gli scambi gassosi tra il sangue dei capillari e l'aria inspirata. Appena il sangue ossigenato lascia i capillari alveolari, entra nelle venule che successivamente danno origine a vasi più grandi fino alle **vene polmonari**. Queste quattro vene (due da ciascun polmone) si aprono nell'atrio sinistro completando la circolazione polmonare.

- **Circolazione sistemica**. La circolazione sistemica, che inizia nel ventricolo sinistro e termina nell'atrio destro, rifornisce i letti capillari di tutte le parti del corpo non servite dal circolo polmonare. In ogni istante, vi è nella circolazione sistemica circa l'85% del volume ematico.

Sistema venoso. Il sangue dai tessuti e dagli organi del corpo ritorna al cuore, all'atrio destro, mediante una rete venosa che fa capo alle vene cave superiori e inferiori. Le arterie e le vene corrispondenti spesso decorrono fianco a fianco e, in alcuni casi, hanno nomi comparabili. Per esempio, le arterie ascellari decorrono a fianco delle vene ascellari. Inoltre, arterie e vene spesso viaggiano in compagnia dei nervi periferici che posseggono gli stessi nomi e innervano le stesse strutture.
Una differenza significativa tra i sistemi arterioso e venoso è la distribuzione delle principali vene nel collo e negli arti. Le arterie in queste aree sono localizzate in profondità sotto la cute, protette dalle ossa e dai tessuti soffici circostanti. Dall'altra parte, il collo e gli arti normalmente hanno due gruppi di vene periferiche, uno superficiale e uno profondo. Questo doppio drenaggio venoso aiuta a controllare la temperatura corporea. In un ambiente caldo, il sangue venoso fluisce nelle vene superficiali, attraverso cui avviene la perdita di calore. In un ambiente freddo, il sangue è convogliato nelle vene profonde per ridurre la perdita di calore.
La **vena cava superiore** (SVC) riceve sangue da due regioni: 1) la testa e il collo e 2) gli arti superiori, le spalle e il torace.
La **vena cava inferiore** (VCI) raccoglie la maggior parte del sangue venoso refluo dagli organi sottostanti il diaframma (una piccola quantità raggiunge la vena cava superiore mediante la vena azygos).
Invece di viaggiare direttamente lungo la vena cava inferiore, il sangue proveniente dalla vena celiaca, dalla vena mesenterica superiore e dalla vena mesenterica inferiore fluisce verso il fegato attraverso il **sistema portale epatico**. Una rete di capillari (quella epatica) interposta tra due vene prende il nome di *sistema portale epatico*.

Il sistema linfatico

Il sistema vascolare linfatico svolge tre funzioni:
- raccoglie e restituisce al sangue il fluido interstiziale, cioè acqua e proteine plasmatiche, filtrate fuori dai capillari sanguigni (omeostasi dei fluidi);

- trasporta i lipidi che vengono assorbiti nell'intestino tenue e li riversa nella circolazione sanguigna;
- trasporta particelle estranee e frammenti cellulari fino ai linfonodi, centri che provvedono alla loro distruzione (difesa dell'organismo).

Lungo i vasi linfatici si riscontrano dilatazioni, o **linfonodi**, che sono piccole masse di tessuto che filtrano la linfa, rimuovendo batteri e materiali dannosi. Essi sono la sede di maturazione e proliferazione dei globuli bianchi che entrano nella linfa e, in particolare, dei linfociti. Le cellule presenti nella linfa e nei linfonodi, assieme ai globuli bianchi del sangue e ad altre cellule, da queste derivate, formano una sorte di rete difensiva che, nel suo insieme, costituisce il sistema immunitario.

1.5.6 Il sistema immunitario

Contro batteri, virus, funghi, sostanze tossiche ed altri agenti nocivi, il corpo umano ha sviluppato un efficace sistema difensivo adibito a garantire l'immunità, il **sistema immunitario**. Il sistema immunitario agisce in tutto il corpo. Ci sono tuttavia alcune sedi ove le cellule del sistema immune sono organizzate in specifiche strutture. Queste sono classificate come tessuto linfoide centrale (midollo osseo, timo) e tessuto linfoide periferico (linfonodi, milza, tessuto linfoide associato alle mucose).

Una risposta immunitaria consiste nel riconoscimento di sostanze dannose o estranee e nella risposta di eliminazione. Le **risposte immunitarie** possono essere *specifiche* (quando l'antigene, o sostanza estranea pericolosa, viene legata per essere neutralizzata da un anticorpo, o proteina riconoscitrice) e *non specifiche* (quando attaccano subito patogeni, tossine, farmaci e cellule cancerose). Queste ultime prevedono barriere fisiche (pelle, mucose respiratorie e digestive), la partecipazione di molecole solubili, in particolare citochine (interferoni, interleuchine, fattori di necrosi tumorale) e complemento, la fagocitosi e la risposta infiammatoria. Quando i patogeni invadono i tessuti, fanno scattare una **risposta infiammatoria**, che prevede tre processi: vasodilatazione (aumento del diametro dei vasi sanguigni) e quindi calore e rossore; aumento permeabilità capillare (i fluidi e gli anticorpi lasciano il torrente circolatorio per penetrare nei tessuti) e quindi edema; aumento fagocitosi. Quando la risposta infiammatoria diventa così intensa da riguardare tutto l'organismo si ha la comparsa della **febbre**.

> ***Occorre Sapere***
>
> Nell'anatomia umana, appartengono al **sistema immunitario** gli eosinofili, i neutrofili, le adenoidi, le tonsille, i leucociti, il midollo osseo e le plasmacellule.

Le risposte immunitarie specifiche sono mirate alla distruzione di specifici antigeni e sono più lente ad attivarsi. I due tipi di immunità specifica sono l'immunità mediata da anticorpi (umorale) e l'immunità mediata da cellule.

I **linfociti B** sono i responsabili dell'immunità umorale e contrastano gli antigeni producendo particolari proteine, dette anticorpi, che vengono liberate nel sangue, nella linfa o nei tessuti e, giunte a contatto con l'antigene, si legano alla sua superficie. In tal modo, batteri ed altri agenti estranei risultano riconoscibili da cellule difensive, che li aggrediscono e spesso li distruggono.

I **linfociti T**, i responsabili dell'immunità cellulo-mediata, invece aggrediscono direttamente le cellule infettate da virus o altri patogeni, cellule alterate o cellule estranee, e scaricano su di essi sostanze tossiche, dette linfochinine, capaci di ucciderli: da qui il nome di *killer* dato a queste popolazioni di linfociti. Tra i linfociti T ci sono anche linfociti detti *helper*, o coadiuvanti, i quali sono necessari per potenziare sia l'azione dei linfociti B che quella dei T-killer.

* È possibile indurre artificialmente immunizzazione tramite l'impiego di **vaccini** (*immunizzazione attiva*, somministrazione dell'antigene) o di **sieri** (*immunizzazione passiva*, somministrazione di anticorpi). Oggi molte vaccinazioni sono obbligatorie e ciò ha permesso di tenere sotto controllo molte malattie e, nel caso del vaiolo, addirittura la sua eradicazione.

1.5.7 L'apparato escretore

L'**apparato escretore** serve per eliminare dall'organismo le scorie prodotte dal metabolismo delle varie cellule. I polmoni e la pelle (mediante la sudorazione) allontanano una parte delle scorie, ma la maggior parte delle sostanze di rifiuto è eliminata attraverso la filtrazione continua del sangue, ad opera dell'apparato escretore che comprende i reni, gli ureteri, la vescica e l'uretra.

I **reni** sono due organi a forma di fagiolo localizzati a lato della colonna vertebrale, tra l'ultima vertebra toracica e la terza vertebra lombare. I reni hanno la funzione di filtrare i prodotti di rifiuto presenti nel sangue per poi eliminarli nell'urina. La produzione di urina inizia in strutture tubulari microscopiche, chiamate **nefroni**, che cominciano in corrispondenza del **corpuscolo renale**.

La filtrazione produce una soluzione, nota come **filtrato**, priva di proteine.

Dal corpuscolo renale, il filtrato entra nel tubulo renale, i cui principali segmenti sono il *tubulo contorto prossimale*, l'*ansa di Henle* e il *tubulo contorto distale*.

Ogni nefrone sbocca in un *dotto collettore*, che è l'inizio del **sistema collettore**. Il dotto collettore lascia la zona corticale discendendo nella zona midollare, raccogliendo il fluido proveniente da diversi nefroni e gettandosi poi nel *dotto papillare*, che drena il fluido, ora chiamato *urina*, nei calici e nella pelvi renale.

I condotti dei vari nefroni sboccano nella pelvi, da cui si diparte un condotto, l'uretere. I due ureteri, che si staccano ognuno da un rene, sboccano in una specie di serbatoio, la vescica, dalla quale l'urina viene portata all'esterno per mezzo dell'uretra.

1.5.8 Il sistema endocrino

Il **sistema endocrino** è formato da ghiandole endocrine che, diversamente dalle ghiandole esocrine sono prive di dotti e liberano i loro secreti, cioè gli **ormoni**, nel torrente circolatorio che li distribuisce poi in tutto l'organismo. Gli ormoni scatenano una risposta solo quando raggiungono cellule bersaglio e si legano a specifici recettori. Essi regolano la crescita, lo sviluppo, la riproduzione, l'equilibrio salino ed idrico, il comportamento ed il metabolismo. Il sistema endocrino ed il sistema nervoso permettono entrambi la comunicazione tra cellule; il sistema nervoso permette un controllo rapido e breve, quello endocrino uno più lento ma di maggiore durata. La connessione tra i due sistemi è assicurata dall'ipotalamo.

Le principali ghiandole endocrine dell'uomo sono l'ipofisi, la tiroide, le paratiroidi, le ghiandole surrenali, le isole pancreatiche del Langherans, le gonadi maschile e femminile.

- L'**ipofisi**, attaccata all'ipotalamo, è la ghiandola più importante di tutto il sistema che "impartisce ordini" alle altre ghiandole endocrine. L'ipofisi si divide in due lobi: anteriore e posteriore, che secernono diversi ormoni come ad esempio l'ormone somatotropo (GH), che controlla la crescita; la prolattina, che induce la produzione del latte; le gonadotropine cioè gli ormoni luteinizzante e follicolo-stimolante (LH e FSH), che agiscono sulle gonadi; l'ormone tireo-stimolante (TSH) e l'ormone corticotropo (ACTH) che agisce sulla corteccia surrenale.
- La **tiroide** è situata nel collo, poco al di sotto della laringe e regola il metabolismo, la crescita e lo sviluppp. Un suo errato funzionamento porta ad alcune disfunzioni, in partico-

lare all'ipertiroidismo e all'ipotiroidismo. L'ipotiroidismo (scarsa produzione dell'ormone tiroideo) causa un ritardo nello sviluppo che può aggravarsi sino al nanismo ed alla deficienza mentale. Gli ormoni tiroidei sono la triiodiotironina (T3) e la tiroxina (T4), che sono gli ormoni che controllano il metabolismo dell'organismo. Le cellule C della tiroide producono la calcitonina, importante nella regolazione dei livelli del calcio nel sangue.

- Vi sono inoltre le **paratiroidi**, quattro piccole ghiandole poste dietro la tiroide che secernono il paratormone (PTH), che ha il compito di regolare il metabolismo del calcio con azione antagonista a quella della calcitonina.
- Le **ghiandole sessuali** sono le ovaie nella donna ed i testicoli nell'uomo. Gli ormoni secreti sono:
  - estrogeno, prodotto dalle ovaie e dalle cellule del follicolo; questo ormone ed è essenziale per il normale sviluppo sessuale femminil;
  - progesterone, prodotto dalle cellule del corpo luteo; è indispensabile per garantire il corretto funzionamento dell'apparato riproduttivo femminile;
  - testosterone, prodotto dai testicoli, è il più importante degli ormoni androgeni; controlla i caratteri sessuali secondari nell'uomo e stimola la crescita delle ossa e dei muscoli.
- Il **pancreas** è una ghiandola a doppia funzione, esocrina ed endocrina. La funzione della parte endocrina è importantissima: secerne due ormoni ad azione antagonista, che controllano l'omeostasi del glucosio. Questi ormoni sono l'insulina ed il glucagone, prodotti entrambi da ammassi di cellule del pancreas denominati isole di Langerhans: in particolare le cellule alfa producono glucagone, un ormone iperglicemizzante, e le cellule beta l'insulina, un ormone ipoglicemizzante.
- Le **ghiandole surrenali** sono poste al di sopra dei reni e sono costituite da due parti: una esterna, detta *corticale,* ed una interna, detta *midollare*. Aiutano l'organismo ad affrontare le situazioni di stress. La corticale secerne adrenalina e noradrenalina; la midollare secerne ormoni steroidei e cioè: mineralcorticoidi (aldosterone), glicocorticoidi (cortisolo) e precursori degli ormoni sessuali. L'adrenalina e la noradrenalina secrete dalla midollare del surrene agiscono incrementando sia la frequenza cardiaca che la forza di contrazione. Anche gli ormoni tiroidei e il glucagone agiscono per aumentare la forza di contrazione. Prima che fossero disponibili farmaci sintetici, il glucagone era ampiamente utilizzato per stimolare la funzione cardiaca.

Ha una funzione endocrina anche il miocardio, le cui cellule producono l'ormone **peptide natriuretico atriale**.

1.5.9 L'apparato digerente

L'**apparato digerente** demolisce il cibo in modo meccanico e chimico (con gli enzimi), assorbe dal tubo digerente i prodotti della digestione ed elimina i rifiuti. È costituito dal **tubo digerente** (bocca, faringe, esofago, stomaco, intestino ed ano) e da una serie di ghiandole (ghiandole salivari, fegato, pancreas, ghiandole gastriche – che producono il succo gastrico – e ghiandole intestinali – che producono il succo enterico). La digestione è un lungo processo di trasformazione degli alimenti che inizia con la bocca, poi seguita con l'esofago, lo stomaco, l'intestino e termina con l'ano.

Cavità orale

La **cavità orale**, o bocca, è quella parte del tubo digerente che riceve il cibo ed è composta dalle labbra e dalle arcate dentali che a loro volta sono composte da 32 denti. In alto la bocca è delimitata dal palato e in basso dal pavimento boccale. La cavità orale: (1) riceve e analizza il materiale, prima di deglutirlo; (2) elabora meccanicamente il materiale attraverso l'azione dei denti, della lingua e della superficie del palato; (3) lubrifica le sostanze ingerite mescolandole con le secrezioni salivari e mucose; e (4) inizia la digestione dei carboidrati e dei lipidi con gli enzimi salivari.

La **lingua** è un organo muscolare che manipola le sostanze da ingerire ed è talvolta utilizzata per assumere i cibi (per esempio, il gelato) e portarli all'interno della bocca.
Vi sono tre paia di **ghiandole salivari** che riversano il loro secreto nella cavità orale.
I movimenti della lingua sono importanti perché permettono al cibo di passare attraverso le superfici contrapposte dei **denti**. Queste superfici permettono la masticazione del cibo che scompone il tenace tessuto connettivo presente nella carne, le fibre presenti nelle verdure e, infine, aiuta a impregnare e saturare le sostanze di secrezioni salivari e di enzimi.
Il **colletto** del dente segna il confine tra la **radice** e la **corona**. La corona è rivestita da uno strato di **smalto**, che contiene una forma cristallina di fosfato di calcio e che costituisce la sostanza biologica più dura e resistente.
Il corpo di ciascun dente è costituito da una matrice mineralizzata simile a quella dell'osso. Questa sostanza, chiamata **dentina**, si differenzia dall'osso per il fatto che è priva di cellule.
Durante lo sviluppo iniziano a formarsi due ordini di denti. I primi a comparire sono i **denti decidui**, detti anche *denti primari* o *da latte*. Si tratta dei denti temporanei della **dentizione primaria**. Solitamente compaiono 20 denti decidui, cinque su ciascun lato delle due arcate gengivo-dentali, superiore ed inferiore.
Le arcate di un individuo adulto possono accogliere più di 20 denti permanenti; 3 ulteriori molari appaiono poi su ciascuna emiarcata ad allungare posteriormente la fila dei denti, portando il numero definitivo dei denti a 32.
Su ciascun lato delle arcate gengivo-dentali superiore ed inferiore, la dentizione primaria consiste in due incisivi, un canino e un paio di molari decidui.
Questi denti sono poi gradualmente sostituiti dalla dentizione permanente.
Durante il processo di eruzione dei denti decidui, i legamenti periodontali e le radici dei denti da latte vanno incontro ad erosione, fino a che non cadono oppure vengono spinti dalla **eruzione** dei denti secondari. I premolari definitivi prendono il posto dei molari decidui, e i molari definitivi nell'adulto allungano la fila dei denti mano a mano che le arcate si ingrandiscono. Gli ultimi molari (*denti del giudizio*) possono anche non spuntare prima dei 21 anni (ammesso che spuntino), e spesso si sviluppano in posizioni non corrette, oppure possono anche non essere in grado di emergere bene.

La **deglutizione** è un processo complesso il cui avvio può essere controllato in maniera volontaria ma che, una volta iniziato, procede in modo automatico.
Una volta che il cibo è stato tagliuzzato o strappato dall'azione dei denti, inumidito dalle secrezioni salivari ed "approvato" dai recettori del gusto, la lingua inizia a compattare i detriti, formando una piccola massa o **bolo** alimentare.
La deglutizione ha inizio con la **fase orale**, ove il bolo è compresso contro il palato duro. La retrazione successiva della lingua poi spinge il bolo nella faringe e favorisce l'innalzamento del palato molle, affinché il bolo non entri nel rinofaringe. La fase orale è l'unica fase della deglutizione che è controllata in maniera cosciente.
Nella **fase faringea**, il bolo stimola i recettori sensoriali che si trovano intorno alla faringe e alla parete faringea posteriore, avviando il *riflesso di deglutizione* involontario. La **faringe** è il punto d'incrocio fra la via digerente e l'apparato respiratorio. L'innalzamento della laringe

e la chiusura dell'epiglottide dirigono il bolo oltre la glottide chiusa. I muscoli faringei impiegano meno di un secondo per spingere il bolo nell'esofago, la cui entrata è regolata dallo sfintere esofageo superiore.
La **fase esofagea** inizia quando il bolo entra nell'**esofago**, un lungo canale muscolare e termina con una valvola detta **cardias**. Durante questa fase il bolo è spinto verso lo stomaco grazie a un'onda peristaltica.

Stomaco

Lo **stomaco** riceve il bolo proveniente dall'esofago. Lo stomaco svolge quattro funzioni importanti: (1) deposito temporaneo di cibi ingeriti, (2) frammentazione meccanica del cibo, (3) scissione dei legami chimici presenti nel cibo mediante l'azione di enzimi e acidi e, (4) produzione di *fattore intrinseco*, una glicoproteina necessaria per l'assorbimento della vitamina B_{12} a livello dell'intestino tenue. Le sostanze ingerite sono aggredite dalle secrezioni ghiandolari dello stomaco e ridotte ad un miscuglio denso, viscoso e fortemente acido che rappresenta la parziale digestione del cibo ingerito e prende il nome di **chimo**.
L'esofago si collega alla porzione iniziale e ristretta dello stomaco, il cardias.
Il **piloro** (*pyle*, cancello + *ouros*, guardia) è la parte distale della "J" che collega lo stomaco con l'intestino tenue. Lo stomaco effettua una digestione preliminare delle proteine mediante la pepsina e, per un certo periodo di tempo, permette anche la digestione dei carboidrati attraverso l'amilasi salivare. All'interno dello stomaco umano è presente anche l'acido cloridrico. La digestione delle proteine non si completa nello stomaco. Tuttavia, la pepsina riesce a scindere proteine complesse in piccoli peptidi e catene polipeptidiche, prima che il chimo entri nell'intestino tenue.

Intestino tenue

L'**intestino tenue** svolge un ruolo chiave nella digestione e nell'assorbimento dei nutrienti. Il 90% dell'assorbimento si attua in questa porzione dell'intestino, mentre la restante parte si realizza principalmente a livello dell'**intestino crasso**, in cui si raccoglie il materiale non digerito dal quale assorbe l'acqua, sali minerali e vitamine. Esso è suddiviso in tre segmenti: il duodeno, il digiuno e l'ileo. L'intestino umano è lungo circa 9 metri.

Pancreas

Il **pancreas** è localizzato posteriormente allo stomaco e si estende lateralmente dal duodeno verso la milza. Si trova compreso tra le prime due vertebre lombari.
Nel pancreas gruppi di cellule endocrine, situati nelle **isole pancreatiche**, secernono gli ormoni insulina e glucagone. Il pancreas, infatti, è un organo principalmente esocrino, in quanto produce il **succo pancreatico**, una miscela composta da enzimi digestivi e sostanze tampone. Gli enzimi pancreatici svolgono la maggior parte delle funzioni digestive nell'intestino tenue e sono classificati secondo i loro bersagli. In questo modo, le **amilasi** scindono zuccheri e amidi, le **lipasi** scindono i lipidi, le **nucleasi** scindono gli acidi nucleici, mentre le **proteasi** (enzimi proteolitici) scindono le proteine.

Fegato

Il **fegato** è l'organo viscerale più voluminoso; esso ha una consistenza compatta ed un colore bruno rossastro. Pesa circa 1,5 kg, costituendo circa il 2,5% del peso totale del corpo.
Il fegato è avvolto da una robusta capsula (di Glisson) ed è coperto dal peritoneo viscerale. Il fegato è diviso in 4 lobi irregolari: due grandi **lobi**, **destro** e **sinistro**, e due **lobi** più piccoli, **caudato** e **quadrato**.

La *cistifellea* è alloggiata all'interno di un recesso presente sotto la superficie inferiore del lobo destro del fegato. Si tratta di un sacchetto fibromuscolare che accumula e concentra la bile prima che essa sia secreta nell'intestino tenue.
I lobi epatici sono suddivisi, da tralci incompleti di tessuto connettivo, in circa 10.000 lobuli epatici, le unità morfofunzionali del fegato.
In un lobulo, le cellule epatiche, o **epatociti**, si dispongono in una serie di lamine irregolari orientate come i raggi di una ruota.
Gli epatociti secernono anche un liquido chiamato **bile**, che è riversata all'interno di una rete di canali stretti, denominati **canalicoli biliari**, situati tra epatociti adiacenti. Questi canalicoli hanno un decorso diretto verso l'esterno, in direzione centrifuga a partire dalla vena centrolobulare. Essi convergono fra loro a formare un sistema di dotti biliari, prima piccoli poi più grandi, che veicolano la bile nel dotto biliare dello spazio portale, fino a che essa abbandona il fegato attraverso il **dotto epatico comune**. La bile contenuta nel dotto epatico comune può defluire nella **via biliare comune** (**dotto coledoco**), che sbocca nel duodeno, o entra nel **dotto cistico**, diretto alla cistifellea.
Il fegato svolge tre funzioni generali: (1) *regolazione del metabolismo*, (2) *regolazione della composizione del sangue* e (3) *produzione della bile*.
La bile è sintetizzata dal fegato ed escreta nel duodeno. Essa è rilasciata in risposta al rilascio di *colecistochinina*. La bile è costituita in gran parte da acqua e, in misura minore, da ioni, *bilirubina* (un pigmento derivato dall'emoglobina), colesterolo e svariati lipidi che sono chiamati, nell'insieme, **sali biliari**. Il fegato del corpo umano produce anche le vitamine A, B, K.

Cistifellea
La **cistifellea** (detta anche vescicola biliare) è un organo a forma di pera, a fondo chiuso, che ha il compito di contenere e concentrare la bile prima della sua secrezione nell'intestino tenue.
Una funzione importante della cistifellea è il *deposito della bile*.

Intestino crasso
L'**intestino crasso** ha forma di ferro di cavallo, inizia in corrispondenza dell'ultima ansa dell'ileo e termina con l'ano. È situato inferiormente allo stomaco e al fegato e circoscrive quasi completamente l'intestino tenue.
Le funzioni principali dell'intestino crasso sono: (1) il riassorbimento dell'acqua ed il compattamento del contenuto intestinale nelle feci, (2) l'assorbimento di importanti vitamine prodotte dall'azione dei batteri, e (3) l'immagazzinamento del materiale fecale prima della sua espulsione all'esterno con la defecazione.
L'intestino crasso, noto anche come *grande intestino*, ha una lunghezza media di 1,5 m e un diametro medio di 7,5 cm. È suddiviso in tre porzioni: (1) il *cieco*, (2) il *colon*, la porzione più estesa, e (3) il *retto*, la porzione terminale del canale alimentare lunga circa 15 cm.
Il materiale in arrivo dall'ileo entra in una sorta di tasca a fondo cieco, chiamata appunto, **cieco**, ove ha inizio il crasso. Sulla superficie posteromediale del cieco è presente una propaggine sottile e cava, che prende il nome di **appendice** o *appendice vermiforme* (*vermis*, verme).
Il **colon** può essere suddiviso in quattro segmenti. Il **colon ascendente** inizia in corrispondenza della valvola ileocecale. Il **colon trasverso**, che si dirige orizzontalmente verso il lato sinistro, passa inferiormente allo stomaco e segue la curvatura della parete corporea. Giunto nelle vicinanze della milza, compie una seconda curvatura verso il basso, diventando **colon discendente**. Quest'ultimo si porta in basso lungo la parete addominale sinistra fino a compiere una terza curvatura e formare il **colon sigmoideo**, un segmento a forma di "S" che sbocca nel retto.

Il **retto** costituisce la porzione terminale del tubo digerente ed è un organo espandibile preposto all'immagazzinamento temporaneo delle feci. L'ultima porzione del retto è il **canale anale** che termina con l'ano.

1.5.10 Il sistema nervoso

1.5.10.1 Anatomia

Il **sistema nervoso** (1) controlla gli ambienti interno ed esterno, (2) integra le informazioni sensitive e (3) coordina le risposte volontarie e involontarie di tutti gli apparati. Queste funzioni sono compiute dai neuroni, sostenuti e protetti da altre cellule che li circondano, chiamate nell'insieme *nevroglia*.

Il sistema nervoso si suddivide in **sistema nervoso centrale** (**SNC**) e **sistema nervoso periferico** (**SNP**). Il SNC, formato da encefalo e midollo spinale, coordina e integra gli impulsi sensitivi e la trasmissione di comandi motori, ed è la sede delle funzioni superiori, come l'intelligenza, la memoria e le emozioni. La comunicazione tra SNC e tutto il resto del corpo avviene mediante il SNP, che comprende tutti i tessuti nervosi situati esternamente al SNC.

Il compartimento effettore del SNP è a sua volta suddiviso nel **sistema nervoso somatico** (**SNS**), che controlla le contrazioni dei muscoli scheletrici, e nel **sistema nervoso autonomo** (**SNA**), o *sistema motore viscerale*, che fornisce una regolazione automatica involontaria della muscolatura liscia, della muscolatura cardiaca, delle ghiandole e del tessuto adiposo.

Funzioni del sistema nervoso

Il sistema nervoso svolge numerose funzioni: la percezione degli stimoli e la loro trasmissione, il coordinamento delle reazioni dell'organismo, la regolazione di tutte le funzioni organiche, la correlazione tra i sistemi della vita vegetativa e quelli della vita di relazione. Inoltre il sistema nervoso dell'uomo, a differenza di quello di tutti gli altri vertebrati, è sede di attività quali il pensiero, l'ideazione, la coscienza, la memoria, la volontà, la parola.

Comunicazione nervosa

Nel sistema nervoso, le informazioni si spostano da un posto ad un altro sotto forma di potenziali d'azione. Questi eventi elettrici si chiamano **impulsi nervosi**. Quando un potenziale d'azione raggiunge la parte terminale dell'assone, l'informazione viene trasferita ad un altro neurone o ad una cellula effettrice mediante il rilascio di sostanze chimiche dai bottoni sinaptici, chiamate **neurotrasmettitori**.

1.5.10.2 Il sistema nervoso centrale

Il sistema nervoso centrale è formato dal midollo spinale e dall'encefalo, strutture estremamente delicate che devono essere protette da urti, infezioni e altri agenti potenzialmente dannosi. La protezione è assicurata dalle *meningi*.

Le **meningi** sono tre strati di membrane specializzate che rivestono il midollo spinale e l'encefalo, assicurando stabilità fisica e protezione da insulti meccanici. I vasi sanguigni si ramificano all'interno di questi strati, distribuendo ossigeno e sostanze nutritizie necessari. A livello del forame magno dell'osso occipitale, le *meningi encefaliche*, che rivestono l'encefalo, si continuano con le *meningi spinali* che avvolgono il midollo spinale. I tre strati meningei sono: la *dura madre*, l'*aracnoide* e la *pia madre*. Le meningi che rivestono l'emergenza dei nervi encefalici e dei nervi spinali, derivanti rispettivamente dal cranio e dai fori intervertebrali, si continuano con il tessuto connettivo di rivestimento dei nervi periferici.

Il **midollo spinale** assicura il passaggio degli impulsi sensitivi destinati all'encefalo e degli impulsi motori provenienti dall'encefalo. Inoltre integra e coordina i *riflessi spinali*, risposte motorie automatiche che vanno dalla ritrazione dell'arto in seguito ad uno stimolo doloroso, agli schemi di riflessi complessi coinvolti nelle stazioni seduta ed eretta, durante il cammino o la corsa. Esso non è trapiantabile.

L'**encefalo** di un adulto presenta sei regioni: (1) **cervello**, (2) **diencefalo**, (3) **mesencefalo**, (4) **ponte**, (5) **bulbo** o midollo allungato, (6) **cervelletto**.

Osservato in veduta superiore, il **cervello** può essere suddiviso nei due **emisferi cerebrali**. I pensieri, le sensazioni, le funzioni intellettive, la memoria, il ricordo e i movimenti complessi hanno origine nel cervello. Il **diencefalo** (*dia*, attraverso + *kephalé*, testa) appare infossato ed è la prosecuzione del cervello; la maggior parte va a costituire il **talamo**, che funziona da stazione di relay e da centro di elaborazione delle informazioni sensitive. Un sottile peduncolo connette l'**ipotalamo** (*hypo*, sotto) all'*ipofisi*. L'ipotalamo contiene centri coinvolti nelle emozioni, nelle funzioni viscerali e nella produzione di ormoni. L'ipofisi è la connessione principale tra sistema nervoso e sistema endocrino. Anche l'**epitalamo** contiene una struttura endocrina, l'*epifisi* o ghiandola pineale.

Il **tronco encefalico** è formato da tre regioni: mesencefalo, ponte, bulbo o midollo allungato. Accoglie importanti centri di elaborazione e stazioni di relay per informazioni dirette al cervello o provenienti da quest'ultimo o dal cervelletto. I nuclei del **mesencefalo** (*meso-*, medio) ricevono informazioni visive e acustiche e generano comandi motori involontari. Questa regione contiene anche centri deputati a mantenere lo stato di coscienza. Il **ponte** presenta la maggiore connessione con il cervelletto e contiene, oltre a fasci e stazioni di relay, nuclei coinvolti nel controllo motorio somatico e viscerale. Il ponte si continua con il bulbo o **midollo allungato**, che prosegue poi nel midollo spinale. Il **bulbo** trasmette informazioni sensitive al talamo e ad altri centri del tronco encefalico, contiene anche i principali centri che regolano le funzioni viscerali come la frequenza cardiaca, la pressione arteriosa, la respirazione e la digestione.

I grandi emisferi cerebrali e i piccoli emisferi del **cervelletto** completano posteriormente il tronco encefalico. Il cervelletto regola i movimenti volontari e involontari sulla base di informazioni sensitive, e memorizza gli schemi di movimenti compiuti in precedenza.

Il cervello è l'area più estesa dell'encefalo ed è la sede in cui originano i processi consci e le funzioni intellettive superiori. La maggior parte del cervello è coinvolta nell'elaborazione delle informazioni sensitive e nel controllo volontario o involontario dei motoneuroni somatici; in generale siamo coscienti di questi eventi. Riguardo invece l'elaborazione di informazioni sensitive viscerali e il controllo di motoneuroni viscerali, ciò avviene sempre in centri cerebrali, ma a livello inconscio.

Il cervello è formato da sostanza grigia e sostanza bianca. La *sostanza grigia* è disposta superficialmente a formare la corteccia cerebrale e profondamente a costituire i *nuclei della base*. La *sostanza bianca centrale*, chiamata anche centro semiovale, è formata da assoni mielinici, e si trova compresa tra la corteccia cerebrale e i nuclei della base.

Occorre Sapere

Alcune azioni del sistema nervoso sono rapidissime e avvengono senza l'intervento dell'encefalo, un esempio è chiamato **arco riflesso**.

Struttura degli emisferi cerebrali. I due emisferi cerebrali sono separati da una profonda **fessura longitudinale**, e ogni emisfero può essere suddiviso in **lobi**: il **lobo frontale**, il **lobo parietale** e il **lobo occipitale**.

Connessioni corticali. Le diverse regioni della corteccia cerebrale sono interconnesse dalla sostanza bianca sottostante la corteccia cerebrale. Gli assoni, di lunghezze diverse, connettono aree dello stesso emisfero cerebrale, o uniscono i due emisferi attraverso il **corpo calloso**.

Ipotalamo. Possiede numerose funzioni tra le quali: (1) controllo inconscio delle contrazioni della muscolatura scheletrica associate a stati emozionali come rabbia, piacere, dolore ed eccitazione sessuale; (2) controllo delle funzioni dei centri autonomi del ponte e il bulbo (frequenza cardiaca, pressione sanguigna, respirazione, digestione); (3) coordinazione delle attività dei sistemi nervoso ed endocrino; (4) secrezione di numerosi ormoni, tra i quali l'*ormone antidiuretico* (*ADH*) e l'*ossitocina*; (5) generazione di impulsi comportamentali legati alla ricerca del cibo e dell'acqua; (6) coordinamento delle funzioni volontarie e autonome; (7) regolazione della temperatura corporea; (8) controllo del ritmo cardiaco.

Mesencefalo. Comprende due coppie di nuclei sensitivi, o *collicoli* (*colliculus*, piccola prominenza) coinvolti nell'elaborazione delle informazioni visive e acustiche; infatti, mentre i *collicoli superiori* controllano i movimenti riflessi di occhi, testa e collo in risposta a stimoli visivi, come ad esempio in seguito all'abbagliamento da un flash, i *collicoli inferiori* controllano i movimenti riflessi di testa, collo e tronco in risposta a stimoli uditivi, come in seguito ad un forte rumore. Il mesencefalo contiene anche i nuclei motori dei due nervi cranici (III NC e IV NC) coinvolti nel controllo dei movimenti oculari.

Ponte. Il ponte si trova tra il mesencefalo e il bulbo, ed è collegato al cervelletto tramite i peduncoli cerebrali medi. Il ponte contiene i nuclei sensitivi e motori di quattro nervi cranici (dal V all'VIII NC), e inoltre nuclei coinvolti nel controllo involontario del ritmo e della profondità del respiro. Fasci di fibre che attraversano il ponte connettono il cervelletto al tronco encefalico, al cervello e al midollo spinale.

Cervelletto. Il cervelletto è un centro che elabora informazioni in modo automatico e involontario. Ha due funzioni principali: (1) regolare la contrazione dei muscoli del corpo per mantenere l'equilibrio; (2) programmare e perfezionare i movimenti controllati sia a livello conscio che a livello inconscio. Queste funzioni si attuano indirettamente, regolando l'attività di vie motorie a livello della corteccia cerebrale, dei nuclei della base e del tronco encefalico.

Bulbo. Il bulbo, o midollo allungato, connette il mesencefalo con il midollo spinale, ed è dunque attraversato da tutti i fasci ascendenti e discendenti. Talvolta i fasci fanno sinapsi a livello di nuclei motori e sensitivi che funzionano come stazioni di relay e centri di elaborazione. Il bulbo contiene anche i nuclei motori e sensitivi di cinque nervi cranici (dall'VIII NC al XII NC).

1.5.10.3 Il sistema nervoso periferico

Il sistema nervoso periferico (SNP) assicura il collegamento tra i neuroni del sistema nervoso centrale (SNC) e il resto del corpo; tutte le informazioni sensitive e i comandi motori sono trasportati dagli assoni del SNP. Gli assoni, uniti insieme e avvolti da tessuto connettivo, formano i **nervi periferici**, o più semplicemente nervi. I nervi cranici si connettono all'encefalo e i nervi spinali al midollo spinale. Il SNP contiene anche i corpi cellulari e gli assoni dei neuroni sensitivi primari e i neuroni motori del sistema nervoso autonomo. I corpi cellulari sono raggruppati insieme a formare i **gangli**.

Il sistema nervoso periferico si divide in somatico (o volontario, controlla i muscoli scheletrici) e autonomo (o involontario, controlla il cuore, le ghiandole, il tessuto muscolare liscio). Il sistema autonomo si suddivide in *simpatico* (dove i gangli sono vicini al SNC) e in *parasimpatico* (dove i gangli sono vicini agli organi bersaglio).

- **Nervi cranici**. I **nervi cranici** sono dodici paia; il nome ne riflette l'aspetto o la funzione cui è preposto. Ogni nervo cranico è indicato con le lettere NC precedute dal numero romano corrispondente; a seconda della loro posizione lungo l'asse longitudinale dell'encefalo. Per esempio, I NC indica il primo paio di nervi cranici, cioè i nervi olfattivi.
  Dal punto di vista funzionale, ogni nervo cranico è classificato principalmente come sensitivo, motore o misto (sensitivo e motore). Molti nervi cranici tuttavia hanno anche funzioni secondarie; ad esempio, alcuni (III NC, VII NC, IX NC, X NC) trasportano anche fibre autonome destinate ai gangli del SNP, così come i nervi spinali veicolano fibre alle catene gangliari presenti lungo il midollo spinale.
  I **nervi olfattivi**, primo paio di nervi cranici, sono gli unici nervi cranici direttamente connessi con il cervello, gli altri originano o terminano in nuclei del diencefalo o del tronco encefalico. Questi nervi trasportano la sensibilità specifica responsabile dell'olfatto.
  I **nervi ottici** trasportano informazioni visive provenienti dagli occhi.
  Il **nervo oculomotore** innerva quattro dei sei muscoli estrinseci dell'occhio (i muscoli retto superiore, retto mediale, retto inferiore e obliquo inferiore).
  Il **nervo trocleare** è il più piccolo di tutti i nervi cranici e innerva il muscolo obliquo superiore dell'occhio.
  Il ponte contiene i nuclei del **nervo trigemino**, il più grande dei nervi cranici. Questo nervo fornisce informazioni sensitive provenienti dalla testa e dalla faccia e inoltra comandi motori per i muscoli masticatori, come i muscoli temporali e massetere.
  Il **nervo abducente** innerva il muscolo estrinseco dell'occhio, retto laterale, ed il suo nucleo si trova nel ponte.
  Il **nervo faciale** è un nervo misto che emerge dal ponte. Le fibre sensitive trasportano informazioni propriocettive dai muscoli mimici, pressorie profonde dalla faccia e gustative dai recettori presenti nei due terzi anteriori della lingua.
  Il **nervo vestibolococleare**, detto anche nervo statoacustico, trasporta le informazioni sensitive provenienti dai recettori dell'orecchio interno.
  Il **nervo glossofaringeo** (*glossa*, lingua) è un nervo misto che si distribuisce alla lingua e alla faringe.
  Il **nervo vago** (*vagus*, indeterminato) fornisce informazioni sensitive provenienti da canale acustico, diaframma, recettori gustativi situati nella faringe, e recettori viscerali presenti nell'esofago, nelle vie respiratorie e negli organi addominali fino all'ultima porzione dell'intestino crasso.
  Il **nervo accessorio**, a volte chiamato nervo accessorio spinale, è un nervo motore che innerva i muscoli del collo e del dorso.
  Il **nervo ipoglosso** controlla i muscoli scheletrici della lingua.

- **Nervi spinali**. Le 31 paia di **nervi spinali** sono raggruppate in base alla regione della colonna vertebrale da cui emergono. Comprendono 8 paia di nervi cervicali (C1-C8), 12 paia di nervi toracici (T1-T12), 5 paia di nervi lombari (L1-L5), 5 paia di nervi sacrali (S1-S5) e un paio di nervi coccigei (Co1). Ogni paio di nervi spinali controlla una precisa regione della superficie cutanea chiamata **dermatomero**.

– **Plessi nervosi**. Nel corso dello sviluppo, piccoli muscoli scheletrici si uniscono per formare muscoli di dimensioni maggiori. Questi muscoli risultano innervati da tronchi nervosi contenenti assoni provenienti da diversi nervi spinali, che quindi danno luogo ad una rete nervosa che prende il nome di **plesso nervoso**.
Il **plesso cervicale** innerva i muscoli del collo e si estende all'interno della cavità toracica per distribuirsi al diaframma. Il **plesso brachiale** innerva il cingolo scapolare e l'arto superiore. Il **plesso lombare** e il **plesso sacrale** innervano il cingolo pelvico e l'arto inferiore. Questi ultimi due plessi sono normalmente indicati come *plesso lombosacrale*.

1.5.11 L'apparato sensoriale

Le strutture adibite alla ricezione degli stimoli e chiamati recettori consentono all'organismo di poter vivere nell'ambiente circostante. Tali recettori nel loro insieme costituiscono gli organi di senso che sono preposti ai sensi della vista, dell'udito, del tatto, del gusto e dell'olfatto. Essi sono rappresentati rispettivamente dall'occhio, dall'orecchio, dalla cute, dalla mucosa linguale e dal quella olfattiva.

• L'**occhio** è posto nella cavità orbitale del cranio detta globo oculare. Quest'ultimo è costituito da tre tuniche sovrapposte: la più esterna, la capsula fibrosa, detta sclera, ha il compito di contenere l'occhio in modo da mantenerne la forma ed inoltre svolge la funzione di protezione. La parte anteriore della sclerotica, detta coroide, ha il compito di nutrire l'occhio, grazie ai numerosi vasi sanguigni che contiene. Il terzo strato è rappresentato dalla retina, che tappezza l'intero occhio internamente ed è costituito da speciali cellule nervose (fotorecettori), dai coni e dai bastoncelli, che convertono i raggi luminosi in impulsi nervosi. Dall'interno verso l'esterno si ha: la cavità posteriore (con l'umor vitreo), il cristallino, l'iride con al centro la pupilla, la cavità anteriore, la cornea, la congiuntiva. La pupilla si restringe e si dilata a seconda dell'intensità luminosa; l'iride conferisce il colore all'occhio; il cristallino è un corpo a forma di lente biconvessa e trasparente, contornato da muscoli ciliari. L'occhio dei vertebrati può essere paragonato ad una macchina fotografica: la luce entra attraverso la cornea (obiettivo), viene messa a fuoco sul cristallino (lenti) e produce un'immagine capovolta sulla retina (pellicola), che viene raddrizzata attraverso l'elaborazione degli impulsi che giungono al cervello.

• L'**orecchio** umano comprende il padiglione auricolare ed il condotto uditivo esterno. Il primo sporge dal corpo per meglio captare i suoni. Il condotto uditivo esterno raccoglie le onde sonore e alla sua estremità è tesa una membrana delicata, il timpano su cui sono convogliate le onde sonore. Quando le onde sonore colpiscono il timpano, questo entra in vibrazione e trasmette tali vibrazioni ad una catena di ossicini: il martello, l'incudine e la staffa. La cavità dell'orecchio medio comunica con la faringe per mezzo delle trombe di Eustachio: in tal modo la pressione atmosferica è bilanciata dalla pressione dell'aria presente nell'orecchio medio. L'orecchio medio è separato da una parete ossea contenente due aperture: la finestra ovale e la finestra tonda. I più importanti recettori sensoriali dell'orecchio interno sono la chiocciola o coclea ed i canali semicircolari. La chiocciola è un canale avvolto che contiene l'organo del Corti e le cellule acustiche, che sono i recettori degli stimoli sonori che vengono trasmessi al nervo cocleare e da questo al cervello, dove viene percepito il suono. I canali semicircolari, in numero di tre, presentano internamente delle cellule ciliate immerse in una

> ***Occorre Sapere***
>
> Il **potere di accomodamento dell'occhio** diminuisce con l'età dando luogo alla presbiopia.
> Un soggetto affetto da **daltonismo** non riesce a vedere i colori.

sostanza gelatinosa, dove circola lo stesso liquido presente nella chiocciola e dei cristalli di carbonato di calcio liberi (otoliti). Gli spostamenti della testa vengono percepiti dagli otoliti che urtano le cellule ciliate di uno dei canali semicircolari; questo trasmette l'informazione al cervello mediante il nervo vestibolare. Nell'orecchio si trova l'organo dell'equilibrio.

- Il **tatto** è molto importante per l'uomo, in quanto lo inserisce nell'ambiente che lo circonda, ricevendo una quantità di informazioni indispensabili alla sua vita. Le sensazioni cutanee possono essere tattili superficiali, profonde, termiche e dolorifiche. I recettori nervosi incaricati di captare le sensazioni tattili sono numerosi ed alcuni di questi sono rappresentati da espansioni libere, altri da corpuscoli. I più specializzati sono i corpuscoli del Pacini (che rispondono al tocco ed alla pressione); i nocicettori (recettori del dolore); i propriocettori (per l'orientamento del corpo e delle sue parti); le cellule pilifere (percepiscono il movimento e la temperatura).

- I recettori dell'**olfatto** (e del gusto) sono chemocettori e si trovano negli organi olfattivi, localizzati all'interno del naso e responsabili della percezione degli odori. I recettori sono dei neuroni che all'estremità libera portano un gruppo di piccoli peli. Le cellule olfattive inviano i loro assoni al cervello, dove si ha la percezione degli odori. Le cellule olfattive vengono stimolate da particelle di varia natura molto piccole sospese nell'aria. Quando queste penetrano nelle cavità nasali, provocano delle reazioni chimiche che eccitano le cellule olfattive e trasmettono tali eccitazioni al cervello.

- Il **gusto** ha i suoi recettori o bottoni gustativi localizzati principalmente sulle papille gustative presenti sulla superficie della lingua ed in piccola quantità sulla mucosa del palato. I recettori gustativi rivelano i segnali chimici in soluzione: durante la masticazione, infatti, una piccola parte del cibo si scioglie nella saliva che viene a contatto con le papille gustative. Esistono quattro sensazioni gustative: dolce, amaro, acido e salato. Il sapore dolce viene percepito ai margini della lingua, quello amaro alla base della lingua, mentre il salato e l'acido vengono percepiti alla punta della lingua.

1.5.12 L'apparato riproduttore

L'**apparato riproduttore** umano ha la funzione di produrre i gameti aploidi (ovuli nelle femmine e spermatozoi nei maschi) e di creare un ambiente adatto alla loro unione. Il processo di riproduzione avviene in tre fasi: la fecondazione, cioè l'incontro dei gameti; la gravidanza, ossia la crescita del nuovo individuo nel grembo materno; la nascita.

- L'**apparato riproduttore maschile** è un insieme di organi che raggiunge il completo sviluppo anatomico e funzionale alla pubertà e, con continuità e per tutta la vita, determina la produzione di spermatozoi (spermatogènesi). L'apparato genitale maschile è costituito dalle gonadi (testicoli), dalle vie spermatiche e dai tubuli seminiferi, nei quali avviene la spermatogenesi, da ghiandole (cellule interstiziali del testicolo, che producono testosterone, prostata) e dagli organi genitali esterni (scroto, pene). Le vie spermatiche (epididimo, dotto deferente e uretra) trattengono per qualche tempo gli spermatozoi e all'occasione li conducono all'esterno (eiaculazione). Dai testicoli gli spermatozoi si trasferiscono nell'epididimo e da questo, attraverso due canali detti dotti deferenti, nelle vescichette seminali. Queste vescicole sono piene di un liquido, lo sperma, prodotto da loro e dalla prostata. Lo sperma fornisce agli spermatozoi l'ambiente necessario alla loro sopravvivenza. Dalle vescicole seminali essi passano nell'uretra, un canale che proviene dalla vescica, che percorre il pene. L'uretere è un

canale muscolomembranoso che porta l'urina dalla pelvi alla vescica in cui sbocca mediante l'orifizio ureterale. Il pene (formato da due corpi cavernosi e dal corpo spongioso dell'uretra) ha la parte anteriore ingrossata, il glande, e in questa zona la pelle non è aderente ma si ritira facilmente formando il prepuzio. Durante l'accoppiamento lo sperma, contenente spermatozoi, viene espulso attraverso il pene e si deposita nell'organo genitale femminile.
Le cellule di Sertoli si trovano nel testicolo. Uno spermatozoo umano contiene 23 cromosomi.

- L'**apparato riproduttore femminile** è costituito da organi interni ed organi esterni. Sono interni, situati nel piccolo bacino, le ovaie, le tube uterine o salpingi, l'utero, la vagina e le ghiandole del Bartolini. Sono esterni, localizzati nella regione perineale, tra il monte di Venere e l'apertura anale, gli organi che costituiscono la vulva, cioè le grandi labbra, le piccole labbra, il clitoride. La vagina si apre fra le piccole labbra, posteriormente al clitoride, e nella donna vergine l'orificio vaginale è parzialmente chiuso dall'imene, un setto connettivale rivestito da mucosa vaginale internamente e da cute esternamente. Posteriormente al clitoride e anteriormente all'orificio vaginale si apre l'uretra. Le vie genitali femminili sono un sistema di canali che viene percorso in salita, dagli spermatozoi eventualmente immessi in essi durante il coito, e in discesa, dall'ovocita dopo l'ovulazione. Sono rappresentate dalle tube uterine (o salpingi o tube di Falloppio), dall'utero e dalla vagina. L'ovaio, la gonade femminile, è un organo pari che ha la forma e le dimensioni di una mandorla (circa 4 cm). La sua superficie è liscia nella bambina, ma a partire dalla pubertà compaiono piccole cicatrici man mano più numerose che la rendono irregolare. L'ovaio è un organo pieno, che ospita i follicoli. Prima della pubertà questi sono formati da una grande cellula, l'ovocita primario, rivestita da uno strato di cellule follicolari. Dopo la pubertà i follicoli si presentano in vari stadi di maturazione. I follicoli sono formazioni tondeggianti presenti in numero di circa 1 milione alla nascita. Fino alla pubertà i follicoli rimangono quiescenti e in gran parte degenerano (atresia follicolare), ma quando inizia la secrezione dell'ormone FSH ipofisario, alcuni di essi ciclicamente cominciano un processo maturativo della durata media di 14 giorni, che porta al loro "scoppio". La prima mestruazione si chiama menarca.

La gametogenesi femminile è destinata ad interrompersi quando non vi saranno più ovociti che possano maturare, cosa che avviene intorno ai 50 anni con la menopausa. L'evoluzione di un follicolo ooforo (dopo la pubertà) avviene schematicamente con le seguenti tappe:
- 1° giorno: inizio della maturazione del follicolo sotto lo stimolo dell'FSH ipofisario; l'ovocita primario diventa ovocita secondario (aploide); il follicolo produce estrògeni.
- 14° giorno: fine della maturazione; il follicolo diviene vescicoloso, follicolo di Graaf, che scoppia ed espelle l'ovocita secondario (ovulazione).
- 14° giorno: trasformazione del follicolo scoppiato in corpo luteo, sotto l'azione dell'LH ipofisario; il corpo luteo continua a produrre estrogeni, ma produce anche progesterone.
- 28° giorno: cessazione dell'attività del corpo luteo che involve e diventa una cicatrice (corpo albicante). L'LH ipofisario si è ridotto ed è ripresa la secrezione di FSH. Il ciclo poi riprende.

Il parto avviene generalmente alla quarantesima settimana di gestazione.

Occorre Sapere

Un sintomo il cui nome finisce "**-algia**" (mialgia) indica sicuramente un **dolore**.
Un sintomo il cui nome inizia con il prefisso"**a-**" (anemia) indica la **privazione** di qualche elemento.
Un sintomo il cui nome inizia con i prefissi "**iper-**"o " **ipo-**" (ipertensione) indica l'**alterazione quantitativa di una funzione**.
Un sintomo il cui nome inizia con il prefisso"**dis-**" (disuria) indica l'**alterazione di una funzione**.
Una malattia il cui nome finisce "**-osi**" (artrosi), "**-ite**" (polmonite) indica un **processo infiammatorio**.
Una malattia il cui nome finisce "**-oma**" (adenoma) indica una **neoplasia**.

Una malattia il cui nome finisce "**-iasi**" (teniasi) indica una **malattia parassitaria**.
Se il dottore ti dice che hai la **congiuntivite** devi curare gli **occhi**.
Se ti fanno male i piedi perché hai i **calli** vai dal **podologo**.
I **batteri** vivono sia in presenza che in assenza di ossigeno.
Per soddisfare in maniera equilibrata il proprio fabbisogno energetico le **kilocalorie** totali devono provenire per il 65% dai carboidrati, per il 20% dai grassi, per il 15% dalle proteine.
La **tenia** (verme solitario) è un **parassita** che in età adulta può raggiungere anche i 7-8 metri di lunghezza.
La **salmonella** è un **batterio** che può provocare gravi infezioni intestinali.

1.6 Le piante

1.6.1 Generalità e classificazione

Gli schemi tassonomici e la relativa nomenclatura sono notevolmente mutati negli ultimi anni, ma essenzialmente le piante si dividono in due gruppi: **tallofite e cormofite** o tracheofite. Le cormofite hanno tessuti differenziati e sono dotate (cormo) di radici, fusto e foglie; le tallofite invece sono prive di tessuti distinti e posseggono un corpo non differenziato, detto tallo. Le tallofite comprendono essenzialmente le alghe e le briofite, di cui i muschi sono i rappresentanti più noti e le più antiche piante terrestri. Alle cormofite appartengono le pterofite (felci) e gli equiseti, che sono piante perfettamente adattate alla terraferma, grazie ad una serie di strutture utili per assicurarsi l'acqua necessaria alla vita ed evitare l'essiccamento. Appartengono al gruppo delle piante vascolari o piante superiori le **spermatofite** per indicare le piante con semi a cui affidano la riproduzione, divise in **gimnosperme** ed **angiosperme**. Le prime sono caratterizzate dall'ovulo nudo che si trasforma direttamente in fiore dopo la fecondazione, ma, mancando l'ovario, non formano il frutto. Nelle angiosperme l'ovulo è racchiuso in un ovario e posseggono due organi importanti: il frutto, per la dispersione del seme, ed il fiore, per la riproduzione. La classe è suddivisa nei due grandi gruppi delle dicotiledoni (embrione dotato di due cotiledoni, cioè due foglioline che racchiudono il seme) e monocotiledoni (embrione dotato di una sola fogliolina). Lo schema riportato a pagina seguente sintetizza la suddivisione.

1.6.2 Attività metaboliche

La fotosintesi

La maggior parte delle piante è costituita da organismi autotrofi, che sono cioè in grado di vivere sintetizzando sostanze organiche a partire da acqua e composti inorganici, in particolare dal carbonio. Il processo di organicazione del carbonio prende il nome di fotosintesi e consiste nella formazione di zuccheri (glucosio, saccarosio, amido ecc.) a partire da acqua ed anidride carbonica, sfruttando l'energia luminosa del Sole. In tale processo si ha inoltre liberazione di ossigeno e da ciò è dipesa la possibilità di vita sul nostro pianeta. L'attività fotosintetica delle piante è legata ad alcuni fattori esterni, uno dei più importanti è senza dubbio la **luce**; la massima attività di fissazione avviene infatti nelle ore centrali della giornata, quando maggiore è l'intensità luminosa. Un altro fattore essenziale per la fotosintesi è l'**acqua**, in quanto una condizione di stress idrico determina un ritardo della crescita della pianta ed una riduzione di assunzione di anidride carbonica, con conseguente riduzione dell'attività fotosintetica. Anche la **temperatura** è un fattore condizionante la fotosintesi, come la disponibilità di anidride carbonica e di minerali.

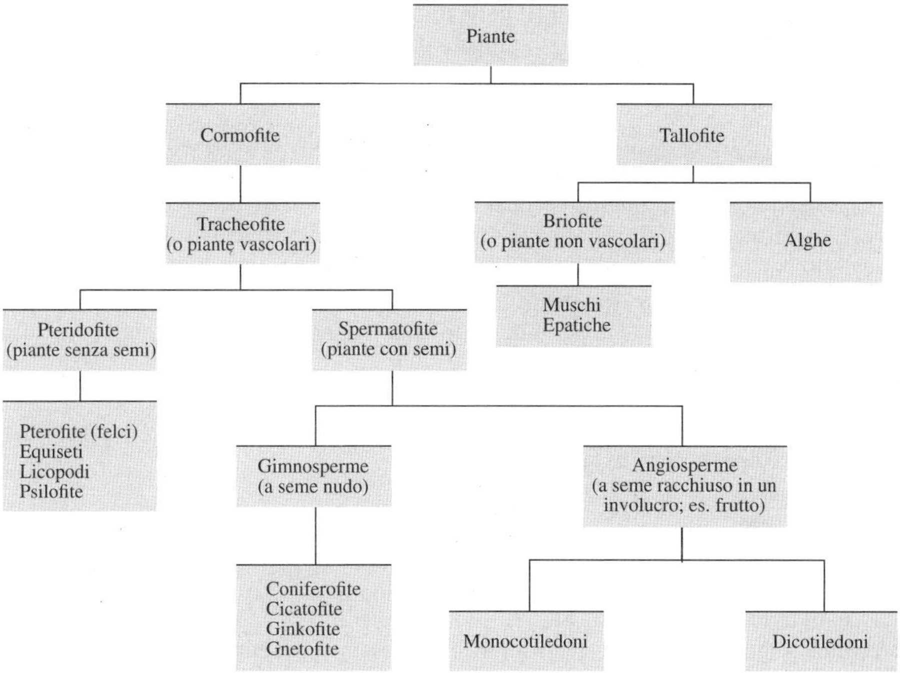

La respirazione

È il processo attraverso il quale l'energia chimica prodotta dalla fotosintesi viene trasformata in energia metabolica. Essa avviene in altri organelli presenti nelle cellule detti mitocondri. Una parte degli zuccheri prodotti nella fotosintesi viene utilizzata dalle piante per sviluppare i diversi organi e per immagazzinare riserve; l'altra viene demolita mediante la respirazione allo scopo di fornire l'energia necessaria ai diversi processi metabolici. Il prodotto finale della respirazione è di nuovo l'anidride carbonica che ritorna nell'atmosfera.

La traspirazione

Le radici assorbono grandi quantità di acqua dal terreno. Assieme all'acqua, entrano i sali minerali necessari alla pianta. L'acqua assorbita deve essere continuamente ricambiata, in modo che sia continuo l'apporto dei sali e che possano essere eliminate certe sostanze di rifiuto. Il ricambio continuo dell'acqua è possibile perché da una parte questo liquido è assorbito dalle radici, dall'altra viene eliminato dalle foglie mediante la traspirazione, attraverso gli stomi, sotto forma di vapore acqueo. La pianta regola la traspirazione aprendo e chiudendo i suoi stomi, secondo la necessità.

La riproduzione

Le piante hanno due modi per riprodursi: per via asessuale (o agamica) o per via sessuale (o gamica). La **riproduzione asessuale** è dovuta alla capacità di un solo individuo di originare discendenti. Ciò può avvenire per scissione, per gemmazione, per sporulazione. È semplice, ma non garantisce variazioni nella prole perché si ottengono cloni, cioè individui con le stesse caratteristiche di quello originario. La **riproduzione sessuale** avviene nei fiori. Qui, per meiosi, si producono spore maschili (il polline) nell'antera e spore femminili nell'ovario. Il polline viene disperso (ed è per questo protetto da un tegumento resistente), mentre le spore femminili sono racchiuse nell'ovulo all'interno dell'ovario. Il polline giunge sullo stimma del pistillo, che secerne delle sostanze appiccicose per catturare e far aderire il granello di polline. Giunto sullo stimma, il granello di polline germina e tale processo avviene solo su stimmi della stessa specie, producendo un tubetto pollinico che si approfondisce fino all'ovario, dove è presente l'ovulo, all'interno del quale avviene la fecondazione e la formazione dell'embrione. L'ovulo fecondato si trasforma in seme, che è composto quindi dall'embrione e da sostanze di riserva, mentre l'ovario si trasforma in frutto. Nelle piante si ha un'alternanza di una fase diploide (sporofito) che, per meiosi, produce le spore aploidi. Quando germinano, producono i gametofiti aploidi che, per mitosi, originano i gameti. Questi si fondono e ridanno lo sporofito diploide.

La fotosintesi e la traspirazione sono processi che avvengono durante il giorno, mentre la respirazione si svolge sempre, in tutte le 24 ore.

1.7 Evoluzione

1.7.1 Teorie evolutive

Il problema se gli organismi esistenti sulla Terra fossero stati sempre uguali o fossero cambiati nel tempo, era stato sempre argomento di scienziati e di filosofi. Ma solo nel XVIII secolo, quando una vasta attività scientifica portò alla scoperta dei fossili, si potè asserire che le forme animali e vegetali del passato erano diverse da quelle attuali. Così iniziarono a definirsi le varie teorie per spiegare ciò. La prima teoria formulata era quella del **fissismo** (o del **creazionismo**), il cui sostenitore era Georges **Cuvier** (1769-1823), il quale affermò che i fossili erano resti di forme viventi nel passato e successivamente estinte. Secondo Cuvier le specie rimangono identiche a come l'atto di creazione le ha fissate (fissismo), ma ad intervalli avvengono delle catastrofi che distruggono la maggior parte delle specie viventi (catastrofismo). Dopo ogni catastrofe un nuovo atto creativo ripopola il pianeta di specie, non necessariamente identiche alle precedenti (creazionismo). La teoria creazionista e delle catastrofi afferma che le specie sono immutabili e conservano la stessa forma con cui sono state create e che l'estinzione delle specie nel tempo è dovuta all'azione di catastrofi naturali.
Jean Baptiste de **Lamarck** (1744-1829) fu uno dei primi evoluzionisti a ritenere che alla base dell'evoluzione ci fosse l'ereditarietà dei caratteri acquisiti dai genitori nel corso della loro vita. Per Lamarck i fattori esterni, cioè l'ambiente, influenzano l'evoluzione degli organismi e, le modifiche che essi apportano, sono trasmesse alla prole. La sua teoria prevede che ogni organismo cerchi di adattarsi all'ambiente per ottenere i maggiori profitti. Per tale motivo sviluppano più quegli organi che sono utili ed atrofizzano quelli che non servono (Legge dell'uso e del disuso). Perdurando nel tempo questa situazione, la modifica viene trasmessa alle generazioni successive (Legge dell'ereditarietà dei caratteri acquisiti). Anche se la teoria di Lamarck fu vanificata ai suoi tempi, non bisogna sottovalutare il suo genio nell'affermare che gli organismi si sono evoluti, cosa che venne accettata solo mezzo secolo più tardi.
Il merito di aver elaborato un'organica teoria evolutiva e di aver individuato per essa un meccanismo (*Selezione naturale*) mediante il quale tale evoluzione avrebbe potuto avvenire, va attribuito al naturalista inglese, Charles-Robert **Darwin** (1809-1892). La principale lacuna nella prima esposizione della teoria di Darwin era che essa non poteva spiegare i meccanismi

della trasmissione delle mutazioni degli organismi perché ancora non era nota la genetica mendeliana. Nella visione evoluzionistica la vita sulla Terra non si manifesta attraverso forme immutabili e statiche, ma attraverso forme dinamiche e mutevoli. Darwin, dopo essersi imbarcato come medico e naturalista su una nave da guerra britannica e circumnavigato il mondo, si ritirò per elaborare tutti i dati raccolti (reperti animali e vegetali) e per catalogarli. Anche lui, come Lamarck, sostenne che le forme oggi esistenti discendano da forme preesistenti, soggette a continue evoluzioni. Le modificazioni che portano a mutare gli organismi, insorgono a caso e, giacché favorevoli alla vita, vengono trasmesse alla progenie (Legge dell'ereditarietà). Quelli che non le trasmettono, si estinguono (Teoria della selezione naturale). Inoltre, aveva notato che il numero totale di individui che possono riprodursi resta uguale. Perciò interviene un meccanismo regolatore naturale, che viene da lui definito "lotta per la sopravvivenza".
(Nella selezione artificiale, l'agente selettivo è l'uomo).

1.7.2 Origine della vita

Le prime formazioni limitate da una membrana potrebbero essere stati organismi unicellulari, simili a batteri, di cui conserviamo la documentazione fossile, risalente a circa 3,5 miliardi di anni fa.
Resti fossili abbondanti si trovano solo a partire da quelli che risalgono al periodo Cambriano, ossia a circa 570 milioni di anni fa, quando era già comparsa la maggior parte dei principali phyla animali e vegetali. Ciò è probabilmente dovuto al fatto che le forme di vita precedenti al Cambriano erano prive di parti scheletriche rigide, come ossa e denti, e dunque non fossilizzavano facilmente. I primi vertebrati fecero la loro comparsa tra 300 e 400 milioni di anni fa: erano creature simili a pesci, interamente ricoperte di pesanti armature. L'uscita dall'acqua e la colonizzazione della terraferma deve essere avvenuta circa 250 milioni di anni fa, prima da parte di pesci con pinne lobate e polmoni, poi dagli anfibi ed infine da animali considerati simili ai rettili. I mammiferi e, successivamente, gli uccelli si sono originati in seguito.

1.7.3 Evoluzione umana

La nostra specie si è evoluta all'interno del gruppo delle scimmie antropomorfe africane, grazie ad un passaggio evolutivo avvenuto qualche milione di anni fa. In base ad alcune prove molecolari, l'ultimo antenato comune alla specie umana, scimpanzé e gorilla, risalirebbe a non più di 5 milioni di anni fa. I resti fossili dei nostri diretti antenati ci mostrano diverse forme arcaiche di Homo sapiens (fra cui l'uomo di Neardenthal, vissuto in Europa), preceduto dall'Homo erectus, vissuto circa 2 milioni di anni fa, e dal genere Australopithecus, come testimoniano le dimensioni dell'encefalo.
L'uomo attuale, nell'evoluzione della specie, è il *sapiens sapiens* e ha fatto la sua comparsa circa 40.000 anni fa.

Capitolo 2
Fisica

2.1 Termologia

È la parte della Fisica che studia i fenomeni riguardanti il calore.

Calore

Il calore di un corpo è l'energia cinetica complessiva posseduta dalle particelle che lo costituiscono. È anche definito come l'energia che si trasferisce fra il sistema e l'ambiente circostante a causa di una loro differenza di temperatura. Il calore viene anche chiamato energia termica e viene misurato in Joule, anche se è di uso quotidiano la caloria (cal), dove 1 cal = 4,186 Joule.

La temperatura

La temperatura è un indice dello stato di energia termica, ovvero è l'energia cinetica media posseduta dalle singole particelle che costituiscono il corpo. La temperatura non viene espressa mediante l'energia cinetica media, ma viene descritta mediante unità di misura proprie e rilevate con strumenti appropriati chiamati termometri. Un termometro è un dispositivo in grado di rilevare variazioni di temperatura grazie alla dilatazione di un liquido o di un gas (oppure grazie alla variazione di resistenza elettrica di un conduttore sottoposto ad una variazione di temperatura).
Un termometro può essere tarato mediante diverse scale termometriche.
In un termometro vengono stabiliti due punti di riferimento (pressione atmosferica *ordinaria*):
- il primo A corrisponde alla temperatura del ghiaccio fondente dell'acqua;
- il secondo B corrisponde alla temperatura dell'acqua bollente.

La scala Celsius (°C) o centigrada

L'intervallo AB viene suddiviso in 100 parti ognuna delle quali è pari ad un grado centigrado o Celsius, quindi 0°C corrisponde alla temperatura del ghiaccio fondente dell'acqua e 100°C corrisponde alla temperatura dell'acqua bollente.

La scala Kelvin

Le suddivisioni dell'intervallo AB hanno la stessa ampiezza della scala Celsius (1K). Lo zero Kelvin corrisponde a –273,15°C, questo zero è detto anche *zero assoluto* in quanto non è possibile avere temperature inferiori ad esso.

La scala Fahrenheit

L'intervallo AB viene diviso in 180 parti, ognuna delle quali è 1 grado Fahrenheit (1°F): il punto A viene indicato come 32°F, il punto B viene segnato come 212°F.

Nel Sistema Internazionale la temperatura è misurata in gradi Kelvin.

Formule per convertire le temperature da altri sistemi di misura a Kelvin e viceversa:

Kelvin	⇨	Celsius	°C= K – 273,15
Celsius	⇨	Kelvin	K = °C + 273,15
Kelvin	⇨	Fahrenheit	°F = K × 1,8 – 459,67
Fahrenheit	⇨	Kelvin	K = °F + 459,67 : 1,8

➤ A quanti gradi Kelvin corrisponde la temperatura di –200 °C?
T(K) = –200 (°C) + 273,15 = 73,15

➤ A quanti gradi centigradi corrisponde la temperatura di 13 K?
T(°C) = 13 – 273,15 = –260,15

Un **termometro** può essere pronto se è in grado di rilevare rapidamente la temperatura del corpo, può essere sensibile se è in grado di rilevare piccole variazioni di temperature.
Esistono *termometri a minima*, ovvero termometri che indicano la temperatura minima raggiunta dal corpo in un determinato periodo di tempo, e *termometri a massima*, ovvero termometri che indicano la temperatura massima raggiunta dal corpo in un determinato periodo di tempo (per es. il termometro clinico).

2.1.1 Dilatazione dei solidi e dei liquidi

I termometri si basano sulla legge di dilatazione termica dei solidi e dei liquidi, secondo la quale un corpo, quando la sua temperatura aumenta, è soggetto ad un aumento di volume.
Se il corpo ha una dimensione molto grande, dal punto di vista termico, subisce una dilatazione lineare, che è:
- direttamente proporzionale alla lunghezza iniziale;
- direttamente proporzionale alla variazione di temperatura;
- dipendente dal materiale da cui è composto.

In altre parole: $$\Delta l = \alpha l_0 \Delta T$$

dove α è il coefficiente di dilatazione lineare della sostanza, coefficiente che viene determinato sperimentalmente.
La legge di dilatazione dei volumi è formalmente identica a quella lineare, tranne per il coefficiente di dilatazione:

$$\Delta V = kV_0 \Delta T$$

Legge fondamentale della termologia

La quantità di calore acquistata da un corpo, soggetto ad una sorgente di calore, è:
- direttamente proporzionale alla massa del corpo;
- direttamente proporzionale alla variazione di temperatura;
- dipendente dalla natura della sostanza da cui è composto;

cioè: $$Q = mc\Delta T$$

dove c è calore specifico della sostanza.

2.1.2 *Cambiamenti di stato*

I corpi, in natura, possono presentarsi allo stato solido, liquido e gassoso.
Un corpo che acquista o cede calore può cambiare stato e determinare i seguenti passaggi:

- **fusione**: dal solido al liquido, con assorbimento di calore da parte del corpo;
- **solidificazione**: dal liquido al solido, con emissione di calore da parte del corpo;
- **evaporazione**: dal liquido al gas, con assorbimento di calore da parte del corpo;
- **condensazione**: dal gas al liquido, con emissione di calore da parte del corpo;
- **sublimazione**: dal solido al gas, con assorbimento di calore da parte del corpo;
- **brinamento**: dal gas al solido, con emissione di calore da parte del corpo.

Gli ultimi due passaggi, a temperatura e pressione ordinarie, non sono comuni.

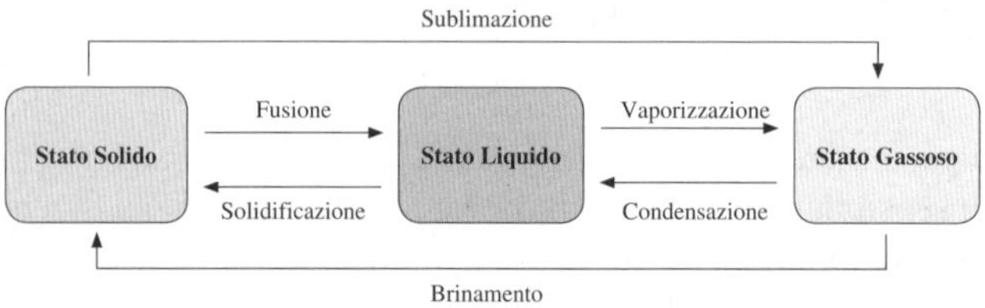

2.1.3 *Propagazione del calore*

Il calore si propaga mediante:

- **conduzione:** la propagazione dell'energia termica avviene senza trasporto di materia, ovvero l'energia termica si trasmette da una particella a quelle *vicine*;
- **convezione:** questa propagazione è tipica nei fluidi, cioè gas o liquidi, ed avviene mediante il movimento del fluido stesso;
- **irraggiamento:** è la propagazione di calore mediante onde elettromagnetiche. Ogni corpo, la cui temperatura sia superiore a 0 K, emette energia elettromagnetica capace di trasportare energia termica.

Le sostanze che conducono bene l'energia termica si chiamano conduttori (ad es. i metalli), quelli che non la conducono vengono detti isolanti (ad es. legno).

2.2 Equilibrio nei fluidi

La materia si presenta in tre stati fisici:

- **solido**, in cui il corpo ha forma e volume propri;
- **liquido**, in cui il corpo ha volume proprio ed assume la forma del recipiente;
- **gassoso**, in cui il corpo non ha forma e volume propri.

Per *fluido* intendiamo un corpo liquido o gassoso. I fluidi reali presentano una più o meno elevata resistenza allo *scorrimento* delle sue particelle su se stesse, questa resistenza è detta *viscosità* e diminuisce al crescere della temperatura. In natura sono presenti sostanze dotate di viscosità diverse, si va da quelle con viscosità bassissima, come i gas, a quelle con viscosità enorme, come il vetro. Le leggi che seguono sono applicabili a fluidi che presentano viscosità nulla, in questo caso il fluido è detto perfetto.

La *pressione* è il rapporto tra la forza premente e l'area della superficie sulla quale la forza è applicata. La pressione è misurata in Pascal (Pa = N/m^2).

Legge di Pascal

La pressione esercitata da un liquido su di una superficie, si trasmette con lo stesso valore su ogni altra superficie a contatto con il liquido.

Legge di Stevino

La pressione dovuta alla forza peso di un liquido è direttamente proporzionale alla densità del liquido ed alla profondità del liquido, in simboli:

$$P = g \cdot d \cdot h$$

dove *g* è l'accelerazione gravitazionale, *d* la densità, *h* la profondità.

Legge di Archimede

Un corpo immerso in un liquido subisce una forza diretta verso l'alto di intensità pari al peso del liquido spostato. In simboli:

$$F = g \cdot d \cdot V$$

dove *g* è l'accelerazione gravitazionale, *d* la densità, *V* il volume del liquido.

2.3 Il moto rettilineo uniforme

Se il punto materiale si muove a velocità costante su di una retta orientata, il moto viene detto **moto rettilineo uniforme**.

Detto s lo spazio percorso, s_0 lo spazio al tempo t = 0, la legge oraria del moto rettilineo uniforme è:

$$s = s_0 + v\,t$$

Formule inverse

$$v = s/t \qquad t = s/v$$

➤ Calcolare la velocità di un veicolo che percorre 250 km in 3 ore e 30 minuti supponendo che il moto sia uniforme.

250 km = 250.000 m
3 ore e 30 min = 210 min = 12.600 s
velocità = s/t = 250.000 m/12.600 s = 19,84 m/s
oppure
velocità = s/t = 250 km/3,5 h = 71,43 km/h
= 71,43 km/h/3,6 (*) = 19,84 m/s

(*) dividendo per 3,6 si converte rapidamente da km/h in m/s.

➤ Se una jeep corre alla velocità media di 30 km/h, in quanti minuti percorre la distanza di 2 km?

1h = 60 m
v = 30 km/60 m
s = 2 km

t = s/v = 2 km : (30 km/60 m) = 2 km : 0,5 km/m = 4 m

➤ Due veicoli, A e B, si spostano l'uno verso l'altro con moto uniforme. La velocità di A è 30 m/s e quella di B è 10 m/s. Se la distanza che li separa è 200 m, dopo quanti secondi i due veicoli impattano?

Il problema così formulato non è di semplice soluzione. Se invece costruiamo un sistema fisico equivalente, potremo risolverlo facilmente.
Se il veicolo A è fermo e il veicolo B viaggia alla velocità di 40 m/s, cioè con velocità pari alla somma delle due velocità, allora, per quanto riguarda il tempo di impatto, il sistema è equivalente.
Il veicolo B impatterà dopo 200 m/40 m/s = 5 s.
Infatti, tornando al quesito iniziale, il veicolo A percorrerà 150 m in 5 s e il veicolo B percorrerà 50 m in 5 s, quindi impattano dopo 5 s.

2.4 I SISTEMI DI UNITÀ DI MISURA

I *sistemi di unità di misura* consistono in un limitato numero di grandezze fisiche fra loro indipendenti e da un numero molto maggiore di grandezze definite in funzione delle precedenti. Le prime sono dette *grandezze fondamentali,* le seconde *grandezze derivate.*
Due sono i sistemi di unità di misura (u. d. m.) più usati: il *Sistema internazionale (S. I.)*, in cui le grandezze fondamentali sono sette, e il *Sistema C. G. S.*, in cui le grandezze fondamentali sono tre.

SISTEMA INTERNAZIONALE		SISTEMA C.G.S.	
GRANDEZZA	**u. d. m.**	**GRANDEZZA**	**u. d. m.**
Lunghezza	Metro (m)	Lunghezza	Centimetro (cm)
Massa	Chilogrammo (kg)	Massa	Grammo (g)
Tempo	Secondo (sec)	Tempo	Secondo (sec)
Intensità di corrente	Ampère (A)		
Temperatura	Kelvin (K)		
Intensità luminosa	Candela (cd)		
Quantità di materia	Mole (mol)		

UNITÀ SI DERIVATE					
GRANDEZZA DERIVATA	**NOME**	**SIMBOLO**	**GRANDEZZA DERIVATA**	**NOME**	**SIMBOLO**
Angolo piano	radiante	rad	Conduttanza elettrica	siemens	S
Angolo solido	steradiante	sr	Flusso magnetico	weber	Wb
Frequenza	hertz	Hz	Densità di flusso magnetico	tesla	T
Forza	newton	N	Induttanza	henry	H
Pressione, sforzo	pascal	Pa	Temperatura Celsius	grado Celsius	°C
Energia, lavoro, quantità di calore	joule	J	Flusso luminoso	lumen	lm
Potenza, flusso radiante	watt	W	Luminanza	lux	lx
Carica elettrica, quantità di elettricità	coulomb	C	Attività di un radionuclide	becquerel	Bq
Differenza di potenziale elettrico, forza elettromotrice	volt	V	Dose assorbita, energia specifica (impartita), kerma	gray	Gy
Capacità (elettrica)	farad	F	Equivalente di dose (ambientale, direzionale, personale)	sievert	Sv
Resistenza elettrica	ohm	Ω	Attività catalitica	katal	kat

Di seguito alcuni esercizi delle banche dati inerenti il periodo.

		A	B	C	D
1	**Se un camper corre alla velocità media di 30 km/h, in quanti minuti percorre la distanza di 2 km?**	20 min	4 min	2 min	30 min
2	**Una sostanza si trova a 220 °C. La sua temperatura espressa in gradi Kelvin è:**	–53	–493	400	493
3	**Nel corpo umano, quale tra le seguenti strutture fa parte dell'apparato uditivo?**	Le trombe di Eustachio	L'aorta	Il pancreas	L'esofago
4	**La fusione di un gamete maschile con un gamete femminile dà origine a**	una morula	un allele	una gonade	uno zigote
5	**Quale dei seguenti animali appartiene alla classe degli anfibi?**	Il geco	La rana	La vipera	Lo scarabeo

Soluzioni: 1.B, 2.D, 3.A, 4.D, 5.B

Sezione VIII
Informatica

Capitolo 1
Informatica

Data la crescente importanza che l'uso del computer riveste nella nostra società ed in qualsiasi attività, spesso le prove di ammissione prevedono alcuni quesiti volti a verificare le conoscenze informatiche dei candidati. Si tratta in genere di domande che non richiedono particolari conoscenze approfondite ma un po' di dimestichezza con i sistemi operativi più diffusi, i programmi con maggiori applicazioni nelle attività lavorative, i più importanti strumenti di comunicazione. Ci è sembrato dunque sufficiente ai nostri scopi inserire una breve introduzione ai principali argomenti di informatica e un glossario dei termini più frequentemente utilizzati in questo campo.

1.1 Concetti generali

Un computer è costituito da una serie di elementi elettronici e non, in grado di interagire con utenti umani o altri computer al fine di elaborare dati e fornire risultati, che in linea di massima sono rappresentati da immagini, stampati, suoni o quant'altro abbia significato per l'uomo. **Computer** vuol dire *calcolatore* e infatti la funzione vera e propria di un computer è proprio quella di calcolare ovvero di coordinare tutte le componenti che lo costituiscono, elaborando i dati che vengono immessi e fornendo all'esterno il risultato delle elaborazioni, il tutto grazie a una sorta di cervello che si indica col nome di **CPU** (*Central Processing Unit*).
Si è detto che un computer è costituito da elementi elettronici e non. In primo luogo bisogna distinguere tra **hardware** che indica l'insieme degli elementi che costituiscono la parte fisica del computer (circuiti elettrici ed elettronici, cavi, supporti ecc.) e **software** che rappresenta l'insieme dei programmi che stabiliscono le procedure di funzionamento e rendono possibili le funzioni di calcolo.

1.1.1 La CPU
L'unità centrale di elaborazione, nota anche come **microprocessore**, è un insieme di circuiti elettronici in grado di effettuare a una velocità molto elevata operazioni con i numeri. Più precisamente, tutto il funzionamento del computer, si basa su un tipo di aritmetica che prende il nome di **aritmetica binaria**, in cui ogni numero viene rappresentato mediante una sequenza di simboli 0 e 1, il **Bit** (Binary digIT). Un insieme di 8 bit viene definito **Byte** (*BinarY ocTEt*). La velocità di un microprocessore si misura in gigahertz.

1.1.2 Tipi di computer

A seconda della potenza e dell'utilizzo esistono diverse tipologie di computer:
- *Personal computer*, grazie al progresso e all'abbassamento dei costi sono diventati molto comuni nelle case e negli uffici di tutto il mondo. Sono noti con l'acronimo **PC** o anche col termine **desktop PC** e sono ormai usati per ogni tipo di scopo: elaborazione testi, contabilità, grafica, design, utilizzi ludici, multimediali, ecc.
- *Laptop*, sono i cosiddetti PC portatili, di dimensioni ridotte, integrano in poco spazio periferiche di solito ingombranti come monitor e tastiera. I nuovi modelli hanno anche webcam e microfoni incorporati per scopi multimediali e di comunicazione. Essi sono altresì noti col termine **notebook**;
- *Netbook*, si tratta di particolari tipi di laptop di dimensioni e prestazioni più ridotte, adatti principalmente alla navigazione su Internet;
- *Tablet PC*, sono particolari computer portatili costituiti da un unico monitor *touchscreen* (schermo tattile) molto maneggevole e pratico;
- *Palmari*, si tratta di computer di dimensioni e prestazioni molto ridotte, noti anche come **PDA**.
- *Smartphone*, si tratta di telefoni cellulari con funzionalità avanzate tipiche di un vero e proprio computer (possono essere considerati come una sorta di PDA evoluti).

1.2 Hardware

Dispositivi periferici di Input/Output, memoria centrale, CPU e tutte le altre componenti ad essi collegati costituiscono l'**Hardware**. Con tale termine si indica tutto ciò che è correlato agli elementi elettronici di un computer e spesso questo vocabolo viene usato anche in contesti più ampi (es.: avere un problema di natura hardware vuol dire che si è verificato un guasto ad una delle componenti elettroniche del calcolatore).

1.2.1 Componenti Hardware

Scheda madre

Tutte le componenti sono collegate attraverso una componente hardware fondamentale di un PC: la *scheda madre* (o *mainboard*). Essa è costituita da una serie di alloggiamenti dove vengono montati fisicamente la CPU, le memorie principali e secondarie, le periferiche di input e quelle di output.

Memorie

Col termine Memoria si indicano genericamente diversi tipi di dispositivi di memorizzazione, con sostanziali differenze. Le memorie vengono suddivise nelle seguenti categorie:
- **Memoria RAM**, (l'acronimo RAM deriva dall'inglese *Random-Access Memory* ossia Memoria ad accesso casuale) definita anche **memoria principale,** fisicamente è un piccolo circuito rettangolare che va installato sulla scheda madre. La RAM è la memoria dove vengono conservati i dati in corso di elaborazione (i documenti aperti) e le istruzioni del programma in esecuzione, per cui si tratta di una memoria *temporanea* che cancella il suo contenuto completamente quando si spegne il computer. La CPU può accedervi in un punto a caso e prelevare o depositare un dato elaborato o ancora da elaborare;
- **Memoria ROM**, è una memoria permanente di sola lettura (*Read Only Memory*) ed è usata dalla CPU per prelevare le istruzioni che stabiliscono cosa fare all'accensione del PC (che altrimenti rimarrebbe inutilizzabile). Queste istruzioni costituiscono un software ben preciso che prende il nome di **BIOS** (*Basic Input Output System*), che in realtà è configu-

rabile secondo le esigenze dell'utente (di solito un utente esperto). A differenza della memoria RAM, la ROM non perde il suo contenuto una volta spento il PC;

- **Memorie di massa** sono usate per conservare i dati anche dopo lo spegnimento del PC e spesso hanno dimensioni molto ridotte tali da essere portate con sé per avere dati importanti sempre a portata di mano. Tra le Memorie di massa ricordiamo:
  - l'*Hard disk*, costituito da una scatola metallica contente i supporti su cui avviene la scrittura e la lettura dei dati. Esso è chiamato anche **disco rigido** o **disco fisso**. La sua capacità si misura in Gigabyte ovvero miliardi di byte;
  - il *DVD-ROM* e il *CD-ROM*, supporto su cui è possibile la sola lettura dei dati, in quanto la scrittura va fatta con dispositivi appositi chiamati **masterizzatori**. Ha una capienza di alcuni miliardi di byte di MB per i CD ad alcune migliaia di MB per i DVD e la comodità è rappresentata dal fatto che questi supporti sono letti in maniera universale da qualsiasi dispositivo di lettura DVD-ROM, per cui sono memorie di massa portatili;
  - il *BD-ROM*, noto come ***blu ray disc***, è l'evoluzione dei DVD ed ha capacità notevolmente più ampie. Come per i CD-ROM e i DVD-ROM necessita di apposite periferiche per la lettura e appositi masterizzatori per la scrittura dei dati, anche se ormai ci sono periferiche "ibride" ovvero con le attitudini di lettura e masterizzazione insieme;
  - la *Memoria USB* (anche nota come ***USB flash drive***), è memoria di massa dalle dimensioni molto ridotte (pochi centimetri) in grado di memorizzare anche enormi quantità di dati, per poi essere trasportate in maniera agevole in modo da avere sempre con sé i propri dati;
  - il *Floppy* disk, memoria dalla capacità estremamente ridotta, ormai caduto in disuso anche per i tempi di accesso notevolmente più lunghi rispetto alle altre memorie presenti oggi sul mercato.

L'unità più piccola memorizzabile su di una memoria è il byte, ma sulle memorie di massa, le informazioni, le istruzioni che la CPU deve elaborare e i risultati delle elaborazioni sono memorizzate sottoforma di file ovvero insiemi di byte preposti al medesimo scopo o contenenti le istruzioni da far eseguire alla CPU per ottenere il funzionamento di un software. Pertanto per poter memorizzare un file di una determinata dimensione è necessario che la memoria apposita sia sufficientemente capiente. **Le moderne memorie hanno capienza di miliardi di byte** poiché il progresso ha consentito di localizzare in spazi ridotti l'enorme mole di informazioni richiesta dai software sempre più sofisticati. Per quantificare grosse quantità di byte, nell'indicare la capienza di una memoria è bene utilizzare dei multipli del byte, così come si fa per i metri (km) o i grammi (kg). Il primo multiplo del byte è il **kilobyte (KB)** che indica 1024 byte (non 1000 come avviene per i grammi e le altre unità di misura). Gli altri multipli usati sono il **Megabyte (MB)** che equivale a 1024 KB e quindi a 1024^2 Byte, il **Gigabyte (GB)** equivalente a circa un miliardo di byte e il **Terabyte(TB)** pari circa a mille miliardi di byte.

Periferiche I/O

Abbiamo parlato di dispositivi di I/O (input-output), noti anche come periferiche, che hanno la funzione di interagire con l'utente. Questo tipo di interazione può avvenire in due "sensi" dal computer verso l'utente, come risposta alle elaborazioni richieste, o viceversa, relativamente ad un'immissione dati da parte dell'utente verso il computer: nel primo caso parliamo di **output**, nel secondo si tratta di **input** e pertanto le periferiche in questione potranno essere definiti **dispositivi di input** e **dispositivi di output** (esistono anche alcuni casi in cui una stessa periferica svolga entrambe le funzioni). Le periferiche di Input sono:

- *Tastiera*, che permette l'inserimento di caratteri qualora il software lo richieda;
- *Mouse*, si tratta di un piccolo dispositivo dalla forma più o meno ovale il cui movimento da parte dell'utente viene trasferito al **puntatore** un elemento grafico presente nei software più moderni;
- *Touchpad*, ha la stessa funzione del mouse ma il movimento del puntatore è provocato dal passaggio di un dito su una superficie piana;
- *Scanner*, consente l'acquisizione di immagini cartacee per renderle disponibili a determinati software in grado di elaborarle per gli scopi più disparati.

Altre periferiche di input sono il *microfono* con evidente funzione per la digitalizzazione di audio e la *webcam*, una telecamera dalle dimensioni estremamente ridotte, in grado di acquisire immagini video dell'utente che la utilizzi.
Tra le varie periferiche di Output ricordiamo:
- *Monitor* – Molto simile ad un televisore, è il dispositivo che mostra in maniera visiva le caratteristiche di natura grafica e multimediale dei software. Si basano sulle stesse tecnologie dei televisori per cui le dimensioni vengono misurate in pollici ed esistono monitor a tubo catodico (ormai obsoleti) ed LCD (*Liquid Crystal Display*). Per funzionare il monitor deve essere collegato ad un dispositivo particolare chiamato **scheda video** o **adattatore grafico** ed ha la funzione di "tradurre" in immagini le informazioni elaborate dalla CPU.
- *Stampante* – Ha il compito di trasferire su carta i dati elaborati dai software e in base alla tecnologia utilizzata si distinguono per velocità e per qualità di stampa. Tra le varie stampanti ricordiamo:
  - *Stampanti laser*
  - *Stampanti a getto d'inchiostro*
  - *Stampanti a sublimazione*
- *Altoparlanti* e *cuffie*, hanno la funzione di riprodurre suoni e, come il microfono, sono collegati alla **scheda audio**, un dispositivo in grado di *digitalizzare* (codificare in bit) i suoni.

Porte di comunicazione
Le periferiche e le memorie comunicano con la CPU attraverso delle **porte di comunicazione** a cui si collegano fisicamente mediante connettori. Esse si distinguono in base al tipo di tecnologia e alla velocità di trasmissione dei dati. Tra queste ricordiamo:
- *Porta USB*, molto diffusa, permette di collegare la maggior parte delle periferiche e di alcune memorie di massa. È una tecnologia che consente un'elevata velocità di passaggio di dati nell'unità di tempo (di solito si misura in B/s, byte al secondo o con i multipli KB/s e MB/s);
- *Porta seriale*, è una porta per lo scambio dei dati attraverso la quale i bit sono trasmessi in serie uno alla volta. Ha una velocità molto ridotta ed è ormai caduta in disuso quasi completamente;
- *Porta parallela*, a differenza della porta seriale, attraverso la porta parallela i bit vengono trasmessi in "parallelo", contemporaneamente su più conduttori alla volta. Un tempo era molto usata per collegare stampanti, ma adesso è stata soppiantata dalla più veloce porta USB;
- *Porta Ethernet*, attraverso questa porta si collegano i computer tra di loro realizzando delle reti di PC, che affronteremo nei prossimi paragrafi.
- *Porta Firewire*, è un tipo di porta spesso nota anche col nome del suo standard: **IEEE 1394**. Permette trasferimenti di dati ad alta velocità, ed è molto usata per acquisire filmati da telecamere o come interfaccia per collegare memorie di massa esterne.

1.3 Software

Come abbiamo accennato, un software è un insieme di istruzioni che la CPU elabora per svolgere un determinato compito. I software sono scritti dai programmatori attraverso un **linguaggio di programmazione**, una sorta di codice noto al programmatore che viene successivamente tradotto in **linguaggio macchina**, la lingua della CPU, che può quindi eseguire le istruzioni del programma secondo le direttive del programmatore. In base alla funzione esistono diversi tipi di software:
- *Software di sistema*
- *Software applicativo*
- *Software multimediale.*

1.3.1 Software di sistema

Quando un PC viene avviato, la CPU è istruita sul da farsi dalle istruzioni contenute nella memoria ROM. Una volta esaurito il compito della ROM, il controllo passa ad un software detto **sistema operativo** (o software di sistema) che ha le seguenti funzioni principali:
- gestire la memoria e il flusso dati tra la CPU e le altre periferiche di sistema;
- garantire l'interazione uomo macchina attraverso una interfaccia grafica detta **GUI** (Graphical User Interface) o attraverso una interfaccia di tipo testuale;

Oggi sono presenti molti sistemi operativi tra cui vale la pena ricordare:
- Microsoft Windows 7 e versioni precedenti come Vista, XP, 98 e 95
- Linux
- FreeBSD
- MacOS
- MSDOS

I moderni sistemi operativi forniscono tutti una interfaccia grafica che facilita di molto l'interazione con l'utente. Un tempo, infatti, i comandi durante l'utilizzo di un PC erano inseriti in una interfaccia testuale molto primitiva che complicava di molto l'uso del PC, rendendolo uno strumento per pochi. Una interfaccia di tipo grafico, invece, facilita notevolmente il lavoro poiché tutte le operazioni si basano su simboli grafici (icone e finestre) anche accattivanti, di utilizzo senza dubbio più semplice.

1.3.2 Software applicativo e multimediale

Per operazioni specifiche l'utente ha a disposizione una serie di **software applicativi** in grado di svolgere i compiti più disparati, che non sono compresi nel sistema operativo, ma vengono invece installati dall'utente. Di solito ogni software svolge una determinata funzione tra cui:
- *Elaborazione testi* – **Microsoft Word** e **Write** di OpenOffice.org;
- *Programmi di foglio elettronico* – **Microsoft Excel** e **Calc** di OpenOffice.org;
- *Gestione di database* – **Microsoft Access** e **Base** di OpenOffice.org;
- *Applicativi per presentazioni* con diapositive – **Microsoft PowerPoint** e **Impress** di OpenOffice.org;
- *Programmi per navigare in Internet e gestire la posta elettronica* – **Microsoft Explorer 8** e **Mozilla Firefox** per navigare e **Microsoft Outlook** e **Mozilla Thunderbird** per la posta elettronica.

Sono ugualmente degli applicativi anche i programmi antivirus e i programmi per la compressione dei file. L'elenco potrebbe essere infinito, poiché esistono anche i cosiddetti **software multimediali** come quelli per il fotoritocco, la grafica tridimensionale, il montaggio audio/video, l'editoria elettronica ecc.

1.3.3 Diritto d'autore e licenze d'uso

In seguito all'emanazione del *decreto legislativo 518/92*, la vecchia legge 633/41 sul diritto d'autore è stata estesa anche alla tutela dei software, esprimendo quali siano gli usi consentiti del programma e i diritti di chi detiene il **copyright**, analogamente a quanto avviene nel campo dell'editoria, nell'industria delle etichette discografiche e nel mercato delle opere audiovisive in genere. Le norme degli ultimi anni, quali il decreto-legge 22 marzo 2004, n. 72 convertito poi nella *legge 21 maggio 2004 n. 128*, contrasta anche la diffusione abusiva per via telematica di materiale audiovisivo protetto dal diritto d'autore (musica e film).
Un fenomeno purtroppo abbastanza diffuso è proprio l'utilizzo di **software pirata**. Questo concetto si riferisce al fatto di usare software commerciali senza averli pagati, forzando eventuali protezioni create per scongiurare questo tipo di utilizzo. Questa pratica, oltre ad essere assolutamente illegale e punita dalla legge, è anche poco sicura in quanto dietro ai software pirata si possono nascondere insidie quali virus e malware in genere, programmi nocivi in grado di danneggiare il sistema di chi li usa.
Quando si acquista un CD di istallazione software esso è sempre accompagnato da un documento legale, una licenza d'uso; per utilizzare un software, è richiesta l'accettazione di tale contratto di licenza, spesso definito **EULA** (*End User License Agreement*) che regola le modalità con cui l'utente si impegna a usare il software e le responsabilità sia dell'utente che del produttore del software. Solitamente l'EULA è legato ai software a pagamento (in questo caso si parla di licenze per **software proprietario**), ma talvolta è impiegato anche per i software gratuiti, scaricabili ad esempio da Internet, dal momento che si tratta di un semplice contratto di licenza in cui si stabilisce cosa devono o possono fare rispettivamente il produttore e l'utente finale.
A seconda della tipologia di licenza, i software gratuiti, vengono distinti in **freeware**, che possono essere copiati e usati liberamente, e **shareware** dati "in prova" gratuita per un periodo di tempo limitato superato il quale se l'utente è soddisfatto e vuole continuare a usare il prodotto, deve acquistarlo. Tra le licenze che prevedono l'uso gratuito del software, la più diffusa è la ***GNU** General Public License*, la quale prevede che il software sia liberamente utilizzabile ed eventualmente modificabile, purché lo si ridistribuisca con le modifiche apportate.

1.3.4 Realizzazione di un software

Per realizzare un software occorrono dei **programmatori** che attraverso un linguaggio di programmazione, successivamente tradotto in un secondo linguaggio compreso dalla CPU, il **linguaggio macchina**, creano il programma che svolga le funzioni desiderate.
Scrivere un software prevede una serie di passi preliminari:
- Studio di fattibilità e analisi
- Progettazione
- Programmazione
- Implementazione
- Test
- Revisione e manutenzione

Tralasciando i primi punti, passiamo subito alla scelta del linguaggio di programmazione, che fondamentalmente dipende soprattutto dalle preferenze del programmatore oltre che dal tipo di software che si intende creare.
Per indurre la CPU a fare ciò che si desidera è necessario un linguaggio di programmazione che in base alla "vicinanza" al linguaggio macchina in cui viene successivamente tradotto si distingue in **linguaggio di alto livello** e **linguaggio di basso livello**: i primi hanno una sintassi più comprensibile a quella dell'uomo, mentre quelli di basso livello sono più complessi e vicini al linguaggio macchina. Tra i linguaggi di alto livello ricordiamo:
- BASIC
- PASCAL
- COBOL
- C
- C++

E i più recenti:
- Visual Basic
- Delphi
- C#
- Java
- Visual C++

Il C e il C++ in particolare, sono spesso considerati linguaggi di livello più basso rispetto agli altri linguaggi di alto livello, poiché permettono di accedere anche a livelli più vicini a quelli della macchina.
Tra i linguaggi di basso livello ricordiamo il più noto, l'*assembly*, tanto complesso quanto potente.

1.3.5 Algoritmi

Scrivere un programma comporta la risoluzione di una serie di piccoli problemi, attraverso una *sequenza finita di istruzioni*, univocamente interpretabili, che consente, appunto, all'esecutore di portare a termine un compito specifico. Questa sequenza finita di istruzioni è definita **algoritmo** ed è uno dei fondamenti su cui si basa la programmazione. Possiamo definire un algoritmo anche una semplice operazione di tutti i giorni che non riguardi il mondo dei computer, come ad esempio prepararsi un caffè. Un'operazione come riempire una moka, può essere scomposta, infatti, in vari passi elementari fino a costituire un algoritmo. si preferisce utilizzare un sistema grafico chiamato **diagramma di flusso** per schematizzare un algoritmo in maniera visuale.

1.4 Struttura di Microsoft Word 2007

Col termine **videoscrittura** si intende la redazione di un testo attraverso un apposito software applicativo che ne consente la stesura su un foglio virtuale, permettendone la correzione e la formattazione tipografica, prima di procedere alla stampa definitiva su carta. Tra i vari programmi di videoscrittura (in inglese *word processor*, ossia "elaboratori di testo") presenti sul mercato, senza dubbio il più diffuso è **Microsoft Word** disponibile per i sistemi operativi Windows e Macintosh.

Word 2007, insieme ad Excel 2007, Access 2007 e PowerPoint 2007, fa parte di un pacchetto software chiamato **Office 2007**. Tutti i software del pacchetto Office si somigliano molto dal punto di vista dell'interfaccia grafica peraltro molto semplificata rispetto alle versioni precedenti.

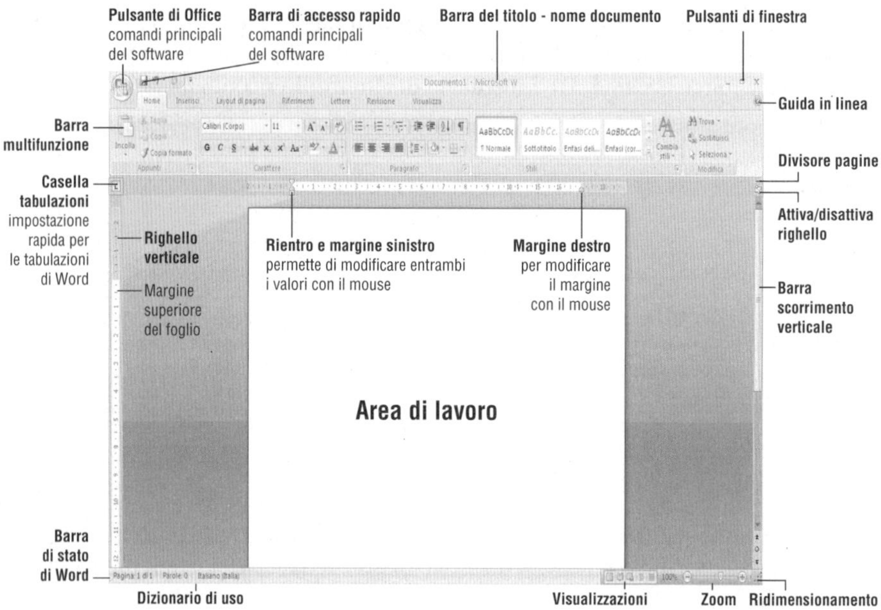

Figura 1.1 *Interfaccia di Word 2007.*

Tali software presentano un'interfaccia grafica caratterizzata da una **barra multifunzione** (Fig. 1.2), costituita da **Schede** (Home, Inserisci, Layout di pagina ecc.), suddivise a loro volta in **Gruppi** (Appunti, Carattere, Paragrafo ecc.), con lo scopo di distribuire in maniera coerente i vari **pulsanti comando** (Incolla, Taglia, Copia ecc.) presenti che consentono l'esecuzione di un comando o la visualizzazione di un menu di comandi.
Se ci si sofferma col puntatore del mouse su ogni pulsante comando, senza effettuare alcun clic, appare, dopo alcuni secondi, un piccolo riquadro che riassume la funzione del pulsante in questione.

Figura 1.2 *Barra multifunzione.*

In ogni momento è possibile accedere a una Guida in linea di Word attraverso il tasto F1 o cliccando sul punto interrogativo posto in alto a destra.

In alto a sinistra è presente, innanzitutto, il **pulsante di Office** che consente di accedere a funzioni di base.
Procedendo verso destra troviamo la **barra di accesso rapido**,  che contiene, procedendo da sinistra verso destra, un pulsante per salvare il documento a cui si sta lavorando e i due pulsanti, uno per annullare le ultime operazioni effettuate (in caso di errore) e l'altro per ripristinare le azioni annullate.

1.4.1 Operazioni di base

Dal pulsante di Office è possibile accedere a un **menu** (Fig. 1.3) dal quale selezionare la voce che permette di effettuare una delle quattro procedure principali; ognuna di esse può essere eseguita anche direttamente da tastiera senza usare il mouse attraverso una combinazione particolare di tasti (indicata in parentesi accanto a ogni operazione), ottenuta premendo tali tasti contemporaneamente.

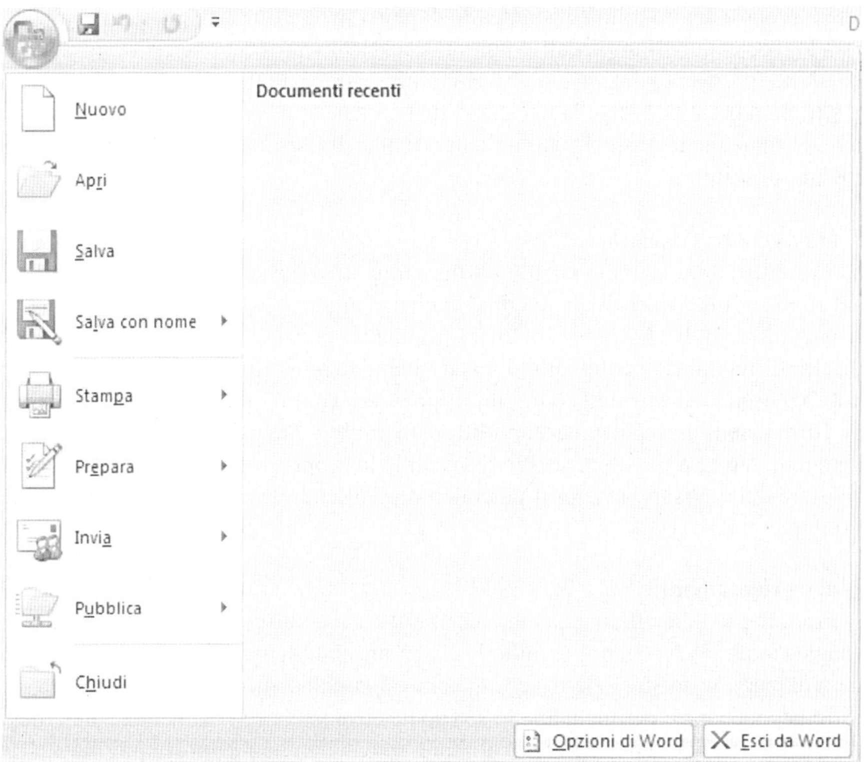

***Figura 1.3** Finestra del menu dal Pulsante Office.*

Nuovo documento (ctrl + n)
Scegliendo la voce **Nuovo** dopo aver cliccato il pulsante di Office, si apre una finestra di dialogo Nuovo che ci consente di scegliere se aprire un modello predefinito, quali lettere, fax, volantini, brochure, biglietti da visita ecc., o semplicemente un documento vuoto, costituito da una semplice pagina bianca.

Apertura di un documento (ctrl + F12)
La voce **Apri** consente l'apertura di una finestra di dialogo da dove è possibile scegliere un file salvato in precedenza, a cui si intende lavorare nuovamente.

Salvataggio (maiusc + F12)
L'operazione di salvataggio prevede una procedura simile all'apertura di un file: selezionando la voce **Salva** si sceglie una unità e una cartella su cui memorizzare il file e si procede al salvataggio. Una volta salvato il lavoro con questa procedura, la finestra di dialogo non si aprirà più a un successivo clic su questa voce, ma il lavoro sarà salvato sempre sul file scelto in precedenza. Se si desiderasse salvare il proprio lavoro su un altro file, allora sarà necessario scegliere la voce successiva: **Salva con nome**.

Stampa (ctrl + maiusc + F12)
La comodità di un programma di videoscrittura sta proprio nella possibilità di correggere e rivedere il proprio lavoro prima di stamparlo definitivamente su carta. La stampa avviene selezionando il comando **Stampa** dall'omonima voce del menu a cui si accede cliccando il pulsante di Office ed, eventualmente, modificando le opzioni di numero stampe, il numero di copie ed altri parametri attraverso la finestra di dialogo che appare. Attraverso lo stesso menu è possibile eventualmente visualizzare un'anteprima di stampa proprio attraverso il comando **Anteprima di stampa**.

1.4.2 Impostazioni di pagina
Quando si redige un documento con un programma di videoscrittura, la prima cosa da impostare sono le dimensioni di una pagina, anche se molto spesso, le misure più usate sono quelle pari ad un foglio A4 (21 cm × 29,7 cm), ma talvolta potrebbe essere utile impostare dimensioni differenti. Per cambiare le misure della pagina è sufficiente andare nel gruppo **Layout di pagina** presente nella barra multifunzione (vd. Fig. 1.1) e cliccare il pulsante comando **Dimensioni** presente nel gruppo **Imposta pagina**. Sono presenti una serie di dimensioni predefinite che è possibile scegliere secondo le proprie esigenze, ma è anche possibile impostare delle misure a proprio piacimento scegliendo la voce in basso **Altre dimensioni foglio**.

Margini e orientamento
L'area di un foglio, che effettivamente contiene il testo scritto, è di solito inferiore a quello della pagina totale. Parte del foglio, infatti, è riservata alle eventuali intestazioni, note a piè di pagina, e ai margini sinistro e destro che di solito si lasciano vuoti per dare una certa simmetria all'impaginazione o per includere lo spazio da destinare, eventualmente, a una rilegatura successiva. Utilizzando il pulsante **Margini** presente nel gruppo **Imposta pagina** è possibile modificare le dimensioni dei margini, delle intestazioni e del piè di pagina. Nello stesso gruppo è presente anche il pulsante Orientamento grazie al quale si può modificare l'orientamento del foglio.

1.4.3 Scrittura
L'utilizzo di un programma come Microsoft Word consente di aggiungere foto o disegni al testo, applicare particolari stili di formattazione (abbellimenti grafici o enfasi del testo come l'uso del grassetto e del corsivo), curare l'aspetto grafico dell'impaginazione prima di stampare il documento.

Formattazione

Un testo può essere scritto utilizzando diversi tipi di carattere, contraddistinti da stili grafici di diverso tipo, che prendono il nome di **font**. La scelta del font dipende dal gusto dell'utente, ma anche dalle sue esigenze. Per scegliere un tipo di carattere, il suo colore ed eventuali stili come il grassetto o il corsivo, è possibile far riferimento al gruppo **Carattere** della scheda **Home** (Fig. 1.4).

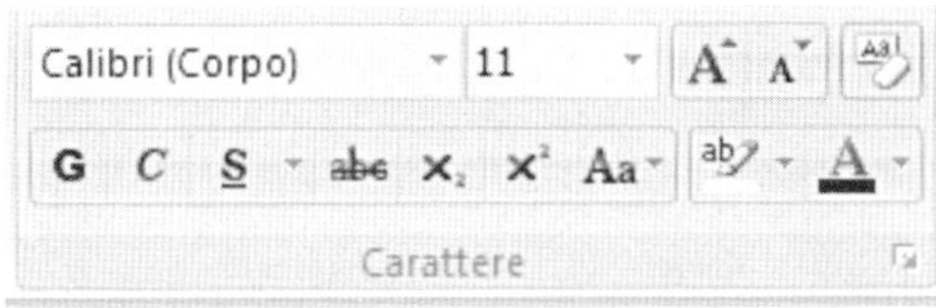

Figura 1.4 *Gruppo carattere per la formattazione del testo.*

Nella figura, partendo dall'alto e procedendo verso destra, si incontrano le caselle in cui impostare il tipo di font (tra cui i più noti sono: Arial, Times New Roman, Verdana, Calibri, ecc.), la dimensione dei caratteri, (inserendone il valore desiderato o utilizzando i pulsanti raffiguranti due lettere "A" di dimensioni differenti, per ingrandire o rimpicciolire il carattere) e un pulsante per eliminare ogni stile di formattazione precedentemente applicato. In basso, infine, sono presenti i comandi per gli stili **grassetto**, **corsivo** e **sottolineato**.
Ogni impostazione di formattazione è applicata al testo inserito subito dopo l'applicazione dell'impostazione. Per modificare la formattazione di testo già inserito, è necessario selezionarlo posizionandosi col puntatore del mouse sulla prima parola da includere nella selezione e, tenendo premuto il tasto sinistro del mouse, si sposta il puntatore in modo da includere tutte le parole successive che si desidera selezionare. Il testo selezionato viene evidenziato da una striscia colorata di solito in azzurro. Una volta selezionato il testo, si può applicare una qualsiasi impostazione di formattazione, secondo le proprie esigenze.

Allineamento

L'allineamento si riferisce alla posizione assoluta che occupa il testo all'interno di una pagina. È possibile impostare un allineamento a sinistra o a destra, centrare il testo o giustificarlo in modo che risulti equidistante da entrambi i margini. Per impostare l'allineamento è possibile utilizzare gli appositi pulsanti  contenuti nel gruppo **Paragrafo** della scheda **Home**.

Elenchi puntati e numerati

I primi due pulsanti del gruppo **Paragrafo** della scheda **Home** consentono di inserire un elenco puntato o un elenco numerato.

Spaziatura e interlinea

Rimamendo sempre all'interno del gruppo **Paragrafo** il pulsante indicato nella figura 1.5 ci consente di impostare l'interlinea del paragrafo, ovvero, la distanza tra due righe consecutive.

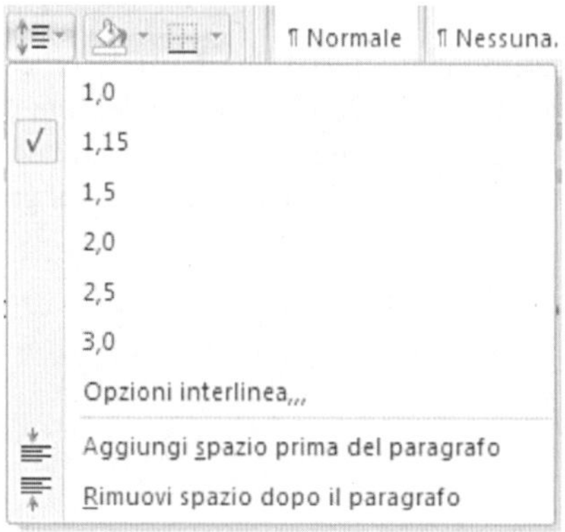

Figura 1.5 *Interlinea.*

Copia, incolla e taglia

È possibile selezionare il testo, copiarlo in memoria al fine di ricopiarlo in un altro punto del foglio o addirittura in un altro documento.
L'operazione in questione viene definita in gergo "copia e incolla" proprio perché consente di copiare e "incollare" il testo in un altro punto.
Se si desiderasse cancellare il testo copiato, prima di incollarlo altrove, allora è possibile effettuare un "taglia e incolla" (o spostamento del testo).
I pulsanti destinati alla funzione di copia, taglia e incolla sono presenti nel gruppo **Appunti**, della scheda **Home** (vd. Fig. 1.1) e sono disattivati a meno che non si selezioni del testo con la procedura indicata precedentemente.

Intestazioni, piè di pagina e numeri di pagina

In precedenza avevamo parlato delle dimensioni dei margini (superiore e inferiore) che possono ospitare intestazioni e note a piè di pagina.

Figura 1.6 *Intestazioni e piè di pagina.*

L'inserimento di testo nell'intestazione, nel piè di pagina o un semplice inserimento dei numeri di pagina è possibile attraverso i pulsanti comando presenti nel gruppo **Intestazione e piè di pagina** della scheda **Inserisci** (Fig. 1.6).
I pulsanti indicati in figura permettono l'inserimento e la scelta dello stile delle intestazioni, dei piè di pagina o del numero di pagina, nonché la posizione desiderata di questi ultimi (al centro, in basso, in alto, ecc.).

Inserimento di oggetti e di tabelle

Un testo scritto con Microsoft Word 2007, può essere arricchito con immagini, diagrammi, grafici ed altri elementi che generalmente vengono raggruppati nella categoria "oggetto".
Tali elementi possono essere inseriti dal gruppo **Illustrazioni** presente nella scheda **Inserisci** nel quale vi sono cinque pulsanti comando: **Immagine**, **ClipArt**, **Forme**, **SmartArt** e **Grafico**. Cliccando il primo pulsante si apre una finestra di dialogo dalla quale è possibile scegliere la posizione del file immagine che si desidera inserire.

La figura viene quindi inserita a partire dalla posizione corrente del cursore e selezionandola con un clic, si può deciderne l'allineamento con i comandi già illustrati.
Per quanto riguarda l'inserimento di forme, la selezione del pulsante *Forme*, consente l'apertura di un menu a tendina che raccoglie forme di diverso tipo quali frecce, decorazioni, diagrammi di flusso, ecc.
Una volta scelto il disegno desiderato con un clic del mouse, è possibile inserirlo nel proprio testo tenendo premuto il tasto sinistro del mouse e trascinando il puntatore, finché la forma abbia assunto le dimensioni richieste.

Figura 1.7 *Inserimento oggetti.*

Per inserire, invece, una tabella è necessario cliccare il pulsante comando **Tabella** del gruppo **Tabelle** presente nella scheda **Inserisci**.
Il sottomenu che appare consente di scegliere le dimensioni della tabella da inserire (colonne e righe) agendo sulla griglia raffigurata o attraverso la voce **Inserisci tabella**, grazie alla quale è possibile stabilire le caratteristiche che deve avere la tabella attraverso al finestra di dialogo che appare.

Inserimento simboli
Talvolta può essere necessario inserire caratteri o simboli non ottenibili normalmente attraverso la tastiera.
Per ovviare a questo problema, si può utilizzare la funzione di inserimento simboli presente nel gruppo **Simboli** della scheda **Inserisci**: cliccando sul pulsante comando **Simbolo** si può inserire un carattere speciale comune, presente nella finestra a tendina che si apre, oppure, si può scorrere l'ampio elenco di caratteri speciali a disposizione, cliccando la voce **Altri simboli**.

Interruzioni di pagina
Quando si scrive un testo, Word 2007inserisce automaticamente una nuova pagina nel momento in cui lo spazio disponibile su quella corrente è terminato (in base alle dimensioni della pagina impostate).
Se invece si desidera terminare la pagina corrente e continuare a scrivere in un'altra pagina, pur essendoci ancora spazio, è possibile inserire una **Interruzione di pagina** cliccando il pulsante comando omonimo nel gruppo **Pagine** della scheda **Inserisci**.
La procedura corretta per ottenere una nuova pagina è quella appena illustrata; raggiungere la pagina successiva inserendo una serie di righe vuote (attraverso il tasto **INVIO**) è assolutamente da evitare, poiché equivarrebbe ad inserire una serie di paragrafi vuoti, falsando la struttura del documento!

1.4.4 Altre funzioni
Oltre ai semplici strumenti legati alla scrittura del testo, Word 2007 fornisce anche comodi strumenti di revisione tra cui:

- *Controllo ortografia* (comando presente nel gruppo **Strumenti di correzione**, scheda **Revisione**) con cui si controlla l'ortografia e la forma grammaticale del proprio documento, secondo le regole della lingua impostata;
- *Thesaurus* (comando presente nel gruppo **Strumenti di correzione**, scheda **Revisione**), strumento utile per il suggerimento di sinonimi o contrari durante la scrittura;
- *Trova e sostituisci* (presente nella scheda **Home**, gruppo **Modifica**) funzione rapida con cui si cerca una parola o un'espressione all'interno del proprio documento e, se presente, è possibile anche sostituirla automaticamente con altre parole o espressioni per tutte le corrispondenze trovate. La finestra di dialogo della funzione **Trova**, presenta una sola casella in cui inserire la parola (o l'espressione) da cercare. La finestra di dialogo della funzione **Sostituisci**, invece, presenta due caselle: nella prima si inserisce ciò che intendiamo cercare e nella seconda, i caratteri o le parole con cui si desidera sostituire l'espressione indicata nella prima casella.

COMANDI PER SCELTE RAPIDE IN WORD	
Combinazioni tastiera	**Operazioni**
Ctrl + G	Attivare o disattivare la formattazione del testo in grassetto
Ctrl + I	Attivare o disattivare la formattazione del testo in corsivo
Ctrl + S	Attivare o disattivare la sottolineatura del testo selezionato
Ctrl + Alt	Formattare il testo come un link a un sito Web
Ctrl + N	Aprire un nuovo documento vuoto
Ctrl + C	Copiare un testo
Ctrl + X	Tagliare un testo
Ctrl + V	Incollare un testo
Ctrl + Z	Annullare l'ultima operazione
Ctrl + Y	Ripetere l'ultima operazione annullata
Ctrl + Maiusc + C	Copiare la formattazione
Ctrl + Maiusc + V	Incollare la formattazione
Ctrl + Maiusc + > <	Diminuire o aumentare la dimensione del font dei caratteri

1.5 Struttura di Microsoft Excel 2007

Un **foglio elettronico** è un software in grado di svolgere operazioni automatizzate di calcolo e presentazione dei dati, molto utilizzato non solo in ambito finanziario, ma in tantissimi altri settori quali la ricerca scientifica, l'ambiente didattico, l'analisi statistica e in tutte quelle occasioni nelle quali si renda necessario disporre di un potente strumento, che faciliti il calcolo e la reportistica ad esso correlata.
Tra i diversi software per elaborare un foglio elettronico (Visicalc, Lotus 1-2-3, Calc) il più usato è Microsoft Excel (contenuto anch'esso nel pacchetto Microsoft Office), e i suoi file hanno estensione .xls oppure .xlsx (quest'ultima è stata introdotta con la versione 2007 di Microsoft Office).
L'interfaccia grafica di Microsoft Excel è molto simile a quella di Microsoft Word. Nella parte superiore della finestra di Excel 2007, infatti, è disponibile la **barra multifunzione** suddivisa in **schede**, ognuna delle quali fa riferimento a **gruppi** di attività specifiche che è possibi-

le eseguire. Anche in Excel è presente in alto a sinistra il Pulsante di Office che permette di accedere alle **funzioni di base** quali apertura file, salvataggio e stampa. Per aprire una nuova cartella di lavoro, infatti, bisogna cliccare il pulsante Nuovo presente nella finestra del menu che si apre dal Pulsante Office, e poi scegliere cartella di lavoro vuota. Per aprire, salvare e stampare un lavoro si procede cliccando i rispettivi pulsanti Apri, Salva o Salva con nome, Stampa che fanno parte dello stesso menu in cui è presente il pulsante Nuovo. È da segnalare che le "scorciatoie" da tastiera usate per effettuare alcune operazioni seguono e indicate per il Word sono valide anche in Excel.
Procedendo verso destra troviamo la **barra di accesso rapido** che contiene il pulsante per salvare il lavoro e i due pulsanti per annullare le ultime operazioni effettuate (in caso di errore) e quello per ripristinare le azioni annullate (in caso di ripensamento).

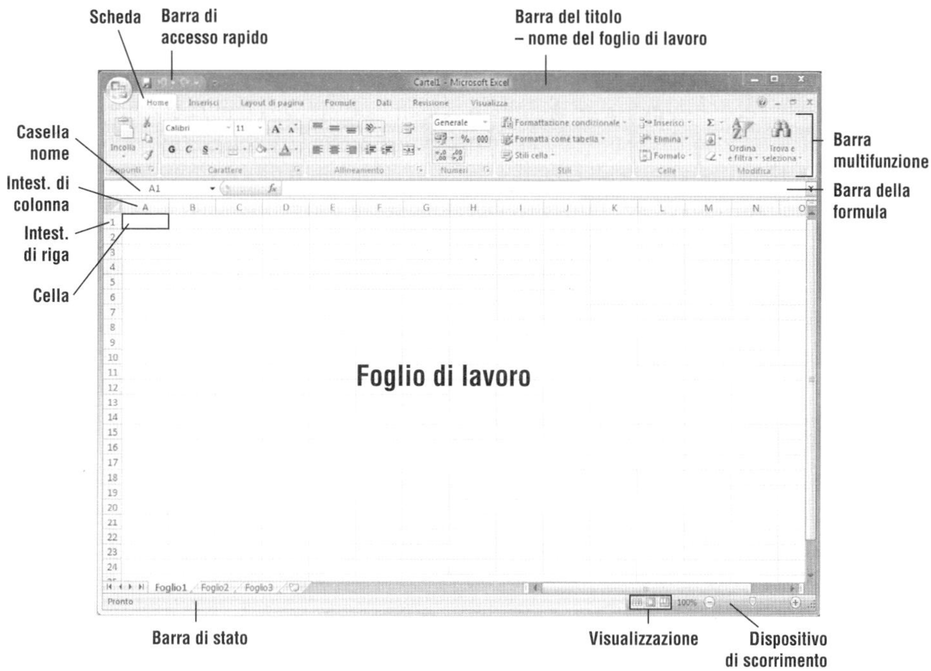

Figura 1.8 *Interfaccia di Excel 2007.*

1.5.1 La cartella di lavoro

All'avvio di Excel viene aperto un file chiamato, come abbiamo visto, cartella di lavoro costituito da una serie di **fogli** posti in basso (inizialmente ne sono presenti tre, ma è possibile aggiungerne di nuovi o eliminarne alcuni) (vd. Fig. 1.8).
È possibile rinominare a piacimento i fogli presenti in una cartella di lavoro scegliendo l'apposita voce dal menu contestuale ottenuto attraverso un clic col tasto destro sul foglio da rinominare.
Strutturalmente, come si vede dalla figura, un foglio Excel è costituito da una serie di rettangoli chiamati **celle** suddivisi in righe e colonne ed individuabili univocamente attraverso delle coordinate: le colonne sono indicate con lettere e le righe con numeri, pertanto una cella è identificabile attraverso una sigla costituita dalla lettera della colonna e dal numero della riga corrispondente (ad esempio A1).

In Fig. 1.8 sono ben visibili la **casella nome** (dove sono indicate le coordinate della cella selezionata, in questo caso A1), la **barra della formula** (fondamentale per gestire il contenuto di una cella) e le intestazioni di riga e colonna.

Selezione di una singola cella

Una cella può essere selezionata con un singolo clic del tasto sinistro del mouse, ma è anche possibile spostare la selezione (rappresentata da un bordo più scuro della cella), con i tasti cursore della tastiera. La selezione della cella corrente indica che qualsiasi cosa verrà scritta attraverso la tastiera, sarà inserita nella cella in quel momento selezionata.

Tipi di dato di una cella

Una cella può contenere del semplice testo (da usare ad esempio come etichette per indicare il contenuto dei dati di una determinata colonna), ma soprattutto numeri e formule, che in realtà rappresentano lo scopo primario di un foglio elettronico: quello di automatizzare il calcolo di dati. Ogni cella, quindi, ha un formato in base al tipo di dato in essa contenuto: testo, numeri, data e ora ecc. È importante definire il tipo di dato che una o più celle dovranno contenere, per permettere ad Excel di valutare in maniera corretta i calcoli da fare e come rappresentare i risultati, indicando anche i punti separatori delle migliaia, le virgole per i decimali, eventuali simboli di valuta o per rappresentare in maniera corretta le date.

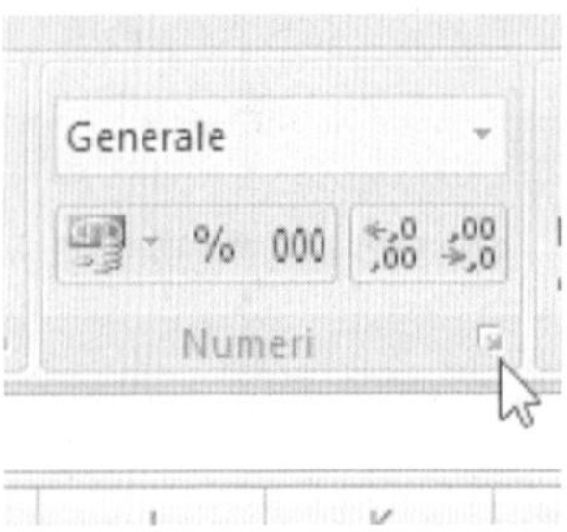

Figura 1.9 Formato numeri.

Per modificare il tipo (o formato di una cella è possibile farlo tramite il piccolo pulsante indicato nella figura 1.9, nella scheda **Home**, nel gruppo **Numeri**.

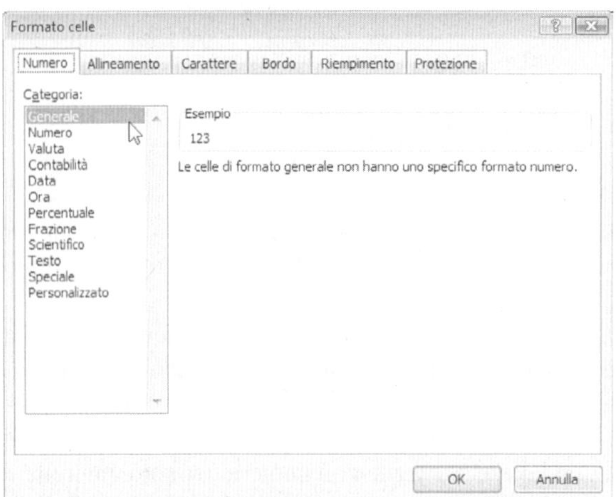

Figura 1.10 Formato celle.

Cliccando il pulsante indicato si apre la seguente finestra di dialogo, attraverso la quale è possibile impostare il formato della cella selezionata (Fig. 1.10).

Barra della formula

Il contenuto di ogni cella va verificato sempre attraverso la **barra della formula** in quanto ciò che si vede, può essere sia un dato inserito direttamente dall'utente sia il risultato di una formula, per cui è sempre importante verificarlo attraverso la barra suddetta.

Ridimensionamento celle

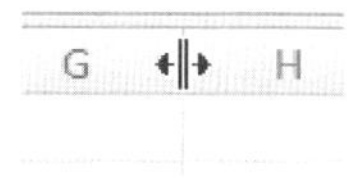

Se il testo in una cella dovesse essere troppo lungo (o troppo corto) per la sua dimensione è possibile allargare la cella stessa in larghezza o altezza (e naturalmente restringerla) ponendo il puntatore sull'intestazione di colonna o di riga tra due colonne o righe adiacenti (il puntatore assumerà la forma di due frecce divergenti tenendo premuto il tasto sinistro e muovendo infine il mouse nella direzione di allargamento o restringimento desiderata.

Aggiungere ed eliminare righe e colonne

L'aggiunta e l'eliminazione di righe e colonne può avvenire attraverso gli appositi pulsanti comando presenti nel gruppo **Celle** della scheda **Home** della barra multifunzione.

1.5.2 Le formule

Proviamo ad inserire una semplice formula all'interno di una cella, per comprendere le peculiarità di un foglio elettronico.

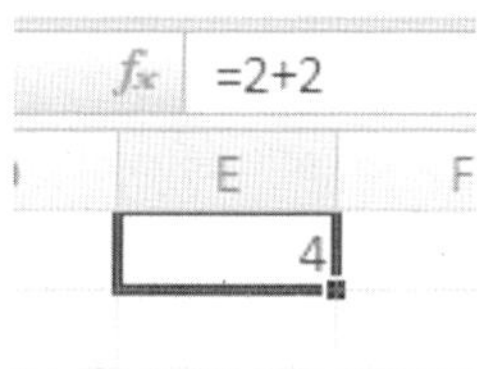

Figura 1.11 *Esempio di una formula.*

La cella in Fig. 1.11 contiene il valore numerico 4, ma dalla barra della formula si legge invece "=2+2". Ciò indica che il numero presente in quella cella è il risultato di una formula, che si distingue dagli altri dati poiché è preceduta dal simbolo dell'uguale.

In definitiva se in una cella si fa precedere al dato inserito il simbolo "=" non si fa altro che dire al nostro foglio elettronico: "i dati che sto per inserire devono essere calcolati". Vediamo un esempio rappresentato nella figura successiva.

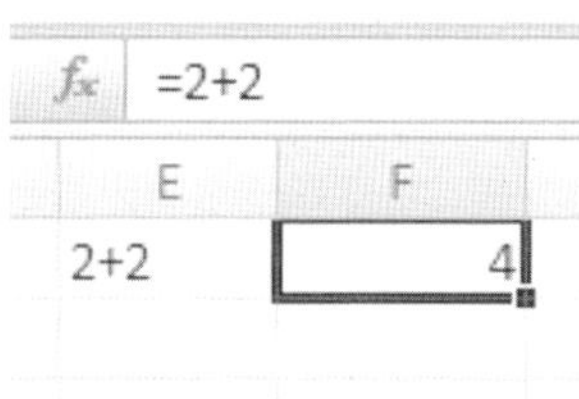

Figura 1.12 *Formula e semplice testo.*

Nella cella E1 compare il dato "2+2" mentre nella cella F1 compare il dato numerico "4". Se controlliamo la barra della formula per ogni cella, vediamo che c'è una sostanziale differenza: nella cella dove compare il numero 4 c'è una formula (poiché abbiamo anteposto l'uguale al dato inserito) nell'altra cella invece, manca il simbolo "=" per cui Excel non effettua calcoli su questo dato inserito. Naturalmente le formule possono essere più complesse.

1.5.3 Le funzioni

Le funzioni sono formule particolari attraverso le quali è possibile ottenere risultati inserendo opportuni parametri. Prima abbiamo fatto l'esempio di una semplice formula "*=E1+F1*" che non faceva altro che sommare tra di loro i valori contenuti rispettivamente nella cella E1 e nella cella F1; lo stesso risultato si ottiene con la funzione **SOMMA()** la quale appunto addiziona tutti i valori e i riferimenti contenuti tra le parentesi.
La differenza tra le due opzioni usate per sommare dei dati risiede nel fatto che quando si usa una funzione nella barra della formula appare scritto SOMMA(E1;F1).

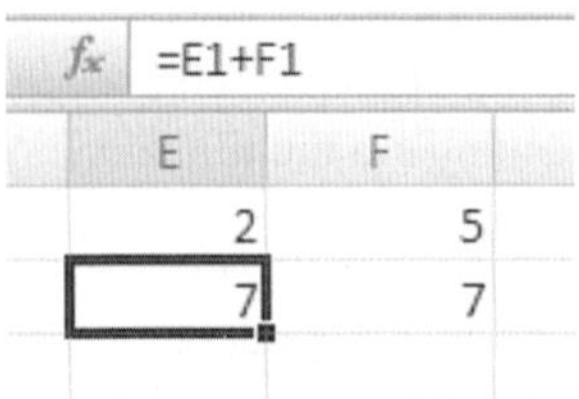

Figura 1.13 *Addizione attraverso una formula.*

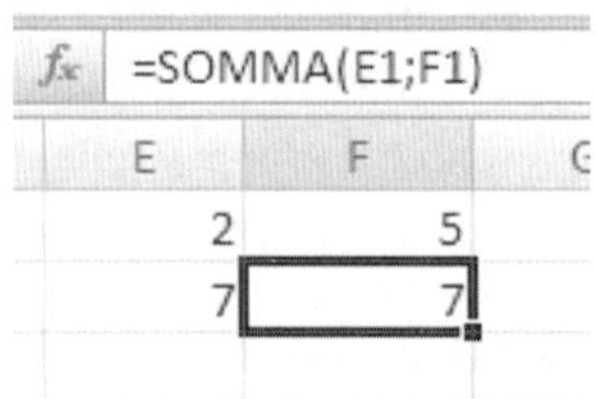

Figura 1.14 *Addizione attraverso la funzione "SOMMA()".*

Per inserire una funzione è possibile farlo selezionando innanzitutto la cella in cui si desidera inserire la funzione stessa e, successivamente, la scheda **Formule** dalla barra multifunzione e cliccare il pulsante comando **Inserisci funzione**. A questo punto si apre una finestra di dialogo dalla quale è possibile scegliere la funzione che serve tra le tante elencate (Somma, Media, Rata ecc.).
Cliccando su OK appare una seconda finestra che ci chiede di inserire gli argomenti della funzione appena scelta (Fig. 1.15).

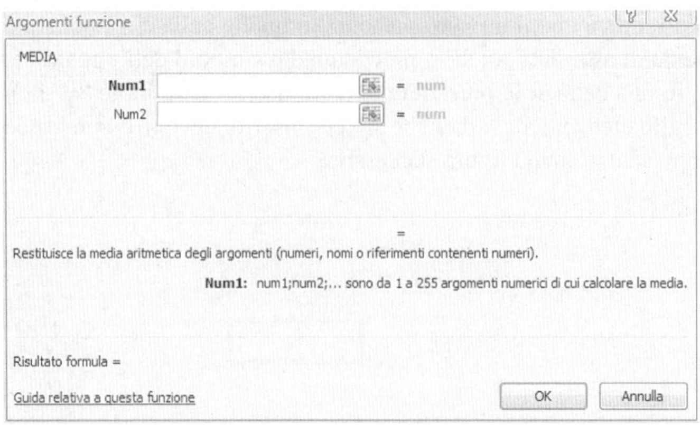

Figura 1.15 *Inserimento degli argomenti della funzione.*

Ogni casella contraddistinta dall'etichetta Num1, Num2, ecc., rappresenta un argomento della funzione e in ognuna di esse è possibile inserire un valore o un riferimento ad una cella (ad esempio A3). Cliccando sul pulsante è anche possibile scegliere una cella cliccandoci direttamente col tasto sinistro del mouse. Una volta terminata la selezione degli argomenti da passare alla funzione, si clicca OK e la cella immediatamente assume il valore risultante dalla funzione appena scelta.
Un discorso analogo può essere fatto per tutte le altre funzioni a cui è possibile accedere anche tramite i vari pulsanti comando presenti nella barra multifunzione nella scheda **Formule**, gruppo **Libreria di funzioni**.

1.5.4 Formattazione di un foglio elettronico

Come abbiamo visto per l'elaborazione testi, anche per il foglio elettronico è possibile formattare il testo al fine di dare un certa coerenza estetica ed una migliore leggibilità al documento a cui si lavora. Per abbellire, ad esempio, e facilitare la lettura, potrebbe essere utile applicare uno stile **Grassetto (gruppo Carattere)** al testo presente nella prima riga in modo da distinguerlo dal resto dei dati. Per ottenere quanto detto, basta posizionare il riquadro di selezione su ogni singola cella, ed applicare il grassetto cliccando il pulsante comando corrispondente.
Se un determinato stile di formattazione deve essere applicato ad una intera riga (o ad una intera colonna), è possibile selezionare la riga (o la colonna) tenendo premuto il tasto sinistro del mouse mentre si trascina il puntatore sull'area di nostro interesse o cliccare l'intestazione corrispondente alla riga o alla colonna. In questo modo lo stile di formattazione applicato interesserà tutta la selezione. Ovviamente lo stesso discorso vale per il corsivo, per la dimensione, il colore e il tipo di carattere.

Bordi

Per abbellire un foglio elettronico è possibile anche inserire un bordo selezionando la zona da circondare e utilizzando il pulsante comando indicato di lato nel gruppo **Carattere** della scheda **Home**.

Si aprirà un menu a tendina da cui sarà possibile scegliere i bordi da inserire (bordo superiore, bordo inferiore, tutti i bordi ecc.)

Allineamento del testo e formato celle

Il testo all'interno di una cella può essere allineato a proprio piacimento, come avviene anche in Word, attraverso gli appositi pulsanti comando identici a quelli del Word, presenti nel gruppo **Allineamento** della scheda **Home**.

Inserimento dati

Proviamo ad inserire dei dati nel nostro foglio (immaginiamo di trattare articoli di cartoleria) (Fig. 1.16).

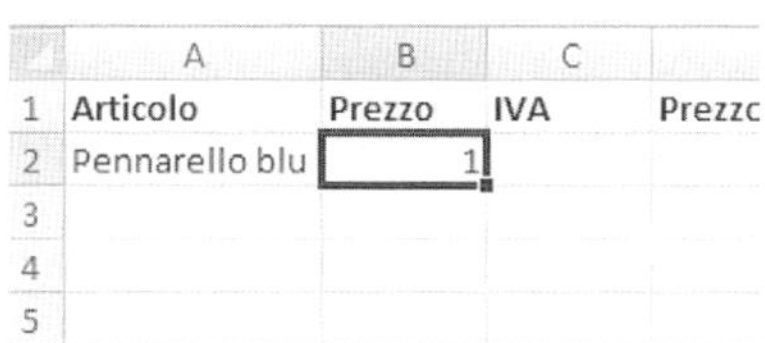

Figura 1.16 *Inserimento dati.*

Come si vede dalla figura, abbiamo inserito il primo articolo nella relativa colonna e indicato un prezzo per questo prodotto. Per progettare un foglio elettronico formalmente corretto, però, è necessario impostare per ogni cella i relativi tipi di dato che essa dovrà contenere. Nel caso della colonna prezzo, infatti, imposteremo un tipo di dato **Valuta**, selezionando l'intera colonna B cliccandone la relativa intestazione di colonna e impostando un formato Valuta.
L'impostazione del formato valuta, per la cella (o le celle come in questo caso) avviene cliccando il primo pulsante comando posto sulla sinistra nel gruppo **Numeri** della scheda **Home** che ha come icona delle monete (vd. Fig. 1.9).
Un altro modo per impostare un tipo di dato di una cella (o un gruppo di esse) è attraverso il menu contestuale **Formato celle** a cui si accede cliccando su una cella (o un gruppo di celle) selezionata col tasto destro del mouse.

Copiare, tagliare e incollare

Come abbiamo già visto nel Word, anche in Excel è possibile copiare e incollare il contenuto di una cella o più celle in altre. Per far questo occorre selezionare la cella (o il gruppo di celle) che si intende copiare, tenendo premuto il tasto sinistro del mouse mentre si trascina il puntatore fino a creare una selezione che racchiuda le celle di nostro interesse.
La selezione di celle adiacenti potrà essere effettuata anche posizionandosi sulla prima cella da includere e, tenendo premuto il tasto Maiuscolo, ci si sposta coi tasti cursore in maniera tale da estendere la selezione).
Per copiare la selezione si potrà usare la combinazione da tastiera *Ctrl + C* oppure il pulsante comando **Copia** presente nella scheda **Home**, nel gruppo **Appunti**.
A questo punto è possibile scegliere una nuova posizione in cui inserire il testo cliccando la cella in cui vogliamo incollare ciò che abbiamo copiato (in questo caso la cella che selezioniamo coinciderà con la prima cella della nuova selezione incollata) ed usare la combinazione da tastiera *Ctrl + V* oppure l'apposito pulsante comando **Incolla** anch'esso nel gruppo Appunti.
Se si vuole spostare i dati, invece di un "copia e incolla" avremmo dovuto effettuare un "taglia e incolla": il comando taglia (*Ctrl + X*) oltre a copiare, cancella anche il testo presente nella selezione, prima di incollarlo altrove.

1.5.5 Il quadratino di riempimento

Una funzionalità molto comoda di Excel (e di altri software di foglio elettronico) è correlata al cosiddetto **quadratino di riempimento** (o maniglia di riempimento), con il quale è possibile facilitare notevolmente l'inserimento dei dati all'interno delle celle. Questo quadratino è situato nel bordo della selezione in basso a destra, come si può vedere in figura.

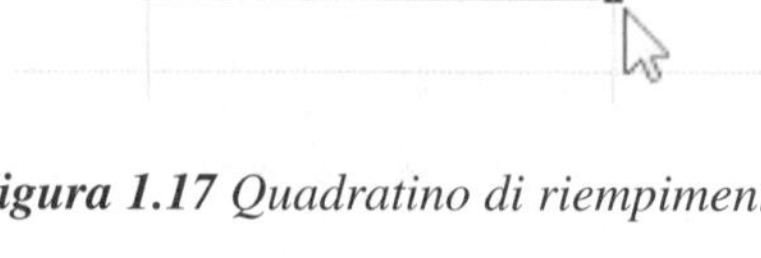

Figura 1.17 *Quadratino di riempimento.*

Se ci si sposta su di esso col puntatore, quest'ultimo assume la forma di una croce e tenendo premuto il tasto sinistro, si potrà trascinare verso le quattro direzioni la selezione, mettendo in atto, quindi, alcune funzionalità tra cui il **completamento automatico** di una serie numerica o anche dei giorni della settimana o dei mesi dell'anno.

Se si deve, infatti, compilare un elenco, l'inserimento manuale dei numeri o delle parole può risultare faticoso; invece, se si attiva il quadratino di riempimento (cliccando Pulsante Office → Opzioni Excel → Opzioni di modifica → Impostazioni Avanzate → Attiva quadratino di riempimento e trascinamento celle) questa operazione viene notevolmente semplificata. Trascinando il quadratino di riempimento verso il basso, Excel "capisce" che si sta cercando di riempire automaticamente le celle sottostanti secondo lo stesso criterio usato fino a quel momento (Fig. 1.18).
Tale funzione può essere utilizzata in caso di formule; se, infatti, bisogna calcolare ad esempio l'IVA di più prodotti basta selezionare la cella contenente la formula dell'IVA scritta precedentemente e trascinare verso il basso il quadratino di riempimento.

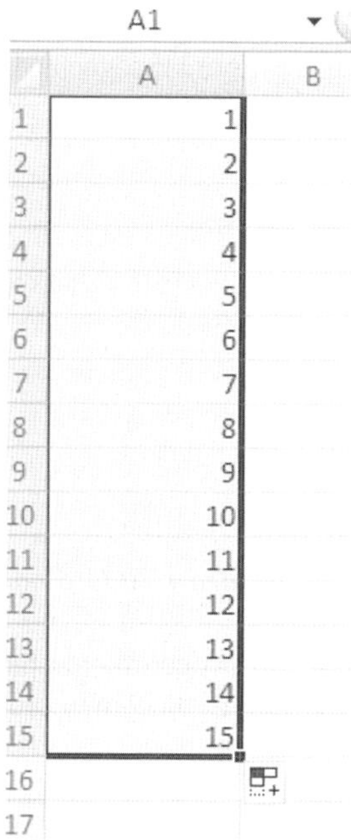

Figura 1.18
Completamento serie.

1.5.6 Grafici e diagrammi in Excel

Una comodissima caratteristica di Excel è rappresentata dalla possibilità di inserire grafici di diverso tipo per la rappresentazione dei dati.
Per inserire un grafico bisogna cliccare il gruppo **Grafici** nella Scheda **Inserisci** e poi scegliere il pulsante di comando in base alla tipologia di grafico che si vuole rappresentare (a torta, a linee, a barre ecc.).
Cliccando uno dei pulsanti comando si apre un menu a tendina da cui è possibile scegliere dei sottotipi particolari di grafico.

Figura 1.19 *Pulsante di inserimento grafico.*

1.5.7 Ordinamento dati

Spesso è necessario ordinare i dati presenti in un foglio elettronico in maniera crescente o decrescente secondo un ordine alfabetico o numerico.
Per farlo basta semplicemente utilizzare il pulsante comando **Ordina e filtra** presente nel gruppo **Modifica** della scheda Home della barra multifuzione.

Successivamente si deve selezionare la voce **Ordinamento personalizzato** tramite il successivo menu a tendina. Si aprirà la seguente finestra di dialogo Ordina, da cui sarà possibile impostare secondo quale dato ordinare l'elenco presente, attraverso il menu a tendina Colonna (fig. 1.20).

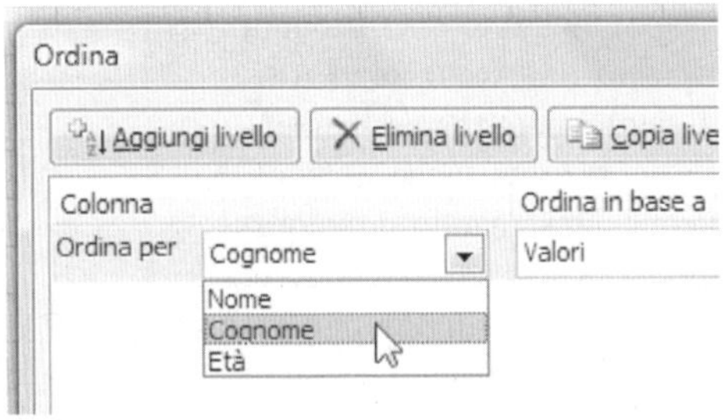

Figura 1.20 *Ordinamento secondo una determinata colonna.*

L'ordine crescente o decrescente può essere impostato attraverso il menu a tendina **Ordine**. Il risultato è quello di un elenco ordinato.

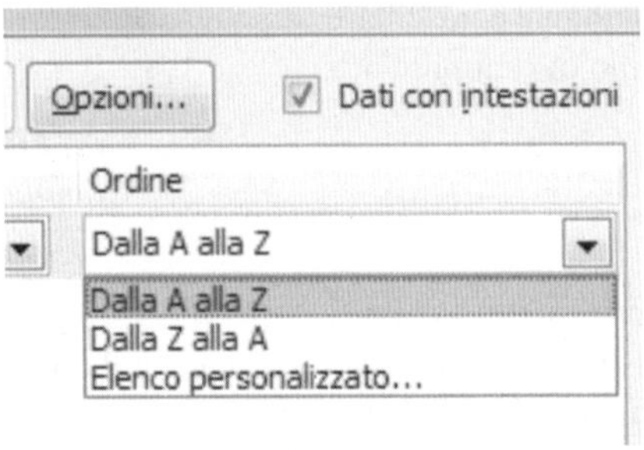

Figura 1.21 *Scelta del criterio di ordinamento.*

1.6 Le reti informatiche

Le reti di informatiche consentono lo scambio di informazioni tra diversi computer attraverso collegamenti effettuati tramite mezzi fisici quali cavi o collegamenti via etere. In base alla loro estensione, distinguiamo tre categorie:

- *LAN (Local Area Network)*, si tratta di collegamenti tra computer situati in una stessa stanza o in uno stesso edificio. Qualora il collegamento sia via etere attraverso dispositivi di trasmissione si parla di *WLAN*;
- *MAN (Metropolitan Aera Network)*, è una rete di computer più vasta della LAN (rete metropolitana)
- *WAN (Wide Area Network)* – collega un gran numero di computer sparsi per vaste rete geografiche. La WAN per eccellenza è **Internet**.

1.6.1 Protocolli di rete

Per comunicare tra di loro i computer in rete utilizzano particolari protocolli di comunicazione che specificano con che modalità vengono scambiati i dati. Molti di questi protocolli sono

usati per lo scambio di dati attraverso Internet, una vasta rete geografica che collega i computer di tutto il mondo. I protocolli più usati sono:
- *TCP/IP*
- *HTTP*
- *FTP*
- *SMTP*
- *POP3*.

1.6.2 Internet

Si tratta di una rete nata per volere del Pentagono, per scopi militari, verso la fine degli anni '50 (chiamata allora **Arpanet**) che nel corso del tempo si è evoluta, ingrandita ed è stata resa disponibile per scopi di ricerca universitaria. Ad inizio degli anni '90, Internet è diventata la rete che conosciamo oggi, utilizzata da milioni di utenti ogni giorno grazie ai tanti servizi che offre la sua consultazione. Tra questi vanno certamente menzionati i seguenti:
- *WWW* (*World Wide Web*), è un servizio che fornisce documenti ipertestuali multimediali, molto usato su Internet (si tratta dei classici siti web). La ricerca dei siti web che contengono documenti di nostro interesse è facilitata dall'uso dei **motori di ricerca** (i più usati sono Google e Yahoo) siti web a loro volta, in grado di indirizzare verso altri siti attraverso la ricerca di parole-chiave inerenti l'argomento di nostro interesse;
- *E-Commerce*, si tratta di particolari siti web che rappresentano veri e propri negozi virtuali attraverso i quali è possibile acquistare prodotti o servizi di ogni genere;
- *E-Learning*, rappresenta un modo particolare di somministrazione didattica per l'apprendimento a distanza, senza presenza fisica di personale docente;
- *E-Banking*, è un vero e proprio sportello bancario virtuale messo a disposizione da quasi tutte le banche per fornire gli stessi servizi di sportello anche attraverso il web;
- *E-Government*, il processo di informatizzazione della pubblica amministrazione;
- *E-Mail*, noto anche come *posta elettronica* consente di ricevere vere e proprie lettere elettroniche presso una casella di posta elettronica.). Lo scambio di e-mail avviene attraverso dei protocolli di posta tra cui **SMTP**, **POP3**. Per usufruire di questo servizio è necessario avere un software specifico chiamato **client di posta elettronica**, che permette la connessione ai server di posta in entrata e ai server di posta in uscita, attraverso i protocolli suddetti. Tra questi software ricordiamo: **Microsoft Outlook**, **Mozilla Thunderbird**, **Microsoft Windows Mail** e il recente **Microsoft Windows Live Mail**;
- *IM* (*Instant messaging*), si riferisce a un servizio di scambio di brevi messaggi di testo attraverso due o più computer connessi in rete;
- *VOIP* (*Voice Over IP Protocol*), è un sistema che consente vere e proprie chiamate telefoniche attraverso Internet grazie ad algoritmi sempre più efficienti che garantiscono un'alta qualità della chiamata;
- *Feed RSS*, si tratta di un servizio attraverso il quale è possibile pubblicare contenuti (di solito news o informazioni di altro tipo), consultabili poi attraverso specifici software,
- *Blog*, è un sito web che ha le sembianze di un vero e proprio diario personale o dove ogni utente può pubblicare articoli, anche di carattere multimediale, a proprio piacimento,
- *Podcast*, si tratta di un servizio basato su RSS i cui contenuti anziché essere testuali sono di natura audio/video.

1.6.3 Il web

Il servizio **WWW** (*World Wide Web*), comunemente chiamato anche **Web**, permette di accedere a una serie di contenuti multimediali chiamati genericamente **Pagine Web**, che strutturalmente sono costituite da testo, immagini, clip audio/video e altri elementi con cui l'utente può interagire. Una pagina web è fondamentalmente un **ipertesto**, ovvero un documento che può essere relazionato ad altri documenti attraverso collegamenti a parole chiave o a parti dell'ipertesto stesso che vengono definiti **link** o **collegamenti ipertestuali**.
Una pagina web può anche essere molto complessa e consentire numerose operazioni quali ascoltare musica, guardare filmati, effettuare prenotazioni di viaggi o spettacoli, acquistare prodotti, ecc. Un insieme di pagine web, viene spesso definito **sito web**.
Le pagine web sono documenti scritti in un linguaggio noto come **HTML** che viene interpretato da programmi detti "web-browser" o più semplicemente **browser**, i quali consentono di visualizzare i contenuti delle pagine dei siti web e di interagire con essi, permettendo, dunque, all'utente di navigare in Internet. Fisicamente una pagina web è memorizzata su una memoria di massa di un computer, detto **server**, collegato alla rete Internet. Un utente che chiede di visualizzare una pagina web inoltra, attraverso il suo Pc, una richiesta, agendo dunque da **client**. Il computer sul quale è memorizzata la pagina gli risponde inviandogliela attraverso la rete Internet, agendo da server. Si instaura, quindi, un rapporto tra client e server in cui il primo è il richiedente e il secondo fornisce il documento richiesto. A ricoprire il ruolo di client sono proprio i browsers che si collegano a un computer in cui è in esecuzione un altro software, che si comporta da server, chiamato semplicemente web-server. La comunicazione tra browser e server, per lo scambio di documenti ipertestuali, avviene attraverso un protocollo di livello applicazione chiamato **HTTP** (*HyperText Transfer Protocol*). L'azione di visualizzare le varie pagine web attraverso il proprio browser è spesso riassunta con le frasi "navigare nel web" o anche "visitare un sito web".
Esistono molti web browser, tra cui ricordiamo Mozilla Firefox, Safari, Opera e Microsoft Internet Explorer.
Così come accade per un'abitazione che, attraverso il suo indirizzo, può essere raggiunta da qualsiasi parte del mondo via posta ordinaria, anche un computer connesso ad una rete deve essere identificabile in maniera univoca al fine di poter essere individuato. A tale scopo, ogni computer connesso in una rete (e quindi anche in Internet) è individuabile attraverso il cosiddetto **indirizzo IP**, costituito da una serie di quattro cifre separate da un punto. Per usufruire dei vari servizi di Internet è fondamentale, infatti, che ogni computer disponga di un modo per essere raggiunto da qualsiasi punto della rete ci si trovi. Identificare, però, i computer attraverso una serie di numeri risulta piuttosto arduo, pertanto si è proceduto ad abbinare a ogni indirizzo IP un nome letterale. Questa sequenza di caratteri che identifica univocamente una risorsa in internet è detta **URL** (*Uniform Resource Locator*). Spesso il termine URL viene sostituito dall'espressione "indirizzo web", per indicare che si tratta di un indirizzo relativo ad un sito web. Un URL di un sito web, di solito, è costituito da tre parole separate da un punto, a cui viene anteposto il protocollo di livello applicazione usato per il trasferimento delle informazioni: *protocollo://www.secondolivello.primolivello*. La prima parte dell'URL, indica appunto il protocollo di livello applicazione, utilizzato per il trasferimento del documento e di solito può essere http:// o anche https:// nel caso di connessioni crittografate. La prima parte indicata dalla sigla *www* è usata per convenzione ad indicare che si tratti di un URL che identifica una risorsa del World Wide Web (ma può essere anche differente). La seconda parte indicata nell'esempio con *secondolivello*, individua proprio un dominio di secondo livello. Esso è costituito da una parola, che di solito suggerisce il contenuto della pagina oppure in-

dica il nome dell'azienda che decide di disporre di un sito web o comunque una parola (o insieme di parole senza spazi) di senso compiuto facile da ricordare. La parte finale dell'URL identifica il dominio di primo livello che può essere di due o più lettere ed indicare una sigla di una nazione (come *.it* per l'Italia, *.de* per la Germania, *.ch* per la Svizzera, *.jp* per il Giappone, ecc.), un ente governativo statunitense (*.gov*, *.mil*), un sito commerciale (*.com* e *.biz*) e così via (ad esempio, un URL valido potrebbe essere il seguente: *http://www.edises.it*).

Sintassi dei motori di ricerca

Le parole chiave, inserite nelle caselle dei motori di ricerca, possono essere scritte secondo una sintassi particolare. In base ad essa, i risultati delle ricerche possono variare. Scrivendo ad esempio: *Carlo Magno*, il motore di ricerca **Google** e molti altri suoi "colleghi", cercheranno tutte le pagine in cui saranno presenti sia la parola *Carlo* sia la parola *Magno*, siano esse consecutive o sparse per il testo del documento. Per trovare invece una **frase esatta**, ovvero, solo le pagine in cui le parole richieste siano adiacenti, basterà racchiuderle tra virgolette: *"Carlo Magno"*. È anche possibile escludere dalla ricerca alcune parole, anteponendo il segno meno (–) prima della parola stessa: *Carlo – Magno*. In quest'ultimo caso, saranno cercate le pagine in cui sarà presente la parola *Carlo*, ma non la parola *Magno*.

1.6.4 La connessione

Per accedere a Internet attraverso la linea propria telefonica domestica, sono disponibili diversi tipi di tecnologie:

- *PSTN* (*Public Switched Telephone Network*), la tradizionale rete telefonica pubblica commutata con cui si eseguono le connessioni attraverso una particolare periferica detta **Modem**;
- *ISDN* (*Integrated Services Digital Network*), col tempo nuove tecnologie sono state messe a disposizione da parte dei **provider internet** (fornitori di accesso ad internet);
- *ADSL* (*Asymmetric Digital Subscriber Line*), insieme alle successive evoluzioni come l'ADSL2+ rappresenta il mezzo più usato al giorno d'oggi per connettersi ad internet attraverso linea telefonica tradizionale.

Oggi è anche possibile l'accesso ad internet attraverso la rete di telefonia mobile e in base al tipo di protocollo utilizzato si raggiungono velocità differenti.
In futuro sono già previsti protocolli di quarta generazione che prevedono velocità ancora più sostenute nell'invio e la ricezione dei dati.

GLOSSARIO

Accesso: autorizzazione alla modifica dei dati di un archivio e a fare uso delle risorse di un ambiente di lavoro sia locale che remoto.

Accesso remoto: utilizzo di un computer situato a distanza.

Account: dispositivo di registrazione di utenti utilizzato per le reti locali, le reti di grandi dimensioni e dai sistemi operativi per la identificazione e autorizzazione di utenti all'utilizzo di programmi.

ADSL: Asymmetric Digital Subscriber Line. Permette di far viaggiare segnali digitali ad alta velocità (9 Mbps downstream e 800 Kbps upstream), contenenti informazioni di vario genere, compresi segnali video, sul comune cavo telefonico sfruttando la banda di frequenze abitualmente *non utilizzata* dalle linee telefoniche.

AGP: Accelerated Graphics Port. Interfaccia di collegamento caratterizzata dalla possibilità di collegare schede video di qualità elevata in termini di prestazioni.

ALU (Arithmetic and Logic Unit): parte della CPU che si occupa dei calcoli matematici e delle operazioni logiche.

Analogico: termine che indica che la comunicazione tra due entità avviene per mezzo di un segnale che varia per ampiezza, frequenza e intesità piuttosto che con segnali codificati (digitale).

ANSI: American National Standard Institute. Rappresenta il corrispettivo americano dell'ISO (International Organization for Standardization) ed è costituita da un collegio di associazioni e aziende che hanno definito alcuni standard per il commercio e per le applicazioni che gestiscono informazioni di differenti tipologie.

Antivirus: programma che individua ed elimina i virus in un computer

Applet: questo termine indica un programma, generalmente scritto in linguaggio Java, di solito gratuito, che può essere scaricato da Internet ed eseguito sul proprio PC.

Archivio: complesso di elementi costituito da una quantità, teoricamente illimitata, di dati.

ASCII: acronimo di American Standard Code for Information Interchange è un sistema di codifica dei caratteri usato nei calcolatori (rappresenta 256 caratteri).

Avvio: pulsante (start) posto sulla barra delle applicazioni di Windows che permette di accedere ad un pannello contenente un elenco di comandi.

Backup: copia di dati, file e cartelle contenuti nei dischi o in qualsiasi supporto di memoria al fine di crearne un duplicato.

Banca dati: un insieme di archivi contenenti una grande quantità di dati.

Binario: sistema di calcolo e di classificazione utilizzato in informatica e in elettronica; si avvale di due categorie: 0 e 1.

Bit: una unità del sistema binario: **bi**nary digi**t**.

Bluetooth: sistema che permette lo scambio di informazioni tra periferiche, senza connessione diretta, attraverso onde radio con frequenza di 2,45 GHz (gigahertz).

Break: è l'istruzione di programmazione usata per interrompere un ciclo (è consentito scrivere cicli senza usare break).

Browser Web: programma che permette di avere accesso a documenti presenti nella rete e che sono scritti in formato HTML.

Buffer: spazio di memoria non permanente utilizzata per memorizzare dati da mettere a disposizione di programmi utilizzati dall'utente.

Bug: errore (pulce o baco) nello steatment del programma che è responsabile di un cattivo funzionamento del software che può portare all'arresto dello stesso.

Byte: unità composta da otto bit. 1 kilobyte (1 KB) = 1024 byte; 1 megabyte (1 MB) = 1024 KB; 1 gigabyte (1 GB) = 1024 MB; 1 terabyte (1 TB) = 1024 GB (oltre mille miliardi di byte).

Cache: un particolare posizionamento della memoria temporanea dove vengono memorizzati i dati che ricorrono più di frequente e dove l'accesso è più rapido rispetto all'accesso ai dati contenuti nella memoria RAM.

CAD: Computer Aided Design. Software e particolari apparecchiature hardware studiati per la realizzazione di progetti architettonici o comunque che gestiscono grafica random bi- o tridimensionale.

Canale: strumento utilizzato per il trasferimento di informazioni che può avvenire tra parti differenti dello stesso computer o, per mezzo di una rete, tra computer distanti.

Cartella: raggruppamento di file (vedi directory).

CAT: Computer Aided Training. Programmi utilizzati nei sistemi con finalità di autoistruzione.

CD-ROM: Compact Disk Read Only Memory. Supporto per la memorizzazione dei dati che possiede grande capacità di memoria (~ 650-700 MB) rispetto ai floppy-disk (1,44 MB) e che per essere letto necessita di un lettore ottico.

Cella: spazio di un foglio elettronico posto all'incrocio tra una colonna e una riga su cui è possibile memorizzare dati e formule matematiche.

Cestino: icona posta sul desktop di Windows dove vengono posti i file che si è deciso di eliminare.

Chat: possibilità di comunicare in tempo reale tra due utenti tramite il computer.

Chip: particella di silicio su cui sono stampati circuiti integrati miniaturizzati.
Client: computer che per mezzo di una rete accede ai programmi messi a disposizione da un altro computer (server).
Codice: un insieme di caratteri grafici o simboli utilizzati per trasformare le informazioni da un principio intelligibile ad un altro.
Comando: invio di un messaggio al sistema per mezzo di una parola o simbolo che provochi l'esecuzione di una o più azioni in sequenza prestabilita.
Compressione: permette di trasformare i file in modo da occupare minor spazio possibile.
Computer: sistema composto da una parte meccanica (hardware) e da programmi (software) realizzato per la gestione automatizzata delle informazioni.
CPU: Central Processing Unit. Costituisce il cervello del computer, quella parte cioè che è in grado di comprendere ed eseguire ordini: il microprocessore.
Crittografia: sistema utilizzato con lo scopo di proteggere i dati personali dalla lettura di altri utenti.
Cursore: serie di pixel luminosi disposti a formare un indicatore (freccia, mano ecc.) per segnalare sullo schermo la posizione dove si sta per inviare un comando.
Data Base: riproduzione di una *finestra della realtà* realizzata mediante la codifica delle informazioni che la compongono, utilizzando un supporto informatico. I data base sono quindi un insieme di informazioni organizzate in archivi di dati *collegati tra di loro da relazioni* (database relazionali) o disposti in *struttura ad albero* (database gerarchici) o collegati da *relazioni disposte a rete* (database reticolari).
Default: dato che viene assegnato dal programma in modo automatico.
Digitale: che si riferisce ad un segnale basato su una quantizzazione numerica (generalmente binaria) con l'obiettivo di trasmettere informazioni.
Directory: (*cartella*) consiste di un insieme di documenti (file) memorizzati su supporto magnetico (disco fisso, CD, floppy ecc.) con l'obiettivo di permettere una archiviazione ordinata dei documenti.
Display: video.
DNS: serve per tradurre l'indirizzo dei siti Internet da numerici a simbolici.
Download: processo che permette di trasferire dati da un computer remoto al sistema in uso.
Driver: file contenente informazioni necessarie per far interagire una periferica hardware con il sistema operativo cosicché l'utente sia in grado di utilizzarla.
DVD: Digital Versatile Disk. Supporti simili per l'aspetto ai Cd ma con capacità di memoria notevolmente superiore.
e-mail: scambio di informazioni tramite la rete Internet o altro tipo di rete sotto forma di messaggi elettronici.
Enter: comando con il significato di esecuzione di un ordine rappresentato da un tasto dedicato sulla tastiera (*Invio*).
Explorer: programma del sistema operativo Windows che permette di visualizzare le pagine del World Wide Web, di navigare nella rete.
File: insieme di dati o informazioni di categoria diversa che vengono memorizzati su differenti supporti di memoria e definiti con un nome ed una estensione indicativa del genere cui appartengono.
Firewall: (*muro di fuoco*) un sistema creato per la sicurezza di una rete da minacce esterne che possono essere rappresentate da virus, dagli hacker e messaggi di posta pericolosi.
Floppy disk: piccola unità di memoria di massa che ha la caratteristica di essere trasportabile.
Flow chart: rappresentazione grafica di una presentazione, di una esposizione di un progetto nei suoi passaggi descrittivi. Lo scopo è quello di illustrare mediante le immagini i concetti di un discorso.
Font: caratteri utilizzati dai programmi di scrittura, ognuna con caratteristiche tipografiche proprie.
Gateway: è il componente hardware specializzato per le reti.
Gigabyte (Gb): unità di misura corrispondente a mille Mb: un miliardo di byte.
Gbps: gigabyte per secondo; unità di misura di flusso di informazioni.
GIF: Graphics Interchange Format. Modalità di memorizzazione di una immagine caratterizzata dal fatto che occupa meno memoria di altri formati; per tale motivo si presta bene ad essere utilizzata nelle pagine HTML risultando più veloce da visualizzare e trasferire.
GSM: **G**lobal **S**ystem for **M**obile Communications. Uno standard per la telefonia cellulare digitale.
Hacker: persona che sviluppa notevole interesse per il mondo dell'informatica e, in particolare, per i sistemi operativi presenti sul mercato verso i quali è particolarmente impegnato nello studio dei codici che permettono di comprendere il funzionamento del sistema; una volta in possesso delle conoscenze specifiche assume il comportamento di cracker iniziando un attività illegale per puro divertimento o per scopi politici (hactivist).
Hard copy: stampa su carta del contenuto di una schermata e, in genere, di un qualsiasi documento elettronico.
Hard disk: memoria di massa con grandi capacità, contenuta all'interno del computer; fissa, quindi non trasportabile.
Hardware: insieme delle parti meccaniche di un sistema informatico (in pratica tutto ciò che è visibile e che si può toccare di un computer).
Help: sistema che viene in aiuto all'utente non esperto nella comprensione delle funzionalità dei comandi.

Hertz: unità di misura della frequenza di clock di una CPU

Home banking: si intende l'accesso via internet ai servizi di una banca.

Home page: si tratta della pagina di base di un prodotto ipertestuale dalla quale può iniziare la navigazione.

Host: è l'elaboratore centrale di una rete che mette le sue risorse a disposizione degli altri computer collegati (vedi server) e che fornisce la possibilità ai computer in rete di poter colloquiare tra di loro.

Hotmail: è un servizio di posta elettronica che permette di dialogare gratuitamente chiunque abbia una connessione Internet. Il servizio è gestito da Microsoft.

HTML: Hypertext Markup Language. Formato di memorizzazione di pagine interpretato dai comuni browser Web.

HTTP: **H**yper**T**ext **T**ransfer **P**rotocol. Protocollo utilizzato dal browser del computer in uso per comunicare con il server Web affinché vengano visualizzate le pagine Web sul proprio PC.

Hyperlink: possibilità di accedere (navigare) a un'altra pagina dell'ipertesto da un oggetto reso "cliccabile" quindi divenuto un *link attivo.*

Icona: sono piccole immagini che hanno il vantaggio di essere facilmente riconoscibili e permettono di eseguire una serie di comandi senza doverne necessariamente ricordare la sequenza.

Inbox: spazio riservato dal software di gestione di posta elettronica in cui vengono memorizzati i messaggi arrivati.

Informatica: disciplina che si occupa della gestione delle informazioni effettuata mediante la tecnologia elettronica (il nome deriva dall'unione di due parole: **informazione** ed auto**matica**).

Input: inserimento di informazioni a seguito di un comando durante una procedura di elaborazione.

Intelligenza artificiale: disciplina che si occupa di studiare i meccanismi che regolano il ragionamento umano, la memoria e la coscienza di se per tentare di riprodurre la mente umana con mezzi elettronici.

Interattività: scambio in tempo reale di comandi e informazioni tra il dispositivo elettronico e l'utente.

Interfaccia: mezzo frapposto tra l'utente e il computer costituito dal dispositivo hardware utilizzato per lo scambio di informazioni e dal software studiato per facilitare il colloquio tra i due.

Internet: (inter-network) denominata anche *"Rete delle reti"* è una derivazione dalla rete americana ARPA (Advanced Research Project Association) utilizzata dal Dipartimento della Difesa per la gestione di dai che riguardavano l'esercito.

Internet Explorer: browser Web di Microsoft.

Intranet: rete aziendale non connessa con Internet ma strutturata allo stesso modo di questa poiché utilizza il protocollo per la comunicazione TCP/IP ed il suo software di gestione è simile a quelli del Web.

Ipertesto: un insieme di concetti collegati da relazioni per mezzo delle quali è possibile navigare secondo una rotta (schema) non preordinata, ma definita, volta per volta, dall'utente in rapporto alle sue necessità.

ISDN: tecnologia sfruttata dalle principali reti pubbliche

ISO: International Organization for Standardization. Organizzazione internazionale per la definizione di standard che permettano lo scambio di informazioni e per la definizione di protocolli univoci per le comunicazioni in genere.

ISP: **I**nternet **S**ervice **P**rovider. Fornitore di servizi Internet, che può essere una grande azienda internazionale o un piccolo centro cittadino o provinciale, avente per scopo quello di essere connesso con la Rete, da un lato, e di permettere ai PC non collegati di entrare in collegamento con Internet, dall'altro, usufruendo dei servizi di questa.

Java: linguaggio di programmazione utilizzato sul Web.

JPEG: **J**oint **P**hotographic **E**xpert **G**roup. Formato di compressione dei file grafici.

Kilobyte (Kb): kilobyte. Unità di misura che corrisponde a 1024 byte.

Key: chiave.

Keyboard: tastiera.

LAN: **L**ocal **A**rea **N**etwork. Rete locale, tipicamente aziendale, che consente di condividere risorse.

Layout: orientamento della pagina e caratteristiche tipografiche riguardanti margini, formato ecc.

Linguaggio: insieme di simboli con significati predefiniti utilizzati per disporre comandi o istruzioni più o meno complesse. I linguaggi sono realizzati per comporre programmi.

Link: collegamento di due oggetti in un ipertesto.

Linux: sistema operativo derivato da UNIX caratterizzato dal fatto che si basa su di un codice aperto per cui chiunque può intervenire su questo e personalizzarlo.

Load: richiamo dalla memoria fissa di informazioni o di un programma che dovrà essere eseguito.

Log in (log on): connessione ad un computer che effettuerà il controllo chiedendo la autorizzazione all'accesso (password).

Log out (log off): chiusura del collegamento e disconnessione dal sistema.

Loop: termine usato nella programmazione riferito ad un errore di programma dove il computer esegue continuamente una determinata istruzione senza essere in grado di uscire dal circolo vizioso che si è venuto a creare.

Mainframe: computer di elevate capacità di memoria e di potenza di calcolo. Può essere usato da centinaia (o anche più) utenti contemporaneamente.

Mailing list: utilizzato nei programmi di posta elettronica corrisponde ad un nome che identifica una serie di indirizzi elettronici.
Megabyte (Mb): Unità di misura che corrisponde a 1024 Kb.
Memoria RAM (Random Access Memory): memoria che esiste solamente quando il computer è in funzione e scompare definitivamente a computer spento.
Memoria ROM (Read Only Memory): contrariamente alla memoria RAM, che viene persa con lo spegnimento del PC, la memoria ROM è una memoria *permanente* e non può essere *cancellata*.
Menù: elenco di possibilità che i software mettono a disposizione dell'utente.
Modem: modulatore-**dem**odulatore. Apparecchiatura che permette di far colloquiare due computer trasformando i dati digitali di uno in analogici in modo da poterli trasferire tramite linea telefonica all'altro che, tramite un altro modem, trasformerà il segnale da analogico in digitale per la ricezione. La velocità del modem si misura in bit al secondo.
Monitor: schermo che permette di visualizzare l'interfaccia del sistema operativo e dei programmi utilizzati.
Morphing: tecnica utilizzata in computer graphics ed in cinematografia caratterizzata dalla variazione sequenziale di un immagine a un'altra così da rendere un effetto cinematico suggestivo al procedimento di trasformazione.
Mouse: dispositivo di puntamento per l'input di comandi composto da due o tre pulsanti e un corpo che viene fatto scivolare sul tavolo.
Motore di ricerca: sito internet che da la possibilità all'utente che si collega di effettuare una ricerca di pagine sul Web partendo da parole chiave o frasi inserite su di un campo appositamente predisposto.
MP3: MPEG Audio Layer-**3**. Sistema di compressione dei file audio digitali con una perdita minima di qualità del suono.
MS-DOS: Micro**s**oft **D**isk **O**perating **S**ystem. È il primo sistema operativo utilizzato per i personal computer.
Nanosecondo (ns): miliardesimo di secondo.
Navigazione: proprietà degli ipertesti in cui un utente può accedere a informazioni disposte in modo non ordinato in percorsi precostituiti, ma liberamente (navigare) secondo le sue necessità.
Network: sistema composto da utenti (computer o nodi) collegati da una rete che può avere anche estensioni notevoli come la rete Internet (Inter-Network).
New Economy: nuova forma di economia caratterizzata dall'uso di Internet come canale di pubblicità e di vendita di prodotti e servizi
Nodo: per nodo si intende un sistema di elaborazione che costituisce una "stazione" collegata ad una rete informatica.
Notebook: si tratta di computer assimilabili per prestazioni e per capacità di memoria e di calcolo ai personal computer ma caratterizzati dalle dimensioni notevolmente ridotte (quelle di un grosso quaderno) e dalla possibilità di funzionare a batteria con autonomia di lavoro di circa 2-3 ore; quindi portatili.
OCR: Optical **C**haracter **R**ecognition. Tecnologia che permette di elaborare documenti di testo ottenuti da scanner come immagini bitmap.
Office: serie di software sviluppati da Microsoft per differenti scopi applicativi: *Word* per la elaborazione dei testi, *Excel* per i fogli di calcolo, *Access* per la gestione di data base, *Outlook* per la posta elettronica, *PowerPoint* per le presentazioni ed altri di interesse aziendale e scolastico.
On-line: collegamento con una rete o con una sistema in modo da avere la possibilità, in tempo reale, di accedere ad informazioni costantemente revisionate.
Outlook: software prodotto dalla Microsoft per piattaforme Windows e Macintosh sviluppato per la gestione della posta elettronica.
Output: risposta del sistema ad una procedimento di elaborazione delle informazioni.
Parola chiave: codice utilizzato per la identificazione e la ricerca di record di un database (vedi key).
Password: parola segreta impostata dall'utente e necessaria per accedere al sistema.
Periferica: scheda o apparecchiatura hardware collegata alla scheda madre del sistema.
Personal Computer (PC): sistema di dimensioni e potenza limitate dedicato all'attività del singolo utente. I PC possono essere suddivisi in fissi o *desktop* e portatili o *notebook* (vedi), a seconda delle dimensioni dell'hardware. I PC sono dotati di un proprio sistema operativo.
Photoshop: programma di grafica prodotto da Adobe eseguibile su piattaforme Windows e Macintosh.
Piattaforma: insieme di apparecchiature assemblate a comporre un sistema hardware di base.
PIN: Personal **I**dentification **N**umber. Numero identificativo personale utilizzato per l'accesso ad una serie di banche dati in rete.
Pixel: minuscola parte del video che è responsabile, assieme agli altri, della immagine video.
PKZIP: programma che permette di compattare e unire insieme più file compressi in un unico file con estensione .zip.
PlayStation: piattaforma di gioco della Sony Corporation. Una delle più diffuse in commercio, utilizzata anche per la riproduzione di CD e DVD video.
Plotter: stampante caratterizzata da una serie di pennini che compongono l'immagine desiderata tracciando linee di differente colore.
Plug-in: sono dei piccoli software che di regola si installano in addizione al software maggiore per estenderne le capacità o aggiungere delle funzioni.

Generalmente sono prodotti dalla stessa casa che produce il programma di utilizzo finale.
Porta: struttura di collegamento tra la scheda madre di un sistema e alcune periferiche.
Portale: pagina principale di un sito Web. Il portale contiene una serie di notizie, collegamenti ipertestuali e altre funzioni.
Portabile: caratteristica di alcuni software che sta a indicare la possibilità di funzionare su piattaforme differenti.
Portatile: vedi notebook.
Posta elettronica: sistema che permette di inviare e ricevere messaggi tra utenti collegati ad una rete elettronica.
Procedura: elenco di attività e di funzioni svolte da diversi programmi al fine di raggiungere un determinato obiettivo per mezzo di un sistema informatizzato.
Processo: momento di attività della CPU (Central Processing Unit) nell'unità di tempo.
Prompt: carattere o simbolo standard di un sistema operativo indicante la opportunità e la posizione sullo schermo dove è possibile digitare un comando.
Protocollo: insieme di direttive che stabiliscono come devono essere trasmesse le informazioni da un sistema che trasmette ad uno che le riceve.
Provider: si intende un fornitore di servizi Internet (es. Aruba).
Query: procedimento volto alla interrogazione dei dati contenuti in un data base.
Quit: procedimento che opera la chiusura di qualsiasi applicazione.
RAM: **R**andom **A**ccess **M**emory. Memoria che esiste solo nel momento che il sistema è in funzione e che è caratterizzata dalla possibilità di accedere alle informazioni in modo diretto.
Se è sufficiente, consente di tenere più applicazioni aperte.
Random: la possibilità di un sistema di generare casualmente una serie di numeri (matrice).
Realtà artificiale: ambiente grafico tridimensionale caratterizzato da elementi e oggetti originali che non esistono nella realtà.
Realtà virtuale: ambiente grafico tridimensionale caratterizzato da elementi e oggetti, anche animati, volti a riprodurre una realtà oggettiva del mondo esterno.
Record: raccolta ordinata di dati (campi).
Remoto: sistema informatico (computer) collegato ad una rete e lontano da quello in cui si sta operando.
Reset: ristabilimento della configurazione standard di un sistema di elaborazione.
Restore: funzione o procedura che permette il recupero di dati cancellati e sistemati in luoghi di sicurezza.
Rete: insieme di computer uniti in collegamento tra di loro in modo che sia possibile effettuare scambi di informazioni.
Risoluzione: riferita al monitor, riguarda la capacità di riprodurre immagini di qualità (definizione). È il numero dei pixel orizzontali e verticali presenti o sviluppabili in uno schermo.
ROM: **R**ead **O**nly **M**emory: memoria di sola lettura che non può essere modificata e che permane anche dopo lo spegnimento del computer.
Scanner: apparecchiatura che è in grado di trasformare le informazioni grafiche contenute in un foglio, una diapositiva o lastra fotografica in un file di formato grafico (bitmap, gif, ecc.).
Scrolling: termine che si riferisce allo scorrere verso l'alto o verso il basso, nel contesto di una videata, del puntatore del mouse sulle righe di un foglio di testo o di un menù a tendina o dei record di un data base.
Server: computer centrale di una rete locale (LAN) che si occupa di gestire e amministrare il flusso di informazioni tra i terminali collegati.
Sistema: serie di apparecchiature e di algoritmi volti al loro controllo che funzionano unitamente per raggiungere un determinato obiettivo.
Sistema informativo: insieme di attività volte alla raccolta, archiviazione, elaborazione, trasmissione e gestione delle informazioni di una entità pubblica o privata, come una azienda in genere.
Sistema operativo: un gruppo di software che permettono di far colloquiare l'utente, che utilizza un linguaggio proprio, con la macchina, che utilizza un linguaggio (linguaggio macchina) altrimenti incomprensibibile all'uomo. Il Sistema Operativo si preoccupa di rendere agevole l'utilizzo delle risorse del sistema mettendo a disposizione dell'utente una serie di procedure standard per diverse attività routinarie come gestire l'elenco dei file, ordinare i documenti secondo la loro tipologia, gestire la stampante, le altre periferiche ecc.
Sito Web: uno o più ipertesti, costituiti da pagine HTML, disposti su uno spazio messo a disposizione da un server per la rete Internet. Generalmente un sito Web possiede una pagina di riferimento (home page) che, nella maggior parte dei casi, è quella dove si trova l'indice dell'ipertesto e, quasi sempre, corrisponde alla pagina pubblicitaria del sito.
Software: parte concettuale del sistema, costituito da una serie di comandi e regole che permettono la gestione dell'hardware finalizzata alla elaborazione delle informazioni.
Sorgente: testo scritto mediante programmazione.
Spam: messaggio di posta inviato da un utente a più utenti contemporaneamente.
UMTS: si intende una tecnologia digitale di telefonia mobile.
Unix: sistema operativo, scritto in linguaggio C, multiutente e multitasking. Ne esistono differenti ver-

sioni (compresa Linus, ultima versione per i sistemi che utilizzano chip Intel).
URL: Uniform **R**esource **L**ocator. Indirizzo che permette ad una pagina Web di essere localizzata.
USB: Universal Serial Bus. Dispositivo che permette di collegare una grande quantità di periferiche (fino a 127) senza dover spegnere e riavviare il computer.

Virus: programma scritto con l'intenzione di penetrare senza autorizzazione in un computer, duplicarsi con l'obiettivo di infettarne altri e, in buona parte dei casi, provocare danni ai file e ai programmi dell'ospite. Non danneggia l'hardware.
Visual Basic: versione elaborata del linguaggio di programmazione Basic, realizzato da Microsoft.
Windows: sistema operativo della Microsoft Corporation, realizzato nel 1983 come evoluzione naturale di MS-DOS (vedi) e caratterizzato da un interfaccia grafica che fa uso di "finestre" di lavoro che possono essere aperte contemporaneamente per differenti applicazioni.
Word: programma per la elaborazione di testo realizzato dalla Microsoft Corporation.
Workstation: postazione di lavoro autonoma costituita da un computer e da altre periferiche, dedicata ad elaborazioni professionali, molto spesso di tipo grafico.
Worm: si tratta di programmi affini ai virus ma che hanno come obiettivo principale quello di moltiplicarsi, (occupando sempre più spazio sul computer infetto) e di diffondersi da sistema a sistema attraverso la rete.
WWW: World Wide Web. Insieme di pagine scritte in linguaggio HTML.
Yahoo!: uno dei motori di ricerca più noti presenti nella rete Internet. Si trova all'indirizzo URL *http://yahoo.it/.*
Zona: insieme di utenti collegati in una rete comprendente una serie più vasta di utenti.

OCCORRE SAPERE

CONCETTI DI BASE DELLA TECNOLOGIA DELL'INFORMAZIONE

I documenti letti con uno **scanner** possono sempre essere elaborati in forma grafica.
Il **computer**, per inviare un **fax**, deve essere collegato alla rete telefonica.
Il vantaggio di una **LAN** consiste nella possibilità di condividere archivi.
Nei supermercati il **codice a barre** viene comunemente utilizzato per registrare il prezzo del prodotto.
Una «**smart card**» al suo interno contiene un microchip; è dotata di una limitata quantità di memoria.
Affinché la **CPU** possa eseguire un programma, le istruzioni a esso relative devono risiedere nella RAM oppure nella ROM.
La **fibra ottica** ha un banda di trasmissione più veloce dei cavi di metallo.
In un **posto di lavoro ergonomico** è importante che la luce non provochi riflessi sullo schermo.
I programmi del tipo «**general purpose**», per svolgere compiti specifici, devono essere istruiti.
La cancellazione di tutti i dati presenti nel disco avviene con la «**formattazione di un disco**».
Il **programma di formattazione** serve a preparare un disco alla registrazione dei dati.
Fare «**overloading**» significa dare diverse definizioni di metodi con lo stesso nome, ma usando parametri formali diversi in numero e/o tipo.
La **rete locale** è quella rete che permette una maggiore velocità nella trasmissione dei dati.
Usare il **monitor** con lo schermo a **risoluzioni alte** non è una operazione strettamente necessaria a una postazione di lavoro ergonomica.
In materia di **copyright**, sui testi riprodotti su Internet devono passare 70 anni dalla morte dell'autore per una loro distribuzione gratuita.
Usare gli occhiali con **lenti antiriflesso** non giova molto all'utente costretto a stare per molte ore davanti a un computer.

GESTIONE FUNZIONI DI BASE DEL SISTEMA OPERATIVO

In Windows:

- la funzione principale del programma «**Esplora risorse**» è la visualizzazione e la disposizione dei file del computer.
- quando si seleziona un file e si sceglie l'opzione «**elimina**» il file viene spostato nel cestino.
- l'estensione «**.txt**», che segue il nome del file, designa file di testo, gestibili da qualsiasi programma di videoscrittura.
- l'estensione «**.zip**», che segue il nome del file, indica file compressi.
- l'estensione «**.mdb**», che segue il nome del file, indica che il file deve essere aperto con il programma «Access».
- attraverso il «**Blocco note**» è possibile modificare e creare un file .htm.
- la memoria tampone di «**MS Internet Explorer**» è contenuta nella cartella «Temporary Internet Files».

Windows non si può togliere dal disco rigido per creare spazio a una applicazione.

Word

I file che hanno le seguenti estensioni **.txt; .doc; .rtf** possono essere modificati con il **software Word**.

Si consideri la barra degli strumenti di Word riprodotta in figura.

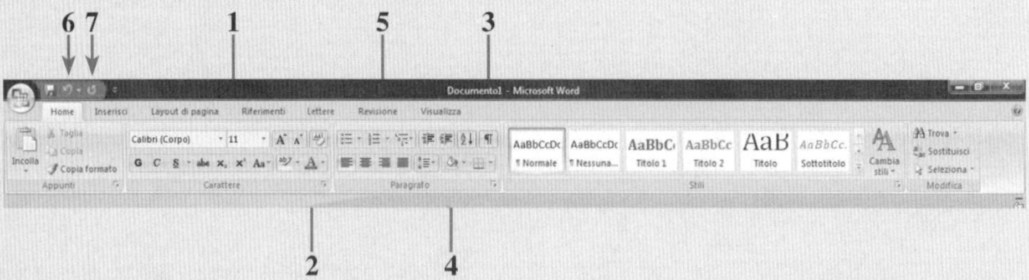

Cliccando sul pulsante:

- **1**, si può modificare la dimensione del carattere selezionato.
- **2**, si può modificare il colore del testo selezionato.
- **3**, si possono visualizzare i caratteri di tabulazione e i segni di paragrafo.
- **4**, si può modificare il colore dello sfondo del testo selezionato.
- **5**, si può inserire un elenco numerato.
- **6**, si può annullare l'ultima operazione.
- **7**, si può ripetere l'ultima operazione eseguita.

In MS Word:

- per visualizzare il contenuto dell'intestazione di un documento aperto è più appropriato utilizzare il comando «**layout di stampa**».
- in un documento aperto, è possibile riordinare le righe di una tabella contenente del testo con il comando «**ordina**».
- è possibile mettere in ordine automaticamente un elenco di nominativi mediante il comando «**ordina**».
- gli elementi della tabella si chiamano «**celle**»
- attraverso la «**stampa unione**» si possono stampare modelli di documenti predefiniti in cui variano i dati specifici di ogni copia.
- premendo il tasto «**canc**» si cancella il carattere che si trova a destra del cursore.
- «**copia/incolla**» è quella sequenza di operazioni che duplica un testo in un'altra posizione.

Excel

Il **software Excel** permette di impostare l'intestazione di ciascun foglio stampato attraverso il comando «**Intestazione e piè di pagina**...».

Su un foglio del **programma Excel** si ha: nella cella A1 il valore 0, nella cella A2 il valore 1, nella cella A3 il valore 2. Se nella cella A4 si pone la formula "=A2/A1", si ottiene un messaggio di errore in quanto si chiede di dividere il contenuto della cella A2 (1) per il contenuto della cella A1 (0).

Su un foglio del **programma Excel** si ha: nella cella A1 il valore 0, nella cella A2 il valore 1, nella cella A3 il valore 2. Se nella cella A4 si pone la formula "=A2", si ottiene il valore 1 in quanto la funzione chiede di riportare il valore contenuto nella cella A2 (1).

Su un foglio del **programma Excel**, si ha: nella cella A1 il valore 1, nella cella A2 il valore 2, nella cella A3 il valore 3. Se nella cella A4 si pone la formula "=A1*A2", si ottiene il valore 2, poiché moltiplica i valori delle celle A1 (1) e A2 (2).

Su un foglio del **programma Excel**, si ha: nella cella A1 il valore 3, nella cella A2 il valore 4, nella cella A3 il valore 5. Se nella cella A4 si pone la formula «=SOMMA(A1:A3)», si ottiene il valore 12, poiché il comando indica che occorre sommare tutti i valori delle celle, dalla A1 alla A3.

Su un foglio del **programma Excel**, si ha: nella cella A1 il valore 1, nella cella A2 il valore 2, nella cella A3 il valore 3. Se nella cella A4 si pone la formula «=A2/A1», si ottiene il valore 2 poiché viene chiesto di dividere il contenuto della cella A2 (2) per il valore della cella A1 (1).

Si consideri la barra degli strumenti di Excel riprodotta in figura.

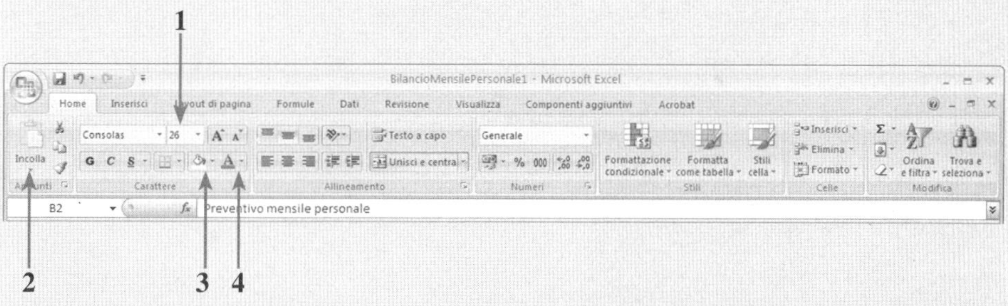

Cliccando con il mouse sul tasto:

- **1**, si può cambiare il font del testo selezionato.
- **2**, si può incollare la cella precedentemente copiata.
- **3**, si può scegliere il colore dello sfondo delle celle selezionate.
- **4**, si può scegliere il colore del testo delle celle selezionate.

In MS Excel:

- per applicare dei bordi alle celle, si può usare la cartella **Bordo** nella finestra di dialogo **Formato celle** dal menu contestuale.
- per stampare tutti i fogli attivi di una cartella attiva bisogna scegliere il comando Stampa e nella finestra di dialogo spuntare l'opzione « **Fogli attivi**».
- il comando «**Salva con nome**» serve per salvare un documento in un formato diverso da quello originale.

Access

La Query in **MS Access** è un oggetto in grado di operare una selezione dei record presenti in una tabella.

In MS Access:

- all'apertura di una tabella ogni riga contiene un **record**.
- il **numero del campo** di tipo contatore viene incrementato quando si crea un nuovo record.
- la chiave primaria di una tabella è il campo o i campi che devono contenere un valore unico in tutta la tabella.
- una Tabella può contenere 1 solo campo di tipo contatore.

- i report sono il mezzo con cui è possibile interrogare un database.
- il **numero del campo di tipo contatore** viene incrementato quando si crea un nuovo record.
- i **report** sono lo strumento informatico per la presentazione, generalmente sotto forma di stampa, di un insieme di dati memorizzati nel database.

Reti informatiche

In una e-mail, gli indirizzi che non si vogliono rendere noti a tutti gli altri destinatari, devono essere inseriti nel campo ccn: (o «**bcc:**» in inglese).

In una e-mail, il campo «**cc:**», in cui è possibile inserire il nome dei destinatari, corrisponde alla dicitura presente in alcune lettere cartacee: «**per conoscenza**».

In un software di posta elettronica è possibile memorizzare un numero di telefono inserendolo nell'apposito campo della Rubrica.

Con il software di posta elettronica **MS Outlook**:
- è possibile **stampare** sempre una **e-mail** ricevuta
- per inviare una e-mail a più destinatari, è possibile scriverne gli indirizzi nel campo «A:», opportunamente separati.

La **posta elettronica**, rispetto a un messaggio telefonico, consente di scambiare informazioni multimediali oltre a lasciare documentazione scritta.

Alla ricezione di una **e-mail** con un **allegato** è opportuno controllarla con un antivirus aggiornato.

Explorer e **Mozilla Firefox** non sono motori di ricerca, ma browser.

Uno dei vantaggi del **telelavoro** è l'orario flessibile.

Un **libro elettronico** è un libro su supporto digitale

.doc non è un dominio di Internet.

Per commercio elettronico si intende l'uso di internet per la vendita di beni e servizi.

TCP/IP è il più diffuso tra i protocolli di comunicazione per computer per connettersi a Internet.

Il cartello «**WI-FI ZONE**» indica che quel luogo è coperto da una rete Wireless.

Sezione IX
Logica

Capitolo 1
Questionario di logica

Registrandosi sul nostro sito secondo le modalità indicate nelle prime pagine, è possibile consultare la spiegazione dei più comuni test di logica.

1.1 Questionario di logica

1) Quale delle seguenti parole non ha lo stesso significato delle altre?
A) Acredine B) Ciccia C) Adipe D) Pinguedine

2) Non attinente alla parola nuvola:
A) cirro B) nube C) acqua D) ovest

3) "Non tutti i cellulari possono andare su Internet. Lo smartphone è un cellulare molto costoso con accesso a Internet". In base alle precedenti informazioni, quale delle seguenti affermazioni è certamente vera?
A) Quando tornerò a casa potrò andare su Internet
B) Ho uno smartphone e quindi posso avere accesso a Internet
C) Andrò su Internet con il mio cellulare perché è costoso
D) Nessuna delle altre alternative è corretta

4) Anagramma della parola certa:
A) carta B) carte C) arte D) are

5) Quale delle seguenti parole non ha lo stesso significato delle altre?
A) Luce B) Folgore C) Baleno D) Buio

6) Non attinente alla parola pattuglia:
A) spogliatoio B) plotone C) banda D) squadra

7) Quale delle seguenti parole non ha lo stesso significato delle altre?
A) Millantatore B) Spaccone C) Benefattore D) Vanaglorioso

8) Ha a che fare con la parola tappo:
A) vetro B) setola C) bottiglia D) evidenziatore

9) Individuare il termine che completa logicamente la serie: alce, antilope, cervo...
A) cammello B) elefante C) camoscio D) dromedario

10) Non ha nulla a che fare con la parola "ostinato":
A) indefesso B) noncurante C) caparbio D) fermo

11) Anagramma della parola "arca":
A) cari B) ara C) cara D) ira

12) Ha a che fare con la parola "Sole":
A) spegnere B) azione C) cielo D) territorio

13) Quale delle seguenti parole non ha lo stesso significato delle altre?
A) Bramoso B) Ingordo C) Civetta D) Rapace

14) Non ha nulla a che fare con la parola "razionale":
A) impulsivo B) sensato C) coerente D) ragionevole

15) Ha a che fare con la parola "collana":
A) ciondolo B) coniglio C) collant D) vetro

16) "Tutti i negozi della Riviera effettuano orario continuato. Questa gioielleria si trova a Bologna". In base alle precedenti informazioni, quale delle seguenti affermazioni è certamente vera?
A) In questa gioielleria ci sono gli orecchini che mi piacciono tanto
B) Non è sicuro che questa gioielleria effettui l'orario continuato
C) Comprerò gli orecchini in Riviera
D) Nessuna delle altre alternative è corretta

17) Non attinente alla parola orologio:
A) sveglia B) tachicardia C) cronografo D) cronometro

18) Quale delle seguenti parole non ha lo stesso significato delle altre?
A) Tranquillo B) Affabile C) Disponibile D) Affaticato

19) Attinente alla parola sovranità:
A) podere B) rimando C) dominio D) inganno

20) Se una proposizione è «vera», qual è il risultato dell'operazione di « negazione»?
A) Indeterminata B) Vera o falsa C) Falsa D) Vera

21) Non ha nulla a che fare con la parola neve:
A) montagna B) nebuloso C) fiocco D) isola

22) Ha a che fare con la parola tastiera:
A) mouse B) tagliacarte C) foglio D) corda

23) "Tutti i ristoranti di Modena propongono piatti caserecci. Questo ristorante si trova a Modena". In base alle precedenti informazioni, quale delle seguenti affermazioni è certamente vera?"
A) Questo ristorante propone piatti caserecci
B) Per questo ristorante è necessaria la prenotazione il sabato e la domenica
C) Gli unici ristoranti che propongono piatti caserecci si trovano a Modena
D) Nessuna delle altre alternative è corretta

24) Ha a che fare con la parola mani:
A) salto B) negozio C) guanti D) bolletta

25) A, B, D, G, ?
A) L B) M C) H D) I

26) Se due proposizioni sono entrambe «vere», qual è il risultato dell'operazione di «congiunzione» di esse?
A) Vera B) Falsa C) Impossibile D) Indeterminata

27) Se due proposizioni sono entrambe «false», qual è il risultato dell'operazione di «congiunzione» di esse?
A) Falsa B) Vera C) Impossibile D) Indeterminata

28) Se due proposizioni sono una «vera» e una «falsa», qual è il risultato dell'operazione di «congiunzione» di esse?
A) Falsa B) Vera C) Impossibile D) Indeterminata

29) Non ha nulla a che fare con la parola detergere:
A) mondare B) forbire C) interrare D) smacchiare

30) B, E, H, ?
A) M B) N C) L D) O

31) Non attinente alla parola baldacchino:
A) padiglione B) pergolato C) letto D) stendino

32) Individuare il termine che completa logicamente la serie: leopardo, lince, gatto, ...
A) cobra B) pantera C) luccio D) scorfano

33) V, T, R, P, ?
A) L B) N C) M D) G

34) Quale delle seguenti parole non ha lo stesso significato delle altre?
A) Palese B) Evasivo C) Manifesto D) Evidente

35) Ha a che fare con la parola "scarpa":
A) scoglio B) piede C) mare D) villaggio

36) Anagramma della parola "mole":
A) limoni B) mio C) melo D) lame

37) Quale delle seguenti parole non ha lo stesso significato delle altre?
A) Lindo B) Opaco C) Limpido D) Deterso

38) Quale delle seguenti parole non ha lo stesso significato delle altre?
A) Collerico B) Agitato C) Nervoso D) Dolente

39) Ha a che fare con la parola "matita":
A) rosso B) gomma C) notte D) acqua

40) Anagramma della parola "liso":
A) soli B) li C) oli D) ossi

41) Anagramma della parola "pane":
A) penna B) Enea C) pia D) pena

42) Quale delle seguenti parole non ha lo stesso significato delle altre?
A) Spigoloso B) Smussato C) Arrotondato D) Molato

43) Individuare il termine che completa logicamente la serie: aquila, pettirosso, corvo...
A) airone B) struzzo C) pinguino coccodrillo

44) Attinente alla parola "stampa":
A) tessuto B) penna C) pubblicazione D) matita

45) "Tutti i locali di Roma aprono alle 22.00. Questo pub si trova a Roma". In base alle precedenti informazioni, quale delle seguenti affermazioni è certamente vera?
A) Questo pub apre alle 22.00
B) In questo locale non si può entrare senza prenotazione
C) Questo locale è vicino casa nostra
D) Nessuna delle altre alternative è corretta

46) A, D, I, ?
A) F B) Q C) R D) P

47) Individuare il termine che completa logicamente la serie: orata, spigola, rombo...
A) balena B) triangolo C) razza D) caimano

48) Anagramma della parola "reca":
A) cardi B) care C) rea D) are

49) Anagramma della parola “mare”:
A) mero B) roma C) rama D) rema

50) Attinente alla parola “cornice”:
A) supporto B) arnese C) ricalco D) scena

51) Anagramma della parola “gira”:
A) raggiro B) ori C) riga D) rigato

52) Individuare il termine che completa logicamente la serie: iguana, anaconda, caimano, ...
A) armadillo B) rana C) rospo D) pinguino

53) Ha a che fare con la parola “unghia”:
A) foglio B) tesi C) smalto D) urto

54) Ha a che fare con la parola “occhiali”:
A) naso B) capelli C) spuma D) dettato

55) Attinente alla parola “drappo”:
A) tenda B) coperta C) stanza D) letto

56) C, E, I, ?
A) Q B) R C) T D) M

57) Attinente alla parola “unguento”:
A) sangue B) detersivo C) tampone D) profumo

58) Anagramma della parola “tori”:
A) Torino B) irto C) tre D) tirare

59) E, L, Q, ?
A) S B) T C) U D) V

60) Non ha nulla a che fare con la parola “consunzione”:
A) logorio B) usura C) usuraio D) indebolimento

61) Se una proposizione è «vera», qual è il risultato dell’operazione di «doppia negazione»?
A) Falsa B) Vera C) Vera o falsa D) Indeterminata

62) Se una proposizione è «falsa», qual è il risultato dell’operazione di «doppia negazione»?
A) Falsa B) Vera C) Vera o falsa D) Indeterminata

63) Maestro sta a Insegnante come Apostolo sta a…
A) Apprendistato B) Banco C) Discente D) Messia

64) Eremita sta a Solitudine come Anacoreta sta a…
A) Gruppo B) Compagnia C) Libertà D) Isolamento

65) Corrusco sta a Splendente come Malaticcio sta a…
A) Cagionevole B) Forte C) Robusto D) Villano

66) Disprezzare sta a Rispettare come Abominare sta a…
A) Detestare B) Adorare C) Ingannare D) Facilitare

67) Barbabietola sta a Zucchero come Uva sta a…
A) Spumante B) Succo C) Mosto D) Acini

68) Sonetto sta a Poesia come Romanzo sta a…
A) Libro B) Letteratura C) Best-seller D) Narrativa

69) Ramo sta a Foglie come Braccio sta a…
A) Estremità B) Peli C) Dita D) Mano

70) Clorofilla sta a Pigmento come Luna sta a…
A) Satellite B) Terra C) Rotazione D) Armstrong

Risposte corrette

1	A	**10**	B	**19**	C	**28**	A	**37**	B	**46**	C	**55**	A	**64**	D
2	D	**11**	C	**20**	C	**29**	B	**38**	D	**47**	C	**56**	A	**65**	A
3	B	**12**	C	**21**	D	**30**	A	**39**	B	**48**	B	**57**	D	**66**	B
4	B	**13**	C	**22**	A	**31**	D	**40**	A	**49**	D	**58**	B	**67**	C
5	D	**14**	A	**23**	A	**32**	B	**41**	D	**50**	A	**59**	D	**68**	D
6	A	**15**	A	**24**	C	**33**	B	**42**	A	**51**	C	**60**	C	**69**	C
7	C	**16**	B	**25**	B	**34**	B	**43**	A	**52**	A	**61**	B	**70**	A
8	C	**17**	B	**26**	A	**35**	B	**44**	C	**53**	C	**62**	A		
9	C	**18**	D	**27**	A	**36**	C	**45**	A	**54**	A	**63**	C		

Parte Terza

Simulazioni della prova scritta di selezione

SOMMARIO

Simulazione 1

1) Metello è il protagonista dell'omonimo romanzo storico scritto da:
A) Vasco Pratolini
B) Giorgio Bassani
C) Pier Vittorio Tondelli
D) Mario Soldati

2) "Orlando innamorato" è un poema quattrocentesco scritto da:
A) Matteo Maria Boiardo
B) Giovanni Boccaccio
C) Torquato Tasso
D) Ludovico Ariosto

3) Quale dei seguenti personaggi non compare ne "Il Gattopardo"?
A) Angelica Sedara
B) Fabrizio Salina
C) Tancredi Falconeri
D) Fabrizio del Dongo

4) Quale dei seguenti nomi è un falso dispregiativo?
A) Cagnaccio
B) Tenaglia
C) Erbaccia
D) Gentaglia

5) Qual è il complemento di termine nella frase "Alle cinque porterò a Mario l'occorrente per il suo lavoro"?
A) A Mario
B) Alle cinque
C) Per il suo lavoro
D) L'occorrente

6) Quale delle seguenti frasi contiene un verbo di forma passiva?
A) Giulio sarà accolto come un figlio dai miei amici
B) Le pere sono cadute dall'albero
C) Niente è emerso dalle indagini
D) Mi sono svegliato da pochi minuti

7) Quale delle seguenti frasi contiene un aggettivo derivato?
A) Enzo ha ottimi ricordi della sua gioventù
B) Il cancello si chiuse con un rumore metallico
C) La maestra insegna ai bambini piccoli
D) Marco segue una corretta alimentazione

8) Completare la seguente frase con un complemento di luogo "Paolo ha avvistato un lupo..."
A) pochi minuti fa
B) dall'aria mansueta
C) in ottobre
D) nel bosco

9) All'interno del parco della maestosa Reggia di Caserta, si susseguono una serie di suggestive fontane, la prima delle quali, di incredibili dimensioni, è denominata:
A) Fontana del Tritone
B) Fontana di Trevi

C) Fontana dei delfini
D) Fontana dei quattro fiumi

10) Dove si trova Villa Adriana, uno dei complessi architettonici più belli, risalente al II sec d.C.?
A) Frascati
B) Tivoli
C) Cerveteri
D) Guidonia

11) 16 ? 64 128
A) 28
B) 46
C) 52
D) 32

12) 88 ? 78 73
A) 79
B) 81
C) 83
D) 82

13) 49 25 ? 1
A) 12
B) 9
C) 35
D) 18

14) D C B A ?
A) V
B) B
C) Z
D) G

15) ? 24 31 40 47
A) 15
B) 30
C) 10
D) 5

16) "Tutte le tratte autostradali italiane sono dotate di Telepass. Questa tratta autostradale si trova in Italia". In base alle precedenti informazioni, quale delle seguenti affermazioni è certamente vera?
A) Questa tratta autostradale è meno soggetta a rallentamenti
B) Le uniche tratte autostradali dotate di Telepass si trovano in Italia
C) Nessuna delle altre alternative è corretta
D) Questa tratta autostradale è dotata di Telepass

17) "Non si può escludere che, se Antonio non fosse stato negligente, la relazione sarebbe stata un successo". In base alla precedente affermazione, quale delle seguenti è certamente vera?
A) La relazione sarebbe stata un successo se Antonio avesse mantenuto la calma
B) È possibile che la relazione sarebbe stata un successo, qualora Antonio non fosse stato diligente
C) È possibile che la relazione sarebbe stata un successo qualora Antonio non fosse stato negligente
D) Se la relazione fosse stata un successo, è possibile che Antonio sarebbe stato premiato

18) "Non si può escludere che, se Bruno non avesse perso il biglietto, l'addetto alla sicurezza l'avrebbe fatto entrare nel cinema". In base alla precedente affermazione, quale delle seguenti è certamente vera?
A) Se l'addetto alla sicurezza avesse fatto entrare Bruno nel cinema, è possibile che quest'ultimo avrebbe ritrovato il biglietto
B) È possibile che l'addetto alla sicurezza avrebbe fatto entrare Bruno nel cinema qualora quest'ultimo non avesse perso il biglietto
C) È possibile che l'addetto alla sicurezza avrebbe fatto entrare Bruno nel cinema, qualora quest'ultimo avesse perso il biglietto
D) Se l'addetto alla sicurezza avesse fatto entrare Bruno nel cinema, è possibile che quest'ultimo non avrebbe perso il biglietto

19) "Non si può escludere che, se Davide non avesse perso gli occhiali, l'esecuzione

del pezzo musicale sarebbe stata perfetta". In base alla precedente affermazione, quale delle seguenti è certamente vera?
A) È possibile che l'esecuzione del pezzo musicale sarebbe stata perfetta qualora Davide non avesse perso gli occhiali
B) L'esecuzione del pezzo musicale sarebbe stata perfetta se Davide avesse avuto con sé gli occhiali
C) È possibile che l'esecuzione del pezzo musicale sarebbe stata perfetta, qualora Davide avesse perso gli occhiali
D) Se l'esecuzione del pezzo musicale fosse stata perfetta, è possibile che Davide avrebbe trovato gli occhiali

20) Quale termine si lega a *casa* formando una parola?
A) Metta
B) Matta
C) Mora
D) Muso

21) Quale termine si lega a *sotto* formando una parola?
A) Giù
B) Sopra
C) Su
D) Là

22) Quale parola legata a *gatta* ne forma un'altra?
A) Morta
B) Viva
C) Mammona
D) Miagola

23) Trovare un anagramma della parola *dalmatica*...
A) Dalmata
B) Applaudo
C) Clamidata
D) Decilitro

24) Completare la seguente analogia: ... sta a SELEZIONATO come PROIBITO sta a ...
A) Esaminato/giusto
B) Voluto/ispirato
C) Detestato/illegale
D) Scelto/vietato

25) Quale delle seguenti parole non ha attinenza con le altre?
A) Separazione
B) Disunione
C) Associazione
D) Solitudine

26) Navata : Transetto = Minareto : ?
A) Abside
B) Deambulatorio
C) Coro
D) Pulpito

27) Bellicosi guerrieri, leggendari navigatori e abili scultori: ecco chi erano i maori prima dell'arrivo dei bianchi. Tra il IX e il XV secolo raggiunsero Aotearoa – "l'isola della grande nuvola bianca", nome maori della Nuova Zelanda – probabilmente dalla Polinesia. Percorsero in canoa 2.000 miglia d'oceano, usando come carta nautica le stelle del cielo. Nell'isola del Nord fondarono una civiltà di contadini (e pescatori) guerrieri, divisi in tribù spesso in guerra tra loro. La bellicosità dei maori tenne lontano gli europei fino all'inizio dell'Ottocento, quando a Bay of Island, nell'Isola del Nord, si formò una comunità bianca di missionari, mercanti e balenieri.

Chi raggiunse la Nuova Zelanda tra il IX e il XIV secolo?
A) I maori
B) I bianchi
C) Gli inglesi
D) Alcuni leggendari navigatori

28) È raro che un uomo sia stato altrettanto travisato dall'odio come Maximillien Robespierre; un odio che trasformò l'uomo di studio in un demagogo, il moderato in un sanguinario, l'astuto parlamentare in un dit-

tatore […]. Allorché nel maggio del 1789 giunse a Versailles, quest'ometto dal volto minuto, vestito con perfetta eleganza, è ancora soltanto un avvocato di provincia senza beni di fortuna e pressoché sconosciuto. Orfano a sei anni, privato del padre, scomparso, riesce a forza di borse di studio a proseguire gli studi al collegio Louis-le Grand e a diventare avvocato, com'è tradizione della sua famiglia. Degli anni di studio, brillanti ma ostacolati dalla miseria, gli è rimasto una specie di complesso del borsista: la diffidenza verso l'agiatezza e la facilità. Il suo successo elettorale è dovuto esclusivamente all'appoggio degli strati inferiori del "terzo stato", che lo preferiscono a un collega sostenuto dai notabili di Arras.

Robespierre dovette il suo successo elettorale:
A) al sostegno dei notabili di Arras
B) al fatto di essere avvocato
C) all'alleanza tra la borghesia e il popolo
D) all'appoggio degli strati inferiori del terzo stato

29) L'astronomia è la scienza che studia i corpi celesti, cioè le stelle e i pianeti; oggi, con questo nome, s'intende in particolare l'astronomia classica, le cui origini risalgono agli albori della civiltà. In particolare gli antichi greci e poi gli arabi si erano accorti che la posizione degli astri cambiava con il tempo, e distinsero le stelle dai pianeti, osservando che le stelle conservano la stessa posizione relativa l'una rispetto all'altra, mentre i pianeti si muovono tra di esse: «pianeta», infatti, è una parola che deriva dal greco e significa «stella errante». I greci consideravano pianeti il Sole, la Luna e i cinque visibili ad occhio nudo, ossia Mercurio, Venere, Marte, Giove e Saturno.

Le origini dell'astronomia risalgono:
A) alla nascita dell'universo
B) alla definizione dei disegni delle costellazioni da parte dell'uomo
C) agli albori della civiltà umana
D) alla formazione delle stelle e dei pianeti

30) La Patagonia è un'immensa regione (quasi un milione di km²) che occupa la maggior parte della punta meridionale del triangolo sudamericano, dal Rio Colorado allo stretto di Magellano. Dal momento della sua scoperta, quasi cinque secoli fa, la Patagonia ha avuto stretti rapporti con l'Italia. È stato infatti un italiano, Antonio Pigafetta, autore del diario di bordo della spedizione di Magellano, ad avventurarsi per primo nell'esplorazione della regione e a descrivere per la prima volta gli indigeni che, per l'imponente stazza fisica, vennero chiamati "patagoni", cioè "uomini dai grandi piedi".

Il nome "patagoni" è dovuto:
A) ai rapporti tra la Patagonia e l'Italia
B) alla descrizione che Giacomo Bove fece degli indigeni
C) all'imponenza fisica degli indigeni
D) alle caratteristiche della regione abitata dagli indigeni

31) Il 31 ottobre 2011 è stato dato l'annuncio che la popolazione mondiale ha raggiunto i:
A) sette miliardi
B) cinque miliardi
C) dieci miliardi
D) tre miliardi

32) Nel 2010, si verificò nel Golfo del Messico uno dei più gravi disastri ambientali degli ultimi decenni, quale?
A) Lo sversamento di una piattaforma petrolifera
B) Un incidente in una centrale nucleare
C) Il naufragio di una petroliera
D) Un'esplosione di gas in una miniera

33) Chi è succeduto a Juan Carlos I sul trono di Spagna?
A) Alfonso XIII
B) Juan Carlos II
C) Filippo VI

D) Sofia di Borbone

34) Con la sigla F35 si definisce:
A) un aereo di linea
B) un elicottero da combattimento
C) un caccia multiruolo
D) un aereo anfibio a uso civile

35) Quale tra questi personaggi non ha vinto il Premio Nobel?
A) Rita-Levi Montalcini
B) Margherita Hack
C) Giosuè Carducci
D) Luigi Pirandello

36) Quale Paese ha assunto la Presidenza dell'Unione Europea nel secondo semestre del 2014?
A) Irlanda
B) Germania
C) Spagna
D) Italia

37) Nel 2016 sono ricorsi i 130 anni dell'inaugurazione della:
A) Torre Eiffel
B) Scala di Milano
C) Statua della Libertà
D) Fenice di Venezia

38) Il 29 giugno 2013 è morta una delle menti più brillanti della comunità scientifica italiana contemporanea nota a livello mondiale per gli importanti studi nell'ambito dell'astrofisica; si tratta di:
A) Margherita Hack
B) Rita Levi-Montalcini
C) Fabiola Gianotti
D) Lucia Votano

39) Cos'è il Patto Atlantico?
A) Un patto tra i paesi dell'Europa orientale
B) Un'alleanza militare siglata nel 1949 a Washington
C) Un accordo commerciale tra i Paesi sull'Atlantico
D) Un accordo commerciale tra Francia e USA

40) Quale guerra fu combattuta tra il 1950 e il 1953?
A) La guerra di Corea
B) La guerra fredda
C) La guerra atlantica
D) La guerra del Pacifico

41) Quando si costituì lo Stato di Israele?
A) Nel 1940
B) Nel 1948
C) Nel 1966
D) Nel 1956

42) Quando è accaduta la Guerra dei sei giorni?
A) Nel giugno 1967
B) Nel maggio 1973
C) Nel gennaio 1956
D) Nel dicembre 1965

43) Chi era Yasser Arafat?
A) Il Presidente dell'Egitto nel 1967
B) Il capo dell'Organizzazione di Liberazione della Palestina (OLP)
C) Il generale israeliano che ha combattuto nella Guerra dei sei giorni
D) Il Presidente dell'Egitto nel 1973

44) In che anno iniziò la rivoluzione cubana contro il dittatore Fulgenzio Batista?
A) Nel 1942
B) Nel 1947
C) Nel 1958
D) Nel 1973

45) Chi era il leader dei golpisti in Cile nel 1973?
A) Salvator Allende
B) Il generale Francisco Franco
C) Il generale Augusto Pinochet
D) Fidel Castro

46) Chi indisse nel 1962 il Concilio Vaticano II?

A) Il Papa Paolo VI
B) Il Papa Giovanni XXIII
C) Il Papa Pio XII
D) Il Papa Pio XI

47) Quale carabiniere si distinse particolarmente nell'attacco di Grenoble?
A) Il Carabiniere Alessio
B) Il Vice Brig. Salvo D'Acquisto
C) Il Generale Ramorino
D) Il Carabiniere Alberto La Rocca

48) Agli ordini di quale generale erano i Carabinieri, con le altre truppe di cavalleria, durante la carica di Grenoble?
A) Des Geneys
B) Gifflenga
C) Lovera
D) Vittorio Marandola

49) Con che tipo di atto viene disposta la fusione di Regioni esistenti o la creazione di nuove Regioni?
A) Con atto del Presidente della Repubblica
B) Con legge costituzionale
C) Con legge dello Stato
D) Con legge regionale

50) Nella Costituzione della Repubblica italiana l'arte e la scienza sono:
A) libere
B) inviolabili
C) obbligatorie
D) destinate solo ai capaci e meritevoli

51) Secondo l'articolo 47 della nostra Costituzione, cosa viene incoraggiato e tutelato dalla Repubblica?
A) La gestione delle aziende
B) La piccola e media proprietà
C) La trasformazione del latifondo
D) Il risparmio

52) Nella Costituzione italiana, cosa viene definito "sacro dovere del cittadino"?
A) La difesa della Patria
B) L'inviolabilità della libertà personale
C) La difesa dell'ambiente
D) La lotta alla disoccupazione

53) Cosa tutela la Repubblica con apposite norme, sulla base dell'articolo 6 della nostra Costituzione?
A) Le confessioni religiose
B) Il paesaggio e il patrimonio storico e artistico
C) La ricerca scientifica e tecnica
D) Le minoranze linguistiche

54) Chi ha diritto all'educazione e all'avviamento professionale, secondo l'articolo 38 della nostra Costituzione?
A) Gli inabili e i minorati
B) Le donne lavoratrici
C) Gli anziani
D) I disoccupati

55) Nell'ordinamento italiano, il Pubblico Ministero fa capo:
A) al Ministero della Giustizia
B) al Tribunale
C) al Prefetto
D) al Ministero degli Interni

56) Nell'ordinamento italiano il numero massimo di decreti-legge emanabili:
A) è di 60 l'anno
B) è di 40 l'anno
C) è di 20 l'anno
D) non è soggetto a vincoli

57) Nell'attuale ordinamento italiano, quella di Pubblico Ministero è una funzione a cui si accede:
A) per concorso
B) per elezione
C) per anzianità
D) d'ufficio

58) Rientrano fra gli organi di giurisdizione ordinaria:
A) la Corte d'Assise e il Giudice di Pace
B) la Corte dei Conti e la Corte d'appello
C) il Tribunale e il Tar
D) la Corte dei Conti e il Tribunale

59) Le imposte sono:
A) corresponsioni patrimoniali in cambio di tributi
B) contributi volontari
C) prestazioni patrimoniali senza diretta correlazione con un servizio
D) corresponsioni di servizi in cambio di tributi

60) Le Commissioni Tributarie sono formate da:
A) uditori giudiziari
B) giudici di Cassazione
C) giudici speciali
D) giudici ordinari

61) Quale città toscana ospita il complesso architettonico di Piazza dei Miracoli?
A) Grosseto
B) Pisa
C) Lucca
D) Siena

62) Civitavecchia si trova:
A) in Campania
B) nel Lazio
C) in Abruzzo
D) in Sardegna

63) Come fu ribattezzata la Torre della Garisenda di Bologna?
A) Torre Grande
B) Torre Alta
C) Torre Corta
D) Torre Mozza

64) Come si chiama il faro portuale che è il simbolo di Genova?
A) Il Pennacchio
B) L'Obelisco
C) La Lucciola
D) La Lanterna

65) Cosa si intende per «zona di montagna»?
A) Un'estensione di rilievi alti al più 2500 metri
B) Un'estensione di rilievi alti oltre 600 metri
C) Un'estensione di rilievi alti oltre 150 metri
D) Un'estensione di rilievi fra i 1000 e i 2000 metri

66) Attraverso quale organo il bolo (boccone masticato e insalivato) entra nello stomaco per la successiva trasformazione in chimo?
A) Colon ascendente
B) Esofago
C) Colon trasverso
D) Duodeno

67) Chi era a capo del gruppo di giovani fisici italiani, noto come "ragazzi di via Panisperna"?
A) Renato Dulbecco
B) Adriano Olivetti
C) Enrico Fermi
D) Enrico Mattei

68) A quale scoperta scientifica è associato il nome di Francis Crick?
A) La struttura a doppia elica del DNA
B) La radioattività
C) La struttura dell'atomo
D) Il dualismo onda-particella della materia

69) Quale dei seguenti scienziati italiani è stato insignito del Premio Nobel?
A) Carlo Rubbia
B) Ettore Majorana
C) Antonino Zichichi
D) Margherita Hack

70) A chi si deve la teoria dell'evoluzione basata sull'adattamento e sulla ereditarietà dei caratteri acquisiti?
A) Jean-Baptiste de Lamarck
B) Alfred Russel Wallace
C) Charles Darwin
D) Herbert Spencer

71) In Windows, quando si vuole utilizzare un file contenuto nel Cestino:

A) È possibile aprirlo direttamente dal Cestino
B) È necessario scegliere l'opzione ripristina
C) Non è più possibile aprire un file dopo averlo collocato nel Cestino
D) Bisogna sempre ricordare che il file può essere incompleto

72) Internet è un esempio di:
A) rete WAN
B) rete LAN
C) Networking
D) rete MAN

73) In informatica, l'acronimo www, spesso presente negli indirizzi web, significa:
A) World Wild Wolf
B) Wizard Wide Web
C) Wide Wild West
D) World Wide Web

74) In informatica, l'acronimo Ftp indica:
A) una componente hardware
B) un'operazione di controllo del funzionamento del calcolatore
C) una tipologia di rete
D) un tipo di protocollo di trasmissione per scambio file

75) In informatica, il termine Url indica:
A) una tipologia di rete
B) l'indirizzo di un sito Internet, scritto in modalità univoca
C) una componente hardware
D) un tipo di protocollo di trasmissione dei dati

76) Il software che si deve utilizzare per realizzare un lavoro contenente tabelle e grafici è:
A) Outlook
B) Word
C) Skype
D) Microsoft Excel

77) In informatica, l'operazione di backup consente di:
A) verificare la presenza di errori su un'unità disco
B) ripulire i dischi dai file inutili
C) eseguire un controllo della funzionalità generale del calcolatore
D) creare una copia di sicurezza dei dati

78) In informatica, la frequenza di clock di una CPU si misura in:
A) Ghz
B) Pixel
C) Pollici
D) Bit

79) In informatica, la funzione di un dispositivo di input è quella di:
A) trasmettere i dati dal calcolatore alle periferiche
B) salvare i dati su un supporto rimovibile
C) immettere i dati nel calcolatore
D) permettere la condivisione dei file in rete

80) La funzione principale di una CPU (Central Processing Unit) consiste:
A) nell'eseguire calcoli
B) nel collegare i vari componenti del calcolatore
C) nell'immagazzinare dati
D) nel gestire le periferiche

81) Calcolate il perimetro di un rettangolo sapendo che l'area misura 3,6 dm^2 e una dimensione misura 18 cm:
A) 76 cm
B) 80 cm
C) 90 cm
D) 50 cm

82) Calcolate il perimetro di un triangolo rettangolo sapendo che i suoi cateti misurano 5 cm e 12 cm:
A) 13 cm
B) 30 cm
C) 17 cm
D) 11 cm

83) Calcolate il raggio della circonferenza inscritta in un triangolo equilatero sapendo che la sua altezza misura 33 dm:
A) 15 dm

B) 22 dm
C) 11 dm
D) 32 dm

84) Calcolate la misura della circonferenza di un cerchio avente l'area di 36 π m^2:
A) 10 π m
B) 16 π m
C) 12 π m
D) 20 π m

85) Calcolate l'altezza di un rettangolo avente la diagonale lunga 10 cm e la base di 8 cm:
A) 5 cm
B) 6 cm
C) 7 cm
D) 9 cm

86) Risolvere, rispetto alla lettera a, l'uguaglianza: $2a + b = c$.
A) $a = (b - c)/2$
B) $a = (c + b)/2$
C) $a = (c - b)/2$
D) $a = c - b$

87) Risolvere, rispetto alla lettera a, l'uguaglianza: $a - b = (-c + d)/e$.
A) $a = (c + d + be)/e$
B) $a = (- c + d + be)/be$
C) $a = (- c + d + be)/e$
D) $a = (- c + d + e)/b$

88) Risolvere, rispetto alla lettera b, la formula per il calcolo dell'area del triangolo: $A = (bh)/2$.
A) $b = 2h/A$
B) $b = 4h/A$
C) $b = 2A/h$
D) $b = 4A/h$

89) Quali tra le seguenti terne di numeri sono direttamente proporzionali?
A) {4, 8, 16} e {12, 16, 32}
B) {3, 9, 27} e {9, 27, 54}
C) {2, 10, 15} e {6, 30, 45}
D) {4, 8, 20} e {12, 16, 60}

90) Quali tra questi numeri sono primi, 101; 14; 179; 256; 428; 797?
A) 101; 179; 797
B) 101; 14; 179; 256; 428; 797
C) 14; 256; 428
D) 101; 428

Lingua inglese

91) He ... very ...
A) am/borried
B) are/bored
C) has/bored
D) is/bored

92) Please, ... home now and ... when you feel OK.
A) went/call me
B) to go/calling me
C) going/call me
D) go/call me

93) Altimeters are used ... measure height ... sea level.
A) in the/of
B) which/below
C) to/above
D) for/around

94) She gazed out of the window, but there ... nothing to be ...
A) was/saw
B) was/seen
C) has/see
D) will/watched

95) If you ... and see me next month, I ... very glad.
A) will come/be
B) come/am
C) come/will be
D) came/is

96) I'm sorry, but I can't ... you, ... you speak a little louder?
A) hear/could

B) har/could
C) heard/can't
D) listen to/are

97) You must ... our gallery, it's ... in the city.
A) to visit/one best
B) go visiting/the better
C) visit/the best
D) visiting/the best

98) The results of his ... ... unexpected.
A) managing/be
B) management/were
C) manager/was
D) managed/is

99) ... do you want ... to move this chair?
A) Where/me
B) Were/I
C) We're /mine
D) Were/me

100) I asked ... ... cut her pretty long hair.
A) she/the
B) her/not to
C) her/to not
D) he/not to

Lingua spagnola

91) Elija la expresión equivalente a la en parénteses cuadradas en la frase de modo que al sustituirla ésta no cambie de significado. "Ultimamente Lara les cuenta a todos mis secretos así es que esto no se lo he dicho por si acaso".
A) por casualidad
B) por si las moscas
C) por los pelos
D) por salirse por la tangente

92) Escoja la palabra o el grupo de palabras que completan mejor el texto de la frase propuesta. Isabel es una chica fina y tiene … gusto para vestirse.
A) muy
B) excesivo
C) mucho
D) sumo

93) Elija la palabra adecuada para completar la siguiente frase: "Contesta al teléfono … mí, por favor, que estoy muy ocupada."
A) por
B) para
C) con
D) sin

94) Elija la palabra/s más adecuada/s para completar la frase con sentido. "Creo que no tienes coraje. Eres un …".
A) pavo
B) gallina
C) carnero
D) cordero

95) Elija la opción correcta. El prefijo "requete-" es:
A) diminutivo
B) despectivo
C) intensivo
D) superlativo

96) ¿Cual es una forma correcta del futuro del indicativo del verbo decir?
A) Direis
B) Deciré
C) Decirà
D) Dirimos

97) Elija la palabra adecuada para completar la siguiente frase: "¡… has llegado! Hace horas que te esperábamos."
A) Por fin
B) De final
C) En fin
D) A final

98) Elija la palabra adecuada para completar la siguiente frase: "Los almacenes están cerrados … vacaciones".
A) para

B) por
C) de
D) a

99) Elija la palabra adecuada para completar la siguiente frase: "Me … las gafas que te has comprado."
A) gustas
B) gusto
C) gustan
D) gusta

100) Escoja la preposición adecuada para completar la frase. "… mí, no podéis conseguir nada".
A) Sin
B) Desde
C) Hasta
D) A

FRANCESE

91) Complétez la phrase suivante: "Il y a un embouteillage: …".
A) nous sommes coincés pendant deux heures
B) nous sommes coincés depuis deux heures
C) nous sommes coincés dans deux heures
D) nous sommes coincés jusque deux heures

92) Complétez la phrase suivante. "Nous venons … la campagne".
A) de
B) chez
C) avec
D) en

93) Trouvez le synonyme: "Impatience".
A) Folie
B) Conscience
C) Lenteur
D) Hâte

94) Dans la phrase suivante il y a des fautes: "Je me rapelle plus ce que je faisais quand on m'a interrompu". Choisissez la phrase correcte.
A) Je ne me rappelle plus ce que je faisais quand on m'a interrompu
B) Je ne rappelle plus ce que je fasse quand on m'a interrompu
C) Je ne rappèle ce que je faisais quand on m'a interrompu
D) Je ne me rappèle plus quoi que je faisais quand on m'a interrompu

95) Complétez la phrase suivante: "Je me couche … minuit".
A) de
B) en
C) chez
D) à

96) Complétez la phrase suivante. "Tu ne peux pas ... vendre".
A) cette
B) elle
C) la
D) il

97) Complétez la phrase suivante. "... sommes en train d'écouter les nouvelles".
A) Vous
B) Il
C) Nous
D) Ils

98) Dans la phrase entre crochets il y a une faute. Remplacez-la avec l'alternative correcte. "Nous espérons être favorisés de vos ordres [à l'exécution desquelles nous apporterons tous nos soins]".
A) à l'exécution des quels nous apporterons tous nos soins
B) a l'exécution desquels nous apporterons tous nos soins
C) à l'exécution desquels nous apporterons touts nos soins
D) à l'exécution desquelles nous apporterons toutes notres soins

99) Complétez la phrase suivante. "... année je vais changer de voiture".
A) Cette

B) La
C) Celle
D) Cet

100) Choisissez la réponse dont la signification est la plus proche du mot ou de l'expression entre crochets et qui ne change pas le sens de la phrase si elle est substituée au mot ou à l'expression originaux. "[D'habitude], les enfants se couchaient tôt chez les grands-parents".
A) La règle
B) En général
C) Règlement
D) Souvent

Lingua tedesca

91) Wählen Sie den passenden Artikel: "Er ist ... Lehrer".
A) eines
B) einen
C) der
D) ein

92) Wählen Sie das Wort bzw. die Wörter, die am besten den folgenden Satz ergänzen. "Anna ... kein Englisch, aber sie möchte es gern lernen".
A) will
B) kennt
C) weiß
D) kann

93) Wählen Sie das Wort bzw. die Wörter, die am besten den folgenden Satz ergänzen. "Jedes Mal, ... sie sich sahen, gingen sie zusammen essen".
A) wenn
B) während
C) wann
D) als

94) Wählen Sie das Wort bzw. die Wörter, die am besten den folgenden Satz ergänzen: "Was hältst du ... meinem neuen Auto? Ich finde es super".
A) von
B) an
C) vor
D) für

95) Wählen Sie das Wort bzw. die Wörter, die am besten in den folgenden Satz passen: "Heiligabend fällt jeden Jahr auf den ... Dezember".
A) vierundzwanzigsteten
B) vierundzwanzigsten
C) vierundzwanzigste
D) vierundzwanzig

96) Wählen Sie das Wort oder die Wortfolge, die am besten den folgenden Satz ergänzt: "... Hitze wollten die Kinder kein Eis essen".
A) Trotz der
B) Wegen der
C) Trotzdem
D) Obwohl der

97) Ergänzen Sie den folgenden Satz: "Diesen Winter hat es in Süditalien ... als in Deutschland geregnet".
A) starker
B) stärker
C) stärksten
D) stark

98) Wählen Sie das Wort oder die Wortfolge, die am besten den folgenden Satz ergänzt: "Ich frage mich, ... du wirklich alles kapiert hast".
A) wenn
B) woran
C) ob
D) während

99) Wählen Sied das Antonym von "überflüssig".
A) flüssig
B) notwendig
C) notariell
D) unnötig

100) Wählen Sie das Wort oder die Wortfolge, die am besten den folgenden Satz ergänzt: "Er hat ... Mercedes gekauft, ... einen Jaguar".

A) Nicht; aber
B) kein; sondern
C) nicht; sondern
D) kein; doch

Risposte corrette

1	A	**18**	B	**35**	B	**52**	A	**69**	A	**86**	C	**91**	B	**97**	C
2	A	**19**	A	**36**	D	**53**	D	**70**	A	**87**	C	**92**	C	**98**	B
3	D	**20**	B	**37**	C	**54**	A	**71**	B	**88**	C	**93**	A	**99**	A
4	B	**21**	B	**38**	A	**55**	A	**72**	C	**89**	C	**94**	B	**100**	B
5	A	**22**	A	**39**	B	**56**	D	**73**	D	**90**	A	**95**	C	**TEDESCO**	
6	A	**23**	C	**40**	A	**57**	A	**74**	D	**INGLESE**		**96**	A	**91**	D
7	B	**24**	D	**41**	B	**58**	A	**75**	B	**91**	D	**97**	A	**92**	D
8	D	**25**	C	**42**	A	**59**	C	**76**	D	**92**	D	**98**	B	**93**	A
9	C	**26**	D	**43**	B	**60**	C	**77**	D	**93**	C	**99**	C	**94**	A
10	B	**27**	A	**44**	C	**61**	B	**78**	A	**94**	B	**100**	A	**95**	B
11	D	**28**	D	**45**	C	**62**	B	**79**	C	**95**	C	**FRANCESE**		**96**	A
12	C	**29**	C	**46**	B	**63**	D	**80**	A	**96**	A	**91**	B	**97**	B
13	B	**30**	C	**47**	A	**64**	D	**81**	A	**97**	C	**92**	A	**98**	C
14	C	**31**	A	**48**	B	**65**	B	**82**	B	**98**	B	**93**	D	**99**	B
15	A	**32**	A	**49**	B	**66**	B	**83**	C	**99**	A	**94**	A	**100**	B
16	D	**33**	C	**50**	A	**67**	C	**84**	C	**100**	B	**95**	D		
17	C	**34**	C	**51**	D	**68**	A	**85**	B	**SPAGNOLO**		**96**	C		

Simulazione 2

1) Quale casa editrice italiana pubblicò il romanzo postumo "Il Gattopardo", rifiutato da altri editori?
A) Mondadori
B) Feltrinelli
C) Einaudi
D) De Agostini

2) Chi fu il poeta, amico e contemporaneo di Ugo Foscolo?
A) Niccolò Tommaseo
B) Ippolito Pindemonte
C) Giovan Pietro Vieusseux
D) Ludovico Antonio Muratori

3) Chi è l'autore di "Danubio", un resoconto di viaggio nei luoghi e nel tempo che ha per protagonista il grande fiume europeo?
A) Sergio Zavoli
B) Claudio Magris
C) Enzo Biagi
D) Leonardo Sciascia

4) Quale delle seguenti proposizioni è contenuta nella frase "Anche se ero stanco a causa del troppo lavoro, mi recai in pista a ballare fino a tardi"?
A) Causale
B) Ipotetica
C) Concessiva
D) Modale

5) Quale delle seguenti frasi contiene un avverbio di tempo?
A) Ricorderò con piacere queste giornate
B) Il lavoro nei campi comincia presto
C) Antonio è diventato molto preciso
D) L'attesa è stata estenuante

6) Quale delle seguenti frasi contiene un errore ortografico?
A) La tua reazione è esagerata
B) Al professore piaque la nostra iniziativa
C) Ho trovato alloggio presso un motel
D) Il ragazzo non era attento

7) Quale delle seguenti frasi contiene una proposizione oggettiva?
A) Ti telefonerò appena torno in camera
B) Mauro lesse la lettera che aveva ricevuto
C) Mio fratello spera di superare l'esame
D) Bisogna rincasare subito

8) Quale delle seguenti frasi contiene un complemento di termine?
A) Al mattino faccio una doccia calda
B) I ragazzi andranno a scuola domani
C) Verrò al cinema alle sette
D) Paolo ha chiesto un consiglio a suo padre

9) Come viene definita l'opera tipica dell'arte bizantina, dipinta su una tavola di legno con soggetto un'immagine sacra?
A) Icona
B) Litografia
C) Tempera
D) Affresco

10) In occasione del Giubileo del 2000 è stata esposta la Sacra Sindone a:
A) Roma
B) Firenze

C) Torino
D) Palermo

11) ? 15 12 11 8
A) 16
B) 20
C) 22
D) 17

12) 4 16 7 49 1 ?
A) 1
B) 0
C) 5
D) 64

13) 46 40 42 ? 38 32
A) 48
B) 36
C) 34
D) 33

14) 2 3 5 8 12 ?
A) 17
B) 13
C) 15
D) 16

15) 19 190 ? 230 33 330
A) 18
B) 16
C) 24
D) 23

16) "Non si può escludere che, se Marta non si fosse distratta, la sua bici sarebbe rimasta in strada". In base alla precedente affermazione, quale delle seguenti è certamente vera?
A) La bici di Marta sarebbe rimasta in strada se lei fosse stata attenta
B) È possibile che la bici di Marta sarebbe rimasta in strada qualora lei non si fosse distratta
C) È possibile che la bici di Marta sarebbe rimasta in strada, qualora lei si fosse distratta
D) Se la bici di Marta fosse rimasta in strada, è possibile che lei non si sarebbe distratta

17) "Se e solo se avanza del brodo, preparo una zuppa". In base alla precedente informazione, quale delle seguenti affermazioni è certamente vera?
A) Preparo la zuppa solo dopo aver comprato il pane
B) Se preparo una zuppa significa che avanza il brodo
C) Quando faccio la zuppa non è detto che sia avanzato il brodo
D) A volte, anche se avanza il brodo, non preparo la zuppa

18) "Se e solo se c'è caldo, apro la finestra". In base alla precedente informazione, quale delle seguenti affermazioni è certamente vera?
A) Apro la finestra solo dopo aver chiuso la porta
B) Quando apro la finestra non è detto che ci sia caldo
C) Se apro la finestra significa che c'è caldo
D) A volte, anche se c'è caldo, non apro la finestra

19) "Se e solo se c'è lo sciopero della metro, prendo l'auto". In base alla precedente informazione, quale delle seguenti affermazioni è certamente vera?
A) Se prendo l'auto significa che c'è lo sciopero della metro
B) Quando prendo l'auto non è detto che ci sia sciopero della metro
C) Ogni tanto prendo l'automobile per non fare scaricare la batteria
D) A volte, anche se c'è lo sciopero della metro, non prendo l'auto

20) Non attinente alla parola *Cinque*.
A) Pentagono
B) Dita
C) Quintetto
D) Giorni

21) Melagrana : Banana = Zucchina : ?
A) Cocomero
B) Melanzana

C) Uva
D) Melone

22) Libro : Pagina = Cartella : ?
A) File
B) Zaino
C) Scuola
D) Scolaro

23) Completa la seguente analogia: ... sta a Secondo come Fanciullo sta a ...
A) Numero/Medico
B) Primo/Adolescente
C) Annale/Triciclo
D) Ordinale/Adulto

24) Sinonimo di *luculliano*:
A) sontuoso
B) frugale
C) parco
D) definito

25) Scavare : Pala = Incidere : ?
A) Cucchiaio
B) Coltello
C) Forchetta
D) Martello

26) Sinonimo di *arcano*:
A) segreto
B) antico
C) altisonante
D) difficile

27) La conoscenza del territorio e delle soglie di pericolo per i vari rischi costituisce la base, oltre che per le attività di previsione, per definire gli stati di attivazione – attenzione, preallarme e allarme – per i rischi prevedibili, a cui corrispondono determinate procedure nella pianificazione di emergenza. È compito delle componenti di Protezione Civile, ai vari livelli, individuare gli interventi utili a ridurre entro soglie accettabili la probabilità che si verifichino eventi disastrosi, o almeno a limitare il possibile danno. Tra queste azioni è fondamentale l'informazione alla popolazione e l'indicazione dei comportamenti da adottare in relazione ai rischi di un determinato territorio. Come previsto dalla legge è competenza del Sindaco – quale prima autorità di Protezione Civile – informare la popolazione sulle situazioni di pericolo per calamità naturali.

La pianificazione d'emergenza non può avvenire se non si conoscono le caratteristiche del territorio e delle soglie di pericolo che regolano l'attivazione per i rischi prevedibili.
A) Vero
B) Falso
C) Vero solo in parte
D) Non desumibile dal brano

28) Il Medioevo aveva diffuso una cultura "teocentrica" nella quale ogni ambito letterario, artistico, politico, sociale e anche economico aveva come riferimento Dio. A questa cultura si andò contrapponendo una mentalità "antropocentrica" che, invece, pose l'attenzione sull'uomo, creatura di Dio, dotato di ragione. La riscoperta delle "humanae litterae", le opere appartenenti alla cultura classica, si andò sovrapponendo allo studio delle "divinae litterae" che fino a quel momento erano state il principale oggetto di studio nelle Università.
L'Umanesimo è il movimento culturale, filosofico e letterario che permeò il Quattrocento e che venne sintetizzato nella frase di Pico della Mirandola "ogni uomo è artefice del proprio destino".

La mentalità "antropocentrica" fa riferimento principalmente all'uomo.
A) Vero
B) Falso
C) Vero solo in parte
D) Non desumibile dal brano

29) Fra società elettronica e calo degli addetti all'industria il nesso è evidente: risiede nell'automazione del processo produttivo, che provoca la liberazione delle energie umane,

e liberazione è qui una parola che può significare anche disoccupazione. Se si batte la parola "computer" sulla tastiera del lettore ottico di un repertorio di giurisprudenza appare sul video, fra le tante, la sentenza di un pretore, che così dispone: "l'introduzione di un computer in azienda, determinando una riorganizzazione dell'attività aziendale, costituisce giustificato motivo obiettivo di licenziamento di un lavoratore, ai sensi dell'art. 3 della legge 5 luglio 1966, n. 604".

Il nesso tra il calo degli addetti all'industria e la società elettronica risiede nella liberazione di energie umane.
A) Vero
B) Falso
C) Vero solo in parte
D) Non desumibile dal brano

30) Negli otto campus universitari della regione di Oromia, in Etiopia, sono scoppiate violente proteste antigovernative, in cui sono rimasti uccisi almeno undici studenti e altri settanta sono stati feriti. Le manifestazioni studentesche sono cominciate il 28 aprile, in una regione dove dall'inizio degli anni Settanta è attivo un movimento secessionista, il Fronte di liberazione oromo, che chiede l'autodeterminazione per la popolazione di etnia oromo. In breve tempo le proteste hanno attirato in piazza migliaia di persone e si sono diffuse ad alcune città, tra cui Ambo. La polizia regionale ha giustificato la dura repressione con il timore che le manifestazioni siano state strumentalizzate dall'opposizione politica – che in realtà è estremamente ridotta in Etiopia.

Le manifestazioni antigovernative sono state strumentalizzate dall'opposizione politica.
A) Vero
B) Falso
C) Vero solo in parte
D) Non desumibile dal brano

31) La Corte Costituzionale ha dichiarato l'illegittimità costituzionale delle norme dell'allora legge elettorale che riguardavano il premio di maggioranza il:
A) 6/12/2013
B) 14/10/2013
C) 24/06/2013
D) 19/02/2014

32) Quale grande azienda dei media ha acquistato, nel 2012, la LucasFilm, la società cinematografica che produsse Guerre stellari?
A) Fandango
B) Disney
C) Columbia
D) DreamWorks

33) Come si chiama la leader ucraina della cosiddetta "Rivoluzione Arancione", liberata nel febbraio 2014?
A) Julia Tymošenko
B) Helenka Telefina
C) Yevhenia Tymošenko
D) Mata Hari

34) Nel giugno 2014 il re di quale Paese ha abdicato nei confronti del figlio?
A) Norvegia
B) Spagna
C) Svezia
D) Ucraina

35) Il 20 giugno 2016 per la prima volta, dopo quasi cinquant'anni, il solstizio d'estate coinciderà con la cosiddetta "strawberry moon", la cui definizione indica:
A) la Luna crescente di colore rosso, come le ciliegie
B) la Luna piena di giugno, il mese delle fragole
C) la Luna calante di colore rosso, come le ciliegie
D) la Luna nuova di giugno, il mese delle fragole

36) Greta Ramelli e Vanessa Marzullo sono le due volontarie sequestrate in Siria a luglio 2014 e rilasciate nel:
A) settembre 2015
B) giugno 2015

C) gennaio 2015
D) gennaio 2016

37) Papa Francesco è di origini:
A) piemontesi
B) emiliane
C) austriache
D) tedesche

38) Il Ministro dell'Economia e delle Finanze del Governo Renzi è stato:
A) Pier Carlo Padoan
B) Fabrizio Saccomanni
C) Pierferdinando Casini
D) Maria Elena Boschi

39) Dove fuggirono il re Vittorio Emanuele III e Badoglio dopo l'armistizio?
A) A Salerno
B) A Brindisi
C) A Napoli
D) A Bari

40) In che data gli americani sbarcarono in Sicilia?
A) Nel luglio del 1943
B) Nel maggio del 1942
C) Nel febbraio del 1944
D) Nell'aprile del 1945

41) In che anno l'esercito tedesco occupò la Danimarca e la Norvegia?
A) Nel 1940
B) Nel 1941
C) Nel 1944
D) Nel 1939

42) Durante l'occupazione da parte dei nazisti della Norvegia il re Haakon VII:
A) Collaborò con i nazisti
B) Andò in esilio a Londra
C) Si rifugiò in Lussemburgo
D) Andò in esilio in Italia

43) Il capo del governo francese che sottoscrisse l'armistizio con la Germania nel 1940 fu:
A) Pierre Laval
B) Henry Philippe Pétain
C) Léon Blum
D) Aristide Briand

44) Il *Patto Gentiloni* fu stipulato tra il Governo Giolitti e i Cattolici nel:
A) 1915
B) 1909
C) 1911
D) 1913

45) Dove avvenne l'attacco giapponese alla flotta americana che determinò l'entrata nella Seconda Guerra mondiale anche degli USA?
A) A Guantanamo
B) A Guadalcanal
C) A Pearl Harbour
D) A Iwo Jima

46) Per che cosa si battevano le cosiddette *suffragette*?
A) Per permettere alle donne di lavorare in miniera
B) Per vietare il lavoro delle donne
C) Per l'estensione del voto alle donne
D) Per far diminuire l'orario di lavoro

47) I "Carabinieri Veterani" istituiti nel 1841:
A) era una compagine costituita dai carabinieri più esperti, con almeno dieci anni di servizio
B) era una categoria in soprannumero alla forza ordinaria, composta solo da Ufficiali e Sottufficiali a cavallo
C) era una categoria in soprannumero alla forza ordinaria, composta solo da Marescialli, Brigadieri e Appuntati, tutti a piedi
D) era una compagine costituita dai carabinieri più esperti, perché sottoposti a particolare tipologia di addestramento

48) Il Carabiniere Giovambattista Scapaccino venne circondato dai ribelli che gli intimarono di unirsi a loro con il gesto simbolico di gridare «Viva la repubblica!». Lo Scapaccino, per tener fede al giuramento pre-

stato, gridò invece «Viva il Re» e per questo fu ucciso e successivamente insignito:
A) della Medaglia d'Argento al Valor Civile
B) della Medaglia d'oro al Valor Militare
C) con il Premio alle vittime di guerra
D) con il Premio ai caduti della storia dell'Arma dei Carabinieri

49) Chi tra questi non è mai stato segretario della Democrazia Cristiana?
A) Mariano Rumor
B) Amintore Fanfani
C) Don Luigi Sturzo
D) De Gasperi

50) Quale tra queste è un'imposta indiretta?
A) Imposta di bollo
B) IRPEF
C) IRAP
D) IRPEG

51) Il calcolo degli interessi sugli interessi viene definito:
A) capitalizzazione
B) aggiotaggio
C) cambiale
D) anatocismo

52) Cos'è il BTP?
A) Buono del Tesoro Particolari
B) Banco Territoriale Pubblico
C) Banca Territoriale Privata
D) Buono del Tesoro Poliennale

53) Come è definito il rialzo e ribasso fraudolento di prezzi sul pubblico mercato o nelle borse di commercio?
A) Aggiotaggio
B) Anatocismo
C) Capitalizzazione
D) Azione

54) Come si può definire un titolo di credito che ha la funzione di rimandare il pagamento di una somma di denaro?
A) Azione
B) Mutuo
C) Deposito bancario
D) Cambiale

55) Cos'è una SIM?
A) Società Internazionale Minima
B) Società di Intermediazione Mobiliare
C) Società di Intermediazione dei Mutui
D) Società di Intermediazione Multipla

56) Qual è, nel nostro ordinamento, il provvedimento di clemenza individuale che condona la pena principale in tutto od in parte o la sostituisce con altra meno grave?
A) La grazia
B) L'amnistia
C) L'indulto
D) La reclusione

57) Qual è, nel nostro ordinamento, una causa di estinzione del reato?
A) L'indulto
B) L'ammenda
C) L'amnistia
D) L'indulto

58) Mantenere, istruire ed educare i figli è:
A) un diritto e un dovere dei genitori, anche per i figli nati fuori dal matrimonio
B) un diritto e un dovere per i genitori, ma solo per i figli legittimi
C) un dovere per la madre legittima
D) un diritto per i genitori, per i parenti e per gli affini

59) In quale articolo della Costituzione viene stabilito che gli alunni delle scuole non statali che chiedono la parità devono ricevere un trattamento scolastico equipollente a quello degli alunni delle scuole statali?
A) 35
B) 28
C) 33
D) 40

60) La Costituzione riconosce al lavoratore:
A) il diritto irrinunciabile alle ferie annuali retribuite

B) il diritto alle ferie annuali retribuite e alla sua rinuncia
C) il diritto ad un riposo ogni quindici giorni cumulabile
D) solo il diritto di rinunciare alle ferie retribuite, se concesse

61) Cosa mostra la carta fisica di uno Stato?
A) Le industrie di quello Stato
B) La divisione in province
C) Le distanze
D) Rilievi, pianure, fiumi e laghi principali

62) Cosa mostra la carta politica di uno Stato?
A) Regioni, province, città e direttrici stradali
B) La composizione del Parlamento
C) Il numero di abitanti
D) I rilievi e le profondità marine

63) Cosa porta la bassa pressione atmosferica?
A) Siccità
B) Sole
C) Forti grandinate
D) Trombe d'aria

64) Cosa si intende per «collina»?
A) Un'estensione di rilievi fra i 600 e i 1100 metri
B) Un'estensione di rilievi fra i 1100 e i 1500 metri
C) Un'estensione di rilievi fra i 300 e i 600 metri
D) Un'estensione di rilievi oltre i 1500 metri

65) Come si chiama il gruppo di isole di fronte alla costa siciliana, fra Trapani e Marsala?
A) Egadi
B) Partenopee
C) Pelagie
D) Tremiti

66) Che cos'è la trasduzione?
A) Regole di mutazione genetica
B) Distruzione di informazioni genetiche
C) Tecnica di ingegneria genetica per trasferire materiale genetico tra cellule
D) Procedura di classificazione di materiale genetico

67) In ingegneria genetica cosa si intende per un Ogm?
A) Un organismo geneticamente modificato
B) Un organismo globalmente maturo
C) Un'operazione grafica mediatica
D) Un organismo gamma molecolare

68) Come si chiama la fase iniziale della trasformazione di un seme in una pianta?
A) Amilasi
B) Profase
C) Germinazione
D) Scissione

69) La frase "Nulla si crea, nulla si distrugge, tutto si trasforma" è attribuita a:
A) Dmitrij Ivanovi Mendeleev
B) Antoine Lavoisier
C) Amedeo Avogadro
D) Ivan Pavlov

70) Alessandro Volta ha scoperto la:
A) radio
B) bussola
C) pila
D) genetica

71) Il BIOS è memorizzato nella memoria:
A) RAM
B) virtuale
C) volatile
D) ROM

72) Il noto pacchetto per computer MS Office è un:
A) hardware
B) firmware
C) software di produttività
D) plug in per il browser

73) Il più diffuso tra i protocolli di comunicazione per computer per connettersi a Internet è:
A) TCP/IP

B) NETBIOS
C) ATTP
D) SMS

74) Il programmatore è un tecnico che:
A) decide i programmi di lavoro sul computer
B) scrive le istruzioni che compongono un programma
C) ripara i guasti dell'hardware
D) crea le regole dei computer

75) Il software usato nei computer può essere classificato in:
A) software primario e software secondario
B) software volatile e software non volatile
C) software centrale e software periferico
D) software di base e software applicativo

76) Il termine RAM indica:
A) Reduced Access Memory
B) Random Access Memory
C) Read-only Access Memory
D) Real Accross Memory

77) Il vantaggio di lavorare con un notebook computer è:
A) avere un PC portatile e trasportabile autonomamente
B) avere più RAM
C) avere funzioni facilitate
D) avere la possibilità di utilizzare il multitasking

78) In Excel, per scrivere il nome dell'autore su ogni pagina del documento è possibile usare l'opzione:
A) Barre degli strumenti
B) Zoom
C) Intestazione e piè di pagina
D) Imposta pagina

79) In informatica, che cos'è il MS DOS?
A) Un foglio elettronico
B) Un pacchetto Office
C) Un componente della RAM
D) Un sistema operativo

80) In informatica, il "bit al secondo" indica:
A) la capacità di memoria dell'hard disk
B) una memoria nascosta
C) il "transfer rate" di una connessione dati
D) un tipo di memoria

81) Dette b, B, h rispettivamente le due basi e l'altezza di un trapezio, la sua area è uguale:
A) $(B + b)h/2$
B) $(B \times b)h/2$
C) $(B + b)h$
D) $(B - b)/2$

82) Dette h l'altezza e b la base di un triangolo la sua area è:
A) $(bh)/2$
B) bh
C) $2b/h$
D) $b + h$

83) Detto a l'angolo al centro relativo a un assegnato arco di circonferenza e detto r il raggio, allora la lunghezza l dell'arco è data dalla seguente relazione:
A) $l = (2\pi \times r \times 360°) / a$
B) $l = (\pi \times r^2 \times a) / 360°$
C) $l = (2\pi r \times a) / 360°$
D) $l = (\pi \times r \times a)^2 / 360°$

84) Dire che due segmenti sono congruenti è lo stesso che dire che:
A) hanno uguale lunghezza
B) sono uno il doppio dell'altrao
C) sono scomponibili
D) sono adiacenti

85) Due angoli opposti al vertice:
A) giacciono sullo stesso semipiano
B) hanno gli stessi lati
C) sono sempre complementari
D) sono congruenti

86) Quali tra le seguenti grandezze sono tra loro inversamente proporzionali?
A) Il peso di una sostanza e il volume da essa occupato

B) La velocità di un veicolo e il tempo impiegato a percorrere un tragitto
C) La misura del lato di un poligono regolare ed il suo perimetro
D) La tonalità di un suono e la distanza dalla sorgente che lo emette

87) Quante borracce da 150 centilitri saranno necessarie per travasarvi 522 litri di acqua?
A) 454
B) 348
C) 258
D) 356

88) Quante bottiglie da 75 centilitri occorrono per travasare 492 litri di vino?
A) 618
B) 522
C) 656
D) 612

89) Quanto viene a costare uno stereo il cui prezzo è 900 euro e sul quale viene applicato uno sconto del 30%?
A) 570 euro
B) 600 euro
C) 630 euro
D) 510 euro

90) Quattro amici possiedono 75 CD musicali ciascuno. Supponendo che uno di loro regali i propri CD agli altri, facendo però in modo che gli amici continuino a possedere uno stesso numero di CD, quanti ne avrà ognuno di loro?
A) 90
B) 100
C) 80
D) 92

Lingua inglese

91) "... are you crying?" "... I'm really upset!"
A) Why/Become
B) Why/Because
C) What/Because
D) White/Because

92) ... two pills three times a day before your meals and ... a lot.
A) Took/drank
B) Take/will drink
C) To take/to drink
D) Take/drink

93) This track ... one of ... favourites!
A) has been/for me
B) is/me
C) will be/mine
D) is/my

94) You must ... this package and ... before 10:30 a.m.
A) to deliver/to come back
B) deliver/come back
C) delivered/came back
D) delivering/coming back

95) I have ... feed the cats ... look after the children
A) already/for
B) to/as good as
C) to/as well as
D) just/as soon as

96) Florence is ... the ... amazing places in Italy.
A) among/most
B) in/more
C) between/most
D) trough/very

97) Three days ... I went ... Paris for the first time.
A) last/to
B) before/to
C) ago/to
D) since/in

98) I ... any money ... you go to the cashpoint this morning.
A) had/unless

B) was/only if
C) have not/if
D) won't have/unless

99) That flying attendant ... you unless you ... her.
A) is serving/are smiling with
B) serves/smiled
C) served/are smiling to
D) won't serve/smile at

100) We appreciate your competence, we ... contact you ... a second interview.
A) are/to
B) will/for
C) will not/yesterday
D) have/around

Lingua spagnola

91) Escoja la palabra o el grupo de palabras que más se acerquen al giro idiomático entre corchetes y que no modifiquen el significado de la frase si se substituyen con el giro idiomático original. "Javier [tiene malas pulgas] y nunca escucha a sus hermanos".
A) tiene mala reputación
B) es sordo
C) tiene mal carácter
D) tiene malas intenciones

92) Escoje la forma correcta.
A) No creo que eres bueno
B) Creo que eres bueno
C) Creo que seas bueno
D) Supongo que seas bueno

93) Elija el sinónimo del verbo "estipular".
A) Evaluar
B) Apreciar
C) Malgastar
D) Convenir

94) Elija la respuesta incorrecta a la siguiente frase. "No me gusta nada la opera".
A) A mí sí
B) A mi tampoco
C) A mi también
D) A mi me gusta mucho

95) Elija el sinónimo del verbo "abandonar".
A) Llevar
B) Dejar
C) Molar
D) Buscar

96) Elija la palabra adecuada para completar la siguiente frase: "Cuando ... pequeña, siempre ... en casa de mis abuelos".
A) estaba/comía
B) era/comía
C) estuve/comaba
D) fui/comía

97) Complete la frase con la proposición correcta. "El hotel está ahí mismo, vamos ... pie".
A) a
B) por
C) en
D) de

98) Elija la palabra más adecuada para completar la frase con sentido. "Me ... rabia que nadie haga nada para solucionar el problema".
A) da
B) hace
C) en
D) doy

99) Elija la expresión equivalente a la en parénteses cuadradas en la frase de modo que al sustituirla ésta no cambie de sentido. "[Soy de tu misma opinión], ¿es que a la fuerza hay que viajar en verano?".
A) Has razón
B) Llevas razón
C) Acuerdo contigo
D) Comparto contigo

100) Elija la palabra más adecuada para completar la frase con sentido. "Marta, ¡...

la mesa! ¡Es la tercera vez que te lo digo y vamos a comer ya!".

A) haz
B) ten
C) pone
D) pon

Lingua francesce

91) Choisissez la réponse dont la signification est la plus proche du mot ou de l'expression entre crochets et qui ne change pas le sens de la phrase si elle est substituée au mot ou à l'expression originaux. "Toutes les tentatives pour sauver les naufragés [ont échoué]".

A) ont eu des conséquences positives
B) n'ont pas réussi
C) ont réussi
D) ont eu des conséquences négatives

92) Choisissez le(s) mot(s) approprié(s) pour compléter la phrase suivante. "La cuisine italienne est faite de tout ce ... en Europe".

A) qu'es le mieux
B) que y-a-t'il de mieux
C) qu'il y a de mieux
D) que est le mieux

93) Complétez la phrase suivante: "Elle a ... belles mains".

A) de la
B) des
C) de
D) de les

94) Choisissez les mots appropriés pour compléter la phrase suivante. "Regarde ces robes. ... préfères-tu?" "... blanche".

A) Quelle; Celle
B) Lesquels; La
C) Laquelle; La
D) Lequel; Le

95) Dans la phrase suivante il y a des fautes. "Louis XIV aimait peux le Louvre, qu'il jugeait trop petite pour y accueillir un grande Cour". Choisissez la version correcte.

A) Louis XIV aimait peu le Louvre, qu'il jugeait trop petit pour y accueillir une grande Cour
B) Louis XIV aimait peu le Louvre, qu'il jugeait trop petit par y accueillir une grande Cour
C) Louis XIV aimait peu le Louvre, qu'il jugeait trop petit pour y accueillir un grand Cour
D) Louis XIV aimait peux le Louvre, qu'il jugeait trop petit pour y accueillir une grande Cour

96) Dans la phrase suivante il y a des fautes: "Garry Kasparov as remportée une nouvel partie contre l'indien Anand au championnat du monde d'échec". Choisissez la phrase correcte.

A) Garry Kasparov a remportée une nouvelle partie contre l'indien Anand au championnat du monde d'échec
B) Garry Kasparov a remporté une nouvelle partie contre l'indien Anand au championnat du monde d'échecs
C) Garry Kasparov a remportée une nouvelle partie contre l'indian Anand au championnat du monde d'échec
D) Garry Kasparov à remporté une nouvelle partie contre l'indian Anand au championnat du monde d'échecs

97) Complétez la phrase suivante. "Il n'a ... vu passer l'autobus".

A) rien
B) ni
C) toujours
D) pas

98) Complétez la phrase suivante. "Cet après-midi, il ... promènera dans les champs avec ... chien".

A) va; leur
B) se; son
C) ce; sa
D) se; ta

99) Choisissez le mot ou l'expression synonyme de la partie entre crochets. "Les [partisans] du libérisme ont du mal à accepter les nouvelles théories économiques de l'âge moderne".
A) teneurs
B) hommes d'affaires
C) maquisards
D) adeptes

100) Complétez la phrase suivante: "Que ceci reste ... nous".
A) entre
B) vers
C) parmi
D) au milieu de

LINGUA TEDESCA

91) Wählen Sie das Wort oder die Wortfolge, die am besten den folgenden Satz ergänzt: "Möchtest du auch ein Eis? Nein danke, ich möchte …".
A) nicht eins
B) Keins
C) nicht keins
D) kein

92) Wählen Sie das Wort oder die Wortfolge, die am besten den folgenden Satz ergänzt: "Zum Glück ist ihm bei dem Unfall ... Passiert".
A) keiner
B) nicht
C) nicht etwas
D) nichts

93) Finden Sie das Synonym des in Klammern eingeschlossenen Wortes. "Die Arbeit ist einfach".
A) kompliziert
B) schwer
C) neu
D) leicht

94) Ergänzen Sie den folgenden Satz. "Ich ... eine Tasse Kaffee und ein Stück Apfelkuchen".
A) möchte
B) darf
C) kann
D) mochte

95) Wählen Sie das Wort oder die Wortfolge, die am besten den folgenden Satz ergänzt: "Nächstes Jahr fahren wir ... Frankreich in Urlaub".
A) nach
B) auf die
C) in die
D) nach die

96) Die in Klammern eingeschlossenen Wörter enthalten einen oder mehrere Fehler. Ersetzen Sie sie durch die richtigen Satzteile: "Der Chef hat seinen Angestellten mit seinen Launen zur Verzweiflung [getreibt]".
A) getrieben
B) getriebt
C) getreiben
D) getritten

97) Wählen Sie das Wort, das am besten den folgenden Satz ergänzt: "Was ist später ...?".
A) geschiehtet
B) geschah
C) geschehen
D) geschahen

98) Geben Sie das Wort oder die Wortfolge an, die den angegebenen Satz am besten vervollständigen. "Haben Sie Sandra vom Bahnhof …?".
A) abgeholt
B) abgeholen
C) geabholt
D) abholt

99) "Papera" in tedesco si dice ...
A) Gans
B) Adler
C) Esel
D) Eule

100) Wählen Sie den passenden Artikel: "Könntest du bitte einkaufen gehen? Wir brauchen noch … Flasche Wein".
A) eine
B) ein
C) ein
D) en

Risposte corrette

1	B	**18**	C	**35**	B	**52**	D	**69**	B	**86**	B	**91**	C	**97**	D
2	B	**19**	A	**36**	C	**53**	A	**70**	C	**87**	B	**92**	B	**98**	B
3	B	**20**	D	**37**	A	**54**	D	**71**	D	**88**	C	**93**	D	**99**	D
4	C	**21**	B	**38**	A	**55**	B	**72**	C	**89**	C	**94**	C	**100**	A
5	B	**22**	A	**39**	B	**56**	A	**73**	A	**90**	B	**95**	B	**TEDESCO**	
6	B	**23**	B	**40**	A	**57**	C	**74**	B	**INGLESE**		**96**	B	**91**	B
7	C	**24**	A	**41**	A	**58**	A	**75**	D	**91**	B	**97**	A	**92**	D
8	D	**25**	B	**42**	B	**59**	C	**76**	B	**92**	D	**98**	A	**93**	D
9	A	**26**	A	**43**	B	**60**	A	**77**	A	**93**	D	**99**	B	**94**	A
10	C	**27**	A	**44**	D	**61**	D	**78**	C	**94**	B	**100**	D	**95**	A
11	A	**28**	A	**45**	C	**62**	A	**79**	D	**95**	C	**FRANCESE**		**96**	A
12	A	**29**	B	**46**	C	**63**	C	**80**	C	**96**	A	**91**	B	**97**	C
13	B	**30**	D	**47**	C	**64**	C	**81**	A	**97**	C	**92**	C	**98**	A
14	A	**31**	A	**48**	B	**65**	A	**82**	A	**98**	D	**93**	C	**99**	A
15	D	**32**	B	**49**	C	**66**	C	**83**	C	**99**	D	**94**	C	**100**	A
16	B	**33**	A	**50**	A	**67**	A	**84**	A	**100**	B	**95**	A		
17	B	**34**	B	**51**	D	**68**	C	**85**	D	**SPAGNOLO**		**96**	B		

Simulazione 3

1) Chi è l'autore della raccolta "Vita nei campi"?
A) Leonardo Sciascia
B) Ugo Foscolo
C) Giovanni Verga
D) Luigi Pirandello

2) Chi è l'autore del romanzo "La ragazza di Bube"?
A) Alberto Moravia
B) Italo Svevo
C) Ercole Patti
D) Carlo Cassola

3) Quale autore ha scritto nel 1890 il romanzo "Demetrio Pianelli"?
A) Giovanni Verga
B) Edmondo de Amicis
C) Emilio De Marchi
D) Vitaliano Brancati

4) Quale tipo di proposizione contiene la frase "Penso che la strada sia franata per la pioggia di stanotte"?
A) Concessiva
B) Causale
C) Modale
D) Oggettiva

5) In quale delle seguenti frasi il pronome relativo "che" è complemento oggetto?
A) Marco pensa che tu sia adatto per questo lavoro
B) È molto difficile che l'impresa giunga a buon fine
C) Non ho visto il film che è stato premiato sabato
D) Le idee che hai mi sembrano ottime

6) Quale di queste frasi contiene un predicato nominale?
A) I bambini furono ingiustamente puniti dalla maestra
B) Sono stato ingannato dalla tua furbizia
C) Siete stati gentili ad accompagnarmi al lavoro
D) L'orso era nella sua cuccia

7) Quale delle seguenti frasi contiene un avverbio di tempo?
A) Sei sempre in azienda
B) Verrò a cercarti ovunque
C) Il tempo scorre velocemente
D) Mancano pochi giorni all'inizio dello spettacolo teatrale

8) Quale delle seguenti frasi contiene un complemento di luogo?
A) L'ufficio chiude a mezzogiorno in punto
B) Gli sciatori hanno raggiunto la vetta della montagna
C) Ho lasciato le chiavi sul mobile
D) Il restauratore ha accomodato la mia scrivania

9) Claude Monet è esponente:
A) della Pop Art
B) del Futurismo
C) dell'Espressionismo
D) dell'Impressionismo

10) In quale città si trova l'area archeologica siciliana nota per la "Valle dei Templi"?
A) Siracusa
B) Agrigento
C) Mazzara del Vallo
D) Paestum

11) 3 7 ? 25 75 79
A) 21
B) 31
C) 14
D) 28

12) 56 17 28 34 ? 68
A) 16
B) 22
C) 35
D) 14

13) ? 46 40 29 23
A) 28
B) 45
C) 54
D) 57

14) 87, 25, 80, 33, 73, 41, 66, 49, ?, ?
A) 59, 59
B) 59, 57
C) 54, 52
D) 56, 61

15) 19 ? 16 17 13
A) 16
B) 22
C) 15
D) 20

16) "Tutte le autostrade della Calabria sono a pagamento". "Questa autostrada si trova in Calabria". In base alle precedenti informazioni, quale delle seguenti affermazioni è certamente vera?
A) Questa autostrada è spesso chiusa al traffico
B) Questa autostrada è a pagamento
C) Le uniche autostrade a pagamento si trovano in CAlabria
D) Nessuna delle altre alternative è corretta

17) "Tutte le vie di Firenze sono alberate". "Questa via si trova a Firenze". In base alle precedenti informazioni, quale delle seguenti affermazioni è certamente vera?
A) Questa via d'estate è piena di auto in sosta
B) Le uniche vie alberate si trovano a Firenze
C) Questa via è alberata
D) Nessuna delle altre alternative è corretta

18) "Tutti i musei di Venezia sono ricchi di opere d'arte. Questo museo si trova a Venezia". In base alle precedenti informazioni, quale delle seguenti affermazioni è certamente vera?
A) Questo museo è ricco di opere d'arte
B) Questo museo è preso di mira dai ladri di opere d'arte
C) Gli unici musei ricchi di opere d'arte si trovano a Venezia
D) Nessuna delle altre alternative è corretta

19) "Tutti i ristoranti di Roma hanno il giardino interno. Questo ristorante si trova a Roma". In base alle precedenti informazioni, quale delle seguenti affermazioni è certamente vera?
A) Questo ristorante ha il giardino interno
B) Questo ristorante nelle sere d'estate è molto affollato
C) Gli unici ristoranti con giardino interno si trovano a Roma
D) Nessuna delle altre alternative è corretta

20) Non attinente alla parola *Florentia*.
A) Torino
B) Roma
C) Fulginium
D) Neapolis

21) Anagramma della parola *vongola*:
A) tellina
B) gongolo
C) gondola
D) valgono

22) Contrario di *apolide*:
A) politico
B) pensatore
C) zotico
D) cittadino

23) Quale delle seguenti parole non ha attinenza con le altre?

A) Magico
B) Incantato
C) Prosaico
D) Stregato

24) Anagramma della parola *accattone*:
A) accentato
B) accendino
C) tacchetto
D) cantoncino

25) Non ha nulla a che fare con la parola cielo:
A) cirri
B) costellazione
C) firmamento
D) argine

26) Quali tra i termini proposti completano correttamente la seguente proporzione? Chirurgo: bisturi = X : Y
A) X = tessitore; Y = telaio
B) X = medico; Y = paziente
C) X = rappresentante; Y = azienda
D) X = muratore; Y = ditta

27) Talvolta conta di più essere abili che essere geniali. Lo dimostra l'incredibile parabola artistica di Bernardino di Betto detto il Pintoricchio, il pittore umbro nato a Perugia attorno al 1456 e morto nel 1513. Bernardino nasce sfortunato: è povero, orfano e mingherlino d'aspetto. Decide di dedicarsi alla pittura mettendosi alla scuola di un modesto miniatore, tal Giapeco Caporali. A 20 anni entra nella confraternita dei pittori perugini tra il sarcasmo generale: è qui che lo battezzano il "Pintoricchio" in contrapposizione al "genius loci" del momento, il conterraneo "divin pittore" Pietro Vannucci detto il Perugino.

Bernardino di Betto fu soprannominato il Pintoricchio perché meno abile nella pittura che nella miniatura.
A) Vero
B) Falso
C) Vero solo in parte
D) Non desumibile dal brano

28) I cambiamenti climatici rappresentano un fenomeno attuale: le temperature aumentano, i regimi delle precipitazioni si modificano, i ghiacciai e la neve si sciolgono e il livello medio globale del mare è in aumento. Si prevede che tali cambiamenti continueranno e che gli eventi climatici estremi all'origine di pericoli quali alluvioni e siccità diventeranno sempre più frequenti e intensi. L'impatto e i fattori di vulnerabilità per la natura, per l'economia e per la nostra salute variano a seconda delle regioni, dei territori e dei settori economici in Europa. È altamente probabile che la maggior parte del riscaldamento verificatosi a partire dalla metà del XX secolo sia dovuto all'osservato aumento delle concentrazioni di gas a effetto serra a causa delle emissioni provenienti dalle attività umane. La temperatura globale è aumentata di circa 0,8 °C negli ultimi 150 anni e si prevede un ulteriore incremento.

I cambiamenti climatici determinano alluvioni e siccità.
A) Vero
B) Falso
C) Vero solo in parte
D) Non desumibile dal brano

29) Einstein, con l'intenzione di unificare coerentemente le leggi che governano i campi elettrico e magnetico e le leggi che descrivono il moto dei corpi, introdusse nel 1905 l'idea di considerare il tempo "combinato con lo spazio in un oggetto quadridimensionale chiamato spazio-tempo", e fornì un nuovo modello in cui la realtà andava riscrivendosi "più elegantemente": la relatività ristretta. Per non dir di quando, circa dieci anni dopo, con la formulazione della relatività generale il fisico tedesco intuì che la gravità non era da considerarsi nei termini di una forza agente su uno sfondo spazio-temporale fisso, quanto piuttosto una "distor-

sione" dello spazio-tempo provocata dalla massa e dall'energia in esso presenti.

Con la relatività ristretta s'introduce il concetto di quadridimensionalità spazio-temporale.
A) Vero
B) Falso
C) Vero solo in parte
D) Non desumibile dal brano

30) L'Africa nera è abitata da popolazioni di pelle scura, ma dietro questo aspetto comune stanno molte differenze, che distinguono i popoli africani sia per l'aspetto fisico, sia per le tradizioni culturali. L'elemento principale di divisione è quello della lingua. Si parlano circa mille lingue diverse, divise in varie famiglie. Le lingue ufficiali più diffuse però sono l'inglese e il francese, parlate abitualmente solo da una minoranza della popolazione. Le lingue coloniali sono state scelte come ufficiali perché valgono per tutta la popolazione, anche se sono in pochi a conoscerle bene. Le lingue materne invece sono troppo numerose: sceglierne una come ufficiale sarebbe un'offesa verso le altre (è quello che si è verificato in Etiopia con la scelta dell'amarico) e sceglierle tutte sarebbe un caos.

Il principale elemento di divisione delle popolazioni dell'Africa nera è la pelle scura.
A) Vero
B) Falso
C) Vero solo in parte
D) Non desumibile dal brano

31) Il TTIP (Transatlantic Trade and Investment Partnership) è:
A) il Partenariato trans-atlantico per il commercio e gli investimenti, un accordo commerciale e per gli investimenti siglato tra Europa e Giappone
B) il Partenariato trans-oceanico per il commercio e gli investimenti, un accordo commerciale e per gli investimenti siglato tra Europa e America Latina
C) il Partenariato trans-atlantico per il commercio e gli investimenti, un accordo commerciale e per gli investimenti in fase di negoziato tra Europa e Stati Uniti d'America
D) un nuovo transatlantico per nuove rotte commerciali tra Europa e Stati Uniti d'America in fase di costruzione nei cantieri di Genova

32) Nel 2015 la NASA ha annunciato la scoperta di un esopianeta di dimensioni simili alla Terra che orbita attorno a una stella simile al Sole a una distanza tale per poter ospitare acqua allo stato liquido, chiamato:
A) Keller-254 b
B) Kepler-452 b
C) Kibler-452 c
D) Kepler-552 d

33) Con la siglia NASPI si intende:
A) Nuova Assicurazione Sanitaria per i Lavoratori
B) Nuova prestazione di Assistenza Sanitaria per l'Impiego
C) Nuova prestazione di Assicurazione Sociale per l'Impiego
D) Nuova promozione di Assicurazione Sanitaria per l'Impiego

34) Come si chiamano le forze armate della regione autonoma del Kurdistan iracheno?
A) Tuareg
B) Pashaga
C) Arditi
D) Peshmerga

35) In che anno Benedetto XVI ha rinunciato al soglio petrino?
A) 2016
B) 2014
C) 2011
D) 2013

36) In che anno il film La Grande Bellezza ha vinto il premio Oscar?

A) 2017
B) 2013
C) 2016
D) 2014

37) Kim Ilsung è stato Presidente del:
A) Vietnam
B) Giappone
C) Taiwan
D) Corea del Nord

38) Lo Shard London Bridge, uno tra i più alti grattacieli d'Europa, è stato progettato dall'architetto:
A) Norman Foster
B) Santiago Calatrava
C) Renzo Piano
D) Frank Gehry

39) Il pensiero di Giuseppe Toniolo fu alla base del:
A) sciovinismo
B) sindacalismo cattolico
C) revisionismo
D) sindacalismo rivoluzionario

40) Il primo «Manifesto» del futurismo fu pubblicato nel:
A) 1901
B) 1909
C) 1911
D) 1917

41) In che anno fu indetto il primo sciopero generale nazionale della storia d'Italia?
A) Nel 1899
B) Nel 1902
C) Nel 1904
D) Nel 1906

42) In quali regioni nel 1914 si verificarono scontri passati alla storia come la «settimana rossa»?
A) Veneto e Trentino
B) Marche e Romagna
C) Umbria e Lazio
D) Campania e Basilicata

43) In seguito a quale avvenimento furono applicate all'Italia le sanzioni economiche dalla Società delle Nazioni?
A) In seguito al veto posto per l'ammissione degli USA alla Società delle Nazioni
B) In seguito al mancato versamento dei finanziamenti dovuti alla Società delle Nazioni
C) In seguito all'aggressione alla Libia
D) In seguito all'aggressione all'Etiopia

44) L'Italia prese le distanze dalla rivendicazione tedesca sul Marocco durante la prima crisi marocchina del:
A) 1902
B) 1904
C) 1908
D) 1906

45) Tra questi uomini politici ha ricoperto sia la carica di Capo di Stato sia di Presidente del Consiglio:
A) Aldo Moro
B) Amintore Fanfani
C) Carlo Azeglio Ciampi
D) Enrico Berlinguer

46) In quale anno fu firmata la *dichiarazione dei diritti dell'uomo e del cittadino*?
A) 1749
B) 1799
C) 1789
D) 1822

47) Quale istituzione napoleonica ispirò la costituzione dei Carabinieri Reali?
A) L'esercito borbonico
B) La Gendarmeria Francese
C) La Grande Armée
D) La Gendarmeria Pontificia, come rinnovata dai Francesi

48) L'esigenza che spinse Vittorio Emanuele I a costituire un "Corpo di Militari per buona condotta e saviezza distinti" fu:
A) la conservazione della pubblica e privata sicurezza
B) la protezione militare dei pubblici uffici

C) la vigilanza agli istituti scolastici
D) la cattura degli antimonarchici

49) Una persona priva di qualunque cittadinanza si definisce:
A) emigrata
B) straniera
C) fugggiasca
D) apolide

50) Quale tra questi paesi dell'UE non ha aderito all'Euro?
A) Spagna
B) Francia
C) Irlanda
D) Danimarca

51) Quale tra queste organizzazioni non ha mai ricevuto il Premio Nobel per la Pace?
A) NATO
B) Medici senza frontiere
C) UNICEF
D) ONU

52) Alfred Nobel (1833-1896) inventore della dinamite e fondatore del premio Nobel era:
A) belga
B) svedese
C) olandese
D) norvegese

53) Dove si tiene la cerimonia di consegna del Premio Nobel per la Pace?
A) Oslo
B) Bruxelles
C) Amsterdam
D) Copenhagen

54) Che cos'è l'OMS?
A) Organizzazione Mondiale dello Sport
B) Organizzazione Mondiale per la Salute
C) Organizzazione Mondiale per la Sanità
D) Organizzazione Mondiale per lo Spazio

55) Il Palazzo dei Marescialli a Roma è la sede:
A) della Corte Costituzionale
B) del CNEL
C) del Consiglio di Stato
D) del Consiglio Superiore della Magistratura

56) A quando risale l'ultimo censimento in Italia?
A) Al 06-10-2009
B) Al 09-11-2005
C) Al 09-12-2006
D) Al 09-10-2011

57) Di cosa si occupa, fra le altre cose, l'ISTAT?
A) Dei censimenti
B) Dei controlli fiscali
C) Di ricerche in meccanica quantistica
D) Di Sanità

58) La sigla OPEC sta per:
A) Organizzazione dei Paesi ad Economia Comunitaria
B) Organization of the Petroleum Exporting Countries
C) Organization for People of the European Countries
D) Organizzazione dei Paesi in Economia del Commonwealth

59) Cos'è la Carta di circolazione?
A) L'assicurazione dell'intestatario del veicolo
B) La certificazione di proprietà di un veicolo
C) L'attestazione dell'avvenuto pagamento del bollo
D) Il documento che identifica un veicolo, con i suoi dati tecnici

60) Il diritto ad essere eletti è definito diritto:
A) elettorale attivo
B) a conoscere gli scrutatori
C) di ricevere la tessera elettorale
D) elettorale passivo

61) Quale città è situata sulle rive del fiume Velino e ai piedi del Monte Terminillo?
A) Civitavecchia

B) Frosinone
C) Latina
D) Rieti

62) Emigrare significa:
A) rientrare nella propria terra natìa
B) parlare una lingua che non è la propria
C) lavorare nella propria zona di residenza
D) lasciare il paese d'origine per trasferirsi altrove

63) Empoli è una città della:
A) Toscana
B) Liguria
C) Sicilia
D) Sardegna

64) Quale città è stata fondata dai Romani nel 25 a.C. con il nome di Augusta Praetoria?
A) Courmayeur
B) Aosta
C) Vercelli
D) Alessandria

65) Fra quali province sono situate le colline del Chianti?
A) Fra Firenze e Siena
B) Fra Mantova e Cremona
C) Fra Arezzo e Grosseto
D) Fra Lucca e Massa Carrara

66) Lo stomaco è interposto tra:
A) esofago ed intestino tenue
B) faringe ed esofago
C) esofago ed intestino crasso
D) esofago e trachea

67) Che tipo di elemento caratteristico della crosta terrestre sono gli scudi e i tavolati?
A) Nucleoli
B) Litosfere
C) Cratoni
D) Margini continentali

68) Circa il 70% del corpo umano è composto da:
A) piastrine
B) acqua
C) carboidrati
D) grasso

69) Cirri, cirrocumuli e cirrostrati sono:
A) ghiacciai caratteristici delle catene europee
B) vulcani delle isole del Pacifico
C) elementi della crosta terrestre
D) nubi fredde composte essenzialmente da cristalli di ghiaccio

70) Come è definita la forma della Terra?
A) Ovoide
B) Elissoide di rotazione
C) Circocentrica
D) Geoide

71) Gli attachment possono riferirsi a:
A) solo immagini
B) qualsiasi tipo di file in formato compresso
C) qualsiasi tipo di file
D) programmi in formato digitale

72) Cosa succede in ambiente Windows se, lavorando con Microsoft Excel, si esegue anche l'applicativo Microsoft Word?
A) Vengono eseguiti entrambi
B) Viene eseguito solo il primo dei due applicativi
C) Si interrompe la prima esecuzione e si può solo utilizzare l'ultima
D) Si interrompe l'esecuzione di entrambi

73) In un computer con sistema operativo Windows, è possibile cambiare, in ogni momento, il nome di file e cartelle?
A) Solamente alle cartelle
B) Sì
C) Solamente ai file
D) Sempre alle cartelle, ai file solo se non salvati

74) Con quale termine, in Italia, si indica un lavoro eseguito con l'utilizzo di sistemi

informativi dalla propria abitazione collegandosi alla rete aziendale?
A) StandAloneWork
B) Telelavoro
C) HomeWork
D) JobWork

75) Utilizzando il software Microsoft Word, cosa si ottiene se si cambia il tipo di carattere di scrittura?
A) Una scrittura graficamente uguale
B) Una scrittura di altro colore
C) Una scrittura graficamente diversa
D) Errore da parte del software Microsoft Excel

76) In un applicativo che serve per scrivere testi, che cos'è il corsivo?
A) Un tipo di carattere
B) Un effetto del carattere
C) Una dimensione del carattere diversa dallo standard
D) Uno stile del carattere

77) Che cosa si ottiene se si cambia il "riempimento" utilizzando il software Microsoft Excel?
A) Il testo diviene colorato in base al colore selezionato
B) La cella diviene colorata in base al colore selezionato
C) I bordi della cella diventano colorati in base al colore prescelto
D) La cella è piena e non permette di scrivere

78) Da cosa è univocamente individuata ogni cella presente in un foglio del Microsoft Excel?
A) Due numeri di riga
B) Due numeri colonna
C) Non è mai individuata univocamente
D) Un numero di riga e una lettera di colonna

79) Cosa si intende con il termine anteprima?
A) Visualizzare come sarà la stampa del documento
B) Avere una visuale parziale ed ingrandita del contenuto del documento
C) Predisporre il documento in modo opportuno prima di iniziare l'attività lavorativa
D) Inserire uno sfondo nel documento prima dell'immissione dei dati

80) Che cosa è il byte?
A) Un componente del sistema operativo che accelera la trasmissione dei dati
B) Il nome che veniva dato al tasto di accensione e spegnimento del computer
C) La rappresentazione di un qualsiasi carattere nel computer
D) Una componente della CPU che serve a controllare l'esatta esecuzione delle attività

81) Il lato di un triangolo equilatero è lungo 8 cm. Quanto vale il perimetro?
A) 4,4 dm
B) 4 cm
C) 2,4 dm
D) 2 dm

82) Il numero degli spigoli di una piramide è sempre:
A) dispari
B) maggiore di 6
C) pari
D) minore di 2

83) Il numero delle facce laterali di una piramide è sempre uguale al numero:
A) dei lati del poligono di base più tre
B) dei lati del poligono di base più due
C) dei lati del poligono di base meno uno
D) dei lati del poligono di base

84) Il perimetro di un quadrato misura 32 cm. La sua area vale:
A) 76 cm^2
B) 64 cm^2
C) 84 cm^2
D) 92 cm^2

85) Il perimetro di un rettangolo è di 32 cm e un suo lato è di 7 cm. Quanto è lungo l'altro lato?
A) 14 cm

B) 18 cm
C) 16 cm
D) 9 cm

86) Quale tra le seguenti è la proprietà fondamentale delle proporzioni?
A) Il prodotto degli antecedenti è il doppio del prodotto dei conseguenti
B) Il prodotto degli antecedenti è uguale al prodotto dei medi
C) Il quoziente degli antecedenti è uguale al prodotto dei medi
D) Il prodotto dei medi è uguale al prodotto degli estremi

87) Quale tra le seguenti espressioni ha per risultato 40?
A) $5 + 3 \cdot 4 + 6 : 2$
B) $(5 + 3) \cdot (4 + 6) : 2$
C) $(5 + 3) \cdot (4 + 6 : 2)$
D) $(5 + 3) \cdot (4 + 6 + 2)$

88) Quale tra le seguenti frazioni non è equivalente a 14/21?
A) 16/24
B) 42/63
C) 27/36
D) 28/42

89) Quale tra le seguenti terne di numeri aventi per somma 180 stanno tra loro come i numeri 2, 3 e 4?
A) 30, 70, 80
B) 40, 50, 90
C) 20, 60, 100
D) 40, 60, 80

90) Quale tra le seguenti terne di numeri è composta da soli numeri primi?
A) {13, 19, 35}
B) {7, 11, 24}
C) {11, 17, 23}
D) {9, 11, 32}

Lingua inglese

91) People ... to travel ... public transportation.
A) encourages/with
B) should be encouraged/by
C) was encouraged/to
D) is encouraging/on

92) ... her ... !
A) Let/leave
B) Can/leave
C) Will let/have
D) Leet/leaved

93) The paper ... some shocking ... yesterday.
A) have published/New
B) published/News
C) had published/New
D) publicised/News

94) Don't you think It ... better if you ... smoking?
A) will/gives up
B) is / will giving up
C) was/would give up
D) would be/gave up

95) We're ... ... a little but charming hotel.
A) sleeped/to
B) sleep/at
C) sleeping/in
D) sliping /on

96) ... of my co-workers ... me a happy birthday.
A) Nothing/wishing
B) None/wished
C) Nowhere/wish
D) Anybody/have wishing

97) ... I am going to school ... bike.
A) Tomorrow/by
B) Toomorning/in
C) Tomorrow/in
D) Toomorrow/with

98) Mr. Smith and ... won't come to see you on ...
A) Me/Sanday
B) I/Sunday
C) Mine/Sunday
D) My/Sandey

99) There's no ... for you ... what you've just said.
A) need/to repeat
B) needing/repeating
C) needs/to be repeet
D) need/to have repeated

100) ... you have eaten butter you will ... have olive oil again.
A) There/no
B) What/anytimes
C) Which/always
D) When/never

Lingua spagnola

91) Escoja la palabra o el grupo de palabras que completan mejor el texto de la frase propuesta. "Tuve que tirar todo el pescado que había comprado porque estaba…".
A) echado en falta
B) echado a perder
C) desechado
D) echado un desastre

92) Escoja la palabra o el grupo de palabras que completan mejor el texto de la frase propuesta. "Las personas que hemos visto entrar en la casa donde … non son de la familia".
A) estuvimos
B) hemos estado
C) estaríamos
D) hubiéramos estado

93) Elija la palabra adecuada para completar la siguiente frase: "Te ha escrito la chica … conociste el verano pasado".
A) lo que
B) la que
C) cual
D) que

94) Escoja la palabra o el grupo de palabras que completan mejor el texto de la frase propuesta. "Cuando nos dijeron que … para Cuba pensé que … una broma".
A) habrían salido - fuera
B) saldrán - estaba
C) saldrían - era
D) habían salido - hubiera estado

95) Elija la preposición adecuada para completar la siguiente frase: "Esta ley afecta … 30.000 personas".
A) entre
B) por
C) a
D) para

96) Elija la opción que explique mejor el significado de la siguiente frase. "Ese vendedor se expresa muy bien".
A) es un charlatán
B) tiene mucha labia
C) habla a escape
D) habla a carcajadas

97) Elija la palabra adecuada para completar la siguiente frase: "¿… de vosotros sabe dónde está el director?".
A) Alguno
B) Algunos
C) Ningún
D) Algo

98) Señale la frase que contiene el error.
A) El mar está mucho lejos de aquí
B) Esa escuela es muy buena
C) Tu compañero es muy hablador
D) En el concierto hubo muchas personas

99) Señale la frase incorrecta.
A) En el 2100 los habitantes del mundo habrán aumentado

B) En el 2100 el mundo tendrá más habitantes de ahora
C) En el 2100 habrá más habitantes en el mundo que ahora
D) En el 2100 el mundo tendrá un numero mayor de habitantes

100) Escoja la palabra o el grupo de palabras que completan mejor el texto de la frase propuesta. "… el verbo en cursiva en el tiempo y modo que … el contexto".
A) Pon - exiga
B) Ponga - exije
C) Ponga - exija
D) Pon - exige

Lingua francese

91) Complétez la phrase suivante. "Il pleut beaucoup ... mois-ci".
A) celui
B) cet
C) ce
D) mars

92) Choisissez la phrase qui donne la meilleure signification de la phrase suivante. "Un effort financier qui risque toutefois d'être bien juste au regard des enjeux et du programme proposé".
A) Il faut risquer le tout pour tout
B) Il se peut que le budget soit insuffisant
C) Le programme est important et l'argent débloqué doit suffire
D) Le budget est adapté aux mesures à prendre

93) Complétez la phrase suivante. "Tu vas ... la boulangerie".
A) avec
B) en
C) chez
D) à

94) Complétez la phrase suivante. "… m'a appelé pour sortir avec lui".
A) Ils
B) Il
C) Eux
D) Elle

95) Complétez la phrase suivante. "... enfants sont très joyeux".
A) Ces
B) Cet
C) Ceux
D) Ce

96) Choisissez le(s) mot(s) approprié(s) pour compléter la phrase suivante. "… les forces ils n'ont pas pu déplacer la caisse".
A) Quoiqu'ils alliaient
B) Bien qu'ils ont allié
C) Même s'ils alliaient
D) Même en alliant

97) Complétez la phrase suivante. "C'est un bon livre, mais je préfère ...-là".
A) le
B) cet
C) ce
D) celui

98) Choisissez le mot ou l'expression synonyme de la partie entre crochets. "À la suite des inondations, il y a eu de nombreux [sans-abri]".
A) clochards
B) sans-logis
C) éboulements
D) disparus

99) Choisissez le mot ou l'expression synonyme de la partie entre crochets. "Il éprouve une certaine [appréhension] avant les examens".
A) peur
B) nervosité
C) curiosité
D) impatience

100) Complétez la phrase suivante. "Ils sont les propriétaires de … appartements".

A) leurs
B) ses
C) leur
D) son

Lingua tedesca

91) Wählen Sie das Wort bzw. die Wörter, die am besten in den folgenden Satz passen. "Mein Bruder hat schon mit ... gesprochen".
A) diesem alten Herr
B) diesem alten Herren
C) diesen alten Herrn
D) diesem alten Herrn

92) Wählen Sie das Wort bzw. die Wörter, die am besten in den folgenden Satz passen. "Wo ist der Wagen ...?"
A) des jungen Mann
B) dem jungen Mann
C) des jungen Mannes
D) den jungen Mann

93) Ergänzen Sie den folgenden Satz: "Die Bewohner von Großstädten können den Lärm der Autos, ... ihren Schlaf stört, sehr schlecht ertragen".
A) den
B) dessen
C) deren
D) der

94) Finden Sie das Synonym von "der Effekt".
A) Die Wirkung
B) Das Verständnis
C) Der Vergleich
D) Die Sorge

95) Geben Sie das Wort oder die Wortfolge an, die den angegebenen Satz am besten vervollständigen: "Gestern hat ein Mann angerufen, ... Namen ich leider vergessen habe".
A) dessen
B) den
C) dem
D) deren

96) Wählen Sie den passenden Artikel: "Du kannst noch nicht gehen. Du musst zuerst ... Sachen einpacken".
A) deine
B) dein
C) deiner
D) deinen

97) Wählen Sie den passenden Artikel: "Er hat … Patienten wirklich sehr geholfen!".
A) der
B) dem
C) das
D) die

98) Der in Klammern eingeschlossene Text enthält einen oder mehrere Fehler. Ersetzen Sie sie durch die richtigen Satzteile: "Es ist zu spät, als dass wir noch ins Kino gehen [gekonnt haben]".
A) könnten
B) konnten
C) darften
D) müssen

99) Wählen Sie das Wort oder die Wortfolge, die am besten den folgenden Satz ergänzt: "Er möchte mehr Geld verdienen, ... seine Familie besser leben kann".
A) obwohl
B) deshalb
C) damit
D) weil

100) Wählen Sie das Wort bzw. Die Wörter, die am besten den folgenden Satz ergänzen. "Hast du endlich dein Studium …?".
A) abgeschlossen
B) abschliessen
C) abschliesst
D) schloss ab

Risposte corrette

1	C	**18**	A	**35**	D	**52**	B	**69**	D	**86**	D	**91**	B	**97**	D
2	D	**19**	A	**36**	D	**53**	A	**70**	D	**87**	B	**92**	B	**98**	B
3	C	**20**	A	**37**	D	**54**	C	**71**	C	**88**	C	**93**	D	**99**	A
4	D	**21**	D	**38**	C	**55**	D	**72**	A	**89**	D	**94**	C	**100**	A
5	D	**22**	D	**39**	B	**56**	D	**73**	B	**90**	C	**95**	C	**TEDESCO**	
6	C	**23**	C	**40**	B	**57**	A	**74**	B	**INGLESE**		**96**	B	**91**	D
7	A	**24**	A	**41**	C	**58**	B	**75**	C	**91**	B	**97**	A	**92**	C
8	C	**25**	D	**42**	B	**59**	D	**76**	D	**92**	A	**98**	A	**93**	D
9	D	**26**	A	**43**	D	**60**	D	**77**	B	**93**	B	**99**	B	**94**	A
10	B	**27**	B	**44**	D	**61**	D	**78**	D	**94**	D	**100**	C	**95**	A
11	A	**28**	A	**45**	C	**62**	D	**79**	A	**95**	C	**FRANCESE**		**96**	A
12	D	**29**	A	**46**	C	**63**	A	**80**	C	**96**	B	**91**	C	**97**	B
13	D	**30**	B	**47**	B	**64**	B	**81**	C	**97**	A	**92**	B	**98**	A
14	B	**31**	C	**48**	A	**65**	A	**82**	C	**98**	B	**93**	D	**99**	C
15	D	**32**	B	**49**	D	**66**	A	**83**	D	**99**	A	**94**	B	**100**	A
16	B	**33**	C	**50**	D	**67**	C	**84**	B	**100**	D	**95**	A		
17	C	**34**	D	**51**	A	**68**	B	**85**	D	**SPAGNOLO**		**96**	D		

NISSOLINO® ACADEMY
LA CHIAVE
DI ACCESSO
PER LE
ACCADEMIE
MILITARI
GIVOVA